고려시대 외교문서 연구

지은이 | 정 동 훈 鄭東勳

1981년 대전 출생. 서울대학교 국사학과에서 학사, 석사, 박사 학위를 받았다. 2018년부터 서울교육대학교 사회과교육과에서 근무하고 있다. 한국 중세사, 고려·조선과 중국 왕조 사이의 관계에 대해 주로 공부하고 있다. 최근에는 역사의 기록이 어떻게 남겨지고 그것이 후대 사람들의 기억에 어떤 영향을 주었는지에 관심을 둔 글을 쓰고 있다. 앞으로 10년 동안은 고려 말과 조선 초의 정치와 사회 변화를 비슷한 시기, 몽골제국과 명나라의 그것과 비교하는 연구를 할 계획이다.

고려시대 외교문서 연구

정동훈 지음

초판 1쇄 발행 2022년 12월 30일

펴낸이 오일주
펴낸곳 도서출판 혜안

등록번호 제22-471호
등록일자 1993년 7월 30일

주 소 ⑰ 04052 서울시 마포구 와우산로 35길 3(서교동) 102호
전 화 3141-3711~2
팩 스 3141-3710
이메일 hyeanpub@daum.net

ISBN 978-89-8494-687-3 93910

값 45,000 원

고려시대 외교문서 연구

정 동 훈 지음

혜안

언젠가 책을 내게 되면 서문은 뭐라고 쓸지, 오랫동안 주제 넘는 공상을 하곤 했는데, 공부를 시작한 지 16년 만에 첫 번째 책을 내놓으며 드디어 찾아온 기회 앞에서는 오히려 덤덤합니다. 기왕 지면을 빌렸으니, 그간의 소회를 조금 보태며 여러 동료, 선생님들께 감사 인사를 올리고자 합니다.

저는 어려서부터 역사학자가 되고 싶었습니다. 아버지께서는 당신의 어머니, 그러니까 제 할머니 이야기를, 또 할머니께 전해들은 그 이전 누대에 걸친 이야기를 많이 들려주셨는데―지금 돌이켜보면 19세기 중반에 전라도 진안에서 충청도 금산으로 이주해서 정착한 정씨 남자들과 그리로 시집온 여자들 이야기―성묘를 다니고 족보를 짚어가면서 옛날이야기가 어디까지 사실인지 따져보는 것이 그렇게 재미있을 수가 없었습니다. 돌이켜보면 역사학자 흉내를 내며 지금 하는 일과 크게 다르지 않은 것 같습니다. 또 초등학생 시절 외할아버지께 불려가서 『사자소학』이며 『명심보감』 등을 읽고 쓰고 외면서 살짝 맛보았던 고풍스러움(?)은 지금도 변하지 않는 제 취향입니다.

운 좋게 국사학과에 입학해서는 진짜 역사학자들의 학문을 어깨너머로 들여다보며 제법 희열을 느끼고는 했습니다. 아둔하지만, 그래도 공부를 하겠노라 마음먹은 것은 최승희 선생님, 최병헌 선생님, 정옥자 선생님, 이태진 선생님, 노태돈 선생님, 김인걸 선생님, 노명호 선생님, 송기호 선생님, 문중양 선생님 등 존경하는 은사님들을 조금이라도 닮고 싶다는 욕심에서 비롯되었습니다.

대학원 생활은 14동과 9동 연구실에서 동고동락한 동료들 덕분에 퍽 즐거웠습니다. 점심 때는 아침에, 저녁 때는 점심에, 야참 때는 저녁에 공부한

싱싱한 내용이 올라와, 학교 식당의 긴 테이블에는 언제나 최고의 성찬이 차려지곤 했습니다. 그때 주위들은 다른 시대, 다른 분야의 이야기들이 지금까지도 든든한 밑천 노릇을 하고 있습니다. 특히 함께 고려시대를 전공하는 정요근, 최종석, 이강한, 이명미, 송용덕, 김우택, 황향주, 오희은, 서은혜, 배재호 선생님들과 무수한 스터디, 세미나에서 나누었던 대화가 제 공부의 큰 밑거름이 되었습니다. 특히 최종석 선생님은 언제나 재기 넘치는 아이디어로 저를 일깨워주곤 하십니다.

제가 고문서에 관심을 가지기 시작한 것은 2007년에 대학원에서 최승희 선생님의 '한국고문서연구' 수업을 들으면서부터였습니다. 한 장, 혹은 몇 장을 이어붙인 종이에 적혀 있는 몇 자 되지 않는 내용이더라도, 그 글을 쓴 사람, 그 문서를 주고받는 주체, 그들 사이의 관계, 글자체와 인장 혹은 서명, 심지어 종이를 접는 법과 봉투에 넣고 봉하는 방법 등등 거기에 서려 있는 정보 하나하나에 흥분했던 감정이 이 책을 쓰게 된 동기이자 원동력이 되었습니다. 고문서 중에서도 외교문서에 관심을 가지게 된 것은 마침 그 무렵 『吏文』이라는 책을 접하면서부터였습니다. 처음 마주했던 문서는 『이문』 권2에 9번째로 실린 〈金義叛逆都評議使司申〉이었는데, 우왕 즉위년(1374) 11월에 발생한 이른바 '明使 살해 사건'을 수사한 결과를 담아 고려의 도평의사사에서 명나라 中書省에 보낸 문서입니다. 『고려사』와 같은 기본 사료에서는 찾아볼 수 없는 사건 내용도 흥미로웠지만, 정작 제 관심을 끌었던 것은 그 문서를 작성해서 발송하기까지의 경위였습니다. 처음 보는 단어와 문법 구조 등이 많아 대단히 낯설었지만, 그 각각에 대해 조선 초의 어문학자 崔世珍이 해설해놓은 『吏文輯覽』의 도움을 받아 띄엄띄엄 풀이해나가면서 느낀 희열 역시 잊을 수 없습니다. 『이문』을 함께 읽으며 함께 고생하면서도 큰 가르침을 주셨던 공부모임의 김경록 선생님, 김순자 선생님, 백옥경 선생님께 감사드립니다.

『이문』과 막 씨름을 시작하던 2007년 가을, 처음으로 가 본 중국은 몹시 인상적이었습니다. 특히 청나라 건륭제의 무덤을 보고서 그 엄청난 규모에 일단 압도되었고, 그 다음으로는 그런 중국을 이웃에 두고 우리는 여태껏 어떻게 살아왔는지 궁금해졌습니다. 제가 한중관계사를 전공하게 된 계기는 사실 이런 원초적인 감상과 호기심이었습니다. 중국사에 대해서는 완전한

무지렁이였던 제가 그래도 이나마 아는 척을 할 수 있게 된 것은 전적으로 김호동 선생님과 구범진 선생님 덕분입니다. 특히 구범진 선생님은 10년 넘게 어느 과외 선생님도 그렇게 못할 정도로 기초부터 하나하나 가르쳐주고 계십니다.

한국역사연구회에서 또래 연구자들이 모여 꾸린 중세국제관계사연구반은 제게 든든한 친정 같은 둥지입니다. 2009년부터 거르지 않고 매달 두 번씩 모임을 이어오면서 귀동냥도 하고 재기발랄한 아이디어도 얻곤 했습니다. 제가 쓴 글의 반 이상은 이 모임에서 내주신 숙제를 하는 과정에서 나온 것이라고 해도 과언이 아닙니다. 늘 지혜를 나눠주시는 이규철, 구도영, 김창수, 이승민 선생님 등께 짙은 우정을 담아 감사 인사를 올립니다.

이 책은 제가 2016년 서울대학교에 제출한 박사학위논문『高麗時代 外交文書 研究』를 다듬은 결과물입니다. 외교문서를 10년 가까이 물고 늘어진 끝에 내보이는 보잘것없는 글입니다만, 두 가지 점에는 무척 신경을 썼습니다. 하나는 관련 사료는 모두 검토하고 언급하고자 했다는 점이고, 다른 하나는 관련 연구는 찾을 수 있는 한 다 찾아 읽고 반영하고자 했다는 점입니다. 애초부터 그럴 마음을 먹은 것은 아니었습니다. 오직 노명호 선생님의 준엄하신 지도 덕분입니다. "그게 다인가요?" 논문을 쓰는 동안뿐만 아니라 책의 서문을 지금까지도 끊임없이 제 스스로에게 되묻게 만드는 선생님의 말씀이 연구자로서 제 삶을 규정하고 있습니다. 한없이 부족한 글을 읽어주시고 문장 하나하나 바로잡아주신 송기호 선생님, 오수창 선생님, 남동신 선생님, 이근명 선생님께 고개 숙여 감사드립니다.

돈이 되지 않는 공부를 하면서도 여태까지 큰 어려움을 겪지 않을 수 있었던 것은 저를 잘 알지 못하시고, 저도 잘 알지 못하는 어느 분들의 도움이 있었기 때문입니다. 서울장학재단, 서암장학재단, 유성장학재단, 서울대학교 인문대학 등에서 무사히 대학원 과정을 마칠 수 있도록 도움을 주셨습니다. 노는 박사 시절에는 한국연구재단, 국사편찬위원회, 아모레퍼시픽재단, 포니정재단의 지원을 받아 연구를 이어갈 수 있었습니다. 현재 몸담고 있는 서울교육대학교의 동료 선생님들께도 감사한 마음을 전합니다.

한국 중세사 연구자라면 누구나 선망하고 또 빚을 지고 있는 도서출판 혜안에서 제 첫 번째 책을 낼 수 있게 되어 대단히 영광입니다. 길기만하고 지루하기 짝이 없는 원고를 꼼꼼히 검토해주신 김태규 선생님께 감사드립니다.

건강한 몸과 마음을 물려주시고, 한없는 믿음과 사랑을 쏟아주시는 어머니, 아버지께 감사드립니다. 무능한 주제에 살갑지도 못한 사위지만 늘 응원하고 지지해주시는 장인어른, 장모님께 감사드립니다. 연구자 동료에서 인생의 동반자가 되어, 가장 날카롭게 바로잡아주고 가장 따뜻하게 품어주는 임나영 선생님께 그간 못 다한 가장 큰 마음을 담아 감사 인사를 올립니다.

돌이켜보니 지금까지 너무 큰 빚을 지고 살았습니다. 할 수 있는 것이 노력뿐이라 최선을 다해 공부해서 더 좋은 글로써 보답하겠습니다.

2022년 8월

차 례

서 론

1절 연구 과제와 목적

1. 연구의 목적

고려의 대외관계

고려는 왕조의 존속 기간(918~1392) 동안 五代부터 北宋과 契丹, 南宋과 金, 몽골제국, 그리고 明에 이르기까지 수많은 중국 왕조들과 교류하였다. 여기에 吳越, 南唐과 같은 10세기 전반의 十國 왕조들에다, 遼東 일대에서 잠시 자립했던 興遼國, 東眞, 그리고 14세기 중후반의 張士誠, 方國珍 등 중국 江南의 군웅들 및 納哈出, 高家奴 등 요동의 세력들까지 더하면 중국 측 상대의 수는 더욱 늘어난다. 고려의 34명 국왕 가운데 28명은 8개의 왕조로부터 책봉을 받았다. 『고려사』世家에 기재된 것만을 기준으로 하여도, 475년 동안 고려에서 중국의 왕조에 사신을 파견한 횟수는 총 1,300여 회에 달하며, 그보다 약간 적은 1,000여 회의 사절이 중국 측에서 고려에 파견되어왔다. 『고려사』世家나 『고려사절요』의 전체 기록 가운데에는 이들 사신 왕래에 관련된 내용 및 그들이 지참하고 있었던 외교문서를 옮긴 부분이 상당한 비중을 차지한다.

고려가 상대했던 다양한 중국 왕조들은 각각 구성 종족이나 성격 등에서 큰 차이를 보였다. 한족 중심의 송이나 명이 주도했던 시기는 오히려 매우 짧았고, 거란·女眞·몽골 등 북방민족이 중심이 되었던 왕조가 패권을 장악한 기간이 훨씬 길었다. 또한 어느 왕조가 주도했는가에 따라 국제질서의 성격도 크게 달랐다. 10세기 전반부터 중반까지는 오대십국이 치열하게 경쟁하는 국면이 전개되었고, 10세기 후반부터 13세기 초까지는 북송과 거란, 남송과 금이 남북으로 양립하는 형세가 펼쳐졌다. 이른바 다원적 국제질서가 유지되던 시기이다. 그러나 그 내부에도 편차가 있어, 11세기에는 북송과 거란이 완전한 대등 관계에 근거하여 병존했다면, 12세기 전반에는 금이 확실한 우위를 장악한 채 동아시아 국제질서를 주도하기도 하였다. 13세기 초에 국제무대에 등장한 몽골족에 의해 13세기 중반부터 14세기 중반까지는 세계사적으로 유례가 없는 대제국이 동아시아뿐 아니라 유라시아대륙 전반을 장악하였다. 14세기 후반 건국한 명은 몽골제국의 옛 질서를 빠르게 무너뜨리며 자신이 중심이 된 일원적 국제질서를 창출하는 데에 진력하기도 하였다.

외교의 수단 : 사신과 외교문서

이처럼 다양한 왕조들과, 다양한 국제질서의 양태 속에서 고려는 장기간 독자적인 왕조를 유지해가면서 이들과 외교관계를 맺어왔다. 멀리 떨어진 지역 사이에도 어려움 없이 의사소통을 할 수 있는 현대와 달리, 전근대 동아시아 국제질서에서 외교는 정기적, 비정기적으로 양국 사이를 왕래하는 使臣과 그들이 전달하는 外交文書를 통해 이루어졌다. 즉 사신 왕래와 외교문서 교환은 외교의 가장 주된, 아니, 거의 유일한 수단이 되었던 것이다.

고려와 중국 왕조들 사이의 관계에서는 일반적으로 여러 층위의 소통 창구를 마련해두고 있었다. 가장 상위에는 군주 대 군주 사이의 교섭 창구가 있었고, 그 아래로 양국의 중앙 정부 사이, 최하위 단계에서는 국경을 맞대고 있는 지방 관부들 사이에서도 수시로 교섭이 이루어졌다. 외교를 통해 어떠한 내용의 교섭을 벌일 것인지 뿐만 아니라 어떠한 경로를 통해 의사를 전달할 것인지 역시 중요한 고려 사항이었다. 의사소통의 경로, 즉 누구 명의의 사신을 교환하고, 어떠한 서식의 외교문서를 사용할 것인지가 중요한 문제가 되었던 것이다. 한중관계의 전개에 따라 이러한 다층적인 교섭의 창구들은 때로는 활짝 열리기도 하고 때로는 완전히 닫히기도 하였으며, 사안에 따라서는 여러 층위에서 동시에 교섭이 이루어지기도 하고, 때로는 군주 사이의 교섭, 혹은 지방 관부 사이의 교섭만으로 해결점을 찾기도 하였다.

연구 과제 : 의사소통 수단과 경로

기존의 고려시대 한중관계사 연구에서는 여러 시기에 양국 사이에서 문제가 되었던 다양한 사안들을 둘러싸고 양자가 어떠한 입장에서, 어떠한 주장을 펼치고, 어떻게 합의에 이르거나 또는 갈등을 빚었는지를 검토해왔다. 다만 대부분의 연구가 특정 시기, 특정 사안을 분석하는 데 집중했던 까닭에 그를 둘러싼 양국의 의사소통이 어떠한 제도 내지는 관행 속에서 이루어졌는지에 대해서는 상세히 밝혀지지 않았다.

이 책에서는 고려시대 대중국 관계에서 의사소통의 문제, 구체적으로는 사신 왕래와 외교문서를 둘러싸고 어떠한 제도와 관행이 성립되고 운용되었는지를 살펴보고자 한다. 일차적으로는 시대별로 사신 파견의 주체와 성격, 문서 행위의 주체와 그 서식, 그리고 왕래 방식 등을 분석할 것이다. 어떠한 소통 수단을 통해 양자가 어떻게 자신의 의사를 표명하였고 어떻게 교섭하였는지, 현안을 둘러싼 교섭 내용과 소통 수단의 문제가 어떠한 상관관계를 가지는지 등을 아울러 검토할 것이다. 나아가 해당 시기 국제질서의 성격과 의사소통의 수단은 서로 어떻게 영향을 주었는지, 그 속에서 고려는 어떠한 위치에 존재했는지를 밝혀보고자 한다.

외교문서 연구의 의의

외교문서란 국가 사이의 현안에 대해서 외교의 담당자가 작성하여 상대국과 주고받은 공적인 문서라고 정의할 수 있다. 현대 외교에서는 고도로 발달된 교통과 통신 수단에 힘입어 어떤 사안이 발생했을 때에 외교 주체들이 즉각적으로 대응할 수 있다. 또 상대국에 대사관, 영사관 등을 설치하여 외교의 파트너와 상시로 접촉하며 對面, 또는 書面을 통해 의견을 교환하고 있다. 반면에 전근대 동아시아에서의 외교, 즉 국가 사이의 교섭은 정기적·비정기적 사신 파견과 그들이 전달하는 외교문서를 통해서만 이루어졌다.

그런데 당시에는 '人臣無外交'라는 원칙이 널리 인식되어 사신 개인이 현지에서 벌이는 일체의 정치적 활동은 용납되지 않았다. 설사 있었다 하더라도 그 내용이 문서화되지 않는 이상 공식적으로 인정되지는 않았다. 즉 사신의 역할은 외교문서를 전달하는 데로만 한정되었을 뿐이었다. 전근대 동아시아에서의 외교는 전적으로 외교문서를 통해서만 이루어졌다고 해도 크게 틀리지 않다.

따라서 고려시대의 외교관계를 연구하려면 반드시 외교문서를 검토해야 한다. 물론 문서가 담고 있는 내용, 즉 거기에 표출된 행위자들의 의지를 파악하는 것이 매우 중요하다. 문서가 어떠한 현안을 다루고 있는지, 이를 통해 양자가 성취하고자 했던 목표는 무엇인지 등을 분석하는 것이 가장 중요한 과제가 된다. 그러나 그에 못지않게 외교문서가 가지고 있는 내부적, 혹은 형식적인 요소들, 즉 발신과 수신의 주체, 문서의 서식, 작성과 전달에 이르는 과정, 자신과 상대에 대한 호칭 등을 파악하는 것 역시 큰 의미가 있다. 특히 이 책이 목표로 삼는 외교의 제도와 관행을 검토하기 위해서는 이상의 요소를 세밀하게 살펴볼 필요가 있다. 나아가 문서의 외부적 요소, 즉 그것이 작성된 시점에서의 양국 내부의 정치 상황, 당사자가 된 국가 사이의 상호 인식, 그리고 당시의 국제질서와 외교관계의 형식 등에 이르기까지 외교문서가 담고 있는 정보는 매우 광범위하다. 이에 이 책에서는 외교문서를 소재로 위의 요소들을 종합적으로 분석하고자 한다.

2. 기존 연구 검토

대외관계사는 한국사 연구 가운데 중요한 분야의 하나로서 상당한 성과를 축적해왔다. 특히 고려시대에는 다양한 왕조들과 역동적인 외교관계를 맺어왔던 까닭에 대외관계사 연구에서 다른 시대에 비해 훨씬 풍성한 성과를 이룩해왔다. 또한 존속 기간이 길었던 만큼 포괄하는 중국사의 시기도 넓었던 까닭에 각 시기별 중국사 연구의 성과를 반영하여 연구의 깊이 또한 결코 얕지 않다. 이들 연구에 의해 고려 왕조가 중국과의 관계를 어떻게 유지해왔는지에 대해서는 많은 부분이 밝혀졌다.

주요 연구 경향 1 : 주제별 연구

각 시기별, 국면별 주요 연구 성과들은 본문의 각 장·절마다 정리하기로 하며, 여기서는 기존의 고려시대 대외관계사 연구에서 주로 다루어졌던 주요한 경향을 몇 가지로 나누어 살펴보기로 한다.

첫째는 고려를 둘러싼 국제관계 일반에 대해 검토한 연구이다. 全海宗은 한중관계사를 朝貢關係로 명명하는 가운데 고려와 송의 관계를 조공관계의 발전, 요·금·원과의 관계를 그 변질로 보았으며, 고려-명 관계를 통해서 전형적 조공관계가 성립된 것으로 이해한 바 있다.[1] G. Ledyard는 동아시아 국제관계사를 중원과 만주, 한반도의 삼각관계 속에서 분석하며, 한족 왕조의 팽창과 수축이 반복되는 과정에서 한반도가 처했던 상황을 구조적으로 이해하고자 하는 試論을 제시하였다.[2] 김한규는 비슷한 인식 하에 한중관계 에서 遼東의 중요성을 강조하며, 요동과 중원이 통합되어 있던 시기와 분리되어 있던 시기의 한중관계의 특징을 분석하였고, 아울러 역대 중국 왕조가 구상하고 있던 천하질서의 특징 속에서 한반도 왕조들이 어떻게 위치하였는 지를 검토하였다.[3] 윤영인은 10~12세기 동아시아 국제질서의 특징을 조망하 는 가운데, 고려와 중국 왕조와의 관계를 한족 중심의 조공체제 이념에서 벗어나 다원적인 국제질서 속에서 파악할 것을 제안하였다.[4]

둘째, 전쟁이나 영토·인구 문제 등 양국 사이의 분쟁, 혹은 주요 현안에 주목한 연구이다. 고려와 송은 국경을 맞대고 있지 않았기 때문에 갈등을 빚은 일이 상대적으로 적었으나 거란, 혹은 금과의 대치 상황에서 군사적 연합을 도모한 정황에 대해 연구된 바 있으며, 그밖에도 표류민 문제를 둘러싼 연구가 있었다.[5] 고려-거란 관계에 관해서는 3차에 걸친 전쟁의

---

1) 全海宗, 「韓中 朝貢關係考」, 『韓中關係史研究』, 一潮閣, 1970.
2) Gari K. Ledyard, "Yin and Yang in the China-Manchuria-Korea Triangle," Morris Rossabi ed., *China among Equals*, Berkely : University of California Press, 1983.
3) 김한규, 『한중관계사』 Ⅰ·Ⅱ, 아르케, 1999 ; 김한규, 『天下國家-전통 시대 동아시아 세계 질서』, 소나무, 2005.
4) 윤영인, 「10~13세기 동북아시아 多元的 國際秩序에서의 冊封과 盟約」, 『東洋史學研究』 101, 2007 ; 윤영인, 「10~12세기 동아시아의 다원적 국제질서와 한중관계」, 이익주 외 지음, 『동아시아 국제질서 속의 한중관계사-제언과 모색』, 동북아역사재단, 2010.

전개 및 교섭 과정에 대해 검토한 연구6) 외에도 압록강 근처의 영토를 둘러싼 분쟁에 대한 연구가 많이 이루어졌다.7) 고려-금 관계에서는 금 건국 이전 고려의 동북면 경략에 대한 연구와 함께,8) 압록강 하구의 保州 관할권 문제를 둘러싼 분쟁이 검토된 바 있다.9) 고려와 몽골의 약 30년에 걸친 전쟁 기간에 대한 연구는 전쟁의 전개 양상에 대한 연구와10) 그 사이의 외교교섭에 관한 연구가 있었으며,11) 이후의 일본 원정에 대한 종합적인 연구도 있었다.12) 몽골은 고려의 동북면과 서북면에 각각 雙城摠管府와 東寧府를 설치하여 이전보다 강력하게 영향력을 발휘한 바 있었으므로 이에 대한 연구가 많이 이루어졌고,13) 또한 貢女 문제 등도 연구된 바 있으며,14) 아울러

---

5) 이승민, 「고려 전·중기 동북아시아 해역에서의 표류민 송환과 국제관계」, 가톨릭대학교 석사학위논문, 2007 ; 전영섭, 「10~13세기 漂流民 送還體制를 통해 본 동아시아 교통권의 구조와 특성」, 『石堂論叢』 50, 2011.

6) 池内宏, 「遼の聖宗の女眞征伐」, 『滿鮮史研究』 中世 第一冊, 東京 : 岡書院, 1933 ; 金渭顯, 「契丹·高麗間的女眞」, 『明知史論』 9, 1998 ; 최덕환, 「993년 고려-거란 간 갈등 및 여진 문제」, 『역사와 현실』 85, 2012.

7) 李美智, 「고려 宣宗代 権場 문제와 對遼 관계」, 『韓國史學報』 14, 2003 ; 김순자, 「10~11세기 高麗와 遼의 영토 정책−압록강선 확보 문제를 중심으로」, 『北方史論叢』 11, 2006 ; 金佑澤, 「11세기 對契丹 영역 분쟁과 高麗의 대응책」, 『韓國史論』 55, 2009 ; 許仁旭, 「高麗·契丹의 압록강 지역 영토분쟁 연구」, 고려대학교 박사학위논문, 2012.

8) 池内宏, 「完顔氏の葛懶甸經略と尹瓘の九城の役」, 『滿鮮史研究』 中世 第一冊, 東京 : 岡書院, 1933 ; 金九鎭, 「尹瓘九城의 範圍와 朝鮮 六鎭開拓−女眞勢力 關係를 中心으로」, 『史叢』 21·22, 1997 ; 方東仁, 「高麗의 東北地方境域에 關한 硏究−특히 尹瓘의 九城設置範圍를 중심으로」, 『嶺東文化』 1, 1980 ; 송용덕, 「1107~1109년 고려의 葛懶甸 지역 축성과 '尹瓘 9城' 인식」, 『韓國史學報』 43, 2011 ; 김순자, 「고려중기 국제질서의 변화와 고려-여진 전쟁」, 『한국중세사연구』 32, 2012.

9) 김순자, 「12세기 고려와 여진·금(金)의 영토 분쟁과 대응」, 『역사와 현실』 83, 2012.

10) 姜晉哲, 「蒙古의 侵入에 대한 鬪爭」, 『韓國史』 7, 國史編纂委員會, 1973 ; 柳在城, 『對蒙抗爭史』, 國防部 戰史編纂委員會, 1988 ; 尹龍爀, 『高麗對蒙抗爭史研究』, 一志社, 1991.

11) 申安湜, 「고려 崔氏武人政權의 對蒙講和交涉에 대한 一考察」, 『國史館論叢』 45, 1993 ; 姜在光, 『蒙古侵入에 대한 崔氏政權의 外交的 對應』, 景仁文化社, 2011.

12) 池内宏, 『元寇の新研究』, 東京 : 東洋文庫, 1931 ; 한일문화교류기금·동북아역사재단 편, 『몽골의 고려·일본침공과 한일관계』, 景仁文化社, 2009 등.

13) 方東仁, 「雙城摠管府考(上)」, 『關東史學』 1, 1982 ; 方東仁, 「東寧府置廢小考」, 『關東史學』 2, 1984 ; 金九鎭, 「麗·元의 領土紛爭과 그 歸屬問題−元代에 있어서 高麗本土와 東寧府·雙城摠管府·耽羅摠管府의 分離政策을 중심으로」, 『國史館論叢』 7, 1989 ; 方東仁, 「麗·元關係의 再檢討−雙城摠管府와 東寧府를 중심으로」, 『國史館論叢』 17, 1990 ; 이정신, 「원간섭기 동녕부의 존재형태」, 『고려시대의 정치변동과 대외정책』, 景仁文化社, 2004

공민왕 말년에 단행된 세 차례의 東寧府 정벌에 대한 연구도 상세히 이루어진 바 있다.[15) 고려-명 관계에서는 鐵嶺衛 문제를 비롯해서 요동과 한반도 북부의 주도권을 둘러싼 갈등을 분석한 연구가 있었다.[16) 이 밖에도 이상의 문제들을 종합적으로 검토하여 고려시대 영토 문제에 대해 통시대적으로 다룬 연구도 제출된 바 있다.[17)

셋째는 외교관계와 국내 정치를 연계하여 분석한 연구이다. 각 시기별 대외관계의 전개와 고려 정부의 외교 정책, 그리고 그를 둘러싼 국내 정치세력의 입장과 동향 등을 분석하는 연구방법으로, 각 시기별로 다양한 연구가 제시된 바 있다. 고려 전기 對宋, 對契丹 외교정책을 둘러싼 고려 조정의 동향에 대한 연구,[18) 고려의 對金 외교정책에 대한 연구,[19) 고려의 정치적 상황에 따른 대외정책의 변화에 대한 연구가 있었다.[20) 특히 고려-몽골 관계에서는 대외관계가 국내의 정치 세력의 변동과 밀접하게 연관되어

; 김순자,「고려·원(元)의 영토정책, 인구정책 연구」,『역사와 현실』60, 2006 ; 강재구,「高麗 元宗代 麗·蒙關係와 東寧府 설치」, 가톨릭대학교 석사논문, 2015.

14) 柳洪烈,「高麗의 元에 對한 貢女」,『震檀學報』18, 1957 ; 金渭顯,「麗元間 人的交流考」,『關東史學』5·6, 1994 ; 이정신,「공녀를 통해 본 고려와 원과의 관계」, 김준엽 선생 기념서 편찬위원회 편,『동아시아 국제관계사』, 아연, 2010.

15) 池內宏,「高麗恭愍王朝의 東寧府征伐についての考」,『滿鮮史硏究』中世 第三冊, 東京 : 吉川弘文館, 1963 (初出은『東洋學報』8-2, 1916) ; 朴焞,「高麗末 東寧府征伐에 대하여」,『中央史論』4, 1985 ; 김순자,「元·明의 교체와 中國과의 관계 변화」,『韓國 中世 韓中關係史』, 혜안, 2007 ; 오기승,「恭愍王代 東寧府征伐의 性格」, 중앙대학교 석사학위논문, 2010 ; 오기승,「高麗末 東寧府의 形態 變遷과 高麗 流移民」,『역사민속학』46, 2014.

16) 朴元熇,「鐵嶺衛의 位置에 관한 再考」,『東北亞歷史論叢』13, 2006 ; 朴元熇,「鐵嶺衛 설치에 대한 새로운 관점」,『韓國史硏究』136, 2006 ; 김순자,『韓國 中世 韓中關係史』, 혜안, 2007 ; 남의현,「元末明初 朝鮮·明의 요동쟁탈전과 국경분쟁 고찰」,『한일관계사 연구』42, 2012 ; 정동훈,「몽골제국의 붕괴와 고려-명의 유산 상속분쟁」,『역사비평』121, 2017.

17) 盧啓鉉,『高麗領土史』, 甲寅出版社, 1993.

18) 具山祐,「高麗 成宗代 對外關係의 展開와 그 政治的 性格」,『韓國史硏究』78, 1992 ; 朴宗基,「高麗中期 對外政策의 變化에 대하여－宣宗代를 중심으로」,『韓國學論叢』16, 1994 ; 박종기,「11세기 고려의 대외관계와 정국운영론의 추이」,『역사와 현실』30, 1998 ; 서성호,「고려 태조대 대(對)거란 정책의 추이와 성격」,『역사와 현실』34, 1999 ; 秋明燁,「11세기후반~12세기초 女眞征伐問題와 政局動向」,『韓國史論』45, 2001.

19) 朴漢男, 앞의 논문, 1994.

20) 이정신,『고려시대의 정치변동과 대외정책』, 景仁文化社, 2004.

있었던 까닭에 관련 연구가 매우 풍부하게 이루어졌다.[21] 근래에는 13세기 후반부터 14세기 중반에 걸쳐 고려와 몽골제국 사이에 정책적 차원에서 공유가 이루어지고 있었음이 다각도에서 분석되기도 하였다.[22] 또한 고려 말의 상황에 대해서도 특히 우왕 대 이후를 중심으로 북원 및 명과의 관계와 국내 정치 변동을 연계시켜 파악한 연구가 일찍부터 축적되어왔다.[23]

넷째, 고려와 중국 여러 왕조 사이의 교역을 비롯한 경제적 측면에 주목한 연구이다. 이에 관해서는 고려-송 관계에서 활발했던 宋商의 왕래 및 무역에 관련된 연구가 주를 이루었다.[24] 고려-몽골 관계에서는 다른 영역과 마찬가지로 경제적 교류가 매우 활발하였는데, 이에 대해서는 원 寶鈔의 유입에 관련된 문제를 비롯하여,[25] 양국의 교역에 대한 연구가 심도있게 이루어진

21) 張東翼, 『高麗後期外交史硏究』, 一潮閣, 1994 ; 李益柱, 「高麗·元關係의 構造와 高麗後期 政治體制」, 서울대학교 박사학위논문, 1996 ; 金塘澤, 『元干涉下의 高麗政治史』, 一潮閣, 1998 ; 閔賢九, 『高麗政治史論』, 고려대학교 출판부, 2004 ; 이명미, 「13~14세기 고려·몽골 관계 연구-정동행성승상 부마 고려국왕, 그 복합적 위상에 대한 탐구」, 혜안, 2016 ; 김형수, 『고려후기 정책과 정치』, 지성人, 2013 ; 김광철, 『원간섭기 고려의 측근정치와 개혁정치』, 景仁文化社, 2018.

22) 李康漢, 「征東行省官 闊里吉思의 고려제도 개변 시도」, 『韓國史硏究』 139, 2007 ; 이강한, 「고려 충선왕·원 무종의 재정운용 및 '정책공유'」, 『東方學志』 143, 2008 ; 이강한, 「고려 충선왕의 정치개혁과 元의 영향」, 『한국문화』, 2008 ; 이강한, 「공민왕대 재정운용 검토 및 충선왕대 정책지향과의 비교」, 『韓國史學報』 34, 2009 ; 이강한, 「고려 충숙왕의 전민변정 및 상인등용」, 『역사와 현실』 74, 2009 ; 이강한, 「고려 충혜왕대 무역정책의 내용 및 의미」, 『한국중세사연구』 27, 2009.

23) 李相佰, 「李朝建國의 硏究」 1·2·3, 『震檀學報』 4·5·7, 1936·1937 ; 김순자, 『韓國 中世 韓中關係史』, 혜안, 2007 ; 이명미, 「고려 말 정치·권력구조의 한 측면-황제권의 작용 양상을 중심으로」, 『東國史學』 58, 2015.

24) 金庠基, 「麗·宋貿易小考」, 『震檀學報』 7, 1937(金庠基, 『東方文化交流史論考』, 1948에 재수록) ; 박옥걸, 「高麗來航 宋商人과 麗·宋의 貿易政策」, 『大東文化硏究』 32, 1997 ; 金澈雄, 「高麗와 宋의 海上交易路와 交易港」, 『中國史研究』 28, 2004 ; 백승호, 「고려와 송의 무역 연구」, 전남대학교 박사학위논문, 2006 ; 김영제, 「宋·高麗 交易과 宋商-宋商의 經營形態와 그들의 高麗居住空間을 中心으로」, 『사림』 32, 2009 ; 김영제, 「『高麗史』에 나타나는 宋商과 宋都綱-特히 宋都綱의 性格 解明을 中心으로」, 『全北史學』 39, 2011 ; 李鎭漢, 『高麗時代 宋商往來 硏究』, 景仁文化社, 2011 ; 김영제, 「교역에 대한 宋朝의 태도와 高麗海商의 활동-高麗 文宗의 對宋 入貢 배경과도 관련하여」, 『歷史學報』 213, 2012 ; 김영제, 『고려상인과 동아시아 무역사』, 푸른역사, 2019.

25) 李康漢, 「고려후기 元寶鈔의 유입 및 유통실태」, 『韓國史論』 46, 2001 ; 위은숙, 「원간섭 기 寶鈔의 유통과 그 의미」, 韓國中世史學會 편, 『韓國中世社會의 諸問題-金潤坤教授定年

바 있다.[26] 고려-명 관계에서는 말 무역을 비롯한 공무역과 기타 사무역에 대해서 간단하게 다룬 바 있다.[27] 한편 고려시대 대외무역에 대해서도 통시대적인 연구가 제출된 바 있다.[28]

다섯째로는 고려와 중국의 상호 인식에 관한 연구이다. 이에 대해서는 양국 문인들이 남긴 글뿐만 아니라 외교문서에서의 지칭 표현 등이 분석 소재로 폭넓게 활용되면서 연구가 진척되어 왔다. 자료의 상황에 비례하여 연구가 비교적 활발한 부분은 고려와 송의 상호 인식에 대한 것이고,[29] 거란·금에 대한 연구는 주로 금 건국 이전 女眞에 대한 인식에 집중되어 있다.[30] 고려가 당시의 몽골제국, 원을 어떻게 인식했는지에 대해서도 주목된 바 있었으며,[31] 고려 말 원과 명이 교체되는 시점에서의 華夷論에 대해서도 여러 측면에서 검토되었다.[32] 또한 국제관계와의 관련 속에서 고려인들의 자의식에 주목하여 독자적인 천하관을 가지고 있었음에 주목한 연구도 있었다.[33]

紀念論叢』, 2001 ; 김도연, 「元간섭기 화폐유통과 寶鈔」, 『韓國史學報』 18, 2004.

26) 全海宗, 「麗·元 貿易의 성격」, 『東洋史學研究』 12·13, 1978 ; 위은숙, 「원간섭기 對元交易 -『老乞大』를 중심으로」, 『지역과 역사』 4, 1997 ; 위은숙, 「13·14세기 고려와 요동의 경제적 교류」, 『民族文化論叢』 34, 2006 ; 이강한, 『고려와 원제국의 교역의 역사』, 창비, 2013.

27) 김순자, 「麗末鮮初 明과의 馬貿易」, 『韓國 中世 韓中關係史』, 혜안, 2007 ; 李鎭漢, 「高麗末 對明 私貿易과 使行貿易」, 『韓國研究センター年報』 9, 2009.

28) 이진한, 『고려시대 무역과 바다』, 景仁文化社, 2014.

29) 李範鶴, 「蘇軾의 高麗排斥論과 그 背景」, 『韓國學論叢』 15, 1993 ; 정수아, 「高麗中期 對宋外交의 展開와 그 意義 -北宋 改革政策의 수용을 중심으로」, 『國史館論叢』 61, 1995 ; 박지훈, 「宋代 士大夫의 高麗觀」, 『梨花史學研究』 30, 2003 ; 李錫炫, 「宋 高麗의 外交交涉과 認識, 對應 -北宋末 南宋初를 중심으로」, 『中國史研究』 39, 2005 ; 申採湜, 「宋代 朝廷과 官僚의 高麗觀」, 『宋代對外關係研究』, 한국학술정보, 2008 ; 近藤一成, 「宋代神宗朝の高麗 認識と小中華 -曾鞏をめぐって」, 『全北史學』 38, 2011 ; 이근명, 「蘇軾 高麗 관련 논설의 譯註(1)」, 『中國史研究』 97, 2015 ; 이근명, 「蘇軾 高麗 관련 논설의 譯註(2)」, 『中國史研究』 98, 2015 ; 이근명, 「蘇軾 高麗 관련 논설의 譯註(3)」, 『中國史研究』 107, 2017.

30) 추명엽, 「고려전기 '번' 인식과 '동·서번'의 형성」, 『역사와 현실』 43, 2002 ; 김순자, 「고려전기의 거란遼, 여진金에 대한 인식」, 『한국중세사연구』 26, 2009.

31) 채웅석, 「원간섭기 성리학자들의 화이관과 국가관」, 『역사와 현실』 49, 2003.

32) 김순자, 「元·明 교체와 麗末鮮初의 華夷論」, 『한국중세사연구』 10, 2001 ; 도현철, 「형세· 문화적 화이관과 사대외교」, 『목은 이색의 정치사상 연구』, 혜안, 2011 ; 이익주, 「원-명 교체에 대한 생각」, 『이색의 삶과 생각』, 일조각, 2013.

여섯째로, 고려와 중국 왕조들이 맺었던 외교관계의 제도적 측면에 주목한 연구들이 활발하게 이루어지고 있다. 사신 왕래와 관련된 제도적 문제가 검토되었고,[34] 특히 최근에는 賓禮의 분석을 통해 당시의 국제질서 전체를 조망하고자 하는 시도가 이어지고 있다.[35] 이 책의 연구주제와 직접 관련되는 외교문서에 대해서도 단편적으로나마 연구가 이어졌다.[36]

마지막으로 최근에는 중국, 혹은 일본 측의 자료 가운데서 고려와 관련된 사료를 추출하여 시기별, 사안별, 유형별로 분류한 자료집이 몇 종 편찬되어

33) 盧明鎬, 「東明王篇과 李奎報의 多元的 天下觀」, 『震檀學報』 83, 1997 ; 盧明鎬, 「高麗時代의 多元的 天下觀과 海東天子」, 『韓國史研究』 105, 1999 ; 秋明燁, 「高麗時期 海東 인식과 海東天下」, 『韓國史研究』 129, 2005 ; 노명호, 『고려국가와 집단의식-자위공동체, 삼국 유민, 삼한일통, 해동천자의 천하』, 서울대학교출판문화원, 2009.

34) 朴漢男, 「高麗 前期 '橫宣使' 小考」, 阜村 申延澈教授 停年退任紀念 史學論叢 刊行委員會 編, 『阜村申延澈教授停年紀念史學論叢』, 일월서각, 1995 ; 豊島悠果, 「一一一六年入宋高麗 使節의 體驗-外交·文化交流의 現場」, 『朝鮮學報』 210, 2009 ; 豊島悠果, 「金朝의 外交制度와 高麗使節-二〇四年賀正使節行程의 復元試案」, 『東洋史研究』 73-3, 2014 ; 이승민, 「10 ~12세기 하생신사(賀生辰使) 파견과 고려-거란 관계」, 『역사와 현실』 89, 2013 ; 정동훈, 「명초 국제질서의 재편과 고려의 위상」, 『역사와 현실』 89, 2013.

35) 김성규의 연구가 이에 해당하는데, 고려와 직접 관련이 있는 것만 꼽아보아도, 金成奎, 「宋代 東아시아에서 賓禮의 成立과 그 性格」, 『東洋史學研究』 72, 2000 ; 金成奎, 「高麗前期 의 麗宋關係」, 『國史館論叢』 92, 2000 ; 金成奎, 「外國朝貢使節宋皇帝謁見儀式復元考」, 『宋 遼金元史研究』 4, 2000 ; 김성규, 「入宋高麗國使의 朝貢 儀禮와 그 주변」, 『全北史學』 24, 2001 ; 金成奎, 「宋朝から觀た高麗·西夏·ベトナムの國際地位に關する一面-'進奉使見辭 儀'の比較を通じて」, 『國際中國學研究』 11, 2008 ; 金成奎, 「金朝의 '禮制覇權主義'에 대하여」, 『中國史研究』 86, 2013 ; 김성규, 「고려 외교에서 의례(儀禮)와 국왕의 자세」, 『역사와 현실』 94, 2014 등을 들 수 있다(이상의 연구는 김성규, 『송대 동아시아의 국제관계와 외교의례』, 신아사, 2020에 재수록). 이 밖에도 빈례에 대한 연구로는 奧村周司, 「高麗に おける八關會的秩序と國際環境」, 『朝鮮史研究會論文集』 16, 1979 ; 奧村周司, 「使臣迎接儀 禮より見た高麗の外交姿勢-十一, 二世紀における對中關係の一面」, 『史觀』 110, 1984 ; 정 동훈, 「고려시대 사신 영접 의례의 변동과 국가 위상」, 『역사와 현실』 98, 2015 ; 박윤미, 「高麗前期 外交儀禮 研究」, 숙명여자대학교 박사학위논문, 2017 ; 윤승희, 「여말선초 對明 外交儀禮 연구」, 숙명여자대학교 박사학위논문, 2021 등을 참조.

36) 森平雅彦, 「13世紀前半における麗蒙交涉の一斷面-モンゴル官人との往復文書をめぐって」, 한일문화교류기금·동북아역사재단 편, 『몽골의 고려·일본침공과 한일관계』, 景仁文化 社, 2009 ; 森平雅彦, 「牒と咨のあいだ-高麗王と元中書省の往復文書」, 『史淵』 144, 2007 ; 鄭東勳, 「高麗-明 外交文書 書式의 성립과 배경」, 『韓國史論』 56, 2010 ; 豊島悠果, 「宋外交 における高麗の位置付け-國書上の禮遇の檢討と相對化」, 平田戊樹·遠藤隆俊 編, 『外交史料 から十～十四世紀を探る』, 東京: 汲古書院, 2013 ; 정동훈, 「冊과 誥命-고려시대 국왕 책봉문서」, 『사학연구』 126, 2017.

관련 연구에 매우 큰 도움을 주고 있다.[37] 또한 관련 자료를 망라하여 고려시대 대외관계 주요 사건을 연대에 따라, 한국과 중국, 일본 순으로 연표 형식으로 정리한 연구가 발표되어, 역시 대외관계사 연구에 매우 큰 도움을 준다.[38] 특히 이들 연구에서는 단순한 자료 소개나 연표 형식의 나열에 그치지 않고, 해당 자료에 대한 분석을 곁들이고 있어 크게 참고가 된다.

주요 연구 경향 2 : 시대별 연구

고려시대 대외관계 연구에서 가장 많은 성과가 쌓인 영역은 역시 고려와 중국 각 왕조 사이의 정치-외교관계를 시기별로 검토한 연구이다. 더 구체적인 연구 분석은 역시 본론으로 미루고, 여기서는 각 시대를 다룬 대표적인 연구들을 중심으로 정리하며, 본론에서 다룰 중요 쟁점을 소개하겠다.

고려와 오대십국 왕조는 공존한 기간이 40년 남짓으로 길지 않고, 양자 사이에 사신 왕래를 비롯한 외교관계가 활발하지 않았으며, 무엇보다 관련 기록이 풍부하게 남아있지 않은 탓에 관련 연구가 많지는 않다. 주로 관련 사료들을 시기 순으로 배열하면서 사건 위주로 복원하는 정도의 연구가 이루어졌으며,[39] 또한 후삼국 사이의 경쟁관계와 대중국 외교의 관련성에 주목한 연구도 있었다.[40] 그러나 장기적 관점에서 고려와 오대십국 사이의 관계가 이전 시기 신라·발해와 당 사이의 관계, 혹은 이후의 고려-송·거란·금 관계와 비교했을 때 어떠한 특징을 가지는지에 대해서는 종합적으로 검토되지 못하였다. 특히 이 시기에는 한반도와 중국 양측 모두 분열된 상태에서 여러 정치체들이 국제적으로 인정을 받기 위해 외교적인 경쟁을 하고 있었다.

37) 張東翼, 『元代麗史資料集錄』, 서울대학교출판부, 1997 ; 張東翼, 『宋代麗史資料集錄』, 서울대학교출판부, 2000 ; 張東翼, 『日本古中世 高麗資料研究』, 서울대학교출판부, 2004 ; 김기섭 외, 『일본 고중세 문헌 속의 한일관계사료집성』, 혜안, 2006 ; 이근명 외 엮음, 『송원시대의 고려사 자료』 1·2, 신서원, 2010.

38) 張東翼, 『高麗時代 對外關係史 綜合年表』, 동북아역사재단, 2009.

39) 李基白, 「高麗初期에 있어서의 五代와의 關係」, 李基白 編, 『高麗光宗研究』, 一潮閣, 1981 ; 金在滿, 「五代와 後三國·高麗初期의 關係史」, 『大東文化研究』 17, 1983 ; 허인욱·김보광, 「『高麗史』 世家 중 五代 관계 기사 역주」, 『한국중세사연구』 19, 2005.

40) 노명호, 「삼국유민의식과 역사계승의식」, 『고려국가와 집단의식』, 서울대학교출판문화원, 2009.

이에 1장 1절에서는 이 시기 고려와 오대십국이 맺었던 관계의 특징을 살피는 한편, 양측 군주 사이에서 왕래한 외교문서의 서식을 통해 서로가 서로를 어떠한 위상으로 인정하고 있었는지를 확인해보도록 하겠다.

고려와 송의 관계에 대해서는 사신 왕래를 중심으로 시기별 양국관계를 검토한 연구를 비롯해서,[41] 조공-책봉을 중심으로 검토한 연구,[42] 문종대의 외교관계 복원 과정에 대한 연구 등이 있었고,[43] 짧은 시기나마 이어졌던 고려와 남송의 외교관계에 대한 연구도 있었다.[44] 또한 유례없이 활발했던 宋商의 왕래를 비롯하여 양국 사이의 교역에 주목한 연구가 많이 이루어졌다.[45] 아울러 양국 문인들이 남긴 글을 통해서 고려와 송의 상호인식에 대한 연구도 깊이있게 이루어졌다.[46] 이처럼 고려와 송의 관계에 대해서는 비교적 풍부한 연구 성과가 제출되었으나 대부분의 연구에서는 양국 관계를 총평하며 '활발함', '우호적' 등 단편적인 평가에 그치거나, 혹은 양국이 외교를 추진했던 의도가 무엇이었는지를 밝히는 데에만 관심이 집중된 경향이 있다. 고려-송 관계는 중간에 단절이 있기도 하였으나 한 세기 이상 장기간 지속되었고, 국면마다 그 특징이 상당히 큰 격차를 보였다. 이에 이 책에서는 고려와 북송 사이의 사신 왕래가 중단되었던 현종 21년(1030)을 기점으로 각각 1장 2절과 3절에서, 그리고 고려와 남송 사이의 관계에 대해 1장 4절에서 검토할 것이다. 주로 사신 왕래의 빈도나 활용된 문서식의 종류 및 그 변화상에 초점을 맞추어, 이러한 의사소통의 방식이 다른 시대, 다른 왕조와 어떠한

---

41) 丸龜金作, 「高麗と宋との通交問題(一)·(二)」, 『朝鮮學報』 17·18, 1960·1961 ; 朴龍雲, 「高麗·宋 交聘의 목적과 使節에 대한 考察(上)·(下)」, 『韓國學報』 81·82, 1995·1996 ; 楊渭生, 『宋麗關係史研究』, 杭州 : 杭州大學出版社, 1997.

42) 全海宗, 「高麗와 宋과의 關係」, 『東洋學』 7, 1977 ; 신채식, 「高麗와 宋의 外交關係─朝貢과 冊封關係를 중심으로」, 방향숙 외 지음, 『한중외교관계와 조공책봉』, 고구려연구재단, 2005.

43) 毛利英介, 「十一世紀後半における北宋の國際的地位について─宋麗通交再開と契丹の存在を手がかりに」, 宋代史研究會 編, 『『宋代中國』の相對化』, 東京 : 汲古書院, 2009 ; 河朱炫, 「고려 문종대 對宋通交의 배경과 의미」, 한국학중앙연구원 석사학위논문, 2015.

44) 三上次男, 「高麗仁宗朝における高麗と宋との關係」, 『金史研究 三』, 東京 : 中央公論美術出版, 1973 ; 姜吉仲, 「南宋과 高麗의 政治外交와 貿易關係에 대한 考察」, 『慶熙史學』 16·17, 1991.

45) 주 24) 참조.

46) 주 29) 참조.

공통점과 차이점을 가지는지 분석할 것이다.

고려와 거란의 관계에 대해서는 10세기 초반 국교 수립 이전의 관계에 대한 연구부터,[47] 11세기 양국관계 전반을 시대순으로 종합적으로 검토한 연구가 제시된 바 있다.[48] 또한 10세기 말부터 11세기 초의 세 차례에 걸친 전쟁의 전개와 교섭 과정에 대해 검토한 연구,[49] 그리고 11세기 내내 지속되었던 압록강 근처의 영토를 둘러싼 분쟁에 대한 연구가 많이 이루어졌다.[50] 고려-거란 관계는 이전의 고려-오대·송 관계와는 크게 달랐다. 고려의 입장에서 보면 두 가지 측면에서 비롯된 것인데, 하나는 거란이 북방민족이 세운 왕조로서 외교관계를 맺은 첫 사례였다는 점이고, 다른 하나는 국경을 맞댄 외국과의 교섭이 처음 이루어졌다는 점이다. 이에 따라 의사소통 방식을 비롯한 외교 제도에도 새로운 면모가 등장하게 되었다. 첫 번째 점과 관련해서는 외교 의례 면에서 漢族 전통의 요소 외에도 거란식 의례제도가 도입되었다는 점이 그러하고, 두 번째 점과 관련해서는 한중관계사상 최초로 정기적인 사신 왕래가 개시되었다는 점, 그리고 여러 층위에 걸친 의사소통 경로가 마련되었다는 점 등이 그러하다. 이 책에서는 2장 1절에서 성종 대에서 현종 대에 걸친 고려와 거란의 첫 접촉과 전쟁, 강화에 이르는 시점에서 새로운 의사소통의 방식과 독특한 외교의례가 등장하고 자리잡게 된 과정에 대해, 2장 2절에서는 현종 대 후반 이후 한 세기에 걸쳐 양국이 비교적 안정적인 관계를 유지해갔던 제도적 기제들에 대해 검토할 것이다.

고려와 금의 관계에 대해서는 금 건국 이전 고려의 동북면 경략에 대한 연구와 함께,[51] 여진에 대한 고려의 인식도 주목된 바 있다.[52] 또한 양국의

---

47) 姜大良, 「高麗初期의 對契丹關係」, 『史海』 1, 1948 ; 韓圭哲, 「後三國時代 高麗와 契丹關係」, 『釜山史叢』 1, 1985 ; 서성호, 「고려 태조대 대(對)거란 정책의 추이와 성격」, 『역사와 현실』 34, 1999.

48) 金在滿, 『契丹·高麗關係史硏究』, 國學資料院, 1998 ; 金渭顯, 『고려시대 대외관계사 연구』, 景仁文化社, 2004 ; 이미지, 『태평한 변방-고려의 對거란 외교와 그 소산』, 景仁文化社, 2018.

49) 주 6) 참조.

50) 주 7) 참조.

51) 주 8) 참조.

52) 추명엽, 「고려전기 '번' 인식과 '동·서번'의 형성」, 『역사와 현실』 43, 2002 ; 김순자, 「고려전기의 거란[遼], 여진[金]에 대한 인식」, 『한국중세사연구』 26, 2009.

외교관계 수립 시점에 대한 연구가 상세히 이루어졌고,[53] 12세기 양국의 정치·외교관계가 하나하나 검토된 바 있다.[54] 그 밖에도 압록강 하구의 保州 관할권 문제를 둘러싼 분쟁에 대해서나,[55] 고려의 정치적 상황에 따른 대외정책의 변화에 대해서도 분석된 바 있었다.[56] 고려와 금은 외교관계를 처음 맺던 시점에서 과거 고려와 거란 사이의 관례를 그대로 따르기로 합의한 바 있다. 그러나 실제로 12세기 전반의 동북아 정세는 북송-거란이 힘의 균형을 이루고 있던 한 세기 전과 견주어 볼 때 금이 막강한 군사력을 바탕으로 강력한 주도권을 행사하는 방식으로 변화한 상황이었다. 이러한 배경에서 고려는 금과 외교 관계를 설정하던 시점에 誓表 문제, 冊封 문제 등을 두고 논란을 빚기도 하였다. 그 배경과 결과를 정확하게 파악하기 위해서는 당시의 국제질서 전반의 흐름을 아울러 파악할 필요가 있다. 이에 2장 3절에서는 금 중심의 국제질서가 형성되어가던 과정과 고려-금 관계를 연동해서 파악해보고자 한다. 또한 2장 4절에서는 고려-금 관계가 12세기 내내 안정적으로 유지될 수 있었던 배경을 탐색하면서 고려-거란 관계와 비슷한 방식으로 여러 층위의 완충장치를 설정해두고 있었음을 분석할 것이다.

한편 고려와 몽골제국 사이의 관계에 대해서는 근래에 집중적으로 연구가 진전되고 있다. 이 분야에서는 고려와 몽골제국의 초기 접촉 시점에서의 외교교섭에 대한 연구를 시작으로,[57] 양국관계의 전개와 국내 정치와의 관련에 대한 종합적인 연구가 제시되었다.[58] 또한 雙城摠管府와 東寧府 등의 영토 문제,[59] 貢女 문제를 비롯한 양국 사이의 인적 교류 문제[60] 등이 주목을

---

53) 채웅석, 「11세기 후반~12세기 전반 동북아시아 국제정세와 고려」, 역사학회 편, 『전쟁과 동북아의 국제질서』, 일조각, 2006 ; 박윤미, 「12세기 전반기의 국제정세와 고려-금 관계 정립」, 『사학연구』 104, 2011.
54) 朴漢男, 「高麗의 對金外交政策 硏究」, 성균관대학교 박사학위논문, 1994.
55) 김순자, 「12세기 고려와 여진·금(金)의 영토 분쟁과 대응」, 『역사와 현실』 83, 2012.
56) 이정신, 앞의 책, 2004.
57) 高柄翊, 「蒙古·高麗의 兄弟盟約의 성격」, 『東亞交涉史의 硏究』, 서울대학교출판부, 1970 ; 이개석, 「몽골·동진·고려 연합군에 의한 강동성 함락과 여몽형제맹약의 성격」, 『고려-대원 관계 연구』, 지식산업사, 2013 ; 고명수, 「몽골-고려 형제맹약 재검토」, 『歷史學報』 225, 2015 ; 이익주, 「1219년(高宗 6) 고려-몽골 '兄弟盟約' 再論」, 『東方學志』 175, 2016.
58) 주 21) 참조.
59) 주 13) 참조.

26

받았으며, 양국의 교역에 대한 연구 역시 심도있게 이루어진 바 있다.[61] 특히 최근에는 고려-몽골 관계의 성격을 구명하기 위한 연구가 다방면에서 이루어지고 있다.[62] 고려-몽골 관계에 대한 연구를 종합해보면 연구방법의 면에서 크게 두 갈래의 경향을 발견할 수 있다. 하나는 권력관계 분석을 비롯한 정치사적인 접근을 통해 양국 관계의 전개를 검토하는 방식이고, 다른 하나는 제도적·형식적 차원의 분석을 통해 몽골제국 내에서의 고려의 위치를 확인하고자 하는 방식이다. 그런데 실제 양국 관계는 시기마다 대단히 크게 변화하였고, 따라서 각 시기마다 판이한 방식의 의사소통 경로, 외교문서식 등이 사용되었다. 이에 이 책에서는 3장에서 고려-몽골 관계의 시기별 특징에 따라 의사소통의 경로가 어떻게 형성되어 있었는지, 그것이 당시의 양국관계 및 고려 국내의 정치변동에 어떠한 영향을 주었는지에 초점을 맞추어 고려-몽골 외교관계를 분석해볼 것이다.

　　마지막으로 고려와 명의 관계에 대해서는 공존 기간이 짧았음에도 이를 종합적으로 검토한 연구가 상당히 많이 제출되어 있다.[63] 鐵嶺衛 문제를 비롯해서 요동과 한반도 북부의 주도권이나 제주도의 관할권을 둘러싼 갈등을 분석한 연구가 있었고,[64] 말 무역을 비롯한 공무역과 기타 사무역에 대해서 간단하게 다룬 바 있다.[65] 아울러 고려 말 몽골제국과 명이 교체되는 시점에서의 華夷論에 대해서도 여러 측면에서 검토되었다.[66] 또한 최근에는 貢路·貢期 문제 등 양국 관계의 제도적 성격에 대해서도 다각도로 조명하고 있다.[67] 이후 200년 이상 지속된 조선-명 관계의 전형이 만들어진 시점이라는

60) 주 14) 참조.
61) 주 26) 참조.
62) 김호동, 『몽골제국과 고려』, 서울대학교출판부, 2007 ; 이개석, 『고려-대원 관계 연구』, 지식산업사, 2013 ; 森平雅彦, 『モンゴル覇權下の高麗』, 名古屋 : 名古屋大學出版會, 2013 ; 고명수, 『몽골-고려 관계 연구』, 혜안, 2019.
63) 李相佰, 「李朝建國의 研究」 1·2·3, 『震檀學報』 4·5·7, 1936·1937 ; 末松保和, 「麗末鮮初にお ける對明關係」, 『靑丘史草』 1, 東京 : 笠井出版印刷社, 1965 ; 朴元熇, 『明初朝鮮關係史研究』, 一潮閣, 2002 ; 김순자, 『韓國 中世 韓中關係史』, 혜안, 2007.
64) 주 16) 및 정동훈, 「초기 고려-명 관계에서 제주 문제」, 『한국중세사연구』 51, 2017.
65) 주 27) 참조.
66) 주 32) 참조.
67) 丘凡眞·鄭東勳, 「초기 고려-명 관계에서 사행 빈도 문제-'3년 1행'과 『명태조실록』의 기록 조작」, 『東洋史學研究』 157, 2021 ; 구범진·정동훈, 「초기 고려-명 관계에서 사행로

점에서 고려 말의 고려-명 관계는 깊이있게 분석할 가치가 충분하다. 그런데 기존의 연구에서는 고려-명 관계를 고려-몽골 관계와 지나치게 단절적인 것으로만 파악하였던 것이 아닌가 생각된다. 실제로 고려-명 관계에서는 고려-몽골 관계에서 생성된 관행과 제도적 요소들을 상당히 폭넓게 계승하였다. 이에 4장에서는 고려-명 외교문서를 비롯한 소통 방식의 특징과 그것이 외교 현안에 대한 양자의 의견 조율에 어떠한 영향을 끼쳤는지를 검토하면서, 그 특징이 고려-몽골 관계와 비교했을 때 어떻게 유지, 혹은 변용되었는지를 살펴보도록 하겠다.

중국 학계의 외교 제도 연구

이상에서 고려시대 대중국 외교관계에 대한 주요 연구 경향에 대해서 살펴보았다. 다양한 시기의 폭넓은 주제에 대해 연구가 축적되어왔으며 이를 통해 고려의 대외관계에 대한 전체적인 모습을 어느 정도 복원할 수 있으리라 생각한다. 그런데 한 가지 아쉬운 점은 대부분의 연구가 특정 시기, 특정 사안에 대한 분석에 집중된 나머지 고려시대 대외관계를 통시대적으로 다룬 연구가 부족하다는 점이다.[68] 또한 정작 외교 자체에 대한 연구는 아직 이루어질 여지가 많이 남아 있다고 생각한다. 특히 외교가 어떠한 절차와 제도를 통해 이루어졌는지에 대한 연구는 적어도 국내 학계에서는 아직 본격적으로 다루어지지 못한 것 같다.

외교의 제도, 혹은 그를 통해 전체적인 외교 질서를 복원하고자 하는 시도는 주로 중국 학계에서 많이 이루어지고 있다. 10~14세기에 관련된 주요 연구 성과만 살펴보아도 단행본 수준의 연구가 2000년대 이후 폭발적으로 제출되고 있음을 확인할 수 있다. 가장 대표적으로는 黃枝連의 일련의 연구를 들 수 있다. 그는 중국 고대부터 19세기 서구의 충격 이전까지, 중국의 역대 왕조들이 주도하는 동아시아 국제질서에 禮儀와 禮治主義를 주된 운영 형식으로 하는 체계가 존재했다고 주장하면서, 이를 '天朝禮治體系'

문제-요동 경유 사행로의 개통 과정」, 『한국문화』 96, 2021.

68) 최근의 통시적 분석으로는 동북아역사재단 한국외교사편찬위원회 편, 『한국의 대외관계와 외교사 고려편』, 동북아역사재단, 2018 참조.

라고 명명하였다.69) 그의 연구는 Fairbank의 서구 중심의 관점, 賓下武志의 일본 중심의 관점에 대하여 중국 중심의 시각을 대표하는 것으로서, 중국 학계에 큰 영향을 미친 것으로 평가되기도 한다.70) 또 陳尙勝은 고대부터 근대까지의 한중관계사를 통시적으로 분석하며 양국 외교에 참여했던 주체들, 그리고 중국 왕조가 한반도에 끼친 문화적 영향을 분석하기도 하였다.71) 그밖에도 李云泉은 중국 외교의 이념과 기원부터 검토하기 시작하여 漢·唐·宋·元 시대를 거쳐 明·淸시대에 이르기까지 주요 외교 제도 전반을, 특히 朝貢制度라는 관심 속에서 분석하였다. 여기서는 중국에서 대외관계를 담당하는 관부, 조공무역, 외교문서와 사신의 신분증명 문제, 빈례와 조공의례 등에 이르기까지를 포괄적으로 검토하였다.72) 吳曉萍은 송 대의 외교에 대한 저서에서 외교의 주체, 사절단과 외교문서, 외교의례, 조공무역 등을 각각 제도적 차원에서 분석하였으며,73) 黃純艶 역시 북송-거란, 남송-금 시대의 국제질서를 주변 제국을 아울러 조망하는 속에서 외교 제도와 정책의 문제를 중심으로 분석하였다.74) 冒志祥은 송과 주변국가들이 주고받은 외교 문서를 서식별로 분류하여 각각의 기능과 쓰임에 대해 검토하였으며,75) 周立志는 외교 사절과 그 入境, 朝貢 문제 등을 중심으로 송 대의 외교 질서를 조망하였다.76) 한편 陶晉生은 북송과 거란 관계에서의 외교 제도를,77) 趙永春

---

69) 黃枝連, 『天朝禮治體系硏究 上－中國與亞洲國家關系形態論：亞洲的華夏秩序』, 北京：中國人民大學出版社, 1992；黃枝連, 『天朝禮治體系硏究 中－東南亞的禮儀世界：中國封建王朝與朝鮮半島關系形態論』, 北京：中國人民大學出版社, 1994；黃枝連, 『天朝禮治體系硏究 下－朝鮮的儒化情境構造：朝鮮王朝與滿淸王朝的關系形態論』, 北京：中國人民大學出版社, 1995.

70) 李云泉, 『朝貢制度史論－中國古代對外關係體制硏究』, 北京：新華出版社, 2004, 6쪽；權赫秀, 「中國古代朝貢關係硏究評述」, 『中國邊疆史地硏究』 2005年 第3期.

71) 陳尙勝, 『中韓交流三千年』, 北京：中華書局, 1997；陳尙勝, 『中韓關係史論』, 濟南：齊魯書社, 1997. 陳尙勝의 한중관계사 연구에 관한 더 자세한 소개는 Jung Donghun, "Chinese Academic Research on the History of Sino-Korean Relations：The Work of Chen Shangsheng," Review of Korean Studies 24(1), 2021 참조.

72) 李云泉, 위의 책, 2004.

73) 吳曉萍, 『宋代外交制度硏究』, 合肥：安徽人民出版社, 2006.

74) 黃純艶, 『宋代朝貢體系硏究』, 上海：商務印書館, 2014.

75) 冒志祥, 「論宋朝外交文書」, 南京師範大學 博士學位論文, 2007.

76) 周立志, 「宋朝外交運作硏究」, 河北大學 博士學位論文, 2013.

77) 陶晉生, 『宋遼關係史硏究』, 臺北：聯經出版事業公司, 1984；陶晉生, 『宋遼關係史硏究』,

과 李輝는 남송과 금 관계에서의 외교문서와 의례 등 제도적 문제를 분석하였다.[78] 또한 苗冬은 몽골제국에서 使臣의 역할과 그 활동에 대해 상세하게 검토하였다.[79] 명 대의 국제질서에 관해서는 萬明이 명의 천하질서에 대한 구상, 외교문서, 조공과 무역의 제도 및 운영 등을 종합적으로 검토한 바 있으며,[80] 명 대의 조공과 무역에 대한 관리 제도, 즉 海禁 정책에 대해서도 여러 각도에서 분석되었다.[81]

　이처럼 중국 학계에서의 연구는 외교 제도를 분석하여 당시 중국이 구상하고 있던 조공제도, 국제질서의 모습을 복원하는 데에 일정한 성과를 거두었다고 생각한다. 그러나 이들 연구가 공통적으로 안고 있는 한계 역시 뚜렷하다. 두 가지 측면에서 그러한데, 하나는 철저하게 중국 중심의 시각에 근거하였던 까닭에 고려를 포함한 상대국, 주변국의 입장을 거의 반영하지 못하였다는 점이고, 다른 하나는 중요 제도를 중심으로 해서 나열식으로 검토한 탓에 그것과 실상이 괴리된 면을 거의 비추지 못하였다는 점이다. 이는 중국 학계의 외교 제도 연구가 기대고 있는 자료만 보아도 명확하게 드러난다. 대부분의 연구는 『大唐開元禮』, 『冊府元龜』, 『宋會要輯稿』, 『慶元條法事類』, 『文獻通考』, 『大明集禮』, 『大明會典』 등과 같이 당시 중국에서 편찬한 政書類 내지 類書類를 주요 전거로 삼고 있다. 이들 政書는 그를 편찬한 중국 정부, 그 중에서도 국제관계에 관련된 부분에서는 실제 대외 업무를 주도하였던 관료들이 이상적으로 구현하고자 했던, 잘 정돈되고 안정적으로 운영되는 국제질서의 모습을 담고 있다. 그러나 현실의 대외관계가 그처럼 원칙에 따라, 제도를 준수하면서 운영된 것은 결코 아니었다. 예를 들어 『大明集禮』의 편찬자는 賓禮 가운데 〈蕃王親朝〉라는 조항을 설정하여 외국의 군주가 명의 황제를 알현하러 왔을 때의 의례를 자세하게 규정하였다. 그리고 거기서

　　北京：中華書局, 2008.

78) 趙永春, 『金宋關係史研究』, 長春：吉林敎育出版社, 1999 ; 李輝, 「宋金交聘制度研究」, 復旦大學 博士學位論文, 2005.

79) 苗冬, 「元代使臣研究」, 南開大學 博士學位論文, 2010.

80) 萬明, 「明代中外關係史論考』, 北京：中國社會科學出版社, 2011 ; 萬明, 『中國融入世界的步履－明與淸前期海外政策比較研究』, 北京：故宮出版社, 2014.

81) 晁中辰, 『明代海禁與海外貿易』, 北京：人民出版社, 2005 ; 李慶新, 『明代海外貿易制度』, 北京：社會科學文獻出版社, 2007.

는 親朝가 역대 중국 중심의 국제질서에서 제후가 황제에게 행해온 의례였다는 것을 殷·周 시대의 전례부터, 『周禮』 이래의 고전을 인용해가며 밝히고 있다.[82] 그러나 물론 명이 존속하는 시기 동안 외국의 군주가 명 조정에 직접 朝覲하러 온 일은 전혀 없었다. 이와 같은 理想에 근거한 제도 규정과 실제 외교관계 사이의 괴리를, 정도의 차이는 있지만 중국 학계의 연구에서는 공통적으로 놓치고 있다는 점을 지적하지 않을 수 없다.

일본 학계의 외교 제도 연구

한편 이 책의 관심과 직접 닿아 있는 외교의 제도에 관련해서는 최근 일본 학계에서 많은 연구가 진행되고 있다. 고려 전기에 관해서는 豊島悠果가 외교문서 및 사신 관련 의례에 대한 연구를 발표하였고,[83] 고려-원 관계에 대해서는 森平雅彦의 연구를 통해 국왕의 위상, 외교문서, 사신 왕래 등에 대해서 많은 부분이 해명되었다.[84] 명 대의 국제질서에 대해서는 檀上寬의 연구가 주목된다. 그는 명 초의 국제질서 재편을 특히 海禁 정책과 관련하여 정치·외교와 경제·교역의 경쟁적 관계로 분석하는 가운데, 조공·책봉 등의 일반적 제도들이 가지는 당시의 특수한 성격에 대해 깊이 있게 검토하였다.[85] 이 밖에도 고려와 직접 관련되지는 않지만 외교문서를 포함한 중국의 문서제도에 대한 연구도 상당히 축적되어 있다.[86] 그러나 일본에서의 연구는 대체로

---

82) 『大明集禮』 권30, 賓禮 1, 蕃王朝貢.

83) 豊島悠果, 「一一六年入宋高麗使節の體驗－外交·文化交流の現場」, 『朝鮮學報』 210, 2009 ; 豊島悠果, 「宋外交における高麗の位置付け－國書上の禮遇の檢討と相對化」, 平田戊樹·遠藤隆俊 編, 『外交史料から十～十四世紀を探る』, 東京：汲古書院, 2013 ; 豊島悠果, 「金朝の外交制度と高麗使節――二〇四年賀正使節行程の復元試案」, 『東洋史研究』 73-3, 2014.

84) 森平雅彦, 『モンゴル覇權下の高麗』, 名古屋：名古屋大學出版會, 2013.

85) 檀上寬, 『明代海禁=朝貢システムと華夷秩序』, 京都：京都大學出版會, 2013.

86) 中村裕一, 『唐代制勅研究』, 東京：汲古書院, 1991 ; 中村裕一, 『唐代官文書研究』, 東京：中文出版社, 1991 ; 中西朝美, 「五代北宋における國書の形式について－「致書」文書の使用狀況を中心に」, 『九州大學東洋史論集』 33, 2005, 廣瀨憲雄, 「古代東アジア地域の外交秩序と書狀－非君臣關係の外交文書について」, 『歷史評論』 686, 2007 ; 岡本眞, 「外交文書よりみた十四世紀後期高麗の對日本交涉」, 佐藤信·藤田覺 編, 『前近代の日本列島と朝鮮半島』, 東京：山川出版社, 2007 ; 古松崇志, 「契丹·宋間における外交文書としての牒」, 『東方學報』 85, 2010 ; 井黑忍, 「金初の外交史料に見るユーラシア東方の國際關係－『大金弔伐錄』の檢討を

중국의 제도 설정과 고려의 수용이라는 도식을 따르는 탓에 고려의 주체적 대응에 대해서는 관심을 소홀히 한 측면이 강하다.

한국의 외교문서 연구

한편 최근에 들어서는 국내에서도 외교문서에 대한 연구가 본격적으로 시작되고 있다. 우선 『同文彙考』나 『吏文』과 같은 전근대 한중 외교문서를 모아놓은 자료에 대한 번역 작업이 이루어졌다.[87] 또한 구범진은 조선시대에 명·청 중국과 주고받은 실무 외교문서의 독해 방식을 해설하는 공구서를 출판하기도 하였다.[88] 그러나 아직 고려시대 외교문서에 대한 연구는 매우 미진하다고 평가해도 과언이 아니다.

3. 논문의 범위와 구성

'중국'의 개념과 범주

이 논문에서는 고려가 존속했던 기간 동안 상대했던 중국 왕조들과의 관계에서 주고받았던 외교문서를 소재로, 양국 관계에서의 의사소통 구조, 나아가 그 외교관계의 성격을 논하고자 한다. 다만 여기서 '中國'이라는 개념어가 뜻하는 바를 명확히 언급해두고자 한다.

中心に」, 荒川愼太郎·高井康典行·渡辺健哉 編, 『遼金西夏史硏究の現在』 3, 東京 : 東京外國語大學アジア·アフリカ言語文化硏究所, 2010 ; 毛利英介, 「遼宋間における「白箚子」の使用について一遼宋間外交交涉の實態解明の手がかりとして」, 平田戊樹·遠藤隆俊 編, 『外交史料から十〜十四世紀を探る』, 東京 : 汲古書院, 2013 ; 井黑忍, 「受書禮に見る十二〜十三世紀ユーラシア東方の國際秩序」, 平田戊樹·遠藤隆俊 編, 『外交史料から十〜十四世紀を探る』, 東京 : 汲古書院, 2013 ; 川西裕也, 「朝鮮中近世の公文書と國家一變革期の任命文書をめぐって」, 福岡 : 九州大學出版會, 2014.

87) 배우성, 구범진 공역, 『국역 『同文彙考』 疆界 史料』, 동북아역사재단, 2008 ; 구범진 역주, 『이문 역주』, 세창출판사, 2012 ; 배우성 등 공역, 『국역 『同文彙考』 勅諭·犯禁·刷還 史料』, 동북아역사재단, 2013 등.

88) 구범진, 『조선시대 외교문서─명·청과 주고받은 문서의 구조 분석』, 한국고전번역원, 2013.

전통적인 王朝史觀의 관념에 따라 중국사의 흐름을 唐—五代—宋—元—明의 흐름으로 이해하는 방식에는 최근 다양한 각도에서 비판이 제기되고 있다. 비판 논의의 근거는 크게 두 가지로 정리할 수 있는데, 하나는 각 왕조 지배층의 출신 내지 종족에 대한 것이고, 다른 하나는 이들이 병립했던 기간의 중원 일대를 통칭하여 '중국'으로 볼 수 있는가에 대한 것이다.

먼저 종족에 대해서 살펴보자면, 주지하듯이 고려가 상대했던 遼는 거란, 金은 여진, 元은 몽골이 지배집단을 이루어 세운 국가였다. 또한 五代의 중원 왕조 가운데 後唐과 後晉, 後漢의 건국자는 당 대 말기부터 번진세력으로 활약했던 사타족 출신이었다. 그밖에도 발해 유민들이 주체가 되었던 定安國, 興遼國 등을 고려한다면 그 성분은 더욱 다양해진다. 그렇다면 이들이 주체가 된 역사를 모두 중국사의 범주에 넣어서 파악할 수 있는가 하는 문제제기이다. 나아가 이들 정치체의 계승관계를 현재의 중화인민공화국으로 직접 연결할 수 있는가 하는 의문은 더욱 진지하게 고려해볼 만한 문제이다.

다음으로 '중국'을 과연 한 덩어리의 역사체로 볼 수 있는가 하는 문제이다. 盛唐 시대를 지나고 安祿山의 난을 겪은 이후 각지에 藩鎭 세력이 할거하기 시작한 8세기 중엽부터 元이 南宋을 병합한 1276년까지 500년 이상 현재의 중국 대륙은 최소 둘 이상의 정치체들이 병립한 시대를 통과하였다. 宋, 契丹, 金, 元, 明 등을 제외하고도 十國, 張士誠·方國珍·納哈出 등의 지방 군벌들, 금 건국 이전의 여진 부족들 등 고려와 상대했던 주요 정치체들만 해도 동시기에 복수로 존재하고 있었다는 점에서 이 지적 역시 타당하다.

다만 이들 다양한 정치체들을 두루 아우를 수 있는 역사적 개념어를 현재 학계에서 합의해서 통용하고 있지 못한 것도 사실이다. 이들 국가 내지 정치체들이 활동했던 공간적 범주를 '동아시아', 혹은 '동부 유라시아' 등의 용어로 포괄하여 서술한 사례도 있으나,[89] 이 역시 대체로 지리적 범주를 일컫는 용어로 사용되었을 뿐, 정치체들을 포괄하는 개념어로서는 적절하지 않은 것 같다.

이에 이 책에서는 일단 '중국'이라는 통칭을 사용하기로 한다. 이 용어는

---

89) 대표적으로 西嶋定生, 『中國古代國家と東アジア世界』, 東京 : 東京大學出版會, 1983 및 廣瀨憲雄, 『古代日本外交史—東部ユーラシアの視点から讀み直す』, 東京 : 講談社, 2014.

고려의 境外에 존재했던 여러 정치체들, 그리고 그 가운데 중국 대륙에 존재했거나, 정치체의 주요 구성 부분이 현재의 중국 대륙에 걸쳐 있던 국가들을 지칭하는 말로서 한정하기로 한다.

각 왕조의 국호에 대하여

다음으로 이들 왕조의 國號를 어떻게 표현할 것인가에 대해 언급해두고자 한다. 문제가 되는 것은 契丹과 遼, 몽골과 元이다. 10세기 초반 통일적인 정권을 세워 12세기 초까지 북중국 일대와 遼東 지역, 나아가 현재의 몽골 일대에 걸쳐 있었던, 거란족이 주체가 된 국가의 국호는 '契丹'으로 통일해서 표기할 것이다. 거란은 존속 기간 중에 국호를 여러 차례 변경한 것으로 알려지고 있는데, 916년부터 937년까지는 大契丹으로 칭했다가, 937~982년에는 大遼와 大契丹을 동시에 사용하였고, 983~1065년에는 다시 大契丹, 1066~1125년에는 大遼라는 국호를 사용하였다고 한다. 이 변동에 따라 『高麗史節要』에는 918~946년 사이에는 거란, 947~983년에는 요, 984~1065년에는 거란, 1066~1125년에는 요라고 표시하고 있다. 그런데 근래의 연구에 따르면 大契丹과 大遼라는 국호가 변동된 것은 한문식 표기에만 국한된 것일 뿐이라고 한다. 반면 비한문 국호, 즉 契丹文으로 표기된 국호에서는 시종일관 哈喇契丹, 약칭으로는 大契丹·契丹國·契丹 등을 사용하였다고 한다. 즉 '遼'라는 국호는 거란이 漢地 지배를 위해 사용한 한문식 명칭일 뿐, 자체적 명칭으로는 꾸준히 '거란'을 사용하고 있었다는 것이다.[90] 그렇다면 황실과 조정을 비롯하여 거란 지배집단이 스스로 내세웠던 契丹이라는 국호로 표현하는 것이 더 타당할 것으로 생각한다.[91]

한편 몽골의 '大元'이라는 국호에 대해서는 金浩東의 연구를 참조할 수 있다.[92] 이에 따르면 몽골제국의 국호는 몽골어로 시종일관 '예케 몽골

90) 劉浦江, 「遼朝國號考釋」, 『歷史硏究』 2001年 第6期.
91) 거란 국호 문제에 대해서 국내의 기존 연구에서 어떻게 처리했는지에 대해서는 許仁旭, 앞의 논문, 2012, 1쪽 및 이미지, 앞의 책, 2018, 7-10쪽에서 종합적으로 검토한 바 있다. 위의 두 연구에서도 공통적으로 '거란'을 국호로 표기하였다.
92) 金浩東, 「몽골제국과 '大元'」, 『歷史學報』 192, 2006.

울루스(Yeke Mongol Ulus)'가 사용되었으며, 1271년에 제정된 '大元'이라는 국호는 이 단어의 한자식 번역 표기일 뿐이라고 한다. 『高麗史』世家 및 『高麗史節要』에서도 1271년 이전에는 '蒙古'로, 그 이후로는 '元'으로 표기하고 있다. 이 책에서는 고종 5년(1218) 처음 접촉한 몽골 세력과의 교섭부터 몽골 조정이 漠北으로 이동한 이후의, 이른바 北元 조정과의 관계에 이르기까지를 아울러 검토하고 있으므로, 1271년 이후에 제정된 元이라는 국호로 이 모두를 포괄하기에는 무리가 따른다. 따라서 대표 명칭으로는 '몽골'이라고 표기하되, 1271년 이후의 상황을 서술하는 데에는 몽골과 元 양자를 혼용하도록 할 것이다.

본론의 구성

본론은 시대순으로, 그리고 고려가 상대했던 중국 왕조에 따라 총 4개의 장으로 구성하였다. 그리고 그 안에서는 국면의 변화에 따라 절을 나누었다. 고려 전기는 외교관계의 국면 전환이 비교적 느렸던 까닭에 1개 절에서 다루는 범위가 거의 한 세기에 이르기도 한다. 반대로 고려 후기에는 10년 남짓이 한 단위가 되기도 하였다. 이러한 불균형은 외교관계의 변동 양태와도 관련이 있지만 관련 자료의 분포와도 관련된다.

1장에서는 고려와 五代 왕조와의 관계를 시작으로 北宋 및 南宋과의 관계를 검토할 것이다. 고려는 五代 가운데 後唐·後晉·後周로부터 책봉을 받고, 十國 가운데에서도 吳越·南唐 등과 교류를 하며 외교문서를 주고받았다. 이후 960년에 건국한 송으로부터는 30여 년 동안 국왕이 책봉을 받는 가운데 비정기적으로 사신을 파견하는 외교관계를 맺었다. 이후 고려와 송은 11세기 중반 문종 대에 외교관계를 복원한 이후 국왕이 송 황제의 책봉을 받지 않은 상황에서도 지속적으로 의사를 주고받는 교섭 창구를 마련해두고 있었다. 여기서는 고려와 북송이 교섭 창구로 어떠한 주체들을 설정해두고 있었으며, 이들 사이에서는 어떠한 서식의 문서를 주고받았는지를 검토할 것이다. 고려와 남송은 초기의 짧은 기간 동안에만 조정 사이에서 사신을 주고받았을 뿐, 이후 한 세기 이상 조정 차원의 공식적인 접촉은 거의 없었다. 이 기간 동안에는 양국 사이의 주요 현안들을 어떤 경로를 통해 처리하였는지 살펴보겠다.

2장에서는 10세기 후반부터 13세기 초에 걸친 고려와 거란·금과의 관계를 분석할 것이다. 고려는 거란과 10세기 말부터 11세기 초에 걸쳐 세 차례의 전쟁을 거친 이후 한 세기에 걸쳐 중앙 조정 사이, 고려 조정과 거란 東京 사이, 국경 근처의 지방관부 사이 등 다층적인 교섭 창구를 마련한 채 정기적·비정기적으로 수많은 사신을 주고받으며 비교적 안정적인 관계를 유지하였다. 12세기 초 고려와 금 사이의 외교관계는 첫 접촉부터 책봉에 이르기까지 약 30년에 걸쳐 설정되었는데, 이는 금이 설정하고 있던 국제질서의 단계별 구조와 관련이 있다. 이 문제를 군신관계의 설정, 誓表의 제출, 책봉 문제 등으로 나누어 검토할 것이다. 12세기 중반 이후 안정기에 접어든 고려와 금 사이의 외교관계는 다시 어떠한 교섭 창구를 설정해둔 채 이루어지고 있었는지 검토할 것이다.

3장에서는 전례없이 활발한 교류가 이루어졌던 13세기 초부터 14세기 후반까지의 고려-몽골 관계를 분석의 대상으로 한다. 이 시기를 다시 고려-몽골 초기 접촉기(1218~1230), 전쟁기(1231~1259), 원종 대 관계 설정기(1259~1274), 충렬왕 대 국왕 위상의 정립기(1274~1308), 충선왕-충정왕 대 관계의 다변화기(1308~1351), 공민왕 대 이후 양국관계의 해체기(1351~1377) 등으로 나누어 각 시기별 외교 주체의 성격과 교섭 경로의 문제, 그리고 외교문서 서식의 문제 등을 종합적으로 분석할 것이다.

4장에서는 14세기 후반 고려-명 관계에서의 의사소통 구조에 대해 검토할 것이다. 이 시기는 비록 짧은 기간이지만 이후 조선-명 관계에서 준용된 외교 제도들이 확정되는 과정으로서 중요한 의미를 가진다. 고려-명 관계는 공민왕 말년의 짧은 우호적 기간을 제외하면 우왕 대 이후 책봉 등을 둘러싸고 양측 사이에 치열한 공방이 오가기도 하였다. 이 기간 동안 외교문서와 사신의 왕래, 그들의 활동 등에서 책봉이 주요한 변수로 작용하였던 모습을 확인해볼 것이다. 아울러 마지막으로는 조선 건국 승인을 둘러싼 과정에 대해서도 검토할 것이다.

2절 연구 방법 및 자료 소개

이 책에서는 고려시대 중국과의 외교관계를 매개했던 의사소통의 구조 문제를 집중적으로 검토하고자 한다. 의사 전달의 경로가 어떻게 구성되어 있었는지, 즉 군주 대 군주, 관부 대 관부, 군주 대 관부 등 교섭 창구가 시대에 따라 어떻게 열리고 닫혔는지의 문제를 파악해볼 것이다. 또한 그것이 양국의 현안과 관련하여 어떠한 변화상을 보였으며, 나아가 이를 통해 양국 관계의 성격은 어떻게 규정될 수 있는지를 아울러 살펴볼 것이다.

분석의 대상이 되는 것은 크게 두 가지이다. 하나는 사신 왕래, 다른 하나는 외교문서가 그것이다. 사신이 파견된 목적은 의례적 사안에 관한 것이었는지, 혹은 실무적 사안에 관한 것이었는지, 파견 주기는 정기적이었는지, 혹은 비정기적이었는지를 나누어서 살펴볼 것이다. 또한 외교문서는 주로 발신자와 수신자의 명의, 서식, 그것이 작성되기까지의 양국 국내에서의 논의과정 등에 대해 살펴볼 것이다. 그리고 이상의 요소가 당시 외교관계에서의 현안들과 어떻게 연동되는지, 나아가 국제관계의 성격과는 어떠한 상관관계를 가지는지 등을 검토할 것이다.

각 시기, 각 사안별 외교문서의 서식과 특징에 대해서는 본론에서 상세히 검토할 것이나, 여기서는 우선 고려시대 외교문서를 어떻게 분류할 수 있는지에 대한 기준을 제시하고, 이 책에서 활용할 주요 자료들에 대해서 소개하도록 하겠다. 아울러 이를 분석하는 데에 유의할 점에 대해서도 간략히 언급하고자 한다.

1. 고려시대 외교문서 자료의 傳存 상황

고려시대에 중국 왕조 및 정치세력들과 주고받은 외교문서는 『高麗史』와 『高麗史節要』에 상당히 많은 분량이 수록되어 있고, 또한 중국 측의 연대기 사료, 즉 『舊五代史』부터 『明史』에 이르는 正史 및 『續資治通鑑長編』, 『元高麗紀事』, 『明太祖實錄』 등의 자료에도 문서의 일부나마 여러 건이 전해진다.

고려 전기의 외교문서는 양측의 연대기 자료 외에 고려 후기 내지 조선 전기에 편찬된 文選類의 자료에 상당수가 수록되어 있는데, 대표적으로

『東人之文四六』과 『東文選』을 들 수 있다.

『東人之文四六』은 충숙왕 후7년(1338)에 崔瀣가 편찬한 것으로,[93] 총 15권으로 구성되어 있는데 이 가운데 권1~4는 〈事大表狀〉이라는 제목을 달고 있다. 권1에는 신라와 백제에서 唐과 北魏에 보낸 외교문서 14편이 실려 있고, 권2~4에는 고려 현종 5년(1015)부터 원종 원년(1260)까지에 걸친 외교문서 109건이 수록되어 있다. 또한 권9에 〈陪臣表狀〉이라는 분류 하에 34건의 문서가 수록되어 있다.[94]

『東文選』은 조선 성종 9년(1478)에 徐居正 등이 편찬한 것으로, 삼국시대부터 편찬 당시에 이르기까지의 詩文을 총 41개의 문체로 나누어 수록하고 있다.[95] 여기에는 역시 현종 6년(1015)부터 고려 말까지 약 300여 건의 외교문서가 수록되어 있으며, 조선 초까지 범위를 넓히면 그 수는 훨씬 늘어난다.[96] 그밖에도 여러 문인들의 문집 가운데서도 다수의 외교문서를 찾을 수 있다. 李奎報의 『東國李相國集』, 金坵의 『止浦先生文集』, 李齊賢의 『益齋亂藁』, 崔瀣의 『拙稿千百』, 李穀의 『稼亭集』, 鄭誧의 『雪谷先生集』, 鄭樞의 『圓齋先生文藁』, 李達衷의 『霽亭集』, 安軸의 『謹齋集』, 李穡의 『牧隱文藁』, 李崇仁의

---

93) 『東人之文四六』의 편찬 배경과 그 체제 등에 대해서는 千惠鳳, 「麗刻本 東人之文四六에 대하여」, 『大東文化研究』 14, 1981 및 朴漢男, 「14세기 崔瀣의 『東人之文四六』 편찬과 그 의미」, 『大東文化研究』 32, 1997 등을 참조. 또한 『동인지문사륙』과 『동문선』 수록 문서의 비교에는 채상식, 「『東人之文四六』의 자료가치―특히 金富軾 『文集』의 복원 시도」, 채상식 편, 『최해와 역주 『졸고천백』』, 혜안, 2007 참조. 단 문서의 건수를 세는 방식 등에 있어서는 이 책의 분석과 약간의 차이를 보인다.

94) 『東人之文四六』은 『高麗名賢集』(成均館大學校 大東文化研究院, 1980) 권5에 영인 수록되어 있으나 인쇄 상태가 좋지 못하여 판독하기 어려운 부분이 많다. 이 책에서는 고려대학교 도서관 소장의 목판본(청구기호 만송 貴 364B1)을 저본으로 하여 『高麗名賢集』 수록의 판본과 교감하며 활용하였다.

95) 『東文選』의 편찬 배경과 수록 문장의 선별 기준, 문체 등에 대해서는 許興植, 「東文選의 編纂動機와 史料價值」, 『震檀學報』 56, 1983 및 김종철, 『동문선의 이해와 분석』, 청문각, 2006 등을 참조.

96) 『동문선』에 수록된 문장들은 작성 연대를 기록하지 않았기 때문에 어떤 문장이 고려 말의 것인지, 조선 초의 것인지 정확하게 확인할 수 없는 사례가 많다. 문장의 내용이나 작자의 활동 연대 등을 고려하여 파악해보건대 권31~44까지의 〈表箋〉 가운데 고려시대의 것으로 확인되는 사례는 총 278건이었다. 『동문선』에는 이 밖에도 권45와 권46의 〈啓〉, 권47~48의 〈狀〉, 권57~63의 〈書〉 등에서도 외교문서로 분류할 수 있는 문장을 여러 건 더 확인할 수 있다.

『陶隱集』 등에 많은 외교문서가 원문에 가깝게 실려 있다.

또한 중국 측의 자료 가운데서도 『宋大詔令集』, 『大金詔令釋注』 등의 조령문서집이나 후대에 편찬된 『全唐文』, 『全遼文』, 『全元文』 등의 문서집, 그리고 『明太祖御製文集』이나 宋廉의 『宋學士文集』 등에서 고려에 보낸 문서들이 단편적으로 확인된다. 그러나 이들 자료에서는 대부분 해당 문서의 작성 시점이나 배경, 심지어 어느 왕조에 보낸 문서인지 등에 대한 정보를 거의 담고 있지 않기 때문에 이를 추적하는 것 자체가 중요한 연구 주제가 된다. 이러한 어려움은 양측의 연대기 자료를 비롯하여 양국 관계의 배경을 종합한 후에 시점을 비정하는 식으로 극복하였다.

그런데 이들 자료에 실린 외교문서를 분석하는 데에는 중대한 걸림돌이 한 가지 있다. 여기에 실린 문서들이 원문의 일부만을 발췌하거나 요약하는 형식을 택했던 탓에 해당 문서의 발신 및 수신 주체, 서식 등을 밝히는 데에 곤란함이 따른다는 점이다. 특히 연대기 자료에서는 문서를 인용함에 앞서서 地文을 통해, 예컨대 "其國禮賓省移牒福建轉運使羅拯云"[97] 등과 같이 해당 문서의 발신자와 수신자, 그리고 그 서식에 대해 간략하게 언급하거나, 때로는 간략하게 "詔曰", "表曰", "書曰" 등으로 서식을 가리키는 경우가 많다. 그러나 본론에서 상세히 살펴보겠으나 연대기 자료의 이러한 地文 정보는 그대로 받아들일 수 없는 경우가 많다. 이는 해당 자료를 편찬할 때 문서의 서식이나 관련 정보를 압축하는 과정에서 잘못된 정보가 개입되는 경우가 많았기 때문이다. 따라서 본론에서는 地文에 담긴 정보와 인용된 문서의 錄文을 비교 검토하여 해당 문서의 서식을 확정 내지 추정하는 연구방법을 택할 것이다.

연대기 사료 및 후대의 편찬사료에 포함된 외교문서의 전모를 추정하는 난제를 푸는 데에는 조선 초기에 편찬된 『吏文』이 큰 도움을 준다. 『吏文』은 조선 초 承文院에서 외교문서 작성을 위한 교육용 자료로 편찬한 자료로, 권2와 권3에 고려 말부터 조선 초에 걸쳐 명과 주고받은 관문서식 외교문서 52건을 수록하고 있으며, 이 가운데 고려시대에 해당하는 문서 총 20건이 포함되어 있다.[98] 이 자료는 명과의 외교문서를 원문 그대로 등록해놓은

---

97) 『宋史』 권487, 外國 3, 高麗, 熙寧 2년(1069).

『吏文謄錄』을 저본으로, 吏文을 학습하기에 효과가 높은 문서를 위주로 추출하여 편찬했기 때문에 그 원문을 가능한 그대로 살리는 방식으로 옮겨 적어두었다. 따라서 이를 통해 당시 외교문서의 양식을 어느 정도 추정할 수 있으며, 다른 문서들에서도 어느 부분이 어떤 방식으로 생략, 또는 축약되었는지를 가늠할 수 있다.

2. 외교문서 서식의 분류 기준

문서의 발신 및 수신 주체에 따른 분류

전근대 동아시아 국제질서에서 외교에 참여했던 주체는 크게 군주, 관부, 개인 등으로 나눌 수 있다. 이에 따라 외교문서 발신 및 수신의 주체를 고려와 중국 왕조에서 각각 군주와 관부·관인으로 나눈다면 총 네 가지 분류가 가능하다. 첫째, 군주 사이, 즉 고려국왕과 중국 황제 사이의 문서, 둘째, 고려국왕과 중국의 관부·관인 사이의 문서, 셋째, 중국의 황제와 고려의 관부·관인 사이의 문서, 넷째, 양국의 관부·관인 사이의 문서가 그것이다.

첫째, 군주 사이의 외교문서는, 외교를 담당하는 최종적인 책임자이자 정치체의 최고 권위자인 군주가 수신과 발신의 주체가 된다는 점에서 가장 높은 권위를 가지는 문서라고 할 수 있다. 전근대 동아시아 국제관계에서는 일반적으로 외교의 전제로서 책봉이라는 행위가 이루어졌다. 책봉이란 책봉국의 황제와 피책봉국 국왕 사이의 군신관계를 확인하는 절차라고 할 수 있으며, 따라서 황제와 국왕 사이의 문서는 거의 항상 군신관계에서의 문서 형태를 취하였다. 그 대표적인 서식은 황제의 詔·勅과 국왕의 表라고 할 수 있고, 그밖에 책봉 절차와 관련된 황제의 冊·制·誥命 등이, 특수한 상황에서 발령된 宣諭聖旨 등이 있었다.

시대를 막론하고 황제가 발령하는 명령, 즉 王言은 여러 가지 형태로 문서화되어 실질적인 효력을 발휘하였다. 시대에 따라서, 그리고 그것이

---

98) 『吏文』에 대한 소개는 鄭東勳, 앞의 논문, 2010, 142~146쪽 및 구범진 역주, 『이문역주』 상, 세창출판사, 2012, ix~xvii쪽 참조.

발령되는 상황에 따라서 황제의 명령이 구현되는 문서의 서식에는 차이가 있었다.[99] 다양한 황제의 명령문서 가운데 고려국왕에게 보낸 문서로 대표적인 것은 詔書라고 할 수 있다. 일반적으로 詔書는 천하를 상대로 반포되는 것으로, 예컨대 卽位詔書, 황후·황태자 冊立 조서, 국왕 冊封 조서 등 의례적인 내용을 담고 있는 것이 많았다. 한중관계에서 사용된 詔書 역시 의례적인 내용으로 작성된 것이 대부분이었다. 다만 외교문서로서 관문서식 문서가 사용되기 시작했던 원 대 이전까지는 특정한 사안이 발생했을 경우에 한해서 구체적인 내용을 담은 조서가 전달되기도 하였는데, 이는 한중관계 전체로 보면 예외적인 상황이었다고 할 수 있다. 황제 명의의 문서식 가운데에는 勅도 널리 사용되었으며, 이에 따라 황제의 명령문서를 詔勅이라고 통칭하는 경우도 많다. 그러나 詔에 비해서 勅은 시대별로 용법이 상당히 달랐다. 다만 勅이 詔에 비해 낮은 등급의 문서로서, 특정 소수의 대상자들에게 발령되었고, 특정한 사안에 대한 구체적인 언급을 담고 있으며, 그 작성에는 실용적인 문체가 쓰였다는 점 등은 공통적으로 지적할 수 있다.

　고려국왕이 중국의 황제에게 보낸 문서는 극소수의 예외를 제외하고는 대부분 表文 형식으로 작성되었다. 표문은 內臣과 外臣을 막론하고 황제에게 올리는 상행문서로서, 국내에서 사용되었던 형식을 주변국의 국왕들이 그대로 준용했던 것이다. 표문은 가장 의례적인 문서였기 때문에 그 작성 절차와 문자 사용에 이르기까지 매우 구체적으로 형식이 정해져 있었다.[100] 이외에

---

99) 역대 중국 황제의 왕언 문서에 대해서는 많은 연구가 축적되어 있으나, 대표적인 것으로 中村裕一, 『唐代制勅研究』, 東京 : 汲古書院, 1991 ; 張帆, 「元朝詔勅制度研究」, 『國學研究』 10, 2002 ; 萬明, 「明代詔令文書研究－以洪武朝爲中心的初步考察」, 『明史研究論叢』 8, 2010 등을 참조.

100) 예컨대 『大元聖政國朝典章』 권28, 禮部1, 〈表章定制體式〉 및 〈表章迴避字樣〉에서는 表文에서 피휘해야 할 글자뿐만 아니라 문서를 접는 방식, 매 幅마다의 行數, 날인하는 위치와 방식, 봉투 쓰는 법 등에 이르기까지 매우 상세하게 격식을 규정해두고 있다. 조선 건국 직후 명에 보낸 표문에 금지된 글자가 쓰였다 하여 외교문제로 비화된 사건은 이를 단적으로 보여주는 일화이다(이에 대해서는 朴元熇, 「明初 文字獄과 朝鮮表箋문제」, 『明初朝鮮關係史硏究』, 一潮閣, 2002). 청 대에는 특정 사안에 대한 표문의 양식이 지정되어 천하에 반포되기도 하였고, 이는 조선에도 전달되었다. 이러한 표전문의 양식은 조선후기 청과 주고받은 외교문서를 등록해놓은 『同文彙考』에 별도로 〈表箋式〉의 항목으로 정리되어 있다.

도 피책봉국의 국왕이 발신하는 문서로 중국의 황후나 황태자에게 보내는 箋도 있는데, 문체를 비롯한 각종 양식이 表와 거의 유사하다. 그러나 대부분 의례적인 내용을 담고 있는 것으로 양국의 현안을 언급하고 있는 경우는 찾아보기 어렵다. 따라서 큰 범주에서 表와 묶어서 분류할 수 있다.

조서와 표문은 가장 유려한 한문체, 사륙변려체로 작성되며 구체적인 현안을 다루기보다는 의례적인 내용을 담고 있는 것이 일반적이었다. 조서와 표문의 冒頭 어구는 시대에 따라 조금씩 차이가 있었으며, 상대를 대우하는 정도에 따라서도 표현에 차이가 있었다. 그러나 외교관계에서 조서와 표문은 양국의 군주 사이에 행이된 것으로서, 외교라는 것이 국가 대 국가의 관계로 이루어지고 있었음을 가장 상징적으로 보여주는 문서형식이라고 볼 수 있다.

둘째, 고려국왕과 중국의 관부·관인 사이에 주고받은 외교문서이다. 고려 국왕과 문서를 주고받은 중국 측의 주체는, 주로 고려와 인접한 중국 측 지방행정기구의 수장이나 혹은 외교를 담당했던 중앙정부의 아문이었다. 전자의 대표적인 예로는 거란과 금의 東京 지방관과 명 대의 遼東都司를, 후자의 대표적인 예로는 원 대부터 명초까지의 中書省과 명 대의 禮部를 들 수 있다. 이때에 사용되었던 문서의 서식은 크게 두 가지로 나눌 수 있다. 하나는 중국의 고위 관원들과 고려국왕 사이에서 주고받은 書翰 형식의 문서이다. 서한 형식의 문서들은 사적인 서신의 양식과 거의 구분되지 않지만, 국가의 공식적인 의지를 담아 작성, 전달되었다는 점에서는 외교문서의 범주로 분류될 수 있다.[101] 다른 하나는 중국에서 설정한 관문서 양식을 그대로 준용하는 관문서식 외교문서인데, 대표적인 것이 원 대와 명 대에 사용되었던 咨文이다. 이 문서는 행정처리의 절차를 매우 자세히 밝히고 있다는 점에서 행정실무적인 성격을 강하게 띠고 있었다. 따라서 문서의 내용도 의례적인 것보다는 아주 구체적인 사안들을 다룬 것이 일반적이었다.

중국의 관부와 국왕이 주고받은 문서는 기본적으로 중국 국내의 관문서 양식을 그대로 준용하고 있었기 때문에 우선 중국 관문서의 흐름을 개괄해볼 필요가 있다. 丁曉昌은 중국 관문서의 발전과정을 크게 1)맹아기(夏·商·周), 2)초보기(秦·漢~南北朝), 3)발전성장기(隋·唐·宋·元), 4)정착 쇠퇴기(明·淸)로

---

101) 鄭東勳, 앞의 논문, 2010, 146~156쪽 참조.

구분하였다.[102] 이에 따르면 秦 대 이후 관문서가 국가통치의 중요하고 유력한 도구와 수단으로 인식되면서 중앙집권적인 문서제도가 기본적으로 확립되기 시작하였다. 그러나 남북조시대까지는 대체로 詔令類와 奏議類 등 황제가 주체가 되는 문서들이 주로 사용되었을 뿐, 관부 사이의 문서들은 크게 분화되거나 널리 사용되지 않았던 것으로 보인다. 당 대에 들어 공문제도가 크게 정비되어, 황제문서 외에도 관부 사이의 관문서류가 많이 쓰이기 시작했으며, 종류가 명확하고 세분화되기 시작하였고, 관문서의 기능도 정부활동과 밀접하게 연관되어 발전되었다. 중국 공문제도가 가장 발전한 시기는 명·청 대로, 사용주체와 상황에 따라 문서의 종류가 세분되어 명 대에는 대략 33종이 사용되었던 것으로 확인된다. 또한 관문서에 사용되는 특징적인 문체가 등장하여 행정처리의 절차를 명확히 하고 책임의 소재를 뚜렷이 밝힐 수 있는 방식이 채택되었다. 아울러 관문서의 특수한 용어들도 정리되어 공문 작성의 효율성과 실용성을 도모하였다. 수많은 관문서 서식 가운데 한반도 왕조의 국왕들이 사용했던 것은 관문서식 가운데 가장 상위의 서식이라고 할 수 있는 咨文이었다. 이는 원 대 이후 2품 이상의 아문들 사이에서 주고받았던 평행문서이다. 여기에는 관문서 특유의 문체가 사용되었으며, 따라서 국내의 행정절차에 대해서도 매우 구체적으로 정보를 전달하였다.

셋째, 중국 황제와 고려의 관부·관인 사이에서 주고받은 문서이다. 고려시대 전반을 통틀어 이 방면의 소통이 이루어진 예는 매우 드물다. 앞서 언급했듯이 외교라는 것은 국가를 대표하여 군주가 행하는 것이라는 인식이 강하게 적용되고 있었던 탓에, 고려에 국왕이 엄연히 존재하고 있던 이상 국왕 이외의 관부나 관인이 외교의 주체가 되는 일은 거의 없었던 것이다. 고려를 대표하여 관부가 문서 발신의 주체가 된 것은 국왕이 부재중일 경우에 한정되었다. 본론에서 상세히 다룰 것이나, 원 대에 국왕위가 비어있는 상황에서 당시 고려의 최고 관부였던 都僉議使司가 表文을 보낸 사례가 드물게 확인되는 정도이다. 그밖에 공민왕이 시해된 이후에 王太后의 명의로 표문을 올려 왕위 계승을 인정해줄 것을 요청한 일이나,[103] 공양왕의 책봉을 요청하

102) 丁曉昌, 『中國公文發展史』, 蘇州 : 蘇州大學出版社, 2004.
103) 『고려사』 권134, 우왕 5년(1379) 10월.

기 위해 '高麗國 宗親·大小臣僚·閑良·耆老' 명의로 황제에게 표문을 제출한 일[104] 정도가 있었을 뿐이다.

다만 사신으로 파견되었던 관원들이 중국 현지에서 각종 의례나 연회에 참석한 후 황제에게 사은하는 내용의 표문을 지어서 제출한 일이 있었다. 이때의 문서들은 『東人之文四六』에 〈陪臣表狀〉이라는 항목으로 분류되어 있다.[105] 그러나 이는 양국 사이의 현안에 관련된 문제라기보다는 어디까지나 의례적인 문서 제출에 불과했다는 점에서 외교 교섭의 의미는 크지 않다.

넷째, 양국의 관부 및 관인 사이에서 주고받은 문서이다. 양국의 외교 담당 아문들 사이에 주고받은 외교문서는 현전하는 사례가 많지 않다. 중국의 관부들이 주체가 되어 국왕과 문서를 주고받았던 것과는 달리, 고려의 아문들이 정식 문서행정의 주체로 등장한 경우는 시대와 사례가 매우 한정되어 있었다. 대체로 고려와 거란·금과의 관계에서 국경 지대의 관부 사이에서 문서를 주고받은 일, 송과의 관계에서 송의 지방관부인 明州와 고려의 禮賓省이 문서를 주고받은 일 정도가 있었다. 이때의 문서식으로는 일반적으로 牒이라는 서식이 사용되었다. 牒은 당 대 이전부터 관문서의 일종으로 사용되었는데, 단일한 서식이 아니라 상황에 따라서 상행문서로도, 평행문서로도, 하행문서로도 사용되었다.[106] 송 대에도 牒은 통속관계가 없는 관부 상호간에 사용된 문서로 규정되었다.[107] 원 대에 들어서는 牒의 양식이 세분되어, 상황에 따라서 상행문서인 牒呈上과 牒上으로, 평행문서인 平牒, 하행문서인 今故牒·故牒 등으로 사용되었고,[108] 이는 대체로 명 대까지 그대로 유지되었다.[109] 그러나 외교문서로 사용되었던 牒은 이러한 중국 공문서 양식을 그대로 준용한 것은 아니었다. 애초에 牒이라는 명칭은 외교문서, 나아가 공문서의 대명사처럼 사용되고 있었다. 첩은 수신자와 발신자 사이의 관계에

---

104) 『고려사』 권42, 공양왕 4년(1392) 6월 丁丑.
105) 고려 사신이 중국 현지에서 제출한 陪臣表狀에 대한 상세한 분석은 豊島悠果, 「金朝の外交制度と高麗使節――二〇四年賀正使節行程の復元試案」, 『東洋史硏究』 73-3, 2014 참조.
106) 中村裕一, 「唐代官文書硏究の意義と課題」, 『唐代官文書硏究』, 東京 : 中文出版社, 1991.
107) 『慶元條法事類』 권16, 文書門 1, 文書式 참조.
108) 원 대의 문서행이체식에 대해서는 『大元聖政國朝典章』 권14, 吏部 8, 公規 2, 行移에 정리되어 있다.
109) 『洪武禮制』 署押體式 및 行移體式 참조.

구애되지 않고 폭넓게 사용될 수 있는 유연성을 가진 문서였다. 따라서 전근대 동아시아 국제질서에서 공식적인 외교관계 수립 여부와 무관하게 관부 사이에서 널리 주고받는 문서로 활용되었던 것이다.

고려와 중국 왕조 사이의 외교적 교섭이 좀더 폭넓게 전개된 원 대와 명 대에도 관부 사이에 문서를 주고받는 일은 많지 않았다. 역시 고려의 관부나 관원이 국왕을 대신해서 외교 행위의 주체로 나선 일은, 국왕위가 비어있거나 혹은 국왕이 중국 측으로부터 공식적인 외교 교섭의 상대로 인정받지 못했을 때에 국한되었기 때문이다.

문체에 따른 분류

외교문서의 서식을 분류하는 다른 기준으로는 문체를 꼽을 수 있다. 고려시대 중국과의 외교문서에 漢字와 漢文이 사용되었음은 모두 공통된다. 그러나 같은 한문이라 하여도 문체는 여러 가지로 나눌 수 있고, 각각의 상황과 서식에 따라 서로 다른 문체가 선택되었던 것이다.

첫째는 四六騈儷體이다. 사륙변려체는 典故를 폭넓게 인용하며 현란한 수사를 동원하는 문체로서, 일반적으로는 가장 의례적인 문서에서 사용되었다. 따라서 그 작성에 고도의 지식과 문장력이 요구되었기 때문에 당대의 文衡들이 작성을 전담하였다. 사륙변려체는 대체로 의례적인 내용을 담은 황제 명의의 詔書나 국왕 명의의 表文에 사용되었다.

둘째는 이른바 古文으로 불리는, 가장 일반적인 한문체이다. 六朝 시대에 유행하던 사륙변려체에 대한 반발로 唐代에 고문부흥운동이 벌어졌던 일은 유명하다. 사륙변려체의 수식성과 의례성에서 벗어나 先秦 시대 및 漢 대의 문체로 지목된 古文으로 돌아가고자 했던 것이다. 즉 고문이라 함은 한문 본래의 간결성을 추구한 문체로, 『高麗史』나 『朝鮮王朝實錄』 등에서 가장 폭넓게 쓰인 일반적인 문체라고 할 수 있다. 일반 한문체는 외교문서 가운데서는 대체로 서한식 문서에서 사용되었다.

셋째는 이른바 吏文, 혹은 公文吏牘體라고 불리는 관문서용 문체이다. 관문서는 행정적으로 정확한 절차를 표시하고 의사를 전달하는 데에 목적을 두기 때문에 일체의 불필요한 수식을 배제하고, 최대한 효율적으로 이를 표현할 수 있는 문체를 사용하였다. 또한 해당 문서가 작성되기까지의 논의과 정을 정확히 밝히기 위해, 그에 앞서 주고받은 문서를 직접 인용하는 방식을 택하였고, 이를 표현하기 위해서 매우 세밀하게 규정된 어구들을 사용하였다. 예컨대 상급 관부로부터 하행문서를 받은 사실은 '奉', 동급 관부로부터 평행문서를 받은 사실은 '准', 하급 관부로부터 상행문서를 받은 사실은 '據' 등의 동사를 사용하도록 엄격하게 규정되어 있었고, 인용의 시작과 끝을 표현하는 방식도 정해져 있었다. 또한 이문은 당시의 중국어 口語를 가장 효율적으로 표현할 수 있는 방식으로 구성되어 있었던 까닭에 일반적인 한문과는 어휘는 물론이거니와 문법 자체에도 여러 면에서 차이를 보였다.[110] 따라서 吏文은 사륙변려체는 물론 일반적인 한문체와도 한눈에 구별되는 특수한 문체라고 할 수 있다.[111]

당대인들이 편찬한 문집, 혹은 文選類의 분류

주지하듯이 고려시대에 외교문서만을 별도로 모아 편찬한 자료는 현재까지 알려진 바가 없다. 다만 이 시기에 활약한 문인들이 직접 편찬한 문집이나 문선류 가운데 현재의 기준에서 외교문서로 파악할 수 있는 문장들이 어떠한 文種으로 분류되어 있는지를 살펴볼 수 있다.

우선 당대인들이 외교문서를 국내문서와 구분해서 인식하고 있었는지부터 확인해보자. 예컨대 고종 대에 외교문서 작성을 전담하다시피 했던 李奎報의 문장들은 그의 사후 곧바로 편찬된 『東國李相國集』에 수록되었다. 이 가운데 권28은 제목을 〈書·狀·表〉라고 하고 그 아래에 "鄰國交通所製"라고

---

110) 공문서의 특수한 문체인 吏文의 성격에 대해서는 田中謙二, 「元典章文書の構成」, 『東洋史研究』 23-4, 1969 ; 정광, 「吏文과 漢吏文」, 『구결연구』 16, 2006 참조

111) 이 밖에도 원 대의 문서에서 사용되었던 蒙文直譯體, 명 초의 황제 문서에서 사용되었던 白話體 등 口語를 그대로 옮긴 문체가 있다. 그러나 이러한 문체는 그 자체가 문서 전체에서 쓰인 것은 아니었다. 대체로 황제의 聖旨를 인용하거나, 기타 행위자들의 구체적인 발언을 옮기는 과정에서 간혹 등장하는 특징적인 문체일 뿐이다. 따라서 외교문서 문체 분류에서는 일단 제외하였다. 이들 문체로 작성된 문서의 실례는 본론에서 상세히 언급하도록 하겠다. 명 초 洪武帝가 내린 구두 명령의 문서화 과정에 대해서는 鄭東勳, 「洪武帝의 명령이 고려에 전달되는 경로-聖旨의 문서화 과정을 중심으로」, 『東洋史學研究』 139, 2017 참조.

부기하여 외교문서로 작성된 것임을 명시해두었다. 그런데 권26~27에 〈書〉, 권29~30에 〈表〉, 권30에 〈牋·狀〉을 별도의 문종으로 분류해둔 것을 보면, 당시 李奎報는 같은 表, 書, 혹은 狀이라는 서식이라 하더라도 국내에서 국왕에게 바친 문서와 외교문서로서 작성한 것을 구분하고 있었음을 알 수 있다. 이처럼 외교문서를 별도의 文種으로 구분해둔 것은 다른 문집에서도 확인할 수 있다. 조선시대 이후에 편찬된 金坵의 『止浦先生文集』이나 鄭誧의 『雪谷先生集』, 鄭樞의 『圓齋先生文藁』, 李達衷의 『霽亭集』, 安軸의 『謹齋集』 등은 논외로 하더라도, 고려 당대에 편찬된 李穀의 『稼亭集』에는 권10에 〈表箋〉을 하나의 분류로 설정해두었고, 李齊賢의 『益齋亂藁』에도 권8에 〈表〉를 별도로 분류해두었다. 또한 李穡의 『牧隱文藁』는 권11에 〈事大表箋〉이라 하여, 역시 원과 명에 보낸 외교문서만을 별도의 文種으로 나누어 실었다. 고려 전기와 달리 表를 국내 문서로서 사용할 수 없었던 원 대 이후의 상황에서 문인들은 表, 혹은 表箋을 곧바로 외교문서로 인식하고 있었던 것이다.[112] 이렇게 본다면 당대에 외교문서 작성을 담당했던 문인들은 대체로 외교문서를 국내문서와는 분류해서 별도의 문종, 서식으로서 인식하고 있었음을 알 수 있다.

그렇다면 당대 문인들이 외교문서를 다시 어떠한 서식으로 나누고 있었는지를 검토할 필요가 있다. 그 방법으로는 우리나라 最古의 개인 문집이라고 할 수 있는 『桂苑筆耕集』에 여러 문종으로 나뉘어있는 문장들이 이후에 편찬된 문선류에서 어떻게 나뉘어 실려 있는지를 추적해보는 것이 유효하다. 崔致遠은 우리나라 '문장의 종장[文宗]'으로 추앙되고 있었던 까닭에 『桂苑筆耕集』은 당시 문인지식인들에게 敎本으로 이해되고 있었다.[113] 특히 여기에 실린 문장들 가운데 상당수는 최치원이 당 말 최대의 藩鎭 세력이었던 高騈의 막료로서, 諸侯의 위치에서 중앙과 지방의 관부 및 관인들과 주고받은 공사의 문서였기 때문에, 諸侯國인 고려의 문인들에게 문장의 교본으로 통용될 수 있었다.[114] 『桂苑筆耕集』에는 表, 狀, 奏狀, 堂狀, 別紙, 檄書, 書, 委曲, 擧牒, 齋詞, 祭文, 記, 疏, 啓, 詩 등 총 15종의 文種이 실려 있다. 이 가운데 상당수의

---

112) 다만 崔瀣 본인이 직접 편찬한 자신의 문집 『拙藁千百』은 아예 문종을 나누지 않고 있다.
113) 南東信, 「『桂苑筆耕集』의 문화사적 이해」, 『震檀學報』 112, 2011, 185쪽 참조.
114) 南東信, 위의 논문, 2011, 207쪽.

문장은 『東人之文四六』과 『東文選』에도 수록되었다.

　『東人之文四六』은 총 15권에 걸쳐 20종의 文種, 458편의 문장을 싣고 있다. 그 가운데 권1~4에는 〈事大表狀〉이라는 분류 하에 외교문서를 싣고 있는데, 권1에는 崔致遠이 지은 외교문서 12건을 싣고 있다. 당 황제에게 보내는 표문이 8건이며, 황제에게 보내는 狀이 1건, 그 밖의 인물에게 보낸 狀이 3건 포함되어 있다. 다만 이들 문서는 新羅國王 명의로 작성된 문서이기 때문에 『桂苑筆耕集』에는 실려 있지 않다. 『계원필경집』 권1과 권2에 수록된 表 20건은 모두 高騈 명의로 당 황제에게 올린 문서인 까닭에 『동인지문사륙』에는 전혀 포함되지 않았던 것이다. 『계원필경집』의 문장 가운데 『동인지문사륙』에 인용된 것은 최치원 자신의 명의로 작성한 啓 4건과 狀 5건, 別紙 1건이 전부이다.

　반면에 『東文選』에는 『桂苑筆耕集』의 총 340건의 문장 가운데 156건이 인용되어 있다. 다만 文種을 분류하는 방식에는 약간의 차이를 보인다. 『계원필경집』에서 表로 분류했던 문장 20건은 『동문선』에는 表箋이라는 분류 하에 실렸고, 狀 42건 가운데 28건, 그리고 書 18건 가운데 14건, 啓 8건 가운데 6건 등이 같은 문종의 이름으로 분류되어 있는 점은 동일하다. 반면에 『桂苑筆耕集』에서는 奏狀과 堂狀으로 분류한 문장 20건과 10건이 각각 한 건과 두 건씩만 『동문선』에 狀이라는 분류로, 別紙와 委曲으로 분류한 문장 94건과 4건이 각각 18건과 4건씩 書라는 분류로 축소된 점에서 차이를 보인다. 『桂苑筆耕集』과 『東文選』 수록 문장 사이의 계승관계를 정리하면 〈표 1〉과 같다.[115]

　狀과 奏狀, 堂狀은 모두 일반적인 문서의 명칭으로, 奏狀은 군주를, 堂狀은 고관을 대상으로 한 글이라는 점에서 차이가 있다. 그러나 고려 및 조선 초기의 외교문서에서 중국 왕조의 고관을 대상으로 하는 문서는 사용된 예가 거의 없고, 황제에게 올리는 문서로는 표문이 사용되었던 까닭에 奏狀과 堂狀은 아주 소수만이 인용되었던 것으로 보인다. 또한 書와 別紙, 委曲은 모두 개인 명의로 작성한 서한의 일종인데, 수신 대상이 상관이나 대등한

---

115) 『桂苑筆耕集』의 문체와 『東文選』으로의 계승관계에 대해서는 장일규, 「해제 – 현전하는 우리나라 고대의 유일한 문집」, 이상현 옮김, 『계원필경집』 1, 한국고전번역원, 2009, 24~27쪽 및 南東信, 위의 논문, 196~207쪽 참조.

<표 1> 『桂苑筆耕集』과 『東文選』 수록 문서의 계승관계

계원필경집 문종	문서 건수	동문선 문종	인용 건수
表	20	表箋	20
狀	42	狀	28
奏狀	20	狀	1
堂狀	10	狀	2
別紙	94	書	18
檄書	4	檄書	4
書	18	書	14
委曲	20	書	4
擧牒	50	牒	32
齋詞	15	齋詞	15
祭文	5	祭文	5
記	2	記	2
疏	2	疏	2
啓	8	啓	6
詩	30	七言律詩	3
	340		156

계급일 때에는 別紙를, 자신보다 연하이거나 계급이 낮을 경우에는 委曲을 칭하였다고 한다.[116) 다만 『동문선』에서는 書와 別紙, 委曲을 구분하지 않고 모두 書로 분류하면서, 서한식 문서를 하나의 文種으로 처리하였다.

본문에서 구체적인 문서들을 검토해보겠으나, 『동문선』에 포함된 45종의 문종 가운데 외교문서식으로 볼 수 있는 것은 表箋과 書, 狀과 啓 등 4종에 불과하다. 그 가운데 『桂苑筆耕集』에서 전래된 것은 表, 狀, 奏狀, 堂狀, 別紙, 書, 委曲, 啓 등 총 8종에 이른다. 『계원필경집』의 15종의 문종 가운데 8종이 이후 『동문선』에 수록된 외교문서식으로 계승된 것이다. 포함되지 않은 7종 가운데 詩를 제외한 齋詞와 祭文, 疏와 記, 擧牒은 모두 국내 문서로서만 사용된 것이었다.

3. 문서식의 분류

이상에서 외교문서의 서식을 나눌 수 있는 세 가지 기준, 즉 발신과 수신

---

116) 『계원필경집』 수록 각 문체에 대한 기본적인 설명은 장일규, 위의 논문, 38~43쪽 ; 南東信, 앞의 논문, 196쪽 및 206~207쪽 참조.

주체에 의한 분류, 문체에 따른 분류, 당대인들이 편찬한 문집에서의 기준에 따른 분류 등을 검토해보았다. 다만 세 번째 기준은 고려 측에서 발신한 문서만을 대상으로 하고 있기 때문에 분류 기준으로서 모든 문서를 포괄하지 못한다. 그렇다면 앞의 두 가지 기준이 남게 되는데, 두 기준에 따른 분류는 결과적으로 상당히 겹치게 된다. 군주와 군주 사이의 외교문서인 조서와 표문은 대체로 사륙변려체로 작성되었고, 고려국왕과 중국 관부·관인 사이의 외교문서에 주로 사용된 서식 가운데 서한식 문서는 고문체로, 관문서식 문서는 이문체로 작성되었으며, 양국 관부 사이의 외교문서에 사용된 관문서식 문서는 역시 이문체로 작성되었던 것이다.

그렇다면 이들 기준을 종합하여 고려와 중국 왕조들이 주고받은 외교문서식을 분류해보면 크게 세 범주로 나눌 수 있다. 첫째는 중국의 황제가 발급하는 詔와 고려국왕이 올리는 表이다. 군주 사이의 외교문서이자 사륙변려체로 작성된 문서다. 금이 건국 초기에 고려국왕에게 "兄大女眞金國皇帝致書于弟高麗國王"으로 시작하는 서한식 문서를, 또 명이 건국을 알리는 문서로 고려국왕에게 "大明皇帝致書高麗國王"으로 시작하는 서한식 문서를 보낸 일이 있으나, 이는 매우 예외적인 일이며, 고려국왕과 중국 황제 사이의 문서로는 거의 항상 표문과 조서가 사용되었다. 국왕의 문서가 표문으로 매우 고정적이었던 데 비해 황제 명의의 문서는 시대에 따라, 상황에 따라 冊, 制, 詔, 勅, 璽書, 宣諭 등 다양한 명칭으로 분화되어 있었으나, 일단은 이들을 일괄해서 황제 명의의 詔라고 통칭하도록 하겠다. 조서와 표문은 최고의 권위를 가지는 문서로서, 주로 의례적인 사안을 다룰 때에 많이 사용되었다. 실무적인 사안을 논의하는 문서로 활용될 경우에는 그에 앞서 낮은 단계에서 여러 경로를 통해 의사를 충분히 교환한 후에 최종적으로 선언하는 내용을 담는 경우가 일반적이었다.

둘째는 書翰 양식의 문서이다. 고려국왕과 중국의 조정의 고위 관원, 혹은 중앙정권의 영향력 바깥에 위치하는 기타 세력들, 혹은 전쟁 국면에서 고려에 출정한 군대의 지휘관과의 관계에서 주로 사용되었다. 문체로는 일반적인 한문체가 사용되었다. 서한 양식의 문서는 "甲致書乙"로 시작하는 경우가 많은데, 수신자와 발신자의 상하관계에 따라서 "上書", "奉書", "寄書", "貽書" 등으로 표현하기도 하였다. 서한식 외교문서는 기본적으로 사적인 관계에서 사용되는 것으로 규정되어 있었기 때문에 전근대 동아시아 국제관계에서는 책봉과 같은 정식 외교관계를 맺지 않은 두 정치체 사이에서, 혹은 대등관계에 있는 국가들 사이에서 주고받는 문서식으로 사용되었다. 또한 군신관계 내지는 관료제적 운영 원리의 규정을 받지 않는 개인들 사이에서 의사를 전달하는 문서로도 널리 사용되었다. 서한식 문서는 문서를 보내는 행위를 뜻하는 動詞를 선택하거나, 혹은 書儀라고 총칭되는 문서 속의 인사말이나 자칭·타칭과 같은 표현법을 통해 발신자와 수신자 사이의 상하관계를 표현하기도 하였으나,[117] 기본적으로는 敵禮 관계에 있는 두 주체 사이에서 사용되는 문서식으로 인정되었다.

셋째는 관문서식 문서이다. 고려국왕과 중국의 관부 사이에서, 혹은 고려의 관부와 중국의 관부 사이에서 주고받는 문서식으로 사용되었다. 관문서식 외교문서는 다시 크게 두 종류로 구분할 수 있는데, 하나는 牒式 문서이고, 다른 하나는 咨·呈·申·照會 등 吏文으로 작성된 관문서식이다.

牒이란 중국 관문서 양식의 한 가지로서 統屬 관계에 있지 않은 관부 사이에서 주고받는 문서로 폭넓게 사용되었다. 송 대에는 그 양식이 비교적 명확하게 규정되어 있었으나, 기본적으로는 평행문서로서 발신자와 수신자 사이에 상하관계를 따지기 어려운 경우에 주로 사용하였다. 이러한 유연성 때문에 첩은 당 대부터 동아시아 국제관계에서 외교문서로 폭넓게 사용되었는데,[118] 11세기 이후에는 외교문서의 통칭으로 불리기도 하였다. 특히 군주가 아닌 관부 사이에서, 규정에 구애받지 않고 즉각적인 현안을 다룰 때에 비교적 자유롭게 주고받는 문서로서 널리 활용되었다. 이때 문체로는 일반적인 고문체가 사용되는 일이 많았다. 반면에 吏文으로 작성된 관문서는 원 대 이후 사용되기 시작하였다. 이들 문서는 중국 국내의 관문서 특유의 특수한 행정 용어들과 문체를 써서 작성하며, 다루고 있는 문제와 관련된 행정 처리 절차를 매우 꼼꼼하게 담고 있다는 점에서 가장 실무적인 성격을 가진다고 볼 수 있다. 그런데 관문서식은 발신자와 수신자의 상하관계 및

---

117) 동아시아 외교문서에서 書儀의 활용 방식에 대해서는 廣瀬憲雄, 「古代東アジア地域の外交秩序と書狀－非君臣關係の外交文書について」, 『歷史評論』 686, 2007 참조.

118) 그 대표적인 사례에 관해서는 中村裕一, 「渤海國咸和一一年(八四一)中台省牒－古代東亞國際文書の一形式」, 『唐代官文書研究』, 東京：中文出版社, 1991 참조.

통속관계에 따라 上行 문서, 平行 문서, 下行 문서로 자세하게 서식이 분류되어 있었으며, 주어진 위계에 따라 사용할 수 있는 문서식이 매우 엄격하게 제한되어 있었다. 따라서 행위주체 사이의 위계를 가장 잘 반영할 수 있는 외교문서의 종류는 관문서식 외교문서라고 할 수 있다. 그러나 관문서식 외교문서가 가지는 가장 큰 특징은 이를 통해 의사소통을 한다는 것 자체가 해당 규정을 만든 국가의 관료제적 운영 원리에 근거한 행위임을 뜻한다는 점이다. 즉 어떤 외교의 주체가 중국의 왕조와 관문서식 외교문서를 주고받았다는 것은 그 제도를 규정한 왕조가 자신에게 부여한 관료제적 위상을 수용하고 인정했음을 뜻한다는 것이다.

이와 같은 다양한 종류의 외교문서식은 시대에 따라서, 또는 상황에 따라서 매우 폭넓게 선택, 사용되었다. 본론에서 자세히 검토하겠으나, 대체로 고려와 오대·송의 관계와 같이 양국의 접촉면이 넓지 않은 경우에는 군주 사이에서의 조서와 표문이 주된 문서식으로 활용되었고, 고려와 거란·금 사이에서 국경을 마주하고 빈번하게 벌어질 수 있는 갈등을 조절하는 데에는 양측 관부 사이의 첩이 널리 활용되었다. 고려와 원 사이에서 전례없이 폭넓은 현안을 둘러싸고 외교관계가 전개되었을 때에는 군주 사이의 문서는 물론이거니와 서한식 문서, 첩식 문서, 관문서식 문서 등이 두루 사용되었다. 고려와 명의 관계에서는 외교의 절차에 명 국내의 관료제적 운영원리가 강하게 적용되면서 군주 사이의 문서를 제외하고는 철저하게 관문서식 외교문서만이 사용되었다.

이처럼 외교문서식은 당시 국제관계에서 양자가 서로를 어떠한 존재로 인정하고 있었는지를 잘 보여주는 소재가 된다. 양자의 상하관계는 어떻게 표현되었는지, 외교관계의 자체는 어떠한 원리에 입각하여 운영되었는지 등을 엿볼 수 있는 것이다. 그리고 구체적인 사안은 어떠한 논의 절차를 거쳐 처리되고 있었는지, 그것은 어떠한 효과를 기대하고 있었는지 등을 살필 수 있다. 나아가 거기에 반영되는 국제관계의 실태는 어떠했으며, 그를 통해 구현하고자 했던 국제질서의 이념은 어떤 것이었는지 등도 확인할 수 있다.

1장
고려-오대·북송·남송 외교문서:
군주 중심의 문서 교환

1절 고려-오대십국의 상호 승인을 둘러싼 외교문서 양식의 설정

오대십국 시대의 정세

태조 왕건이 왕위에 오르고 국호를 고려라고 한 태조 원년(918) 당시, 중원에는 後梁이, 남중국을 비롯한 그 주변에는 吳와 吳越·閩·南漢·楚·前蜀 등이 병립해있었으며, 지금의 내몽골 일대에서는 契丹이 건국한 직후였다. 당이 멸망한 907년부터, 짧게는 宋이 건국한 960년까지, 길게는 송이 중원을 통일한 979년까지를 五代十國 시대라고 한다.[1] 이 시기에는 중원 왕조의 교체가 매우 잦았고 남중국에 여러 정치체들이 병립해있었으며, 또한 10세기 초부터 통일국가를 형성해가고 있던 거란이 遼東은 물론 華北 일대까지 세력을 확장하면서 중국 대륙의 정세가 매우 복잡하게 전개되었다. 한반도 역시 936년까지는 후삼국이 분열되어 있었기 때문에 한중간의 외교관계도 다각적으로 이루어졌다.[2]

---

1) 10세기 전중반, 중국의 오대십국 시대의 정치 상황에 대해서는 주로 日野開三郎, 「五代列國の興亡」, 『日野開三郎東洋史學論集 2－五代史の基調』, 東京 : 三一書店, 1980 ; 鄭學檬, 『五代十國史研究』, 上海 : 上海人民出版社, 1991 ; 山崎覺士, 『中國五代國家論』, 京都 : 思文閣出版, 2010 ; 金宗燮, 「五代王朝의 對外關係」, 『中國古中世史研究』 31, 2014 등을 참조하였다. 특히 山崎覺士의 책은 五代 시기의 국제질서에 대한 개괄적인 이해에 큰 도움을 준다.

2) 후삼국 시기 중국의 오대십국과의 관계에 대해서는 다음의 논고를 참조. 金庠基, 「新羅末에 있어서의 地方群雄의 對中通交－特히 王逢規를 主로」, 東國大學校 史學會 編, 『黃義敦先生古稀記念史學論叢』, 1960(金庠基, 『東方史論叢』, 서울대출판부, 1974에 재수록) ; 李基白, 「高麗初期에 있어서의 五代와의 關係」, 李基白 編, 『高麗光宗研究』, 一潮閣, 1981 ; 金在滿, 「五代와 後三國·高麗初期의 關係史」, 『大東文化研究』 17, 1983 ; 李

중원의 정세가 혼란했던 탓에 이 시기 고려와 중국 왕조들 사이의 외교관계는 안정적인 형태로 정착되지 못했다. 비록 고려국왕이 後唐, 後晉과 後周로부터 책봉을 받는 형식은 갖추었으나, 고려와 오대십국 왕조들 사이의 외교관계는 사신 왕래의 빈도나 규모, 현안의 유무 등을 놓고 보았을 때 11세기 이후의 한중관계와는 완전히 달랐다. 관련 기록 역시 간헐적이고 단편적으로만 남아 있어 이를 풍부하게 복원해내기는 쉽지 않다. 다만 기존 연구를 통해 고려와 오대의 중원 왕조들은 거란이라는 잠재적인 공동의 적대 세력을 두고 비교적 우호적인 관계를 유지하고 있었으나, 육로를 통한 왕래가 불가능한 상황에서 드문드문 사신을 주고받았을 뿐이었음이 밝혀지고 있다.[3)]

문제의 소재 : 고려와 오대십국의 과제

중국 왕조들과 본격적으로 외교관계를 맺기에 앞서, 10세기 전반 고려가 오대십국 왕조들과의 관계에서 해결해야 할 과제는 무엇이었을까. 신라·후백제 등과의 경쟁 속에서 새롭게 등장한 고려로서는 당시의 국제무대에서 정통성을 가진, 한반도를 대표하는 정치체로서 자임하면서 이를 중국 측의 교섭 상대로부터도 인정받을 필요가 있었다. 그런데 '인정'이란 고려뿐만 아니라 오대십국 각 왕조들도 마찬가지로 해결해야 할 과제였다. 반드시

基東, 「羅末麗初 南中國 여러 나라와의 交涉」, 『歷史學報』 155, 1997 ; 허인욱·김보광, 「『高麗使』世家 중 五代 관계 기사 역주」, 『한국중세사연구』 19, 2005 ; 노명호, 「삼국유민의식과 역사계승의식」, 『고려국가와 집단의식』, 서울대학교출판문화원, 2009 ; 小宮秀陵, 「新羅·渤海의 對唐藩鎭交涉 研究」, 서울대학교 박사학위논문, 2014 중 제4장 〈10세기 對藩鎭 交涉의 變化와 消滅〉.

3) 비록 실현되지는 못하였으나 고려와 後晉이 거란에 맞선 군사동맹을 추진했던 일도 있었다(李龍範, 「胡僧 襪囉의 高麗往復」, 『歷史學報』 75·76, 1977). 한편 박용운은 오대 왕조에서 고려를 고구려의 후예로 인식하였다고 파악했으며(박용운, 「고려의 고구려 계승에 대한 동북아 사람들의 이해」, 『고려의 고구려계승에 대한 종합적 검토』, 일지사, 2006), 김종섭은 오대 왕조에서 고려국왕의 책봉호에 '玄菟州都督'이라는 명칭을 포함시킨 것이 거란을 견제하는 역할을 기대했기 때문이라고 분석하기도 했다(김종섭, 「五代의 高麗에 대한 인식」, 『梨花史學研究』 33, 2006, 37~38쪽). 그러나 이는 오대의 외교 담당자들이 고려와 고구려를 구분해서 인식하지 못한 데서 생긴 오류에 지나지 않는다고 보아야 할 것이다. 정동훈, 「고려는 어쩌다가 고구려를 계승한 나라로 인식됐을까」, 『역사와 현실』 121, 2021, 222~230쪽 참조.

밀접한 관계를 맺거나 혹은 적대적인 상황에 놓이지 않았다 하더라도 상대국과의 외교관계를 통해 자국과 주변국 사이의 경쟁적인 상황에서 우위에 있음을 확인하고자 하는 상황이었던 것이다. 사실 '五代十國'이라는 竝稱 자체도 후대의 역사 정리를 통해 확정된 것일 뿐, 당시의 중국에서는 군주가 皇帝를 칭하는 왕조가 둘, 셋, 혹은 그 이상으로 존재하고 있었다.[4] 중원에 위치하여 후에 五代로 인정된 다섯 왕조들 역시 릴레이식으로 등장했던 것이 아니라 나란히 존재하며 경쟁하다가 그 중 하나가 나머지를 구축하여 패권을 차지하는 모습이 되풀이되었다.[5] 따라서 오대십국 시대의 여러 왕조들은 자신의 정치적 지위를 주변국으로부터 인정받을 필요가 있었다. 그리고 마찬가지의 필요성은 후삼국이 분열하여 대치하고 있던 와중의 고려 쪽에서 더욱 크게 느꼈을 것이다. 또한 고려 입장에서도 분열된 상태로 병립해있던 중국 측의 여러 정치체들을 어떻게 차등적인 지위로 인정하여 교섭할지 결정을 내려야 했다.

국제무대에서의 상호 인정이란 군주 사이에 주고받는 외교문서식을 통해서 드러났다. 즉 서식을 가지고 두 국가 사이의 상하관계를 어떻게 표현할 것인가는 당시의 국제질서에서 해당 국가의 위상을 대외적으로 드러내는 중요한 수단이 되었던 것이다. 따라서 이 절에서는 당시 고려와 오대십국의

---

4) 예컨대 後唐과 契丹은 각자가 황제를 자칭하며 상대 군주와 대등한 입장에서 書翰을 주고받았고, 심지어 거란은 後晉의 '황제'를 책봉하기도 했다. 일시적으로 중원을 차지했다가 後周에 밀려 다시 太原으로 돌아간 이후, 일반적으로 10국 가운데 하나인 北漢으로 분류되는 정권의 군주 역시 스스로를 황제라고 불렀고, 거란에서 南唐에 보낸 외교문서에서는 수신자를 "大唐皇帝"라고 했다. 오대십국 시기 각 국가 사이에서 주고받은 외교문서의 서식에 대해서는 정동훈, 「10세기 동아시아 국제질서와 외교문서의 서식 – 고려-거란 외교문서식의 비교사적 검토」, 『한국중세사연구』 49, 2017, 78~91쪽 참조.

5) 거란의 연호로 大同 원년(947) 정월에는 거란 太宗이 이끈 군대가 後晉을 몰아내고 開封을 차지했다가 곧 물러난 일이 있었다. 거란 태종은 그해 정월 5일에 後晉의 出帝를 負義侯로 降封하였다. 後漢의 高祖 劉知遠이 그 공백을 메워 황제에 즉위한 것은 2월 15일이었으니, 그 사이 40일 동안은 거란 태종이 中原의 유일한 황제였다. 이때의 상황에 대해서는 山崎覺士, 「五代十國史と契丹」, 荒川愼太郎 等 編, 『契丹[遼]と10~12世紀の東部ユーラシア』, 東京 : 勉誠出版, 2013, 34~39쪽에 생생히 묘사되어 있다. 그는 이를 이유로 기존에 이 시기를 일컬어 五代라고 한 것을 수정하여 '六代'라고 할 것을 제안하기도 했다.

왕조들이 주고받았던 외교문서의 양식을 복원하고, 이를 통해 한중 양측의 국가들이 상대를 어떠한 존재로서 인정하고 있었는지를 밝혀보고자 한다.

1. 고려와 五代 왕조의 표문-조서 형식의 성립

이 시기의 고려와 오대 왕조 사이의 외교문서로『고려사』世家에는 태조 16년(933) 後唐에서 태조를 책봉했을 때에 보내온 문서,[6) 그리고 혜종 2년 (945)에 後晉에서 보내온 책봉 관련 문서[7) 등을 전하고 있을 뿐이다. 그러나 중국 측의 문헌에서 이 시기에 왕래한 문서를 몇 건 찾을 수 있으며, 문서의 양식과 관련해서도 몇 가지 중요한 기록을 확인할 수 있다. 이를 중심으로 고려가 오대 왕조 및 십국과 주고받은 외교문서의 모습을 복원해보도록 하겠다.

고려와 오대십국의 첫 접촉

고려는 건국 이듬해인 태조 2년(919)에 佐良尉 金立奇를 吳越에 파견하여 최초로 중국 왕조들과 교섭을 시작하였다고 한다.[8) 이어서 태조 6년(923)에 는 後梁에 사신을 파견하였다는 기록이 있으나,[9) 이해 10월에 後梁은 멸망하였다.[10) 고려와 오대 왕조와의 교섭은 後唐이 건국한 이후에야 본격적으로 시작되었다. 후당의 同光 3년, 즉 태조 8년(925), 중국 측의 기록에는 이해 10월, 혹은 11월에 고려에서 廣評侍郞 韓申一과 春部少卿 朴巖을 파견하여

---

6)『고려사』권2, 태조 16년(933) 3월 辛巳.

7)『고려사』권2, 혜종 2년(945).

8)『資治通鑑』권270, 後梁 均王 貞明 5년(919) 7월. 기사에는 大封이 吳에 사신을 파견한 것으로 기록되어 있으나, 이는 고려에서 吳越에 파견한 것으로 보는 것이 옳을 것이다. 金在滿, 위의 논문, 174~175쪽 참조.

9)『고려사』권1, 태조 6년(923) 6월 癸未.

10) 마침 後梁을 멸망시킨 후 後唐의 莊宗은 후량 마지막 황제 末帝의 실록을 편찬할 임무를 방기하였다. 게다가 후량에서 후당으로 왕조가 교체되면서 정권의 담당자들이 대거 물갈이되고, 심지어 수도까지도 開封에서 洛陽으로 옮기면서 고려와 후량 사이의 첫 번째 접촉에 관한 기록과 기억은 중국 측에서 완전히 사라지게 되었다. 이에 대해서는 정동훈, 앞의 논문, 2021, 222~224쪽 참조.

방물을 바쳤다고 기록하고 있다.[11] 이때 副使로 등장하는 朴巖은『고려사』世家에 두 해 전인 태조 6년(923)에 吳越國에서 來投한 것으로 기록된 文士 朴巖과 동일인으로 생각된다.[12] 건국 직후의 고려 조정이 내투한 직후의 인물을 곧바로 중국에 보내는 사신으로 투입했던 것은 그가 문필 능력을 갖추고 있던 文士였기 때문일 것이다. 이처럼 당시 한중간의 교섭에는 외교문서의 작성과 수수가 중요한 부분을 차지하고 있었다.[13]

그런데 주목할 점은 이 무렵 한반도에서 後唐과 교섭을 시도한 정치체가 고려만 있었던 것은 아니라는 점이다. 고려에서 사신을 파견한 태조 8년(925)에 한 해 앞선 924년 신라에서 후당에 사신을 파견하여 朝貢을 한 일이 있었고, 이때 泉州節度使라는 명의로 晉州 지방의 호족 王逢規도 사신을 보내 방물을 바쳤다고 한다.[14] 王逢規는 3년 후에 후당으로부터 懷化大將軍의 관작을 받고, 곧바로 다시 후당에 사신을 보냈다고 하며,[15] 이해에는 신라에서도 다시 사신을 파견했다는 기록이 있다.[16] 또한 고려가 사신을 파견했던 태조 8년(925)과 같은 해 12월에는 후백제의 甄萱도 후당에 입공하고서 그로부터 관작을 받은 일도 있었다.[17] 즉 이 무렵은 한반도의 여러 세력이 경쟁적으로 後唐과 통교하면서 그 권위를 이용하여 경쟁에서 유리한 고지를 점하려고 했던 것이다.[18] 외교적 경쟁에서의 우위란 곧 후당으로부터 공식적인 외교 교섭의 대상으로서 인정을 받는 것을 뜻한다. 이를 표현하는 방식으로

---

11) 『新五代史』권74, 四夷附錄 3, 高麗, 同光 원년(923) ; 『冊府元龜』권972, 外臣部 朝貢5, 同光 3년 10월 ; 『五代會要』권30, 高麗, 後唐 同光 원년 11월.
12) 허인욱·김보광, 앞의 논문, 280~281쪽.
13) 신라 하대부터 文人, 文士 계층이 형성되어 갔으며, 이들이 文翰官으로서 외교문서 작성 등에 중요한 역할을 담당했던 점에 대해서는 李基東, 「羅末麗初 近侍機構와 文翰機構의 擴張」, 『歷史學報』77, 1978 ; 南東信, 「羅末麗初 전환기의 지식인 崔致遠」, 한국고대사회연구소, 『강좌한국고대사』8, 가락국사적개발연구원, 2002, 274~279쪽 ; 小宮秀陵, 앞의 논문, 174~176쪽 등을 참조.
14) 『三國史記』권12, 新羅本紀 12, 景明王 8년(924) 정월.
15) 『三國史記』권12, 新羅本紀 12, 景哀王 4년(927) 3월 ; 4월.
16) 『三國史記』권12, 新羅本紀 12, 景哀王 4년 2월.
17) 『三國史記』권50, 列傳 10, 甄萱. 同光 3년 12월. 遣使入後唐稱藩. 唐策授檢校太尉兼侍中判百濟軍事, 依前持節都督全武公等州軍事行全州刺史海東四面都統指揮兵馬制置等事百濟王, 食邑二千五百戶.
18) 李成珪, 「中華帝國의 팽창과 축소」, 『歷史學報』186, 2005, 109~110쪽.

는 대표적으로 冊封이 있겠으나, 그에 앞서서 이들과 공식적으로 외교문서를
주고받는 일만으로도 대외적인 선전 효과를 누릴 수 있었다.

後唐의 대응 : 『五代會要』의 기록

고려에서는 태조 9년(926)과 10년에도 각각 한 차례씩 후당에 사신을
파견하였다.[19] 그러나 후당에서 고려의 사절을 어떻게 대우할지에 대한
공식적인 방침을 논의한 흔적은 天成 3년(928), 즉 태조 11년의 기록에서
처음 보인다. 이때의 사실을 『五代會要』에서는 다음과 같이 기록하고 있다.
후당의 대응 원칙을 보여주는 중요한 사료이므로, 다소 길지만 인용해보겠다.

> 가) 그해(天成 3년(928)) 12월 2일, 學士院의 記事 : "樞密院에서 근래에 <u>權知高麗
> 國諸軍事 王建</u>이 보내온 表를 보내면서, 詔書를 내리라고 명하였다. 그런데
> 高麗國에는 사신을 파견하여 그 나라로 가게 한 일이 없었으므로, 한림원
> 에도 그 나라에 보내는 詔書 양식이 전혀 없어 <u>卿이라고 해야 할지,
> 汝라고 해야 할지</u>, 아울러 어떤 색깔의 종이에 서사해야 할지, 봉투를
> 싸는 사례는 어떤지 등에 대해서 알 수 없었다. 삼가 참작해서 상정하여
> 한림원에 알려달라고 청하였다. 中書省에서 太常禮院 林祈에게 帖하여
> 堂에 申하도록 하였다. 狀申을 받아보니, '삼가 살피건대, <u>본조의 太宗
> 皇帝가 친히 그 나라를 평정한 후 후사를 세우지 않았습니다. 그런 까닭에
> 다만 新羅國에만 문서를 보냈습니다. 청하건대 대략 新羅國王에게 내리는
> 書詔의 體樣에 따라 쓰십시오.'라고 하였다. 勅을 받들었으니, '고려국에
> 하사하는 書詔는 마땅히 新羅와 渤海 두 藩에 하사하는 書詔의 體樣에
> 따라 修寫하라.'라고 하시었다."[20]

---

19) 『고려사』권1, 태조 9년(926) 是歲 ; 10년(927) 是歲.
20) 『五代會要』권13, 翰林院. 其年十二月二日, 學士院記事 : "樞密院近送到權知高麗國諸軍事王
建表, 令賜詔書者. 其高麗國, 未曾有人使到闕, 院中並無彼國詔書式樣, 未審呼卿於汝, 兼使何
色紙書寫, 及封裏事例. 伏請特賜參酌詳定報院者. 中書帖太常禮院林祈申堂, 據狀申, '謹按,
本朝太宗皇帝親平其國後, 不立後嗣. 是以祗書新羅國. 請約賜新羅國王書詔體樣修寫.' 奉勅,
'賜高麗國書詔, 宜依賜新羅 · 渤海兩藩書詔體樣修寫.'"
한편 이 기록과 거의 동일한 내용이 『翰苑群書』권8의 『續翰林志』下, 天成 3년 12월

위의 인용문에서 後唐이 자신과 고려를 어떻게 인식했는지는, "본조의 太宗 皇帝가 친히 그 나라를 평정"하였다는 구절을 통해 엿볼 수 있다. 이 구절은 말할 것도 없이 668년에 당이 고구려를 평정한 사실을 가리킨다. 주지하듯이 고구려 멸망 당시는 당 高宗의 재위 기간이었으므로, '太宗皇帝'라는 위의 언급은 사실과 다르다. 아마도 五代 당시에 혼란한 정세 속에서 文籍에 대한 관리가 소홀해진 탓에 사실에 대한 기억 혹은 기록에 오류가 있었을 것으로 생각된다. 어찌되었든 후당 조정은 자신은 당을 계승한 국가임을 자임하면서, 고려와 고구려를 구별하지 못했던 것이다. 즉 과거 국제무대에서 활약했던 당과 고구려라는 정치체의 후계자로서 자신과 고려를 위치지운 것이다.

고려국왕의 表文

다음으로 문서식과 관련하여 확인할 수 있는 사항은 다음 몇 가지이다. 첫째, 고려에서 보낸 문서의 서식은 表였고, 거기서 태조는 '權知高麗國諸軍事'를 자칭하였다는 점이다. 둘째, 이에 후당에서는 詔書 형식의 문서로 회답하기로 하였으며, 셋째, 이 문서는 新羅와 渤海에 보내는 문서의 양식을 준용하였다는 점이다.

우선 첫 번째와 두 번째 사실, 즉 고려와 후당 사이의 외교문서 서식이 표문과 조서였다는 점부터 살펴보겠다. 주지하듯이 표문은 신하가 황제에게 올리는 문서, 조서는 황제가 신하에게 내리는 문서의 서식이다. 한중관계에

2일에도 기록되어 있다. 다만 위의 『五代會要』에서 "未審呼卿呼汝"라고 한 부분을 『續翰林志』에서는 "未審呼卿, 爲復呼汝."라고, "中書帖太常禮院林祈申堂."이라고 한 부분은 "中書帖太常禮院, 令具體例分析申堂."이라고, "是以祗書新羅國."이라고 한 부분을 "是以書詔無賜高麗國式樣, 且東方最大是新羅國."이라고 한 점에 차이가 있다.

전체적인 내용은 대동소이하지만, 『五代會要』에서 "中書帖太常禮院林祈申堂."이라고 한 부분과 『續翰林志』에서 "中書帖太常禮院, 令具體例分析申堂."이라고 한 부분은 분명히 차이가 있다. 전자는 "中書省에서 太常禮院 林祈에게 帖을 보내"라고 해석되는데, 후자는 "中書省에서 太常禮院에 帖을 보내 체례를 분석하게 하였다."라고 자연스럽게 해석된다. 전자에는 '林祈'라는 인물을 거명한 것인데, 오대에 조정에서 활동했던 인물 가운데 林祈라는 인명은 어떤 자료에서도 확인되지 않는다. 따라서 '林祈'는 字形이 비슷한 '分析'의 誤記로 보는 편이 자연스럽다.

서 군주 사이에 주고받은 문서가 항상 표문과 조서였다는 점에서 이 시기의 문서식이 특이한 점은 없다고 볼 수도 있다. 그러나 이 문제를 당시의 국제질서 전반, 즉 오대의 중원 왕조와 十國 사이의 관계와 연결하여 생각하면 좀 더 특수한 의미를 가진다.

위의 사안이 있었던 것과 비슷한 시기, 後唐 건국 직후의 同光 원년(923)에 후당의 莊宗은 자신이 後梁을 멸망시키고 새로 중원의 주인이 되었다는 사실을 吳와 蜀에 알리는 문서로 조서를 보냈다. 그러나 이미 대내적으로는 황제를 칭하고 있었던 吳는 조서의 접수를 거부하였다고 한다. 중원 왕조와의 군신관계를 받아들이지 않았던 것이다. 이에 후당에서는 서식을 바꾸어 "大唐皇帝致書于吳國主"로 시작하는 서한식 문서를 새로 발송하였고, 吳에서도 이에 대한 답신으로 "大吳國主上大唐皇帝"로 시작하는 서한식 문서를 보냈다고 한다.[21] 마찬가지로 蜀에서도 서두에 "大蜀國主致書上大唐皇帝"라고 기록한 서한식 문서를 후당에 보냈다고 한다.[22] 南漢에서 후당에 보낸 문서역시 마찬가지로 "大漢國主致書上大唐皇帝"라고 칭했다고 한다.[23]

후당의 황제가 조서를 철회하고 문서식을 서한식으로 바꾼 것을 사료에서는 "敵國의 禮를 썼다"고 표현하였다.[24] 비록 후당 황제가 자신을 '大唐皇帝'라고 칭하고 상대를 '吳國主'라고 하여 군주의 칭호에 차등을 두었으며, 吳와蜀 군주도 자신을 '大吳國主' 혹은 '大蜀國主'로, 상대를 '大唐皇帝'로 지칭하였고 문서를 보내는 행위를 '上' 혹은 '致書上'이라고 하여[25] 존대의 뜻을 표하였지

---

21) 『資治通鑑』 권272, 後唐 莊宗 同光 원년 10월. 帝遣使以滅梁告吳·蜀, 二國皆懼. (중략) 唐使徧詔, 吳人不受. 帝易其書, 用敵國之禮, 曰大唐皇帝致書于吳國主, 吳人復書稱大吳國主 上大唐皇帝, 辭禮如牋表.

22) 『舊五代史』 권136, 僭僞列傳 3, 王建 附 王衍. 唐莊宗平梁, 遣使告捷於蜀. 蜀人恟懼, 致禮復命, 稱大蜀國主致書上大唐皇帝.

23) 『舊五代史』 권32, 後唐 莊宗 同光 3년 2월 甲申. 及聞莊宗平梁, 遣僞宮苑使何詞來聘, 稱大漢國主致書上大唐皇帝. 이상 五代의 중원 왕조와 십국 사이의 문서 왕래에 대해서는 中村裕一, 「慰勞制書と「致書」文書」, 『唐代制勅研究』, 汲古書院, 1991, 300~313쪽 ; 中西朝美, 「五代北宋における國書の形式について-「致書」文書の使用狀況を中心に」, 『九州大學東洋史論集』 33, 2005 및 山崎覺士, 「五代における「中國」と諸國との關係-五代天下の形成, 其の二」, 앞의 책, 2010 참조.

24) 위의 주 18)과 같음.

25) 이때 오의 군주가 후당 황제에 보낸 문서의 書頭에 대해서는 사료마다 조금씩 차이가 있는데, 위에서 인용한 『資治通鑑』에서는 "大吳國主上大唐皇帝"라고 하였고, 『十國春秋』

만, 양자 사이에 군신관계를 인정하지 않고 서한식 문서를 주고받았다는 점에서 이를 대등관계에 준하는 敵國禮로 파악한 것이다.

이에 비해서 고려의 군주가 먼저 사신을 보내 표문을 올리고, 후당의 황제가 이에 대한 답신으로 조서를 내렸다는 점은 양자의 관계가 적어도 명분상으로는 상하관계임을 분명히 표시한 것이었다고 해석할 수 있다. 즉 고려는 후당의 군주가 '황제'의 지위에 있음을 표문이라는 문서식을 통해 인정하였고, 후당의 군주 역시 조서를 보내는 황제로서의 권위를 자임했던 것이다. 실제로 이로부터 5년 후인 태조 16년(933) 태조가 후당으로부터 高麗國王으로 책봉을 받음으로써 양자는 의례상 군신관계임을 확인하였다.

후당 황제의 詔書

다음으로 앞서 인용한 가)에서 제기한 세 번째 문제, 즉 後唐에서 고려에 보낸 조서를 어떤 양식으로 했는가에 대해서 살펴보겠다. 위의 사료에서 조서의 작성을 담당했던 翰林學士院이 "(고려에 보낸) 詔書에 대해서는 양식이 전혀 없어 卿이라고 해야 할지, 汝라고 해야 할지" 등을 알 수 없다고 문의한 데 대해, 후당의 莊宗은 "고려국에 하사하는 書詔는 마땅히 新羅와 渤海 두 藩에 하사하는 書詔의 體樣에 따라 修寫하라"고 지시하였다고 한다. 이것은 구체적으로 어떤 양식이었을까?

이에 대한 답변은 오대 초기에 작성된 것으로 보이는 『翰苑群書』 권5, 『翰林學士院舊規』에서 찾을 수 있다. 여기에 실린 〈待詔院에서 當院이 과거에 蕃國에 답한 문서 및 종이와 寶·函 등을 사용한 사례를 살펴보다〉(〈待詔院當院伏見舊例答蕃書幷使紙及寶函等事例〉)라는 기사에 다음과 같이 언급되어 있다.

나) 신라와 발해(에 보내는 蕃書)의 書頭에는 "勅某國云王著姓名"이라고 하고, 말미에는 "卿比平安好. 遺書指不多及."이라고 한다. 五色金花白背紙를 사용

에서는 "大吳國主上書大唐皇帝"(권3, 吳 本紀 順義 3년 10월 戊戌), 『舊五代史』에서는 "大吳國主致書上大唐皇帝"(권134, 僭僞列傳 1, 楊溥)이라고 전하고 있다. 이에 대해서는 中西朝美, 위의 논문, 95~96쪽 참조. '上' '上書' '致書上'은 표현은 다르지만 모두 "서한을 올리다"는 표현이라는 점에서 드러내고 있는 상하관계는 같다고 볼 수 있다.

하고, 寶函으로 봉하며, 印을 사용한다.[26]

즉 문서의 서두에는 국명과 왕의 성명을 기록하고, 말미의 인사말로 "卿比平安好, 遺書指不多及."[27]이라고 적는다는 것이다. 또한 문서를 서사할 종이로는 五色金花白背紙를 사용하고 寶函으로 봉하며, 印을 사용할 것까지를 세세하게 규정하고 있다.

당에서 발송한 論事勅書 양식의 계승

그렇다면 우선 실제로 신라와 발해에 보낸 문서가 어떤 양식이었는지 먼저 확인해야 할 것이다. 아쉽게도 오대 왕조에서 신라나 발해에 보낸 문서의 실례로 全文을 확인할 수 있는 것은 현재로서는 찾아지지 않는다. 더 거슬러 올라가 당 대의 문서를 찾아보면, 『文苑英華』에 다음과 같은 사례가 보인다.

> 다-1) 勅新羅王金重熙. 金獻章 및 僧 沖虛 등이 왔기에 표문 및 진헌한 물품, 공덕을 올린 것과 謝意를 밝힌 것 등을 살펴보고서 모두를 잘 알았다. 卿은 한 방면의 貴族이자 여러 대에 걸친 雄材이다. (중략) 겨울철이라 추운데 卿은 두루 편안히 잘 지내며, 경의 어머니 역시 잘 지내시는가. 官吏·僧道·將士·百姓들에 대해서도 각각 안부를 묻는다. 글월에는 할 말이 두루 미치지 못한다.[28]

---

26) 『翰苑群書』 권5, 『翰林學士院舊規』, 〈待詔院當院伏見舊例答蕃書幷使紙及寶函等事例〉. 新羅·渤海, 書頭云, "勅某國云王著姓名," 尾云, "卿比平安好. 遺書指不多及." 使五色金花白背紙, 次寶函封, 使印.

27) 직역하자면 "경은 두루 평안하기를 바라며, 글월에는 할 말이 두루 미치지 못한다" 정도가 된다. 실제로 『三國史記』 권10, 元聖王 2년(786) 4월에는 당의 德宗이 보낸 詔書가 실려 있는데, 그 말미에 위의 구절이 있음이 확인된다.

28) 『文苑英華』 권471, 蕃書 4, 新羅書, 〈與新羅王金重熙書〉. 勅新羅王金重熙. 金獻章及僧沖虛等至, 省表兼進獻及進功德幷陳謝者, 具悉. 卿一方貴族, 累葉雄材. (중략) 冬寒, 卿比平安好, 卿母比得如宜. 官吏·僧道·將士·百姓等, 各家存問. 遺書指不多及.

다-2) 勅渤海王大彝震. 王子 大昌輝 등이 왔기에 표문과 進賀하는 일, 進奉하는
   일 등을 살펴보고서 모두를 잘 알았다. 卿은 대대로 忠貞을 이어받았으며
   도량과 성품이 어질고 두텁다. (중략) 각각에게 하사하는 물건은 別錄에
   적은 바와 같다.[29]

   첫 번째 문서는 신라 憲德王 2년(810)에 신라에서 金獻章을 당에 파견했을
당시, 당 憲宗이 그에게 주어 보낸 문서로 보이는데,[30] 귀국하는 사신 편에
국왕과 왕실 구성원 및 宰相 등에게 信物을 증여한다는 내용이 핵심이다.
두 번째 문서는 836년 당시 당의 文宗이 발해왕 大彝震에게 보낸 문서로,
사신으로 왔다가 귀국하는 王子 大昌輝 편에 왕 등에게 선물을 하사한다는
내용이다.[31] 모두 9세기 전반의 문서로, 지금 다루고 있는 10세기 초의
상황과는 100년 가까이 떨어진 시점의 문서이지만 당에서 신라·발해에 보낸
문서 가운데 그 내용을 알 수 있는 가장 늦은 시기의 문서라는 점에서
참고가 된다.
   먼저 문서의 서식을 살펴보면, 양자 모두 "勅新羅王金重熙", "勅渤海王大彝震"
이라고 하여, "勅(國號)王(姓某)"의 형식으로 시작하고 있음을 알 수 있다.
이는 "勅某"로 시작하는 論事勅書 양식의 전형적인 모습이다. 論事勅書는
『唐六典』에 "公卿을 慰諭하고 신료에 훈계"할 때에 쓴다고 규정되어 있는
것처럼, 왕조국가 전체에 발령하는 명령문이 아니라 특정 개인이나 소수에게
내리는 문서라는 특징을 가지며, 그 발령 대상에 주변 국가의 수장들도
포함되었다는 점에서 당 대의 동아시아 국제관계에서 널리 사용된 문서식이
라고 한다.[32] 같은 시기 당은 위구르 등에는 "皇帝敬問某"로 시작하는 慰勞制書

---

29) 『文苑英華』 권471, 蕃書 4, 渤海書, 〈與渤海王大彝震書〉. 勅渤海王大彝震. 王子大昌輝等自,
   省表陳賀幷進奉事, 具悉. 卿代襲忠貞, 器資仁厚. (중략) 各有賜物, 具如別錄. 이 문서는
   金毓黻, 『渤海國志長編』 권18, 文徵에도 〈文宗勅渤海王大彝震書〉라는 명칭으로 인용되어
   있다. 한편 이 문서의 말미에는 "卿比平安好, 遣書指不多及."과 같은 인사말이 보이지
   않는데, 다른 문서들과 비교해보면 단순히 생략된 것임이 분명하다.
30) 『三國史記』 권10, 憲德王 2년 10월. 이 문서는 『海東繹史』 권54, 藝文志 13, 中國文
   1에 〈唐憲宗與新羅哀莊王書〉라는 명칭으로 실려 있다. 주석으로 『冊府元龜』 元和 5년
   (810, 憲德王 2)에 신라가 金憲章을 파견하여 佛像을 헌상한 기록을 인용하며, 이때에
   하사된 문서라고 해설하고 있다.
31) 이 문서의 전후에 대해서는 宋基豪, 『渤海政治史研究』, 一潮閣, 1995, 129쪽 참조.

형식의 문서를 발송했는데, 論事勅書는 慰勞制書에 비해서 상대적으로 수신자의 위상을 낮게 매기고 있을 때에 사용된 것이라고 한다.[33]

실제로 고려국왕이 수신하였던 오대 황제의 문서로서 『고려사』 세가에 인용되어 있는 사례를 살펴보면, 혜종 2년(945)조에 수록된 문서 가운데 後晉의 황제가 발송한, "勅高麗國王"으로 시작하는 문서가 세 건이 있다.[34] 아마도 원래 문서에서는 혜종의 이름자를 써서 "勅高麗國王王武"라고 되어 있었을 것이나, 『고려사』 편찬의 전거가 되었을 고려시대의 기록에서는 국왕의 이름 부분을 생략한 채 원 문서의 내용을 옮겨 적어두었던 까닭에, 현재의 『고려사』 세가에는 "勅高麗國王"으로만 기록되어 있는 것일 것이다.

후당의 '書詔體樣'

이상의 검토를 통해 오대 왕조에서 고려국왕에 보낸 문서식은 당 대의 論事勅書 양식을 계승한 것임을 알 수 있다. 단 앞의 가)에서 고려에 보낼 문서식을 '書詔體樣'이라고 한 데에 대해서는 추가로 해명이 필요하다. 당 대의 사료에서 書詔는 일반적으로 中書舍人이나 翰林學士가 찬술을 담당한 황제의 명령을 통칭하는 말로 많이 사용되었다. 특히 開元 26년(738) 이후에는 翰林院에 書詔印을 두어 과거 中書門下印의 권능을 대신하게 함으로써 中書省의 出令權을 박탈하고 황제의 발령 권한을 확대하게 되었다. 이후 翰林學士가 起草하여 황제의 명의로 발령된 중요한 王言 문서를 통칭하여 書詔라고 불렀던 것이다.[35] 그렇다면 위의 사료 가)에서 '書詔體樣'이라고 한 것은 위에서 살펴본 "勅高麗國王"으로 시작하는 論事勅書 양식의 문서와, 뒤에서 살펴볼 冊書 등, 황제 명의의 문서를 아울러서 가리킨 것으로 보아야 할 것이다.

당 대의 국제질서에서 論事勅書와 慰勞制書가 서로 다른 위상의 외국을

---

32) 中村裕一, 「論事勅書」, 앞의 책, 1991, 578쪽.
33) 金子修一, 「唐代의 國際文書形式」, 『隋唐の國際秩序と東アジア』, 東京 : 名著刊行會, 2001 참조.
34) 『고려사』 권2, 혜종 2년(945).
35) 袁剛, 「唐代的翰林學士」, 『文史哲』 1985年 6月 ; 柳浚炯, 「唐 玄宗~順宗시기 翰林學士의 활동과 변화」, 『中國古中世史硏究』 31, 2014 참조.

상대로 발송되었던 것과 같은 예는 오대 시점에서도 확인된다. 고려국왕에게 보낸 문서가 論事勅書 양식이었던 것과 달리, 당 대의 양식을 계승한 慰勞制書 형식의 문서가 사용된 사례가 보이는 것이다. 後周의 世宗이 顯德 5년(958) 南唐을 공격하자, 남당의 군주가 표문을 올려 화평을 요구했다고 한다.[36) 이에 세종은 "皇帝恭問江南國主"로 시작하는 國書를 보내 답하였는데, 당시 사료에서 이 양식은 당에서 위구르 可汗에게 보낸 문서식과 동일한 것이었다 고 평가하였다.[37) 실제로 "皇帝恭問某"의 양식은 "皇帝敬問某"로 시작하는 慰勞制書와 원칙적으로 같다. 즉 중원왕조에서 吳와 그를 계승한 南唐에 보낸 문서의 양식을 시대순으로 검토하면, "大唐皇帝致書于吳國主"(923)로 시작하는 서한식 문서에서 "皇帝恭問江南國主"(958)로 시작하는 慰勞制書로 격이 내려갔다가, 후에 宋에 투항한 이후에는 詔書로 변화하게 되었다.[38) 또한 앞서 인용한 나)의 사료에는 신라와 발해에 대한 국서의 양식을 규정한 데 이어, 키르기즈[黠戛斯]·위구르[回鶻]·거란 등에 보낼 국서의 양식을 언급하 고 있는데, 당시에 중원왕조의 황제는 위구르의 可汗에게 "皇帝舅敬問回鶻天睦 可汗外甥"으로 시작하는 慰勞制書를 발송하도록 규정하고 있다.[39)

'卿'이라고 할지, '汝'라고 할지

다음으로 후당의 한림학사원에서 의문시하였던 "卿이라고 할지, 汝라고 할지"[呼卿呼汝]의 문제이다. 앞서 나)에서는 신라와 발해에 보낼 국서의 말미에 "卿比平安好"라고 하여 국왕을 지칭할 때 '卿'이라고 할 것을 규정하였 다. 또한 『文苑英華』에서 인용한 위의 두 문서에서 당의 황제는 신라와 발해의

---

36) 『舊五代史』 권118, 後周 世宗 顯德 5년 3월 己亥.
37) 『南唐書』 권2, 交泰 원년(958) 3월 丁亥.
38) 이에 대해서는 中村裕一, 앞의 책, 1991, 307~311쪽에서 자세히 논하였다.
39) 『翰苑群書』 권5, 『翰林學士院舊規』, 〈待詔院當院伏見舊例答蕃書幷使紙及寶函等事例〉回鶻 天睦可汗, 書頭云, "皇帝舅敬問回鶻天睦可汗外甥," 尾云, "想宜知悉, 時候卿比平安好, 將相及 部族男女兼存問之." 서두를 통해서 보면 황제가 장인, 위구르 가한이 사위가 되는 관계인 것으로 보이는데, 실제로는 오대의 중원왕조에서 위구르에 和蕃公主를 하가시 킨 일은 없었다고 한다. 藤野月子, 「五代十國北宋における和蕃公主の降嫁について」, 『東洋 史論集』 38, 九州大學文學部東洋史研究會, 2010 참조.

왕을 각각 '卿'이라고 호칭하였다. 실제로 고려에 보내온 문서에서도 예컨대 "卿珠樹分"라거나, "卿才略耀奇"라고 하는 등,[40] 모두 국왕을 일컬어 '卿'이라고 하였다. 이는 후당 국내의 州刺史에 보낸 문서에서 '汝'라고 한 것[41]보다는 상대를 높인 것이다. 또 국내의 諸王 가운데 황제의 兄·叔일 경우에는 '卿' 대신 '王'이라고 하거나, 國舅에게는 '卿' 대신 '舅'라고 했던 것과도 다르다.[42]

이상 사료 가)에서 언급된 928년 당시 결정된 문서양식을 살펴본 결과, 오대의 중원왕조에서 고려국왕에게 보낸 문서는 기본적으로 당 대 이래 신라나 발해에 보낸 문서의 양식을 계승한 論事勅書의 형식을 띠었으며, 구체적인 양식 면에서 중국 국내의 신료들이나 십국 및 다른 외국에 보낸 문서와는 다른 형식이었음을 알 수 있었다. 이는 이 시점에서 後唐이 고려를 신라나 발해에 준하는 정식 외교상대로 인정하였음을 의미하는 것으로 볼 수 있다.[43] 또한 이어서 태조 16년(933)에는 드디어 後唐으로부터 책봉을 받음으로써 명실공히 한반도를 대표하는 국가로 인정을 받게 되었다.

2. 책봉문서 竹册의 격식

오대 왕조의 고려 태조 책봉문서

다음으로 검토할 과제는 『고려사』 세가에 수록된 태조와 혜종의 책봉 관련 문서의 성격을 밝히는 일이다. 특히 책봉문서의 서식이 어떤 것이었는지를 중심으로 살펴보겠다.[44]

---

40) 『고려사』 권2, 태조 16년(933) 3월 辛巳 ; 혜종 2년(945).
41) 『翰苑群書』 권5, 『翰林學士院舊規』, 〈待詔院當院伏見舊例答蕃書幷使紙及寶函等事例〉 諸州 刺史書, 呼汝.
42) 『翰苑群書』 권5, 『翰林學士院舊規』, 〈書詔樣〉 賜諸王詔, 如是兄·叔, 不呼名, 卿處改爲王. 賜國舅詔官敕某官舅, 呼卿處改呼舅.
43) 노명호, 앞의 책, 67~70쪽 참조.
44) 오대 왕조에서 고려국왕을 책봉한 시기는 고려측 사료와 중국측 사료 사이에 약간씩 차이가 있는데, 이에 대해서는 주2)에서 인용한 논문을 참조하고, 여기서는 일괄적으로 『고려사』의 기록을 따라 기재한다. 아울러 고려시대 국왕이 중국 왕조로부터 책봉을 받은 경위와 그 책봉호에 대해서는 沈載錫의 연구가 가장 상세하다. 沈載錫, 『高麗國王

태조가 後唐의 明宗으로부터 책봉을 받은 사실을 전하는 『高麗史』의 기사에는 唐에서 사신을 파견하여 "冊王"하였다고 하고, "詔曰"이라고 하고서 396자에 달하는 책봉문을 싣고 있다.[45] 여기서 "冊王"이라고 하는 구절은 "왕을 책봉하다"라고 해석할 수 있으며, 이때 '冊'은 동사이다. 뒤에서 다른 사례들을 종합적으로 검토해보겠지만, '冊'이라는 글자가 동사로 쓰일 경우, 그것이 반드시 책봉문서로서의 冊을 수여하는 행위를 가리키는 것은 아니며, 넓은 의미에서 '책봉하다' 즉 '누구에게 어떠한 관작을 내리다'는 의미로 쓰였다는 점을 우선 지적해둔다. 이어지는 문서의 내용을 통해서도 책봉문서가 어떤 형태였는지 추측할 수 있는 단서는 보이지 않는다. 이 사실을 전하는 중국 측의 기록을 보아도, 예컨대 "以權知高麗國事王建爲檢校太保, 封高麗國王."이라든지,[46] "制權知高麗國事王建, 可特進檢校太保使持節玄菟州都督上柱國, 封高麗國王, 充大義軍使."라고 한 것처럼,[47] 구체적으로 어떤 책봉문서를 수여했는지에 대해서는 언급하지 않았다.

태조는 이어서 재위 22년(939)에 後晉의 高祖로부터 책봉을 받는데, 『고려사』 세가에는 "晉에서 國子博士 謝攀을 파견해와서 왕을 책봉하여 開府儀同三司 檢校太師로 삼고 나머지는 전과 같이 하였다"라고만 전하고 있다.[48] 이때 전해진 책봉문서가 『全唐文』에 실려 있는데, 필자가 아는 한 기존 연구에서 그 전문을 소개한 바가 없었으므로, 여기에 인용한다.

> 라) 왕은 二象을 본받아 덮어주고 실어주며 七麗를 가지런히 하여 비춰주니, 正道의 글에 부합함은 물론이요 사사로움이 없는 교화를 펼쳐왔다. 정성을 코끼리의 대궐에 걸고 길은 고래의 나루를 넘는데도, 앞장서서 북극성을 우러르는 마음을 기울이고 오랫동안 임금을 섬기는 절개를 닦아왔으니 四時의 믿음을 내보이고 萬國의 풍화를 같게 하지 않을 수 있겠는가. 뛰어나고 어진 이를 顯職에 기용하여 典禮를 행하게 한다.

冊封 研究』, 혜안, 2002.

45) 『고려사』 권2, 태조 16년(933) 3월 辛巳. 唐遣王瓊·楊昭業來冊王. 詔曰, (하략).
46) 『舊五代史』 권43, 後唐 明宗 長興 3년(932) 6월.
47) 『冊府元龜』 권965, 外臣部, 封冊3, 長興 3년(932) 5월.
48) 『고려사』 권2, 태조 22년, 是歲.

大義軍使 特進 檢校太保 使持節 元菟州都督 上柱國 高麗國王 王建은 타고난 자질이 걸출하고 신이 기략을 내려주시었으며, 도량이 엄숙하고 마음은 통달하며, 의지는 금석처럼 굳고 지조는 눈서리처럼 꿋꿋하니, 매번 간절히 朝宗에 임하고 항상 근면하게 事大해왔다. 三韓의 중요한 땅을 지키며 仁과 義를 아울러 닦아왔고, 百濟의 이웃 경계를 평정하여 은혜와 위엄을 아울러 떨쳤다. 짐이 왕업을 일으키고 천하를 통치하며 천명에 응하여 기틀을 열기에 이르러서는 조카를 보내서 朝天하며 忠節을 드러낼 준비를 하였고, 이름난 신하로 고쳐 축하를 함으로써 더욱 깊은 정성을 내보였다. 또한 나라를 세운 경위를 서술하고 혼인을 맺었던 옛일을 서술하며 나의 正朔을 사모하고 그대의 계획을 드러내었다. 이에 徽章을 들어 후한 은택에 깊이 젖게 한다. 품계는 1품을 높이고 지위는 三師를 통할하게 하며 戶封을 더하고 眞食을 겸하게 하니, 寵命에 부응하도록 힘써 令猷를 보전하도록 하라. 開府儀同三司 檢校太師로 삼으며, 전과 같이 使持節 元菟州都督 充大義軍使 食邑 1만 戶, 食實封 1천 戶 高麗國王으로 삼는다.[49]

後晋 出帝의 惠宗 책봉문서

이어서 고려의 제2대 혜종은 五代 後晋의 出帝로부터 책봉을 받았다. 혜종 2년(945)의 일이었다. 이때의 기록을 살펴보면 다음과 같다.

마) 晉에서 范匡政·張季凝을 보내와서 왕을 책봉하였다. 勅에 이르기를, (중략) 또한 詔에 이르기를, "(중략) 正使와 副使 太子洗馬 張季凝 등을 그곳으로

---

49) 『全唐文』권114, 〈封王建高麗王制〉. 王者, 法二象以覆載, 齊七麗以照臨, 旣符有道之文, 是布無私之化. 其有誠懸象闕, 路越鯨津, 首傾拱極之心, 久勵事君之節, 得不示四時之信, 同萬 國之風. 用顯英賢, 俾行典禮. 大義軍使 特進檢校太保 使持節 元菟州都督 上柱國 高麗國王 王建, 天資閒傑, 神授機謀, 宇量矜嚴, 靈襟洞達, 志堅金石, 操凜雪霜, 每切朝宗, 嘗勤事大. 守三韓之重地, 仁義兼修, 定百濟之疆鄰, 恩威並振. 暨朕握圖御宇, 膺籙開基, 遣猶子以朝天, 備彰忠節, 改名臣而稱賀, 益認深誠. 而又敍立國之絲, 述連姻之舊, 慕予正朔, 顯爾籌謀. 是用時 擧徽章, 聿覃豐澤. 階升一品, 位統三師, 加以戶封, 兼其眞食, 勉膺寵命, 以保令猷. 開府儀同 三司 檢校太師, 依前使持節元菟州都督 充大義軍使, 食邑一萬戶, 食實封一千戶, 高麗國王.

보내 官告와 勑牒, 國信 등의 물건을 보내니 別錄에 갖추어 기록한 바와
같다. 高麗國王에게 사여하는 竹冊과 法物 등. 죽책 1부 80簡. 자줏빛
실로 꼬고 붉은 비단으로 거죽을 댄 冊匣 1개. 옷칠을 하고 은을 박아
넣은 금동 자물쇠 2개. 고리 손잡이에 붉은 비단으로 안감을 댄 冊文
2폭. 황색 능라로 만든 겹수건 1개. 책 상자 뚜껑 3폭. 황색 능라로
만든 겹수건 1개. 책 상자 덮개 3폭. 황색 견직에 기름을 먹인 겹수건
1개. 밀랍을 바른 자줏빛 실로 만든 책 상자판 2개. 밀랍을 바른 자줏빛
실을 두른 책상에 기름칠을 한 檐床 1장. 다리를 은으로 싸고 모서리와
끝을 금으로 장식한 측백나무 책상 1개. 자줏빛 능라로 만든 책상보
1개. 자줏빛 능직에 테두리를 두른 공무용 방석 1개. 책상 앞에 놓는
자줏빛 능라 방석 1개."50)

위에 인용한 부분 가운데 詔書에서는 고려국왕에 선사하는 물품으로 勑牒,
官告와 國信을 들고 있다. 칙첩이란 위에서 생략한 부분에 들어간 문서를
가리키는 것으로, 고려국왕을 책봉하기까지의 경위에 대해 밝히고 있다.
國信이란 문서를 말하는 것이 아니라 상대 국가에 주는 선물을 뜻하는 것으
로,51) 別錄에 기재된 다양한 물품들을 가리킨다. 마지막으로 官告란 넓은
의미에서 어떤 인물을 어떤 官爵에 임명한다는 내용을 담은 임명장을 뜻하는
것으로, 이 경우에는 아래에서 확인할 竹冊이 그에 해당하는 것이다. 다음으로
"勑賜高麗國王竹冊法物等" 이하에서 물품의 목록을 열거한 부분은 그 앞 구절
의 조서에서 말한 '別錄'에 해당한다. 여기에 등장하는 물건을 살펴보면
竹冊을 중심으로, 그것을 포장하기 위한 匣이나 자물쇠, 그리고 책봉 의례에
서 冊을 받쳐들고 전달할 때에 사용할 책상과 방석 등이 포함되어 있다.
즉 고려국왕을 책봉할 때에 전달하는 책봉문서로서, 상징적, 의례적으로

---

50) 『고려사』 권2, 혜종 2년(945). 晋遣范匡政·張季凝, 來冊王. 敕曰, (중략) 又詔曰, "(중략)
　　使副太子洗馬張季凝等往彼, 宣賜官告·敕牒·國信物等, 具如別錄. 勑賜高麗國王竹冊法物等.
　　竹冊一副八十簡. 紫絲絛聯, 紅錦裝背, 冊匣一具. 黑漆銀含陵金銅鏁鑰二副. 攀環紅錦托裏襯
　　冊文兩幅. 黃綾夾帊一條. 盖冊匣三幅. 黃綾夾帊一條. 盖冊匣三幅. 黃絹油夾帊一條. 舉冊匣熱
　　紫絲板二條. 絡冊床熱紫絲油畫檐床一張. 銀裹脚角竿頭金栢木冊案一面. 紫綾案褥一領. 夾裙
　　襬全行事紫綾席褥一副. 襯冊床紫綾席褥一副."
51) 西島定生, 「遣唐使と國書」, 『東アジア世界と冊封體制』, 東京 : 岩波書店, 2002, 250~257쪽.

가장 중심이 되는 물건은 竹冊이었음을 알 수 있다.

다시 여기서 언급된 冊에 대해서 좀 더 구체적으로 살펴보면, 이때의 책은 竹簡 80매로 구성되어 있었음을 명기하고 있다. 비슷한 시기인 南唐 保大 원년(945) 제작된 南唐의 건국자 李昇의 哀冊의 실물에 한 개의 簡에 대략 10자~12자 정도씩이 새겨져 있음을 고려하면,[52] 80매의 竹冊에 새겨진 책문은 대략 800자 정도에 달했을 것으로 예상된다. 하지만 아쉽게도 혜종 책문의 내용은 사료상 전하지 않는다.

책봉문서 冊

다음으로 光宗은 後周로부터 두 번, 그리고 宋으로부터 다시 두 번의 책봉을 받았다. 이 가운데 後周의 세종으로부터 두 번째로 책봉을 받았을 때, 그에게 수여된 문서의 내용이 『冊府元龜』에 실려 있다.[53] 이 글은 "制曰"로 시작하고 있다. 특히 316자에 걸쳐서 책봉의 배경, 受封者의 자질과 덕행에 대한 찬사, 책봉호, 수봉자에 대한 訓諭 등의 내용을 담고 있는 점은 책봉문서의 전형적인 구성과도 일치한다. 다만 이 문서만으로는 冊이 전달되었는지 판단할 수 없다. 그러나 앞서 後晉으로부터 혜종이 받은 책봉문서가 冊이었음이 명백한 점, 이 문서를 가지고 後周의 사신이 파견된 점으로 미루어 보아,[54] 고려에서 冊禮가 행해지고, 이때에 책봉문서로 冊이 쓰였을 것임은 짐작이 가능하다.

위의 혜종 책봉의 사례를 통해 태조와 혜종, 광종이 각각 後唐, 後晉, 後周로부터 책봉을 받았을 때에 그 책봉문서로 竹冊이 수여되었음을 확인하였다. 冊이란 중국 역대 왕조에서 사용된 임명문서 가운데 최고 권위를 가지는 문서식이다. 원래 冊은 종이가 없던 시절 竹簡을 엮어서 만든 문서를 가리키는 말이었다. 그러던 것이 최고 권위를 가지는 임명문서인 策과 서로 통용되게 되면서, 한 대 이후로는 后나 王·公 등을 봉할 때에 쓰이는 儀物의

---

52) 해당 哀冊의 탁본 사진은 中村裕一, 「冊書」, 『唐代制勅研究』, 東京 : 汲古書院, 1991, 752쪽 참조.

53) 『冊府元龜』 권965, 外臣部, 封冊 3, 世宗 顯德 2년(955) 11월.

54) 『高麗史』 권2, 광종 7년(956).

이름으로 고정되었다. 이때에 쓰인 冊을 封冊이라고 한다. 이들에게 작위나 封號를 수여하는 책봉의식이 끝난 후 수봉자는 冊을 받아 책봉의 증빙으로 삼아 영구히 보존하였다.55)

명 대의 徐師曾이 중국 역대의 문체에 대해 해설해놓은 『文體明辯』에서는 冊에 대해서 다음과 같이 서술하고 있다.

> 바) 冊, 符命也. 字本作策. (중략) 古者冊書施之臣下而已, 後世則郊祀·祭享·稱尊·加諡·寓哀之屬, 亦皆用之.

이 설명에 따르면 冊의 용도는 신하를 임용할 때 외에도 각종 제사를 지낼 때, 존호나 시호를 올릴 때 등으로 다양하였다. 이에 서사증은 책의 종류를 그 쓰임에 따라 祝冊·玉冊·立冊·封冊·哀冊 등 11가지로 제시하였다.56) 여기서 주목하는 것은 황제가 자신의 명의로 황실의 일원을 비롯한 신하들에게 어떠한 지위를 수여할 때에 쓰는 책, 즉 封冊이다. 한편 朱熹는 封冊의 재질에 따라, 皇后를 봉할 때에 쓰이는 金冊, 태자의 책봉에 쓰이는 玉冊, 宰相이나 貴妃의 竹冊 등으로 구별하기도 하였다.57)

竹冊의 의미

그렇다면 오대 왕조에서 십국의 군주를 책봉할 때에는 어떠한 冊을 사용하였을까. 중국 왕조들이 外夷가 아닌 자들을 國王으로 책봉해야 하는 상황은 일반적인 일은 아니었으므로, 이를 둘러싸고 조정에서 논의가 있었다고 한다. 대체로 天子는 玉冊, 王·公은 竹冊을 써야 한다는 의견이 주로 개진되었으나, 실제로 책봉할 때에는 상대국의 國勢를 반영하였던 것으로 보인다. 즉 後唐 天成 2년(927) 楚의 국왕을 책봉하는 데에는 대부분의 의견에 따라 竹冊을 하사하였는데,58) 이에 앞서 同光 3년(925) 吳越의 국왕을 책봉하는

---

55) 朱筱新, 「冊封與封冊」, 『百科知識』 2008年 8月.

56) 『文體明辯序說』, 冊.

57) 『朱子語類』 권128, 本朝 2, 法制. 책봉문서 冊의 연혁과 그 쓰임에 대해서는 정동훈, 「冊과 誥命－고려시대 국왕 책봉문서」, 『사학연구』 126, 2017, 156~162쪽 참조.

데에는 그의 바람을 따라 玉冊을 수여했다고 한다.59)

　竹冊인가 玉冊인가를 둘러싸고 문제가 되었던 것은 "四夷가 아닌 자로서 國王으로 책봉된 전례가 없었기 때문에"60) 적절한 선례를 찾을 수 없었던 까닭이었다. 그 결과 십국 가운데서는 해당 국가의 국세에 따라, 혹은 당시의 형세에 따라 玉冊인지, 竹冊인지를 결정했다고 한다.61) 즉 외교문서 가운데 최고의 권위를 갖는다고 할 수 있는 책봉문서의 양식 역시 당시의 국제질서에서 해당 국가의 위상을 표현하는 기능을 하고 있었던 것이다. 이 가운데 고려국왕에게 수여된 것은 비교적 낮은 등급의 竹冊이었다.

3. 고려에서 南唐에 보낸 箋文

『南唐書』高麗傳의 기록

　지금까지는 오대 왕조에서 고려에 보낸 문서식을 통해 그들이 고려를 어떠한 위상으로 인정하고 있었는지를 확인하였다. 그렇다면 고려는 분열된 중국의 상황에 대면하여 상대국을 어떠한 방식으로 인정하고 있었을까. 이를 보여주는 자료로서 고려와 남중국의 南唐 사이에서 주고받은 문서의 형식을 살펴보겠다. 『南唐書』권18, 高麗傳에는 외교문서에 관한 매우 주목되는 기록이 실려 있다. 이를 인용해보면 다음과 같다.

　　사) 昇元 2년(938, 태조 21), 사신을 보내와서 方物을 바쳤는데, (고려에서) 올린 문서는 牋이라고 칭하였다. 그 대략에 이르기를, "금년 6월에 본국의 中原府에서 吳越國에 들어갔던 사신 張訓 등이 돌아왔는데, 삼가 듣건대, 大吳의 황제께서 이미 禪位하는 예를 거행하여 中外가 모두 추대해 황제의 자리에 즉위하였다고 합니다. 삼가 생각건대, 황제 폐하께서는 (중략)

---

58) 『舊五代史』권38, 後唐 明宗, 天成 2년 7월 癸丑
59) 『五代會要』권4, 冊命. (同光)三年(925)六月, 太常禮院奏, "吳越國王錢鏐將行冊命, 按禮文, 合用竹冊." "勅, "宜令有司修制玉冊, 俾稱元勳.[議者以玉冊帝王所用, 不合假諸人臣, 蓋當時樞密院承旨段徊受錢鏐之賂, 曲隨其請, 樞密使郭崇韜不詳典禮故也.]
60) 『資治通鑑』권273, 同光 2년 10월. 非四夷無封國王者.
61) 張榮波, 「五代十國政權交際述論」, 山東大學校 博士學位論文, 2014, 184~185쪽 참조.

어진 이에게 귀의하고 성스러운 분을 떠받들게 되매 용기가 솟아 마음이
격동됨을 금할 수가 없습니다."라고 하였다. 儀式은 表와 같았으나 '臣'이
라고 칭하지는 않았다.[62]

表와 箋의 차등

위 인용문은 태조 21년(938), 吳를 계승하여 南唐의 황제로 즉위한 烈祖에게
문서를 보낸 사실을 전하고 있다. 주의를 끄는 점은 이때의 서식이 牋,
즉 箋이었다는 점이다. 주지하듯이 箋은 表箋이라고 연칭될 정도로 表와
거의 같은 상황에서 사용되며, 거의 같은 문체로 작성된 문서이다. 다만
表가 황제에게 올리는 문서임에 비해 箋은 황태자나 諸王 등에게 올리는
문서로 한 단계 격이 낮은 문서이다. 고려시대에 신료들이 국왕에게 올리는
문서를 表라고 하였다가 원 간섭기 이후 箋으로 이름을 고쳤고, 그것이
그대로 조선시대에까지 쓰였음은 잘 알려진 사실이다.

고려 태조가 南唐의 황제에게 箋을 보냈다는 사실이 흥미롭다. 문서의
내용에서 수신자를 '皇帝陛下'라고 칭하였고, 또한 그 의식이 表와 같았다고
하는데도, 굳이 '臣'을 칭하지 않고, 문서식으로는 '箋'을 사용했다는 것이다.
이는 태조가 이미 後唐으로부터 책봉을 받은 상태였으므로, 당시의 국제질서
에서 중원왕조의 군주만을 황제로 인정하였고, 십국의 군주는 그보다 하위에
위치한 존재로 인정하였음을 뜻하는 것으로 볼 수 있다. 중국 대륙에 위치한
중국 왕조라는 점에서는 같았지만, 고려에서도 자체적으로 이들 사이에
위계를 설정하고 그에 맞추어 외교문서의 서식을 결정하고 있었음을 보여주
는 좋은 사례라고 할 수 있다. 고려에서 남당에 외교문서를 보낸 사실을
당시의 중원 왕조인 後晉이 알고 있었는지는 확인할 수 없다. 그러나 고려에서
똑같이 황제를 칭하고 있던 중국 왕조들 가운데 후진에는 표문을, 남당에는

---

62) 『南唐書』권18, 高麗. 昇元二年, 遣使來貢方物, 所上書稱牋. 大略云, "今年六月內, 當國中原府
入吳越國使張訓等回, 伏聞大吳皇帝已行禪禮, 中外推戴, 卽登大寶者. 伏惟皇帝陛下, (중략)
無任歸仁, 戴聖鼓舞, 激切之至." 儀式如表, 而不稱臣.
위 인용문의 따옴표 안의 문서 내용은 『海東繹史』권52, 藝文志 11, 本國文 1에 〈高麗太祖上
南唐烈祖箋〉이라는 제하에 인용되어 있다.

전문을 보냈다는 사실은, 후진의 입장에서 볼 때에도 남당과의 경쟁 관계에서 자신의 우월한 위상을 제3자인 고려를 통해 인정받는 일이었다고 이해했을 수 있다.

소결 : 오대십국 시대 다층적 국제질서와 고려

오대 당시의 천하 질서는 다른 시대와 달리 매우 특징적인 조건에 놓여있었다. 10세기 후반부터 12세기까지 북송과 거란, 남송과 금이 대치하였던 시기에도 양국의 군주가 스스로 황제임을 내세우며 다원적인 국제질서를 구축하고 있었으나, 10세기 전반은 그때와는 또 다른 독특한 형국이었다. 즉 중원에 五代 왕조가 연달아 들어섰고, 그 주변에 십국으로 통칭되는 여러 정권이 병립하였던 것이다. 정통을 내세운 중원 왕조의 입장에서 보자면 外夷가 아닌 주변국과 군주의 존재를 인정하지 않을 수 없는 특수한 상황에 직면했던 것이다.

이들 가운데는 저마다 황제를 칭하는 국가들이 여럿 병존했으며, 서로 상대 군주의 지위를 국왕, 또는 황제로 바꿔가며 대하기도 하였다. 10국 가운데 蜀이나 吳越과 같은 나라의 군주들은 스스로 皇帝를 칭하기도 했고, 楚나 閩과 같은 정치체의 군주들은 중원 왕조로부터 책봉을 받기도 하였다.[63] 중원 왕조와의 정치적 관계, 중원 왕조의 정치적 영향력을 기준으로 동심원을 그리자면, 안에서부터 오대의 중원왕조 / 책봉을 받은 십국 / 책봉을 받지 않은 십국의 구도가 되며,[64] 그 바깥에 高麗나 契丹, 위구르와 같은 外國이 존재했다. 그리고 오대의 중원 왕조는 한족 정권인 십국과는 주로 서한식 외교문서를 주고받았던 데 반해, 고려에 대해서는 조서를 발송하였고 고려는 이에 대해 표문을 올리는 식으로 외교문서를 교환하였다. 한편 고려는 십국의 군주에게는 그보다 하위의 箋을 보내는 식으로 대응하였다.

이러한 국제질서 속에서의 위계질서 구조를 다층적 국제질서라고 명명할 수 있지 않을까 생각된다. 물론 거란이 後晉의 高祖 石敬瑭을 도와 後唐을

---

63) 日野開三郞, 「五代の對外關係」, 앞의 책, 1980 및 張榮波, 앞의 논문, 2014 참조.

64) 이에 대해서는 國書 문제와 함께 중원왕조에 대한 십국의 경제적 공헌에 대해 분석한 山崎覺士의 연구가 참조가 된다. 山崎覺士, 앞의 논문, 2010 참조.

멸망시키는 데에 결정적 역할을 한 이후, 후진의 황제들은 거란에 奉表稱臣을 하며, 거란 황제를 父皇帝, 자신을 兒皇帝라고 칭하기도 하였다.[65] 또한 앞서 後周와 南唐 사이에서 주고받은 문서식을 통해서 살펴보았듯이 십국 군주들의 위계 역시 전쟁과 같은 급격한 변화에 따라 움직일 수 있는 것이었다. 그렇다면 이러한 다층적 국제질서는 고정적인 것이 아니라 정세의 변화에 따라 유동적인 것이었다고 평가할 수 있다. 결과적으로 국제질서의 형태는 국제관계, 즉 국가들 사이의 역관계에 의해 변화하였으나, 그것이 외면적으로 가장 명확하게 표현되는 것은 외교문서 양식을 통해서였다. 외교문서는 두 국가 사이에서 서로를 어떠한 존재로 인정하느냐를 드러내는 가장 명시적인 수단이었던 것이다.

10세기 전반에서 중반에 걸쳐 한반도와 중국 양쪽에 모두 여러 정치체가 병립해있던 상황이 전개되었다. 중국 왕조들은 고려국왕에게 과거 당에서 신라나 발해에 보냈던 것과 같이 황제 명의의 문서를 보냄으로써 고려를 한반도의 정식 외교상대로 인정하였다. 다만 책봉문서를 비롯한 황제 문서의 양식에 미묘한 차이를 둠으로써 당시의 국제질서 속에서 고려의 위상을 표현하고자 하였다. 고려로서는 수동적으로 이를 받아들이는 데에 그치지 않고, 자체적인 국제질서 인식에 근거하여 중원 왕조에는 표문을, 십국 왕조에는 전문을 보내는 방식으로 상대를 차등적으로 이해하는 모습을 보였다.

---

65) 中西朝美, 앞의 논문, 97~99쪽 ; 윤영인, 「10~13세기 동북아시아 多元的 國際秩序에서의 冊封과 盟約」, 『東洋史學研究』 101, 2007, 125쪽.

2절 고려와 북송의 책봉 중심의
의례적 관계와 詔書-表文 양식의 확정

송의 건국과 고려-송 관계의 성립

後周의 禁軍인 殿前軍의 총사령관이었던 趙匡胤이 顯德 7년(960) 정월, 이른바 陳橋의 變을 통해 황제로 추대됨으로써 五代 왕조의 뒤를 이어 宋이 들어섰다. 이로써 중원은 새로운 전기를 맞이하게 되었다. 太祖(재위 960~976)와 太宗(재위 976~997)의 재위기간 중 송은 남쪽의 荊南(963), 後蜀(965), 南漢(971), 南唐(975), 吳越(978), 그리고 북쪽의 北漢(979)을 차례로 병합하여 중원 일대를 통일하였다. 이로써 반세기 이상 분열 상태에 놓여 있었던 중국의 五代十國시대는 정식으로 막을 내리고, 남쪽에는 宋, 북쪽에는 契丹이 서로 대치하는 새로운 국면으로 접어들게 되었다.

고려는 오대 왕조에 이어 송으로부터 국왕이 책봉을 받으며 정식 외교관계를 맺었다. 이 관계는 거란의 1차 침입 후 성종 13년(994) 고려가 거란과 강화조약을 체결하고 거란의 正朔을 시행하기로 하면서, 그리고 고려의 원병 요청을 송이 거절하면서 단절되었다.[1] 그러나 이후로도 약 40년 동안 고려는 간헐적으로 송에 사신을 파견하면서 관계 재개를 도모하기도 하였다.

10세기 후반부터 11세기 전반에 이르는 고려와 송의 관계에서는 정해진 사안에 대해 정해진 기간을 두고 안정적으로 사신을 주고받는 관례가 없었다. 이후 고려-거란, 고려-금 사이에서 정례적으로 사신이 왕래했던 것과는 다르다. 즉 이 시기 양국은 비교적 접촉면이 좁은 외교관계를 맺고 있었다고

---

1) 『고려사』 권3, 성종 13년(994) 4월 ; 6월.

하겠다. 거란에 대항하여 각자 상대에게 정치·군사적 협력을 요청했던 일 외에는 양국 사이에 특별히 현안이라고 할 만한 사안도 없었다. 양국은 다만 서로에게 우호적인 입장을 확인하는 차원에서 외교관계를 유지하고 있었던 것이다. 그런 까닭에 이 시기 양국의 외교문서는 군주가 주체가 되는 조서와 표문만으로 한정되어 있었다. 즉 관부가 주체가 되는 문서, 혹은 서한식 외교문서 등이 사용된 흔적은 발견되지 않는다.

문제의 소재 : 초기 고려-송 관계의 문서식

송은, 北宋으로만 한정해도 고려와 167년이나 공존했다. 양국의 외교관계 는 상당한 우여곡절을 겪어, 초기에 고려국왕이 송의 책봉을 받는 기간이 30여 년 이어지다가 그 뒤로 약 30년은 간헐적으로 교섭하였다. 다시 약 반세기 정도는 완전히 단절되었다가 그 뒤 반세기는 간혹 사신을 주고받으면 서도 책봉은 이루어지지 않는 특수한 관계를 맺었다. 반면 민간 영역에서의 교류는 활발하였던 것으로도 이해된다. 따라서 이 관계에 대해서는 일찍부터 많은 연구가 이루어져왔으며,[2] 거기서는 전체 기간을 몇 개의 시기로 나누어 파악하고자 해왔다.[3]

---

2) 이 기간 동안의 고려와 송의 관계에 대한 종합적 검토로는 丸龜金作, 「高麗と宋との通交問題(一)·(二)」, 『朝鮮學報』17·18, 1960·1961 ; 具山祐, 「高麗 成宗代 對外關係의 展開와 그 政治的 性格」, 『韓國史研究』78, 1992 ; 朴龍雲, 「高麗·宋 交聘의 목적과 使節에 대한 考察(上)·(下)」, 『韓國學報』81·82, 1995·1996 ; 楊渭生, 『宋麗關係史研究』, 杭州 : 杭州大學出版社, 1997 ; 申採湜, 「高麗와 宋의 外交관계-朝貢과 冊封關係를 중심으로」, 『宋代對外關係史研究』, 한국학술정보, 2008 ; 이진한, 「송과의 외교」, 동북아역사재단 한국외교사 편찬위원회 편, 『한국의 대외관계와 외교사-고려편』, 동북아역사재단, 2018 등을 참조.

3) 대표적으로 全海宗은 조공관계의 여부와 그 성격을 중심으로, 고려와 송이 公的인 관계를 맺고 있었던 북송 前期, 즉 10세기 후반부터 11세기 초반까지를 첫 번째 시기로, 고려의 親宋策과 송의 聯麗對遼策이 일치하여 양국 국교가 재개되어 구속력이 없는 조공관계를 맺었던 북송 후기, 즉 11세기 후반부터 12세기 초반까지를 두 번째 시기로, 명목상의 조공관계마저 존재하지 않았던 12세기 중반 이후의 남송과 고려의 관계를 세 번째 시기로 분류하였다(全海宗, 「高麗와 宋과의 關係」, 『東洋學』7, 1977). 또한 朴龍雲은 사신 왕래를 중심으로, 사신 왕래가 지속되었던 광종 대부터 정종 2년(1036)까지를 제1기로, 그것이 재개되었던 문종 22년(1068)부터 북송 말인 인종 4년(1126)까지를 제2기로, 이후 간헐적인 사신 왕래가 있었던 인종 5년(1127)부터

여기서는 고려와 송 사이의 공식적인 외교관계가 단절되었던 1030년까지,
그것이 복구되었던 1070년 이후를 나누고서, 먼저 앞 시기를 분석할 것이다.
이 시기는 다시 국왕이 송의 책봉을 받았는지 여부를 중심으로 성종 13년(994)
을 전후로 해서 고려와 북송의 관계를 두 시기로 나누어 파악할 것인데,
책봉의 존재 여부가 외교문서의 서식 및 왕래방식과 밀접하게 연관되었기
때문이다. 이를 통해 고려와 북송 외교관계의 성격이 다른 시기의 그것과
어떻게 달랐는지, 그리고 그것은 당시 송이 다른 외국과 맺고 있던 관계와는
어떠한 공통점과 차별점을 가지는지 등을 파악해보고자 한다.

1. 고려와 북송의 비정기적 사신 왕래

고려에서 송에 파견한 사신

우선 이 기간의 고려와 송의 외교관계의 성격을 파악해보자. 이를 위해
먼저 고려에서 송에 파견한 사절을 『고려사』와 『宋史』를 중심으로 정리해보
면 다음과 같다.[4]

〈표 1-2-1〉 962~1036년, 고려에서 송에 파견한 사신

시기[*]	사신[**]	목적	전거[***]
광종13(962).겨울	廣評侍郎 李興祐, (副使) 李勵希, (判官) 李彬	獻方物	KS, SK, SB
광종16(965).2.	大承內奉令 王輅	獻方物	KS, SB
광종23(972).8.	(進奉使) 內議侍郎 徐熙, (副使) 內奉卿 崔業, (判官) 廣評侍郎 康禮, (錄事) 廣評員外郎 劉隱	獻方物	KS, SK, SB
경종1(976).9.	趙遵禮	경종 嗣位 통보	SK, SB
경종1(976).11.		太宗 즉위 축하	

명종 3년(1173)까지를 제3기로 나누었다(朴龍雲, 앞의 논문, 1995). 한편 金成奎는
고려와 북송과의 관계를 세 시기로 나누어 광종 13년(962)에서 성종 13년(994)까지를
제1기, 이후 고려와 송의 접촉이 중단되었던 시기를 제2기, 문종 22년(1068)부터
북송 말년인 인종 4년(1126)까지를 제3기로 나눈 바 있다(金成奎, 「高麗 前期의 麗宋關係
－宋朝 賓禮를 중심으로 본 高麗의 國際地位 試論」, 『國史館論叢』 92, 2000).
4) 고려와 송의 사신 왕래에 대해서는 丸龜金作, 위의 논문 및 朴龍雲, 위의 논문, 楊渭生,
앞의 논문 등에서도 정리한 바 있다.

경종2(977).12.	王子 元輔	良馬와 兵器 선사	KS, SK
경종3(978).4.		조공	SB
경종5(980).6.		獻方物	SK, SB
경종6(981).4.		獻方物	SK, SB
성종1(982).12.	侍郎 金昱	성종 嗣位 통보	KS, SK, SB
성종3(984).5.	韓遂齡	獻方物	KS, SK, SB
성종5(986).10.		조공	SK, SB
성종7(988).11.		조공	SB
성종8(989).12.	選官侍郎 韓藺卿, (副使) 兵官郎中 魏德柔, (判官) 少府丞 李光	조공	KS, SK
성종9(990).12.	兵部侍郎 韓彦恭	사은	KS, SK, SB
성종10(991).10.	翰林學士 白思柔	大藏經과 御製 하사에 사은	KS, SK
성종11(992).10.		조공	SB
성종13(994).6.	元郁	對거란 원병 요청	KS, SK, SB
목종2(999).10	吏部侍郎 朱仁紹	거란의 압박 호소	KS, SK, SB
목종6(1003).	戶部郎中 李宣古	거란 견제 요청	SK
현종5(1014).8.11.	內史舍人 尹徵古	외교관계 회복 제의	KS, SK, SB
현종6(1015).	民官侍郎 郭元	거란의 침입 통보, 원조 요청	KS, SK, SB
현종8(1017).7.	刑部侍郎 徐訥	獻方物	KS, SK, SB
현종10(1019).8.	禮賓卿 崔元信, 李守和	賀正	KS, SK, SB
현종11(1020).	金孟		KS
현종12(1021).6.	禮部侍郎 韓祚	謝恩	KS, SK, SB
현종21(1030).	民官侍郎 元穎	조공	SK, SB
정종2(1036).7.	尙書右丞 金元冲	進奉兼告奏(조난으로 귀환)	KS

  * 시기 : 동일한 사절에 대해 고려 측의 자료와 송 측의 자료 사이에 시점이 차이가 나는
    경우가 대부분인데, 이는 고려의 기록은 고려에서 사신을 파견한 것을, 송 측의 기록은
    고려의 사신이 도착한 것을 당시의 시점에 기재하였기 때문이다. 이 표에서는 특별한
    언급이 없는 한 『고려사』에 기재된 시점을 기준으로 하였다.
 ** 사신 : 사신의 관직과 인명 역시 양 측의 사료에 내용이 조금씩 차이가 있다. 양자를 통해
    확인이 가능한 모든 인원을 표기하였고, 양자의 내용에 차이가 있을 경우, 고려 측의
    기록에 근거하여 기록하였다.
*** 전거 : 약자가 의미하는 바는 다음과 같다. KS : 『高麗史』世家, KY : 『高麗史』열전, SK : 『宋史』
    권487, 高麗傳, SB : 『宋史』本紀.

위의 표를 통해 확인할 수 있는 사항은 다음과 같다.

첫째, 고려에서 사신을 파견한 것은 총 28회에 이른다. 물론 경종 3년(978),
5년(980)과 6년(981), 그리고 성종 7년(988)과 11년(992)처럼 『고려사』에는
언급이 없지만 『宋史』를 통해 보충한 사례, 그리고 그 반대의 경우와 같이
기록에 남아있지 않은 사신 왕래가 더 있었을 가능성도 충분히 있지만,[5]
사신 왕래가 매년, 정기적으로 이루어지지 않았던 점은 분명하다.[6] 또한

시기에 따른 사신 왕래 빈도에도 큰 차이를 보인다. 관계를 맺은 초기인 광종 대에는 14년 동안 겨우 3회의 사신만을 파견했을 뿐인데, 경종 대에는 6년 동안 6차례로 거의 1년에 한 번 꼴이었다. 970년대, 특히 경종 재위 기간에 고려에서 송에 사신을 파견한 빈도가 갑작스럽게 늘어났던 것은 당시 송이 주변의 10국 정권들을 병합해가면서 중원의 패권을 장악해가던 상황을 반영한 것이 아닌가 생각된다.[7] 성종 대에는 초기 13년 동안 9차례의 사신 파견 기록이 남아있으나, 성종 13년(994)에 거란과 강화를 맺은 후로는 현종 대 초까지 20년 동안 단 두 차례밖에 사신을 보내지 않았다. 그러다가 거란의 2차 침입이 종결된 이후인 현종 5년(1014) 이후 고려와 거란 관계가 정상적으로 회복되는 현종 13년(1022) 전까지는 6차례에 걸쳐 비교적 빈번하게 사신을 파견하였다. 이 기간 동안 고려가 거란의 연호를 중지하고 다시

---

5) 예컨대 『宋史』 고려전에 따르면, 송의 端拱 2년(989)의 기록에 이어서 "앞서 治(고려 成宗)가 僧 如可를 파견하여 表를 올리고 來勤하였다"고 한 것과 같이, 정확한 시점을 특정할 수는 없지만 위의 표에서는 빠진 사신이 더 있었을 가능성은 충분하다.

6) 한편 『고려사』 권3, 성종 4년(985) 5월 조의 기사에서는 성종이 송 사신 韓國華에게 한 말 가운데 "世稟正朔"이라고 한 부분이 있는데, 『고려사절요』 권2의 해당 부분은 "歲稟正朔"이라고 하여 차이가 있다. 이 구절은, 전자는 "대대로 正朔을 받들다"라고, 후자는 "매년 정삭을 받들다"라고 해석할 수 있다. 正朔을 받드는, 즉 曆書를 받아 시행하는 행위는 해마다 반복되는 행위이므로 후자의 기록이 더 정확하다고 볼 수 있다. 이 경우 고려에서 항상 송의 역서를 받아 시행했다는 것이 되며, 이는 고려에서 매년 정기적으로 송에 사신을 파견하여 역서를 받아오는 행위가 반복되었을 가능성을 시사한다. 실제로 개국 초부터 10세기까지 고려는 중국의 曆을 수입해서 사용하였다고 한다(朴星來, 「高麗初의 曆과 年號」, 『韓國學報』 10, 1978, 138~140쪽 참조). 그러나 역서의 수입이 반드시 매년 정기적으로, 그리고 고려 조정의 공식적인 사신 파견을 통해 이루어져야 하는 것이었다고 볼 필요는 없다. 무엇보다 현전하는 사료 상 사신 파견이 정례적으로 이루어졌음을 보여주는 기록은 어디에도 없으며, 사례들을 종합해 보아도 그러한 결론으로 이어지지는 않는다. 중국 왕조에서 고려에 정기적으로 역서를 반포한 것은 고려-몽골 관계가 본격적이고 안정적으로 운영되었던 1270년대 이후의 일이었다. 徐恩惠, 「麗蒙關係의 推移와 高麗의 曆法運用」, 『韓國史論』 63, 2017 및 정동훈, 「명초 외교제도의 성립과 그 기원-고려-몽골 관계의 유산과 그 전유(專有)」, 『역사와 현실』 113, 2019, 355~357쪽 참조.

7) 具山祐는 경종 대부터 성종 초에 걸쳐 유학생 파견, 서적 수입 등으로 고려에 송의 문물이 활발하게 수입되고 있었던 점 등에서 고려와 송 사이에 활발한 접촉이 있었다고 평가하였다(具山祐, 앞의 논문, 1992, 41~48쪽). 광종 대에 비해서 양국의 교류가 많아졌던 점은 지적할 수 있으나, 이때의 고려-송 관계가 이후 고려와 원·명의 관계는 물론, 11~12세기의 거란·금과의 관계에 비해서도 활발한 편이었다고 보기는 어렵다.

송의 연호를 사용했던 것은 잘 알려진 사실이다.[8]

둘째, 고려국왕이 송으로부터 책봉을 받던 시기, 고려 사신의 목적은 표면적으로는 거의 대부분 고려 측의 기록에는 "獻方物", 송 측의 기록에는 "來貢"이라고 기록된 물자의 진헌이었다. 경종 원년(976)에 송 太宗의 즉위를 축하한다거나, 경종 원년과 성종 원년(982) 고려의 왕위 교체를 통보하는 등 특수한 사례가 보이기는 하지만, 후대의 거란이나 금과의 관계에서와 같이 황제의 생일을 축하한다거나 正朝를 축하하는 등 매년 동일한 목적을 가지고 정기적으로 파견된 사신은 없었다. 한편 현종 대 이후 비교적 빈번한 사신 파견의 목적은 송의 군사적 협조를 원했기 때문이었던 것으로 이해되고 있다.[9]

송에서 고려에 파견한 사신

이어서 같은 기간 송에서 고려에 파견한 사신의 목록을 살펴보자. 성종 13년, 고려가 거란의 正朔을 받든 이후, 송에서는 공식 사절을 파견한 일이 없었다. 따라서 시간 범위는 994년까지로 한정된다.

첫째, 송에서 고려에 사신을 파견한 것은 총 10회에 지나지 않는다. 송의 태조 대인 960~976년 사이에는 17년 동안 단 한 차례, 태종 대인 976~994년, 19년 동안에도 9차례의 사신을 파견했을 뿐이다.

둘째, 사신을 파견한 이유를 살펴보면, 성종 4년(985)에 監察御史 韓國華가 와서 거란을 협공할 것을 제안한 사안 이외에는 모두 국왕을 책봉하거나 加冊하는 것이 주된 목적이었다. 국왕 책봉이라는 양국관계에서 가장 고도의 의례적인 사안만이 송에서 사신을 파견한 목적이었다는 점이 주목된다. 따라서 성종 13년 이후 고려가 거란의 정삭을 받들며, 동시에 송의 책봉을 받지 않게 되면서부터는 송에서 사신을 파견할 이유가 사라져버리게 되자, 송은 사신 파견을 완전히 중단해버렸다. 물론 여기에는 1005년 송과 거란

---

8) 『고려사』 권4, 현종 7년(1016) 是歲. 復行宋大中祥符年號.
9) 구산우, 「고려 현종대의 대거란전쟁과 그 정치·외교적 성격」, 『역사와 경계』 74, 2010, 100~102쪽 ; 이미지, 『태평한 변방―고려의 對거란 외교와 그 소산』, 景仁文化社, 2018, 141~144쪽.

2절 고려와 북송의 책봉 중심의 의례적 관계와 詔書-表文 양식의 확정 83

〈표 1-2-2〉 962~994년, 송에서 고려에 파견한 사신

시기*	사신	목적	전거
광종14(963).12.	(冊命使) 時贊**	광종 책봉	KS, SK
경종1(976).11.	左司御副率 于延超, 司農寺丞 徐昭文	경종 책봉	KS, SK, SB
경종3(978).4.	太子中允 直舍人院 張洎, 著作郎 直史官 句中正	경종 加冊	KS, SK, SB
경종4(979).6.	(供奉官) 閤門祗侯 王僎	경종 加冊	KS, SK
성종2(983).3.무인	監察御史 李巨源, 禮記博士 孔維	성종 책봉	KS, SK
성종4(985).5.	翰林侍書 王著, 侍讀 呂文仲	성종 加冊	KS, SK
성종4(985).5.	監察御史 韓國華	거란 협공 제의	KS, SK
성종7(988).10.	考功員外郎 兼侍御史知雜 呂端, 起居舍人 呂祐之	성종 加冊	KS, SK, SB
성종9(990).6.	戶部郎中 柴成務, 兵部員外郎 直史館 趙化成	성종 加冊	KS, SK
성종11(992).6.갑자	祕書丞 直史館 陳靖, 祕書丞 劉式	성종 加冊	KS, SK, SB

* 시기, 사신, 전거 등에 대한 설명은 위의 〈표 1-2-1〉과 같음.
** 이 사절에 대해서『고려사』세가에서는 "冊命使 時贊"이라고 하여 그가 송의 사신인 것으로,
   『宋史』高麗傳에서는 고려의 사신인 것으로 기록하고 있는데, 전자의 기록이 옳은 것으로
   보인다. 국사편찬위원회, 『中國正史朝鮮傳 譯註 三』, 1989, 127쪽 참조.

사이의 澶淵의 盟 이후 동북아시아 국제 정세가 안정되고, 또한 송이 眞宗(재위
998~1022)과 仁宗(재위 1022~1063) 연간에 비교적 소극적이고 방어적인 대외
정책을 펼쳤던 것이 근본적인 원인이 되었을 것이다.[10]

고려-송의 비정기적 왕래

이상과 같이 고려와 송 사이의 관계는 사신 왕래가 정기적이거나 활발하지
않았던 점에서 후대의 고려·조선과 명의 관계는 물론이거니와, 바로 직후의
고려-거란, 혹은 고려-금 관계와도 큰 차이를 보인다. 그 이유로는 무엇보다도
고려와 송이 국경을 맞대고 있지 않았기 때문에 정식 왕래가 여의치 않았던
점을 빼먹을 수 없을 것이다. 물론 공식 사절 이외에 海商의 왕래는 한중관계사
상 다른 어떤 시기에 비해서도 활발했던 것은 주지의 사실이다.[11] 그러나

10) 申泰光, 「北宋 變法期의 對高麗政策」, 『東國史學』 37, 2002, 654~655쪽.
11) 고려시대 宋商이 활발하게 고려를 방문했던 점에 대해서는 많은 연구가 있는데,
    최근의 대표적인 견해로는 김영제, 「宋·高麗 交易과 宋商-宋商의 經營形態와 그들의
    高麗居住空間을 中心으로」, 『사림』 32, 2009 ; 김영제, 「『高麗史』에 나타나는 宋商과

정부 차원의 공식 외교사절의 왕래가 이후 시대에 비해 비교적 뜸했던 것은 양국이 국경을 마주하고 있지 않았고, 따라서 정치·군사적으로 협의해야 할 사안이 많지 않았기 때문이라고 해석하는 것이 적절할 것이다.

다만 거란의 팽창이 본격화되어 송과 거란이 전쟁 국면에 접어들게 되고, 동시에 거란이 여진 집단에 대한 정벌을 추진하게 되면서 국제정세에 긴장감이 높아가던 980년대 중반 이후부터는 일시적으로 고려와 송의 접촉이 비교적 활발해졌다. 송에서 고려에 거란을 협공할 것을 제의했던 성종 4년(985)의 사례라든지, 고려가 거란과의 전쟁을 겪으며 송에 원병을 요청했던 성종 13년(994) 등의 사례가 그것이다. 그러나 전체 30여 년에 이르는 기간 가운데서는 이때가 오히려 예외적이었다고 볼 수 있다. 즉 이 시기 고려와 송의 관계는 간헐적인 조공과 책봉이라는 형식적인 절차만을 이행하는 매우 의례적인 관계였다고 평가할 수 있다. 또한 성종 13년 이후로는 책봉관계를 맺지 않은 상황에서도 고려가 조공 명목으로 방물을 보내고 송에서도 이를 수령하는 관계가 한동안은 유지되었다. 이로써 보건대 고려-북송 관계에서 조공과 책봉이라는 형태는 현상적으로만 유지되었을 뿐, 정교하고 정형화된 형식으로 자리잡고 있었던 것은 아니었음을 알 수 있다. 이는 책봉관계 여부와 외교문서식의 상관관계를 통해서 더욱 분명하게 드러난다.

2. 책봉을 받은 시기의 외교문서

군주 사이의 외교문서

우선 고려국왕이 송의 책봉을 받았던 광종 14년(963)부터 성종 13년(994) 사이에 고려와 송이 주고받은 문서 가운데 그 원문을 일부나마 확인할 수 있는 사례를 모아서 정리해보면 다음 표와 같다.

이를 통해 확인할 수 있는 중요한 사항 가운데 하나는 양국 문서의 발신자가 각각 고려국왕과 송 황제, 즉 양국의 군주뿐이었다는 점이다. 문서의 내용을

宋都綱-特히 宋都綱의 性格 解明을 中心으로」,『全北史學』39, 2011 ; 李鎭漢,『高麗時代宋商往來 研究』, 景仁文化社, 2011 등을 참조.

번호	시기	발신	사신	서식	내용	전거*
송1	광종14(963).봄	송 황제	時贊	制	광종 책봉	SK
송2	경종1(976).11.	송 황제	于延超	制	경종 책봉	SD1
송3	경종3(978).12.	송 황제	張洎	制	경종 가책	SD2
송4	성종1(982)	송 황제	(고려) 金昆	詔(制)	성종 즉위 승인	KS
송5	성종1(982).12.	송 황제	이거원	詔(制)	성종 책봉	SD3
송6	성종2(983).3.	송 황제	李巨源	詔(冊)	성종 책봉	KS
송7	성종4(985)	송 황제	王著	詔(制)	성종 가책	KS
송8	성종4(985).2.	송 황제	韓國華	詔	거란 협공 제안	KS, SK, SD4
송9	성종9(990)	송 황제	柴成務	制	성종 가책	SD5
송10	성종12(993)	고려국왕	(송) 陳靖	表	王彬 등 환국에 사례	SK
송11	성종12(993)	고려국왕	(송) 陳靖	表	張仁詮 사면	SK
송12	성종13(994)	송 황제	(고) 元郁	璽書	거란 침입 위로	SD6

* 전거 : 약자가 의미하는 바는 다음과 같다. KS :『高麗史』世家, SK :『宋史』高麗傳, SD :『宋大詔令集』권237. 아울러 SD1은『宋大詔令集』권237에 첫 번째로 실린 문서를 가리킨다.

살펴보면 수신자 역시 '皇帝陛下'로 지칭되는 송 황제, 그리고 '王'으로 지칭된 고려국왕이었다. 양국 사이에서 오직 군주만이 문서를 주고받았다는 점은 이후 고려와 거란·금, 혹은 원·명 대와 비교해보면 큰 차이이다. 앞서 고려와 五代十國 사이의 문서 역시 군주 사이의 문서만으로 제한되었던 것은 마찬가지이나, 고려는 같은 시기에 오대의 중원 왕조와 南唐과 같은 십국 왕조 각각과 문서를 주고받았던 점에서는 다르다. 즉 고려와 송 사이의 외교관계에서는 외교의 주체가 각국의 군주로 완전히 일원화되었다는 것이다.

이는 문서의 내용을 살펴보아도 확인된다. 예컨대 송 황제가 보낸 문서에서 "(국왕이) 올린 표문을 살펴보니, '형인 고려국왕 王伷가 지난해 7월에 훙거하면서 임시로 國務를 신으로 하여금 관할하게 하였습니다.'라고 한 것을 잘 알았다[具悉]"라고 하였다.[12] 후대의 문서왕래와는 달리 고려국왕이 제출한 문서를 송 국내의 관부에서 열람하고 황제에게 보고하는 형식이 아니라 송 황제가 직접 인용하고 있다는 점이 특징적이다. 적어도 문서의 내용으로 보건대 양국 군주 사이의 의사소통에 송 국내 관부의 개입이 없었음을

---

12) 『고려사』권3, 성종 원년(982) 是歲. "省所上表, '兄高麗國王伷, 去年七月內薨謝, 權以國務, 令臣主持事.' 具悉."

의미하는 것이다. 물론 송 조정 내에도 樞密院이나 禮部의 主客司 및 鴻臚寺 등 외교 업무를 관장하는 관부가 있었으며, 이들이 문서의 접수와 처리, 사신의 접대 등 일련의 사무를 처리하는 절차가 있었을 것임은 말할 것도 없다.[13] 그러나 문서상 이들 관부가 개입하는 절차, 혹은 그들의 역할에 대한 언급은 전혀 밝히지 않았다. 즉 고려와 송의 외교관계는 군주 대 군주의 일대일 관계를 표명하고 있었음을 이를 통해서 확인할 수 있다.

고려국왕의 표문

다음으로 고려에서 발신한 문서를 살펴보겠다. 사례는 위의 표의 번호 10과 11, 두 건에 불과한데 모두 『송사』 고려전에 문서의 일부가 실려 있다. 해당 부분을 인용해보면 다음과 같다.

가) 앞서 [淳化] 3년(992 ; 高麗 成宗 11)에 上이 諸道의 貢擧人을 친히 시험하면서 詔書를 내려 高麗의 賓貢進士 王彬·崔罕 등을 及第시키고 얼마 후에는 관직을 제수하여 본국으로 돌려보냈다. 이때에 이르러 陳靖 등의 사신이 환국하였는데 治는 表를 올려 사례하기를, "學生 王彬·崔罕 등이 朝廷에 들어가 학업을 익혀 은혜를 입은데다가 及第를 내려주시어 將仕郎·守祕書省校書郎을 제수하시고 본국으로 돌려보내주셨습니다. 삼가 생각하건대, 當道가 朝貢을 계속하여 온 지 여러 해가 지났으나, 上國은 하늘처럼 높고 저희 나라[遐荒]는 바다로 막혀 있어, 金闕에 친히 나아가 玉墀 아래에서 머리를 조아려 알현하지 못하고 있으며, 오직 拱極의 정성만 깊을 뿐 宮庭에서 조회하는 예절도 실현하지 못하였습니다. (중략) 皇帝 陛下께서 하늘같은 仁慈함으로 그들을 양성하고 바다 같은 아량으로 너그러이 포용하여 館穀의 물자를 넉넉하게 하사하여 藝文의 학업을 권면하여 주셨습니다. (중략) 臣은 하늘에 감사하고 陛下를 존숭하는 지극한 마음을 이루 표현할 수 없습니다."라고 하였다.[14]

---

13) 吳曉萍, 『宋代外交制度研究』, 合肥 : 安徽人民出版社, 2006, 30~46쪽.

14) 『宋史』 권487, 外國 3, 高麗. 先是, 三年, 上親試諸道貢擧人, 詔賜高麗賓貢進士王彬·崔罕等及第, 旣授以官, 遣還本國. 至是, 靖等使回, 治上表謝曰, "學生王彬·崔罕等入朝習業, 蒙恩並賜及

나) 治가 또 表를 올려 사례하기를, "官告國信使 陳靖·劉式 등이 이르러 聖旨를 전한 것을 받들었는데, 當道의 進奉使의 수행원 孔目官 張仁銓이 대궐에 이르러 함부로 자신의 생각을 아뢰었다가 도리어 두려움을 품고 있기에 이제 사신 편에 딸려 본국으로 돌려보낸다는 것이었습니다. 張仁銓은 촌구석의 변변치 못한 백성이며 海東의 미천한 관리인데, 上國에 나아가 감히 어리석은 정성을 바치고자 망령스러운 생각이 들어 함부로 제 소견을 아뢰어 旒冕을 번거롭게 하고 위로는 朝廷을 더럽혔습니다. 지금 綸言을 우러러 받으니 그의 죄를 용서해주라고 하셨습니다. 小人이 자기 이익을 추구하였으니 어찌 참람되이 용서를 구할 수 있겠습니까마는, 聖主께서는 너그럽고 은혜로우시어 그를 불쌍히 여기라는 명령을 멀리서 내리셨습니다. 이에 張仁銓은 詔旨에 따라 그 죄를 용서하여 주었고, 예전처럼 사무도 관장하도록 하였습니다."라고 하였다.15)

두 문서 모두 『송사』 고려전의 地文에서 그 문서식을 表라고 칭하였으며, 문체는 전형적인 사륙변려체이다. 문서에서 발신자인 고려국왕은 스스로를 '臣'이라고 칭하였고, 또한 '當道'라고도 하였다. '當道'란 『漢語大辭典』에 따르면 '執政者', '掌權者'를 뜻하는 말이라고 한다. 또한 수신자인 송 황제를 가리켜 '皇帝 陛下', 혹은 '聖主'라고 칭하였다. 자신을 '臣'이라고 칭한 점이나 신하가 군주에게 올리는 문서식인 表를 쓴 점에서 송 황제와 고려국왕이 君臣관계에 있음을 명확히 표현한 문서였다는 점에는 의심의 여지가 없다.

第, 授將仕郎·守祕書省校書郞, 仍放歸本國. 竊以當道荐修貢奉, 多歷歲年, 蓋以上國天高, 遐荒海隔, 不獲躬趨金闕, 面叩玉墀, 唯深拱極之誠, 莫展來庭之禮. (중략) 皇帝陛下天慈照毓, 海量優容, 豐其餼穀之資, 勗以藝文之業. (중략) 臣不勝感天戴聖之至."

15) 『宋史』 권487, 外國 3, 高麗. 治又上表謝曰, "官告國信使陳靖·劉式至, 奉傳聖旨, 以當道進奉使 從行孔目官張仁銓至闕, 輒進便宜, 翻懷畏懼, 今附便臣帶歸本國者. 仁銓嵎宅細民, 海門賤吏, 獲趨上國, 敢貢愚誠, 罔思狂瞥之尤, 輒奏權宜之事, 妄塵旒冕, 上瀆朝廷. 今者, 仰奉綸言, 釋其罪罟. 小人趨利, 豈虞僭越之求, 聖主寬恩, 遠降哀矜之命. 其張仁銓者已依詔旨放罪, 令掌 事如故." 한편 『고려사』 권3, 성종 11년(992) 6월에는 이 문서의 마지막 부분, "小人趨利, 豈虞僭越之求, 聖主寬恩, 遠降哀矜之命. 其張仁銓者已依詔旨放罪."만을 인용하여 싣고 있다.

송 황제의 조서

이어서 송에서 발신한 문서를 살펴보겠다. 위의 표에 총 10건의 문서를 열거하였는데, 이를 출처별로 분류해보면 『고려사』 세가에 4건, 그리고 『宋大詔令集』에 6건이다. 『宋大詔令集』은 北宋 역대 황제들의 중요한 王言문서 3,800여 건을 17가지 부문별로 나누어 정리한 詔令集으로 이 가운데 권237, 政事 90, 四裔 10에 고려에 발신한 외교문서 29건이 실려 있다.[16] 이 가운데 962~994년에 해당하는 문서의 목록을 제시하면 다음과 같다.

〈표 1-2-4〉『宋大詔令集』 소재 962-994년 외교문서 목록

연번	제목	일자	비고
SD1	王伷封高麗國王制	太平興國1(976, 경종1).11.乙亥.	유일
SD2	高麗國王王伷檢校太傅加食邑制	太平興國3(978, 경종3).12.戊辰.	유일
SD3	王治拜官封高麗國王詔	太平興國7(982, 성종1).12.戊寅.	유일. KS와 다름
SD4	北伐遣使諭高麗詔	雍熙3(986, 성종5).2.癸卯.	KS·SK와 유사
SD5	高麗國王王治加恩制	淳化1(990, 성종9).	유일
SD6	賜高麗璽書	淳化5(994, 성종13).7.壬子.	유일

위의 6건의 문서 가운데 SD4, 〈北伐遣使諭高麗詔〉만이 『고려사』 세가 및 『송사』 고려전에 수록되어 있을 뿐, 나머지 5건은 다른 사료에서는 찾아볼 수 없는 문서이다. 모두 황제 명의의 조령문서인데, 문서식을 살펴보면 制가 3건, 詔가 2건, 璽書가 1건이다. 고려에 거란을 협공할 것을 제안한 것으로 유명한 SD4, 그리고 거란의 1차 침입을 받은 고려를 위로하는 내용의 SD6을 제외한 나머지 4건은 모두 경종과 성종의 책봉과 加冊에 대한 문서이다.

---

16) 張東翼, 『宋代麗史資料集錄』, 서울대학교출판부, 2000, 201~202쪽 및 이근명 외 엮음, 『송원시대의 고려사 자료』 1, 신서원, 2010, 120쪽 참조. 이들 문서는 張東翼, 앞의 책, 201~219쪽 및 이근명 외, 앞의 책, 120~128쪽에 소개되어 있는데, 본고에서는 교감과 표점을 거친, 楊家駱 編, 『宋大詔令集』, 臺北 : 鼎文書局, 1972, 923~928쪽을 참조하였다.

3. 송의 고려국왕 책봉문서

책봉문서 冊과 制

이제 본격적으로 송 황제가 발신한 문서의 서식을 분석해볼 차례이다. 앞서 언급했듯이 현재 확인되는 962~994년 송 황제의 문서 10건의 서식은 일단 詔가 5건, 制가 4건, 璽書가 1건으로 파악된다. 그러나 이는 『고려사』나 『송사』와 같은 연대기 사료에서 해당 문서를 인용하기에 앞서 언급한 地文이나, 혹은 『송대조령집』의 문서 제목만으로 판단한 것일 뿐이다. 실제로 문서의 내용이나 전후 상황을 분석해보면 詔와 制가 혼용된 경우가 많은 것 같다.[17) 우선은 사료상의 표현을 따르는 채로 문서식을 분류해보도록 하겠다.

먼저 制 4건의 사안을 살펴보면, 광종 책봉(송1), 경종 책봉(송2, SD1), 경종 加冊(송3, SD2), 성종 加冊(송9, SD5) 등 모두 고려국왕에 대한 책봉이나 가책과 관련된 사안이었다.[18) 그렇다면 고려국왕 책봉과 관련된 문서식부터 검토하는 것이 순서에 맞을 것이다.

앞서 1절에서는 后나 王·公 등에게 작위나 封號를 수여할 때에 封冊이 가장 높은 권위를 가지는 문서로 쓰였음을 언급한 바 있다. 그런데 임명문서로 冊을 수여받는 대상의 범위는 시대에 따라 조금씩 변화하였다. 우선 당 대에 冊은 황후나 황태자를 세울 때, 諸王을 책봉할 때, 그리고 고위 官人을

---

17) 실제로 당 대의 조령문서 가운데서도 詔書와 制書는 그 명칭이 혼용되는 일이 많았다. 中村裕一, 「詔と制」, 『唐代制勅研究』, 東京 : 汲古書院, 1991, 35~45쪽 참조. 물론 송 대의 제서와 조서가 뚜렷이 구분되었다는 견해도 있으나, 이는 문서의 실제 기능 면에서 그렇다는 것이며, 그러한 견해를 제출한 연구자 역시 사료상에서 제서와 조서라는 명칭이 혼용되어 쓰이고 있음은 마찬가지로 지적하고 있다. 楊芹, 「宋代制誥文書與詔書之辨析」, 『宋代制誥文書研究』, 上海 : 上海古籍出版社, 2014, 246~258쪽 참조.

18) 한편 송 대의 외교문서제도 전반에 대한 冒志祥의 연구에서는 制書의 용도를 '軍國大事'라고 설명하며, 軍國大事에 외교도 포함된다고 하였다. 그러나 외교문서로 쓰인 制書의 실례는 매우 적어서, 963년 송 太祖가 고려의 光宗을 책봉할 때에 고려를 고급으로 예우한 형식으로서 制書를 사용한 것이 유일한 사례인 듯하다고 언급한 바 있다(冒志祥, 「論宋代外交文書」, 南京師範大學 博士學位論文, 2007, 28~29쪽. 여기서 언급한 문서는 위의 〈표 1-2-2〉의 '송1'을 가리킨다). 그러나 이 사례들로 미루어 보건대 고려국왕의 책봉과 관련된 문서로 制書가 쓰였음을 분명히 알 수 있다.

임용할 때에 사용한 문서의 형식으로, 황제가 발령하는 문서 가운데서도 가장 중요한 위치에 있었다.[19] 좀 더 구체적으로『通典』에는 "諸王 및 職事 3품 이상, 文武散官 2품 이상, 都督, 都護, 上州刺史 가운데 京師에 있는 자에게는 冊을 수여"한다고 요약했다.[20] 그러나 이 사료가 전하는 사실은 당 대 초기의 일시적인 것으로, 8세기 이후로 冊은 고위 관료를 임명하는 데에는 거의 사용되지 않고, 황후나 황태자를 세울 때에만 제한적으로 사용되었다고 한다.[21]

이어서 송 대에는, 역시 초기에는 황족뿐만 아니라 大臣을 임명하는 데에도 冊이 쓰였다고 한다. 송 대의 王言에 대해 개략적으로 서술하고 있는『宋史』 職官志 中書省 조에서는 冊書를 "后妃를 세울 때, 親王·皇子·大長公主를 봉할 때, 三師·三公·三省長官을 除拜할 때"에 쓴다고 기록하였다.[22]『宋會要輯稿』에 는 "三師, 三公, 親王, 大臣을 임명하는 데에 臨軒冊命儀'를 행하였다고 하였 다.[23] 臨軒冊命이란 황제가 직접 참여하여 封冊을 전달하는 의식을 말한다.[24] 그러나 송 대에도 親王이나 公主, 재상 이하의 冊을 통해 임명을 받는 대상자들 은 대체로 表를 올려 의례를 사양하였기 때문에 실제로 冊禮가 행해지지는 않았고, 冊이 수여되지도 않았다고 한다.[25] 실제로『宋大詔令集』에서 송 대의 冊文 실례를 많이 찾아볼 수 없는 것도 이런 이유 때문일 것이다. 또한『宋史』에서 언급한 三省長官, 즉 中書令·侍中·尚書令은 대부분 명예직으 로서 비워두는 경우가 많았기 때문에, 실제로 冊을 수여받은 대상은 황후와 황태자 등 소수의 황실 구성원으로 제한되었던 것으로 보인다. 나머지 고위

---

19)『大唐六典』권9, 中書省, 中書令職掌 ; 中村裕一,「璽書」, 앞의 책, 746~747쪽.
20)『通典』권15, 選擧 3.
21) 中村裕一, 앞의 책, 771~773쪽.
22)『송사』권161, 職官志 1, 中書省.
23)『宋會要輯稿』禮 59, 三師三公親王大臣臨軒冊命儀(徐松 輯,『宋會要輯稿』, 北京 : 中華書局, 1957, 1670쪽).
24) 中村裕一, 위의 논문, 773~785쪽. 한편 수봉자의 나이가 너무 어리거나, 혹은 황제가 親臨할 만큼의 비중이 있다고 생각되지 않은 경우에는 朝堂에서 책을 전달하거나 사신을 보내 책을 전달하는 朝堂冊, 內冊 등의 방식도 있었다. 이에 대해서는『大明集禮』 권20, 嘉禮4, 冊皇太子, 總序에 역대의 제도를 개략적으로 설명한 부분을 참조할 수 있다.
25)『宋會要輯稿』禮 59, 三師三公親王大臣臨軒冊命儀 ; 楊芹, 앞의 책, 20쪽 참조.

관료에 대해서는 制書가 그 임명문서로 사용되었다.

송 대의 制書의 용도에 대해『宋史』職官志에서는 "軍國의 大事를 처분하거나, 대사면을 반포하거나, 尙書左右僕射·開府儀同三司·節度使를 임명할 때"에 사용한다고 명시하고 있다.[26] 이 가운데 상서좌우복야는 각각 門下侍郎과 中書侍郎을 겸직하는 것이 일반적이었다. 三省의 장관직이 명예직으로서 공석이었던 것을 감안하면 상서좌우복야는 실질적으로 송 대 관료체계상 최정점에 위치했다. 또한 開府儀同三司는 문산계의 최고직이었고, 節度使는 송 太宗 때에 폐지된 이후로는 무관의 명예직으로서 최고위였다.[27] 관원을 任免할 때에 쓰인 制書는 대부분 300자 전후였다.[28]

그러나 송 대의 제서가 실제로 이들 관직의 임명에만 사용된 것은 아니었다. 앞서 서술했듯이 后妃나 親王, 三師·三公 등을 임명할 때에도 制書가 사용되었다. 이들의 임명에 원래는 冊을 수여하는 의례를 행해야 했다. 冊禮를 행하기에 앞서, 먼저 황제는 制書를 통해 책봉의 배경과 내용 등을 선포하고, 이후에 날을 잡아 "備禮冊命"할 것을 언급한다. 이후 冊禮를 행하여 冊을 수여하는 순서인 것이다. 즉 制書가 먼저 반포되고, 뒤이어 冊이 수여되는 것으로, 제서와 책은 일련의 문서이다. 실례로『宋大詔令集』에는 景祐 원년(1034) 9월 17일자의〈立曹皇后制〉와 동년 11월 3일자의〈冊曹皇后文〉이 실려 있다.[29] 天禧 2년(1018) 8월의〈立皇太子制〉와, 이어서 9월 8일자의〈冊皇太子文〉도 같은 경우이다.[30] 그러나 冊禮는 황제가 親臨해야 할 정도로 그 의례가 대단히 높은 것이었기 때문에, 실제로는 피임명자들이 이를 사양하여 실행하지 않는 것이 일반적이었다. 따라서 制書만이 단독으로 제수되고, 冊은 주어지지 않았던 것이다. 실제로 현전하는 문서 가운데에도 制書의 수가 冊에 비해 압도적으로 많은 것도 그러한 까닭이다.[31]

---

26)『송사』권161, 職官志 1, 中書省. 軍國大事, 頒赦宥德音, 命尙書左右僕射·開府儀同三司·節度使, 凡告廷除授.

27) 이상에 대해서는 龔延明,『宋代官制辭典』, 北京 : 中華書局, 1997의「宋代官制叢論」및 해당 항목 참조.

28) 楊果,「宋代詔令文書的主要制度」,『檔案管理』1999年 第3期, 40쪽.

29)『宋大詔令集』권18, 皇后 上,〈立曹皇后制〉; 권19 皇后 中〈冊曹皇后文〉.

30)『宋大詔令集』권25, 皇太子, 建立,〈立皇太子制〉; 권25, 皇太子, 冊文,〈冊皇太子文〉.

31) 이상에 대해서는 楊芹, 앞의 책, 18~23쪽 및 28~29쪽 참조.

고려국왕 책봉의 冊과 制

　그렇다면 『高麗史』에 등장하는 고려국왕에 대한 책봉문서도 이러한 형태로 구성되어 있었을 것임을 짐작할 수 있다. 우선 국왕 책봉의 배경과 내용, 그리고 고려국왕에 대한 권면의 뜻을 담은 制書를 반포하고, 뒤이어 책봉의례를 통해 국왕에게 冊을 전달하는 형식이었을 것이다. 비록 거란과의 사정을 전하는 것이기는 하지만, 예컨대 『高麗史』 世家, 靖宗 9년 11월의 책봉 관련 기록에서 중국의 책봉사신이 왔다는 기록에 이어, "詔曰"이라고 하고서 책봉의 내용을 담은 문서를 인용하고, 뒤이어 "冊文曰"이라고 하고서 冊文의 내용을 전하는 것[32]이 이후 책봉의 사실을 전하는 기록의 전형적인 모습이다. 먼저 인용된 "詔曰"은 여기서 말하는 制書에 해당하는 것이고, 뒤의 "冊文曰"은 冊禮 때에 전달된 실물인 冊에 쓰인 글귀였을 것임을 알 수 있다. 다만 송 국내의 경우 제서의 반포와 책례의 시행 사이에 일반적으로 시간적 간극이 있었겠으나, 고려국왕에 대한 책봉에서는 한 번의 사신 파견을 통해 이를 동시에 행하였을 것임은 쉽게 짐작이 된다.

　위의 〈표 1-2-2〉에서 성종의 책봉과 관련된 문서 두 건, 즉 송5와 송6을 분석해보면 이러한 冊과 制書의 병용에 대해 좀 더 구체적으로 확인할 수 있다. 먼저 송5, 즉 SD3의 〈王治拜官封高麗國王詔〉를 인용해보면 다음과 같다.

　　다) 萬國을 封建하는 것은 方冊의 가르침에 실려 있고, 그를 百世에 드리우는 것은 영원한 맹약에 들어 있다. 하물며 辰韓의 옛 터에 聖敎가 행해지고 있음에랴. 현명한 왕[英王]이 세상을 뜨자 그 동생이 지위를 잘 이어받아, 드디어 계승하겠다는 글을 지어 올렸으니 이에 책봉[酬庸]하는 명을 거행한다. 權知高麗國事 王治는 대대로 바다 귀퉁이[海隅]를 보전하면서 마음은 왕실을 지키는 데 두었으며, 우애를 돈독히 함에 항상 조심하였고 선조의 유업[堂構]을 계승함에 매우 공손하였다. 선왕이 세상을 떴으나 다스리는 곳은 평안하였으며, 멀리 王府에 직공을 닦으면서 天朝에 명을

---

32) 『高麗史』 권6, 靖宗 9년(1043) 11월 辛巳 ; 丁亥.

청하였으니 事大하는 마음이 진실로 지극히 충성스럽다. 먼 곳을 회유하
는 의리는 포상하는 것을 우선으로 삼으니 마땅히 眞王의 봉건을 열어주
고 이로써 上公의 지위로 올려주어야 하겠으며, 아울러 식읍[井賦]을
하사하여 높은 작위[寵章]임을 보여야 하겠다. 光祿大夫 檢校太保 持節元菟
州諸軍事 元菟州都督 充天順軍使 上柱國에 봉하고 食邑 2천 호를 내리며
高麗國王에 봉한다.33)

『宋大詔令集』에는 이 문서의 제목 아래에 "太平興國七年十二月戊寅" 즉 성종
원년(982) 12월 戊寅에 발령했다고 언급하였다. 성종 즉위와 관련된 외교문서
의 왕래를 살펴보면, 성종은 원년 9월에 송에 표문을 보내 "형인 고려국왕
王伷가 지난해 7월에 훙거하면서 임시로 國務를 신으로 하여금 관할하게
하였습니다."라는 내용의 표문을 올렸다.34) 이에 송 황제는 성종의 즉위를
인정하면서 향후 사신을 파견하여 정식으로 책봉할 것임을 통보하는 내용의
詔書를 귀환하는 고려의 사신 편에 보내왔다. 이어서 그해 12월, 위에서
인용한 SD3의 문서가 발령되었으며, 이 문서를 소지한 송의 책명사신 監察御
史 李巨源과 禮記博士 孔維는 이듬해인 성종 2년(983) 3월에 개경에 도착하였
다.35) 『고려사』 세가의 이날 기록에는 송에서 사신을 파견하여, "冊王"하였다
고 하면서, "詔曰"이라고 하고 문서의 내용을 비교적 길게 인용하고 있다.
그런데 『고려사』에 인용된 이 문서를 위의 SD3과 비교해보면, 문서 내용에
서 고려가 "辰韓의 옛 터[辰韓故墟]"(송5, SD3), "삼한의 옛 영역[三韓舊域]"(송6,
KS)라고 한 부분이나, "현명한 왕이 세상을 떠났다[英王之云沒]"(송5, SD3),

33) 『宋大詔令集』 권237, 〈王治拜官封高麗國王詔〉 並建萬國, 著於方冊之訓, 垂厥百世, 存乎帶礪
  之盟. 矧乃辰韓故墟, 聲教攸曁. 屬英王之云沒, 有介弟以丕承, 聿遵嗣襲之文, 式擧酬庸之命.
  權知高麗國事王治, 世保海隅, 心存王室, 敦友弟以無爽, 紹堂構而克恭. 守臣云亡, 所都寧謐,
  遠修貢於王府, 來請命於天朝, 事大之心, 固推忠而斯至. 柔遠之義, 在懋賞以爲先, 宜啓眞王之
  封, 式進上公之秩, 並疏井賦, 用示寵章. 可光祿大夫 檢校太保 持節元菟州諸軍事 元菟州都督
  充天順軍使 上柱國 食邑二千戶, 仍封高麗國王.
34) 『續資治通鑑長編』 권23, 太平興國 7년(982) 9월 癸丑. 이때 고려에서 제출한 表文의
  전모는 확인할 수 없으나, 『고려사』 권3, 성종 원년 是歲 條에 실린 송의 조서 가운데
  "省所上表"라고 한 후, "兄高麗國王伷, 去年七月內薨謝, 權以國務, 令臣主持事."라는 표문의
  핵심 내용이 요약되어 있어, 그 존재를 알 수 있다.
35) 『고려사』 권3, 성종 2년(983) 3월 戊寅.

"현명한 왕이 세상을 떠났다[英王之捐館]"(송6, KS)고 표현한 부분과 같이 고려의 위치나 성종의 덕성에 대한 襃獎의 말 등 전체적인 문장의 얼개가 유사하기는 하지만, 두 문장은 완전히 다르다. 그렇다면 유사한 내용을 담고는 있으나 별개의 문서식으로, 별개의 형태로 작성되었을 것으로 볼 수 있다. 즉 두 문서 가운데 하나는 制書이고 하나는 冊文이었던 것이다. 『송대조령집』에 실린 책문은 대체로 그 제목을 〈冊皇太子文〉과 같이 "冊某文"의 식으로 표기하고 있는 것을 고려하면, 『송대조령집』에 실린 문서(송5, SD3) 쪽이 制書였을 가능성이 높으며, 따라서 『고려사』의 송6이 책문이었을 것으로 생각된다. 또한 『고려사』에는 이 문서를 인용한 데 이어서 "王受冊"이라고 기록하였다. 이 구절은 "왕이 책봉을 받았다"라는 뜻으로 해석될 수도 있겠으나, '冊'을 책봉문서 실물을 가리키는 명사로 보아 왕이 冊을 받는 의례를 거행하였다는 뜻으로 해석하는 것이 더 자연스럽다. 이 구절을 통해서 보면 『고려사』에 인용된 송6이 고려국왕에게 사여된 封冊의 내용이었을 가능성이 더 높아진다.

그렇다면 이때에 쓰인 制書는 어떤 양식의 문서였을까. 문서의 원형을 가장 잘 보전하고 있는 SD5 〈高麗國王王治加恩制〉를 인용해보면 다음과 같다.

라) 門下. 짐이 삼가 天命[景命]을 받들고 큰 법[彝章]을 따라 하늘[元穹]이 보살펴주시는 仁에 힘입고 天帝[靑帝]께서 내려주신 令을 받아 이로써 正殿에 冕旒를 드리우고 廣廷에 儀仗[羽衛]을 펼치니 만방에서 玉圭를 잡고 와서 조회하고 제후[百辟]들이 축배를 올리며[稱觴] 진열에 서게 되었다. 부족한 덕이나마 삼가 鴻名을 받았으니 마땅히 큰 은혜를 널리 펼쳐 멀리 辰韓의 국가를 빛나게 해야 할 것이다. 具官 王治는 風雲의 특별한 기운을 타고나고, 韶濩의 아름다운 음을 지녔으며, 선세의 아름다운 도리[徽猷]를 계승하여 眞王의 土宇를 열었다. (중략) 항상 表函을 올려 만 리의 거친 파도를 넘어왔고, 해마다 方物을 바치며 직분을 닦아왔으니 짐이 매우 가상히 여기는 바이다. 마침 改元하여 상을 내리는 때로서 큰 공을 포상하는[出絆] 은혜를 내려 영예롭게 食邑을 더해주고 각별히 功臣의 칭호를 하사한다. 내가 누대의 공훈에 어찌 큰 은혜를 아까워하겠

는가. 그대는 마땅히 경애하는 마음을 더욱 굳게 하고 시종일관 잘 지켜서 同文同軌의 조정을 담당하면서 오직 忠孝의 도리를 다하여 영원히 다복함을 누린다면 어찌 아름답지 않겠는가.[36]

특징적인 것은 문서의 첫머리를 '門下'로 시작하고 있다는 것이다. 이러한 형식의 왕언문서는 4세기 초반인 東晉 元帝 때 처음 출현했다고 한다. 漢과 달리 동진은 中書에서 조서의 초안을 작성하면 그 초안은 門下의 검토를 거쳐야 정식으로 법적인 효력을 갖게 되며, 이것이 주무기구인 尙書로 전달되어 집행되었다고 한다. 따라서 첫머리의 '門下'는 이러한 조서의 수속 과정을 반영한 것으로, 즉 조서를 1차로 수령하는 대상 기관을 의미하는 것이라고 한다. 이러한 절차는 당 대의 조서 혹은 제서 작성 과정과도 거의 일치하였으며, 첫머리에 '門下'라고 밝히는 것 역시 당 대에도 동일하였다고 한다.[37] 그리고 송 대의 制書 역시 '門下'로 시작하는 것이 일반적이었다고 한다.[38] 『宋大詔令集』에 실린 다른 제서들은 "國家外薄四海"(SD1), "王者懋建皇極"(SD2) 등과 같이 본격적인 내용부터 기재되어 있지만, 추측하건대 마찬가지로 그 첫머리는 '門下'로 시작하였을 것이다.

4. 책봉 이외의 황제 문서, 詔書

조서의 양식

다음으로 詔書의 양식을 살펴볼 차례이다. 위의 논증을 거쳐 앞선 〈표

---

36) 『宋大詔令集』 권237, 〈高麗國王王治加恩制〉 門下. 朕自祗膺景命, 順考彝章, 荷元穹眷祐之仁, 膺昔帝發生之令, 是用凝冕旒於正殿, 陳羽衛於廣廷, 萬方執玉以來儀, 百辟稱觴而就列. 慶妓凉德, 祗受鴻名, 宜覃渙汗之恩, 遠耀辰韓之國. 具官王治, 風雲間氣, 韶濩雅音, 繼先世之徽猷, 啓眞王之土宇. (중략) 常拜表函, 越萬裏之鯨波, 歲陳方物, 職修事舉, 朕甚嘉之. 屬改元行慶之辰, 降出綏懋功之典, 榮加奉邑, 寵賜功臣. 予於世勳, 豈恡殊渥. 爾宜愈堅愛戴, 善保初終, 當同文同軌之朝, 竭惟忠惟孝之道, 永隆多福, 豈不善歟.

37) 梁鎭誠, 「南朝時期 王言의 構造와 運營―詔書의 사례를 중심으로」, 『中國古中世史研究』 32, 2014, 240~241쪽 및 247~249쪽 참조.

38) 楊果, 「唐宋時期詔令文書的主要類型」, 『文史雜志』 2000年 第2期, 64쪽.

1-2-3)의 송5와 송6의 문서식을 각각 제서와 책문으로 추정하였으니, 남은 것은 『고려사』에 실린 송4와 송7, 그리고 『고려사』와 『송사』 및 『송대조령집』에 모두 실린 송8 등이다. 이 가운데 앞의 두 건은 책봉과 관련된 문서이니 역시 그 서식을 제서로 수정하여도 무방할 것이므로, 실질적으로는 조서는 송8 하나가 남게 된다. 해당 문서는 이 절에서 주된 자료로 삼고 있는 세 사료에 공통적으로 수록되어 있는데, 字句에 약간의 출입이 있는 것을 제외하고는 대체로 일치하는 것으로 보면, 하나의 문서가 조금씩 차이를 보이면서 각각의 자료에 기재된 것으로 보인다. 대체로 『고려사』와 『송사』의 기록이 유사하고, 『송대조령집』의 문서 SD4 〈北伐遣使諭高麗詔〉가 나머지 두 건과 차이가 많은 편이다. 문서의 첫머리를 비롯해서 본문 내용에는 큰 차이가 없는데, 다만 SD4에는 말미에 다른 두 기록에는 보이지 않는 구절로, "監察史(監察御史의 오기인 듯) 韓國華를 파견하여 詔를 가지고 가서 효유하게 한다[遣監察史韓國華賫詔以諭之]"라는 구절이 보인다. 해당 문서 속에서 그 문서의 서식을 詔라고 표현한 것으로 보건대 이 문서는 詔書였음이 분명하다.

앞서 송에서 파견된 사신의 내역에서 확인했듯이 고려국왕을 책봉하거나 그에게 加冊하는 경우를 제외하고 현실적인 목적을 가지고 파견된 사신은 성종 4년(985) 韓國華의 사례가 유일하였다. 그리고 그때 그가 소지하고 온 문서는 조서였다. 책봉과 같은 의례적인 내용이 아니라 거란 협공이라는, 송에서 최초이자 거의 유일하게 고려에 실질적인 정치·군사적 목적을 전달하기 위해 사용한 문서식에 詔書를 썼던 것이다. 이는 국왕 책봉의 명을 담은 고도의 의례적인 문서인 제서나 冊과는 다른 것이었다. 詔書는 당시 송에서 황제가 발령하는 문서 가운데 가장 폭넓게 사용된 것으로, 현실적인 사안에 대한 내용을 담고 있는 것으로, "상용문서로 황제 명의의 중요 결정을 선포할 때 쓰이며, 외교문서로도 襃獎·요구·결정발표 등에 사용되었다."[39]는 평가와도 일치하는 것으로 볼 수 있다. 이러한 조서가 고려에 발송된 것이 단 한 차례밖에 확인되지 않는다는 점에서도 이 시기 고려와 송의 관계가 대단히 의례적인 차원의 것이었음을 확인할 수 있다.

---

39) 冒志祥, 앞의 논문, 2007, 29쪽.

조서 속 고려국왕의 칭호

마지막으로 서식 외에 문서의 내용이나 표현을 통해서 읽어낼 수 있는 요소를 찾아보겠다. 송 황제가 보낸 문서에서는 대체로 고려국왕을 지칭하는 표현으로 '王'을 사용하였다. 예컨대 SD4에서는 "왕은 오랫동안 華風을 사모해 왔다[惟王久慕華風]", "왕은 이를 도모하라[王其圖之]"고 한 것이라든지, SD6 〈賜高麗璽書〉에서 "왕은 웅장한 藩國으로[王雄長藩國]"라고 한 것 등이 그러하다. 그 밖에 국왕을 '卿'이나 혹은 '汝'로 지칭한 표현은 확인되지 않는다.[40] 이는 앞서 五代의 중원 왕조에서 보낸 문서에서 국왕을 지칭하는 말로 '卿'이 쓰였던 데 비해서 고려국왕을 조금 높인 표현이라고 볼 수 있다. 五代 당시의 자료이기는 하나, 『翰林學士院舊規』의 〈書詔樣〉에서 황제의 詔書 가운데 황제의 兄·叔인 諸王을 대상으로 할 경우에는 '卿' 대신 '王'이라고 한다고 규정하였던 점을 고려하면,[41] '王'이 '卿'보다 상대를 우대하는 표현이었음을 알 수 있다.

5. 책봉 중단 이후의 문서식

고려국왕의 표문

성종 13년(994) 6월, 고려에서는 송에 사신을 파견하여 원군을 요청하였으나 송 측은 이를 거절하였다. 이로부터 양측의 사신 왕래는 한동안 중단되었다. 이후 고려국왕은 송 황제 대신 거란 황제로부터 책봉을 받게 되었으나,

---

40) 한편 앞서 인용한 바 있는 SD5 〈高麗國王王治加恩制〉에서는 "그대는 마땅히 경애하는 마음을 더욱 굳게 하고[爾宜愈堅愛戴]"라는 부분에서 국왕을 '爾'라고 지칭하였다. 그러나 이는 책봉과 관련된 制書의 일부이기 때문이다. 임명문서인 制誥에서는 官爵을 받는 자를 지칭하여 '爾'라고 표현하고 뒤이어서 그에 대한 襃奬의 말을 서술하는 것이 일반적이다. 앞서 五代의 책봉 관련 문서에서도 예컨대 태조 16년(933)의 첫 번째 책봉문서에서도 "爾權知高麗國王事建"이라고 하여 국왕을 '爾'로 지칭한 사례가 보인다.

41) 『翰苑群書』권5, 『翰林學士院舊規』, 〈書詔樣〉賜諸王詔, 如是兄·叔, 不呼名, 卿處改爲王. 賜國舅詔官敕某官舅, 呼卿處改呼舅.

송에 대한 사신 파견은 이후 현종 말년까지 30여 년 동안 이어졌음은 앞서 살펴본 바와 같다. 이 기간 동안의 양국의 외교문서로는 어떤 서식이 사용되었을까.

먼저 고려의 문서로는 모두 국왕 명의의 표문이 전달되었다. 사신이 문서를 제출한 사실을 『송사』 고려전에서는 "표문을 올렸다[奉表]"거나,[42] 표문의 내용을 요약하면서 "표문으로 ○○을 요청하였다[表乞]"고 서술하고 있다.[43] 『고려사』에서도 현종 6년(1015) 民官侍郞 郭元을 파견한 사실을 기록하고 이어서 "表曰"이라는 지문 아래 문서의 내용을 간략히 소개하고 있다. 그리고 이때에 전달한 表文이 『東人之文四六』 권2, 事大表狀의 첫머리에 실려 있는 두 건의 문서이다.[44] 이를 옮겨보면 아래의 마-2), 마-3)과 같다.

마-1) 民官侍郞 郭元을 송에 보내 방물을 헌상하고, 거란이 해마다 침입해오고 있는 사실을 고하였다. 表文에 이르기를, "聖人의 위엄을 빌어 그 명철한 전략을 보이고자 하니, 혹여 위급한 때에 이르게 되면 급한 상황에서 구해주는 은혜를 서둘러 내려 주십시오."[45]

마-2) 臣 아무개는 아룁니다. 節氣. 엎드려 생각하건대, 황제 폐하께서는 道는 日月[二儀]를 법받으시고 밝음은 兩曜와 나란히 하시며, 세상을 뒤덮은 공은 三代보다 드높고 하늘을 감동시키는 덕은 九紘에 떨치셨으니, 가까운 곳에서는 기뻐하고 먼 곳에서는 찾아오며 聖化가 이미 四海에 미쳤습니다. 節序가 옮기고 歲律이 바뀌매, 皇齡은 진정 千秋를 보전하실 것이니, 무릇 하늘과 땅 사이에 있는 자들은 모두 오래 사실 것을 기원하고 있습니다. (하략).[46]

---

42) 『송사』 권487, 外國 3, 高麗, 天禧 원년(1017) ; 天聖 8년(1030).

43) 『송사』 권487, 外國 3, 高麗, 天禧 5년(1021).

44) 본고에서는 고려대학교 도서관 소장의 목판본(청구기호 만송 貴 364B 1)을 저본으로 이용하였다.

45) 『고려사』 권4, 현종 6년(1015) 是歲. 遺民官侍郞郭元如宋, 獻方物, 仍告契丹連歲來侵. 表曰, "借以聖威, 示其睿略, 或至傾危之際, 預垂救急之思."

46) 『東人之文四六』 2-1. 〈本國入宋起居表〉[顯乙卯], 告奏使 郭元. 臣諱言. 節氣. 伏惟皇帝陛下, 道法二儀, 明齊兩曜, 盖世之功高三代, 動天之德振九紘, 近悅遠來, 聖化已覃於四海. 節移律換,

마-3) 臣 아무개는 아룁니다. 덕을 닦아 먼 사람을 오게 하는 것은 밝은
임금의 지극한 敎化이고, 위태함을 버리고 도 있는 이에게 나아가는
것은 達觀한 자의 좋은 규범이니, 仁에 의지하는 것이 이미 朝宗에 나타났
음에 어찌 職貢을 올리지 않겠습니까. (중략) 비록 흙덩이를 받들고[捧塊]
미나리를 바치는[持芹] 것이 지극히 누추하나 간절히 미미한 정성을
아뢰지만, 楚나라 닭과 遼東의 돼지가 기롱을 끼쳐 부끄러운 얼굴을
들기 어렵습니다. 바라건대 멀리서 온 것을 생각하시고 事大의 정성을
드러나게 하시어 혹시나 말씀을 적는 붓 아래 바다를 건너온 노고를
기록하게 해주신다면 어떤 누추한 시골에서라도 同文同軌하다는 것을
알게 될 것입니다.[47]

세 건의 문서 모두 사신 郭元이 가지고 가서 송에 전달한 문서인데 내용은
각기 다르다. 『고려사』에 극히 일부만 수록된 첫 번째 인용문, 즉 거란과의
군사적 대치에 공동으로 대응하자고 하는 것이 고려의 의도를 가장 정확하게
반영한 문서이다. 반면에 『동인지문사륙』에 〈起居表〉와 〈進奉表〉라는 제목
으로 실린 두 문서는 각각 황제의 안부를 묻는 내용과 고려의 방물을 진헌한다
는, 지극히 의례적인 내용의 문서이다.
    문서의 거의 전문을 전하고 있는 『동인지문사륙』의 두 문서를 검토해보면,
우선 문서의 발신자는 고려국왕이며, 스스로를 '臣'으로 칭하고 있음이 확인된
다. 문서 첫머리에 "신 아무개는 아룁니다.[臣諱言]"라고 한 부분은, 원래
문서에서는 국왕의 이름, 이때는 顯宗의 王詢이라는 이름이 들어가서 "신
王詢은 아룁니다.[臣王詢言]"라고 되어 있었을 것인데, 『동인지문사륙』 편찬

────────────────

皇齡定保於千秋, 凡居覆載之中, 盡籌延洪之業. (하략)
    '東人之文四六' 2-1'은 『東人之文四六』 권2의 첫 번째 문서임을 표시하기 위해 본고에서
부여한 문서의 일련번호이다. 이 문서는 『東文選』 권44에 10번째 문서로, 같은 제목으로
실려 있으니, 마찬가지 방식으로 『東文選』 44-10으로 표시하겠다. 한편 표문은 典故를
널리 인용하며 수사가 매우 화려한 글로 현대어로 옮기기가 매우 까다로운데, 본고에서
는 민족문화추진회에서 『동문선』을 국역한 것에 큰 도움을 받았다. 민족문화추진회,
『국역 동문선』, 1966-1968 참조.
47) 『東人之文四六』 2-2. 〈進奉表〉. 臣諱言. 修德而來遠人, 明君之化, 去危而就有道, 達者之良
規, 依仁旣協於朝宗, 作貢盍陳於任土. (중략) 雖捧塊持芹至陋, 切陳於微懇, 而楚鷄遼豕貽譏,
難避於慚顏. 願念涉遐, 俾彰事大, 儻記言筆下, 許甄錄於梯航, 則何陋鄕中, 載混同於文軌.

당시에 避諱하여 '아무개[諱]'라고 처리한 것이다.[48] 또한 수신자인 송 황제를 '황제 폐하'로 지칭하고 있다. 이런 면에서 고려국왕이 송 황제의 책봉을 받던 이전 시기의 문서와 다른 점이 보이지 않는다.

송 황제의 조서

다음으로 송 황제가 발신한 문서는 어떤 서식이었을지 확인해보겠다. 송이 문서를 보낸 것에 대해 『송사』 고려전에서는 모두 그 서식을 詔라고 기록하였다. "詔書를 하사하였다"는 구절과 같이 '詔'를 명사로 쓴 경우도 있고,[49] 또는 "詔하여"라는 식으로 뒤에 다른 행위를 붙여 '詔'를 동사로 쓴 경우도 있다.[50] 『고려사』에서도 모두 '詔'라고 표현하였으며, 기록상의 '詔'는 역시 명사와 동사로 모두 쓰였다.[51] 문서의 원문이 그대로 남아있는 사례는 찾을 수 없는데, 그 일부가 『고려사』에 인용된 것을 옮겨보면 다음과 같다.

> 바) 朕은 군주의 지위[司牧]에 있으면서 백성을 편안하게 하는 데에 뜻을 두고 있다. 비록 지역에는 차이가 있으나 나의 성의가 미치는 데는 차이가 없다. 卿의 지방을 생각하건대 진실로 마음 씀씀이를 깊이 하고 있지만, 저 이웃나라[隣封]를 돌아보건대 그 또한 맹약을 지켜온 지 오래되었다. 서로 화목하여 백성들을 편안하게 하기 바라는 바이다.[52]

---

48) 한편 『東文選』 33-26. 〈上大宋皇帝謝賜曆日表〉는 비슷한 시기인 현종 11년(1020)에 고려에서 송에 발신한 표문으로 郭元이 찬술하였다고 한다. 이 문서는 "具官臣某言"으로 시작한다. '具官'이란 발신자의 官爵을 표시하는 부분으로, 만약 당시에 현종이 송의 책봉을 받은 상황이었다면 그 책봉호를 열거하였을 것이다. 그러나 이때에는 정식으로 책봉을 받은 일이 없었으므로, 아마도 "權知高麗國事" 혹은 "權知高麗國王事" 등의 칭호를 썼을 것이다. 그럴 경우 대체로 이 시기의 표문 첫머리는 "權知高麗國事臣王詢言"이 되었을 것이다.

49) 『송사』 권487, 外國 3, 高麗, 咸平 3년(1000). 賜誦鈿函詔一道 ; 大中祥符 7년(1014). 賜詢詔書七通 ; 大中祥符 9년(1016). 賜詢詔書七函.

50) 『송사』 권487, 外國 3, 高麗, 咸豊 6년(1003). 詔書優答之 ; 天禧 3년(1019) 11월. 詔賜經.

51) 『고려사』 권3, 목종 2년(999) 10월. 帝賜詔寶遷 ; 권4, 현종 7년(1016) 정월 壬申. 帝詔曰.

52) 『고려사』 권4, 현종 7년(1016) 정월 壬申. 朕位居司牧, 志存安民. 雖分域以有殊, 惟推誠而無閒. 念卿本道, 固深軫於懷思, 睠彼隣封, 亦久從於盟好. 所期輯睦, 用泰黎蒸.

이 문서는 위에서 인용한 고려국왕의 표문을 가지고 파견된 郭元이 이듬해
인 현종 7년(1016)에 돌아올 때 송에서 내려주었다고 하는 7통의 詔書 가운데
하나이다. 고려에서 거란과의 대치 상황에 공동으로 대응할 것을 제안한
데 대해 거란과의 맹약 관계를 고려하여 이를 완곡히 거절하는 내용을
담고 있다. 문서에서 송 황제는 스스로를 '朕'이라고 칭하였고, 고려국왕을
'卿'이라고 칭하였다. 과거 성종 13년(994)까지의 문서 가운데 『宋大詔令集』에
수록된 것이 대부분 국왕 책봉과 관련된 制書였던 데 비해, 이 문서는 특정
사안에 대한 송 황제의 의견을 진술한 것이므로, 사료에서 언급한 것과
같이 왕언문서 가운데 사용 범위가 더 넓은 詔書라고 보는 것이 타당할
것이다.

책봉 없는 '군신 관계'

일반적으로 책봉을 매개로 황제와 국왕 사이에 군신관계가 맺어지고,
그것이 반영되어 군주와 신하 사이의 문서인 조서와 표문이 사용되었으리라
생각할 수 있다. 그런데 이 시기에 고려국왕과 송 황제 사이에는 책봉을
매개로 한 관계를 맺지 않았음에도, 군신관계를 반영하는 송 황제의 조서와
고려국왕의 표문을 주고받았다. 이는 고려-송 관계에서만 확인되는 것은
아니다.

예컨대 송의 통치에서 완전히 이탈해있던 李元昊가 1038년에 국호를 大夏라
고 정하며 황제의 지위에 오르고서, 이듬해에 이 사실을 송 조정에 알리기
위해 보낸 문서의 서식도 표문이었다. 『송사』 夏國傳에 실린 내용을 字句
그대로 신뢰한다면, 이 문서에서 夏의 군주 이원호는 송 황제에 대해 자신을
'臣'으로 칭하면서도, 자신이 世祖始文本武興法建禮仁孝皇帝에 즉위하였고 국
호를 大夏로 하였으며 연호를 天授禮法延祚로 하였다고 밝혔다.[53] 황제 명의

---

53) 『송사』 권485, 外國 1, 夏國 上, 寶元 2년(1039). 이때 夏의 군주 李元昊가 송 황제에게
　　올린 문서에서 밝힌 내용에 따르면, 吐蕃 등 주변 민족들이, "(자신이) 왕을 칭하면
　　기뻐하지 않고, (자신이 황제의 지위에 올라) 황제에게 朝覲하라고 하면 따르며",
　　"한 지역에서나마 萬乘의 국가를 건립하라고" 요구했기 때문에 帝位에 오르게 되었음을
　　역설하면서도, "(송) 황제의 허락을 우러러 기다리겠습니다(仰俟帝兪)."라고 하였다.
　　송에서는 이 문서를 빌미로 삼아 李元昊의 官爵을 삭탈하고 互市를 중단하였으며,

의 표문이라는 상식적으로는 이해하기 힘든 상황이 연출된 것이다. 이후 송과 夏는 7년에 걸친 전쟁을 겪고 나서 1044년에야 비로소 하의 군주가 송으로부터 夏國主로 책봉을 받았으나, 그 이전까지 송과 하가 주고받은 여러 건의 문서는 모두 조서와 표문이었다.[54] 물론 1044년 이후로도 하의 군주는 송의 황제에게 표문을 올렸고, 송 황제가 보내는 문서는 조서였다.

뿐만 아니라 송 황제 스스로도 표문을 쓰기도 하였다. 1127년 金軍이 송의 수도 開封을 함락시키자, 송 欽宗은 항복의 뜻을 밝히면서 금 황제에게 '上表稱臣'하였다. 이 문서에서 송 흠종은 자신의 이름자를 그대로 써서 '臣桓'이라고 표시하였다. 이후 남송의 황제들은 1164년 隆興和議가 맺어지기 전까지 약 40년 동안 금 황제에게 표문을 올리고 금 황제로부터 詔書를 받는 식으로 외교문서를 주고받았다.[55] 물론 1142년에는 송의 高宗이 康王이라는 이름으로 금으로부터 책봉을 받았으니, 이후 20여 년 동안은 책봉을 전제로 하여 금 황제와 송 황제 사이에 명백한 군신관계가 있었기 때문에 조서와 표문의 교환이 자연스러운 것이었다고 평가할 수 있으나,[56] 1127년부터 1142년까지는 책봉을 매개로 하지 않은 상태에서도 조서와 표문을 교환했던 것이다.

이처럼 황제가 상대국의 황제에게 표문을 올리는 일이 모순되지 않았던 것은 11~12세기 당시의 국제질서를 단적으로 보여준다. 이 시기의 동아시아의 정세를 다원적 국제질서였다고 평가하는 데에 최근의 연구들이 대체로 동의하는 바이다.[57] 고려 역시 중국과의 관계에서는 책봉을 받고 문서상에서

곧바로 하와 전쟁을 시작하였다. 이 문서의 전후에 대해서는 동북아역사재단 편, 『宋史 外國傳 譯註 1』, 동북아역사재단, 2011, 95~97쪽 참조.

54) 冒志祥, 「論宋朝外交文書」, 南京師範大學 博士學位論文, 2007, 58쪽. 이 기간 동안의 외교문서를 비롯하여 송과 하의 외교관계 전반에 대해서는 李華瑞, 『宋夏關係史』, 北京 : 中國人民大學出版社, 2010의 제2장 「宋仁宗·英宗時期的對夏政策」, 35~44쪽 참조.

55) 趙永春, 「關于宋金交聘"國書"的鬪爭」, 『北方文物』 30, 1992.

56) 井黑忍, 「金初の外交史料に見るユーラシア東方の國際關係-『大金弔伐錄』の檢討を中心に」, 荒川愼太郎·高井康典行·渡辺健哉 編, 『遼金西夏史研究の現在』 3, 東京 : 東京外國語大學アジア·アフリカ言語文化研究所, 2010.

57) 10~13세기의 국제질서에 대한 이러한 이해방식에 대한 최근의 연구 경향은 宋代史研究會 編, 『『宋代中國』の相對化』, 東京 : 汲古書院, 2009 참조. 또한 그 속에서의 한중관계의 특징에 대한 최근의 종합적인 연구로는 윤영인, 「10~12세기 동아시아의 다원적 국제질서와 한중관계」, 이익주 외 지음, 『동아시아 국제질서 속의 한중관계사』, 동북아역사재

신하를 자칭하는 등 下國임을 부인하지 않았으나 국내에서는 관료제도나 군주와 관련된 용어에 황제국의 그것을 사용하는, 이른바 이중체제를 갖추고 있었으며,[58] 자국을 중심으로 하고 주변의 여진, 일본 등을 그 하위에 위치시키는 별도의 국제질서를 형성하고 있었던 것이 밝혀지고 있다.[59] 문서만으로 한정해보아도 고려국왕은 중국의 황제에게 신하를 자칭하며 표문을 올리고 있었지만, 국내의 신료들을 대상으로는 조서를 반포하였고, 또한 신하들로부터 표문을 받았다.[60]

11~12세기 국제질서와 외교문서의 특징

이렇게 보았을 때 11~12세기 동아시아 국제관계에서 조서와 표문은 군신관계를 전제로 해서 사용되는 문서였다고 이해하기보다는, 차라리 수신자와 발신자 양자간에 상하관계를 표현하는 문서였다고 보는 것이 더 합당할 것이다. 澶淵의 盟이 성립된 이후 송과 거란은 황제 사이의 擬似 가족관계에 근거하여 완전히 대등한 관계임을 표현하였고, 그때에는 양자가 致書라고 불리는 서한식 외교문서를 주고받았다. 그에 반해 고려와 송, 고려와 거란 사이에는 책봉 여부와 상관없이 상하관계에 있음을 표현하는 방식으로, 표문과 조서를 주고받았던 것이다. 따라서 거란의 책봉을 받으면서도 송과 이러한 방식의 문서를 교환하는 것이 논리적으로 가능했다. 즉 책봉이 국가 대 국가의 배타적인 관계를 보장하는 것은 아니었다는 것이다.[61]

단, 2010 참조.

58) 이에 대한 최근의 연구로는 崔鍾奭, 「베트남 外王內帝 체제와의 비교를 통해 본 고려전기 이중 체제의 양상」, 『震檀學報』 125, 2015 참조.

59) 대표적으로 奧村周司, 「高麗における八關會の秩序と國際環境」, 『朝鮮史研究會論文集』 16, 1979 ; 노명호, 「高麗時代의 多元的 天下觀과 海東天子」, 『韓國史研究』 105, 1999 등. 이에 대한 최근의 종합적인 연구로는 노명호, 『고려국가와 집단의식』, 서울대학교 출판문화원, 2009 참조.

60) 다만 이러한 현상이 고려가 이른바 '황제국 체제'를 지향했기 때문은 아니었다. 최종석, 「왜 고려전기의 國制는 황제국 체제로 보일까?」, 『歷史學報』 250, 2021 참조.

61) 이와 같은 고려와 송, 거란 사이의 관계를 全海宗은 複數의 조공관계로 표현한 바 있다. 全海宗, 앞의 논문, 36쪽.

소결 : 초기 고려-송 관계의 특수성

이상에서 10세기 후반에서 11세기 초에 걸쳐 고려와 송의 외교관계 및 그 과정에서 주고받은 문서식을 정리해보았다. 그 특징은 다음과 같이 요약할 수 있다.

첫째, 양국은 정기적, 정례적 접촉이 없이 사안에 따라 드문드문 사신을 주고받는 관계를 유지하였다. 일시적인 예외를 제외하면 사신 왕래의 명목상 목적은 조공과 책봉이었다. 즉 양국 관계는 다른 시기에 비해 활발한 편은 아니었다고 평가할 수 있다.

둘째, 양국 외교문서의 주체는 군주, 즉 송의 황제와 고려국왕만으로 한정되었다. 양국 조정 내의 외교 담당 부서들이 문서의 주체로 직접 등장한 일은 없었으며, 문서의 내용 역시 양 군주가 직접 소통하는 방식으로 작성되었다.

이상의 두 가지 특징은 이 시기 고려와 북송이 군주 중심의 일대일 관계로서, 매우 제한적인 접촉면만을 공유하고 있었음을 잘 보여준다. 이는 후대에 고려와 거란, 고려와 금의 관계와는 전혀 다른 것이다. 고려는 이들과 정례적이고 안정적으로 사신을 주고받았으며, 외교문서 교환의 통로도 복수로 설정해두고 있었다. 양자의 차이점은 무엇보다 국경을 맞대고 있는지의 여부에서 비롯되었다. 육상의 국경이라는 물리적인 접촉 면적이 넓을 경우 발생할 수 있는 다양한 현안, 그리고 거기서 비롯된 긴장감이 고려와 거란·금 사이에 활발한 외교관계를 맺도록 유도했을 것이다. 반면에 고려와 송은 바다를 사이에 두고 떨어져 있었던 까닭에 그러한 필요는 이후 시기에 비해 덜했다. 이런 점에서 고려-북송 관계는 신라-당, 고려-오대 관계의 연장선상에 있었다고 볼 수 있다.

마지막으로 양국의 외교문서식으로는 고려국왕의 表文과, 송 황제의 制書와 冊, 詔書가 쓰였다. 책봉과 관련된 문서식인 制書와 冊의 사용이 중단되었다는 점을 제외하고는, 책봉관계의 유무와 문서식 사이에는 특별한 관계가 없었다. 즉 조서와 표문의 교환이 반드시 책봉을 전제로 한, 군신관계를 반영한 것은 아니었음을 의미한다.

3절 고려-송 국교 재개와 詔書 양식의 조정

고려-북송 관계 연구사

성종 12년(993), 거란의 1차 침입을 겪은 고려는 이듬해 6월 송에 사신을 파견하여 원군을 요청하였다. 그러나 송 태종의 치세 말년, 거란 친정이 실패로 끝나고 이른바 守內虛外 정책을 선택한 상황에서 송은 고려의 제안을 거절하였다.[1] 9년 전 송에서 먼저 거란 협공을 제의했으나 고려에서 적극적으로 응하지 않았던 상황이 반대로 재현된 것이었다. 『고려사』에서는 이 사건을 전하는 기사의 말미에, "이로부터 송과 절교하였다."라고 기록하였고, 『송사』고려전에서도 "이로부터 (고려는) 契丹의 制를 받았고 朝貢은 중단되었다."라고 기록하였다.[2]

그러나 『송사』고려전의 이러한 단정적인 표현은 결과적으로는 반만 맞고 반은 사실과 다르다. 이후 고려국왕이 거란의 책봉을 받았음은 사실이니 앞의 반은 사실과 부합하지만, 이후에도 현종 말년의 1030년까지 30여 년 동안 고려는 송에 간헐적으로 사신을 파견하였으니 뒤의 반은 사실이 아니다.[3] 그러나 그 뒤로 약 40여 년 동안에는 양국 사이에 정식 외교 교섭이 완전히 중단되었다. 국교 재개 논의가 본격적으로 재개된 것은 1060년대

---

1) 이때 고려의 사신 편에 부친 문서가 『宋大詔令集』 권237, 〈賜高麗璽書〉이다.
2) 『고려사』 권3, 성종 13년(994) 6월 ; 『宋史』 권487, 外國 3, 高麗, 淳化 5년(994) 6월. 自是受制于契丹, 朝貢中絶.
3) 이 밖에 정종 2년(1036)에도 고려에서 사신을 파견한 바 있으나, 이 일행은 송으로 가던 도중 배가 파손되어 귀환하였다. 『고려사』 권6, 靖宗 2년(1036) 7월 是月.

말의 일이었다. 몇 년 동안의 사전 정지작업 끝에 문종 25년(1071)에 고려의 사절이 다시 파견되기 시작하였고, 송의 사절도 문종 32년(1078)에 다시 고려를 방문하게 되면서 양국 외교관계가 정식으로 복원되었다. 이후 북송이 멸망하게 되는 1127년까지 고려와 북송 사이에는 사신 왕래와 문서 교환을 비롯한 외교관계를 이어갔다.

그동안의 연구에서는 우여곡절을 겪은 고려와 북송의 외교관계를 여러 측면에서 조망해왔다. 사신 왕래를 비롯한 양국 관계 전반에 주목한 연구가 있었는가 하면,[4] 양국의 상호 인식과 외교정책에 관해서도 검토되었다.[5] 근래에는 賓禮를 중심으로 고려의 국제적 지위를 분석한 연구나,[6] 정부 사이의 교섭 이외에 宋商의 왕래를 비롯한 양국 사이의 경제적 교류, 무역에 관한 연구가 활발하게 이루어졌다.[7] 그리고 본고와 직접적으로 관련이

---

4) 丸龜金作,「高麗と宋との通交問題(一)·(二)」,『朝鮮學報』17·18, 1960·1961 ; 朴漢男,「麗·宋 關係의 變遷과 그 背景」,『강원대논문집』10, 1976 ; 全海宗,「高麗와 宋과의 關係」,『東洋學』7, 1977 ; 祈慶富,「宋代奉使高麗考」,『中國史研究』1995年 第2期 ; 朴龍雲,「高麗·宋 交聘의 목적과 使節에 대한 考察(上)·(下)」,『韓國學報』81·82, 1995·1996 ; 楊渭生,『宋麗關係史研究』, 杭州 : 杭州大學出版社, 1997 ; 신채식,「高麗와 宋의 外交관계－朝貢과 冊封關係를 중심으로」, 방향숙 외 지음,『한중외교관계와 조공책봉』, 고구려연구재단, 2005(신채식,『宋代對外關係史研究』, 한국학술정보, 2008에 재수록) ; 豊島悠果,「一一一六年入宋高麗使節의 體驗－外交·文化交流의 現場」,『朝鮮學報』210, 2009(豊島悠果,『高麗王朝의 儀禮と中國』, 東京, 汲古書院, 2017에 재수록) ; 이진한,「송과의 외교」, 동북아역사재단 한국외교사 편찬위원회 편,『한국의 대외관계와 외교사 - 고려편』, 동북아역사재단, 2018 등.

5) 李範鶴,「蘇軾의 高麗排斥論과 그 背景」,『韓國學論叢』15, 1993 ; 정수아,「高麗中期 對宋外交의 展開와 그 意義－北宋 改革政策의 수용을 중심으로」,『國史館論叢』61, 1995 ; 李錫炫,「宋 高麗의 外交交涉과 認識, 對應－北宋末 南宋初를 중심으로」,『中國史研究』39, 2005 ; 申採湜,「宋代 朝廷과 官僚의 高麗觀」,『宋代對外關係研究』, 한국학술정보, 2008 등.

6) 김성규,「송대 東아시아에서 賓禮의 成立과 그 性格」,『東洋史學研究』72, 2000 ; 김성규,「高麗前期의 麗宋關係」,『國史館論叢』92, 2000 ; 김성규,「外國朝貢使節宋皇帝謁見儀式復元考」,『宋遼金元史研究』4, 2000 ; 김성규,「入宋高麗國使의 朝貢 儀禮와 그 주변」,『全北史學』24, 2001 ; 金成奎,「宋朝から觀た高麗·西夏·베트남의 國際地位에 關하는一面－進奉使見辭儀의 比較를 通じて」,『國際中國學研究』11, 2008. 이상은 김성규,『송대 동아시아의 국제관계와 외교의례』, 신아사, 2020에 재수록.

7) 金庠基,「麗·宋貿易小考」,『震壇學報』7, 1937(金庠基,『東方文化交流史論考』, 1948에 재수록) ; 박옥걸,「高麗來航 宋商人과 麗·宋의 貿易政策」,『大東文化研究』32, 1997 ; 金澈雄,「高麗와 宋의 海上交易路와 交易港」,『中國史研究』28, 2004 ; 백승호,「고려와 송의

되는 외교문서에 대해서도 몇 가지 면에서 검토된 바 있다.[8]

문제의 소재

앞서 1장 2절에서 고려와 송의 외교관계가 단절되기 이전인 광종 13년(962)부터 현종 21년(1030)까지의 외교문서에 대해서 검토한 바 있다. 이 절에서는 그에 이어, 국교 재개를 도모하던 문종 22년(1068)에서 북송 멸망 직전인 인종 4년(1125) 사이에 양국 사이에 오고 간 외교문서를 분석해볼 것이다. 논의의 편의를 위해 이 기간을 두 시기로 나누어, 외교관계 재개 논의가 시작되었던 문종 22년(1068)부터 문종 재위의 마지막 해인 문종 37년(1083)까지, 그리고 순종 원년(1084)부터 이후 북송의 마지막 해인 인종 4년(1126)까지를 각각 살펴보겠다. 이러한 시기 구분은 외교문서상에 드러나는 특징을 기준으로 삼은 것이나, 당시의 국제관계 전반이나 고려와 송 양국의 외교정책, 혹은 상호인식 등의 문제와도 대체로 부합한다고 생각한다. 즉 국제관계의 변동이나 양국의 정책 등이 외교문서 서식에 매우 밀접하게 연관되어 변동했다고 파악하는 것인데, 이에 대해서는 본론을 통해 서술하겠다.

이 시기 의례적 차원에서 양국 관계의 가장 큰 특징은 고려와 송이 책봉을 전제로 하지 않은 채로 외교관계를 맺고 있었다는 점이다. 즉 고려는 거란 황제로부터 책봉을 받고 있으면서도 송과의 관계를 공식적으로 유지하였다는 것이다. 일원적인 천하질서가 관철되었다면 생각하기 어려운 상황이었는데, 그렇다면 이 상황에서 외교문서로는 어떠한 서식이 사용되었는지 밝혀볼 필요가 있다. 또한 약 40년의 간극을 둔 채 재개된 외교관계에서 외교의

무역 연구」, 전남대학교 박사학위논문, 2006 ; 김영제 「宋·高麗 交易과 宋商−宋商의 經營形態와 그들의 高麗居住空間을 中心으로」, 『사림』 32, 2009 ; 김영제, 「『高麗史』에 나타나는 宋商과 宋都綱−特히 宋都綱의 性格 解明을 中心으로」, 『全北史學』 39, 2011 ; 李鎭漢, 『高麗時代 宋商往來 硏究』, 景仁文化社, 2011 ; 김영제, 「교역에 대한 宋朝의 태도와 高麗海商의 활동−高麗 文宗의 對宋 入貢 배경과도 관련하여」, 『歷史學報』 213, 2012 ; 김영제, 『고려상인과 동아시아 무역사』, 푸른역사, 2019 등.

8) 冒志祥, 「論宋朝外交文書」, 南京師範大學 博士學位論文, 2007 ; 豊島悠果, 「宋外交における 高麗の位置付け−國書上の禮遇の檢討と相對化」, 平田戊樹·遠藤隆俊 編, 『外交史料から十〜十四世紀を探る』, 東京 : 汲古書院, 2013 등.

주체와 문서식은 이전 시기와 어떠한 점에서 차이를 보이는지 역시 주목해볼 필요가 있다.

아울러 기존 연구에서는 이 기간 동안 양자가 외교관계를 통해 달성하고자 하는 목표에 서로 차이가 있었음을 공통적으로 지적하고 있다. 즉 송은 거란에 맞서기 위한 정치·군사적 목표를, 고려는 선진 문물 수입과 같은 경제·문화적 목표를 최우선에 두고 있었다는 것이다.[9] 그렇다면 서로 다른 목적을 가진 상황에서 외교 교섭은 어떠한 형태로, 무엇을 매개로 이루어졌는가 하는 점 역시 이 절에서 살펴볼 과제이다.

1. 문종 대 국교 재개를 둘러싼 사신과 문서 왕래(1068~1083)

국교 재개 과정의 대략

현종 21년(1030)의 사신 파견을 마지막으로[10] 고려와 송의 외교관계는 거의 40년 동안 공식적으로는 중단되었다. 정종 2년(1036)의 사신은 송으로 가던 도중 배가 파손되어 귀환한 일이 있었고, 문종 12년(1058)에도 문종이 송과의 관계 재개를 시도한 바 있었으나, 거란과의 관계가 악화될 것을 우려한 신료들의 반대로 무산된 바 있었다.[11] 양국의 관계가 재개되는 데에는 송에서 神宗이 즉위할 때까지 다시 10년의 시간이 소요되었다. 그 경위와 배경에 대해서는 이미 여러 연구를 통해서 밝혀진 바 있는데,[12] 여기서는

---

9) 대표적으로 朴龍雲, 1995, 위의 논문, 208~209쪽.

10) 이때의 사행은 고려 측의 기록에는 등장하지 않으나, 송 측의 기록을 통해 확인된다. 『宋史』 권9, 仁宗 天聖 8년(1030) ; 권487, 外國 3, 高麗, 天聖 8년 참조.

11) 『고려사』 권8, 문종 12년 8월 乙巳. 이에 대해서는 河朱炫, 「고려 문종대 對宋通交의 배경과 의미」, 한국학중앙연구원 석사학위논문, 2015, 6~21쪽 참조.

12) 고려와 송의 통교 재개 배경에 대해서는 대체로 송 神宗의 적극적인 대외정책이 중요하게 작용했던 것으로 이해되고 있다(李範鶴, 「王安石의 對外經略策과 新法」, 高柄翊 先生回甲紀念史學論叢刊行委員會 編, 『歷史와 人間의 對應 : 韓國史篇』, 한울, 1984 ; 신채식, 「高麗와 宋의 外交관계─朝貢과 冊封關係를 중심으로」, 방향숙 외 지음, 『한중외교관계와 조공책봉』, 고구려연구재단, 2005 등). 특히 송의 교역 정책과 관련해서는 최근 김영제의 연구에 의해 많은 부분이 해명되었다(金榮濟, 「北宋 神宗朝의 對外交易 政策과 高麗」, 『東洋史學研究』 115, 2011 ; 김영제, 「교역에 대한 宋朝의 태도와 高麗海商의 활동─高麗 文宗의 對宋 入貢 배경과도 관련하여」, 『歷史學報』 213, 2012 등). 그밖에

국교 재개 논의가 오가기 시작한 문종 22년(1068)부터 문종 말년(1083)까지의 상황을 왕래한 문서를 중심으로 다시 검토해보겠다.

우선 국교 재개 논의가 집중적으로 논의된 문종 후반대의 상황을 시간순으로 정리해보면 다음과 같다.

① 문종 21년(1067, 治平 4) 정월, 송 神宗 즉위

② 문종 22년(1068, 熙寧 1) 7월 11일(辛巳), 泉州 商人 黃愼이 고려에 와서 통교 재개를 원한다는 황제의 뜻을 전달함. 이때 문종 역시 통교 재개를 희망한다는 뜻을 전달함.

③ 문종 23년(1069, 熙寧 2), 黃愼은 고려 禮賓省의 牒을 받고 귀국함. 수신인은 福建路轉運使 羅拯. 이듬해, 羅拯이 이 사실을 송 조정에 보고하자, 황제가 통교할 것을 승인함.

④ 문종 24년(1070, 熙寧 3) 8월 22일(己卯), 湖南荊湖兩浙發運使 羅拯이 黃愼을 파견함.

⑤ 문종 25년(1071, 熙寧 4) 3월 5일(庚寅), 고려에서 民官侍郎 金悌 등 100여 명에게 表文과 禮物을 주어 송에 파견함. 5월 22일(丙午) 송에 도착.

⑥ 문종 26년(1072, 熙寧 5) 6월 26일(甲戌), 金悌가 송에서 귀환. 송 황제가 '勅' 5통을 보냄.

⑦ 문종 27년(1073, 熙寧 6) 8월 16일(丁亥), 太僕卿 金良鑑, 中書舍人 盧旦을 파견하여 謝恩하고 方物을 바치게 함.

⑧ 문종 30년(1076, 熙寧 9) 8월 4일(丁亥), 工部侍郎 崔思諒을 파견하여 謝恩하고 方物을 바치게 함.

⑨ 문종 32년(1078, 元豐 1) 4월 28일(辛未), 송의 明州敎練使 顧允恭이 牒을 가지고 와서 황제가 고려에 사신을 파견할 것임을 알림.

⑩ 문종 32년(1078, 元豐 1) 6월, 송의 國信使 左諫議大夫 安燾와 起居舍人 陳睦 등이 와서 조서와 물품을 전달함.

최근 송 조정 내부의 동향을 정밀하게 분석한 연구로 毛利英介,「十一世紀後半における北宋の國際的地位について－宋麗通交再開と契丹の存在を手がかりに」, 宋代史研究會 編,『『宋代中國』の相對化』, 東京 : 汲古書院, 2009를 참조할 수 있고, 고려 조정의 목적과 대응에 대해서는 河朱炫, 위의 논문이 가장 상세하다.

⑪ 문종 32년(1078, 元豐 1) 7월 23일(乙未), 安燾 등이 귀환함에 왕이 표문을 부쳐 사은하고 의사와 약재 파견을 요청함.

⑫ 문종 33년(1079, 元豐 2) 7월 5일(辛未), 송이 閤門通事舍人 王舜封 등 88인을 보내 의관과 약재를 하사함.

⑬ 문종 34년(1080, 元豐 3) 3월, 戶部尙書 柳洪, 禮部侍郎 朴寅亮 등이 송 조정에서 약재를 하사해 준 데 대해 사은함.[13]

⑭ 문종 34년(1080, 元豐 3) 7월 2일(癸亥), 柳洪 등이 송 황제의 勅 8통을 가지고 귀국함.

⑮ 문종 35년(1081, 元豐 4) 4월 23일(庚辰), 禮部尙書 崔思齊, 吏部侍郎 李子威를 보내 醫藥을 보내 준 데 대해 사은함.

송의 떠보기와 고려의 호응

이 과정을 좀더 구체적으로 복원해보면 다음과 같다.

②『고려사』에 따르면 문종 23년 7월, 송의 黃愼이[14] 국왕을 알현하는 자리에서, 江淮兩浙荊湖南北路都大制置發運使 羅拯을 통해 전달된 황제의 말을 전하며, 고려와 왕래를 재개하고자 한다고 하였다. 고려에서는 그를 禮賓省에서 접대하며, 天聖 연간 이후 職貢을 중단하였는데, 黃愼이 돌아가는 편에 사신을 파견하고자 한다는 뜻을 전하였다.[15]

---

13) 『고려사』 권9, 문종 34년(1080) 3월 條의 기사에는 이들 사절 일행이 이때 파견된 것으로 기록하고 있다. 그러나 『續資治通鑑長編』 권302에는 이해 2월 戊申(14일)에 사신단이 황제를 알현한 것으로 기록되어 있다. 그밖에 사신단의 일원인 朴寅亮 등이 송의 문인들과 唱和한 기록이 그 이전에 여러 차례 등장하는 것으로 보면 『고려사』의 기록이 오류인 것으로 보이며, 사신단은 늦어도 문종 33년(1079) 10월 이전에 고려를 출발했을 것으로 보인다. 張東翼, 『高麗時代 對外關係史 綜合年表』, 동북아역사재단, 2009, 442쪽 참조.

14) 『고려사』 권8, 문종 22년(1068) 7월 辛巳 조에는 黃愼의 인명만이 기재되어 있으나, 『송사』 권331, 羅拯에는 '泉商黃謹'이라고 하여 그가 泉州 商人이었음을 명기하고 있다. 또한 『송사』 고려전에는 그의 이름을 黃眞이라고 하였다. 그의 원래 이름은 黃愼인데, '愼' 자가 남송 孝宗의 諱인 '昚' 자와 같아 『송사』에서 피휘한 것으로 보인다. 羅濬, 『寶慶四明志』 권6, 敍賦下 市舶, "黃眞[本名犯孝宗廟諱]"(張東翼, 『宋代麗史資料集錄』, 서울대학교출판부, 2000, 117~118쪽에서 재인용)

15) 『송사』 권331, 羅拯. "泉商黃謹往高麗, 館之禮賓省, 其王云自天聖後職貢絶, 欲命使與謹俱

③ 그런데 고려측도 역시 통교 재개를 희망한다는 의사를 고려 禮賓省의 '公牒'을 통해 福建轉運使 羅拯에게 전달하였다.[16] 이 문서가 『송사』 고려전에 인용되어 있는데, 전문의 일부를 옮겨보면 다음과 같다.

> 가) 그 나라(고려)의 禮賓省에서 福建轉運使 羅拯에게 移牒하여 말하기를, "本朝(송)의 商人 黃眞·洪萬 등이 와서 말하기를, '轉運使가 (황제의) 密旨를 받았는데, 「(고려와) 접촉하여 우호관계를 맺도록 하라.」라고 하시었습니다.'라고 하였습니다. (고려) 國王의 명을 받들어 우리의 상황을 말씀드리겠습니다. 우리나라는 궁벽하게 暘谷에 위치하면서도 멀리 天朝를 연모하여 선조 이래로 본래 산을 넘고 바다를 건너 [사신이] 왕래하기를 바라왔습니다. 그런데 平壤이 大遼에 가까우니 그와 가까이하면 화목한 이웃이 되고 소원하게 하면 강한 적이 되고는 합니다. 변방의 소요가 불식되지 않을까 우려하여 국력을 키우느라 한가하지 못하였으며, 오래도록 (大遼의) 羈縻에 시달리면서 두 마음을 품기 어려웠던 까닭에 직공을 닦지 못한 지 여러 해에 이르게 되었습니다.
>
> 상서로운 구름이 층층이 드리워 中國을 아름답게 하였지만 세월이 오래되어 長安의 옛길을 헤맬 것 같습니다. 좋은 운이 펼쳐졌으니 예를 갖추어 경축하고자 합니다. 大朝의 교화는 미치지 않는 곳이 없고 도량은 넓어 要荒까지 포용하며, 산은 미세한 티끌도 사양하지 않고 바다는 가느다란 물줄기도 마다하지 않습니다. 삼가 마땅히 다닐 수 있는 길을 찾아 서둘러 槁街에 나아가야 하겠으나, 다만 이는 천리 밖에서 전해들은 소문일 뿐 조정[重霄]에서 굽어살핀 것은 아닐까 우려됩니다. 지금 黃眞·洪萬 등이 서쪽으로 돌아가는 편에 公狀을 부치니, 답장을 받아보기를 기다렸다가 즉시 예를 갖추어 조공하겠습니다.[17]

來."
16) 羅濬, 『寶慶四明志』 권6, 敍賦下 市舶에는 이때의 문서를 '禮賓省文字'라고 하며, 이것이 黃愼(黃愼)에게 전달되었고, 黃愼이 이를 狀으로 羅拯에게 올렸다고 명시하였다. "熙寧二年(1069), 前福建路轉運使羅拯言, '據泉州商人黃眞所具狀, 「(중략) 兼得禮賓省文字.」 具在乞詳酌行.'"(張東翼, 앞의 책, 2000, 117~118쪽에서 재인용) 한편 이때의 牒을 비롯해서 고려의 禮賓省이 송과의 외교에서 담당했던 역할에 대해서는 張炫慶, 「高麗前期 禮賓省 硏究」, 경희대학교 석사학위논문, 2014 참조.

이 문서는 고려에서 사신을 파견할 용의가 있음을 밝히는 내용을 담고 있는데, 짧은 구절 속에도 고려의 의중을 압축적으로 전달하고 있다. 먼저 상인 黃愼의 말을 듣고 문서를 전달하고는 있지만, 그것이 轉運使 羅拯의 명에 의해, 궁극적으로는 황제의 密旨에 의해 제기된 문제임을 명시하였다. 이를 굳이 언급한 것은 이것이 사실임을 보증받기 위한 것이었다고 볼 수 있다. 다음으로 문서의 표면상의 발신자는 禮賓省이지만 그것이 "국왕의 명을 받들어[奉國王旨]" 작성된 것임을 명기하여 최종적인 의사 결정이 국왕의 재가를 받아 이루어진 것임을 보증하고 있다. 산이나 바다로 비유한 송이 미세한 티끌[纖埃]이나 가느다란 물줄기[支派]에 비유한 고려의 조공을 사양하지 않으리라는 말은 들었다고 하면서도, 마지막에는 "다만 이는 천리 밖에서 전해들은 소문일 뿐 조정에서 굽어 살핀 것은 아닐지 우려됩니다."라고 하고, 또 "답장 받아보기를 기다렸다가"라고 하면서, 송 조정의 명백한 입장 표명, 즉 문서로서 확인해줄 것을 요청하고 있다.

즉 고려는 송과의 통교를 재개하고자 하면서도 그것을 양국 정부 사이의 공식적인 문서 왕래, 특히 군주의 의지를 통해 보증할 것을 희망하였던 것이다. 이 사안을 접수한 송 조정에서 논의가 이루어졌는데, 거란과의 대치 상황에서 고려와 결호를 맺는 것이 좋겠다는 의견이 우세하였고 이에 神宗도 허락하여 다시 羅拯으로 하여금 고려에서 사신을 파견한다면 접대를 후하게 하겠다는 뜻을 고려 측에 알리게 하였다고 한다.[18]

---

17) 『송사』 권487, 外國 3, 高麗, 熙寧 2년(1069). 其國禮賓省移牒福建轉運使羅拯云, "本朝商人 黃愼·洪萬來稱, '運使奉密旨, 「令招接通好.」' 奉國王旨, 意形于部述. 當國僻居暘谷, 邈戀天朝, 頃從祖禰以來, 素願梯航相繼. 蕞爾平壤, 邇于大遼, 附之則爲睦鄰, 疏之則爲勍敵. 慮邊騷之弗 息, 蓄陸聱以靡遑, 久困羈縻, 難圖攝貳, 故違逖職, 致有積年. 屢卜雲祥, 雖美聖辰於中國, 空知日遠, 如迷舊路於長安. 運屬垂鴻, 禮稽展慶. 大朝化覃無外, 度豁包荒, 山不讓乎纖埃, 海不辭於支派. 謹當邊尋通道, 遄赴槀街, 但玆千里之傳聞, 恐匪重霄之紆眷. 今以公狀附眞·萬 西還, 俟得報音, 卽備禮朝貢."
18) 『송사』 권487, 外國 3, 高麗, 熙寧 3년(1070). 拯以聞, 朝廷議者亦謂可結之以謀契丹, 神宗許 焉. 命拯諭以供擬腆厚之意.

송의 공식 통교 재개 요청

④ 곧이어 문종 24년(1070) 나증은 황신을 재차 파견하였다. 『고려사』 세가에서는 앞서 문종 22년의 황신의 방문을 그저 "黃愼이 왔다[黃愼來]"라고 했던 것을, 이번에는 "나증이 다시 황신을 파견해왔다[羅拯復遣黃愼來]"라고 하여, 이번 방문이 송 정부의 공식 파견에 의한 것임을 명기하였다.[19] 이때에 나증이 어떤 문서를 보냈는지는 확인되지 않지만, 추정컨대 고려 예빈성의 문서에 대한 답신인 만큼, 황제의 명을 받아 장차 고려에서 사신을 파견해올 것을 기다리겠다는 뜻을 담아 예빈성에 보낸 문서였을 것이다.

위에 인용한 『송사』 고려전에서는 고려에서 문서를 보낸 사실을 전하는 地文에 '移牒'이라고 하였다. 이 구절만 가지고 이어진 문서가 '牒'이었으리라 판단할 수는 없다. '移牒'이란 말은 현대 한국어에서 쓰이는 것처럼 단순히 '문서를 보내다'는 정도의 뜻으로만 해석할 수도 있기 때문이다. 다만 30년 이상 관계가 중단되었던 양국 사이에 최초로 전달된 문서였다는 점에서, 전근대 동아시아 국제관계에서 일반적으로 실무 단계의 안건 교섭을 위해 사용되었던 牒이 쓰였을 가능성이 높다고 생각된다.[20]

고려의 공식 사절 파견 재개

⑤ 송 정부의 공식 문서를 접수한 고려에서는 이듬해인 문종 25년(1071) 드디어 民官侍郞 金悌 등을 파견하였다. 파견 시도를 기준으로 본다면 35년, 파견 성사를 기준으로 본다면 41년 만의 일이었다. 『고려사』에는 이때 金悌 등이 "표문과 예물을 받들고[奉表禮物]" 송에 갔다고 하는데,[21] 아쉽게도 이때의 문서는 전해지지 않는다.

이때 金悌의 사행과 관련해서 주목되는 사실이 있다. 다음의 사료가 그 상황을 전한다.

---

19) 『고려사』 권8, 문종 24년(1070) 8월 己卯.
20) 牒의 용례와 그것이 사용된 의미에 대해서는 2장 2절에서 상론하겠음.
21) 『고려사』 권8, 문종 25년(1071) 3월 庚寅.

나) (고려의) 사자가 폐물을 (송의 지방) 관리에게 주면서 문서에는 甲子를 칭하였다. 公(蘇軾)이 이를 거부하며 말하기를, "고려가 우리나라에 稱臣하면서도 정삭을 받들지 않으니 내가 어찌 감히 받겠는가."라고 하였다. 사자가 곧 문서를 바꾸어 熙寧 연호를 칭하자 그런 연후에야 이를 받들었으니, 당시의 여론이 체통을 지켰다고 하였다.[22]

이때 고려의 사신 金悌 등은 登州, 즉 지금의 山東省 蓬萊市를 통해 입경할 계획으로 출발하였는데, 표류하여 通州, 지금의 江蘇省 南通市에 도착하였다고 한다.[23] 이에 사신 일행은 먼저 通州의 지방관에게 문서를 제출하여 상륙을 허락하고 원조해준 데 대해 감사의 뜻을 전하였다고 한다.[24] 위의 인용문은 사신단이 상륙 이후 杭州를 지날 당시에 지방관이었던 蘇軾에게 문서를 제출했다가 거기에 송의 연호를 쓰지 않았다고 하여 접수를 거절당한 상황을 장면을 전하고 있다.

한편 송 측의 다른 기록에서는 이때 송의 연호를 사용하지 않고 간지로써 연대를 표기한 문서가 국왕 명의의 표문이었다고 하고 있다. 즉 "그 表章에 '知國王事'라고 칭하였으니 옛 관습을 따른 것이고, 연대에는 甲子를 칭하였으니 그들이 거란의 정삭을 받았기 때문이었다."라고 한 것이다.[25] 고려는 송에 보내는 문서에서 상하관계를 인정한 위에 表文을 제출하면서도, 송의

---

22) 蘇轍, 『欒城後集』 권22, 〈亡兄子瞻端明墓誌銘〉. 使者發幣於官吏, 書稱甲子. 公却之曰, "高麗 於本朝稱臣, 而不稟正朔, 吾安敢受." 使者遽易書, 稱熙寧, 然後受之, 時以爲得體.(張東翼, 앞의 책, 2000, 266쪽에서 재인용)

23) 張東翼, 앞의 책, 2000, 246~247쪽 ; 張東翼, 앞의 책, 2009, 84~85쪽 참조.

24) 王闢之, 『澠水燕談錄』 권9, 雜錄. 先以狀謝太守云, "望斗極以乘槎, 初離下國, 指桃園而迷路, 誤到仙鄕."(張東翼, 앞의 책, 2000, 484~485쪽에서 재인용)

25) 葉夢得, 『石林燕語』 권4, 元豊初, 王徽遣使金梯入貢, 建之七世孫也. 其表章稱知國王事, 蓋習用其舊, 而年稱甲子, 以其受契丹正朔故也.(張東翼, 앞의 책, 2000, 116쪽에서 재인용) 元豊 원년은 문종 32년(1078)이므로 사신 金梯(金悌의 오류인 듯)라는 이름과 '元豊 初'라는 파견 시기는 일치하지 않는다. 문종 25년(1071)의 시점에서 국왕 명의의 표문에 연호 표시의 문제가 없다가 문종 32년에 새롭게 제기되었을 가능성은 크지 않다는 점에서, 사신 파견 시기가 잘못 기재되었을 가능성이 더 크다고 생각된다. 『石林燕語』의 고려 관련 기록에는 한반도의 사정을 잘 이해하지 못했던 탓에 오류가 많다고 평가되기도 하지만(張東翼, 위의 책, 2000, 117쪽), 사신이 제출한 문서에서도 연호를 사용하지 않았다는 점을 고려하면, 이 기록 자체는 신빙성을 인정할 수 있다.

황제로부터 정식 책봉을 받은 일이 없었음을 고려하여 스스로 '高麗國王'을 칭하지 않고 단지 '知國王事'라고만 하였으며, 또한 거란의 연호를 사용할 수 없는 상황에서 단지 간지만으로 연대를 표기하였던 것이다. 『송사』 고려전 에도 문종 대 이후 고려에서 보낸 문서에서 대부분 간지만을 기록하였다고 전하고 있다.[26] 이는 송과의 외교관계를 복구하면서도 일정 정도 거란과의 관계를 염두에 두고 있었음을 보여주는 단적인 사례이다.[27] 실제로 선종 9년(1092) 무렵에는 송에 보낼 표문에 잘못해서 거란의 연호를 적어넣는 바람에 송에서 문서의 접수를 거절하는 일도 있었다.[28]

⑥ 한편 고려에서 최초로 파견되었던 사신 金悌 등이 귀환하는 길에 송은 황제 명의의 문서를 고려에 전달하였다. 현종 21년(1030)의 전례와 같이 고려 사신이 귀환하는 편에 황제의 조서가 전달되었을 것으로 본다면 42년 만에 처음으로 황제의 문서가 고려에 전해졌던 것이다. 『고려사』에 서는 이때의 상황을 "金悌가 송에서 귀환하였는데, 황제가 勅 다섯 통을 부쳐왔다[金悌還自宋, 帝附勅五道]."라고 서술하고, 이어서 다섯 통의 문서 를 요약해서 싣고 있다. 이때의 문서식에 대한 검토는 잠시 뒤로 미루어두 도록 하겠다.

송의 공식 사절 파견 재개

⑦ 이듬해인 문종 27년(1073)과 이어서 ⑧ 문종 30년(1076), 고려는 각각 太僕卿 金良鑑과 工部侍郎 崔思諒 등을 파견하여 송과의 우호를 강화하고자

---

26) 『송사』 권487, 外國 3, 高麗, 自王徽以降, 雖通使不絶. 然受契丹封冊, 奉其正朔, 上朝廷及他文 書, 蓋有稱甲子者.

27) 김성규는 고려가 송에 보내는 외교문서에서 甲子紀年을 사용한 것은 당시에 고려가 송의 책봉을 받지 않아 송의 질서 외연에 있었기 때문이며, 또한 거란의 연호를 사용하지 않은 것은 고려 나름대로 송을 존중한 것으로 볼 수 있다고 해석하였다. 김성규, 「高麗前期의 麗宋關係」, 『國史館論叢』 92, 2000, 42~43쪽. 아울러 이 사안에 대해서는 송 관료들의 고려에 대한 인식 측면에서 접근한 申採湜, 「宋代 朝廷과 官僚의 高麗觀」, 『宋代對外關係史硏究』, 한국학술정보, 2008 및 이 문서를 송 조정에서 수리한 과정의 배경을 검토한 周立志, 「宋朝外交運作硏究」, 河北大學 博士學位論文, 2013, 89쪽 등을 참조.

28) 『고려사』 권10, 선종 9년(1092) 8월 乙丑.

하였다. 그리고 ⑨ 문종 32년(1078) 4월, 송의 明州敎練使 顧允恭이 牒을 가지고 와서 황제가 고려에 사신을 파견할 것임을 알렸다. 공식적으로는 성종 11년(992) 이후 86년 만에 송의 사신이 파견되는 것이었으므로 송에서도 사전에 이를 알려온 것이다. 이때 전달된 牒이란 24년(1070)의 사례와 마찬가지로 송의 지방관이 고려의 예빈성에 보낸 것으로 생각되는데, 앞선 사례에서 고려와의 통교 재개를 추진하던 福建路轉運使 羅拯이 문서의 주체였다면, 이번의 牒은 고려의 사신을 맞이하고 송 사신이 출항하던 지점인 明州의 지방관 명의로 작성되었을 것이다.[29] 이 소식을 들은 문종은 송 사신을 맞이할 준비를 철저히 할 것을 지시하기도 하였다.[30] ⑩ 이어서 그해 6월, 송의 國信使 左諫議大夫 安燾와 起居舍人 陳睦 등이 고려를 방문하여 황제의 조서와 國信物 등을 전달하였다.[31] ⑪ 송의 사절단이 귀환하는 편에 문종은 표문을 부쳐 사은의 뜻을 전달하였다.[32] 이후로도 문종 연간을 통해 고려는 두 차례(⑬, ⑮), 송은 한 차례(⑫) 사신을 더 파견하였다.

이상 문종 대 고려와 송의 국교 재개 과정을 검토해보았다. 이를 의사소통의 방식, 혹은 수단을 중심으로 정리해보면, 최초로 국교 재개를 희망한다는 뜻은 송의 상인을 통해 구두로 전달되었다. 고려에서는 禮賓省 명의의 牒을 보내면서 송 측에 역시 문서화된 의지를 보여줄 것을 요청하였고, 이에 송에서도 역시 지방관 명의의 牒으로 답신을 보내왔다. 이어서 고려 조정에서 表文을 지참한 사신을 파견하였고, 최종적으로 송에서도 황제 명의의 조서를 가진 사신을 파견하였던 것이다. 즉 정식 국교가 없는 상황에서 牒이 물밑작업을 위한 소통 수단으로 사용되었고, 그를 거쳐 군주 명의의 표문과 조서를 통해 정식으로 국교가 재개되었던 것이다.

---

29) 고려 사신이 송으로 파견될 때에 입항지가 登州에서 明州로 바뀐 것에 대해서는 『송사』 고려전에서는 熙寧 7년(1074) 사신으로 온 金良鑑의 건의에 따른 것이었다고 기록하고 있다. 이에 대해서는 金庠基, 「麗·宋貿易小考」, 『震檀學報』 7, 1937(金庠基, 『東方文化交流史論考』, 1948에 재수록) 이래 金渭顯, 「麗宋關係와 그 航路考」, 『관동대논문집』 6, 1978(金渭顯, 『고려시대 대외관계사 연구』, 景仁文化社, 2004에 재수록) ; 張東翼, 「宋代의 明州 地方志에 수록된 高麗關係記事 硏究」, 『歷史敎育論集』 22, 1997 ; 김영제, 「麗宋交易의 航路와 船舶」, 『歷史學報』 204, 2009 등의 연구가 있다.

30) 『고려사』 권9, 문종 32년(1078) 4월 辛未.

31) 『고려사』 권9, 문종 32년(1078) 6월.

32) 『고려사』 권9, 문종 32년(1078) 7월 乙未.

2. 국교 재개 이후 송 황제 문서의 서식

송 황제의 문서 목록

그렇다면 이 시기 송 황제가 고려에 보낸 문서는 어떤 서식이었을까. 이에 대해서는 약간의 검토가 필요한데, 우선 관련 사료를 망라해서 단서를 확인해보겠다.

문종 26년(1072)에 첫 번째로 전달된 일련의 문서를 『고려사』에서는 "帝附勅五道"라고 하고서 해당 문서의 일부를 요약하여 싣고 있다(⑥). 그리고 문종 32년(1078), 송의 사신이 처음 파견되었을 때 전달된 문서에 대해서는 "왕이 나와서 조서를 받았다[王…出受詔]."라고 하고서 "其詔曰" 이하에 문서 내용을 인용하였고, 또한 "왕이 조서를 맞이하는 예를 마치고서[王受詔禮畢]"이라고 하였다(⑩). 또한 문종 33년(1079), 송 사신이 가지고 온 문서에 대해서는 역시 "詔曰"이라고 하고서 그 내용을 전하고 있다(⑫). 마지막으로 문종 34년(1080), 고려의 사신 柳洪 등이 귀국할 때의 상황에 대해서는 "帝附勅八道"라고 하고서 여덟 통의 문서를 각각 소개하고 있다(⑭).

그런데 이 밖에도 문종 27년 사신 金良鑑 등이 파견되었다가(⑦) 귀환했을 때에 송 황제가 보낸 문서 8통의 내용과, 문종 34년 사신 柳洪 등이 파견되었다가(⑬) 귀환했을 때(⑭) 송 황제가 보낸 문서 6통이 『宋大詔令集』 권237에 실려 있다. 그밖에도 연대가 확인되는 것으로는 문종 33년의 문서 한 건과 문종 36년의 문서 한 통이 있으며, 정확한 시점은 확인되지 않지만, 문종 대의 문서임이 명확한 것이 네 건 더 있다. 이상 『송대조령집』에 실린 고려 문종 대 국교 재개 이후의 문서를 표로 정리하면 다음과 같다.

〈표 1-3-1〉『宋大詔令集』 소재 1070년 이후의 외교문서 목록

연번	제목	연대	비고
SD7	賜權知高麗國王事王徽起居回書	熙寧 6(1073, 문종 27)	金良鑑 귀국 때(⑦)
SD8	賜進奉回書	熙寧 6(1073, 문종 27)	金良鑑 귀국 때(⑦)
SD9	賜進奉太皇太後皇太後物回書	熙寧 6(1073, 문종 27)	金良鑑 귀국 때(⑦)
SD10	賜謝恩進奉回書	熙寧 6(1073, 문종 27)	金良鑑 귀국 때(⑦)
SD11	賜國信並別賜書	熙寧 6(1073, 문종 27)	金良鑑 귀국 때(⑦)
SD12	賜謝回賜銀器衣著等書	熙寧 6(1073, 문종 27)	金良鑑 귀국 때(⑦)

SD13	賜設齋祝聖回書	熙寧 6(1073, 문종 27)	金良鑑 귀국 때(⑦)
SD14	賜示諭書	熙寧 6(1073, 문종 27)	金良鑑 귀국 때(⑦)
SD15	賜高麗國王詔	元豐 3(1080, 문종 34)	柳洪 귀국 때(⑭)
SD16	又詔	元豐 3(1080, 문종 34)	柳洪 귀국 때(⑭)
SD17	又詔	元豐 3(1080, 문종 34)	柳洪 귀국 때(⑭)
SD18	又詔	元豐 3(1080, 문종 34)	柳洪 귀국 때(⑭)
SD19	賜權高麗國事王徽起居回敕書	문종 대, 연도 미상	
SD20	進奉回敕書	문종 대, 연도 미상	
SD21	進奉國信物色並別賜書	문종 대, 연도 미상	
SD22	爲己未年漂失貢物令來進奉乞更不回賜敕書	元豐 2(1079, 문종 33)	
SD23	申奏設齋祝聖壽敕書	문종 대, 연도 미상	
SD24	進奉樂器敕書	미상	
SD25	謝醫藥進奉敕書	元豐 3(1080, 문종 34)	柳洪 귀국 때(⑭)
SD26	就遣樂人奏樂敕書	熙寧 9(1076, 문종 30)	崔思諒 귀국 때(⑧)
SD27	如女眞願將馬與中國爲市時假道前來敕書	元豐 5(1082, 문종 36)	『續資治通鑑長編』권322, 元豐 5년 1월 丙午
SD28	賜貢奉詔	미상	
SD29	高麗依大遼例隷密院禀筆手詔	政和 5(1115, 예종 10)	

　　우선 이들 문서의 연대를 추정한 방법은 다음과 같다. SD7~14, 즉『宋大詔令集』권237, 政事 90, 四裔 10에 실린 7~14번째 문서는 일련의 문서인데, SD7에는 "사신 金良鑑 등이 이르러 표문을 올려 안부를 물은 일은 잘 알겠다[人使金良鑑等至, 省所上表起居事, 具悉]."라고 하는 등 이들 문서가 金良鑑 등이 파견된 데 대한 답신임을 표시하였다. SD15~18 역시 일련의 문서인데, SD15의 제목〈賜高麗國王詔〉아래에 [元豐三年三月三十日]라고 하여 문서의 작성일을 기재하고 있다. 사신 柳洪 등이 파견된 것은 이해 3월의 일이었고, 고려에 귀국하여 복명한 것은 7월의 일이었으므로 시점이 맞아떨어진다. SD19~21도 SD15~18과 함께 발령된 것일 가능성이 높은데, 문서 내용만으로는 확정할 수 없어 미상으로 남겨두었으나, 문서 제목에서 수신자인 고려국왕의 이름을 '王徽'이라고 하였으니 文宗을 가리키는 것임은 분명하다. SD22는 문서 제목에서 '己未年'을 언급하였고, SD23은 고려에서 송 神宗의 祝壽를 위해 齋를 개설한 것에 대한 감사함을 표하는 내용인데, 이 사실은 문종 32년 등에서 확인되므로[33] 문종 대의 것으로 추정함에 무리가 없을 것이다. SD25는

---

33)『고려사』권9, 문종 32년(1078) 4월 甲子.

송이 醫藥을 보내준 데 대해 고려가 사은한 일을 襃奬하는 내용인데, 이 사실은 문종 34년 柳洪 등의 파견과 관련된 것이다. SD26은 고려에서 伶工을 보내온 데 대해 襃奬하는 내용을 담고 있는데, 『송사』 고려전에는 熙寧 9년 이전의 일로 기록되어 있다. SD27은 여진에서 공물로 바쳐온 말을 고려를 통해 수송할 수 있도록 협조해줄 것을 요청하는 내용인데, 이에 대해서는 『續資治通鑑長編』 권322, 元豊 5년(1082) 정월 丙午에 실려 있다.[34] SD29에 대해서는 뒤이어 상세히 논할 것인데, 문서 제목 옆에 [政和五年二月二十三日]이라고 발신일이 기재되어 있다. SD24와 SD28은 연대를 추정할 근거가 전혀 없다.

송 황제 문서의 내용

이들 문서 가운데 대표적인 것을 몇 가지만 인용해보면 다음과 같다.

다-1) 卿은 누대에 걸쳐 나라를 다스리면서 상국을 섬기기를 소원하였다. 국서[百名]를 보내 직공을 닦으면서 조공[琛贄]의 의례를 수행하였고, 여러 폭의 글을 보내 안부를 물어왔으니 그 지극한 충성을 무엇에 비길 수 있겠는가.[35]

다-2) 權知高麗國王事 王徽에게 敕하다. 사신 金良鑑 등이 왔기에 그들이 표문을 올려 안부를 물은 일은 잘 알았다. 卿은 東藩을 이어받아 대대로 충성을 다해왔으며, 의관과 풍속은 오랫동안 華風을 따랐고 玉帛으로 성의를 보여 職貢을 닦았다. 문안을 드리고 경사를 축하하면서 영원히 忠勤할 것을 생각한다니 참으로 가상하다. 이에 示諭하니 잘 알아두도록 하라. 봄날이 따뜻한데 경은 요즘 평안한가. 문서를 보내니 할 말이 두루 미치지 못한다.[36]

---

34) 張東翼, 앞의 책, 2000, 218~219쪽.
35) 『고려사』 권9, 문종 26년(1072) 6월 甲戌. 卿繼奕世而有邦, 以勤王爲可願. 百名修貢, 旣申琛贄之儀, 累幅摛辭, 更致燠寒之問, 其勤至矣, 何慰如之.
36) 『宋大詔令集』 권234, 〈賜權知高麗國王事王徽起居回書〉. 敕權知高麗國王事王徽. 人使金良

다-3) 卿은 대대로 모든 복록을 누리면서 三韓을 다스리며 예의를 사모하고
華風을 숭상하여 언제나 朝廷을 좇아왔으며, 뱃길로 공물을 바치고자
여러 차례 깊은 강과 바다를 건너왔다. 공순한 성의를 닦아왔으니 마땅히
칭찬하여 가상히 여기는 상을 내려야 할 것이다. 이에 특별히 사신을
보내 짐의 뜻을 전달하니, 명철한 경은 마땅히 짐이 굽어보는 뜻을
헤아리도록 하라. 이제 左諫議大夫 安燾와 起居舍人 陳睦을 파견하여 경에
게 別錄에 기재한 것과 같이 國信物 등을 하사하니, 도착하는 대로 수령하
라.37)

다-4) 卿은 遼左에 위치하였으니 이는 海東인데, 예로부터 나라를 다스려오면
서 대대로 행복을 누려왔으며, 덕을 행함에 어긋남이 없고 직분을 닦음에
엄정함이 있었다. 정성을 다한 글을 보내었으니 그 충성심을 확연히
볼 수 있다. 이에 포상을 주어 현양함으로써 나의 돌보아줌을 더욱
두터이 한다.38)

다-5) 王徽에게 勅한다. 짐이 생각하건대 경은 몸소 예를 지키면서 海外를
다스리며 이웃 나라를 섬기고자 정성껏 우리나라에 통하고자 하여 성의
를 쌓으면서 나태하지 않았기에 霜露의 병을 얻게 되었던 것이다. (중략)
卿은 날씨가 춥든 따뜻하든 옷 입고 먹는 것에 힘써서 병을 이기고
복을 받아 짐의 마음에 부합하도록 하라.39)

鑒等至, 省所上表起居事, 具悉. 卿紹服東藩, 輸忠奕世, 衣冠成俗, 久被於華風, 玉帛致誠,
爰修於貢職. 問安甚至, 祝慶惟虔, 永念周勤, 寔深嘉歎. 故玆示諭, 想宜知悉. 春暄, 卿比平安好.
遣書, 指不多及.

37) 『고려사』 권9, 문종 32년(1078) 6월 丁卯. 卿世荷百祿, 撫有三韓, 慕義向風, 一意朝廷之重,
方舟入貢, 屢浮江海之淵. 載修恭順之誠, 宜被褒嘉之錫. 特馳使指往諭朕懷, 緬惟俊明, 當體眷
遇. 今差左諫議大夫安燾·起居舍人陳睦, 賜卿國信物等, 具如別錄, 至可領也.

38) 『고려사』 권9, 문종 34년(1080) 7월 癸亥. 卿宅彼遼左, 式是海東, 若昔撫封, 維躬保享,
迪德不爽, 修職有嚴. 載披忱辭, 灼見勤款. 庸加褒顯, 以厚眷私.

39) 『宋大詔令集』 권234, 〈又詔〉 敕王徽. 朕惟卿飭躬秉禮, 拊循海外, 風動旁國, 誠通本朝, 積勤不
懈, 以觸霜露之疾. (중략) 卿其時節寒溫, 强力服食, 專和向福, 稱朕心焉.

송 대의 詔와 勅

위의 다섯 통의 문서는 고려에 전달된 시간 순서대로 배열한 것이다. 이 가운데 『고려사』에 실린 다-1)과 다-4)는 각각 '勅五道'와 '勅八道' 가운데 첫 번째의 문서이고, 다-3)은 『고려사』의 地文에 詔라고 언급된 문서이다. 반면 다-2)는 『宋大詔令集』에서 제목을 〈賜權知高麗國王事王徽起居回書〉라고 기록하였고, 다-5)는 〈又詔〉라고 기록하였다. 즉 각각의 문서식을 勅(勅은 勑과 같음), 詔, 書 등으로 각각 다르게 표현한 것이다. 특히 문종 34년(1080)이라는 같은 시점에 전달된 다-4)와 다-5)는 하나는 勅으로, 하나는 詔로 표현되어 있다.

그런데 문서의 문체나 형식, 내용 등을 읽어보면 이들 사이에 차이점은 거의 없다. 문서의 전문을 비교적 온전하게 싣고 있는 다-2)를 살펴보면, 첫머리에 "敕權知高麗國王事王徽"이라고 하였고, 다-5)에서도 "敕王徽"이라고 하여, 황제가 발언하는 행위를 '勅'이라고 하였는데, 제목에 보이는 문서식은 다-2)는 書, 다-5)는 詔이다.

이상과 같은 자료의 상황만 가지고는 위의 일련의 문서들의 서식이 勅인지, 혹은 詔인지 판별할 수 없다. 그러나 다-2)와 같이 "勅某"로 시작하여 "(時候), 卿比平安好. 遣書, 指不多及"으로 끝맺는 양식은 당 대의 문서 가운데 전형적인 論事勅書의 그것과 일치한다.[40]

그런데 당 대의 論事勅書가 담당했던 기능을 송 대에는 詔書가 대신하고 있었다는 점에 주의해야 한다. 『宋史』職官志에서는 王言의 종류를 설명하면서, 詔書는 통상 5품 이상, 勅書는 6품 이하에 대해 사용하는 것으로 규정하고 있다.[41] 이때 조서의 활용 범위는 대체로 公卿을 慰諭할 때에 사용한다고 규정된 당 대의 論事勅書의 그것과 일치한다.[42] 또한 결정적인 증거로 다-2)의 結辭에 "故玆示諭, 想宜知悉."이라는 구문이 쓰였음이 주목된다. 이는 남송

---

40) 中村裕一, 「論事勅書」, 『唐代制勅研究』, 東京 : 汲古書院, 1991. 특히 593~594쪽 및 603~617쪽 참조.

41) 『송사』 권161, 職官志 1, 中書省. 凡命令之禮有七. (중략) 曰詔書. 賜待制·大卿監·中大夫·觀察使以上, 則用之. 曰勅書. 賜少卿監·中散大夫·防禦使以下, 則用之.

42) 『大唐六典』 권9, 中書令, 論事勅書[慰諭公卿, 誡約臣下, 則用之]

대의 類書인 『玉海』의 〈辭學指南〉에서 제시한 송 대 조서의 기본 양식, 즉 "勅門下[或云勅某等], 故兹示[獎諭誠諭無諭, 隨題改之], 想宜知悉"이라는 기두와 결사의 어구와 일치한다.[43] 이상을 종합하여 판단하건대 다-2)를 비롯하여 위에서 인용한 다섯 건의 문서, 그리고 이 시기에 다양한 명칭으로 등장하는 여러 문서들이 모두 조서 양식이었다고 판단해도 크게 무리는 아니다.

다만 이를 인용하는 과정에서 勅이라고 하기도 하고 詔라고 하기도 한 것은 송 대의 칙과 조 사이에 뚜렷한 구별이 없었던 데서 비롯된 측면이 있다. 송 대의 조령문서에 관한 연구에서도 칙과 조 두 가지는 용도나 성질 면에서 매우 유사하다는 점이 일반적으로 지적되고 있다.[44] 첫머리를 "勅王徽"이라고 한 문서를 詔라고 기록한 사례에서와 같이 칙과 조 사이에 뚜렷한 구분이 없었던 까닭에, 동일한 문서들에 대해 사료에서 전하는 그 서식이 차이를 보이는 것일 것이다.

그러나 칙서가 조서에 비해 격식이 조금 낮았다는 점은 인정할 수 있다. 이는 칙이 조에 비해서 길이가 짧고, 특히 칙이 통상 6품 이하의 관원에게 효유하는 뜻을 보이거나 賞賜를 내릴 때에 주로 사용되었다는 점을 보아도 그러하다.[45] 다만 고려의 군주에게 보낸 문서의 첫머리를 "勅權知高麗國王事 王徽"라고 한 것은,[46] 과거 고려국왕이 송 황제로부터 책봉을 받던 시기의 문서에서 "制詔高麗國王"이라고 했던 것과 대비된다.[47] 또한 비슷한 시기인 송 神宗 熙寧 연간(1068~1077) 송에서 夏의 군주에게 보낸 문서에서 첫머리를

---

43) 『玉海』 권202, 辭學指南, 詔. 송 대의 조서가 당 대의 논사칙서를 계승한 것임은 심영환, 「高麗時代 獎諭敎書 樣式」, 『藏書閣』 18, 2007, 171~174쪽의 논증을 크게 참고하였다.

44) 中村裕一, 앞의 책, 591쪽 ; 楊果, 「宋代詔令文書的主要制度」, 『檔案管理』 1999年 第3期, 40쪽 ; 楊果, 「唐宋時期詔令文書的主要類型」, 『文史雜志』 2000年 第2期, 65쪽 ; 矢木毅, 「高麗王言考」, 『高麗官僚制度研究』, 京都 : 京都大學學術出版會, 2008, 491~497쪽 ; 豊島悠果, 앞의 논문, 2013, 162쪽.

45) 楊果, 위의 논문, 2000, 65쪽.

46) 『宋大詔令集』 권237에 실린 SD7. 〈賜權知高麗國王事王徽起居回書〉 ; SD10. 〈賜謝恩進奉 回書〉 ; SD11. 〈賜國信並別賜書〉 ; SD12. 〈賜謝回賜銀器衣著等書〉 ; SD13. 〈賜設齋祝聖 回書〉 ; SD14. 〈賜設齋祝聖回書〉. 이 밖에 "勅王徽"라고 한 사례로 SD15. 〈賜高麗國王 詔〉 ; SD16. 〈又詔〉가 있고, "勅云云"으로 한 사례로 SD8. 〈賜進奉回書〉 ; SD9. 〈賜進奉太 皇太後皇太後物回書〉 등이 있는데, 이 역시 "勅權知高麗國王事"를 요약한 것으로 보아야 할 것이다.

47) 『宋大詔令集』 권237, SD6. 〈賜高麗璽書〉.

"詔夏國主"라고 한 것[48]에 비해서도 격을 낮춘 것이라고 볼 수 있다.[49]

국교 재개 이후 군주 사이의 문서

　요컨대 문종 대 후반 양국의 외교관계가 재개된 무렵 송 황제가 고려국왕에게 발송한 문서식은 "敕權知高麗國王事王徽"로 시작하는 조서였다. 이는 국왕이 책봉을 받던 성종 13년(994)까지의 시기에 전달되었던 조서와 대략 일치하는 것이었지만, 구체적인 양식 면에서는 약간 격이 낮은 것이었다. 일반적으로 "詔某"로 시작하는 문서에 비해 "勅某"로 시작하는 문서가 격이 낮다는 점에서도 그러하고, 국왕의 이름을 직접 명기했다는 점에서도 그러하다. 또한 고려 측의 문서에서 송의 책봉을 받지 않은 점을 인식하여 먼저 '高麗國王'이 아닌 '知高麗國王事'의 명칭을 사용했던 까닭에, 송에서도 그 지위를 '權知高麗國王事'라고 한 점 역시 특징적이라고 할 수 있다. 1005년 澶淵의 盟 이후 거란과 송이 화평한 관계를 유지하게 되면서 고려를 포함한 동북아시아의 국제질서가 안정된 상황에서 고려와 송의 외교관계는 거의 반 세기만에 재개되었다. 그러나 10세기 후반과는 달리 고려국왕이 송의 책봉을 받지

---

48) 『宋大詔令集』 권235, 〈賜夏國主給還綏州誓詔〉; 〈賜夏國主乞早頒封冊允詔〉; 〈賜夏國主爲行冊禮詔〉; 〈許夏國主嗣子秉常從舊蕃儀詔〉; 〈答夏國主秉常詔〉; 〈賜夏國主乞贖大藏經詔〉. 이때 夏의 군주를 '夏國王'이라고 하지 않고 '夏國主'라고 한 것은 1044년까지의 송과 하의 전쟁 결과 책봉을 행할 때, 군주를 王으로 인식한 송과 皇帝의 칭호를 요구한 하의 타협이었던 것으로 이해된다. 윤영인, 「10~12세기 동아시아의 다원적 국제질서와 한중관계」, 이익주 외 지음, 『동아시아 국제질서 속의 한중관계사』, 동북아역사재단, 2010, 135쪽.

49) 일반적으로 송 神宗 연간(1067~1085), 王安石을 비롯한 新法黨이 집권한 시기에는 대외적으로 적극적인 정책을 취하여 거란을 제외한 주변국에 상당히 우호적인 조치를 취하면서 이들을 끌어들이고자 노력했던 것으로 이해되고 있으며, 그 과정에서 고려와도 국교를 재개한 것으로 이해되고 있다(李範鶴, 앞의 논문, 1984). 따라서 송 황제의 외교문서의 양식 면에서 송 초의 상황에 비해 고려국왕에 대한 대우가 낮아진 것이 일견 어색하게 받아들여질 수도 있다. 그러나 양국은 공식적으로는 40년에 가깝도록 외교관계를 중단해온 상황이었고, 그에 비해 송과 西夏는 비록 전쟁을 거치기는 하였으나 하의 군주가 송으로부터 책봉을 받는 등 꾸준히 외교관계를 유지해오고 있었다. 국교를 재개한 시점에서 고려국왕에 대한 문서상의 대우가, 이전 시기에 비해서, 그리고 같은 시기 다른 외국에 비해서 일시적으로나마 낮은 단계에서 시작한 것은 이러한 양국관계의 배경 하에서 이해할 수 있다.

않고, 양국이 정치적, 군사적으로 그다지 긴밀하지 않게 되면서 송 황제 명의의 문서 양식이 미묘하게 변화했던 점을 확인할 수 있다. 그러나 이러한 외교문서상의 격식은 국제 정세의 변동에 따라 다시 변화하게 되었다. 이어서 그 변화를 살펴보도록 하겠다.

3. 선종 대 이후 양국관계의 밀착과 황제 문서의 양식 변화 (1083~1127)

선종 대 이후 고려-북송 관계

문종 대 후반에 재개된 양국관계는 이후 북송이 멸망하게 되는 1127년까지 비교적 안정적으로 유지되었다. 물론 책봉을 전제로 하지 않는 외교관계였던 까닭에 거란이나 금에 비해 그 관계가 제도적으로 정착되었다거나 정기적인 사신 왕래가 있었던 것은 아니지만, 선종 원년(1084)부터 헤아려보면 40여 년의 기간 동안 『고려사』를 기준으로 고려에서는 송 조정에 총 16차례 사신을 파견하였고,[50] 송 조정에서도 총 6차례의 사신을 파견하였다.[51] 이 기간 동안 고려는 醫藥, 서적, 악기 등 송의 문물들을 폭넓게 받아들였다. 송의 哲宗(1085~1100), 그리고 고려의 宣宗(1083~1094)과 肅宗(1095~1105) 재위 기간인 11세기 말까지, 양국관계는 경제적, 문화적 교류를 중심으로 한 우호적인 관계를 유지하였다. 그러나 송에서 徽宗이 즉위하고, 女眞이 흥기하면서 동아시아의 정세가 급격히 요동치게 된 12세기 이후로는 양국관계도 대단히 긴박하게 전개되었다. 부상하는 여진에 맞서 송이 고려에 정치적, 군사적 지원을 기대하면서 부쩍 가깝게 접근해왔던 것이다. 그리고 이에 따라 외교문서의 양식에도 변화가 나타나게 되었다.[52]

---

50) 이 가운데에는 明州에까지 갔다가 송과 금의 전쟁으로 인해 되돌아온, 인종 4년(1126) 金富軾 일행의 사행도 포함된다. 한편 송의 明州에 移牒하기 위해 파견된 예종 8년(1113) 西頭供奉官 安稷崇의 사행은 포함시키지 않았다.

51) 여기에는 『고려사』에 持牒使라고 기록된 몇몇 사례는 제외하였다. 이에 대해서는 후술하겠다.

52) 李錫炫은 북송 神宗 대부터 남송 高宗 대까지의 송-고려 관계를 검토하면서, 11세기 후반부터 12세기 초까지의 양국관계의 특징을 군주의 재위기간에 따라 나눈 바 있다.

고려국왕의 표문

이 기간 사이에 고려 조정에서 보낸 문서는 『동인지문사륙』 권2에 여러 건이 남아있다. 이를 연대순으로 정렬하여 표로 정리하면 다음과 같다.

〈표 1-3-2〉『東人之文四六』에 실린 宣宗~仁宗 대 對宋 외교문서

연번	연대	작자	문서 제목	비고[*]
四六 2-3	선종7(1090)	李顗	太皇太后起居表	文選 44-12
四六 2-4	선종7(1090)	李顗	進奉表	文選 44-13
四六 2-5	선종7(1090)	李顗	物狀	文選 44-14
四六 2-6	선종7(1090)	李顗	謝神宗遺留物表	文選 34-10
四六 2-15	숙종1(1096)	康滌	謝密進廻儀表	文選 35-19
四六 2-7	예종3(1108)	李顗	告不時訃奏表	文選 39-11
四六 2-8	예종10(1115)	朴景綽	謝賜新樂表	文選 34-23
四六 2-9	예종10(1115)	金富佾	謝賜禮器祭服薦享曲譜禮器款識等表	文選 34-28
四六 2-10	예종10(1115)	金富佾	遣進士乞入學表	文選 41-7
四六 2-13	예종11(1116)	朴昇中	謝書詔不名表	文選 34-25
四六 2-11	예종13(1118)	睿宗	謝親策權適等賜第還國表	
四六 2-14	인종1(1123)	金富軾	謝遣使弔慰表	文選 35-7

* 비고 : 『동인지문사륙』의 해당 문서가 『동문선』의 어디에 실려 있는지에 대한 표시이다. 문서의
일련번호를 붙이는 방식은 『동인지문사륙』과 같다. 두 자료의 문서를 비교해서 같은 문서끼리
묶는 작업은 채상식, 『『東人之文四六』의 자료가치－특히 金富軾 『文集』의 복원 시도』,
(채상식 편), 『최해와 역주 『졸고천백』』, 혜안, 2007, 111~132쪽의 정리를 크게 참조하였다.

대체로 문서의 격식이나 문체 등은 1장 2절에서 살펴본 『東人之文四六』
2-1. 〈本國入宋起居表〉나 2-2. 〈進奉表〉와 일치한다. 즉 문서의 첫머리에 "臣諱
言"이라고 하여 국왕이 '臣'이라고 칭하고 이름을 직접 밝힌 점이나, 수신자인
송 황제를 '皇帝陛下'라고 칭한 점, 또한 문체 역시 사륙변려체가 쓰였다는
점 등에서 전형적인 표문의 형식을 하고 있음을 알 수 있다. 대부분의 문서는
『동문선』의 〈表箋〉 부분에 실려 있으며, 글자에도 약간의 출입이 있을 뿐,

즉 1070년대에 송과 고려에 각각 神宗과 文宗이 재위하면서 외교관계가 복원되었으나,
舊法黨이 집권한 송 哲宗 연간, 즉 고려 宣宗과 肅宗 연간에는 관계가 비교적 소원하였고,
新法黨이 재집권한 송 徽宗 즉위 이후, 고려에서는 睿宗이 즉위한 이후에 이르러
양국관계가 다시 활발해졌다는 것이다. 李錫炫, 「宋 高麗의 外交交涉과 認識, 對應－北宋
末 南宋初를 중심으로」, 『中國史研究』 39, 2005, 122~132쪽 참조.

내용의 해석상에 차이를 가져올 만한 부분은 없다. 다만『동인지문사륙』에는 문서의 제목 아래 부분이나 문서 본문이 끝난 뒤에 細註로, 해당 문서의 작성자와 작성된 시점과, 이 문서를 가지고 간 사신 등에 대한 정보가 상세히 기재된 경우가 많아서 크게 도움이 되는데, 인쇄상태가 고르지 않아 판독이 불가능한 부분이 많은 점은 대단히 아쉽다.

위 문서들 가운데 四六 2-11.〈謝親策權適等賜第還國表〉는『고려사』권14, 예종 13년(1118) 8월 戊午 條에도 그 원문의 일부가 인용되어 있는데, 다음과 같은 말로 시작한다.

> 라-1) 九重의 황제께서 계신 곳에서 우악한 은택으로 한 폭의 天書를 내려주시어 지극한 뜻으로 특별히 후대하심을 깨우쳐주셨으니, 절을 올리고 받들 때에 감격하여 저도 모르게 눈물을 흘렸습니다.[53]

그런데『동인지문사륙』의 문서를 보면, 이 부분 앞에 상당한 분량의 글이 더 있었음을 알 수 있다. 해당 부분은,

> 라-2) 臣 아무개는 아룁니다. 지난 丁酉年(1117) 5월 30일, 入朝하였던 進奉使 通議大夫 試刑部尙書 柱國 李資諒 등이 돌아왔는데, 자애로운 聖上께서 신이 지난 乙未年(1115)에 學生 權適 등을 보내 國學에 입학시켜주실 것을 청했던 데 대하여 國子監에 명하시어 수업할 수 있도록 허락하시었다는 것과, 어느 해 어느 달 22일에 崇政殿에서 그 文藝를 시험하시고 각각 급제를 내리시어 환국하게 하시었으며, 아울러 신에게 친히 쓰신 詔書를 하사하시어 특별히 권장하는 뜻을 보이셨다는 것을 알게 되었습니다.[54]

---

53)『고려사』권14, 예종 13년(1118) 8월 戊午. 九重帝所, 頒異渥以荐來, 一幅天書, 諭至懷而特厚, 拜承之際, 感涕無從.

54)『東人之文四六』2-11.〈謝親策權適等賜第還國表〉. 臣諱言, 去丁酉年五月三十日, 入朝進奉使通議大夫試刑部尙書柱國李資諒等回, 代蒙聖慈, 以臣昨於乙未年, 遣學生權適等, 請入國學, 許令下國子監受業, 至年月二十二日, 於崇政殿試藝, 各賜第還國, 仍賜臣親札詔書, 特垂其勸者. 아울러 이 문서의 말미 부분 가운데 일부도,『고려사』에서 인용하면서는 원문과 상당히 다르게 요약하여 싣고 있다.

라고 되어 있다. 이는 『고려사』 세가에서 외교문서의 원문을 인용하는 방식을 엿볼 수 있게 해주는 중요한 사례이다. 즉 문서의 앞 부분에 해당 문서를 보내게 된 배경에 대해 설명한 부분은 『고려사』 세가에서는 地文으로 서술하고, 본문에 해당하는 부분만을 이어서 인용하였던 것이다.

송 황제 문서 양식의 변화

한편 이 시기 송 황제 명의로 발령되는 문서에는 서식과 양식 면에서 특이한 변화가 나타나게 되는데, 이는 『東人之文四六』 2-13. 〈謝書詔不名表〉를 통해 알 수 있다. 우선 이 문서에서 중요한 부분을 인용해보면 다음과 같다.

> 마) 臣 아무개는 아룁니다. 入朝하였던 아무개 사신 아무개 官 아무개의 보고를 받았습니다. (그 보고의 내용에) 舘伴官이 황제께서 箚子로써 宣諭하신 것을 전달받았습니다. 聖慈께서 신에게 勅書를 내리시던 것을 특별히 詔를 내리는 것으로 하고, (조서에는) 이름을 부르지 않고 '卿'이라 칭하지 않으며 '遣'이라고 하지 않도록 하라고 하셨으며, 學士院으로 하여금 詔書의 體式을 개정하고 樞密院에 보고하여 進呈한 후, 聖旨를 받들어 시행하라고 하신 것이었습니다.[55]

고려국왕에게 보내는 황제 문서의 양식을 개정한 데 대해 사례한다는 내용의 표문이다. 『동인지문사륙』의 이 문서의 細註에는 "乙未, 李資諒·李永等 齎去"라고 하여 작성 시점을 예종 10년(1115)으로 기록하고 있다. 그러나 실제로 李資諒 등이 파견된 것은 이듬해인 예종 11년(1116)의 일이었다.[56] 위의 내용을 통해 확인할 수 있는 점은, 첫째, 황제 명의로 국왕에게 보내는 문서의 서식을 詔書라고 언명하고 있다는 점이다.[57] 이는 문서식이 과거

---

55) 『東人之文四六』 2-13. 〈謝書詔不名表〉. 臣諱言. 准入朝某使某官某報告. 舘伴官奉御箚子宣諭. 伏蒙聖慈, 所有臣應降勅書, 可特降詔, 不名不稱卿不言遣, 仍令學士院, 改定詔書禮式, 申樞密院進呈, 取旨施行者.

56) 『고려사』 권14, 예종 11년(1116) 7월 己酉.

57) 이에 대해서 豊島悠果, 앞의 논문, 2013, 162~164쪽에서는 1114년 이전까지는 勅書, 1116년 이후로는 조서가 사용되었고, 이는 당시의 국제정세 속에서 고려에 대한

10세기 후반 고려국왕이 송의 책봉을 받던 시기의 것과 같게 되었음을 의미하고, 또한 당시 송의 책봉을 받고 있던 夏의 군주에게 발신한 문서의 그것과도 같아졌음을 뜻한다.[58] 둘째, 이때의 조서에서는 "不名不稱卿不言遣", 즉 국왕의 이름을 직접 쓰거나, 국왕을 칭할 때 '卿'이라고 하지 않으며, 사신이나 문서를 보내는 행위를 '遣'이라는 글자를 통해 표현하지 않기로 했다는 점이다.

두 번째 사항을 현전하는 문서를 검토하여 사실과 같은지 확인해보겠다. 예종 11년(1116) 고려에서 송에 파견했던 사신 王字之와 文公美 등은 송 황제의 조서를 받아 귀환하였는데, 이때 그 문서 7통의 일부가 『고려사』 世家에 인용되어 있다. 이들 문서에서는 이전의 문서였다면 '卿'이 쓰였을 법한 부분에 아예 수신자를 칭하는 부분이 빠져있거나, 혹은 그를 '爾'로 대신하였음이 확인된다.[59] 또한 이듬해 李資諒 등이 귀환할 때에 가지고 온, 송 徽宗이 친히 지었다고 하는 조서에서도 역시 국왕을 가리켜 '爾'라고 하였다.[60]

북송 말년의 황제 문서

한편 인종 원년(1123) 송의 國信使 路允迪 등이 가지고 온 문서는 그 원문이 거의 전문에 가깝게 『宣和奉使高麗圖經』에 실려 있다. 이 무렵 송은 그야말로 매우 긴박한 위기 상황에 직면해있었다. 1115년 여진이 금을 건국하면서 파죽지세로 거란을 밀어내고, 1120년에는 長城 남쪽의 거란 南京, 즉 지금의 베이징까지를 장악하면서 송 조정을 압박해오던 와중이었던 것이다. 송에서

우대를 표한 것이라고 해석한 바 있다. 그는 이전까지의 문서가 "勅某"로 시작해서 "(時候), 卿比平安好. 遣書, 指不多及"으로 끝맺는 唐代의 論事勅書의 전형을 따르고 있다는 점에서 이를 勅書로 파악했기 때문이었다. 다만 앞서 검토했듯이 송 대에는 詔書가 당 대의 論事勅書의 기능을 대신하고 있었다.

58) 실제로 『宋大詔令集』 권234와 권235에 실린, 송에서 하에 보낸 문서는 모두 詔書의 양식을 충실히 따르고 있다.

59) 『고려사』 권14, 예종 11년(1116) 6월 乙丑. 又獎諭賀冊皇太子詔曰, "(중략) 惟爾東藩 (하략)"; 又獎諭遣子弟入學詔曰, "(중략) 惟爾雅俗 (하략)"

60) 『고려사』 권14, 예종 12년(1117) 5월 丁巳. 帝賜御製親札詔, 王迎于乾德殿. 詔曰, "(중략) 惟爾忠孝 (하략)"

고려에 파견된 사신 일행은, 표면적으로는 睿宗의 喪을 조문하기 위한 것이었으나, 고려가 군사적 원조를 할 수 있는지 타진하는 것을 목적으로 삼고 있었다. 이들이 가지고 온 문서를 양식을 파악할 수 있는 기두와 결사 위주로 인용해보면 다음과 같다.

> 바-1) 高麗國王 王楷(에게 勅하다). (중략) 이제 通議大夫 守尙書禮部侍郎 元城縣 開國男 食邑 300호 路允迪과 太中大夫 中書舍人 淸河縣開國伯 식읍 900호 傅墨卿을 國信使의 정사와 부사로 삼아 卿에게 國信禮物 등을 別錄과 같이 갖추어 하사하니, 받도록 하라. 이에 조서로 알리니 잘 알아두라. 봄 날씨 따뜻한데 경은 두루 평안하기를 바란다. 문서를 보내나 글월에는 할 말이 두루 미치지 못한다.[61]

> 바-2) 高麗國王 王楷(에게 勅하다). 생각하건대 그대의 先王은 지금까지 위로는 밝은 덕을 성실히 지켜 나를 도와왔다. (중략) 卿에게 國信禮物 등을 別錄과 같이 갖추어 하사하니, 받도록 하라. 이에 조서로 알리니 잘 알아두라. 봄 날씨 따뜻한데 경은 두루 평안하기를 바란다. 문서를 보내나 글월에는 할 말이 두루 미치지 못한다.[62]

이들 문서에서는 첫머리에 "高麗國王王楷"라고 하여 인종의 이름자를 그대로 적었고,[63] 본문에서도 국왕을 '爾' 또는 '卿'이라고 칭하였으며, 말미에도

---

61) 『高麗圖經』 권25, 受詔, 拜詔. 高麗國王王楷. (중략) 今差通議大夫 守尙書禮部侍郎 元城縣開國男 食邑三百戶 路允迪, 太中大夫 中書舍人 淸河縣開國伯 食邑九百戶 傅墨卿, 充國信使副, 賜卿國信禮物等, 具如別錄, 至可領也. 故玆詔示, 想宜知悉. 春暄, 卿比平安好. 遣書, 指不多及.

62) 『高麗圖經』 권25, 受詔, 弔慰. 高麗國王王楷. 惟爾先王, 祗今上御名明德, 宜綏厥位. (중략) 賜卿國信禮物等, 具如別錄, 至可領也. 故玆詔示, 想宜知悉. 春暄, 卿比平安好. 遣書, 指不多及. 이 두 문서는 『海東繹史』 권54, 藝文志 13, 中國文에도 인용되어 있다.

63) 아마도 첫머리는 "勅高麗國王王楷"였을 것이다. 그러나 맨 첫 글자인 '勅'은 다른 글자에 비해 큰 글자로 쓰게 되어 있었으므로(矢木毅, 앞의 책, 497쪽), 徐兢이 이를 옮기면서 생략했을 것이다. 한편 『高麗圖經』에서는 이들 두 문서를 인용하기에 앞서 지문에서 "詔曰"이라고 하고 있다. 이에 대해 심영환은 원래 문서에서는 "勅某"로 표기되어 있었을 것이나, 후대의 傳寫 과정에서 황제의 명령이라는 뜻으로 이 부분을 "詔曰"로 고쳤을 것으로 파악하였다. 심영환, 앞의 논문, 172~173쪽 참조.

"故玆詔示, 想宜知悉. 春暄, 卿比平安好. 遣書, 指不多及."이라고 하였다. 이를 통해 앞서 문종 27년(1073)의 『宋大詔令集』 2-7. 〈賜權知高麗國王事王徽起居回書〉와 거의 일치하는, 詔書의 양식을 따르고 있음을 알 수 있다. 즉 『東人之文四六』 2-13. 〈謝書詔不名表〉를 통해 알 수 있는, "不名不稱卿不言遣"의 원칙을 준수하지 않은 것이다.[64]

그런데 바로 3년 후인 인종 4년(1126) 송의 사신 侯章 등이 파견되었을 때에는 상황이 다시 바뀌었다. 두 해 전부터 시작된 금군의 南進에 송군은 연전연패를 당하던 중이었다. 바로 전 해인 인종 3년(1125)에는 徽宗이 책임을 지고 제위에서 물러나고 欽宗이 즉위하였으나, 금군의 공세는 고삐를 늦추지 않고 있었다. 이때 파견된 사신 侯章 등은 명시적으로 고려에 원군을 요청하였다. 이때 그가 가져온 문서의 일부를 인용해보면 다음과 같다.

> 사) 金人들은 무도하여 郭藥師의 배반을 틈타 燕山을 함락시키고 변경을 소란하게 만들더니 도읍 부근까지 이르러왔다. 마침 짐이 즉위한 초기에 이런 놀랄 만한 일을 당하는 바람에 왕에게 미리 알리지 못하였다. 짐이 생각건대 왕은 대대로 忠孝를 다하여 책봉을 받아왔으며 오랫동안 우리의 번방으로서 황제의 은택을 누려왔다. 이에 우리 열성조 神宗 황제께서 사신을 보내 聘問하게 함에 의례와 정성이 지극히 갖추어져, 인정은 골육지간과 같았으며 의리는 군신과 같았다. 우리 道君太上皇帝에 이르러서는 하사한 물건이 헤아릴 수 없을 만큼으로 대우가 더욱 각별해졌다. 짐은 생각하건대 중국과 왕은 遼海를 두고 멀리 떨어져 있는데도 은혜와 예우가 이와 같은 것은 어찌 다른 뜻이 있었겠는가. 어려울 때 힘을 합치고자 했던 것일 뿐일 것이다. (중략) 한 번에 세 가지를 모두 얻을 수 있으니 왕은 무엇을 거리껴 행하지 않겠는가. 높은 작위와 후한 하사품을 짐은 왕에게 아까워하지 않을 것이니 왕은 이에 힘쓰라.[65]

---

64) 이에 대해서 豊島悠果는 1123년 당시 사신 파견 직전 송이 金과의 공동작전을 통해 燕 일대를 회복하여 의기양양한 모습을 보인 것이라고 해석하였다(豊島悠果, 앞의 논문, 2013, 166쪽).

65) 『고려사』 권15, 인종 4년(1126) 7월 丁卯. 金人不道, 乘郭藥師背叛之故, 陷沒燕山, 俶擾邊境, 達于都畿. 方朕卽位之初, 遭此震驚, 以故未及與王相聞. 朕惟, 王世濟忠孝, 膺授顯冊, 屛翰之舊, 久受國恩. 肆我烈祖神宗皇帝, 命使修聘, 禮意備至, 情同骨肉, 義則君臣. 以至于我道君太上

이 문서에서 송 欽宗은 금의 공격에 임박하여 위기에 처한 자신의 처지를 알리고, 神宗 대에 국교를 복원한 이래 지금까지의 양국의 우호관계를 서술하며 이것이 어려움을 당했을 때에 서로 구원하고자 하기 위함이었다고 호소하였다. 이 문서에서는 곳곳에서 국왕을 지칭하여 '王'이라고 하였다. 즉 '不稱卿'의 원칙이 준수된 것이다. 국제정세가 매우 긴박하게 전개되고, 송이 처한 위험이 나날이 커져가는 상황에서 불과 3년 만에 송 황제의 조서에서 상대를 대우하는 원칙이 달라졌음을 확인할 수 있다.[66]

송 徽宗의 手詔

아울러 주목되는 것은 예종 대 무렵, 황제 명의로 전달된 문서 가운데 御製親札, 혹은 御筆親製 등으로 표현된 문서, 즉 황제가 직접 짓고 쓴 이른바 手詔 형식의 문서가 자주 보인다는 점이다. 예종 5년(1110)에 고려에 파견되었던 兵部尙書 王襄과 中書舍人 張邦昌은 황제 명의의 문서를 전달한 후 국왕에게 "이 조서는 황제께서 붓을 잡고 친히 지으신 것으로, 北朝(거란)에도 이와 같은 예는 행한 적이 없으며 文宗과 肅宗 때에도 일찍이 이러한 은혜를 내리신 적은 없었습니다."라고 강조하였다.[67] 또한 예종 12년(1117)에 고려에 문서가 전달된 사실을 『고려사』에서는 "황제가 御製親札詔를 하사하였다."라고 기록하였다.[68] 인종 원년(1123)에 파견되었던 國信使 禮部侍郎 路允迪 등도 문서를 전하는 의례를 시행한 후, 별도로 국왕에게 "(황제께서) 사신을 보내 제사를 지내고 조문하게 하시면서, 詔書·祭文은 모두 손수 지으셨습니다."라고 생색을 내었다.[69]

皇帝, 錫賚不貲, 待遇加等. 朕惟中國與王, 遠隔遼海, 而恩禮如此, 豈有他哉. 庶幾艱難有以敵愾耳. (중략) 一擧而三者皆得, 王何憚而不爲. 高爵厚賜, 朕於王無所愛惜, 王其勉之.

66) 豊島悠果 역시 이때 송이 金軍의 공격을 받으면서 고려에 원군을 요청하러 왔던 상황이었으므로, 국왕을 지칭하는 표현을 우대하는 방식으로 복구한 것으로 해석하였다. 豊島悠果, 앞의 논문, 2013, 167쪽.

67) 『고려사』 권13, 예종 5년(1110) 6월 癸未. 使副就王前, 傳密諭曰, "(중략) 且此詔, 乃皇帝御筆親製, 北朝必無如此禮數, 文王·肅王, 亦不曾有此等恩命."

68) 『고려사』 권14, 예종 12년(1117) 5월 丁巳. 帝賜御製親札詔.

69) 『고려사』 권15, 인종 원년(1123) 6월 甲午 ; 癸卯. 宋國信使, 禮部侍郎路允迪·中書舍人傳墨卿來. (중략) 路允迪等告王曰, "帝聞先國王薨逝, 嗣王傳業, 故遣使致奠弔慰, 詔書·祭文,

북송 대에 황제가 직접 짓고 서사한 문서, 즉 手詔는 황제 명의의 조령문서 가운데 최고의 격식과 체제를 가진 것으로 인정되어, 국내에서는 특별한 공적을 세운 신료들을 대상으로 그를 표창하거나 격려하는 용도로 사용되었다고 한다.[70] 이전 시기에는 사용되지 않던 황제의 手詔라는, 비교적 높은 격식의 문서가 고려에 전달된 것인데, 이는 예종 대에 황제 명의의 문서에서 "不名不卿不言遺"하는 방식으로 승격된 데 이어서 문서의 격식을 높임으로써 송이 고려의 위상을 높이 평가하고, 또한 이를 통해 송이 고려와 우호관계를 유지하고 강화하고자 하였음을 알 수 있다.

송 황제 문서의 禮制 활용

요컨대 예종 11년(1116)을 기점으로 송 황제가 발신하는 문서인 조서에서는 국왕의 이름을 직접 지칭하지 않는 등의 방식으로 그 격식을 높였고, 아울러 조서 가운데서도 가장 격이 높은 手詔를 보내기도 하였다. 그러나 이러한 문서 양식은 당시의 국제정세를 반영하여, 일시 원래 상태로 격이 내려갔다가 곧바로 복구되기도 했다. 12세기 초반, 금의 흥기와 거란의 멸망, 그리고 북송의 멸망으로 이어지는 매우 급격한 국제정세의 변동 속에서, 외교문서 양식의 변화를 통해 드러나는 고려에 대한 송의 대우도 시시각각 변했던 것이다. 송은 1115년 건국한 금과의 연합을 통해 오랜 숙원이었던 燕雲 지역을 수복하는 데에는 성공했지만(1123년), 이어지는 금군의 남하로 곤경에 처하면서 고려와의 연합을 도모하는 등 외교적인 노력을 기울이고 있었다. 이 무렵 송에서 고려를 외교적으로 우대하는 조치, 예컨대 고려 사신을 國信使로 승격시켜 서하의 위에 두게 한다든지, 혹은 거란 사신과 마찬가지로 樞密院에서 관할하게 하였다는 등의 조치를 취했던 것도,[71] 이러한 국제정세를 반영하고 있던 것으로 해석된다.

皆御製親扎."

70) 劉亞君, 「北宋手詔研究」, 遼寧大學 碩士學位論文, 2013 참조.

71) 『송사』 권487, 外國 3, 高麗, 政和中, 升其使爲國信, 禮在夏國上, 與遼人皆隷樞密院, 改引伴·押伴官爲接送館伴. 賜以大晟燕樂·籩豆·簠簋·尊罍等器, 至宴使者于睿謨殿中. 그 밖에도 송에서 고려의 사절을 우대하는 조치를 계속 취했던 점에 대해서는 李錫炫, 앞의 논문, 2005, 123~130쪽 참조.

대체로 송 대의 국제질서는 당 대나 명 대에 비해 일원적이지 않았으며, 외국에 대한 대우도 일률적인 기준에 의해 정해진 것이 아니라 상대의 國勢에 따라 유동적이었다고 이해되고 있다.[72] 그리고 이러한 유동성은 논리적으로는 고려가 송의 책봉을 받고 있지 않았기 때문에, 당 대와 같이 주변국 수장에게 내려준 책봉호를 일원적인 기준으로 삼아 그 위치를 결정할 수 있는 상황이 마련되지 않았기 때문에 비롯되었다고 본 견해는[73] 탁견이라고 생각된다.

고려국왕이 보내는 문서가 表文으로 고정되어 있고, 거기에 미세한 표현의 차이는 있을 수 있으나 양식 면에서 상하관계의 심도를 드러낼 수 있는 방법이 거의 없었던 데 비해, 송 황제의 문서에는 制書－詔書－勅書라는 격식의 차이가 있었으며, 상황에 따라서는 手詔를 써서 상대의 격을 높여주는 변용도 이루어지고 있었다. 또한 수신자의 호칭을 '王', '卿', '爾' 등 가운데 어떤 것으로 할지, 수신자의 이름을 직접 부를 것인지 아닌지 등 미묘한 차이를 통해서도 상대를 대우하는 방식을 달리 하였다. 따라서 그 서식과 양식이 정세와 밀접하게 연관될 여지가 있었고 실제로 그러했음이 확인된다. 즉 현실적인 외교적 목적을 달성하는 수단으로 외교문서 양식을 비롯한 禮制를 적극 활용했던 것은 고려 쪽이 아니라 오히려 송 쪽이었던 것이다.[74] 송이 고려국왕을 책봉하지는 않았지만 문서상에서 수신자 명의를 '權知高麗國王事'라고 했던 데서 '權'자를 떼어 국왕의 권위를 인정한다는 뜻을 전하기도 하고,[75] 또한 거란이 금에 의해 멸망당하게 될 상황에 임박해서는 거란을

---

72) 이에 대해서는 송 대의 빈례 구조를 분석하여 거기에 참여한 외국 사신의 위차를 분석한 김성규의 일련의 연구가 크게 참조된다. 김성규, 「송대 東아시아에서 賓禮의 成立과 그 性格」, 『東洋史學硏究』 72, 2000 ; 김성규, 「高麗前期의 麗宋關係」, 『國史館論叢』 92, 2000 ; 金成奎, 「宋朝から觀た高麗·西夏·ベトナムの國際地位に關する一面-進奉使見辭儀'の比較を通じて」, 『國際中國學硏究』 11, 2008 등.

73) 豊島悠果, 앞의 논문, 2013, 176~177쪽.

74) 이러한 측면에서 문종 대 재개된 이후 외교관계를 통해 양국이 목표로 하였던 바를 고려는 문화적 측면이 강했던 데 비해, 송은 정치적·군사적 목적이 주가 되었다는 기존의 이해를 다시 참고할 만하다. 朴龍雲, 「高麗·宋 交聘의 목적과 使節에 대한 考察(上)」, 『韓國學報』 81, 1995 참조.

75) 『고려사』 권13, 예종 5년(1110) 6월 癸未. 使副就王前, 傳密諭曰, "皇帝明見萬里, 諒王忠恪之誠, 欲加恩數, 聞王已受北朝冊命, 南北兩朝通好百年, 義同兄弟, 故不復冊王, 但令賜詔, 已去權字, 卽是寵王, 以眞王之禮."

대신하여 고려국왕을 책봉하겠다는 뜻을 먼저 적극적으로 제의해오기도 했던 데서도,[76] 고려와의 우호관계를 유지, 강화하고자 하는 의도를 예제를 통해 표현하고자 했던 일면을 엿볼 수 있다. 이는 국교 재개 이후 송에서 고려 사신에 대한 대우를 점차 높여가는 방식으로 고려에 대한 우대 조치를 표현하였던 것과 맥락을 같이 한다.

4. 국교 재개 이후 송 明州와 고려 조정 사이의 牒 교환

송 지방 관부와의 소통 사례

지금까지 고려가 송의 책봉을 받지 않았던 시기 양국 사이의 외교문서로서 주로 군주 사이에 주고받은 문서의 양식에 집중하여 검토하였다. 그런데 문종 대 후반에 국교가 재개된 이후 기존에는 보이지 않던 새로운 방식의 문서 왕래가 본격적으로 드러나게 되는데, 바로 송의 지방관부인 明州와 고려 조정 사이에서 牒이라는 양식의 문서를 주고받았다는 점이다. 이 절의 마지막 검토 과제로 이에 대해 살펴보겠다.

문종 대 후반 국교 재개 논의가 오고갈 당시, 양국 사이에 공식적인 사신 파견이 있기에 앞서 고려 예빈성과 송의 福建轉運使 羅拯, 혹은 明州의 지방관 사이에서 牒을 주고받으며 사전 정지작업을 벌였던 점은 앞서 확인한 바이다. 이는 선종 대 이후의 사료에서 좀 더 명확하게 드러나게 된다.

우선 선종 2년(1085)에는 송의 密州에서 황제, 즉 神宗이 붕어하고 황태자가 즉위하였다는 사실을 고려에 알려왔다.[77] 密州는 현재의 山東省 동남부 연해에 위치한 지역으로, 과거 登州가 고려 사신의 입항지였던 점을 고려하면 이때까지도 山東省 연해 지역이 고려와의 교통에 중요한 역할을 담당하고 있었던 것이 된다. 그런 까닭에 密州가 송의 제위 교체 사실을 알려오는 주체가 되었던 것이다. 이 사실을 전해들은 고려 조정은 그해

---

76) 『고려사』 권15, 인종 원년(1123) 6월 甲午. 宋國信使 禮部侍郎路允迪 中書舍人傳 墨卿來. (중략) ; 癸卯. 路允迪等告王曰, "(중략) 今遼命已絶可以請命朝廷." 김보광, 「12세기 초 송의 책봉 제의와 고려의 대응」, 『동국사학』 60, 2016.
77) 『고려사』 권10, 선종 2년(1085) 3월 戊戌. 宋密州報, 帝崩, 皇太子即位.

8월 사신을 파견하여 神宗의 喪에 조문하고, 새 황제 哲宗의 즉위를 축하하였다.[78] 즉 密州에서 알려온 사실을 공식적인 것으로 받아들이고 이에 대응하였던 것이다.

이후 선종 10년(1093)에는 송의 明州에서 報信使,[79] 혹은 持牒使[80]라는 명칭의 사신이 연달아 고려 조정에 파견되어 왔다. 또 숙종 5년(1110) 5월, 송의 哲宗이 붕어했을 때, 이번에는 송의 明州에서 牒을 보내 이 사실을 알려왔다.[81] 앞서 선종 2년의 사례와 마찬가지로 고려에서도 이 사실을 공식적으로 접수하여 바로 다음 달인 6월 사신을 파견해서 철종의 상에 조문하고 徽宗의 즉위를 축하하였다.[82] 이때에 이르러서는 문종 때와 마찬가지로 다시 明州가 고려와의 접촉에 나섰던 것이다. 이들 기록을 통해서 송의 명주에서 공식적으로 사신을 파견하였으며, 이들이 牒이라는 형식의 문서를 가지고 왔음을, 그리고 고려에서도 이를 송의 공식적인 통보로 이해하여 조정 차원의 공식 대응에 나섰음을 알 수 있다. 또한 인종 2년(1124)의 사례를 보면, 宋商 柳誠 등이 명주의 牒을 가지고 고려에 파견되었는데, 그 첩은 황제의 명을 받들어 작성된 것이었다고 한다.[83] 이 사례를 통해서 명주는 송 황제 명에 근거하여 고려에 간단한 사실을 전하는 문서행위의 주체로서, 송 조정으로부터 공식적으로 인정되고 있었음을 확인할 수 있다.

송 明州의 외교 기능

실제로 당시 明州, 즉 지금의 浙江省 寧波는 淳化 3년(992) 兩浙市舶司가 설치된 이후 송의 대외교역의 중요한 창구로 부상하였으며, 특히 11세기 중반 이후 이른바 고려의 南路가 활성화되면서부터는 고려와의 무역을 독점하다시피 하는 항구가 되었다고 한다.[84] 또한 명주는 11세기 후반부터는

---

78) 『고려사』 권10, 선종 2년(1085) 8월 辛未.
79) 『고려사』 권10, 선종 10년(1093) 2월 甲寅. 宋明州報信使黃仲來.
80) 『高麗史節要』 권6, 선종 10년(1093) 10월. 宋明州持牒使王廓來, 報太皇太后崩.
81) 『고려사』 권11, 숙종 5년(1110) 5월 辛巳. 宋明州牒報, 哲宗皇帝崩, 皇弟端王佶立.
82) 『고려사』 권11, 숙종 5년(1110) 6월 乙丑.
83) 『고려사』 권15, 인종 2년(1124) 5월 庚子. 宋商柳誠等四十九人來. (중략) 傳明州奉聖旨牒 云, "杜道濟等, 許令任便居住."

일본의 太政官과 牒狀을 주고받는 등 무역뿐만 아니라 외교 면에서도 일본과의 교섭 창구로서도 기능하고 있었다.[85]

마찬가지로 고려에서도 송의 명주에 사신을 파견하여 조정의 의사를 전달하는 일도 있었다. 예종 8년(1113) 9월, 고려에서는 西頭供奉官 安稷崇을 파견하여 송의 명주에 牒을 전달한 일이 기록되어 있다.[86] 실제로는 더 많은 사례가 있었을 것으로 추측되지만, 이 무렵의 『고려사』 세가를 통해 확인되는 유일한 사례이다.

1113년 고려의 牒

그렇다면 이때 고려 조정과 송 명주 사이에서 주고받았던 牒이란 어떤 형식의 문서였을까? 그 원문을 비교적 자세히 남기고 있는 예종 8년(1113)의 사례를 인용해보겠다.

> 아) 西頭供奉官 安稷崇을 송에 파견하였다. 송 明州에 牒을 보내 말하기를, "작년에 입조했던 金緣 등이 돌아와서 말하기를, '闕下에 있을 때 館伴 張內翰 등이 말하기를, 「내년에 다시 禋祀를 행할 것이니 국왕께 아뢰어서 사신을 보내 입조해서 大禮에 참관하도록 하십시오.」라고 하였습니다.' 라고 하였습니다. 이미 有司에 명하여 차비를 시작하도록 하였는데, 갑자기 어머니께서 薨逝하시어 슬픔에 북받치니, 올해는 사신을 보내 예를 표할 경황이 없게 되었습니다. 바라건대 이 뜻을 전해주시기 바랍니다."[87]

---

84) 張偉, 「略論明州在宋麗官方貿易中的地位」, 『寧波大學學報』(人文科學版) 13-4, 2000 참조.
85) 山崎覺士, 「書簡から見た宋代明州對日外交」, 『專修大學東アジア世界史研究センター一年譜』3, 2009 참조. 11~13세기, 明州가 송의 대일본 무역에서 중요 창구로 기능했음은 榎本涉, 「明州市舶司と東シナ海海域」, 『東アジア海域と日中交流』, 東京 : 吉川弘文館, 2007 참조.
86) 『고려사』 권13, 예종 8년(1113) 9월 乙酉.
87) 『고려사』 권13 예종 8년(1113) 9월 乙酉. 遣西頭供奉官安稷崇如宋. 牒宋明州云, "去年入朝金緣等回稱, '在闕下時, 蒙館伴張內翰等諭, 「來歲又當禋祀, 申覆國王, 遣使入朝, 以觀大禮.」 聞此, 已令有司, 方始備辦, 忽母氏薨逝, 迫以難憂, 今年未遑遣使入朝, 以達情禮. 請炤會施行."

이 인용문은 길지 않은 문장이지만 상당히 많은 사실을 알려준다.

첫째, 고려에서 사신을 송의 명주에까지만 파견한 사실이다. 송의 명주에서 報信使, 持牒使 등의 명칭을 가진 사신이 왔던 것처럼 고려에서도 송 조정이 아닌 명주에까지만 사신을 보낸 일이 있다는 것이다.[88] 그리고 이는 송 조정에까지 사신을 파견하기에는 "경황이 없는" 상황에서 임시로 취해진, 훨씬 간단한 방식의 소통이었다는 점이다. 양국이 주고받은 문서 가운데 보통 別錄이나 別紙, 혹은 物狀이라는 이름의 문건에서 종종 열거되어 있는 國信物의 긴 목록만을 보아도,[89] 조정 대 조정 사이의 사신 파견과 그 접대에 얼마나 많은 준비가 필요했는지를 알 수 있다.[90] 이러한 번잡함을 대폭 생략하고, 조정의 의지만을 전달하는 데에는 명주와의 교섭 채널이 가동되는 것이 훨씬 간소한 방편으로 취해졌을 것이다.

둘째, 이 사신은 掖庭局의 종7품인 西頭供奉官이라는[91] 비교적 낮은 관직을 띠고 있었다. 물론 사신 安稷崇은 이미 숙종 3년(1098)에도 사신단의 일원으로 송에 파견된 적이 있었고, 內侍를 거쳐 과거에 급제한 인물로서 문필 능력 등을 두루 갖추고 있었던 것으로 보이지만,[92] 그가 띠고 있던 관직은 당시에

---

88) 이때의 사신 安稷崇의 묘지명에 따르면, 그가 송에 사신으로 갔을 때 天子가 고려국왕에게 大晟新樂을 하사하였다고 전하고 있다(〈安稷崇墓誌銘〉(金龍善 編, 『(改訂版)高麗墓誌銘集成』, 翰林大學校 出版部, 1997, 59~61쪽). 至癸巳歲, 奉使入宋, 及還, 天子賜上以大晟新樂). 또한 安稷崇이 복명하였을 때의 기록에도 그러한 내용이 전한다(『고려사』 권13, 예종 9년 6월 甲辰). 이를 보면 그가 명주를 거쳐 송 조정에까지 들어갔을 가능성도 생각할 수 있으나, 고려에서 그를 파견한 것은 어디까지나 명주까지였음은 위의 『고려사』 세가의 기사를 통해 명확히 알 수 있다.

89) 예컨대 『고려사』 권9, 문종 26년(1072) 6월 甲戌 條의 네 번째 문서나 문종 34년(1080) 7월 癸亥 條의 두 번째 문서에는 고려에서 진헌한 물품의 목록이 등장하고, 문종 32년(1078) 6월 丁卯 條에는 송 사신이 가지고온 國信物의 품목과 수량이 열거되어 있다. 한편 國信이란 國書라는 의미의 문서가 아니라 '국가 사이의 선물'을 의미한다. 西嶋定生, 「遣唐使と國書」, 『東アジア世界と冊封體制』, 東京 : 岩波書店, 2002, 250~257쪽 참조.

90) 실제로 송에서 고려의 사신을 접대하는 비용을 마련하는 것이 중요한 문제로 제기되었고, 이 때문에 蘇軾과 같은 조정의 관료들은 고려와의 관계를 중단할 것을 강력히 주장하였다고 한다. 申採湜, 「宋代 朝廷과 官僚의 高麗觀」, 『宋代對外關係研究』, 한국학술정보, 2008 참조.

91) 『고려사』 권77, 百官志 2, 掖庭局.

92) 〈安稷崇墓誌銘〉(金龍善 編, 앞의 책 참조).

고려에서 파견되는 正使는 정3품의 尚書, 副使는 정4품인 侍郎 정도가 맡았던 것이 일반적이었던 점과 비교해보면,[93] 훨씬 낮은 것이었다.

셋째, 예종 9년(1111) 7월에 파견되었던 고려 사신 金緣은 이듬해 귀국하면서 송의 館伴, 즉 사신 접대를 담당했던 관원으로부터 다음해에 다시 사신을 파견해줄 것을 요청받았고, 이를 국왕에게 보고했다는 점이 확인된다. 문서를 통한 의사 전달 이외에도 사신과 館伴官, 혹은 接伴官 사이의 소통이 공식적인 조정의 의지로서 전달되는 경우가 있었음을 확인할 수 있는데, 이는 이후에 더 상세히 살펴볼 것이다.

넷째, 본격적으로 문서 자체를 살펴보면, 우선 발신자는 復命한 사신의 보고를 듣고, 有司에 준비할 것을 명하였으며, 太后를 '母氏'라고 칭한 국왕이었다. 수신자는 문서 본문을 통해서는 알 수 없으나 地文을 통해서 명주의 지방관이었을 것으로 추측된다. 문종 대 송의 지방관과 牒을 교환한 주체가 禮賓省이었던 것을 떠올려보면, 이는 이례적인 것이었다고 할 수 있다. 문체는 표문과 같은 유려한 사륙변려체가 아니라 일반적인 고문 형식을 띠고 있다. 또한 문서 말미에 "請炤會施行"이라고 한 것이 주목된다. 원 대 이후의 관문서에서 일반적으로 "請照驗施行"과 같이 "請~施行"이라고 하여 수신자에게 요청하는 핵심 내용을 요약하여 기술한 방식과 아주 유사하다. 비록 문서의 起頭와 結辭 부분이 모두 생략되어 있어, 이 문서가 "某司牒某司"로 시작하여 "謹牒"으로 맺는 송 대 牒의 일반적인 양식인지 여부는 확인할 수 없지만,[94] 해당 문서가 작성되기까지의 경위를 간략히 서술한 점이나, "聞此", "請炤會施行" 등의 문구를 보았을 때 실무행정문서의 요소를 담고 있음은 확실하다. 이런 점에서 이 牒은 조·칙 및 표와 같은 군주 사이의 의례적인 문서와는 차별성을 갖는 것이다. 이처럼 국왕 명의로 작성된 실무적인 문서를 송의 지방관과 주고받았다는 사실은 원 대 이후 일반화된 현상의 이른 시기의 선례라고 할 수 있다. 다만 그것이 정기적이거나, 혹은 정식화되어있었던 것이 아니라는 점에서는 분명히 차이가 있다.

---

93) 朴龍雲, 「高麗·宋 交聘의 목적과 使節에 대한 考察(下)」, 『韓國學報』 82, 1996, 119쪽.
94) 송 대 牒狀의 양식은 『慶元條法事類』 권16, 文書門 1, 文書式 참조.

고려의 牒에 대한 송의 반응

그렇다면 이렇게 전달된 牒은 송 국내에서는 어떤 방식으로 전달, 처리되었을까. 이에 대해서는 다음의 인용문이 해명해준다.

> 자) 송에서 閤門祗候 曹誼와 醫官 楊宗立 등 7인을 보내왔다. (중략) 조서에 이르기를, "知明州 樓룡가 奏聞한 것을 살펴보고서 高麗國王世子와 王子 아무개가 서한을 보내 약재와 진맥·瘡瘍 등의 전문 의사 서너 명 정도를 뽑아 보내주어 의학에 관심을 두고 치료법을 널리 교습하게 해달라고 청한 사실을 알게 되었다."[95]

위 인용문을 통해 明州에 문서를 보낸 주체가 이번에는 고려국 왕세자와 왕자 등이었음을 알 수 있다. 문서는 아마도 明州의 지방관이었던 樓룡를 수신자로 했을 것이다. 知明州事 樓룡는 이 문서를 받은 사실을 송 황제에게 奏聞하였고, 문서 내용은 송 황제가 고려국왕에게 보내는 조서에 그대로 인용되었다. 즉 고려에서 명주에 보낸 문서 역시 송 조정에 정식으로 보고되어 공식적인 효력을 인정받음을 알 수 있다.

이처럼 조정 사이의 사신 왕래에서 발생할 수 있는 비용 문제를 절감하여 간편하고 신속하게 양국의 의사를 전달하기 위해서 고려 조정과 송 明州 사이에 사신 및 문서 왕래가 빈번하게 이루어졌다. 송의 경우 고려 사신의 입항지인 명주에서 수도인 開封까지의 거리가 상당했기 때문에 현지 지방관이 교섭의 대상이 되었다. 반면에 고려는 기항지이자 입항지인 예성강 하구의 碧瀾渡가 수도인 開京과 지리적으로 매우 가까웠기 때문에, 굳이 지방관이 아니라 중앙정부의 禮賓省, 때로는 국왕이나 왕세자 등이 직접 교섭의 주체가 되었던 것이다.

---

95) 『고려사』 권14, 예종 13년(1118) 7월 辛巳. 宋遣閤門祗候曹誼醫官楊宗立等七人來. (중략) ; 甲申. 詔曰, "省知明州樓룡奏, 高麗國王世子·王子王某書, 乞借差大方脉·瘡瘍科等, 共三四許人, 使存心醫, 療式廣敎習事. (하략)"

소결 : 책봉 없는 외교관계의 문서식

　이상 문종 대 국교 재개 이후 고려와 송 사이의 외교문서에 대해 정리하면 다음과 같다. 첫째, 고려국왕은 송으로부터 책봉을 받지 않았음에도 고려국왕의 표문과 송 황제의 조서라는 상하관계를 반영한 문서식을 사용하였다. 둘째, 군주 사이의 교류가 중심이 되었던 까닭에 주된 사안은 모두 조서와 표문을 통해 다루었고, 그것이 여의치 않은 상황에 한해서 관부 사이에 牒을 교환하였다. 셋째, 금의 압박을 받으면서 송은 고려에 군사적 원조를 요청하기도 하였는데, 정세의 변동에 따라 송 황제의 조서 양식은 미묘하게 변화하였다. 송은 이를 통해 고려에 대한 대우를 조절하는 방식을 취했던 것이다. 넷째, 비중이 덜한 사안을 통보하는 데에 고려 조정과 송 明州 사이의 소통 경로가 개통되었는데, 이때의 문서는 유연성을 장점으로 가지는 牒이 선택되었다.

　11세기 후반부터 12세기 초반까지 고려-송 관계는 거란과 금을 포함한 국제정세 전반과 밀접하게 연계되어 전개되었다. 외교문서와 관련 제도 역시 마찬가지로, 문종 대의 국교 재개 당시 이후 11세기 후반에는 큰 변화가 없이 유지되었다. 그러나 금의 흥기로 정세가 불안해지면서 송은 황제 문서의 양식을 조금씩 변경해가면서 고려와 우호관계를 맺으려는 의도를 표현하였다.

외교문서식을 통해 본 11세기 동아시아 국제관계의 특징

　일반적으로 11세기부터 12세기 초까지의 동아시아 국제질서의 특징을 다원적인 것으로 평가한다. 북송과 거란이 남북으로 병립하며, 기본적으로 양자는 대등한 관계에 있음을 전제로 하고 있었던 것이다. 고려는 성종 13년(994) 이후로는 약간의 곡절은 있었으나 꾸준히 거란으로부터 책봉을 받았을 뿐, 송과는 책봉을 전제로 한 외교관계를 맺지 않았다. 그럼에도 고려와 송은 각각 표문과 조서라는 상하관계를 반영하는 외교문서를 사용하고 있었다. 송과의 국교가 재개된 문종 후반 이후의 시점에서 고려국왕은 송과 거란의 황제에게 각각 동일한 양식의 표문을 올리고, 양자로부터 조서를 받았던 것이다. 이를 통해 보건대 당시의 국제질서 속에서 책봉이라는 것이 외교관계를 배타적으로 규정하는 절차 내지 제도가 되지는 않았음을 알수 있다. 공식적인 책봉, 조공 등의 형식을 배제한 가운데서 동아시아의 각국은 국제 정세의 변동에 따라 외교관계를 맺고 끊기를 반복하였으며, 고려 역시 그 과정에서 중요한 행위자로서 참여하고 있었던 것이다. 고려와 송은 육상으로 국경을 맞대고 있지 않았던 까닭에, 같은 시기의 고려-거란, 혹은 이후의 고려-금 관계와 같이 다루어야 할 현안이 많이 발생하지는 않았다. 그 때문에 양자 사이의 외교는 거의 전적으로 군주와 군주 사이의 관계로 좁혀졌던 것으로 볼 수 있다.

고려와 송의 외교문서 왕래 방식의 대표적인 특징, 즉 군주와 군주 사이의 일대일 관계라는 점과, 책봉을 전제로 하지 않은 상태에서의 상하관계 표현이라는 점은 송이 거란을 제외한 주변의 다른 외국들과 맺고 있던 방식과도 대체로 유사하다. 『宋大詔令集』 권233~236에 실린, 송에서 서하에 보낸 문서를 검토해보면 수신자는 항상 서하의 군주 개인이었다. 비록 그 명칭이 책봉호에 따라 西平王, 夏國主 등으로 차이가 있으나, 이들은 모두 그 군주를 가리키는 것이다. 또한 양국은 일시적으로 전쟁을 겪었던 적도 있고, 서하의 군주가 스스로 皇帝를 칭한 적도 있지만 문서식은 언제나 상하관계를 반영하는 조서와 표문으로 고정되어 있었다. 이러한 특징은 『宋大詔令集』 권238에 실린 交趾에 보낸 문서에도 그대로 적용된다. 종합하건대 11~12세기 다원적 국제질서 하에서 외교의 주체는 각 국가의 군주들로 한정되어 있었고, 이들 사이에서는 거란과 송의 황제가 대등한 지위를 상호 인정하고, 여타 국가들의 군주가 그보다는 하위에 위치하는 위계질서 형식이 맺어지고 있었음을 확인할 수 있다. 다만 이것이 이후 살펴볼 원 대나 명 대와 같은 일원적이고 체계적인 질서는 아니었다는 점에서 이 시기 국제질서의 특징을 확인할 수 있다.

4절 고려-남송의 연합 모색과 단절

남송 정권의 성립과 고려와의 관계 단절

1127년, 靖康의 變 이후 송의 康王이 등극하면서 南宋 정권이 성립되었다. 남송 정권은 금군의 남진에 밀려 臨安으로 도읍을 옮기면서도 금군에 대항하면서, 고려에 원조를 요청하기 위하여 상당히 밀접하게 접촉을 시도하였다. 그러나 고려가 이를 완곡하게 거절하자 고려와 남송 조정 사이의 외교관계는 곧바로 중단되기에 이르렀다. 이후 양국의 공식적인 외교는 거의 단절되다시피 하였다. 공식 사신 왕래는 1130년대 초까지 불과 5년 남짓밖에 유지되지 않았으며, 단절된 상태는 남송이 멸망하는 1279년까지 한 세기 이상 지속되었다.

고려와 남송의 외교관계는 그 유지 기간도 매우 짧았고, 중대한 현안도 없었던 까닭에 그동안의 연구에서 크게 주목받지 못하였다. 다만 12세기 초반 국제관계 전반과의 관련 속에서 언급되거나,[1] 남송 초기의 대고려 정책, 혹은 인식 등에 주목한 연구,[2] 남송 정권 성립 이후 양국 관계를 매개했던 상인들의 활동을 다룬 연구[3] 등이 있는 정도이다.

---

1) 三上次男, 「高麗仁宗朝における高麗と宋との關係」, 『金史硏究 三』, 東京 : 中央公論美術出版, 1973

2) 李錫炫, 「宋 高麗의 外交交涉과 認識, 對應-北宋末 南宋初를 중심으로」, 『中國史硏究』 39, 2005. 그밖에 고려와 남송의 관계 전반에 대해서는 姜吉仲, 「南宋과 高麗의 政治外交와 貿易關係에 대한 考察」, 『慶熙史學』 16·17, 1991 참조.

3) 金庠基, 「高麗前期의 海上活動과 文物의 交流」, 『東方史論叢』, 서울大學校出版部, 1974 ; 李鎭漢, 「高麗·宋의 外交와 宋商往來」, 『高麗時代 宋商往來 硏究』, 景仁文化社, 2011 ; 김영

고려와 남송의 관계는 사실 그 개시 당초부터 넘어야 할 험한 관문에 봉착해있었다. 무엇보다 흥기하고 있던 금 세력의 실질적인 압박 앞에서 어떠한 경로를 통해, 어떠한 수단으로 연락을 취할 것인가 하는 것 자체가 문제가 될 수 있었다. 특히 고려의 입장에서는 국경을 맞댄 금의 위협을 목전에 두고서 송의 원조 요청에 응하기란 쉽지 않은 상황이었으며, 이를 잘 알고 있었던 송의 입장에서도 고려가 금과 연합하여 자신들에게 불리한 방향을 취하지는 않을까 끊임없이 의심하고 우려하지 않을 수 없었다.[4] 이러한 조건 하에서 결국 양국은 외교관계의 중단을 선택하게 되었던 것이다.

문제의 소재 : 비상 상황에서의 의사소통

그러나 국가 대 국가 사이의 정식 외교관계가 단절된 비상한 상황이고 해서 인접한 두 국가 사이에서 처리해야 할 현안이 전혀 없었으리라고는 생각할 수 없다. 예컨대 표류민 송환과 같은 사안은 언제든지 발생할 여지가 있었으며, 민간 차원의 교역은 끊임없이 이어지고 있었던 것으로 이해되고 있다.[5] 그렇다면 정부 차원의 외교관계가 단절된 상황에서 이러한 현안은 어떠한 경로를 거치며 처리되었을까.

이 절에서는 고려와 남송 사이의 외교 교섭에서 교환된 외교문서 및 의사소통 방식에 대해 검토해보겠다. 특히 비상 상황에서 중요한 기능을 담당하였던 상인들, 그리고 송 지방 정부인 明州의 역할에 주목할 것이다. 당시 전반적인 국제정세의 변화를 함께 이해하고, 또 사안의 연속성을 살리기 위해 검토 시기는 북송 말부터 시작해서 송이 고려에 군사적 지원을 요청함에 어떠한 의사소통 방식을 동원하였는지를 우선 파악해보고, 그 이후 외교관계가 중단된 상황에서 간헐적으로 발생하는 현안을 처리할 때에는 어떠한 경로를 통하였는지 등을 살펴보도록 하겠다.

제, 「『高麗史』에 나타나는 宋商과 宋都綱－特히 宋都綱의 性格 解明을 中心으로」, 『全北史學』 39, 2011 ; 정동훈, 「고려-남송 외교 관계에서 商人의 역할」, 『동서인문학』 51, 2016 등.

4) 李錫炫, 앞의 논문, 2005, 149~153쪽.

5) 예컨대 12세기 전반부터 13세기 전반에 이르는 宋商의 고려 방문 사례가 李鎭漢, 『高麗時代 宋商往來 研究』, 景仁文化社, 2011, 262~274쪽에 열거되어 있다.

1. 북송 말 남송 초, 고려와의 연합 모색

북송 말 남송 초, 고려에의 접근

1115년 阿骨打가 황제의 자리에 오르고 국호를 金으로 칭하면서 遼東 일대에서 일어서자 북송 조정은 재빨리 금과 군사동맹을 맺어 거란을 협공하기로 약속하였다. 1118년 이른바 海上의 盟이 그것이다. 양국은 長城을 기준선으로 삼아 그 이남은 송이, 이북은 금이 각각 공략하여 차지하기로 하였다. 그러나 浙江 일대에서 일어난 方臘의 난과 山東 일대의 宋江의 난을 진압하는 데에 애를 먹었던 송은 거란이 차지하고 있던 燕雲 지역을 제때에 공격하지 못하였다. 한편 금군은 빠르게 작전을 전개하여 天輔 6년(1121)에는 거란의 수도 中京 大定府과 西京 大同府를 연달아 함락시켰고, 그해 음력 12월에는 燕京까지도 점령하였다. 금은 맹약에 따라 연경을 송에 넘겨주었지만, 송은 陰山으로 피난해있던 거란의 天祚帝와 연락하여 동맹을 맺고 금에 대항하려 하였다. 송이 맹약을 어기자 금군은 대거 남하하기 시작하였다. 결국 송의 靖康 원년(1126)에 수도 開封은 함락되었고, 송의 徽宗과 欽宗은 포로가 되었다. 이듬해 5월에 徽宗의 9째 아들 康王이 應天府, 즉 지금의 河南省 商丘市에서 즉위함으로써 남송 정권이 수립되었다.[6]

이러한 위기를 맞이했던 송 조정에서는 고려와 밀접한 외교관계를 맺고자 희망하였다. 이 과정에서 송은 몇 차례 고려에 사신을 파견하여 군사적 협조를 구하고자 하는 뜻을 내비추었다. 이 무렵 송에서 고려에 보낸 황제 문서의 양식을 수정하여 그 격식을 올린다거나 고려 사신의 접대에 변화를 주는 등 고려에 대한 의례의 격을 높임으로써 우호적인 뜻을 표하고자 했음은 앞서 살펴본 바와 같다. 그런데 이 외에도 이 시기에 파견된 송의 사신들이 전에는 확인되지 않던 새로운 방식을 통해 고려 조정에 자신들의

---

6) 이상 12세기 초 송과 금의 교섭 과정에서 오고 간 외교문서는 『大金弔伐錄』에 상세하게 실려 있는데, 이에 대해서는 趙永春, 「關于宋金交聘"國書"的鬪爭」, 『北方文物』 30, 1992 및 井黑忍, 「金初の外交史料に見るユーラシア東方の國際關係-『大金弔伐錄』の檢討を中心に」, 荒川愼太郎·高井康典行·渡辺健哉 編, 『遼金西夏史研究の現在』 3, 東京 : 東京外國語大學アジア·アフリカ言語文化研究所, 2010 등을 참조.

의사를 전달한 모습이 확인되는데, 우선 이 문제를 짚어보도록 하겠다.

먼저 북송 멸망과 남송 정권 수립을 전후하여 송에서 고려에 파견한 사신의 현황을 살펴보면 다음과 같다.

① 인종 원년(1123) 6월, 禮部侍郎 路允迪 등이 와서 예종의 장례에 조문. 사신이 국왕에게 告하여 책봉을 요청할 것을 권유.[7]

② 인종 4년(1126) 7월, 閤門祗侯 侯章 등이 와서 금군의 남침을 알리고 군사 협조를 요청. 사신이 국왕에게 致書하여 가을에 출병해줄 것을 요청.[8]

③ 인종 6년(1128) 6월, 刑部尙書 楊應誠 등이 와서 남송의 건국을 알리고 우호 증진을 도모함. 사신이 語錄을 올려 포로로 잡혀간 徽宗과 欽宗을 구출하기 위해 금으로 가는 길을 빌려줄 것을 요청.[9]

④ 인종 8년(1130) 4월, 進武校尉 王正忠 등이 와서 금과의 전쟁을 이유로 왕래를 중지할 것을 통보.[10]

문종 대에 국교가 재개되어 문종 32년(1078)과 33년(1079)에 각각 한 차례씩 송의 國信使가 고려에 파견된 이후, 선종 대부터 예종 대까지 약 30년 동안 國信使, 즉 송 조정의 정식 사신이 파견된 것은 총 세 차례에 불과하였다.[11] 그 외에 세부적인 사안에 대한 의견은 明州 등 지방관이 파견하는 持牒使 등의 명칭을 띤 사신을 통해 전달하였다. 그러나 고려 인종 대, 즉 1120년대에 들어서면서부터는 격변하는 국제정세와 맞물려 8년 사이에 위와 같이 네 차례나 사신을 파견하였던 것이다.

예종 대 이전까지 송의 사신들이 고려 조정을 방문했을 때의 행적을 살펴보면, 대체로 숙소인 順天館에 머물다가 고려에서 택한 날짜에 맞추어 조서를 전달하는 의례를 행하고, 곧이어 고려국왕의 답신인 표문을 받아서

---

7) 『고려사』 권15, 인종 원년(1123) 6월.
8) 『고려사』 권15, 인종 4년(1126) 7월.
9) 『고려사』 권15, 인종 6년(1128) 6월.
10) 『고려사』 권16, 인종 8년(1130) 4월.
11) 『고려사』 세가에서 이들이 고려에 입경한 사실을 기록한 부분만 열거해보면, 권10, 선종 원년(1084) 8월 ; 권12, 숙종 8년(1103) 6월 ; 권13, 예종 5년(1110) 6월 등이다.

돌아가는 일정이 전부였다.[12] 물론 기록에 남아있지 않은 여러 활동을 펼쳤으리라고는 충분히 예상할 수 있지만, 적어도 인종 대에 방문했던 사신들에 비하면 『고려사』 세가에 기록을 남길 만큼의 중요한 정치적 행위를 하지 않았던 것 같다.

송 사신들의 적극적 의사소통

그런데 인종 대에 파견되었던 위의 네 사신들 가운데 앞의 세 사례에서는 송의 사신들이 고려국왕과 긴밀하게 의사소통을 했음이 주목된다. ①의 사례에서 사신 路允迪은 국왕에게 '告'하여, 이미 거란이 멸망하였으니 송에 책봉을 청할 것을 권유하였다. 이에 인종은 곧바로 '答'하여 그 제안을 정중히 사양하는 뜻을 표하였다. 이때의 상황을 『고려사』에서는 "路允迪等告王曰", "王答曰"이라고 하여 마치 양자 사이에 구어로 의논을 주고받은 것처럼 기록하고 있다. 그러나 이것만으로는 위의 장면이 구두로 논의되었으리라고 단언할 수 없다. 이에 대한 해명은 ②와 ③의 사례와 함께 검토해야 할 문제이다.[13]

이 상황을 좀 더 구체적으로 파악할 수 있는 것이 사례 ②이다. 이에 앞서 금의 공격이 본격화되자 인종 3년(1125) 12월, 송의 徽宗은 스스로를 道君皇帝라 칭하며 帝位에서 물러나고 황태자에게 그 자리를 넘겼다. 이듬해, 즉 靖康 원년(1126, 인종 4년) 정월, 금군은 송의 수도인 개봉을 포위했다가 일단 강화를 맺고 물러났다. 이 틈을 타서 송의 欽宗은 사신을 파견하여 금군의 공격을 전하고 노골적으로 고려에 군사 원조를 요청하는 詔書를 보냈다. 사신 侯章은 순천관에 머물면서 국왕에게 문서를 보내어 당시까지의 전황을 세세하게 전하고, 그해 가을에 반격을 행할 예정임을 알리며 고려에 국경지대의 군사를 움직여 금의 배후를 공격해줄 것을 요청하였다. 『고려사』 세가에서는 이 문서를 인용하기에 앞서, 그 지문에서 "侯章在館, 又致書於王曰"

---

12) 『고려사』 권65, 禮志 7, 賓禮, 예종 5년(1110) 6월 辛巳. 아울러 고려 개경 내에서의 송 사신의 활동에 대해서는 『宣和奉使高麗圖經』에 매우 상세하게 언급되어 있다.

13) 이때의 사신단 가운데에 바로 『高麗圖經』의 작자로 알려진 徐兢이 포함되어 있었는데, 『고려도경』을 검토해보면 국왕과 사신 사이에 위와 같은 의사를 교환할 만한 자리가 마련되었을 법한 장면은 딱히 묘사되어 있지 않다. 그렇다면 이때의 의사소통 역시 뒤의 사례에서와 마찬가지로 문서로 전달되었던 것이 아닐까 짐작된다.

이라고 하여, 이때 侯章이 보낸 문서가 서한식이었음을 밝혔다. 그리고 이 문서는 맨 앞부분에 "저희들이 올 때에 皇帝의 聖旨를 받들었는데"라고 하여, 자신의 의사 표현이 황제의 명에 따른 것임을 명확하게 밝혔다. 이에 인종도 "答云"이라고 하여 송의 공격이 먼저 시작된다는 가정 하에 호응할 의사가 있음을 내비쳤다.[14] 후장이 순천관에서 서한을 보내 자신과 송 조정의 뜻을 개진했다면, 인종의 '答' 역시 위의 서한에 대한 答書의 형식을 통해 후장에게 전달되었으리라 보는 것이 자연스럽다.

③과 관련된 사료를 검토해보면 이러한 의사소통 장면을 좀 더 구체적으로 재구성할 수 있다. 송 측의 기록에는 남송의 高宗이 建炎 원년(1127, 인종 5) 5월 1일에 즉위하고서, 그 직후인 5월 10일에 고려에 國信使를 보냈다고 한다.[15] 그러나 고려 측 기록에서 이들을 맞이하였다는 사실이 보이지 않는 것을 보면 실제 파견으로 이어지지는 않았던 것 같다. 고려에서 송 고종의 즉위 조서를 접수한 것은 이듬해 3월의 일로, 이 문서는 송의 綱首 蔡世章이 가지고 왔다.[16] 綱首는 송 상인단의 우두머리를 뜻하므로,[17] 이때 남송 정권의 수립 사실은 송 조정에서 정식으로 파견한 사절이 아니라, 송의 상인단이 고려에 전달한 것이다. 남송에서 고려에 보낸 첫 번째 소식이 정식 사절이 아닌 상인을 통해 전달되었음은 주목할 만하다.

楊應誠의 假道 요청

이어서 그해 6월 國信使로서 刑部尙書 楊應誠 등이 파견되어 왔다. 당시 남하하는 금군에 대응하는 것과 함께 남송 정권이 직면하고 있던 가장 중요한 외교적 과제는 북쪽으로 끌려간 휘종과 흠종 두 황제를 귀환시키는 일이었다. 이에 남송에서는 금에 여러 차례 사신을 파견하여 두 황제의

---

14) 『고려사』 권15, 인종 4년(1126) 7월 癸未. 그러나 고려의 반응은 어디까지나 완곡한 거절의 의사를 표현한 것이었다.

15) 『建炎以來繫年要錄』 권5, 建炎 원년(1127) 7월 己亥(張東翼, 『宋代麗史資料集錄』, 서울대 학교출판부, 2000, 170쪽에서 재인용).

16) 『고려사』 권15, 인종 6년(1128) 3월 丁亥. 宋綱首蔡世章齎高宗卽位詔來.

17) 김영제, 「『高麗史』에 나타나는 宋商과 宋都綱－特히 宋都綱의 性格 解明을 中心으로」, 『全北史學』 39, 2011.

안부를 묻고, 나아가 이들의 귀환을 위한 교섭을 추진하고자 하였다. 이들 사신의 명칭은 通問使, 혹은 祈請使라고 하였는데, 이전 시기 송이 거란에 보내던 사신들에 비해 그 빈도도 훨씬 잦았고 사신의 관직도 높았으며, 가지고 간 예물의 양도 훨씬 많았다고 한다.[18] 남송 정권이 두 황제의 귀환에 얼마나 큰 노력을 기울이고 있었는지를 단적으로 보여주는 모습이라고 할 수 있다. 양응성의 목적도 거기에 있었다. 이때 양응성은 浙東路 馬步軍都摠管이라는 관직에 있었는데, 고려에서 여진에 이르는 길이 매우 가까우므로 고려와 우호를 맺으면 금에 포로로 잡혀 간 두 황제를 구출해 올 수 있다는 계책을 내놓아 刑部尙書라는 假職을 수여받고 고려에 파견되었다.[19] 이 무렵 송에서 파견되었던 사신의 관품은, 正使의 경우 종2품에서 종8품에 걸쳐 다양하게 분포되어 있으나 평균적으로 4품 정도였다.[20] 그런데 양응성이 종2품의 형부상서 직을 假官했던 것을 보면 이 사안에 남송 조정이 얼마나 중요한 의미를 부여하고 있었는지를 엿볼 수 있다.[21] 그가 고려 조정에 의사를 전달했던 절차와 장면을 확인하기 위해 먼저 해당 부분을 인용해보면 다음과 같다.

가) 楊應誠 등이 順天館으로 돌아가 다시 語錄을 올려 말하기를, "(중략) 조서를 전달하고 접수하던 날 이미 하나하나 직접 말씀을 드렸고, 이어서 公牒을 館伴所에 전달하여 재삼 번거롭게도 간곡한 성의를 아뢰었으니 잘 아시리라 믿습니다. (중략) 이는 일시적으로 사신인 제 개인의 이해를 위한 것이 아니라 충심을 다하여 아뢰는 것입니다. 바라건대 국왕께서는 重臣들과 논의하시어 이 일에 협력해주십시오. (하략)"[22]

---

18) 韓利琴, 「宋高宗時期赴金使節的變化」, 『綿陽師範學院學報』 31-3, 2012.
19) 『宋史』 권487, 外國 3, 高麗, 建炎 2년(1128). 양응성 파견을 둘러싼 남송 조정의 내부 논의에 대해서는 정동훈, 앞의 논문, 2016, 16~17쪽 참조.
20) 朴龍雲, 「高麗·宋 交聘의 목적과 使節에 대한 考察(下)」, 『韓國學報』 82, 1996, 132~135쪽.
21) 송 조정에서 외국에 파견한 사신들의 관품에 일정한 규칙이 있었던 것은 아니지만, 특수한 상황에서는 사신에게 임시로 높은 관직을 부여하는 일이 종종 있었다고 한다. Herbert Franke, "Sung Embassies : Some General Observations," Morris Rossabi ed., *China among Equals*, Berkeley : University of California Press, 1983, p.123 및 吳曉萍, 『宋代外交制度研究』, 合肥 : 安徽人民出版社, 2006, 124~126쪽 참조.
22) 『고려사』 권15, 인종 6년(1128) 6월 己巳. 應誠等歸館, 復上語錄云, "(중략) 於傳宣拜詔日,

이때 전달된 조서는 고려에서 빈번히 사신을 보내 공물을 바쳐왔으나 송의 어려운 사정 때문에 곧바로 답하지 못하였음에 양해를 구하고, 몇 가지 國信物을 보낸다는, 아주 일반적이고 의례적인 내용을 담고 있을 뿐이었다. 그러나 송 조정에서 사신을 파견한 진의는 다른 데에 있었고, 이는 사신 양응성의 말과 글을 통해 고려 조정에 전달되었다. 즉 양응성은 조서를 전달하는 의례를 행하던 날, 아마도 의례를 마친 후에 이어진 연회 자리에서 국왕과 대면하는 자리에서 송 조정의 뜻, 즉 포로로 끌려간 휘종과 흠종 두 황제를 구원하러 가기 위해 고려를 통과하고자 하며, 고려에서 이에 협조해줄 것을 요청한다는 뜻을 전달하였던 것이다. 그리고 양응성은 이러한 본의를 다시 館伴所에 公牒이라고 언급된 문서로 작성하여 전달하였다. 그럼에도 고려의 반응이 시원치 않자, 이번에는 語錄이라고 지칭한 문서를 재차 올려 고려의 결단을 재촉하고 있다. 위 인용문에도 나와 있듯이 이 語錄은 '國王'을 수신자로 하여 제출된 것임이 확인된다. 한편 이때 양응성이 제출한 문서를 『고려사절요』에서는 '箚子'라고 기록하고 있는데,[23] 문서의 내용은 완전히 일치한다.[24] 語錄이란 본국의 지령을 받아 파견되어 온 사신이 상대국의 接伴官·館伴官과의 사이에서 주고받은 대화 내용을 기록한 문건을 말한다.[25]

②와 ③의 사례를 통해 확인할 수 있는 것은 사신이 順天館에 머물면서 국왕에게 書翰, 혹은 語錄을 제출하여 송 조정의 의사를 전달하는 일이 있었다는 것이다. 그리고 그 내용을 살펴보면 송 황제의 조서에서는 의례적이거나 혹은 개괄적인 내용만 언급되었던 데 비해 매우 구체적인 상황을 전하고 명확한 요구 사항을 담고 있었다는 점이 특징적이다. 황제 명의의

已嘗――面陳, 繼以公牒, 移館伴所, 再煩申覆, 誠懇備至, 諒蒙體悉. (중략) 非一時使人私己之利也, 敢盡布腹心. 惟冀國王, 謀及重臣, 協濟姣事. (하략)"

23) 『고려사절요』 권9, 인종 6년(1128) 6월. 應誠等又進箚子云.

24) 이에 대해서 豊島悠果는 하나는 왕에게 약식 상주문을 올렸다는 점에서 箚子라고 기록한 것이고, 하나는 사신과의 교섭 내용을 기록했다는 점에서 어록이라고 하여 다른 이름으로 불렀을 뿐, 양자는 같은 것일 것이라고 추정하였는데, 필자도 동의한다. 豊島悠果, 「宋外交における高麗の位置付け―國書上の禮遇の檢討と相對化」, 平田茂樹·遠藤隆俊 編, 『外交史料から十～十四世紀を探る』, 東京 : 汲古書院, 2013, 157~159쪽 참조.

25) 劉浦江, 「宋代使臣語錄考」, 張希淸 等 主編, 『10~13世紀中國文化的擴撞與融合』, 上海 : 上海人民出版社, 2006 참조.

문서에서 다 표현할 수 없는 미묘한 문제들을 사신이 제출하는 문서에서 구체적으로 언급한 것이다. 황제의 문서를 통해 명시적으로 구체적인 요구사항을 제시해버린다면 이를 접수한 고려의 입장에서는 그를 수용하든지, 혹은 거절하든지 양자택일을 할 수밖에 없는 곤란한 상황에 놓이기 쉬웠을 것이다. 따라서 송 측에서도 이러한 고려의 입장을 감안하여, 또 만일 고려에서 그 요구에 응하지 않을 경우 황제의 체면이 깎이는 일을 피하기 위하여, 황제의 문서에는 원론적인 이야기만을 담고, 세부적이고 논의는 사신의 문서를 통해 제시하도록 함으로써 교섭을 원활하고 융통성있게 전개하고자 했던 것이다.

고려의 대응

그렇다면 이러한 문서를 받았을 때에 고려의 반응은 어떠했을까. ①·②의 상황에서 고려의 대응은 앞서 살펴본 바와 같은데, ③의 상황에서도 인종은 서한 형식으로 사신 양응성에게 답을 하였다. 이 문서에서 인종은 "정사와 부사가 또한 조서를 전하는 날 하나하나 대면하여 이야기하였고, 이어서 공첩으로 간절한 뜻을 알려왔으니 어찌 명을 따르지 않겠습니까."라고 하여, 앞서 양응성이 언급했던 의사 전달의 경로를 모두 확인해주고 있다. 그러나 길을 빌리고자 한다는 양응성의 요구에 대해서는 고려와 금이 긴장 국면에 있음을 언급하며 그 불가함을 비교적 명확한 논조로 밝히고, 아울러 마지막으로는 이러한 고려의 입장을 송 황제에게 잘 아뢰어줄 것을 요청하였다.[26]

한편 송 황제의 조서에 대해 고려에서 답신으로 보내는 表文에는 다만 우호관계를 표하는 언사들만을 늘어놓을 뿐 역시 구체적인 상황에 대한 언급은 최대한 피하였다. ①의 조서에 대한 회답 표문은 그 내용이 남아있지 않지만, 『고려사』에서는 "표문을 부쳐 사례하였다"라고만 기록하였다.[27] 고려에 군사 원조를 요청했던 ②의 조서에 대한 회답 표문에서는 고려의 상황이 여의치는 않지만 송의 군대가 적을 제압하면 힘을 보태겠다는, 역시

---

26) 『고려사』 권15, 인종 6년(1128) 6월 己巳. 王以書答曰, "(중략) 使副又於傳詔日, ──面諭, 繼以公牒, 懇意備至, 敢不拜命. (중략) 惟使副, 曲察情衷, 少迴雅意, 歸奏闕下."
27) 『고려사』 권15, 인종 원년(1123) 7월 辛酉. 宋使路允迪等還, 王附表以謝.

구체적이지 못한 답을 하였다.[28] 역시 侯章과 주고받았던 논의보다는 훨씬 낮은 수위의, 원론적인 수준의 논의만을 담은 것이다. ③의 상황에서의 회답 표문에서는 고려가 송과 그동안 맺어온 우호관계에 대해서 장황하게 언급한 후, 국내외로 어려운 고비에 놓여 있는 까닭에 황제의 요구를 따르기 매우 어려운 형편임을 아주 간곡한 논조로 밝혔다.[29] 양응성과 주고받은 문서에서 양자가 모두 고려와 송, 금 세 나라 사이의 역학관계나 지리 문제 등에 대해서 구차하다 싶을 정도로 대단히 세밀하게 논지를 펼치고 있었던 데 비하면, 표문에서는 조서와 마찬가지로 유려한 문장으로 원칙적인 이야기만을 되풀이할 뿐이었다. 역시 양국 사이의 최고 격식의 문서인 군주 사이의 외교문서에서는 의례적이고 원론적인 언급만을 함으로써 양자가 모두 얼굴을 붉히는 일을 피하고자 하였던 것으로 이해할 수 있다.

고려-남송 관계의 단절

결국 양응성은 ③에 대한 고려국왕의 회답 표문이 자신들의 요구에 부합하지 않는다 하여 접수하지 않고 아울러 전례에 의한 연회나 예물 수령도 거절한 채 그대로 귀국하였다.[30] 이에 고려에서는 양응성이 귀국한 지 이틀만에 禮部侍郎 尹彦頤를 파견하여 송에 해명하는 문서를 전달하였다.[31]

양응성은 건염 2년(1128, 인종 6) 10월 귀국하여 고종에게 고려와의 협상 전말을 보고하였다. 이 보고를 들은 황제는 고려가 은혜를 저버렸다고 하여 크게 분노하였다고 한다. 아울러 남송 조정 내에서는 고려가 금과 연합하였다고 비판하면서, 심지어 큰 배에 수만의 정예병을 실어 보내 고려를 정벌하여야 한다는 주장까지 제기되었다.[32] 물론 이러한 주장은 실현 가능성이 전혀

---

28) 『고려사』 권15, 인종 4년(1126) 7월 癸未.
29) 『고려사』 권15, 인종 6년(1128) 8월 庚午.
30) 『고려사』 권15, 인종 6년(1128) 8월 庚午.
31) 『고려사』 권15, 인종 6년(1128) 8월 甲戌. 이때의 문서는 『고려사』 세가에도 거의 전문이 인용되어 있는데, 『東人之文四六』 2-19. 〈告不津發使臣入金表〉와도 거의 일치한다. 후자에는 細註로 "是年, 告奏使尹彦頤齎去."라고 기록되어 있으며, 이 문서는 金富佾이 찬하였다고 되어 있다.
32) 『建炎以來繫年要錄』 권18, 건염 2년 10월 甲寅 ; 『송사』 권487, 外國 3, 高麗, 건염 2년

없는 것이었다. 결국 송 조정에서는 고려와의 왕래를 중지하기로 결정을
내렸다. 건염 3년 9월, 송은 고려 사신의 입경을 불허하고 다음과 같은
詔書를 내렸다.

> 나) 왕은 면면히 이어온 基業을 지키면서 일찍부터 문자와 車軌를 일치시켜왔
> 으며, 뗏목을 띄워 사신을 보내면서 공물을 바치고자 하고 있다. 생각하건
> 대 그 충성과 순종함이 변하지 않으니 천지신명께 물어도 부끄러움이
> 없을 것이며, 마침 소식을 듣게 되어 정말 탄복하고 기뻐하였다. 근래에
> 실로 다사다난하여 온 중원의 백성들이 강적의 침입을 받아 이미 국경을
> 넘어 깊숙이 들어왔는데, 여전히 군사를 일으켜 그치지 않고 있다. 이에
> 儀仗과 侍衛를 옮겨 잠시 江湖에 머물고 있다. 만약 사신이 과연 온다면
> 有司에서 지켜주지 못할까 우려되니, 변경의 소란이 그치기를 기다렸다
> 가 빙문할 시기를 정해야 할 것이다. 晉館을 무너뜨려서라도 수레를
> 들이기를 후회하지 않을 것이며, 漢關을 닫고서 사신을 거절한 것은
> 전례를 따른 것이 아니다. 그대의 평소의 마음을 생각해보니 나의 성의를
> 알 것이다.[33]

『中興小紀』나 『建炎以來繫年要錄』에 따르면 이 조서는 건염 3년(1129) 9월에
처음 작성되었다고 한다.[34] 그런데 『고려사』에는 같은 내용의 문서가 이듬해
인 인종 8년(1130) 4월에 송의 進武校尉 王正忠 등이 와서 전한 것으로 실려
있다.[35] 세 자료가 전하는 문서는 일부 자구에 차이가 있을 뿐 내용상
거의 일치한다. 문서의 발령에서 전달까지 거의 7개월 가까이 소요된 것이다.

(1128) 10월.

33)『송사』권487, 外國 3, 高麗, 建炎 3년(1129) 8월. 王緬守基圖, 夙同文軌, 乃附乘桴之信,
嗣修貢篚之恭. 惟忠順之無他, 質神明而靡愧, 屬歸闕聽, 良用歡嘉. 言念晩年, 實爲多故, 舉中原
之生聚, 遭强敵之震驚, 旣涉境以來深, 猶稱兵而未已. 玆移伏衛, 暫駐江湖. 如行使之果來,
恐有司之不戒, 俟休邊警, 當問聘期. 壞晉館以納車, 庶無後悔, 閉漢關而謝質, 非用前規. 想彼素
懷, 知吾誠意.

34)『中興小紀』권7, 건염 3년 9월 辛亥 및 丙辰 ;『建炎以來繫年要錄』권28, 건염 3년 9월
丙辰.

35)『고려사』권16, 인종 8년(1130) 4월 甲戌.

이 무렵, 즉 건염 3년 하순에서 4년 초는 高宗이 금군의 추격을 피해 이곳저곳을 전전하며 심지어 해상으로 도피했던 시점이다. 그런 상황에서 송 조정으로서는 고려의 사신을 맞아들여 접대하기는커녕, 그들의 안전을 제대로 보장하기조차 어려운 처지에 놓여있었다. 또한 조정에서 사신을 선발하여 파견하는 절차를 수행할 여유도 가지지 못한 상황이었다. 송 조정에서는 이를 가감없이 고려에 알리며 사신 왕래 중단을 통보했던 것이다. 아울러 한편으로는 고려에 대한 서운한 감정과 함께 경계의 눈을 거두지 않고 있었던 것도 왕래 중단 선언의 배경이 되었을 것임은 위의 경과를 통해 충분히 짐작할 수 있다.

인종 8년(1130) 7월, 王正忠이 귀국하는 편에 고려는 국왕 명의의 표문을 부쳐 송의 국교 중단 요청을 마지못해 수용하는 듯한 뜻을 표하였다.[36] 2년 후인 인종 10년(1132) 고려에서는 다시 崔惟淸 등을 파견하여 표문을 보내 국교를 예전처럼 유지할 것을 희망한다는 의사를 전달하였으나,[37] 송은 귀국하는 최유청의 편에 부친 회답조서를 통해 여전히 미온적인 반응을 보였다.[38] 이듬해 고려에서는 다시 한 번 송에 사신을 파견하고자 하였으나, 이들은 풍랑을 만나 도중에 귀환하였다.[39] 이후 고려 조정에서 송 조정에 정식으로 사신을 파견한 사례는 한동안 더 이상 확인되지 않는다.

---

36) 『고려사』 권16, 인종 8년(1130) 7월 己巳. 한편 이 문서는 『東人之文四六』 2-20. 〈回詔諭表〉와 일치하며, 이 문서는 金富佾이 찬하였다고 한다.

37) 『고려사』 권16, 인종 10년(1132) 2월 辛巳. 한편 『송사』 고려전 紹興 2년(1132)에는 이때 고려에서 金 100냥, 銀 2,000냥, 綾羅 200필, 人蔘 500근 등을 조공하였다고 한다. 이를 보면 고려에서 남송과의 국교를 유지하고자 했던 데에는 무역을 비롯한 경제적인 요인이 강하게 작용했던 것이 아닌가 생각된다.

38) 『고려사』 권16, 인종 10년(1132) 5월 癸未. 한편 『송사』 고려전에 따르면, 이 무렵 송 조정에서는 고려 사신이 입항하는 明州에서 남송의 수도 臨安까지의 거리가 가깝기 때문에 안보상의 이유로 고려 사절을 받아들이는 것을 꺼리는 논의가 일었다고 한다. 『송사』 권487, 外國 3, 高麗, 紹興 원년(1131) 등 참조.

39) 『고려사』 권16, 인종 11년(1133) 2월 乙巳.

2. 사신 왕래 중단과 송 商人을 통한 의사소통

宋商을 통한 의사소통

이처럼 송의 사신은 인종 8년(1130), 고려의 사신은 인종 10년(1132)을 기점으로 더 이상 상대국을 방문하지 않았다. 그렇다고 해서 양국 사이의 의사소통이 완전히 두절된 것은 아니었다. 간헐적이기는 하지만 이후로는 송 明州와의 사신 왕래나, 혹은 더 잦은 빈도로 宋商을 통해 문서가 전달된 사례들이 확인된다.

인종 9년(1131) 4월, 송에서 都綱 卓榮이 와서 송이 금군을 격파하였다는 소식, 그리고 연호를 建炎에서 紹興으로 고쳤다는 소식을 전하였다. 이때 都綱은 고려 조정에 문서를 제출하여 위의 사안을 알렸다고 한다.[40] 그는 적어도 송 조정의 정식 사신으로 임명을 받아, 송 조정 명의의 문서를 가지고 온 것은 아니었던 것 같다. 즉 정부 사이의 정식 사절 파견은 중단하였음에도 자국의 상황을 당시 고려와 송 사이를 활발하게 왕래하던 상인을 통해 고려에 전달했던 것이다.

그리고 소흥 2년(1132)에는 앞서 언급했듯이 고려에서 禮部員外郎 崔惟淸 등을 파견하여 사신 왕래 재개를 희망한다는 뜻을 전하였다.[41] 이들은 고려에서 2월 19일에 출발했는데, 당시 황제가 머물던 杭州에는 윤4월 3일에 도착하였다.[42] 그런데 특이한 것은 이때에 '高麗 綱首 卓榮'이라는 자가 고려의 사신단과 함께 定海縣에 도착하여 황제로부터 포상을 받았다는 기록이 보인다는 점이다.[43] 이때 綱首 卓榮이란 1년 전에 고려에 송의 소식을 전달하였던 都綱 卓榮과 동일인임은 말할 것도 없다. 동일 인물이 고려 측의 기록에는 송의 상인으로, 송의 기록에는 고려의 상인으로 등장하고 있는 것이다. 이를 두고 일찍이 金庠基는 그가 宋商으로서 고려에 귀화한 자일 것으로

---

40) 『고려사』 권16, 인종 9년(1131) 4월 己丑. 宋都綱卓榮來, 奏云. (하략)
41) 『고려사』 권16, 인종 10년(1132) 2월 辛巳.
42) 『建炎以來繫年要錄』 권53, 紹興 2년(1132) 4월 癸巳.
43) 『송사』 권487, 外國 3, 高麗, 紹興 2년(1132). 是月, 定海縣言, 民亡入高麗者約八十人, 願奉表還國. 詔候到日, 高麗綱首卓榮等量與推恩.

추정하였고, 李鎭漢은 송나라 사람일 것으로 보았다.[44] 당시에 양국 사절이 바다를 건너 왕래할 때에, 송의 사신뿐만 아니라 고려의 사신도 宋商이 운영하는 선박에 승선하는 사례가 있었을 고려하면,[45] 위의 卓榮이라는 인물은 상인으로서 양국의 사신과 표류민, 망명인 등을 운송, 송환하는 데에 일정한 역할을 했을 것으로 추정할 수 있다.

1130년대, 하급 관료 및 明州를 통한 의사소통

이와 같이 양국의 의사소통에 상인이 개입한 사례는 1130년대 이후 여러 차례 확인된다. 우선 인종 13년(1135)과 14년(1136)의 사신 및 문서 왕래를 통해 그 일단을 확인해보겠다.

다-1) (인종 13년 6월) 송에서 迪功郞 吳敦禮를 파견해와서 말하기를, "근래에 듣건대 西京에서 반란이 일어났다고 하는데, 만약 토벌하기 어렵다면 군사 10만을 출동시켜 돕고자 한다."라고 하였다.[46]

다-2) (인종 13년 9월) 吳敦禮가 돌아가니, 왕이 그에게 (문서를) 부쳐 아뢰기를, "西京의 적은 이미 그 괴수를 처단하였습니다. (중략) 삼가 생각하건대 해외의 작은 나라에서 변방의 사소한 일로 어찌 천자의 위엄을 번거롭게 할 수 있겠는가 하여 감히 보고드리지 않았던 것입니다. 지금 특별히 사신을 파견하시어 원병을 보내주실지 여부를 물으셨으니, 비록 大朝에서 작은 나라를 걱정해주시는 뜻은 감격스럽습니다만 이치상 불편함이 있으니 뜻을 받들기에 어려움이 있습니다. (중략) 내려주신 지시는 바라건대 거두어주십시오."라고 하였다.[47]

---

44) 金庠基, 「麗·宋貿易小考」, 『震檀學報』 7, 1937, 85쪽 ; 李鎭漢, 「宋商貿易의 再檢討」, 앞의 책, 73쪽.

45) 李鎭漢, 「高麗·宋의 外交와 宋商往來」, 앞의 책, 110~111쪽.

46) 『고려사』 권16, 인종 13년(1135) 6월 己未. 宋遣迪功郞吳敦禮來曰, "近聞西京作亂, 倘或難擒, 欲發十萬兵相助."

47) 『고려사』 권16, 인종 13년(1135) 9월 乙亥. 吳敦禮還, 王附奏曰, "西京之賊, 已殲渠魁. (중략) 竊念, 海外小邦, 邊鄙細故, 豈足上煩威靈, 故不敢控告. 今特遣使, 問助兵可否, 雖上感

다-3) (인종 14년 9월) 金稚規와 劉待擧를 송 明州에 파견하였다. 牒에 이르기를, "근래에 商客 陳舒가 가지고 온 公憑을 삼가 살펴보니, '근래에 夏國에서 사신을 보내와서 (송의) 사신과 함께 고려로 가서 일을 의논하고 싶다고 하기에, 陳舒를 파견하여 고려로 가서 고려의 담당 관부에 이 뜻을 은밀히 알리고 회답을 받아오게 하였습니다.'라고 하였습니다. (중략) 그러나 金國과 강역이 서로 맞닿아 있어 부득이하게 화친을 청하였는데, 만약 (송에서) 사신을 보내 夏 사람과 함께 와서 일을 논의했다는 소식을 들으면 필경 몰래 모의했다고 여길 것이며, 이로 인해 시기하고 분노하여 군사를 내는 명분으로 삼는다면 小國의 성패는 알 수 없을 것입니다. (중략) 바라건대 執事께서는 이를 잘 생각해주시어 소국으로 하여금 金과 원한을 맺는 일이 없도록 해주시고, 上國 또한 순망치한의 우려가 없게 해주신다면 매우 다행이겠습니다."라고 하였다.[48]

다-4) (인종 14년 9월) 송 明州에서 回牒을 보냈는데, 그 대략에 이르기를, "行在樞密院에서 箚子를 올려 아뢴 후 보낸 勘會를 받들어 지난번에 吳敦禮를 파견하여 詔書를 가지고 商人 陳舒와 함께 가게 하였습니다. 이는 우리 조정이 祖宗 이래로 여러 나라를 우대하여 은혜를 두텁게 내렸으나, 靖康 연간의 병란 이후로 사신 왕래가 조금 어려워졌기 때문이었습니다. 근래에 夏國의 밀사가 都督行府에 이르렀기에 오돈례를 파견하여 옛 우호를 확인하고자 한 것이며, 또한 듣건대 그곳이 금과 바로 이웃하고 있다고 하니 사신이 왕래하는 편에 두 황제의 안부를 물을까 했을 뿐입니다. 군사를 일으켜 응원한다든지, 길을 빌어 정벌하러 간다든지 하는 말은 모두 오돈례 등이 멋대로 내뱉은 말이지 조정에서 지시한 바가 아니니, 잘 양해하시어 의심하지 않으시기 바랍니다."[49]

大朝字小之意, 但理有不便, 難以承當. (중략) 所下指揮, 乞行追寢."
48) 『고려사』 권16, 인종 14년(1136) 9월 乙亥. 遣金稚規·劉待擧如宋明州. 牒云, "伏審近商客陳舒賚到公憑, '今來夏國, 差到使人, 欲同使臣, 前去高麗議事, 差遣陳舒往高麗, 於本國掌管事務官處, 密諭此意, 仍取回報前來.' (중략) 而與金國, 疆域相接, 不得已請和, 設聞遣使, 與夏人偕來議事, 必爲陰與爲謀, 因此猜怒, 兵出有名, 則小國成敗, 未可得知. (중략) 伏望執事, 熟計之, 無使小國, 結怨於金, 上國亦無脣亡齒寒之憂, 幸甚."
49) 『고려사』 권16, 인종 14년(1136) 9월 乙亥. 宋明州回牒, 略云, "奉行在樞密院劄字奏勘會,

다-5) (인종 15년 4월) 金稚規와 劉待擧가 송에서 돌아왔다. 조서에 이르기를,
"(중략) 여전히 유랑민이 많이 있을까 걱정되니, 다시 그들을 불쌍히
여기고 은혜를 베풀어 바다를 건너 떠날 수 있게 해줄 것을 간곡히
당부한다. (중략)"[50]

다-1) 인종 13년(1135) 6월, 송에서 迪功郎 吳敦禮를 파견하여, 고려 西京의
반란, 즉 妙淸의 난을 진압하는 데에 군사 10만을 원병으로 파견할 의향이
있다는, 다소 의외의 제안을 하였다. 이 기록만으로는 그가 조정에서 파견된
것인지, 아니면 明州 차원에서 파견된 것인지는 확실하지 않다. 그러나
송 측의 기록에 따르면 그는 원래 관원이 아니었으나 고려에 왕래하며
그 사정을 엿본 공을 바탕으로 발탁되어 이때에 조서를 가지고 고려에
파견되었다고 한다.[51] 이때 그의 관품이 종9품의 迪功郎으로 다른 사례에
비해 너무 낮다는 점은 기존의 송 조정에서 파견한 사신과는 구별된다.
아울러 이 제안 역시 어떠한 문서를 통해 전해진 것인지 표시되어있지
않고, 『고려사』의 지문도 단지 "曰"이라고만 처리하였다는 점에서 송 조정의
공식 의견인지 여부에는 의심스러운 측면이 있다.

다-2) 吳敦禮가 돌아가는 편에 인종은, 서경의 반란이 이미 진압되었으니
송의 원병은 필요가 없다는 뜻을 분명히 밝혔다. 그런데 이때의 인종의
말 역시 『고려사』 지문에서는 "附奏曰"이라고만 하여, 그것이 어떤 문서였는지
표시하지 않았다. 일반적으로 '奏'는 "황제께 아뢰다"라는 동사로 쓰인다.
명 대의 奏本, 청 대의 奏摺과 같이 황제에게 올리는 고정된 문서식을
지칭하는 명사로 쓰이지 않는 경우, 사료상에서 '奏'라는 표현은 단지
"아뢰다"라는 동사로만 해석하는 것이 자연스럽다. 『고려사』의 다른

昨遣吳敦禮賫詔書, 兼令商人陳舒前去. 蓋緣朝廷, 自祖宗以來, 眷待諸國, 恩義甚厚, 至靖康兵
火之後, 使命稍艱. 近者, 夏國密使到都督行府, 因遣敦禮講明舊好, 且聞, 彼與金切隣, 因臣使往
來, 當得兩宮安問耳. 至興兵應援, 假途徂征, 皆敦禮等, 專對之辭, 非朝廷指授, 宜深見諒,
無致自疑."

50) 『고려사』 권16, 인종 15년(1137) 4월 癸卯. 金稚規·劉待擧回自宋. 詔云, "(중략) 尙慮遺氓之
多有, 更煩惠澤以哀斯, 俾涉信潮, 盡離遐嶠. (하략)"

51) 『建炎以來繫年要錄』 권86, 紹興 5년(1135) 윤2월 戊辰 ; 권95, 紹興 5년 11월 戊子(張東翼,
『宋代麗史資料集錄』, 서울대학교출판부, 2000, 173쪽에서 재인용).

부분에서 국왕이 올린 표문을 인용할 때에는 거의 대부분 "表曰"이라고 하였던 데 비해 이 사례에서 "附奏曰"이라고 표시한 것은 분명히 어떠한 문서를 전달한 것을 가리키기는 하지만, 그것이 황제에게 제출된 표문은 아니었을 가능성을 강하게 시사한다. 그 이하에 인용된 문서의 문체를 검토해 보아도 일반적인 표문과 같지 않다는 점을 알 수 있다. 그렇다면 이때의 문서는 수신자가 누구인지는 분명히 알 수 없지만 그것이 황제는 아니었을 것이며, 이 문서를 통해 표현한 고려의 입장을 수신자가 황제에게 대신 전달해줄 것을 기대한 것으로 볼 수 있다.

다-3) 그로부터 1년 후, 고려 조정에서는 金稚規와 劉待擧를 송 明州에 파견하여 牒을 보냈다. 이 문서에서는 근래에 商客 陳舒가 고려에 전달한 '公憑'에서 송 조정이 夏國 사절의 제안을 수용하여 송과 고려, 그리고 夏 삼국이 금에 대한 공동전선을 펼치자는 매우 과격한 제안을 한 데 대해, 고려의 반대 의사를 명확히 표현하였다. 『송사』 고려전에는 이들 사신의 명칭을 '持牒使'라고 표시하고 있다.[52]

다-4) 그런데 다-3)에 대한 송 명주의 回牒을 보면, 상인 陳舒는 다-1)의 송 사신 吳敦禮와 함께 파견된 것이었음이 확인된다. 또한 이들은 황제의 명, 즉 詔書를 가지고 왔다고 한다. 명주의 牒에는 이 문서가 발신되기까지의 행정처리 과정이 언급되어 있다. 이에 따르면 行在樞密院에서[53] 약식 상주문으로 쓰인 箚子를 올려 황제에게 보고를 하고 황제의 허락을 받은 후, 명령문서인 勘會를[54] 명주에 보내 사신 오돈례와 상인 진서를 파견하게 하였다는 것이다. 다만 오돈례를 파견한 송 황제와 조정의 공식 목적은 양국의 우호관계를 재천명하기 위한 것이었을 뿐, 앞서 고려가 반대 의사를 밝힌 서경 반란

---

52) 『송사』 권487, 外國 3, 高麗, 紹興 6년(1136).
53) 당시 남송 조정은 臨安에 자리를 잡게 되었는데, 여전히 정식 수도는 북송의 수도인 開封임을 천명하고 있었다. 물론 開封은 이미 금군에 함락되었고, 이 당시에는 금의 괴뢰정권인 齊의 영역이었으나, 남송 조정으로서는 옛 강역을 회복한다는 명분을 포기하지 않았던 것이다. 따라서 임안은 임시 수도로서 行在라고 불리었고, 주요 정부조직 역시 그 명칭 앞에 '行在'를 붙인 채로 운영되고 있었다. 이 시기 금과 남송 사이의 河南 일대의 정세에 대해서는 外山軍治, 「金朝の華北支配と傀儡國家」, 『金朝史研究』, 東京 : 同朋社, 1964 참조.
54) 勘會는 송 대의 관문서 가운데 하행문서의 일종으로 널리 사용되었다. 葉夢得, 『石林燕語』 권4, 尚書省文字下六司諸路, 例皆言勘會.

진압을 위한 원병 파견이나 금에 대한 공동전선 구축 등은 오돈례의 자체 의견이었을 뿐이었다고 적극 해명하였다.

여기서 송 조정의 파견 목적과 사신 오돈례의 발언 사이에 간극이 있다고 한 것은 어디까지나 송 조정의 공식 해명일 뿐이었다. 금의 파상공세를 간신히 면한 남송 조정으로서는 고려와의 동맹을 그 어느 때보다도 간절히 원하고 있었을 것임이 분명하다. 더구나 남송 조정의 입장에서는 포로로 끌려간 휘종과 흠종 등을 돌려보내줄 것을 요청하러 금 조정에 파견한 通問使, 혹은 金國祈請使가 번번이 금군에 의해 저지되어 금 조정에까지 전달되지 못하던 상황이었다.[55] 따라서 고려를 통해 금의 수도에까지 사신을 파견하고, 나아가 고려와 군사적 동맹을 맺어 금을 견제하고자 하는 것은 송 조정으로서는 더할 나위 없이 바라던 바였을 것이다. 다만 얼마 전에 刑部尙書라는 고위의 假官까지 얹어서 파견했던 정식 사절 楊應誠이 비슷한 제안을 했다가 거절당했던 것을 생각했을 때, 송 황제의 명의로 고려에 이와 같은 부담스러운 요청을 내놓을 수는 없었을 것이다. 따라서 공식적으로는 우호를 다지는 차원의 언급만을 문서에 담아 보내고, 진의는 비공식적인 사신의 말, 즉 사신의 語錄이나 서한을 통해 전달했을 것이다. 고려 조정 역시 이러한 송의 입장을 고려하여 송의 제안을 받아들일 수 없다는 내용의 문서를 황제에게 직접 보내는 것이 아니라 明州에 牒을 통해서 전달했던 것이다.

다-5) 이듬해인 인종 15년(1137) 4월, 고려의 사신 김치규 등이 돌아왔는데, 이들은 황제의 조서를 받아왔다. 그 내용은 전쟁으로 고려에 흘러들어간 송의 백성들을 잘 보살펴주고 돌려보내줄 것을 요청하는 것으로, 금에 대한 공동 대응과 같은 민감하고도 껄끄러운 내용은 전혀 언급하지 않았다. 송 측의 기록에 따르면 이들 사신이 明州에 이르렀으나 송 조정에서는 그들이 금을 위해 첩보활동을 벌일 것을 우려하여 수도인 임안까지 받아들이지 않고 명주에서 돌려보냈다고 한다.[56] 그렇다면 이 조서 역시 송 조정에서 명주에 보내 고려 사신에게 전달했을 것이다.

---

55) 李輝, 「宋金交聘制度硏究」, 復旦大學 博士學位論文, 2005, 26~28쪽 참조.
56) 『송사』권487, 外國 3, 高麗, 紹興 6년(1136) ; 『建炎以來繫年要錄』권106, 紹興 6년(1136) 11월 壬辰(張東翼, 앞의 책, 2000, 173쪽에서 재인용).

송의 떠보기와 고려의 발빼기

이상과 같이 인종 8년(1130)에 송이 예빙 중단을 통보한 이후, 인종 13년(1135)과 14년에 걸친 양국의 논의를 살펴본 바, 송은 더 이상 고급 관원을 사신으로 파견하지도, 고려와의 군사적 협력을 황제 명의의 공식 문서를 통해 제안하지도 않았음을 알 수 있다. 민감한 문제가 될 수 있는 이런 문제는 정부의 말단 관원을 상인과 함께 파견해서, 정부의 공식 문서가 아닌 사신의 입을 빌려 고려를 떠보는 식으로 제안하였을 뿐이고, 고려가 단호히 거절하자 이는 정부의 공식 입장이 아니었다고 해명하였다. 중앙정부 차원의 공식 접촉이 거의 중단된 상태에서 지방정부인 明州를 교섭 채널로 삼고, 상인에게 임시로 사신의 임무를 부여함으로써 중앙정부의 외교적 부담감을 덜어내고자 했음을 엿볼 수 있다.

즉 남송 측에서는 갈수록 고려에 대한 의사소통의 발신 주체의 격을 떨어뜨리고, 그와 아울러 발언의 권위를 낮추었다. 현상적으로는 고려에 대한 기대감이 낮아졌던 것으로 해석할 수 있다. 그러나 더 중요한 이유는 무리한 내용을 황제를 비롯한 중앙 조정의 명의로 제안하고 그에 대해 고려로부터 긍정적인 대답을 듣지 못하였을 때에 자신의 위상이 떨어질 것임이 명백한 상황에서 자기 방어 기제를 적용한 것이 아닐까 생각된다. 또한 여기에는 남송 조정이 고려에 대해서 품고 있던 의심도 영향을 주었을 것이다. 남송에서는 고려가 자신을 도와 금에 대적하려는 의사가 없음을 분명히 인지하였고, 나아가 고려가 금과 결탁하여 자신의 사정을 금에게 알릴 것을 계속해서 우려했던 것이다.[57]

1140년대 이후의 간헐적 왕래

이러한 방식의 교섭은 이후에도 간헐적으로 이어졌던 것으로 보인다. 인종 16년(1138)에는 송 명주에서 상인 吳迪 등을 파견하여 徽宗이 붕어했음을 알린 바 있었고,[58] 의종 9년(1155)에도 송 명주에서 고려의 표류민을 송환하

---

57) 李錫炫, 앞의 논문, 2005, 149쪽.

는 조치를 취한 일이 있었다.[59] 그런데 의종 2년(1148)에는 고려에서 뜻밖의 사건이 벌어졌다. 고려의 李深과 智之用이 송의 張喆과 공모하고서 이심이 東方昕으로 이름을 고친 후 송 太師 秦檜에게 "만약 금을 정벌한다는 명분으로 고려에 길을 빌리고, 우리가 내응한다면 고려를 도모할 수 있을 것입니다."라는 내용의 문서를 보내고자 하였던 것이다. 이들은 이 문서와 고려의 지도를 송상 彭寅이라는 자의 편에 부치려고 하였는데, 마침 고려에 있던 송의 都綱 林大有라는 자가 이를 입수하여 고려 조정에 알렸다.[60] 문서에 담긴 내용도 충격적인 것이었으나, 人臣無外交라는 원칙에 어긋나도록 고려의 신료가 송의 고위 관원과 비밀리에 통교하고자 시도했던 것 역시 문제가 되었다. 결국 이들은 모두 처형당하였다. 이미 소원해지고 있던 고려-송 관계는 이 사건을 계기로 더욱 악화될 여지를 품게 되었다. 이때에도 양국 관계의 전개에 송상이 중요한 행위자로서 개입하고 있었다는 점에서 특기할 만하다.

양국 관계는 1160년대 전반 다시 한 번 재개될 조짐을 보인 일이 있었다. 남송의 소흥 31년(1161, 고려 의종 15) 9월, 금의 海陵王이 대군을 이끌고 남진하여 금과 남송 사이에 전면전이 전개되었다.[61] 송은 고려와 서하 등에 군사 원조를 요청할 계책을 세우기는 하였으나 역시 실행되지는 않았다.[62] 다만 이듬해 3월, 송의 都綱 侯林 등이 고려에 와서 금과의 교전에서 승전하였음을 牒을 통해 알리기도 하였다.[63] 이는 사실 금의 海陵王이 南征 도중 반란군에 의해 시해된 것을 송 측의 승리로 과장하여 표현한 것이었으며, 고려 조정에서도 이것이 송에서 그들의 위신을 보이려 한 것일 뿐, 사실이 아님을 알고 있었다고 한다. 그런데 송 측의 기록에 따르면 같은 시기 '高麗國都綱 徐德榮'이라는 인물이 송의 明州에 와서 고려에서 송의 승전을 축하하는

---

58) 『고려사』 권16, 인종 16년(1138) 3월 庚子. 실제로 휘종이 붕어한 것은 그보다 3년 전인 인종 13년(1135) 4월의 일이었다. 양국의 소통이 원활하지 못한 상황에서 정보의 전달이 늦어졌음을 알 수 있다.
59) 『고려사』 권18, 의종 9년(1155) 8월 丙子.
60) 『고려사』 권17, 의종 2년(1148) 10월 丁卯.
61) 이때의 전황에 대해서는 趙永春, 앞의 책, 218~244쪽 참조.
62) 姜吉仲, 앞의 논문, 1991, 175쪽.
63) 『고려사』 권18, 의종 16년(1162) 3월 戊午.

사신을 파견하려 한다는 소식을 전했다고 한다. 그러나 송 조정에서는 고려의 사신을 맞이하였을 때에 불의의 사태가 일어날 수 있으며, 받아들이기로 하였으나 실제로는 오지 않을 경우 만국의 웃음거리가 될 것이라고 하여 이를 승낙하지 않았다.[64]

경계인 徐德榮

그런데 徐德榮이라는 인물은 '宋都綱'이라는 명칭으로 이듬해 7월에는 고려에 와서 황제의 密旨에 따른 것이라 하면서 국왕에게 沈香 등의 물품을 진헌하기도 하였다고 한다.[65] 아마도 한 해 전에 즉위한 남송의 孝宗(재위 1162~1187)이 고려와의 관계 재개를 시도하려는 의도를 가지고 있었던 것이 아닐까 추측된다. 그렇다 하더라도 고려 사신의 수용조차도 반대했던 남송 조정의 분위기를 고려하면 곧바로 정식 사절을 파견하기란 부담스러웠을 것임은 쉽게 짐작이 된다. 또한 거의 30여 년만의 사신 파견인 만큼 사전 정지작업을 위해서라도 비공식 채널을 가동할 필요가 있었을 것이다.[66] 그리고 이러한 역할을 담당하기에는 양국을 오가며 우호적인 분위기 조성에 힘쓰고 있었던 상인 徐德榮 같은 인물이 최적이었으리라 생각된다.[67]

都綱 또는 綱首라고 등장하는 徐德榮의 국적을 고려 측의 기록에서는 송으로, 송의 기록에서는 고려로 각각 다르게 기록하였다는 점이 흥미로운데, 이는 인종 9년(1131)과 10년(1132)에 각각 등장한 卓榮의 사례와 같다. 바꿔 말하면 그는 양국 정부 사이를 매개하는 자로서 고려에는 송의 입장을, 송에는 고려의 입장을 전달했기 때문에 양측 기록에서 그렇게 표현하고

---

64) 『송사』 권487, 外國 3, 高麗, 紹興 32년(1162) ;『建炎以來繫年要錄』 권198, 紹興 32년 3월.
65) 『고려사』 권18, 의종 17년(1163) 7월 乙巳. 宋都綱徐德榮等來, 獻孔雀, 及珍翫之物. 德榮又 以宋帝密旨, 獻金銀合二副, 盛以沈香.
66) 약 한 세기 전, 고려의 文宗 대 후반, 북송의 神宗 즉위 직후 양국이 약 40년 만에 외교관계를 재개할 때에도 정식 사절의 왕래에 앞서 泉州의 상인 黃愼이 그 중재를 맡았던 일이 있었다.
67) 그는 명종 3년(1173)에도 송의 파견을 받아 고려에 왔다고도 기록되어 있다. 『고려사』 권19, 명종 3년(1173) 6월 甲申. 宋遣徐德榮來.

있었던 것이 아닌가 한다.[68] 상인의 입장에서도 양국의 공식적인 외교관계가 재개될 경우 朝貢으로 표현되는 관방무역 형태까지 포함하여 교역의 양과 질이 늘어날 것이고, 또한 교역 자체가 공식적으로 승인을 받을 수 있었을 것이기에 외교관계 복원에 적극 나서고 있었던 것으로 이해할 수 있다.

『고려사』에 따르면 의종 18년(1164), 송에서 徐德榮을 보내 물품을 전해준 데 대한 보답으로 고려에서도 借內殿崇班 趙冬曦 등을 파견하여 鐵器와 銅器를 선사하였다고 한다.[69] 송 측 기록에는 이 사실을 전한 뒤로, "그 후로 사신의 발길이 마침내 끊어졌다"고 기록하고 있다.[70] 다만 그 이후로도 宋商의 왕래는 끊이지 않고 계속되었다고 한다.[71]

3. 1259년 고려 禮賓省에서 송 明州에 보낸 牒

1259년 고려 禮賓省 牒

이후 거의 한 세기에 걸쳐 양국 사이에 사신 왕래나 문서 수수와 같은 공식적인 접촉 기록은 전혀 보이지 않는다.[72] 그러다가 고종 46년(1259), 고려 禮賓省에서 송 明州에 보낸 牒이 송 대 明州의 지방지인 『開慶四明續志』에 수록되어 있다. 이 문서는 黃時鑒과 張東翼이 전문을 소개하여 알려졌고, 그와 함께 상세하고 정확한 해설을 남긴 바 있어 크게 참고가 된다.[73]

---

68) 李鎭漢은 송 대의 사서에 기록된 고려 상인이 고려 사람뿐 아니라 고려를 왕래하던 송상을 뜻하는 것이었다고 보았다. 송 정부가 고려를 왕래하는 상인을 '高麗國 綱首' 등으로 기록하였다는 것이다. 李鎭漢, 앞의 책, 179쪽 참조.

69) 『고려사』 권18, 의종 18년(1164) 3월 壬寅.

70) 『송사』 권487, 外國 3, 高麗, 隆興 2년(1164). 其後使命遂絕.

71) 李鎭漢, 「宋商往來의 類型과 〈宋商往來表〉」, 앞의 책 참조.

72) 단 『고려사』 권19, 명종 4년(1174) 8월 丁巳 條에 송에서 고려의 표류민 5명을 돌려보냈다는 기록이 있다. 송상이 아닌, 송 조정이나 지방관부가 주체가 된 행위로 기록된 것은 이 사례가 마지막이다.

73) 黃時鑒, 「宋-高麗-蒙古關係史에 관한 일고찰-「收刺麗國送還人」에 대하여」, 『東方學志』 95, 1997 ; 張東翼, 「宋代의 明州 地方志에 수록된 高麗關係記事 研究」, 『歷史敎育論集』 22, 1997. 또한 이 문서에 대한 역주는 노명호 외, 『韓國古代中世古文書研究(上)』, 서울대학교출판부, 2000, 448~450쪽 참조. 아울러 이에 대한 최근의 연구로는 李善洪, 「〈高麗國對南宋牒〉 研究」, 『北華大學學報』(社會科學版) 7-5, 2006 참조.

이 문서의 전문을 인용해보면 다음과 같다.

라) 高麗國 禮賓省에서 大宋國 慶元府에 牒上함.

　　當省은 貴國人 升甫·馬兒·智就 등 3인이 오랫동안 狄人에게 붙잡혀 있다가
　　지난해 정월에 달아나 (우리나라에) 들어옴에 따라 (그들을) 정성껏
　　돌보아주었습니다. 지금 綱首 范彦華·兪昶 등이 綱船을 합하여 바다를
　　건너 환국하므로, 여행 도중의 양식 3碩을 주어 그 편에 부쳐 송환하니,
　　바라건대 잘 살펴주시기 바랍니다. 이와 같은 일을 大宋國 慶元府에
　　牒하니 잘 살펴 시행하시기 바랍니다. 謹牒.
　　己未年(고종 46, 1259) 3월 일. 謹牒.
　　注簿 文林郎 金之用
　　注簿 文林郎 李孝悌
　　丞 文林郎 金光遠
　　丞 文林郎 潘吉儒
　　試少卿 入內侍 文林郎 李軾
　　卿 朝議大夫 任柱
　　判事 入內侍 通議大夫 三司使 太子右庶子 羅國維
　　判事 正議大夫 監門衛攝上將軍 奉君用[74]

　　앞서 인용한 연구들에 의해 문서의 내용이나 그 배경, 고려 禮賓省의
관직 구조 등에 대해서는 상세히 밝혀졌으므로, 여기서는 문서 양식 자체에만
주목하여 언급하고자 한다.

　　먼저 문서의 起頭에는 "高麗國禮賓省牒上大宋國慶元府"라고 하였다. 발신자
는 高麗國 禮賓省, 수신자는 大宋國 慶元府이며, 문서식은 牒上임을 명기한
것이다. 牒이란 앞서서도 여러 차례 밝혔듯이 송 대에 統屬 관계가 없는

---

74) 『開慶四明續志』 권8, 〈收刺麗國送還人〉. 高麗國禮賓省牒上大宋國慶元府. 當省準. 貴國人升
甫·馬兒·智就等三人, 久被狄人捉拏, 越前年正月分, 逃閃入來, 勤加館養. 今於綱首范彦華·兪
昶等, 合綱船放洋還國, 仍給程糧三碩, 付與送還, 請照悉具. 如前事, 須牒大宋國慶元府, 照會施
行. 謹牒. 己未三月日. 謹牒. 注簿文林郎金之用, 注簿文林郎李孝悌, 丞文林郎金光遠, 丞文林
郎潘吉儒, 試少卿入內侍文林郎李軾, 卿朝議大夫任柱, 判事入內侍通議大夫三司使太子右庶
子羅國維, 判事正議大夫監門衛攝上將軍奉君用.

관부 사이에서 주고받는 관문서의 일종으로서, 당시 동아시아 각국의 관부와 관부 사이에서 주고받는 외교문서로 널리 사용되었는데, 첩을 보내는 행위를 '牒上'이라고 한 것은 이것이 상행문서임을 의미하는 것이다. 송 대의 행정지침인 『慶元條法事類』에서도, "관부가 서로 統攝하지 않아서 申·狀을 쓰는 예가 없을 때 및 縣에서 比州에 보낼 때 모두 牒上을 쓰고, 관할 관부이지만 符·貼을 쓰는 예가 없을 때는 牒을 쓴다."라고 규정하여, 牒의 형태를 상행문서로서의 牒上과 하행문서로서의 牒으로 나누고 있다.[75] 이후 원 대에도 牒이 국내의 관문서로 널리 사용되면서, 『元典章』에서는 牒의 종류를 수신자와 발신자의 상호관계에 따라 평행문서인 平牒, 상행문서인 牒上과 牒呈上, 하행문서인 今故牒 등으로 나누었다.[76] 이 문서에 牒上이 쓰였다는 것은 이때 고려국 예빈성은 대송국 경원부를 자신보다 상급의 관부로 인정하였음을 의미하는 것인데, 외교관계가 한 세기 가까이 단절된 상황에서 이러한 상하관계에는 사실상 큰 의미를 부여할 수는 없을 것이다.

다음 문서의 첫 머리에 쓰인 "當省準"이라는 표현이 주목된다. 이 시기 고려 국내의 관문서에서도 예컨대 "當司准教"와 같이,[77] 발급의 근거가 되는 문서를 제시한 후 그에 대한 처리를 밝히는 방식을 취하고 있다.[78] 뒤에 살펴보겠으나 이후 고려와 명의 외교문서를 살펴보면 고려에서 발신한 문서에서 국내의 관문서를 인용했음을 밝힐 때에 "據都評議使司申", "又准贊成事姜仁裕等關" 등과 같이 명의 관문서식 문체와 표현에 따라 국내 문서의 원래 표현을 고쳐서 기록했던 데 비해,[79] 남송에 보낸 이 문서에서는 고려 국내의 관문서에서의 표현을 그대로 사용했던 것이다.

다음으로 문서의 結辭를 살펴보면, "請照悉具. 如前事, 須牒大宋國慶元府, 照會施行."이라고 하여 수신자를 다시 한 번 밝히면서 마무리하고 있다. 이는 후대 중국 관문서의 "請~施行" 및 중국과 조선 관문서의 "須至咨者", 혹은 "須至關者"라는 결사 어구를 떠올리게 한다. 그 뒤를 이어 "謹牒. 己未三月

---

75) 『慶元條法事類』 권16, 文書門 1, 文書式.
76) 『大元聖政國朝典章』 권14, 吏部 8, 公規 2, 行移.
77) 노명호 외, 앞의 책, 4쪽, 〈尙書都官貼〉.
78) 박재우, 「고려시대의 관문서와 전달체계」, 『古文書硏究』 33, 2008, 12~14쪽.
79) 鄭東勳, 「高麗-明 外交文書 書式의 성립과 배경」, 『韓國史論』 56, 2010, 174~175쪽.

日"이라고 한 부분은 역시 『慶元條法事類』에서 규정하고 있는 당시의 牒式과 완전히 일치한다. 여기서 "謹牒"은 원본 문서에서라면 그 다음에 나올 연월일 표기의 세로 길이와 맞추어 큰 글씨로 썼을 것이다. 연월일 표시는 앞서 문종 대의 사례에서와 마찬가지로 송의 연호가 아닌 간지만을 사용했다는 점 역시 주목된다. 연월일 표기 뒤에 다시 한 번 기록된 "謹牒"은 문서제도에서 事目이라고 부르는, 문서 내용의 핵심만을 요약하여 문서의 맨 마지막, 주로 연월일 표기 옆에 작은 글씨로 써넣는 부분에 해당할 것이다. 즉 『開慶四明 續志』의 편찬자, 혹은 그 편찬의 재료가 되었을 문건의 작성자가 이 문서의 원문을 열람하고서 한 글자도 빠짐없이 그대로 옮겨 적었던 까닭에, 현재 그 원문을 고스란히 복원할 수 있게 된 것이다.

마지막으로 主簿 2인, 丞 2인, 試少卿 1인, 卿 1인, 判事 2인의 직함과 성명을 모두 기록하고 있다. 고려 국내의 문서행정에서는 상급자로부터 하급자로 내려가면서 성을 쓰지 않고 草押만 하는 방식, 성만 쓰고 초압하는 방식, 성명을 모두 갖추어 쓰는 방식, 직위와 성명을 모두 갖추어 쓰는 방식 순으로 자신을 표시하였다. 국내 문서에서라면 禮賓省은 諸署局으로 표현되는 하급 관부에 보내는 하행문서에는 丞과 主簿는 성을 쓰고 초압하는 데에서 그칠 뿐, 少卿과 卿은 서명하지 않았고, 3省에 보내는 상행문서에서도 少卿 이하의 직위와 성명을 갖추어 쓰지만 卿 이상은 성만을 쓰고 草押하는 것으로 규정되어 있다.[80] 그런데 이 문서의 錄文을 그대로 따른다면 卿 任柱뿐만 아니라 判事인 羅國維와 奉君用까지 그 성명을 모두 갖추어 쓴 것이 된다. 이는 국내 문서에서는 찾아볼 수 없는, 상대를 최고로 높이는 서명 방식이었다고 할 수 있다. 물론 관부 구성원에 대한 인적 정보를 상대, 즉 송의 慶元府와 전혀 공유하지 않은 상황이었기 때문이었다고 해석할 수 있겠으나, 문서의 결재와 서명 표기 방식만으로 놓고 볼 때에 국내 관문서에서와는 다른, 상대를 최고로 높이는 방식이 쓰였음은 분명하다고 할 수 있다.

---

80) 『고려사』 권84, 刑法志 1, 公式, 公牒相通式, 京官. 이에 대한 자세한 연구로는 강은경, 『고려시대 기록과 국가운영』, 혜안, 2007 참조.

고려와 송 明州의 의사소통

고종 46년(1259)의 이 문서가 사료에 우연히 남아있을 뿐, 이를 전후한 한 세기 이상의 기간 동안 고려와 남송 사이에 공식적으로 교류한 흔적은 찾아지지 않는다. 다만 이 문서가 담고 있는 사안인 표류민 송환과 같은 특수한 상황이 발생했을 가능성은 충분히 있다. 그럴 때에도 이때의 상황과 같이 상인을 통한 비공식적 접촉을 통해 송환이 이루어지는 것이 일반적이지 않았을까 생각된다.[81] 그 가능성을 보여주는 방증의 한 가지는 남송의 寶慶 연간(1225~1227)에 편찬된 明州의 지방지인『寶慶四明志』에 언급된, "本府(明州)는 그 나라 禮賓省과 文牒으로 서로 교류[酬酢]한다"라는 기록이다.[82] 해당 자료에서는 송과 고려의 관계에 대해 개략적으로 서술하면서 紹興 32년(1162) 의 일을 마지막으로 기술하였을 뿐, 그 뒤의 일에 대해서는 전혀 언급하지 않았다. 그러다가 마지막 구절에서 明州가 禮賓省과 文牒을 주고받으며 의사소통을 하고 있다고 명기한 점에서, 12세기 중반 정식 외교관계가 단절된 이후 그 공백을 명주와 예빈성 사이에서의 문서 교환으로 메우고 있었음을 간접적으로 알 수 있다.

소결 : 비공식 교섭과 상인의 역할

이상에서 고려와 남송 사이의 교섭과 그에 동원된 외교문서를 비롯한 의사소통 방식에 대해 검토하였다. 정리하자면 남송 정권이 성립된 1127년부터 초기 몇 년 사이에 송은 고려에 군사적 협력이나 금의 上京으로 가는 길을 빌려줄 것을 요청하는 등, 북송 말기부터 이어진 적극적인 접근을 유지하였다. 그러나 이와 같은 민감한 사안에 대한 요구는 황제의 문서를 통해 공식적으로 제기하는 것이 아니라 사신이 고려 조정에 와서 제출한

---

81) 고려와 송 사이의 표류민 발생과 송환 절차에 대해서는 이승민,「고려 전·중기 동북아시아 해역에서의 표류민 송환과 국제관계」, 가톨릭대학교 석사학위논문, 2007 및 전영섭,「10~13세기 漂流民 送還體制를 통해 본 동아시아 교통권의 구조와 특성」,『石堂論叢』50, 2011 참조.

82)『寶慶四明志』권6, 市舶. "本府與其禮賓省, 以文牒相酬酢. 張東翼, 앞의 책, 2000, 118쪽에서 재인용.

語錄이나 서한으로 전달하였고, 고려 역시 거절의 의사를 사신과의 교섭을 통해 표명하였다. 군주 사이에 주고받는 최고 권위의 문서를 통해서 논의하기에는 부담이 큰 사안이었기 때문에 이러한 경로가 채택되었던 것으로 짐작된다. 따라서 남송은 갈수록 사신의 관직을 낮춘다거나, 정부 차원의 공식 문서가 아닌 사신의 문서 등을 활용하면서 고려에 대한 교섭 주체, 그리고 발언 주체의 격을 낮추는 방식으로 대응하였다.

고려의 협조를 구하기 어렵다는 것을 확인한 남송 조정은 결국 1130년을 전후하여 교빙 중단을 선언하였고, 이후로는 상인이라는 비공식 채널을 통한 교섭만이 드문드문 이루어질 뿐이었다. 그러나 국가 대 국가, 조정 대 조정 사이의 공식 외교관계가 중단되었다고 해서 모든 관계가 단절된 것은 아니었다. 당시 서해상을 넘나들던 사람과 물자의 이동은 끊이지 않고 있었다. 그리고 이를 매개했던 것이 바로 상인들이었다. 양국 조정은 정식 사절을 파견하는 대신 이들에게 문서 전달을 위임한다든지, 혹은 구두로 메시지를 보내는 방식 등을 통해 자국의 정치적 의사를 상대국에 전달하였다. 이러한 소통 방식은 효율성 면에서 탁월하였을 뿐만 아니라 정식 사절을 통해서는 꺼내기 힘든 과감한 제안이나 요청을 하기에도 부담을 느끼지 않았다는 점에서 유용한 것이었다. 실제로 표류민 송환과 같이 간헐적으로 발생하는 사안을 처리하는 데에 고려의 禮賓省과 송의 明州와 같은 지방관 사이에서 牒을 교환하는 방식이 통용되었다. 이러한 관계는 남송이 멸망하는 13세기 후반까지도 근근이 유지되고 있었던 것으로 생각된다. 그리고 이러한 교섭 방식은 고려 전기, 고려가 공식 외교관계를 맺고 있지 않았던 일본과 의사소통을 하는 과정에서 동원한 전례와 일치하는 것이었다.[83]

상인들의 입장에서도 단순한 경제적 동인만을 가지고 상대국을 찾는 것보다 자국 조정의 외교적 임무를 띠고 방문할 경우에 받을 수 있는 대우가 훨씬 나았다는 점, 그리고 공식 외교관계가 복원될 경우 더 많은 교역의 기회를 기대할 수 있었다는 점 등의 이유에서 이러한 사명을 수행하는

---

83) 고려 전기에 고려와 일본 사이에서 牒을 통한 의사소통을 하고 있었던 사례에 대해서는 이병로, 「11세기 한일 양국의 대외교섭에 관한 일고찰」, 『大邱史學』 59, 2000, 17~20쪽 ; 高橋公明, 「外交文書を異國牒狀と呼ぶこと」, 『文學』 6-6, 東京 : 岩波書店, 2005, 64쪽 등을 참조.

데에 적극적으로 참여하였다. 이들은 때로 고려 측 기록에서는 송의 상인으로, 송의 기록에서는 고려의 상인으로 표현될 정도로 한 나라의 이해관계에 얽매이지 않는, 말 그대로 경계인으로서의 측면을 잘 보여주고 있었다.

2장
고려-거란·금 외교문서:
다층위의 소통 구조

1절 고려-거란 관계 성립과 二元的 외교 의례

고려-거란 관계 연구사

918년에 건국한 고려와 그보다 약간 앞서 정권을 수립한 契丹은[1] 초기부터 몇 차례 접촉을 가졌다. 그러나 양국은 곧바로 갈등 국면을 맞이하게 되었고, 太祖 25년(942) 이후 40여 년 동안 관계를 중단하기도 하였다. 980년대에 이르러 양국은 접촉을 재개하였으나, 곧이어 成宗 12년(993)부터는 전쟁을 치르게 되었다. 1차 전쟁 이후 成宗과 穆宗이 연이어 거란의 책봉을 받았으나, 顯宗 대에는 원년(1010)과 6~10년(1015~1019) 다시 대규모의 전쟁을 겪기도 하였다. 이처럼 초기의 고려와 거란은 갈등과 전쟁, 그리고 화친에 이르는 복잡한 과정을 거쳤는데, 이 사이의 양국 관계에 대해서는 이미 많은 연구가 축적되어 그 자세한 면모를 밝혀내었다.[2]

---

[1] 契丹의 건국 연대를 언제로 볼 것인지에 대해서는 907년 설과 916년 설이 제시되어 있다. 전자는 耶律阿保機가 '天皇帝'에 즉위한 해이고, 후자는 神冊이라는 연호를 처음 세운 해이다. 종래의 개설서 등에서는 중국식 연호와 국호를 채택한 916년을 건국한 해로 파악하는 것이 일반적이었다(대표적으로 이계지 지음, 나영남·조복현 옮김, 『정복왕조의 출현 : 요·금의 역사』, 신서원, 2014, 62~63쪽). 그러나 907년의 즉위는 거란식 의례에 따라 거란의 군주가 된 해이고, 916년에는 중화풍의 존호를 받고 중화적 제왕호와 연호를 반포한 것으로 나누어 볼 수 있으며, 따라서 거란국의 성립은 907년으로 이해해야 한다는 견해가 더 설득력 있는 것으로 보인다. 杉山正明, 『疾驅する 草原の征服者』, 東京 : 講談社, 2005, 116~118쪽 참조.

[2] 10세기 전반 고려와 거란의 관계에 대해서는 姜大良, 「高麗初期의 對契丹關係」, 『史海』 1, 1948 ; 韓圭哲, 「後三國時代 高麗와 契丹關係」, 『釜山史叢』 1, 1985 ; 金在滿, 「契丹·高麗 國交 前史」, 『契丹·高麗關係史研究』, 國學資料院, 1998 ; 서성호, 「고려 태조대 대(對)거란 정책의 추이와 성격」, 『역사와 현실』 34, 1999 ; 김소영, 「고려 태조대의 대거란 정책의

문제의 소재 : 고려-거란 관계의 특수성

그런데 장기적인 관점에서 보면 고려-거란 관계는 다른 시대, 다른 왕조와의 관계와는 구분되는 매우 특수한 점을 가지고 있다. 두 가지 점에서 그러한데, 첫째는 고구려 멸망 이후 최초로 한반도에 거점을 둔 왕조가 중국 왕조와 국경을 맞대고 교섭을 하게 되었다는 점이다. 둘째는 역시 6세기 고구려와 北周의 관계 이후 최초로 漢族 왕조가 아닌 북방민족 왕조와 공식 외교관계를 맺게 되었다는 점이다.[3] 첫째 문제와 관련해서는 과거와 달리 수시로 발생할 수 있는 분쟁을 조정하기 위해 어떠한 교섭 루트를 선택하였는지의 문제에 대해 새롭게 검토할 필요가 있다. 둘째 문제와 관련해서는 고려가 한족이 아닌 거란족의 왕조를 어떻게 인식하고 있었으며, 따라서 이들과의 관계에 한족 전통 외교의 원칙과 관습을 어떻게 적용하였는지를 파악해볼 필요가 있다. 특히 최근에는 거란 왕조의 성격 가운데 앞뒤의 중국 왕조들과는 구별되는 독자적인 특성에 주목하는 연구성과가 많이 제시되고 있다.[4] 그렇다면 고려와 거란의 관계는 다른 시대의, 예컨대 고려-송 관계나 조선-명

전개와 그 성격」, 『白山學報』 58, 2000 ; 이미지, 「국교 성립 이전의 거란과의 관계」, 『태평한 변방-고려의 對거란 외교와 그 소산』, 景仁文化社, 2018 등을 참조. 거란의 1차 침입과 그를 둘러싼 양국관계에 대해서는 池內宏, 「遼の聖宗の女眞征伐」, 『滿鮮史硏究』 中世 第一冊, 東京 : 岡書院, 1933 ; 金在滿, 「聖宗의 高麗侵掠과 東北아시아 國際情勢의 變趨」, 앞의 책, 80~94쪽 ; 金渭顯, 「契丹·高麗間의 女眞」, 『明知史論』 9, 1998 ; 최덕환, 「993년 고려-거란 간 갈등 및 여진 문제」, 『역사와 현실』 85, 2012 등을 참조. 또한 현종 대 거란과의 전쟁에 및 그를 전후한 양국의 외교교섭에 대해서는 안주섭, 『고려 거란 전쟁』, 경인문화사, 2003 ; 구산우, 「고려 현종대의 대거란전쟁과 그 정치·외교적 성격」, 『역사와 경계』 74, 2010 ; 許仁旭, 「高麗·契丹의 압록강 지역 영토분쟁 연구」, 고려대학교 박사학위논문, 2012, 제2장 〈顯宗代 6성문제와 고려의 대응〉 ; 최종석, 「현종대 고려-거란 관계와 외교 의례」, 『東國史學』 60, 2016 및 이미지, 「조공·책봉관계 속에서의 외교 갈등」, 앞의 책 등을 참조.

3) 고려가 상대했던 오대의 왕조들 가운데 後唐 및 後晉은 황실을 비롯한 지배층이 沙陀族이었으나, 공식적으로는 중원에 자리잡고 있으며 唐 대 이후의 중국 정통을 계승하고 있음을 자임하고 있었다.

4) 이러한 연구 경향의 대표적인 연구로는 劉浦江, 『遼金史論』, 瀋陽 : 遼寧大學出版社, 1999 ; 杉山正明, 앞의 책, 2005 ; 劉浦江, 『松漠之間-遼金契丹女眞史硏究』, 北京 : 中華書局, 2008 ; 이계지 지음, 나영남·조복현 옮김, 『정복왕조의 출현 : 요·금의 역사』, 신서원, 2014 참조.

관계와 어떠한 측면에서 같고 또 다른지, 구체적으로는 거란 특유의 문화 전통이 외교관계에서 어떠한 방식으로 발현되었는지 등도 살펴볼 만한 중요한 과제가 될 것이다.

이 절에서는 전자와 관련해서는 주로 양국 사이의 갈등이 표면화되고 화친에 이르기까지의 교섭 과정에서 주로 어떠한 주체들이 나섰으며, 어떠한 의사소통의 경로를 거쳤는지에 주목하여 이 문제를 풀어볼 것이다. 또한 후자와 관련해서는 외교관계에서 가장 고도의 의례적인 행위라고 할 수 있는 책봉에 주목하여 고려국왕이 거란으로부터 책봉을 받을 때에 어떠한 문서가 쓰였는지, 그리고 어떠한 의례가 행해졌는지를 검토함으로써 그 일단을 확인해보고자 한다.

1. 전쟁 이전 고려-거란의 간헐적 접촉과 긴장상태

거란의 등장과 고려-거란의 첫 접촉

9세기 후반, 唐 정권이 쇠퇴하면서 중원 각지에는 藩鎭 세력들이 자립을 시작하였고, 그 바깥에서는 당의 羈縻 하에 있던 주변의 여러 종족들이 흥기할 수 있는 토양이 마련되었다. 중국의 서북쪽에서는 沙陀族 정권이 연이어 들어섰다면, 동북쪽에서는 현재의 내몽골 남부와 요동 서부에 걸쳐 遼河와 시라무렌강 유역에서 유목하던 거란 부족이 급격히 세력을 확장하였다. 그러던 중 耶律阿保機가 등장하여 기존의 느슨한 연맹 상태에 있던 부족을 통합하고 916년에 정식으로 天皇帝에 즉위하며, 국호를 契丹, 연호를 神冊으로 하였다. 거란은 주변의 室韋·奚 등을 차례로 정벌하면서 세력을 불려나갔고, 926년에는 渤海를 멸망시키기에 이르렀다. 또한 중원의 번진세력들과 연합하면서 각축전에 개입하였으며, 936년에는 後晉의 石敬塘을 후원하여 後唐을 멸망시킨 대가로 燕雲 16州를 할양받게 됨으로써 長城 남쪽까지를 판도에 편입시키기도 하였다.[5]

---

5) 거란의 흥기와 건국, 확장에 이르는 과정에 대해서는 서병국, 「耶律阿保機의 建國과 漢城遷徙」, 『거란제국사연구』, 한국학술정보, 2006 및 이계지 지음, 나영남·조복현 옮김, 위의 책, 25~63쪽을 참조. 이 과정을 당말의 유라시아 동방의 정세와 유목민족의

고려와 거란의 관계는 태조 5년(922) 거란에서 와서 낙타와 말, 그리고 氈을 바쳤다는 기록으로 시작된다.[6] 건국 직후였던 고려는 대외적인 안정을 추구하면서 거란과 무난한 관계를 유지했던 것 같다. 그러나 926년 거란이 발해를 멸망시키고 이곳에 東丹國을 세우면서 양국 사이에 완충지대가 줄어 들게 되고, 고려 내에서도 이를 계기로 거란에 대한 반발의 뜻이 높아지면서 양국 관계는 안정적으로 지속되지 못했던 것으로 보인다. 거란은 태조 20년 (937)과 22년(939), 그리고 25년(942) 연이어 고려에 사절을 파견하면서 양국 사이에 흩어져있던 여진인과 발해 유민 집단 등을 고려로부터 떼어내려는 전략을 구사하였다. 이에 태조는 거란에서 보내온 사신 30명을 海島에 유폐하 고, 낙타 50마리를 굶겨 죽이는, 이른바 만부교 사건을 통해[7] 거란에 대한 저항의 의지를 보임과 동시에 주변의 여진 집단이나 발해 유민 집단 등 거란과 대치하던 세력들에게도 확고한 메시지를 전달하였다.[8]

초기 고려-거란 관계의 단절

이로 인한 군사적 충돌과 같은 본격적 갈등은 없었으나, 이후 양국의 공식적인 외교관계는 40여 년에 걸쳐 완전히 단절되었던 것으로 보인다. 태조가 거란에 대해 강경한 태도를 보인 것은 이후 그가 남긴 이른바 訓要十條 에서도 명백하게 언급되었으며, 성종 대에 崔承老 역시 태조가 거란과의 국교를 거부하였던 점을 매우 높게 평가한 바 있다.[9] 거란과 외교적 접촉을 자제하는 방침은 고려 초기 내내 유지되었던 것으로 보인다.

이와 같이 초기의 고려와 거란은 간헐적으로 사신을 주고받는 정도로 관계를 맺고 있었던 것으로 볼 수 있다. 같은 시기 고려가 오대의 중원 왕조들로부터 책봉을 받음으로써 양국 군주 사이에 군신관계를 맺고, 그에 근거하여 表文을 올리고 詔書를 받는 형식의 외교관계를 가졌던 것과는

성장이라는 관점에서 해석한 데 대해서는 杉山正明, 앞의 책, 2005, 75~141쪽 참조.
6) 『高麗史』 권1, 太祖 5년(922) 2월.
7) 『고려사』 권2, 태조 25년(942) 10월.
8) 노명호, 「해동천자의 '천하'와 번(藩)」, 『고려국가와 집단의식』, 서울대학교출판문화원, 2009, 157~166쪽 참조.
9) 『고려사』 권93, 崔承老.

대비되는 것이라고 할 수 있다. 20여 년에 걸친 고려와 거란 사이의 관계에서도 분명히 무언가 문서가 오고갔을 것임에는 틀림없으나, 그와 관련된 자료는 전혀 남아있지 않아 그 전모를 파악하기란 불가능하다.

고려와 거란의 관계가 완전히 단절되었던 40여 년 동안, 고려는 국초 이래의 북진정책을 꾸준히 추진하면서 한반도 서북부 일대를 차츰 세력권 안으로 편입시켜나갔다. 한편 거란도 고려의 영역을 淸川江 이남으로 묶어두고자 하면서 압록강 남쪽의 여진에 대한 招諭와 토벌을 병행하는 전략을 취하고 있었다.[10] 고려는 성종 3년(984)에 이르면 압록강 하구까지 세력권을 확장하고 그 언덕에 성을 쌓아 그 일대에 대한 지배력을 강화하고자 하였다.[11] 이해를 전후하여 거란은 요동 일대의 여진에 대한 정벌전을 일으켜, 압록강 유역의 여진을 공격하기도 하였으며,[12] 나아가 고려를 정벌할 계획을 구체적으로 세우기도 하였다.[13] 압록강 유역을 경계로 해서 여진이라는 완충지대가 사라지자 고려와 거란 사이에 긴장감이 고조되고 있었던 것이다.[14] 다만 979년 송이 北漢을 멸망시키면서 거란과 송 사이에 완충지대가 사라지고, 양국의 외교관계가 단절되면서 국경 근처에서 국지적인 전투가 끊임없이 이어졌던 까닭에,[15] 고려와 거란 양국의 직접적인 충돌은 한동안 유예되었다. 거란은 성종 5년(986) 고려에 사신을 파견하여 화의를 청하였다.[16] 만부교 사건 이후 44년 만의 사신 파견이었다.[17] 이러한 긴장 속에서 성종 4년(985),

---

10) 姜性文,「高麗初期의 北界開拓에 대한 研究」,『白山學報』27, 1983 ; 方東仁,「高麗前期 北進政策의 推移」,『領土問題研究』2, 1985, 76~81쪽.

11)『고려사』권3, 成宗 3년(984) 是歲.

12)『遼史』권10, 聖宗 統和 원년(983) 10월 丙午 ; 2년 2월 甲午.

13)『요사』권10, 聖宗 統和 원년(983) 10월 丁酉 ; 2년 7월 甲辰 ; 8월 癸酉.

14) 許仁旭, 앞의 논문, 2012, 16~23쪽.

15) 陶晉生,「宋遼間的平等外交關係：澶淵盟約的締結及其影響」,『宋遼關係史研究』, 北京 : 中華書局, 2008, 13~16쪽.

16)『고려사』권3, 성종 5년(986) 정월. 契丹遣厥烈來請和.

17) 한편 耶律純,『星命總括』의 〈星命總括序文〉에는 거란의 統和 2년(983), 耶律純이 翰林學士의 지위로 高麗遼東에 파견되어 地界 문제를 논의하였는데, 이때 國書를 가지고 갔다고 기록되어 있다(耶律純,『星命總括』, 〈星命總括序文〉. 大遼統和二年, 翰林學士耶律純, 以議地界事, 奉國書, 使於高麗遼東.(張東翼,『宋代麗史資料集錄』, 서울대학교출판부, 2000, 541쪽에서 재인용)). 그러나 그가 실존 인물인지 여부, 그의 사행이 사실인지 여부 등은 다른 자료를 통해서는 전혀 파악되지 않는다.

송에서 고려에 사신 韓國華를 파견하여 거란을 협공할 것을 제의하는 등 양국이 거란의 위협에 공동으로 대응하고자 했던 것은 앞서 살펴본 바와 같다.

2. 성종 대 1차 전쟁과 강화

1차 전쟁과 문서 교환

고려와 거란의 갈등이 터져 나오게 된 것은 그로부터도 다시 10년 가까이 흐른 성종 12년(993)의 일이었다. 직전 해인 성종 11년(992, 거란 統和 10년) 연말, 거란이 본격적인 고려 침공에 착수하였고,[18] 이해 5월과 8월, 서북 변경 여진의 연이은 보고로 고려 조정도 이 사실을 인지하게 되었다.[19] 이어서 그해 10월, 침공을 주도한 거란의 東京留守 蕭恒德, 즉 蕭遜寧은 고려에 서한을 보내 침공의 이유를 밝히며, 항복을 재촉하였다. 고려와 거란 사이에서 오고간 외교문서가 일부나마 확인되는 것은 이때가 처음인데, 그 전후는 다음과 같다.

> 가) (소손녕이) 글을 보내어 말하기를, "우리나라가 사방을 통일하였으니 아직 귀부하지 않은 나라는 기필코 소탕할 것이다. 속히 항복하고 오래 지체하지 말라."라고 하였다.[20]

> 나) 소손녕이 또 글을 보내어 말하기를, "80만 병사가 이르렀다. 만약 강으로 나와 항복하지 않으면 모두 섬멸할 것이니, 마땅히 君臣들은 속히 군영 앞에 나와서 항복하여야 할 것이다."라고 하였다.[21]

---

18) 『요사』 권13, 聖宗 統和 10년(992) 12월.
19) 『고려사』 권3, 성종 12년(993) 5월 ; 8월 是月.
20) 『고려사절요』 권2, 성종 12년(993) 윤10월. 移書云, "大朝統一四方, 其未歸附, 期於掃蕩. 速致降款, 毋涉淹留."
21) 『고려사절요』 권2, 성종 12년(993) 윤10월. 遜寧又移書云, "八十萬兵至矣. 若不出江而降, 當須殄滅, 宜君臣, 速降軍前."

이들 문서를 인용함에 『고려사』徐熙 열전과 『고려사절요』의 지문에서 모두 "移書"라고 하였으며,[22] "徐熙가 서한을 보고 돌아와서 아뢰었다[熙見書還奏]"[23]라고 한 것 등에서 이 문서가 서한식 외교문서였음을 알 수 있다. 이 문서에서 수신자로 누구를 지목하였는지는 알 수 없지만, 전선에 있던 서희가 이 문서를 보았다는 것으로 보건대 아마도 고려군 진영을 향해 보냈던 것이 아닐까 추측된다.

이후의 교섭 과정에서 서희의 활약에 힘입어 고려가 거란과 화친을 맺고 江東 6州의 영유권을 회복하면서 거란군을 물리게 하였음은 잘 알려진 바와 같다.[24] 그런데 이 과정에서 서희는 '國書'를 가지고 거란의 진영에 가서 소손녕과 담판하면서 抗禮, 즉 대등한 의례를 행하였다고 한다.[25]

國書라는 명칭으로 보건대 국왕 명의의 문서였을 가능성이 높은데, 이를 소손녕에게 건네었다는 것은 그를 수신자로 했음을 의미한다. 즉 이때의 문서 왕래는 국왕 성종과 출정군의 수장 소손녕 사이에서 이루어졌던 것이다. 이것이 가지는 의미는 작지 않다. 앞서 살폈듯이 고려는 개국 이후 오대십국 및 송과의 외교 접촉에서 항상 상대국의 군주만을 공식 외교 상대로 인정하여 그들에게만 문서를 보냈다. 그런데 이때에 이르러 처음으로 국왕 명의의 문서를 군주가 아닌 대상에게 발송하였다. 전쟁과 강화라는 긴박한 상황에서 전례없던 새로운 소통 경로가 열리게 되었던 것이다. 즉 양국 조정이 멀리 떨어진 상황에서, 눈앞에 마주한 적군의 수장과 고려 측의 최고권자가 교섭의 직접 주체로 나섰던 것이다. 지리적, 물리적 환경이 새로운 교섭 경로의 개설을 강제한 셈이다.

서희와 소손녕의 담판 결과, 고려는 거란에 朝聘할 것을 약속하고 양국은 압록강 양안에 축성을 하여 양국 사이에 교통로를 확보할 것을 결정하였다. 서희는 소손녕에게 전하는 말의 말미에, "장군이 신의 말을 천자께 전달하신 다면 어찌 받아들이지 않으시겠습니까?"라고 하여, 이 화의를 거란 조정에

---

22) 『고려사』권94, 徐熙 ; 『고려사절요』권2, 성종 12년(993) 윤10월.
23) 『고려사절요』권2, 성종 12년(993) 윤10월.
24) 서희의 교섭에 대해서는 수많은 연구가 있는데, 최근의 종합적인 연구로는 許仁旭, 앞의 논문, 제1장 「成宗代 거란의 고려 침입과 영토획정」참조.
25) 『고려사절요』권2, 성종 12년(993) 윤10월. 熙奉國書, 如丹營, 與遜寧抗禮.

보고하고서 승인을 받을 것을 요청하였다. 실제로 소손녕은 이 사안에 대해 본국의 조정에 보고하였고, 거란 황제도 강화를 승인하였다고 한다.[26] 애초에 서희는 국서를 받들고 파견되었던 것이므로, 교섭의 전권을 위임받았다고 보아도 좋을 것이다. 그렇다면 전선에서의 교섭을 최종적으로는 양국의 중앙조정, 특히 군주가 각각 승인했던 것으로 볼 수 있다.

1차 전쟁의 전후 처리

이듬해인 성종 13년(994) 2월, 소손녕은 다시 문서를 보내어 전후처리, 즉 압록강 유역에서 경계를 확정하는 조치를 취할 것을 제의하였다. 이 문서를 인용해보면 다음과 같다.

> 다) 蕭遜寧이 致書하여 말하기를, "근래에 황제의 명령[宣命]을 받았는데, '저 나라와는 일찍부터 우호관계를 맺어왔고 국경이 서로 접해 있다. 비록 작은 나라로서 큰 나라를 섬기는 데에 일정한 규범과 의례가 있다 하더라도, 그 원인을 규명하고 결과를 파악하여야 모름지기 유구하게 유지할 수 있다. 만약 미리 대책을 마련하지 않는다면 사신의 왕래가 막히게 될까 우려되니, 저 나라와 상의해서 통로의 요충지에 城池를 쌓도록 하라.'라고 하시었습니다. 삼가 이 명령을 받고 스스로 살펴보니, 鴨綠江 서쪽에 5개의 성을 쌓는 것이 좋을 것 같기에 3월 초를 기하여 축성할 곳에 가서 공사를 시작하려 합니다. 바라건대 大王께서는 미리 지시를 내리시어 安北府에서 압록강 동쪽에 이르는 280리 정도에 적당한 지역을 답사하고 거리의 원근을 참작하여 함께 축성하되, 役夫를 동원하여 동시에 착수하도록 하시며, 건축할 성의 수효를 조속히 회보해주시기 바랍니다. 중요한 것은 車馬를 서로 통하게 하여 貢覲하는 길을 열고, 영원히 朝廷을 받들어 안녕을 도모하는 계책을 찾도록 하는 것입니다.[27]

---

26) 『고려사』 권94, 徐熙. 熙曰, "(중략) 將軍如以臣言, 達之天聰, 豈不哀納." (중략) 遜寧知不可强, 遂具以聞. 契丹帝曰, "高麗旣請和, 宜罷兵."

27) 『고려사』 권3, 성종 13년(994) 2월. 蕭孫寧致書曰, "近奉宣命, '但以彼國信好早通, 境土相接. 雖以小事大, 固有規儀, 而原始要終, 須存悠久. 若不設於預備, 慮中阻於使人, 遂與彼國相議,

이 문서는 『고려사』의 지문에서 致書라고 한 데서 서한식 문서임을 알 수 있다. 발신자는 蕭遜寧이고, 수신자는 문서에서 '大王'이라고 칭해진 성종이다. 문서에서는 "近奉宣命"이라고 하여, 이 문서가 황제의 명에 근거하여 작성, 발신된 것임을 밝히고 있다. 아직 양국 관계에서 군주 대 군주의 관계가 성립되지 않은 시점이었기 때문에, 개전 초기와 화의 과정에서 개통된 소손녕과 국왕 사이의 루트를 통해 양국이 의사를 전달하고 있었다. 앞서 소손녕에게 보낸 '國書'가 국왕 명의로, 외국의 군주가 아닌 상대에게 문서를 보낸 첫 사례였음을 지적하였는데, 역시 군주가 아닌 외국의 주체가 고려국왕에게 문서를 보낸 것은 이때가 최초이다.

위의 교섭이 이루어졌던 성종 13년(994) 4월, 고려는 朴良柔를 禮幣使로 삼아 거란에 파견하였다.[28] 그는 종1품의 侍中이었으며, 동시에 上軍使로서 전선을 지휘하던 인물이었다. 이후 거란에 파견되었던 사신들이 대체로 종3품 이하의 관원이었던 점, 이 무렵 송에 파견한 사신들도 대체로 그 정도의 관직을 띠고 있었던 점을 고려해볼 때, 양국의 외교관계를 처음 맺게 되는 과정에서 고려가 이 교섭에 큰 의미를 부여하고 있었음을 엿볼 수 있다.[29] 그는 表文을 가지고 가서 거란의 正朔을 시행하기로 했음을 알리고 포로를 돌려보내 줄 것을 요청하였다고 한다. 고려국왕 명의로 거란 황제에게 보내는 문서식을 表文으로 하였다는 것은, 과거 고려가 오대의 중원왕조나 송의 황제에게 보냈던 문서식과 일치하는 것이었다. 즉 종전과 동시에 양국 군주 사이에 상하관계가 있음을 명확하게 인정하는 조치였다. 또한 고려에서 거란의 正朔을 시행한다는 것은 송을 대신하여 거란과 정식 외교관계를 수립할 것이라는 의지를 표명한 것으로 해석할 수 있다.

便於要衝路陌, 創築城池者.' 尋准宣命, 自便斟酌, 擬於鴨江西里, 創築五城, 取三月初, 擬到築城處, 下手修築. 伏請, 大王預先指揮, 從安北府, 至鴨江東, 計二百八十里, 踏行穩便田地, 酌量地里遠近, 幷令築城, 發遣役夫, 同時下手, 其合築城數, 早與回報. 所貴, 交通車馬, 長開貢覲之途, 永奉朝廷, 自協安康之計."

28) 『고려사』 권3, 성종 13년(994) 4월 ; 『고려사』 권94, 徐熙.
29) 이미지, 앞의 책, 85쪽 참조. 당시 고려 조정에서 朴良柔가 차지하고 있던 위상에 대해서는 具山祐, 앞의 논문, 1992, 55쪽 참조.

거란 황제의 詔書

한편 이해에 거란에서는 崇祿卿 蕭述管과 御史大夫 李浣 등을 파견하여 고려 조정에 詔書를 전달하였다고 하는데,[30] 이때의 문서를 『고려사』 세가는 신지 않았다. 그런데 이 무렵 거란에서 보낸 문서가 한참 후대의 기록에서 확인된다. 『고려사』의 宣宗 5년(1088)의 기사 중 고려에서 거란에 보낸 문서 가운데 인용되어 있는 것이다.[31] 해당 부분은 다음과 같다.

> 라) 太僕少卿 金先錫을 遼에 파견하여 権場을 혁파해줄 것을 청하였다. 표문에 이르기를, "(중략) 統和 12년 甲午년에 入朝했던 正位 高良이 가지고 온 天輔皇帝의 詔書에, '高麗國王 王治에게 勅한다. 東京留守 遜寧이 奏한 것을 살펴보니, 卿이 9월 초에 丁夫를 보내 성채를 수축하되 10월 상순까지 마치고자 하였다고 한다. (중략)' 聖宗의 勅의 墨이 아직 마르지 않았고, 太后의 자애로운 말씀[慈言]이 어제와 같습니다. (중략)"[32]

위 인용문에서 "統和 12년 甲午년에 入朝했던 正位 高良이 가지고 온 天輔皇帝의 詔書[統和十二甲午年, 入朝正位高良, 齎到天輔皇帝詔書]"라는 부분은 『東人之文四六』 3-1. 〈入遼乞罷権場狀〉에서는 "統和 13년 삼가 天輔皇帝의 詔書를 받았습니다[統和十三年, 伏奉天輔皇帝詔書]"라고 기록하였다. 統和 12년 갑오년은 성종 13년(994)인데, 이해에 正位 高良이라는 사신이 거란에 파견되었다는 기록은 『고려사』에서 확인되지 않는다. 아마도 그가 이듬해에 귀국하여 이 문서를 전달했기 때문에, 『東人之文四六』 3-1에서는 통화 13년에 받았다고 기록한 것일 것이다. 天輔皇帝란 거란 聖宗이 즉위하면서 받은 尊號이다.

위의 표문에서 인용된 조서는 첫 부분에 비교적 원문을 그대로 전하고

---

30) 『고려사』 권3, 성종 13년(994) 是歲. 契丹遣崇祿卿蕭述管·御史大夫李浣等齎詔來, 撫諭.

31) 이 점에 대해서는 許仁旭, 앞의 논문, 39~42쪽 및 이미지, 앞의 책, 86쪽 참조.

32) 『고려사』 권10, 宣宗 5년(1088) 9월. 遣太僕少卿金先錫如遼, 乞罷権場. 表曰, "統和十二甲午年, 入朝正位高良, 齎到天輔皇帝詔書, '勅高麗國王王治. 省東京留守遜寧奏, 卿欲取九月初, 發丁夫修築城砦, 至十月上旬已畢. (중략)' 聖宗之勅墨未乾, 太后之慈言如昨. (중략)" 이 문서는 『東人之文四六』 3-1. 〈入遼乞罷権場狀〉 및 『東文選』 48-2. 〈入遼乞罷権場狀〉으로도 실려 있다. 『동인지문사륙』은 작자를 朴寅亮으로 기록하고 있다.

있다. 이를 통해 성종 13년에 발신, 그리고 이듬해에 고려에서 수신한 거란 황제의 문서를 파악할 수 있다. 이 문서를 가리켜 고려에서는 '天輔皇帝詔書'라고 칭하였는데, 그 첫머리에는 "勅高麗國王王治"라고 하였고, 또한 뒤에는 이 문서를 '聖宗의 勅'이라고 지칭하였다. 勅(=勅)과 詔書가 뒤섞여서 사용되고 있는데, 이는 이 시점에서 황제의 문서로서 勅과 詔가 크게 구분되지 않았던 탓으로 보인다. 앞서 논한 바와 같이 "勅某"로 시작하는 문서는 당 대에는 論事勅書라고 불렸으나, 송 대에는 그 詔書의 양식도 그러하였다고 한다.[33] 따라서 여기서는 일단 사료에서 문서를 지칭한 그대로 이 문서를 詔書라고 하겠다. 아무튼 여기서 확인할 수 있는 것은 당시에 거란 황제가 국내에서 신료들을 대상으로 발급했던 조서를 그대로 외교문서식으로 사용해서 고려 측에도 보냈다는 것이다.

문서의 문체를 살펴보면 비록 인용된 부분이 길지 않아 명확하게 판정할 수는 없으나, 대체로 일반적인 한문체가 그대로 쓰이고 있음을 엿볼 수 있다. 거란은 건국 직후에 거란문자를 창제하였고, 국내에서는 거란문자가 한자·한문과 더불어 관문서와 비석 등에 널리 사용되었다고 한다.[34] 그러나 동시에 거란 정권은 건국 초기부터 한족 지식인들을 대거 기용하였고, 더구나 聖宗 연간에는 과거제를 실시할 정도로 중국적인 전통에 입각하여 관료를 등용하게 되었다고 한다.[35] 이에 고려와의 관계에서, 적어도 외교문서에서는 과거 중국의 역대 왕조들 및 동시기의 五代나 송 왕조와 마찬가지로 한자와 한문으로 작성된, 당 대의 문서식과 문서제도에 입각한 외교문서를 사용하였던 것이다.

군주 사이 表文-詔書 서식의 확정

고려와 거란의 첫 번째 전쟁은 이렇게 마무리되었다. 당시 송과의 일전을 앞두고 있던 거란으로서는 고려와 본격적인 물리적 충돌을 원하지 않았을

---

33) 이 책의 1장 4절 참조.
34) 이계지 지음, 나영남·조복현 옮김, 위의 책, 280~281쪽.
35) 서병국, 「支那의 統治體制로의 轉換」;「支那的 帝權의 講和」, 『거란제국사연구』, 한국학술정보, 2006.

것이다. 다만 고려와 공식적인 외교관계를 설정하고 화친을 맺음으로써 배후를 안정시켜두는 것을 주된 목적으로 삼았다. 거란의 의도는 양국 조정 사이에 사신을 주고받고, 군주 사이의 외교관계를 정식으로 성립시킴으로써 충족되었다. 그리고 이 시점에서 외교문서의 서식은 고려국왕이 거란 황제에게 表文을 올리고, 거란 황제가 고려국왕에게 詔書를 내리는 형식으로 확정되었다. 이는 당시 고려국왕이 송 황제와 주고받던 문서식과 완전히 일치한다. 즉 거란은 과거 송이 고려에 대해 점하고 있었던 上國으로서의 지위를 차지함으로써 소기의 목적을 달성하였던 것이다. 한편 고려로서는 이 전쟁을 통하여 국초 이래의 북진 정책의 결실을 이웃 국가로부터 공식적으로 인정받고 나아가 강동 6주의 영유권을 회복하는 성과를 거두었다. 이 과정에서 고려는 正朔을 받고 책봉을 받는 공식 외교 대상을 송에서 거란으로 변경하는 조치를 취하였을 뿐이다. 그러나 이로써 송과의 외교관계를 완전히 단절했던 것이 아님은 앞서 확인한 바와 같다. 아울러 고려국왕과, 거란의 황제가 아닌 다른 외교 주체, 즉 이 경우 戰線의 사령관 蕭遜寧 사이에서 의사소통이 이루어지게 되었다는 점은 이후 고려-거란 관계에서 다양한 층위의 의사소통이 이루어진 데에 중요한 전례가 되었다는 점에서 의미가 있다.

3. 漢式 책봉문서와 契丹式 책봉의례

거란의 첫 번째 책봉

1차 전쟁을 마무리한 후 시작된 양국 관계는 성종 15년(996) 거란에서 성종을 책봉함으로써 군주 사이의 군신관계를 확인하는 절차로 이어졌다. 이후 양국의 외교관계가 지속되는 12세기 초까지, 고려에서는 성종부터 예종까지 11명의 국왕 가운데 재위기간이 3개월밖에 되지 않았던 順宗과 재위기간 중 거란과의 관계가 좋지 못했던 德宗을 제외하면 9명의 국왕이 책봉을 받았다. 이때의 책봉에서 어떠한 문서가 쓰였는지를 우선 확인해보자.

성종은 이미 송에서 두 차례 책봉을 받은 바 있었다. 그런데 거란의 1차 침입을 겪고 난 뒤 원병을 요청하였으나 송이 이를 거절하자, 성종은 송과의 국교를 단절하고 새롭게 거란으로부터 책봉을 받았다. 이때의 사실을 『고려사』에서는 "契丹遣翰林學士張幹, 忠正軍節度使蕭熟葛來, 冊王曰"이라고 하고서 문서의 내용을 다음과 같이 인용하고 있다.

> 마) ① 漢은 呼韓을 중히 여겨 그 지위를 제후왕들의 위에 두었고, 周는 熊繹을 존중하여 대대로 봉토를 떼어 주었다. 짐은 옛일을 본받아 임금으로서 은혜를 먼 데까지 미치게 하고자 한다. (중략)
> ② 아, 그대 高麗國王 王治는 땅은 바다 건너에 위치하면서도 세력은 다른 번국들을 제압하였다. 조상의 훌륭한 공적을 계승하여 군자의 옛 나라를 다스리니, 문화는 예절을 갖추었고 지혜는 사리를 판단할 줄 안다. (중략) 그대의 충성과 공경함을 생각하니 마땅히 봉작을 높여야 할 것이기에 1품의 귀한 품계에 올리고 홀로 우뚝한 영예로운 직위를 주어야 하겠다. 이에 왕의 작위를 주어 더욱 나라의 은총을 나타내고자 그대를 開府儀同三司 尙書令 高麗國王으로 책봉한다.
> ③ 아, 東海와 泰山 바깥에서는 오직 그대만이 홀로 존귀하며, 辰韓과 卞韓의 구역은 그대가 오로지 차지하고 있다. 이 부유하고 귀함을 지키고 저 가득 차 기울음을 경계하며, 小人의 꾀를 쓰지 말고 大君의 명을 어기지 말라. 그대의 일을 공경히 수행함으로써 朝廷의 법도에 합치되도록 하며, 그대 나라 사람들로 하여금 함께 태평성대를 누리게 하라. 큰 명령을 영원히 드날린다면 어찌 아름답지 않겠는가.[36)]

문서의 내용은 크게 세 부분으로 나눌 수 있다. 마) ① 부분은 책봉의 배경에 대한 서술로, 중국의 봉작제도의 기원과 한중관계의 연원에 대한 일반론적인 내용을 담고 있다. "咨, 爾高麗國王王治"라고 하여 受封者를 지칭하는 말로 시작하는 ② 부분은 고려국왕이 책봉을 받을 만한 권위와 덕행을

---

36) 『고려사』 권3, 성종 15년(996) 3월. ① 漢重呼韓, 位列侯王之上, 周尊熊繹, 世開土宇之封. 朕法古爲君, 推恩及遠. (중략) ② 咨, 爾高麗國王王治, 地臨鯤壑, 勢壓蕃隅. 繼先人之茂勳, 理君子之舊國, 文而有禮, 智以識機. (중략) 言念忠敬, 宜示封崇, 升一品之貴階, 正獨坐之榮秩. 仍疏王爵, 益表國恩, 冊爾爲開府儀同三司尙書令高麗國王. ③ 於戱, 海岱之表, 汝惟獨尊, 辰卞之區, 汝惟全有. 守玆富貴, 戒彼滿盈, 無庸小人之謀, 勿替大君之命. 敬修乃事, 用合朝經, 俾爾國人, 同躋壽域. 永揚休命, 可不美哉.

갖추고 있음을 서술하고, 이어서 그에게 내려주는 관작을 구체적으로 적시하고 있다. "於戲"로 시작하는 ③ 부분은 受封者에 대한 訓諭의 말로, 직분을 지킴으로써 책봉의 뜻을 어기지 말 것을 당부하는 내용이다. 이러한 문서의 구성은 앞서 살펴본 오대나 송에서 내려준 책봉문서의 그것과 일치하며, 책봉문서의 가장 전형적인 구성이라고 할 수 있다. 다만 위의 내용만으로 이 문서가 冊인지, 혹은 制書인지, 혹은 다른 어떤 형태를 띠고 있었는지 확인할 수 없다.

거란의 책봉문서, 冊

책봉 때에 어떤 문서가 전달되었는지를 가장 잘 보여주는 사례는 靖宗 때의 일이다. 정종은 재위 5년(1039)에 처음 책봉을 받고 4년 후에 加冊을 받았다. 정종 9년(1043)에는 11월 17일 책봉사 일행 133명이 도착하여, 6일 후에 정식으로 책봉을 받는 의례를 거행하였다. 이때의 문서로는 두 건이 인용되어 있는데, 첫째는 "詔曰"로 인용된 문서로, 여기에는 황제가 尊號를 높여 받은 것을 기념하여 加冊을 행한다는 사실과, 책봉사절로 어떤 관원을 파견한다는 내용, 그리고 책봉에 따르는 선물의 간단한 목록 등을 담고 있다. 즉 이 詔書는 책봉의 경위에 대해 설명하는, 보다 실무적인 내용의 문서라고 할 수 있다. 둘째는 "冊文曰"이라고 한 후 인용된 문서이다. 이 문서는 앞서 설명한 책봉문서의 전형적인 구성을 취하고 있다. 여기서는 책봉의 배경을 먼저 밝히고, "咨, 爾輸忠保義奉國功臣 開府儀同三司 守太保 兼侍中 上柱國 高麗國王 食邑七千戶 食實封一千戶 王亨"이라고 하여 수봉자인 정종이 앞서 받은 책봉호를 열거하고 그의 덕업을 포장한 후, 그에게 守太傅 兼中書令을 加冊한다는 사실을 명기하고, 마지막으로 "於戲" 이후에서 훈유의 뜻을 서술하고 있다. 앞서 첫 번째 책봉에서는 책봉문서로 官告가 쓰였던 것이, 加冊 때에는 정식으로 冊이 사용된 것이다.

이어서 文宗은 재위 기간 중 원년(1047), 3년(1049), 9년(1055), 11년(1057), 19년(1065) 등 모두 다섯 차례에 걸쳐서 책봉을 받았다.[37] 이때의 상황을

---

37) 『고려사』 권7, 문종 원년(1047) 9월 壬午 ; 3년(1049) 정월 乙巳 ; 9년(1055) 5월 辛酉 ; 권

『고려사』에서는, 예컨대 세 번째 책봉의 상황을 "契丹遣耶律革·陳顗, 來冊王. 詔曰, (중략) 冊曰, (중략)"이라고 기록한 것처럼 일괄적으로 책봉사절의 이름과 詔書, 冊의 내용을 인용하는 식으로 전하고 있다. 여기서 먼저 인용된 조서에서 책봉의 경위를 서술하고, 다음으로 책이 실제 책봉문서로서의 기능을 하고 있음은 전과 동일하다. 문종 3년의 두 번째 책봉 때에는 사신이 도착한 이튿날 문종이 南郊에서 冊을 받았다[受冊]고 하고,[38] 문종 19년의 다섯 번째 책봉 때에는 7일 후에, 역시 남교에서 책을 받았다고 한다.[39] 이 기사에는 거란에서 문종에게 사여한 물품의 목록이 비교적 자세하게 기술되어 있는데, 九旒冠과 九章服, 玉圭와 玉冊, 象輅·衣襨·匹段·弓箭·鞍馬 등이었다고 한다. 九旒冠과 九章服은 복식 가운데서 작제적 위계질서를 반영하는 冕服으로,[40] 그 중에서도 거란에서는 親王들이 입도록 규정된 것이었다.[41] 한편 사여물품의 목록에 玉冊이 명기된 것을 보면, 이 기사에 앞서 "冊曰" 이후 인용된 문장은 玉冊에 새겨진 것이었음이 분명하다. 즉 요에서 고려국왕에게 사여한 책봉문서는 冊의 형태였던 것이다. 이 밖에도 肅宗의 책봉 때에도 이와 비슷하게 고려국왕에게 사여한 물품의 목록 가운데서 玉冊이 확인된다.[42]

그렇다면 거란에서 책봉문서로 冊을 수여받은 대상은 어떠한 인물들이었을까. 앞서 검토한 송 대의 책봉문서와는 달리 거란 대의 그것에 대해서는 그 실상을 알 수 있는 자료가 많지 않고, 또한 관련 연구도 미진하여 임명문서로 어떤 서식이 쓰였는지 확인하기 어렵다. 다만 『全遼文』에 실려 있는 문서들을 훑어봄으로써 그 일단을 추측할 수 있을 뿐이다. 冊 가운데서도 封冊으로 범위를 한정해서 본다면, 『全遼文』에는 天顯 11년(936)[43]에 거란

8, 문종 11년(1057) 3월 乙酉 ; 19년(1065) 4월 癸巳.
38)『고려사』권7, 문종 3년(1049) 정월 丙午.
39)『고려사』권8, 문종 19년(1065) 4월 庚子.
40) 정동훈,「명대의 예제질서에서 조선국왕의 위상」,『역사와 현실』84, 2012, 261~263쪽.
41)『요사』권56, 儀衛志 2, 輿服, 漢服.
42)『고려사』권11, 숙종 2년(1097) 12월 癸巳.
43)『全遼文』에서 전거로 삼고 있는 『舊五代史』권24, 後晉, 高祖 石敬瑭 紀 1에 인용된 이 책문의 본문에는 年紀를 天顯 9년으로 기록하고 있으나, 실제로는 契丹 太宗 天顯 11년, 後唐의 廢帝 淸泰 3년이자, 後晉 高祖의 天福 원년인 936년의 것이 맞다. 『新五代史』권73, 四夷附錄 2, 契丹 2의 주석에서도 "耶律德光立晉高祖冊文云, '惟天顯九年, 歲次丙申.'

太宗이 石敬瑭을 後晉의 황제로 책봉하는 문서가 실려 있다.[44] 고려국왕에 대한 책문을 제외하고 『全遼文』에 실려 있는 封冊文은 이 문서가 유일하다. 또한 『遼史』 禮志에 실린 의례에 관한 기록들 가운데서도 冊封禮를 행하는 대상으로는 황태후와 황후, 황태자와 王妃·公主만이 언급되고 있다.[45] 그렇다면 거란 대에 책봉문서로 冊이 쓰인 것은 황태후와 황후, 황태자 등 황실의 구성원들에게만 한정되었을 것으로 추측되는데, 이 점에서는 송 대와 마찬가지이다. 이로 보건대 거란에서 고려국왕을 책봉하는 데에 책을 쓴 것은 그 지위를 황실의 일원들과 마찬가지로, 일종의 작위로서 인정하고 있었던 것으로 해석할 수 있다.

官誥와 冊

여기서 한 가지 지적해둘 것은 거란 대의 책봉문서로 冊 외에도 官告라는 명칭이 보인다는 것이다. 관고와 책은 어떠한 상황에서 주어진 것일까. 앞서 살펴본 靖宗의 사례로 돌아가보면, 정종 5년(1039)의 첫 번째 책봉에서는 詔書의 말미에는 官告 1통과 勅牒 1통을 보낸다고 명시하였다.[46] 정종 9년(1044)의 加冊 때에는 冊이 주어졌다. 여기서 官告란 앞서 송에서 받은 것과 같이 책봉 때에 발급된 制書를 서사하여 전달한 문서를 말하는 것으로, 국내의 고위 관료를 임명할 때에 발급하는 일종의 임명장이다. 또한 勅牒, 즉 勅牒은 비교적 작은 일에 대해서 의사를 전달할 때에 사용된 황제 문서의 일종이다. 『고려사』에는 勅牒은 인용되지 않았지만, 위의 구절에 이어서 官告가 인용되어 있다. 해당 문서를 보면 우선 책봉의 배경을 서술하고, '權知高麗國王'을 지명하면서 수봉자의 덕행을 칭찬하면서, '於戲'로 시작하여 수봉자에 대한 권면의 말로 마무리하는 구성으로, 앞에서 인용한 성종의

是歲, 乃晉天福元年."라고 하여 이를 확인해주고 있다.

44) 『全遼文』 권5, 交聘, 遼晉國書, 〈立石敬瑭爲大晉皇帝冊〉(陳述·朱子方 主編, 『遼會要』, 上海：上海古籍出版社, 2009, 166~167쪽).

45) 『요사』 권52, 禮志 5, 嘉禮 上, 〈冊皇太后儀〉; 〈冊皇后儀〉; 〈冊皇太子儀〉; 〈冊王妃公主儀〉.

46) 『고려사』 권6, 정종 5년(1039) 4월. 契丹遣大理卿韓保衡來, 冊王. 詔曰, "(중략) 今差大理卿韓保衡往彼, 賜卿官告一通, 勅牒一道, 到可祗受."

책봉문서와 거의 동일함을 알 수 있다.

官告라는 문서는 文宗이나 宣宗에 대해서는 확인되지 않지만, 獻宗에 대한 책봉문서에서 다시 한 번 등장한다.[47] 이때의 詔書에서는 함께 보내는 문서를 "起復告와 起復勅 각 1통"이라고 하였다. 起復이란 부모의 상을 당한 관원에게 군주가 명을 내려 3년의 喪期를 다 채우기 전에 관직에 복귀시키는 것을 말한다. 遼와 金의 황제들은 고려에 새로운 국왕이 즉위했을 때, 전왕의 상기를 마치기 전에 국왕의 업무를 볼 것을 주문하는 起復使를 보내고는 하였다. 그리고 3년상이 끝나면 落起復使를 파견하여 기복을 마치라는 명령을 전달하였다. 예컨대 肅宗이 훙거하고 그의 아들인 睿宗이 즉위하자 예종 원년(1106) 정월에 起復使를 파견하였다가, 3년의 상기가 끝난 예종 3년(1108) 2월에는 落起復使를 파견하는 식이었다.[48] 고려 조정에서 기복사를 맞이하기 위해 마련해두었던 의례 절차가 『고려사』 賓禮에도 실려 있다.[49]

그런데 주목되는 것은 起復을 마치기 이전과 이후에 내려진 책봉문서가 달랐다는 점이다. 獻宗의 경우 즉위년에 곧바로 起復의 명령과 함께 官告를 수여받았다. 官告에서는 헌종을 가리켜 일단 '高麗國王嗣子 王昱'이라고 지칭 하였다. 그리고 문서의 후반부에서 '驃騎大將軍 檢校太尉 兼中書令 上柱國 高麗國王'으로 삼는다고 하였고, 말미에는 유사에 명하여 다른 날을 골라 冊命의 의례를 거행하게 할 것이라고 밝히고 있다.[50] 즉 고려국왕의 名號는 부여하지만, 冊을 전달하는 것은 일단 유보한다는 것이다. 명시적으로 밝히지는 않았지만, 유사에서 택할 날짜는 헌종이 부왕인 선종의 상기를 마친 이후의 시점이 되었을 것이다. 그러나 그 자신이 기복을 마치기 전인 이듬해에 왕위에서 물러났기 때문에 헌종은 冊을 받지 못하였다. 반면에 肅宗은 재위 2년(1097)의 첫 번째 책봉 때에 곧바로 玉冊을 받았다.[51] 헌종이 양위하는 형식으로 숙종이 즉위하였고, 거란에도 그러한 명분을 담아 표문을 보냈으며

---

47) 『고려사』 권10, 헌종 즉위년(1094) 12월 丙戌.
48) 『고려사』 권12 예종 원년(1106) 정월 丙午 ; 3년(1108) 2월 辛丑.
49) 거란에서 고려국왕에 起復을 명하고 그 이후 책봉을 행했음에 대해서는 이승민, 「고려 國喪에 대한 거란·금·송의 弔問使行 양상과 다층적 국제관계」, 『한국중세사연구』 48, 2017, 211~218쪽 참조.
50) 『고려사』 권10, 헌종 즉위년(1094) 12월 丙戌.
51) 『고려사』 권11, 숙종 2년(1097) 12월 癸巳.

그에 대한 승인을 받은 바 있으니,[52] 기복과 같은 절차가 필요하지 않았음은 물론이다. 반면 睿宗 대의 사례를 보면 起復使가 온 이후에 官告를 받았다는 기록은 없고, 그로부터 2년 후 落起復使가 온 직후에 冊을 통해 고려국왕에 책봉되었음이 확인된다.[53] 『고려사』禮志 賓禮의 〈迎北朝起復告勅使儀〉에서도 起復使로부터 국왕이 받는 문서의 명칭을 官誥라고 명시하였다.[54]

그렇다면 거란에서 고려국왕을 책봉할 때에는 喪期를 마치기 이전에는 일단 官告를 통해 국왕으로 인정했다가 그것이 끝난 이후에 정식으로 冊을 내려 책봉하는 방식이 취해졌던 것으로 정리할 수 있다. 여기서 官告는 制書를 가리키는 것으로 보는 것이 자연스럽다.[55]

거란의 柴冊禮

책봉과 관련하여 한 가지 특이한 것은 책봉 의례를 행한 장소이다. 다른 시대와는 달리 이때 성종의 책봉 의례는 서쪽 교외에서 壇을 쌓고 행해졌다고 한다.[56] 이후의 사례에서도 거란으로부터 책봉을 받을 때에는 郊外, 특히 주로 南郊에서 冊을 받는 의례를 행하였다고 기록되어 있다.[57] 성종은 앞서 송에서 책봉을 받을 때에는 王宮 내에서 그 의례를 거행했던 것으로 보인다.[58]

---

52) 『고려사』 권11, 숙종 즉위년(1095) 10월 辛未 ; 12월 庚寅.
53) 『고려사』 권12, 예종 3년(1108) 2월 丙午. 이때의 冊文을 보면 예종을 가리켜 '高麗國王 俁'라고 칭하고 있다. 아직 어떠한 형태로도 예종을 고려국왕으로 인정한 바 없는 요에서 책문에 고려국왕임을 명기하고 있는 것은 이례적이다. 그렇다면 『고려사』에는 기록이 누락되었더라도 앞서 예종 원년에 기복사가 온 직후 예종을 고려국왕에 책봉한 다는 내용의 官告가 전해졌을 가능성도 있다.
54) 『고려사』 권65, 禮志 7, 賓禮, 〈迎北朝起復告勅使儀〉.
55) 이상 거란의 책봉문서 官誥와 冊에 대해서는 정동훈, 「冊과 誥命 – 고려시대 국왕 책봉문서」, 『사학연구』 126, 2017, 178~180쪽 참조.
56) 『고려사』 권3, 성종 15년(996) 3월. 幹等至西郊, 築壇傳冊, 王備禮受冊.
57) 『고려사』 권6, 정종 9년(1043) 11월 丁亥 ; 권7, 문종 3년(1049) 정월 乙巳 ; 권7, 문종 9년(1055) 5월 辛酉 ; 권8, 문종 11년(1057) 3월 乙酉 ; 권8, 문종 19년(1065) 4월 庚子 및 癸卯 ; 권10, 선종 2년(1085) 11월 己未 ; 권11, 숙종 2년(1097) 12월 癸巳 ; 권11, 숙종 5년(1100) 10월 乙卯 ; 권12, 숙종 9년(1104) 4월 甲子 및 庚午 ; 권12, 예종 3년(1108) 2월 丙午 등.
58) 『고려사』 권65, 賓禮, 성종 9년 6월.

또 훗날 仁宗 20년(1142) 금으로부터 처음 책봉을 받을 때에는 "故事에 冊命을 받을 때에는 반드시 南郊에서 행하였는데, 이번에 完顔宗禮 등은 (금) 朝廷의 지휘를 받아 王宮에서 조서를 반포하였다."라고 하여, 南郊에서 책례를 행하는 것이 거란 대에만의 일이었음을 명시하기도 하였다.[59]

이처럼 교외에 壇을 쌓고 책명을 받는 의례는 거란에서 柴冊禮라고 하는 것을 본뜬 것으로 보인다. 柴冊禮란 『遼史』 권116, 國語解에서 "섶을 쌓아 단을 만들어 두고서 여러 신하들이 바치는 玉冊을 받는 예식이다. 예식이 끝나면 섶을 불태워 하늘에 제사를 드린다. 阻午可汗이 만든 제도이다."라고 해설하였듯이,[60] 8세기 중엽의 遙輦氏 부족연맹 시절부터 행해졌던 거란 특유의 황제 즉위 의식이었던 것으로 보인다. 요련씨 연맹 단계에서는 可汗과 군사 수장인 夷離堇만이 柴冊禮를 행할 수 있었다고 한다.[61] 『요사』 禮志의 〈皇帝受冊禮〉에는 황제가 즉위하면서 玉冊을 받는 의례를 싣고 있는데 그 의례의 용어와 절차는 당 대에 제정된 開元禮의 그것과 매우 흡사하다. 그러나 附記에 "太平 원년(1021)에 이 의식을 거행하였는데, 대략은 唐과 晉의 舊儀를 준수한 것이다. 또한 上契丹冊儀라는 것이 있는데 阻午可汗의 柴冊禮를 唐禮에 합쳐 만든 것이다. 또한 上漢冊儀라는 것이 있는데 이 의례와 대동소이하지만 上寶儀를 더한 것이다."라고 하였다.[62] 즉 거란의 전통적인 즉위 의식에 따라 柴冊禮를 행하던 것을 太平 원년(1021) 이후에는 거란이 唐禮에 따른 전통적인 한족왕조 방식의 의례를 행함과 동시에 고유의 형식을 보존한 柴冊禮를 행하는, 이른바 이원체제로 시행한 것을 의미한다고 한다.[63]

거란 책봉 의례의 二元的 특징

요컨대 거란은 책봉문서는 전통적인 한족 왕조의 책문의 양식을 그대로

---

59) 『고려사』 권17, 인종 20년(1142) 5월 戊午. 故事, 受冊命, 必於南郊, 今宗禮等, 奉朝廷指揮, 始於王宮, 頒詔.
60) 『요사』 권116, 國語解. 柴冊. 禮名. 積薪爲壇, 受郡臣玉冊. 禮畢, 燔柴祀天. 阻午可汗制也.
61) 이계지 지음, 나영남·조복현 옮김, 앞의 책, 52쪽.
62) 『요사』 권52, 禮志 5, 〈皇帝受冊禮〉. 太平元年行此儀, 大略遵唐晉舊儀. 又有上契丹冊儀, 以阻午可汗柴冊禮, 合唐禮雜就之. 又有上漢冊儀, 與此儀大同小異, 加以上寶儀.
63) 島田正郎, 『遼制之硏究』, 東京：汲古書院, 1954, 658~662쪽 참조.

준용하였으나, 실제 冊命을 전하는 의례에서는 자신의 전통적인 방식을 고려에서 시행하도록 하였다. 이는 거란이 국내의 관료제에서 유목민에 대한 北面官制와 한족에 대한 南面官制의 이원식 통치체제를 운용하였던 것, 국내의 의례에서도 한족적 방식과 거란식 전통을 동시에 활용하였던 것과 마찬가지로 고려와의 외교에서 한족 전통의 제도, 의례와 함께 거란식 제도와 의례를 적용하고자 했을 가능성을 시사하는 것이라고 볼 수 있다.

4. 현종 대 2·3차 전쟁과 강화를 둘러싼 문서 왕래

穆宗 연간 고려-거란 관계

穆宗 연간(997~1009)에는 양국이 주고받은 외교문서에 대해 단서를 찾을 수 없다. 양국 사이의 사신 왕래 기록도 책봉 및 加冊에 관련된 기록 정도가 드물게 확인될 뿐이다. 즉 목종 즉위년(997) 고려에서 閣門使 王同穎을 파견하여 왕위를 계승한 사실을 알리자,[64] 거란에서는 이듬해 목종을 책봉하였다고 전한다.[65] 그리고 목종 2년(999)과 10년(1007) 거란은 목종의 책봉호를 높여 주는 조치를 취하였다.[66] 목종 재위 연간에 거란의 사신이 고려를 방문한 것은 모두 책봉 및 가책과 관련된 사안에 한정되었다.[67] 그밖에 『요사』本紀와 高麗傳을 통해 고려에서 사신을 파견한 사례들이 몇 차례 더 확인되기는 하지만,[68] 이후 시기와 같은 정기적인 사신 왕래가 이루어진 것으로는 보이지 않는다. 이는 고려가 송으로부터 책봉을 받던 시기의 사신 왕래 형태와 일치한다.

---

64) 『고려사』 권3, 목종 즉위년(997) 11월.
65) 『요사』 권14, 聖宗 統和 16년(998) 11월. 遣使, 冊高麗國王誦.
66) 『고려사』 권3, 목종 2년(999) 10월 ; 10년(1007) 2월.
67) 『요사』 권14, 聖宗 統和 22년(1004) 9월 己丑 條에는 "以南伐諭高麗"라고 하여, 거란에서 송과 전쟁을 치르게 되었음을 알렸다고 하는데, 이것이 사신 파견을 통해 이루어진 통보인지 여부는 알 수 없다.
68) 『요사』 권14, 聖宗 統和 20~26년 ; 권115, 二國外記, 高麗. 목종 대 고려와 거란 사이의 사신 왕래에 대해서는 구산우, 앞의 논문, 2010, 97쪽 참조.

澶淵의 盟과 동아시아 질서 재편

그런데 고려 목종의 재위 기간에는 동북아시아 정세에 큰 변화가 일어났다. 거란 聖宗은 統和 17년(999) 7월 송을 토벌한다는 조서를 반포하면서 南征을 공식화하였다.[69] 처음에는 국경 근처에서 국지전을 펼치는 정도였으나, 통화 22년(1004)에 이르러 聖宗이 親征에 나서면서 전쟁이 본격화되었다. 이에 송의 眞宗도 친히 군사를 이끌고 북상하여 양국의 군대는 澶州에서 마주하게 되었다. 그러나 이 대치가 실제 전투로 이어지기 전에 양 진영 사이에는 활발하게 사신이 왕래하며 교섭을 벌였다. 그 결과 이해 12월 양국은 화평의 맹약을 맺었다. 이른바 澶淵의 盟이 그것이다.[70] 이를 통해 양국은 국경을 확정함과 동시에 송은 거란에 매년 다액의 歲幣를 지불하기로 하였다.[71] 아울러 양국의 관계를 조정하여, 송의 眞宗이 형, 거란의 성종이 동생이 되는 방식으로, 군주 사이에 형제관계를 맺게 되었다.[72] 양국의

---

69) 『요사』 권14, 聖宗 統和 17년(999) 7월.

70) 일반적으로 전연의 맹이 체결된 시기는 1004년으로 알려져 있다. 그런데 정확하게 맹약을 체결한 시점은 『契丹國志』에 실린, 양국이 주고받은 맹약문서에 기재된 날짜를 기준으로 삼는다면, 景德 원년 음력 12월 7일(송에서 거란에 보낸 문서)과 統和 22년 12월 12일(거란에서 송에 보낸 문서)이 되는데, 이는 양력으로 각각 서기 1005년의 1월 19일과 24일에 해당된다. 統和 22년과 景德 원년이 양력으로는 서기 1004년 1월 25일부터 1005년 2월 11일까지로, 대부분 1004년에 해당하기 때문에 그동안 일괄해서 전연의 맹을 1004년의 일로 언급해왔던 것일 것이다. 동아시아 전통의 음력 사용 관행과, 그것을 양력으로 변환했을 때 생겨날 수 있는 오류에 대한 문제 제기로 구범진, 「역법 문제와 한국사 서술ㅡ날짜 표기의 혼란과 오류」, 『歷史教育』 54, 2005 참조.

71) 전연의 맹의 체결에 이르는 과정 및 그 내용에 대해서는 陶晉生, 앞의 논문 및 武玉环·陳德洋, 「澶淵之盟與遼宋關係」, 張希淸 等 主編, 『澶淵之盟新論』, 上海 : 上海人民出版社, 2007 참조.

72) 단 이때의 형제관계는 양국의 우열을 드러내는 방식이 아닌, 황제 개인 대 개인, 혹은 황실 가족 대 가족의 관계로 규정된 것이었다. 따라서 제위가 변경됨에 따라 이 관계는 변화할 수 있는 것이었는데, 예컨대 거란의 聖宗과 송의 眞宗의 뒤를 이어 즉위한 그의 아들 仁宗은 叔姪관계가 되었다. 이에 대해서는 聶崇岐, 「宋遼交聘考」, 『宋史叢考』 上, 北京 : 中華書局, 1980, 294~295쪽 참조. 澶淵의 盟 당시 거란과 송이 철저하게 대등한 관계임을 표현하기 위해 사소한 표현 하나까지 신경썼음은 古松英介, 「澶淵の盟について―盟約から見る契丹と北宋の關係」, 荒川愼太郎 等 編, 『契丹[遼]と10~12世紀の東部ユーラシア』, 東京 : 勉誠出版, 2013 참조.

관계를 대등관계로 규정한 것이었다.

이에 따라 양국 군주 사이의 외교문서의 형식도 결정되었다. 서식으로는 대등관계에서 쓰이는 書翰 양식의 문서가 선택되었는데, 이는 문서를 보내는 행위를 일컫는 동사까지 붙여 일반적으로 致書라고 불렸다. 그 서식에 대해서는 『石林燕語』에 자세히 기재되어 있는데, 송에서 보내는 문서는 "大宋皇帝謹致書於大遼國徽號皇帝闕下"로 시작하고, 거란에서 보내는 문서도 이와 동일하게 기재하였다고 한다.[73] 실제 기록에 남아있는 문서에서도 예컨대 전연의 맹 이후 교환한 誓書에서 "大宋皇帝謹致誓書于契丹皇帝闕下"와 "大契丹皇帝謹致書于大宋皇帝闕下"라고 하였듯이,[74] 양자 사이에 완전히 대등관계를 표명하는 방식으로 작성되었다.[75]

그 결과 전연의 맹 이후의 시점을 놓고 보자면 거란과 송의 황제는 서로에게 각각 대등관계를 표하는 서한식 외교문서를 사용하고, 양자 모두 고려국왕으로부터는 표문을 받고 조서를 하사하는 방식이 되었다. 당시의 국제질서에서 거란과 송이 각각 北朝와 南朝로 불리기도 하면서 황제국으로서 양립하고 있었던 데 비해, 고려는 적어도 대외적으로는 그보다는 하위의 국왕이 군주가 되는 국가로서 위치하였음이, 외교문서의 서식을 통해서도 드러난다.

거란의 2차·3차 침입

康兆의 정변으로 1009년에 즉위한 顯宗 대에 양국관계는 두 차례의 전쟁을 겪는 등 매우 험난한 노정을 걸어야 했다. 거란은 자신이 책봉했던 목종이 폐위된 사건을 양국 사이에 합의된 질서를 고려가 부정한 것으로 받아들였

---

73) 『石林燕語』 권1, 〈大遼國信書式〉. 前稱月日, 大宋皇帝謹致書於大遼國徽號皇帝闕下, 入辭, 次具使副全銜, 稱今差某官充某事國信使副, 有少禮物, 具諸別幅, 奉書陳賀, 不宜謹白. 其辭率不過八句. 回書, 其前式同, 後具所來使銜, 稱今某官等回, 專奉書陳謝, 不宜謹白, 不具副使銜. 辭亦不過八句.

74) 『契丹國志』 권20, 澶淵誓書. 〈宋眞宗誓書〉; 〈契丹聖宗誓書〉.

75) 거란과 송 황제 사이의 서한식 외교문서 사용에 대해서는, 聶崇岐, 앞의 논문, 293~299 쪽 ; 冒志祥, 「論宋代外交文書」, 南京師範大學 博士學位論文, 2007, 86~100쪽 ; 中西朝美, 「五代北宋における國書の形式について―「致書」文書の使用狀況を中心に」, 『九州大學東洋史論集』 33, 2005, 103~106쪽 등을 참조.

다.76) 이에 이듬해인 현종 원년(1010) 곧바로 거란 聖宗이 친히 대군을 이끌고 고려를 침공했다.77) 이른바 거란의 2차 침입이다. 이 무렵 거란은 고려에 문서를 보내 "東으로 여진과 結構하고 西로는 송과 왕래한 것은 무엇을 도모하려 한 것인가."라고 고려를 질책하였다고 한다.78) 한편 거란군은 고려의 興化鎭 城主와 군인·백성들을 대상으로 발령한 勅書를 화살에 매어 성문에 쏘기도 하였다.79) 이에 고려 군영에서는 흥화진의 副使 將作主簿 李守和 등의 명의로 거란 황제에게 표문을 올려 군사를 물릴 것을 청하기도 하였고, 이에 거란 황제는 그들에게 회답하는 문서를 발령하기도 하였다.80) 현종은 거란군의 진영에 표문을 올려 자신이 직접 황제를 알현하겠다고 요청하였다.81) 국왕이 친히 나와 황제를 뵙겠다는 조건은 이후의 강화 협상에 서도 고려가 먼저 제시하기도 하였다.82) 康兆가 체포되면서 전투는 일단 마무리되었고 거란군은 이듬해 정월 고려의 역공을 받으면서 물러났다.

거란의 2차 침입이 종결된 현종 2년(1011) 이후 3차 침입이 본격화된 현종 6년(1015)까지, 양국은 중간중간 사신을 주고받으며 외교관계를 이어가고 있었다. 거란은 비록 현종을 책봉하지는 않았으나, 고려는 賀冬至使, 賀生辰使 등을 보내는 등83) 목종 대와 비슷한 형식으로 거란에 사신을 파견하였다. 한편으로는 거란 등 외국의 사신을 접대하기 위해 迎賓館과 會仙館을

---

76) 이미지, 앞의 책, 124~125쪽.
77) 『고려사』 권4, 현종 원년(1010) 11월 丙子.
78) 『고려사절요』 권5, 문종 12년(1058) 8월.
79) 『고려사절요』 권3, 현종 원년(1010) 11월 癸巳. 又以勅書繫矢, 插城門曰, "勅興化鎭城主并軍人百姓. 朕以前王誦紹其祖, 服爲我藩臣, 捍禦封陲, 忽被姦兇所害. 朕將精銳來討罪人, 其餘脅從, 皆與原免. 況汝等受前王撫綏之惠, 知歷代逆順之由, 當體朕懷, 無貽後悔."
80) 『고려사절요』 권3, 현종 원년(1010) 11월 癸巳 ; 甲午 ; 乙未. 한편 이때 거란 황제가 발령한 문서는 같은 기록 안에서도 勅書, 혹은 詔書 등으로 표현이 혼재되어 있는데, 이는 앞서 서술했듯이 당시 황제 문서 가운데 칙서와 조서가 혼용되었기 때문인 것으로 보인다. 『고려사절요』 등의 기록에서는 황제의 문서라는 凡稱으로서 詔와 勅을 혼용하여 기록하였던 것으로 생각된다.
81) 『고려사절요』 권3, 현종 원년(1010) 12월 甲寅. 王以三軍敗蛐州郡陷沒, 上表請朝. 契丹主許之.
82) 『고려사절요』 권3, 현종 원년(1010) 12월 甲戌. 國王固願來覲, 第懼兵威, 又因內難出避江南, 差遣陪臣拱辰等, 陳告事由.
83) 『고려사』 권4, 현종 2년(1011) 10월 乙丑 ; 11월 壬午.

설치하기도 하였다.[84]

현종 3년(1012) 거란은 조서를 보내 2차 침입의 강화 조건이었던 국왕의
친조를 요구하였다.[85] 이에 고려는 국왕이 와병중이라서 친조를 할 수 없다는
뜻을 전하였다.[86] 『요사』에서는 이때 고려에서 제출한 문서가 표문이었음을
언급하고 있다.[87] 즉 전쟁을 전후해서도 양국 군주 사이의 문서는 조서와
표문으로 변함이 없었던 것이다. 그러나 거란에서는 국왕의 친조라는 전례없
는 행위를 요청하였고, 고려에서는 이를 받아들일 수 없다는 점을 분명히
표명하였다. 거란은 고려국왕의 친조를 통해 고려의 복속을 더 명확히 표현하
고, 그것을 국제적으로 선전하고자 하였던 것으로 생각된다. 그러나 고려는
이에 응하지 않았다. 거란의 외교적 압박이 심해지자 고려는 한동안 중단되었
던 송과의 외교를 재개하면서, 거란의 침입을 알리며 원조를 요청하기도
하였다.[88] 단적으로 현종 7년(1016)에는 거란 사신의 入境을 저지한다든지,[89]
거란의 연호를 중지하고 송의 大中祥符 연호를 재개하기로 하는 조치를
취하면서[90] 고려의 강경한 입장을 대내외에 공표하였다. 이에 양국 사이에는
다시 긴장이 고조되었으며, 현종 6년(1015)부터는 본격적인 전쟁이 시작되었
다. 이 전쟁은 현종 9년(1018)과 10년(1019)에 걸친 대규모 교전에서 고려가
크게 승리를 거두면서 종식되었다.

전후 처리와 거란 東京의 역할

전쟁이 마무리되던 현종 10년(1019) 연말, 고려는 거란에 사신을 보내
方物을 바쳤고, 거란도 이를 수용하였다.[91] 전쟁으로 중단되었던 조공이
재개된 것이다. 그런데 이에 앞서 그해 5월과 8월, 거란의 東京과 몇 차례

---

84) 『고려사』 권4, 현종 2년(1011) 4월 丁卯.
85) 『고려사』 권4, 현종 3년(1012) 4월.
86) 『고려사』 권4, 현종 3년(1012) 6월 甲子.
87) 『요사』 권115, 二國外記, 高麗, 開泰 원년(1012) 8월. 遣田拱之奉表, 稱病不能朝.
88) 이에 대해서는 1장 4절 참조.
89) 『고려사』 권4, 현종 7년(1016) 정월 甲寅.
90) 『고려사』 권4, 현종 7년(1016) 是歲.
91) 『요사』 권16, 聖宗 開泰 8년(1019) 12월 辛亥.

사신을 주고받은 사실이 주목된다.[92] 앞서 현종 7년에 거란 사신의 입경을 저지한 이후 3년여 만의 사신 왕래 재개였다. 이때의 사절은 거란 조정이 아닌 東京에서 파견한 것이었으며, 마찬가지로 고려에서도 거란 동경에 회답 사신을 보냈다는 점에서 기존의 왕래와 차이가 있다.

거란의 東京, 즉 현재의 遼寧省 遼陽은 성종 12년(993) 거란의 1차 침입과 현종 6년(1015) 3차 침입 때 모두 군사행동의 중심이 되었던 곳이다. 즉 1차 침입의 지휘를 맡은 蕭恒德은 東京留守의 직위를 띠고 있었고, 3차 침입 때에도 군사행동을 이끈 인물로 東京留守 耶律團石, 善寧 등의 이름이 확인된다.[93] 앞서 현종 초에도 고려에서 파견한 사신이 거란의 東京留守와 접촉한 일이 있었다.[94] 그러나 그가 東京을 최종 목적지로 했는지 여부는 현전하는 사료에서는 확인되지 않는다.

다음 절에서 더 자세히 살펴볼 테지만 양국의 외교관계 초기부터 거란 東京은 고려와의 전쟁을 수행하거나 전후처리를 행하는 데에서 중요한 기능을 담당하였다.[95] 앞에서 인용한 바 있는 성종 13년(994) 2월의 서한을 발신한 주체인 소손녕은 여전히 거란의 東京留守 직위를 유지하고 있었다.[96] 거란의 2차 침입을 앞두고 현종 원년(1010), 고려 조정에서는 강조의 정변에 대해 해명하기 위한 사신을 동경에 파견한 바 있다.[97] 이러한 외교 교섭 루트가 3차 침입이 끝난 이후의 전후처리 과정에서도 가동된 것으로 볼 수 있다. 고려 조정이 외국의 중앙 조정이 아닌 지방 정부와 외교 교섭을 행한 일은 이때가 최초이다. 앞서 성종 12년(993)과 13년(994)에 국왕 명의의 문서를 소손녕과 주고받은 일이 있었지만, 이는 전시 상황에서 강화 교섭을 위한 문서교환이라는 특수한 배경에서 이루어진 일이었다. 반면에 고려

---

92) 『고려사』 권4, 현종 10년(1019) 5월 戊辰 ; 8월 辛卯 ; 8월 乙未.
93) 『요사』 권15, 聖宗 開泰 3년(1014) 是歲 ; 開泰 4년(1015) 정월 壬寅.
94) 『고려사절요』 권5, 문종 12년(1058) 8월. 內史門下省言, "(중략) 昔庚戌之歲, (중략) 又尙書柳參奉使之日, 東京留守問南朝通使之事, 似有嫌猜."
95) 거란 東京이 고려와의 외교관계에서 맡았던 역할에 대해서는 河上洋, 「遼五京の外交の機能」, 『東洋史研究』 52-2, 1993, 212~218쪽 및 劉一, 「遼麗封貢制度硏究」, 『滿族硏究』 2012年 第2期 참조.
96) 『고려사』 권3, 성종 13년(994) 2월.
97) 『고려사』 권4, 현종 원년(1010) 9월.

조정이 외국의 지방 정부에 사신을 파견하여 외교 교섭을 한 것은 전례없는 일이었다. 이 방면에서의 왕래와 교섭은 향후 한 세기 동안 고려-거란 관계를 안정적으로 유지해가는 데 중요한 소통 창구로서 기능하였다. 전쟁의 결과 새로운 교섭의 창구가 마련되게 되었던 것이다.

현종 11년, 외교관계 복원

현종 11년(1020) 2월, 고려는 거란 조정에 사신을 파견하여 표문을 올리고 稱藩할 것을 청하면서 이전과 같은 조공을 재개하였다.[98] 이듬해 정월 다시 거란의 東京에서 사신을 파견하여 장차 거란 聖宗이 受冊禮를 행할 것임을 통보하였고, 3월에도 동경의 사신이 내빙하였다.[99] 이렇게 화해의 분위기가 무르익어간 끝에 현종 13년(1022) 4월, 거란 조정에서 御史大夫 上將軍 蕭懷禮를 파견하여 현종을 開府儀同三司 守尙書令 上柱國 高麗國王으로 책봉하였다.[100] 거란 조정의 사절이 파견된 것은 현종 6년(1015) 6성의 반환을 요구하러 왔던 耶律行平과 李松茂[101] 이후 7년 만의 일이었다. 이 가운데 耶律行平은 고려에 6년간이나 구류되었다가 현종 11년(1020)에서야 반환되었다고 하니,[102] 조정 사이의 사절 왕래에 의한 외교관계는 장기간 단절되어 있었다고 할 수 있다. 대신에 고려 조정과 거란 동경 사이의 교섭을 통해 전후 처리가 논의되었고, 그 최종 귀결로서 현종이 거란의 책봉을 받음으로써 양국 관계가 목종 대 이전과 같은 형식으로 복구되었다고 볼 수 있다. 실질적으로 전쟁에서는 고려가 승리했으나, 외교의 형식은 이전대의 것으로 복구된 것이다. 다만 2차 침입의 조건으로 제시되었던 현종의 친조 문제는 더 이상 거론되지 않았다. 또한 거란 측에서 줄곧 요구했던, 東北 女眞으로 가는 길을 빌려달라는 조건도 고려는 승인하지 않았다. 형식적인 면에서는 과거와 같은 모습으로 돌아갔으나, 실질적인 국제관계에서는 고려의 강화된 위상이 반영된 것으로

---

98) 『고려사』 권4, 현종 11년(1020) 2월.
99) 『고려사』 권4, 현종 12년(1021) 정월 己丑 ; 3월 乙未.
100) 『고려사』 권4, 현종 13년(1022) 4월.
101) 『고려사』 권4, 현종 6년(1015) 4월 庚申 ; 9월 甲寅.
102) 『고려사』 권4, 현종 11년(1020) 3월 癸丑.

볼 수 있다. 이 무렵 고려를 향한 여진의 來投가 폭발적으로 증가한 것도 이러한 국제 정세의 변화와 무관하지 않을 것이다.[103]

소결 : 고려-거란 관계의 특수성

이상 이 절에서는 고려와 거란이 갈등과 전쟁, 그리고 화친에 이르기까지의 외교관계에서 어떠한 의사소통 방식이 이용되었는지를 확인해보았다. 초기에는 오랜 기간 동안의 단절을 겪었던 탓에 양국은 적절한 의사소통 경로를 확보하지 못하였다. 성종 12년(993) 전쟁이 개시되었으나, 양쪽의 이해관계가 맞아떨어짐으로써 양국은 화친에 이르렀다. 그 결과 고려국왕이 표문을, 거란 황제가 조서를 발송하는 관계가 공식적으로 맺어지게 되었다. 그리고 성종과 목종이 연달아 거란의 책봉을 받음으로써 이 관계는 확인되었다. 현종 대인 1110년대에 들어서는 두 차례의 큰 전쟁을 겪었으나, 이는 최종적으로 고려의 승리로 마감되었다. 이후 양국 관계는 목종 대의 그것을 회복하는 수준으로 돌아가게 되었다. 나아가 3차 전쟁을 마무리하는 단계에서는 새롭게 거란의 東京이 양국 조정의 매개자로서 부각되게 되었다. 성종·목종 대의 양국 관계에서 군주 사이의 조서와 표문만이 교환되면서 소통에 어려움이 있었던 데 비해, 중간에 東京이 개입하게 됨으로써 융통성있는 교섭이 가능해지게 되었던 것이다. 이후 양국관계는 압록강 영역의 시설물 설치 문제나 地界 설정 등을 두고 간헐적으로 갈등이 일어나기는 했으나, 기본적으로 고려국왕이 거란 황제의 책봉을 받는 형식으로 고정되어 12세기 초까지는 군사적 충돌 없이 비교적 안정적으로 유지되었다고 볼 수 있다. 현종이 책봉을 받은 이후 고려와 거란의 외교관계와 거기서 오고간 문서에 대해서는 다음 절에서 검토하도록 하겠다.

---

103) 노명호, 「해동천자의 '천하'와 번(藩)」, 『고려국가와 집단의식』, 서울대학교출판문화원, 2009, 172~175쪽 참조.

2절 고려-거란 관계에서의 의사소통 구조

11세기의 평화

동아시아 역사에서 11세기는 평화의 시대였다고 요약해도 좋다. 두 축을 이루었던 契丹과 宋은 1005년에 체결한 澶淵의 盟에 근거하여 큰 충돌없이 안정적인 관계를 100년 이상 지속하였다. 거기에 중원 서북쪽의 夏, 동쪽의 고려가 병립하여, 당시 국제질서는 일종의 힘의 균형을 유지하는 상황으로 전개되었다. 이러한 상태를 일컫는 표현은 다양하지만 대체로 14세기 이후 원-명-청으로 이어지는 패권 국가가 존재했던 시기와는 달리 이 시기의 국제질서가 다원적이었다는 데 대해서는 평가가 일치한다.[1]

고려와 거란의 관계도 마찬가지였다. 고려는 10세기 내내 五代의 여러 왕조들 및 宋과 외교관계를 맺으며 국왕이 그들 황제로부터 책봉을 받고, 가끔 조공 사절을 보내는 정도의 관계를 맺어왔다. 고려와 거란 두 나라는 고려 成宗 12~13년(993~994)의 첫 번째 군사적 대립과 그를 수습하는 과정에서 본격적으로 외교관계를 맺었다. 이후 양국은 고려 顯宗 연간에 연이은 전쟁을 치른 끝에, 현종 13년(1022)에 이르러 공식적으로 강화를 맺었다. 그 결과 설정된 양국의 외교관계는 고려국왕과 거란의 황제가 각각 表文과

---

1) 金成奎, 「宋代 東아시아에서 賓禮의 成立과 그 性格」, 『東洋史學硏究』 72, 2000 ; 范家全·吳 曉萍, 「兩宋與遼金外交之比較 - 以盟約和國書爲中心」, 『安徽師範大學學報』(人文社會科學 版) 第36卷 第3期, 2008 ; 宋代史硏究會 編, 『『宋代中國』の相對化』, 東京 : 汲古書院, 2009 ; 윤영인, 「10~12세기 동아시아의 다원적 국제질서와 한중관계」, 이익주 외 지음, 『동아시아 국제질서 속의 한중관계사』, 동북아역사재단, 2010 ; 채웅석, 「고려전기의 다원적 국제관계와 문화인식」, 『한국중세사연구』 50, 2017 등.

詔書를 교환하고 국왕이 황제로부터 책봉을 받는 형식으로 대표되는, 양국 군주 사이의 君臣 관계에 근거한 것이었다.[2] 형식상으로는 고려-송 관계의 그것과 큰 차이가 없었다.

그러나 고려와 거란의 관계는 고려와 중원 왕조 사이의 관계와는 근본적으로 다른 점이 있었다. 그 차이는 거란이 遼東을 차지하고 있었던 데서 비롯된 것이다. 무엇보다 양국은 국경을 맞대고 있었으며, 따라서 국지적으로든 전면적으로든 언제든지 충돌할 가능성을 품고 있었다. 또한 양자의 사이에는 여진 집단이 끼어 있었기 때문에 그들을 누가 주도적으로 관할할 것인지를 두고 양국이 경합을 벌이기도 하였다. 나아가 거란 내부의 사정에 따라 요동 일대의 정세도 수시로 변했기 때문에 그 여파가 양국의 외교관계에 직접 파급을 끼친 일도 있었다.[3] 그러나 압록강 일대의 시설물을 둘러싸고 간혹 분쟁이 있었을 뿐, 양국은 한 세기 가까이 큰 충돌 없이 비교적 안정적으로 공존하였다.

이 시기의 안정적인 국제질서가 통치자들의 선의에 의해서만 이룩된 것은 물론 아니다. 각국의 지배층들이 상대를 서로 존숭했기 때문은 더더욱 아니다. 한 세기 동안 송은 거란에 매년 막대한 양의 歲幣를 보내야 했고, 고려 역시 거란에 정기적으로 약간의 물자를 바치고 있었다.[4] 그러나 국제질

---

2) 10세기 말부터 11세기 초에 걸친 고려와 거란의 전쟁 및 강화 과정에 대해서는 池內宏, 「遼の聖宗の女眞征伐」, 『滿鮮史硏究』 中世 第一冊, 東京 : 岡書院, 1933 ; 金在滿, 「聖宗의 高麗侵掠과 東北아시아 國際情勢의 變轉」, 『契丹·高麗關係史硏究』, 國學資料院, 1998 ; 金渭顯, 「契丹·高麗間의 女眞」, 『明知史論』 9, 1998 ; 具山祐, 「고려 현종대의 대거란전쟁과 그 정치·외교적 성격」, 『역사와 경계』 74, 2010 ; 육정임, 「고려·거란 '30년 전쟁'과 동아시아 국제질서」, 『동북아역사논총』 34, 2011 ; 許仁旭, 「高麗·契丹의 압록강 지역 영토분쟁 연구」, 고려대학교 박사학위논문, 2012 ; 최덕환, 「993년 고려-거란 간 갈등 및 여진 문제」, 『역사와 현실』 85, 2012 ; 최종석, 「현종대 고려-거란 관계와 외교 의례」, 『東國史學』 60, 2016 ; 이미지, 『태평한 변방-고려의 對거란 외교와 그 소산』, 景仁文化社, 2018 등을 참조. 한편 필자는 10세기에 거란이 흥기하면서 中原의 五代十國 등 여러 왕조들과 주고받은 외교문서의 서식을 분석하고, 그것을 994년 이후 고려와 거란 사이의 외교문서와 비교한 바 있다. 정동훈, 「10세기의 동아시아 국제질서와 외교문서의 서식-고려-거란 외교문서식의 비교사적 검토」, 『한국중세사연구』 49, 2017 참조.

3) 예컨대 大延琳이 발해 부흥의 기치를 내걸고 요동에서 興遼國을 건설한 후 고려에 지원을 요청하면서 한동안 고려-거란 관계가 경색된 일이 있었다. 이에 대해서는 이효형, 「興遼國의 성립과 對高麗 구원 요청」, 『역사와 세계』 22, 1998 참조.

서가 평화적으로 유지된 동인을 경제적인 데서만 찾는 것도 충분하지 않다. 우발적으로 발생할 수 있는, 예측 불가능한 요소들은 얼마든지 있을 수 있었다. 예컨대 범월인 송환 문제, 반란자 수용 문제 등이 그러하다. 어떠한 행위자들도 이러한 상황을 미연에 방지할 만큼의 충분한 행정력을 갖추고 있었다고 보기는 어렵다. 그렇다면 이러한 돌발적인 상황이 발생했을 때 그것을 관리하고 조정할 수 있는 방법이 반드시 필요했다. 外交란 그런 필요에 대응하기 위한 것이다.

문제의 소재 : 고려와 거란은 어떻게 안정적 관계를 유지했나

고려와 거란은 어떻게 해서 장기간 큰 갈등 없이 외교관계를 유지할 수 있었을까. 그것도 여러 가지 불확실한 변수를 안고 있었으면서도 말이다. 그에 대한 하나의 답으로서 양국 외교관계의 제도적 요소, 혹은 관행을 찾아보는 것이 이 절의 목적이다.

고려와 거란의 관계에 대해서는 선행 연구를 통해 외교관계 일반이나[5] 영토분쟁,[6] 무역 및 물자 교류,[7] 사신 왕래 관행,[8] 외교 의례[9] 등이 다각도로

---

4) 11-12세기 동아시아에서의 歲幣 문제, 그리고 그에 비교했을 때 고려가 거란에 보낸 朝貢의 규모가 어느 정도였으며 어떤 성격을 가진 것이었는지에 대해서는 鄭東勳, 「고려-거란·금 관계에서 '朝貢'의 의미」, 『震檀學報』 131, 2018 참조.

5) 金在滿, 앞의 책, 1998 ; 이미지, 앞의 책, 2018.

6) 金佑澤, 「11세기 對契丹 영역 분쟁과 高麗의 대응책」, 『韓國史論』 55, 2009 ; 許仁旭, 앞의 논문, 2012 ; 권용철, 「11세기 초 동북아시아 외교 지형의 변화와 고려-거란 관계」, 『한국중세사연구』 60, 2019.

7) 李漢範, 「麗·丹貿易考」, 『東國史學』 3, 1955 ; 金在滿, 「契丹絲考」, 『歷史敎育』 7·8, 1964 ; 이정희, 「고려전기 對遼貿易」, 『지역과 역사』 4, 1997 ; 김영미, 「11세기 후반~12세기 초 고려·요 외교관계와 불경 교류」, 『역사와 현실』 43, 2002.

8) 朴漢男, 「高麗 前期 '橫宣使' 小考」, 阜村 申延澈敎授 停年退任紀念 史學論叢 刊行委員會 編, 『阜村申延澈敎授停年紀念史學論叢』, 일월서각, 1995 ; 이승민, 「10~12세기 하생신사(賀生辰使) 파견과 고려-거란 관계」, 『역사와 현실』 89, 2013 ; 유빛나, 「契丹과 高麗의 사절 왕래―東京使를 중심으로」, 『역사문화연구』 70, 2019.

9) 奧村周司, 「使臣迎接儀禮より見た高麗の外交姿勢―十一、二世紀における對中關係の一面」, 『史觀』 110, 1984 ; 김성규, 「고려 외교에서 의례(儀禮)와 국왕의 자세」, 『역사와 현실』 94, 2014 ; 이바른, 「거란의 '고려사신의례(高麗使臣儀禮)' 구성과 의미」, 『역사와 현실』 98, 2015 ; 박윤미, 「고려 전기 외교의례에서 국왕 '서면(西面)'의 의미」, 『역사와 현실』

분석된 바 있어 크게 참고가 된다.[10] 다만 기존의 연구들은 한편으로는 개개의 사건을 소재로 하여 그것의 발단과 전개, 그리고 결말을 시간순으로 추적하거나, 한편으로는 특정한 의례나 제도 등에 주목하는 쪽으로 이루어졌다. 양국 관계 전체의 구조를 조망하는 데에는 이르지 못한 점이 아쉬움으로 남는다.

이 절에서는 위의 의문을 풀기 위한 방법으로 양국 사이의 의사소통의 경로와 방식을 확인해보고자 한다. 구체적으로는 양국간의 외교 행위를 몇 개의 층위로 나누어 파악해볼 것이다. 즉 외교라는 행위를 군주와 군주, 혹은 중앙정부와 중앙정부 사이의 교섭이라는 좁은 의미로 접근하는 방법을 넘어서 거기에 가담한 주체를 여럿으로 나누어 살펴보겠다는 것이다. 육하원칙에 따라서 이야기하자면, 누가, 즉 어떠한 행위 주체가, 언제, 즉 어떠한 계기로, 혹은 어떠한 주기를 두고, 어디서, 즉 어느 공간적 범위 내에서, 무엇을, 즉 어떠한 현안에 대해서, 어떻게, 즉 어떠한 명목의 사신을 주고받으며 외교를 행하였는가를 하나하나 따져보겠다는 것이다. 그리고 궁극적으로 왜, 즉 그 각각의 소통 방식이 어떠한 배경에서 이루어졌으며, 어떠한 효과를 가져왔는지를 살펴보는 것이 마지막 목적이 된다.

구체적으로 아래에서는 양국 사이의 의사소통 경로를 1) 군주와 군주 사이의 외교, 2) 고려 조정과 거란 東京 사이의 외교, 3) 국경 근처의 지방관부 사이의 외교 등 크게 셋으로 나누어 살펴보도록 하겠다. 기초 자료로서 양국의 연대기 자료, 즉『고려사』와『遼史』를 중심으로 활용하되, 거기에 다 담기지 않은 교섭의 실제 모습은『東人之文四六』과『東文選』에 실린 외교문서를 통해 보충하도록 하겠다.

98, 2015 ; 정동훈, 「고려시대 사신 영접 의례의 변동과 국가 위상」, 『역사와 현실』 98, 2015 ; 한정수, 「고려 전기 '迎契丹使臣儀'의 내용과 의미」, 『사학연구』118, 2015 ; 豊島悠革, 「高麗儀禮の整備過程と國際環境」, 『高麗王朝の儀禮と中國』, 東京 : 汲古書院, 2017 ; 박윤미, 「高麗前期 外交儀禮 研究」, 숙명여자대학교 박사학위논문, 2017 ; 이승민, 「고려시대 國喪 儀禮와 弔問 使行 연구」, 가톨릭대학교 박사학위논문, 2018.

10) 고려-거란 관계에 관한 2000년대까지의 연구 동향에 대해서는 이정신, 「고려와 북방민족 관계사 연구현황」, 윤영인 외 지음, 『10~18세기 북방민족과 정복왕조 연구』, 동북아역사재단, 2009 참조.

1. 고려-거란 군주 사이의 의례적 사신 왕래

1022년의 약속

현종 13년(1022) 4월, 거란 聖宗이 현종을 책봉하고서, 그해 8월에는 거란에서 東京持禮使라는 명목의 사신을 파견하였다. 그는 고려의 사절 파견에 대한 중요한 정보를 전하였다. 이 부분을 인용해보면 다음과 같다.

> 가) 거란의 東京持禮使 李克方이 와서 말하기를, "앞으로 春季問候使와 夏季問候使는 합쳐서 한 차례 보내되 賀千齡節使 및 賀正旦使와 함께 오고, 秋季問候使와 冬季問候使는 합쳐서 한 차례 보내되 賀太后生辰使와 함께 오도록 하십시오."[11]

이 기사를 통해 고려에서 거란에 파견한 사신의 대강을 파악할 수 있다. 이에 따르면 현종 13년(1022) 이전까지는 고려에서 4계절 문후사 각 1차례씩 총 4번과 황제 및 태후의 생신을 축하하는 賀千齡節使 및 賀太后生辰使 각 1차례, 그리고 신년을 축하하는 賀正旦使 1차례 등 1년에 총 7차례의 사신을 파견했었다는 것이다. 실제로 이전 시기의 기록에서 위에 열거된 계절별 문후사나 賀節日使, 賀正使 등을 파견한 사실이 드문드문 확인되기도 한다.[12] 그러나 앞서 살펴보았듯이 현종 13년 이전까지 전쟁과 講和를 거듭한 고려에서 1년에 7차례씩 꼬박꼬박 사신을 파견했을 것으로 보이지는 않는다. 위 기록은 거란에서 이와 같은 명목의 사신을 보내야 한다는 당위를 열거한 것에 지나지 않다고 보는 것이 타당하다.

더 중요한 것은 앞으로에 관한 언급이다. 그 이전까지 실제로 준수되었는지

---

11) 『고려사』 권4, 현종 13년(1022) 8월 庚子. 契丹東京持禮使李克方來言, "自今, 春·夏季問候使, 幷差一次, 與賀千齡節·正旦使同行, 秋·冬季問候使, 幷差一次, 與賀太后生辰使同行."

12) 『고려사』 세가에서 찾을 수 있는 기록으로, 계절별 문후사는 현종 원년(1010) 9월(가을), 현종 3년(1012) 6월 甲子(여름), 현종 13년(1022) 2월 己酉(봄) 등 세 차례가 있고, 황제의 생신 축하 사절로는 현종 11년(1020)의 사례가 유일하게 보이며, 황태후 생신 축하 사절로는 현종 즉위년(1009) 4월 丙戌의 사례가 유일하다. 賀正使는 한 차례도 보이지 않는데, 대신 현종 원년 11월 丙子에 賀冬至使를 파견한 기록이 있다.

여부는 차치하고서라도, 이후로는 총 7가지 명목의 사절을 두 차례로 합쳐서 보내도록 요구한 것이다. 흥미로운 것은 이 당시 거란 황실에는 太后, 즉 황제의 어머니가 존재하지 않았다는 점이다. 聖宗 재위 초기에 장기간에 걸쳐 섭정을 했던 承天皇太后는 1009년에 사망했다. 따라서 위 규정에 언급된 賀太后生辰使가 파견될 일은 없었다. 이에 賀太后生辰使는 賀皇后生辰使로 대체되어, 聖宗의 황후 齊天皇后의 順天節에 맞추어 파견되었던 것으로 보이는 데,[13] 이 시기에는 송에서도 齊天皇后의 생신 축하 사절을 파견하고 있었다.[14] 그리고 황제의 생일로 언급된 千齡節은 거란 聖宗의 생일을 일컫는 이름이었을 뿐, 다른 황제들의 생일은 각각 다른 이름을 가지고 있었다.[15] 생일의 실제 날짜가 다 달랐음은 물론이다. 위의 규정에서 봄과 여름의 문후사를 賀千齡節使 및 賀正旦使와 함께 보내라고 한 것은 음력 12월 27일인 聖宗의 생일을 고려하여 결정된 것이었을 것이다.

이처럼 위의 내용은 현종 13년(1022) 당시의 절일을 고려한, 특정 시기의 규정이라고 할 수 있다. 그러나 황제와 황태후(혹은 황후), 그리고 正旦을 축하하는 사신을 정기적으로 파견한다는 원칙은 고려와 거란 관계가 안정적으로 유지되었던 한 세기 가운데 거의 대부분의 기간에 걸쳐 준수되었다.[16] 한중관계사상 한반도 왕조에서 중국 왕조에 정기적으로 사신을 파견한 일은 이때가 처음이었음을 꼭 강조해두고 싶다. 그것이 필요했던 배경으로 빈번한 접촉이 불가피한 상황이 연출되었다는 점, 그것이 가능해진 조건으로 육로를 통한 왕래가 가능해졌다는 점 역시 짚어둘 필요가 있다. 다 알다시피 이후 19세기 말까지 한반도 왕조에서 중국 왕조에 정기적으로 사신을 파견하는 관행은 1천 년 가까이 지속되었는데, 그 시작이 바로 1022년이었다는 점은 기억해둘 만하다.

---

13) 실제로 현종 19년(1028)에 그 사례가 보인다. 『고려사』 권5, 현종 19년 9월 戊申.

14) 金成奎, 「거란의 국모 대 송의 황태후」, 『사림』 50, 2014, 252~254쪽.

15) 金成奎, 「宋·遼·金 및 高麗 帝王 生日考」, 『歷史敎育』 126, 2013.

16) 이미지, 앞의 책, 2018, 164쪽에서는 『고려사』 세가에서 확인되는 1055년에서 1101년에 걸쳐 재위한 거란 道宗의 절일인 天安節을 축하하기 위한 賀天安節使의 목록을, 165~166 쪽에는 賀正使의 목록을 정리하였다. 문종 재위 전반을 비롯해서 빠진 해가 상당히 많지만 이는 기록의 누락에서 비롯된 것일 뿐, 원칙적으로는 매년 정기적으로 파견했을 것으로 보는 것이 자연스럽다.

거란의 정기적 사절 파견

반면에 이 시기에는 특징적으로 거란 조정에서도 고려 조정에 정기적인 사신을 파견하였는데, 그 명목은 賀生辰使, 즉 고려 국왕의 생일을 축하하기 위한 것이었다. 이미 穆宗 즉위년(997)에 성종의 생일을 축하하기 위한 사신이 파견된 일이 있었다.[17] 이후 20여 년 동안 자료에 보이지 않다가 현종이 책봉을 받고서 그 다음해(1023)에 다시 파견되기 시작하여,[18] 德宗 연간과 靖宗 초년에 걸쳐 양국관계가 잠시 긴장에 빠졌던 기간을 제외하고는 睿宗 11년(1116)까지 거의 빠짐없이 매년 파견되었다.[19] 거란에서 고려국왕의 생일 축하 사절을 보낸 데 대해 고려에서는 역시 빠짐없이 그에 대해 사례하는 사신을 거란 조정에 파견하였다. 한중관계사상 중국의 사절이 매년 동일한 명목을 띠고 정기적으로 파견된 것은 이때가 최초이며, 이후로도 거란과의 관계를 계승한 측면이 강했던 금 대를 제외하고는 다른 시기에서 보이지 않는다는 점 역시 특별히 강조해도 지나치지 않다.

거란 조정에서 고려에 파견한 정기적인 사신에는 한 가지가 더 있었는데, 橫宣使가 그것이다. 橫宣使는 사료상 橫賜使, 宣賜使 등의 명칭으로도 등장하는데, 그 성격에 대해서는 아직 분명하지 않은 것이 있지만, 다른 사절과 달리 橫帳, 즉 황제가 직접 파견하는 사신이며, 3년을 주기로 황제의 賞賜를 전달하는 사신이었다는 점에서는 기존 연구의 분석이 공통된다.[20] 횡선사의 파견 역시 금 대에도 이어졌는데, 3년에 한 번이라는 주기를 가지고 장기간에 걸쳐 동일한 명목의 사신이 파견된 것은 한중관계사상 역시 이때가 유일하다. 횡선사가 파견되었을 때에도 고려에서는 그때그때 그에 사례하는 사절을

---

17) 『고려사』 권3, 목종 즉위년(997) 12월.
18) 『고려사』 권5, 현종 14년(1023) 7월 癸亥.
19) 이승민, 앞의 논문, 2013, 106~109쪽에 거란의 고려국왕 생신 축하 사절의 목록이 정리되어 있어 참고가 된다.
20) 횡선사에 대한 연구로는 朴漢男, 앞의 논문, 1995 ; 石艷軍, 「遼道宗朝遼與高麗使者往來的 初步硏究」, 大連大學 碩士學位論文, 2006 ; 劉一, 「遼麗封貢制度硏究」, 『滿族硏究』 2012年 第2期 등을 참조. 朴漢男, 「高麗의 對金外交政策 硏究」, 성균관대학교 박사학위논문, 1994, 133쪽 및 石艷軍, 앞의 논문, 64쪽에 1040년부터 1114년에 걸친 횡선사의 사례가 목록으로 정리되어 있다.

파견하였다.[21]

의례적 사신이 지참한 외교문서 : 表文과 詔書

이처럼 거란의 황제와 황태후(때로는 황후), 그리고 고려의 국왕의 생일을 서로 축하하고, 또한 고려에서 거란에 새해맞이를 축하하는 사신을 파견한 것, 거란에서 정기적으로 황제 명의로 고려국왕에게 물품을 사여하는 사신을 파견한 것 등은 모두 의례적인 사안에 관련된 것이었다고 볼 수 있다. 그렇다면 이때에는 어떠한 문서가 오고갔을까.

우선 고려에서 거란에 보낸 문서를 살펴보면 모두 표문이 쓰였음을 알 수 있다. 『고려사』에는 이러한 의례적인 사안에 관계된 문서는 한 건도 남아있지 않지만, 그 빈 부분은 『東人之文四六』을 통해서 메울 수 있다. 『東人之文四六』 권2와 권3에는 고려에서 거란에 보낸 문서가 문종 10년(1056)의 것을 시작으로 예종 10년(1115)의 것까지 총 25건이 남아있는데, 우선 그 목록을 제시하면 다음과 같다.

〈표 2-2-1〉『東人之文四六』에 실린 對契丹 외교문서

연번	연대	작자	문서 제목	비고
四六 2-22	문종 9(1056)	崔惟善	入遼起居表	
四六 2-23	문종 9(1056)	崔惟善	乞還鴨綠江東岸爲界狀	文選 47-34
四六 2-24	문종10(1057)	崔惟善	謝毁罷鴨鴨江前面亭子表	文選 33-27
四六 2-25	문종12(1059)	崔惟善	乞抽毁鴨綠江橋弓口狀	文選 47-35
四六 2-26	문종13(1060)	吳學麟	再乞表	文選 48-1
四六 3-1	선종5(1088)	朴寅亮	入遼乞罷榷場狀	文選 48-2
四六 4-33	선종7(1090)	崔洪嗣	與東京留守大王交聘狀	文選 48-5
四六 3-4	선종10(1093)	魏繼廷	賀天安節表	文選 31-21
四六 3-6	선종10(1093)	崔公詞	謝宣賜生日表	
四六 3-14	헌종즉위(1094)	失名	謝慰問表	

---

21) 『고려사』 세가에서 확인되는 謝橫宣使는 숙종 2년(1097) 10월 丁未, 숙종 8년(1103) 11월 丁酉, 예종 원년(1106) 11월 丁酉, 예종 9년(1114) 12월 甲辰, 예종 10년(1115) 정월 己丑 등이 확인된다. 횡선사 파견이 靖宗 6년(1040)부터 정기적으로 꾸준히 있었던 것을 고려하면 이에 대한 고려의 謝恩使가 자주 보이지 않는 것은 의외이다. 그러나 역시 기록이 빠졌을 뿐, 그때그때 회답 사절이 파견되었을 것으로 보는 것이 타당할 것이다.

四六 3-9	숙종5(1100)	朴景綽	謝冊世子表	文選 34-20
四六 3-10	숙종5(1100)	朴景綽	世子謝表	文選 34-21
四六 3-2	숙종6(1101)	尹瓘	賀登極表	文選 31-22
四六 3-3	숙종7(1102)	鄭文	賀受徽號表	文選 31-23
四六 4-34	숙종9(1104)	吳延寵	又[與東京留守大王交聘狀]	文選 48-6
四六 3-7	예종즉위(1105)	朴景綽	謝橫宣表	文選 34-22
四六 3-15	예종3(1108)	朴昇中	告伐東女眞表	文選 39-13
四六 3-5	예종4(1109)	李德羽	賀年表	文選 31-34
四六 3-16	예종4(1109)	朴昇中	謝獎諭平定女眞築設城子表	文選 34-26
四六 3-8	예종5(1110)	高令臣	謝宣諭封冊世子表	文選 34-11
四六 3-11	예종7(1112)	朴景綽	訃奏國母喪表	
四六 3-12	예종8(1113)	韓皦如	謝勅祭國母表	文選 34-19
四六 3-13	예종8(1113)	朴昇中	回起居表	
四六 3-17	예종9(1114)	朴昇中	回宣諭助伐女眞表	文選 39-14
四六 3-18	예종10(1115)	韓皦如	又[回宣諭助伐女眞表]	文選 39-15

　　의례적이고 정기적인 사안으로 파견된 사절 가운데 대표적인 것으로
황제의 생일을 축하하는 사절과 正旦을 축하하는 사절을 들 수 있고, 또한
『고려사』에 '謝賀生辰'이라고 자주 표현되는, 고려국왕의 생일을 축하하는
사신을 파견한 데 대해 사례하는 사절, 그리고 橫宣使 파견에 사례하는
사절 등을 들 수 있다. 이들 사안이 있을 때에 전달되었을 것으로 생각되는
문서가 공교롭게도 각각 한 건씩 『동인지문사륙』에 실려 있다. 『동인지문사
륙』 3-4. 〈賀天安節表〉는 宣宗 10년(1093)에 거란 道宗의 생일인 天安節을
축하하기 위해 파견한 사신이 지참하고 간 문서이고,[22] 『동인지문사륙』
3-5. 〈賀年表〉는 예종 4년(1109)에 새해를 축하하기 위해 파견한 사신이
가지고 간 문서이다.[23] 또한 『동인지문사륙』 3-6. 〈謝宣賜生日表〉는 선종
10년(1093)에 賀生辰使를 보내준 데 대해 사례하기 위해 사신을 파견할 때에
전달한 문서이고,[24] 『동인지문사륙』 3-7. 〈謝橫宣表〉는 肅宗 10년(1105)에

---

22) 이때의 사신 파견에 대해서는 『고려사』 및 『고려사절요』에 기록되어 있지 않으며,
　　『동인지문사륙』에도 제목 아래에 "宣癸卯"라고 하여 문서가 작성, 발신된 연도만
　　기재되어 있을 뿐, 어느 사신이 가지고 갔는지에 대해서는 언급하고 있지 않다.
23) 이때의 사신 파견에 대해서도 『고려사』 및 『고려사절요』에 기록되어 있지 않다.
　　『동인지문사륙』에도 제목 아래에 "睿己丑"라고만 하였다.
24) 『고려사』 권10, 선종 10년(1093) 9월 壬午 條에 거란에서 永州管內觀察使 大歸仁을
　　보내 선종의 생신을 축하하였다는 기록은 있으나, 이에 대한 회답 사절을 보낸 기록은
　　없다. 『동인지문사륙』에도 마찬가지이다.

횡선사 파견에 사례하는 내용을 담은 문서이다.[25] 이 가운데『동인지문사륙』
3-6은 판본의 상태상 판독하기 어려운 글자가 많고『東文選』에도 실려 있지
않아 그 전문을 파악하기가 어려우므로, 나머지 세 문서를 인용해보면 각각
다음과 같다.

　　나-1) 鳳簫가 음률을 조절하니 추위가 순조로운 것이[寒若] 아름다운 징조에
　　　　맞고, 龍墀이 상서로움을 빛내니 聖上께서 탄생하신 경하로운 날을 맞이
　　　　하며, 즐겁고 기쁨이 가득한 것이 먼 곳이나 가까운 곳이나 다름이
　　　　없습니다. [中謝] 엎드려 생각건대 황제께서 바르고 화목하게 존엄하고
　　　　온화하시며 文雅하고 명철하시어, 衣裳을 드리운 채 천하를 다스리시니
　　　　크게 통일을 이루시고, 日月을 觀象하여 人時를 깨우쳐주시니 어긋남이
　　　　없습니다. 이제 舜 임금이 탄생하신 날에 즈음하여 塗山의 모임 같은
　　　　盛典을 거행하니, 산천이 진기한 것을 바치고 蠻夷가 정성을 바칩니다.
　　　　신은 멀리 桑野에 살며 외람되게 茅封을 세습하고 있으므로 周室 제후들의
　　　　入覲하는 반열에 어깨를 나란히 하지 못하나, 義皇 曆數에 萬年壽를 奉祝하
　　　　여 정성을 전합니다.[26]

　　나-2) 玉衡이 度數를 고치매 정월 초하루가 열리게 되었고, 木鐸이 文敎를
　　　　떨치니 百福을 기릅니다. [中謝] 황제께서는 법을 정하심이 공평하시고

25)『고려사』세가에는 이해에 횡선사가 파견되었다는 기록은 없고, 이듬해인 예종 원년
　　(1106) 2월 甲子 朔에 횡선사가 왔다는 기록이 있다. 횡선사가 대체로 11월, 혹은
　　12월에 방문하는 것이 일반적이었고(劉一, 앞의 논문, 64쪽), 3년마다 방문했던 것을
　　고려하면 숙종 4년(1099)과 7년(1102)에 이어서 예종 즉위년(1105) 12월이 그 주기에
　　해당했을 것이나, 실제로는 1달여 늦어진 이듬해 2월 삭일에 도착했던 것으로 보인다.
　　실제로 그 다음 번 횡선사는 예종 3년(1108) 12월에 도착하였다.『동인지문사륙』에는
　　이 문서의 제목 아래에 "睿乙酉"라고 기록되어 있는데, 예종은 그해 10월에 즉위하였으
　　므로 이 문서는 그해 연말 무렵에 작성되었을 것으로 추정할 수 있다. 그렇다면
　　횡선사가 방문할 것을 대비하여 미리 작성했던 것이 아닌가 추측된다. 예종 원년
　　2월의 횡선사에 대한 謝橫宣使는 그해 11월 丁酉에 파견되었다는 기록이 있다.
26)『동인지문사륙』3-4.〈賀天安節表〉. 鳳簫賀律, 協寒若之休徵, 龍墀彰祥, 屬誕彌之慶節,
　　愷懌之甚, 遐邇不殊. [中謝] 伏惟皇帝, 端穆凝尊, 溫文啓喆, 垂衣裳而理天下, 大致混同, 象日月
　　以授人時, 永無差忒. 逮復舜生之旦, 盛陳塗會之儀, 川岳效珍, 蠻夷納款. 臣逖居桑野, 叨襲茅
　　封, 周室侯班, 展勤未肩於八百, 義皇曆數, 馳誠但祝於萬年.

도를 몸받음이 넉넉하시며 세상을 통치하고 백성을 다스리시니, 사방이 모두 기뻐하고 따르기에 이르렀고 때를 따라 敎化를 베푸시니 만물이 평안하고 평화로움을 누리게 되었으며, 마침 정월을 맞이하니 聖德을 더욱 새롭게 하십니다. 신의 직분이 桑域에 매어 날마다의 조회에 참예치 못하나, 마음은 蕘階로 쏠려 다만 하늘같이 기나긴 聖壽를 축원합니다.[27]

나-3) 于闐의 皇華가 寵命을 내려 선포하여, 彼蕭의 은택이 널리 먼 곳에까지 미치니, 절하고 받듦에 감격과 놀람이 섞여 모입니다. [中謝] 황제께서는 하늘이 내신 총명으로 날로 공경함을 더하시어, 천년의 業을 여셨으며 외국에까지 大同을 이루시고, 四海에 은혜가 미쳐 작은 나라까지 버리지 않으시니, 使節이 문에 이르자 진기한 하사품이 눈에 가득합니다. 신은 멀리 동방 구석에 살면서 조심하여 外藩을 지키고 있으나 돌아보건대 직책을 수행함에 공이 적은데도 어찌 포상하심이 이렇듯 분수에 넘칩니 까. 오직 事大의 충성을 다하여 크나큰 은혜를 보답할까 합니다.[28]

세 문서는 대단히 의례적인 사륙변려체의 문체로 황제의 생일과 새해맞이를 축하하는 내용, 그리고 횡선사 파견에 감사하다는 내용을 담고 있다. 문서 안에서 국왕은 臣을 칭하며 皇帝를 청자로 하고 있다는 점 등에서 전형적인 표문의 형식을 그대로 따르고 있음을 알 수 있다. 모두 중국의 고사를 두루 활용하고 있기 때문에, 이에 대한 사전 지식이 없이는 그 대략적인 뜻조차도 파악하기 어려울 정도라고 할 수 있다. 따라서 이들 문서는 각각 魏繼廷, 崔公詞, 朴景綽 등 당대의 文衡이라 할 수 있는 인물들이 그 작성을 담당하였던 것이다.[29]

---

27) 『동인지문사륙』3-5. 〈賀年表〉. 玉衡改度, 肇啓於三元, 木鐸振文, 克鍾於百福. [中謝] 皇帝凝 猷蕩蕩, 體道恢恢, 制世御民, 底四方之悅服, 順時設敎, 保萬物之休和, 適屬王正, 益新聖德. 臣職縻桑域, 未參日視之朝, 心湊蕘階, 第祝天長之壽.

28) 『동인지문사륙』3-7. 〈謝橫宣表〉. 于闐之華, 俯宣於寵命, 彼蕭之澤, 普及於遠方, 拜荷以還, 感驚交集. [中謝] 皇帝聰文天縱, 聖敬日躋, 業啓千齡, 致大同於殊俗, 恩覃四海, 不遐棄於小邦, 星節臨門, 珍頒溢目. 臣逖居東表, 恪守外藩, 顧述職之寡功, 何懸賞之踰分. 庶勤樂率, 少答鴻 慈.

29) 이들을 비롯한 『東人之文四六』에 수록된 문서의 작성자들에 대해서는 千惠鳳, 「麗刻本

다음으로 거란 조정에서 고려 조정에 사신을 파견할 때에 보내온 문서를 살펴보겠다. 현재로서는 거란에서 전해진 문서를 싣고 있는 자료로는『고려사』외에는 찾을 수가 없는데,[30] 그 가운데 위에서 말한 정기적인 사신, 즉 고려국왕의 생신 축하 사절이나 횡선사가 가지고 온 문서는 단 한 편도 남아있지 않다. 다만 이들 사신이 파견되었을 때에 국왕이 乾德殿에서 詔書를 받았다는 기록이나,[31] 이들이 올 때에 다른 안건과 관련해서 가지고 온 문서로 詔書가 있었음이 간혹 확인될 뿐이다.[32]

이상에서 검토한 바와 같이 고려 조정과 거란 조정 사이에는 의례적인 임무를 띤 사신을 정기적으로 교환하였다. 고려에서는 매년 세 차례, 즉 황제와 황태후의 생신사 및 하정단사를 합쳐서 두 차례와 국왕 생신 축하에 대해 사례하는 사절 한 차례를 꼬박꼬박 파견하였고, 거란에서는 하생신사, 즉 국왕 생신을 축하하는 사절을 매년 한 번씩, 그리고 橫宣使라는 명칭의 사절을 3년에 한 번씩 파견했던 것이다. 한 세기에 가깝게 이어진 정기적인 사절을 통해 양국은 특별한 사안이 없더라도 우호적인 관계를 확인하고 또 이를 공고히 하는 계기를 마련하고 있었다고 평가할 수 있다.

2. 고려 조정과 거란 東京 사이의 정기적 실무 교섭

거란의 東京

한편 고려에서는 거란 조정뿐만 아니라 고려의 변경에서 가장 가까운 거란의 중심지, 즉 지금의 遼寧省 遼陽에 위치했던 東京과도 정례적으로

東人之文四六에 대하여」,『大東文化研究』14, 1981 ; 김종철,「選文·選詩의 실상 및 선발된 작가들」,『동문선의 이해와 분석』, 청문각, 2006 등을 참조.

30) 최근 편찬된『遼會要』에는 거란이 주변국들과 주고받은 외교문서를 종합, 정리한 부분이 있는데, 여기에도 고려와의 외교문서는 모두『고려사』또는『東國通鑑』에서 인용한 것뿐이다.『遼會要』권5, 交聘,「遼高麗國書」(陳述·朱子方 主編,『遼會要』, 上海 : 上海古籍出版社, 2009, 228~261쪽) 참조.

31)『고려사』권13, 예종 6년(1111) 12월 己酉. 遼遣橫宣使檢校司空蕭遵禮來. 辛亥, 王受詔于乾德殿.

32)『고려사』권13, 예종 5년(1110) 정월 壬寅. 遼遣衛尉卿李逢辰來, 賀生辰, 仍詔曰, "卿蕃衛皇家, 鎭撫海表, 專征守職, 盪寇有勞. (하략)"

사신을 주고받았다. 『고려사』에서 東京持禮使와 東京回禮使라고 언급된 것이
그것이다.33)

　우선 거란 東京의 연혁을 살펴보자. 거란은 국초부터 五京 제도를 시행하여,
上京은 거란족의 본거지에, 中京은 奚의 본거지에 두었고, 東京, 즉 요양은
발해 유민을 다스리는 역할과 동시에 고려와의 외교 창구로, 南京, 즉 지금의
北京은 燕雲 지역의 한족을 다스리는 역할과 동시에 송과의 외교 창구로,
山西의 雲州에 두었던 西京은 거란의 서방 경략의 전초기지이자 夏와의 외교
창구로 활용하고 있었다.34) 거란이 건국할 당시의 본거지는 上京으로 삼고서
太宗 天顯 3년(928)에 발해를 멸망시킨 이후 그 근거지였던 遼陽을 南京으로
삼았다가 이후 938년에 後晋으로부터 燕雲 16주를 획득한 것을 계기로 현재의
北京에 해당하는 幽州를 南京으로 삼고, 기존의 남경이었던 요양을 東京으로
개칭하였다. 거란은 926년에 忽汗城을 함락시키고 발해를 멸망시킨 후 東丹國
을 세우고서 그곳을 수도로 삼았다가, 2년 만에 수도를 요양으로 옮겼다.
아울러 발해 유민들도 이주시키면서, 그곳을 발해 유민을 집단적으로 통치하
는 거점으로 삼았다.35)

　『遼史』百官志에서는 동경을 총괄하는 東京兵馬都府署司의 직무를 한 마디
로 요약하여 "控扼高麗", 즉 "고려를 제어한다"라고 명시하였다.36) 실제로
동경은 성종~현종 연간에 거란에서 고려를 침공할 때에 전쟁 준비와 사후
처리 등에서 중심적인 역할을 수행하기도 하였음은 2장 1절에서 살펴본
바와 같다. 특히 현종 10년(1019) 고려와 거란이 강화를 맺기에 앞서 고려
조정과 거란 동경 사이에서 몇 차례 사신을 주고받으며 새로운 교섭 창구가
개통되었던 일도 있었다.37)

33) 고려 조정과 거란 동경 사이의 사신 왕래에 대해서는 유빛나, 「契丹과 高麗의 사절
　　왕래-東京使를 중심으로」, 『역사문화연구』 70, 2019 참조.
34) 河上洋, 「遼五京の外交の機能」, 『東洋史研究』 52-2, 1993.
35) 河上洋, 위의 논문, 206~207쪽 ; 孫瑋, 「遼朝東京海事問題研究」, 遼寧師範大學 碩士學位論
　　文, 2011, 2~6쪽.
36) 『遼史』 권46, 百官志 2, 北面邊防官, 東京兵馬都部署司. 한편 『契丹國志』 권22, 〈控制諸國〉
　　에서는 "遼東路控扼高麗"라고 하였다.
37) 『고려사』 권4, 현종 10년(1019) 5월 戊辰 ; 8월 辛卯 ; 8월 乙未.

東京持禮使, 東京回禮使

현종 13년(1022), 현종의 책봉으로 양국 관계가 정상화된 이후로도 고려와 동경의 관계는 매우 긴밀하게 유지되었다. 단적으로 고려 조정과 거란 동경 사이의 사신 왕래만 보아도 이를 엿볼 수 있는데, 우선 이를 정리하면 다음과 같다.

〈표 2-2-2〉 고려 조정에서 거란 동경에 파견한 사신

시기	사신단 명칭	사신의 관직과 이름	비고
현종10(1019).8.11.		考功員外郎 李仁澤	
현종11(1020).6.13.	持書使	借司宰少卿 盧執中	
현종19(1028).2.9.		禮部員外郎 金矴	
정종4(1038).8.3.	持禮使	閤門祗候 金華彦	
숙종1(1096).3.19.	東京持禮使	高民翼	
숙종4(1099).9.6.	持禮使	邵師奭	

〈표 2-2-3〉 거란 동경에서 고려 조정에 파견한 사신

시기	사신단 명칭	사신의 관직과 이름	비고
현종10(1019).5.12.		文籍院少監 烏長公	
현종10(1019).8.7.	東京使	工部少卿 高應壽	
현종12(1021).3.20.	東京使	檢校散騎常侍 張澄岳	
현종14(1023).5.4.	持書使	盧知祥	
현종14(1023).윤9.11.	東京使	高仁壽	
현종18(1027).8.1.	東京使	高延	
정종4(1038).11.23.	東京回禮使	義勇軍都指揮 康德寧	
정종5(1039).윤12.1.	東京回禮使	大堅濟 등 9인	
정종6(1040).9.8.	東京回禮使	都指揮使 高維翰	
정종9(1043).11.14.	東京回禮使	檢校左僕射 張昌齡	
문종2(1048).11.27.	東京回禮使	棣州刺史 高慶善	
문종4(1050).9.3.	東京回禮使	忠勇軍都指揮使 高長安	
문종5(1051).10.29.	東京回禮使	檢校工部尚書 耶律守行	
문종9(1055).11.11.	東京回禮使	檢校工部尚書 耶律道	
문종11(1057).6.2.	東京持禮回謝使	檢校工部尚書 耶律可行	
문종12(1058).9.7.	東京回禮使	檢校左散騎常侍 耶律延寧	
문종13(1059).9.4.	東京回禮使	檢校右散騎常侍 耶律延寧	
문종15(1061).4.3.	東京回禮使	檢校工部尚書 蕭㗩思	
문종16(1062).1.14.	東京回禮使	檢校尙書右僕射 耶律章	
문종23(1069).12.1.	東京回禮使	檢校右僕射 耶律極里哥	

선종5(1088).5.14.	東京回禮使	檢校右散騎常侍 高德信	
선종8(1091).2.24.	東京持禮回謝使	禮賓副使 鳥耶呂	
선종9(1092).4.16.	東京持禮使	高良慶	
헌종1(1095).5.19.	東京回禮使	高遂	
숙종1(1096).5.29.	東京持禮使	禮賓副使 高良定	
숙종4(1099).12.14.	東京持禮回謝使	大義	
숙종6(1101).1.15.	東京持禮使	禮賓副使 高克少	
숙종8(1103).10.14.	東京回禮使	禮賓副使 高維玉	
숙종9(1104).10.30			東京大王
예종7(1112).11.28.	東京回謝持禮使	禮賓副使 謝善	
예종10(1115).12.7.		禮賓副使 高孝順	東京留守

  물론 양국의 외교관계가 경색됨에 따라 사신 왕래가 일시적으로 중단된 때도 있었을 것이다. 또 위의 표에서 보이는 것처럼 모든 해에 동경과의 사신 왕래가 확인되는 것은 아니다. 그러나 『동인지문사륙』에 수록된 문서에 따르면 위의 표에 포함되지 않은 왕래가 더 있었던 것이 간혹 확인되기도 한다.[38] 그렇다면 기본적으로 고려 조정과 거란 동경 사이에는 매년 1회씩 정기적으로 사신을 주고받았다고 보아도 좋다.

  주목할 것은 거란 동경에서 사신을 보내온 기록에 비해 고려에서 보낸 횟수가 훨씬 적다는 것이다. 위의 표를 기준으로 하면 현종 10년(1019)에서 예종 10년(1115)까지 약 100년 동안 거란 동경에서 개경에 보낸 사신이 31회 확인되는 반면, 반대 방향으로는 6회가 확인될 뿐이다. 거란 동경의 사신이 대부분 '回禮使', '回謝使'라는 이름으로 불렸던 것을 보면 이들은 고려에서 먼저 사신을 보낸 데 대한 회답의 성격을 띠고 있음을 알 수 있다. 그런데 동경을 최종 행선지로 삼은 사신단이 많이 확인되지 않는다면, 다른 가능성으로는 고려 개경에서 거란 上京으로 가던 사신이 중간 기착지인 동경에 들러 문서와 예물을 전달하는 관행이 있었던 것은 아닐까 추측할 수 있다. 다음의 기록이 그 가능성을 확인시켜준다.

  다) 강역이 달라서 천 리나 떨어져 살고 있음은 한스러우나, 聖神이 일어남에

---

38) 예컨대 『동인지문사륙』 4-33. 〈與遼東京留守大王交聘狀〉은 선종 7년(1090) 새로 부임한 東京留守에게 축하의 뜻을 전하는 내용을 담고 있는데, 『고려사』 세가에는 해당 사신의 파견 사실이 기록되어 있지 않다.

한 때에 함께 만나게 됨을 기뻐합니다. 封章을 황제의 처소에 바치게 됨에 가는 길이 대왕의 고을[化邑]을 경유할 듯하여, 이에 문안의 서신을 드리며 우호를 더욱 돈독히 하기를 기원합니다.[39]

이 문서는 숙종 9년(1104)의 것으로, 아마도 그해에 거란에서 숙종에게 책봉호를 더해주고 태자를 책봉했던 일에 대해 사은하기 위해 거란 조정에 파견되었던 사신 일행이 동경을 경유하면서 東京留守에게 보낸 문서인 것 같다. 앞서 확인하였듯이 고려에서 매년 3회씩 거란 중앙정부에 정기적으로 사신을 보내고 있었으니, 그 도중에 동경을 지나며 문서 교환을 비롯하여 교류하였을 가능성은 충분히 긍정할 수 있다. 그리고 그에 대한 회답의 성격으로 거란 동경에서 고려에 사신을 보내왔을 것으로 해석하면 위의 두 표에 나타난 왕래 빈도의 불균형은 이해할 수 있다. 어찌 되었건 고려의 중앙정부가 외국의 중앙정부가 아닌 지방 관부와 장기간에 걸쳐 정기적으로 사신을 교환한 것은 한중관계사상 전례가 없는 일이었다고 할 수 있다.[40]

동경의 문서 주체 : 東京留守와 東京兵馬都部署

그렇다면 『고려사』에서는 단지 '東京'이라고만 표시된 거란 측의 주체는 과연 누구를 지칭하는 것이었을까. 또한 이들과는 어떠한 사안을 가지고 교류했을까. 다음 몇 가지 사례를 통해서 확인해보도록 하겠다.

> 라-1) 契丹 東京留守가 牒을 보내 皇太后의 존호를 慈懿仁和文惠孝敬顯聖昭德廣愛宗天皇太后라고 책봉하고, 皇帝의 존호를 올려 聖文神武全功大略聰仁睿孝天祐皇帝라고 하였다고 알렸다.[41]

---

39) 『동인지문사륙』 4-34. 〈又[與遼東京留守大王交聘狀]〉. 疆畛云殊, 雖限居於千里, 聖神有作, 欣同遇於一時. 封章洎達於嚴宸, 行李想由於化邑, 爰附與書之間, 覬增視履之祥.

40) 앞 장에서 살펴본 바와 같이, 문종 대 고려와 송이 국교를 재개한 이후 南宋 초기인 1130년대까지, 고려 조정과 송의 明州 사이에서 간혹 사신을 주고받은 일이 있었다. 그러나 이는 어디까지나 특정 사안이 발생할 경우에 한정된 것이었으며, 정기적으로 교류가 이루어진 것은 아니었다.

41) 『고려사』 권8, 문종 19년(1065) 2월 己未. 契丹東京留守牒報, 冊上皇太后尊號, 慈懿仁和文

라-2) 遼 東京兵馬都部署에서 牒을 보내 咸雍 11년을 大康(太康) 원년으로 고쳤
　　　다고 고하였다.[42]

라-3) 前王을 隱陵에 장사지내었다. 遼 東京兵馬都部署에 移牒하여 (말하기를),
　　　"전왕이 別邸에 퇴거한 이래 병세가 날로 심해지더니 윤2월 19일에 薨逝하
　　　였고 지금 장례를 마쳤습니다. 전왕이 유명을 남겨 말하기를, '지난번에
　　　기무에서 벗어나게 해주십사 빌고서 다행히 윤허해주시어 물러나 몸을
　　　보양하고 있었는데 근래에 질환이 심해지니 끝내 살아날 수 없을 것
　　　같다. 장례의 모든 사안은 검약한 쪽으로 하도록 하며, (황제께) 부고를
　　　알려서 大朝를 번거롭게 하지 말라.'라고 하였습니다. 이에 전왕의 유명에
　　　따라 감히 사신을 파견하여 부음을 알리지 않았습니다.[43]

　위의 세 사례 가운데 첫 번째는 거란의 東京留守, 뒤의 둘은 東京兵馬都部署가
고려와의 교섭 주체로 언급되고 있다. 留守란 거란에서 五京을 통괄하는
장관직의 명칭으로, 원래 황제가 親征 등으로 수도를 비웠을 때에 임시로
이를 대체하는 직위를 가리키는데, 당시 거란에는 수도 이외의 副都에도
두어졌다고 한다. 유수는 해당 지역의 행정권뿐만 아니라 군사지휘권을
아울러 장악하고 있었으며, 때로는 외교적인 역할을 담당하기도 하였다고
한다.[44] 사료상에서 확인 가능한 東京留守를 역임한 인물을 검토해보면,[45]

　　惠孝敬顯聖昭德廣愛宗天皇太后, 加上皇帝尊號, 聖文神武全功大略聰仁睿孝天祐皇帝.

42)『고려사』권9, 문종 29년(1075) 7월 乙丑. 遼東京兵馬都部署牒告, 改咸雍十一年爲大康元
　　年.

43)『고려사』권11, 숙종 2년(1097) 3월 庚申. 葬前王于隱陵. 移牒遼東京兵馬都部署, "前王自退
　　居別邸以來, 病勢日增, 於閏月十九日薨逝, 今已葬訖. 前王遺命云, '昨乞解機務, 幸蒙詔允,
　　退養殘骸, 近來疾劇, 決無生理. 飾終諸事, 宜從儉約, 不須告奏, 煩瀆大朝.' 肆遵前王遺命,
　　不敢遣使告哀."

44)『요사』권38, 지리지 2, 東京道 및 河上洋, 앞의 논문, 222~223쪽 참조.

45)『요사』에서 확인되는 東京留守 역임자의 인명과 왕호, 재위 기간 등을 정리하면 다음
　　표와 같다. 이 표는 王旭東,「遼代五京留守研究」, 吉林大學 博士學位論文, 2014, 55~58쪽의
　　표 및 이미지, 앞의 책, 232쪽 표를 기본적으로 인용하였으며,『遼史』권64~67의
　　皇子表·公主表·皇族表·外戚表, 그리고 列傳 등을 토대로 황실과의 관계, 봉작과 관직을
　　보완하였다. 봉작과 관직은 재임 당시의 것이 아니라 해당 인물의 최종·최고 지위를
　　표시하였다.

황성인 耶律氏나 황후성인 蕭씨가 대부분을 차지한다. 또한 王號 혹은 國王號를 띠고 있는 경우도 상당수 보이며 駙馬도 여럿이 포함되어 있고, "兵機·武銓·群牧과 같은 거란 軍馬의 모든 일을 관장"하는 北院樞密使나 "軍國의 大政을 佐理"하는 北府宰相과 같은 최고위직, "總知軍國事"라고 표현된 于越, "皇族의 政教를 관장"하는, 宗正에 해당하는 惕隱 등의 지위를 역임한 인물들도 다수 확인된다.46) 실제로 거란에서는 "요동은 重地이므로 勳戚이 아니면 鎭撫할 수 없다"는 논의가 일반적이었다고 한다.47) 이처럼 東京은 거란 동부의

	인명	황실과의 관계	봉작/관직	역임 기간(추정)
1	耶律和里			會同 3(940)
2	耶律隆先	太祖 1子 圖欲의 2子	平王	保寧 3(971)~乾亨 1(979)
3	耶律抹只		漆水郡王	統和 1(983)~5(987)
4	蕭恒德	駙馬	蘭陵郡王	統和 10(992)~14(996)
5	耶律幹膿		(奚)	統和 14(996)~15(997)
6	蕭排押	駙馬	北府宰相	統和 15(999)~22(1004)
7	耶律弘古		楚國公, 于越	統和 23(1005)~28(1010)
8	耶律隆祐	景宗 3子	齊國王	統和 29(1010)~開泰 1(1012)
9	耶律團石			開泰 2(1013)~3(1015)
10	蕭善寧(蕭屈烈)			開泰 3(1015)~5(1017)
11	耶律八哥		北院樞密副使	開泰 7(1018)~太平 6(1026)
12	蕭老先	駙馬, 后族	晉王, 北院樞密使	太平 7(1027)~9(1029)
13	蕭孝穆	后族	齊王, 北院樞密使	太平 10(1030)
14	蕭阿姑軫			太平 11(1031)
15	蕭惠	駙馬	魏國王	重熙 1(1032)~2(1033)
16	蕭朴(蕭普古)		魏王, 南院樞密使	重熙 3(1034)
17	蕭孝忠	駙馬, 后族	楚王, 北院樞密使	重熙 7(1038)~11(1042)
18	耶律侯哂		北院大王	重熙 12(1043)~13(1044)
19	耶律忽扎			重熙 14(1045)~15(1046)
20	蕭塔列葛		(奚) 北府宰相	重熙 18(1049)~9(1050)
21	蕭孝友	后族	秦王, 北府宰相	重熙 19(1050)~20(1051)
22	蕭阿剌	后族	陳王, 北院樞密使	重熙 19(1050)~20(1051)
23	耶律仁先		遼王, 北院樞密使, 于越	重熙 21(1052)~淸寧 1(1055)
24	蕭孝友	后族	秦王, 北府宰相	淸寧 1(1055)~2(1056)
25	耶律貼不	景宗 3子 隆祐의 3子	魏國王	淸寧 3(1057)~5(1059)
26	蕭阿剌	后族	陳王, 北院樞密使	淸寧 6(1060)~7(1061)
27	耶律阿璉	興宗 3子	秦越國王	淸寧 6(1060) 이전
28	耶律歐里思			壽昌 2(1096) 이전
29	耶律何魯掃古	皇族	惕隱	壽昌 5(1099)~6(1100)
30	耶律淳	興宗 3子 阿璉의 3子	秦晉王	乾統 3(1103)~6(1106)
31	蕭保先			天慶 4(1114)~6(1116)
32	耶律和魯斡	興宗 2子	宋魏王	天祚帝 재위 기간

46) 이상 각 지위의 역할에 대해서는 『요사』 권45, 百官志 1 참조.

중심지로, 그 최고 책임자인 東京留守는 황족이거나 부마 등으로 제국 내에서 당대 최고의 권위를 가지는 인물이 담당하고 있었음을 알 수 있다.

다음 東京兵馬都部署는 그 휘하에 契丹奚軍都指揮使司·奚軍都指揮使司·漢軍都指揮使司·渤海軍都指揮使司 등을 거느린, 東京의 최고 군사기구였다.[48] 東京留守가 東京兵馬都部署의 책임자 역을 맡았는지 여부를 명시적으로 확인해주는 자료는 찾지 못하였으나, 전쟁 준비 및 실제 전쟁 수행에서도 동경유수가 중심적인 역할을 담당했던 점을 고려하면, 행정권은 물론 군사지휘권도 장악했던 유수가 이 부서의 총책임자였음은 분명하다. 그렇다면 동경유수나 동경병마도부서 모두 같은 주체였던 것이며, 전자가 그 관직을 담당한 개인을 지칭한다면 후자는 그가 관할하는 관서의 이름을 뜻한다고 볼 수 있다.[49]

고려 조정과 거란 동경의 논의 사항 1 : 의례 사안

다음으로 고려 조정과 거란 東京 사이에서는 어떠한 사안이 논의되었는지 확인해보겠다. 사절의 명칭만을 놓고 보면 일반적으로 고려 조정에서 파견하는 사신이 '東京持禮使', 거란 동경에서 파견하는 사신이 '東京回禮使' 혹은 '東京持禮回謝使'라고 하여 그 목적이 무엇이었는지 잘 드러나지 않는다. 더욱이 『고려사』에서도 이들 사신의 파견 목적이나 그들이 파견지에서 어떠한 활동을 했는지 전하는 기록이 매우 드물어서 그 실체를 명확하게 파악하기 어렵다. 다만 '예를 가지고 가는 사신[持禮使]' '예에 회답하는 사신[回禮使]' '예를 가지고 회답하며 사례하는 사신[持禮回謝使]' 등의 명칭에서 공통적으로 등장하는 '禮'라는 것은 아마도 禮物, 즉 선물을 지칭하는 것이 아닐까 생각되

---

47) 『요사』 권93, 蕭惠. 遼東重地, 非勳戚不能鎭撫.

48) 『요사』 권46, 百官志 2, 諸指揮使職名總目, 東京兵馬都部署司.

49) 한편 『요사』 地理志와 百官志, 兵衛志 등에서는 東京 일대의 군사 관련 기구로 동경병마도 부서 외에 東京統軍司가 확인되고, 동경유수의 관사로서 東京留守司라는 명칭도 보이는 데, 이들 사이의 관할 업무나 통속 관계 등에 대해서는 분명하게 확인되지 않는다. 杜鵑, 「遼朝邊防硏究」, 遼寧大學 碩士學位論文, 2014, 25~27쪽에서 동경병마도부서는 주로 요양성 부근을, 동경통군사는 압록강 인근 지역을 담당하였으며, 따라서 후자가 고려와의 관계에서 더 중요한 역할을 수행하였을 것으로 보았는데, 『고려사』에서 東京統軍司와 교섭하였던 흔적은 확인되지 않는다.

며, 그렇다면 정기적으로 사신과 함께 선물을 교환하면서 우호를 유지하는 목적을 띠고 있었던 것으로 추측된다. 물론 양국 사이에 일상적으로 발생할 수 있는 간단한 사안, 예컨대 越境者에 대한 처리 문제라든지, 당시 양국 사이에서 활동하고 있던 女眞 집단에 의한 被虜人 송환 문제 등을 처리하는 데에도 이 기회가 이용되었으리라 생각할 수 있다. 그러나 아쉽게도 이와 관련된 기록이 남아있지 않아 현재로서는 확인할 수 없다.

그렇다면 드물지만 거란 동경과의 왕래를 통해 구체적인 사안이 처리되거나 혹은 그와 관련된 사항이 언급된 사례들을 통해 그 역할을 추적해보겠다. 먼저 라-1), 라-2)는 각각 거란에서 皇太后와 황제가 존호를 받았다는 사실, 그리고 연호를 고쳤다는 사실을 알리는 의례적인 사안에 관계된 것이었다. 라-3)은 고려에서 獻宗의 부음을 전하는 일이었다. 이와 같이 간혹 발생할 수 있는 의례적인 사안에 대해서 고려와 거란은 굳이 조정 사이의 사절을 주고받지 않고 지리적으로 가까운 고려 개경과 거란 동경 사이의 왕래를 통해 소식을 전하는 방법을 택했던 것으로 보인다. 물론 이 사안에 대해 조정 차원의 대응이 필요한 경우, 고려에서는 황태후와 황제가 존호를 받았다는 사실에 대한 축하 사절을 파견하기도 하였는데,[50] 라-3)의 인용문에 보이듯이 굳이 "大朝를 번거롭게" 하지 않기 위해서라는 명분 하에 동경과의 왕래만으로 갈음하는 경우도 많이 있었을 것으로 보인다.

고려 조정과 거란 동경의 논의 사항 2 : 실무 현안

한편 압록강 지역의 영토 분쟁과 같은 민감한 현안을 논의할 때에도 고려 조정과 동경 사이의 교섭 루트가 가동되었다.

마-1) 都兵馬使에서 아뢰기를, "거란의 전 太后皇帝가 조서를 내려 鴨江 이동을 우리나라의 경역으로 인정한 바 있습니다. 그런데 혹은 城橋를 설치하고

---

50) 라-1)의 사실에 대한 축하 사절 파견 기록은 보이지 않으나, 정종 7년(1041)에는 같은 류의 경사에 대한 축하 사절을 파견한 사실이 확인된다. 『고려사』 권6, 정종 7년(1041), 是歲 條. 또한 숙종 7년(1102)에 거란의 天祚帝가 휘호를 받은 데 대해 축하하는 내용을 담은 문서가 『동인지문사륙』 3-3. 〈賀受徽號表〉이다.

혹은 弓口欄子를 설치하면서 점차 옛 국경을 넘어오니 이는 욕심이 지나친 것입니다. (중략) 마땅히 <u>東京留守</u>에게 國書를 보내 그 불가함을 알리고, 만약 그가 듣지 않는다면 사신을 파견하여 (황제에게) 告奏해야 할 것입니다."라고 하였다. 이에 <u>東京留守</u>에게 <u>致書</u>하여 말하기를, (중략)[51]

마-2) <u>遼 東京兵馬都部署</u>에서 <u>樞密院의 劄子</u>를 받고서 <u>移牒</u>하여, 鴨江 이동의 강역을 결정할 것을 청하였다.[52]

마-3) 都兵馬使에서 아뢰기를, "지금 <u>遼 東京兵馬都部署</u>에서 <u>移文</u>하여 靜州關 안의 軍營을 혁파할 것을 청하고 있습니다. 지난 大安 연간에 遼에서 鴨江에 亭子와 権場을 설치하려고 하였을 때, 우리나라에서 사신을 보내 혁파할 것을 청하였을 때 요 황제가 그를 들어주었으니, 지금 또한 마땅히 그 청을 따라야 할 것입니다."라고 하였다. 制하여 그렇게 하라고 하였다.[53]

마-4) 女眞 完顔阿骨打가 거병하여 반란을 일으켰다. <u>遼 東京兵馬都部署司에서 牒을 보내</u> 말하기를, "근래에 生女眞이 반란을 일으켰기에 다만 관원을 보내 군사를 거느리고 토벌한 후 指揮를 기다리고 있습니다. 고려국에서도 또한 여진의 변경 도로에 조치를 취하여 깊숙이 들어가 공격한 후 인구와 재산, 가옥을 점거하여 포로로 잡거나 소탕해야 할 것입니다. 또한 방비를 군게 하여 고려 경계의 험요한 곳으로 들어와서 피신하지 못하도록 해주시기 바랍니다.[54]

---

51) 『고려사』권7, 문종 9년(1055) 7월 丁巳. 都兵馬使奏, "契丹前太后皇帝, 詔賜鴨江以東, 爲我國封境. 然或置城橋, 或置弓口欄子, 漸踰舊限, 是謂不厭. (중략) 宜送國書於東京留守, 陳其不可, 若其不聽, 遣使告奏." 於是, 致書東京留守曰, (중략)

52) 『고려사』권9, 문종 29년(1075) 7월 癸酉. 遼東京兵馬都部署, 奉樞密院劄子移牒, 請治鴨江 以東疆域.

53) 『고려사』권11, 숙종 6년(1101) 8월 乙巳. 都兵馬使奏, "今遼東京兵馬都部署移文, 請罷靜州 關內軍營. 頃在大安中, 遼欲於鴨江置亭子及権場, 我朝遣使請罷, 遼帝聽之, 今亦宜從其請." 制可.

54) 『고려사』권13, 예종 9년(1114) 10월. 女眞完顔阿骨打擧兵叛. 遼東京兵馬都部署司牒曰, "近有生女眞作過, 止差官, 領兵討伐, 仰指揮. 高麗國亦行就便, 於女眞邊界道路, 深入攻討,

문종 대 이후 고려와 거란의 관계가 비교적 안정적으로 유지되었던 가운데 간혹 문제로 불거진 것은 언제나 압록강 지역의 영토에 관한 일이었다. 거란에서 이곳에 각종 시설물을 설치하는 등의 문제가 발생하여, 양국 사이에서 이를 둘러싼 갈등이 벌어졌던 것이다. 위의 사안 모두 그에 해당한다.[55]

먼저 마-1)의 상황을 살펴보면, 거란에서 압록강에 城橋를 설치한 데 대해 고려에서 항의하는 내용을 전하고 있다. 그런데 주목할 것은 이 상황에 대한 대응책으로 고려의 都兵馬使에서 제안한 내용 가운데, "마땅히 東京留守에게 國書를 보내 그 불가함을 알리고, 만약 그가 듣지 않는다면 사신을 파견하여 (황제에게) 告奏해야 할 것입니다."라고 언급한 부분이다. 다음으로 마-2)의 상황에서 거란의 東京兵馬都部署는 고려에 문서를 보내 압록강의 경계를 처리할 것을 제의하고 있다. 이때 동경병마도부서에서는 자신들의 제안이 "樞密院의 劄子를 받아" 이루어진 것임을 언명했다는 점이 역시 주목된다. 즉 이 제안이 독자적인 판단에 따른 것이 아니라 거란 중앙정부의 훈령을 받아 이루어진 것임을 명백히 함으로써 자신의 말에 신빙성을 더하고 있는 것이다. 다음 마-3)의 사례를 보면, 역시 동경병마도부서에서 문서를 보내 고려의 국경 근처 군영을 혁파할 것을 요청한 상황이다. 이에 대해 과거 고려에서 비슷한 사안을 요청했던 것을 거란 황제가 수용한 바 있으니 이번에는 고려 쪽에서 이를 들어주어야 할 것이라고 하고 있다.

여기서 확인할 수 있는 것은 고려 조정과 거란 동경이 모두 양국 조정 대 조정 사이, 즉 국왕과 황제 사이의 논의, 문서 교환에 앞서 사전정지작업으로서의 성격으로 양자 사이의 루트를 활용하고 있다는 것이다. 먼저 고려 조정에서는 국경 분쟁과 같은 민감한 사안에 대해서 곧바로 거란 조정, 즉 황제에게 문서를 보내 문제를 제기하고 사태를 키우기보다는, 우선 동경유수와 교섭하여 문제를 해결하고자 했던 것으로 보인다. 이러한 의도는 마-1)에서 都兵馬使가 "마땅히 東京留守에게 國書를 보내 그 불가함을 알리고, 만약 그가 듣지 않는다면 사신을 파견하여 (황제에게) 告奏해야 할 것입니다."라고 한 데서 잘 드러난다. 이는 거란 입장에서도 마찬가지였는데, 지계획정

應據人口·財産·房舍, 收虜蕩除. 仍緊切防備, 勿令走入彼界險要處所, 依據閃避."

55) 이 사안에 대해서는 金佑澤, 앞의 논문, 2009 ; 許仁旭, 앞의 논문, 109~136쪽 ; 이미지, 앞의 책, 215~229쪽에서 상세하게 검토된 바 있다.

과 같은 매우 구체적인 사안에 대한 논의를 본국의 조정을 대신하여 동경에서 맡아서 처리하는 방식을 택했던 것이다.

고려 조정-거란 동경 교섭의 기대 효과

그럴 경우 기대할 수 있는 효과는 세 가지로 요약된다. 첫째, 실용적인 측면에서 조정 사이의 사신 왕래 때에 비해 시간과 비용을 크게 절약할 수 있다는 점이다. 거란의 황제는 상경에 항상 거주하는 것이 아니라 계절에 따라 捺鉢이라고 불리는 지점을 순행하였음은 잘 알려진 사실이다.[56] 정기적인 사신이야 황제의 行宮이 어디에 위치하는지, 어디로 가야할지를 파악한 상태에서 개경을 출발하였을 것이나, 그때그때 특별한 목적을 가지고 사신을 파견할 경우에는 그렇지 못했을 것이다. 무엇보다 황제의 순행지, 혹은 거란의 중앙정부의 교섭 담당자들이 위치해있던 상경까지에 비해 동경까지의 거리는 대략 절반 정도에 지나지 않았다는 점에서 그 효과는 무시할 수 없는 수준이었을 것이다. 어차피 고려 개경과 거란 상경을 왕복하는 데에는 반드시 거란 동경을 거쳐야 했기 때문에,[57] 이 선택지가 가지는 매력은 더욱 컸을 것이다.

둘째, 좀 더 긴밀한 공조를 통해 현지의 상황에 대해 더 상세하게 파악한 상태에서, 시시각각 정세에 따라 더 정확하게 대응할 수 있었으리라는 점이다. 이는 마-4)의 경우가 잘 대변해주는데, 12세기 초, 여진이 흥기했을 때 즉각적으로 군사조치를 취하고 아울러 고려의 협조를 요청할 수 있었던 것은 거란 동경과 고려가 경계를 접하고 있었기 때문에 가능했을 것이다.

셋째, 무엇보다 중요한 것은 그것이 사전정지작업으로서의 효과를 가질 수 있었다는 점이다. 만일 국경 분쟁처럼 갈등을 일으킬 만한 위험이 다분한 사안에 양국의 최고 권위자인 황제와 국왕이 직접 나선다면 그것은 곧바로 양국 관계 전체가 경색되는 쪽으로 확산될 수 있었을 것이다. 특히 조서와

---

56) 이계지 지음, 나영남·조복현 옮김, 『정복왕조의 출현 : 요·금의 역사』, 신서원, 2014, 103~106쪽 ; 김인희, 「움직이는 국가, 거란」, 김인희 편, 『움직이는 국가, 거란-거란의 통치전략 연구』, 동북아역사재단, 2020, 59~68쪽.

57) 孫瑋, 「遼朝東京海事問題硏究」, 遼寧師範大學 碩士學位論文, 2011, 6쪽.

표문으로 문서화된 양측의 의사는 이후의 교섭에서도 자구 그대로 인용되는 등 향후에 뒤집기도 쉽지 않은 것이었기 때문에 사전에 조율을 거칠 필요가 있었다. 그런데 '人臣無外交'라는 원칙이 강하게 표방되고 있었던 전근대 동아시아 외교에서 사신이 본국에서 이미 받들고 온 국왕 명의의 표문을 현지에서 고친다거나, 혹은 그와는 상반되는 내용의 문서를 작성해서 상대국에 제출하는 행위는 불가능한 것이었다.[58] 따라서 군주 사이에 사신을 주고받으며 문서를 교환하기에 앞서 충분한 협의를 거쳐야 했다. 고려와의 외교에 상당한 권한을 부여받고 있었던 거란 동경은 고려 조정의 교섭 상대로서 안성맞춤이었다.

고려 조정-거란 동경 사이의 외교문서 1 : 國書

고려 조정과 거란 동경 사이에 오고 간 문서식으로는 어떠한 서식이 쓰였을까. 위의 인용문들 가운데서 문서식과 관련된 언급을 살펴보면, 마-1)에서는 國書, 라-1)과 라-2)에서는 "牒으로 알리다"는 뜻으로 각각 '牒報'와 '牒告'라는 표현을 썼으며, 라-3)과 마-2)에서는 문서를 보낸 행위를 '移牒'이라고 표현하였고, 마-3)에서는 이를 移文이라고 하였다. 이들만을 놓고서 그 문서식이 書翰이었는지, 혹은 牒이었는지 확정하는 것은 성급하다.

그렇다면 실제 문서의 사례를 확인해야 한다. 먼저 마-1)의 논의 끝에 고려에서 보낸 문서를 『고려사』에서는 다음과 같이 싣고 있다.

> 바) 東京留守에게 致書하여 이르기를, "우리나라當國는 箕子의 나라를 이어받아 鴨江을 경계로 삼아왔습니다. 하물며 前太后皇帝께서 玉冊으로써 은혜를 베풀며 영토를 분봉하셨을 때에도 또한 그 강을 한계로 하시었습니다.

---

58) 예컨대 生辰回謝使로 거란에 파견되었던 戶部侍郎 崔宗弼은 거란 禮部에서 자신의 이름자 가운데 '宗'자가 황제의 휘와 같다고 하며 표문을 고칠 것을 지적하자 표문에 기록된 자신의 이름을 고쳐 '崔弼'이라고 하였다. 이후 門下省에서 그를 탄핵하며 "표문에 적은 것은 함부로 고칠 수 없다"는 원칙을 내세웠다(『고려사』 권7, 문종 9년 10월 乙酉). 사신의 이름자 한 자를 지우는 것조차도 불가능하다는 주장이 있었으니, 국경 문제와 같은 중요 사안에서 본국에서 지참한 문서를 수정하는 것이란 상상할 수 없는 일이었다.

지난번에 上國에서 우리 封界에 들어와 橋壘를 배치하고 있습니다. (중략) 바라건대 大王께서는 친히 이웃과의 친선을 고려하고 먼 곳의 사람들을 어루만지는 마음을 품으시어 황제[黈聰]께 잘 아뢰어주셔서 앞서 사여해 주신 땅을 돌려주시고, 그 城橋·弓欄·亭舍는 모두 철거해주시기 바랍니 다."59)

도병마사에서 國書를 보낼 것을 청한 결과 東京留守에게 보낸 문서이다. 『고려사』의 지문에서는 이를 '致書'라고 표현하였는데, 실제 문체를 살펴보면 일반적인 한문체가 쓰인 서한식 문서임을 알 수 있다. 발신자는 '當國', '我國'을 칭하고 있는 것으로 보아 국왕일 것으로 생각되고, 수신자는 지문에서는 '東京留守'라고 하였는데 문서 안에서는 '大王'이라고 하고 있다. 문서의 내용에 서 요구사항을 밝힌 후, 이를 황제에게 잘 아뢰어줄 것[善奏黈聰]을 요구하였다 는 점에서, 앞서 언급했던 사전 교섭의 성격을 띠고 있다는 것을 다시 한번 확인할 수 있다.

이와 같은 실무적인 현안 외에도 일상적인 왕래 때에 가지고 간 의례적인 문서도 실례를 확인할 수 있다. 『동인지문사륙』 4-33. 〈與遼東京留守大王交聘 狀〉이 그것이다. 이 문서는 선종 7년(1090) 새로 부임한 東京留守에게 축하의 뜻을 전하기 위해 파견된 사신이 전달한 것으로 보인다.60) 또한 『동인지문사 륙』 4-34. 〈又[與遼東京留守大王交聘狀]〉는 숙종 9년(1104), 아마도 그해에 거란에서 숙종을 加冊하고 태자를 책봉했던 일에 대해 사은하기 위해 거란 조정에 파견되었던 사신 일행이61) 동경을 경유하면서 東京留守에게 보낸 문서로 보인다.62) 제목에서는 '狀'이라고 하였으나, 문체 등에서 이것이 서한식 외교문서임을 알 수 있다. 이 외에도 현종 대 후반, 거란 동경과

---

59) 『고려사』 권7, 문종 9년(1055) 7월 丁巳. 致書東京留守曰, "當國襲箕子之國, 以鴨江爲彊. 矧前太后皇帝玉冊頒恩, 賜茅裂壤, 亦限其江. 頃者, 上國入我封界, 排置橋壘. (중략) 伏冀, 大王親隣軫念, 懷遠宣慈, 善奏黈聰, 還前賜地, 其城橋弓欄亭舍, 悉令毁罷."

60) 『동인지문사륙』 4-33. 〈與遼東京留守大王交聘狀〉. 榮奉命綸, 新司留鑰, 講聞有素, 然忻遘 於善隣, 音問猶踈. 今欲馳於專介, 恭希雅候. 允適大和.

61) 『고려사』 권12, 숙종 9년 4월 甲子 ; 庚午 ; 10월 庚午.

62) 『동인지문사륙』 4-34. 〈又[與遼東京留守大王交聘狀]〉. 疆畛云殊, 雖限居於千里, 聖神有作, 欣同遇於一時. 封章洎達於嚴宸, 行李想由於化邑, 爰附與書之問, 覬增視履之祥.

처음 사신을 주고받던 무렵에 이들 사행의 명칭이 持書使라고 기록된 것을 보면,[63] 이때에 전달된 문서가 서한식 외교문서였음을 알 수 있다.

고려 조정-거란 동경 사이의 외교문서 2 : 牒

다음은 牒이다. 牒의 실례로 남아있는 것은 고려에서 보낸 문서로 숙종 2년(1097)의 라-3)와 거란에서 보낸 예종 9년(1114)의 마-4)가 있다. 이것만으로는 충분하지 않은데, 이를 파악하기 위해 다음의 사료를 하나 더 살펴보겠다.

> 사-1) 北路兵馬使에서 馳報하기를, "遼 東京에서 牒을 보내왔는데, '어제 敕旨를 받들었는데, 「高麗에서 파견한 生辰·橫宣·落起復에 대한 세 사은사는 근래에 변경에 사고가 많으니 국경에 들이지 말고 환국시키라.」라고 하시었습니다.'라고 하였습니다."라고 하였다.[64]

> 사-2) 祕書校書郎 鄭良稷을 파견하여 安北都護府의 아전이라고 칭하며 첩을 가지고 요 동경으로 가서, 節日使 尹彦純, 進奉使 徐昉, 賀正使 李德允 등이 계류되어 있는 일을 알아보게 하였다.[65]

사-1)은 여진의 아골타가 금을 건국하였던 예종 10년(1115) 11월의 상황을 전하고 있다. 그해에 고려에서 파견한 세 차례의 사신을[66] 요동의 정세가 불안정하니 돌려보내기로 하였다는 사실을 거란 동경에서 황제의 칙지를

---

63) 『고려사』 권4, 현종 11년(1020) 6월 癸巳 ; 현종 14년(1023) 5월 丙寅.

64) 『고려사』 권14, 예종 10년(1115) 11월 庚寅. 北路兵馬馳報, "遼東京牒, 昨奉敕旨, 「高麗所遣生辰·橫宣·落起復三謝使, 近緣邊境多故, 未得入界, 已令還國.」"

65) 『고려사』 권14, 예종 11년(1116) 윤정월 庚戌. 遣祕書校書郎鄭良稷, 稱爲安北都護府衙前, 持牒如遼東京, 詗知節日使尹彦純, 進奉使徐昉, 賀正使李德允等稽留事.

66) 『고려사』 권14, 예종 10년(1115)에는 위 인용문에서 언급한 세 가지 사행 가운데 橫宣使에 대한 사례를 위한 사절이 정월 己丑에, 그리고 落起復에 대한 사례를 위한 사절이 11월 壬申에 각각 파견되었다고 기록되어 있다. 생신 축하에 대한 사은 사절이 파견되었다는 기록은 없으나, 전례에 따라 10월 내지 11월에 파견되었을 것으로 생각된다.

받들어 고려의 북로병마사에 첩으로 통보하였다는 내용이다. 이는 동경에서 보낸 문서의 수신자가 고려의 북로병마사였음을 알려주는 중요한 사례이다. 사-2)는 이에 고려 조정에서 이듬해인 예종 11년(1116) 윤정월에 요동의 정세를 알아보고, 고려에서 파견한 사절의 안부를 확인하기 위해 사신을 파견하였다는 내용이다. 주목할 것은 그가 안북도호부의 아전이라고 임시로 칭하고 첩을 가지고서 동경에 파견되었다고 한 점이다. 즉 거란 동경에서 고려의 북로병마사에 첩을 보냈으니, 그에 대한 회답 사신 내지는 그에 준하는 통교 방식으로 안북도호부에서 첩을 보내는 형식을 취했다는 것이다. 이 사례는 금의 건국과 함께 고려-거란 관계가 말기로 치닫는 시점에서의 상황이므로, 앞서 11세기 내내 거란 동경과 첩을 주고받은 주체가 언제나 고려 중앙정부가 아닌 북로병마사, 혹은 안북도호부 등과 같은 서북면의 지방관이었다고 일반화할 수는 없을 것이다. 다만 이상의 검토를 통해 이들 사이에 서한식 문서와는 구분되는 첩이라는 형식의 문서가 오고갔음은 분명히 확인할 수 있다.

이상 고려 조정과 거란 동경 사이의 사신 왕래와 문서 교환에 대해 살펴보았다. 고려는 거란 동경의 최고 책임자인 동경유수와 의례적인 사안에 대해 서한식 외교문서를, 동경의 최고관부인 동경병마도부서와 실무적 사안에 대해 첩을 주고받았다. 개인인 동경유수와의 문서교환에서는 고려국왕이 주체가 되었고, 관부인 동경병마도부서와의 관계에서는 고려 정부, 때로는 북로병마사, 혹은 안북도호부 등의 서북면 지방관부가 교섭의 주체가 되었다. 이 경로의 교섭을 통해 양측은 일상적으로는 우호적인 관계를 확인하고, 아울러 논쟁적인 현안에 대해서는 조정 사이의 교섭에 앞서 의견을 교환하기도 하였다. 이 루트의 교섭은 양국 관계를 안정적으로 유지할 수 있는 중요한 환경이 되었다.

3. 고려 寧德鎭 — 거란 來遠城 사이의 상시적 문서 교환

寧德鎭과 來遠城의 문서 교환 사례

고려 국왕과 거란 황제, 고려 중앙정부 혹은 서북면의 지방관과 거란 동경 사이의 사신 왕래 및 문서교환 외에 고려와 거란 사이에는 다른 한 가지 교섭 루트가 더 있었다. 바로 양국이 국경을 맞대고 있는 최전선의 지방관들, 즉 거란의 來遠城과 고려의 寧德鎭 사이의 교섭이다. 내원성은 압록강 하류의 하중도인 黔同島에 위치했던, 고려와의 국경에 위치한 최전선의 행정구역이다.[67] 영덕진은 지금의 평안북도 의주 남쪽에 위치한 州鎭城으로 고려 서북면에서 가장 북쪽에 위치한 접경지대였다.[68] 내원성과 영덕진은 국경을 가운데 두고서 마주보고 있는, 당시로서는 거란과 고려의 최전선이었다고 할 수 있다.

사료상에는 이들 두 지역 사이의 교섭이 매우 드물게만 기록되어 있고, 그 또한 아주 중대한 사안에 관련된 것에만 한정되어 있다. 다음의 사례가 그것이다.

아-1) 契丹 來遠城에서 檢校右散騎常侍 安署로 하여금 興化鎭에 牒을 보내 말하기를, "생각하건대 우리 郡은 당신들 나라에 가장 가까워 조그만 편의라도 있으면 반드시 다 터놓고 알려왔습니다. 돌이켜보건대 貴國은 원래 우리의 속국으로서, 선대 황제께서 늘 우악한 배려를 해주셨으며, 여러 해에 걸쳐 조공을 게을리하지 않았습니다. 지난번 죄를 벌하였던 일로 인해 사신을 보내오던 예가 중단되기에 이르렀는데, 이제 흉악한 역적이 이미 제거되었으니 마땅히 조공 바치기를 계속해야 할 것임에도 어찌 여러 해가 지나도록 옛 우호를 회복하지 않고 石城을 쌓아 큰길을 막으려 하며 목책을 세워 군대 이동을 저지하려 하는 것입니까. 이는 蜀나라에도 石牛가 들어갈 길은 있다는 것을 알지 못하는 것이니, 이렇게 하다가는 후에 심한 견책을 받을 것입니다. 지금 황상께서는 누대의 基業을 계승하여 八方의 영토를 통치하고 계시니 남쪽 中夏의 帝王도 그 仁義를 흠모하여 왕래하고 있으며, 西土의 諸王들도 그 덕화를 숭상하여 조공을 바치고 있습니다. 그런데 오직 東溟의 땅만이 北極의 至尊에게 입조해오지 않았으니 혹 뇌성벽력과 같은 격노를 사게 된다면 어찌 백성들에게 안녕을

---

(67) 『요사』 권38, 지리지 2, 東京道, 來遠城.
(68) 『고려사』 권58, 지리지 3, 北界, 靈德鎭. 고려 국경지대의 州鎭城 배치와 그 기능에 대해서는 宋容德, 「高麗前期 國境地域의 州鎭城編制」, 『韓國史論』 51, 2005 참조.

보장할 수 있겠습니까. 이 말씀을 어길지 좇을지는 알아서 판단하시기 바랍니다."라고 하였다.[69]

아-2) 寧德鎭에서 거란 來遠城에 迴牒하여 이르기를, "삼가 公文이 이르러 귀국의 친절한 배려를 잘 알게 되었습니다. 책망하고 효유한 사안이 자못 많으니 마땅히 자세하게 해명해야 하겠으나, 우선은 그 대략만을 말씀드리고 많은 말은 하지 않겠습니다. 보내온 글에 이르기를, '지난번 죄를 벌하였던 일로 인해 사신을 보내오던 예가 중단되기에 이르렀는데, 이제 흉악한 역적이 이미 제거되었으니 마땅히 조공 바치기를 계속해야 할 것'이라고 하였습니다. 삼가 생각하건대 우리나라는 大延琳이 반란을 일으켰던 초기, 大國에서 군사를 일으켰던 때에 도로가 험난하여 사신을 보낼 수 없었던 것입니다. 그 후 內史舍人 金訔이 東都를 회복하신 것을 축하하였고, 戶部侍郞 李守和가 연이어 방물을 진헌하였습니다. 선대왕께서 별세하셨을 때에는 閤門使 蔡忠顯이 왕명을 받들어 부음을 전했고, 선황제께서 승하하셨을 때에는 尙書左丞 柳喬를 급히 보내 장례에 참석하게 했으며, 지금 황제께서 皇統을 계승했을 때에는 給事中 金行恭이 사신으로 임명되어 朝賀하였습니다. 그런 즉 興遼國을 평정한 이래 거의 날마다 이어졌는데, 어찌 사신을 보내오던 예가 중단되기에 이르렀다고 하십니까. (중략) 보내온 공문에서 지적한 사항은 아무리 자세히 살펴보아도 농담인 듯합니다."[70]

---

69) 『고려사』 권6, 靖宗 원년(1035) 5월 甲辰. 契丹來遠城使檢校右散騎常侍安署牒興化鎭曰, "竊以當郡, 最近仁封, 有小便宜, 須至披達. 載念貴國, 元爲附庸, 先帝每賜優洽, 積有歲月, 靡倦梯航. 昨因伐罪之年, 致阻來庭之禮, 旣剪除於兇逆, 合繼續於貢輸, 曷越數年, 不尋舊好, 累石城而擬遮大路, 堅木寨而欲礙奇兵. 不知蜀國之中, 別有石牛之徑, 擧是後也, 深取誚焉. 今皇上紹累聖之基垧, 統八方之國界, 南夏帝主, 永慕義以通歡, 西土諸王, 長向風而納款. 唯獨東溟之域, 未賓北極之尊, 或激怒於雷霆, 何安寧於黎庶. 其於違允, 自有變通."

70) 『고려사』 권6, 靖宗 원년(1035) 6월 是月. 寧德鎭廻牒契丹來遠城云, "竊以公文主丰, 備見親仁. 責誚頗多, 固須宜剖, 略言一綮, 無至多譚. 其來示云, '昨因伐罪之年, 致阻來庭之禮, 旣剪除於兇惡, 合繼續於貢輸者.' 竊念當國, 於延琳作亂之初, 是大國興兵之際, 道途艱阻, 人使寢停. 厥後, 內史舍人金訔慶克復於東都, 戶部侍郞李守和續進獻其方物. 先大王之棄國也, 閤門使蔡忠顯將命而告終, 先皇帝之升遐也, 尙書左丞柳喬遄征而會葬, 今皇帝之繼統也, 給事中金行恭乘傳而朝賀. 然則平遼以來, 就日相繼, 豈可謂致阻來庭之禮乎. (중략) 細詳來誨, 似涉戲言."

아-3) 契丹 來遠城에서 황제의 宣旨를 받들어 寧德鎭에 牒을 보내 말하기를, "고려국은 일찍이 우리나라에 성의를 다해왔는데, 근년 이래로는 조금 빠뜨리는 일이 있다고 한다. 다시 직공을 닦고자 한다면 마땅히 먼저 表章을 올려야 할 것이며, 진실로 성의를 다하는 것이 맞다면 별도로 대답하는 명을 내릴 것이다."라고 하였다. 門下侍中 徐訥 등 14인이 의논하여 아뢰기를, "마땅히 사신을 보내 告奏해야 하겠습니다."라고 하였다.[71]

德宗 대의 외교 단절과 靖宗 대의 재개

위에서 인용한 거란 내원성과 고려 興化鎭·寧德鎭 사이의 이 문서 교환은 현종 말년부터 덕종 재위 기간을 거쳐 정종 초년까지 고려와 거란의 외교관계가 단절되었던 상황에서 이루어진 사례이다. 1029년 거란에서 발해의 유민 大延琳이 반란을 일으켜 興遼國을 세우자 양국의 사신 왕래는 일시 중단되었다. 이 기회를 빌어 고려는 압록강 동쪽에 거란이 설치했던 각종 시설물을 철거해줄 것을 요청하였고, 거란에서 이 요구를 수용하지 않자 양국 관계는 급격히 경색되기에 이르렀다. 고려는 새로 즉위한 거란 興宗의 연호가 아닌, 기존 聖宗의 연호를 그대로 사용하기로 결정하기도 하였고, 賀正使의 파견을 중지하기도 하였다.[72] 고려는 거란 사신의 입경을 막기도 하였는데,[73] 거란에서도 고려의 사신을 억류하는 조치를 취하면서[74] 양국 관계는 점차 악화되고 있었다. 이처럼 덕종 재위 기간(1031~1034)에는 양국이 모두 강력한 조치를 취하면서 공식적인 외교관계가 단절되기에 이르렀다.[75]

고려에서 정종이 즉위하면서 상황이 개선될 여지가 조금 엿보이자 거란에서 먼저 사신 파견을 중단한 것을 책망하는 내용의 문서를 보냈다. 아-1)의

---

71) 『고려사』 권6, 靖宗 3년(1037) 9월 是月. 契丹來遠城奉皇帝宣旨, 牒寧德鎭曰, "高麗之國, 早務傾輸, 近歲以來, 稍閒稽闕. 欲載修於職貢, 合先上於表章, 苟驗實誠, 別頒兪命." 門下侍中 徐訥等十四人議奏曰, "宜遣使告奏."
72) 『고려사』 권5, 덕종 즉위년(1031) 11월 辛丑.
73) 『고려사』 권5, 덕종 원년(1032) 정월 乙酉.
74) 『고려사』 권5, 덕종 원년(1032) 7월 壬申.
75) 덕종 대부터 정종 초년에 걸친 고려와 거란의 갈등에 대해서는 許仁旭, 앞의 논문, 82~108쪽 및 이미지, 앞의 책, 197~212쪽 참조.

인용문이 그것이다. 그런데 주목되는 것은 양국 조정 사이, 혹은 고려 조정과 거란 동경 사이의 왕래가 끊어진 상황에서 이 문제를 제기한 주체가 거란 국경의 최전선에 위치한 來遠城이었으며, 그때 보낸 문서의 수신자를 고려의 興化鎭으로 삼았다는 것이다. 문서에서 내원성은 "우리 郡은 당신들 나라에 가장 가까워 조그만 편의라도 있으면 반드시 다 터놓고 알려왔습니다."라고 밑자락을 깔았는데, 빈말은 아니었을 것이다. 이에 고려에서도 영덕진 명의의 첩을 보내 거란의 문제제기에 대해 하나하나 반박을 하였으니, 인용문 아-2)가 그것이다. 즉 양국의 상위 레벨의 의사소통 창구가 막혀버린 상황에서, 난국의 타개를 위해 가장 하위 단위의 새로운 소통 창구가 동원되었던 것이다. 가장 낮은 단계에서의 교섭을 통해 관계 개선의 실마리를 풀어나가서, 결국에는 고려 조정과 거란 동경, 그리고 최종적으로는 고려국왕과 거란 황제 사이의 정식 외교사절 왕래가 재개되기를 도모했던 것이다.

첫 논의가 있고서 2년 후, 거란에서는 다시 내원성 명의의 첩을 고려 영덕진에 보내 사신 파견을 재개할 것을 공식적으로 요청하였다(아-3)). 그런데 이때 주목되는 것은, 문서 발신의 주체는 내원성이었지만, 그 핵심 내용은 宣旨, 즉 황제의 명령을 받아 작성되었음을 명기한 점이다. 고려에서 사신 파견을 중단한 상황에서 거란에서 먼저 황제 명의의 문서를 보내기가 껄끄러웠을 것이며, 또한 황제 문서를 통해 직접 고려를 책망했다가는 경색된 관계를 더 악화시킬 수 있다는 우려에서 취해진 조치였던 것이다. 자신의 의사를 분명히 밝히면서도 그것을 황제의 말을 근거로 하되, 최종적으로는 최전선 기관 명의의 문서로 전달함으로써 양국 관계를 차근차근 풀어가려 했던 거란 측의 의도를 엿볼 수 있다. 이에 고려 조정에서도 거란의 요구대로 告奏使를 파견하여 양국 관계를 재개하자는 논의가 우세하게 되었다.

이로써 양국 관계는 재개될 조짐을 보이게 되었다. 고려는 그해 12월, 거란 조정에 사절을 보내 조공을 재개할 뜻을 피력하였고,[76] 이듬해인 정종 4년(1038) 3월에는 고려의 사절이 귀환하는 편에 거란 황제가 조서를 보내 이를 환영한다는 뜻을 전하였다.[77] 그리고 8월에는 고려에서 공식으로 거란

---

76) 『고려사』 권6, 정종 3년(1037) 12월 丁亥.
77) 『고려사』 권6, 정종 4년(1038) 3월 辛亥.

에 興宗의 연호를 청하였으며,[78] 그해 10월에는 거란 조정의 사신이,[79] 11월에는 거란 동경의 回禮使가 각각 고려에 파견되었고,[80] 아울러 고려에서 흥종의 생일인 永壽節을 하례하고 新正을 하례하는 사절을 보냄으로써[81] 양국 관계는 완전하게 현종 책봉 직후의 상황으로 복구되었다.

거란의 마지막 날

고려와 거란의 국경지대 관부 사이에서의 교섭이 사료상에 나타나는 것은 위의 사례로부터 80여 년이 흐른 뒤, 金의 건국으로 다시 한 번 국경에 긴장이 조성되었던 예종 12년(1117)의 일이었다. 여진의 공세와 東京의 반란으로 위기에 처한 來遠城에서는 첩을 보내 고려에 쌀 5만 석을 빌려줄 것을 요청하였다. 이에 고려 조정에서는 논의 끝에 거란의 統軍에게 성과 인민을 반환할 것을 조건으로 제시하였다. 이 교섭은 성사되지 못하고 결국 내원성이 여진의 공격에 함락될 위기에 처하게 되자, 거란의 統軍 耶律寧과 來遠城刺史 常孝孫 등은 성을 탈출하면서 寧德城에 첩을 보내 고려에 성과 인민의 관할권을 넘기겠다는 뜻을 전하였다.[82]

---

78) 『고려사』 권6, 정종 4년(1038) 8월 己丑.
79) 『고려사』 권6, 정종 4년(1038) 10월 辛卯.
80) 『고려사』 권6, 정종 4년(1038) 11월 乙卯. 이때 거란 사신의 명칭이 東京回禮使였던 것을 보면, 이에 앞서 고려에서 동경에 持禮使를 파견했었을 것임을 예측할 수 있다. 그리고 그 시점은 아마도 고려에서 거란 조정에 사신을 파견하여 정식으로 관계를 복원하는 조치를 취한 그해 4월 이전이 아니었을까 추측된다.
81) 『고려사』 권6, 정종 4년(1038) 11월 己未.
82) 『고려사』 권14, 예종 12년(1117) 3월 辛卯. 遼來遠城牒曰, "昨爲生女眞及東京渤海背亂, 致不廣收得田禾. 官司雖有見在穀粟, 所有正軍外, 平閑民戶, 闕少粮儲. 權時掇借米貨五萬石, 贍濟民戶比候, 來秋却具元, 借米貨碩斗還充, 必不闕少." 王命兩府臺省·侍臣·知制誥·文武三品·都兵馬·判官以上, 會議中書省, 令判兵馬事金緣等, 傳諭統軍, "若歸我兩城人物, 則不須掇借米貨." 再三往復, 統軍不肯從. 及金兵攻取遼開州, 遂襲來遠城, 及大夫·乙打·柳白三營, 盡燒戰艦, 攜守船人. 統軍 尙書左僕射 開國伯 耶律寧, 與來遠城刺史 檢校尙書 右僕射 常孝孫等, 率其官民, 載船一百四十艘, 出泊江頭, 移牒寧德城曰, "女眞背亂, 并東京渤海, 續有背叛, 道路不通一 統軍部內, 田禾未收, 米穀踊貴, 致有貧寒人等. 爲高麗國, 隣近住坐, 已曾借糧推進, 不行掇借, 爲此, 部內人民, 赴裏面州城, 趂逐米粟去. 此至回來, 爲相和事. 在此州并地分交付去訖, 仰行交受已後, 准宣命施行."
이로써 고려는 11세기 내내 숙원으로 삼았던 압록강 하류의 保州 일대를 확보하게 여기서 주목되는 것은 거란 來遠城의 지방관, 즉 統軍과 刺史로 기록된 인물들이 퇴각하기 직전까지 고려의 최전방인 寧德城과 교섭을 행하였다는 것이다. 물론 이것은 해당 지역으로서는 가장 위급한 시점, 최후의 순간에 행했던 조치였으나, 이것이 가능했던 것은 양자 사이의 문서 교환과 교섭이 상시적으로 있었기 때문이었다고 볼 수 있다.

영덕진과 내원성의 상시 문서 교환

위에서 살펴보았듯이 두 지방관부 사이에는 牒이라는 문서를 통해 양국 관계가 경색되어 있을 때에 이를 해결하기 위한 실마리를 제공하거나, 정세 전반과 관련된 긴급한 현안을 논의하고 있었다. 그러나 이들 사이의 왕래가 이와 같이 특수한 상황에서만 이루어졌으리라고는 생각하기 어렵다. 양국 조정이나 고려 조정과 동경 사이의 왕래와 같이 정기적이고 의례적인 사절 및 문서 교환은 없었을지 모르나, 내원성과 영덕진은 그보다 훨씬 자주, 그리고 끊임없이 문서를 주고받으며 국경에서의 사소한 문제들을 처리해나 갔으리라 생각된다. 그 한 가지 방증으로 寧德鎭의 명칭이 寧德城으로 개칭된 것을 들 수 있다. 寧德鎭은 거란 興宗의 諱인 宗眞의 眞자를 피휘하여, 문종 9년(1055)에 寧德城으로 개칭하였다.[83] 물론 후대의 일이지만 고려에서는 금의 연호인 正隆이 고려 태조의 아버지 世祖의 이름자와 같다고 하여 隆자를 豊자로 바꾸어 시행하기도 하였다.[84] 이처럼 고려 정부는 국내 문제에서는 중국의 연호까지도 바꾸어 시행할 정도였다. 그런 고려 정부가 지방관부의 명칭을 개정하였다는 것, 그것도 이름자와 완전히 같지도 않은데 발음이 같다는 이유로 개정하였다는 것은, 寧德鎭이 거란과 끊임없이 교섭을 하는 주체였기 때문이라고 밖에는 생각할 수 없다.

되었다. 이 사안은 이후 금과의 초기 관계에서 중요한 이슈가 되었는데, 이는 장을 달리 하여 서술하겠다.

83) 『고려사』 권58, 지리지 3, 北界, 靈德鎭 ; 『고려사절요』 권4, 문종 10년(1056) 정월.
84) 『고려사』 권18, 의종 10년(1156) 윤10월 是月.

영덕진-내원성 사이의 외교문서, 牒의 특징

한 가지 확인해야 할 것은 이때 寧德鎭과 來遠城 사이에 주고받은 문서의 서식이다. 『고려사』의 지문에서는 문서를 보낸 행위를 '牒'이라는 동사를 써서 표현하거나 '廻牒'이라고 표현하였고, 문서를 인용할 때에도 '牒曰'이라고 하였다. 牒이라는 명칭이 공통적으로 쓰인 것을 보면 이때 쓰인 문서를 牒이라고 불렀다고 보아도 좋을 것이다.

앞서 1장 4절에서 고려 조정, 특히 禮賓省과 송의 明州 사이에서 牒을 주고받은 사실을 확인하면서, 牒이란 당시 동아시아 국제관계에서 일반적으로 실무 단계의 안건 교섭을 위해 사용된 문서식이었다는 점만을 언급하고 자세한 설명은 미루어둔 바 있었다. 이제 그 용례와 기능에 대해서 살펴보도록 하겠다.

원래 牒이란 송 대에 서로 統屬 관계에 있지 않은 관부 사이에 주고받는 관문서의 일종이었다. 송 대의 관문서 제도에 대해 가장 상세한 기록을 남기고 있는 『慶元條法事類』에서는 牒을 설명하여 "내외의 관부로서 서로 統攝하지 않을 경우 서로 주고받을 때 이 서식을 사용한다."라고 규정하였다.[85] 그런데 이 첩이라는 문서식이 11세기에는 외교문서식으로 매우 활발하게 사용되었다.[86] 가장 대표적인 것이 송과 거란의 변경 지방관 사이에서 주고받은 첩이었다.[87] 선행 연구를 바탕으로 그 특징을 요약하면 다음과 같다. 첫째, 송과 거란 사이의 牒은 각각 국경을 맞대고 있는 변경의 지방관인 송의 雄州와 거란의 涿州 사이, 혹은 송의 代州와 거란의 朔州 사이 등에서 교환되었다. 송과 거란에서는 각각 상대국과 첩을 주고받을 수 있는 지방관부를 지정해두고 있었다. 둘째, 牒은 실무적인 문서이면서 기본적으로 평행문서로서, 양국 지방관 사이의 대등 관계를 반영하는 것이었다. 셋째, 다루는 사안이 가벼울 경우 변경 지방관의 재량에 따라 직접 처리하여 문서를

---

85) 『慶元條法事類』 권16, 文書門 1, 文書式. 牒式. 內外官府, 非相統攝者相移, 則用此式.
86) 牒이 당대부터 외교문서로서 사용된 사례에 대해서는 中村裕一, 「渤海國咸和――年(八四一)中台省牒－古代東亞國際文書の一形式」, 『唐代官文書研究』, 中文出版社, 1991 참조.
87) 이에 대해서는 陶晉生, 「宋遼關係中的外交文書 : 以「牒」爲例」, 『宋遼金史論叢』, 臺北 : 中央研究院, 2013 41~56쪽 및 古松崇志, 「契丹·宋間における外交文書としての牒」, 『東方學報』 85, 2010 참조.

주고받았지만, 중대한 사안일 경우 조정에 보고하여 그 지령을 받고 처리하였다.

다음으로 변경 지방관 사이의 牒 교환을 통해 기대할 수 있었던 효과를 정리해보면 다음과 같다. 첫째, 양국 사이에 변경선이 매우 길었으므로, 수시로 발생할 수 있는 분쟁을 신속하게 처리할 수 있었다. 둘째, 중요 사안일 경우 각각 樞密院의 箚子와 같은, 자국 중앙정부의 상부기관의 지령을 인용함으로써 그것이 조정의 의사임을 명확히 전달할 수 있었다. 셋째, 이로써 양국 모두 기피하였던, 泛使라고 불리는 양국 조정 사이의 사신 왕래를 줄일 수 있었다.

기존 연구에서는 지적된 바 없지만, 필자는 그 기대효과에 한 가지를 추가하고 싶다. 그것은 변경 지방관 사이의 牒이 가지는 유연성이다. 거란과 송 사이에서 泛使가 파견될 때에는 반드시 각국 황제 명의의 國書를 교환하였다. 그런데 國書라는, 당시 양국 사이에서 교환된 최고 층위의 외교문서에 명시적으로 언명을 해버리면 이후 그 내용을 철회하기도, 수정하기도 매우 난망한 노릇이었다. 따라서 양국의 國書에서는 주로 의례적인 내용을 다루거나, 실무적인 사안에 대해서라도 가능한 한 두루뭉술하게 원칙적인 표현만을 내놓을 뿐, 교섭이 필요한 구체적인 내용은 언급을 회피하였을 것이다. 그리고 그 공백은 변경 지방관이라는 하위의 교섭 창구 사이에서 주고받는, 첩이라는 하위 레벨의 문서를 통해 메웠던 것이다.

거란과 송 사이의 외교문서 첩의 용례와 그 효과를 이렇게 정리한다면 그것은 고려 寧德鎭과 거란 來遠城 사이에서 주고받았던 첩의 그것과 거의 맞아떨어진다고 볼 수 있다. 즉 고려와 거란은 조정과 조정 사이의 문서 교환이라는 가장 상위의 의사소통 레벨 아래에 고려 조정과 거란 동경과의 교섭이라는 층위를 두었고, 그보다 더 하위 레벨에서는 양국 변경의 지방관 사이에서 첩이라는 실무 외교문서를 통해 신속하고 간소하게 양국 사이의 현안들을 처리해나갔던 것이다.

소결 : 세 층위의 소통 구조

이상 고려와 거란이 안정적인 외교관계를 유지했던 현종 대 후반부터 예종 대까지 한 세기 동안의 양국의 의사소통 구조에 대해 확인해보았다. 이를 정리하자면 다음과 같다. 첫째, 고려 조정과 거란 조정은 상호 節日 축하 등 의례적인 사안에 대해 정기적으로 사신을 주고받았으며, 이때에는 의례적인 내용을 담은 거란 황제의 조서와 고려국왕의 표문을 교환하였다. 둘째, 고려 조정과 거란 동경은 거의 매년 持禮使·回禮使라는 명칭의 사신을 정기적으로 주고받으며 서한식 문서를 교환하면서 우호를 확인하였고, 그밖에 현안이 있을 때에는 牒을 통해 조정 사이의 접촉에 앞서 의견을 조율하는 교섭을 행하였다. 셋째, 국경을 사이에 두고 마주보고 있던 고려의 寧德城과 거란의 來遠城은 牒을 주고받으며 국경지대에서 일어날 수 있는 일상적인 사안들을 그때그때 처리하는 기능을 수행하였다.

이처럼 다층적인 경로를 마련해두고서 사안에 따라 서로 다른 층위에서 교섭이 이루어짐으로써 고려와 거란은 비교적 원활하게 의사소통을 행할 수 있었다. 갈등이 될 만한 사안에 대해서는 우선 낮은 차원에서 매우 구체적인 의견 교환을 시작하고, 상위 단계로 가면서 점차 논의의 내용을 추상적이고 우호적인 분위기로 전환시켜감으로써 최종적으로 군주 사이에서 교환하는 문서에는 의례적인 표현만이 담길 수 있도록 했던 것이다. 그리고 각 단계에서 주고받은 외교문서의 서식은 그 기능에 맞추어 선택되었다. 국경 관부 사이에서, 혹은 고려 조정과 거란 동경의 관부 사이에서는 유연성을 장점으로 하는 牒을, 고려국왕과 동경유수 사이에서는 우호적인 관계임을 확인하면서도 상하관계에 구애받지 않는 서한식 문서를, 그리고 양국 군주 사이에서는 상하관계를 확인하면서 의례적인 기능을 수행하는 조서와 표문을 주고받았던 것이다. 이와 같은 일종의 여과장치, 완충장치를 마련해두었던 것은 양국이 국경을 맞대고 있었음에도 거의 한 세기 동안 특별한 갈등 없이 평화롭고 안정적인 관계를 유지할 수 있었던 한 배경이 되었다.

또한 이러한 방식은 11세기 동아시아 국제질서의 중심축을 이루었던 거란과 송의 관계에서 드러난 그것과도 유사하다. 기존의 거란-송 외교관계에 대한 연구는 양국의 황제 및 조정 사이에서 주고받은 泛使, 그리고 이들이 지니고 간 國書 등 최고위 레벨에서의 왕래에 집중하였다. 그리고 그것을 분석한 결과는 대체로 거란-송 관계가 의례적인 차원에서 완전히 대등한 관계에 있었으며, 양국은 비교적 평화로운 관계를 유지하고 있었다는 정도의 결론으로 이어졌다.[88] 그러나 실제 외교라고 할 만한 것은 대부분 물밑에서 이루어지고 있었다. 황제, 혹은 중앙정부를 전면에 내세우지 않고, 국경을 사이에 두고 마주보고 있는 지방관부 사이에서, 즉 하위 레벨에서의 끊임없는 왕래와 교류가 있었기에 수면 위에서는 평화로움을 유지하는 것처럼 보일 수 있었던 것이다. 그 사례를 가장 잘 보여주는 것이 고려-거란 관계의 소통 구조라고 할 수 있다.

최근 11세기의 동아시아 국제관계를 거란-송을 주축으로 고려, 서하 등이 포괄된 안정적인 관계였다는 점에서 '澶淵體制'라고 이름 붙인 연구가[89] 폭넓은 지지를 받고 있는 것으로 보인다. 타당한 분석이라고 생각하지만, 자칫 이러한 논의가 1005년의 특정 시점에서 체결된 맹약이 한 세기 동안 변함없이 유지되었다는 식의, 지나치게 정적인 결론으로 이어지는 것은 아닐까 우려되는 면도 있다. 실제 외교의 현장에서 갈등을 조정하고 관리하는 프로세스가 어떻게 이루어지고 있었는지, 거기에 개입하는 주체로는 누가 나서고 있었는지 등에 대해서 좀 더 세밀하고 심층적인 접근이 이루어져야 한다고 생각한다. 이 절에서 얻은 결론이 그 한 사례를 제시하고 있다.

---

88) 聶崇岐,「宋遼交聘考」,『宋史叢考』上, 北京：中華書局, 1980 ; 冒志祥,「論宋朝外交文書」, 南京師範大學 博士學位論文, 2007 등.

89) 古松崇志,「契丹·宋間の澶淵體制における國境」,『史林』90-1, 2007 ; 古松崇志,「十~十二世紀における契丹の興亡とユーラシア東方の國際情勢」, 荒川愼太郎 等 編,『契丹[遼]と10~12世紀の東部ユーラシア』, 東京：勉誠出版, 2013.

3절 고려-금 외교관계의 설정과 誓表·책봉 문제

금의 건국과 동북아 정세의 재편

고려 睿宗 10년(1115) 정월 초하루, 生女眞의 추장 阿骨打가 皇帝位에 오르고 국호를 金으로, 연호를 收國으로 정하였다. 尹瓘이 여진을 정벌하고 그 지역에 9성을 쌓고 돌아오자 "대대손손 정성을 다하여 공물을 바치고, 감히 기와조각 하나라도 국경에 던지지 않겠습니다."라고 하늘에 맹세하며 그 지역을 돌려 줄 것을 간청한 후[1] 만 6년이 채 되지 않은 시점의 일이었다. 그 이후의 역사 전개에 대해서는 잘 알려진 바이다. 건국을 선포한 그해, 아골타 휘하의 여진은 거란 天祚帝의 親征을 격파하였다. 이듬해인 收國 2년(1116, 예종 11) 정월에는 東京의 渤海人 高永昌이 반란을 일으켰으나, 곧바로 그해 5월 金軍이 동경을 함락시키고 요동 일대를 완전히 장악하였다. 1120년에는 거란의 上京 臨潢府가 함락되었고, 다시 5년 후에는 거란의 天祚帝가 금군에 사로잡힘으로써 거란은 멸망하기에 이르렀다. 이 과정에서 금은 송과 1120년, 이른바 海上의 盟을 맺어 거란을 협공하고 그 영역을 분할하기로 하였으나 송 측의 대거란 전선이 지지부진한 틈을 타 금군이 거란의 南京까지를 접수하 였다. 거란이 멸망한 후에는 송이 그 잔여 세력들과 연합하여 금을 공격하려 했던 것을 빌미로 삼아 금군이 대거 남하하여, 1127년에는 송의 수도 開封을 함락시키고 徽宗과 欽宗을 볼모로 끌고 가기에 이르렀다. 이로써 北宋은 멸망하였고, 그해 南遷한 송의 조정이 남송 정권을 수립하게 되었다.[2] 금은

---

1) 『고려사』권13, 예종 4년(1109) 6월 庚子.

건국한 지 불과 10여 년 만에 동북아시아의 정세를 완전히 뒤바꾸어버린 것이었다.

급부상하는 금과 고려의 관계도 매우 짧은 기간 안에 변화하였다. 예종 11년(1116)에 금의 사신이 처음 고려에 파견되어온 이후 3년 만에 금은 고려에 양국관계를 군신관계로 할 것을 요구하였다. 애초에 고려는 이를 거부하였으나, 仁宗 4년(1126)에는 금에 대한 事大를 결정하고 稱臣上表함으로써 군신관계를 받아들였다. 그리고 다시 3년 후인 인종 7년(1129)에는 금의 요구에 따라 誓表를 제출함으로써 이 관계를 영원히 유지할 것을 맹세하였다. 최종적으로는 인종 20년(1142)에 금에서 인종을 책봉함으로써 양국 관계는 정상적인 궤도에 올라서게 되었다.

문제의 소재 : 고려-금 관계 설정의 특징

이 기간의 양국 외교에 대해서는 금 건국 이전의 고려와 여진족과의 관계,[3] 건국 전후 고려와의 전쟁 및 갈등에 대한 연구,[4] 당시의 국제질서 변동과 양국 외교관계 수립에 대한 연구,[5] 고려 조정 내에서의 사대 결정을

---

2) 이상 여진족의 흥기를 비롯한 12세기 초 국제 정세의 변동에 대해서는 조복현, 「12세기 초 국제 정세와 麗金 간의 전쟁과 외교」, 『동북아역사논총』 34, 2011 ; 이계지 지음, 나영남·조복현 옮김, 『정복왕조의 출현 : 요·금의 역사』, 신서원, 209~232쪽 및 347~371쪽 및 劉肅勇, 「遼金時期遼陽渤海人政治活動軌跡考」, 『東北史地』 2014年 第5期 참조.

3) 특히 尹瓘의 9城 축조에 대한 연구가 많았는데, 津田左右吉, 「尹瓘征略地域考」, 『朝鮮歷史地理』 2, 東京 : 南滿洲鐵道株式會社, 1913 ; 池內宏, 「完顔氏の葛懶甸經略と尹瓘の九城の役」, 『滿鮮史硏究』 中世 第一冊, 東京 : 岡書院, 1933 ; 金九鎭, 「尹瓘九城의 範圍와 朝鮮 六鎭開拓 -女眞勢力 關係를 中心으로」, 『史叢』 21·22, 1997 ; 方東仁, 「高麗의 東北地方境域에 關한 硏究-특히 尹瓘의 九城設置範圍를 중심으로」, 『嶺東文化』 1, 1980 ; 송용덕, 「1107~1109년 고려의 葛懶甸 지역 축성과 '尹瓘 9城' 인식」, 『韓國史學報』 43, 2011 ; 尹京鎭, 「고려 예종대 동북 9성 환부의 경위와 배경」, 『震檀學報』 128, 2017 ; 윤경진, 「고려의 동북 9성 개척에 대한 몇 가지 고찰」, 『군사』 114, 2020 등을 참조. 금 건국 이전의 여진과 고려 조정의 관계를 다룬 연구로는 추명엽, 「고려전기 '蕃' 인식과 '동·서번'의 형성」, 『역사와 현실』 43, 2002 참조.

4) 秋明燁, 「11세기후반~12세기초 女眞征伐問題와 政局動向」, 『韓國史論』 45, 2001 ; 김순자, 「고려중기 국제질서의 변화와 고려-여진 전쟁」, 『한국중세사연구』 32, 2012 ; 김순자, 「12세기 고려와 여진·금(金)의 영토 분쟁과 대응」, 『역사와 현실』 83, 2012 등.

분석한 연구,[6] 고려의 對金 외교기관인 同文院에 관한 연구[7] 등이 다양하고 충실하게 이뤄진 바 있다. 다만 기존 연구에서는 몇 가지 점에서 아쉬움이 남는다. 첫째, 事大 결정, 表文 제출, 誓表 제출, 책봉에 이르는 고려-금 사이의 일련의 외교관계 설정에 대해 각각의 사실을 열거하거나, 개별 사실을 단순히 연대기순으로 나열하는 방식으로 이뤄졌을 뿐, 일관된 주제에 따라 정리하지 못했다는 점이다. 둘째, 고려와 금의 관계를 거란·송·하·금 등 당시 국제 사회의 주요 구성원들이 맺고 있었던 외교관계와 비교해서 총체적으로 파악하려는 시도가 부족했다는 점이다. 셋째, 고려-금 관계의 특징을 그 전후에 고려와 거란, 혹은 원이 맺었던 외교 관계의 그것과 비교하는 거시적 접근이 이루어지지 않았다는 점이다.

이 장에서는 금이 건국한 직후부터 인종이 책봉을 받게 되는 약 30년 동안 양국 사이에 외교관계를 어떻게 설정할 것인지를 두고서 논의가 오갔던 상황을 연대순으로 하나하나 짚어보도록 하겠다. 이를 통해 이 과정이 당시 금을 중심으로 국제질서가 재편되어 가던 상황과 연동되어 있었음을 밝혀보 도록 하겠다. 아울러 이렇게 설정된 고려-금 외교관계의 성격이 고려-거란 관계와 어떠한 측면에서 공통점, 혹은 차별점을 가지는지를 파악해보도록 할 것이다.

1. 형제관계에서 군신관계로

1117년, 금의 형제관계 제안

앞서 언급했듯이 새로 등장한 금 정권과 고려가 공식적으로 처음 접촉한 기록은 예종 11년(1116) 4월에 등장한다.[8] 물론 고려는 여진의 여러 부족들을

---

5) 채웅석, 「11세기 후반~12세기 전반 동북아시아 국제정세와 고려」, 역사학회 편, 『전쟁과 동북아의 국제질서』, 일조각, 2006 ; 조복현, 「12世紀 初期 高麗-金 關係의 전개와 상호 인식」, 『中國學報』 61, 2010 ; 조복현 앞의 논문, 2011.

6) 朴漢男, 「高麗의 對金外交政策 硏究」, 성균관대학교 박사학위논문, 1994 중 제2장 〈修交論議를 통해 본 對金外交의 性格〉 ; 박윤미, 「12세기 전반기의 국제정세와 고려-금 관계 정립」, 『사학연구』 104, 2011.

7) 이정훈, 「고려시대 금과의 대외관계와 同文院」, 『사학연구』 119, 2015.

羈縻州 형식으로 세력권 안에 묶어 놓기도 하고 그들을 고려의 藩으로 인식하는 등, 일찍부터 여진과 밀접한 관계를 가지고 있었다.[9] 또한 금 건국을 전후해서는 거란과도 꾸준히 소통하면서 여진의 동태를 예의주시하고 있었다.[10] 그러나 稱帝하며 건국한 이후 금의 사절로는 이때의 사례가 최초였던 것으로 보이는데, 이에 대해 고려에서 어떻게 대응하였는지는 기록에 남아 있지 않다.

그해 8월, 金軍이 거란의 東京을 함락시킨 여세를 몰아 압록강변의 두 성, 즉 來遠城과 抱州城을 거의 함락하게 되었다는 소식이 고려에 전해졌다. 이에 고려 조정에서는 사신을 금에 보내 抱州를 고려에 반환할 것을 요구하였고, 金主, 즉 아골타는 고려에게 이 성을 직접 취하라고 전하였다고 한다.[11] 이후 양국 관계에서 첨예하게 대립하는 문제가 되었던 抱州, 즉 保州의 영역과 인구 관할권 문제가 처음으로 제기되었던 것이다.[12] 이때에 사신이 어떠한 문서를 가지고 갔는지에 대해서 역시 전하는 바가 없다.

이듬해인 예종 12년(1117) 3월에는 양국의 초기 외교관계 수립에서 빼놓을 수 없는 중요한 사안이 등장한다. 이때 금에서 사신을 파견하여 보내온 문서가 문제가 되었던 것인데, 그 부분을 인용하면 다음과 같다.

> 가) 金主 阿骨打가 阿只 등 5인을 파견하였다. 寄書하여 말하기를, "兄 大女眞金 國 皇帝가 弟 高麗國王에게 致書합니다兄大女眞金國皇帝致書于弟高麗國王. 우리는 할아버지 때부터 한쪽 지방에 끼어 있으면서 거란을 大國이라고

---

8) 『고려사』 권14, 예종 11년(1116) 4월 庚午. 金主阿骨打遣阿只來.

9) 이에 대해서는 추명엽, 앞의 논문, 2002 ; 노명호, 「해동천자의 '천하'와 번(藩)」, 『고려국가와 집단의식』, 서울대학교출판문화원, 2009 참조.

10) 『고려사』 권13, 예종 9년(1114) 10월. 이 무렵 고려와 거란은 여진의 발흥에 공동으로 대처할 것을 논의하기도 하였는데, 이때 고려에서 보낸 문서가 『東人之文四六』 3-17. 〈回宣諭助伐女眞表〉와 3-18. 〈又〉[回宣諭助伐女眞表]이며, 이들 문서에는 앞서 거란에서 보내온 문서 내용의 일부가 인용되어 있다. 이에 앞서 윤관이 여진을 정벌하고 9성을 축조했을 때에도 고려에서는 거란에 이 사실을 정식으로 통보하였는데, 그에 관한 문서가 『東人之文四六』 3-15. 〈告伐東女眞表〉(예종 3년(1108))와 3-16. 〈謝獎諭平定女眞築設城子表〉(예종 4년(1109))이다.

11) 『고려사』 권14, 예종 11년(1116) 8월 庚申.

12) 이 문제에 대해서는 김순자, 「12세기 고려와 여진·금(金)의 영토 분쟁과 대응」, 『역사와 현실』 83, 2012 참조.

하고 고려를 부모의 나라[父母之邦]라고 하면서 조심스럽게 섬겨왔습니다. 그런데 거란이 무도하여 우리 강역을 유린하고 나의 인민을 노예로 삼았으며, 아무 명분 없이 누차 군사를 일으켜왔습니다. 나는 부득이하게 그에 항거하였는데, 하늘의 도움을 얻어 그들을 섬멸하게 되었습니다. 생각하건대 왕은 우리와의 화친을 허락하고 형제의 관계를 맺어 대대로 무궁한 우호관계를 이루기 바랍니다."라고 하였다.13)

이 문서가 전해진 시점은 고려에서 군사를 보내 거란이 인계하고 떠나가 비어있던 來遠城과 抱州城을 접수함으로써 숙원이었던 압록강 하구 일대를 장악한 때로, 백관이 국왕에게 표문을 올려 이를 축하하고 大赦令을 내리는 등의 조치가 내려진 직후였다.14) 그리고 이 문서가 전해지고 얼마 후에는 고려와의 우호관계에 부쩍 힘을 쏟고 있었던 송에서 황제의 친필 조서를 보내와 고려를 우대하는 모습을 보이고 있었고, 고려에서도 이를 기꺼이 받아들이고 있었다.15) 이러한 분위기에서 느닷없이 금의 아골타가 양국 관계를 재정립하자는 내용의 문서를 보내온 것이었다. 문서의 내용은 과거 고려를 '부모의 나라'로 섬기던 자신들이 이제 天運을 받아 흥기하게 되었으니 고려와 화친을 맺고, 그 관계를 형제관계로 하기를 원한다는 것이었다.

금 황제의 書翰

여기서 문제의 핵심은 이 문서의 書式이다. 『고려사』에서는 지문에서 '寄書曰'이라고 하여 이 문서가 서한식 문서임을 표시하였다. 이는 문서의 첫머리를 통해 명확해지는데, "兄大女眞金國皇帝致書于弟高麗國王"이라는 부분이 그것이다. 이는 澶淵의 盟 이후 송과 거란이 각각 "大宋皇帝謹致誓書于契丹皇帝闕下"와 "大契丹皇帝謹致誓書于大宋皇帝闕下"로 시작하는 誓書를 주고받은

---

13) 『고려사』 권14, 예종 12년(1117) 3월 癸丑. 金主阿骨打, 遣阿只等五人, 寄書曰, "兄大女眞金國皇帝, 致書于弟高麗國王. 自我祖考, 介在一方, 謂契丹爲大國, 高麗爲父母之邦, 小心事之. 契丹無道, 陵轢我疆域, 奴隷我人民, 屢加無名之師. 我不得已拒之, 蒙天之祐, 獲殄滅之. 惟王許我和親, 結爲兄弟, 以成世世無窮之好."

14) 『고려사』 권14, 예종 12년(1117) 3월 辛卯 ; 甲午 ; 辛丑.

15) 『고려사』 권14, 예종 12년(1117) 5월 丁巳 ; 6월 癸亥.

것이나, 이후 송 眞宗과 거란 聖宗이 형제관계를 맺고서 양국의 國書에서 쌍방의 호칭 앞에 '兄' '弟' 등의 친족호칭을 붙여 각각 "兄大宋皇帝致書于弟契丹皇帝闕下"와 "弟大契丹皇帝謹致書于兄大宋皇帝闕下"로 시작하는 서한식 외교문서를 주고받았던 사실과 매우 유사하다.[16]

특이한 것은 금의 군주 阿骨打가 스스로를 '兄 大女眞金國 皇帝'라고 칭하면서도 수신자인 '弟 高麗國王'에게 서한식 외교문서를 보냈다는 사실이다. 서한식 외교문서는 기본적으로 군신관계가 아닌 대등관계를 반영하는 것임은 누차 언급한 바와 같다. 그런데 '황제'라고 자칭하였으면서도 그보다 낮은 격의 군주의 칭호인 '국왕'에게 致書하였다는 것은 당시까지의 일반적인 외교문서 관행과는 맞지 않는 것이었다. 이 문제를 어떻게 해석할 수 있을까.[17]

먼저 국제 정세를 가지고 추측해볼 수 있다. 예종 12년(1117) 당시에 금은 파죽지세로 과거 거란의 영역을 잠식해가고 있었으며, 이 문서가 고려에 도착하였던 3월 무렵에는 거란의 東京을 장악한 이후의 시점이었다. 그러나 아직 중원으로 진출하지는 못한 상황이었고, 그렇기에 금 조정에서 일방적으로 고려에 군신관계를 요구할 만큼 압도적인 힘의 우위를 차지하지는 못했다고 판단했을 수 있다. 그러나 이러한 정세적인 요인만으로 황제가 국왕에게 致書한다는 모순된 상황을 설명하는 데에는 부족한 감이 있다.

이와 관련해서 주목되는 점은 그해에 금의 아골타가 황제의 자리에 오르고서도 거란에 사신을 보내 화친을 의논하고 스스로 책봉을 요구했다는 사실이

---

16) 전연의 맹 이후 송과 거란 사이의 國書 형식에 대해서는 이 책 2장 1절의 주 74)의 참고문헌을 참조.

17) 여기서 한 가지 짚고 넘어가야 할 것은 李承休의 『帝王韻紀』에서 언급한 "大金國皇帝寄書于高麗國皇帝"라는 문서의 존재이다. 이승휴는 式目執事로서 式目都監의 문서를 열람하다가 우연히 금국의 詔書 두 통을 보게 되었는데 그 序에 위와 같이 적혀 있었음을 메모로 남긴 바 있으며, 이를 양국이 형제관계를 맺고 있었던 증거라고 하였다(『帝王韻紀』, 臣嘗爲式目執事, 閱都監文書, 偶得金國詔書二通, 其序皆云, "大金國皇帝寄書于高麗國皇帝云云." 此結兄弟之訂也.). 이승휴가 보았다는 금의 문서가 언제 전달된 것인지는 정확히 알 수 없다. 그러나 후술하듯이 예종 14년(1119) 이후의 문서에서는 그 첫머리에 "詔諭高麗國王"이라고 하였으므로, 아마도 이승휴가 언급한 문서는 예종 11년, 혹은 12년 무렵의 것이었을 것이다. 『고려사』에서는 "兄大女眞金國皇帝致書于弟高麗國王"이라고 인용한 것을 이승휴는 "大金國皇帝寄書于高麗國皇帝"라고 하였으니 둘 사이의 차이는 매우 크다. 만약 양자의 기록을 모두 신뢰한다면, 이승휴가 언급한 문서는 예종 12년 3월보다 앞선 어느 시점에 전달된 것이었을 수 있다.

다.18) 반란이 되었든 開國이 되었든, 일반적으로 자립한 세력이 스스로 王位에 오르고 나서 중원의 황제에게 책봉이라는 형식을 통해 그 지위를 승인받는 절차를 거치는 일은 중국 역사에서 많이 찾을 수 있다. 그러나 이미 황제를 칭한 뒤에 다시 '大國의 책봉'을 받는 일은 전례를 찾아볼 수 없는 모순된 행위라고 하지 않을 수 없다. 황제가 황제를 책봉하는 일은 거란의 太宗이 後晉의 石敬塘을 책봉한 사례나 金에서 중국 河南에 세웠던 괴뢰정권인 楚나 齊, 혹은 한때 남송의 황제를 책봉한 사례 등을 찾을 수 있지만, 이는 어디까지나 압도적인 힘의 우위에 의해 이루어진 한시적인 행위였다.19) 자신의 힘을 바탕으로 자립한 황제가 타도의 대상이 될 국가의 황제에게 책봉을 청한다는, 기존 관행에 크게 벗어나는 시도가 있었다는 사실은 건국 직후의 금이 당시 국제관계에서의 군주 위상이나 문서식에 대한 관례에 익숙하지 않았던 탓으로 돌리는 것이 자연스러울 것 같다.20)

---

18) 『遼史』 권28, 天祚皇帝 天慶 7년(1117). 是歲. 女直阿骨打用鐵州楊朴策, 卽皇帝位, 建元天輔, 國號金. 楊朴又言, 自古英雄, 開國或受禪, 必先求大國封冊, 遂遣使議和, 以求封冊.

19) 이 시기 동아시아 정치체들의 군주 칭호나 책봉 사례가 다른 시기와 달리 다원적 국제질서의 특징을 반영하고 있는 점에 대해서는 윤영인, 「10~13세기 동북아시아 多元的 國際秩序에서의 冊封과 盟約」, 『東洋史學研究』 101, 2007, 124~126쪽 참조.

20) 이렇게 해석할 때에 한 가지 짚고 넘어가야 할 점은, 阿骨打로 하여금 거란에 책봉을 요구할 것을 제안한 것이 楊朴이라는 인물이었다는 것이다. 그는 원래 거란의 관리였다가 금에 투항한 후, 아골타에게 제위에 오를 것을 권유한 장본인이었다고 한다(李秀蓮, 「楊朴勸阿骨打稱帝及其歷史意義」, 『滿族研究』 2010年 第4期). 또한 그는 금 조정에 중국식 예제와 문서제도를 소개한 것으로 알려져 있다. 후술하겠으나 이후 금과 송이 해상의 맹을 맺을 시점에서 송이 금에 詔書를 보낸 데 대해 이것이 황제 사이의 문서로서 격에 맞지 않는다 하여 國書로 개정할 것을 강력히 주장하고 관철시킨 인물도 그였다(趙永春, 「關于宋金交聘"國書"的鬪爭」, 『北方文物』 30, 1992, 53~54쪽 참조). 그리고 天輔 3년(1119), 거란에서 실제로 아골타를 책봉하러 왔을 때에 그 책문에 금을 '大金'이라 하지 않고 '東懷國'이라고 하였다 하여 금에서 수령을 거부하였던 당시, 책문의 윤색을 담당한 것도 楊朴이었다(『金史』 권84, 耨盌溫敦思忠. 天輔三年六月, 遼大冊使太傅習泥烈, 以冊璽至上京一舍, 先取冊文副錄閱視, 文不稱兄, 不稱大金, 稱東懷國. 太祖不受, 使宗翰·宗雄·宗幹·希尹商定冊文義指, 楊朴潤色, 胡十答·阿撒·高慶裔譯契丹字, 使贊謀與習泥烈偕行.). 이렇게 보건대 그는 漢 문화에 익숙하지 않았던 당시의 금 조정 내에서 외교문서식을 비롯한 대거란, 대송관계에서의 예제·예식과 관련된 문제를 독점적으로 주관하였던 것으로 보인다. 따라서 그가 자신의 의도에 따라 이러한 일견 모순적인 의례를 주장할 수 있었으리라 생각할 수 있다. 나아가 고려에 '兄大女眞金國皇帝致書于弟高麗國王'으로 시작하는 서한식 외교문서를 보냈던 것도 그가 주도했던 것이 아닐까 추측된다.

즉 금에서는 군주의 칭호가 황제인지, 혹은 국왕인지는 군신관계를 전제로 해서만 성립되는 것이 아니라 단지 세력의 크기만을 고려해서 설정되는 것으로 이해했을 수 있다는 것이다. 그렇다면 우월한 세력을 보유한 자신은 兄이자 皇帝를 칭하고, 고려국왕을 弟이자 國王으로 지칭하였을 수 있다는 것이다.

1119년, 금 황제의 詔書

그런데 이러한 상황은 불과 2년 만에 다시 한 번 급격히 변화하였다. 예종 14년(1119) 2월 금의 아골타는 고려에 사신을 보내 "詔諭高麗國王"으로 시작하는 문서를 전했던 것이다. 그 전후를 인용해보면 다음과 같다.

> 나) 金主가 사신을 보내 내빙하였다. 문서를 보내[致書] 이르기를, "고려국왕에게 詔諭한다. 朕이 군사를 일으켜 요를 정벌함에 皇天의 도움에 힘입어 누차 적병을 격파하여 북으로는 上京에서부터 남으로는 바다에 이르기까지 부족과 인민들을 모두 평정하였다. 이제 孛菫 尤孛를 파견하여 이 사실을 알리며, 아울러 말 한 필을 하사하니, 도착하는 대로 수령하라."21)

2년 전의 문서가 전형적인 서한식 외교문서였다면, 이 문서는 "詔諭高麗國王"으로 시작하는 詔書의 형식을 띠고 있다.22) 전자가 대등관계를 표하는 문서식이라면, 이 조서는 말할 것도 없이 군신관계를 반영하는 문서식이다. 문서 내에서도 자칭 '朕'이라고 하였으며, 국왕에게 말을 선물하는 행위를 '賜'라는 동사로 표현하였다는 점에서, 2년 전의 문서와는 비교할 수 없을 정도로 강하게 상하관계를 표현하고 있다는 점을 알 수 있다.

---

21) 『고려사』 권14, 예종 14년(1119) 2월 丁酉. 金主遣使來聘. 致書曰, "詔諭高麗國王. 朕興師伐遼, 賴皇天助順, 屢敗敵兵, 北自上京, 南至于海, 部族人民, 悉皆撫定. 今遣孛菫尤孛報諭, 仍賜馬一匹, 至可領也." 같은 문서는 『金史』 권73, 外國 下, 高麗傳, 天輔 2년(1118) 12월에도 실려 있다.

22) 『고려사』 세가의 地文에서는 "致書曰"이라고 하여 이 문서식을 서한식인 것으로 표현하고 있다. 그러나 문서 본문이 "詔諭高麗國王"으로 시작한다는 점에서 위 구절은 『고려사』 찬자의 오류로 보아야 할 것이다.

그렇다면 2년 사이에 어떠한 변화가 있었기에 금에서 보낸 외교문서식이 서한식 문서에서 조서로 변하였던 것일까. 물론 문서의 내용에서 언급되었듯이 금군이 거란을 연전연파하여 거란의 수도였던 上京까지를 장악했던 당시의 정세에서 비롯된 금의 자신감이 이를 통해 표현된 것이었다고 볼 수도 있다.[23]

그러나 그밖에도 금 조정에서 이 사이 당시 국제관계에서 통용되었던 외교상 예제의 원칙을 좀더 깊게 이해하게 되었던 것도 중요한 요인이 되었을 것이다. 금은 天輔 원년(1117)에서 3년(1119)에 걸쳐 거란의 東京을 비롯한 요동 일대를 장악해가는 과정에서 거란 조정에서 활동했던 渤海人을 비롯한 관료층들을 대거 흡수하였다. 이들은 외교와 관련된 각종 전례나 기술, 예컨대 문서 작성이나 그에 관련된 각종 서식 및 양식과 그 의미, 사절의 접대와 같은 외교 의례, 國信物의 선택에 이르기까지를 금 조정에 전수하였다.[24] 특히 天輔 2년(1118)에는 거란 조정에 송·하·고려와 주고받은 書·詔·表·牒을 보낼 것을 요구하였고, 거란에서 이를 수용하여 금에 넘긴 일이 있었다.[25] 이로써 금은 과거 거란이 주변국과 주고받았던 외교문서식을 모델로 하여 송과 하, 그리고 고려와의 외교문서 작성의 원칙을 세울 수 있었을 것이다.

여기서 주목되는 사건이 금과 송 사이에 天輔 3년(1119)과 4년, 海上의 盟을 맺을 때의 교섭에서 오고간 외교문서식이 문제가 되었던 일이다. 송은 1119년 사신을 파견하면서 황제 명의의 조서와 登州의 牒을 들려 보냈다. 그러나 마침 금이 거란과 화의를 맺었다는 소식이 들리자 正使는 조서를 가지고 귀환하고, 역관만이 登州의 牒을 가지고 파견되었다. 이때 금에서는 송이 자신을 대등국으로 대우하지 않는다고 하여 크게 분노하면서, "진실로 우호관계를 맺고자 한다면 서둘러 國書를 가지고 올 것이며, 만약 그대로

---

23) 실제로 금군이 거란의 上京을 함락시킨 것은 그 이듬해인 예종 15년(1120) 5월의 일이었다. 『금사』 권2, 太祖 天輔 4년(1120) 5월 甲寅.

24) 井黑忍, 「金初の外交史料に見るユーラシア東方の國際關係-『大金弔伐錄』の檢討を中心に」, 荒川愼太郎·高井康典行·渡辺健哉 編, 『遼金西夏史研究の現在』 3, 東京 : 東京外國語大學アジア·アフリカ言語文化研究所, 2010, 33~34쪽.

25) 『요사』 권28, 天祚皇帝 天慶 8년 2월. 金主復書曰, "(중략) 還我行人及元給信符, 幷宋·夏·高麗往復書·詔·表·牒, 則可以如約."; 6월 丁卯. 遣奴哥等賷宋·夏·高麗書·詔·表·牒至金.

조서를 사용한다면 결코 따르지 않겠다"는 강한 의지를 표명하였다. 이에 이듬해에 송에서는 다시 사신을 파견하여 과거 거란과 주고받았던 것과 같은 국서를 사용하기로 합의하고, 그 결과 송과 금이 각각 "大宋皇帝致書于大金皇帝闕下", "大金皇帝致書于大宋皇帝闕下"로 시작하는 완전히 대등한 국서의 양식을 채택하였다.[26]

이처럼 天輔 2년(1118) 금이 거란의 옛 외교문서를 확보하고, 과거의 원칙에 따라 주변국들과 사용할 외교문서식을 결정하면서 이듬해인 예종 14년(1119) 2월, 위와 같이 "詔諭高麗國王"으로 시작하는, 군신관계를 명백히 반영한 조서를 보냈던 것이다.

이에 대해 고려는 그해 8월 회답 문서를 보내었다. 『고려사』는 이 사실을 전하는 기사에서 "그 書에 '하물며 귀국의 근원이 우리 땅에서 시작되었다'는 말이 있었다."라고 하였는데,[27] 이것만 가지고는 그 문서식이 정확하게 어떤 것이었는지는 알 수 없다. 이때 金主, 즉 아골타는 이 문서를 접수하기를 거부하였다고 한다. 그 이유가 단지 『고려사』의 설명대로 문서 안에 그들의 출자에 대한 언급이 있었기 때문이었을 것 같지는 않다. 과거 고려와 거란 사이의 외교문서 서식에 대해 완전히 숙지하게 된 금 조정에서는 이 문서가 표문이 아니었기 때문에 접수하지 않았을 것이다.

1119~27년, 군신관계의 유예

외교문서의 격식을 비롯한 양국 외교관계 설정의 문제는 이후 한동안 유예되었다. 예종 14년(1119)부터 인종 3년(1126) 무렵까지, 양국은 간헐적으로 국경 일대에서 긴장을 일으키고 있었으나, 양자 모두 대체로 당시의 상태를 유지하는 수준에서 소극적으로 대처하고 있었다. 예종 14년에는 금의 변경 관리가 고려에서 국경 일대에 장성을 증축한다는 사실을 보고하자 금 太宗은 갈등을 일으키지 말고 다만 사태를 주시하라고 명하였다.[28] 이듬해

---

26) 이 과정에 대해서는 趙永春, 앞의 논문, 53~54쪽 및 井黑忍, 앞의 논문, 33~34쪽 참조.
27) 『고려사』 권14, 예종 14년(1119) 8월 丁丑. 遣中書主事曹舜擧聘于金. 其書有'況彼源發乎吾土'之語, 金主拒不受.
28) 『金史』 권135, 外國 下, 高麗, 天輔 3년(1119) ; 『고려사』 권14, 예종 14년(1119) 是歲.

에도 금의 사신이 고려의 국경에 이르렀으나 푸대접을 받으며 입국하지 못하는 상황이 발생하자, 금 태종은 "고려가 대대로 遼를 섬겼으니 마땅히 요를 섬기는 예로써 우리를 섬겨야 하지만, 우리나라가 최근에 喪을 당하였고 요 군주는 아직 잡지 못하였으니 갑자기 강제하지 말라."고 지시하였다.[29] 인종 2년(1124)에도 고려에서 금의 도망자를 받아들이고 있다는 보고에 대해 금 태종은 "혹시라도 침략해오면 군대를 정돈하여 맞서되, 함부로 먼저 고려를 침범한 자는 승전하더라도 반드시 벌을 내리겠다."고 하여 고려에 대해 유보적인 입장을 견지하였다.[30] 금 태종이 언급한 대로 아직 거란을 완전히 구축하지 못한 상황에서 섣불리 고려와 긴장 국면을 조성하고 싶지 않았던 금의 태도를 엿볼 수 있다.

고려에서도 금에 먼저 事大의 뜻을 표명하며 표문을 제출하지는 않았다. 이는 인종 3년(1125)까지도 마찬가지였다. 이해 5월, 고려에서는 사신을 금에 파견하였는데, 이때의 國書의 서식이 表가 아니었고, 또한 문서 안에서 仁宗이 '稱臣'하지 않았다 하여 금에서 받아들이기를 거절하였다는 것이다.[31] 거란과의 왕래는 이미 2년 전인 인종 원년(1123)에 파견했던 사신이 중도에 귀환함으로써 완전히 단절된 상황이었다. 그에 앞서 금의 사신이 처음 고려에 파견되었고, 거란 동경을 통해서도 그들의 세력이 확대일로에 있음을 전해 들었던 예종 11년(1116) 고려는 이미 거란의 연호 사용을 중지하였다.[32] 그럼에도 고려 조정에서는 아직 금을 上國으로 인정하여 그들에게 奉表稱臣하지 않았던 것이다.

1126년, 고려의 奉表稱臣

상황은 이듬해에 다시 전환되었다. 금의 국세가 날로 강성해지면서 이미 거란을 완전히 멸망시키고, 나아가 중원 방면으로 급격히 남하하고 있던

---

29) 『금사』 권135, 外國 下, 高麗, 天輔 4년(1120).
30) 『금사』 권135, 外國 下, 高麗, 天會 2년(1124).
31) 『고려사』 권15, 인종 3년(1125) 5월 壬申. 遣司宰少卿陳淑·尙衣奉御崔學鸞如金. 金以國書 非表, 又不稱臣, 不納.
32) 『고려사』 권14, 예종 11년(1116) 4월 辛未.

3절 고려-금 외교관계의 설정과 誓表·책봉 문제 247

인종 4년(1126) 3월, 고려 조정에서는 백관들이 모여 금에 대한 사대 여부를 논의하기에 이르렀다.[33] 그 자리에서의 결론에 따라 다음달인 4월, 고려에서는 정식으로 금에 국왕 명의의 표문을 보내며, 그 안에서 스스로를 臣이라고 칭하였다. 이 문서와 이에 대한 금의 회답 조서는 다음과 같다.

다-1) 鄭應文과 李侯를 金에 파견하였다. 稱臣上表하여 말하기를, "大人이 大統을 세우시어 위엄을 사방에 떨치시니 이역만리에서도 입조해오고 있는데, 하물며 국경을 접한 가까운 이웃에서는 각별히 정성을 바쳐야 마땅할 것입니다. 엎드려 생각하건대 (황제께서는) 하늘로부터 영명함을 받으시어 날마다 덕업을 새롭게 하시니, 한 번 호령을 내리시면 온 백성 가운데 기뻐하며 따르지 않는 자가 없으며, 위엄있는 소리를 내실 때마다 인근의 적들 가운데 감히 버티는 자가 없습니다. 이는 실로 帝王으로서의 극치로 마땅히 천지의 도움을 받은 것입니다. 엎드려 생각하건대 臣은 보잘 것 없는 곳 작은 나라[小邦]의 변변치 못하고 덕이 없는 자로서 (황제의) 비상한 위업을 듣고 존경하는 마음을 오랫동안 품어왔으니 넉넉치 못한 예물이나마 저의 충성의 뜻으로 바치고자 합니다. 비록 변변치 못한 공물을 바치는 것이 부끄럽지만 넓은 도량으로 받아주시기를 기대합니다."라고 하였다.[34]

다-2) 金에서 회답 조서를 보내 말하기를, "올린 표문을 살펴보고서 신이라 칭하고 아울러 토산물들을 진봉해온 일은 잘 알았다. 짐이 생각하건대 망해야 할 자는 넘어뜨리고 보존해야 할 자는 지켜주는 것이야말로 제왕이 해야할 일이며, 작은 나라로서 큰 나라를 섬기는 것이야말로 社稷을 도모하는 방책이다. 도량이 큰 인재는 원대한 사업에 변통이

---

33) 『고려사』 권15, 인종 4년(1126) 3월 辛卯. 이때의 고려 조정에서의 논의에 대해서는 이 절의 각주 6)의 참고문헌을 참조.

34) 『고려사』 권15, 인종 4년(1126) 4월 丁未. 遣鄭應文·李侯如金. 稱臣上表曰, "大人垂統, 震耀四方, 異國入朝, 梯航萬里, 況接境之伊邇, 諒馳誠之特勤. 伏惟, 天縱英明, 日新德業, 渙號一發, 群黎無不悅隨, 威聲所加, 隣敵莫能枝梧. 實帝王之高致, 宜天地之冥扶. 伏念, 臣塉土小邦, 眇躬涼德, 聞非常之功烈, 久已極於傾虔, 惟不腆之苞苴, 可以伸於忠信. 雖愧蘋蘩之薦, 切期山藪之藏."

있는 법이다. 卿은 집안에서 王爵을 전해오며 대대로 나라를 다스리면서 글월을 바쳐 존경하는 성의를 표현해왔고 토산물을 바쳐 공납하는 절차를 다하여 왔으며, 또한 스스로 자신을 낮추어 불렀으니 모두 잘 하고 있음을 알 수 있다. 무력으로 위협을 가하지도 않았고 보물로 꾀지도 않았으나 저절로 온 것이니 좋다고 하지 않을 수 있겠는가. 또한 君父의 마음으로 내가 잘 대우할 것이니, 臣子의 의리를 그대는 가벼이 잊지 말라. 대가 바뀌고 해가 바뀌어도 이 가르침을 항상 명심하라. 이 밖에 마땅히 시행할 사안들은 차차로 사신을 보내 宣諭할 것이다.[35]

다-1)의 표문에서 고려 仁宗은 스스로를 臣으로, 고려를 小邦으로 칭하며 조공을 바친다는 내용을 진술하고 있다. 명시적으로 수신자인 금 太宗을 황제라고 칭한 부분은 보이지 않으나 금 조정과 황제에게 최고의 찬사를 동원하고 있음은 충분히 확인된다. 한편 이에 대한 금의 회답 조서 다-2)에서는 다-1)의 문서를 表라고 가리키고 있으며, 그 안에서 고려국왕이 稱臣하였음을 특별히 기록하였다. 금 태종은 자신을 '朕'으로, 수신자인 국왕을 '卿', 혹은 '汝'로 지칭하였으며, 자신과 고려국왕의 사이를 君父와 臣子의 관계로 표현하면서 양자 사이의 관계를 명백하게 군신관계로 표현하였다.

이로써 양국 군주 사이의 관계는 군신관계로 설정되었다. 과거 고려가 後唐·後晉·後周 등 오대의 중원왕조, 그리고 송·거란과 맺었던 관계와 외형상 동일한 방식으로 외교관계를 설정하게 되었던 것이다. 그리고 이 과정은 위의 조서에서 언급된 것처럼 군사적인 충돌 없이 이루어졌다는 점에서 같은 북방민족 왕조인 거란과는 차이를 보인다.

그런데 다-2)의 조서에서 주목되는 점 한 가지는 마지막 부분의 언급이다. 여기서 금 태종은 "이 밖에 마땅히 시행할 사안들은 차차로 사신을 보내 宣諭할 것이다[外有合行條件事等, 卽次發使前去宣諭]."라고 언명하였다. 최초

---

35) 『고려사』 권15, 인종 4년(1126) 4월 丁未. 金回詔曰, "省所上表, 稱臣幷進奉土宜匹物等事, 具悉. 朕以推亡固存, 寔帝王之造, 以小事大, 乃社稷之圖. 聚魁偉之渠材, 蘊變通之遠業. 卿家傳王爵, 世享阼封, 抗章竭尊獎之誠, 任土盡委輸之節, 仍稱卑號, 足見全能. 加非兵革之威, 誘不玉帛之惠, 自然來者, 不曰良哉. 且君父之心, 予已堅篤, 而臣子之義, 汝毋易忘. 卜世卜年, 是彝是訓. 外有合行條件事等, 卽次發使前去宣諭."

의 표문에 대한 답신 성격의 문서였으므로, 향후 양국관계에서 준수해야 할 사신 왕래와 같은 구체적인 절차에 대해서는 추후에 별도의 사신을 파견하여 논의하도록 하겠다는 것이다. 그리고 실제로 그해 9월, 금에서 宣諭使를 보내서 고려에서 사신을 파견하는 절차와 방식을 모두 거란의 舊制와 동일하게 할 것임을 알렸고, 이에 고려에서도 그 사신을 맞이하고 전별하는 데에 모두 거란의 구제에 따랐다고 한다.[36) 그것이 구체적으로 무엇을 의미하는지에 대해서는 다음 절에서 자세히 살펴보도록 하겠다.

2. 誓表 제출을 둘러싼 갈등의 배경과 원인

1127년, 금의 誓表 제출 요구

그런데 고려와 금 사이의 외교관계 설정에는 기존의 고려-송, 고려-거란의 관계와는 다른 점이 보인다. 기존의 관계에서는 표문과 조서의 교환, 그리고 그에 이은 冊封을 통해 양국 군주 사이의 군신관계가 확정되고, 그것이 이후 외교관계의 전제가 되었던 데 비해, 고려-금 사이에서는 그 사이에 다른 한 단계가 더 있었던 것이다. 바로 誓表와 誓詔의 교환이다.[37)

고려국왕이 奉表稱臣을 하고, 이를 금 황제가 받아들여 조서로 회답하였던 그 이듬해인 인종 5년(1127) 3월, 금은 고려의 사신이 돌아가는 편에 조서를 보내, 당시 양국 사이의 최대 현안이었던 保州의 영토와 인민 문제에 대해 논의하는 와중에 "戶口에 대해서만 이러저러한 말을 하고 있을 뿐, 별도로 誓封에 대해 아뢰지 않았다."라고 문제를 제기하였다.[38) 그러나 고려에서는 이에 대해 특별한 반응을 보이지 않았다. 사실 고려 조정의 입장에서는 이를 회피하려 했다기보다는, 금에서 요구하는 '誓封'이라는 것이 무엇인지, 어떻게 대응해야 좋을지 정확히 인식하지 못했을 것이다. 전례가 없는 일이었

36) 『고려사』 권15, 인종 4년(1126) 9월 辛未. 金宣諭使同僉書樞密院事高伯淑·鴻臚卿烏至忠等 來. 金主勅伯淑等曰, "高麗凡遣使往來, 當盡循遼舊."; 10월 戊戌. 王餞金使于大明宮. 附回表 謝, 一依事遼舊制.
37) 이에 대해서는 박윤미, 앞의 논문, 15~19쪽 및 이정훈, 앞의 논문, 211~217쪽에서도 다룬 바 있다.
38) 『고려사』 권15, 인종 5년(1127) 3월 癸巳.

기 때문이다. 이에 이듬해인 인종 6년(1128) 12월, 금에서 파견된 사신 司古德 등이 고려 조정에 語錄을 보내 이 문제를 다시 제기하였다. 그 일부를 인용해보면 다음과 같다.

> 라-1) 司古德 등이 語錄을 올려 말하기를, "(중략) 그런 까닭에 조정에서는 그 땅[保州]을 접수하지 않고 특별히 할양해주었던 것인데, 그 뒤로 몇 해가 지났으나 貴國에서는 아직도 誓表를 바치지 않았습니다. 그리하여 宣諭에 사례한 데 대해 회답하는 조서[回謝宣諭詔]에서 이르기를, '아직도 戶口에 대해서만 이러저러한 말을 하고 있을 뿐, 별도로 誓封에 대해서 아뢰지 않고 있다.'라고 한 것입니다. (중략) 위의 몇 가지 일에 대해서 귀국에서 과연 성의를 표시하여 즉시 誓表를 제출하면서 태도를 명백하게 한다면, (금의) 조정에서도 역시 誓詔로 회답을 내리며 아울러 별도로 지시를 내려 경계를 획정할 것이며, 일체를 관대하게 처리하여 장구한 친선책을 강구할 것입니다. (중략)"[39]

> 라-2) 다시 語錄을 올려 말하기를, "保州를 돌려준 데 대해 사례하는 표문에서 이르기를, '온 나라가 기꺼이 공납을 올리고 자손 대대로 영원히 서약합니다. 밝은 태양이 위에 떠 있으니, 정성을 다할 뿐입니다'라는 말은 그 뜻이 가볍고 평범합니다. 근래의 예로 宋과 夏國에서 예전에는 遼에, 그리고 지금은 우리 조정에 보낸 誓書 및 誓表에서는 모두 '만약 이 맹세를 어기면 사직이 기울고 위태로워질 것이며 자손이 이어지지 않을 것입니다'라든지 혹은 '신명이 벌을 내리실 것이며 나라를 보전하지 못할 것입니다'라는 어구가 있습니다. 살펴보건대 이런 말들은 우호의 맹세를 길이 두텁게 한 것으로, 과연 食言이 아닌 것입니다. 말의 뜻이 비록 엄중하다 할지라도 이치상 불가피한 일이 있을 수도 있습니다. 예로부터 맹세하는 말에는 이런 류의 말이 한둘이 아니며, 아울러 貴國에

---

39) 『고려사』권15, 인종 6년(1128) 12월 甲戌. 司古德等上語錄云, "故朝廷不愛其地, 特行割賜, 爾後數歲, 貴國尙未進納誓表. 故於回謝宣諭詔內云, '尙托言於戶口, 未別奏於誓封.' (중략) 右上數事, 貴國果能推誠享上, 卽納誓表, 皎然自明, 朝廷亦當回賜誓詔, 兼別降指揮, 申畫封疆, 一切務從寬大, 成長久之計. (중략)"

서 遼와 함께 하였을 때의 誓表에도 분명 그런 글이 있을 것인바, 조정에서 거두어들인 문서들을 통해서도 역시 고증할 수 있을 것입니다. 이 일은 진실로 억지로 강요할 수 있는 일이 아니니, 조정에서는 다만 영원토록 우호관계를 맺어 아름다운 뜻이 피어나게 하려는 것입니다. 엎드려 바라건대 잘 생각하시어 서둘러 확실한 말씀을 내려주심으로써 (저희들이) 조정에 돌아가 복명하는 날 자세히 아뢸 수 있도록 해주십시오."[40]

라-1)과 라-2)는 모두 금의 사신으로 파견되어온 司古德 등이 국왕에게 올린 語錄의 내용이다. 사신의 語錄이 외교관계에서 어떠한 역할을 했는지에 대해서는 뒤에서 상세히 살펴볼 것이므로, 여기서는 우선 내용만을 살펴보기로 하겠다. 금의 사신이 고려국왕에게 집요하게 요청하고 있는 것은, 금 황제에게 誓表를 제출하라는 것이다. 앞서 제출한 표문에도 "온 나라가 기꺼이 공납을 올리고 자손 대대로 영원히 서약합니다. 밝은 태양이 위에 떠 있으니, 정성을 다할 뿐입니다"라는 표현은 있었으나, 이 정도 언급으로는 미약하니, 훨씬 강한 어조로 충성을 서약하는 표문을 작성하여 올리라는 것이다. 한 걸음 나아가 구체적인 예시로 송과 하에서 과거 거란과 현재의 금에 보낸 誓書, 誓表의 사례를 들기도 하였고, 심지어 고려에서 과거 거란에 제출한 誓表가 있을 것이며, 이를 자신들이 확보한 과거 거란의 외교문서를 통해 확인할 수도 있으리라고 협박성 언사를 내뱉기도 하였다. 그리고 고려에서 誓表를 제출하면 금에서도 그에 준하는 誓詔를 내릴 것임을 밝히고 있다. 이에 대해 인종은 "盟誓라는 것은 흔히 敵國 사이에 서로 의심하고 꺼린 나머지 부득이하게 하는 것이라고 생각하였기 때문에, 그것은 마치 『春秋』에 기록된, 쇠퇴한 周나라와 列國 사이의 일과 같은 것이라고 생각했기 때문에" 誓表를 제출하지 않았던 것이라고 해명하였다.[41]

---

40) 『고려사』권15, 인종 6년(1128) 12월 甲戌. 又上語錄云, "於謝保州表內云, '舉邦國以樂輸, 傳子孫而永誓. 高明在上, 悃愊無他'之言, 辭意輕泛. 具如近代宋人夏國, 與舊遼洎朝廷所立誓書及表, 皆有'若渝此盟, 社稷傾危, 子孫不紹.' 或'神明殛之, 無克胙國'之語. 相度旣永敦誓好, 果無食言. 辭意雖重, 於理無可避者. 至如自古盟載之辭, 如此類者非一, 兼貴國與遼時誓表, 必自有故事, 朝廷所收圖書亦可考據. 此事誠非創行要索, 朝廷秪欲永通歡好, 美意灼然. 伏望裁酌, 早賜端的垂諭, 以憑回日申覆朝廷, 具行聞奏."

41) 『고려사』권15, 인종 6년(1128) 12월 甲戌. 王答曰, "(중략) 意謂盟誓多是敵國交相疑忌,

誓表의 의미와 그 사례

誓表와 誓詔라는 것은 무엇일까. 인종이 예로 들었던 것처럼 盟誓가 처음 등장하는 것은 춘추 시대의 일이라고 한다. 엄밀히 말하면 춘추시대의 대등한 제후들 사이에 서로 해치지 않겠다고 약속하는 행위를 '盟'이라고 하고, 私人 사이에 약속하는 행위를 '誓'라고 하며, 犧牲을 동반하여 비교적 엄중한 의식을 행하는 것을 '盟'이라고 하고, 그에 비해 특별한 의식을 동반하지 않는 간단한 약속을 '誓'라고 한다고 한다. 그러나 이후로는 대부분 盟과 誓는 거의 같은 뜻으로 사용되어, 국가 간이나 개인 사이에서 두터운 약속을 교환하는 행위를 盟誓라고 칭했다고 한다.[42]

국제관계에서 誓라는 행위가 크게 부각된 것은 11세기 이후의 일이었다. 盟誓文書라는 것이 그것을 담은 문서인데, 이는 국가와 국가 사이에 중대한 쌍방의 문제를 처리할 때 쓰이는, 효과가 가장 강력한 문서였다. 주로 외교관계를 확립하는 중대 원칙상의 문제를 다루는 데에 쓰였는데, 여기에는 朝宗과 후손, 천지에 서약을 다지는 상징적인 내용이 포함되어 있었다. 송과 거란 사이에서 맺어진 1005년의 澶淵誓書, 1042년의 關南誓書, 1074년의 議割地界書 등이 그 대표적인 사례이다. 송과 금 사이에 1120년 체결된 海上의 盟도 최종적으로는 1123년에 誓書를 통해 확정되었다. 이러한 誓書는 그 문안을 확정하기 위해서 여러 차례 國書가 오가기도 하는 등 양국의 외교관계에서 일상적으로 교환되는 國書보다 상위에 존재하는 문서로 인식되었다. 誓書는 主誓와 附誓로 구성되며, 主誓에는 주로 맹서의 말을 기록하고 附誓에서 좀더 구체적인 내용을 기재하는 형식이었다. 國書에서 문서 작성의 시기를 기록하는 위치가 비교적 자유롭고 干支 표기 여부도 자유로웠던 반면에 盟誓文書에서는 반드시 문서의 첫머리에, 예컨대 "維宣和五年, 歲次癸卯, 三月甲寅朔, 四日丁巳, 大宋皇帝致誓書于大金大聖皇帝闕下", "維天輔七年, 歲次癸卯, 四月甲申朔, 八日辛卯, 大金皇帝致誓書于大宋皇帝闕下"와 같이[43] 엄격한 격식을

故不得已而爲之. 如春秋所記衰周列國之事. (중략)"

42) 吳晗, 「盟與誓」, 『吳晗文集』 第1卷 歷史, 北京 : 北京出版社, 1985, 167~168쪽.

43) 『大金弔伐錄』〈南宋誓書〉 ;〈回賜誓書〉(『大金弔伐錄校補』, 中華書局, 2001, 74~77쪽 ; 81~85쪽).

갖추어 기재하였다. 이는 국내에서 쓰이는 최고 등급의 황제문서인 冊文의 그것과 같은 방식이었다. 그것을 완성한 후에는 榜으로 내걸어 국내외에 널리 선포하였다.[44] 誓書는 송·거란·금·서하 등 왕조가 등장하여 치열하게 경쟁하면서도, 상대를 완전히 제압할 수 없는 상황에서 이들 사이에 안전을 보장하는 장치로서 기능하였던 것으로 평가된다.[45]

그런데 금은 왜 하필 이 시점에서 고려에 誓表의 제출을 집요하게 요구했던 것일까. 이 시기 거란과 북송을 연파하고 동아시아의 새로운 맹주로 부상한 금은 주변국으로부터 誓書, 혹은 誓表를 받고 마찬가지로 誓書, 혹은 誓詔를 내려 맹약을 체결해가고 있었다. 우선 앞서 언급했듯이 1123년에 송과 誓書를 교환하여 거란을 협공할 것을 맹세하였다. 이어서 태종 天會 2년(1124) 정월에는 夏國王이 奉表稱臣한 데 이어, 그해 3월에는 誓表를 제출하였고, 이에 다음달인 윤3월 그에게 誓詔를 하사하였다.[46] 2년 후인 天會 4년(1126) 정월에는 송의 개봉을 포위한 상태에서 송으로부터 誓書를 받아내었다.[47] 그리고 한참 후의 일이기는 하지만 금의 皇統 2년(1142)에는 2월, 송의 康王, 즉 高宗 역시 금의 熙宗에게 誓表를 제출하였고, 다음 달에 금 熙宗이 誓詔를 보냈다.[48] 이들 사례를 보면 모두 금이 주변국과 관계를 맺어나가는 초기에 직면한 정치·군사적 대립을 해결해가는 과정에서, 상대에게 誓書 내지 誓表의 제출을 요구하고 있었다는 데에 공통점이 있다.

11세기에 거란과 송, 서하 등 삼국이 서로 誓書를 교환한 것은 경쟁관계

---

44) 이상 맹서문서의 특징에 대해서는 冒志祥, 「論宋朝外交文書」, 南京師範大學 博士學位論文, 2007, 23~25쪽 ; 47~51쪽 ; 86~98쪽 ; 101~104쪽 등을 주로 참조하였음.

45) 金成奎, 「誓書 : 10~13세기 동아시아의 안전보장책」, 『中國史硏究』 99, 2015, 97쪽.

46) 『금사』 권3, 太宗 天會 2년(1124) 정월 甲戌, 3월 辛未, 윤3월 戊寅. 당시 夏는 그 직전에 陰山 방면으로 도주한 거란의 天祚帝를 비호하면서 금과 충돌하던 상황이었다. 이 무렵에는 하 조정과 금의 거란 추격군 사이에서 和議가 논의되면서, 하는 과거 거란을 섬겼던 예에 따라 藩을 칭하면서 대신에 과거 거란의 영역 일부를 떼어줄 것을 요구하였고, 금에서도 이를 수용하였다. 『금사』 권134, 外國 上, 西夏, 天輔 6년 (1122) 및 天會 2년(1124)의 기사 참조.

47) 『금사』 권3, 太宗 天會 4년(1126) 정월 辛巳. 이때의 문서가 『大金弔伐錄』〈宋少主新立誓書〉(앞의 책, 2001, 146~150쪽)이다.

48) 『금사』 권4, 熙宗 皇統 2년(1142) 2월 辛卯. 이상 금과 송의 문서 교환에 대해서는 趙永春, 앞의 논문, 1992 및 趙永春, 『金宋關係史』, 北京 : 人民出版社, 2005, 51~62쪽 ; 197~208쪽 참조.

속에서 안전 보장을 약속하는 차원의 것이었다면, 12세기에 금이 동아시아의 覇者로 등장하는 상황에서 그것이 가지는 의미에는 변화가 있었다. 금이 주변국에 誓書의 제출을 요구했던 것은 자신이 주도하는 질서에서 주변국으로부터 더 강력한 복속을 확약받기 위한 것이었다. 즉 금은 誓書, 혹은 誓表의 제출을 통해 주변국으로부터 자신이 명분적으로 확실한 우위에 있음을 확인받고자 했던 것이다.[49]

이와 비슷한 배경에서 금은 스스로 밝혔듯이 과거 '부모의 나라[父母之邦]'로 섬기던 고려로부터 국제관계상 명백한 우위를 인정받고자 했던 것으로 볼 수 있다. 금은 이러한 의도를 관철시키기 위해 당시 양국 사이에 가장 쟁점이 되었던 保州의 성곽과 인호에 대한 관할권 문제를 조건으로 내거는 듯한 태도를 취하기도 하였다. 즉 위의 인용문 라-1)에서 금의 사신 司古德은 "조정에서는 그 땅[保州]을 접수하지 않고 특별히 할양해주었던 것인데, 그 뒤로 몇 해가 지났으나 貴國에서는 아직도 誓表를 바치지 않았습니다."라고 하여 誓表 제출을 조건으로 保州의 영유권을 넘겨준 것과 같은 듯한 발언을 하고 있다. 나아가 誓表를 제출한다면 고려 측이 집요하게 요구하고 있는 보주의 戶口에 대해서도 관대하게 처리할 의향이 있음을 넌지시 내비치기도 했다. 이처럼 영토와 인구 문제를 양보해가면서 까지도 금은 고려에 과거 거란에 대한 것 이상으로 강한 수준의 상하관계를 요구하였던 것이다.[50]

1127~29년, 고려의 誓表 제출 유예

금은 이와 같이 송·하와 盟誓를 주고받는 연장선상에서 고려에도 誓表를 제출할 것을 요구했던 것이다. 그런데 고려에서는 奉表稱臣을 결정하고서도 3년이 넘는 기간 동안 금의 요구를 받아들이기를 지체하고 있었다. 그 이유는 어디에 있었을까.[51] "盟誓라는 것은 흔히 敵國 사이에 서로 의심하고 꺼린

---

49) 金成奎, 「金朝의 '禮制覇權主義'에 대하여-「外國使入見儀」의 분석을 중심으로」, 『中國史研究』 86, 2013에서도 같은 의견을 제시하였다.

50) 이정훈, 앞의 논문, 2015, 209~216쪽 참조.

51) 기존 연구에서는 "당시 외교문서의 형식이란 상당히 중요한 의미가 있는 듯하다"고 하면서도 고려에서 과거 자신의 판도에 포함되었다고 생각했던 여진에 대해 끝까지 자존심을 내세우려 했던 것으로 보거나(朴漢男, 앞의 논문, 55~58쪽), 이 시기에 부상했

나머지 부득이하게 하는 것이라고 생각하였기 때문"이라는 인종의 해명은 거짓은 아니었던 것 같다. 실제로 고려에서는 과거 거란과 誓表·誓詔를 교환한 사실이 없었다. •앞서 검토하였듯이 고려국왕은 거란 황제로부터 꾸준히 책봉을 받았고, 논리적으로는 그로 인해 성립된 군신관계에 기반하여 표문과 조서를 교환하였다. 또한 앞서 언급했듯이 거란은 송과 대등관계에 기반한 誓書를 교환한 바 있었고, 夏로부터도 重熙 23년(1054) 10월, 誓表를 제출받은 일도 있었다.52) 그러나 거란이 고려에 誓表를 제출할 것을 요구한 일은 양국 관계가 지속된 한 세기 이상 동안에 단 한 차례도 확인되지 않는다. 금에서도 고려로부터 誓表를 받아내기 위해 갖은 노력을 기울였으며, 그것이 실현되었을 때에도 대단히 기뻐하였다고 한다.53) 그렇다면 앞서 사신의 어록에서 언급했던 것처럼 자신이 확보한 과거 거란과 고려의 외교문서 가운데서 誓表에 해당하는 것을 뽑아 고려에 제시하였으면 문제가 쉽게 해결될 수 있었을 것이다. 그러나 실제로 그러한 전례가 없었던 탓에 금에서도 확실한 근거를 제시할 수 없었을 것이다. 결국 고려 조정은 전례에 없던 일이었던 까닭에 금의 누차에 걸친 요구가 정확히 무엇을 의미하는지 이해하지 못하였고, 그 때문에 실로 3년여가 지나서야 서표를 제출하였던 것이다.

1129년, 고려의 誓表 제출

결국 고려는 인종 7년(1129) 11월, 미뤄왔던 誓表를 국왕 명의로 금 황제에게 제출하였다. 이 문서는 『고려사』세가에도 실려있지만, 여기서는 그 원문에 더 가까울 것으로 생각되는 『동인지문사륙』 3-27. 〈誓表〉를 인용해보겠다.

던 서경 세력의 대내외적 영향력을 원인의 한 가지로 보기도 하였으며(이정신, 「묘청의 난과 대금관계」, 『고려시대의 정치변동과 대외정책』, 景仁文化社, 2004), 고려 외교의 다른 한 축이었던 남송과의 관계에서 적절한 균형을 유지하기 위해서였다고 보기도 하였다(박윤미, 앞의 논문, 19~22쪽). 그러나 이미 奉表稱臣을 큰 저항 없이 결정했던 고려 조정에서 굳이 誓表의 제출에 이렇게 좌고우면했던 이유에 대해서는 충분히 해명되었다고 생각되지 않는다.

52) 『요사』 권20, 興宗 重熙 23년(1054) 10월 丙辰 ; 『요사』 권115, 二國外記, 西夏, 重熙 23년(1054) 10월.

53) 『금사』 권76, 宗幹 ; 권125, 韓昉.

마) 天會 6년(1128) 12월 24일에 報諭使 司古德과 副使 韓昉 등이 이르러 친히 語錄을 주었으니, (그 내용에) "樞密院의 箚字를 받아 聖旨를 받들었습니다. 그 내용은 '貴國이 반드시 옛 법도를 준수하여 왕실을 받들 것으로 생각하였던 까닭에 조정에서는 그 땅을 아까워하지 않고 특별히 할양해주었던 것인데, 그 이후로 몇 해가 되도록 아직 誓表를 바치지 않고 있다. 과연 성의를 다하고 충성을 다하여 상국을 받들겠다면 즉각 誓表를 바쳐 태도를 명백히 할 것이요, 그러면 조정에서도 또한 誓詔를 回賜하여 일체 관대하게 할 것이다. 이는 진실로 장구한 계책일 것이다.'라는 것이었습니다."라고 하였습니다. 사절이 영광스럽게 와서 훈계의 말씀으로 친밀히 깨우쳐주니 허리를 굽혀 명을 듣고는 황공하여 몸 둘 바를 모르겠습니다. [中謝]

삼가 생각하건대 周官의 司猛은 盟約하는 법을 관장하면서 邦國 가운데 화협하지 못한 곳들과 만민 가운데 명을 어기는 자들, 그 배신한 자들을 저주하였던 것일 뿐입니다. 쇠퇴한 말엽인 춘추시대에 이르러서는 列國이 서로 시기하고 의심하여 반드시 誠信으로써 대하지 못하고 오직 盟誓를 앞세우기도 하였습니다. 그런 까닭에 詩人들은 맹서가 너무 잦은 것을 조롱하였고, 夫子께서도 胥命을 옳다고 하셨던 것입니다.

엎드려 생각하건대, 황제께서는 지극한 덕은 앞서 어느 황제보다도 높으시고, 큰 신의는 천하를 덮었습니다. 환하게 一統을 여시고 사방을 모두 차지하시니, 큰 나라는 그 위엄에 떨고 작은 나라는 그 덕에 감복하고 있습니다. 저희 나라[小邑]는 변방의 한 귀퉁이에 있으면서 眞人께서 일어나셨다는 소식을 듣고 다른 나라보다 먼저 朝賀를 하였습니다. 그런 까닭에 防風의 죄를 면할 수 있었고 외람되이 儀父의 포상을 받을 수 있었으며, 모든 사소한 허물들을 용서받고 특별한 예우까지 받았으며, 변방의 땅을 내려주시고 공물을 바치는 법식을 깨우쳐주셨습니다. 조정에서 별달리 말씀이 없으신데 속국이 감히 다른 마음을 가졌겠으며, 엄명이 연달아 내려오는데 감히 공손히 받들지 않겠습니까.

삼가 맹세하건대, 君臣의 義로써 대대로 藩屛의 職을 다할 것이며, 忠信의 마음은 태양과 같을 것입니다. 혹시 변함이 있으면 귀신이 그를 죽일 것입니다.54)

이 문서에는 맨 마지막에 "삼가 맹세하건대, 君臣의 義로써 대대로 藩屛의 職을 다할 것이며, 忠信의 마음은 태양과 같을 것입니다. 혹시 변함이 있으면 귀신이 그를 죽일 것입니다.[謹當誓以君臣之義, 世脩藩屛之職, 忠信之心, 有如皎日. 苟或渝變, 神其殛之.]"라고 하여 금이 요구했던 대로 가볍지 않은, 확고한 맹세의 말을 담았다. 이 誓表를 천회 2년(1124) 夏에서 금에 올린 誓表의 그것과 비교해보면, 첫머리에 誓表를 제출하게 되기까지의 경위를 밝힌 점, 이어서 땅을 떼어준 데 대해 사의를 표한 점, 마지막으로는 "신이 이토록 정성을 다하여 굳게 맹서하며 세대가 바뀌어도 변하지 않을 것이며, 만약 어기는 바가 있으면 天地가 알아차리고 神明이 죽일 것이며, 그 화가 자손에까지 미쳐서 나라를 유지할 수 없을 것입니다.[臣誓固此誠, 傳嗣不變, 苟或有渝, 天地鑑察, 神明殛之, 禍及子孫, 不克享國.]"라고 맹세하는 말을 구체적으로 남긴 것 등에서 매우 흡사하다.[55]

---

54) 『동인지문사륙』 3-27. 〈誓表〉. 天會六年十二月二十四日, 報諭使司古德·副使韓昉等至, 親授語錄, "承樞密院箚字, 准奉聖旨. 意謂, '貴國必能祗率舊章, 遵奉王室, 故朝廷不愛其地, 特行割賜, 介後數歲, 尙未進納誓表. 果能推誠享上, 則納誓表, 皎然自明, 朝廷亦當回賜誓詔, 一切務從寬大. 誠長久之計者.'" 使節賁來, 訓辭密讖, 俯僂聞命, 淩兢失圖. [中謝] 竊以周官司盟, 掌其盟約之法, 盟邦國之不協, 與萬民之犯命, 而詛其不信而已. 至於衰季, 春秋之時, 列國交相猜疑, 不能必於誠信, 而惟盟誓之爲先. 故詩人譏其屢盟, 而夫子與其胥命. 伏惟皇帝, 至德高於帝先, 大信孚於天下. 光開一統, 奄有四方, 大邦震其威, 小邦懷其德. 惟是小邑, 介在防隅, 聞員人之作興, 先諸域而朝賀. 故得免防風之罪, 辱儀父之襃, 略諸細故, 待以殊禮, 錫之邊鄙之地, 諭之以貢輸之式. 朝廷更無於他故, 屬國敢有於異心, 而嚴命荐至, 敢不祗承. 謹當誓以君臣之義, 世脩藩屛之職, 忠信之心, 有如皎日. 苟或渝變, 神其殛之.

이 문서의 내용은 『고려사』 권16, 인종 7년(1129) 11월 丙辰에도 실려 있다. 그러나 앞 부분의 "天會六年"부터 "誠長久之計者"까지는 『고려사』에는 없는 내용이다. 양자의 원문을 비교해보면, 『고려사』에 빠진 부분을 제외하고는 몇 글자에 차이가 있을 뿐이나, 내용 자체에 영향을 줄 정도의 차이는 아니다.

한편 『동인지문사륙』에는 이 문서의 제목 아래에 연도를 戊申이라고 기재하였는데, 무신년은 인종 6년(1128)이므로 오류이다. 또한 이 문서의 작성자를 『동인지문사륙』에서는 金富軾이라고 표시하였다. 불과 10여 년 전인 예종 11년(1116)에 송에 사신으로 파견되어 이듬해까지 반 년 가까이 송의 수도에 머물면서 『동인지문사륙』 권9에 총 18건의 陪臣表狀과 권13에 16건의 狀을 남기면서 송의 선진 문물을 찬양했던 金富軾이 夷狄視했던 여진의 금에 충성을 맹세하는 誓表를 지었어야 했다는 것이 매우 아이러니하다. 김부식의 對宋 사행에 대해서는 豊島悠果, 「─―六入宋高麗使節の體驗─外交·文化交流の現場」, 『朝鮮學報』 210, 2009(豊島悠果, 『高麗王朝の儀禮と中國』, 東京, 汲古書院, 2017에 재수록) 참조.

55) 『금사』 권134, 外國 上, 西夏, 天會 2년(1142).

고려의 서표 제출 이후

이로써 3년 이상을 끌어 온 誓表 제출이 일단 마무리되었다. 그리고 이듬해 3월, 서표 제출을 위해 파견되었던 고려의 사신이 돌아오는 길에 금 熙宗의 조서를 받아 가지고 왔다. 그런데 거기에는 誓表를 잘 접수하였다는 언급만이 있었을 뿐,56) 그 문서 자체는 서표에 대한 정식 회신인 誓詔가 아니었다. 그리고 금은 이와 함께 보내온 別錄이라는 문서를 통해 양국 사이에 가장 첨예한 쟁점이 되고 있었던 保州의 인호 문제를 제기하였다.

> 바) 別錄에 이르기를, "지난번 高伯淑을 파견하여 宣諭하러 가게 했을 때에는 다만 保州의 비어있는 성에 대해서만 언급하였다. (중략) 지금 보내온 표문을 보니 그 뜻은 그럴싸하지만 호구를 돌려보내겠다는 언급은 없다. 말을 하면 필시 '生辰과 正朝를 하례하는 것부터 橫使에 이르기까지 그 시기를 어기지 않고 있습니다. 하물며 명을 좇아 誓表를 바쳤으니 의심을 끊어내기에 충분할 것이라 생각하여 (호구를) 交付하는 일에 대해서는 언급하지 않습니다.'라고 변명한다. 그러나 만일 전후의 호구를 헤아려본다면 그 수가 적지 않을 것인데 모두 다 죽었다는 것은 이유가 될 수 없다. (중략) 만약 혹시라도 이에 응하기 어렵다면 보내온 誓章도 또한 믿지 못할 것이다."라고 하였다.57)

즉 금에서 保州의 영토를 돌려준 데 대해 고려에서 誓表를 제출한 것은 인정하지만, 여전히 관할 인구 문제를 추가로 제기하며 그 해결을 요구한 것이다. 이에 대해 고려에서는 그해 12월 새로 사신을 파견하여 保州에 유입해들어온 인구의 쇄환 요청을 중단해줄 것을 간곡히 요청하며, 마지막으

---

56) 『고려사』 권16, 인종 8년(1130) 3월 己未. 省所上稱謝, 進奉銀器茶布等物, 幷付進誓表事, 具悉. 朕不已而征見, 立俘於二罪, 非常之慶, 逐誕告於四方. 卿荐守王藩, 篤守臣節. 露囊章而展謝, 旅籃貢以將誠, 載念忠嘉, 豈忘嘆尙. 有所合議事件, 具如別錄, 至當深省, 以善後圖."

57) 『고려사』 권16, 인종 8년(1130) 3월 己未. 別錄云, "昨遣伯淑宣諭去時, 止言保州虛城. (중략) 今覽來表文, 意似重訖, 無歸納戶口辭. 語必謂, '入賀生辰·正朝, 至于橫使, 不失其時. 況又從命, 上訖誓表, 足絶猜貳, 故以不言交付之事.' 若計前後新舊戶口, 其數不少, 無因俱爲物故. (중략) 如或果難依應, 所進誓章, 亦無爲定."

로 "해바라기의 뜻은 한결같이 태양을 향하며, 강물의 흐름은 쉼없이 넓은 바다를 향하는 것과 같습니다. 皇天后土가 臣의 이 말을 바라보고 계십니다."라는 맹세의 말을 더하였다.[58] 이 문서 자체는 誓表라고 명시되어 있지 않으나, 마지막 구절에 맹세의 말을 더한 것은 전년에 제출한 誓表에서 마지막에 "혹시 변함이 있으면 귀신이 그를 죽일 것입니다."라고 한 구절과 뜻이 통한다. 이 문서 역시 誓表였다고 볼 수 있다.

이처럼 고려로부터 保州의 영토를 이유로 한 차례, 그리고 그 人戶에 대해서 다시 한 차례 誓表를 받은 금은 더 이상 보주 영유권 문제를 제기하지 않았다. 이로써 보건대 금이 고려와의 관계 초기에 誓表 제출을 집요하게 요구했던 것은 고려로부터 확실한 우위를 확인받기 위함이었던 것으로 볼 수 있다. 이 과정에서 보주 영유권 문제를 계속 제기했던 것은 이를 관철시키기 위한 일종의 수단으로서 활용한 측면이 강하다고 할 수 있다.[59] 고려로서는 誓表 제출이 거란과의 관계에서는 전례가 없는 일이었으나 숙원이었던 압록강 하류를 확보하는 대가를 얻을 수 있었던 만큼 금의 요구를 수용하였던 것으로 보인다.

3. 고려국왕 책봉 지연의 배경과 새로운 국제질서의 탄생

고려국왕 책봉의 지연

이처럼 인종 7년(1129)의 誓表 제출을 마지막으로 양국 사이의 외교관계 설정에서 갈등을 일으켰던 주요 논점은 모두 해결되었다. 인종 4년(1126)에 고려에서 奉表稱臣을 단행한 이후, 대체로 고려와 거란 사이의 옛 제도를 그대로 준수하는 것을 원칙으로 결정되었으나, 전례가 없었던 誓表 제출 문제에 관해서는 약간의 논란이 있었던 것이다. 최종적으로는 금의 요청을 고려가 받아들이는 형식으로 해서, 금에서 요구한 맹세의 말을 담은 誓表를

---

58) 『고려사』권16, 인종 8년(1130) 12월 乙酉. 遣左司郎中金端如金, 請免追索保州投入人口. 表曰, "(중략) 葵藿之志, 向白日以長傾, 江漢之流, 朝滄海而不息. 皇天后土, 鑑臣此言."
59) 朴漢男 역시 금에서 誓表를 요구한 목적이 그들에 대한 고려의 충성도를 시험하려는 데 있었다고 파악하였다. 朴漢男, 앞의 논문, 69쪽.

제출하였다.

誓表 내용의 마지막에 고려는 "君臣의 義로써 대대로 藩屏의 職을 다할 것[以君臣之義, 世脩藩屏之職]"을 맹세했는데, 실제로 군주 사이의 군신관계를 명백하게 설정하는 의례 절차라고 할 수 있는 책봉은 誓表 제출 무렵에는 아직 이루어지지 않았다. 이 문제가 해결되어 고려국왕이 금 황제의 책봉을 받게 된 것은 그로부터도 13년이 흐른 뒤인 인종 20년(1142)의 일이었다. 실제로 이 사이에 양국 사이에 책봉에 관련된 논의가 이루어진 흔적도 엿보이지 않는다. 이처럼 책봉이 늦어진 이유는 무엇이었을까.

금의 주변국 군주 책봉

금이 주변국의 군주를 책봉한 사례는 1120년대 중반 이후 몇 차례 있었다. 금은 天會 3년(1125) 거란의 마지막 황제 天祚帝가 降表를 올리자 그를 海濱王으로 降封하였다.[60] 또한 천회 4년(1126)에는 금군이 송의 開封을 포위하자 송의 欽宗이 降表를 올렸는데, 이듬해 徽宗과 欽宗을 포로로 잡아간 이후 각각 昏德公과 重昏侯로 강봉하였다.[61] 또한 천회 5년(1127)에는 송의 옛 영역이었던 河南 일대에 괴뢰정권인 楚를 세우고 張邦昌을 '大楚皇帝'로 책봉하였으며,[62] 이어서 천회 8년(1130)에는 楚의 뒤를 이어 세운 齊에 劉豫를 황제로 책봉하였다.[63]

이어서 금은 인종이 책봉을 받기 직전 무렵에는 주변국의 군주들을 연이어

---

60) 『금사』 권3, 太宗 天會 3년(1125) 8월 丙午 ; 『요사』 권30, 天祚皇帝 保大 5년(1125) 8월 丙午. 이때의 降表가 『大金弔伐錄』에 실린 〈遼主耶律延禧降表〉이며(『大金弔伐錄校補』, 中華書局, 2001, 507~510쪽), 그를 降封하면서 내린 문서가 〈降封遼主爲海濱王詔〉이다 (앞의 책, 2001, 511~514쪽).

61) 『금사』 권3, 太宗 天會 6년(1128) 8월 丁丑. 이때의 책봉문이 『大金弔伐錄』의 〈降封昏德公詔〉 및 〈降封重昏侯詔〉이다. 앞의 책, 526~528쪽 및 528~529쪽.

62) 『금사』 권3, 太宗 天會 5년(1127) 3월 丁酉. 이때의 책봉문이 『大金弔伐錄』에 실린 〈冊大楚皇帝文〉이다. 앞의 책, 434~441쪽.

63) 『금사』 권3, 太宗 天會 8년(1130) 9월 戊申. 이때의 책봉문이 『大金弔伐錄』에 실린 〈冊大齊皇帝文〉이다. 앞의 책, 539~544쪽. 大楚皇帝로 책봉되었던 劉豫는 7년 후 蜀王으로 강봉되었다. 『大金弔伐錄』, 〈降封劉豫爲蜀王詔〉(앞의 책, 544~547쪽). 금이 송의 옛 영역이었던 河南 일대에 세웠던 두 괴뢰정권 楚와 齊에 대해서는 外山軍治, 「金朝の華北支配と傀儡國家」, 『金朝史研究』, 東京 : 同朋社, 1964를 참조.

책봉하였다. 熙宗 天眷 3년(1140)에는 夏의 仁宗을 夏國王으로 책봉하였고,[64] 皇統 2년(1142)에는 2월에 남송의 高宗으로부터 誓表를 받은 데 이어, 3월에 그를 大宋皇帝로 책봉하였다.[65] 그리고 그해 정월에 고려국왕을 책봉하는 사신을 파견하였고, 그는 5월에 고려 개경에 도착하여 책봉 의례를 행하였다.[66]

그렇다면 앞서 제기했던 문제, 즉 금에서 국왕을 책봉하는 데까지 양국관계가 성립되고서도 10여 년의 시간이 걸렸던 이유는, 당시 금이 만들어내고자 했던 국제질서의 모습 속에서 찾을 수 있다. 1120년대 중반, 금은 당시 동아시아에서 주요한 정치체였던 하와 거란, 송, 그리고 고려로부터 誓表, 降表 혹은 誓書를 받아내는 것으로 이들과의 외교관계를 일단 정식화하였다. 반면에 자신이 직접 공격하여 취한 중국의 河南 땅에 세운 괴뢰정권인 楚와 齊의 군주는 황제로 책봉하였다. 이 시점에서의 책봉은 금이 실질적으로 임명하였던 것이고, 따라서 금이 자신의 의지에 따라 그 지위를 박탈할 수도 있는 것이었다.

그러다가 天會 15년(1137) 齊를 없애고 그 군주 劉豫를 蜀王으로 강봉하면서, 자신이 직접 任免할 수 있는 외국 군주는 사라지게 되었다. 그리고 마침 天眷 2년(1139)에 夏의 군주였던 崇宗 李乾順이 사망하고 그 아들인 仁宗 李仁孝가 즉위하자 이듬해 그를 夏國王으로 책봉하였다. 이는 금이 자국의 영향권 하에 있어 직접 임면할 수 있는 군주가 아닌 외국의 군주를 책봉한 최초의 사례가 되었다. 또한 송과는 1140년부터 이듬해에 걸친 전쟁 끝에 1141년(송 紹興 11년, 금 皇統 원년)에 이른바 紹興和議를 맺어 송과 금 사이의 군신관계를 확인하고, 다시 황통 2년(1142)에는 송의 高宗을 황제로 책봉하였다.[67]

---

64) 『금사』 권4, 熙宗 天眷 3년(1140) 5월 己卯 ; 『금사』 권134, 外國 上, 西夏, 天眷 2년(1139).

65) 『금사』 권4, 熙宗 皇統 2년(1142) 2월 辛卯 ; 3월 丙辰. 『금사』 권77, 宗弼에 그때의 誓表와 冊文이 실려 있다.

66) 『금사』 권4, 熙宗 皇統 2년(1142) 정월 乙巳 ; 『고려사』 권17, 인종 20년(1142) 5월 庚戌 ; 戊午.

67) 1140년부터 1142년에 걸친 양국의 전쟁과, 그로 인한 양국관계의 재편에 대해서는 趙永春, 앞의 책, 2005, 170~197쪽 참조.

금의 고려국왕 책봉과 재편된 국제질서

그리고 그 연장선상에서 고려 인종 20년(1142)에 드디어 고려국왕도 책봉하였다. 한 가지 주목되는 것은 이때 인종을 儀同三司 柱國 高麗國王으로 책봉했다가 곧바로 開府儀同三司 上柱國으로 加冊하였다는 점이다.[68] 이는 夏國王의 책봉 때도 마찬가지였는데, 처음 책봉과 동시에 開府儀同三司 上柱國로의 加冊까지 시행했던 것이다.[69] 즉 이미 1120년대 중반 이후 奉表稱臣하고 誓表까지 제출하여 군신관계임을 분명히 했음에도 이때까지 책봉을 미루어오다가, 10여 년의 시간이 경과한 후에 책봉을 하면서 기존의 관계를 소급하여 책봉한 것으로 인정하고, 그에 이어서 加冊까지 한 번에 함께 했던 것이다.

이상의 흐름을 돌이켜보면, 12세기 초 금을 중심으로 재편되어가던 국제질서에서 금이 주변 세력으로부터 覇權을 확인하는 방식에는 두 단계가 있었던 것으로 정리할 수 있다. 즉 거란을 멸망시킨 1125년부터 1130년대 후반까지 금은 자신을 정점에 두고 그 아래에 직접적인 임면권을 행사할 수 있는 괴뢰정권인 楚와 齊의 군주만을 책봉하고, 전통적 의미의 외국이라고 할 수 있는 송·서하·고려로부터는 誓書 내지 誓表를 받는, 두 층위의 국제질서를 구상하고 있었다. 그러다가 1137년에 齊를 廢國한 이후로는 과거와 같이 주변국의 군주들을 책봉하는 방식으로 변화하였던 것이다. 이처럼 국제질서에 대한 금의 구상이 변화함에 따라 고려는 1120년대 말에는 誓表를 올리고, 1142년에 이르러서야 책봉을 받는 형식을 취했던 것으로 볼 수 있다.

이로써 1142년 시점에서의 동아시아 국제질서를 조망해보면, 上京에 수도를 둔 金이 최고의 지위에 위치하고, 그 아래에 금 황제의 책봉을 받은 皇帝가 다스리는 송과, 역시 책봉을 받은 국왕이 다스리는 夏·고려가 병립하는 형태였음을 알 수 있다. 이는 11세기에 송과 거란의 황제가 형제관계가 되기도 하고, 叔姪관계가 되기도 하는 등 변동은 있었으나 擬制家族關係에 따라 기본적으로 대등한 관계에 있었던 시대와는 전혀 다른 모습이라고 할 수 있다.[70]

---

68) 『고려사』 권17, 인종 20년(1142) 5월 戊午.

69) 『금사』 권134, 外國 上, 西夏, 天眷 2년(1139).

70) 최근 김성규는 金의 賓禮를 분석하여 금의 황제 앞에 송, 고려, 서하 세 나라의 사신이

4. 책봉문서의 서식 : 冊의 기능과 의미

금의 고려국왕 책봉문서

이후 고려는 금의 황제로부터 인종부터 康宗까지 여섯 명의 국왕이 차례로 책봉을 받았다. 明宗 이후부터는 무신집권기에 해당하여 국왕이 자주 교체되기도 하였는데, 금에서 명종과 神宗의 즉위과정에 의문을 제기하는 바람에 책봉이 조금 지연된 것을 제외하고는 모든 국왕이 책봉을 받았으며, 그 과정도 비교적 순탄하였다. 그렇다면 이때의 책봉문서는 어떠한 양식이었을까.

인종의 책봉에 관한『고려사』의 기록은 비교적 자세하다. 이를 하나하나 뜯어보면 다음과 같다.

> 사) (인종 20년(1142) 5월) 戊午(26일). 왕이 宣慶殿에서 詔書를 받았다. 詔의 내용은 다음과 같다. "(중략) 이제 사신을 파견하여 冊命을 하고 九旒冠 1頂, 九章服 1副, 玉珪 1개, 金印 1개, 玉冊 1개, 象輅 1개, 말 4필 등을 하사하며, 별도로 衣對·匹段·器用 약간과 안장과 고삐를 갖춘 말 3필, 散馬 4필을 하사한다."
>
> 冊의 내용은 다음과 같다. '① 옛날 先王들은 경계를 정해 천하를 다스림에 六服으로 나누어 책봉하고 대대로 이를 지키게 함으로써 천하 공론에 크게 맞게 하려 하였다. 이제 짐이 君臨함에 융성했던 옛날을 돌이켜 보며 또한 덕을 숭상하고 어진 이를 본받음으로써 天道를 받들려 한다. ② 아아, 그대 王楷는 영명한 기운은 남보다 빼어나고 아름다운 자질은 순수하고 성대하다. 어려서부터 효성스럽고 우애로우며 진실로 공경을 다함으로써 부모를 잘 섬긴다고 소문이 났고, 왕위를 계승한 후에 이르러서는 겸손한 덕이 더욱 높아졌다. 돌아보건대 그대의 선대는 충정을 돈독히 함으로써 큰 나라를 정성껏 섬겼고, 그 은혜와 가르침을 마음속에

나란히 선 모습이 구현되는 모습을 복원하고, 이를 통해 드러나는 금의 세계관을 '禮制覇權主義'라고 명명한 바 있다(金成奎, 앞의 논문, 2013). 금 황제가 주변국 전체의 군주들을 책봉하는 이러한 상황도 그와 같이 명명할 수 있을 것으로 생각한다.

품어 수백 년을 이어옴으로써 자손인 그대가 평안을 누릴 수 있게 하였다. 그대 또한 선대의 성실함을 이어 받아 아침 일찍부터 밤늦게까지 근신하고 공경하며 악행을 없애고 선행을 숭상하였다. 또한 올바른 법도를 받들어 선대의 공렬을 더욱 빛나게 하였으니, 짐은 그를 매우 가상히 여겨왔다. 이미 여러 해가 지나도록 책봉하는 전례를 내리지 못했으니, 세상의 공론이 들끓을까 크게 두렵도다. ③ 이제 사신을 파견하여 節을 가지고 가서 그대를 儀同三司 柱國 高麗國王으로 책봉하여 길이 우리의 제후로 삼는다. ④ 아, 하늘의 뜻은 헤아리기 어려우며 그 명은 항상 똑같지 않으나, 덕을 행하기를 좋아하는 자에게는 온갖 상서를 내리고 의리를 지키지 않으면 강한 자가 약한 자의 것을 빼앗는다. 귀하다고 뽐내지 말 것이며 부유하다고 낭비하지 말 것이며, 평안하다고 감히 나태하지 말라. 나 한 사람의 심원한 가르침을 듣고서 많은 복을 누리고, 백성들과 함께 대대로 누린다면 어찌 훌륭하다 하지 않겠는가."[71]

먼저 조서에는 책봉에 수반하여 금에서 인종에게 사여한 물품의 이름이 열거되어 있다. 앞서 거란 대와 마찬가지로 국왕의 冕服으로 九旒冠과 九章服이 포함되어 있으며, 책봉문서로는 玉冊의 이름이 보인다. 이를 통해 '冊曰'이하에 인용된 부분이 冊에 기록된 문장임을 알 수 있다. 책문의 내용을 분석해보면, ①에서 책봉의 배경을 밝히고, ②에서 수봉인인 고려 仁宗의 이름을 부르고, 그의 공덕을 칭찬하였으며, ③에서 인종을 儀同三司 柱國 高麗國王으로 책봉함을 명기하고, ④에서 그에 대한 당부의 말로 마무리하고 있다. 이러한 구성은 앞서 오대부터 거란에 이르기까지 책봉문서의 전형적인 구성과

---

71) 『고려사』권17, 인종 20년(1142) 5월. 戊午. 王受詔于宣慶殿, 詔曰. "(중략) 今遣使冊命, 仍賜九旒冠一頂, 九章服一副, 玉珪一面, 金印一面, 玉冊一副, 象輅一, 馬四匹, 別賜衣對·匹段·器用若干, 鞍轡馬三匹, 散馬四匹." 冊曰, "昔先王, 疆理天下, 錫命六服, 率因世守, 用丕協于大公. 肆朕君臨, 若稽隆古, 亦惟崇德象賢, 以奉若天道. 咨, 爾楷, 英氣邁往, 淑質純茂. 粤自早歲, 以孝友誠敬, 事親有聞, 逮其纘服, 祗德彌邵. 眷爾先哲, 克篤忠貞, 以謹事大邦, 懷保惠訓, 載祀數百, 用詒燕于爾躬. 爾亦迪知忧恂, 夙夜兢翼, 艾刈崇激. 式克敬典, 乃增裕于前烈, 朕甚嘉之. 越玆既累年, 而典冊未稱, 大懼怫鬱公議. 今遣使持節冊命爾爲儀同三司柱國高麗國王, 永爲我藩輔. 於戲, 惟天難忱, 惟命不于常, 人之攸好德, 降之百祥, 義之不庸, 彊自取弱. 勿矜于貴, 勿溢于富, 勿敢怠于宴康. 聽予一人之猷訓, 以徼受多福, 其以有民世享, 豈不偉歟."

큰 차이가 없다.

이어서 明宗 대의 책봉에 관한 기사에서도 국왕이 일단 昇平門에 나가 조서를 맞이하고 大觀殿에서 책봉문서인 冊을 전달받는 의식을 행했음이 확인된다. 이때의 조서에도 책봉과 함께 구류관과 구장복, 玉圭와 함께 玉冊 1개와 金印 1개 등을 사여한다고 명기하고 있다.[72] 금 대에도 마찬가지로 구류관과 구장복은 皇太子 내지 親王들이 입도록 규정된 冕服으로,[73] 고려국 왕에게 작제적으로 금의 친왕과 비슷한 수준의 예제적 지위를 인정한 것으로 이해할 수 있다. 또한 해당 기사에 뒤이어 '冊曰' 이하에 인용된 冊文 역시 인종이 받은 책문과 구성이 동일하다.[74]

금의 熙宗 冊文

한편 금에서 고려국왕에게 내려준 책문 가운데 한 편이 금 대의 文集에 실려 있어 주목된다. 금 대의 문신 趙秉文이 남긴 『閑閑老人滏水文集』에는 泰和 6년, 즉 고려 熙宗 2년(1206)에 지은 〈封高麗成孝王冊文〉이 실려 있다. 전문을 옮겨보면 다음과 같다.

> 아) 황제는 말한다. 封土를 나누고 藩屛을 심는 것은 실로 幹臣에게 의뢰하는 것이고, 대대로 어진 이를 본받는 것은 덕 있는 자를 숭상하여, 큰 법도를 따르고 지극한 공정함을 밝히고자 힘쓰는 것이다. 우리 祖宗은 華夏를 經略함에 또한 영토를 크게 열고 먼 곳 사람들도 어루만지고 품어주었다. 짐은 옛날 大道가 행해지던 때와 같이 선대의 공적을 잘 이어 東土를 돌아보아, 우리 대대로의 신하에게 마땅히 책명하는 영광을 더함으로써 중요한 지방을 총애하는 뜻을 펼쳐야 하겠다.
> 아, 너 起復 知高麗王國事 王韺은 타고난 재질이 명민하고 천성이 치우치지 않아 엄숙하고 삼감으로써 몸을 편안히 하고 충성과 신의로써 도를 행하였다. 그대의 선대는 아득히 동쪽 구석에 살면서도 象輅와 介圭를

---

72) 『고려사』 권19, 명종 2년(1172) 5월 壬午.
73) 『금사』 권43, 輿服志, 皇太子冠服.
74) 『고려사』 권19, 명종 2년(1172) 5월 壬午.

하사받아 大國으로부터 봉토를 얻어 열고는 彤弓과 방패를 하사받아 왕조의 藩屛이 되었으니, 그 도를 실천하고 닦은 것이 대대로 빛나지 않았겠는가. 그대와 그대의 아버지는 그 끝을 잘 이루었도다. 그대의 공을 열어 쉬지 않고 힘쓰면 바로 召公과 비슷하게 될 것이고, "그대 훌륭한 기둥을 두었다"고 한다면 宣王이 申伯에게 명한 것과 같게 될 것이다. 이에 그대에게 봉토를 주어 나의 조상 때 일을 잇게 함으로써 영원히 우리의 藩輔가 되게 하고 앞 사람들을 좇아 모시고자 한다. 아, 오직 덕이 있는 자만이 인민을 화합하게 할 수 있고, 오직 정도를 지켜야 만이 부귀를 보전할 수 있다. 할 수 없다고 하지 말고 오직 마음을 다하며, 고달프다고 하지 말고 오직 공경히 임하도록 하라. 네 임무를 신중히 이행하고 네 백성을 잘 다스리며 가서 네 마음을 다하면서 오직 짐의 명을 들으라.[75]

이 문서는 희종 2년(1206) 4월에 고려에 전달된 희종의 冊文이다.[76] 앞에서 살펴보았듯이 冊文의 기본 형식에서 첫 머리는 "維年號幾年歲次甲子某月甲子朔越某日甲子, 皇帝若曰"로 시작하는데, 위에서 인용한 문장은 "皇帝若曰"로 시작하고 있는 것을 보면 연월일을 기재한 부분만 제외하고는 책문의 형식을 거의 그대로 보전하고 있는 것으로 보인다. 이 문서 역시 ① 책봉의 배경,

---

75) 『閑閑老人滏水文集』 권10, 雜體, 〈封高麗成孝王冊文〉(董克昌 主編, 『大金詔令釋注』, 黑龍江人民出版社, 1993, 573~574쪽에서 재인용). 皇帝若曰. 分封樹屛, 實賴幹臣, 繼世象賢, 以崇有德, 率由彝憲, 懋明至公. 惟我祖宗, 經略臣夏, 亦大啓夫土宇, 用綏懷於遠人. 朕若昔大猷, 紹休先緒, 乃睠東土, 惟我世臣, 宜加錫命之榮, 庸展幹方之寵. 咨, 爾起復知高麗王國事王䞲, 受材明敏, 賦性中庸, 有肅恪以視身, 資忠信以行道. 惟乃先世, 荒於東陲, 象輅介圭, 啓封圻於大國, 彤弓錫盾, 作藩屛於王朝, 踐修厥猷, 不顯亦世. 爾曁汝父, 克成厥終. 肇敏戎公, 嘉召公之是似, 女有良翰, 命中伯以于宣. 是用界爾苴茅, 纘我祖考, 以永爲我藩輔, 用追配於前人. 於戲, 惟有德可以和人民, 惟謹度可以保富貴. 罔曰弗克, 惟旣厥心, 罔曰孔艱, 惟敬厥事. 愼乃服命, 律乃有民, 往盡乃心, 典聽朕命.
이 문서는 張東翼, 『元代麗史資料集錄』, 서울대학교출판부, 1997, 345~346쪽에도 인용되어 있다. 이 책에서는 이 문서가 희종 즉위년(1204)에 전달된 것으로 파악하였으나, 『大金詔令釋注』에서는 희종 2년의 것으로 보았다. 이 문서가 冊文이므로 희종 2년 책봉 때에 전달된 것이 맞다고 판단하여, 후자의 설을 따랐다. 조병문의 관력 등에 대해서는 『金史』에 실린 그의 열전(권110)을 참조.

76) 『고려사』 권21, 희종 2년(1206) 4월.

② 수봉자에 대한 襃奬, ③ 수봉자에 대한 訓諭 등의 내용으로 구성되어 있어, 책봉문서의 전형적인 모습을 보여주고 있다.

금의 책봉문서, 冊

이상에서 고려국왕이 금의 황제로부터 책봉을 받을 때에 전달된 문서는 冊이었음을 알 수 있다. 이는 과거 오대 왕조부터 송·거란 대의 책봉문서의 양식과 완전히 동일한 것이었다. 그렇다면 금 대에 冊은 어떤 대상을 책봉할 때에 쓰인 문서였을까. 금 대의 조령문서를 집록해놓은 『大金詔令釋注』 가운데 封冊은 권2에 실린 〈裴滿氏爲皇后冊文〉(출전은 『大金集禮』 권5, 皇后), 그리고 권3에 실린 〈冊皇子濟安爲皇太子文〉과 〈允恭爲太子冊文〉, 〈宗顔璟爲皇太孫冊文〉(세 편 모두 출전은 『大金集禮』 권8, 황태자) 등 네 편이 전부이다.[77] 『金史』 禮志에도 마찬가지로 冊封禮를 통해 그 지위를 임명하는 대상으로는 황후와 황태후, 황태자만을 언급하고 있다.[78] 이로써 금에서 冊文은 皇后나 皇太子를 세울 때에 쓰인 문서임을 알 수 있으며, 冊의 수여 대상의 폭이 넓지 않았음을 추측할 수 있다. 결론적으로 고려국왕을 책봉하는 문서식으로 冊을 썼다는 것은 그 지위를 국내의 황실 구성원과 마찬가지로, 일종의 작위로서 인식하고 있었음을 의미한다고 볼 수 있으며, 그런 면에서는 송 및 거란 대의 관행과 일치한다. 또한 과거 거란처럼 금에는 柴冊禮와 같은 독자적인 의례가 없었던 까닭에, 고려국왕에 대한 책봉 의식도 南郊 등 성 밖이 아닌 개경의 宮城 내에서 거행하였다.

소결 : 초기 고려-금의 단계적 관계 설정

이상에서 고려와 금의 초기 접촉 단계인 예종 11년(1116)에서 인종 20년 (1142)까지 양국이 외교관계를 설정해가는 과정을 살펴보았다. 이를 금 측의 요구에 따라 단계별로 정리해보면, 예종 12년(1117) 첫 번째 외교문서에

---

77) 董克昌 主編, 『大金詔令釋注』, 哈爾濱 : 黑龍江人民出版社, 1993.
78) 『금사』 권37, 禮志 10, 〈冊皇后禮〉 ; 〈冊皇太后禮〉 ; 〈冊皇太子禮〉.

서는 형제관계를 표방하였다가, 2년 뒤인 예종 14년(1119)에는 군신관계를 요구하였고, 인종 4년(1126) 고려에서 奉表稱臣을 단행한 후에는, 인종 5년 (1127)부터 誓表 제출을 요구하여 7년(1129) 성사시켰다. 그리고 한참의 시간을 보낸 후인 인종 20년(1142) 최종적으로 책봉에 이르게 되었다.

이상의 절차는 시간이 지날수록, 금의 國勢가 강해질수록 상하관계의 정도를 크게 표현해가는 과정이었다고 해석할 수 있다. 이 과정에서 誓表의 제출은 과거 고려와 거란의 관계에서는 없던 절차였으며, 책봉이 지연된 것은 금이 구상하는 책봉을 매개로 한 국제질서의 내용에 변화가 생겼기 때문이었다. 최종적으로는 금 중심의 국제질서를 반영하는 방식으로 표현되었으며, 이는 고려가 과거 거란과의 관계에 비해서 좀 더 명확한 상하관계를 반영하는 의례를 수행하는 결과로 이어졌다.

반면에 고려와 금 사이 초기의 가장 중요한 현안이었던 保州의 영유권 문제에서 고려는 금 측으로부터 대폭 양보를 얻어내었다. 논의 과정을 통해 보건대 금 측은 保州의 관할권을 조건으로 내거는 듯한 태도를 취하면서까지 고려의 서표 제출을 관철시키고자 하였다. 새로 부상하고 있던 금으로서는 영토 및 인구와 같은 실질적인 이익보다도 과거 上國으로 인정했던 고려로부터 확실하게 명분적인 우위를 확보하는 것을 우선시했던 것이다. 한편 고려는 이와 같은 금의 요구를 수용하면서 숙원으로 삼았던 압록강 하류 유역에 대한 확실한 영유권을 확보하는 외교적 성과를 거두었다고 평가할 수 있다.

4절 고려-금 관계의 안정화와
사안에 따른 교섭 경로 설정

고려-금 관계 연구사

1115년 건국한 금과의 외교관계는 10여 년에 걸친 논의 끝에 仁宗 4년(1126) 고려에서 奉表稱臣함으로써 양국 군주 사이의 군신관계를 확인하는 것으로 설정되었다. 이후 인종 7년(1129)의 誓表 제출, 인종 20년(1142)의 인종 책봉 등의 절차가 더 있었지만, 기본적으로 고려-금 관계는 인종 4년 단계에서 일단 정식화되었다고 볼 수 있다. 그리고 이때에 설정된 기본적인 원칙은 이후 양국관계가 지속된 거의 한 세기 동안 그대로 유지되었다. 이 동안 양국 사이에서는 영토분쟁과 같은 심각한 갈등이 거의 없이, 비교적 평화로운 관계를 지속할 수 있었다. 그런 까닭에 고려와 금의 외교관계를 보여주는 사료는 많이 남아 있지 않고, 그 탓인지 이에 관한 연구 또한 고려와 다른 외국과의 관계에 비해 활발하지는 않은 편이다.

고려와 금 외교관계 전반에 대한 연구가 몇몇 이뤄졌으며,[1] 12세기 국제관계 전체 속에서 고려와 금의 관계를 다룬 연구,[2] 고려와 금의 冊封에 대한

---

[1] 黃寬重, 「高麗與金·宋的關係」, 『아시아문화』 1, 1986 ; 朴漢男, 「高麗의 對金外交政策 研究」, 성균관대학교 박사학위논문, 1994 ; 한정수, 「금과의 외교」, 동북아역사재단 한국외교사편찬위원회 편, 『한국의 대외관계와 외교사-고려편』, 동북아역사재단, 2018.

[2] 윤영인, 「10~13세기 동북아시아 多元的 國際秩序에서의 冊封과 盟約」, 『東洋史學研究』 101, 2007 ; 윤영인, 「10~12세기 동아시아의 다원적 국제질서와 한중관계」, 이익주 외 지음, 『동아시아 국제질서 속의 한중관계사』, 동북아역사재단, 2010 ; 黃純艷, 「南宋 과 金의 朝貢體系 속의 高麗」, 『震檀學報』 114, 2012.

연구3) 등이 있다. 또한 인종 대 양국관계의 형성에 대해 주목한 연구가 있고,4) 아울러 금과의 외교관계를 고려 국내의 정세 변동과 연동지어 분석한 연구도 이뤄진 바 있다.5) 또한 최근에는 특정 사안,6) 특정 의례나 사행 등과 관련된 연구들이 제출되고 있다.7) 대체로 기존 연구는 양국 관계가 설정되었던 12세기 초에 집중되거나, 혹은 단편적인 사건 위주로 간략하게 정리된 정도이다.

고려-거란 관계의 舊制 준수 합의

앞으로 더 자세히 살펴보겠으나 고려와 금은 기본적으로 고려와 거란 사이에 행해졌던 기존 제도를 그대로 따르기로 합의하였다. 이는 당시에 몇 차례에 걸쳐 반복적으로 언명되었는데, 관련 언급을 열거해보면 다음과 같다.

> 가-1) 금의 宣諭使 同僉書樞密院事 高伯淑, 鴻臚卿 烏至忠 등이 왔다. 金主가
> 고백숙 등에게 勅을 내려 말하기를, "고려와 사신을 주고받는 데 대한
> 모든 사안은 마땅히 遼의 옛 제도를 그대로 따르도록 하라."라고 하였다.8)

---

3) 沈載錫, 「고려와 金의 책봉관계」, 『高麗國王冊封硏究』, 혜안, 2002 ; 이석현, 「고려와 요금의 외교관계」, 『한중 외교관계와 조공책봉』, 고구려연구재단, 2005.

4) 박윤미, 「12세기 전반기의 국제정세와 고려-금 관계 정립」, 『사학연구』 104, 2011.

5) 秋明燁, 「11세기후반~12세기초 女眞征伐問題와 政局動向」, 『韓國史論』 45, 2001 ; 이정신, 「묘청의 난과 대금 관계」, 『고려시대의 정치변동과 대외정책』, 景仁文化社, 2004 ; 김명진, 「고려 명종대 조위총의 난과 금의 대응」, 『동북아역사논총』 46, 2014 ; 유동화, 「고려 명종대 대금외교 전개와 국왕정치」, 건국대학교 석사학위논문, 2020.

6) 금과의 영토 분쟁 문제에 관한 연구로 김순자, 「12세기 고려와 여진·금(金)의 영토 분쟁과 대응」, 『역사와 현실』 83, 2012 참조.

7) 외교 제도 및 의례와 관련해서는 玄花, 「金麗外交制度初探」, 吉林大學 碩士學位論文, 2006 ; 張申, 「金朝外交禮儀制度硏究」, 安徽師範大學 碩士學位論文, 2013 ; 金成奎, 「金朝의 '禮制覇權主義'에 대하여-「外國使入見儀」의 분석을 중심으로」, 『中國史硏究』 86, 2013, 사신 왕래의 관습이나 사신의 행적을 복원한 연구로 한정수, 「고려-금 간 사절 왕래에 나타난 주기성과 의미」, 『사학연구』 91, 2008 ; 豊島悠果, 「金朝の外交制度と高麗使節――二〇四年賀正使節行程の復元試案」, 『東洋史硏究』 73-3, 2014 등을 참조.

8) 『고려사』 권15, 인종 4년(1126) 9월 辛未. 金宣諭使同僉書樞密院事高伯淑·鴻臚卿烏至忠等來. 金主勅伯淑等曰, "高麗凡遣使往來, 當盡循遼舊."

가-2) 왕이 금의 사신을 大明宮에서 전별하였다. 회답하는 표문을 부쳐 사례
　　하는 데에 모두 遼를 섬기는 舊制에 따랐다.[9]

　이처럼 고려와 금의 외교관계는 기본적으로 고려와 거란 사이에서 행해졌
던 舊制를 준수한다는 원칙은 양측 모두가 내세웠고, 그 방향으로 합의가
이루어졌던 것으로 보인다. 고려-거란 관계에서는 전례가 없었던 誓表 제출을
둘러싸고 한 동안 논의가 오갔던 일은 앞서 살펴본 바와 같으나, 이는 어디까
지나 일회적인 사안이었을 뿐으로 일상적이고 반복적인 사신 왕래 및 문서
교환의 제도는 이전과 크게 달라지지 않았다.
　그런데 2장 2절에서 검토했던 것처럼 고려와 거란 사이의 사신 왕래
및 문서 교환에서 가장 중요한 특징은 이 관계가 세 가지 층위를 가지고
이루어졌다는 것이다. 즉 최상위 단계에서 중앙정부와 중앙정부 사이에
정기적이고 의례적인 사신 왕래가 있었고, 그 아래 단계에서 고려 조정과
거란 東京이 또한 정기적으로 접촉하며 양국 관계의 주요 쟁점을 조정하고
있었으며, 가장 아래 층위에서는 양국의 국경선을 사이에 둔 최일선의 지방관,
즉 고려의 寧德鎭과 거란의 來遠城이 빈번하게 교류하면서 일상적으로 일어날
수 있는 돌발 상황에 매우 효율적으로 대응하는 방식이었다.

문제의 소재 : 고려와 금은 어떻게 안정적 관계를 유지했나

　사실 고려-금 관계는 고려가 상대했던 다른 중원 왕조와의 관계에 비해
갈등을 겪을 만한 요소를 상당히 많이 안고 있었다. 우선 양국은 압록강
하구에서 원산만에 이르는 긴 국경선을 마주하고 있었다. 국경 근처 지역은
양국 모두 연고권을 주장할 만한 역사적 배경을 가지고 있었기 때문에
언제 분쟁이 발생해도 이상하지 않을 지경이었다. 게다가 양국 모두 국경
배후 지대의 정세가 안정적이지 않았다. 금은 요동 일대에 흩어진 발해
유민이나 거란 유민들의 동태에 주의를 기울이지 않을 수 없었다. 고려
서북지역에서는 妙淸의 난, 趙位寵의 난 등이 연이어 터졌는데, 그때마다

---

　9) 『고려사』 권15, 인종 4년(1126) 10월 戊戌. 王餞金使于大明宮. 附回表謝, 一依事遼舊制.

반란 세력이나 조정 모두에게 금은 중요한 변수가 되었다. 양국 모두 비정상적인 왕위 교체가 수차례 발생하여 외교관계가 경색될 위험성도 다분하였다.

이러한 불안 요소를 품고서도 고려와 금은 초기의 조정 기간을 거친 이후로는 그다지 큰 충돌 없이 장기간 안정적인 외교관계를 유지하였다. 그것이 가능할 수 있었던 요인은 무엇이었을까. 이 절에서는 그 이유의 한 가지로 위에서 언급한 일상적인 갈등 조절의 메커니즘이 존재하고 또 잘 작동했음을 검토해보고자 한다.

1. 고려 조정-금 조정 사이의 정기적 사신 왕래와 의례적 문서의 교환

정기적 사신 왕래

인종 4년(1126) 3월, 고려 조정에서 백관회의를 거쳐 금에 대한 事大의 방침을 결정한 이후 다음 달에 고려에서는 사신을 파견하여 금에 표문을 바치며 신하임을 자칭하였다.[10] 그해 9월 금에서 파견된 宣諭使는 앞서 언급한 대로 사신 왕래에 거란과의 구제를 따를 것임을 언명하면서 초기의 양국관계에서 가장 문제가 되었던 保州의 인호 반환 문제를 제기하였다.[11] 그해 12월, 고려는 다시 사절을 파견하여 宣諭使를 보내준 데 대해 사례하면서, 역시 보주의 인호 문제에 대해 해명하였다.[12] 이상의 사절 왕래는 모두 외교관계 설정 및 영토와 인구라는 실질적인 문제에 관한 사안을 해결하기 위해 이루어진 것이었다.

이듬해인 인종 5년(1127)부터 양국 사이에서 의례적이고 정기적인 사신 왕래가 본격적으로 시작되었다. 그해 정월, 금에서 고려국왕의 생신을 축하하기 위한 사절을 파견하였고, 고려에서도 이에 대해 사례하는 회답 사신을

---

10) 『고려사』 권15, 인종 4년(1126) 3월 辛卯 ; 4월 丁未.
11) 『고려사』 권15, 인종 4년(1126) 9월 辛未.
12) 『고려사』 권15, 인종 4년(1126) 12월 癸酉. 고려와 금 사이의 保州 문제에 대해서는 朴漢男, 「高麗의 對金外交政策 研究」, 성균관대학교 박사학위논문, 1994, 제3장 〈保州問題를 통해 본 對金外交政策〉 및 김순자, 「12세기 고려와 여진·금(金)의 영토 분쟁과 대응」, 『역사와 현실』 83, 2012 참조.

그해 11월에 파견하였다.13) 또한 고려에서는 9월에 금 태종의 생일인 天淸節을 축하하는 사신을, 그리고 11월에는 이듬해의 新正을 축하하는 사신을 각각 파견하였다.14) 이처럼 1년에 고려 조정에서 3회(賀正, 賀節日, 謝賀生辰), 금 조정에서 1회(賀生辰)의 사신을 정기적으로 파견하는 모습은 고려-거란 관계에서와 완전히 동일한 것이었다.

이와 같은 정기적인 사신 왕래는 인종 대 내내 그대로 이어졌다.15) 나아가 고려와 금의 관계가 지속된 12세기 초까지 대체로 유지되었던 것으로 보인다. 朴漢男의 종합적인 연구에 따르면 『고려사』와 『金史』를 통해 확인되는바, 1126년부터 1234년까지의 108년에 걸친 양국의 외교관계에서 고려는 총 339회의 사신을 파견하였는데, 그 가운데 정기적인 사신이라고 할 수 있는 賀正使가 73회, 賀節日使가 80회, 謝賀生辰使가 58회였다고 한다. 또한 같은 기간 금에서는 총 137회 사신을 파견하였는데, 이 가운데 賀生辰使가 71회 확인된다고 한다.16) 의종 대 이후 『고려사』 세가에 대금관계 기록이 적잖이 누락되었음을 고려하면 이들 사신은 특별한 이유가 있지 않은 이상 거의 매해 빠짐없이 파견되었을 것으로 보아도 좋다.

그리고 인종 20년(1142), 인종이 책봉을 받은 이후부터 매년 정기적으로 보이는 사절로 방물을 진헌하기 위해 파견된 사절이 있었다. 『고려사』 世家에 "遣某如金進方物"이라거나17) "遣某如金獻方物" 등으로 기록된18) 사절이 그것으로, 이들은 進奉使라는 이름으로 불렸다.19) 인종 20년 이후 熙宗 4년(1208)까지 67년 동안 총 51회 파견된 것이 양측의 기록에서 확인된다고 한다.20) 그렇다면 일부 기록에 누락이 있는 것을 감안했을 때 進奉使 역시 매년 파견되었으리라 생각된다. 進奉使는 매년 고정적으로 11월에 파견되었던 것 같다.21)

---

13) 『고려사』 권15, 인종 5년(1127) 정월 丁酉 ; 11월 乙未.
14) 『고려사』 권15, 인종 5년(1127) 9월 己丑 ; 11월 乙未.
15) 박윤미, 앞의 논문, 24쪽의 〈표 3〉 참조.
16) 朴漢男, 앞의 논문, 111~113쪽 참조.
17) 『고려사』 권17, 인종 20년(1142) 11월 戊戌. 遣李永章如金進方物.
18) 『고려사』 권17, 의종 원년(1147) 11월 庚辰. 遣王軾如金獻方物.
19) 『고려사』 권17, 의종 2년(1148) 2월 乙卯. 進奉使王軾還自金.
20) 朴漢男, 앞의 논문, 121쪽.
21) 한정수, 앞의 논문, 2008에서는 고려의 사신이 11월에 집중적으로 파견된 것이 양측 모두 수도에 물자가 집중되는 국내의 연례 행사와 맞물려 사절 무역 효과를 기대한

이 밖에 금에서도, 과거 거란 조정에서 고려에 3년마다 한 번씩 파견하였던 橫宣使를 그대로 파견하였고, 고려에서도 이에 대한 사은사를 파견했던 것이 확인된다. 역시 朴漢男의 연구에 따르면 금의 횡선사는 인종 23년(1145)을 시작으로 희종 6년(1210)까지 한두 번의 예외가 있었으나 빠짐없이 3년에 한 번씩 파견되었으며, 고려에서도 그때마다 사은하는 사절을 금 조정에 파견하였다고 한다.[22]

흥미로운 것은 고려와 거란의 관계에서 현종 13년(1022), 고려에서 거란에 파견해야 할 총 7가지 명목의 사절을 두 번에 나누어 파견하기로 했던 것과 같이, 고려에서 금에 보내는 사절도 두 차례에 나누어 보냈다는 것이다. 즉 매년 파견해야 하는 賀正使, 賀節日使, 進奉使, 謝賀生辰使, 그리고 3년에 한 번씩 파견해야 할 謝橫宣使 등 네 가지, 혹은 다섯 가지 명목의 사절 가운데 일반적으로 賀聖節使와 進奉使, 賀正使와 謝賀生辰使(그리고 3년에 1회씩 謝橫宣使)를 묶어서 파견했던 것이다. 비록 고려에서 출발한 날짜는 며칠 간격이 있었다고 하더라도 금 조정에 들어가는 날짜는 동일했다고 한다.[23] 각 명목에 따른 사절을 각각 별도로 차정하였더라도 그 시기는 일 년 가운데 두 번에 집중되었고, 그들이 금 조정에 이르기까지의 行程도 일치했다.

『東人之文四六』에 실린 고려의 對金 외교문서

이처럼 정기적이고 의례적인 사행에서 교환된 문서는 어떤 양식이었을까. 이를 위해서 우선 『東人之文四六』에 실린 금에 보낸 문서의 목록을 정리해보면 다음과 같다.

것으로 추측하였다. 또한 고려에서 금에 파견한 進奉使와 그들이 진헌한 물자의 규모 등에 대해서는 鄭東勳, 「고려-거란·금 관계에서 '朝貢'의 의미」, 『震檀學報』131, 2018 참조.

22) 朴漢男, 앞의 논문, 132~137쪽 및 朴漢男, 「高麗 前期 '橫宣使' 小考」, 阜村 申延澈教授 停年退任紀念 史學論叢 刊行委員會 編, 『阜村申延澈教授停年紀念史學論叢』, 일월서각, 1995 참조. 또한 玄花, 「金朝外交制度初探」, 吉林大學 碩士學位論文, 2006, 25~26쪽에도 橫宣使의 목록이 자세하게 제시되어 있다.

23) 豊島悠果, 「金朝の外交制度と高麗使節――二〇四年賀正使節行程の復元試案」, 『東洋史研究』 73-3, 2014(豊島悠果, 『高麗王朝の儀禮と中國』, 東京, 汲古書院, 2017에 재수록), 358~359 쪽 및 363쪽 참조.

연번	연대	작자	문서 제목	비고
四六 3-19	인종4(1126)	金富軾	入金進奉起居表	文選 44-18
四六 3-20	인종4(1126)	金富軾	進奉表	文選 44-19
四六 3-21	인종4(1126)	金富軾	物狀	文選 44-20
四六 3-22	인종4(1126)	崔誠	謝宣諭表	文選 35-25
四六 3-23	인종4(1126)	金富儀	謝不收復保州表	文選 35-10
四六 4-14	인종4(1126)	皇甫倬	謝落起復表	
四六 3-24	인종5(1127)	金富佾	回宣慶表	文選 39-16
四六 3-32	인종5(1127)	鄭沆	賀年起居表	文選 31-35
四六 3-33	인종5(1127)	鄭沆	賀表	文選 31-36
四六 3-25	인종6(1128)	金富軾	謝宣慶表	
四六 3-26	인종6(1128)	林存	謝報諭表	文選 35-21
四六 3-27	인종6(1128)	金富軾	誓表	文選 39-19
四六 4-22	인종6(1128)	金富儀	謝回付沒入人馬表	文選 35-11
四六 4-18	인종8(1130)	崔惟淸	告奏表	文選 39-09
四六 4-35	인종9(1131)	崔惟淸	與金東京交聘狀	文選 48-20
四六 4-24	인종13(1135)	郭東珣	回報哀表	
四六 4-25	인종14(1136)	李之氐	又(回報哀表)	
四六 4-26	인종14(1136)	鄭沆	奉慰表	
四六 4-27	인종14(1136)	鄭沆	祭奠事由表	
四六 3-37	인종17(1139)	崔惟淸	又起居表	文選 31-18
四六 3-38	인종17(1139)	崔惟淸	賀表	文選 31-19
四六 3-39	인종17(1139)	崔惟淸	物狀	文選 31-20
四六 3-29	인종18(1140)	崔惟淸	賀萬壽節起居表	文選 31-12
四六 3-30	인종18(1140)	崔惟淸	賀表	文選 31-13
四六 3-31	인종18(1140)	崔惟淸	物狀	文選 31-14
四六 4-23	인종18(1140)	郭東珣	謝回付逃背人表	文選 36-10
四六 4-1	인종19(1141)	崔惟淸	入金回宣賜生日表	
四六 4-2	인종19(1141)	崔惟淸	謝物狀	
四六 4-15	인종20(1142)	崔惟淸	回封冊表	文選 34-01
四六 4-16	인종20(1142)	崔惟淸	謝冊表	文選 34-02
四六 4-8	의종즉위(1146)	崔惟淸	告哀表	文選 39-07
四六 4-9	의종즉위(1146)	崔惟淸	稱嗣表	文選 39-08
四六 4-10	의종즉위(1146)	崔惟淸	回勅祭仁王表	文選 33-28
四六 4-11	의종즉위(1146)	崔惟淸	謝物狀	文選 33-29
四六 4-12	의종즉위(1146)	崔惟淸	謝勅祭仁王表	文選 33-30
四六 4-17	의종2(1148)	崔惟淸	又(謝冊表)	文選 34-03
四六 4-19	명종4(1174)	崔惟淸	又(告奏表)	文選 39-10
四六 4-20	명종5(1175)	郭陽宣	又(告奏表)	文選 39-24
四六 4-21	명종13(1183)	崔詵	又(告奏表)	文選 39-25

四六 4-13	명종14(1184)	崔詵	回慰問表	
四六 4-6	희종즉위(1204)	任永齡	回橫宣表	文選 39-26
四六 4-7	희종즉위(1204)	任永齡	謝物狀	文選 39-27
四六 3-28	(미상)	鄭克永	賀天淸節表	文選 31-42
四六 3-34	(미상)	崔惟淸	賀年起居表	文選 31-15
四六 3-35	(미상)	崔惟淸	賀表	文選 31-16
四六 3-36	(미상)	崔惟淸	物狀	文選 31-17
四六 3-40	(미상)	李元膺	又起居表	文選 31-43
四六 3-41	(미상)	李元膺	賀表	文選 31-44
四六 3-42	(미상)	李元膺	物狀	文選 31-45
四六 4-3	(미상)	崔惟淸	謝宣賜生日起居表	
四六 4-4	(미상)	崔惟淸	謝表	
四六 4-5	(미상)	崔惟淸	物狀	
四六 4-36	(미상)	崔惟淸	又(與金東京交聘狀)	文選 48-21
四六 4-37	(미상)	崔惟淸	又(與金東京交聘狀)	文選 48-22
四六 4-38	(미상)	崔惟淸	回金使遠狀	文選 48-23
四六 4-39	(미상)	崔惟淸	又(回金使遠狀)	文選 48-24
四六 4-40	(미상)	崔惟淸	又(回金使遠狀)	文選 48-25

* 비고 : 『동인지문사륙』의 해당 문서가 『동문선』의 어디에 실려 있는지에 대한 표시이다. 이에
대해서는 2장 2절의 〈표 2-2-1〉과 같다.

이들 문서의 목록을 살펴보면 대체로 한 번의 사행에 세 건의 문서가
한 세트를 이루고 있음을 알 수 있다. 예컨대 인종 17년(1139)의 문서 세
건, 3-37~39를 살펴보면 우선 황제의 안부를 묻는 3-37. 〈起居表〉와 실제
축하의 내용, 즉 이 경우에는 新正을 축하하는 내용의 3-38. 〈賀表〉, 그리고
그와 함께 선물을 보낸다는 내용의 3-39. 〈物狀〉이 한 세트가 되었다. 『東人之
文四六』에 실린 문서 가운데 가장 늦은 시기의 것인 희종 즉위년(1204)의
문서 두 건, 46과 47 역시 같은 사신이 전달한 한 세트의 문서이다. 여기에는
橫宣使 파견에 사례한다는 내용을 담은 46. 〈回橫宣表〉와 이에 대한 감사의
선물을 보낸다는 내용의 47. 〈謝物狀〉이 짝을 이루고 있다.

고려국왕 表文의 사례

다음으로 구체적인 문서의 양식과 내용을 살펴보겠다. 고려에서 보낸
사절 가운데 의례적인 사절로서 매년 파견된 賀正使, 賀節日使, 謝賀生辰使,

進奉使, 그리고 3년에 한 번씩 파견된 謝橫宣使가 지참했던 문서를 각각 한 건씩 인용해보겠다.

나-1) 三陽이 화목하고 안녕하니 실로 道가 伸長하는 때요, 만물이 왕성하게 자라니, 이에 化生하는 덕을 봅니다. 가까운 곳이나 먼 곳이나 경사를 함께 나누고 춤추고 기뻐함이 오직 고릅니다. [中賀] 황제께서 불세출의 자질로써 大有爲의 정령을 베푸시어 禹의 자취를 밟으시고 만 리의 판도를 넓히시며, 夏의 曆時를 행하시어 三朝의 王會를 받으시니, 하늘로부터 복이 내리심에 만물과 함께 봄을 만듭니다. 신은 구석진 藩封을 지키면서 아득히 멀리 朝■를 바라보며, 축배를 올리는 대열에 참예하지는 못하나, 北斗星을 향하는 마음은 ■■합니다.[24]

나-2) 하늘이 聖人을 내시어 천 년을 운수에 맞도록 하시고 神이 君子를 도우시어 억만 년의 시기를 열게 하시니, 경사가 날로 새롭고 기뻐하는 소리가 바람처럼 일어납니다. [中賀] 삼가 생각하건대 황제께서는 周文王의 깊으신 덕과 舜 임금의 총명하심으로 무궁한 天命을 받으시어 더욱 선왕의 공을 두텁게 하시고, 만민을 은혜로 다스리시어 온 누리를 태평하게 하십니다. 마침 탄생하신 때를 맞이하시어 만국이 회동하는 경사를 더욱 빛나게 하시니, 신도 다행히 聖代를 만나 태평함을 우러러 즐깁니다. 황제께서 부르시는 모습을 상상하면서도 비록 朝列에 참가하지 못하지만, 부귀하고 장수하시기를 축하하는 뜻을 펼치는 것은 삼가 封人을 본받고자 합니다.[25]

---

24) 『東人之文四六』3-33. 〈賀表〉. 三陽協泰, 實惟道長之辰, 萬物向榮, 玆見化生之德. 邇遐同慶, 蹈舞惟均. [中賀] 皇帝以不世出之姿, 發大有爲之政, 陟禹之迹, 增萬里之興圖, 行夏之時, 受三朝之王會, 自天有佑, 與物爲春. 臣僻守藩封, 夐遙朝■, 莫預稱觴之列, ■■拱極之心.(■은 결락으로 확인되지 않는 부분을 표시함)

25) 『東人之文四六』3-30. 〈賀表〉. 天生聖人, 協一千歲之數, 神勞君子, 啓億萬年之期, 嘉慶日新, 歡聲風動. [中賀] 恭惟皇帝, 周文淵懿, 虞舜聰明, 受命無彊, 克篤先王之烈, 安民則惠, 底綏率土之濱. 適臨震夙之辰, 益侈會同之慶, 臣幸緣遭際, 仰樂泰平. 想臚句之傳, 雖未參於朝列, 申富壽之祝, 竊自効於封人.

나-3) 생일이라고 말씀드리지도 않았기에 그저 門派에서 길이 상상하였는데, 제왕의 상사가 셀 수 없고 특별히 멀리까지 사절을 보내주시니, 온 나라가 영광스럽고 광영이 사방을 뒤덮습니다. [中謝] 삼가 생각하건대 황제께서는 舜 임금의 총명함을 몸받으시고 湯 임금의 지혜와 용기를 겸비하시어 사사로움이 없는 일월을 받쳐 들어 온 천하를 고르게 비추시고, 온 세상의 수레와 문자를 한 가지로 하시었으니 따르지 않는 자가 없습니다. 小邦에서 덕망을 따르는 것을 돌아보시고는 크신 도량을 더욱 넓히어 荒外를 품어주시었고, 始生의 辰에 미쳤고 후하게 하사하시는 명을 더해주시었습니다. 기쁨과 슬픔을 함께 하면서 망극한 은혜를 우러러 모시며, 받들어 주선하면서 무궁한 축원을 더합니다.[26]

나-4) 大人이 계통을 받아 사방에 광명을 떨치니 다른 나라가 조회하기 위하여 산 넘고 물 건너 만 리를 달리는데, 하물며 국경마저 가까우니 진실로 정성을 부지런히 달립니다. [中謝] 엎드려 생각하건대, 황제 폐하께서는 하늘이 내려주신 英明으로 나날이 덕업을 새롭게 하니, 명령을 한 번 내리심에 만 백성이 즐겨 따르지 않는 자 없고, 위력을 가하는 곳에는 이웃 적이 능히 견디지 못합니다. 실로 제왕의 극치이니 마땅히 천지가 보호할 것입니다. 신은 척박한 땅 작은 나라의 위인으로 못나고 덕은 부족하나, 비상한 功烈을 듣고서 오래 전부터 이미 극진히 정성을 기울였습니다. 오직 변변하지 못한 물건이나마 그 忠信을 표하는 것이니, 비록 蘋蘩의 진상이 부끄럽습니다만, 山藪를 감춰 주시기를 바랍니다.[27]

나-5) 綸音이 宸極에서 내리시어 하늘의 優渥한 성은이 멀리 바다 모퉁이까지

---

26) 『東人之文四六』 4-1. 〈入金回宣賜生日表〉. 劬勞未報, 方永想於門派, 寵賚不貲, 特遠馳於使節, 榮生一國, 光動四方. [中謝] 恭惟皇帝, 體舜聰明, 兼湯智勇, 揭無私之日月, 曠然照臨, 混共道之車書, 靡不率俾. 眷小邦之懷德, 廓大度以包荒, 爰及始生之辰, 載加申錫之命. 同其憂樂, 仰衛罔極之恩, 奉以周旋, 益罄無疆之祝.

27) 『東人之文四六』 3-20. 〈進奉表〉. 大人乘統, 震耀四方, 異國入朝, 梯航萬里, 況接境之伊邇, 諒馳誠之克勤. [中謝] 伏惟皇帝陛下, 天縱英明, 日新德業, 渙號一發, 群黎無不悅隨, 威聲所加, 隣敵莫能枝梧. 實帝王之高致, 宜天地之冥扶. 臣膺土小邦, 眇躬涼德, 聞非常之功烈, 久已極於傾虔. 惟不腆之包苴, 可以伸其忠信, 雖媿蘋蘩之薦, 切期山藪之藏,

미치니, 허리를 굽혀 拜受하며 감격과 송구함이 마음속에 가득합니다. [中謝] 신이 외람되게도 황제의 돌보심을 받아 임시로 제후의 封疆을 지켜 北辰으로 향하는 정성은 깊어 비록 勤王의 절개를 다하고자 하나, 東土를 다스린 지 세월이 얕아 아직도 아무런 敵愾의 공을 이루지 못하여 오직 목숨을 바칠 시름만 품고 빈번히 내리시는 賞賜를 아주 단념하였습니다. 뜻밖에도 성상께서 지극한 仁으로 허물을 포용하여 주시고 크나큰 밝음으로 어두움을 비춰 주시어, 전례대로 一閏의 기한에 따라 九重의 은택을 내리시니, 양의 수효가 하도 많고 物段의 품질이 월등합니다. 鄭邑을 가상히 여기시는 깊은 은혜를 한 방울 물과 티끌로는 갚을 길이 없어 부끄러우나, 周室을 높이는 중한 뜻을 金石같이 지켜 더욱 굳히겠습니다. 28)

나-1)은 인종 5년(1127)에 보낸 賀正表,29) 나-2)는 인종 18년(1140)의 賀聖節表이며,30) 나-3)은 인종 19년(1141)의 생신사 파견에 대한 사은 표문,31) 나-4)는 인종 4년(1126)의 進奉表, 나-5)는 희종 즉위년(1204)의 橫宣使 파견에 대한 사은 표문이다.32)

고려국왕 표문의 양식

이들 각각의 의례적 사안에 대한 표문을 검토해보건대, 모두 臣을 자칭한 국왕 명의로 작성되어, 皇帝, 혹은 陛下 등으로 지칭된 금의 황제를 수신자로 하여, 두 군주 사이에 명백하게 군신관계가 설정되어 있었음을 뚜렷이 표하였다. 또한 금을 가리켜 大邦, 大國 등이라고 하였고, 고려를 가리킬 때에는

---

28) 『東人之文四六』4-6.〈回宣慶表〉. 綸綍渙言, 降從宸極, 雲霄異渥, 衍及海隅, 傴僂祗承, 感兢交集. [中謝] 臣叨膺帝眷, 假守侯封, 拱北誠深, 雖欲竭勤王之節, 釐東日淺, 尙何求敵愾之功, 唯懷殞越之憂, 絕覬便蕃之貺. 豈謂至仁含垢, 大明燭幽, 例循一閏之期, 曲需九重之澤, 羶牽數夥, 物段品加. 善鄭恩深, 媿涓塵之莫效, 尊周意重, 守金石以彌堅.

29) 『고려사』 권15, 인종 5년(1127) 11월 乙未.

30) 『고려사』 권17, 인종 18년(1140) 11월 丁未.

31) 『고려사』 권17, 인종 19년(1141) 11월 乙巳.

32) 『고려사』 권21, 희종 즉위년(1204) 7월 壬戌 ; 9월 是月.

小邦 등으로 표현하여 양국 사이에도 상하관계가 있음을 표현하였다. 문서의 내용 자체는 지극히 의례적인 표현으로 가득하며, 문체도 과거 송이나 거란 황제에게 제출한 표문의 그것과 같은 사륙변려체이다.

위의 표를 통해 문서의 작성자를 살펴보면 양국관계가 처음 설정된 직후의 초기에는 金富軾과 金富儀, 金富佾이 각각 7건, 2건, 1건씩을 작성하였으니, 같은 시기 작성된 對宋 외교문서와 함께 對金 외교문서의 작성도 이들 형제가 책임지고 있었음을 알 수 있다. 그러다가 인종 8년(1130)부터 毅宗 2년(1148) 까지 약 20년 동안은 거의 대부분의 문서가 崔惟淸의 손에 의해 작성되었다.[33] 이 기간 동안 崔惟淸은 총 30편의 表文을 지어 고려의 對金 외교문서를 홀로 책임지고 있었던 것이다.[34] 당시 그의 官歷을 살펴보면 인종 8년에 試禮賓注簿 寶文閣校勘으로부터 右正言 知制誥에 임명된 뒤, 내외의 관직을 두루 역임하다 가 의종 초년에는 知樞密院事에까지 이르렀던 것으로 보이는데, 이때마다 知制誥를 겸하지 않은 것이 없었다고 한다.[35] 외교문서 가운데서도 매우 의례적인 표문은 갖추어야 할 엄격한 격식과 문체가 있었기 때문에, 文翰官 중에서도 아주 소수의 인물만이 그 작성을 담당할 수 있었던 것임을 엿볼 수 있다.

고려의 표문이 매우 엄격한 격식을 갖추고 있었음을 보여주는 사건이 하나 있다. 의종 2년(1148) 進奉使로 파견되었던 王軾이 귀국하여 보고하기를, 금에서 進奉表의 첫머리에 왕의 이름을 쓰지 않고, 사신이 陪臣이라고 하지 않았다 하여 法司로 하여금 죄를 주게 하였다는 것이다.[36] 이를 통해 반대로 일반적인 표문에서는 항상 첫머리에 왕의 이름자를 그대로 써서, 아마도 "臣 王晛은 아룁니다[臣王晛言]"라고 하고, 파견되는 사신을 '陪臣'이라고 일컬

---

33) 『東文選』 권30-19, 〈金坵讓中大夫國子祭酒左諫議大夫翰林侍講學士依前知制誥不允批答〉
에 따르면, 元宗은 金坵가 知制誥의 직을 사양한 데 대한 批答에서 "옛날 인종 때에는 金緣과 崔惟淸이 大金國과 주고받는 表章을 전담해서 썼다(昔仁廟之代, 金緣·惟淸專掌大 金來往之表章)."라고 한 바 있다.

34) 이에 대해서는 林漢男, 「崔惟淸의 生涯와 詩文分析―《東人之文四六》 등에 수록된 詩文을 중심으로」, 『國史館論叢』 24, 1991, 127~130쪽 참조.

35) 〈崔惟淸墓誌銘〉(金龍善 編, 『(改訂版)高麗墓誌銘集成』, 翰林大學校 出版部, 1997, 221~227 쪽). 公自右正言至■■, 歷官無不兼三字, 一朝大典冊, 皆出其手.

36) 『고려사』 권17, 의종 2년(1148) 2월 乙卯. 進奉使王軾還自金云, "金人言, '進奉表頭, 不書王 名, 差使不稱陪臣, 命法司科罪.'"

어야 했음을 알 수 있다. 과거 송에서 고려국왕에게 보내는 詔書에서 왕의 이름자를 쓰지 않는 것을 국왕을 우대하는 조처로 삼았던 것을 떠올려보면,[37] 의종 대에 들어서 고려에서 표문의 양식을 조금 개정하여 상하관계 표현을 조금 약화하려 했던 데 대해 금에서 곧바로 문제를 삼았던 것으로 추측된다.

이와 같이 "臣某言"으로 시작하는 문서 양식은 금 대에 제정된 표문 양식과 정확하게 일치한다. 거기에 따르면 금에서 황제에게 올리는 표문은 "臣某言"으로 시작하여 일반적으로 "臣某誠惶誠懼, 頓首頓首言詞. (云云) 謹奉表稱謝以聞. 臣誠惶誠懼, 頓首頓首, 謹言. 年月日"이라는 구절로 맺게 되어 있었다. 표문을 올리는 이유가 謝恩인지 慶賀인지에 따라 위의 구절은 조금씩 바뀌도록 엄격하게 규정되어 있었다.[38] 실제로 『동인지문사륙』 3-22. 〈謝宣諭表〉, 3-23. 〈謝不收復保州表〉, 4-8. 〈告哀表〉, 4-9. 〈稱嗣表〉, 4-10. 〈回勅祭仁王表〉, 4-23. 〈謝回付逃背人表〉 등의 문서는 그 첫머리가 "臣諱言"으로 시작하고 있다. 또한 4-8. 〈告哀表〉에서는 문서 가운데 "臣諱誠哀誠切, 頓首頓首." "謹⋯⋯ 奉表訃奏以聞." 등의 구절이 보인다.[39] 이를 통해서 고려에서 올린 표문은 금이 제정한 양식을 그대로 준수하고 있었음을 확인할 수 있다.[40]

금 황제의 詔書

이상에서 의례적인 사안에 대해 고려에서는 국왕 명의의 표문을 발송하였음을 확인하였다. 그렇다면 금에서 보낸 의례적 사절, 즉 고려국왕의 生辰을 축하하는 사절과 횡선사는 각각 어떠한 문서를 지참하고 왔을까. 이들이 가지고 온 문서의 본문은 양국의 기록에서 단 한 건도 찾을 수 없다. 다만 "금의 橫宣使 右司郎中 移剌道가 왔으므로, 왕이 還宮하여 조서를 맞이하였다."는 기록을 보면[41] 이때에도 역시 詔書가 전달되었을 것임을 추측할 수 있다.

---

37) 『東人之文四六』 2-13. 〈謝書詔不名表〉. 이에 대해서는 1장 3절을 참조.
38) 『大金集禮』 권31, 賤表.
39) 『東人之文四六』 4-8. 〈告哀表〉. 臣諱言. 私門積釁, 臣父先臣諱遘疾彌留, 於今月二十八日, 奄辭聖代. 臣諱誠哀誠切, 頓首頓首. 伏念臣諱, 自緣薄祐, 遽失嚴顔, 五內崩摧, 呼天叩地, 瞻望宸闕, 禮謹告終. 臣無任攀慕號絶之至, 謹差使朝議大夫尙書禮部侍郎輕車都尉賜紫金魚袋李之茂, 奉表訃奏以聞.
40) 黃純艷, 「南宋과 金의 朝貢體系 속의 高麗」, 『震檀學報』 114, 2012, 156쪽.

의례적 사신의 외교 활동

한 가지 주목되는 것은 이들 의례적 사명을 띠고 파견된 사절들의 활동에 대한 점이다. 이들은 말 그대로 의례적인 활동, 즉 가지고 간 문서의 제출, 물품의 전달, 그리고 정해진 의례에의 참석을 제외하고는 그밖에 뚜렷한 외교적 활동을 행하는 일이 드물었다. 이 점에 관해서는 神宗 6년(1203) 11월에 賀正使로 파견되어 이듬해 2월에 귀국한 金克己 일행의 행적을 복원한 豊島悠果의 연구가 주목된다. 그에 따르면 이들 사절은 12월 27일에 도착한 후 정월 6일에 출발할 때까지 불과 열흘 동안 금의 수도인 中都에 머물렀는데, 그 중간에는 오직 거의 매일같이 정해진 의례에 참석하였을 뿐 그 밖의 정치활동을 펼친 흔적은 보이지 않는다고 한다.[42] 이는 이들 정기적 사신단의 목적이 표면적으로는 의례적인 데에 집중되어 있었으며, 실무 교섭은 별개로 진행되었음을 시사하는 것이다. 이는 원 대 이후의 사신 왕래와는 뚜렷이 다른 면모이며, 이어서 살펴볼 비정기적 사신 왕래의 의미를 부각시켜주는 것이 된다.

2. 고려 조정─금 조정 사이의 비정기적 사신 왕래와 문서 교환

비정기적 사신 왕래의 사례

다음으로 고려와 금 중앙정부 사이에서 비정기적으로 오고간 사신들의 사례와 이때의 외교문서에 대해 검토해보겠다.[43]

비정기 사행의 대표적인 사안은 양국의 왕위 교체와 관련된 것이었다. 고려와 금이 외교관계를 맺고 있던 기간 중에 고려에서는 총 6차례의 왕위 교체가 있었는데, 이 가운데 전왕의 薨去로 왕위 교체가 이루어진 것이 세 차례(인종→의종, 신종→희종, 康宗→高宗)이고, 나머지 세 차례는 무신정

---

41) 『고려사』 권18, 의종 20년(1166) 7월 己酉. 金橫賜使尙書右司郎中移剌道來, 王還宮迎詔.
42) 豊島悠果, 앞의 논문, 2014, 373~378쪽.
43) 고려와 금 사이의 비정기적 사신 왕래에 대해서는 林漢男, 앞의 논문, 1994, 137~155쪽 참조.

권이 전왕을 폐위하고 새 왕을 옹립한 경우였다(의종→明宗, 명종→신종, 희종→강종). 이 가운데 전자의 경우를 먼저 살펴보면, 고려에서는 국왕이 薨去하면 금에 告哀使를 파견하였고,[44] 이에 금에서는 전왕의 제사를 지내고 새로 즉위한 국왕을 위문하기 위하여 祭奠使, 勅祭使, 弔慰使, 慰問使 등의 명칭을 띤 사절을 파견하였다.[45] 이어서 국왕이 3년상을 마친 후에는 금에서 국왕에게 起復을 마치라는 명을 전하는 落起復使와 국왕을 책봉하는 사절을 보내었고,[46] 고려에서는 이러한 금의 사절 파견에 사은하는 사절을 파견하였다.[47] 금에서도 帝位가 교체되었을 때에는 이를 알리는 사절을 파견하였고,[48] 고려에서는 이에 조문을 위한 사절, 그리고 연이어 새 황제의 즉위를 축하하는 사절을 파견하였다.[49]

반면에 무신정권에 의해 국왕위가 교체되었을 때에는 고려 조정에서 告奏使를 파견하여 왕위를 교체하게 된 사정을 알리고 새 국왕의 책봉을 요청하였다.[50] 이에 금에서는 詢問使를 파견하여 고려의 告奏 내용이 사실인지를 따져묻기도 하였다.[51] 이어서 새 국왕의 즉위를 인정하고 그를 책봉하는 사절을 파견하였다.[52]

왕위 교체와 무관한 비정기적 사신 가운데에는 금에서 황제에게 존호를

---

44) 『고려사』권21, 희종 즉위년(1204) 2월 庚申 ; 고종 즉위년(1213) 윤9월.
45) 『고려사』권17, 의종 즉위년(1146) 10월 戊戌 ; 庚子 ; 壬寅, 권21, 희종 즉위년(1204) 6월 己亥. 한편 강종이 훙거하고 고종이 즉위했을 때에는 금이 몽골의 침입을 받아 국내 정세가 위급한 상황이어서 금에서 祭奠使나 慰問使, 冊封使 등을 파견하지 못하였던 것 같다.
46) 『고려사』권17, 의종 2년(1148) 5월 庚午 ; 희종 2년(1206) 4월 甲子.
47) 『고려사』권17, 인종 20년(1142) 10월 庚辰 ; 권19, 명종 2년(1172) 8월 癸丑 ; 권21, 신종 2년(1199) 7월 乙未 ; 희종 즉위년(1204) 9월 是月 ; 강종 원년(1212) 8월.
48) 『고려사』권16, 인종 13년(1135) 2월 辛丑 ; 권17, 의종 4년(1150) 정월 庚子 ; 권18, 의종 16(1162) 11월 戊申 ; 권20, 명종 19년(1189) 3월 己未 ; 권21, 희종 5년(1209) 정월 辛丑.
49) 『고려사』권16, 인종 13년(1135) 윤2월 丁未 ; 乙卯 ; 3월 乙酉 ; 권20, 명종 19년(1189) 3월 戊午 ; 권21, 희종 5년(1209) 정월 丁酉 ; 3월 甲寅.
50) 『고려사』권19, 명종 즉위년(1170) 10월 庚戌 ; 권21, 신종 즉위년(1197) 10월 丙子 ; 강종 원년(1212) 2월 庚辰.
51) 『고려사』권19, 명종 원년(1171) 7월 癸未 ; 己丑 ; 권21, 신종 원년(1198) 6월 癸酉.
52) 『고려사』권19, 명종 2년(1172) 5월 壬申 ; 권21, 신종 2년(1199) 4월 乙酉 ; 5월 辛丑 ; 강종 원년(1212) 7월 辛酉.

올렸다거나 새로운 연호를 사용하게 되었음을 알리는 사절을 보내온 사례나,[53] 이에 대해 고려에서 파견한 축하사절이 있었다.[54]

비정기적 사신의 외교 활동

그런데 이와 같은 특수한 상황에서 파견되었던 사신들은 단순한 문서 전달과 의례 참석 외에도 실제로 왕위 교체를 인정받기 위한, 혹은 왕위 교체의 사실 여부를 확인하기 위한 적극적인 활동을 벌였던 점이 확인된다. 앞서 살펴본 의례적 목적을 띤 정기적 사신들에게서는 찾아볼 수 없는 모습이다. 庾應圭의 사례가 대표적이다. 그는 명종의 즉위를 알리고 그를 인정받기 위해 파견되었는데, 금의 世宗은 전왕의 표문에 대해서만 회답 조서를 내려 양위를 승인하지 않겠다는 뜻을 밝혔다. 그러자 유응규는 7일 동안이나 단식을 하면서 새 왕의 표문에 대한 답변을 내려줄 것을 요청한 끝에 결국 회답조서를 받아내었다는 일화가 전한다.[55] 또한 명종의 즉위 과정에 대해 사실 여부를 확인하기 위해 파견된 금의 詢問使 完顔靖 등은 "이에 조서를 반포하여 다시 물으니 사신이 돌아오는 편에 문서를 보내 자세히 답해주기 바란다[是用往頒於詔問, 使騑來復, 奏牘宜詳.]"는 내용의 문서를 가지고 와서 명종에게 직접 조서를 전달하며 사실 여부를 확인하고자 하였는데, 그는 결국 고려 조정의 해명을 듣고 그대로 귀국하였다.[56] 이처럼 실무적인 사안을 가지고 파견된 사신들은 현지에서 독자적인 활동을 통해 본국의 의사를 정확하게 전달하고 그 내용을 관철시키고자 하였는데, 이는 다른 의례적 사안의 사신들과는 차이를 보이는 것이다.

이와 같은 사신의 외교 활동으로 대표적인 것이 앞서 2장 3절에서 검토하였던 인종 6년(1128)에 파견되었던 금의 사신 司古德의 사례이다. 그는 금이

---

53) 『고려사』 권17, 인종 19년(1141) 정월 己巳 ; 의종 4년(1150) 정월 庚子 ; 권18, 의종 7년(1153) 6월 甲申 ; 권20, 명종 20년(1190) 2월 己丑 ; 권22, 고종 즉위년(1213) 9월 是月.

54) 『고려사』 권17, 인종 19년(1141) 4월 癸酉 ; 9월 壬戌 ; 권18, 의종 10년(1156) 8월 甲午 ; 권19, 명종 2년(1172) 3월 辛巳.

55) 『고려사절요』 권12, 명종 원년(1171) 5월 ; 『고려사』 권99, 庾應圭.

56) 『고려사』 권19, 명종 원년(1171) 7월 己丑 ; 8월 甲辰 ; 권99, 趙永仁.

포로로 잡은 송의 두 황제 徽宗과 欽宗을 각각 昏德公과 重昏侯로 강봉하였다는 사실을 전하는 詔書를 전달하는 것을 표면적인 목적으로 파견되었다. 그러나 실제로 금 조정에서 이들을 파견한 주된 원인은 고려와 保州 문제, 그리고 誓表 문제를 논의하기 위한 것이었다. 당시에 이들이 고려에 도착해서 국왕에게 제출한 語錄의 일부를 인용해보면 다음과 같다.

> 다) 금에서 錦州管內觀察使 司古德과 衛尉少卿 韓昉 등을 파견해왔다. (중략) 司古德 등이 語錄을 올려 말하기를, "樞密院의 箚子를 받들었는데 (그 내용에) '삼가 聖旨를 받들었는데 (그 내용에) 「그 나라에 도착하면 마땅히 논의해야 할 사안을 모름지기 잘 처리하라.」라고 하시었다. 돌아오는 날 갖추어 보고하여 아뢰는 데 근거로 삼게 하라.'라고 하였습니다. (그 사안은) 다음과 같습니다. (하략)"[57]

이 語錄의 첫머리에서는 자신들이 몇몇 사안에 대해 논의할 권한을 황제로부터 위임받았음을 밝히고 있다. 이들이 가지고 온 조서에는 이 사안에 대해서 한 마디도 구체적인 언급을 하지 않았다. 만약에 황제 명의의 문서를 미리 보내 보주 지역의 인구 및 영토 문제나 誓表 제출 문제 등에 관한 자신의 요구사항을 명기하여 고려 조정에 문서로 전달하였다면, 그 문구가 협상의 마지노선이 되어 양국 사이의 논의가 경직될 우려가 있었을 것이다. 특히 양국 관계가 갓 성립될 무렵에 이러한 민감한 사안을 둘러싸고 논의가 경색된다면 이후의 외교관계도 순탄하게 풀어가기 어려울 것임은 충분히 예견할 수 있는 상황이었다. 따라서 금 조정에서는 황제 명의의 문서를 보내는 대신에 협상의 전권을 사신에게 주어서 보낸 것이다. 이에 고려에서도 국왕 명의의 답을 주어 민감한 사안에 대해 하나하나 충분히 해명하고, 또 협상을 통해 협의점을 도출하려는 듯한 모습을 보였다.[58]

---

57) 『고려사』 권15, 인종 6년(1128) 12월 壬申. 金遣錦州管內觀察使司古德·衛尉少卿韓昉等來. (중략) 司古德等上語錄云, "承樞密院箚子, '准奉聖旨, 「候到國, 有合計議事件, 須至定奪.」 回日却具申覆, 以憑奏聞.' 開立下項. (하략)"

58) 『고려사』 권15, 인종 6년(1128) 12월 壬申. 王答曰, "昨蒙親授箚錄, 今逐所有事件, 一一論報, 謹具如後. (하략)"

이러한 협상의 모습은 1장 4절에서 검토하였던 북송 말, 남송 초에 송에서 파견되었던 사신과 고려국왕 사이의 교섭 장면을 떠올리게 한다. 그때에도 송은 금군의 남침을 알리고 군사 협조를 요청하거나,[59] 포로로 잡혀간 휘종과 흠종을 구출하기 위해 금으로 가는 길을 빌려줄 것을 요청하였다.[60] 모두 매우 민감한 사안을 협의하기 위한 것이었는데, 이때에도 이들 사신이 지참한 황제의 문서는 매우 일반적인 내용을 담고 있을 뿐이었다. 즉 실질적이고 구체적인 사안은 사신의 語錄 형태로 고려 조정과 협의하도록 하였던 것이다.

告奏表 : 실무적 내용의 표문

앞서 언급했듯이 고려와 금 사이에서는 초기의 관계 설정 단계 이후 거의 한 세기 동안 특별한 사안 없이 매우 안정적이고 평화로운 관계를 유지해왔다. 따라서 특별한 사안을 둘러싸고 협의를 하기 위해 실무적 차원의 사신이 조정 사이에서 왕래한 일은 매우 드물었다. 아래의 두 문서는 그러한 예에 해당하는데 우선 문서를 인용해보면 다음과 같다.

라-1) (중략) 마침 貢賦를 바칠 때에 불행히 도중에 길이 막히는 일이 있었습니다. 대개 본국 서쪽에 딸린 고을이 북극으로 향해 올라가는 길목에 있는데, 땅이 험하고 군사가 강하여 침략을 즐기고 몸집이 크고 풍속이 사나워 임금도 부모도 모르기 때문입니다. (중략) 결국 금년 生日回謝·橫宣回謝 등 사신으로 하여금 행장을 재촉하여 길을 떠나 대궐을 바라보며 수레를 몰아 옛길을 따라가게 해서 예문을 바치는 정성을 표하려 하였는데, 문득 郵報를 들으니 모두 다 도적에게 억류되었다 하며, 꾸러미 속의 보배를 모두 강탈당하고 가던 사신을 가두어 욕보인다 합니다. (중략) 이제 賀正使를 보내어 定州關路로 대신하여 그 곳에서 떠나 入朝하게 하여 도달해서 精衷을 펼치고자 합니다. (중략)[61]

---

59) 『고려사』 권15, 인종 4년(1126) 7월 丁卯.
60) 『고려사』 권15, 인종 6년(1128) 6월 丁卯 : 己巳.
61) 『東人之文四六』 4-19. 〈又(告奏表)〉. [明, 西京叛, 道梗, 取定州關路發使入朝.] (전략) 屬當脩貢賦之時, 不幸有行李之梗. 盖以本國, 有西偏之翼邑, 控北上之脩程, 地險兵强, 嗜爲寇暴,

라-2) (중략) 바야흐로 職貢을 바칠 때가 되었으나 갑자기 도로의 막힘이 있었습니다. 小國이 지난 을묘년(인종 17년, 1135)에 西都에 반란이 있어 굳게 저항하며 복종하지 않아 국법의 주륙을 자초하고, 신하를 임금이라 불러 春秋의 대의를 범하는 등, 흉포하여 감화하기 어렵고 완악하여 뉘우치지 않았습니다. 그때 臣의 아버지 先王 臣 諱가 일부의 군사를 보내어 그 元兇을 주륙하였으나, 그물이 성기어 그 잔당을 놓쳤습니다. (중략) 그동안 生日回謝·橫賜回謝·賀正旦·追年進奉·賀萬春節日 등 다섯 번의 사신이 모두 적에게 억류되어 朝覲을 완수하지 못하였습니다. 朝聘의 예를 어기었고, 懷柔의 恩도 또한 저버렸으니, 땅을 굽어보고 하늘을 우러러보며 허물을 뉘우치고, 창황하여 몸 둘 바를 모르겠습니다. 지금은 다행히 하늘이 돕고 또한 황제의 위엄을 빌려 사졸들의 수고를 번거롭게 하지 않고 이미 風塵의 警報를 일소하였습니다. 九皐의 鶴의 소리가 높은 하늘에 들릴 만하고, 8월의 떼뱃길이 이미 은하수에 통하게 되었습니다. 엎드려 바라건대, 천지가 덮어주시고 일월이 비추어 주듯이 하여, 微臣이 藩職을 행해온 수고를 살펴주시고 여러 대 동안 왕실을 떠받들어온 충순함을 생각해주시어 스스로 새롭게 하는 길을 밟을 수 있도록 허락해 주시고 다시 즐거이 따르는 의례를 닦도록 해주십시오. (중략)[62]

『東人之文四六』의 기록에 따르면 라-1)은 崔惟淸이 찬술하였다고 하며, "명종 대에 西京에서 반란이 일어나 길이 막히자 定州關路를 취하여 사신을 보내 입조하게 하였다"고 한다. 이는 명종 3년(1173)부터 명종 6년까지 이어진

人庶俗剽, 不顧君親. (중략) 遂令今年生日回謝·橫宣回謝等使, 趣裝上道, 望闕驅車, 俾遵舊路而行, 冀表多儀之享, 忽聞郵報, 竝被賊留, 斂攟包匭之珍, 拘辱韜傳之使. (중략) 今遣賀正使, 借定州關路, 進發入朝, 規得通達, 庶展精衷. (중략)

62) 『동인지문사륙』4-20. 〈又(告奏表)〉. [明乙未, 西京平, 告奏使鄭紹取義州舊路入朝行, 以八月] (중략) 方脩職貢之時, 忽有道途之梗. 斯乃小國, 曩紀年於乙卯, 有逆命之西都, 負固不服, 而干司馬之誅, 以臣召君, 而犯春秋之義, 桀驁難化, 頑惡不悛. 于時臣父先王臣諱, 遣偏師戮其元兇, 擧踈網漏其餘黨. (중략) 所有生日回謝·橫賜回謝·賀正旦·追年進奉·賀萬春節日等五番人使, 共被賊留, 未成王覲. 禮旣違於朝聘, 恩又負於懷柔, 俯仰思愆, 蒼皇失措. 今則幸憑天助, 亦借皇威, 罔煩士卒之勞, 已掃風塵之警. 九皐之鶴聲, 可聞於雲天, 八月之槎路, 已通於星漢. 伏望乾坤覆幬, 日月照臨, 察微臣述職之勞, 念累世邊王之順, 許蹈自新之路, 復脩樂率之儀. (중략)

金甫當과 趙位寵의 난으로 고려의 서북면 일대의 교통이 마비되었던 상황을 반영하는 것이다.[63] 『동인지문사륙』에는 이 문서가 작성된 시점이 명기되어 있지 않은데, 명종 3년부터 6년 사이에 문서에서 언급한 橫宣回謝使를 파견한 것이 명종 4년(1174) 7월의 일이고,[64] 문서의 찬술자 최유청이 사망한 것은 그의 묘지명에 따르면 그해 12월 25일의 일이었으므로,[65] 역시 그해 7월에 파견된 賀正使 趙永仁이 가지고 간 것으로 추측된다.

다음으로 라-2)는 郭陽宣이 저술하였다고 하며, 『東人之文四六』에는 "명종 을미년(1175) 西京이 평정되어 告奏使 鄭紹가 義州의 옛 길을 따라 8월에 입조하였다"라고 하였다. 『고려사』에 따르면 이해 8월에 고주사로 파견된 인물은 秘書丞 朴紹였다고 하여[66] 인명에 차이가 있지만, 같은 사안을 가리키는 것임은 분명하다.

그렇다면 이 두 문서는 김보당과 조위총의 반란으로 개경에서 금으로 향하는 교통로가 마비되었던 일과, 반란 진압으로 그 길이 다시 개통되었다는 사실을 알리기 위해 작성된 문서임을 알 수 있다. 고려 개경에서 금으로 파견한 사신은 대체로 개경에서 西京을 거쳐 義州에서 압록강을 건너 東京으로 들어가는 노선을 택했던 것으로 추측된다.[67] 고려는 금에 문서를 보내 반란의 중심지인 서경을 피해 定州를 거쳐서 북상하는 길을 택했음을 알리고, 서경이 수복된 후에는 다시 의주를 통해 입조하게 되었음을 알린 것이다.

조위총은 자신의 근거지였던 서경이 공격을 당하자 금에 사신을 보내 표를 바치며, 무신정권과 명종의 정통성을 부인하고 스스로 투항할 뜻을 알리기도 하였다.[68] 명종의 즉위를 告奏使 庾應圭의 활약으로 겨우 인정받은

---

63) 이에 대해서는 이정신, 「西北地域의 農民抗爭」, 『高麗 武臣政權期 農民·賤民抗爭 研究』, 高麗大學校 民族文化研究所, 1991, 41~60쪽 및 유동화, 앞의 논문, 2020 참조.

64) 『고려사』 권19, 명종 4년(1174) 7월 庚寅.

65) 〈崔惟淸墓誌銘〉(金龍善 編, 『(改訂版)高麗墓誌銘集成』, 翰林大學校 出版部, 1997, 221~227쪽).

66) 『고려사』 권19, 명종 5년(1175) 8월 戊辰.

67) 박윤미, 「金에 파견된 高麗使臣의 사행로와 사행여정」, 『한국중세사연구』 33, 2012, 81~84쪽.

68) 『고려사』 권100, 趙位寵 ; 『고려사절요』 권12, 명종 5년(1175) 7월 ; 10월. 조위총의 투항과 그에 대한 금의 대응에 대해서는 김명진, 「고려 명종대 조위총의 난과 금의 대응」, 『동북아역사논총』 46, 2014 참조.

직후였던 고려 조정으로서는 금과의 외교관계에 각별히 주의를 기울여야 하는 상황이었다. 따라서 반란을 진압함과 동시에 교통로에 불편이 있음에도 정기적인 사신은 빠뜨리지 않고 보낼 것임과, 나아가 정국이 점차 안정되어가고 있음을 계속해서 알릴 필요가 있었다. 위의 두 문서는 이러한 특수한 상황에서 고려 조정이 직접 금 조정에 告奏使라는 명칭의 사신을 파견하여 전달했던 것이다.

『東人之文四六』에 실린 對金 외교문서 가운데 '告奏表'라는 명칭의 문서는 위의 두 건을 포함하여 총 4건이 실려 있다. 그 하나는 인종 8년(1130)의 문서로, 앞서 언급한 바 있는 保州의 인호 문제와 관련된 것이었고,[69] 나머지 하나는 명종 13년(1183), 명종의 모후가 훙거하였으니, 그해의 賀生辰使는 중지해줄 것을 요청하는 사안에 관계된 것이었다.[70] 『동인지문사륙』에 당시 고려에서 금에 보낸 외교문서 전부가 실렸으리라 볼 수는 없지만, 전체적으로 비정기적 사신 파견과 그에 수반하는 告奏表의 빈도가 적은 것은 분명하다. 한 세기에 달하는 양국관계에서 정기적으로 왕래하는 사신 외에 특별히 告奏使를 파견하여 알려야 하는 사안은 매우 드물었던 것이다. 그것이 가능했던 것은 조정 사이의 의사 교환에 앞서 그를 보완하는 소통 루트가 개설되어 있었기 때문인데, 이어서 이에 대해서 살펴보도록 하겠다.

3. 고려 조정-금 東京 사이의 사신 왕래와 문서 교환

금 東京의 연혁

고려와 금 사이에서 사신을 왕래하는 방식은 모두 거란의 舊制에 따르기로 합의했음은 앞서 살펴본 바와 같다. 고려와 거란 사이의 의사소통에서 중요한 역할을 담당했던 것이 고려 조정과 거란 東京 사이의 왕래였는데, 결론부터 말하자면 이 관례는 그대로 고려-금 관계에서도 유지되어, 고려 조정과 금 東京 사이에도 사신을 교환하며 실무적인 사안을 처리하였다.

---

69) 『東人之文四六』 4-18. 〈告奏表〉.
70) 『東人之文四六』 4-21. 〈又(告奏表)〉.

먼저 금 東京의 연혁을 확인해보겠다. 完顔部의 여진인들이 홍기하여 1115년 金을 건국한 후 곧바로 요동 일대의 거란의 거점들을 공격, 접수해가기 시작하였다. 건국한 바로 이듬해인 收國 2년(1116) 금군은 東京을 함락하고 요동 일대를 완전히 장악하였다.[71] 이후 태종 天會 10년(1132)에 遼陽府에 東南路都統司를 두어 고려에 대응하여 鎭守하게 하였으며, 이후 兵馬都部署司를 두었고, 天德 2년(1150)에는 東京路都總管府로 개칭하였다가 그 뒤에 다시 留守司를 두었다.[72] 금도 거란과 마찬가지로 五京을 두어 사방의 중심지로 삼고 해당 지역 외국과의 외교의 중심지로 삼았는데, 東京은 전과 같이 고려 방면 군사와 외교의 거점으로 기능하였던 것이다. 또한 고려의 개경에서 금의 수도, 즉 건국 때부터 1153년까지는 上京 會寧府, 1153년부터 1214년까지는 中都 大興府로 향하는 길목에서 고려의 사절은 언제나 금의 東京 遼陽府를 거쳤을 것으로 추측된다.[73] 따라서 양자 사이의 교류도 매우 활발하였을 것이며, 직접적인 외교 교섭도 행해졌을 것으로 생각된다.

고려 조정과 금 동경 사이의 사신은 持禮使라는 명칭을 띠고 있었다. 고려에서 파견한 것은 인종 9년(1131)의 東京持禮使, 동경에서 파견한 것은 2년 후인 인종 11년(1133)의 東京回謝使라는 명칭의 사신이 첫 사례로 등장한다.[74] 이후 의종 3년(1149)까지 약 20년 동안 고려에서 6차례, 금에서 6차례 파견한 것이 확인된다.[75] 기록이 일부 누락되었을 가능성을 고려하면 이보다는 좀 더 자주 왕래했을 것으로 보이기는 하지만, 거란 대와 마찬가지로 매년 정기적으로 파견되었던 것 같지는 않다.

금 동경에 보낸 書狀

고려에서 동경으로 파견된 사신은 어떠한 문서를 전달하였을까. 『東人之文四六』에는 이에 해당하는 문서가 세 건 실려 있다. 다음의 문서가 그것이다.

---

71) 『금사』 권2, 太祖 收國 2년(1116) 5월.
72) 『금사』 권24, 地理志 上, 東京路, 遼陽部.
73) 박윤미, 앞의 논문, 2012.
74) 『고려사』 권16, 인종 9년(1131) 12월 辛未 ; 인종 11년(1133) 10월 丁未.
75) 林漢男, 앞의 논문, 1994, 126쪽의 〈표 3-5〉 참조.

마-1) 땅이 남북으로 나뉘어 禹蹟의 산천이 한계가 되었으나, 하늘은 가까운 데나 먼 데를 두루 덮어주어 漢家의 일월을 똑같이 우러릅니다. 마침 時事에 가게 되었기에 아울러 서신[書音]을 부치니, 바라건대 많은 복을 누리시어 더욱 평소의 기대에 부응하시기를 바랍니다.76)

마-2) 땅이 서로 멀지 않아서 오래도록 아름다운 聲業에 감복하여왔으나, 藩屛을 지키는 일이 있어 아득하여 만나볼 기약이 없습니다. 돌아보건대 화평한 자질로써 크게 龍光의 경사를 승습하였으니, 더욱 잘 보호하시어 멀리서 바치는 이 정성에 부응하시기를 바랍니다.77)

마-3) 義는 同寅에 돈독함에 일찍이 寶隣의 情好를 강론하였고, 예는 서로 聘問이 있어야 하므로 늘 아름다운 使行의 光華를 접하였습니다. 書辭가 매우 은근하고 禮幣가 또한 아름다우니, 돌이켜 정념을 생각함에 진실로 감명이 깊으며, 하늘의 아름다움을 입음에 더욱 顯比의 道가 빛나고, 예법에 따라 지나치지 아니함에 마땅히 陰助의 복을 안보할 것입니다. 더욱 節宣을 순히 하여 축원에 부응해주십시오.78)

　이상 세 건의 문서는 모두 〈與金東京交聘狀〉이라는 제목으로 崔惟淸이 지은 것이라고 한다. 마-1)에만 '辛亥'라고 하여, 인종 9년(1131)이라는 시기가 표시되어있고, 나머지 두 건은 작성된 시점을 특정할 수 없다. 문서의 내용이 짧은데다가 발신자나 수신자 등의 정보를 확인할 수 있는 요소가 없어 정확하게 누가 누구에게 보낸 문서인지 알 수 없다.
　『동인지문사륙』에서는 이들 문서의 제목을 〈與金東京交聘狀〉이라고 하였는데, 여기서 '狀'이 어떤 문서식을 가리키는 것인지도 명확하지 않다. '狀'이라

---

76) 『동인지문사륙』 4-35. 〈與金東京交聘狀〉. 地分南北, 限禹蹟之山川, 天覆邇遐, 同漢家之日月. 屬歸時事, 倂寓書音, 冀膺福履之綏, 益副瞻依之素.
77) 『동인지문사륙』 4-36. 〈又(與金東京交聘狀)〉. 厥壤匪遙, 久服聲猷之美, 于藩有守, 邈無瞻際之期. 緬惟豈弟之資, 大襲龍光之慶, 更祈善嗇, 以副遐誠.
78) 『동인지문사륙』 4-37. 〈又(與金東京交聘狀)〉. 義篤同寅, 嘗講寶隣之好, 禮存並聘, 繼紆膚使之華. 書辭甚勤, 贊幣兼美, 緬服情睠, 良深感銘, 方天之休盆光, 顯比之道率履, 不越宜保, 陰相之祺. 更順節宣, 以符願祝.

는 것은 奏狀, 書狀, 堂狀, 牒狀 등 다른 문서식의 명칭에 붙어서 문서를 가리키는 일반명사로 쓰이는 경우가 많다.[79] 『동인지문사륙』에도 여러 건의 物狀 외에 황제에게 보내는 表狀,[80] 중국 국내의 유력자들에게 보낸 書狀[81] 등이 실려 있다. 위에서 인용한 라-1)~3) 세 건의 문서 역시 국왕 명의로 금 東京의 책임자에게 보낸 書狀이었다고 보는 것이 타당하다. 문서의 내용에서 '書音', '書辭' 등의 용어가 사용된 것도, 이것이 일반적인 서한식 외교문서였다고 볼 수 있는 한 근거가 된다.

정리하면 1140년대까지 고려 조정과 금 東京 사이에서는 국왕과 동경의 책임자 사이에서 서한식 외교문서가 사용되고 있었던 것이다. 이는 2장 2절에서 살펴본 바와 같이 고려국왕과 거란 東京留守 사이에서 왕래했던 문서식과 대체로 일치하는 것이다. 위에 인용된 문서는 지극히 의례적인 인사말만을 담고 있을 뿐이고, 『고려사』에 등장하는 양자의 교빙 내용도 다만 '報聘' 등으로만 표현되어 구체적으로 어떠한 임무를 띠고 있었는지는 확인하기 어렵다. 다만 거란과의 전례를 살펴볼 때 양자 사이에는 조정 대 조정 사이의 업무보다는 중요도가 덜한, 일상적이고 실무적인 사안들을 둘러싼 교섭이 이루어지고 있었으리라 추측하는 것이 자연스러울 것이다.

그런데 동경과의 사신 왕래는 1150년 이후로는 보이지 않는다. 변화의 시점은 海陵王의 즉위(1149년)와 일치한다. 그에 앞서 인종 9년(1131) 금 동경에 처음으로 파견했던 사신이 금 황제가 동경에 행차하였다는 소식을 듣고 그대로 돌아온 것을 보면,[82] 당시까지만 해도 고려 조정과 금 동경 사이의 왕래는 금의 황제, 혹은 중앙조정과는 무관하게, 어쩌면 황제의 눈에 띄어서는 안 되는 행위라는 인식 하에서 이루어지고 있었던 것으로

---

79) 崔致遠의 『桂苑筆耕集』에도 권3에 狀 10건, 권4와 권5에 奏狀 20건, 권6에 堂狀 등 같은 狀이라도 수신 대상에 따라 다른 文種으로 실려 있으나, 『東文選』에는 모두 狀으로 분류되어 수록되었다.

80) 『동인지문사륙』 2-23. 〈乞還鴨綠江東岸爲界狀〉, 2-25. 〈乞抽毀鴨綠江橋弓口狀〉, 3-1. 〈入遼乞罷榷場狀〉.

81) 국왕 명의로 송의 太師國公 蔡京에게 보낸 문서인 『동인지문사륙』 4-31. 〈與南北朝臣交通 狀附與宋太師蔡國公狀〉과, 역시 국왕 명의로 거란의 東京留守에게 보낸 4-33. 〈與東京留 守大王交聘狀〉이 있다.

82) 『고려사』 권16, 인종 9년(1131) 8월 辛卯 ; 9월 壬戌.

볼 수 있다. 그러다가 금에서 해릉왕이 즉위하여 宗室의 세력을 대폭 억압하고 황제 독재권을 강화해나가자, 황제의 관할에서 벗어나서 종실의 일원이 다스리고 있던 동경이 독자적으로 고려와 외교를 행하는 것이 더 이상 용인되지 않게 되었고, 이에 따라 사신 왕래가 중단되기에 이르렀던 것으로 보인다.[83] 실제로 남송과 전쟁을 벌이던 海陵王이 시해된 후 새로 제위에 오른 世宗은 동경에서 옹립되었다.

금 동경과의 실무 교섭

그렇다고 해서 이후에 동경이 양국 조정 사이의 외교관계를 매개하는 역할이 사라진 것은 아니었다. 禮聘 차원에서의 의례적인 왕래는 중지되었을 지언정, 실무적인 필요에 의한 교섭은 끊임없이 이어지고 있었던 것이다. 위의 인용문은 매우 의례적인 문체와 내용의 서한식 문서였지만, 실무적인 문제를 논의할 때에는 이러한 문서만으로는 정확한 의사 교환이 불가능하였을 것이다. 따라서 이때에는 기존 거란의 동경에서 발신했던 것과 마찬가지로 牒 양식의 문서를 주고받았던 것으로 보인다. 그러한 사례를 아래에서 살펴보도록 하겠다.

금의 正隆 연간, 즉 해릉왕 재위 후반기인 1150년대 후반에 금이 中都, 즉 지금의 베이징으로 천도하고 해릉왕이 남송을 공격하러 親征에 나선 이후 배후인 요동 일대에서 반란이 연이어 일어난 일이 있었다. 이에 고려에서 의종 14년(1160) 무렵 일시적으로 정기 사신 파견을 중지한 적이 있었다. 이에 금에서는 연이어 牒을 보내오면서 그 이유를 따져 물었다고 한다.[84]

또한 의종 24년(1170)에는 王孫이 태어났을 때, 이 사실을 금에 알리고 사후 처리를 하는 과정은 고려 조정과 금 조정, 혹은 금 동경 사이의 문서왕래, 혹은 외교 절차에 대해 몇 가지를 시사해준다. 이해 5월에 王孫이 탄생하자

---

83) 朴漢男, 앞의 논문, 130~131쪽 참조.
84) 〈李文鐸墓誌銘〉(金龍善 編, 『(改訂版)高麗墓誌銘集成』, 翰林大學校 出版部, 1997, 238~241쪽). 正豊間, 聞金國草賊蜂起, 藩將等多言, 全國內亂, 燕■爲■墟■如. 因而取之, 由是, 國家不通信使者數歲. 至壬午歲, 金國牒問, 因曰, ■■依違計無所決. 이에 대해서는 近藤剛, 「고려 전기의 관료 李文鐸의 墓誌를 통해 본 고려·金 관계에 대하여」, 고려대학교 일본사연구회 편, 『동아시아 속의 한일관계사(하)』, 제이앤씨, 2010 참조.

의종은 사신을 금 조정에 보내 이 사실을 알리고자 하여 同文院으로 하여금 금에 牒을 보내 그 指揮를 기다리도록 명하였다. 그러나 금의 황제는 이 소식을 듣고 "번거롭게 멀리 사신을 파견해올 필요는 없다"고 답하여, 결국 사신 파견 논의는 중지되었다고 한다.[85] 금의 반응을 살피기 위해 우선 移牒하였다는 점이나, 멀리 사신을 보낼 필요가 없다고 한 점을 보면 이때 牒을 수신한 것은 금의 조정이 아니라 동경이었을 것임이 분명하다. 즉 고려에서 먼저 사신 파견을 위한 사전 조정을 위해 금의 동경에 첩을 보내자, 금 동경에서 이 사실을 국내의 문서 전달 절차를 통해 금 황제에게 보고하였고, 그 회신을 받아 고려에 다시 이를 통보하였다는 것이다. 다만 『고려사』의 기록에서 同文院에서 移牒한 대상이 어디인지 명기하지 않았으므로, 이때 그 수신 대상, 즉 고려의 외교 상대가 동경이었는지, 혹은 이어서 살펴볼 국경 인근의 지방관부인 來遠城이었는지는 분명하지 않다.

이 밖에도 무신정변으로 명종이 즉위한 이후, 금에서는 여러 차례 사신을 보내 牒을 전달하며 그 이유를 물었다고 한다.[86] 이때에는 금에서 단순히 移牒만 한 것이 아니라 사신도 연이어 왔다고 한 것을 보면, 그것이 국경 부근의 지방관 사이의 문서교환이 아니라 금 동경에서 고려 조정에 사신을 파견하였던 것으로 보는 것이 타당할 것이다. 또한 명종 9년(1179)에는 금에서 閔宗, 즉 熙宗을 太廟에 祔廟하여 정식으로 복권하면서, 그의 諱인 '亶' 자 및 그와 음이 같은 글자를 피휘할 것을 고려에 통보하였는데, 그 사실도 牒으로 통고하였다.[87]

뒤에 살펴볼 趙位寵의 투항과 금의 대응과정도 금 東京이 양국 조정 사이의 외교관계를 매개했던 사실을 잘 보여준다. 조위총이 徐彦 등을 금에 보내 표문을 올리며 岊嶺 이서 압록강 이남의 40여 성을 가지고 투항할 것을 청하자, 금의 世宗은 사신 서언 등을 붙잡아 東京路都摠管府에 보내며, 고려의

---

85) 『고려사』권19, 의종 24년(1170) 5월 丙申. 王孫生. 王喜, 欲遣使告于金, 卽命同文院移牒, 以待金國指揮. 金主聞之曰, "彼國誕得繼孫, 良爲慶事, 欲申告謝, 已識忠勤. 不煩遠遣使來." 事遂寢.

86) 『고려사』권99, 王世慶. 明宗立, 金移牒徵詰, 使者絡繹. 世慶撰詞命, 甚稱旨, 王嘉之, 除監門錄事.

87) 『금사』권7, 世宗 大定 19년(1179) 4월 己酉 ; 『고려사』권20, 명종 9년(1179) 9월 甲申. 金牒告閔宗皇帝廟諱亶字及同音字, 並令回避.

寧德城에 牒을 보내 이들을 인수할 것을 요청하였다.[88] 조위총이 보낸 사신을 고려 조정에 송환하는 과정에서 그를 금의 中都에서 東京路都總管府로 압송한 후, 국경을 거쳐 막바로 고려의 寧德城으로 넘겼다는 것이다. 이 문제로 만약 금 조정에서 직접 사신을 고려에 파견했을 경우 고려 조정이 처하게 될 대단히 민망한 상황을 피하는 차원에서, 그리고 금에서 조위총의 난이나 그 진압에 개입할 의사가 없음을 명확히 알리려는 목적에서 금이 동경 루트를 통해 고려의 의사를 전달했을 것임을 엿볼 수 있다.

금 말년의 동경과의 교섭

금 동경이 고려와의 외교에서 중요한 교섭창구 역할을 담당했던 것은 고려-금 관계의 마지막 순간까지 계속되었다. 다음의 사례가 이를 잘 보여준다.

> 바) 北界兵馬使가 아뢰기를, "金 東京總管府에서 聖旨를 받들어 移牒하였는데, 그 대략에 이르기를, '이전에 韃靼이 흉폭함을 믿고 수도에 침입했다가 大軍을 만나 연전에 강화를 맺고 물러간 일이 있습니다. 이후 契丹이 패거리를 모아 변방을 조금씩 침범하여 우리 백성을 살육하고 우리 창고를 불태웠습니다. 그러나 皇天이 그 악행을 미워하고 백성들이 그를 원망하는 마음이 모아져 그들에게 협박을 받고 따르던 자들은 창끝을 돌려 공격하고 함께 모의했던 자들도 모든 군대와 함께 항복하였습니다. 인심이 옛 주인을 떠받들게 됨에 遼海 전 지역이 예전처럼 돌아갔습니다. 그런데 오직 叛賊 蒲鮮萬奴만은 한 지방의 중요한 임무를 저버리고 皇國의 큰 은혜를 잊어버린 채 흉악한 음모를 꾸미다가 하늘의 버림을 받게 되었습니다. 최근에 隆安府行省의 移剌全이 대군을 일으켜 토벌하게 되었으니 3개월이 못 되어 賊徒들은 모두 섬멸될 것이며, 살아남은 잔당들이 산 속으로 도주하였다 하더라도 며칠 못 갈 것입니다. 이 적도들이 불리해지면 貴邦을 버리고서 어디로 가겠습니까. 간교한 말과 거짓된 첩보로 두 나라 사이를 이간질하여 침략과 소요를 일으킬까 우려스럽습

---

88) 『고려사』 권100, 趙位寵.

니다. 만약 혹 국경을 넘는다면 귀국에서 엄히 방비하다가 우환을 없앨 것이며, 곧바로 붙잡아서 牒을 보내 송환해주시기 바랍니다. 근자에 契丹의 패잔병들이 서쪽으로 강을 건너려 하다가 韃靼이 우리나라의 대군과 협공하여 습격하기로 약속하였다는 소식을 듣고는 돌아갈 곳이 없어졌음을 깨우치고 분주히 도망쳐 婆速의 경계로 숨어들어갔습니다. 지금 이미 대군을 파견하여 처리하게 하는 외에 충성심과 재능을 갖춘 관리를 나누어 파견해서 여러 道의 대군을 규합하여 정해진 날에 도착하도록 하였습니다. 일행의 군사 수가 매우 많아 양식이 떨어지고 馬軍의 전투가 잦아 마필이 수척해지고 약해질까 우려스럽습니다. 이에 이제 첩을 보내니, 귀국에서는 역량을 헤아려 군량과 마필을 빌려 보내주시어 환난을 서로 구제하고 근심과 기쁨을 함께하도록 해주시기 바랍니다. 설혹 안위에 문제가 있다면 피차간을 구분하기 어려울 것이니, 원하건대 멀리 생각하고 신의를 좇아 回牒이 속히 도달할 수 있게 해주시기 바랍니다.'라고 하였습니다."라고 하였다.[89]

고려 고종 3년(1216)에 요동에서 거란족 耶律留可가 반란을 일으킨 데 대해 금에서 浦鮮萬奴를 파견하여 진압하게 하였다가, 그가 도리어 반란을 일으켜 天王을 자칭하고 국호를 大眞이라고 한 상황에서 고려에 전달된 문서이다.[90] 금은 浦鮮萬奴를 토벌하기 위한 군사를 일으키면서 고려에 군량과 마필의 지원을 요청하고, 또한 그 잔당이 고려 경내로 진입할 경우에

---

89) 『고려사』 권22, 고종 3년(1216) 윤7월 丙戌. 北界兵馬使奏, "金東京總管府, 奉聖旨移牒, 略曰, '昔有韃靼, 特兇入京, 己與大軍, 年前講好去訖. 而後, 契丹嘯聚, 蠹耗邊方, 殺戮我生靈, 焚燒我倉廩. 致皇天之厭穢, 斂衆怨以同歸, 脅從者倒戈而攻, 同謀者傾軍而服. 旣人心之戴舊, 全遼海以如初. 唯叛賊萬奴, 弃一方之重委, 忘皇國之大恩, 用心不臧, 爲天不祐. 近被隆安府行省移剌全擧大軍征討, 旋不三月, 應有賊徒盡行殺滅, 雖有殘零餘黨, 逃在山林, 亡無日矣. 旣此賊之失利, 捨貴邦以何之. 竊恐巧言詐諜, 間諜兩國, 旁生侵擾. 若或過界, 嚴設除虞, 就便捉拿, 牒送前來. 近者, 契丹餘寇, 西欲渡河, 聞知韃靼約會本朝大軍, 挾攻掩殺, 自知無所歸, 而奔波逃去, 潛犯婆速境. 自今, 已遣大軍句當外, 分頭差有心力能幹官, 會合諸道大軍, 指日來到. 一行軍數浩大, 竊恐闕誤糧食, 幷馬軍驅戰, 致馬匹瘦弱. 以此, 今移牒前去, 借糧儲馬匹, 貴國宜量力, 起送前來, 患難相救, 憂樂相同. 設有安危, 難分彼此, 願慮遠以信從, 使回牒以速到.'"

90) 금말 요동의 정국과 浦鮮萬奴의 반란 등에 대해서는 池內宏, 「金末の滿洲」, 『滿鮮史硏究』 中世 第一冊, 東京 : 岡書院, 1933 ; 이재선, 「高麗 高宗代 對東眞關係의 추이와 성격」, 고려대학교 석사학위논문, 2009 등을 참조.

대비할 것을 알려왔다. 그리고 이러한 의사는 금의 東京總管府에서 고려의 北界兵馬使에게 보낸 첩을 통해 전달되었다. 또한 동경총관부는 첩의 내용에서 그것이 황제의 聖旨를 받아서 작성된 것임을 밝혀 이 사안의 처리가 자신의 독자적인 판단에 근거한 것이 아닌, 금 황제와 조정의 공식적인 입장에 따른 것임을 명확히 하였다. 이를 전달받은 고려의 북계병마사 역시 그 처리를 독자적으로 행하지 않고 즉각 국왕에게 上奏하여 조정에 지령을 요청하였던 것이다. 이를 통해 이 사안에 대한 의사 전달은 표면적으로는 금 동경총관부에서 고려 북계병마사에 보낸 첩을 통해 이루어졌으나, 궁극적으로는 금 황제 → 금 동경총관부 → 고려 북계병마사 → 고려국왕의 경로를 따랐음을 알 수 있다. 최종적으로는 군주 사이의 의사 전달이라고 할 수 있으나, 지리적으로 가깝고 시간상으로 신속하게 처리를 할 수 있는 양국 변경의 관부 사이의 의사소통 경로가 선택되었던 것이다.

이 사안의 처리에 대한 이어지는 기록에 따르면, 금에서는 이에 앞서서도 거듭 牒을 보내 양식을 청구한 일이 있는데, 고려 조정에서 변방의 관리로 하여금 이를 거절하고 접수하지 못하게 하였다고 한다.[91] 만약에 이 사안이 금 조정에서 파견한 정식 사절단에 의해 전달되었다면 고려 조정에서도 쉽게 거절하기 어려웠을 것이며, 이로 인해 양국관계가 금세 경색될 우려가 있었을 것이다. 금 지방관이 파견한 사신과 그들이 보낸 문서였기 때문에 조정에서도 변방의 관리를 앞세워 이러한 요구에 대해 유연하게 대처할 수 있었던 것이다.

고려-금 동경 사이의 긴밀한 의사소통

이처럼 고려와 금의 외교관계에서 일상적으로 발생할 수 있는 사안의 처리에는 조정 사이에 직접적인 사절 왕래를 거치지 않고 지리적으로 중간에 위치한 금 동경이 나섰는데, 이는 고려와 거란의 관계에서의 그것과 대체로 일치한다. 비록 고려-거란 관계와는 달리 고려와 금 동경 사이의 정기적인 持禮使·回禮使 왕래는 확인되지 않지만, 실무적인 차원의 교섭은 牒이라는

---

91) 『고려사』 권22, 고종 3년(1216) 윤7월 丙戌. 先是, 金再牒乞糴, 國家令邊官, 拒而不納.

실무 외교문서를 통해 처리되었다는 점에서 고려-거란 관계의 舊制에 따른다는 원칙에 부합하였다고 볼 수 있다. 고려와 금 사이의 외교관계는 이후의 고려-몽골 관계와 비교했을 때는 물론이거니와 전대의 고려-거란 관계에 비해서도 훨씬 안정적이고 무난하였던 것으로 평가되는데, 이는 앞서 살펴본 바와 같이 양국 조정 사이에 정기적인 사신 왕래, 혹은 비정기적이라고 하더라도 의례적인 문제를 둘러싼 사신 이외에는 특별한 현안을 둘러싼 왕래가 극히 드물었던 데서도 뚜렷이 드러난다. 국경을 접하고 있는 두 국가 사이에 이렇듯 장기간에 걸친 평화적 관계가 유지될 수 있었던 것은 일상적이고 실무적인 사안에 대해서 고려 조정과 금 동경 사이에 상당히 긴밀하게 의사소통이 이루어지고 있었기 때문이었다고 평가할 수 있다.

4. 고려 寧德城－금 來遠城 사이의 문서 교환

司古德의 語錄에 보이는 국경 일대의 의사소통

마지막으로 고려와 금 사이에서 국경을 마주하고 있던 지방관부, 즉 고려의 寧德城과 금 來遠城 사이의 문서 왕래에 대해 검토해보겠다. 이 루트를 통해 일상적인 접촉과 문서교환이 이루어지고 있었던 점 역시 고려-거란 관계의 그것과 일치한다. 다만 『고려사』를 비롯한 양국의 기록에서 이 루트를 통한 교섭의 흔적을 확인하기란 쉽지 않다. 그것은 양국관계가 안정적으로 유지될 때에는 이쪽 루트가 별로 부각될 일이 없다가, 특수하고 긴박한 상황에서의 교섭만이 사료상에 기록되었기 때문이다.

고려와 금 양국 지방관부 사이의 문서 교환이 처음으로 확인되는 것은 인종 6년(1128)의 일이다. 앞서서도 여러 차례 검토한 바 있는, 금 사신 司古德 등이 인종에게 올린 語錄 가운데에는 다음과 같은 구절이 보인다.

　사) 司古德 등이 語錄을 올려 말하기를, "(중략) 금년(인종 6년, 1128) 8월
　　　14일, 安北都護府에서 來遠城에 牒을 보내어 (금의) 인민이 강을 건너
　　　昌州·朔州에 와서 농사를 짓고 있다고 하였습니다. 그 公案을 살펴보니,

'지난번에 先皇帝께서 鴨江을 경계로 삼도록 결정해주시었고, 또 簽院 高伯淑이 받던 宣諭聖旨에 역시 保州 한 성의 경내를 수복하지 않겠다고 하시었는데, 지금 와서 귀국의 인민들이 농사를 짓고 있는 일은 사리에 맞지 않습니다. 바라건대 이들을 징계하고 (이주민을) 조사하는 것도 중단해주십시오.'라고 하였습니다.

(중략) 금년 3월 5일, 來遠城에서 주인없는 말 두 필을 잡아두었는데 여러 날이 지나도 누구의 것인지 알 수 없었습니다. 弓口 근처에서 잡아온 것으로 보아 분명 국경 밖에서 온 것으로 보이니 즉시 돌려주도록 하였습니다.

금년 8월 14일, 東京兵馬都部署司에서 東路軍司의 申을 받았는데, (그 내용에) 巡檢司의 申을 받아보니 해안에서 귀국의 金鐵衣 등 6인을 붙잡았는데, 그들이 狀을 올려 말하기를 '바다에서 태풍을 만나 표류하다가 이곳에 도착하였습니다.'라고 하였다는 내용이었기에, 정황이 가련하여 역시 문서와 함께 돌려보냈습니다.

금년 8월 14일, 東京兵馬都部署司에서 東路統軍司의 申을 받았는데, (그 내용에) 巡檢司의 申을 받아보니 변방을 순시하다가 귀국의 崔頗喜를 붙잡았는데 그를 심문하였더니 狀을 올려 말하기를, '天齊城 관할의 백성 으로 본국의 소와 말을 훔쳤다가 공범이 잡히는 바람에 죄를 피하고자 처와 말 한 필을 데리고 왔습니다.'라고 하였다는 내용이었기에 이 죄인을 가져온 물건과 함께 돌려보내도록 하였습니다.

위의 세 가지 일은 변경에서 일어난 사소한 일이지만 조정에서는 또한 빠뜨리거나 소홀히 하지 않고 하나하나 有司에 명을 내려 즉시 문서를 보내 送付하게 하며, 조금도 붙잡아두지 않았습니다. 변방의 관리가 막아버린 채 국왕께 상달하지 않았을까 우려스럽기에 각각 소상하게 아뢰니 조정에서 귀국을 대우하는 뜻을 아실 수 있을 것입니다."라고 하였다.[92]

---

92) 『고려사』 권15, 인종 6년(1128) 12월 甲戌. 司古德等上語錄云, "(중략) 今年八月十四日, 安北都護府牒來遠城, 爲人民越江, 到昌·朔州地分耕種. 勘會公案, '昨蒙先皇帝勅賜鴨江爲界, 及承簽院高伯淑宣諭聖旨, 更不收復保州一城境內, 今來貴國人民有耕種, 事理不便. 到請懲戒, 寢罷勘會.' (중략) 今年三月五日, 來遠城收到無主馬二匹, 多日無人識認. 相度弓口左右收得,

사신 司古德의 語錄에서는 그해에 금과 고려의 접경 지역에서 일어났던 '사소한' 사건 몇 가지를 언급하고 있다. 먼저 8월 14일, 고려의 安北都護府에서 來遠城에 牒을 보내 금의 백성이 고려의 昌州와 朔州에 들어와 농사를 짓고 있는 상황에 대해 항의하였다. 어록에서 인용한 그 문서의 내용에 따르면, 고려 안북도호부의 첩에서는 과거 금 태조가 保州를 고려에 반환한다고 언급했던 사실과, 아울러 고려 사신 高伯淑이 금 태종으로부터 직접 듣고 온 宣諭聖旨의 내용까지 언급하면서 이것이 과거의 약속에 위배되는 일이라는 근거로 제시하였다. 이처럼 고려와 금 사이의 관계 전반을 두루 언급하고 있는 것을 보면 비록 문서 자체는 안북도호부 명의로 발신되었지만 그 내용의 작성은 고려 조정에서 담당했을 것임을 추측할 수 있다.

다음으로 위 인용문 후반부에 언급된 세 건의 사안은 모두 금의 변경에서 붙잡은 말과 사람을 고려로 송환했다는 내용이다. 이 사건을 처리하면서 금 조정은 '有司'에 명을 내려[指揮] 즉각 문서를 보내[移文] 送付하게 했다고 하였다. 즉 인민이나 말의 송환과 같은 사소한 사안의 처리에서 최종 결정은 금의 조정이 내렸지만, 그 처리는 유사, 여기서는 東京兵馬都部署司 내지는 내원성에 명을 내려 고려에 보내게 하였다는 것을 알 수 있다. 또한 이를 '변방의 관리[邊吏]'가 막아버렸을까 우려된다고 한 것으로 보아, 그 이문의 대상, 즉 문서의 수신자는 고려의 변방의 관리였음을 알 수 있다.

실제로 국경을 넘나드는 사람과 가축, 물자 등을 직접 관할하는 일은 위의 문서에서 등장하는 내원성과 같은 지방관,93) 그리고 이를 감독하는 巡檢司에서 담당했을 것이다. 이 와중에 고려와의 관계에서 문제가 생길 만한 일이 발생하면 금 국내의 지휘계통에 따라 東路統軍司에 상행문서인

必是界外行到, 尋已令交付訖. 今年八月十四日, 東京兵馬都部署司准東路軍司申, 巡檢司申, 於海岸, 收捉貴國金鐵衣等六人, 狀稱, '浮海値風, 漂流到此.' 情可憐憫, 亦仰移文分付訖. 今年八月十四日, 東京兵馬都部署司准東路統軍司申, 巡檢已申, 因巡邊, 收捉到貴國崔頻喜, 尋責得狀稱, '係天齊城所管, 因盜本國牛馬, 捉敗同賊, 爲此避畔, 將妻幷馬一匹來到.' 據上項賊人, 幷將到物件, 亦令分付訖. 右上三司, 邊境細故, 朝廷亦不遺忽, 一一指揮有司, 卽令移文送付, 無少底滯. 實恐邊吏壅遏, 不達王所, 故各具聞白, 庶見朝廷待貴國之意."

93) 來遠城은 거란의 내원성과 같이 압록강 하구의 하중도인 黔同島에 설치되었던 것으로 보인다. 처음 이름은 來遠城이었다가 大定 22년(1182)에 來遠軍으로, 그리고 그 뒤에 다시 來遠州로 승격되었다고 한다. 『금사』 권24, 地理志 上, 東京路, 來遠州 참조.

申으로 보고하고, 동로통군사는 다시 상위의 동경병마도부서사에 申으로
보고하면, 동경병마도부서사에서 조정에 보고하고, 그 반대 방향으로 지시가
내려져 다시 내원성 등 변경의 지방관을 거쳐 고려의 지방관에게 문서를
보내는 방식을 취하였던 것이다.

趙位寵 투항 사건 처리 사례

다만 위의 사례를 통해서는 고려의 지방관에게 문서를 보낸 주체가 東京兵
馬都部署司인지, 혹은 來遠城인지 확실하지 않다. 이를 위해서는 다음의 사례
를 좀 더 자세히 분석해볼 필요가 있다.

> 아) 趙位寵이 다시 徐彦 등을 금에 파견하여 표문을 올렸다. (중략) 金主가
> 서언 등을 붙잡아 東京路都摠管府에 보내었다. 寧德城에 牒을 보내 말하기
> 를, "(중략) 삼가 황제의 명을 받들었습니다. '조위총이 아뢰어 빈 일은
> 大國에서 용인할 수 있는 바가 아니다. 서언 등을 그 나라(彼國)에 넘기도록
> 하라.' 그 서언 등의 의복과 갑옷 등 물건은 관원을 차정하여 넘겨주도록
> 하라."라고 하였다.[94]

앞서 검토한 바 있는 趙位寵의 난과 그가 금에 투항하였던 사안에 관련된
문서이다. 『고려사』의 지문에서는 "金主가 서언 등을 붙잡아 東京路都摠管府
에 보내니, 寧德城에 牒을 보내 말하기를[金主執送彦等東京路都摠管府, 牒寧德城
云]"이라고 하였으므로, 이후에 인용된 부분이 동경로도총관부에서 영덕성에
보낸 牒으로 이해하기 쉽다. 그러나 문서의 내용을 꼼꼼히 검토하면, 이
부분은 정확하게는 동경로도총관부에서 자신의 휘하 관부에 보낸 문서의
일부임을 알 수 있다. 만약 이것이 고려에 보낸 문서였다면 고려를 가리켜
'貴國'이라고 하였어야 하는데, '그 나라(彼國)'라는 3인칭을 쓰고 있는 점에서
명확히 알 수 있다.

---

94) 『고려사』 권100, 趙位寵. "位寵復遣徐彦等, 如金上表. (중략) 金主執送彦等東京路都摠管府,
牒寧德城云, '(중략) 欽奉帝命, 『位寵陳乞事, 則非大國所容. 將彦等付彼國施行.』其彦等衣甲
諸物, 差官交割.'"

또한 "將彦等付彼國施行"이라는 부분에서 "~施行"이라는 부분은 문서의 말미에 전달하고자 하는 핵심 내용을 요약하여 제시하는 부분으로, 번역하자면 "서언 등을 그 나라에 송부하도록 하라." 정도가 될 것이다. 만약 이것이 고려, 구체적으로 영덕성에 보내는 문서였다면, "서언 등을 (귀국에) 송환하니 접수하시기 바랍니다[將彦等付, 請接收施行.]" 혹은 "잘 살피시기 바랍니다[請照驗施行.]" 등과 같이 '請' 자를 앞에 넣어 최소한 평행문서임을 밝혔어야 한다. 그러나 '請' 자를 넣지 않고 "송환하라"는 명령으로 끝났다는 점에서, 이 부분은 "欽奉帝命"의 내용, 즉 황제의 명령의 일부임을 알 수 있다. 그렇다면 다음은 황제의 명령이 어디까지인가가 문제가 되는데, "~施行"은 문서의 말미에 해당하는 것이므로 여기까지를 "欽奉帝命"의 내용으로 보아야 한다.

이어지는 "其彦等衣甲諸物, 差官交割."은 누가 누구에게 하는 말일까. 『고려사』의 지문을 그대로 인정하여 이것이 영덕성에 보낸 첩에 담긴 구절이라고 한다면 "서언 등의 의복과 갑옷 등 물건은 관원을 차정하여 넘겨드립니다"라고 해석할 수도 있을 것이다. 그러나 만약 이것이 넘겨준다는 사실을 전하는 말이었다면 "今差某官某交割"이라고 하여 반드시 어떤 관직의 누구를 파견한다는 사실, 그리고 무엇보다도 '今' 자를 넣어 지금 그 행위를 집행하고 있음을 밝혔어야 한다. 그렇지 않고 "差官交割"이라고 한 것은 동경로도총관부에서 자신이 통할하는 하급의 아문에 "관원을 차정하여 넘겨주어라."는 명령으로 해석해야 한다. 즉 이 부분은 동경로도총관부에서 휘하의 내원성에 내린 하행문서의 내용에 해당하는 것으로 보아야 한다.

그렇다면 『고려사』에 위와 같은 방식으로 인용된 것은 어떻게 된 것일까. 『고려사』의 찬자, 혹은 『고려사』 편찬의 원 자료가 되었을 어떤 기록의 작성자가 이 문서를 정확하게 인용했다면, 다음과 같은 방식이 되었어야 할 것이다. 밑줄 친 부분이 추가되어야 할 부분이다.

자) 금주가 서언 등을 붙잡아 동경로도총관부에 보내었다. 내원성에서 영덕성에 첩을 보내 말하기를, "동경로도총관부의 箚子를 받았는데, (그 내용은 다음과 같았습니다.)[奉東京路都摠管府箚, (節該)] '삼가 황제의 명을 받들었다. 「조위총이 아뢰어 빈 일은 대국에서 용인할 수 있는 바가

아니다. 서언 등을 그 나라[彼國]에 송부하도록 하라.」欽此. 그 서언 등의 의복과 갑옷 등 물건은 관원을 차정하여 넘겨주도록 하라.'라고 하였습니다. 이에 이제 某官 某를 파견하여 서언 등과 의복, 갑옷 등의 물건을 보내니 잘 살피시기 바랍니다.[爲此, 今差某官某, 將彦等并衣甲諸物 交割, 請照驗施行.]」라고 하였다.

　　다소 복잡한 논증을 거쳤지만, 요약하자면 위 인용문 아)는 내원성에서 영덕성에 보낸 문서 가운데 핵심적인 내용이라고 할 수 있는, 황제의 명령, 그리고 동경로도총관부에서 내원성에 보낸 금 국내의 하행문서의 일부만을 인용한 것이다. 즉 『고려사』에서 내원성이 주체가 된 부분을 모두 삭제하고 인용하였기 때문에 문서의 주체를 동경로도총관부로 오해하게 되는 것이다. 위 과정을 그림으로 표현하면 아래 그림과 같다.

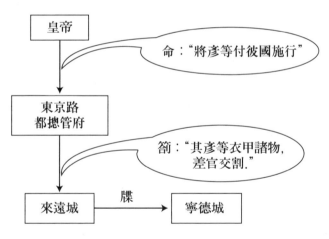

〈그림 2-4-1〉 趙位寵 열전에 수록된 문서의 구조

　　아무튼 조위총이 파견한 사신을 붙잡아서 고려에 돌려보내는 행위는 가장 상위에서 금 황제의 뜻에 따라 결정되었지만, 그것의 집행은 동경로도총 관부, 그리고 다시 고려와의 접경지대인 내원성이 담당했던 것이 된다. 그리고 그 과정은 내원성 명의의 첩을 통해 영덕성으로 전달되었다.
　　양국 변경의 지방관 사이에서 문서 교환이 있었던 것이 확인되는 사례는 역시 국경 근처의 정세가 긴박하게 전개되었던 시기의 일이다. 조위총은 위에서 검토한 徐彦 등을 파견하여 바친 표문에서, 자신이 항복하고자 하는 뜻을 義州都領 崔敬若을 파견하여 婆速路摠管府에 牒을 보내 밝힌 바 있다고 진술하였다.[95] 婆速路는 압록강을 경계로 의주 對岸에 위치한, 현재의 遼寧省 丹東市에 위치한 금의 지방관부였다. 조위총 역시 금 조정에 사신을 파견하기에 앞서 국경 근처의 금 지방관에게 문서를 보내 투항 의사를 타진했던 것이다.

금 말년, 국경 인근의 교섭

앞서 고종 3년(1216) 윤7월, 浦鮮萬奴의 반란을 진압하는 과정에서 금의 東京總管府에서 고려의 北界兵馬使에게 첩을 보낸 사례는 확인하였는데, 사태가 더욱 심각해진 시점에서는 그보다 더 하위의 지방관 사이에서 문서가 교환되었다. 즉 그해 9월 금 來遠軍에서 寧德城에 첩을 보내 거란을 협공하기로 약속하며 군사와 말, 馬草와 군량을 낼 것을 요청하였다.[96] 또한 11월에는 금에서 첩을 보내 금을 침공했다가 패퇴한 몽골군의 잔당이 고려로 밀려들어 갈 수 있으니 방비하라고 통보하기도 하였는데,[97] 이 역시 전황의 긴급함을 생각하면 來遠城에서 寧德城으로 보낸 것으로 생각된다. 이듬해 정월에는 내원성에서 영덕성에 첩을 보내 거란군과 포선만노군이 연합하여 고려로 침공할 우려가 있으니 공동으로 대응할 것을 제의하였고, 영덕성에서도 곧바로 첩을 보내 회신하여 이에 동의하였다.[98]

---

95) 『고려사』 권100, 趙位寵. 金主執送彦等東京路都摠管府, 牒寧德城云, "西京留守趙位寵, 三次 遣使九十六人, 齎告奏表文等事. 今勘得所遣人徐彦等狀稱, '(중략) 今年六月, 位寵與北界四十 餘城, 欲屬大朝, 遣義州都領崔敬若等, 齎牒婆速路摠管府公文.(중략)'"

96) 『고려사』 권22, 고종 3년(1216) 9월 戊子. 金來遠軍移牒寧德城, 約與夾攻契丹, 仍索兵馬芻 糧.

97) 『고려사』 권22, 고종 3년(1216) 11월 庚寅. 金移牒曰, "韃靼兵來攻大夫營, 乘閒入城, 然已盡殺, 尙恐餘黨逃入貴部, 煩請照會, 堤防掩殺."

98) 『고려사』 권22, 고종 4년(1217) 정월 甲申. 金來遠城移牒寧德城曰, "叛賊萬奴, 本與契丹同心. 若倂軍往侵貴邦, 其患不小, 且爲貴邦所擊, 則必奔還我國. 苟犯貴邦, 宜急報之, 我卽出軍掩擊." 寧德城回牒曰, "丹兵曾入我疆, 屢致摧挫. 若萬奴繼至, 恐分我軍力, 以致丹寇復振. 若侵上國, 事在俄頃, 未可及報, 請預設兵馬, 遮阻萬奴, 使不至於弊邑. 弊邑亦堤防丹兵, 無使至於上國."

국경 일대의 일상적 문서 교환

조위총의 반란이나 포선만노의 반란 등과 같이 특수한 상황만이 사료상에 남아 있으나, 양국의 국경 사이에서의 문서 교환은 일상적인 일이었던 것 같다. 다음의 사료가 이를 잘 증명해준다.

> 차) 옛 제도에 義州는 두 나라의 關門으로 무릇 사신[使价]의 왕래와 文牒의 출입이 모두 이곳을 경유하였으므로 반드시 문신 가운데서 가려뽑아 이곳을 관할하게 하였다. 그 分道官도 또한 常參官 가운데 명망이 있는 자로 파견하였다. 무신들이 권력을 행사하면서부터 변방을 지키는 장군은 모두 兵馬의 직임을 띠게 하여 分道로 삼았던 까닭에 昌州와 朔州 두 성도 모두 장군에게 맡겼다. 의주는 文牒을 주고받았으므로 반드시 儒士가 있어야 하였기에 문관과 무관 2인을 함께 두었다.[99]

이 기사는 압록강 하구의 義州, 즉 지금의 평안북도 의주가 사신 왕래와 문서 출입의 관문이었기 때문에 무신정권기에도 지방관에 반드시 문관을 배치하였다고 전하고 있다. 이 기사를 통해 사료상에 자주 등장하지는 않지만, 변경의 지방관 사이에서 牒을 통해 일상적이고 간단한 사안을 처리하는 일이 상시적으로 있었음을 알 수 있다.

5. 1140년 외교문서로 본 소통 구조

1140년의 외교문서

이상에서 고려와 금 사이의 의사소통 루트가 위로부터 황제와 국왕 사이, 금 동경과 고려 조정 사이, 양국 변경의 지방관 사이 등 세 층위로 구성되어

---

99) 『고려사』 권101, 宋詝. 舊制, 以義州爲兩國關門, 使价往來, 文牒出入, 皆由之, 必擇文臣調之. 其分道官, 亦以常參官有名望者, 遣之. 自武臣用事, 戍邊將軍, 皆帶兵馬之任, 爲分道故, 昌·朔二城, 皆以將軍委之. 義州則以文牒交通, 須有儒士, 兼置文武二人. 『고려사절요』 권12, 명종 11년(1181) 윤3월에 같은 기사가 있다.

있었음을 살펴보았다. 그리고 두 번째와 세 번째 단계의 의사소통 역시 최종적으로는 본국 조정의 지령을 받아 수행되었던 것임을 확인하였다. 이와 같은 양국 사이의 의사소통 메커니즘을 잘 보여주는 사례를 『동인지문사류』에 실린 문서를 통해 엿볼 수 있는데, 이 문서는 좀 더 다각적인 분석이 필요하므로 조금 길지만 전문을 원문과 함께 인용해보겠다.

1-1 臣 아무개는 아룁니다.

1-2 天眷 2년(1139) 11월, 東路兵馬都部署司의 牒을 받았습니다.

2-1 "尙書兵部의 符를 받았습니다.

3-1 '都省의 箚子를 받았다.

4-1 『(尙書省에서 奏하였다.)

5-1 「曷懶路都統所의 申을 받았습니다.

6-1 《고려에서 도망친 배신자 回懃라는 자가 말하였습니다.

7-1 〈(저는) 고려국 西京 사람입니다. 도당[火內] 7명과 함께 공모하여 왔습니다.〉

6-2 보고를 올리니, 바라건대 살펴주십시오.》

5-2 尙書省에서 살펴보건대 高麗는 우리나라에 臣屬한 이래로 삼가 信禮를 지켜왔습니다. 이자들은 필시 망명하여 죄를 피하려는 것일 것입니다. 신들이 상의하건대 돌려보내주어야 할 것 같습니다.」

4-2 라고 상주하였고, 聖旨를 받들었다.

5-3 「아뢴 대로 시행하라.」

4-3 곧바로 來遠城에 명하여 高麗國 寧德城에 첩을 보내 도착하는 대로 曷懶路에 접경한 州郡 지역에 移文하여 (曷懶路에) 첩을 보내서 이자들을 잡아다가 인도·인수하도록 하게 하라.』'"

[이 사이에 탈락된 부분이 있어 文들이 온전하지 못하다.]

1-3 (그는) 西京 사람이 아니라 東路 宣德鎭 사람인 韓俊臣으로, 간사한 자로서 망명하여 죄를 피하고자 이름과 성을 바꾸고 사달을 일으키고자 하였습니다. 삼가 聖慈께서 특별히 지휘를 해주심을 받고 兵馬司로 하여금 교부해주도록 허락하시었기에 이제 죄를 정하여 처단하였습니다. 죄인이 도망하여

국경을 넘었으니 의리상 주륙하는 것이 마땅한데도 지엄한 명을 내리시어 放還할 것을 허락해주시었습니다. [中謝] 생각해보건대 海邦이 仁壤에 접해 있으면서 역적을 다스리기[烹小鮮]를 잘 하지 못하여 백성으로 하여금 죄를 범하게 하였습니다. 다리를 건너고 담을 넘어 순라군이 허술한 틈을 엿보고, 神祠에 구멍을 뚫어 쥐가 연기를 피하는 듯하였으며, 이에 나라를 망신주고 간악한 짓을 저질렀으니 이름을 고치고 성을 바꾸는 것쯤이겠습니까. 執事者를 번거롭게 하여 사유를 보고해올리기를 기다리시게 하였습니다. 우러러 생각하건대 성상께서 비추어주시고 小人의 진실과 거짓을 자세히 살피시어 그를 국경 밖으로 내쫓으시고 그 안에 머무르지 못하게 하시었습니다. 이는 대개 황제께서 湯 임금과 같이 너그러운 덕과 舜 임금과 같이 큰 仁으로써 신의 투박한 정성을 가련히 여기시고 신의 事大하는 충성을 헤아려주시어 匹夫가 도망한 것을 막아주시고 下國이 기대한 것을 보전해주신 것입니다. 비록 백성에게 恒産이 없음은 모두 賦役이 많기 때문이지만 나라에 일정한 형법이 있는데도 감히 명분을 바로 하여 죄를 정하지 않겠습니까. 맹세컨대 노둔한 힘을 다하여 길이 크나큰 은혜에 보답할 것입니다.

¹⁻¹ 臣諱言.

¹⁻² 准天眷二年十一月, 東路兵馬都部署司牒.

　²⁻¹ "奉尚書兵部符,

　　³⁻¹ '承都省箚子.

　　　⁴⁻¹ 『(尚書省奏.)

　　　　⁵⁻¹ 「曷隣路都統所申.

　　　　　⁶⁻¹ 《有高麗逃背人回憨稱.

　　　　　　⁷⁻¹ 〈係本國西京人民. 與火內七人同共商量就來.〉

　　　　　⁶⁻² 報告, 伏乞照驗.》

　　　　⁵⁻² 尚書省會驗, 高麗臣屬本朝以來, 謹守信禮. 必是前人亡命避罪. 臣等商議 却行分付.」

　　　⁴⁻² 奏訖. 奉聖旨.

　　　　⁵⁻³ 「准奏行.」

⁴⁻³ 尋行下來遠城, 牒高麗國寧德城, 到請移文曷隣路對境州郡一面, 牒取
前人交受訖.』"

[此閒有脫, 語不全]

¹⁻³ 卽非西京人, 是東路宣德鎮人韓俊臣, 竊料姦人亡命避罪, 冒易名姓, 欲生事端. 伏
蒙聖慈特降指揮, 許令兵馬司交付, 今已定罪處斷者. 人伏越疆, 義當誅戮, 命嚴出
綍, 聽許放還. [中謝] 念此, 海邦接于仁壤, 烹小鮮而寡, 使赤子以犯非. 跳梁塞垣,
伺偵邏之不謹, 坏穴神社, 謂熏鑿之可逃, 旣以誤國而肆姦, 焉知冒名而易姓. 致煩
執事, 待報申由. 仰惟上聖之照臨, 曲察小人之情僞, 使出諸境, 不留其中. 此盖皇帝
湯德克寬, 舜仁丕冒, 憫臣無華之悃, 諒臣事大之忠, 防遏匹夫之逋逃, 保全下國之
期待. 雖民無恒産, 皆由賦政之多尤, 而國有常刑, 敢不正名而定罪. 誓殫駑力,
永報鴻恩. ¹⁰⁰⁾

문서의 구조 분석

이 문서는 고려에서 금의 葛鄰路 지역으로 도망쳐 들어간 回憨이라는
자를 금에서 붙잡아 고려에 송환한 데 대해 고려에서 감사하다는 뜻을
전하기 위해 전달한 표문이다. 『東人之文四六』에 따르면 이 문서는 郭東珣이
찬술하였다고 하고, 인종 庚申年, 즉 인종 18년(1140)에 전달되었다고 한
다.¹⁰¹⁾ 이 문서에서 주목되는 것은 표문 가운데 금의 東路兵馬都部署司로부터
받은 첩의 내용이 상세하게 인용되어 있다는 점, 그리고 그 첩 안에 금에서의
행정처리 절차가 소상하게 담겨있다는 점이다. 문서의 내용을 하나하나
분석해보면 다음과 같다.

---

100) 『東人之文四六』 4-23. 〈謝回付逃背人表〉. 문서를 인용하면서는 어디서부터 어디까지가
어떤 주체의 발언인지를 밝히기 위해 들여쓰기와 내어쓰기를 동원하여 표시하였다.
또한 해당 부분의 앞머리에 '1-2'와 같이 번호를 붙였는데, 앞의 '1'은 이것이 1차
화자의 발언임을, 뒤의 '2'는 그 화자의 몇 번째 발언임을 뜻하는 것이다. 이와 같은
문서의 인용 방식은 구범진, 『조선시대 외교문서─명·청과 주고받은 문서의 구조분석』,
한국고전번역원, 2014에서 제시한 방식을 따랐다.

101) 인종 17년과 18년에 이 사안으로 양국 사이에 별도의 사신이 왕래한 기록은 『고려사』
등에서 확인되지 않는다. 아마도 그 무렵에 의례적인 사안으로 정기적으로 파견되었던
사신이 이 문서를 전달했을 것으로 생각된다.

1-1, "臣諱言"은 표문의 전형적인 서두 부분이다. 원래 문서에서라면 인종의 성명을 그대로 써서 "臣王楷言"이라고 되어있었을 것이나, 『동인지문사륙』을 편찬하는 과정에서 왕명을 기재하지 않고 '諱'라고만 썼던 것이다. 1-2, "准天眷 二年十一月, 東路兵馬都部署司牒."은 제1화자인 고려국왕이 天眷 2년, 즉 인종 17년(1139) 11월에 東路兵馬都部署司의 牒을 받았음을 의미한다. 다만 이때 牒을 수신한 대상이 고려국왕 자신인지, 혹은 다른 사례에서 나타났던 同文院 이나 北界兵馬使 등인지는 명확하지 않다. 아마도 후자였을 가능성이 높은데, 그렇다면 이 부분에서 同文院 내지 北界兵馬使가 牒을 수신하였음을 국왕에게 보고한 내용은 생략된 것으로 볼 수 있다. 그 아래 부분은 4-3까지 모두 해당 첩의 내용을 그대로 인용한 것이다.

2-1, "奉尚書兵部符"는 첩의 내용의 일부로, 동로병마도부서사에서 금 중앙 조정의 尚書兵部로부터 하행문서인 符를 받았다는 것이다. 3-1, "承都省箚子"는 상서병부에서 직속의 상위 기관인 都省, 즉 尚書省으로부터 하행문서인 箚子 를 받았음을 말한다.

4-1에 대해서는 조금 설명이 필요하므로 잠시 미루어두겠다.

5-1, "葛隣路都統所申"은 상서성에서 갈린로도통사로부터 상행의 보고문인 申을 받았음을 뜻한다. 금 대에 葛鄰路라는 지명은 『금사』에서는 확인되지 않는데, 그곳이 고려와의 접경지대였던 점과 음가가 유사함을 고려하면 葛懶路를 가리키는 것임이 분명하다. 葛懶路는 현재의 함경도 일대와 두만강 북쪽 유역 일부를 포함하는 지역으로, 과거 尹瓘이 9성을 쌓았던 곳, 즉 완안부 여진의 옛 고향에 해당하는 지역이다.

6-1, "有高麗逃背人回惑稱"은 갈린로도통소에서 올린 申의 내용으로, 고려에 서 도망쳐 들어온 배신자 回惑이라는 자로부터 진술을 받았다는 내용이며, 7-1, "係本國西京人民. 與火內七人同共商量就來."는 그 공술의 내용으로, 그가 자신을 고려 西京 사람으로서, 도당[火內] 7명과 함께 공모하여 왔다고 밝히고 있다. 6-2, "報告, 伏乞照驗."은 다시 갈린로도통소에서 올린 申의 구절로, 이와 같이 보고하니 처리해달라는 내용이다.

5-2, "尚書省會驗, 高麗臣屬本朝以來, 謹守信禮, 必是前人亡命避罪. 臣等商議却 行, 分付."는 다시 상서성이 화자가 된다. 상서성에서는 갈린로도통소의 보고를 받고 그에 대한 처리 방안을 마련하였다. 고려가 금에 臣屬한 이래로

양국이 우호관계를 유지하고 있으며, 이들 망명자는 고려에서 죄를 짓고 도망온 자들로 보이므로 돌려보내야겠다는 것이 그 요지이다. 그런데 이 부분에서 화자인 尚書省은 자칭 '臣等'이라고 하였다. 이는 이 발언의 청자가 황제였음을 알려주는 것이다. 바꿔 말하면 5-2가 상서성에서 황제에게 올린 上奏의 내용이라는 것이다. 따라서 4-1 부분에, 원문에는 없지만 "尚書省奏"라는 구절을 삽입해야 한다. 그래야 이 부분이 상주한 부분임이 명확해지고, 그렇게 해야 이어지는 4-2에서 "奏訖. 奉聖旨."라고 하여 "상주하였고, (이어서) 聖旨를 받들었다."라고 하는 것으로 이어지는 데에 매끄럽다. 즉 4-1과 4-2는 상서성에서 尚書兵部에 내린 箚子의 내용에 해당하는 것이다.

5-3, "准奏行"은 상서성의 보고를 받은 금 황제의 답변이다. "아뢴 대로 시행하라"는 말은, 즉 상서성의 건의대로 이들 도망자를 고려에 송환하라는 것이다.

다시 4-3, "尋行下來遠城, 牒高麗國寧德城, 到請移文曷隣路對境州郡一面, 牒取前人交受訖."은 상서성에서 尚書兵部에 내린 지시사항이다. 도망자들의 송환 절차에 대해 지시하고 있는 이 부분이 특히 주목된다. 상서성은 "곧바로 來遠城에 명하여[行下] 高麗國 寧德城에 첩을 보내, (牒이) 도착하는 대로 曷隣路에 접경한 (고려의) 州郡 지역에 문서를 보내 (그곳에서 갈린로에) 첩을 보내서 도망자들을 인수해가도록 하게 하라."고 지시하였다. 즉 이들을 상서성을 비롯한 금 중앙조정에서 고려 개경에 사신을 파견하여 인도하는 것이 아니라 지방관 사이의 왕래를 통해 전달하겠다는 것이다. 또한 이들을 붙잡은 葛鄰路에서 직접 고려의 동북면 지방관에게 문서를 보내는 것이 아니라, 평소에 문서 교환이 이루어지고 있던 창구인 금 내원성-고려 영덕성 루트를 통해 먼저 이 사실을 알리고, 고려 내의 행정처리 과정을 거쳐 갈린로에 접경한 고려 州郡에 알린 후, 거기서 갈린로에 직접 문서를 보내 이들을 인수해가는 과정을 거치도록 지침을 내렸다는 것이다.

이 부분에 이어서 『동인지문사륙』과 『동문선』의 원문에는 모두 細註로 [此間有脫, 語不全]이라고 기록되어 있다. 이 윗부분이 고려의 도망자를 붙잡아 심문한 후 그를 돌려보내기로 尚書省에서 상주하여 황제의 승인을 받은 내용을 담고 있으므로, 만약에 여기에 몇 글자의 탈락이 있었다면 그것은 尚書省, 즉 都省의 箚子를 받든 尚書兵部, 그리고 尚書兵部의 符를 받은 東路兵馬

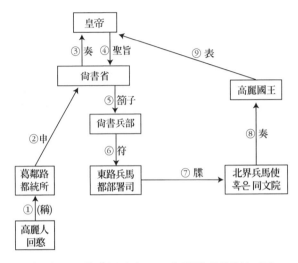

〈그림 2-4-2〉『東人之文四六』 4-23의 문서행이 과정

都部署司의 조치와 관련된 내용이 포함되었어야 할 것이다. 그리고 尙書省의 箚子에서는 분명 來遠城으로 하여금 고려의 寧德城에 첩을 보내도록 명령하였는데, 문서의 첫머리가 고려에서 東路兵馬都部署司의 牒을 받은 것으로 시작하는 것을 보면 중간에 어떠한 행정처리 절차가 있었음을 명기하는 내용이 생략되었을 가능성이 매우 높다고 생각된다. 아니면 來遠城에서 寧德城에 보내는 첩이 있고, 그와 별도로 상위에서 東路兵馬都部署司에서 고려 조정에 牒을 보냈을 가능성도 배제할 수 없다. 아무튼 이 부분에 일부의 결락이 있는 점은 대단히 애석하다고 하지 않을 수 없다.[102]

---

102) 다만 한 가지 의심스러운 점은 현재 남아있는 문서 상태가 원래 문서 그대로였던 것은 아닐까 하는 점이다. 현재의 문서 그대로만으로도 사안이 실제 어떻게 처리되었는지를 파악하는 데에는 지장이 없다. 1139년 당시의 시점에서는『동인지문사륙』의 편자 崔瀣가 살던 14세기 전반처럼 吏文이 온전한 형식으로 갖추어지기 전이었던 까닭에, 혹은 표문을 작성하는 과정에서 구체적인 내용을 담지 않은 형식적인 표지어구를 모두 생략하였던 까닭에 원래의 문서 자체가 현재와 다르지 않았으리라는 추측이다. 오히려 이문 형식에 익숙한 최해가『동인지문사륙』을 편집하는 과정에서 이 점에 문제의식을 느끼고 위의 세주를 굳이 붙인 것이 아닐까 하는 의심도 든다. 특히 『동인지문사륙』 전체를 통해 이 부분처럼 "일부 탈락이 있다"는 식의 언급이 전혀 없다는 점도 이러한 의심을 뒷받침한다. 위의 세주가 사실인지, 아니면 최해의 오해에서 비롯된 것인지 분명하지 않지만, 어느 쪽이든 역시 본고의 논지 전개에는 큰

이어서 1-3은 이상의 東路兵馬都部署司 牒을 받은 고려국왕이 이 사안에 대해 해명하고, 도망자를 송환해준 것에 대해 감사하다는 뜻을 밝히는 내용으로 채워져 있다. 이상의 행정처리 절차를 그림으로 표현하면 앞의 〈그림 2-4-2〉와 같다.

도망자 송환 절차

그리고 이 문서에서는 생략되어 있으나, 도망자 回憨을 인도·인수하는 데에 관여하게 된 관부 사이에서의 문서행이는 아마도 다음과 같은 절차를 통해서 이루어졌을 것이다.

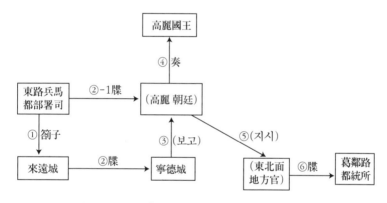

〈그림 2-4-3〉『東人之文四六』4-23을 통해 복원한
고려-금 지방관 사이의 문서행이

고려-금 사이의 다층위 소통 구조

이상의 두 그림을 통해서 고려와 금 사이의 의사소통 구조를 좀 더 명확하게 확인할 수 있다. 우선 위의 〈그림 2-4-3〉에서 금 來遠城이 고려 寧德城에 보내는 牒(②), 그리고 고려의 동북면 지방관이 금의 葛鄰路 지방관에게 보내는 牒(⑥)을 통해 사건의 발생을 통보하고 실무적으로 처리하는 절차를

영향을 주지 않는다.

거쳤다. 그리고 〈그림 2-4-2〉의 ⑦, 즉 東路兵馬都部署司에서 고려 조정에 보내는 첩은 이 사실을 종합적으로 전달하는 역할을 하였다. 그리고 최종적으로는 고려국왕이 금 황제에게 올린 표문(⑨)이 가장 상위에서 사안을 마무리 짓는 의미를 가지는 문서였던 것이다.

고려-금 관계에서 이와 같이 행정처리 절차가 정확하게 드러난 외교문서의 사례는 이 이외에는 찾아볼 수 없다. 『동인지문사륙』에 이 문서가 실리게 된 것은 매우 우연한 일이다. 사실 사륙변려체의 고급 문장을 선별한 이 책의 편찬자 崔瀣의 기준에 따른다면, 그가 주목했던 것은 이 문서의 뒷부분, 즉 1-3에만 국한되었을 것이다. 그러나 필자의 입장에서는 운이 좋게도 1-3의 배경을 서술하기 위해 1-1~4-3의 부분이 현재까지 전하게 되었던 것이다. 이 부분은 원 대 이후 널리 쓰이게 된 公文吏牘體, 혹은 吏文體의 이른 시기 사례라고 할 수 있는데, 필자가 아는 한 고려-금 외교문서는 물론이거니와 금이나 송이 다른 외국과 주고받은 외교문서 가운데서도 이와 같은 문체로 작성된 문서, 혹은 그 일부는 전해지는 사례가 없다.

유일한 사례를 두고 일반화하는 것이 우려스러우나, 고려와 금 사이에서 이러한 문서는 훨씬 더 빈번하게 교환되었을 것으로 보인다. 지금까지 살펴본 고려와 금 사이의 여러 층위에서의 의사소통 경로가 유지되었던 점을 고려할 때, 그리고 양국 사이에서 실무적인 사안이 끊임없이 일어났을 것임을 염두에 둔다면, 그 효율적인 처리를 위해 이와 같은 행정 실무에 적합한 문체로 작성된 문서가 얼마든지 더 있었을 것으로 추측하는 것이 타당할 것이다. 특히 이 문서가 작성된 시점이 양국 관계의 비교적 이른 시기인 인종 17년 (1139)라는 점도 주목된다. 초기부터 이러한 형식의 문서가 큰 무리없이 양국 사이에서 정착되어 사용되었다면, 고려-금 관계가 지속된 이후 70년 이상의 기간 동안에도 그대로 유지되었을 것으로 추측할 수 있다.[103]

---

103) 이와 관련해서 주목되는 것이 고려의 對金 외교관계를 담당하기 위해 개설되었던 同文院의 존재이다. 이정훈은 동문원이 對金 외교문서 작성 및 사신 접대를 담당하였다는 점과, 고려시대에 외교관계를 전담하기 위해 개설된 관부로는 同文院이 유일하다는 점을 강조한 바 있다(이정훈, 「고려시대 금과의 대외관계와 同文院」, 『사학연구』 119, 2015, 217~235쪽 참조). 그런데 만약 사륙변려체의 표문 작성이 동문원에 요구되었던 주된 기능이었다면, 그러한 필요는 앞선 시기 송·거란과의 관계에서도 동일했을 것이다. 실제로 『동인지문사륙』에 수록된 문서의 작자를 살펴보면 金富軾 등은 송과

소결 : 세 층위의 소통 구조와 牒의 기능

이상 이 절에서는 고려와 금의 관계가 안정적으로 유지되었던 1120년대 후반부터 1210년대까지 약 한 세기에 걸쳐서 양국 사이에 어떠한 의사소통 경로가 마련되어 있었는지를 확인하였다. 첫째, 양국의 조정 사이에서는 해마다 정기적으로 의례적인 명목의 사신을 교환하였으며, 이때에는 군주 명의의 조서와 표문이 사용되었다. 둘째, 특별한 사안이 발생했을 때에는 조정 사이에서 비정기적인 사신을 보내기도 하였으나 그 빈도는 매우 낮았다. 셋째, 고려 조정과 금 동경 사이의 持禮使·回禮使 파견은 1150년대를 끝으로 중단되었으나, 이 경로를 통한 의사소통은 이후로도 줄곧 유지되었다. 이때 양자는 의례적 사안에 대해서는 서한식 문서, 실질적 문제 해결을 위해서는 牒을 주고받았다. 이는 조정 사이의 교섭에 앞서 미리 의사를 교환하는 과정으로, 그 덕분에 군주 사이의 외교는 매우 우호적인 것처럼 보일 수 있었다. 넷째, 고려 寧德城과 금 來遠城 사이에서의 일상적인 접촉이다. 이 경로로는 牒을 주고받으며 월경민 처리와 같은 비교적 작은 사안을 처리하였다.

고려와 거란 사이에서 주고받았던 牒이라는 문서식에 대해서는 2장 2절에서 간략히 설명한 바 있다. 요컨대 첩이란 統屬 관계에 있지 않은 관부 사이에서 주고받는 문서로서 유연성을 최대의 장점으로 가지며, 따라서 당 대부터 동아시아 국제관계에서 외교문서로 널리 활용되었다. 그런데 고려와 금 사이에서도, 특히 지방 관부들 사이의 의사소통 과정에 牒이 중요한 기능을 하였음을 다시 한 번 확인하였다.

첩은 외교관계에서는 특히 군주가 아닌 관부 사이에서, 규정에 구애받지 않고 즉각적인 현안을 다룰 때에 비교적 자유롭게 주고받는 문서로 쓰였다. 따라서 동아시아에 단일한 패권 국가가 등장하지 않고, 이른바 다원적 국제질

금 어느 한쪽만이 아니라 양쪽에 보낸 문서에 모두 찬자로 등장한다. 유독 금과의 관계에서 외교문서 작성의 필요성이 부각되었다면 그 문서의 문체가 사륙변려체가 아니었을 가능성을 상정할 수 있다. 금과의 관계에서 처음으로, 후대에 吏文으로 불리게 된 관문서 특유의 문체가 사용되었기 때문에 이를 전담할 기관으로서 同文院이 개설되었던 것이 아닐까 추측된다.

서가 형성되었던 것으로 이해되는 10~12세기가 외교문서로서 첩의 전성시대였다고 할 수 있다. 이 문서는 기본적으로 양자 사이가 대등하다는 점을 전제로 하고 있었기에 의례적인 문제가 발생할 소지를 없앤 채 유연하게 주고받을 수 있었다. 그러면서도 필요에 따라서는 양국 중앙 정부의 훈령을 인용함으로써, 문서 내용에 공신력을 확보하기도 하였다.

10~12세기 사이 고려와 중국 왕조들 사이에서 첩이 외교문서로 쓰인 사례들을 열거해보면, (1) 1060년대 말 이후 재개된 고려와 북송과의 관계에서 고려 禮賓省과 송 明州 사이에서 첩을 교환한 사례,[104] (2) 1130년대 이후로 고려-남송 중앙정부 사이의 공식 접촉이 중단된 상황에서, 역시 송 명주와 고려 조정 사이에서 첩을 교환한 사례,[105] (3) 고려 조정과 거란 동경, 고려 영덕진과 거란 내원성 사이에서 수시로 첩을 통해 소통한 사례[106] 등을 들 수 있다. 그밖에도 문종 33년(1079)에 고려국 예빈성에서 大日本國 大宰府 앞으로 보낸 문서도 첩이었고,[107] 조금 나중의 일이지만 원종 4년(1263) 고려에서 일본에 해적의 금압을 요구하며 보낸 문서도 첩이었다.[108]

이처럼 고려와 주변국 사이에서 첩을 교환했던 사례를 종합해보면 앞서 들었던 송과 거란 사이에서의 첩의 용례 및 특징과 거의 일치함을 알 수 있다. 첫째, 중앙정부 사이에서가 아니라 고려 중앙정부·지방관부와 상대방 지방관부 사이에서 교환되었다는 점, 둘째, 실무적 내용을 담고 있었다는 점, 셋째, 핵심적인 내용에서는 양국의 군주와 같은 상위의 지시에 따른 것임을 밝히고 있다는 점 등에서 그러하다.

고려와 금은 변경 지방관 사이에서 첩을 교환하면서 수시로 발생할 수 있는, 비교적 중요도가 덜한 분쟁을 신속하게 처리할 수 있었다. 이로써

---

104) 이 책의 1장 3절 참조.
105) 정동훈, 「고려-남송 외교 관계에서 商人의 역할」, 『동서인문학』 51, 2016b 및 이 책의 1장 4절 참조.
106) 이 책의 2장 2절 참조.
107) 이병로, 「11세기 한일 양국의 대외교섭에 관한 일고찰」, 『大丘史學』 59, 2000, 17~20쪽 ; 高橋公明, 「外交文書を異國牒狀と呼ぶこと」, 『文學』 6-6, 東京 : 岩波書店, 2005, 64쪽 참조. 이 문서에 대한 자세한 분석은 奧村周司, 「醫師要請事件に見る高麗文宗朝の對日姿勢」, 『朝鮮學報』 117, 1985 참조.
108) 『고려사』 권25, 원종 4년(1263) 4월 甲寅.

양국은 정치적으로나 경제적으로 큰 비용이 들었던 조정 사이의 사신 왕래를 줄일 수 있었다. 추가로 기대할 수 있는 것은 첩이 가지는 최대의 장점인 유연성에서 비롯되었다. 양국 중앙정부 사이에서 사신을 주고받는다면 그들은 반드시 황제와 국왕 명의의 조서와 표문을 교환해야 했다. 그런데 조서와 표문은 양국 사이의 최고 층위의 문서로서, 여기에 한 번 실린 내용은 이후 수정하거나 철회하기가 매우 어려웠다. 따라서 조서와 표문에는 주로 의례적인 내용을 다루거나, 실무적인 사안에 대해서라도 가능한 한 원칙적인 표현만을 내놓을 뿐, 교섭이 필요한 구체적인 내용은 언급을 자제하였다. 그리고 그 공백을 메우는 것이 하위의 교섭 창구 사이에서 주고받는, 첩이라는 하위 레벨의 문서였던 것이다.

고려와 금은 다시 여기에 두 층위의 소통 창구를 두어 논의의 심도에 차등을 두고 있었다. 갈등의 소지를 품고 있는 사안에 대해서는 우선 낮은 차원에서 매우 구체적인 내용의 의견 교환을 시작하고, 상위 단계로 가면서 점차 논의를 추상적이고 우호적인 분위기로 전환시켜감으로써 최종적으로 군주 사이에서 교환하는 문서에서는 의례적인 내용만이 표출될 수 있도록 했던 것이다. 일종의 완충 장치, 여과 장치를 마련해두었던 것이 고려와 금 두 나라가 특별한 갈등 없이 평화롭고 안정적으로 공존할 수 있었던 한 배경이 되었다고 할 수 있다.[109]

---

109) 고려시대 이후 한중관계에서는 중국 왕조가 遼東에 설치하였던 여러 관부들이 양국 중앙정부 사이의 교섭을 매개하고 중재하는 역할을 주로 담당하였는데, 고려-금 관계에서 동경의 역할은 그 좋은 한 사례가 된다. 이에 대해서는 정동훈, 「한중관계에서의 요동(遼東)」, 『역사와 현실』 107, 2018, 25~29쪽 참조.

3장
고려-몽골 외교문서 :
외교 주체의 확대와 다양한 서식 활용

1절 고려-몽골 초기 접촉기
講和를 둘러싼 이견과 조정

초기 고려-몽골 관계 연구사

13세기 초 동아시아는 한 세기 만에 다시 한 번 격랑의 시기를 맞이하였다. 몽골 초원에서 발흥한 몽골세력이 유라시아 전역을 휩쓸면서 남하하여 金을 멸망시키고 고려에도 침입해 들어왔던 것이다. 잘 알려져 있듯이 고려와 몽골이 처음 외교적으로 접촉한 것은 高宗 5년(1218) 연말과 이듬해 초에 걸친 이른바 江東城전투와 '형제맹약'이 그것이다. 이때 고려와 몽골은 '강화'를 맺어 고종 12년(1225) 정월까지 6년여 동안 여러 차례 접촉하였다.[1]

기존의 연구를 통해 고려-몽골의 첫 접촉과 전쟁의 전반적인 양상이나 강화를 위한 교섭 과정 등은 아주 상세하게 밝혀졌다. 특히 1219년의 이른바 '형제맹약'의 성격을 다각도로 분석한 바 있으며,[2] 최근에는 이 시기 양국이

---

[1] 이 시기의 고려와 몽골의 첫 접촉과 이후의 전반적인 교섭에 대해서는 高柄翊, 「蒙古·高麗의 兄弟盟約의 성격」, 『東亞交涉史의 硏究』, 서울대학교출판부, 1970 참조.

[2] 이개석은 형제맹약의 성격을 歲貢의 납부를 내용으로 하는 복속 관계 설정으로 파악하였고(이개석, 「몽골·동진·고려 연합군에 의한 강동성 함락과 여몽형제맹약의 성격」, 『고려-대원 관계 연구』, 지식산업사, 2013a), 고명수는 그것을 몽골과 고려 사이의 국가 대 국가 관계가 아니라 양국의 군사 지휘관 사이에서의 사적인 관계로 재해석하였다(고명수, 「몽골-고려 형제맹약 재검토」, 『歷史學報』 225, 2015). 한편 이익주는 이 관계가 양국 간의 상하 관계를 전제로 고려가 稱臣上表하면서 공물을 납부하는 것을 기본으로 하는 불평등 관계였다고 정리하였다(이익주, 「1219년(高宗 6) 고려 몽골 '兄弟盟約' 再論」, 『東方學志』 175, 2016). 한편 윤은숙은 몽골이 향후 있을 금에 대한 공세에 대비하여 그 배후에 있는 고려와 일정한 관계를 형성하기 위해 맹약을 맺은 것으로 보았다(윤은숙, 『몽골제국의 만주 지배사』, 소나무, 2010, 97~98쪽). 필자는 이 시기 고려가 몽골에 물자를 제공한 행위의 특징을 다른 시대와 비교하여 분석한

주고받은 외교문서의 서식에 주목한 연구도 있었다.[3] 또한 이 무렵 고려와 몽골 사이를 매개했던 東眞의 활동, 고려와 동진의 관계에 대해서도 종합적으로 분석되었다.[4]

문제의 소재 : 다른 언어, 문화권의 접촉과 교섭

다만 그 전개과정이 고려가 경험했던 다른 시대, 다른 왕조와의 전쟁이나 외교의 장면들에 비해서 어떠한 특징을 가지는지에 주목한다면 조금 다른 시각에서 이를 분석해볼 수 있다. 가장 중요한 특징이자 차이점은 교섭 수행의 주체, 그리고 그들이 기반하고 있던 언어를 비롯한 문화 전통에 있었다.

몽골은 기존의 거란이나 금과는 달리 고려와의 접촉에서 동아시아 전통 외교의 문법을 따르지 않았다. 언어 면에서는 漢文과 漢語가 아닌 몽골어를 사용하였으며, 국제관계에 대한 관념 면에서도 중국적 전통의 상하관계나 교섭 주체, 혹은 관료제 운영 원리 등에 구애받지 않았다. 다음 절에서 더 상세히 살펴보겠지만, 특히 전쟁의 전개 과정을 살펴보면 몽골의 고려 공격은 제국 전체의 역량이 총동원되어 군주의 지휘 하에 일사불란하게 수행된 작전이 아니었다. 그것은 몽골제국의 對金 전쟁의 한 갈래로 시작하여, 제국의 동방을 관할하는 여러 諸王 및 군벌 세력의 연합 작전으로 전개된

바 있다(정동훈, 「고종대 고려-몽골 관계에서 '조공'의 의미」, 『한국중세사연구』 61, 2020).

3) 森平雅彦, 「13世紀前半における麗蒙交涉の一斷面－モンゴル官人との往復文書をめぐって」, 한일문화교류기금·동북아역사재단 편, 『몽골의 고려·일본침공과 한일관계』, 景仁文化社, 2009(森平雅彦, 『モンゴル覇權下の高麗』, 名古屋 : 名古屋大學出版會, 2013에 「對元講和前の文書－高麗王啓とモンゴル文直譯體文書」으로 재수록).

4) 魏志江, 「東夏國과 高麗의 관계를 論함」, 『中韓人文科學硏究會』 3, 1998 ; 이재선, 「高麗 高宗代 對東眞關係의 추이와 성격」, 고려대학교 석사학위논문, 2009 ; 이개석, 「몽골·동진·고려 연합군에 의한 강동성 함락과 여몽형제맹약의 성격」, 『고려-대원 관계 연구』, 지식산업사, 2013b ; 박종기, 「13세기 초 동북아 질서와 고려의 대외관계」, 한국중세사학회 편, 『13세기 고려와 김취려의 활약』, 혜안, 2011 ; 허인욱, 「13세기 초 몽골의 '位階' 지배 시도와 麗蒙 관계의 시작」, 『한국사학보』 61, 2015 ; 이정란, 「여·몽전쟁기 변경민의 몽골 '체험'과 고려 조정의 대응」, 『한국사학보』 61, 2015 ; 고명수, 「13세기 초 遼東의 정세변동과 高麗-東眞 관계」, 『한국중세사연구』 50, 2017 등.

측면이 강하였다. 그런 까닭에 전쟁 도중에 지휘관이 교체되기도 하였고, 그 때문에 장기적인 전면전이 아니라 간헐적인 침공과 철수가 반복되는 양상으로 전쟁이 진행되었던 것이다. 따라서 강화 교섭 수행 역시도 최종적으로는 몽골 조정의 지령을 받는다 하더라도 일단은 파견군 지휘관이 일차적인 외교의 주체로서 활동하였다.

따라서 이 기간의 양국 교섭 역시 국가 대 국가, 조정 대 조정의 외교관계라기보다는 고려 조정 대 몽골 파견군 사령부의 관계, 그리고 그 상위에서 양국 조정 사이의 관계로 층위를 나누어 살펴볼 필요가 있다. 그리고 그 구체적인 모습은 『東國李相國集』 등에 실려 있는 고려의 대몽골 외교문서를 통해서 확인할 수 있다. 또한 외교문서에도 기존에 고려가 송·거란·금 등과 주고받았던 유려한 사륙변려체의 문서뿐만 아니라 몽문직역체, 이문체를 비롯하여 다양한 문체로 작성된 문서가 혼용되었다. 이는 단순히 文面에 드러난 문체나 단어의 차이가 아니라 그것이 기반하고 있던 언어를 포함한 문화, 관념의 차이에서 비롯된 것이기에 더욱 주의깊은 분석이 필요하다.

이 절에서는 고종 5년(1218) 첫 접촉부터 일단 관계가 단절되는 고종 12년(1225)을 거쳐 양국이 전쟁에 돌입하는 고종 18년(1231)까지, 고려와 몽골 양 진영 사이에서 주고받았던 문서를 분석하여 그 교섭의 특징을 살펴보도록 하겠다. 특히 양자의 관념의 차이가 현실 외교에서 갈등으로 이어지거나 혹은 봉합되는 측면, 그것을 매개한 주체와 번역의 문제 등에 주목해볼 것이다.

1. 13세기 초반 동아시아 정세의 변동과 고려-몽골의 첫 접촉

1210년대 요동의 정세

고종 5년(1218) 고려와 몽골이 처음으로 대면하기까지의 배경을 알기 위해서는 그에 앞선 약 10여 년의 시간 동안 동북아시아 일대에서 벌어진 일련의 사건들을, 다소 복잡하지만 살펴보아야 한다.

몽골 초원 일대에 흩어져 있던 여러 부족을 차례로 정복한 끝에 1206년(고려 熙宗 2), 칭기스칸이 드디어 대칸의 지위에 올랐다. 몽골족은 곧이어 사방으로 정복전쟁을 개시하였다. 우선 서쪽으로 夏를 공격하여 복속시켰으니, 1210년의 일이었다. 바로 이듬해부터는 몽골의 남쪽, 즉 북중국 일대와 만주 일대에 자리잡고 있었던 金이 목표가 되었다. 약 3년에 걸친 전쟁 끝에 금은 매년 막대한 양의 금과 은, 비단 등을 바치기로 약속하면서 항복하였다. 그러나 이듬해인 1215년, 금이 수도를 中都, 즉 지금의 베이징에서 남쪽의 汴梁, 즉 지금의 카이펑[開封]으로 옮기자 칭기스칸은 다시 한 번 원정군을 일으켜 북중국을 차지해버렸다.

한편 금 치하에 있던 요동의 거란족은 금이 쇠약해진 틈을 타서 반란을 일으켰다. 이를 주도한 것은 당시 금에서 千戶 직위를 가지고 있던 耶律留可라는 자였다. 그는 1211년 금에 반기를 들었고, 곧이어 몽골에 투항할 뜻을 표명함으로써 그들의 지원을 약속받았으며, 이어서 1215년에는 금의 東京을 함락시켰다. 그러나 거란족 내부의 주도권 다툼 속에서 야율유가는 실권을 잃고 몽골에 투항하였고, 그 뒤를 이어 乞奴 등이 이 무리를 지휘하게 되었다. 거란 세력은 야율유가가 이끌고 돌아온 몽골군과 金軍에 쫓겨 海州에서 開州로, 점차 남쪽으로 밀려나게 되었다.

한편 이에 앞서 야율유가의 반란을 진압하기 위해 금에서는 장군 浦鮮萬奴를 파견하였다. 그러나 그는 거란족에게 패배한 뒤 도리어 금에 반기를 들고 遼陽으로 도주하여 자립하였다. 이것이 『고려사』에 기록된 이른바 大眞으로,[5] 1216년의 일이었다.

다른 한편으로 금나라 정벌을 일단 마무리한 몽골의 칭기스칸은 그가 신임하던 장수 무칼리[木華黎]를 파견하여 遼東 일대를 공격하게 하였다. 우선 遼西 일대를 장악한 무칼리는 곧이어 포선만노가 자리잡고 있던 요동으로 밀고 들어갔다. 포선만노는 일단 아들을 인질로 보내면서 항복을 청하였으나, 몽골군이 잠시 물러나자 동쪽으로 이동하여 두만강 유역을 근거지로 다시 자립하였다. 고려에서는 이를 '東眞'이라고 불렀다.

복잡한 상황을 정리해서 강동성 전투가 있었던 1218년을 전후하여 고려의 북쪽 경계 일대의 상황을 복원해보면 다음과 같다. 두만강 유역에는 포선만노가 이끄는 동진국이, 압록강 유역에서 고려의 서북면에 걸쳐서는 거란의

---

5) 『고려사』 권22, 고종 3년(1216) 윤7월 丙戌.

일파가, 그리고 그 북쪽에는 그들을 추격하는 몽골군의 한 일파가 자리잡고 있었다. 그리고 그 남쪽에는 이들의 남진을 저지하는 고려가 대비 태세를 갖추고 있었다.[6] 요컨대 고려와 금만이 주체가 되었던 지난 한 세기와는 달리, 언어와 문화, 심지어 종족을 달리 하는 여러 정치체들이 각자의 존망을 걸고 국제질서에 발을 들여놓고 있었던 것이다.

거란의 침입과 江東城 전투

북쪽과 서쪽에서 각각 몽골군과 금군에 밀리고 있던 거란족은 드디어 압록강을 건너 한반도로 들어왔다. 고종 3년(1216) 8월의 일이었다.[7] 이때 그들의 수는 대략 수만 명 정도였을 것으로 추측된다. 이들은 남하하면서 각지의 성을 공격하고 약탈하였다. 그러면서 고려에 서한을 보내 다음과 같이 협박하였다. "大遼가 나라를 세운 지 2백여 년이 되었고 중간에 女眞의 침범을 당한 지 또 백 년이나 되었다. 여진에게 함락되었던 여러 고을을 모두 수복하였는데 다만 婆速路 한 성만이 항복하지 않았으나 여러 번 공격하여 바야흐로 항복을 받았다. 관리는 그전대로 임용하였고 백성들도 또한 전과 같이 편안히 살고 있다. 너희가 만약 항복하지 않는다면 즉시 대군을 보내어 살육할 것이며 가벼이 용서하지 않을 것이다."[8]

고려 정부는 즉시 대응군을 파견하였다. 盧元純 등이 이끈 고려군은 9월 초 청천강 인근에서 적을 격파하고, 강 이북에 남아있던 거란군을 차례로 제압하였다.[9] 그러나 거란군의 후속부대들이 차례로 남하하면서 그해 12월에는 개경 인근의 黃州에 이르렀으며, 이듬해 봄까지 개경 인근의 여러 고을을 공격했다. 이어서 거란군은 동쪽으로 방향을 틀어 철원·원주·춘천 일대를 공격했다가 고려군의 반격을 받고는 대관령을 넘어 강릉을, 다시 북쪽으로 선회하여 안변·함흥 등의 성을 점거하였고, 일부는 여진족의 지역

---

6) 이상의 상황에 대해서는 池内宏,「金末の滿洲」,『滿鮮史研究』中世 第一冊, 東京 : 岡書院, 1933 및 박종기, 앞의 논문, 2011 참조.
7) 『고려사』권22, 고종 3년(1216) 8월 乙丑.
8) 『고려사』권22, 고종 3년(1216) 8월 乙亥.
9) 『고려사절요』권14, 고종 3년(1216) 9월.

1절 고려-몽골 초기 접촉기 講和를 둘러싼 이견과 조정   325

으로 들어갔다.[10]

이후 거란군의 주력부대는 다시 세력을 결집하여 고려의 동북면으로
진입한 후 서진하여, 1218년(고종 5) 9월 무렵 평양의 동북쪽에 있는 江東城을
점거하기에 이르렀다. 두 해에 걸친 거란군의 분탕질로 고려의 양계 일대는
마비되기에 이르렀다. 한편 두만강 일대에 자리잡고 있던 동진국의 포선만노
는 1218년, 이들을 추격해 온 몽골의 두 장수 카치운[哈眞]과 차라[札剌]에게
항복하였다.

2년여에 걸쳐 거란족에 시달리던 고려 정부도, 그들을 추격하여 먼 길을
돌아온 몽골군이나 東眞國도 모두 江東城으로 향하였다. 몽골군의 장수 카치
운과 차라는 1만의 군사를 이끌고, 完顔子淵이 이끈 동진의 원군 2만과 함께
'거란적을 토벌한다'는 명분을 내세우며 고려에 진입하였다. 이들이 강동성에
도달한 것은 고종 5년(1218) 12월의 일이었다.[11] 당초에는 단독작전을 펼칠
계획이었던 것으로 보인다. 그러나 마침 한겨울을 맞이하였던 탓에 몽골과
동진의 연합군은 고려에 군량을 요청하였고, 이에 고려에서는 金就礪를
출전시킴으로써, 강동성 공격을 위한 두 군대의 연합이 성사되었다. 연합군
의 공세 끝에 이듬해 정월 강동성은 함락되고 거란군은 항복하였으며, 거란의
수장인 喊捨王子는 목을 매어 자결하였다.[12]

2. 몽골군과의 첫 접촉과 문서 교환

몽골군의 첫 번째 문서

고종 5년(1218) 12월, 강동성으로 향하던 몽골-동진 연합군은 고려에 군수
품과 군량 제공을 요청하였는데, 이때 보낸 문서가 사료상에서 확인되는 양국
사이에 교환한 첫 번째 문서이다. 이때의 상황을 인용해보면 다음과 같다.

---

10) 이상의 戰況에 대해서는 『고려사절요』의 해당 시기 기사 및 尹龍爀, 『高麗對蒙抗爭史研究』,
   一志社, 1991, 23~26쪽 ; 신안식, 「고려 고종초기 거란유종의 침입과 김취려의 활약」,
   한국중세사학회 편, 『13세기 고려와 김취려의 활약』, 혜안, 2011 참조.
11) 『고려사』 권22, 고종 5년(1218) 12월 己亥.
12) 『고려사』 권103, 金就礪 ; 『고려사절요』 권15, 고종 6년(1219) 정월.

가) 몽골의 太祖가 元帥 카치윈哈眞] 및 차라[札剌]를 보내어 1만 명의 군사를 거느리고, 東眞의 浦鮮萬奴가 보낸 完顔子淵의 군사 2만 명과 함께 거란적을 토벌한다고 선포하고는 和州·孟州·順州·德州 등 네 城을 공파하고 곧바로 江東으로 나아갔다. 마침 큰 눈이 내려 군량 보급로가 끊어지자 적은 성벽을 굳게 지켜 그들을 피로하게 하였다. 카치윈이 그를 곤란하게 여기다가, 通事 趙仲祥과 우리나라 德州의 進士 任慶和를 파견해와서 元帥府에 牒을 보내 말하기를, "황제께서 거란군이 너희 나라로 도망친 지 지금까지 3년이 되었는데 아직 소탕하지 못하였다고 하시며 군사를 보내어 그들을 토벌하게 하셨다. 너희 나라는 다만 군량을 제공하는 것으로 도와 부족한 일이 없도록 하라."라고 하였다. 이어서 원병을 요청했는데 그 말투가 매우 엄혹했다. 또한 말하기를, "황제께서 명하시기를, 적을 격파한 뒤에 형제가 되도록 약속하라고 하시었다."라고 하였다. 이에 尚書省에서 牒을 보내 답하기를, "大國이 군사를 일으켜 저희 나라의 우환을 없애 주셨으니, 무릇 지시하신 바는 모두 부응하겠습니다."라고 하였다.[13]

　여기서 먼저 주목되는 것은 이 문서를 주고받은 양국의 주체이다. 위 사료에 따르면 고려에 문서를 보낸 주체는 몽골군 원수 카치윈이었고, 그가 처음으로 문서를 발송한 대상은 고려의 '元帥府'였다. 즉 이때의 문서는 戰場에서 건네진 것이었다. 또한 이들 문서를 자신의 부하가 아닌 고려의 通事 趙仲祥과 德州의 進士 任慶和를 통해 보내왔다는 점도 특이하다. 여기서는 당시 몽골군이 고려와의 외교 접촉에 충분한 대비를 갖추지 못했음을 엿볼 수 있다. 뒤에 자세히 살펴보겠지만 고종 18년(1231) 무렵까지도 몽골에서 보내온 문서는 이른바 蒙文直譯體로 작성되어 있었다. 그에 비해 "皇帝以契丹兵逃在爾國, 于今三年, 未能掃滅, 故遣兵討之. 爾國惟資糧是助, 無致欠闕."이라는,

---

13)『고려사』권103, 趙沖 ;『고려사절요』권15, 고종 5년 12월. 蒙古太祖, 遣元帥哈眞及札剌, 率兵一萬, 與東眞萬奴所遣完顔子淵兵二萬, 聲言討契丹賊, 攻和·孟·順·德四城破之, 直指江東. 會天大雪, 餉道不繼, 賊堅壁以疲之. 哈眞患之, 遣通事趙仲祥, 與我德州進士任慶和來, 牒元帥府曰, "皇帝以契丹兵逃在爾國, 于今三年, 未能掃滅, 故遣兵討之. 爾國惟資糧是助, 無致欠闕." 仍請兵, 其辭甚嚴. 且言, "帝命, 破賊後, 約爲兄弟." 於是, 以尚書省牒答曰, "大國興兵, 救患弊封, 凡所指揮, 悉皆應副."

『고려사』에 인용된 문서의 구절이 원문을 그대로 옮긴 것이라고 한다면, 이 문서는 전형적인 한문체로 쓰였음을 알 수 있다. 그렇다면 이 문서는 고려인인 통사 조중상, 혹은 진사 임경화 등이 카치운의 명을 받아 대신 작성했던 것으로 보인다.

몽골군은 문서에서 자신들이 군대를 이끌고 온 것이 '皇帝'의 명에 따른 것임을 분명히 하였다. 또한 '帝命'으로 전쟁을 마친 후에는 형제관계를 맺을 것을 지시받았다고 밝혔다. 이는 자신의 군대에 거란군이나 동진국 군대와는 달리 '황제'의 명을 수행하는 정당성이 있음을 강조하기 위한 것이었다. 그런데 눈길을 끄는 것은 이 문서에서 자신의 군주를 '皇帝', 그의 명령을 '帝命'이라고 칭하였다는 점이다. 잘 알려져 있다시피 몽골은 그들의 군주를 '칸'이라고 불렀다. 중국식 군주의 명칭인 皇帝를 칭한 것은 쿠빌라이 시대 이후의 일이다.[14] 서로 다른 언어문화권 사이의 접촉에서 이를 매개한 통사 조중상 등의 인물이 몽골족과 몽골어의 군주의 칭호인 칸을 한자식 군주의 칭호인 '皇帝'로 번역하여 문서화했던 것으로 볼 수 있다.

이때의 문서식을 『고려사』의 지문에서는 牒이라고 기록하였다. 바로 직전 시기까지 고려는 고려 寧德城과 금 來遠城, 고려 北界兵馬使와 금 東京總管府 사이에서 牒을 주고받으며 야율유가와 포선만노의 연이은 반란에 대해 공동 대응을 모색하고 있었다.[15] 앞서 살펴보았듯이 첩이란 통속 관계가 없는 관부 사이에서 주고받던 문서의 통칭이며 당시에 외교문서의 일반적인 서식으로 사용되고 있었다. 따라서 그러한 연장선상에서 양국 사이의 첫 번째 접촉에서도 牒을 사용했던 것으로 볼 수 있다. 중국식 관료제도나 문서제도에 익숙하지 않았던 그 무렵의 몽골군도 이 서식을 사용하였던 것으로 생각할 수도 있을 것이다. 그러나 한편으로는 당시 양국 사이의 문서식이 정형화되어 있지 않았기 때문에, 특정한 서식이나 양식을 갖추지 못한 그 문서를 『고려사』의 편찬자 내지는 그 전거가 되었을 자료의 찬술자가 당시의 관례에 따라 '牒'으로 표시했을 가능성이 더 높다.

---

14) Herbert Franke, "From Tribal Chieftain to Universal Emperor and God : The Legitimation of the Yuan Dynasty," *China under Mongol Rule*, Hampshire : Variorum, 1994, 26~29쪽 참조.
15) 이 책의 2장 4절 참조.

아울러 몽골의 문서에서는 고려를 가리켜 '爾國'이라고 칭하였다. 바로 이 무렵 금 동경총관부에서 고려 북계병마사에 보냈던 첩에서는 고려를 '貴邦'이라고 칭하였고, 마찬가지로 금 내원성에서 고려 영덕성에 보낸 문서에서도 '貴邦'이라고 칭하였다.[16] 출진군 사령관이, 적대하고 있던 상대도 아닌 고려에 이와 같은 위압적인 표현을 담았다는 것은 당시 몽골군이 품고 있던 자신감을 여과없이 보여주는 일면이라고 생각된다. 따라서 『고려사』에서도 이를 지적하여 "그 말투가 매우 엄혹했다[其辭甚嚴]"라고 표현하였던 것이다.

고려 尚書省의 답신

위의 인용문에 따르면 몽골의 요청에 대해 고려에서는 우선 尚書省 명의로 답신을 보내었다고 한다. 몽골군이 보낸 문서가 고려의 원수부를 수신자로 하였던 데 대해, 고려에서는 중앙정부의 최고기관인 尚書省이 대응 주체가 되었던 것이다. 고려 상서성이 외교문서의 주체로 등장하게 되었던 데에 관련해서는 다음의 자료가 주목된다.

> 나) 日本國 對馬島의 官人이 변방의 일로 東南海都部署에 牒을 보내왔다. 都部署에서 감히 결정하지 못하고 역마를 달려 조정에 문의하니, 兩府에서 논의하여 즉시 尚書都省의 牒으로 회답하고자 하였다. 公[李文鐸]이 이를 듣고 承制 李公升에게 말하기를, "저 對馬島 관인은 변방의 관리입니다. 지금 尚書都省의 첩으로 회답하면 체통을 크게 잃는 일이니, 마땅히 都部署로 하여금 公文으로 회답하게 해야 합니다."라고 하였다. 承制 李公이 놀라 말하기를, "그대의 말이 아니었다면 국가의 체통을 잃을 뻔했습니다."라고 하였다.[17]

---

16) 『고려사』 권22, 고종 3년(1216) 윤7월 丙戌 ; 4년(1217) 정월 甲申.

17) 〈李文鐸墓誌銘〉(金龍善 編, 『(改訂版)高麗墓誌銘集成』, 翰林大學校 出版部, 1997, 238~241쪽). 日本國對馬島官人, 以邊事, 移牒東南海都部署. 都部署不敢■決, 馳驅聞試朝, 兩府議, 卽欲以尚書都省牒回示. 公聞之, 謂承制李公升曰, "彼對馬島官人邊吏也. 今以尚書都省牒回示, 失體之甚, 宜都部署■回公文." 承制李公鷲曰, "微子之言, 幾失國家之體."

李文鐸이 明宗 11년(1181)에 사망했던 것을 고려하면 위의 사례는 12세기 중반의 일이었을 것으로 생각된다. 對馬島의 官人이 고려의 東南海都部署에 牒을 보내온 데 대해 어떻게 회신할 것인가를 두고 고민했다는 위의 내용을 보면, 이와 같은 일본과의 문서 왕래가 일반적인 일은 아니었던 것으로 보인다.[18] 다만 이러한 낯선 상대와의 접촉에서 고려는 중앙정부의 최고기관 인 尙書都省 명의의 첩으로 답신을 하려 했다는 점이 주목된다. 결국은 對馬島 官人이 일본의 변방 관리라는 점을 들어 "국가의 체통을 잃지 않기 위해" 역시 고려의 변방 관리인 東南海都部署 명의로 답신을 보냈다고 한다. 그렇다면 위의 사례에서 카치운이 고려의 元帥府에 보낸 첩에 대해 상서성 명의의 牒으로 답신을 보냈던 것은 이 사안이 출진군 장수들 사이에서 논의될 성질의 것이 아닌, 고려 중앙조정이 직접 대응에 나서야 할 만한 중요한 사안이었다고 고려에서 인식하였고, 또한 그 점을 상대에게도 표명하 기 위한 조치였던 것으로 이해할 수 있다.

이때 고려 상서성에서 몽골군 진영에 보낸 문서가 李奎報의 『東國李相國集』 에 실려 있다. 다음 절에서 더 자세히 살펴보겠으나, 이 밖에도 『동국이상 국집』에는 초기 몽골에 보냈던 문서가 여러 건 실려 있는데, 이때의 문서가 그 첫 번째 사례이다. 다소 길지만 인용해보면 다음과 같다.

> 다) 모월 모일, 某官 幕下에 삼가 서한을 보냅니다. 이른 봄인데 鈞候의 動止가
> 어떠하신지, 우러러 편안하기를 기원해 마지않습니다.
> 우리나라는 오래도록 契丹의 침략을 입어 그 피해가 깊었는데도 스스로
> 제거할 수 없었는데, 어찌 元首 閤下께서 小國을 위해 더러운 것을 씻어
> 버리려고 義를 들어 멀리까지 오셔서 풍찬노숙하실 줄을 생각이나 하였
> 겠습니까. 소국으로서는 직분상 마땅히 犒軍의 예절을 펼쳐 그 노고를
> 조금이나마 위로했어야 하나, 처음에는 大軍이 국경을 넘어 들어오는
> 날을 알지 못하였고, 또 도적들이 길을 막는 바람에 지체되어 때맞춰
> 원수께 위문을 드리지 못하였습니다. 삼가 생각하건대 면목이 없어

---

18) 희종 2년(1206) 고려에서 일본국에 보낸 牒의 錄文이 남아있는데, 그 발신 명의는 高麗國 金州防禦使였다고 한다. 近藤剛, 「『平戶記』所載「泰和六年二月付高麗國金州防禦使 牒狀」について」, 『古文書硏究』 70, 2010 참조.

실로 두렵고 부끄럽습니다. 오직 넓은 도량으로 너그러이 용서해주십시오. 처음에 들으니 도적이 江東城으로 들어가 스스로 보존하고 있다 하므로, 소국은 이에 이는 이미 우리 속에 든 물건이라 걱정할 것이 아니라 생각하여 바야흐로 사람을 보내 사례를 표하고 아울러 起居를 물으려 하였는데, 그 使者가 미처 길에 오르기도 전에 급보가 연이어 전해지니 과연 그 무리가 성을 나와 스스로 항복하여 모두 목을 베거나 포로가 되었다고 하였습니다. 온 나라가 마음이 통쾌하여 함께 손뼉을 치며 기뻐하였습니다. 이는 실로 大邦이 약한 것을 돕고 이웃을 구제하는 의리요, 소국으로서는 만 대에 한 번 만날 다행한 일입니다. 큰 은혜에 감사하여 보답할 바를 알지 못하겠습니다.

지금 王旨를 받들어 보잘것없는 酒果와 儀物 등을 갖추어, 특별히 某某官 등을 보내 가지고 가서 바치게 합니다. 그 수효와 물목은 別牋에 갖추었습니다. 모쪼록 보잘것없다 하여 물리치지 마시고 늦게 왔다 하여 죄 주지 마십시오. 황공하고 황공합니다.[19]

『동국이상국집』에서는 이 문서의 제목 아래에 細註로 '都省行'이라고 표시하고 있다. 이는 이 문서의 발신자가 都省, 즉 尙書都省이었음을 의미한다. 또한 문서의 첫머리에서 "右謹致書于某官幕下"라고 하여 문서의 수신자를 '某官幕下'로 지칭하였다. 某官이 아니라 그 幕下를 가리킨 것은 직접 상대에게 전하는 것이 아니라 그 주위에 보낸다는 뜻으로 공손함을 표하는 것이다. 비슷한 예로 元宗 8년(1267) 高麗國王, 즉 원종의 명의로 日本國王, 즉 가마쿠라 막부의 쇼군에게 보낸 문서에서 수신자를 '日本國王左右'라고 표시하였던 것을 들 수 있다.[20] 문서를 보내는 행위를 뜻하는 '致書'에 '謹' 자를 더하여

---

19) 『東國李相國集』 28-1 〈蒙古兵馬元帥幕送酒果書〉[都省行]. 某月日, 右謹致書于某官幕下. 早春, 伏惟鈞候動止何若, 瞻企瞻企. 我國久爲契丹侵擾, 病在腹心, 不能自除, 豈意元帥閤下將爲小邦, 掃淸醜穢, 擧義遠來, 暴露草莽. 其在小邦, 職宜早致犒師之禮, 少慰勤苦, 然初不知大軍入境之日, 且係寇賊梗道, 由是稽延, 不時修問於尤右. 竊思無狀, 良用兢軷. 惟大度寬之. 始聞賊徒入江東城自保, 小國乃以爲此已圈牢中物耳, 不足患也, 方遣人致謝, 兼問起居, 其使人未及上道, 續有急報, 果聞其黨出城自降, 咸就梟俘. 擧國快心, 異手同抃. 此實大邦扶弱恤隣之義, 而小國萬世一遇之幸也. 感荷大恩, 罔知所報. 今者伏承王旨, 略備不腆酒果儀物等事, 特差某某官等, 齎押奉送. 其數目具在別牋. 幸勿以微薄却之, 亦不以遲緩罪之也. 惶恐惶恐.

공손한 뜻을 표한 것도 같은 맥락에서 이해할 수 있다. 수신자를 지칭하는 말로 鈞候,[21] 元帥閣下 등이 쓰이고 있는데, 모두 몽골군 사령관인 카치운과 차라를 가리키는 것이다.

　문서의 후반부에서 발신자인 尙書都省은 "伏承王旨", 즉 "왕지를 받들어"라고 하였다. 실제 발신자는 '都省'이라 할지라도 이 문서의 내용 및 문서를 보내는 데에 이르는 최종 결정은 국왕이 내린 것임을 표현한 것이다. 앞서 가)에서 인용한 것처럼 카치운이 보낸 문서에서도 자신이 고려에 온 것이 황제의 명령에 따른 것이었음을 분명히 밝혔는데, 마찬가지로 고려의 尙書省에서도 문서에 담은 뜻이 군주의 명에 의한 것임을 밝힌 것이다.

　문서에서 상서성은 자국을 일컬어 '我國', '小邦' 등으로 표현한 데 대해 몽골 및 몽골군을 가리켜 '大邦', '大軍' 등으로 지칭하였다. 또한 '瞻企瞻企', '惶恐惶恐' 등의 표현을 썼다. "右謹致書于某官幕下"라는 첫머리나 지칭어, 문서 안에서의 표현 등은 거란족의 침입으로 수년 간 곤혹을 겪던 끝에 강동성 전투로 상황이 일단락된 상태에서의 고려 조정의 분위기를 잘 반영한 것으로 볼 수 있다.

　이 문서는 고종 6년(1219) 정월 14일,[22] 강동성 전투가 끝난 무렵에 작성된 것으로 보인다. 『元高麗紀事』에 따르면 정월 13일에 고려에서 權知閤門祗侯 尹公就와 中書注事 崔逸을 파견하여 '結和牒文'을 가지고 차라의 군영에 파견하였다고 하는데,[23] 아마도 이때의 문서이거나, 혹은 그달 24일(『고려사』에는 23일)에 몽골에서 浦里帒也(『고려사』에는 浦里帒完)를 파견해왔을 때에[24]

---

20) 『鎌倉遺文』 古文書編 권13(제9770호), 東京堂出版, 1977(채상식, 「麗·蒙의 일본정벌과 관련된 외교문서의 추이」, 『韓國民族文化』 9, 1997, 9쪽에서 재인용).

21) 鈞候는 鈞侯의 誤記이다. 鈞候, 혹은 鈞侯라는 단어는 사전에서 검색되지 않지만, 鈞이라는 글자는 敬辭로서 尊長이나 上級者에 대해 사용하여 그를 높이는 말로 쓰이는 용례가 많이 검출된다. 宰相을 비롯한 고급 관인의 명령을 뜻하는 '鈞旨'라는 단어가 대표적이다. 鈞候에서 鈞은 청자를 높이는 말로 쓴 것이며, 侯는 그가 황제가 아니라는 점을 고려하여 붙일 수 있는 존칭어 정도의 의미로 쓰인 것으로 보인다.

22) 『고려사』 권22, 고종 6년의 세가 기록에는 전투가 정월 辛巳(14일)에 이루어진 것으로 기록되어 있다. 李齊賢이 찬한 〈金公行軍記〉(『益齋亂藁』 권6)에는 2월 14일로 적고 있는데, 이후의 처리과정을 살펴본건대 전자의 기록이 옳은 것으로 보인다.

23) 『元高麗紀事』 太祖 14년 정월 13일. 高麗遣知權閤門祗侯尹公就·中書注事崔逸, 奉結和牒文, 送箚剌行營.

24) 『元高麗紀事』 太祖 14년 정월 24일. 遣浦里帒也, 持詔, 使高麗宣諭. 國王迎拜設宴.

전달된 것으로 보인다.

이 문서와 관련해서 마지막으로 점검해볼 것은 문서의 서식이다. 앞서 인용문 가)의『고려사』지문에서는 "以尙書省牒答"이라고 하여 상서성에서 보낸 답신의 서식이 牒이었다고 기록하고 있다. 또한『元高麗紀事』에서도 고려에서 보낸 문서를 '結和牒文'이라고 기록하였다. 그러나 문서의 원문인 위의 인용문 다)에서는 그 첫머리에 "右謹致書于某官幕下"라고 되어 있다. 이는 비록 발신자 명의가 빠져있기는 하지만 "甲致書乙"의 형태로서, 기존 연구에서 致書라고 부르는 서한식 외교문서의 전형적인 기두 부분과 일치한다. 즉 이 문서의 서식이 일반적인 서한식 문서와 일치하는 것은 분명하다. 다만 그것이 외국의 세력에게 발송한 문서였다는 점, 그리고 당시에 牒이 외교문서의 대명사로 쓰였다는 점에서 연대기 사료에서는 이 문서를 牒이라는 명칭으로 기록했던 것으로 보인다. 이 점에 대해서는 3장 2절에서 더 자세히 다루도록 하겠다.

이상과 같이 강동성 전투가 마무리되고, 양 진영 사이에서 첫 번째 문서 교환이 이루어진 직후, 고종 6년(1219) 정월 하순, 몽골군의 지휘관 카치운은 浦里帒完을 고려 조정에 파견해와서 '講和'를 맺었다.[25] 또한 전장에서는 몽골군의 지휘관인 카치운과 차라 및 고려의 조충과 金就礪 사이에서 이른바 '兄弟盟約'을 맺게 되었다.[26]

몽골 '皇帝'의 '詔'와 고려국왕의 表

그런데 특이한 점은 이때 사신 浦里帒完이 '詔'를 가지고 왔다는 점이다.[27] 1219년 연초라면 몽골의 칭기스칸은 西域 원정을 떠난 시점이었다. 따라서 포리대완이 가지고 온 문서가 전장의 상황을 반영하여 그 당시의 시점에서 칭기스칸이 내린 명령에 근거해서 작성된 문서였으리라고는 생각하기 어렵

---

25) 이 과정에 대해서는 이개석, 앞의 책, 71~75쪽에서 상세하게 밝힌 바 있다.

26) '형제맹약'이 국가 대 국가 사이의 조약이 아니라 지휘관들 사이의 개인적인 맹약이었음에 대해서는 고명수, 앞의 글, 2015 참조.

27)『고려사』권22, 고종 6년(1219) 정월 庚寅. 哈眞遣蒲里帒完等十人賚詔, 來請講和. ;『元高麗紀事』太祖 14년 정월 24일. 遣浦里帒也, 持詔, 使高麗宣諭. ;『元史』권208, 外夷 1, 高麗, 太祖 14년 정월.

다. 그렇다면 사료상에 '詔'라고 기록된 문서는 앞서 인용문 가)에서 카치운이 언급한 바, "황제께서 명하시기를, 적을 격파한 뒤에 형제가 되도록 약속하라고 하시었다."라고 한 내용을 담은 문서가 아니었을까 생각된다. 즉 카치운 등을 파견할 당시에 칭기스칸이 내린, 전후 처리에 관련된 대략적인 명령을 담은 문서가 바로 이 '詔'였을 것으로 생각된다.

이와 관련하여 주목되는 것이 『東國李相國集』 28-4, 〈蒙古國使齋廻上皇帝表〉이다. 이 문서를 인용해보면 아래와 같다.

라) 云云. 星使가 방금 와서 天書를 전해 주어 허리를 굽혀 명을 받으니 기쁘고 송구함이 교차됩니다. [中謝]
삼가 생각하건대, 황제 폐하께서는 上聖의 자질을 타고나 하늘의 명을 받으시어 [그 조서에도 이 말이 있었다] 권력을 잡고 등극하시니 萬乘의 獨尊에 오르셨고 [그 조서에 "천하의 독존이다"라고 하였다] 무력을 뽐내 위엄을 날리니 복종하지 않은 나라가 없습니다. 밝은 조서를 반포하여 偏方에까지 미쳤는데, 문자가 각각 달라 번역을 통해 알았습니다. 위대하니, 神兵은 천하의 無敵이라, 휩쓸어 온 누리의 백성이 화평을 누리게 되었습니다.
삼가 생각하건대, 신이 진작부터 皇靈을 받들어 각별히 臣職을 닦았는데, 다시 天子의 가르침을 받으니 태양을 향하는 정성이 갑절이나 깊어집니다. 다만 천리나 떨어진 바닷가 구석에 묶여 있고, 또한 하루도 藩을 지키는 소임을 비우기 어려우며, 혹시 封境을 떠나 멀리 산천을 지나다가 무슨 변이라도 생긴다면 성상께 심려를 끼칠까 염려됩니다. 더욱 조심하고 두려워하며 간절히 향모합니다. 운운. [이상은 몽골이 契丹을 토벌하고 入境했을 때 지은 것이다.][28]

<hr/>

28) 『東國李相國集』 28-4, 〈蒙古國使齋廻上皇帝表〉. 云云. 星使鼎來, 天書狎至, 傴僂拜命, 欣悚交懷. [中謝] 恭惟皇帝陛下, 挺上聖之資, 受昊天之命, [其詔云] 握樞臨極, 居萬乘之獨尊, [其詔云天下獨尊] 耀虎揚威, 微一邦之不服. 誕頒明詔, 布及偏方, 以文字之各殊, 憑譯解而乃識. 盛矣神兵之莫敵, 靡然民宇之太同. 伏念, 臣夙戴皇靈, 恪供臣職, 更沐自天之訓, 倍深就日之誠. 但千里限居於海陬, 又一日難曠於藩守, 儻離封境, 邈越山川, 容或蹈於梗艱, 恐仰煩於惻怕. 第增兢惕. 滋切傾翹. 云云. [此已上, 蒙古以討契丹入境時所著.]

『東國李相國集』에 기록된 문서의 제목은 〈蒙古國 사신이 가지고 돌아가 황제께 올린 표문[蒙古國使賣廻上皇帝表]〉이라고 되어 있다. 즉 서식은 표문이고 수신자는 문서 내에서 '皇帝陛下'로 지칭된 칭기스칸이 된다. 발신자는 '臣'으로 자칭하고 있으며 "藩을 지키는 소임"을 수행한다고 한 것으로 보면 국왕임이 분명하다.

문서가 작성, 발송된 시점은 문서의 말미에 細註로 밝힌 바와 같이 몽골이 契丹을 토벌하고 入境했을 때, 즉 고종 5년(1218)에서 6년(1219) 사이가 될 것이다. 구체적으로는 "星使가 방금 와서 天書를 전해 주어"라는 구절에서 앞서 검토한 바와 같이 몽골의 사신 浦里帒完이 '詔'를 가지고 온 고종 6년(1219) 정월의 일이 될 것이다. 즉 이 문서를 가지고 돌아간 몽골의 사신 역시 浦里帒完이었을 것으로 보는 것이 자연스럽다.

문서의 내용에서 고려는 황제의 문서를 받은 데 대해 "문자가 각각 달라 번역을 통해 알았습니다.[以文字之各殊, 憑譯解而乃識.]"라고 하였다. 이 무렵 쟈를릭(Jarliγ)이라고 하는 몽골 대칸의 명령은 漢字가 아니라 위구르문자를 통해 성문화되어 반포되는 것이 일반적이었다고 한다.[29] 또한 몽골이 당시에 중국식 황제 제도나 문서제도를 수용하여 황제의 명령문서를 詔書라고 칭했던 것은 아니다. 따라서 번역 과정에서 위구르문자 몽골어로 쓰인 이 문서가 황제의 명령이었다는 점을 살려 한문의 詔書 형식을 갖추게 되었을 것이다. 또한 문서에서 "受昊天之命", "居萬乘之獨尊"이라는 부분에 대해 細註로 "其詔云"이라고 한 것을 보면, 이때에 한문으로 번역된 칭기스칸의 문서에서 이미 자신이 天命을 받은 군주이며, '天下獨尊'임을 주장하고 있었음을 알 수 있다. 몽골 제국 건설 이전부터 칭기스칸은 자신의 위상과 통치권의 근거를 '하늘'에서 구했던 것으로 알려져 있다.[30] 몽골 대칸의 명령문은 몽골어로 "möngke

---

29) 이는 1209년 위구르의 복속과 그 관료들의 기여에 의한 바가 크며, 위구르문자가 한자에 비해 배우기 쉽고 또한 당시 유라시아에서 널리 네트워크를 구축하고 있던 상인 집단들에게 익숙했기 때문이었다고 한다. 이에 대해서는 Michael C. Brose, "Uyghur Technologists of Writing and Literacy in Mongol China," *T'oung Pao* 91-4, 2005 참조.

30) Herbert Franke, 앞의 글, 1994, 14~21쪽 및 고명수, 「몽골의 '복속' 인식과 蒙麗관계」, 『韓國史學報』 55, 2014, 46쪽 참조. 한편 Donald Ostrowski는 몽골이 중국의 天命 사상과 투르크의 인식을 결합시켜 '영원한 하늘(mönke tengri)'의 권위를 빌어, 하늘의

tengri-yin küčün dür", 우리말로 번역하면 "영원한 하늘의 힘에 의하여"라는 정형구로 시작하였다고 하는데,[31] 고려에 보내온 '조서'에도 이와 비슷한 구절이 있었을 것으로 생각된다. 이것이 한문으로 "受昊天之命"이라는 표현으로 번역되었을 것으로 보인다. 그리고 고려에서도 이러한 몽골의 권위 주장을 거부하지 않고 그대로 받아들여 답서 성격의 이 문서에서도 몽골의 표현 그대로를 따랐던 것이다.

이 문서를 통해 浦里帒完이 전했다고 하는 詔書의 대략적인 내용을 엿볼 수 있다. 이 표문에서 국왕은 "藩을 지키는 소임을 비우기 어려워" '封境'을 떠날 수 없다고 해명한 부분이 주목된다. 이를 보면 칭기스칸의 조서에서 이미 국왕의 친조를 요구하고 있었음을 알 수 있다. 즉 칭기스칸은 카치운과 차라 등을 파견하여 거란의 잔당을 토벌함과 동시에 고려와 관계를 맺을 것을 미리 지시하면서, 강화의 조건으로 고려국왕의 친조를 요구했던 것이다.

3. 고려-몽골 강화조약의 내용

고종 8년(1221), 고려의 항의 서한

고종 6년(1219) 고려와 몽골이 맺은 강화조약의 주된 내용은 고려가 몽골에 매년 일정한 貢物을 납부하기로 약속하는 것이었다.[32] 또한 그 성격은 '형제맹약'이라는 표현에서 드러나는 평등관계가 아니라 고려가 몽골에 군사와 군량을 지원하고, 국왕에게 入朝의 의무가 지워지는 것으로 양국이 복속관계임을 드러내는 것이었다는 점이 밝혀졌다.[33] 그렇다면 공납은 어떠한 절차를

의지의 대리인으로 자처하였고 이로써 세계정복의 정당성 주장하였다고 보았는데 (Donald Ostrowski, *Muscovy and the Mongols —Cross-culture influences on the steppe frontier, 1304-1589*, Cambridge : Cambridge University Press, 1998, 92~95쪽), 그러한 인식이 이때 고려에 보내진 조서에도 표현되었던 것으로 보인다.

31) 이에 대해서는 小野浩, 「とこしえなる天の力のもとに」, 『岩波講座世界歴史』 11, 東京 : 岩波書店, 2003 및 김호동, 「몽골帝國期 文化의 交流와 統合 : '命令文'의 特徵과 起源을 中心으로」, 『文化 : 受容과 發展』(제9회 한일역사가회의 발표자료집), 2009, 16~18쪽 참조.
32) 高柄翊, 앞의 논문, 1970 ; 정동훈, 앞의 논문, 2020, 253~259쪽.
33) 이개석, 앞의 논문, 2013b 참조.

통해서 어떻게 전달되었으며, 그 사이에서의 의사소통은 어떠한 방식으로 이루어졌을까. 이에 대해서는 조약 체결 이후 著古與 피살로 양국 관계가 단절되는 고종 12년(1225) 사이에 왕래한 몇 건의 문서를 통해 확인해보도록 하겠다.

이와 관련하여 먼저 검토해보아야 할 것은『東文選』권61-26. 〈同前書〉이다.[34] 이 문서를 인용해보면 다음과 같다.

> 마) 아룁니다. 초겨울 첫추위에 大王의 起居가 만복하시기를 엎드려 바랍니다. 올해 10월 某日에 宣差 溪都不合 등이 와서 전한 鈞旨를 받들었는데, 대왕의 기거가 만복하심을 알게 되었으니 기쁘고 안심된 마음이 한이 없었습니다.
>
> 말씀하신바 예물을 진헌할 것을 재촉하신 일에 대해서는 이미 금년 8월에 宣差 掉胡與가 대왕의 鈞旨를 가지고 왔을 때 대략 土物을 갖추어, 縣紬는 여러 가지 빛깔로 나누어 물들이고 다듬이질하였고, 수달피와 縣布·紵布 및 종이와 먹 등도 또한 좋은 품목으로 선택해두었습니다. 다만 우리나라는 땅이 메마르고 백성이 가난하여 해마다 거두어들이는 것이 적기 때문에 준비하기에 큰 어려움이 있었습니다만, 그래도 그전의 수효에 의해서 준비하여 답서와 함께 즉각 宣差 掉胡與에게 주어 이미 보냈습니다. 연이어 요구하신 붓은 본래 노란 쥐의 털로 만든 것으로 하라고 하시었는데, 노란 쥐는 우리나라에 있는 것이 아니므로 요구에 부응할 수 없었습니다.
>
> 여관을 지으라고 하신 일에 대해서는 우리나라에서도 가장 절실하고 긴요한 것으로, 그런 말씀을 해 주시지 않았더라도 이미 지을 뜻은 있었습니다. 다만 해마다 貴國의 사신이 올 때마다 방비하는 병졸들이 떼를 지어 따라와 국경을 들어와서 오래도록 머무르니 그들이 지나간 마을과 驛은 騷擾되지 않은 곳이 없었던 까닭에, 이로 말미암아 백성들이

---

34)『東文選』에는 이 문서의 앞에 〈回東夏國書〉가 실려 있으므로, 〈同前書〉라는 제목은 마찬가지로 〈回東夏國書〉로 오해할 소지가 있다. 그러나 문서의 내용상 수신자는 '大王'이며, '貴國'과 별개로 東眞國이 언급되고 있는 것으로 보아 수신자는 몽골의 옷치긴大王임을 알 수 있다. 두 문서 모두 兪升旦이 지은 점에서는 공통된다.

길가에 살기를 즐겨하지 않아서 끝내 짓지 못했을 따름입니다. 이제 두 나라의 境界에 다행히 어렵고 막힐 걱정이 없어서 방비하는 병졸이 없을지라도 또한 올 수 있을 것이며, 만약에 부득이하여 반드시 방비하는 병졸이 있어야 한다면 두 나라에는 疆界가 있으니 귀국에서 거느리고 온 東眞의 방비하는 병졸은 동진의 경계 안에 머무르게 하여 한 발자국이라도 우리나라의 경계 안으로 들어오지 못하게 하고, 먼저 귀국의 사신이 국경을 지나는 날짜를 미리 우리나라에 통첩해 주시면 우리나라의 경내에서는 우리나라 사람으로 (사신들의) 일행을 맞이하여 보호하고 영접해서 들어올 것이니, 이렇게 하면 이치상 양쪽에 모두 득이 될 것입니다. 또 두 나라가 서로 교제하는 禮에는 반드시 정해진 수가 있어서 일년에 한 번 사신[行李]이 오는 것으로 이미 이전의 규약에 있습니다. 지금은 한 번 오는 節級을 나누어 두 차례로 하여 계속해서 오고 있으며 아울러 대왕 전하께서 보내시는 외에 따로 사신이 오는 것이 있어서 한 해 동안에 이미 세 번이나 사신이 왔습니다. 과연 정해진 기준이 없으면 사신이 오는 것이 해마다 점점 잦아질 것이니 이와 같으면 전송하고 환영하는 준비에 백성이 피폐하고 재물이 고갈되어 점차로 지탱해내지 못할까 두렵습니다. 귀국에서 마땅히 기묘년에 처음 정해 놓은 人數와 禮式에 의거하여 일 년에 한 번 사신을 왕래하게 한다면 심히 온당하고 편리할 것입니다. 바라건대 잘 살피어 양해해주시기 바랍니다. 삼가 啓합니다.[35]

---

35) 『東文選』61~26.〈同前書〉[兪升旦]. 右啓. 孟冬初寒, 伏惟大王起居萬福. 今十月某日, 宜差溪都不合等至, 奉傳鈞旨, 備審大王起居萬福, 喜慰無已. 垂示催進禮物事, 已於今年八月, 宜差掉胡與賚大王鈞旨來, 粗具土物, 縣紬各色, 分染砧擣了, 水獺皮·縣·紵布·紙·墨等, 亦竝擇佳品. 但我國地瘠民貧, 歲入鮮寡, 以此准備大艱, 尙依前數, 并廻書卽與宜差掉胡與已曾前去也. 節次所要筆, 本是黃鼠毛所製, 而黃鼠非我國所有, 以此不能副. 做店邸事, 自是我國最切要底, 雖無來諭, 已有修葺之意矣. 只緣年年貴國使來, 輒有防卒, 群聚隨至, 入境駐久, 所經村驛, 不無騷擾, 由是民不樂沿路之居, 而未果修葺耳. 卽今兩國界畔, 幸無艱梗之虞, 雖無防卒, 亦可前來, 若不得已須有防卒, 兩國自有疆界, 貴國所領東眞防卒, 留於東眞境內, 不令寸步入我疆界, 先以貴國人使過界日時, 預牒我國, 則我國境內, 以我國之人, 迎護一行, 取接前來, 則於理兩得也. 且兩國相交之禮, 須有定數, 一年一度行李之來, 旣有前規. 今者一行節級, 分爲兩次, 相繼而來, 并大王殿下差遣外, 別有人使來者, 遞此一年中已三度行李來矣. 苟無定準, 行李之來, 歲歲數數, 如此則送迎之備, 民疲財竭, 漸恐不能支也. 貴國宜依己卯年初定人數禮式, 一年一度行李往來, 甚爲穩便. 惟照諒之. 謹啓.

먼저 이 문서가 작성, 발송된 시점부터 확인해보겠다. 문서의 내용 가운데 "已於今年八月, 宣差掉胡與賫大王鈞旨來,"라고 한 부분에서 掉胡與를 着古歟, 著古與와 동일 인물로 본다면, 그가 파견된 것은 칭기스칸 15년(1220) 9월과 16년(1221) 8월의 일이었으므로,[36] 이 문서가 발송된 것은 고종 8년(1221) 8월 이후의 일이 된다. 또한 "今十月某日, 宣差溪都不合等至"라는 부분의 溪都不合을 『원사』 고려전에 칭기스칸 16년(1221) 10월에 파견되었다고 하는 喜速不瓜와 동일인으로 본다면,[37] 문서의 작성 시점은 그해 10월 이후, 연말까지의 사이로 좁혀서 볼 수 있다. 그렇다면 이 문서는 문서 중에 언급된 '己卯', 즉 고종 6년(1219) 정월의 화약이 맺어진 지 2년 남짓한 시점에서 작성된 것이 된다.

다음으로 문서의 발신자와 수신자를 살펴보면, 발신자 명의는 누구인지 확인되지 않는다. 수신자는 '大王'으로 지칭되고 있는데, 이는 뒤에서 살펴볼 바와 같이 당시 몽골에서 고려 및 東眞을 포함한 요동 일대를 관장하고 있었던 옷치긴을 가리키는 것임이 분명하다.

문서의 내용은 몽골 측에서 요구한 사항 하나하나에 대해서 고려에서 해명하는 방식으로 구성되어 있다. 제일 먼저 언급한 것은 '催進禮物事', 즉 물자의 진헌을 재촉한 일이었다. 고려에서는 이미 縣·紬 등의 물건을 약속대로 보내었으나, 몽골 측에서는 이후에도 물자 요구를 점차 늘려서 고려의 산물이 아닌 黃鼠筆 등을 추가로 요구했다고 한다. 다음으로 '做店邸事', 즉 사신이 왕래하는 곳에 그들이 머물 숙소를 짓는 일이다. 고려에서는 몽골의 요구가 없어도 이를 수행할 예정이었으나, 연이어 방문하는 몽골과 동진의 사신들, 그리고 그들을 수행해서 따라온 병졸들을 접대하는 데에 연로의 백성들이 곤란을 겪고 있어 아직 완수하지 못하였다고 해명하였다. 그러면서 사신을 호위하는 동진의 병졸은 국경에서 돌려보내고, 고려 경내에서는 고려 병사들이 이를 담당하게 할 것을 제안하였다.

마지막으로 고려에서는 몽골 측의 사신이 너무 자주 고려에 찾아오는 점에 대해서 문제를 제기하고 있다. 이 부분이 특히 주목되는데, 고려는

---

36) 『元史』 권208, 外夷 1, 高麗, 太祖 15년(1220) 9월 ; 16년 8월. 한편 『고려사』 세가에 따르면 그는 고종 8년(1221) 8월 己未에 도착하였다.
37) 『원사』 권208, 外夷 1, 高麗, 태조 16년(1221) 10월 ; 『고려사』 고종 8년(1221) 10월 乙卯.

이에 대한 항의의 근거로 '前規' '기미년에 처음 정한 人數와 禮式[己卯年初定人數禮式]' 등을 들고 있다. 즉 고종 6년(1219)에 "1년에 한 번 사신[行李]이 온다一年一度行李之來]"는 것으로 약속을 한 바 있는데, 옷치긴 대왕의 사신 이외에도 별도로 사신이 오는 일[別有人使來者]이 잦아 백성은 피폐해지고 재물이 고갈되어 가고 있음을 호소한 것이다.

이상의 내용에서 고려와 몽골의 강화조약의 내용을 대략 짐작할 수 있다. 양국은 강동성 전투가 끝난 직후 맺은 조약을 통해 고려에서 매년 일정한 물자를 몽골 측에 공급할 것, 그리고 몽골의 사신은 매년 한 차례씩 고려에 파견할 것을 약정하였던 것이다.

몽골 측 여러 주체들의 사신 파견과 물자 요구

그러나 고려에서 지적한 것처럼 이러한 약속은 잘 지켜지지 않았다. 몽골군이 철수한 이후로 몽골 측에서 파견되어 온 사신은 한 해에도 여러 차례 고려를 방문하였고, 그때마다 여러 종류의 물자를 계속해서 요구했던 것이다. 고종 6년(1219) 9월, 宣差 大使 慶都忽思 및 東眞國 懷遠大將軍 紇石烈 등을 파견하여 入貢을 독촉한 것이 확인되는 최초의 사례이다.[38] 宣差란 몽골에서 대칸 또는 국왕이 파견하여 각종 사무를 처리하는 일반적인 사신을 가리키는, 일종의 임시 관원을 뜻하는 용어로 널리 쓰였다고 한다.[39] 그런데 이때 몽골 측에서는 皇太弟國王, 즉 옷치긴뿐만 아니라 원수인 카치윈[合臣], 부원수 차라[箚刺]가 각각 문서를 보냈다고 한다.[40] 이는 몽골 측이 단일한 주체로서 고려에 물자를 요구하고 교섭한 것이 아니었음을 시사한다. 이러한 경향은 점점 심해져서 2년 후에는 여러 주체들이 개별적으로 사신을 파견하기에 이르렀다. 즉 고종 7년(1220)에는 9월에 皇太弟國王의 書를 가지고 사신이 와서 조공을 재촉하였다는 기록만이 확인되는데,[41] 이듬해인 고종 8년(1221)

---

38) 『元高麗紀事』 태조 14년(1219) 9월 11일. 皇太弟國王及元帥合臣·副元帥箚刺等, 各以書, 令宣差大使慶都忽思, 與東眞國懷遠大將軍紇石烈等十人, 抵高麗, 促其入貢, 高麗尋以方物來進. ; 『고려사』 권22, 고종 6년(1219) 9월 辛丑.

39) 苗冬, 「元代使臣研究」, 南開大學 博士學位論文, 2010, 34~39쪽.

40) 『元高麗紀事』 태조 14년(1219) 9월 11일.

41) 『元高麗紀事』 태조 15년(1220) 9월.

에는 8월과 9월, 10월, 12월 등에 각각 사신이 왔다는 기록이 보인다.[42] 이들은 역시 皇太弟의 鈞旨[43]뿐만 아니라 차라[札剌]와 蒲黑帶(浦里帒完과 동일인인 듯)의 서한도 전달하면서 각각 수달피, 면주 등의 물품을 요구하였다고 한다. 또한 9월에 고려에 온 사신 這可 등 23인은 '蒙古安只女大王'이 파견하였다고 하는데,[44] 이는 칭기스칸의 동생 카치운의 아들인 알치다이[安只歹]를 가리키는 것이라고 한다.[45]

몽골 제국에서는 황제뿐만 아니라 황실의 구성원들, 중앙과 지방의 각급 관부들이 모두 사신을 파견할 수 있었으며, 이들은 현지에서의 활동을 통해 파견 주체의 의지를 실현하는 역할을 수행하였다고 한다. 예컨대 외국을 포함한 특정 지역에 대해 황제, 諸王, 中書省, 行省 등이 각각의 명의로 사신을 파견하여 물자를 징발한다든지, 혹은 반대로 물자를 하사하는 등의 행위를 하였다는 것이다.[46] 다른 중국의 왕조에서 황제를 정점으로 하는 일원적인 위계질서 체계를 가지는 관료조직이 그 상하계통에 따라서만 사신을 파견할 수 있고, 특히 외국과의 관계에서는 군주만이 정식으로 사신을 파견할 수 있다는 원칙이 보편적으로 받아들여졌던 것과는 전혀 달랐다. 고려와 거란·금 사이의 관계에서 거란·금의 東京의 담당자가 고려와 사신을 주고받은 일이 있었던 것은 앞에서 살펴본 바와 같으나, 그 역시 명분상으로는 어디까지나 본국 황제의 지시에 따라, 그 권위에 근거하여 이루어진 것이었다.

실제로 1220년 무렵 고려와 관계를 맺고 있었던 몽골 측의 주체는 단일한 지휘계통에 따르는, 단일한 세력이었다고 볼 수 없다. 이 시기의 대고려 관계와 뒤이은 고려 침공을 주도한 몽골 측 세력의 구성에 대해서는 지금까지 다양한 논의가 있어왔는데,[47] 이들이 단일한 계통으로 구성된 세력이 아니라

---

42) 『고려사』권22, 고종 8년(1221) 8월 甲子 ; 9월 癸巳 ; 10월 乙卯 ; 12월 壬辰 ;『元高麗紀事』 태조 16년(1221) 7월 ; 8월 ; 10월 등.
43) '鈞旨'란 몽골에서 大王·諸王들이 발령한 명령문서의 명칭이다. 松川節,「大元ウルス命令 文の書式」,『待兼山論叢』(史學篇) 29, 1995, 36~44쪽.
44) 『고려사절요』권15, 고종 8년(1221) 9월.
45) 이개석, 앞의 책, 90쪽.
46) 苗冬, 앞의 논문, 제2장. 〈元代使臣之選派〉 참조.
47) 예컨대 高柄翊은 칭기스칸의 末弟 테무게 옷치긴과 그 휘하 세력을 주력으로 보았고(高 柄翊, 앞의 논문, 1970, 152~156쪽), 윤은숙 역시 옷치긴이 주도하였던 것으로 파악하였 다(윤은숙,『몽골제국의 만주 지배사』, 소나무, 2010, 96~99쪽). 한편 주채혁은 1218년

여러 부족, 여러 가문의 세력이 공동의 목표 하에 느슨하게 결속된 대오를 이룬 세력이었다는 점에 대해서는 대체로 견해가 일치한다. 따라서 양측의 관계가 형성된 후에도 여러 주체들이 각자 자신의 이해관계를 관철시키고자 고려에 사신을 파견하는 장면이 연출되었던 것이다.

단일한 주체와의 사신 왕래에 익숙했던 고려로서는 서로 다른 복수의 주체가 사신을 파견해 와서 각각 공물을 요구하는 상황에 적잖이 당황했다. 알치다이의 사신 這可가 온다는 동북면병마사의 보고를 받고서 이들을 맞이할 것인지 여부를 조정에서 논의했다는 기록도[48] 단순히 이들이 고려 궁정에서 무례한 행동을 했던 데에 대한 반감에서 비롯되었을 뿐만 아니라[49] 이와 같이 몽골 측 사신 파견의 주체가 여럿으로 갈라져 있었던 데 따랐던 것으로 볼 수 있다.

옷치긴에게 보낸 서한

이 사이의 어느 시점에 고려에서 몽골의 옷치긴에게 보낸 문서가 『東國李相國集』 28-2. 〈蒙古國使廣廻上皇太弟書〉이다. 이 문서는 당시에 양국 사이에서 오고간 문서의 전형이 될 뿐만 아니라 양국 관계의 주된 현안이 망라되어 있는 것으로 보이는데, 이를 인용해보면 다음과 같다.

바) 모월 모일에 사신 아무개가 이르러 전한 鈞旨를 받들어 皇太弟大王 殿下의 起居가 만복하심을 알게 되었으니, 기쁘고 안심된 마음을 형언할 수 없습니다. 그러나 보내주신 편지에, 小國에서 일찍이 처녀[女孩兒]와 漢兒의 문자·언어를 아는 사람을 보내지 않은 일과 여러 가지 필요한 물건

에 고려로 진입한 몽골군이 당시 몽골의 요동 일대 경략을 담당하던 잘라이르 부족의 무칼리의 예속 부대였을 것으로 보았다(주채혁, 「몽골·高麗史 연구의 재검토-몽골·고려 전쟁사 연구의 시각문제」, 『애산학보』 8, 1989, 5~7쪽). 최근 이개석은 옷치긴 세력을 비롯해서 알치 나얀 가문 등 황금가족 구성원들이 공동으로 참여하고 있었음을 자세히 논증하였다(이개석, 앞의 책, 81~92쪽).

48) 『고려사』 권22, 고종 8년(1221) 9월 壬午 ; 丁亥 ; 『고려사절요』 권15, 고종 8년(1221) 9월.
49) 『고려사』 권22, 고종 8년(1221) 8월 甲子.

등을 받들어 보내지 않은 일에 대해서 독촉하신 것이 매우 지엄하니, 명령을 듣고 두려워서 어찌할 바를 모르겠습니다.

위에서 말한바 사람과 물건은 모두 下國에는 모자란 것으로, 전에 이미 두 번이나 명령에 따르지 못하는 이유를 말씀드리면서 肝膽을 털어놓으며 숨긴 것이 없었으므로 살펴 이해해주시고 혹시 용서해주시지 않을까 하였는데, 여전히 요구하고 힐책하기를 마지않으시니 생각건대 구구한 정성이 대왕의 마음을 감동시키기에 부족한 것입니까, 아니면 혹시 거짓으로 꾸미는 말이라 생각하여 믿지 않으시는 것입니까. 말에 만약 거짓으로 꾸민 것이 있다면 하늘과 땅이 이를 알 것입니다. 또한 소국은 대국을 부지런히 섬김에 오히려 그 정성을 다하지 못할까 두려워하였습니다. 하물며 폐백을 드리는 예절에 있어 비록 엄중한 명령을 받지 않았더라도 어찌 힘써 융숭하고 화려하게 해서 대국의 마음을 흡족하게 하려 하지 않겠습니까. 그러나 물건이 있고 없는 것과, 풍부하고 부족한 것은 풍토에 달렸는데, 우리나라는 본래 山谷 사이에 끼어 있어 땅이 몹시 척박합니다. 생산하는 물건도 으레 모두가 거친 물품이라 자못 上國의 쓰임에 합당하지 못할 것입니다. 다만 보잘 것 없는 조공이라도 바치는 뜻으로 해마다 별 볼 일 없는 물품을 갖추어 보내 인정과 예의를 닦을 뿐이었는데, 매양 鈞旨를 내려 한없이 요구하시니 소국이 어떻게 이를 감당하겠습니까. 제한된 산물로써 무한한 요구에 응한다는 것은 결코 가능하지 못한 일임을 알 수 있거니와, 만약 불가능한 일로 상국에 죄를 얻게 된다면 그 또한 대국을 의지하여 우러러보고 어루만져 구제해 주는 은혜를 입은 뜻에 어긋나는 것입니다. 그 중에도 靑絲나 綾走絲 같은 물건은 본래 우리나라에서 생산되는 것이 아닙니다. 이 또한 전에 자세히 말씀드린 바이니 대국에서도 이미 잘 아시리라 생각합니다. 비록 풍토의 소산물이라도 그때그때의 있고 없음에 따라 드릴 때도 혹은 드리지 못할 때도 있는 것인데, 하물며 생산되지 않는 것이야 어떠하겠습니까. 그리고 모든 기술자와 공장도 앞에서 말씀드린 바와 같이 이 나라에는 유능한 자가 없으므로 보내지 못하였습니다. 일마다 뜻을 어기니 몹시 송구합니다.

엎드려 생각건대, 大王 殿下께서는 太弟의 귀하심을 가지시고 天子의

> 교화를 인도하시어 사방을 편안하게 다스리는 것을 자기 소임으로 삼으시니, 그 먼 곳에 있는 사람에게 대해서는 때때로 너그럽게 용서하여 작은 나라를 사랑하는 뜻을 보여주십사 하는 것이 실로 소국의 소망입니다. 찾으시는 물건은 비록 그 수대로 다 준비하지는 못했으나 저축해 두었던 것을 거의 다 털어서 別錄과 같이 갖추어 돌아가는 사신에게 삼가 부치고, 사신이 지나는 州郡으로 하여금 넘겨받아 검사해서 바치게 하여, 이것으로 조그마한 정성을 표합니다. 바라건대 대왕께서는 이 점 양해하시어 적다고 하여 죄를 삼지 말아주시기 바랍니다. 황공하고 황공합니다.50)

우선 이 문서가 작성된 시점을 살펴보자. 문서 내용 가운데 몽골에서 각종 물자를 요구한 데 대하여 고려에서 "전에 이미 두 번이나 명령에 따르지 못하는 이유를 말씀드린 바" 있었고, 그에 대해 다시 使臣이 와서 요청한 데 대한 대답으로 이 문서를 작성하였다고 한다. 이로 미루어보아 문서가 작성된 것은 고종 6년(1219)의 조약 체결 이후, 양국 관계가 단절된 고종 12년(1225) 정월 이전의 것으로, 아마도 고종 8년(1221) 이후의 일이 아닐까 생각된다.

이 문서가 누구의 명의로 발신되었는지는 확인되지 않는다. 그러나 고려 전체의 입장을 대변하고 있는 점, 그러면서도 다른 권위에 기대지 않았다는 점 등에서 국왕이 발신 주체였으리라 보아도 좋을 것이다. 한편 수신자는

---

50) 『東國李相國集』 28-2. 〈蒙古國使齎廻上皇太弟書〉. 某月日, 使臣某至, 奉傳鈞旨, 備認皇太弟大王殿下起居萬福, 欣慰良多. 但來敎, 以小國不曾發遣女孩兒及會漢兒文字言語人, 亦不進奉諸般要底物等事, 督責甚嚴, 聞令惶悸, 不知所圖. 上件人物, 皆下國所乏, 前已再陳所不能應副之由, 輸寫肝膽, 無所隱蔽, 庶蒙炤悉, 儻或矜恕, 尙復徵詰不已, 意者區區微誠, 不足動大王之鑑耶, 豈或慮矯飾之詞而不之信耶. 言若有飾, 惟皇天后土知之. 且小國勤事大邦, 猶恐不盡其誠. 況於贄獻之禮, 雖不承嚴令, 豈不欲務爲繁夥浩侈, 以猒大國之心乎. 然物之有無豐瘠, 係于風土, 我國本介居山谷間, 地甚磽确. 雖有所産, 例皆麤品, 殊不合上國之用. 從以獻芹之意, 歲備不腆般品, 以修情禮而已, 每枉鈞旨, 徵索無旣, 小國其何以堪之哉. 以有涯之用, 供無旣之求, 決知不能, 如以不能, 獲罪於上國, 亦乖依仰大邦佇蒙撫恤之意也. 其若靑絲·綾走絲等物, 本非我國所産. 此亦前所具陳, 想大國已詳之矣. 雖風土所生, 隨時之有無, 有進與未, 況地所不産哉. 其諸般名手匠人, 亦如前書所陳, 國無能者, 故未能發遣. 事輒違意, 深恐深恐. 伏惟大王殿下, 挾太弟之貴, 導天子之化, 以綏靖四方爲己任, 其於遠人, 時有以寬容, 以示字小之義, 實小邦之望也. 所徵物件, 雖不能依數准備, 粗竭帑儲, 具如別錄, 謹附廻使, 俾所過州郡交領檢獻, 以此爲籍手之資. 惟大王諒之, 請勿以些小爲罪也. 惶恐惶恐.

문서 제목에서 〈蒙古國使齎廻上皇太弟書〉라고 한 데서 옷치긴 대왕이었음을 알 수 있으며, 문서 내용에서는 그를 가리켜 '皇太弟大王殿下', '大王殿下'라고 칭하고, 그의 문서 내지 명령을 鈞旨라고 표현하고 있다. 문서에서 고려는 자국을 일컬어 '我國'이라고 지칭한 한 곳 외에는 나머지는 모두 '小邦', '小國', '下國' 등으로 표현하였고, 몽골에 대해서는 '大國', '大邦', '上國' 등으로 지칭하여 상하관계를 명확히 표시하였다. 또한 "小國勤事大邦", "字小之義" 등의 표현을 통해서 양국 관계가 事大字小 관계에 있음을 밝혔다는 점, 그리고 "大王殿下挾太弟之貴, 導天子之化"라고 하여 大王의 兄이 황제이자 天子라는 점을 인정하였다.

옷치긴이 보내온 鈞旨의 내용은 "小國에서 일찍이 처녀[女孩兒]와 漢兒의 문자·언어를 아는 사람을 보내지 않은 일과 여러 가지 필요한 물건 등을 받들어 보내지 않은 일[以小國發遣女孩兒及會漢兒文字言語人, 亦不進奉諸般要底物等事]"에 대해서 독촉하는 내용이었다. 그리고 그 '諸般要底物'에는 靑絲와 綾走絲 등이 포함되어 있었다. 또한 '所徵物件'을 "그 수대로 다 준비하지 못했다"라고 한 것을 보면, 몽골에서 이상의 물품을, 품목뿐만 아니라 수량까지 지정해서 요구했음을 알 수 있다. 이는 과거 고려가 오대 왕조나 송은 물론 거란이나 금에 보낸 조공품에 정해진 액수가 있었던 것이 아니라 고려 자체의 상황에 따라 마련하여 보냈던 데에 비하면 큰 차이를 보이는 것이라고 할 수 있다.[51]

반면에 고려에서는 문서 가운데 "小國勤事大邦", "字小之義" 등의 표현을 동원하여 양국 관계가 동아시아 외교에서 일반적으로 언급되었던 事大字小의

---

51) 최근 홍선이는 병자호란 이후 조선 조정이 청에 납부한 歲幣에 액수가 고정되어 있었던 점을 들어, 이것이 과거 명에 보냈던 方物과는 다른 성격의 것으로, 기존의 조공과는 달리 약소국이 강대국에 바치는 평화유지비 성격을 띠고 있었음을 논증한 바가 있어서 참고가 된다. 홍선이, 「歲幣·方物을 통해 본 朝淸관계의 특징 – 인조대 歲幣·方物의 구성과 재정 부담을 중심으로」, 『韓國史學報』55, 2014 참조. 그런 면에서 이와 같은 몽골의 물자 요구는 몽골이 유라시아 전역의 복속지에서 복속의 대가로 징수했던 일종의 부가적 수취의 일환이었던 것은 아닐까 생각된다. 이에 대해서는 T. Allsen, *Mongol Imperialism*, Berkely : University of California Press, 1987의 제6장 〈taxation〉 및 고명수, 「몽골의 '복속' 인식과 蒙麗관계」, 『韓國史學報』55, 2014 참조. 한편 초기 고려와 몽골의 관계에서 물자 납부의 관행 및 그 의의에 대해서는 정동훈, 앞의 논문, 2020 참조.

원칙에 따르는 것임을 언명하였다. 이 점에서 초기 접촉 단계에서부터 양국이 인식하고 있던 양국 관계의 성격에 차이가 있음을 엿볼 수 있다. 즉 몽골은 자신의 독자적인 천하, 복속 관념에 따라 고려를 자신의 판도에 편입, 복속되었다고 이해하여 국왕의 친조와 물자 징발을 요구하였고, 고려는 전통적으로 중국과 맺었던 관계의 연장선상에서 고려-몽골 관계도 事大字小 관계에 있는 것으로 주장하며, 상대에게도 그 규범을 준수할 것을 요구했던 것이다.

고려국왕-옷치긴 사이의 교섭

다음으로 문서의 서식은 제목에서 알 수 있듯이 서한식이다. 문체 역시 전형적인 한문체라는 점에서 다음 절에서 살펴볼 몽골의 몽문직역체 문서와는 다르다는 점을 알 수 있다. 고려로서는 황제 또는 東京의 지방관 등 기존의 교섭 상대와는 격이 다른, 皇太弟라는 존재와의 교섭에서 어떠한 문서식을 사용해야 할지에 대해 고민했을 것이다. 이와 가장 비슷한 선례를 찾자면 과거 거란의 東京留守로 임명되었던 거란의 왕족과 주고받았던 문서가 있을 것인데, 그때 고려 조정은 서한식 문서를 발신한 바 있었다.[52] 따라서 옷치긴에게 보낸 문서에서도 서한식이 채택되었던 것으로 볼 수 있다. 또 한 가지 주목되는 것은 당시에 몽골 측에서 사신을 보내와서 공물을 요청하는 주체가 다양하게 나뉘어 있었던 데 비해 고려에서 문서를 보내 정식으로 교섭에 임한 것은 황태제 옷치긴 한 명에 집중되었다는 것이다. 즉 고려의 입장에서는 고종 6년(1219)의 강화에서 확정한 원칙에 따라 1년에 한 번, 정해진 교섭 대상인 옷치긴만을 정식의 외교 대상으로 인정할 뿐이었던 것이다. 옷치긴에게 모든 몽골 세력을 대표하는 위상이 있음을 인정하고, 이를 통해 다른 세력들의 아무 때나 마음대로 사신을 보내오는 일을 제한해 줄 것을 기대한 고려의 입장이 반영되었던 것이다.

반면에 몽골의 중앙 정부라고 할 수 있는 대칸에게는 사신을 파견하거나 문서를 보낸 일이 없었다. 다만 이 시기에 '蒙古皇帝'에게 보내기 위해 작성된

---

52) 『동인지문사륙』 4-33. 〈與遼東京留守大王交聘狀〉. 이에 대해서는 이 책의 2장 2절 참조.

표문이 작성되어, 그것이 『東國李相國集』 28-3. 〈謝蒙古皇帝表〉으로 남아있지만, 제목 아래에 부기된 細註에 "不行"이라고 언급한 바와 같이 이 문서는 실제로 전달되지는 않았다.[53] 이 문서는 역시 고종 6년부터 12년 사이의 시점에 작성된 것으로 보이는데, 문서의 주된 내용이 몽골군이 거란의 침입자를 처리해준 데 대한 감사의 뜻을 전하는 것임으로 미루어보아 고종 6년(1219)의 강동성 전투가 있었던 직후에 작성된 것이 아닐까 추측된다. 이 문서에서 발신자인 고려국왕은 臣이라고 칭하며 수신자인 '蒙古皇帝'를 '皇帝陛下'라고 칭하였고, 자국을 '小邦'으로, 몽골을 '大聖' 등으로 표현하였다. 또한 문서 내용에서 황제의 '字小'함을 찬미한 데서도, 앞서 언급하였듯이 고려가 양국 관계를 事大字小의 원칙에 입각하여 규정하고자 했음을 엿볼 수 있다.

고려-몽골 초기 관계의 성립

이상에서 살펴본 『東國李相國集』 28-2. 〈蒙古國使賚廻上皇太弟書〉 및 28-3. 〈謝蒙古皇帝表〉에서 고려는 몽골을 大國이자 上國으로, 자국을 小國이자 下國으로 인정하면서 양국의 관계를 事大字小 관계로 표현하였다. 또한 몽골의 군주를 皇帝라고 칭하고, 그가 天命을 받은 존재였음을 인정하였으며, 그에게 보내는(실현되지는 않았으나) 문서의 서식으로 表를 작성하고, 표문에서 국왕은 '臣'이라고 자칭하였다. 이와 같은 事大와 奉表稱臣은 몽골 세력과 처음 접촉한 고종 5년(1218)으로부터 멀지 않은 시점에 이루어진 것으로 보인다. 금과의 외교 관계를 처음 맺었던 약 한 세기 전, 사대 여부를 둘러싸고 고려 조정 내에서 논쟁이 있었던 데 비하면 매우 적극적으로 사대관계를 인정하고 받아들였던 것으로 볼 수 있다. 여기에는 몽골의 급격한 부상이라는 동아시아 국제질서의 현실과 함께 당시의 崔忠獻 정권이 거란의 침입으로 위협을 받고 있었던 상황에서 몽골의 도움으로 겨우 벗어날 수 있었던

---

53) 『동국이상국집』 28-3. 〈謝蒙古皇帝表〉[不行]. 云云. 小邦無罪, 久罹强寇之侵凌, 大聖應期, 特遣神兵而汎掃, 恩靈所及, 疲瘵同蘇. 伏念世承箕子之封, 地攝契丹之壤, 曾未有與我釋憾之 故, 奈今擧如此無名之兵, 闌入封疆, 大殘人物. 顧蜂毒之尙甚, 出虎旅以莫除, 豈謂皇帝陛下義 篤恤隣, 仁深字小, 勅降鷹揚之衆, 克平蟻聚之徒. 僞王自斃於城中, 餘黨悉降於鉞下, 函生再活, 擧國謳呼. 臣敢不祝天壽之無疆, 少酬萬一, 逃臣職而竆內, 罔有二三. 云云.

점도 작용했을 것이다.

한편 몽골 측은 고려에 국왕의 친조와, 무엇보다도 해마다 정해진 양의 물자를 공급할 것을 요구하였다. 고려는 전자에 대해서는 여러 가지 이유를 대가며 불가함을 호소하였고, 후자는 약속대로 이행하고자 하였다. 그러나 몽골 측에서 약속과 달리 훨씬 자주 사신을 파견해서 훨씬 많은 양의 물자를 요구하자 고려는 어려움을 토로하며 애초의 약속대로 할 것을 요구하였다. 이처럼 매우 불편한 관계는 한동안 지속되다가, 잘 알려진 것처럼 몽골의 사신 著古與가 피살되는 사건이 벌어진 고종 12년(1225) 정월에 이르러 단절되기에 이르렀다.[54]

4. 東眞과의 관계

東眞의 개입

고려와 몽골의 초기 접촉은 거의 대부분의 경우 東眞이라는 존재를 매개로 이루어졌다. 동진은 앞서 설명한 것처럼 금 말에 요동에서 일어난 거란족의 반란을 진압하기 위해 파견되었던 장군 浦鮮萬奴가 독립하여 1215년에 세운 정권이다. 동진은 곧이어 이 지역에 진입한 몽골에 항복하여 강동성 전투 때에는 몽골군과 함께 한반도에 군사를 보내오기도 하였다. 이후 동진은 몽골과 함께 사절을 보내오거나, 몽골의 의지를 대신 전해오는 등 고려와 몽골의 관계에서 양자의 매개자 역할을 담당하였다.[55]

우선 고려-몽골 관계에서 동진의 역할을 살펴보자. 고종 6년(1219) 맹약 이후 몽골군은 물러나면서 동진의 官人을 義州에 남겨두고 가면서 "너희들은 고려말을 배우며 내가 다시 오기를 기다리라."고 명하였다고 한다.[56] 이후

---

54) 『고려사』 권22, 고종 12년(1225) 정월 癸未 ; 『원사』 권208, 外夷 1, 高麗, 太祖 19년 12월.

55) 『고려사』에서 '東眞'이라고 칭한 정치체를 중국 사료에서는 대체로 '東夏'라고 불렀다. 東眞의 전반적인 역사에 대해서는 王愼榮·趙鳴岐, 『東夏史』, 天津 : 天津古籍出版社, 1990 ; 朴眞奭, 『東夏史硏究』, 延邊 : 延邊大學出版社, 1995 및 蔣戎·蔣秀松, 『東夏史』, 北京 : 中國社會科學出版社, 2019 참조.

56) 『고려사』 권22, 고종 6년(1219) 2월 己未.

몽골에서 보내오는 사신은 거의 항상 동진을 경유해서 왔던 것으로 확인된다. 이 시점에서 동진은 요동에서 밀려나 두만강 유역에 위치해있던 것으로 알려져 있다.[57) 고종 6년 8월에 최초로 공납을 독촉할 때에도 몽골과 동진국의 군사들이 무력시위를 한 사실은 고려의 東北面兵馬使를 통해 보고되었으며, 이때의 몽골 사절은 동진국인과 함께 고려에 파견되어 왔다.[58) 고종 8년(1221)에도 8월과 12월에도 역시 몽골 사신이 동진 사람들과 함께 고려에 왔던 사실이 확인되고, 그해 9월 알치다이가 파견한 사신 역시 고려의 동북면을 통하여 입경한 사실로 보건대 東眞을 경유하였던 것으로 보인다.[59) 고종 10년에도 또한 그러한 예가 보인다.[60) 애초에 고려와 몽골이 처음 講和를 맺었을 때 약속하기를, 몽골의 사신은 '萬奴의 땅' 즉 東眞을 통해서 고려에 오기로 한 바 있었다.[61)

〈回東夏國書〉의 해석

이와 같은 동진의 매개자 역할은 다음 문서를 통해 좀 더 분명하게 드러난다.

사) 高麗國王 아무개는 삼가 東夏國王 殿下께 답서를 보냅니다. 보내온 편지를 받아보니 (그 편지에) 이르기를, "成吉思皇帝의 聖旨로 東夏國王에게 말한다. 준비해서 친히 알현하러 오라. 고려국은 지난번에 한 번 화친을 맺을 때 역시 함께 오기로 하였으니, 준비해 (고려에) 가서 올 것인지 오지 않을 것인지 물어보라."라고 하시었습니다.
삼가 생각하건대 小邦은 바닷가 모퉁이에 끼어 있어 땅이 멀고 길이 막혀 먼 옛날부터 역대로 大國을 섬겨 왔으나, 朝覲하는 禮는 국왕이 친히 한 일이 없었습니다. 이제 듣건대 成吉思皇帝께서 성왕의 단서를

---

57) 蔣戎·蔣秀松, 앞의 책, 2019, 42~47쪽.
58) 『고려사』 권22, 고종 6년(1219) 8월 壬辰 ; 9월 辛丑.
59) 『고려사』 권22, 고종 8년(1221) 8월 己未 ; 9월 壬午 ; 12월 壬辰.
60) 『원고려기사』 태조 18년(1223) 8월 癸未.
61) 『東國李相國集』 28-18. 〈同前狀〉元帥曰, '塗路甚梗, 你國必難於來往, 每年我國遣使優, 不過十人, 其來也可齎持以去. 至則道必取萬奴之地境, 你以此爲驗.' 이에 대한 구체적인 분석은 정동훈, 앞의 논문, 2020, 254~255쪽 참조.

열어 천하를 두루 다스림에 해와 달이 비치는 곳에 항복하지 않은 자가 없다고 합니다. 삼가 돌아보건대 잔약한 제가 일찍이 하늘이 주신 은혜를 입어 경사스럽게 여겨 손뼉치는 심정이 보통 때보다도 만 배나 되며, 물오리와 같은 제가 날아가서 鸞鳥와 같으신 황제를 축하해 드리려는 마음을 품은 지 오래되었습니다. 다만 길이 멀고 산과 물에 막혀 옛날에 섬겼을 때에 사신들의 수레가 왕래하는 것도 오히려 어려웠는데, 하물며 나라가 비록 협소하지만 藩의 사무에 얽매여 있으니 형세상 하루라도 직무를 비워둘 수 없습니다. 만약에 혹여 지키고 있는 封疆을 가벼이 떠나서 멀리 만리를 건너갔다가 뜻밖에 생각지 못했던 일이 생긴다면 盛德에 누를 끼칠까 두려워 이로 말미암아 고개를 들어 우러러 사모하며 오직 깊이 두려움에 마음을 졸일 뿐입니다.

傳에 이르기를, "어진 사람을 친하고 이웃에 잘하는 것은 나라의 보배라." 하였으니, 弊邦은 다행히 貴國과 더불어 국경이 잇닿아 위문함을 서로 바라되 오직 善隣의 뜻을 가지고 있으며, 피차가 암암리에 결합되어 결코 털끝만한 사이라도 틀림이 없으니, 잘 생각하셔서 양해하고 헤아려 주시기 바랍니다. 이해도 저물어가고 新正이 곧 다가오는 이때에 삼가 천만 自愛하시기를 바랍니다. 삼가 아룁니다.(62)

고려와 東眞 사이에 교환한 문서로는 『고려사』 세가, 고종 11년(1224)에 東眞에서 보낸 두 통의 문서의 일부가 인용되어 있으나,(63) 문서의 전문이 남아있는 것은 이 사례가 유일하다.(64) 이 문서는 첫머리에 "高麗國王某謹迴書

---

62) 『東文選』권61-25, 〈回東夏國書〉[兪升旦]. 高麗國王某謹迴書于東夏國王殿下. 承來示云. "成吉思皇帝聖旨, 道與東夏國王. 准備親見來者. 高麗國依前一約和時分, 亦一同將來, 爲此准備前去, 仍問或去以否者." 切念, 小邦介在海隅, 地遐路阻, 邈自古初, 歷事大國, 朝覲之禮, 未獲躬親. 今聞, 成吉思皇帝, 廓開聖緒, 奄統縣區, 日月所照, 莫不賓服. 顧惟孱微, 夙荷覆露, 慶抃之情, 萬倍常品, 懷欲鳬趨, 往伸鷲賀, 爲日久矣. 但道里攸遠, 山川阻脩, 古昔歷事之時, 使輶往來, 尙且艱澁, 況不轂國雖褊小, 藩務所繫, 勢不可一日曠職. 倘或輕離守封, 遠涉萬里, 脫有不虞, 恐累盛德, 以此瞻望翹傾, 唯深兢灼耳. 傳有之, 親仁善隣, 國之寶也. 弊邦幸與貴國, 境連壤接, 慰候相望, 載惟善隣之意, 彼此暗合, 決無一毫間異也, 冀軫念而諒察之. 歲序向闌, 新正將啓, 伏惟千萬自愛. 謹啓.
63) 『고려사』권22, 고종 11년(1224) 정월 戊申.
64) 『동문선』권61에는 이 문서에 바로 이어서 〈同前書〉라는 제목의 문서가 실려 있으나,

350   3장 고려-몽골 외교문서 : 외교 주체의 확대와 다양한 서식 활용

于東夏國王殿下"라고 한 데서 발신자가 高麗國王, 수신자는 東夏國王이며, 문서식은 전형적인 서한 양식임을 알 수 있다. 여기서 '迴書'라고 밝힌 것을 보면 이에 앞서 東夏國王이 고려국왕에게 보낸 문서가 있었음을 알 수 있고, 그 문서는 아마도 "東眞國王某謹致書于高麗國王殿下"와 같은 식으로 시작한 서한식 문서였을 것이다. 문서식과 관련해서는 結辭에 "謹啓"라고 한 데 주목하여 상행문서인 啓라고 파악한 연구도 있으나,[65] 기본적인 서식은 서한식 문서이고, 그 가운데 공손함을 표하는 방식으로 문서를 전달하는 행위를 '啓'라고 표현한 것으로 이해하는 편이 타당할 것이다(이에 대해서는 3장 2절에서 자세히 다루겠음).

이 문서는 東夏國王이 보낸 문서의 내용을 인용한 앞 부분을 어떻게 해석할 것인가 하는 것이 문제가 된다. 즉 "承來示云" 이하, "切念" 앞까지의 인용 부분이 그것이다. 원문으로는 "成吉思皇帝聖旨道與東夏國王准備親見來者高麗國依前一約和時分亦一同將來爲此准備前去仍問或去以否者"인데, 이 부분을 어떻게 끊어 읽고, 어떻게 해석하느냐에 따라 어디까지가 칭기스칸의 聖旨에 해당하고, 그것이 구체적으로 무슨 뜻인지가 확실해지며, 이는 나아가 고려와 몽골 사이의 교섭에서 東眞의 역할이 어떠한 것이었는지에 대한 해석으로도 이어진다.

우선 선행 연구를 검토해보면, 먼저 이재선은 "보내주신 편지를 보니 이르시기를 성길사황제(칭기스칸)의 성지에 동하국왕과 함께 준비하여 친견하러 오는 것을 말하였는데 고려국은 전에 한번 화친을 맺을 때에 분수를 역시 동일하게 한 것에 의하여 장래에 이를 위해서 준비하여 나아갈 것인데 여전히 혹은 올 것인지 오지 않을 것인지를 물으신 것"이라고 번역하여, 칭기스칸이 고려와 동진이 함께 친조할 것을 요구함에 그 명령을 동진을 통해서 고려에 하고 있는 것으로 이해하였다.[66] 그러나 문서의 해석 면에서는 어떤 뜻인지 좀처럼 이해하기 어렵다고 하지 않을 수 없다. 한편 이개석은 "칭기스칸의 聖旨에 동하국왕이 입조[親見來]할 예정이라고 했다. 고려국도

이는 앞서 살펴본 바와 같이 東眞에 보낸 문서가 아니라 옷치긴에게 보낸 문서였다.

65) 森平雅彦, 「對元講和前の文書－高麗王啓とモンゴル文直譯體文書」, 『モンゴル覇權下の高麗』, 名古屋: 名古屋大學出版會, 2013, 211~212쪽.

66) 이재선, 앞의 논문, 23~24쪽.

지난번 和約을 맺을 때 또한 똑같이 가겠다고 하여, 이 때문에 갈 준비를 하고 있다. 묻건대 가는 것이 사실인가?[或去以否]"라고 번역하였는데,[67] 이 번역만으로는 이 부분이 누구의 말인지를 확인하는 것이 불가능하다. 한편 고명수는 "成吉思皇帝의 聖旨에 東夏國王이 친히 와서 알현할 것이라고 한다. 高麗國도 지난번 화친을 맺을 때 역시 똑같이 장차 그렇게 하겠다고 하여 갈 준비를 하고 있다"라고 번역하였는데,[68] 역시 이를 통해서는 문서의 정확한 뜻을 파악할 수 없다.

이제 필자의 해석을 제시하자면 다음과 같다. 우선 고려국왕이 주어가 되는 부분에서 "承來示云"이라고 하여 이하의 부분이 인용임을 밝히고, 그에 이어서 "切念"이라고 한 후 그에 대한 의견을 개진한 것으로 보아, 그 중간의 "成吉思皇帝聖旨……仍問或去以否者" 부분이 인용 부분, 즉 東夏國王의 문서에 기록되어 있었던 부분임을 명확하게 알 수 있다. 다음으로 "成吉思皇帝聖旨道與東夏國王"이라는 부분은 몽문직역체의 문장에서 일반적으로 "甲言語, 道與乙"과 같은 구조로서 발신자와 수신자를 밝힌 것으로, "成吉思皇帝의 聖旨로 東夏國王에게 말하다."라고 해석해야 한다.[69] 즉 이 부분을 포함하여 그 아래 부분은 칭기스칸이 東夏國王에게 내린 聖旨의 내용을 다시 인용한 것이 된다. 그렇다면 칭기스칸의 성지의 내용이 어디까지인지가 다음 문제가 된다. 이는 "~者"라는 구절의 해석에서 단서를 찾을 수 있다. "~者"는 몽문직역체에서 일반적으로 명령의 종결을 뜻하는 어미로 사용된다. 즉 "准備親見來者"는 칭기스칸이 동하국왕에게 "준비해서 친히 알현하러 오라."라고 명령하는 부분이다. 또한 그 뒷부분에서도 마지막에 "仍問或去以否者"라고 한 것은 칭기스칸이 동하국왕에게 "올 것인지 오지 않을 것인지 물어보라."라고 명령한 내용이 된다. 그 사이에 해당하는 "高麗國依前一約和時分, 亦一同將來,"

---

67) 이개석, 앞의 책, 75~76쪽.
68) 고명수, 앞의 논문, 2014, 54쪽.
69) 비슷한 구조로 『東文選』 62-1, 〈答唐古官人書〉에서 제목 아래의 細註에 "來書云, 「福蔭裏, 統領蒙古紅漢大軍, 征討高麗, 唐古拔都魯言語, 道與高麗王.」云云."이라고 하여 몽골군 사령관 唐古가 고려왕에게 보낸 문서의 첫머리에서 "唐古拔都魯言語, 道與高麗王."이라는 표현이 등장하였음을 언급한 것이 있다. 이에 대해서는 森平雅彦, 앞의 책, 2013, 220쪽 참조. 聖旨는 몽골어로 jarliɣ, '言語'(명령, 혹은 단순히 말)은 몽골어로 üge 등으로 표현되어 있었을 것이다.

역시 칭기스칸이 동하국왕에게 내린 성지의 일부분으로, "고려국은 지난번에 한 번 화친을 맺을 때 역시 함께 오기로 하였으니,"라고 해석해야 한다. 또한 앞선 연구에서 번역에 애를 먹었을 "爲此准備前去,"라는 부분도, "이를 위해 준비해서 (동진에서 고려에) 가서"라고 해석하면 앞뒤 문맥과 더불어 자연스럽게 연결된다.

그렇다면 "承來示云"이라고 하여 인용한 부분은 사실 칭기스칸이 동하국왕에게 내린 聖旨에 해당하는 것이 된다. 아마도 원래 동진에서 보내온 문서에서는 대강 "이와 같은 성지를 받들어 사신을 파견하니, 친조하러 갈 것인지를 알려주십시오."라는 뜻을 담은 구절이 포함되어 있었을 것이다. 그러나 실제로도 그러하고, 고려에서 판단하건대 이와 같은 말은 별 의미가 없으므로 인용 자체를 생략해버린 채, 동진의 문서의 핵심 내용에 해당하는 위의 칭기스칸 성지 부분만을 인용한 후, 고려의 의사, 즉 친조할 뜻이 없음을 밝히는 것으로 문서를 구성하였던 것이다.

東眞의 매개자 역할

이 지점에서 고려와 몽골 사이의 관계에서 동진의 역할이 극명하게 드러난다. 동진국왕이 고려국왕에게 보낸 문서는 자신이 칭기스칸으로부터 받은 聖旨의 내용, 즉 고려국왕이 친조할 것인지 여부를, 고려에 사신을 보내서[前去] 물어보라고 하였음을 전하고 있다. 그밖에 동진 자체의 의지는 전혀 엿보이지 않으며, 설사 그러한 부분이 있었다고 한들 고려국왕의 답신에는 그에 대해 언급조차 하지 않고 있음을 알 수 있다. 즉 동진은 양국 관계에서 단지 메신저로서의 역할만을 담당했던 것이다. 앞서 확인했던 것처럼 몽골의 사신이 동진을 경유해서, 동진의 인물들과 함께 고려에 파견되어 왔던 점과 함께 이 문서는 이러한 동진의 역할을 극명하게 보여준다고 평가할 수 있다.

물론 동진 역시도 자체의 세력과 군대를 갖춘 하나의 정치체로서 몽골과는 독자적인 의지를 가지고 당시의 동아시아 국제정세에 행위자로 참여하고 있었다. 고려 義州의 반란 집단인 韓恂과 多智의 투항을 받아들였다가 그들과 함께 고려의 서북면에 침입하기도 하였고,[70] 고종 11년(1224) 무렵부터는 몽골의 과도한 물자 수탈에 반발하여 몽골과의 관계를 단절하고, 고려와 적극적으로 우호 관계를 맺고자 하기도 하였다.[71] 그러나 이는 어디까지나 일회적인 사건들에 지나지 않았을 뿐, 고려로서는 몽골과의 사이에서의 매개자라는 역할 이상으로는 동진과 관계를 진전시키고자 하지 않았던 것으로 보인다. 이는 著古與 피살 사건으로 고려와 몽골의 관계가 단절된 고종 12년(1225) 이후, 고려와 동진의 관계도 산발적인 전투를 포함한 긴장 관계에 접어들었던 데서 확인할 수 있다. 이러한 관계는 몽골의 전면적인 침입이 개시되는 고종 18년(1231)까지 지속되었다.[72]

매개자라는 동진의 역할에는 서로 다른 문화와 관념, 그리고 무엇보다 서로 다른 언어에 근거하여 작성된 문서의 번역자로서의 역할도 중요한 한 부분을 차지했던 것으로 보인다. 앞서 인용문 라)에서 칭기스칸의 聖旨를 받은 고려에서 "문자가 각각 달라 번역을 통해 알았습니다[以文字之各殊, 憑譯解而乃識.]"라고 강조한 바 있는데, 그 번역을 수행한 주체는 동진이었을 가능성이 높다. 단순히 위구르문자 몽골어와 漢字·漢文이라는 문자 및 언어만의 번역이 아니라 양자의 언어 관습을 오해 없이 번역하는 것 역시 중요한 문제였을 것이다. 즉 칸[qan] 혹은 카간[qaɣan]과 皇帝, 쟈를릭[ǰarliɣ]과 聖旨 혹은 詔와 같이 특히 위계질서를 반영하는 용어들을 두 언어 사이에서 정확하게 번역하는 일 또한 중요한 과제의 하나였을 것인데, 동진이라는 매개자가 이 과제를 비교적 원활하게 수행했던 것이다.

그렇다면 몽골이 동진이라는 매개자의 존재를 인정하고 활용한 데에는 어떠한 의도가 있었을까. 몽골의 입장에서는 처음 접촉하는 고려라는 상대에 대해 정확한 정보를 파악하기란 쉽지 않았을 것이다. 이는 고려에서 생산되지 않는 많은 품목의 물자를 요구하여 고려의 반발을 산 데서도 엿볼 수 있다. 그 공백을 메워주는 데에는 과거 금 조정에서 사환하며 고려에 대한 정보를 습득하였고, 또한 고려와의 외교 관습에 일정한 지식을 가지고 있었던 동진 세력이 가장 유용했을 것이다. 여기에는 역시 언어 문제도 중요한 요소가

---

70) 『고려사』 권130, 반역4, 韓恂·多智 ; 『고려사절요』 권15, 고종 9년(1222) 7월. 이에 대해서는 이정신, 「의주민의 항쟁과 동진의 연합」, 『史叢』 43, 1994 참조.

71) 『고려사』 권22, 고종 11년(1224) 정월 戊申. 이에 대해서는 이재선, 앞의 논문, 14~16쪽 참조.

72) 『고려사』 권22, 고종 12년(1225) 8월 辛卯 ; 14년(1227) 9월 壬午 ; 10월 己未 ; 15년 (1228) 7월 庚子 ; 16년(1229) 5월 戊寅 ; 6월 辛亥 등.

되었을 것이다. 한자와 한문은 물론이고, 고려에 앞서 몽골에 귀부하여 몽골의 언어 관습에 어느 정도 지식을 축적한 동진이 번역자로서도 적합하였을 것이다. 나아가 동진이 양국 관계를 매개하는 동시에 그 사이의 완충작용을 담당했을 것으로도 추측할 수 있다. 이는 칭기스칸이 고려국왕의 친조 문제를 동진을 통해 문의해왔던 것이나, 이후의 일이지만 고려에서 著古與의 피살이 동진의 소행이라고 주장한 것 등에서도 엿볼 수 있다.

소결 : 고려와 몽골, 초기 접촉의 우여곡절

이상에서 고종 5년(1218)부터 18년(1231)까지, 고려와 몽골이 처음 접촉했던 상황에서 양국 사이의 문서 교환을 포함한 의사소통의 모습을 살펴보았다. 고려에 침입한 거란 세력을 토벌하는 과정에서 양국은 처음 접촉하였으나, 몽골은 출진에 앞서 고려와의 관계를 어떻게 설정할 것인지에 대해 칭기스칸의 지령을 받은 상태였다. 고종 6년(1219) 양국이 처음 맺은 '강화 조약'에 대해서 양자는 서로 다른 해석을 내리고 있었다. 몽골 측은 고려국왕의 친조와 공물의 진헌을 조건으로 하여 고려가 몽골에 복속된 것으로 파악하였다. 반면 고려는 이 관계를 고려와 중국 왕조들 사이의 전통적인 事大字小 관계로 표현하고자 하였다.

이러한 인식 차이는 양국의 문서가 각각 다른 언어와 문자로 기록된 데서, 그리고 그 배경에 국제관계에 대한 인식이 서로 판이하게 달랐던 데 비롯되었다. 고려의 문서는 전통적인 한자, 한문으로 기록되었고, 당시 몽골의 문서는 위구르문자 몽골어로 작성되었다. 양자 사이에서 東眞이 번역을 비롯한 매개자 역할을 담당하며 그 간극을 메우고 있었기 때문에 일시적으로나마 이 차이는 표면적으로 드러나지 않았다. 그러나 결국 양자의 큰 인식 차이는 몽골의 강압적인 물자 수탈에 첨병 역할을 하던 사신 著古與의 피살이라는 돌발적 사건을 계기로 파국에 접어들게 되었다. 고종 18년 이후 고려가 겪은 전쟁, 그리고 강화 협상은 과거 거란과의 그것과는 또 다른 양상으로 전개되었다. 전쟁 수행과 협상의 주체에 차이가 있었던 점에서 비롯된 것이었는데, 이에 대해서는 다음 절에서 살펴보도록 하겠다.

2절 고려-몽골 전쟁기 여러 주체 사이의 문서 교환

고려-몽골 전쟁 연구사

高宗 12년(1225) 정월, 몽골 사신 著古與의 피살로 중단되었던 고려와 몽골의 관계는 6년 후인 고종 18년(1231) 8월, 살리타이[撒禮塔]를 원수로 하는 몽골군이 한반도로 밀려오면서 전쟁 국면에 접어들었다. 이로부터 최종적으로 강화를 맺는 고종 46년(1259)까지 몽골은 여러 차례에 걸쳐 고려에 침입하여 전국을 유린하였고, 고려 조정은 강화도로 천도하여 항전을 지속하였다. 약 30여 년에 걸친 이 기간 동안의 양국 관계에 대해서는 일찍부터 전쟁의 흐름을 정리하는 연구가 이루어져왔다.[1] 또한 국내에서의 연구는 주로 '抗爭史'라는 관점에서 전황의 전개와 고려의 대응이라는 구도로 분석해 왔으며,[2] 몽골 침입의 배경으로서 몽골 측의 상황과 그 주체를 검토하기도 하였다.[3] 근래에는 고려 무신정권이 몽골의 침입에 대해 외교적으로 어떻게

---

1) 箭內亘,「蒙古の高麗經略」,『滿鮮歷史地理硏究報告』4, 1918(箭內亘,『蒙古史硏究』, 東京 : 刀江書院, 1930에 재수록) ; 池內宏,「蒙古の高麗征伐」,『滿鮮歷史地理硏究報告』10, 1924 (池內宏,『滿鮮史硏究』中世 第三冊, 東京 : 吉川弘文館, 1963에 재수록) ; William E. Henthorn, Korea, the Mongol Invasions, Leiden : E.J.Brill, 1963.

2) 姜晉哲,「蒙古의 侵入에 대한 鬪爭」,『韓國史』7, 國史編纂委員會, 1973 ; 柳在城,『對蒙抗爭史』, 國防部戰史編纂委員會, 1988 ; 尹龍爀,『高麗對蒙抗爭史硏究』, 一志社, 1991.

3) 주채혁,「몽골高麗史 연구의 재검토-몽골·고려 전쟁사 연구의 시각문제」,『애산학보』 8, 1989 ; 주채혁,『몽·려전쟁기의 살리타이와 홍복원』, 혜안, 2009 ; 최윤정,「몽골의 요동·고려 경략 재검토(1211~1259)」,『歷史學報』209, 2011 ; 이개석,「몽골·동진·고려 연합군에 의한 강동성 함락과 여몽형제맹약의 성격」,『고려·대원 관계 연구』, 지식산업 사, 2013.

대응했으며 내부적으로는 어떠한 논의가 이루어졌는지를 집중적으로 검토한 연구가 제출된 바 있다.[4] 본고의 주제와 직접 관련된 것으로 이 시기에 고려와 몽골이 주고받은 외교문서의 서식을 직접 다룬 연구도 있었고,[5] 전쟁 초기 외교문서의 내용을 토대로 양국의 외교관계 성격이나[6] 강화조건 등을 규명하고자 하는 연구도 제출된 바 있으며,[7] 문서의 내용을 하나하나 분석하여 강화 교섭의 전말을 검토한 연구도 있었다.[8]

문제의 소재 : 고려-몽골 전쟁과 교섭의 특징

이상의 연구를 통해 고려-몽골 전쟁의 전반적인 양상이나 강화를 위한 교섭 과정 등은 대체로 밝혀졌다. 다만 그 상황이 고려가 겪었던 다른 시대의 전쟁이나 외교의 장면들에 비해서 어떠한 특징을 가지는지에 주목한다면 조금 다른 시각에서 이를 분석해볼 수 있다. 가장 특징적인 점은 전쟁과 교섭 수행의 주체였다. 고려 조정이 몽골의 침입에 대해 중앙 정부에서 동원한 군사를 통해 대응한 것은 초기의 전투뿐이었다. 전쟁 초기에 중앙군이 궤멸 상태에 놓이게 된 이후로는 각 지역자위공동체들 단위의 자체적인 저항이 있었을 뿐이었다.[9] 그러므로 전쟁의 진행 상황에 따라서는 지역공동

---

4) 姜在光, 『蒙古侵入에 대한 崔氏政權의 外交的 對應』, 景仁文化社, 2011. 이에 앞서 申安湜, 「고려 崔氏武人政權의 對蒙講和交涉에 대한 一考察」, 『國史館論叢』 45, 1993도 같은 내용을 다룬 바 있다.

5) 森平雅彦, 「13世紀前半における麗蒙交涉の一斷面─モンゴル官人との往復文書をめぐって」, 한일문화교류기금·동북아역사재단 편, 『몽골의 고려·일본침공과 한일관계』, 景仁文化社, 2009(「對元講和前の文書─高麗王啓とモンゴル文直譯體文書」, 『モンゴル覇權下の高麗』, 名古屋 : 名古屋大學出版會, 2013).

6) 이미지, 「1231·1232년 對蒙 表文을 통해 본 고려의 몽고에 대한 외교적 대응」, 『韓國史學報』 36, 2009.

7) 이익주, 「고려-몽골 전쟁 초기(1231~1232)의 강화 협상 연구」, 『韓國史研究』 180, 2018 ; 허인욱, 「高宗代 몽골의 親朝 요구와 고려의 대응」, 『全北史學』 56, 2019 ; 정동훈, 「고종대 고려-몽골 관계에서 '조공'의 의미」, 『한국중세사연구』 61, 2020a.

8) 姜在光, 앞의 책, 179~263쪽.

9) 고려시대의 지역자위공동체와 지역공동체의 자위력을 이용한 전쟁방식에 대해서는 노명호, 「고려시대 지역자위공동체」, 노명호 외, 『韓國古代中世 地方制度의 諸問題』, 集文堂, 2004 및 노명호, 『고려국가와 집단의식─자위공동체·삼국유민·삼한일통·해동천자의 천하』, 서울대학교출판문화원, 2009, 31~43쪽 ; 최종석, 「대몽전쟁·원간섭

체 단위로 몽골군에 투항하기도 했던 것이다.[10] 몽골 측의 상황은 더욱 특수했다. 몽골의 고려 공격은 제국 전체의 역량이 총동원되어 군주의 지휘 하에 수행된 작전이 아니었다. 그것은 몽골제국의 對金 전쟁의 한 작전으로 시작하여, 동방을 관할하는 여러 諸王 및 군벌 세력의 연합 작전으로 전개되었다. 그런 까닭에 전쟁 도중에 지휘관이 교체되기도 하였고, 그 때문에 장기적인 전면전이 아니라 간헐적인 침공과 철수가 반복되는 양상으로 전쟁이 진행되었다.[11] 따라서 강화 교섭에도, 최종적으로는 몽골 조정의 지령을 받는다 하더라도 일단은 파견군 지휘관이 일차적인 외교의 주체로서 나섰다.

따라서 이 기간의 양국 교섭 역시 국가 대 국가, 조정 대 조정의 외교관계만을 따지기보다는 고려 조정 대 몽골 파견군 사령부의 관계, 그리고 그 상위에서 양국 조정 사이의 관계로 층위를 나누어 살펴볼 필요가 있다. 그리고 그 구체적인 모습은『東國李相國集』등에 실려 있는 고려의 대몽골 외교문서를 통해서 잘 확인할 수 있다. 이 절에서는 전쟁의 전개 양상과 아울러 남아있는 외교문서를 분석하여 강화 교섭의 양태를 검토해보도록 하겠다.

1. 고종 18년(1231), 몽골의 통첩과 고려의 대응

몽골의 1차 침입과 화의

몽골군이 본격적으로 고려에 침입한 것은 고종 18년(1231) 8월이다. 그해 중순 무렵 압록강을 도하하여 咸新鎭, 즉 지금의 義州 일대를 포위한 몽골군은 北界 일대를 빠르게 남하하여 개경으로 향하였다. 고려 정부는 3군을 동원하여 9월 초순 처음으로 몽골군과 교전을 벌였다.[12] 10월 1일 몽골인 두 명이 平州에 와서 항복을 요구하는 문서를 전달하였는데, 내용은 다음과 같았다.

기 고려 치소성의 위상 저하」,『한국 중세의 읍치와 성』, 신구문화사, 2014 참조.
10) 김순자,「원 간섭기 민의 동향」,『역사와 현실』 7, 1992 ; 주채혁,「洪福源 一家와 몽골·고려관계」, 앞의 책, 2009.
11) 대고려 침공을 주도한 몽골 측의 세력 구성에 대한 최근의 연구로는 이개석, 앞의 책, 2013을 참조.
12) 이하 전쟁의 진행 상황에 대해서는 尹龍爀, 앞의 책, 41~61쪽을 참조하였다.

가) 아군이 처음 咸新鎭에 이르렀을 때 영접하고 투항해온 자들은 모두 죽임을 당하지 않았다. 너희 나라가 만약 항복하지 않는다면 우리는 끝까지 돌아가지 않을 것이며, 항복한다면 東眞으로 갈 것이다.[13]

비록 내용은 짧지만 정식 한문체로 작성되어 있어 뒤에 살펴볼 살리타이 명의의 두 통의 牒과는 성격이 다르다. 아마 고종 5년(1218)의 전례와 같이 최초로 항복한 함신진 일대의 고려인을 통해 문서를 작성하여 보낸 것이 아닐까 추측된다. 문서를 접수한 平州에서는 이 사실을 조정에 보고하였고, 고려에서는 관원을 파견해서 이들을 심문하여 그들이 몽골인임을 확인하였다고 한다.[14]

그해 10월 하순, 安北府, 즉 安州에서의 교전에서 고려군이 궤멸되면서 고려 중앙군의 대응은 다시는 이어지지 못하였다. 반면에 몽골군은 기세를 더하여 12월 1일에는 개경을 포위하기에 이르렀다. 몽골군 원수 살리타이는 이때 안주에 머물러 있으면서 사절을 보내 강화를 하겠다고 하며 처음으로 문서를 보내왔고, 12월 3일에 국왕 고종이 이 문서를 접수하였다. 이틀 후에는 왕족인 淮安公 王侹을 파견하여 살리타이에게 土物을 전하면서 화의를 청하였고, 다시 12월 23일, 살리타이는 함신진에서 항복한 고려의 장군 趙叔昌과 함께 몽골 사신 9명을 보내와서 문서를 한 통 전달하였다. 그리고 그달 29일, 고려는 몽골 사신 편에 國贐으로 황금 70근 등을 주어 돌려보냈고, 그 밖에도 금은 등의 물자를 살리타이와 기타 지휘관 14명에게 보냈으며, 동시에 조숙창을 大將軍으로 임명하여 몽골에 보내는 표문을 들려 몽골 진영으로 보냈다.[15] 이로써 양국 사이에는 일단 화의가 성립되었고, 몽골군은 이듬해인 고종 19년(1232) 정월 11일에 회군하였다.

살리타이의 牒文

화의 과정 중 양측에서 오고 간 문서는 여러 건이 있었을 것이나, 현재

---

13) 『고려사』 권23, 고종 18년(1231) 10월 癸丑. 我兵初至咸新鎭, 迎降者皆不殺, 汝國若不下, 我終不返, 降則, 當向東眞去矣.

14) 『고려사』 권23, 고종 18년(1231) 10월 癸丑 ; 壬申.

15) 『고려사』 권23, 고종 18년(1231) 12월.

그 전문, 혹은 일부가 전해지는 것은 앞서 잠시 언급한 살리타이의 牒 두 건과 고려의 표문 한 건이 전부이다. 이 가운데 몽골군의 牒 두 건은 아주 거친 蒙文直譯體의 문체로 작성되어 해석하기 난해하기로 유명하다. 몽문직역체란 몽골어 口語를 한자를 이용하여 기계적으로 직접 번역하기 위해 창출된 문체로, 전형적인 한문의 문법 체계나 어휘 등과는 전혀 다르다.[16] 때문에 이 두 건의 문서를 정확히 해석하기 위해 일찍부터 많은 연구가 있었는데,[17] 최근 발표된 두 편의 專論을 통해 현재까지는 가장 정확한 현대어 해석문을 얻게 되었다.[18] 이 두 연구의 해석에 근거하되, 주로 宋基中의 해석을 따르면서 본고의 주제와 관련된 부분만을 인용해보면 다음과 같다.

　나) 하늘의 힘과 하늘의 도리로서의 말씀이시다.
　　[우리에게] 항복하지 않고 [대항하다] 잡힌 자들은 [비록] 눈이 붙어 있어도 보지 못하고, 손이 붙어 있어도 없는 것이나 [다름없고], 다리가 붙어 있어도 불구가 된 것과 [다름없다]. [황제께서] 聖旨[를 내려], 살리타이 코르치의 군사를 파견하여 너희들이 항복하려는지 전쟁을 하려는지 묻게 하셨다. [더불어 말씀하시기를] "(중략) [너희가] 항복하였기에 사신 瓜古與를 보내어 너희들에게 왕래시키지 않았느냐?" [이상을] 황제께서 聖旨로 말씀하셨다. 만약 너희들이 싸우기를 바란다면, 우리는 [너희들과] 더불어 끝까지 싸울 것이고, 만약 [마음을] 돌려 항복하려 한다면, 전례에 의거하여 [너희] 모두를 허용할 것이다. 만약 너희들이 백성에게 애정이

---

16) 蒙文直譯體의 기원과 그 특징 등에 대해서는 다양한 논쟁과 함께 많은 연구가 제출되어 있는데, 대표적으로 田中謙二, 「元典章における蒙文直譯体の文章」, 『東方學報』 32, 1962 ; 赤鄰眞, 「元代硬譯公牘文體」, 『元史論叢』 1, 1982 ; 정광, 「吏文과 漢吏文」, 『구결연구』 16, 2006 ; 宮紀子, 「モンゴルが遺した「飜譯」言語」, 『モンゴル時代の出版文化』, 名古屋 : 名古屋大學出版會, 2006 ; 船田善之, 「蒙文直譯體の成立をめぐって-モンゴル政權における公文書翻譯システムの端緒」, 『語學敎育フォーラム』 13, 大東文化大學語學硏究所, 2007 등을 참조.

17) 村上正二, 「蒙古來牒の飜譯」, 『朝鮮學報』 17, 1960 ; Gari Ledyard, "Two Mongol Documents from thd Koryŏ sa," *Journal of American Oriental Society* 83, 1963.

18) 이개석, 「〈고종세가〉 가운데 신묘년(1231) 몽골첩문 2통과 몽골의 고려 침략 추이」, 앞의 책, 2013 ; 宋基中, 「『高麗史』에 수록된 두 편의 蒙古軍 牒文」, 『震檀學報』 118, 2013.

있다면, 전과 같이 모두 일시에 항복하여라. (중략) 들어라! (우리가) 너희에게 왔다. 고려국왕이여! 너희 백성 중에서 항복한 사람은 전과 같이 살 것이고, 항복하지 않은 사람은 격살될 것이다. [너희는 이미] 호랑이 해(1218)에 항복하였으니, 우리들은 한 집안 아니냐? 파견하는 사신은 阿土이다.[19]

다) 蒙古大朝國 황제의 聖旨로 살리타이 코르치에게 명하여 대군을 이끌고 고려국에 나아가서, "어찌하여 저고여 사신을 살해하였는가"를 묻게 하셨다. 삼가 성지를 받들어, 내가 명령을 내려 전초 기마병을 보냈고, [그리고 우리의] 사신이 도착하니 [너희가] 항복하였다. [우리] 사신이 너희에게 진상할 물건으로 어떤 것을 보낼 것인가 지시하였다.[20] [너희개] 보낸 보잘 것 없는 이 적은 물건들은 가져가라! 내가 훑어보니 좋은 물건이 하나도 없다. 布子를 보냈는가? 내가 원하는 좋은 金과 銀, 좋은 진주, 수달피와 鵝嵐, 좋은 의복을 보내라. 너는 말했다. 한번 말한 것은 어기지 않는다고. (중략) 왕손의 남자 아이 1천 명을 公主·大王 등과 郡主(공주의 딸)들이 황제께 진상하라. 그 밖에 大官人들의 女兒들도 역시 보내야 할 것이다. 너의 太子·將領·大王의 슌子, 아울러 大官人의 남자 아이 1천 명을 요구한다. 女兒 역시 1천 명을 황제께 인질로 진상해야 할 것이다. (중략) 국왕이 좋게 항복하였기 때문에, [우리는] 사신을

---

19) 『고려사』 권23, 고종 18년(1231) 12월 壬子. 天底氣力, 天道將來底言語. 所得不秋底人, 有眼睹了, 有手沒了, 有脚子瘸了. 聖旨, 差撤里打火里赤軍去者, 問你每待投拜待廝殺. "(중략) 投了阿, 差使臣瓜古與你每根底不行打來, 那什麼. (중략) 皇帝聖旨道. 若你每待廝交, 阿每一處廝相殺住到老者, 若還要投阿, 依前一齪投了者去. 若你每民戶根底的愛惜, 依前一齪投拜來. (중략) 聽, 你每根底來. 高麗國王, 你每底民戶裏, 投拜了的人, 依舊住坐, 不投拜人戶殺有. 虎兒年, 投投拜了, 咱每不啻一家來, 那什麼. 使去底使臣是阿土.

20) 이 구절의 원문은 "使臣令公將進底物件應生交送"인데, 이개석은 이를 "영공은 바칠(공납할) 물건은 마땅히 보내라"라고 해석하였고, 송기중은 '公'이 '你'의, '應'이 '怎'의 誤寫라고 보아 "(우리) 사신이 너희에게 지시하였다. 진상할 물건은 어떤 것을 보내는가를."이라고 번역하였다. 문서 안에서 수신자를 지칭하는 용어는 이 부분이 유일한데, 이개석은 '令公'을 당시의 집정자인 崔瑀를 가리키는 것이라고 해설하였다(101쪽). 반면 송기중은 Cleaves의 견해를 인용하여 고려 조정 신료들의 관직이나 통칭이 전혀 언급되지 않은 가운데 유독 '令公'이라는 칭호만이 나타난나고 추측하기 어렵다고 하였다(68쪽). 본고에서는 후자의 견해에 따랐다.

정하여 [우리의 의사를] 전하게 하고, 나의 수하 군사에게 가서 너의 백성들을 대하여 싸우지 말라고 하였다. [사신이] 이 같은 말씀을 듣고 갔다. 옛날부터 있던 길이 통하고 평온할 것이라고 그들에게 전하라. 이상에 의하여 알 것이로다. 파견하는 사신 2인은 烏魯土와 只賓木이다. [安北]都護[府]에 들어 온 三軍의 우두머리들은 權皇帝의 거소에 나아가 항복하라. 21)

　현대어로 번역한 것에도 여전히 어색한 것은 해당 문서 자체가 해석하기 매우 곤란한, 까다로운 문체로 쓰여 있었던데다가 나아가 원래 몽골어 구어로 發話된 명령을 한문에 익숙하지 못한 자가 서툴게 번역한 데서 기인하는 생경한 語辭, 고려와 조선의 필사자들이 문서의 언어를 이해하지 못하여 잘못 傳寫한 데서 비롯된 오류 등이 중첩되었기 때문으로 보인다. 22) 과거 고종 5년(1218)에 고려와 몽골이 처음 접촉했을 때에도 몽골에서 보내온 문서의 말투가 매우 엄혹했다고 하는데, 23) 그래도 당시에는 양국 사이에 東眞이 문서의 번역을 비롯한 매개자로서 개입되어 있었기 때문에 대략의 의사가 전달되는 데에는 큰 무리가 없었다. 그러나 몽골과 동진의 관계가 1224년 무렵을 기점으로 틀어지기 시작하여, 24) 양자의 언어와 문화, 외교 관습에 모두 익숙한 중재자가 사라지게 됨에 따라 25) 이와 같은 거칠고

---

21) 『고려사』 권23, 고종 18년(1231) 12월 甲戌. 蒙古大朝國皇帝聖旨, 專命撤里打火里赤, 統領大軍, 前去高麗國, 問當如何殺了著古與使臣乎. 欽奉聖旨, 我使底稍馬去, 使臣到, 投拜了. 使臣令公將進底物件應生交送. 這些箇與物, 將來底物去. 我覷沒一箇中底物. 布子與來了麼. 我要底好金·銀·好珠子·水獺皮·鵝嵐·好衣服與來. 你道足. 但言者不違. (중략) 王孫男姣兒一 千底, 公主·大王每等郡主, 進呈皇帝者. 外大官人母女姣兒, 亦與來者. 你底太子·將領·大王令 子并大官人男姣兒, 要一千箇. 女姣兒, 亦是一千箇, 進呈皇帝做札也者. (중략) 據國王好好底 投拜上頭, 使得使臣交道, 與我手軍去, 爲你底百姓上, 休交相殺. 如此道得去也. 交他舊日自在 行路通泰者. 依上知之. 使云底使臣二人烏魯土·只賓木. 入都護三軍陣主, 詣降權皇帝所.

22) 宋基中, 앞의 논문, 31쪽.

23) 『고려사』 권103, 趙冲 ;『고려사절요』 권15, 고종 5년(1218) 12월.

24) 이재선, 앞의 논문, 13~18쪽.

25) 이 점은 몽골군의 침공 경로를 통해서도 엿볼 수 있다. 고종 12년(1225)까지 몽골의 사신이 주로 두만강 하류의 동진의 영역을 경유하여 고려 동북면을 거쳐 개경으로 왔던 데 비해서, 고종 18년(1231)의 몽골군은 현재의 의주를 거쳐 서북면 일대를 지나왔던 점이 그러하다. 또한 가)의 인용문에서 살리타이가 밝히고 있는 것처럼

복잡한 문체의 문서가 직접 고려에 전달되기에 이르렀던 것이다.

문서의 내용을 살펴보면 전자는 대체로 고려의 항복을 종용하는 내용, 후자는 강화의 조건을 제시하는 내용으로 볼 수 있다. 그리고 후자의 강화 조건은 다시 金銀을 비롯한 물자를 제공할 것과 왕실 및 고관의 자녀를 인질로 보낼 것으로 구성되어 있다. 여기서 주목되는 것은 전자의 문서에서 "[너희는 이미] 호랑이 해(1218)에 항복하였다"라고 언급한 것과 같이, 고종 6년(1219)의 강화를 몽골은 고려가 투항한 것으로 이해하였다는 점이다.

후자의 요구대로 고려에서는 12월 26일과 29일에 걸쳐 金銀 세공품을 비롯한 다양한 물품을 몽골 진영으로 보냈다. 26일에는 탕구트[唐古] 元帥, 29일에는 살리타이 및 그의 처자와 휘하 장수·관인 14명을 수취인으로 물자를 보냈다.[26] 문서 다)의 權皇帝는 파견군 총사령관이었던 살리타이를 가리키는데,[27] 그는 당시에 安北都護府, 즉 安州에 주둔하고 있었다고 한다. 그렇다면 12월 26일에 먼저 예물을 보낸 탕구트[唐古] 원수는 아마도 개경성 밖에 주둔하고 있었던 몽골군의 선봉 부대의 사령관이었을 것으로 추정된다. 즉 고려는 몽골군 전체를 하나의 주체로 묶어서 교섭에 나선 것이 아니라 처음부터 개별 부대의 사령관들과 직접 접촉하였던 것이다. 이는 이후 30년 가까이에 걸친 전투와 교섭의 전개 양상을 미리 보여주는 것이기도 하다.

고려의 해명 表文

이상과 같이 몽골이 항복을 요구하고 그 조건을 제시한 데 대해 고려에서는 왕족인 淮安公 王侹과, 장군 曹時著 등을 연이어 살리타이의 진영에 파견하면서 강화 교섭을 전개하였다. 그 구체적인 전개 과정에 대해서는 사료의 부족으로 알 수 없으나, 그 최종 단계에서 몽골에 보낸 표문이 『고려사』 世家에 실려 있으니, 그 전문은 다음과 같다.

몽골군은 고려가 투항하면 곧바로 기수를 동진으로 돌릴 예정이었다고 한다. 실제로 동진은 고종 20년(1233)에 浦鮮萬奴가 몽골군에 사로잡히면서 멸망하게 되었다.
26) 『고려사』 권23, 고종 18년(1231) 12월 丁丑 ; 庚辰.
27) 『고려사』 권23, 고종 18년(1231) 11월 癸巳.

라) 엎드려 생각하건대 臣은 일찍이 大邦에서 위기를 구해주신 은혜에 힘입어
저희 社稷을 보존하게 되었으므로 대대로 화호를 유지하여 자손에까지
이르게 될 것을 간절히 기대해왔는데, 어찌 두 마음을 품고 감히 두터운
은혜를 저버릴 수 있겠습니까. 내려주신 조서를 엎드려 받들어보니
마음 속 깊이 아프고 회한이 서립니다. 사실에 대해서라면 혹여 해명할
수도 있겠으나 마음은 어찌 숨길 수 있겠습니까.
著古與가 죽은 일은 이웃 나라 도적들이 저지른 일임은 聖上께서도 쉽게
판명하실 수 있으리라 생각하거니와, 그가 경유한 곳을 통해서도 또한
충분히 증명할 수 있습니다.
두 번째로 온 사신이 화살에 맞았다는 일은, 그 전에 哥不愛가 거짓으로
上國의 복식을 하고서 누차 변경을 침범해온 일이 있었는데, 변경의
백성들이 오랜 뒤에야 그가 (상국의 사람이) 아님을 알아차리게 되었던
바 있습니다. 금년 봄에 다시 이같은 자들을 마주쳤기에 쫓아버리고자
하였는데, 갑자기 사람은 보이지 않고 오직 그들이 버리고 간 털옷과
帛冠·鞍馬 등만을 습득하게 되었습니다. 帛冠이 있었던 까닭에 비록
그들이 변장한 것이었음을 알게 되었으나 여전히 의심스러워 고을 관리
에게 맡겨 두었다가 장차 大國에서 사람이 오면 그 진위를 가리고자
했던 것입니다. 이제 이러한 사실을 모두 上國 大軍에 보냈으니, 다른
마음이 없음은 이로써 알 수 있을 것입니다.
또 阿土 등을 포박했던 일은, 처음에는 친선을 맺고 있는 大國이 까닭
없이 小邦에 횡포를 가하리라고는 생각하지 못하여 도적떼들이 침범해온
것으로 의심하고서 군사를 출동시켜 마침 싸우려고 했던 것인데, 홀연히
두 명이 우리 군중으로 돌입해왔기에 어리석은 군사들이 그 사정을
묻지도 않은 채 체포하여 平州로 압송하였고, 평주 사람들은 그들이
달아날까 두려워하여 간단히 쇠사슬을 채워 朝廷에 보고해왔던 것입니
다. 조정에서는 통역을 보내 조사하였는데 그 언어가 자못 상국과 비슷하
였기에 연후에 차꼬를 풀어주고 訊問한 것을 위로한 후 아울러 衣物까지
선물로 주어 통역을 딸려 돌려보냈던 것입니다. 당초에 모르고 한 일이었
으니, 그것이 사실이기는 하지만 또한 용서해주실 수 있을 것입니다.
또 哥不愛의 人戶가 우리나라의 성 안에 들어와 산다고 하신 일은, 이들은

일찍이 우리나라 변경 사람들과 서로 침략하고 정벌하였던 까닭에 원수
로 지낸 지 오래 되었습니다. 변경의 백성들이 비록 어리석다고 한들
어찌 원수를 용인하여 함께 살겠습니까. 사실이 점점 명백해질 것인데
어찌 말을 꾸며낼 수 있겠습니까.

投拜에 관한 일은, 앞전에 카치운[河稱]과 차라[札刺]가 왔을 때에 이미
投拜한 바 있으며, 지금은 사신[華使]이 왔으니 예전의 화호를 거듭 맺고자
합니다.

엎드려 바라건대 하늘과 땅이 덮어주고 받쳐주시며 해와 달이 비추어주
는 것처럼 저희들의 실정을 잘 살피시어 진실로 관용을 베풀어주신다면
성심을 다하고 힘을 다해 더욱 상국을 받드는 의를 닦을 것입니다.[28]

이 문서는 고종 18년(1231) 12월 29일에 몽골 사신이 돌아가는 편에,
앞서 몽골에 투항하여 그 사신으로 개경에 파견되어 온 趙叔昌을 함께 돌려보
내면서 몽골에 보낸 표문이다. 이 문서는 "其~事", 혹은 "又~事"라고 하여
몽골 측에서 제기한 문제를 언급하고, 그에 대해 하나하나 해명하는 방식으로
구성되어 있다. 앞서 인용한 두 통의 첩에서는 언급되지 않은 일, 예컨대
"哥不愛의 人戶가 우리나라의 성 안에 들어와 산다고 하신 일[哥不愛人戶,
於我國城子裏入居事]" 등이 언급되고 있는 것으로 보아 현재 사료에는 남아있
지 않지만 다른 문서가 고려에 전달되었을 가능성이 높다. 그 시점은 위의

---

28) 『고려사』 권23, 고종 18년(1231) 12월 庚辰. 伏念, 臣曾荷大邦之救危, 完我社稷, 切期永世以
爲好, 至于子孫, 寧有二心, 敢孤厚惠. 伏承下詔, 深affmed中懷. 事或可陳, 情何有匿. 其著古與殺了
底事實, 隣寇之攸作, 想聖智之易明, 彼所經由, 亦堪證驗. 其再來人使著箭事, 前此, 哥不愛僞作
上國服樣, 屢犯邊鄙, 邊民久乃覺其非. 今春, 又値如此人等, 方驅逐之, 俄不見人物, 唯拾所棄毛
衣·帛冠·鞍馬等事. 以帛冠之故, 雖知其僞, 尙疑之, 藏置縣官, 將俟大國來人, 辨其眞贗. 今以
此, 悉付上國大軍, 則無他之意, 於此可知也. 又阿土等縛紐事, 初不意結親之大國, 乃無故加暴
於小邦, 擬寇賊之來侵, 出軍師而方戰, 忽有二人, 突入我軍, 癡軍士不甚考問, 捕送平州, 平州
人, 恐其逋逸, 略加鏁柡, 申奏朝廷. 朝廷遣譯察視, 以其語頗類上國, 然後解械慰訊, 兼贐衣物,
隨譯前去. 則初雖不明所致, 其實亦可恕之. 又哥不愛人戶, 於我國城子裏入居事, 此等人嘗與
我國邊人, 迭相侵伐, 其爲寃讎久矣. 邊民雖憂, 豈容讎敵, 與之處耶. 事漸明矣, 言可飾乎.
其投拜事, 往前河稱·札刺來時, 已曾投拜, 今因華使之來, 申講舊年之好. 伏望, 乾坤覆露,
日月照臨, 鞠實察情, 苟廓包荒之度, 竭誠盡力, 益修享上之儀.
이 문서는 『東國李相國集』 28-5. 〈蒙古行李齎去上皇帝表〉와 글자에 약간의 출입은 있으
나 같은 문서이다. 이 차이에 대해서는 후술.

두 牒을 고려에 전달하기 위해 몽골의 사신이 파견되었던 12월 1일과 23일 외에는 생각하기 어렵다.

몽골군 사령부의 판단에 따른 교섭과 철군

여기서 주목되는 것은 "阿土 등을 포박했던 일[阿土等縛紐事]"에 관한 것이다. 문서 나)의 말미에 이 문서를 가지고 가는 사신으로 등장하는 인물의 이름이 阿土인데 그는 12월 2일에 개경에 입성하였다. 그러나 이 표문에서 언급한 내용에 따르면, 阿土를 포박한 사건이란 이보다 두 달 앞선, 그해 10월 1일에 문서 가)를 가지고 平州에 온 인물을 평주에서 체포하였던 일을 가리키는 것으로 보인다. 『고려사』 세가의 고종 18년(1231) 10월 기록과 위의 표문 라)의 해명 내용을 종합해보면, 阿土는 평주에서 개경으로 압송되었고, 고려 조정에서 심문을 거쳐 그가 몽골 군졸임을 확인한 것은 10월 19일의 일이었다.[29] 따라서 그가 개경에서 석방되어 몽골군 진영으로 돌아간 것은 일러도 10월 하순의 일이었을 것이다. 그런데 12월 1일, 혹은 23일에 몽골 측에서 파견한 사신들이 개경에 와서 이 사안에 대해 문제 제기를 하였던 것이다.

앞서 문서 나)와 다)의 살리타이 명의로 보내온 문서에서 고려를 공격해온 명분으로 든 것은 皇帝의 聖旨로써 사신 저고여를 살해한 이유를 묻겠다는 것이었다. 그런데 이에 대한 답신의 성격을 가지는 문서 라)에서 고려가 해명한 사안은 이것 외에도 몽골 사신에게 화살을 쏜 일, 哥不愛의 人戶를 받아들인 일, 投拜에 관한 일 등이 있었다. 이들 사안은 몽골군이 출정하기에 앞서 몽골 조정으로부터 받은 지령에 근거하여 고려를 추궁한 것으로 볼 수도 있다. 그러나 그해 10월 초에 발생하여 그달 말경에야 인지하게 되었을, 사신 阿土를 포박한 일은 우구데이 카안의 지령에 따라 제기된 문제였으리라고는 도저히 생각할 수 없다. 당시 몽골군이 주둔하고 있던 한반도 서북부의 安州와 우구데이가 주둔하고 있던 중국 내륙의 河中(지금의 山西省 서남부)[30]

---

29) 『고려사』 권23, 고종 18년(1231) 10월 癸丑 ; 壬申.
30) 『元史』 권2, 太宗 3년 10월 乙卯. 帝圍河中. ; 12월 己未. 拔之.

사이는 한 달 남짓만에 왕복할 만한 거리가 아니다. 그렇다면 이 문제를 제기한 것은 살리타이 진영 자체의 판단에 따른 것이었음이 분명하다.

그런데 이에 대해서 고려국왕 명의의 표문에서 공식적으로 언급하며 해명하고 있다는 점이 특이하다. 상식적으로 교섭에 있어서 어떤 사안에 대한 해명은 그 문제를 제기한 주체에게 하는 것이 마땅하다는 점을 고려한다면, 결국 위의 表文 라)는 그 최종 수신자가 몽골의 황제, 우구데이였다고 하더라도 실제로 그 안에서 다루는 내용은 몽골 출정군의 사령관인 살리타이와의 교섭에 관한 것으로 채워졌던 것이다.[31]

실제로 이때의 문서 왕래가 있은 지 10여 일 후인 이듬해(고종 19, 1232) 정월 11일, 몽골군은 포위를 풀고 철수하였다. 역시 몽골군 주둔지와 우구데이 진영 사이의 거리를 염두에 둔다면 이때의 회군이 몽골 중앙 조정의 명에 따른 것이었다고 볼 수 없다. 몽골의 철수가 강화 교섭이 성립되었다는 판단에 근거한 것이라고 할 때, 고려의 투항 의사를 접수하고 인정한 것 역시 파견군 사령부의 독자적인 판단이었다고 보아야 할 것이다.

1장과 2장에서 살펴본 것처럼 詔書와 表文은 양국의 군주, 즉 황제와 국왕 사이에 주고받는 최고 권위의 문서식이었다. 1장 4절에서 살펴본 것처럼 인종 대에 남송의 사신 楊應誠이 語錄으로 제시한 사안에 대해 국왕이 송 황제에게 보낸 표문을 통해 의사를 밝힌 일은 있었지만, 이때의 문서에서처럼 전장에서 발생한 사건, 그에 대한 전선의 지휘관과의 교섭 내용에 대해 일일이 표문을 통해 해명하는 일은 고려의 외교문서 가운데서는 전례가

---

31) 여기서 문제가 되는 것은 표문의 내용 가운데 국왕이 받았다고 하는 문서가 '詔'라고 기록된 점이다[伏承下詔]. 위에서 언급했듯이, 몽골 사신 阿土를 포박한 일 역시 이 문서에서 직접적으로 언급이 있었으므로 이에 대해 해명한 것인데 이것이 우구데이의 '詔'에 의해 제기되었을 수는 없다. 그렇다면 이 문제를 쟁점화한 것은 출정군의 살리타이 진영이었을 가능성이 매우 높다.
  그런데 이 부분에 해당하는 『고려사』 세가에 실린 錄文과 『동국이상국집』 28-5. 〈蒙古行李齎去上皇帝表〉의 자구에 약간의 차이가 있다. 전자에서는 "伏承下詔"라고 하여 "엎드려 내려주신 詔書를 받았습니다"라고 해석되는데, 후자에서는 "忽承下詰"이라고 하여 "갑자기 힐문하신 것을 받았습니다"라고 해석할 수 있다. 詔와 詰의 字形이 비슷하므로 둘 중 하나가 오류일 것으로 생각되는데, 살리타이가 보낸 문서를 詔書였다고 보기 어렵다는 점에서는 후자의 쪽이 정확하다고 볼 수 있다. 즉 『고려사』 편찬 과정에서 원래 문서의 글자를 잘못 옮겨 적는 바람에 오해의 소지가 생긴 것이다.

없는 일이었다. 즉 군주 사이에 주고받은 문서에 출정군 사령관이 제기한 문제가 개입되고, 또 그 스스로가 사신 왕래를 매개하는 주체가 되었다는 점이 매우 특징적이다.

이러한 상황은 전황이 매우 급박하게 전개되고 있었다는 점을 빼고서는 이해하기 힘들다. 그러나 이와 함께 살리타이가 스스로 權皇帝를 칭하고 있었을 정도로 대고려 전장에서 전권을 위임받았다고 자임하고 있었던 점에서 고려 측에서도 이러한 특수한 절차를 받아들였던 것이 아닐까 생각된다. 만약 양자가 전통적인 동아시아의 언어, 즉 한자 및 한문과 그에 의해 표현되는 외교 관습을 공유하고 있었다면, 이러한 상황은 쉽게 용인되기 어려웠을 것이다. 그러나 고려에 보낸 문서가 비록 漢字로 쓰였다고는 해도 전혀 다른 언어 전통에 입각하여 전혀 다른 문법 체계와 문체로 작성되어 있었기 때문에, 양자의 문화가 달랐던 데서 비롯된 간극이 이러한 일탈을 가능하게 했던 것이 아닐까 생각된다.

2. 고종 19년, 몽골 2차 침입 전후 몽골 사령부와의 書翰 교환

고종 19년(1232), 고려가 보낸 문서

고종 18년(1231) 12월, 몽골군 원수 살리타이의 두 통의 牒文이 고려 조정에 전달되고, 그달 29일에 고려 조정이 趙叔昌 등을 보내 表文을 제출하면서 양국 사이에는 일단 화의가 성립되었다. 이듬해인 고종 19년(1232) 정월 초하루에 몽골의 사신이 다시 고려 조정을 방문하였고,[32] 그로부터 열흘 후인 정월 11일에 몽골군은 철수하기 시작하였다.[33] 20일 후인 2월 초하루에 고려 조정도 三軍을 철수시킴으로써[34] 양국의 군사적 대치는 일시 해소되었다. 그러나 몽골군은 철군과 동시에 고려의 조정과 北界 지역에 다루가치達魯花赤를 두기로 하였고, 실제로 그해 2월에는 監國을 자처한 都旦이 개경에 파견되었으며, 5월에는 북계 일대에 다루가치가 도착하였다.[35] 고려 조정은

---

32) 『고려사』 권23, 고종 19년(1232) 정월 壬午.
33) 『고려사』 권23, 고종 19년(1232) 정월 壬辰.
34) 『고려사』 권23, 고종 19년(1232) 2월 壬子.

그해 6월에 강화도로 수도를 옮기기로 결정하고, 다음 달인 7월 7일에 천도를 완수하였다.[36] 이에 반발하여 몽골군은 8월 제2차 침략을 감행하였고, 이는 그해 12월, 원수 살리타이가 전사함으로써 중단되기까지 4개월 동안 지속되었다.[37]

이처럼 고종 19년(1232)은 고려-몽골 관계에 중요한 사건이 연이어 발생한한 해였는데, 그에 못지않게 전후 시기에서는 유례를 찾아볼 수 없을 정도로 양국 사이에 외교문서의 교환이 활발했던 해이기도 하다. 이 한 해 동안 고려 조정에서 몽골 진영에 보낸 외교문서는 『동국이상국집』과 『고려사』 세가에서 총 17건(중복 제외)을 찾아볼 수 있으며, 원문이 남아있지는 않아 간접적이지만 몽골에서 보낸 문서 역시도 그에 못지않게 실체를 엿볼 수 있다. 우선 고려 측이 보낸 문서를 시기 순으로 정리해보면 다음 표와 같다.

〈표 3-2-1〉 고종 19년(1232) 고려 측에서 몽골 측에 발송한 문서

연번	월일*	문서제목	수신자	전거**
1	2월	國銜行答蒙古書		L28-6 ; T61-8
2	2월	同前答兒巨元帥狀	唐古 元帥	L28-7
3	2월	淮安公答同前元帥狀	唐古 元帥	L28-8
4	2월	送某官狀		L28-13
5	3월 13일	送蒙古國元帥書	살리타이 원수	L28-9 ; T61-9 ; KS
6	4월 12일	(上表稱臣)	(대칸)	KS
7	4월 12일	送撒里打官人書	살리타이 官人	L28-10 ; T61-10 ; KS
8	5월	答河西元帥書	唐古 元帥	L28-11 ; T61-11
9	5월	淮安公答河西元帥書	唐古 元帥	L28-12 ; T61-12
10	9월	答蒙古官人書		L28-14 ; T61-13 ; KS
11	11월	答沙打官人書	살리타이 官人	L28-15 ; T61-14 ; KS
12	11월	上都皇帝起居表	都皇帝	L28-16 ; T39-36
13	11월	陳情表	都皇帝	L28-17 ; T39-37 ; KS
14	11월	同前狀[陳情狀]	都皇帝	L28-18 ; T48-52 ; KS
15	11월	答沙打里書	살리타이	L28-20 ; T61-16 ; KS

35) 『고려사』 권23, 고종 19년(1232) 2월 丁丑 ; 5월 己酉. 이때에 몽골이 설치한 다루가치의 성격에 대해서는 주채혁, 「撒禮塔 2~3차 침공기의 高麗 內地 達魯花赤 置廢 문제」, 앞의 책 참조.

36) 『고려사』 권23, 고종 19년(1232) 6월 乙丑 ; 7월 丙戌.

37) 몽골의 2차 침입의 전개에 대해서는 尹龍爀, 앞의 책, 53~61쪽 및 주채혁, 「撒禮塔 1·2·3차 고려침공기의 몽골·고려전쟁考」, 앞의 책, 참조.

| 16 | 12월 | 送蒙古大官人書 | 蒙古大官人(살리타이) | L28-22 ; T61-18 |
| 17[***] | 12월 | 送蒙古大官人書 | 蒙古大官人(鐵哥) | L28-21 ; T61-17 ; KS |

* 월일 : 문서의 발송 시점은 『東國李相國集』의 해당 문서 제목 아래에 예컨대 "壬辰二月"과 같이 부기된 것에 근거하였으며, 해당 문서를 가지고 사신이 파견된 사실이 『고려사』 세가에 기록된 경우 그 날짜까지를 명기하였다.

** 전거 : 해당문서가 『東國李相國集』과 『東文選』, 그리고 『고려사』 세가 가운데 각각 어디에 실려 있는지를 밝힌 것이다. 『동국이상국집』은 'L'로, 『東文選』은 'T'로 표기하고서 '28-6'과 같이 표시하여 어느 권의 몇 번째 문서인지를 밝혔고, 『고려사』 세가는 KS라고만 표기하였다.

*** 17 : 『東國李相國集』 28-19 〈送晉卿丞相書〉는 편집 순서상 28-18의 〈同前狀〉 및 28-20의 〈答沙打里書〉 사이에 배치되어 있어, 고종 19년(1232) 11월에 작성된 것으로 오해할 수 있다(森平雅彦, 앞의 책, 207쪽). 그러나 『東國李相國集』의 年譜에 따르면 이 문서는 己亥年(고종 26, 1239)에 작성된 것인데, 편집상의 오류로 여기에 끼어들어간 것으로 보인다.

문서의 발신자

먼저 문서의 발신자부터 확인해보겠다. 문서의 제목에서 발신자를 확인할 수 있는 것으로는 우선 (1) 〈國銜行答蒙古書〉와 (2) 〈同前答兒巨元帥狀〉이 있다. 여기서 '國銜行'이라는 것은 『東國李相國集』 28-1. 〈蒙古兵馬元帥幕送酒果書〉의 제목 아래에 세주로 '都省行'이라고 하여 발신자가 都省, 즉 尙書省이었던 것을 표시했던 것과 비교해보면, '國銜', 즉 '고려국'이라는 명의로 발송되었음을 뜻하는 것으로 생각된다. 다만 문서 내용에서 1인칭으로 '予'나 왕의 謙稱인 '不穀' 등이 쓰인 점을 보면 더 정확하게는 국가를 대표하여 국왕 명의로 발신된 것으로 보인다.[38]

그 밖에 (3) 〈淮安公答同前元帥狀〉과 (9) 〈淮安公答河西元帥書〉는 모두 淮安公 王侹의 명의로 발송되었음이 문서 제목에서 확인된다. 淮安公은 앞선 고종 18년(1231) 12월에도 국왕의 명을 받아 살리타이의 진영으로 찾아가 화의를 요청한 일이 있었고, 고종 19년 정월에 몽골군이 철수할 때에도 이들을 송별하기 위해 동행했다가 다음 달에 몽골의 사신 都旦 등과 함께 돌아온 일도 있었다.[39] (3)의 내용 가운데 "아무개는 지난번에 閣下의 보호에 전적으로 힘입어 미천한 목숨을 부지하며 멀리 본국으로 돌아올 수 있었습니다[某頃者, 全荷閣下之保護, 得完微喘, 跋涉無恙, 尋遠本國]라고 한 것을 보면, 이 문서는 그가 철군하는 몽골군을 따라갔다가 2월에 돌아온 후, 兒巨元帥, 즉 『고려사』

---

38) 森平雅彦, 앞의 책, 208~209쪽.
39) 『고려사』 권23, 고종 18년(1231) 12월 丙辰 ; 19년(1232) 정월 壬辰 ; 2월 戊辰.

에 기록된 唐古가 그의 귀국길을 보호해준 데 대해 감사를 표하기 위한 것이었음을 알 수 있다. 또한 (9)는 河西元帥, 즉 역시 唐古가 새롭게 遼東을 담당하게 되었다는 사실을 알려온 데 대해 淮安公 명의로 답신을 보내 그 안부를 물으며 우호를 다지고자 하는 내용을 담고 있다. 淮安公 명의의 이 두 통의 문서는 모두 사적 성격의 서한이라고 볼 수 있다.

문서 제목만으로는 발신자를 판단할 수 없지만, 내용상 그것이 국왕 명의로 작성된 것이었음을 확인할 수 있는 사례들도 있다. (10)의 〈答蒙古官人書〉에서는 "予亦不能無懼", "予亦不能一一知之" 등의 구절에서 1인칭을 '予'로 표시하였는데, 문서의 내용에서 '予'는 '小民'이나 '列城'(여기서는 북계의 지방관 혹은 지방민을 가리킴)과 구분되는 주체로서 등장하고 있다는 점에서 고려 조정의 일원을 가리키는 말로 쓰이고 있음을 알 수 있다. (15)의 〈答沙打里書〉에서도 "予亦敢不感至銘骨耶"라는 구절이 보이는데, 이때의 '予' 역시 고려 조정을 대표하는 인물의 자칭으로 쓰인 것이다. (17)의 〈答蒙古大官人書〉에서 역시 "予亦豈不思奉答天子之休命耶"라는 구절에서 '予'는 천자의 명을 받들어 그에 답해야 하는 주체로 자임하고 있다는 점에서 고려의 대표자였다고 볼 수 있다.

더 구체적으로 그것이 누구인지를 특정할 수 있는 것은 문서(16)의 〈送蒙古大官人書〉에서이다. 여기서는 "所諭予及崔令公之出來事", 즉 "말씀하신바 나와 崔 令公을 내보내라는 일"이라는 구절에서 '予'는 몽골군 진영에서 '崔 令公', 즉 당시의 무신집정자였던 崔瑀와 함께 출두할 것을 요청한 인물인데, 바로 국왕 高宗을 가리킨다. 그렇다면 문서 안에서 '予'라고 자칭한 발신 주체는 모두 국왕이었다고 보아도 좋을 것이다. 나아가 문서 제목에서 발신자를 '淮安公'이라고 특정한 앞의 두 문서를 제외한 나머지 문서는 모두 국왕 명의로 발송되었다고 이해해도 크게 틀리지 않을 것이다.[40]

문서의 수신자

이어서 문서의 수신자가 누구였는지를 확인해보겠다. 위의 표에 열거된 문서의 제목 가운데서 그 수신자를 명기한 것을 우선 살펴보면, (2)와 (3)의

---

40) 森平雅彦, 앞의 책, 208~209쪽도 같은 견해를 제시한 바 있다.

'兒巨元帥', (8)과 (9)의 河西元帥를 들 수 있는데, 이는 모두 『고려사』에 등장하는 탕구트[唐古]를 가리킨다. 그는 고종 18년(1231) 몽골군의 1차 침입 당시에 개경 羅城 밖에 주둔하였던 바 있다. 문서 (9)에 따르면 그는 고종 19년 5월 무렵에는 몽골에서 聖旨를 받들어 遼東 일대를 담당하게 되었다고 한다.[41] 그해 8월에 시작된 몽골군의 2차 침입 때에도 참전하였는지는 확인되지 않지만, 이후 고종 22년(1235)에 개시된 3차 침입의 총사령관으로 다시 등장한다. 다음으로 (7)의 '撒里打官人', (11)의 '沙打官人', (15)의 '沙打里'는 모두 살리타이를 가리키며, 그가 1차 침입과 2차 침입의 사령관이었음은 잘 알려진 사실이다.

다음으로 (6)에 대해서는 『고려사』에서 "上將軍 趙叔昌, 侍御史 薛愼을 몽골에 보내 表文을 올려 稱臣하였다"라고 기록되어 있으나,[42] 그 문서의 내용은 전해지지 않는다. 『元高麗紀事』에도 "국왕 曒이 將軍 趙叔璋과 御史 薛順 등을 보내 表를 받들고 입조하게 하였다."라고 기록된 것으로 보아,[43] 이들은 실제로 몽골 조정에 파견된 것으로 보인다. 이들 사절단은 동시에 살리타이 및 그 휘하 16명의 관원에게도 각종 물품을 선사하는 임무를 띠고 있었고, 또한 살리타이에게 보내는 문서를 지참하고 있었다(문서 (7) 〈送撒里打官人書〉). 앞서 고종 18년(1231) 12월에 살리타이 진영을 통해 몽골에 표문을 보낸 일이 있었는데, 이때에도 그와 같은 상황이 연출되었던 것이다. 또한 (12)의 〈上都皇帝起居表〉를 비롯해서 (13) 〈陳情表〉와 (14) 〈陳情狀〉은 역시 몽골 조정의 황제를 수신자로 한 것이었다. 특이한 점은 문서 제목에서 수신자를 '都皇帝'라고 칭하고 있다는 점이다. 문서의 내용에서는 수신자를 지칭하여 '皇帝闕下'라고 하였는데, 『東國李相國集』이나 『東文選』에서는 이를 '都皇帝'라고 표현한 것이다. 당시에는 살리타이가 '權皇帝'를 칭하고 있었고, 이에 앞서 고종 6년(1219) 무렵에는 옷치긴이 大王이라고 칭하고 있었으며, 東眞의 浦鮮萬奴 역시 황제를 칭하고 있던 상황이었다. 이러한 가운데 고려 측이 '總括'이나 '統領' 등의 뜻을 지니는 '都' 자를 앞에 붙인 '都皇帝'라는 말로 몽골의 실제 군주인 우구데이를 지칭했다는 점이 흥미롭다.

제목만으로는 정확한 수신자를 알 수 없으나, 문서의 내용을 통해서,

---

41) 『東國李相國集』 28-8. 〈淮安公答河西元帥書〉. 今者辱聞, 節下承奉聖旨, 收撫遼東等路.
42) 『고려사』 권23, 고종 19년(1232) 4월 壬戌.
43) 『元高麗紀事』 태종 4년(1232) 4월. 國王曒遣將軍趙叔璋·御史薛順, 奉表入朝.

그리고 그를 둘러싼 정세를 통해서 수신자를 확인할 수 있는 사례도 있다. (5)의 〈送蒙古國元帥書〉는 『東國李相國集』에서 주석으로 "是年三月池義深賫去"라고 밝히고 있는데, 이는 『고려사』 세가에서 3월 甲午일에 通事 池義深을 보내 살리타이[撒禮塔]에게 전했다고 하는 문서의 내용과 일치한다.[44] (16)과 (17)은 모두 12월에 발송된 문서이며 제목도 〈送蒙古大官人書〉로 동일한데, 수신자는 서로 다르다. 『동국이상국집』과 『동문선』에는 (17)이 먼저, (16)이 그 다음의 순서로 실려 있으며, 『고려사』 세가의 고종 19년 12월 조에도 날짜 표기 없이 (17)이 먼저, 그 뒤로 (16)이 실려 있다. 그러나 앞으로 살펴볼 바와 같이 문서의 작성 시점은 (16)이 앞선다. (16)은 몽골 조정에 사신을 보내는 일에 대해 조율하는 내용으로, 바로 직전에 발송된 (15) 〈答沙打里書〉의 내용과 대부분 일치한다는 점에서 역시 살리타이를 수신자로 한 것으로 생각된다. 반면에 (17)은 문서 가운데 "帥府新統大軍", "上舊帥府書所陳" 등의 표현이 등장하는 것으로 보아, '舊帥府'의 뒤를 이어 새로 대군을 통솔하게 된 '帥府'의 지휘관에게 보낸 것임을 알 수 있다. 그 시점이 고종 19년 12월이라면, 帥府 교체의 원인은 그달 12월 16일에 살리타이가 處仁城에서 사살당한 일임이 분명하다.[45] 살리타이 피살 후 새롭게 몽골군을 이끌게 된 것은 그의 別將이었던 테케[鐵哥]였으며,[46] 그가 (17)의 수신자였을 것이다.

이상에서 문서의 수신자를 살펴본 결과, 위로는 몽골 황제로부터, 아래로는 몽골군의 침입이 개시된 8월 이전까지는 요동에 진수하던 살리타이와 탕구트, 전쟁 와중에는 출정군의 사령관인 살리타이와 그 뒤를 이은 테케가 그 대상이었음을 확인할 수 있다.[47] 앞서 고종 5~6년(1218~1219)의 첫 접촉 이후 상황이나, 고종 18년(1231)의 전쟁 상태에서와 마찬가지로 몽골 측의 수신자가 여럿으로 갈라져 있었음이 특징적이다. 과거 거란의 1차 침입 때에도 거란군 사령관인 蕭遜寧과 문서를 주고받은 일이 있으나, 그때는

---

44) 『고려사』 권23, 고종 19년(1232) 3월 甲午.
45) 이 전투에 대해서는 尹龍爀, 앞의 책, 1991, 256~261쪽 및 주채혁, 「處仁城 大捷, 金允侯의 撒禮塔 射殺과 그 의미」, 앞의 책, 2009 참조.
46) 『元高麗紀事』 태종 4년 8월 ; 『元史』 권208, 外夷 1, 高麗, 太宗 4년 8월.
47) 수신자를 명확하게 확인할 수 없는 것이 (2)의 〈國銜行答蒙古書〉, (4)의 〈送某官狀〉, 10의 〈答蒙古官人書〉 세 건인데, 아마도 이들 가운데 한 명이었을 것으로 보아도 틀리지 않을 것이다.

거란 측의 교섭 주체가 소손녕 1인으로 집중되어 있었다는 점에서 지금 검토하는 몽골 침입 때와는 다르다. 이는 당시 고려를 침공한 몽골군이 다양한 세력의 연합체로 구성되었던 점에 기인한 것으로,[48] 고려에서 이들과 다각적으로 접촉하고 교섭하였던 상황을 반영한 것으로 해석할 수 있다.

한 가지 흥미로운 것은 몽골 측 수신자를 지칭한 고려 문서의 표현이다. 고려 문서의 제목에서는 수신자인 살리타이, 탕구트, 테케 등을 '元帥', '大官人', 혹은 '官人' 등으로 지칭하였다. 그들의 구체적인 관직이나 爵號 등은 언급하지 않았다. 실제로 당시 몽골에서는 정돈된 정치조직이나 관직 체계 등을 갖추고 있지 않았다. 몽골어의 어휘를 비교적 사실에 가깝게 기록한 것으로 볼 수 있는 『元高麗紀事』에서도 이들을 각각 살리타이 코르치[撒里塔 火里赤], 탕구트 바투르[唐古 拔都魯], 테케 코르치[鐵哥 火里赤] 등과 같이 표기하였다.[49] 여기서 코르치[火里赤]는 대칸을 시종하는 케식의 구성원 가운데 "화살통을 멘 자"라는 뜻으로 호위병을 의미하며, 『몽골비사』에서는 '箭筒士'로 번역된 職掌이다.[50] 바투르[拔都魯]는 몽골어로 '勇士'라는 뜻이라고 한다. 이처럼 특정한 관직이나 작호가 아니라 개인의 이름 뒤에 붙인 몽골어의 일반명사인 코르치·바투르 등을, 고려의 문서에서는 官人·元帥 등과 같은 한자 어휘로 번역하여 사용했던 것이다. 이 역시 서로 다른 언어와 문화 관습의 간극을 메우는 하나의 방편이었을 것이다.

고종 19년, 몽골이 보낸 문서

이어서 검토할 것은 이 시기 몽골 측에서 고려에 보낸 문서이다. 고종 19년(1232) 한 해 동안 위에 열거한 17건의 문서가 고려 측에서 몽골 측에 발송되었고, 그 가운데 대부분이 원문의 전체, 혹은 일부가 확인되는 데 비해, 몽골 측에서 고려에 문서를 보낸 사실은 기록상 잘 확인되지 않는다.

---

48) 이개석, 「〈고종세가〉 가운데 신묘년(1231) 몽골첩문 2통과 몽골의 고려 침략 추이」, 앞의 책, 2013.

49) 『元高麗紀事』 태종 4년 8월 ; 7년 등.

50) 片山共夫, 「元朝怯薛の職掌について(その一)」, 日野開三郎博士頌壽記念論集刊行會 編, 『日野開三郎博士頌壽記念論集 中國社會·制度·文化史の諸問題』, 福岡 : 中國書店, 1987.

그러나 고려 측 문서의 제목이 〈國衡行答蒙古書〉, 〈答蒙古官人書〉 등인 데서 드러나듯이 이들 문서 가운데 상당수는 몽골 측 문서에 대한 답신의 성격으로 작성, 발송된 것이었다. 그리고 고려 측 문서의 내용을 면밀히 검토해보면 실제로 몽골에서 보낸 문서의 일부 내지는 그를 요약한 구절 등을 발견할 수 있다. 그 실례를 검토하기 위해 문서를 두 편 인용해보면 다음과 같다.

마) 지난번의 사신을 陪送하였던 사신[行李] 郎將 池義深이 돌아와서 말하기를, "貴國에 돌아가서 말하라. '너희가 돌아가거든 춘삼월에 사람을 보내서 우리나라가 주둔한 곳에 모이도록 하라.'라고."라고 하였습니다. 이제 말씀하신 대로 다시 앞서 사신으로 갔던 지의심 및 약간의 인원을 파견하여 가게 합니다. 매번 보내주신 문서 속에서 언급하신 여러 가지 일은 차후에 회보하고자 하니 그렇게 알아주시기 바랍니다. 또 淮安公이 받든 手簡을 살펴보니 말씀하시기를, "너희 나라에서 人戶를 선발하여 開州館 및 宣城山에 가서 살면서 농사짓게 하라."라고 하시었습니다. (후략)[51]

바) 앞서 일러주신 바, 皇帝께 진헌하는 물건 가운데 수달피 1천 장은 좋은 것으로 보내오라고 하신 일에 대해서는, (중략) 또 말씀하신 국왕·諸王·公主·郡主·大官人의 어린 아들 500명과 어린 딸 500명을 管送해오라고 하신 일에 대해서는, (중략) 또 말씀하신 여러 工匠을 보내오라고 하신 일에 대해서는, (중략) 또 趙 兵馬에게 소속된 義州 民戶와 物色을 조사하라고 하신 일에 대해서는, (중략) 그밖에 문서에서 언급하신 바에 대해서는 하나하나 말씀대로 하였습니다. (후략)[52]

---

51) 『東國李相國集』 28-9. 〈送蒙古國元帥書〉. (전략) 前所使陪送行李郎將池義深來稱, "貴國廻駕次喩. '你等此去, 須於春三月時發遣人, 使會得我國坐住處.'" 今依所敎, 復差前使池義深及若干人等, 發遣前去. 其每來文字內所及諸事, 圖躇後廻執, 伏冀炤悉. 又閱淮安公所蒙手簡稱, "你國選揀人戶, 赴開州館及宣城山脚底住坐種田." (후략)

52) 『東國李相國集』 28-10. 〈送撒里打官人書〉. (전략) 前次所諭, 進皇帝物件內水獺皮一千領好底與來事, (중략) 又稱國王·諸王·公主·郡主·大官人童男五百箇·童女五百箇須管送來事, (중략) 又稱諸般工匠遣送事, (중략) 又於趙兵馬處所屬當義州民戶檢會物色事, (중략) 其餘文字內所及, 一一承稟. (후략)

마)는 고종 19년 3월에 살리타이에게 발송한 (5) 〈送蒙古國元帥書〉의 일부이고, 바)는 4월에 역시 살리타이에게 보낸 (7) 〈送撒里打官人書〉의 일부이다. 이들 문서의 내용을 살펴보면, 마)에서는 池義深이 돌아와서 구두로 전달한 살리타이의 말, 그리고 "其每來文字", "淮安公所蒙手簡" 등으로 언급된 문서를 통해 몽골 측에서 고려 측에 몇 가지 요구사항을 전달했음을 확인할 수 있다. 바)에서도 살리타이의 '文字'에서 "所諭~事", "又稱~事" 등으로 요약된 사항을 고려에 요구했음을 알 수 있다. 고려 측의 문서는 이 각각에 대해서 해명하는 방식으로 구성되어 있는데, 이러한 방식은 앞서 인용한 고종 18년 12월의 표문, 즉 라)의 그것과 거의 같다.

이 밖에도 고려의 문서를 살펴보면, "伏蒙手敎"[(1)·(2)], "忽沐手敎"[(3)] "傳台敎"[(4)] "奉傳珍緘"[(8)], "蒙古大官人文字"[(8)], "忽奉手敎"[(9)], "忽奉鈞旨"[(10)·(11)·(15)], "今蒙鈞旨"[(11)], "忽奉來敎"[(16)] 등과 같이 몽골 측의 문서를 지칭하거나, 혹은 그 문서를 받았음을 표현하는 구절이 여러 군데서 눈에 띈다. 이를 종합해보건대 고려 측에서 발송한 문서만큼이나 다량의 문서를 몽골 측에서도 고려 측에 보내고 있었음을 알 수 있다.

몽골 문서의 蒙文直譯體

위의 인용문 마)에서는 池義深이 전달한 살리타이의 말을 "你等此去, 須於春三月時發遣人, 使會得我國坐住處"라고 옮겼다. 여기서 '你'는 물론 2인칭의 대명사인데, 한문 문어체라면 '爾'로 표기되었어야 할 것이나 구어를 옮기는 과정에서 '你'로 표시된 것이다. 또한 "3월에"로 번역되어야 할 "於春三月時"라는 구절도 '於'라는 시간을 나타내는 어조사 뒤에 '時'가 쓰였다는 점에서 일반적인 문어체의 문법에는 맞지 않다. 구어를 전한 부분뿐만 아니라 淮安公이 받았다는 '手簡'에서도 '你國'이라는 표현을 쓴 점이나, 장소를 가리키기 위해 '脚底'라는, 우리말의 조사에 해당하는 어휘를 사용한 점 등에서 역시 몽골어를 직역한 문체로 쓰였음이 확인된다. 이는 바)의 인용부분에서 더욱 뚜렷한데, '好底'는 '좋은 것'이라는 뜻으로 해석될 수 있는 것으로, 여기서 '底'는 현대 중국어 백화문의 '的'의 용례와 비슷하다. 또한 "諸般工匠遣送"이라는 구절은 "제반 공장을 보내오라"라는 뜻일 것인데, 일반적인 한문이라면 술어 다음에 목적어가 나와야 할 것이나 반대로 된 점 역시 어색하다. 몽골 측 문서의 내용이 가장 길게 인용된 것은 (10) 〈答蒙古官人書〉이다. 여기서는 몽골 측의 '鈞旨' 내용을 "你者巧言語, 說得我出去後, 却行返變了, 入海裏住去, 不中的人宋立章·許公才那兩箇來的, 說說走得來, 你每信那人言語呵, 返了也."라고 길게 인용하였다. 해석하자면 "너는 공교로운 말로 설득하여 우리가 가게 한 후에 갑자기 배반하여 바다 속으로 들어가 살고 있으며, 당치도 않은 자인 宋立章·許公才 이 두 명이 있었는데 황당한 말을 해서 너희가 이들의 말을 믿고 배반하였던 것이다." 정도가 될 것이다. 2인칭으로 '你', 그리고 복수형 접미사로 '每'를 쓴 점, 완료를 뜻하는 어미로 '了', '來', '來的'을 쓴 점, 處格의 '裏', 소유격의 '的' 등의 조사가 사용된 점, 지시대명사로 '那'가 쓰인 점 등등 몽문직역체 특유의 요소를 두루 갖추었음이 확인된다.

'황제'의 지침과 현장의 대응

종합하자면 몽골 측에서 보낸 문서에서는 일반적인 한문법과는 다른 몽문직역체가 사용되었다. 다만 몽문직역체가 쓰인 문서를 보낸 것은 몽골 출정군의 경우에만 그랬을 뿐, 황제의 문서는 그렇지 않았던 것 같다. 다음에서 인용할 (13)의 〈陳情表〉를 통해 이를 확인해보겠다.

> 사) 詔旨에 언급하신 바 軍兵을 더 내어 萬奴를 토벌하라 하신 일은, 궁벽진 곳에 살고 있는 弊邑은 본래 소국인데다가 하물며 大軍이 지난 뒤라 남은 백성이 몇 사람이나 되겠습니까. 살아남은 자들도 오히려 상처를 입은 나머지인데다가 기근과 역병이 더해서 모두 죽어버렸습니다. 그런 까닭에 天兵의 쓰임에 도울 수가 없어 어쩔 수 없이 지엄하신 帝命을 어기게 되었으니, 죄는 비록 피할 수 없겠으나 그 정상은 용서받을 만할 것입니다. (중략) 국왕이 친히 朝覲하라고 하신 일은, (중략) 人戶를 내어 살리타이[沙里打로 하여금 수를 파악하게 하라 하신 일은, (하략)[53]

---

53) 『東國李相國集』 28-17. 〈陳情表〉. (전략) 其詔旨所及, 添助軍兵, 征討萬奴事, 緊僻土是居, 弊邑本惟小國, 況大軍所過, 遺民能有幾人. 在者尙瘡痍之餘, 加之因飢疫而斃. 故莫助天兵之用, 無奈違帝命之嚴, 罪雖莫逃, 情亦可恕. (중략) 其親身朝覲事, (중략) 其出人戶, 使沙里打見

앞서 검토한 마)나 바)와 같이 고려 측이 앞서 받은 문서, 여기서는 詔旨의 핵심 내용을 하나하나 언급하고서 그에 대해 해명하는 방식으로 작성된 문서이다. 詔旨에서 요구한 바를 살펴보면, 군사를 내어 포선만노 정벌을 도우라는 일[添助軍兵, 征討萬奴事], 국왕이 친히 조근하라는 일[親身朝覲事], 인호의 수효를 보고하라는 일[出人戶, 使沙里打見數事] 등이다. 이처럼 몽골의 요구 사항을 요약한 고려의 표현이 원래 詔旨의 그것을 그대로 옮긴 것이라고 한다면, 그 詔書는 앞선 몽문직역체의 글과는 전혀 다른 전형적인 한문체로 작성되었을 것임을 알 수 있다. 이는 이듬해인 고종 20년(1233) 4월에 우구데이가 발령한 조서의 문체로도 확인된다.[54]

문체뿐만 아니라 내용 면에서도 몽골 황제의 詔書 및 그에 대한 답신 성격의 고려국왕의 표문은 고려 조정과 몽골 출정군 원수 사이에 주고받은 문서의 그것과는 차별성을 보인다. 먼저 위의 사)에서 인용한, 몽골 황제가 요구한 사안을 살펴보면, 助軍, 親朝, 人戶 조사 등이 확인되는데, 이는 몽골이 복속국에 일반적으로 요구하는 항복 조건이라고 알려진 소위 六事의 내용 가운데 포함되는 것들이다. 이 詔旨가 언제 발령되었는지는 명확하지 않으나, 고려 조정이 강화도로 천도한 사실이나, 그와 동시에 몽골의 다루가치를 살해한 일 등에 대한 질책이 빠진 것을 보면, 아마도 몽골군이 고려 침공을 본격적으로 개시한 고종 18년(1231) 8월 이전에 작성된 것이 아닐까 생각된다. 즉 이 문서에서는 고려에 복속의 조건을 포괄적으로만 제시하였고, 고려 역시 이에 대한 대략적인 해명만을 담은 표문을 답신으로 작성하였던 것이다. 반면에 이와 동시에 출진군 원수인 살리타이에게 보낸 문서(11)(12)에서는 국왕이 아니면 大官人을 내보내라거나, 황제에게 바칠 土物을 더 철저하게 준비하라거나, 趙叔昌과 宋立章 등을 보내라는 등 매우 세부적인 몽골군의 요구사항에 대해 자세하게 답변하였다. 즉 양국관계 설정 등과 같은 원론적인 사항은 황제의 조서와 국왕의 표문을 통해서 의사를 교환하고, 실제 역동적으로 전개되는 전쟁 상황에 대한 그때그때의 현안은 고려 조정과 몽골군 사령부 사이에서 빈번하고 신속하게 문서를 주고받는 구도가 마련되었던 것이다.

數事, (하략)

54) 『고려사』 권23, 고종 20년(1233) 4월. 『원고려기사』 태종 5년 4월 조에는 이 문서의 내용이 원형에 보다 가깝게 실려 있는데, 역시 전형적인 한문체로 쓰여 있다.

고려의 서한식 문서

다음으로 검토할 것은 문서의 서식이다. (4)와 (12)·(13)은 모두 황제에게 올린 表文이라는 점에 의심의 여지가 없다. 그리고 그에 대한 대응으로서 황제의 조서가 있었음은 (12)에 인용된 詔旨나, 『원고려기사』에 상세하게 인용된 조서의 내용을 통해 확인할 수 있다.

몽골군 사령관과 고려 조정, 아마도 국왕 사이에서 주고받은 문서의 서식은 무엇으로 보아야 할까. 森平雅彦은 『東國李相國集』에 실린 다수의 문서가 "右啓"로 시작하여 "謹啓"로 끝맺고 있다는 점을 들어 문서 서식이 啓이며, 이는 일반 관인 사이의 상행문서로서, 또한 私人 사이에서 정중한 뜻을 표하는 서간문으로 사용된 서식이라고 파악한 바 있다.[55] 이 견해는 재고의 여지가 있다.

일반적으로 문서식은 수신자와 발신자의 신분 및 그들이 어떠한 입장에서 문서를 주고받는지를 기준으로 官府·官人 사이의 관문서와 私人 사이의 사문서로 나눌 수 있다. 관문서는 다시 관부 및 관인 사이의 상하관계나 統屬관계에 따라 상행·평행·하행문서로 나눌 수 있으며, 이는 公式令을 통해서 법제적으로 명확하게 규정되는 구분이다. 반면에 私人 사이에는 이러한 법적 규정은 존재하지 않으며, 다만 양자 사이의 尊長·卑屬 관계에 따라 문서를 보내는 행위를 致書·上書·奉書·寄書·貽書 등과 같이 표현하여 상하관계를 나타내기도 하고, 혹은 書儀라고 총칭되는, 문서 속의 인사말이나 자칭·타칭과 같은 표현법을 통해 이를 드러내기도 한다.[56] 따라서 굳이 서식을 특정한다면 사문서는 모두 서한식 문서라고 할 수 있다.

이러한 서한식 문서는 전근대 동아시아 국제관계에서는 군신관계에 있지 않은 외교의 주체들 사이에서 외교문서식으로 널리 사용되었다. 전근대 동아시아 외교문서에 대한 기존 연구에서 이를 일반적으로 '致書'라고 불렀던 것 역시 정확하지는 않은 표현이다.[57] 엄밀하게 말하자면 '致書'라는 말은

---

55) 森平雅彦, 앞의 책, 210~212쪽.

56) 동아시아 외교문서에서 書儀의 활용 방식에 대해서는 廣瀬憲雄, 「古代東アジア地域の外交秩序と書狀－非君臣關係の外交文書について」, 『歴史評論』 686, 2007 참조.

57) 전근대 동아시아 외교문서에서 서한식 문서가 사용된 사례에 대한 연구로는 栗原朋信, 「日本から隋へ贈った國書」, 『上代日本對外關係の研究』, 東京 : 吉川弘文館, 1978 ; 中村裕一, 「慰勞制書と「致書」文書」, 『唐代制勅研究』, 東京 : 汲古書院, 1991 ; 金子修一, 「唐代の國

어디까지나 "서한[書]을 보내다[致]"는 뜻이다. 문서식은 書이고, 그것을 보내는 행위를 뜻하는 동사로서 평등관계에 있음을 표현하는 致가 쓰였기 때문에, 즉 "甲致書乙"이라고 하는 문서의 冒頭 부분을 근거로 연구자들이 '致書' 문서라는 이름을 붙인 것이다. 관문서식 외교문서와 달리 書는 서식 자체만을 가지고 상하관계를 표현할 수 없으므로 致書·上書 등의 표현이 더해졌을 뿐이다.

森平雅彦의 논증대로 고려 측에서 발신한 문서에 '啓'라는 술어가 쓰였고, 그것이 상대가 자신보다 상위에 있음을 표현하는 것임은 사실이다. 그러나 그 자체가 서식으로서 존재한다고 볼 수는 없다.[58] 啓本이라는 것이 황태자에게 올리는 문서로서 정착된 것은 명 대의 일이다.[59] 실제로 『동국이상국집』이나 『동문선』에서는 이들 문서의 제목을 모두 '書'라고 하였다. 또한 문체별로 분류된 이들 책에서 해당 문서들은 모두 〈書〉라는 편목명 아래에 배치되었다.

際文書型式」, 『隋唐の國際秩序と東アジア』, 東京 : 名著刊行會, 2001 ; 廣瀨憲雄, 앞의 논문, 2007 ; 中西朝美, 「五代北宋における國書の形式について―「致書」文書の使用狀況を中心に」, 『九州大學東洋史論集』 33, 2005 등을 들 수 있다. 이들 대부분의 연구에서는 이러한 서한식 외교문서를 통칭하여 國書, 혹은 致書式 문서 등으로 불렀고, 필자 역시 앞선 논문에서 이를 '致書 양식의 문서'라고 칭한 바 있다(鄭東勳, 「高麗-明 外交文書 書式의 성립과 배경」, 『韓國史論』 56, 2010, 152~154쪽). 그러나 '致書'라는 말 자체가 문서식이 아니라 '서한을 보내다'라는 술어이거나 혹은 거기서 비롯된 어휘라는 점에서, '서한식 문서'라고 칭하는 것이 적합할 것으로 생각된다. 이 자리를 빌려 수정한다.

58) 다만 『동문선』의 권45와 권46은 편목명이 〈啓〉로 되어 있으며, 거기에 수록된 문서들 역시 사인 사이의 사문서 성격이 강한 것이 대부분이라는 점에서 반론이 제기될 수 있다(森平雅彦 역시 앞의 책 266쪽의 주석 16)에서 이 점을 지적한 바 있다). 그러나 여기에 실린 문서들은 제목이 모두 〈~啓〉로 마치고 있다는 점에서 『동문선』의 편찬자가 이를 별도로 〈啓〉 편목으로 분류한 것에 지나지 않은 것으로 보인다. 실제로 내용 가운데 "右啓"라든지 "謹啓"와 같은 표현이 쓰인 몇몇 문서들이 그대로 〈書〉 편목으로 분류된 사례도 있다. 예컨대 『東文選』 58-27. 〈代李湛之寄權御史敎禮書〉 ; 58-29. 〈答朴仁碩書〉 ; 59-1. 〈與皇甫若水書〉 ; 59-3. 〈答靈師書〉 ; 59-7. 〈與皇甫若水書〉 ; 59-8. 〈與趙亦樂書〉 ; 59-9. 〈同前書〉 ; 59-13. 〈與洪校書書〉 ; 59-16. 〈與金秀才懷英書〉 ; 60-7. 〈軍中答安處士置民手書〉 ; 60-8. 〈又寄安處士手書〉 ; 60-9. 〈答全朴兩友生自京師致問手書〉 ; 60-10. 〈軍還後寄兵馬留後朴郎中仁碩手書〉 ; 60-12. 〈答朴雜端仁碩手簡〉 ; 60-13. 〈寄妙嚴禪老手書〉 ; 60-15. 〈答李允甫手書〉 ; 60-16. 〈與全履之手書〉 등. 이로써 보건대 서한 양식의 문서 가운데서 啓가 문서식으로 별도로 정립되어 있었다고 파악하기는 어렵다.

59) 『明太祖實錄』 권80, 홍무 6년(1373) 3월 乙巳. 명초 奏本과 啓本의 정립에 대해서는 何朝暉, 「等級·制衡與變異 : 明代文移制度探論」, 吳艶紅 主編, 『明代制度研究』, 杭州 : 浙江大學出版社, 2014 참조.

또한『고려사』세가의 지문에서는 이들 문서를 '書'라고 표현하였고,[60] 문서를 보내는 행위를 '寄書'[61], '致書'[62], '答書'[63]라고 표현하였다. 그렇다면 이들 문서는 모두 서한식 문서였다고 이해하는 것이 좋을 것이다.

몽골의 서한식 문서

몽골에서 보낸 문서의 서식을 파악하기란 조금 더 곤란하다. 고려 측 문서에서 이들 문서를 지칭한 단어로는 앞서 열거했던 것과 같이 '手敎', '台敎', '文字', '手簡', '鈞旨', 혹은 '敎' 등이 확인된다. 이 가운데 鈞旨란 몽골에서 諸王·大王들이 발령한 명령을 일컫는 명칭이다.[64] 다만 鈞旨는 황제의 '聖旨'의 용례와 마찬가지로 '명령' 그 자체를 의미할 뿐으로, 그것은 口語의 명령과 성문화된 문서 양자를 포괄한다. 그에 비해 '手敎', '文字', '手簡' 등은 실물 문서가 있었을 가능성을 좀 더 강하게 암시한다. 또한 '手敎', '台敎'[65], '敎'에서는 공통적으로 '敎'라는 글자가 문서를 가리키는 것으로 보이는데, 이 '敎'는 고려 성종 대에 왕언을 詔에서 敎로 고친 것, 혹은 충렬왕 대에 왕언을 詔에서 敎로 고친 것을 연상시키는 것으로, 명백하게 상위의 주체가 하위자에게 내리는 명령이라는 뉘앙스를 담고 있다. 나아가 고려 측의 문서에 '啓'라는 표현이 있는 것과 아울러 생각하면 조선시대에 신료들이 국왕에게 啓를 올리고, 국왕이 敎를 내리는 문서식을 떠올리게도 한다.

그러나 이때의 '敎'는 모두 고려 측에서 몽골의 문서를 가리킨 말로 쓰였을 뿐이다. 몽골의 문서 자체에서 자신의 문서, 혹은 문서를 보내는 행위를 '敎'라고 표현한 사례는 보이지 않는다. 그렇다면 고려 측에서 자신의 문서,

---

60) 예컨대『고려사』권23, 고종 19년(1232) 4월 壬戌. 書曰. 이는 (7) 〈送撒里打官人書〉를 가리킨다.

61) 『고려사』권23, 고종 19년(1232) 3월 甲午. 寄書于撒禮塔曰. 이는 (5)의 〈送蒙古國元帥書〉를 보낸 사실을 가리킨다. ; 12월. 寄蒙古大官人書曰. 이는 (17)의 〈送蒙古大官人書〉를 가리킨다.

62) 『고려사』권23, 고종 19년(1232) 4월 壬戌. 致書撒禮塔. (7)의 〈送撒里打官人書〉.

63) 『고려사』권23, 고종 19년(1232) 11월. 答蒙古沙打官人書曰. (11)의 〈答沙打官人書〉 ; 又 答撒禮塔書曰. (15)의 〈答沙打里書〉 ; 12월. 答大官人書曰. (16)의 〈送蒙古大官人書〉.

64) 松川節, 「大元ウルス命令文の書式」, 『待兼山論叢』(史學篇) 29, 1995, 36~44쪽.

65) 여기서 '台' 자는 '台候'에서와 같이 수신자를 높이는 말로 쓰인 것으로 보인다.

그것을 보내는 행위를 '啓'라고 한 데 조응하여 상대의 문서를 '敎'라고 높여 부른 것으로 이해하는 편이 자연스럽다.

또한 다시 한 번 떠올릴 것은 당시 몽골, 적어도 고려와 상대하던 몽골군 진영에서는 漢文이나 중국식 문서제도 등에 익숙하지 않았으리라는 점이다. 즉 문서를 주고받을 때 거기에 담아 전달하는 내용 자체에 주목했을 뿐, 그 서식을 통해 상하관계를 어떻게 표현하고, 상대방은 이에 대해 어떻게 대응하는지 등은 그다지 중요하게 고려하지 않았으리라는 것이다. 특히 몽골어 구어로 내린 명령을 누군가가 거친 백화풍 몽문직역체를 써서 한자로 작성한 문서에서, 漢字 한 글자 한 글자가 가지는, 그리고 중국식 문서제도가 가지는 미묘한 상하관계 표현법을 그대로 담았으리라고는 생각하기 어렵다. 몽골의 입장에서는 군주 사이의 상하관계를 설정하여, 이를 조서와 표문이라는 서식으로 표현한 것으로 충분했을 뿐, 군신관계 혹은 다른 어떠한 상하관계를 공식적으로 설정하지 않은 출정군 사령관과 국왕 사이의 문서식에까지 그 위계의 차이를 드러내고자 하지는 않았을 것이다. 따라서 이들 문서는 전통적인 동아시아 외교에서의 문서식으로 분류하기는 어렵겠으나, 굳이 나눈다면 넓은 의미에서의 서한식 문서였다고 보아도 무방할 것이다.

양자 사이의 문서식을 정리하자면 몽골 사령관 명의의 문서나 고려 측이 그들에게 보낸 문서 모두 넓은 의미에서 서한식 문서였다고 볼 수 있다. 다만 고려 측에서 긴박한 전황에 따라 그들의 문서를 '敎'라고, 그리고 자신의 문서를 '啓'라고 지칭하여 상대를 높이는 표현을 썼던 것이다. 그러나 이는 어디까지나 중국식 문서제도와 전통 한문의 기준에 입각한 것이었을 뿐, 몽골 측에서는 이에 대해 크게 신경쓰지는 않았던 것 같다.

3. 몽골의 2차 침입 격퇴와 東眞·金과의 연합 도모

고려 和州와 동진 鎭州의 문서 왕래

고종 19년(1232) 12월, 총사령관이었던 살리타이가 사살되자 몽골군은 곧바로 물러났다. 그러나 몽골군이 다시 침입해올 것은 분명해보였다. 이에 고려 조정은 주위의 다른 세력들과 발빠르게 연합을 도모하였다. 그해 12월,

고려는 10년 가까이 분쟁 상태에 있던 東眞에 사신을 보내 몽골군에 공동으로 대응할 것을 제안하였다. 그 문서에서 고려는 과거 고종 6년(1219) 몽골과 맺은 관계는 '和好之約'이었는데, 몽골 측에서 먼저 이를 어기고 침입해왔으며, 살리타이를 사살함으로써 그들을 물리쳤다는 사실을 진술하였다. 아울러 몽골군이 일단 철수하였으나 향후의 움직임을 알 수 없으니 그들의 동정을 잘 정탐해줄 것을 요청하였다.[66]

한편 『동국이상국집』에는 이 시기에 고려와 동진의 지방관이 사이에 주고받은 문서 한 편이 수록되어 있는데, 여기에는 매우 주목할 만한 정보가 담겨있다.

> 아) 운운. 보내준 편지를 받았는데, 그 대략에 '요즈음 도망한 사람이 越境한 일 때문에 사람을 시켜 뒤를 쫓다가 연해에 이르렀는데, 도중에서 행인을 만나 그의 衣物을 빼앗고 돌아왔습니다. 이 사유를 갖추어 上司에 보고하고 그 자의 죄를 다스리는 외에, 원래 빼앗아 온 의복 및 그 臟物에 대한 보상을 사람을 차출해 보냅니다.'라고 하였습니다. 곧 이 사유를 조정에 알리고 조정의 지휘를 받았는데, "귀국의 그 恩義가 감사할 만하다. 그 빼앗겼던 우리나라 사람의 의류는 마땅히 본인을 찾아 돌려주어 정당하게 하라. 다만 보내온 장물에 대한 보상은 본인의 의복 외에 덧붙여 온 물건이니 받으면 의리가 아니다. 진실로 의리가 아니면 하나라도 받을 수 없는 것이니, 만약 받게 되면 두 나라가 왕래하며 화친하는 도리에 어긋나는 일이 아닌가 염려된다. 그러므로 돌려보내 가지고 가게 하여 지체하지 말라."라고 하였습니다. 우리 조정의 지시가 이와 같으므로 지금 사람을 시켜서 가지고 가게 하니, 삼가 바라건대 잘 살펴 수령하시기 바랍니다. 운운.[67]

---

66) 『고려사』 권23, 고종 19년 12월 ; 『동국이상국집』 28-23. 〈答東眞別紙〉.

67) 『東國李相國集』 28-24. 〈和州答對境嶺州牒〉. 云云. 沐來文, 該, "近爲逃人越境, 差人趁蹤至沿海, 路逢行人, 奪衣物而廻. 具由申移上司, 除本人理罪施行外, 今將元奪到衣服, 并所直信賦價直, 差人責送事." 卽申覆朝廷, 取指揮到, "貴國恩義可感. 其我國人見劫衣服, 當推本人, 以給恰好. 但所送信臟價直者, 是則本人衣服外, 餘剩之物, 受之非理. 苟非其理, 雖一介所不可當受, 如或受之, 恐非兩國來往和親之意. 故還之, 宜管送, 勿至拖延." 朝旨如此, 今差人將夯前去, 伏請炤驗領取. 云云.

이 문서는 제목을 통해 발신자가 고려의 和州, 즉 지금의 함경남도 咸興에 해당하는 지방관이며, 수신자는 和州와 국경을 접한 동진 鎭州였음을 알 수 있다. 東眞 사람이 고려 쪽으로 국경을 넘어와서 고려인의 의복을 빼앗아 달아난 사건이 발생하자, 동진의 鎭州에서 그를 체포하여 上司에 보고한 후 의복 및 그 보상 값을 和州로 보내왔다. 和州에서는 이 사실을 고려 조정에 보고한 후, 의복만 받고 보상은 받지 말고 돌려보내라는 지시를 받들어 그 물건을 鎭州에 다시 돌려보낸다는 내용이다. 여기서 직접적인 사건은 고려의 和州와 동진의 鎭州 사이 접경지대에서 벌어졌고, 문서 역시 이들 사이에서 주고받았다. 하지만 지방관들은 모두 그들의 上司, 혹은 조정에 사건 경위를 보고하고 어떻게 대응할지 지시를 받들어 시행하였다. 이는 앞서 고려 전기에 고려와 거란, 고려와 금 사이에서 압록강 하구를 맞대고 있는 지방관들, 즉 고려의 寧德鎭과 거란·금의 來遠城 사이에서 이루어 졌던 의사소통 방식과 매우 흡사하다.

이 문서가 작성, 전달된 시점은 분명하지 않으나, 『동국이상국집』에 고종 19년(1232) 12월에 발송된 28-23. 〈答東眞別紙〉 바로 뒤에 편찬되어 들어간 것을 보면, 그 무렵 작성되었을 가능성이 높다.[68] 이 시기는 고려와 동진을 동시에 공격 목표로 삼고 있던 몽골의 침입을 간신히 격퇴한 무렵이며, 아울러 몽골에 대한 공동 대응을 고려에서 동진에 제안하던 시점이었다. 이러한 와중에 변경에서 발생한 사소한 사건을 양국 조정이 모두 가장 우호적인 방식으로 처리하고자 했던 모습을 이 문서를 통해 엿볼 수 있다.

금과의 연합 도모와 실패

한편 고려는 동진뿐만 아니라 오랫동안 왕래가 단절되었던 金과도 연합을 도모하였던 것으로 보인다. 이는 『동국이상국집』 28-25~27. 〈上大金皇帝表〉를 통해 확인할 수 있다. 『동국이상국집』의 설명에 따르면 이 문서는 癸巳年, 즉 고종 20년(1233) 3월에 司諫 崔璘을 파견하여 가지고 가게 하였다고 한다.

---

68) 물론 권28-19. 〈送詧卿承相書〉처럼 시기 순서를 어긴 사례도 있으나, 대체로 『동국이상 국집』 권28에 수록된 문서들은 작성 시기 순서대로 수록되어 있다.

고려 조정 입장에서는 금 조정이 몽골의 공격을 받아 中都, 즉 지금의 베이징에서 과거 북송의 수도였던 開封으로 천도한 1215년 이후 약 20년 만에 처음으로 금에 사신을 파견한 것이었다. 이때의 문서는 〈起居表〉와 〈表〉 그리고 〈物狀〉으로 구성되어, 이전 시기에 금 황제에게 보내던 문서의 구성과 일치한다. 표문에서 고려는 '오랑캐[獷俗]'의 침입을 받아 국가가 위기에 처해있는 사정을 밝히며, 이전과 같은 우호관계를 회복하고자 한다는 뜻을 표하였다. 역시 몽골의 위협 앞에 나란히 놓여 있던 금과 연합을 모색했던 것으로 평가할 수 있다. 그러나 이때의 사신은 "길을 잃어" 돌아왔다고 한다.[69]

　고려의 바람은 허망하게 끝이 났다. 그해 9월에 우구데이의 아들 구육이 이끈 몽골군이 浦鮮萬奴를 생포함으로써 동진은 멸망하고 말았다.[70] 간신히 유지되던 금 정권도 이듬해인 1234년 정월에 완전히 멸망하고 말았다.[71] 이로써 13세기 초부터 복잡하게 전개되던 동북아시아의 국제정세는 팽창해가는 몽골 앞에 남송과 고려만을 남기고 정리되기에 이르렀다.

4. 고종 25~27년, 몽골의 3차 침입 종결 전후의 문서 교환

고종 25년(1238)~27년(1240), 고려의 문서

　고종 20년(1233) 4월에 고려에 전달된 우구데이의 조서에서는 1) 살리타이를 살해한 이후 사신을 보내지 않은 것, 2) 몽골에서 보낸 사신에게 활을 쏘아 돌려보낸 것, 3) 浦鮮萬奴 정벌에 나서지 않은 것, 4) 국왕과 집정자의 입조 명령을 따르지 않은 것, 5) 민호의 수를 보고하지 않고 강화도로 천거한 것 등 다섯 가지 사안을 들어 고려를 질책하였다.[72] 이 각각의 사안에 대해서는 그 전해 12월에 보낸 문서 (14) 〈陳情狀〉에서 이미 상세히 해명한 바 있었다. 이때의 문서가 전달된 이후로 고려와 몽골 사이의 교섭은 한동안

---

69) 『東國李相國集』 28-25. 〈上大金皇帝表〉. [癸巳三月, 遣司諫崔璘齎去, 迷路還來]. 한편 『고려사』 권23, 고종 20년(1233) 3월에도 崔璘을 금에 파견한 기록이 보이는데, 여기서는 "길이 막혀[梗路] 돌아왔다고 한다.

70) 『元史』 권2, 太宗 5년(1233) 9월.

71) 『金史』 권18, 哀宗 天興 3년(1234) 정월.

72) 『고려사』 권23, 고종 20년(1233) 4월 ; 『원고려기사』 태종 5년 4월.

중단되었던 것으로 보인다. 이 사이 몽골군은 고종 20년(1233)에 東眞을 멸망시키고 이듬해 2월에는 그 일대에서 철수했다고 한다.[73] 그리고 그해에 고려는 초기 몽골과의 교섭에서 중요한 역할을 했던 趙叔昌을 처형하였고, 淮安公 王侹 역시 사망하였다.[74] 이후 고종 22년(1235)에 몽골의 제3차 침입이 개시되었으며 이는 고종 26년(1239)까지 대대적으로 이어졌다.

양국 사이의 교섭은 고종 25년(1238) 연말에 재개된 것 같다. 이해 8월 무렵 몽골군은 개경에 진입하였으며, 9월 초에는 강화의 對岸에 출현하여 고려 정부를 본격적으로 위협하였다.[75] 이에 고려 조정은 그해 12월 將軍 金寶鼎과 御史 宋彦琦를 몽골 조정에 파견하였다.[76] 이어서 고종 26년(1239) 6월과 12월, 27년(1240) 4월과 6월, 12월에도 각각 사신을 파견하였다.[77] 『고려 사』 세가에는 고종 25년 첫 파견 때의 표문만 실려 있는데, 실상 이들 사절은 서로 다른 복수의 수신자를 대상으로 한 문서를 지참하고 있었다. 『東國李相國 集』과 『東文選』에 실린 이 시기의 문서를 정리하면 다음 표와 같다.

〈표 3-2-2〉 고종 25년(1238)~27년(1240) 고려에서 몽골에 발송한 외교문서

연번	연월	문서제목	수신자	撰者	전거
1	25년 12월	蒙古皇帝上起居表	황제	李奎報	L28-29 ; T39-30
2	25년 12월	表	황제	李奎報	L28-30 ; T39-31 ; KS
3	25년 12월	物狀	황제	李奎報	L28-31 ; T39-32
4	25년 12월	送唐古官人書	唐古	李奎報	L28-32 ; T61-20
5	25년 12월	送晉卿丞相書	耶律楚材	李奎報	L28-33 ; T61-21
6	26년 12월*	送晉卿承相書	耶律楚材	李奎報	L28-19 ; T61-15
7	27년 3월	與吳悅官人書	吳悅	李藏用	T62-2
8	27년 4월	與中山稱海兩官人書	粘合重山, 稱海	金敞	T61-27
9	27년 4월**	答唐古官人書	唐古	朴暄	T62-1

* 26년 12월 : 이 문서는 『동국이상국집』 28-19로 고종 19년(1232) 문서 사이에 수록되어 있으나, 『동국이상국집』 年譜에 의해 작성 시기를 정정하였다.
** 27년 3월 : (7)과 (8), (9)의 작성 시점은 문서 내에서 '今年'이라고 칭한 것이 고종 27년(1240)의 일이라는 점과, 계절 인사에서 음력 3월을 뜻하는 '春暄' 및 음력 4월을 뜻하는 '孟夏'라는 구절이 등장하는 것을 통해 추정하였다.

---

73) 『고려사』 권23, 고종 21년(1234) 2月 壬申.
74) 『고려사』 권23, 고종 21년(1234) 3월 甲辰 ; 9월 丁酉. 권130, 趙叔昌 ; 권90, 王侹.
75) 尹龍爀, 앞의 책, 76쪽.
76) 『고려사』 권23, 고종 25년(1238) 12월. 遣將軍金寶鼎, 御史宋彦琦如蒙古. ; 『元高麗紀事』 태종 10년(1238) 12월 24일. 暾遣其將軍金寶鼎·御史宋彦琦等奉表入朝.
77) 이 시기의 사신 교환은 尹龍爀, 앞의 책, 84쪽을 참조.

먼저 문서의 발신자를 확인해보면, 많은 문서에서 1인칭으로 '予', '我'를 칭하고 있는데, (7)·(8)·(9)에서는 '親弟新安公', 또 (7)에서는 '親兄淮安公' 등의 표현이 등장하는 것으로 보아 모두 국왕 명의로 작성되었음을 알 수 있다.

다음으로 수신 대상이 누구였는지를 확인해보겠다. (1)·(2)·(3)은 황제에게 올린 일련의 문서로 〈起居表〉, 〈表〉, 〈物狀〉이 한 세트를 이루고 있는 것은 앞서 고종 20년(1233)에 금에 보내고자 작성되었던 문서들(『동국이상국집』 28-25~27)과 정확하게 일치한다. (4)와 (8)의 수신자가 되는 탕구트[唐古] 는 몽골의 3차 침입을 이끌었던 사령관으로, 그와는 앞서 고종 18년(1231)과 19년(1232)에도 여러 차례 문서를 주고받은 일이 있다. (9)의 吳悅은『元史』에는 吾也而로 기록된 인물로, 3차 침입 당시에 몽골군의 일원으로 참전하였으며 몽골군 철수 후에도 고려 北界에 주둔하다가 인질로 永寧公 王緯을 데리고 몽골로 간 것으로 기록되어 있다.[78] 唐古와 吳悅은 모두 고려 원정군의 사령관이라는 점에서 앞서 고종 19년(1232) 살리타이나 鐵哥 등과 문서를 주고받았던 전례와 유사하다고 할 수 있다. 이들 문서는 공통적으로 고려에서 파견하는 사신을 잘 인도하여 몽골 조정까지 도달할 수 있게 해줄 것, 그리고 고려의 상황에 대해 황제에게 잘 아뢰어줄 것을 당부하는 내용을 담고 있다.

몽골 유력자들에게 보낸 서한

주목되는 것은 (5)와 (6), 그리고 (8)의 수신인인 晉卿 丞相, 重山, 稱海 등이다. 晉卿 丞相이란 우구데이의 최측근 조력자인 耶律楚材를 가리키는 것으로 晉卿은 그의 字이다. 그는 거란 왕족의 후예로서 일찍이 金에 사환하였다가 1214년에 燕京이 함락된 이후 칭기스칸에게 발탁되어 크게 중용되었다. 특히 우구데이 즉위에도 큰 공을 세워 이후 몽골의 북중국 경략에 핵심적인 역할을 담당하였던 것으로 유명하다.[79] 고려에서도 고종 25년(1238)과 26년

---

78) 『元史』 권120, 吾也而.
79) 『元史』 권146, 耶律楚材. 그에 대한 傳記적인 연구로는 Igor de Rachewiltz, "Yeh-Lu Ch'u-ts'ai(1189~1243) : Buddihist idealist and Confucian statesman," Arthur F. Wright etc. ed., *Confucian Personalities*, Stanford : Stanford University Press, 1962 및 杉山正明, 『耶律楚材とその時代』, 東京 : 白帝社, 1996 참조.

(1239)에 그에게 연달아 보낸 서한[(5)와 (6)]에서 그의 재능과 덕망을 극찬하고 더불어 선물을 전하면서, 황제에게 고려의 사정을 잘 아뢰어줄 것을 당부하였다. 中山이란 粘合重山을 가리키는 것으로 보이는데, 그는 금의 귀족 출신으로 역시 칭기스칸 대부터 케식의 일원으로 등용되었고 우구데이 대에는 금을 멸망시키는 데에 큰 공을 세워 당시의 실권자로 부각되고 있었다.[80] 稱海는 『元史』에는 鎭海로 기록된 인물로서, 케레이트부족 출신으로 칭기스칸 대부터 종사하여 각종 전투에서 공을 세웠고 우구데이 대에도 중용되었던 것으로 알려진다.[81] 耶律楚材, 粘合重山과 鎭海는 몽골에서 처음으로 中書省을 세웠을 때에 각각 中書令과 中書左右丞相으로 임명되었을 정도로,[82] 우구데이 조정에서 가장 신임받는 인물들이었다고 할 수 있다. (8)에서 고려는 몽골과의 관계의 연혁을 간략히 서술하며, 그들에게 고려와의 관계를 우호적으로 이끌어준다면 '은혜를 잊지 않고' '정성을 표할' 것임을 역설하였다.

이처럼 몽골 조정에 사신을 보내 황제가 아닌 조정의 유력자들에게 문서를 전하고, 또한 공공연하게 '선물'을 건네면서 우호적인 관계를 맺고자 한 사례는 이전까지는 찾아볼 수 없는 일이었다. 동아시아 외교 전통의 '人臣無外交'라는 원칙 하에서, 군주 이외의 신하가 외국과 사적으로 교섭하는 행위는 결코 용납될 수 없는 일이었기 때문이다. 앞서 거란이나 금과의 관계에서 東京留守와 같이 요동 지방에 파견되어 있던 유력자들과 고려 조정이 접촉하려 했던 전례는 있었으나, 중앙정부의 요인과 접촉하는 일은 시도조차 불가능한 일이었다. 이 역시 몽골제국 운영의 한 단면을 보여주는 것이라 할 만하다.

5. 1240년대, 전쟁 소강기 몽골 조정과의 외교 교섭

1240년대 전후의 소강 국면

고종 18년(1231)부터 46년(1259)까지 거의 30년에 이르는 몽골의 고려 침입은 크게 7차례에 걸쳐 단행되었던 것으로 이해되고 있다. 이 전쟁은

---

80) 『元史』 권146, 粘合重山.
81) 『元史』 권120, 鎭海.
82) 『원사』 권2, 太宗 3년(1231) 8월.

다시 전기와 후기로 나눌 수 있는데, 고종 19년(1231)부터 26년(1239)까지의 1~3차 침입과, 고종 40년(1253)부터 46년(1259)까지의 5~6차 침입이 각각 전기와 후기에 해당한다.[83] 그 중간에 해당하는 1240년대는 고종 34년(1247) 중반부터 이듬해 초에 걸친 제4차 침입이 잠시 있었을 뿐, 전쟁은 비교적 소강 국면이었다. 몽골에서 1241년 우구데이가 사망한 후 구육이 잠시 즉위했던 기간(고종 33년(1246) 7월~35년(1248) 3월)을 제외하고는 대칸의 空位期가 10년 가까이 지속된 데 비롯된 것이었다.[84] 이 기간 동안 고려 조정은 거의 매년 몽골 조정에 사신을 보내 방물을 바치는 등 외교적 교섭을 추진하고 있었다. 이 시기에 고려에서 몽골 조정에 파견한 사신의 목록을 정리해보면 다음과 같다.

〈표 3-2-3〉 고종 25년(1238)~39년(1252) 고려에서 몽골 조정에 파견한 사신 목록

시기	사신	전거
25년 12월	將軍 金寶鼎, 御史 宋彦琦	KS, YK
26년 6월	起居舍人 盧演, 詹事府 注簿 金謙	KS, YK
26년 12월	新安公 王佺, 少卿 宋彦琦	KS, YK
27년 4월	右諫議 趙修, 閤門祗侯 金成寶	KS, YK
27년 12월	禮賓少卿 宋彦琦, 御史 權韙	KS, YK
28년 4월	永寧公 王綧, 樞密院使 崔璘, 將軍 金寶鼎, 左司諫 金謙	KS
29년 5월	侍郎 宋彦琦, 中郎將 李陽俊	KS
30년 정월	樞密院副使 崔璘, 秘書少監 金之岱	KS
30년 12월	郎中 柳卿老	KS
31년 4월 壬辰	員外郎 任咽壽, 郎將 張益成	KS
32년 4월 己卯	員外郎 朴隨, 郎將 崔公珺	KS
32년 10월 壬午	新安公 王佺, 大將軍 皇甫琦	KS
35년 2월	樞密院使 孫抃, 秘書監 桓公叔	KS
35년 10월 壬辰	郎將 張俊貞, 祗侯 張瑋	KS
36년 4월 庚戌	郎將 金子珍, 校書郎 沈秀之	KS
36년 6월 癸丑	侍郎 安戩, 郎將 崔公柱	KS
37년 정월 癸巳	郎中 崔章著	KS
37년 2월 己未	樞密院副使 崔滋, 中書舍人 洪縉	KS
37년 7월 丙戌	左司諫 鄭蘭, 郎將 魏公就	KS

---

83) 尹龍爀, 앞의 책, 82쪽.
84) 구육의 즉위를 둘러싼 몽골 지배층의 동향과 그의 재위 기간 동안의 몽골제국의 상황에 대해서는 김호동, 「구육(定宗)과 그의 시대」, 서울大學校 東洋史硏究室 編, 『近世 동아시아의 國家와 社會』, 지식산업사, 1998 참조.

38년 2월 癸丑	同知樞密院事 崔璟, 上將軍 金寶鼎	KS
38년 7월 丁卯	少卿 林惟式, 郎將 趙元寄	KS
39년 정월 丙午	樞密院副使 李峴,侍郎 李之威	KS

* 전거 : 전거의 약자는 다음과 같다. KS : 『高麗史』, YS : 『元史』, YK : 『元高麗紀事』

몽골의 4차 침입이 있던 고종 34년(1247) 전후의 2년 남짓한 기간을 제외하고는 거의 매년 한 차례에서 많게는 세 차례까지 몽골 조정에 사신을 파견하고 있었음을 확인할 수 있다. 기록이 충실하지 않아 이들이 어떠한 사안으로 파견되었고, 어떠한 활동을 전개했는지는 알 수 없다. 다만 대체적인 교섭의 내용은 몽골에서 국왕의 친조와 出陸還都 등을 요구했던 데 대해 고려에서 이를 지연시키고자 했던 것이 중심을 이루었던 것으로 보인다.[85] 고려 조정에서 몽골 조정에 사신을 파견했던 점을 보면 이들 사신은 몽골 황제에게 보내는 표문과, 앞서 耶律楚材 등에게 보냈던 것과 같이 몽골 조정의 유력자들에게 보내는 서한을 지참하고 있었을 것으로 추측된다.

몽골 황후·태자의 懿旨

그런데 의문은 몽골 조정에서 칸의 자리가 비어있는 기간이 길었는데, 이때에는 누구를 대상으로, 어떤 문서를 보냈을까 하는 것이다. 이에 대해서는 『元高麗紀事』의 다음과 같은 기록이 주목을 끈다.

　자) 己酉年(고종 36, 1249) 8월 15일. 皇后와 太子의 懿旨로 王皞을 宣諭하여 말하기를, "구육[貴由] 황제 丙午年(고종 33, 1246)에 너희들이 왔을 때 영원한 하늘의 성스러운 가르침[上天聖訓]과 칭기스 황제의 성스러운 가르침의 말씀[成吉思皇帝聖訓宣諭]을 따르지 않았다. 너희들은 또한 두 황제의 밝은 가르침도 받들지 않고 오히려 따르지 않았으니, 내가 가르치는 말인들 어찌 듣고 따르겠는가. (중략) 이에 네가 아뢴 표문에 대해서는 회답하는 聖旨를 내리지 않고 즉시 돌려보냈다. (중략) 지금 또한 예전처럼 황제(우구데이)의 성스러운 가르침을 어기면서 내가 무엇을 알고

---

85) 尹龍爀, 앞의 책, 83~85쪽 참조.

무엇을 듣겠는가 하며 의심하였으니 너희는 매우 경솔하다. 지난번에 황제(우구데이)와 구육 황제께서 누차 너희를 질책하신 일은 또한 일찍이 들어왔고, 너희를 깨우친 가르치는 말씀과 문서, 그리고 너희가 아뢴 표문도 우리나라에 모두 있으며, 이 일을 아는 신하들 또한 있다. (중략) 만약 원래 아뢴 바를 어기고 내가 무엇을 알고 무엇을 하겠느냐고 의심한 다면, 너희 나라를 토벌하여 멸망시키는 일을 우리나라가 어찌 알겠느냐 만 영원한 하늘께서는 살피실 것이다.[86]

이 문서는 皇后와 太子의 懿旨에 의해 작성된 것으로 기록되어 있다. 이때 황후는 구육의 첫째 부인인 오굴카이미쉬를 말하며, 태자란 구육의 차남 뇌쿠를 가리키는 것이라고 한다.[87] 懿旨란 몽골에서 皇后나 皇太后 등 여성 皇族이 발령하는 명령을 말한다.[88] 이 문서에서는 과거의 약속대로 친조와 출륙환도를 단행할 것을 강력한 어조로 요구하고 있다. 특히 황후는 "내가 무엇을 알고 무엇을 듣겠는가 하며 의심하였으니 너희는 매우 경솔하다."라 고 하여, 칸위가 비어있다고 해도 몽골 조정과 고려가 과거에 주고받았던 교섭의 내용에 대해서는 문서와 傳言을 통해 정확히 인지하고 있음을 밝히면 서, 스스로를 대고려 교섭의 주체로서 자임하고 있다. 그렇다면 공위기에 고려에서 몽골 조정에 보낸 문서 역시도 황후, 혹은 태자를 수신자로 하고 있었을 가능성이 높다. 그리고 일반적으로 황제에게 보내는 문서는 表文, 황후나 태자에게 보내는 문서는 箋文이라는 서식을 띠고 있었던 것을 고려하 면 이때의 문서식은 箋文이 아니었을까 생각된다. 다만 표문이나 전문은 서식의 명칭이 다를 뿐, 작성 양식이나 문체 등에서 거의 동일했으므로, 고려 조정에서 이를 굳이 구분했을지, 그리고 몽골 조정에서도 이 차이에

---

86) 『원고려기사』 己酉年八月十五日. 皇后太子懿旨, 宣諭王曔曰, "貴由皇帝丙午年間, 爾等來時, 不遵上天聖訓, 成吉思皇帝聖訓宣諭. 爾等幷不欽依二帝明諭, 尙有不從之人, 我之訓言, 焉能 聽從. (중략) 爲此, 據爾所奏表文, 不曾回降聖旨, 卽時遣還. (중략) 今日又如昔違皇帝聖訓, 給我何知何聞, 爾等固爲輕忽. 曩者, 皇帝·貴由皇帝屢責爾等之事, 亦嘗聞之, 宣諭爾等訓言文 字, 幷爾等所奏表文, 我國俱有, 知此事之具臣亦在. (중략) 若違元奏, 給我何知何能, 討滅爾國 之事, 我國焉能知, 上天其監之哉.

87) 여원관계사연구팀 편, 『譯註 元高麗紀事』, 선인, 2008, 102쪽.

88) 松川節, 「大元ウルス命令文の書式」, 『待兼山論叢』(史學篇) 29, 1995, 36~44쪽.

대해 인식하였거나 혹은 문제삼았을지 여부는 알 수 없다.

6. 고종 40년, 몽골의 5차 침입 이후 몽골군 사령부와의 문서 교환

고종 40년(1253), 고려의 외교문서

고려 고종 38년(1251) 7월, 3년여의 공위기를 끝내고 뭉케가 즉위한 이후, 몽골제국은 다시 군사적 팽창의 길에 올랐다. 고려에 대해서도 그해 10월에 사신을 보내와서 국왕의 친조와 개경 환도를 다시 한 번 촉구하였으며,[89] 고종 39년(1252) 7월에는 다시 사신을 보내와서 고려의 반응을 살피며 군사를 출동시킬 기회를 엿보았다.[90] 그리고는 이듬해인 고종 40년(1253)에 뭉케는 고려 정벌을 명하였으며, 그해 7월부터 몽골의 제5차 침입이 개시되었다. 이때의 몽골군은 몽골 宗室의 也屈을 총사령관으로 해서, 洪福源·阿母侃 등이 이끄는 부대 등으로 구성되어 있었다.

이에 따라 고려 조정은 다시 몽골 조정과는 별개로 몽골의 파견군 사령부와 문서를 주고받으며 교섭을 추진하였는데, 고종 40년(1253)에 발송한 문서는 『고려사』 세가에 그 일부가 실려 있다. 이를 정리해보면 다음과 같다.

〈표 3-2-4〉 고종 40년(1253) 고려에서 몽골에 발송한 외교문서

월일	수신자	사신	내용	비고
8월 13일	也屈	郞將 崔東植	몽골군의 침입 이유를 물음	致書. 받은 것을 國書
9월 3일	也屈大王	大將軍 高悅	내년에 出迎할 것을 제안하며 철군 요청	致書. 金銀 등을 阿母侃 등 諸將에게도 주었음
11월 3일	也屈, 阿母侃, 于悅, 王萬戶, 洪福源	永安伯 王僖, 僕射 金寶鼎		致書. 土物 전달
11월 23일	也屈		군사 1만과 다루가치를 남기겠다는 뜻에 항의	答也屈書
11월 23일	胡花官人		금은 등 요구물자 없음	答胡花官人書

---

89) 『고려사』 권24, 고종 38년(1251) 10월 乙巳 ; 戊申.
90) 『고려사』 권24, 고종 39년(1251) 7월 戊戌.

몽골의 5차 침입과 강화 교섭

이들 문서를 통해 확인할 수 있는 것은 다음과 같다.

첫째, 몽골군의 침입은 황제의 명으로 개시되었고, 전쟁 초기에 고려 조정에 詔書를 보내 선전포고와 같은 뜻을 전했다. 『고려사』에 인용된 문서의 일부에서는 "짐은 해가 돋는 곳부터 지는 곳까지 모든 백성들로 하여금 편안하고 즐겁게 하려 하였는데, 그대가 명을 거역하였으므로 皇叔 예쿠[也窟]에게 명하여 군사를 이끌고 가서 정벌하게 한다. 만약 명을 받들어 정성을 보인다면 군사를 물려 돌아갈 것이요, 만약 명을 거역한다면 짐은 결코 용서하지 않겠다."라고 밝혔다. 그리고 그 地文에서는 조서에서 '六事'를 가지고 고려를 힐책하였다고 하였다.[91] 즉 조서는 침입의 명분을 밝히면서 항복을 종용하는, 아주 대략적인 언급만을 담고 있었던 것이다.

둘째, 강화 교섭은 고려 조정과 원정군 사령부 사이에서 이루어졌다. 위의 조서를 받은 직후 고려 조정에서는 몽골군의 원수 예쿠의 주둔지[屯所]에 사신을 보내 곧바로 철군할 것을 요청하였다.[92] 이후로도 몇 차례 양 진영 사이에서 사신이 왕래하면서 국왕의 親迎을 비롯한 강화 조건을 교섭하였다. 이 사이에 고려 조정에서 몽골 조정에 사신을 파견한 적은 없었으며, 그를 도모한 적도 없었던 것 같다. 몽골 원정군 사령관에게 전쟁의 수행 및 강화 교섭에 관한 전권이 주어졌던 것으로 볼 수 있는데, 이는 예쿠가 고려 조정에 파견했던 사신 망구타이[蒙古大]의 발언 가운데, "예쿠대왕의 말이 곧 皇帝의 말이고, 나의 말이 곧 예쿠대왕의 말입니다[也窟大王之言即皇帝之言, 吾之言即 也窟大王之言也]"라는 언급에서도 잘 드러난다.[93]

셋째, 몽골군의 구성은 여전히 여러 부대의 연합체로서의 성격을 가지고 있었고, 따라서 고려 조정은 이들 각각에게 각종 물자와 함께 문서를 발송하였다. 그해 9월에 두 번째 사신을 파견하면서 예쿠뿐만 아니라 아모간 등

---

91) 『고려사』 권24, 고종 40년(1253) 8월 戊午. 蒙古元帥也窟遣人傳詔於王, 其詔責以六事曰, "朕欲自白日所出, 至于所沒, 凡有黎庶, 咸令逸樂, 緣汝輩逆命, 命皇叔也窟, 統師往伐. 若迎命納款, 罷兵以還, 若有拒命, 朕必無赦."

92) 『고려사』 권24, 고종 40년(1253) 8월 己未.

93) 『고려사』 권24, 고종 40년(1253) 11월 庚寅.

諸將에게도 함께 金銀 등의 물품을 주었고,[94] 11월에는 금은 및 수달피와 紵布 등의 물품을 별도로 요구해왔던 胡花官人이라는 인물에게 문서를 보내어 요구를 받아주기 어렵다는 뜻을 전달하였다.[95] 뿐만 아니라 예쿠와 함께 원정군의 사령부를 구성하고 있었을 것으로 보이는 阿母侃·于悅·王萬戶·洪福源 등에게도 모두 문서를 보내고, 土物을 전달하였다고 한다.[96] 몽골의 원정군이 일원적인 계통을 가진 군대가 아니라 한 명의 총사령관격의 인물 아래에 다양한 군대의 연합체로 구성되어 있었기 때문에, 고려 역시 이들 각각과 교섭을 행하지 않을 수 없었던 것이며, 이것은 고려의 강화 교섭을 매우 괴롭게 만드는 한 요인이 되었다.[97]

넷째, 고려 조정이 몽골군 사령부에 보냈던 문서의 서식은 서한식 문서였다. 『고려사』 세가에서는 이들 문서를 보낸 행위를 모두 '致書'[98], 혹은 '答某書'[99]라고 표현하였다. 문서 자체를 가리킬 때에도 '國書'라는 표현이 동원되었다.[100] 『고려사』에 인용된 부분에서 고려는 스스로를 '小邦'으로, 몽골을 '上國'으로, 몽골군을 '天兵' 혹은 '大兵' 등으로 지칭하였다. 인용 부분에는 起頭와 結辭 부분이 모두 생략되어 있어 확신할 수는 없지만, 과거 고종 20년(1233) 무렵에 고려 조정이 몽골군 살리타이 등에게 보낸 문서의 사례를 고려해본다면, 아마도 "右啓"로 시작해서 "謹啓"로 맺는 방식으로 상대를 높이는 표현이 동원되었으리라 추측된다. 문체는 전형적인 한문체이다.

몽골의 5차 침입은 원정군 사령부 내부의 갈등으로 고종 41년(1254) 정월에 일시 철수하였다. 그리고 곧바로 그해 7월부터는 새롭게 잘라이르타이[車羅大]를 사령관으로 하는 몽골군이 다시 압록강을 건너 들어와서 6년 동안 고려 전역을 간헐적으로 공격하였다. 이것이 몽골의 6차 침입이다. 이

---

94) 『고려사』 권24, 고종 40년(1253) 9월 戊寅.
95) 『고려사』 권24, 고종 40년(1253) 11월 丁酉 ; 戊戌.
96) 『고려사』 권24, 고종 40년(1253) 11월 庚寅.
97) 정동훈, 「동방왕가의 사업에서 쿠빌라이의 사업으로-쿠빌라이의 즉위와 고려-몽골 관계의 큰 전환」, 『韓國史硏究』 191, 2020, 222~224쪽.
98) 『고려사』 권24, 고종 40년(1253) 8월 己未 ; 9월 戊寅 ; 11월 戊寅.
99) 『고려사』 권24, 고종 40년(1253) 11월 戊戌에 "答也屈書" 및 "答胡花官人書".
100) 『고려사』 권24, 고종 40년(1253) 8월 己未. 時也窟在土山, 受國書.

기간 동안의 양 진영 사이의 교섭에 대해서는 기록이 매우 소략하다. 특히 문서와 관련해서는 오직 고종 43년(1256) 4월에 사신을 잘라이르타이의 屯所에 파견하여 崙書하였다는 기록이 『고려사』세가에서 확인될 뿐이다.[101] 그밖에도 여러 차례에 걸쳐 몽골군 사령관인 잘라이르타이와 甫波大 등과 사신을 주고받은 사실이 기록되어 있다. 이로써 미루어보건대 몽골의 6차 침입 기간 동안에도 고종 40년(1253)의 상황과 비슷하게 교섭은 강화도의 고려 정부와 몽골군 사령부 진영 사이에서 주로 이루어졌던 것으로 보인다.

7. 고종 46년, 강화의 성립의 절차와 문서 교환

고려의 표문과 太子의 친조

30년 가까이 지속되었던 몽골의 고려 침입은 고종 46년(1259)에 이르러 드디어 종결되었다. 몽골은 고종 5년(1218)에 처음 고려와 접촉하여 이듬해에 이른바 '강화조약'을 맺을 때부터 국왕의 친조를 요구해왔다.[102] 그러다가 몽골의 1차 침입이 마무리된 고종 19년(1232) 7월, 고려 조정이 강화도로 천도한 이후로 몽골은 항복 조건으로 개경으로의 환도를 추가하고, 국왕의 친조를 끊임없이 강조해왔다. 몽골의 6차 침입이 막바지에 이르렀던 고종 45년(1258) 8월, 몽골 원정군의 사령관 잘라이르타이는 사절을 보내 "태자가 나오면[出] 군사를 물릴 수 있다"는 조건을 제시하였다.[103] 고종은 이 제안을 거절했으나, 몽골군이 강화도 대안의 내륙 지역에 대한 포위를 강화하면서 압박의 수위를 높여가는 와중, 그해 연말에는 사신을 몽골 조정에 파견하면서 육지로 나갈 것을 약속하였다. 이들 사신 일행은 잘라이르타이의 진영에 들러 태자가 친조할 것임을 전했다고 한다.[104]

---

101) 『고려사』권24, 고종 43년(1256) 4월 乙亥. 復遣愼執平于車羅大屯所, 崙書云, "大兵回來, 惟命是從."
102) 이에 대해서는 3장 1절의 3. 고려-몽골 강화조약의 내용 참조.
103) 『고려사』권24, 고종 45년(1258) 8월 己亥.
104) 『고려사』권24, 고종 45년(1258) 12월 甲辰 ; 46년(1259) 3월 壬子.

약속대로 태자 王倎은 고종 46년(1259) 4월 21일에 몽골에 입조하기 위해 강화도를 나섰다.[105] 이때 태자 王倎이 가지고 갔던 표문의 내용은 『고려사』 세가와 『동문선』에 실려 있다. 내용은 양자가 일치하지만, 후자가 좀더 원형에 가까운 것으로 보이므로, 이를 인용해보면 다음과 같다.

> 차) 仁이 넓고 혜택이 고른데 땅이 먼들 무엇을 꺼릴 것이며, 일이 바르고 정성이 간절하면 하늘이 반드시 가엾게 여길 것입니다. 운운. 삼가 생각건대, 황제의 복음으로, 小邦은 앞서 사신 禮賓卿 朴希實이 가서 아뢴 바와 같이 일찍이 병권을 잡은 權臣이 있어 오랫동안 전권을 쥐고 있었던 탓에 국사가 그의 지휘에 빠져있어 스스로 제어하지 못해왔습니다. 그런 까닭에 명을 받드는 데에 있어 자못 어긴 일이 있었던 것입니다. 다행히 황제의 힘을 입어 흉한 놈들을 쉽게 제거하고, 만세를 두고 기약하며 한 마음으로 전력을 기울여 바다 섬으로 도망갔던 遺民들로 하여금 모두 육지에 나와 옛 모습을 회복하여 살게 하였습니다. 아, 小臣의 노병이 이미 깊은 것은 황제께서 또한 아시는 바입니다. 오늘날 몸소 조회하지 못하고 세자로 하여금 임시로 가게 하였으니, 아이의 몸이 곧 저의 몸이요, 저의 뜻이 곧 아이의 뜻입니다. 엎드려 바라건대 이 실정을 알아주시고 그 말을 받아들여 주시며, 다시 소국을 사랑하는 인덕을 더해주시어, 충성을 바치는 직책에 충실하게 해주십시오.[106]

고려 조정은 과거의 잘못을 權臣, 즉 최씨 무신정권의 집정자들에게 돌리면서 앞으로는 몽골의 명을 잘 수행하겠다는 뜻을 밝히며, 국왕을 대신하여

---

105) 『고려사』 권24, 고종 46년(1259) 4월 甲午.
106) 『동문선』 40-11. 〈告奏表〉. 仁漭澤均, 地何嫌遠, 事直誠切, 天必賜憐. 云云. 竊念, 皇帝福蔭裏, 小拜具如前次使佐禮賓卿朴希實之往奏也, 嘗有統兵之權臣, 久專提柄於國事, 落爾指揮之內, 不自制焉. 故於應奉之閒, 頗有違者. 盖皇帝之幸賴, 而兇堅之易除, 將萬世以爲期, 罄一心而進力, 使逃竄海島之遺嶣, 皆出居陸地以復舊. 嗟, 小臣老病旣深, 亦皇帝所及知也. 肆今日親朝不得, 令世子姑且往哉, 兒身卽我之身, 我意卽兒之意. 伏望照譜厥實, 採納其言, 更加字小之仁, 俾效輸忠之職.
이 문서는 金坵가 지은 것으로, 그의 문집인 『止浦集』 권2에 〈告奏表〉로 실려 있다. 다만 『止浦集』의 문서는 『동문선』과 『고려사』 세가의 문장을 비교하여 교감을 싣고 있어 더 도움이 된다.

世子로 하여금 친조하게 하였다는 사정을 피력하였다. 그러나 문서의 어디에도 몽골이 집요하게 요구하고 있는 개경으로의 還都나 국왕의 친조를 약속하는 내용은 없다. 이와 같은 내용은 이 문서에서 거론하였듯이 이미 앞선고종 45년(1258) 12월에 사신 朴希實을 파견하였을 때에 제출한 문서에서도 언급한 바이다.[107] 즉 이 문서 자체가 기존의 교섭 과정에서 전달되었던문서에 비해서 형식 면에서나 내용 면에서 질적으로 다르다고 볼 만한여지는 크게 없다는 것이다. 역시 중요한 것은 이 문서를 지참한 사신이고려의 태자였다는 데에 있었다.

태자 일행은 5월 17일에 東京, 즉 지금의 遼寧省 遼陽에 도착하였다. 당시몽골군 사령관 잘라이르타이가 갑자기 사망하자, 몽골에서는 예수데리[余愁達]와 산지[松吉]대왕을 원수로 삼아 다시 고려를 공격할 준비를 하고 있었다고한다. 태자는 동경에서 산지대왕과 회담하였는데, 그는 고려 조정이 개경으로 아직 나오지 않았다는 사실을 들어 군사를 물릴 수 없다는 뜻을 밝혔다고한다. 이에 태자는 군사를 철수하지 않는다면 백성들이 두려워 도망할 것이라고 하였고, 이에 몽골군은 군사행동을 잠시 멈추었다고 한다.[108]

이 장면을 돌이켜보면 고려와 몽골 양 진영에서 모두 태자의 친조를항복을 뜻하는 중요한 행동으로 받아들인 것은 사실이었지만, 그것이 곧바로전쟁의 종결과 강화의 성립으로 인정된 것은 아니었음을 알 수 있다. 실제로태자가 몽골로 출발한 이후로도 몽골군은 고려의 東界와 京畿 일대에서약탈을 멈추지 않았다.[109] 몽골군이 고려에서 철수한 것은 원종 원년(1260)3월의 일로, 이때는 고종 사후 국왕에 즉위했던 원종이 개경으로 돌아온직후였다.[110] 그리고 講和의 조건, 혹은 사후 처리에 대한 내용을 최종적으로담고 있는 쿠빌라이의 詔書는 4월 하순에 이르러서야 고려 조정에 전달되었다.[111]

---

107) 『고려사』 권24, 고종 45년(1258) 12월 甲辰.
108) 『고려사』 권24, 고종 46년(1259) 6월 庚辰.
109) 『고려사』 권25, 원종 즉위년(1259) 7월 己巳 ; 11월 丁巳.
110) 『고려사』 권25, 원종 원년(1260) 3월 17일(甲申)에 원종이 개경에 도착하였고, 3일후인 그달 20일(丁亥)에 몽골군에게 주둔지였던 西京에서 철수하라는 쿠빌라이의명이 전해졌다.
111) 『고려사』 권25, 원종 원년(1260) 4월 辛酉. 이 조서에는 1) 서둘러 환도할 것, 2)

원종과 쿠빌라이의 만남

요컨대 고종 46년(1259)의 태자 친조가 곧바로 고려의 항복, 그리고 강화의 성립으로 인정된 것은 아니었다. 애초에 태자의 친조가 항복의 중요한 선결조건 가운데 하나로 논의되고는 있었지만, 그것이 전쟁 종식을 위한 유일하거나 결정적인 조건으로 제시된 것도 아니었고, 이를 최종적으로 책임있게 결단할 주체도 명확하지 않았던 것이다. 게다가 태자가 몽골 조정으로 출발했던 그해 4월 당시에는 몽골에서 뭉케가, 고려에서는 고종이 재위할 때였다. 곧이어 6월에 고종이, 그리고 7월에 뭉케가 각각 사망하였고, 고려의 유력한 왕위계승 후보자가 만난 것은 몽골의 제위 계승 분쟁의 당사자였던 쿠빌라이였다. 양자가 조우하게 된 인상적인 장면을 묘사한 기록에 따르면, 쿠빌라이는 고려의 태자가 귀부해온 것을 하늘의 뜻이라고 받아들였다고 한다.[112] 이를 계기로 고려와 몽골의 외교교섭은 우호적인 분위기에서 진행될 수 있었다고 한다.[113] 즉 몽골에서 새롭게 정권을 잡게 된 쿠빌라이는 내외의 정치적인 조건과 주변의 조언을 종합하여 고려 태자와의 만남을 고려의 귀부로 받아들였던 것이다.

이는 과거 고려와 거란, 고려와 금 사이에 관계가 형성되었던 과정과는 사뭇 다른 측면이 있다. 고려와 거란은 한 차례의 군사적 충돌을 겪은 후에 양국 조정으로부터 전권을 위임받은 徐熙와 蕭遜寧의 회담, 그리고 중앙 조정의 승인을 거쳐, 최종적으로는 양국 군주가 표문과 조서를 주고받고, 뒤이어 고려국왕이 거란 황제로부터 책봉을 받는 형식을 통해 외교관계를 정식으로 맺었다. 고려와 금의 외교관계는 금에서 요구한, 奉表稱臣으로 대표되는 사대관계를 고려가 수용하고, 이어서 誓表를 제출하는 것으로써 외교관계를 설정하였다. 이러한 두 전례에서는 외교관계의 형식과 관련된

몽골군은 이미 철수하였음, 3) 고려인 투항자나 포로는 모두 돌려보낼 것임, 4) 고려의 범죄인에 대한 사면 등을 담고 있는데, 전후 처리에 대한 포괄적인 내용이라고 볼 수 있다. 이에 대해서는 정동훈, 「동방왕가의 사업에서 쿠빌라이의 사업으로-쿠빌라이의 즉위와 고려-몽골 관계의 큰 전환」, 『한국사연구』 191, 2020b 참조.

112) 『고려사』 권25, 원종 원년(1260) 3월 丁亥.

113) 李益柱, 「高麗·元關係의 構造와 高麗後期 政治體制」, 서울대학교 박사학위논문, 1996, 38쪽.

문제가 비교적 선명하게 부각되었고, 그것이 이행됨으로써 양국 관계가 정식으로 형성되기에 이르렀다. 반면에 고려와 몽골 관계는 이미 양자가 처음 접촉했을 때부터 상하관계를 명백하게 인정하고 있었고, 30년에 가까운 전쟁을 겪으면서 이해관계가 매우 복잡하게 얽혀 있었으며, 몽골 조정과 고려에 출정한 몽골군 지휘부 등 교섭의 주체가 여러 갈래로 나뉘어 있었기 때문에 강화를 맺는 과정도 명쾌하게 정리되지 못한 측면이 있었던 것이다. 특히 과거의 두 사례와는 달리 강화의 조건이 형식적인 차원의 논의보다는 出陸還都와 같은 실질적인 현안을 중심으로 이루어지고 있었다. 그리고 이러한 실제 현안 중심의 강화 조건의 이행 시기나 부수되는 조치 등과 관련하여 이후 양국관계는 우호적인 분위기와 적대적인 분위기가 수시로 변동될 수 있는 불씨를 남기고 있었다.

소결 : 전쟁과 강화를 둘러싼 일대다의 교섭

이상에서 고종 19년(1231)부터 46년(1259)까지 거의 30년에 달하는 고려와 몽골의 전쟁 시기 양 진영의 교섭 과정과 거기서 오간 외교문서에 대해 분석해보았다. 그 내용을 정리하면 다음과 같다.

첫째, 고려 조정은 시종일관 단일한 주체로서 몽골 측과 접촉했던 데 비해, 몽골 측의 교섭 주체는 몽골 조정과 원정군 사령부로 나뉘어 있었다. 원정군 사령부 역시 군을 구성하고 있던 여러 세력이 각기 독자적으로 고려와의 교섭에 나서고 있었다. 몽골 조정에서도 황제뿐만 아니라 耶律楚材와 같은 유력자들이 고려와의 교섭에 나섰다.

둘째, 전쟁이 진행 중일 때에는 고려 조정과 몽골 원정군 사령부 사이에서, 전쟁이 소강 국면에 접어들었을 때에는 고려 조정과 몽골 조정 사이에서 교섭이 행해졌다. 몽골군은 최종적으로는 자국 조정의 지휘를 받았으나, 전장에서의 급박한 상황에 대해서는 자체적인 판단에 따라 고려 조정과 교섭하였다.

셋째, 문서의 서식 면에서, 양국의 군주 사이에서는 전통적인 외교관계에서와 같이 표문과 조서를 교환하였다. 고려 조정과 몽골군 지휘부 사이에서는 서한 양식의 외교문서를 주고받았다. 고려 조정이 몽골 조정의 유력자들에게 보낸 문서 역시 서한식 문서였다.

넷째, 강화 교섭은 문서식과 같은 의례적이고 형식적인 쟁점보다는 국왕의 친조나 고려 조정의 출륙환도와 같은 현실적인 사안을 중심으로 이루어졌다. 해당 사안의 이행 여부에 대한 판단은 양국 주체들이 처한 조건에 따라 결정되었다.

이 시기 고려 측의 외교 교섭의 특징을 한 마디로 요약하자면 몽골 조정과의 여러 층위에 걸친 교섭, 즉 一對多의 관계였다고 할 수 있다. 이는 앞서 고려와 거란, 고려와 금의 외교관계에서 역시 거란·금의 중앙조정, 東京의 지방관, 국경 근처의 지방관 등 여러 층위의 주체가 등장했던 것과도 일치하는 측면이 있다. 그러나 과거 거란이나 금의 주체들이 일원적인 통속 관계로 엮여 있었던 데 비해서, 몽골의 파견군 元帥나 중앙 조정의 유력자 등은 각각이 매우 독자적이고 자의적으로 고려와의 교섭에 나서고 있었다는 점에서 큰 차이가 있다. 이는 이 시기 몽골 세력이 단일한 지휘 체계를 갖춘 조직이라기보다는 여러 세력의 연합체로서의 성격을 가지고 있었던 데서 기인한 것이다. 이는 원종 대, 그리고 충렬왕 대, 즉 몽골에서 쿠빌라이의 재위 기간을 거치면서 일부 조정되는 측면이 있었으나, 향후 한 세기 동안 지속될 고려-몽골 관계를 규정하는 중요한 특징의 하나였다고 할 수 있다.

3절 원종 대 양국 관계 성립과 의사소통 경로의 단일화

원종 대 고려-몽골 관계 연구사

高宗 46년(1259), 당시 태자였던 王倎의 친조를 계기로 약 30년에 걸친 몽골의 고려 침입은 종식되었고, 양국 사이에는 강화가 성립되었다. 이후 元宗의 재위 기간(1259~1274)을 통해 양국 사이에서는 전후 처리 및 외교관계 설정과 관련하여 다양한 논의가 이루어졌다. 한편으로는 고려의 내부 문제인 무신정권의 종식 및 원종 폐립 사건을 둘러싸고, 다른 한편으로는 원종 11년(1270)까지 미루어진 고려의 개경 환도와 연이어 발생한 三別抄 진압 문제를 둘러싸고 양국은 매우 빈번하게 사신을 주고받았으며, 그에 수반하여 수많은 외교문서를 교환하였다. 나아가 원종이 사망한 직후에 단행된 몽골의 제1차 일본 원정 준비를 위하여 고려와 몽골 조정 및 몽골의 征東元帥府 사이에서도 많은 문서가 오고 갔다.

원종 대는 고려와 몽골의 외교관계가 본격적으로 성립되어가는 시점이었던 까닭에 그 관계의 성격을 어떻게 파악할 것인지를 둘러싸고 많은 연구가 이루어졌다. 李益柱는 고려와 몽골이 우호적인 분위기 속에서 외교관계를 설정하여, 고려의 풍속을 고치지 않는다는 '不改土風'의 원칙이 설정되었으며, 이 시기의 외교관계가 형식 면에서는 이전에 고려가 거란·금과 맺었던 事大관계와 크게 다르지 않았으나, 林衍의 원종 폐위 사건을 겪은 이후 몽골이 요구한 六事가 대체로 이행되었다고 파악하였다.[1] 森平雅彦은 원종

---

[1] 李益柱, 「高麗·元關係의 構造와 高麗後期 政治體制」, 서울대학교 박사학위논문, 1996,

4년(1263) 李承休가 사행을 다녀와서 남긴 『賓王錄』을 소재로 원종 대 고려의 사신 파견을 분석하면서, 고려-몽골 관계가 전통적 화이질서를 답습한 측면과 새롭게 등장한 측면이 공존함을 지적한 바 있다.[2] 한편 이명미는 고려와 몽골 각각이 구상하고 있던 양국 관계의 성격이 달랐는데, 몽골은 六事 이행을 요구한 것을 비롯하여 고려를 몽골의 屬國으로 파악하였던 데 비해 고려는 이를 고려 전기의 책봉-조공관계와 대동소이한 것으로 이해하고 있었다고 분석하였다.[3] 한편 필자는 원종·충렬왕 대에 국왕이 몽골 조정을 친히 방문한 사례를 분석하여 당시의 의사소통 방식과 거기서 드러나는 양국 관계의 특징,[4] 그리고 이 시기에 몽골에 파견한 사신 인선의 특징을 검토한 바 있다.[5] 또한 이 시기에 고려에서 매년 납부한 歲貢이 이전 시기 고려-거란, 고려-금 관계 및 훗날의 조선-명 관계에서 행해졌던 朝貢과 어떤 점에서 차이를 보이는지를 분석하였으며,[6] 원종 재위 기간 중, 앞서 1250년대 까지 전쟁을 주도했던 옷치긴 가문을 필두로 하는 몽골의 좌익 諸王·大臣 세력이 고려와의 관계에서 손을 떼고, 새로 대칸에 오른 쿠빌라이가 이를 장악하는 과정을 검토한 바 있다.[7]

문제의 소재 : 원종 대 양국 관계에 혼재된 두 요소

양국 관계의 성격에 두 가지 요소가 공존하였음을 지적한 森平雅彦의 연구와 양자가 이해하고 있던 그것의 성격이 서로 달랐을 가능성을 지적한 이명미의 연구는 여러 면에서 시사점을 준다. 다만 두 연구 모두 원종 대의 양국 관계에 드러난 제도적 측면을 고려 전기, 혹은 고려와 몽골의 전쟁

37~55쪽.

2) 森平雅彦, 「『賓王錄』にみる至元十年の遣元高麗使」, 『東洋史研究』 63-2, 2004(森平雅彦, 『モンゴル覇權下の高麗』, 名古屋 : 名古屋大學出版會, 2013에 재수록).

3) 이명미, 「몽골복속기 권력구조의 성립—元宗代 고려-몽골 관계와 권력구조의 변화」, 『韓國史研究』 162, 2013.

4) 정동훈, 「고려 元宗·忠烈王대의 親朝 외교」, 『韓國史研究』 177, 2017.

5) 정동훈, 「고려 원종 충렬왕대 대몽골 사신 인선의 특징」, 『한국중세사연구』 57, 2019.

6) 鄭東勳, 「1260-70년대 고려-몽골 관계에서 歲貢의 의미」, 『震檀學報』 134, 2020a.

7) 정동훈, 「동방왕가의 사업에서 쿠빌라이의 사업으로—쿠빌라이의 즉위와 고려-몽골 관계의 큰 전환」, 『韓國史研究』 191, 2020b.

기간의 그것과 적극적으로 대비시키지는 못하였다는 점에서는 아쉬움을 남긴다.

앞서 3장 1절에서도 고종 6년(1219)에 양국이 처음 講和를 맺을 때에도 양자의 이해에 불균형이 있었을 가능성을 언급한 바 있다. 필자는 이러한 상황이 원종 연간의 양국 관계에서도 나타났던 것으로 생각한다. 물론 몽골 제국 성립 초기인 고종 6년의 상황과, 쿠빌라이 집권 이후 한인 관료 및 그들로부터 전파된 중국적 전통의 외교 관습을 대거 수용하고 있던 1260년대 이후의 상황을 직접 비교하기는 어려울 것이다. 그러나 더 넓은 시간 범주를 염두에 두고 원종 대 양국 사이의 사신 왕래와 외교문서 교환 등 의사소통의 양태를 분석한다면, 양국 관계에 이질적인 두 요소가 혼재되어 있었음을 확인할 수 있으리라 생각된다.

이 절에서는 먼저 원종 대 양국 관계의 성립에 따라 외교의 제도적 측면을 정리할 필요성이 어떻게 부상했는지를 검토할 것이다. 이어서 사신 왕래의 두 가지 측면, 즉 정기적·의례적 사행과 비정기적·실무적 사행을 나누어 분석하고 그것을 이전 시기의 사신 왕래 모습과 비교해보도록 하겠다.

1. 원종 대 외교관계의 성립과 문서 형식 정리의 필요성

외교문서 형식 정리의 필요성

앞서 고려와 오대에서 송, 그리고 거란에서 금으로 이어지는 외교관계에서는 중국의 상대가 바뀐다고 해서 외교문서의 서식이나 교환 방식이 크게 바뀔 여지는 크지 않았다. 상대국인 중원 왕조의 주인이 漢族인지, 비한족인지의 차이는 있었지만, 기본적으로 양국 관계의 성격이 크게 변하지 않았기 때문이다. 양국 사이에 뚜렷한 현안이 부각되는 일이 많지 않았고, 사신 왕래도 정기적이고 의례적인 사안이 대부분이었던 까닭에, 일단 정해진 문서 왕래 루트는 큰 폭의 변화 없이 지속되었다. 그때까지의 고려와 이들 국가와의 관계는 책봉이라는 형식을 매개로 양국의 군주 사이에 君臣 관계가 형성되었다는 전제 하에 의례적이고 형식적인 관계에 그친 측면이 강하였다.

그러나 몽골이 대제국을 건설하고, 몽골과 고려의 관계도 전례없이 강하게 밀착되었으며, 몽골제국에 대한 고려의 복속 정도가 강해짐에 따라 양국의 문서행이 양태가 정리될 필요가 생겨났다. 그리고 그러한 필요는 강화가 성립된 직후인 원종 즉위부터 국왕에게 여러 가지 위상이 동시에 부여되기에 이른 忠烈王 초년까지의 1260년대와 70년대 20여 년 동안 가장 강하게 대두되었다. 그 배경을 열거하면 다음과 같다.

첫째, 언어와 문자의 문제이다. 몽골 이전에 거란족이나 여진족도 중원에 왕조를 수립한 이후 거란문자와 여진문자를 창출한 바 있으며, 그것을 국내의 공문서나 典籍에 사용하기도 하였다. 그러나 이들 문자는 碑文과 같은 국내의 의례적인 글이나 符節·印章·동전 등에 기호를 표시하는 데에 사용되는 경우가 대부분이었다.[8] 고려와의 외교문서는 언제나 한자를 사용하였으며, 문체 역시 전통적인 古文 형식을 따랐을 뿐이다.

반면에 몽골은 초기에는 위구르문자를 사용해서 몽골어를 표기하다가, 至元 6년(원종 10, 1269)에는 파스파문자를 창제하여 國字라고 이름 붙이고 공문서에 두루 사용하였다.[9] 몽골제국이 통할하는 범위가 유라시아 전역에 퍼져있었던 만큼 다양한 문자와 다양한 언어로 공문서를 작성하여 사용하였음이 다각도로 분석되고 있다.[10] 또한 한자를 사용한다 하더라도 고전적인 한문 문체와는 다른, 이른바 蒙文直譯體라고 불리는 특수한 문체를 사용하여 몽골어의 구어를 표기하는 방식을 사용하기도 하였다.[11]

이 때문에 고려에서도 몽골과의 외교를 위해 언어를 익히는 문제가 중요한 과제로 대두되기도 하였다. 양국이 접촉한 초기에는 東眞을 통해서 언어를 배우도록 하였고, 충렬왕 초년에는 金坵의 건의로 通文館을 설치하여 譯官을

---

8) 金浩東, 「內陸아시아 諸民族의 文字製作·使用과 그 歷史的 背景」, 口訣學會 編, 『아시아 諸民族의 文字』, 太學社, 1997, 453쪽 참조.

9) 단 공문서 전체를 파스파문자로 표기한 것은 아니며, 황제가 발령하는 '璽書'나 의례적 성격이 강한 祝文, 행정문서의 핵심 내용을 요약한 부분인 奏目이나 事目 등에만 한정적으로 파스파문자를 사용하였다고 한다. 中島樂章, 「元代の文書行政におけるパスパ字使用規定について」, 『東方學報』 84, 2009 참조.

10) 松川節, 「大元ウルス命令文の書式」, 『待兼山論叢』(史學篇) 29, 1995 ; 小野浩, 「とこえなる天の力のもとに」, 『岩波講座世界歷史』 11, 2005 ; 赤木崇敏 外, 『元典章が語ること―元代法令集の諸相』, 大阪 : 大阪大學出版會, 2017.

11) 田中謙二, 「元典章における蒙文直譯体の文章」, 『東方學報』 32, 1962 ; 宮紀子, 「モンゴルが遺した『飜譯』言語」, 『モンゴル時代の出版文化』, 名古屋 : 名古屋大學出版會, 2006.

양성하기도 하였다.12) 이후 譯官이 양국 관계에서 매우 중요한 역할을 하였으며, 이를 배경으로 고려 국내 정치에서도 높은 지위에 올랐음은 趙仁規나 柳淸臣의 사례가 잘 보여준다.

실제로 몽골과 고려의 관계에서도 외교문서의 언어, 혹은 문자가 문제로 부각되었던 사례들이 확인된다. 고종 18년(1231)에 고려에 전달된 살리타이의 牒文에 대해서는 앞서 검토한 바가 있는데, 이 밖에도 至元 6년(원종 10, 1269)에 파스파문자를 제정한 후,13) 고려에 보낸 詔書에도 이 문자를 사용했던 까닭에 읽을 수 있는 고려인이 아무도 없어 사신이 그 뜻을 대신 설명해야 했다는 일화도 전한다.14) 또한 조금 뒤의 일이지만 고려에서 보낸 문서에서 위구르문자를 사용한 사실이 문제가 되기도 하였다.15)

파스파문자나 위구르문자로 작성된 문서가 있었던 사실이 대단히 이례적이었고, 그것이 문제가 되었다는 정황으로 비추어보건대 고려와 몽골 사이의 문서에는 거의 예외 없이 漢字로 표기한 漢文이 쓰였을 것임을 알 수 있다. 실제로 『고려사』를 비롯해서 양국의 사료 가운데 외교문서의 내용을 옮겨 기재한 것을 보면 모두 한문으로 되어 있다. 다만 그 문체는 문서식에 따라 차이가 있었는데, 이에 대해서는 뒤에 다시 살펴보기로 한다.

둘째, 양국 사이에 의사를 전달해야 할 현안이 전과 비교할 수 없을 정도로 많아졌다는 점이다. 영토와 인구 문제를 시작으로 일본 원정을 비롯한 군사적 협력 문제, 물자 징발이나 군량 수송을 비롯한 경제적 관계, 관료나 貢女를 비롯한 인적 교류 문제 등 협의를 거쳐야 하는 사안이 엄청나게 많아지면서, 다양한 채널을 통해 의사를 교환할 필요가 생겼다.

셋째, 둘째 문제와 관련해서 외교의 주체, 혹은 외교 담당자 층의 폭이 매우 넓어졌다는 점이다. 과거 고려 전기, 거의 대부분의 경우 고려에서는 국왕만이, 중국 측에서는 황제만이 문서 행위의 주체가 되었다. 반면 고려와 몽골 사이에서는 사신 왕래 및 문서 교환이 폭증하면서 군주 사이의 협의만으

---

12) 『고려사』 권76, 百官志 1, 通文館.
13) 『元史』 권6, 世祖, 至元 6년 정월 庚申.
14) 『高麗史』 권27, 원종 14년(1273) 정월 壬戌. 元使來, 王迎詔于宣義門. 其文用新制蒙古字, 人無識者. 使者云, "因林惟幹所奏, 求火熊皮也."
15) 『고려사절요』 권22, 충렬왕 30년 3월.

로는 해결할 수 없는 사안에 대해 양국의 다양한 관부, 관원들이 문서 행위의 주체가 되어 나서기 시작하였다. 대표적으로 몽골의 中書省이나 樞密院, 고려의 都僉議使司와 같은 고급 관부가 그러하다. 이 밖에도 조정에서 활동하는 주요 관원들 역시 문서를 주고받으며 의견을 교환하는 일이 많아졌다. 이들 사이의 문서에서 어떠한 서식과 어떠한 용어를 사용하여 자신과 상대의 위상을 표현할지 문제가 중요한 이슈가 되었다. 이 문제는 특히 원종 즉위 초에 중요한 쟁점으로 부각되었고, 곧 정리되었다.

넷째, 특히 중요한 것은 고려국왕의 위상이 달라졌다는 점이다. 과거 송, 거란, 금과의 관계에서 국왕은 독립된 외국의 군주라는 위상만을 가지고 있었으며, 일국을 대표하는 입장에서 문서를 주고받는 위치에 있었을 뿐이다. 반면에 몽골제국과의 관계가 본격화되면서는 고려국왕이 외국의 군주임은 물론, 征東行省이라는 몽골제국 지방행정구역의 승상이라는 관직, 황제의 駙馬라는 몽골 황실의 일원으로서의 지위 등을 동시에 가지게 되면서 상황이 복잡하게 되었다. 일신에 적어도 세 가지 지위를 겸하게 된 국왕이 각각의 상황에서 어떠한 지위에 입각하여 문서를 작성해야 하는지의 문제가 반드시 해결되어야 했다.[16] 이 문제는 충렬왕 재위 초반에 중점적으로 논의가 있었는데, 이에 대해서는 다음 절에서 상세히 살펴볼 것이다.

이러한 이유에서 1259년 강화를 통해 본격적으로 외교관계를 수립한 이후로도, 정동행성의 설치가 확정된 1280년대 초까지, 고려와 몽골 조정 사이에서는 외교문서 왕래 방식을 두고 다양한 논의가 전개되었다.

교섭 경로의 일원화

원종 즉위 초반, 즉 고려와 몽골 사이에 강화가 성립된 직후에는 위의 배경 가운데서도 특히 세 번째 문제, 즉 외교 담당 주체의 문제가 먼저 강하게 부각되었다. 3장 2절에서 살펴보았듯이 고려-몽골 전쟁 기간 중에는 최종적인 의사 결정은 양국 조정에 의해 이루어졌다고 하더라도 몽골의

---

16) 이에 대해서는 이명미, 『13~14세기 고려·몽골 관계 연구―정동행성승상 부마 고려국왕, 그 복합적 위상에 대한 탐구』, 혜안, 2016, 80~153쪽 참조.

원정군 사령부와 고려 조정 사이, 몽골 조정 내의 유력자들과 고려 조정 사이에서 일상적으로 수많은 사신과 문서가 오고갔다. 게다가 고려를 침공한 몽골군은 일원적인 지휘계통에 따른 단일한 세력으로서 존재했던 것이 아니라 다양한 세력의 연합체로서 작전을 전개하고 있었으며,[17] 따라서 고려 조정은 그들 각각과 교섭을 하지 않을 수 없었다. 고려 침공이 전대인 뭉케 시대에 결정과 집행이 이루어졌던 까닭에, 새로 즉위한 쿠빌라이의 입장에서는 그 과정을 아직 완벽하게 파악하고 장악하지는 못한 상황이었다. 바꿔 말하자면 고려와의 관계를 완전히 자신 주도의 사업으로 인계받지 못한 상황이었다. 특히 칸위 계승을 둘러싸고 아릭부케와 경합하던 상황에서 당시 진행 중이던 몽골제국 전체의 확장 사업을 얼마나 신속하고 정확하게 자신의 지휘 아래로 재편할 수 있는가의 문제는 쿠빌라이 진영이 직면한 중대한 도전 과제였다.[18] 때마침 조우하게 된 고려의 태자를 잘 대접하고, 그를 왕으로 세워 귀국시킴으로써 고려를 자신의 세력권 아래 포섭하자고 건의한 쿠빌라이 진영의 趙良弼이나 廉希憲의 건의도[19] 이러한 배경에서 이해할 수 있다.

　그 결과 강화 초기에는 고려와 몽골 조정 사이에는 교섭 창구를 단일화하려는 시도가 이루어졌다. 원종의 귀국과 쿠빌라이의 즉위에 발맞추어 몽골군은 고려의 서북면에서 일시에 철수하였다.[20] 쿠빌라이의 입장에서는 고려의 숙원을 들어줌으로써 우호적인 관계를 설정함과 동시에, 오랫동안 전쟁을 수행해온 몽골의 다른 세력들을 배제하고 고려에 대한 자신의 배타적인 영향력을 확보하고자 하는 일석이조의 효과를 노렸을 것이다. 아울러 원종 원년(1260) 6월에 보낸, 講和의 내용을 최종 확인하는 의미를 갖는 쿠빌라이의 조서에서는 "사신은 오직 (몽골) 조정에서만 보내기로 하고 나머지는 모두 금지한다."고 선언하였다.[21] 과거 30년 가까이 지속되었던 몽골과의 복선적

---

17) 단적인 예로 고종 41년(1254) 몽골의 원정군 사령부 내부의 갈등으로 5차 침입이 중단되고, 총사령관을 교체한 후 침입을 재개한 사건을 통해서도 이러한 상황을 엿볼 수 있다.

18) 쿠빌라이와 아릭부케의 칸위 계승 분쟁과 이를 둘러싼 몽골제국의 동향에 대해서는 김호동, 『몽골제국과 고려』, 서울대학교출판부, 2007 참조.

19) 『고려사』 권25, 원종 원년(1260) 3월 丁亥.

20) 『고려사』 권25, 원종 원년(1260) 3월 丁亥.

인 교섭 경로를 단일화할 수 있는 계기가 마련되었던 것이다. 이러한 조치는 고려의 입장에서는 더할 나위 없이 반가운 일이었다. 전쟁 기간 동안 고려는 몽골군을 구성한 다양한 세력들의 끊임없는 물자 요구에 시달려온 후였다. 따라서 상대해야 할 주체가 하나로, 그것도 몽골 내의 가장 강력한 실력자이자 원종과 우호적인 첫 만남을 가진 뒤였던 쿠빌라이 측으로 단일화된다면 다른 세력들의 개입을 차단할 수 있으리라 기대하였을 것이다.[22]

실제로 이 조치는 한동안 준수되었던 것으로 보인다. 이듬해인 中統 2년(원종 2, 1261)의 기록에 따르면 高麗國相, 즉 李藏用이 燕京行省에 문서를 보내 안부를 묻자 연경행성에서도 역시 答書를 보내고자 하였으나, "境外와의 사귐은 人臣이 해서는 안 된다"는 건의에 따라 중지하였다고 한다.[23] 그리고 이후 원종 대 내내 몽골의 사신이 고려에 왔다는 기록을 살펴보면 거의 대부분이 황제의 명에 따라 詔書를 휴대하고 왔거나, 몽골 중앙조정의 中書省의 문서를 가지고 온 것으로 확인될 뿐, 그 밖의 몽골 관부나 유력자가 파견한 사례는 매우 드물다.[24]

이로써 보건대 약 30년의 전쟁기 동안 다양한 몽골 세력이 고려와 개별적으로 접촉, 교섭하던 관행은 쿠빌라이의 즉위 및 양국 강화의 성립과 함께 조정 대 조정의 관계로 창구가 단일화되었다고 볼 수 있다. 이는 고려-몽골 관계가 고려 전기, 고려 조정과 송·거란·금과의 관계와 비슷한 외교 방식으로 정비되었다고 볼 수 있는 중요한 근거가 된다. 그러나 이전 시기에 비해 양국 사이에 왕래한 사신의 명목은 훨씬 다양해졌고, 그 빈도도 압도적으로

---

21) 『元高麗紀事』中統 원년(1260) 6월. 行人惟朝廷所遣, 禁止餘使, 不通行. ; 『고려사』권25, 원종 원년(1260) 8월 壬子. 行人惟朝廷所遣, 予悉禁絶.

22) 이상 원종 초기 몽골과의 교섭 경로 정리 문제에 대해서는 정동훈, 앞의 논문, 2020b, 238~239쪽 참조.

23) 王惲, 『中堂事記』上, 中統 2년(1261) 3월 15일 丙子. 初高麗國相有以書致寒暄於省府者, 欲以書爲答, 且以方略撼之, 俾見我大國文加武暢之盛. 惲曰, "不可. 境外之交, 非人臣所宜. 此范文正書諭元昊, 遂得罪於裕陵也, 可不戒哉." 遂止. 張東翼, 『元代麗史資料集錄』, 서울대학교출판부, 1997, 47쪽에서 재인용.

24) 예외적으로 원종 9년(1268) 11월에 丞相 安童이 고려 사신이 귀국하는 편에 '書'를 보내어 토산물과 약품을 요구하자 국왕이 答書한 사례가 있으며(『고려사』권26, 원종 9년(1268) 11월 丁卯. 金裕等傳丞相安童來書, 索土産·藥品, 王遣譯語郎將康禧答書, 偕裕行.), 13년(1272) 11월에는 多者大王의 사자가 왔다는 단편적인 기록이 있다(『고려사』권27, 원종 13년(1272) 11월 己巳. 多者大王使者來.).

높아졌다는 점에서는 과거의 외교 방식과 뚜렷하게 차이를 보인다고 할 수 있다. 이 점을 확인하기 위해 이 시기의 사신을 정기적 사신과 비정기적 사신으로 나누어 살펴보고, 이때에 각각 어떠한 외교문서가 전달되었는지를 확인해보겠다.

2. 정기적 사신 파견과 의례적 내용의 表文 제출

원종 대 賀正使·賀聖節使 파견 개시

고려에서 몽골 조정에 처음으로 사신을 파견한 것은 몽골의 1차 침입이 마무리되고 잠시 휴전 국면에 접어들었던 고종 19년(1232) 4월의 일이었다. 당시 고려 조정은 몽골군의 1차 침입 때에 義州에서 항복한 이후 양 진영 사이를 왕복하며 교섭을 매개했던 上將軍 趙叔昌을 사신으로 보내 몽골 황제에게 표문을 올렸다고 한다.[25] 그러나 이후 고려 조정에서 몽골 중앙조정에 사신을 파견하는 일은 꾸준히 이어지지는 않았다. 앞 절에서 살폈던 것처럼 고려 조정이 몽골 조정에 사신을 파견한 것은 1240년대, 전쟁이 소강국면에 접어들었던 때에 집중되었다.[26] 전쟁 기간 동안에는 대부분의 교섭이 고려 조정과 몽골 원정군 사령부 사이에서 이루어졌던 것이다.

강동성 전투가 끝난 직후인 고종 6년(1219)에 맺은 조약에서 고려는 매년 일정한 양의 물자를 몽골 측에 공급하고, 몽골은 매년 한 차례씩 고려에 사신을 파견해서 이를 수령해가기로 약정한 바 있었다. 그러나 이는 제대로 준수되지 않았음은 3장 1절에서 살펴본 바와 같다. 실제로 고종 5년(1218) 처음 접촉한 이래 전쟁을 겪는 동안을 포함하여 40여 년 동안 양국 사이에서 맺은 어떠한 형태의 약속에서도 정기적으로 사신을 주고받을 것을 약정한 일은 없었다.

그러다가 원종 원년(1260), 쿠빌라이가 앞으로 몽골의 사신은 중앙 조정에

---

25) 『고려사』 권23, 고종 19년(1232) 4월 壬戌 ; 『元高麗紀事』 태종 4년(1232) 4월.
26) 고종 대 고려에서 몽골 조정으로 파견한 사신의 목록과 그들의 활동에 대해서는 김장구, 「대몽골국 초기(1206~1259) 카라코룸으로 간 고려사신들」, 『梨花史學研究』 57, 2018 참조.

서만 보낼 것임을 언명함으로써 양국 조정 사이의 사신 왕래가 안정적으로 유지될 수 있는 기반이 마련되었다. 이에 원종 대에는 몽골 조정에 매우 빈번하게 사신을 파견하여 각종 현안에 대해 중앙 조정 대 조정의 경로를 통해 협의하였다. 이와 같은 실무적 사안을 처리하기 위한 사절과는 별도로 과거 거란·금과의 관계에서와 마찬가지로 의례적인 사안을 위한 정기적 사신을 파견하기 시작했는데, 황제의 생일을 축하하기 위한 賀聖節使와 새해를 축하하기 위한 賀正使가 그것이다.

『고려사』 세가와 『고려사절요』를 통해 확인되는바, 고려에서 몽골에 賀正使를 파견한 것은 中統 5년(1264, 그해 8월에 至元으로 改元)의 新正을 축하하기 위해 원종 4년(1263) 10월에 大司成 韓就를 보낸 것이 처음이다.[27] 또한 賀聖節使를 파견한 것은 그보다 3년 뒤인 원종 7년(1266) 6월에 大將軍 朴琪를 보낸 것이 처음이었다.[28] 이후 원종 재위 기간을 통해 하정사와 하성절사를 파견한 기록을 정리해보면 다음 표와 같다.[29]

〈표 3-3-1〉원종 대 賀正使 파견 일시

일시	소요일수*	사신	正使 관품**
4년(1263).10.16.	74	大司成 韓就	
6년(1265).10.25.	65	侍御史 李穎, 郎將 金靖	5b
7년(1266).11.11.	50	侍郎 張鎰	4a
8년(1267).11.11	49	安慶公 王淐	
9년(1268).11.		國子司業 李淳益	4b
10년(1269).10.28	61	侍郎 陳子厚	4a
11년(1270).윤11.		秘書監 朴恒, 郎將 崔有渰	
12년(1271).11.23.	37	李昌慶, 文宣烈	
13년(1272).11.24.	37	中書舍人 權㫜	4a
14년(1273).11.21.	40	少府少監 李義孫, 郎將 呂文就	4b

* 소요 일수 : 출발일부터 正旦인 이듬해 정월 1일까지의 날수를 뜻한다. 실제 사절은 이보다 3일 이상 전에 도착해야 했다.
** 正使 관품 : 4a는 正4品, 5b는 從5品을 뜻한다.

---

27) 『고려사』 권25, 원종 4년(1263) 10월 壬戌. 遣大司成韓就如蒙古, 賀正兼謝賜羊.
28) 『고려사』 권26, 원종 7년(1266) 6월 庚午. 원 世祖 쿠빌라이의 생일은 음력 8월 28일이다. 『元史』 권6, 세조 지원 3년(1266) 8월 戊子에는 "高麗國王王植遣其大將軍朴琪, 來賀聖誕節."이라고 기록하고 있다.
29) 두 표 모두 전거는 『고려사』 世家 및 『원사』 本紀이다.

일시	소요 일수*	사신	正使 관품
7년(1266).6.9.	78	大將軍 朴琪	3b
8년(1267).7.		秘書監 郭如弼	
9년(1268).7.18.	40	閤門使 孫世貞, 郎將 吳惟碩	5a
10년(1269).8.1.	27	侍中 李藏用	1b
11년(1270).8.1.	27	世子 王諶, 樞密院副使 元傅, 上將軍 宋松禮, 中丞 洪文系	3a
13년(1272).7.3.	54	大將軍 金伯鈞	3b
14년(1273).7.21.	37	上將軍 金侁	3a
15년(1274).7.18.	39	樞密院使 朴璆	2b

* 소요 일수 : 世祖 쿠빌라이는 칭기스칸 재위 10년(1215) 음력 8월 28일에 출생하였다.

위의 표에 따르면 하정사는 원종 5년(1264), 하성절사는 원종 12년(1271)에 파견된 기록이 빠져있지만, 이는 기록의 누락에 따른 것일 뿐, 대체로 매년 빠짐없이 파견되었으리라 생각된다. 그리고 이와 같은 의례적인 사안으로 매년 두 차례씩 정기적으로 사신을 파견하는 일은 고려와 몽골의 관계가 지속된 이후 한 세기 동안 꾸준히 이어졌다.

2장에서 살펴보았듯이 고려 전기, 고려는 거란과 금에 매년 세 차례씩 정기적인 사신을 파견하고 있었다. 그 중 두 가지가 新正과 황제의 생신을 축하하기 위한 사절이었고, 다른 하나는 거란과 금에서 국왕의 생일 축하 사절을 파견해준 데 대해 사례하는 사절이었다. 원종 대 이후 고려 조정에서 몽골 조정에 전자의 두 가지 의례적인 사안을 명목으로 정기적인 사신을 보내기 시작했다는 점에서 고려 전기 이래의 관행을 회복하였다고 볼 수 있다. 반면에 몽골 조정에서는 국왕의 생일을 축하하는 사신을 파견한 일이 없었으며, 따라서 그에 대한 사례를 표하는 사신을 정기적으로 보내는 일도 없었다. 즉 고려 전기 거란·금에 보낸 정기적 사신이 1년에 3회(금 대에는 방물을 진헌하는 사신을 포함하여 4회)씩이었던 데 비해, 몽골과의 관계에서는 2회가 되었던 것이다.[30]

---

30) 고려는 원종 4년(1263)부터 충렬왕 7년(1281)까지 매년 몽골에 歲貢을 납부한 바 있었다. 그러나 歲貢은 별도의 사신을 파견하여 보낸 것이 아니라 이듬해 正旦을 축하하는 사신이 함께 가지고 갔던 것으로 보인다. 鄭東勳, 앞의 논문, 2020a, 135~136쪽 참조.

『止浦先生文集』에 수록된 表文

한편 이러한 의례적인 사안의 사신은 반드시 表文을 지참하고 있었다. 이 역시 고려 전기 거란·금과의 관계에서와 동일하다. 원종 대 몽골 조정에 보낸 표문은 金坵가 찬술한 것이 대부분인데, 그 가운데 다수가『동문선』에 수록되어 있다. 1801년에 金坵의 후손들이『동문선』에 실린 그의 문장과 『고려사』세가 등의 기록을 종합하여 편찬한『止浦先生文集』에는 이들 외교문서가 그 찬술 배경과 함께 정리되어 있어 크게 참고가 된다.[31]『止浦先生文集』에 수록된 외교문서를 정리해보면 〈표 3-3-3〉과 같다.

〈표 3-3-3〉『止浦先生文集』에 수록된 외교문서

연번*	문서제목	시기	문서 배경, 내용	동문선 연번
2-6	告奏表	고46.4.	세자를 보내 화친을 청함	40-11
2-7	告奏起居表			40-12
2-8	賀新登寶位起居表	원1.4.	쿠빌라이의 제위 등극을 축하	32-5
2-9	賀表			32-6
2-10	賀立元表	원1.9.	연호를 제정한 사실을 축하	32-3
2-11	物狀			32-4
2-12	陳情表	원1.4.	출륙환도 등에 우호적인 조치를 취해준 데 대한 감사 인사	40-19
2-13	物狀			40-20
2-14	告奏起居表			40-21
2-15	謝護送世子表	원3.4.	세자 王諶을 잘 대우해서 돌려보내준 데 대한 감사 인사	37-23
2-16	陳情表	원3.9.	몽골에서 요구한 매를 진헌하며, 銅은 산물이 아니라 진헌하지 못한다는 사정 설명	40-13
2-17	告奏起居表			40-14
2-18	陳情表	원3.12.	몽골에 투항한 고려인 陸子襄과 于琔의 처자를 몽골에 보냄	40-15
2-19	告奏起居表			40-16
2-20	進奉鶻子起居表	원4.5.	몽골에 매를 진헌함	44-21
2-21	進奉表	원4.5.		44-22
2-22	進奉表		1년치의 조공을 진헌함	44-23
2-23	進奉起居表			44-24
2-24	謝賜羊表	원4.10.	양 500마리를 하사해 준 데 대한 감사 인사	37-21
2-25	謝恩起居表			37-22
2-26	別紙告由表	원4.4.	황제가 요구한 設驛·助軍 등을 시행하기 어렵다고 호소	44-29
2-27	賀正起居表	원4.10.	至元 원년(1264) 新正 하례	31-55
2-28	進奉表	원5.4.	조공을 진헌함	44-25
2-29	進奉起居表			44-26

2-30	陳情表			44-27
2-31	方物表			44-28
2-32	陳情表	원5.5.	친조하라는 명을 거절하면서 양해를 구함	40-17
2-33	入朝告奏表	원5.8.?	親朝하면서 올린 글	40-18
2-34	還國謝恩表	원6.1.	친조에서 돌아온 후 잘 대우해준 데 대한 감사 인사	37-25
2-35	謝恩起居表			37-24
2-36	遣濟州星主告奏表	원7.11.	濟州 星主를 몽골에 보냄	40-4
2-37	告奏起居表			40-3
2-38	詔責兵船陳情表	원9.4.	송 정벌에 조군, 출륙환도 등을 독촉하는 데 대해 해명	40-22
2-39	告奏起居表			40-23
2-40	陳情表	원9.8.	군사 원조를 지시한 데 대한 해명	40-24
2-41	誅金俊告奏表	원10.1.	金俊과 그 도당을 주살한 것을 알림	40-5
2-42	告奏表	원12.1.	三別抄 토벌에 소극적이었던 몽골 元帥 阿海를 고발	40-10
2-43	告奏表	원12.12.	밀성의 난, 관노의 난 진압 사실을 알림	40-9
2-44	賀立大元國號起居表	원13.1.	大元이라는 국호를 제정한 것 축하	32-1
2-45	賀表	원13.1.		32-2
2-46	謝釐降公主表	원15.9.	공주를 하가시켜준 데 대해 감사 인사	37-26
2-47	同前謝酒表			37-27
2-48	告奏表	충렬1.11.	관제를 고쳤음을 알림	40-6
2-49	告奏表	충렬1.11.	榷場 설치 제안에 물자 부족으로 부응하기 어려움을 호소	40-7
2-50	告奏起居表	충렬1		40-8
2-51**	賀表	충렬2.1.	至元 13년(1276) 新正 하례	31-56
2-52	物狀			31-57
2-53	賀聖節起居表		聖節 하례	31-58
2-54	賀表		聖節 하례	31-59
2-55	方物表		방물 진헌	31-60
2-56	賀聖節起居表		성절 하례	31-61
2-57	賀表		축하 인사	31-62
2-58	方物表		방물 진헌	31-63
3-7	與張學士書	원1.4.	출륙환도가 늦어지고 있는 점 해명	62-4
3-8	與王學士書	원5.?	매 진헌, 각장 설치 등 현안에 대해 잘 아뢰어 줄 것을 당부	62-5
3-9	又與王學士書	원9.11.	몽골의 조군 요청에 부응하기 어렵다는 점 해명	62-6

* 연번 : 『止浦先生文集』의 몇 권에 몇 번째로 수록된 문서인지를 표시한 것이다. 표의 마지막 칸의 '동문선 연번' 역시 같은 방식으로 부여된 번호이다.
** 2-51 : 2-51. 〈賀表〉부터 2-58. 〈方物表〉는 『東文選』에서 〈目錄〉에는 찬자를 金坵로, 권31의 본문에는 찬자를 李奎報로 표시하였다. 이에 대해 『止浦先生文集』의 편찬자는 "일단 이 책에 수록해두고 後考를 기다린다"라고 하였다. 이에 대해 윤용혁은 이들 문장에 국왕의 親朝 등에 대한 내용이 있는 것으로 보아 李奎報의 글이 될 수 없다고 판단하였다(윤용혁, 앞의 논문, 12쪽). 이에 더하여 이들 8편의 문장은 『東國李相國集』에는 수록되어 있지 않다는 점에서도 金坵가 찬술한 것으로 보는 편이 타당할 것이다.

『지포선생문집』에 수록된 총 56건의 외교문서 가운데 권2에 실린 53건이 表文, 권3에 실린 3건이 서한식 문서이다. 표문의 수효가 압도적으로 많다는 점이 우선 눈에 띈다. 물론 당시의 외교문서 가운데 어느 정도를 金坵가 작성하였는지, 또 그 가운데 어느 정도가 『동문선』에 실리게 되었는지 등을 알 수 없기 때문에 단순히 숫자만 비교하는 것에는 의미가 없을 것이다. 그러나 고종 46년(1259)부터 충렬왕 2년(1276)까지 17년 동안, 그 중에서도 대부분 원종 재위 기간 동안 위와 같은 많은 수의, 그리고 다양한 목적과 내용의 표문이 작성되었다는 사실 자체가 이 시기 고려 조정에서 몽골 중앙 조정에 파견한 사신의 명목이 다양하고 빈도가 잦았음을 보여준다고 할 수 있다.

표문의 문체와 수사

표문의 내용을, 의례적인 사안에 대한 사례 각각 하나씩만 확인해보겠다.

> 가-1) 云云. 扶桑과 接境한 곳에서 공손히 漢의 울타리로서의 직분을 지키고, 行葦의 어진 덕에 젖어 다만 周室에 충성을 다하였습니다. 이제 새해의 아침을 맞이하여 예전의 충성을 곱절로 더하겠습니다.[32]

> 가-2) 云云. 가을이 절후를 알리자 마침 번개가 두르는 때가 돌아왔고, 紫極에 상서로움이 엉기어 더욱 냇물처럼 불어나는 경사를 안으시니, 통치가 미치는 곳마다 모두가 기쁨을 같이 합니다. 삼가 생각건대, 덕이 귀하고 道가 높으시니 하늘이 돕고 신이 도우시어 뭍으로나 바다 건너서나 萬國이 모두 奉職의 정성을 바치고 冠帶百蠻이 다 同仁의 감화에 들어왔습니다. 하물며 이 誕降의 아름다운 聖節을 맞아 갑절이나 성수무강의 복을 받으시는 것이겠습니까. 엎드려 생각하건대 신은 깊이 聖恩에 젖어 정성껏 藩務에 이바지하는바 멀리 천 리 밖에서 강토를 맡은 직분의 예의를

---

31) 이에 대해서는 윤용혁, 「止浦 金坵의 외교활동과 대몽 인식」, 『全北史學』 40, 2012 참조.
32) 『동문선』 31-55. 〈賀正起居表〉. 云云. 搏桑接境, 恭守職於漢藩, 行葦沐仁, 第輸忠於周室. 爰屬履新之旦, 益殫倍舊之誠.

닦고 길이 한 마음으로 항상 하늘을 우러르는 축수를 올릴 뿐입니다.[33]

    짧은 문장이지만 유교 경전과 중국 역사의 다양한 고사가 인용되어 있고, 수사가 매우 화려하다는 점에서 과거 송·거란·금에 보냈던 의례적 내용의 표문과 동일하다는 점을 확인할 수 있다. 이러한 문체의 특성상 그것을 작성하는 것은 중요한 기능으로 인정되었던 것 같다. 원종은 金坵가 知制誥의 직을 사양하였을 때에 그를 불허하면서 내린 不允批答에서,

> 나) 仁宗 때에는 金緣과 崔惟淸이 大金國과 오가는 表章을 맡았었고, 나의 부왕의 조정에서는 李奎報와 崔滋가 있어 겨우 몽골과 交通하는 문서를 작성하였으며, 짐이 즉위함에 미쳐서는 화려한 그대의 붓에 기대어왔다. 하물며 지금 황제께서는 문학을 숭상하시고 법도와 憲章을 닦으시어, 左袵하는 오랑캐들도 詩書와 禮樂을 익혀 알게 되었다. 그런데도 우리나라의 사신이 조정에 나아갈 때마다 다른 외국과는 다르게 총애하니, 이 어찌 藩邦의 事大하는 조그마한 성의를 보고 문물의 古風을 가졌다고 생각하는 것이 아니겠는가. 지난번에 온 황제의 조서에, "글 뜻이 간절하고 곡진하다."는 말씀이 있기까지 하였는데, 경이 지은 표문이 情과 글이 곡진하여 상국의 조정을 감동시키지 않았다면 어찌 이런 말이 있을 수 있었겠는가.[34]

라고 하기도 하였다. 실제로 원종 2년(1261) 4월, 태자를 몽골에 보내 아릭부케

---

33) 『동문선』 31-62. 〈賀表〉. 云云. 白藏告律, 適回電繞之辰, 紫極凝休, 深摊州增之慶, 統臨所洎, 懽懌皆同. 恭惟, 德貴道尊, 天贊神斿, 梯航萬國, 咸輸奉職之誠, 冠帶百蠻, 盡入同仁之化. 況値誕彌之節, 倍膺難老之祥. 伏念, 臣深沐聖恩, 恪供藩務, 遠於千里, 庶修任土之儀, 永以一心, 常切齊天之祝.
두 문서의 번역은 민족문화추진회 편, 『국역 동문선』 3, 1966 및 『國譯 止浦先生文集』, 성균관대학교출판부, 1984를 참조하였다.

34) 『동문선』 30-19. 〈金坵讓中大夫國子祭酒左諫議大夫翰林侍講學士依前知制誥不允批答〉. 昔仁廟之代, 金緣·惟淸專掌大金來往之表章, 我寧考之朝, 奎報·崔滋財成蒙古交通之文字, 及朕躬之負辰, 憑爾筆之摛華. 矧今皇帝右文, 法度憲章之修立, 蠻夷左袵, 詩書禮樂之習聞. 每吾使之進朝, 異他方之寵獎, 豈以藩宜屏翰之微效, 謂存聲名大物之古風. 頃者, 皇帝詔書至, 有辭旨懇款之語, 非有爾之所製之表, 情文曲盡, 而感動上朝, 則曷以臻此哉.

를 평정한 것을 축하하였을 때 그 표문을 金坵가 지었는데,[35] 몽골의 翰林學士 王鶚이 그 문장이 우수하다고 칭찬한 일이 있었다고 한다.[36] 이처럼 의례적이고 정기적인 사절 파견과 그에 따른 표문의 작성에는 과거와 같은 文翰 능력이 필요하였고, 따라서 그러한 소양을 갖춘 고려 전기 이래의 유학자 관료층이 이 시기에도 외교의 담당자로서 중요한 역할을 수행하였다. 이후로도 충렬왕 때에는 과거를 실시하면서 表文을 작성하는 능력을 시험하기도 했고,[37] 忠宣王은 元都에 체류하면서도 傳旨를 통해 吳良遇에게 표전문 짓는 일을 전담시키면서 그에게 급료를 지급할 것을 명령하기도 했다.[38] 그리고 그들은 당시 고려와 몽골의 관계를 고려 전기에 거란이나 금과 맺었던 외교관계와 큰 차이가 없는 것으로 묘사했다.

양국 문인들이 묘사한 고려-몽골 관계

문장의 유려함을 파악하고 인정한 몽골의 한림학사 王鶚 역시 漢人 관료였고 전통적인 유학 지식과 문학적 소양을 갖추고 있었다. 그리고 金坵나 李藏用을 비롯한 고려의 관료들이 사행의 기회 등을 통해서 이들과 교유하였던 점도[39] 그들의 이러한 인식을 뒷받침하였을 것이다. 또한 이 시기에 몽골 황제의 명의로 고려에 발령된 詔書 역시 王惲과 같은 당대의 文衡들이 작성을 담당하였던 점,[40] 따라서 거기에서 雅文 한문으로 표현된 고려와 몽골의 관계 역시 전통적으로 중국이 외국을 대하던 방식과 용어들로 채워져 있던 점 등도 이러한 인식을 가능하게 하였을 것이다. 예컨대 위의 인용문 가-1)을 보면 고려는 스스로를 '漢의 울타리[漢藩]'로 자임하면서 충성을 바칠 몽골을 가리켜 '周室'이라고 칭하였다. 문서 속에서 고려는 몽골을 전통 중국의 연장 속에 위치지어 표현하고 있었음을 뜻하는 것이며, 몽골 측의

---

35) 이 표문은 『고려사』 권25, 원종 2년(1261) 4월 己酉 條에 실려 있다.
36) 『櫟翁稗說後集』 2.
37) 『고려사』 권32, 충렬왕 28년(1302) 6월 乙亥.
38) 『고려사』 권33, 충선왕 원년(1309) 7월 壬寅.
39) 張東翼, 「麗·元 文人의 交遊」, 『高麗後期外交史研究』, 一潮閣, 1994, 200~203쪽 참조.
40) 王惲, 『中堂事記』 上, 中統 2년(1261) 3월 15일 丙子. 張東翼, 앞의 책, 1997, 47쪽에서 재인용.

수신자 역시 이를 자연스럽게 받아들이고 있었음을 알 수 있다. 정기적·의례적 사신의 파견과 접수를 담당한 양측은 모두 고려-몽골 관계가 전통적인 한중관계의 연장선상에 있었던 것으로 표현하고 있었다. 또 적어도 고려측은 그렇게 되어야 한다고 강조하였던 것이다.

3. 비정기적 사신 왕래와 실무적 내용의 문서 교환

비정기적 사신 왕래의 급증

앞서 살펴본 정기적 사신 파견과 그들이 지참했던 表文의 내용만을 두고 본다면 원종 대 고려와 몽골의 관계는 이전 시기 고려가 중국 왕조들과 맺었던 외교관계와 큰 차이를 보이지 않는 것처럼 보일 수 있다. 장기간에 걸친 전쟁이 마무리되면서 한반도에 주둔했던 몽골군들 역시 모두 철수한 상황이었으며, 몽골의 감독관이었던 다루가치 역시 원종 대 초반에는 주재하지 않았다. 영토 역시도 고종 45년(1258) 趙暉와 卓靑의 투항으로 동북면 일대에 雙城摠管府가, 그리고 원종 11년(1270)에 崔坦의 투항으로 서북면 일대에 東寧府가 설치된 것을 제외하면 고려 전기의 상황과 크게 달라지지 않았다고 볼 수도 있다.[41]

그러나 양국 사이에는 강화 이후에 처리해야 할 현안이 산적해있었고, 이에 대해 협의하기 위해 무수히 많은 사신들이 왕래하였다. 예컨대 원종 9년(1268) 한 해만 살펴보아도, 『고려사』 세가에서 확인되는 것만으로도 몽골에서는 황제의 명에 따라 2월과 3월, 10월과 11월에 총 네 차례의 사신을

---

41) 쌍성총관부 및 동녕부 설치의 경위와 그 성격에 대해서는 方東仁, 「雙城摠管府考(上)」, 『關東史學』 1, 1982 ; 方東仁, 「東寧府置廢小考」, 『關東史學』 2, 1984 ; 金九鎭, 「麗·元의 領土紛爭과 그 歸屬問題─元代에 있어서 高麗本土와 東寧府·雙城摠管府·耽羅摠管부의 分離政策을 중심으로」, 『國史館論叢』 7, 1989 ; 方東仁, 「麗·元 關係의 再檢討─雙城摠管府와 東寧府를 중심으로」, 『國史館論叢』 17, 1990 ; 이정신, 「원간섭기 동녕부의 존재형태」, 『고려시대의 정치변동과 대외정책』, 경인문화사, 2004 ; 김순자, 「고려·원(元)의 영토정책, 인구정책 연구」, 『역사와 현실』 60, 2006 ; 강재구, 「몽골의 高麗 北界 분리 시도와 東寧府의 편제」, 『지역과 역사』 39, 2016a ; 강재구, 「高麗 元宗代 麗·蒙關係의 추이와 東寧府의 설치 목적」, 『한국중세사연구』 47, 2016b 등을 참조.

보내왔고,[42) 고려에서도 4월, 7월과 8월에 각 한 차례, 11월에 두 차례 등 총 다섯 차례의 사신을 파견한 것으로 나타난다.[43)

원종 대 전반 황제-국왕 사이의 실무 논의

주목할 것은 실무적 사안을 다루기 위한 비정기적 사신들이 지참했던 문서 가운데 몽골 측의 수신 및 발신 주체가 원종 10년(1269)을 전후해서 변화를 보인다는 점이다. 즉 원종 10년 후반을 기준으로, 이전까지는 거의 대부분의 사신이 고려국왕과 몽골 황제 사이의 표문과 조서를 지참하고 왕래하였으며, 대부분의 실무가 이들 문서를 통해서 논의되었던 데 비해, 그 이후로는 몽골 측의 문서행위 주체로서 中書省이 부각되기 시작하였다는 것이다.

우선 원종 대 전반의 상황을 살펴보자. 원종 3년(1262)에 교환된 조서와 표문의 내용 일부를 인용하면 다음과 같다.

> 다-1) 朴倫이 몽골에서 돌아왔다. 황제가 왕에게 비단 아홉 필을 하사하였다. (중략) 또한 조서에 이르기를, "여기에 온 사신들이 아뢰기를, '본국에서 산출되는 매와 새매들을 매년 진봉하니, 바라건대 그 수에 따라 鋪馬를 지급하여주시고 또 사람들이 길을 막지 못하게 해주십시오.'라고 하였다. 이에 각 처의 다루가치와 管民官으로 하여금 고려국에서 매와 새매를 진봉하러 올 때에는 官司에서 그 수효를 헤아려 그만큼 역마를 지급해주게 하고, 또한 어떤 자라도 길을 막지 못하게 하겠다."라고 하였다.[44)

> 다-2) 禮部郎中 高汭를 몽골에 파견하여 새매 20마리와, 양질의 구리 612근, 黃紙와 白紙 각 100장을 바치게 하였다. 또한 아뢰기를, "聖旨를 내리시어 새매를 바치는 것이 늦다고 말씀하시었고, 또한 좋은 구리 2만 근을

---

42) 『고려사』 권26, 원종 9년(1268) 2월 壬寅 ; 3월 壬申 ; 10월 庚寅 ; 11월 丁卯.

43) 『고려사』 권26, 원종 9년(1268) 4월 丙戌 ; 7월 丁卯 ; 8월 ; 11월 丁卯.

44) 『고려사』 권25, 원종 3년(1262) 7월 壬寅. 朴倫還自蒙古. 帝賜王錦九匹. (중략) 又詔云, "據來使奏告, '本國所産鷹鶻, 每歲進奉, 乞依數給付鋪馬, 及無令人遮當事.' 准奏, 仰各處達魯花赤·管民官, 如高麗國進奉鷹鶻來時, 官司驗鷹鶻數目, 應副與鋪頭口者, 仍仰不以是何人等, 無得遮當."

바치라고 명하시었습니다. 그 새매라는 것은 일찍이 찾아서 잡아다가 길을 들여야 하는 것입니다. 좋은 동이라는 것은 처음에 詔旨를 보고서는 赤銅을 말씀하시는 것이 아닌가 하였다가 사신에게 물어보고서야 놋쇠를 가리키신 것임을 알게 되었습니다. 이 물건은 小國의 압록강 남쪽에서는 본디 생산되지 않는 것이라서 上朝의 漢兒土에서 사오고 있습니다. 이 말씀이 어찌 꾸며낸 것이겠습니까. 세상이 다 아는 것입니다. 그러나 聖勅을 어기게 될까 두려워 현재 가지고 있는 것을 그러모아 바칩니다."[45]

다-3) 郎中 高汭가 몽골에서 돌아왔다. 황제께서 역서를 반포하였다. 또 조서에 이르기를, "(중략) 지난번에는 진기한 날짐승을 바치겠다고 하기에 허락하였더니 곧 본래의 약속을 어겼고, 얼마 전에는 銅貨를 조금 징수하려 하였더니 또 다른 말을 꾸며내었다. 陸子襄이 떠돌이 신세가 되어 골육들과 헤어져 있는 것이 안쓰럽기에 명을 내려 가족을 찾아보라고 했더니 곧바로 명을 어겼다. 이것이 대체 무슨 마음인가."[46]

위 인용문 세 건은 모두 원종 3년(1262) 하반기에 오고간 조서와 표문의 일부이다. 다-1)의 조서는 고려에서 새매를 진헌하러 오는 사신들에게 역마를 지급하고 그들의 사행길을 방해하지 않도록 조치를 취하겠다는 쿠빌라이의 뜻을 담고 있다. 또한 다-2)의 표문은 그에 앞서 황제가 고려에 새매와 좋은 구리를 서둘러 바치라고 명한 바 있었는데 그 이행이 늦어지게 된 이유를 해명하는 내용이다. 다시 다-3)의 조서는 고려의 해명이 구차하다고 지적하며, 더불어 앞서 전쟁 말기에 몽골에 투항한 陸子襄의 가족을 찾아서 보낼 것을 요구하고 있다.

---

45) 『고려사』 권25, 원종 3년(1262) 9월 庚辰. 遣禮部郎中高汭, 獻鶻子二十, 好銅六百一十二斤, 黃白紙各一百張. 且奏曰, "聖旨, 以鷹鶻子奉獻之晩爲諭, 又勅以好銅二萬斤進獻. 其鶻子者, 早趁時而探捕, 將貢而養馴. 好銅者, 初觀詔旨, 疑是赤銅, 及問來使, 則謂之鍮鉐. 此物, 小國鴨綠江內, 本非所産, 惟上朝漢兒土中買傳而來. 言何妄飾. 世所共知. 然恐違聖勅, 罄時所有, 收集以進.

46) 『고려사』 권25, 원종 3년(1262) 12월 乙卯. 郎中高汭還自蒙古. 帝頒曆. 又詔曰, "(중략) 向許貢於珍禽, 已乖素約, 頃小徵於銅貨, 又飾他辭. 陸子襄一羈旅也, 愍骨肉之睽離, 降綸綍而理索, 輒爲拒命. 是誠何心."

이처럼 이 무렵 몽골 측에서는 물자 징발이나 사신 왕래, 인호의 송환 등과 같은 매우 구체적인 사안에 이르기까지 모두 황제의 직접 명령, 그리고 그것을 문서화한 조서에 담아 고려에 의사를 전달했다. 물론 이 시기에 고려에 발령된 조서 가운데에는 연호의 개정이나 曆書의 반포를 알리는 등 의례적인 사안에 관한 내용,47) 고려 조정의 出陸還都 및 이른바 6사의 이행을 재촉하거나,48) 남송 정벌이나 일본 효유와 같은49) 굵직굵직한 현안에 대한 내용도 포함되어 있었다. 반면에 고려에 阿吉兒合蒙合이라는 물고기를 잡아서 보내라는 것과 같은 아주 사소한 요구 사항도 모두 황제의 조서에 실려 전달되었다.50)

몽골 中書省의 등장과 개입

이러한 의사소통 경로는 원종 10년(1269) 하반기를 기점으로 변화하였다. 몽골 측의 교섭 주체로서 中書省이 본격적으로 등장하게 된 것이다. 구체적으로 원종 12년(1271) 정월에는 원종이 중서성에 문서를 보내 고려에서 屯田을 실시하는 것에 대해 반대한다는 뜻을 표명하였고,51) 같은 달에 중서성에서는 고려에 牒을 보내어 洪福源 일가를 소환할 것을 요청하였다.52) 중서성에서는 그해 3월과 4월, 6월과 8월 등에도 각각 문서를 보내서 일본 정벌을 위한 준비나 삼별초 문제 등에 대한 의사를 전달하였고, 이듬해 2월과 3월에도 그러하였다.53) 고려에서도 중서성에 꾸준히 문서를 보내면서 이상의 현안들에 대한 의견을 표하였다.54) 같은 기간 고려국왕과 몽골 황제 사이의 표문과

---

47) 『고려사』 권25, 원종 원년(1260) 8월 壬子 ; 권26, 5년(1264) 2월 丙寅 ; 10월 戊申 등.
48) 『고려사』 권25, 원종 4년(1263) 8월 甲子 ; 권26, 원종 9년(1268) 3월 壬申 등.
49) 『고려사』 권26, 원종 9년(1268) 10월 庚寅 ; 11월 丁卯 등.
50) 『고려사』 권26, 원종 8년(1267) 9월 丁未.
51) 『고려사』 권27, 원종 12년(1271) 정월 丙子.
52) 『고려사』 권27, 원종 12년(1271) 정월 己卯.
53) 『고려사』 권27, 원종 12년(1271) 3월 丙寅 ; 3월 丁丑 ; 4월 丁巳 ; 6월 丙申 ; 8월 ; 13년 (1272) 2월 己亥 ; 3월 庚午 등.
54) 『고려사』 권27, 원종 12년(1271) 6월 戊申 ; 7월 丙寅 ; 8월 ; 15년(1274) 2월 甲子 ; 6월 辛酉 등.

조서 교환은, 사료에 기재된 빈도상에는 큰 차이가 없다. 하지만 거기서 언급하는 내용은 대체적인 방침에 대한 것으로 한정되었을 뿐, 실행과 관련된 구체적인 내용은 국왕과 중서성 사이의 경로로 옮겨간 것이다.

그렇다면 국왕-황제 루트에서 국왕-중서성 루트로 의사소통의 경로가 변화하게 된 배경은 무엇일까. 이는 다음의 몇 가지로 나누어 볼 수 있다.

우선 정치적 상황의 변화이다. 원종 10년에는 7월에 權臣 林衍이 원종을 폐위시키고 安慶公 王淐을 옹립하는 이른바 원종 폐립 사건,[55] 9월에 서북면의 崔坦 등이 반란을 일으키고 몽골에 투항한 사건[56] 등이 연이어 발생하였다. 이에 몽골 조정 내부에서는 고려에 군대를 보내 이를 평정하고 군현으로 삼을 것을 주장하는 등 고려에 대한 강경책이 비등하고 있었다.[57] 결국 황제는 그해 11월에 국왕과 安慶公 王淐, 林衍 등을 소환하였고 원종은 다음 달인 12월에 강화도를 출발하였다.[58] 그리고 몽골의 燕都로 향하던 도중에 원종은 두 번에 걸쳐 都堂, 즉 중서성의 재상들에게 '書'를 보내어 고려의 상황에 협조해줄 것을 당부하였다.[59] 이것이 사료에서 확인되는 고려국왕과 몽골 중서성 사이에서 주고받은 첫 번째 문서이다.

몽골이 적극 개입하여 원종은 왕위에 복귀하였으며, 이듬해인 원종 11년 (1270) 6월에 東京, 즉 遼陽에 주둔하고 있던 몽골군과 함께 귀국하였다.[60] 원종이 귀국하던 도중에는 무신 집정 林衍과 그 뒤를 이은 林惟茂가 처단됨으로써 정확히 100년에 이르렀던 무신집권기가 종언을 고하게 되었다.[61] 또한 그 직후 고려 조정은 江都 생활 약 40년 만에 다시 개경으로 수도를 옮기기로 하였다.[62] 그리고 이에 앞서 그해 2월에는 몽골이 東寧府를 설치하여 西京

---

55) 이에 대해서는 成鳳鉉, 「林衍政權에 관한 연구」, 『湖西史學』 16, 湖西史學會, 1988 및 이명미, 「몽골 복속기 권력구조의 성립－元宗代 고려-몽골 관계와 권력구조의 변화」, 『韓國史研究』 162, 2013 참조.

56) 『고려사절요』 권18, 원종 10년(1269) 9월 ; 『고려사』 권130, 崔坦.

57) 『원고려기사』 지원 6년(1269) 11월 2일. 이 무렵 몽골 조정에서 논의되었던 대응책에 대해서는 森平雅彦, 「駙馬高麗國王の誕生」, 앞의 책, 2013, 37~44쪽 참조.

58) 『고려사』 권26, 원종 10년(1269) 11월 壬子 ; 12월 庚寅.

59) 『高麗史』 권26, 원종 10년(1269) 12월 壬辰 ; 11년(1270) 정월 辛丑.

60) 『고려사』 권26, 원종 11년(1270) 5월 丙寅.

61) 『고려사』 권26, 원종 11년(1270) 5월 乙卯.

62) 『고려사』 권26, 원종 11년(1270) 5월 壬戌.

일대를 직할령으로 삼았다.[63]

이러한 일련의 정치적 변화는 몽골에 대한 고려 조정의 의존을 더욱 심화시키는 결과를 낳았다.[64] 몽골의 군사적 개입으로 복위하게 된 고려국왕과 그를 통해 자신의 의사를 관철시킨 몽골 황제의 관계는 이전 시기의 그것과는 비교할 수 없을 정도로, 의례적 차원에서뿐만 아니라 실질적으로도 뚜렷한 상하 관계에 놓이게 된 것이다. 이제 고려국왕은 사소한 사안 하나하나까지 몽골 황제에게 건의하거나 보고하면서 조치를 취해달라고 직접 의사를 표명하기 어려운 상황이 되었다. 따라서 원종은 입조하면서 도당에 보낸 '書'에서 고려의 사정을 황제에게 잘 아뢰어줄 것을 의뢰하였던 것이다.

나아가 고려에서 三別抄의 반란이 일어나고 이를 진압하기 위해 몽골군이 고려의 영역 내에서 작전을 전개하였으며, 뒤이어 원종 11년 연말부터는 남송 정벌과 일본 원정을 위한 준비가 시작되면서 고려와 몽골 사이에는 논의해야 할 현안이 폭발적으로 증가하게 되었다. 이 모든 사안들에 대해서 국왕과 황제 사이의 경로를 통해서 협의를 거치는 것은 현실적으로도 무리가 따를 수밖에 없었다. 이에 몽골에서는 중서성이 새롭게 일차적인 대고려 교섭창구로서의 역할을 담당하게 되었던 것으로 볼 수 있다.

중서성의 위상과 역할

또 한 가지 고려해야 할 점은 몽골 조정 내에서 중서성의 위상 변화이다. 몽골에서는 칭기스칸 시기부터 자르구치와 비칙치라고 하는 서기관을 두어 중요 집무를 담당하게 하였다. 우구데이 재위 3년(1231)에 처음으로 中書省이라는 명칭을 채용하게 되었으나,[65] 그것은 중국 전통적인 唐制에서 三省의 그것과는 달리 대칸 측근의 耶律楚材와 같은 소수의 서기관들의 집행기관으로서의 성격을 가졌다. 이러한 성격은 뭉케 재위 기간까지도 대체로 변화없이 유지되었다고 한다.[66] 그러다가 쿠빌라이 즉위 직후 그의 한인 조력자들을

---

63) 『고려사』 권26, 원종 11년(1270) 2월 丁丑.
64) 이상 원종 10년과 11년의 양국 관계의 변동과 그 결과에 대해서는 이명미, 앞의 논문, 2013, 307~321쪽 및 姜在求, 앞의 논문, 11~17쪽 참조.
65) 『원사』 권2, 태종 3년(1231) 8월.

중서성의 재상으로 임명하기 시작하였고,[67] 이로부터 중서성이 軍國의 기무를 총괄하는 역할을 담당하게 되었다.[68] 특히 지원 7년(1270)에는 중서성과 樞密院, 御史臺 등 몽골 중앙의 주요 관부들에서 다루는 문서 양식을 종합적으로 제정하면서 몽골제국 내에서 통용되는 명령문서의 서식을 일괄적으로 정리하였다.[69] 이로써 중서성은 명실상부하게 몽골제국 최고위의 관부로서의 위상과 그에 걸맞은 명령체계를 갖추게 되었다. 공교롭게도 이 시점은 고려와의 외교 관계에서 중서성의 역할이 부각되기 시작하는 때와 일치한다.

더 넓은 관점에서 보면 이 시기, 즉 지원 8년(1271)에 大元이라는 중국식 국호를 결정한 것을 귀결로 삼을 때까지 수년에 걸쳐, 몽골제국은 일련의 국가 건설 및 제도 정비 작업을 추진하였다. 수도인 大都를 중국식 도성구조에 걸맞게 건설하고, 중국식 명칭을 따르는 관료 제도를 정비하는 등이 그것이었다.[70] 그 일환으로서 대외교섭과 관련된 세부적인 업무를 황제의 직접 관할 하에서 중서성으로 이전하는 절차가 취해졌던 것으로도 볼 수 있다.

몽골제국 내에서 이러한 일련의 조치를 거치면서 황제의 존재는 훨씬 초월적인 것이 되어 적어도 표면적으로는 외국과의 교섭에 일일이 개입하거나 직접 문서를 발령하는 등의 모습을 취하지 않게 되었던 것은 아닐까 한다. 실제로 이 시기를 거친 이후의 황제의 조서들은 대체로 훨씬 의례적이고 포괄적인 내용을 다루는 데에 한정되었다. 그리고 실무적인 교섭은 제국 최고위 관부로서의 지위가 확립된 중서성이 담당하는 것으로 몽골 조정 내에서 역할의 분담이 이루어졌던 것으로 보인다.

여기서 주목되는 것은 고려국왕-몽골 중서성 사이의 문서교환이 이전

---

66) 이상 몽골제국 초기의 중서성에 대해서는 張帆, 『元代宰相制度研究』, 北京 : 北京大學出版社, 1997, 1~20쪽 및 屈文軍, 「論元代中書省的本質」, 『西北民族研究』 2003年 第3期 참조. 아울러 몽골 군주의 케식과 중서성의 관계에 대해서는 Thomas T. Allsen, "Guard and Government in the Reign of The Grand Qan Mongke, 1251~59," *Harvard Journal of Asiatic Studies* 46-2, 1986 참조.

67) 『원사』 권4, 세조 中統 원년(1260) 4월 戊戌.

68) 張帆, 앞의 책, 21~24쪽 참조.

69) 松川節, 앞의 논문, 25~26쪽.

70) Hok-Lam Chan, "Liu Ping-chung 劉秉忠(1216~74) : A Buddhist-Taoist Statesman at the Court of Khubilai Khan," *Toung Pao* 53-1, 1967, 130~139쪽 ; 船田善之, 「元代の命令文書の開讀について」, 『東洋史研究』 63-4, 2005, 38~41쪽 참조.

시기의 한중관계에서는 찾아볼 수 없는 현상이라는 것이다. 2장에서도 살펴본 것처럼 고려 전기에도 국왕은 거란이나 금의 遼東 방면 책임자인 東京留守와 서한식 외교문서를 교환한 바가 있었다. 그러나 이는 어디까지나 중국 왕조의 지방관과의 교섭에 한정된 것이었을 뿐, 그 중앙조정과의 왕래에서는 언제나 황제와 국왕, 즉 양국의 군주만이 문서행위의 주체가 되었다. 또한 3장 1절과 2절에서 확인한 것처럼 고려와 몽골의 전쟁기에는 국왕이 파견군 사령부, 혹은 몽골 조정의 유력자들과 역시 서한식 외교문서를 주고받은 사례도 있었다. 그러나 이 역시 특수한 배경에서 일어난 한시적인 사례였을 뿐 안정적으로 정례화된 것은 아니었다. 반면 이 시기에 이르러서는 최초로 몽골 중앙조정의 관부와 고려국왕이 문서를 주고받는 경로가 정식 개통되었고, 이것이 일상적인 것으로 받아들여지게 되었던 것이다.

고려국왕-몽골 중서성이 주고받은 문서의 서식

그렇다면 중서성에서 보내온 문서의 서식은 어떤 것이었을까. 고려국왕과 중서성 사이의 문서 왕래가 정착된 초기에 중서성에서 보내온 문서들은 대개 牒 서식이었던 것으로 보인다.[71] 중서성에서 문서를 보낸 사실을 『高麗史』에서는 "中書省牒曰"[72], "中書省移牒"[73] 등으로 표현하였는데, 여기서 언급하는 '牒'이 단순히 '公文書'를 의미하는 일반명사로 쓰였을 가능성도 물론 배제할 수는 없다. 그러나 다음의 기록을 보면, 분명히 牒이라는 서식이 존재하고 있었음을 알 수 있다.

> 라) 右承旨 趙仁規, 大將軍 印侯를 원에 보내어 中書省에 上書하여 말하기를, "(중략) 삼가 살펴보건대 中書省에서 보내오는 문서는 글자가 정중하고 종이는 두터우며, 매번 牒에 이르기를, '바라건대 잘 살피십시오. 삼가 牒함.'이라고 합니다. (하략)"[74]

---

71) 이에 대해서는 森平雅彦, 「牒と咨のあいだ－高麗王と元中書省の往復文書」, 앞의 책, 2013, 224~231쪽에서도 상세히 다룬 바 있다.
72) 『고려사』 권27, 원종 12년(1271) 정월 己卯 등.
73) 『고려사』 권28, 충렬왕 2년(1276) 윤3월 甲子 등.

이는 충렬왕 6년(1280) 11월에 충렬왕이 중서성에 글을 보내[上書] 행중서성에서 보낸 문서가 어떤 것이며, 어디에 근거한 것인지를 묻는 구절이다. 이를 보면 '牒'이 단순히 보통명사가 아니라 하나의 정형화된 문서형식임을 알 수 있다. 또한 위의 문서를 통해서는 대부분의 牒이 고려국왕을 수신자로 해서 발송되었음도 확인할 수 있다.

그렇다면 牒이란 어떤 문서인가. 『고려사』에 등장하는 牒의 용례를 살펴보면 몽골제국 이외의 국가와도 牒을 주고받은 사례들이 확인된다. 1장과 2장에서 확인하였듯이 牒이란 통속 관계가 없는 관부 사이에서 주고받는 평행문서의 일종으로 당시 동아시아 국가들 사이에서 외교문서의 서식으로 널리 사용되어왔다. 원종 4년(1263) 고려에서 일본에 海賊의 禁壓을 요구하며 보낸 문서도 牒이었다.[75] 원종 8년(1267), 고려와 몽골이 일본과 통교를 제의하면서 보낸 외교문서들은 현재까지도 그 실물이 남아있어 당시의 외교문서 서식을 파악하는 데에 큰 도움을 준다.[76] 이때 몽골이 일본에 보낸 문서를 고려 측의 기록에서는 '書'라고 표기했고[77], 몽골 측의 기록에서도 '書'[78] 또는 '璽書'[79]라고 표현했는데, 실제로 "上天眷命大蒙古國皇帝封書日本國王"으로 시작하여 "不宣"으로 끝나는 書狀의 형식이라고 한다.[80] 동시에 전달한 고려의 문서를 『고려사』에서는 '國書'라고 표현하고 있는데,[81] 실제로는 "高麗國王王植 右啓"로 시작하여 "日本國王 左右"로 끝나는 啓 형식의 서한식 외교문서라고 한다.[82] 그런데 이러한 몽골과 고려의 문서를 일본 측의 기록에

---

74) 『고려사』 권29, 충렬왕 6년 11월 己酉. 遣右承旨趙仁規·大將軍印侯如元, 上中書省書曰, "(중략) 竊審, 中書省行來文字, 字謹紙厚, 每牒云, '請照驗. 謹牒.' (하략)"

75) 『고려사』 권25, 원종 4년(1263) 4월 甲寅.

76) 이 문서에 대한 자세한 분석은 채상식, 「麗·蒙의 일본정벌과 관련된 외교문서의 추이」, 『韓國民族文化』 9, 1997 및 張東翼, 『日本古中世高麗資料研究』, 서울대학교출판부, 2004, 193~198쪽 참조.

77) 『고려사』 권26, 원종 8년(1269) 8월 丁丑.

78) 『元史』 권6, 世祖, 至元 3년(1266) 8월 丁卯.

79) 『新元史』 권249, 高麗, 至元 4년(1267).

80) 高橋公明, 「外交文書を異國牒狀と呼ぶこと」, 『文學』 6-6, 東京 : 岩波書店, 2005, 63쪽. 이 문서에 대한 자세한 배경과 書式의 특징에 대해서는 船田善之, 「日本宛外交文書からみた大モンゴル國の文書形式の展開」, 『史淵』 146, 2009 참조.

81) 『고려사』 권26, 원종 8년(1269) 8월 丁丑.

82) 高橋公明, 앞의 논문, 63~64쪽.

서는 모두 '牒', 내지는 '牒狀'이라고 표기하였다고 한다. 이것은 당시에 '牒'이 외교문서의 보통명사로 통용되고 있었음을 의미한다.[83]

그런데 牒은 몽골제국에서도 국내 공문서의 일종으로 사용되기도 하였다. 발신 衙門과 수신 아문의 관품의 고하에 따라 상행문서인 牒上과 牒呈上, 평행문서인 平牒, 하행문서인 今故牒 등으로 세분화된 牒이라는 행정문서 체계가 갖추어져 있었던 것이다.[84]

그렇다고 해서 고려국왕에게 보내진 牒이 반드시 행정문서로서의 성격만을 가지고, 그런 용례로 사용되었던 것은 아니다. 앞서 언급한 바 있는 1269년의 몽골, 고려 사신이 휴대한 문서로는 황제의 璽書, 고려국왕의 國書뿐만 아니라 中書省이 일본국왕에게 보내는 牒이 포함되어 있었는데, 이 牒역시 몽골제국의 행정문서 양식 가운데 전형적인 平牒의 서식을 띠고 있었다고 한다.[85] 당시 일본은 몽골에 귀부하기 전이었으므로, 이 문서의 성격을 실무적인 행정문서로 이해할 수는 없다. 그렇다면 몽골제국 중서성에서 외국의 군주에게 발송한 문서들이 일반적으로 牒의 형식을 띠고 있었을 것으로 이해해도 좋을 것이다.[86] 즉 당시에 중서성에서 고려국왕에게 보낸 牒이라는 문서는 외교문서의 보통명사로서의, 그리고 몽골제국 내부의 행정 문서의 일종으로서의 의미를 모두 가지고 있었던 것으로 보아야 할 것이다.

소결 : 원종 대 고려-몽골 관계의 두 계열

이상 이 절에서는 원종 대의 고려-몽골 외교관계에서 서로 다른 두 계열, 혹은 전통에 근거한 의사소통이 이루어지고 있었음을 확인하였다. 그 하나는 동아시아의 전통적인 외교 관행에 따른 것이고, 다른 하나는 고려가 몽골에 강하게 복속된 현실에 따른 것이었다. 전자의 대표적인 예가 賀聖節使, 賀正使와 같은 정기적 사신 파견과 이에 수반한 의례적 내용의 表文 제출이었다.

---

83) 高橋公明, 앞의 논문, 63~65쪽.
84) 『元典章』 권14, 吏部 8, 公規 2, 行移.
85) 森平雅彦, 앞의 책, 233~235쪽.
86) 森平雅彦도 이 시기에 중서성이 고려국왕에게 牒을 보낸 것은 그에 대해 외국 군주로서의 禮式을 적용한 것이라고 이해했다. 森平雅彦, 앞의 책, 232~233쪽.

이를 통해 몽골은 자신에게 전통적인 중원 왕조의 계승자로서의 모습을 투영하고자 했던 것이 아닐까 생각되며, 고려의 지식인들 역시 고려-몽골 관계를 과거 거란이나 금과 맺었던 사대관계와 유사한 것으로 수식하였다. 반면 후자의 예로는 실무적 사안을 다루는 비정기적 사신 왕래가 매우 빈번했던 점을 들 수 있다. 사신이 처리한 현안의 범위나 그 깊이를 따져보면 이는 단순히 빈도의 문제를 넘어서 양국 관계 유지에 핵심적인 역할을 수행하였다.[87] 또한 사신의 정치적 활동 역시 이전과는 다르게 매우 활발하였으며, 사신의 발언과 교섭은 모두 공식적인 것으로 인정되었다.[88] 그리고 무엇보다도 원종의 두 차례 親朝 역시 새로운 질서를 반영하는 일이었다.

다만 이 과정에서 오고 간 문서는 여전히 한문으로 작성되었고 거기에 동원된 수사와 논리 또한 전통적인 동아시아의 외교 문법을 따르는 바가 많았다. 국왕의 친조 역시 天子에 대한 諸侯의 임무 가운데 하나라는, 중국 전통의 이념으로 포장, 표현되었다.[89] 마침 이 시기는 몽골이 중국식 제도와 의전을 갖추어나가던 시점과도 맞물려 있었다. 따라서 이러한 특수한 외교관계의 현상들도 전통적인 외교관계의 연장선상에서 이해될 소지를 남기고 있었다. 어쩌면 몽골제국 스스로가 이러한 수사를 통해서 전통적인 중원 왕조와 고려의 관계에 동원되었던 형식을 근거로 고려와의 외교관계를 설명하고자 했던 것은 아닐까 생각된다.

---

87) 이와 관련해서 苗冬은 몽골제국에서 宗室分封, 家臣들에 의한 간접 통치가 이루어지는 상황 속에서 사신 파견이 皇權과 宗王 및 관료기구를 대표하여 정치 활동에 참여하는 주된 수단이 되었고, 사신은 파견자의 의지를 대표하여 비교적 큰 권력을 부여받아 중요한 역할을 수행했음을 특별히 강조하였다(苗冬,「元代使臣研究」, 南開大學 博士學位 論文, 2010, 1쪽 및 71~74쪽). 사신 파견에 의한 政令 전달 및 보고 행위는 어느 시대에나 있었던 일이지만, 몽골 시대에는 그것이 훨씬 강력하게 제도화되고 실현되었다는 점에서 고려-몽골 사이의 비정기적, 실무적 사신 왕래 역시 다른 시대의 그것과 뚜렷이 구분된다고 볼 수 있다.

88) 대표적으로 원종 9년(1268) 사신으로 파견되어 황제와 대면하였던, 당시 侍中 李藏用의 사례를 들 수 있다.『고려사』권102, 李藏用 참조.

89)『고려사』권26, 원종 5년(1264) 5월 辛巳. 朝覲諸侯之大典也. 이 점에 대해서는 정동훈, 앞의 논문, 2017, 184~186쪽 및 정동훈,「명초 외교제도의 성립과 그 기원－고려-몽골 관계의 유산과 그 전유(專有)」,『역사와 현실』113, 2019, 365~368쪽 참조.

4절 충렬왕 대 고려국왕 위상 정립과
관문서식의 사용

충렬왕 대 고려-몽골 관계 연구사

元宗 재위의 마지막 해인 원종 15년(1274) 5월, 당시 세자였던 諶은 쿠빌라이의 딸 쿠툴룩켈미쉬[忽都魯揭里迷失] 공주와 혼인하였고, 곧이어 다음달에 원종이 훙거하자 몽골제국의 수도 大都에서 즉위하였으니 그가 忠烈王이다.[1] 충렬왕은 재위 24년(1298)에 약 8개월 동안 忠宣王에게 왕위를 물려주었던 기간을 제외하고 총 34년 동안 왕위에 있었다. 그는 외국의 군주임과 동시에 몽골제국 대칸의 駙馬로서의 지위를 가지게 되었고, 나아가 일본 원정을 목표로 설립된 征東行中書省의 丞相으로서의 지위를 겸하면서 제국 내에서 그 위치를 정립해나갔다. 한편 이 기간 동안에는 1274년과 1281년의 연이은 일본 원정을 비롯해서, 1280년대 말과 90년대 초에 걸쳐 요동 일대에서 발생한 나얀·카단의 난 등으로 군사적인 긴장감이 한반도 일대를 휩쓸기도 하였다. 또한 이 시기는 몽골 공주와 함께 고려에 진출한 몽골인들, 몽골과의 관계에서 활약하면서 영향력을 키워간 국내의 정치세력들, 그리고 국왕을 중심으로 결속된 측근세력 등의 각축이 이어지고, 게다가 1290년대 이후로는 그것이 몽골 국내의 정치변동과도 맞물리면서 국내 정치와 양국관계가 매우 역동적으로 전개되어 간 시기이기도 했다.

이처럼 국내외 정세에 다양한 국면의 전환이 있었던 까닭에 충렬왕 대에 대한 연구는 주로 정치상황과 정치세력에 초점을 맞추어 이루어져왔으며,[2]

---

1) 『고려사』 권28, 충렬왕 총서.

몽골과의 관계와 관련해서도 근래 연구가 크게 진척되었다. 일찍이 정동행성의 置廢 문제,[3] 충렬왕의 친조 외교,[4] 책봉 및 조공 문제[5] 등이 연구되었던 데 이어, 최근에는 왕실 및 지배층의 통혼관계,[6] 일본 원정 및 그 준비과정,[7] 국왕권의 정립 문제,[8] 관제 개편 문제,[9] 고려의 정치 및 제도 운영에 대한

---

2) 金光哲, 「高麗 忠烈王代 政治勢力의 動向－忠烈王 初期 政治勢力의 變化를 中心으로」, 『論文集』 7-1, 창원대학교, 1985 ; 李益柱, 「高麗 忠烈王代의 政治狀況과 政治勢力의 性格」, 『韓國史論』, 1988 ; 金塘澤, 「忠烈王의 復位 과정을 통해 본 賤系 출신 관료와 '士族' 출신관료의 정치적 갈등」, 『東亞研究』 17, 1989 ; 鄭容淑, 「元 간섭기 高麗 政局分裂의 원인에 대한 일고찰－忠烈·忠宣王 父子의 갈등관계를 중심으로」, 西巖趙恒來敎授華甲紀念論叢刊行委員會 編, 『西巖趙恒來敎授華甲紀念 韓國史學論叢』, 亞細亞文化社, 1992 ; 김광철, 「충렬왕대 측근세력의 분화와 그 정치적 귀결」, 『考古歷史學志』 9, 1993 ; 邊銀淑, 「高麗 忠烈王代 政治勢力의 형성배경」, 『明知史論』 11·12, 2000.

3) 池内宏, 「始建의 征東行省과 其의 廢置とについて」, 『滿鮮史研究』 中世 第三冊, 東京 : 吉川弘文館, 1963 ; 高柄翊, 「麗代 征東行省의 研究 (上)·(下)」, 『歷史學報』 14·19, 1961·1962(高柄翊, 『東亞交涉史의 研究』, 서울大學校出版部, 1970에 재수록) ; 北村秀人, 「高麗に於ける征東行省について」, 『朝鮮學報』 32, 1964 ; 張東翼, 「前期征東行省의 置廢에 대한 檢討」, 『大丘史學』 32, 1987 ; 張東翼, 「征東行省의 研究」, 『東方學志』 67, 1990(『高麗後期外交史研究』, 一潮閣, 1994에 재수록) ; 고명수, 「征東行省의 置廢경위와 성격변화 再考」, 『한국중세사연구』 43, 2015 ; 고명수, 「征東行省 기능의 변천」, 『韓國史學報』 66, 2017.

4) 金惠苑, 「忠烈王 入元行績의 性格」, 邊太燮 編, 『高麗史의 諸問題』, 三英社, 1986 ; 정동훈, 「고려 元宗·忠烈王대의 親朝 외교」, 『韓國史研究』 177, 2017a.

5) 沈載錫, 「고려와 元의 책봉관계」, 『高麗國王 冊封 研究』, 혜안, 2002 ; 정동훈, 「冊과 誥命－고려시대 국왕 책봉문서」, 『사학연구』 126, 2017b ; 鄭東勳, 「1260~70년대 고려-몽골 관계에서 歲貢의 의미」, 『震檀學報』 134, 2020.

6) 金惠苑, 「麗元王室通婚의 成立과 特徵－元公主出身王妃의 家系를 중심으로」, 『梨大史苑』 24, 1990 ; 李命美, 「高麗·元 王室通婚의 政治的 의미」, 『韓國史論』 49, 2003 ; 森平雅彦, 「高麗王家とモンゴル皇族の通婚關係に關する覺書」, 『東洋史研究』 67-3, 2008(森平雅彦, 『モンゴル覇權下の高麗』, 名古屋 : 名古屋大學出版會, 2013에 재수록) ; 이개석, 「여몽 통혼관계의 성립과 고려 안의 몽골 권력기관」, 『대원-고려 관계 연구』, 지식산업사, 2013 ; 고명수, 「충렬왕대 怯憐口(怯伶口) 출신 관원－몽골-고려 통혼관계의 한 단면」, 『사학연구』 118, 2015.

7) 신소연, 「고려 元宗末·忠烈王初 元의 屯田置廢와 麗元關係」, 『歷史敎育』 115, 2010.

8) 森平雅彦, 「駙馬高麗國王の成立－元朝における高麗王の地位についての予備的考察」, 『東洋學報』 79-4, 1998 ; 森平雅彦, 「高麗王位下の基礎的考察－大元ウルスの一分權勢力としての高麗王家」, 『朝鮮史研究會論文集』 36, 1998(森平雅彦, 앞의 책에 재수록) ; 김현라, 「고려 忠烈王代의 麗·元관계의 형성과 그 특징」, 『지역과 역사』 24, 2009 ; 최윤정, 「駙馬國王과 國王丞相－13~14세기 麗元관계와 고려왕조 國體 보존 문제 이해를 위한 새로운 모색」, 『大邱史學』 111, 2013 ; 이명미, 『13~14세기 고려·몽골 관계 연구－정동행성승상 부마 고려국왕, 그 복합적 위상에 대한 탐구』, 혜안, 2016.

원의 개입 문제,[10] 그리고 문서제도와 관련된 문제[11] 등이 다각도로 분석되고 있다.

나아가 최근에 논쟁의 대상이 되었던 양국 관계의 성격 문제도 기본적으로는 충렬왕 대의 상황을 어떻게 이해할 것인가를 두고 전개되었다. 고려-몽골 관계를 동아시아의 전통적인 冊封-朝貢 관계의 연장선상에서 파악하는 이해 방식은 충렬왕 대 초반에 고려와 몽골 사이에서 합의된 이른바 '世祖舊制'가 그러한 관계의 유지를 담보하는 데 중요한 역할을 하였다고 주장하였다.[12] 한편 이 관계를 상대국에 일정한 영향력을 유지하면서 비교적 고도의 자율성을 인정하는 몽골의 정복지 지배의 일반적 방식의 연장선상에서 이해할 필요가 있다는 주장도 제기되었는데, 이 연구에서도 주로 14세기 중반에서 후반에 걸친 몽골제국의 다른 외국에 대한 지배 방식과 고려에 대한 정책을 비교하는 방식으로 접근하였다.[13]

문제의 소재 : 고려국왕의 위상과 문서 제도

앞서 3장 3절에서는 원종 대 고려와 몽골의 외교 관계를 분석하면서 고려 전기의 한중관계와 같은 전형적 모습과 고려-몽골 관계의 특수한 성격이

9) 김보광, 「고려 충렬왕의 케시크(怯薛, kesig)제 도입과 그 의도」, 『史學研究』 107, 2012 ; 李康漢, 「고려후기 '충렬왕대 문산계(文散階)'의 구조와 운용−대부계(大夫階)에 대한 검토를 중심으로」, 『震檀學報』 116, 2012 ; 이정훈, 「원간섭기 첨의부의 위상과 역할−충렬왕과 충선왕대를 중심으로」, 『역사와 현실』 88, 2013.
10) 李康漢, 「征東行省官 闊里吉思의 고려제도 개변 시도」, 『韓國史研究』 139, 2007.
11) 森平雅彦, 「牒と咨のあいだ−高麗王と元中書省の往復文書」, 『史淵』 144, 2007(森平雅彦, 『モンゴル覇權下の高麗』, 名古屋 : 名古屋大學出版會, 2013에 재수록) ; 鄭東勳, 「高麗-明 外交文書 書式의 성립과 배경」, 『韓國史論』 56, 2010.
12) 李益柱, 「高麗·元關係의 構造에 대한 研究−소위 '世祖舊制'의 분석을 중심으로」, 『韓國史論』 36, 1996 ; 이익주, 「고려-몽골 관계사 연구 시각의 검토−고려-몽골 관계사에 대한 공시적, 통시적 접근」, 『한국중세사연구』 27, 2009 ; 이익주, 「세계질서와 고려-몽골관계」, 이익주 외 지음, 『동아시아 국제질서 속의 한중관계사』, 동북아역사재단, 2010 ; 이익주, 「고려-몽골관계에서 보이는 책봉-조공 관계 요소의 탐색」, 동북아역사재단, 경북대학교 한중교류연구원 편, 『13~14세기 고려-몽골관계 탐구』, 동북아역사재단, 2011.
13) 森平雅彦, 「事元期高麗における在來王朝體制の保全問題」, 『北東アジア研究』 別冊 第1號, 2008(森平雅彦, 『モンゴル覇權下の高麗』, 名古屋 : 名古屋大學出版會, 2013에 재수록).

동시에 드러나고 있었음을 확인하였다. 여기서는 그에 이어서 양국 관계가 좀 더 본격적이고 복잡하게 전개되었던 충렬왕 대의 교섭 양식을 살펴봄으로써 그 관계의 특징을 확인해보도록 하겠다. 특히 주목할 것은 고려-몽골 관계에서 국왕의 지위가 정립되어감에 따라 그와 관련한 의사소통 절차에 어떠한 변화가 나타나게 되었는가 하는 점이다. 기존의 한중관계에서와는 달리 충렬왕은 최초로 몽골 황실의 부마이자 정동행성 승상이라는 몽골제국 관료체제의 일원으로서의 관직을 가지게 되었고, 나아가 충선왕은 국왕위뿐만 아니라 藩王이라는 諸王의 위상을 동시에 띠게 되었다. 이러한 국왕 위상의 변동이 문서제도를 비롯한 양국 외교의 관행과 어떠한 관계를 가지는지 검토하는 것이 이 절의 목표이다.

1. 일본 원정 준비를 둘러싼 문서 왕래와 교섭 창구의 단일화

고려 관부의 위계 조정

원종 10년(1269)에는 林衍의 원종 폐위 사건이 몽골의 직접 개입으로 해결되고, 이듬해에는 무신정권이 막을 내리며 개경으로의 환도가 단행되었다. 고려와 몽골의 관계도 이들 일련의 사건과 함께 새로운 계기를 맞이하게 되었다. 철수한 지 10년 만에 몽골군이 다시 한반도에 주둔하게 되었던 것이다. 뒤이어 발생한 三別抄의 반란을 진압하기 위해 몽골군은 즉각 군사 행동을 개시하였고, 고려 조정에는 그에 대한 지원을 강요하였다.[14]

이로부터 고려는 몽골의 일본 원정 사업에서 전초기지로서의 역할을 담당하게 되었다. 이에 따라 고려 내에 몽골군이 직접 주둔하였고, 고려는 선박의 건조, 군량의 공급 등 전쟁 준비를 위한 각종의 부담을 떠맡아야 했다. 또한 형식적이나마 몽골에서 고려의 행정체계에 대해 깊이 관여하여

---

14) 일본 원정 준비를 위한 고려 측의 부담에 대해서는 羅鍾宇, 「13世紀의 韓·日關係─蒙古의 日本 遠征을 中心으로」, 釋山韓鍾萬博士華甲紀念論文集刊行委員會 編, 『釋山韓鍾萬博士華甲紀念韓國思想史』, 圓光大學校出版局, 1991 ; 김위현, 「麗·元 일본 원정군의 출정과 麗·元관계」, 안동김씨대종회, 『탄신 800주년 기념 충렬공 김방경 논문집』, 안동김씨대종회, 2012 등을 참조.

고려 관부의 격을 낮추도록 요구하기도 하였고, 실제로 고려의 최고관부인 僉議府의 官秩을 정4품으로, 다시 종3품, 종2품으로 직접 조정하기도 하였으며,[15] 왕 이외에도 金方慶을 종2품의 中奉大夫로 임명한 것을 비롯해서 고려의 관인들에게 몽골제국의 文散階를 수여하였다.[16] 이러한 사정은 이 시기 문서 행이 양태에서도 고스란히 반영되어 드러났다.

몽골 정부와 주둔군 사이의 문서 왕래

우선 주목되는 것은 삼별초 진압, 일본 원정 등을 명분으로 군대가 주둔한 것을 비롯하여[17] 다루가치 등 몽골제국의 관원, 관부들이 고려에 많이 배치되었으며, 이들이 황제나 몽골 중앙 관부들과 직접 문서를 주고받은 사례들이 많이 보인다는 것이다. 이러한 현상은 사실 강화 초기부터 시작되었다. 원종 원년(1260)에 있었던 다음의 사례는 이를 단적으로 보여준다.

> 가-1) 몽골에서 其多大를 파견하였다. 詔書에 이르기를, "(중략) 지금 너와 邊將의 문서를 받아보고 상하의 사정을 알게 되었는데, 짐이 민망하게 여기는 바이다.[18]

> 가-2) 永安公 王僖가 조서 3통을 가지고 몽골에서 돌아왔다. 다음날 왕은 束里大와 康和尙 등을 맞아오게 하여 조서를 맞이하였다.[19]

---

15) 『고려사』 권29, 충렬왕 5년(1279) 6월 ; 7년 9월 癸未 ; 권30, 충렬왕 19년 3월 乙酉 및 권76, 百官志 1, 門下部. 僉議府의 위상 변화 및 몽골과의 관계에서의 역할에 대해서는 이정훈, 「원간섭기 첨의부의 위상과 역할—충렬왕과 충선왕대를 중심으로」, 『역사와 현실』 88, 2013 참조.

16) 『고려사』 권29, 충렬왕 12월 신묘. 몽골제국의 文散階에 관해서는 『元史』 권91, 百官志 7, 文散階를 참조. 아울러 고려의 관료에 대한 몽골 조정의 관직 수여에 대해서는 이강한, 「13~14세기 고려관료의 원제국 문산계 수령—충렬공 金方慶을 포함한 여러 사례들에 대한 검토」, 『한국중세사연구』 37, 2013 참조.

17) 권영국, 「원 간섭기 고려 군제의 변화」, 14세기 고려사회 성격 연구반, 『14세기 고려의 정치와 사회』, 민음사, 1994, 133쪽.

18) 『고려사』 권25, 원종 원년(1260) 4월 辛酉. 蒙古遣其多大詔曰, "(중략) 今得爾與邊將之書, 因知上下之情, 朕所憫焉."

19) 『고려사』 권25, 원종 원년(1260) 8월 壬子. 永安公僖賚詔三道, 還自蒙古. 翌日, 王邀束里大·

가-1)을 보면 고려국왕과 함께 邊將, 즉 몽골군 장수가 황제에게 문서(아마도 表)를 보내었고, 황제가 이를 검토한 후 詔를 내렸음이 확인된다. 그리고 가-2)에 의하면 황제가 보낸 詔를 앞서 '邊將'이라고 표기된 束里大와 康和尙 등도 함께 맞이하였다고 한다. 뿐만 아니라 束里大가 국왕에게 직접 문서를 보낸 사례도 확인된다.20) 이는 고려에 주둔하고 있던 몽골군 장수들이 직접 문서 행위의 주체로 부각되고 있었음을 의미한다. 이러한 현상은 고려와 몽골의 강화 성립과 함께 몽골군이 철수하면서 한동안 보이지 않게 되었다.

원종 11년(1270) 다시 한반도에 주둔하면서부터는 고려의 영토 내에 들어와 있던 몽골군이 직접 몽골 중앙조정과 문서를 주고받는 일이 본격적으로 많아졌다. 고려에 설치된 몽골의 屯田經略司가 중앙정부에 직접 보고한 사례도 보이고,21) 塩州·白州 등에 주둔한 군사들이 中書省에 직접 청원을 보낸 사례도 문서의 내용을 통해 파악된다.22) 또한 일본 원정이 본격적으로 추진되면서부터는 그 지휘부였던 東征元帥府가 직속 上司인 중앙정부의 樞密院과 문서를 통해 보고와 명령을 주고받은 사실도 확인할 수 있다. 충렬왕 3년(1277) 4월에 왕이 황제에게 보낸 表의 내용 중에 "近者, 帥府奉樞密院箚."라고 하여, 東征元帥府가 樞密院으로부터, 통속 관계에 있는 上司에서 下司에 발급하는 명령문서인 箚를 받았음이 확인된다.23) 또 충렬왕 4년(1278) 7월에 왕이 중서성에 보낸 '書'의 내용 중에는 "東征元帥府, 於全羅道, 擅置脫脫禾孫, 又申覆上司云."이라고 하여 동정원수부가 추밀원에 '申'하고 있음을 알 수 있다.24) 여기서 '申'이란 단순히 '보고하다'는 뜻의 용어가 아니라 통속 관계에 있는 下司에서 上司에 올리는 상행문서를 가리킨다.25) 또한 '覆'이란 앞서 받은

　康和尙等迎詔.

20) 『고려사』 권25, 원종 원년(1260) 8월 丁酉.

21) 『고려사』 권27, 원종 12년(1271) 12월 丙午.

22) 『고려사』 권27, 원종 13년(1272) 4월 丁巳 條의 다음의 내용에서 알 수 있다. 遣諫議大夫郭汝弼如元, 請減軍料. 表曰, "近承省旨, 「據塩白州等軍奏請, 「令每軍一名, 添支粮一斗, 每月通支四斗.」" 이 문서에서 드러난 행정절차를 확인해보면, 염주와 백주의 군사들이 중서성에 奏請한 내용에 의거하여 중서성에서 고려국왕에게 '省旨'를 전달하고, 이에 대한 조처를 한 후 국왕이 황제에게 表를 보내고 있는 것이다.

23) 『고려사』 권28, 충렬왕 3년(1277) 4월 庚辰.

24) 『고려사』 권28, 충렬왕 4년(1278) 7월 壬辰.

문서에 대한 답신이라는 의미를 담고 있으니, 동정원수부는 이에 앞서 上司,
즉 추밀원으로부터 명령문서를 수신하여 그 지휘를 받았고, 이에 대한 조치를
취한 후 회신으로서 申을 올린 것이었음을 위 구절을 통해 알 수 있다.
이러한 상황은 고려에 파견된 몽골의 元帥·萬戶·摠管들이 중서성과 추밀원에
문서를 보내 각종 사안에 대해 보고하고 있음을 전하는 문서의 내용을
통해서도 거듭 확인된다.[26]

　　주목되는 사례는 충렬왕 6년(1282) 10월에 行中書省에서 보낸 牒의 내용이
다.[27] 여기에는 일본 원정과 관련하여 준수해야 할 사항을 총 17개 조목으로
나누어 지적하고 있다. 그런데 이와 동일한 내용의 조문이 『元典章』에 실려
있다.[28] 두 문서의 내용에는 약간의 차이가 있지만, 戰線에 나가있는 군사들에
게 지원 15년(1278)에 황제의 명령을 받아 추밀원에서 발령한 동일한 명령문
서임에는 분명하다. 그런데 이 문서가 전장의 장령들에게 전달되기까지의
과정과 『元典章』에 실리기까지의 행이과정이 각각 다르다. 이를 그림으로
표현하면 다음과 같다.

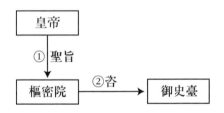

〈그림 3-4-1〉『元典章』에 실린 문서의 행이과정

　25) 이상의 문서 양식에 대해서는 『元典章』 권14, 吏部 8, 公規 2, 行移 참조.
　26) 『고려사』 권29, 충렬왕 6년(1282) 7월 丁卯. 又牒曰, "欽奉聖旨條畫內一款, '節該, (중략)
　　　或諸人首告得實, 自元帥·萬戶·摠管, 取招移咨省院聞奏.'"
　27) 『고려사』 권29, 충렬왕 6년(1282) 10월 是月. 『고려사』 世家의 地文에는 "元行中書省移牒
　　　征東軍事"라고 하였는데, 여기서 '征東軍事'는 수신자라기보다 문서에서 다루는 사안을
　　　뜻하는 것으로 보인다. 즉 이 구절은 번역하면 "원 행중서성에서 征東軍의 사무와
　　　관련해서 移牒하였다." 정도가 될 것이다. 다만 문서의 내용을 보면 이 문서의 수신자는
　　　파견군 전체, 혹은 그 지휘관임을 알 수 있다.
　28) 『元典章』 권34, 兵部1 正軍, 〈省諭軍人條畫〉.

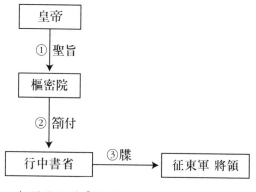

〈그림 3-4-2〉『高麗史』에 실린 문서의 행이과정

위의 그림에서 확인되는 것처럼 지원 15년(1278)에 발령된 황제의 聖旨는 樞密院에 내려진 것이었다. 추밀원에서는 이를 동급 아문인 御史臺에 咨로 통보하였고, 이것이 〈그림 3-4-1〉과 같은 행이과정을 거쳐 『元典章』에 실리게 되었다. 한편 추밀원에서는 이와 동일한 내용의 문서를 하급기관인 行中書省 에[29] 下行문서인 箚付로 발급하였다. 이를 행중서성에서 수신한 후에, 2년이 지난 지원 17년(1280)에 전선의 각 부대에 牒으로 발신하였던 것이다. 이 문서는 일단 당시 征東元帥府의 元帥였던 忻都와 洪茶丘에게 발급되었을 것인데, 이러한 명령문서는 고려 정부를 경유하지 않고 행중서성에서 곧바로 征東元帥府에 전달되었다.

또한 몽골에서 파견한 이들 군부, 관원들은 고려국왕의 지시, 행정적 규제력이 미치는 범위 바깥에 있었다. 충렬왕 4년(1278) 9월에 국왕이 중서성에 보낸 문서[書]에서는 황제의 명에 따라 고려국왕이 몽골의 征東軍에게 귀환할 것을 요구했으나 그들이 이 말을 믿지 않으므로 "특별히 명확한 지시문을 내려[特降明文]" 그들을 소환할 것을 당부하였다. 이 사례를 통해

---

29) 일반적으로 中書省의 지방파출기관인 행중서성은 중앙의 중서성과 동격이며, 추밀원 과는 상하통속관계를 갖지 않는다. 그러나 이 문서에 드러난 행중서성은 이러한 지방행정기구로서의 행중서성이 아니라 대규모의 군사행동을 수행할 때에 그 수행을 담당하는 기관, 즉 軍前行省으로서의 성격을 갖는다. 따라서 軍令의 지휘계통상 추밀원 이 행중서성의 상급 아문으로서 하행문서를 발신한 것이 된다. 몽골제국 시대 行省의 성격 변화와 특히 軍前行省의 기능에 대해서는 前田直典, 「元朝行省成立過程」, 『史學雜誌』 56-6, 1945, 644~645쪽 및 高柄翊, 앞의 책, 186~187쪽 참조.

보면, 고려에 주둔하고 있던 몽골 군부는 고려국왕과는 완전히 별개의 명령계통에 놓여 있었으며, 몽골제국의 중앙, 중서성이나 추밀원과 직접 통속관계로 얽혀 문서 행위를 하고 있었음을 확인할 수 있다.[30]

고려의 문서제도 정비 요구와 실현

이와 같이 양국 사이에 다양한 경로를 통해 문서가 오가는 상황에서, 고려에서도 이를 일괄적으로 정리할 필요성을 절감하고 있었던 것 같다. 다음의 기사가 그러한 상황을 반영하고 있다.

> 나) 元 中書省의 牒에 이르기를, "보내온 문서를 받아보니, '至元 12년(1275)에 사신 嶽都因과 王外郎이 聖旨를 전하였는데, 본국의 官名을 고치라는 것이었으므로 이미 사신 嶽都因 등과 함께 상의하여 개혁하였습니다. 諸路의 관사와 주고받는 문서는 僉議府를 대상으로 하는데, 첨의부에는 印信이 없는 까닭에 항상 문서를 보낼 때마다 불편합니다. 바라건대 印信을 발급해서 내려주시고, 아울러 諸路에 보낼 문서의 體例를 정해주시기 바랍니다.'라고 하였습니다. 都省에서 (황제께) 아뢰고 聖旨를 받들었는데, '印信을 주조해주어라.'라고 하시었습니다. 禮部에 送付해서 전례에 따라 '高麗僉議府'라는 정4품의 銅印 한 개를 주조하게 해서, 파견되어 온 사신 鄭貴·朱碩 등에게 주어 가지고 가게 합니다."라고 하였다.[31]

---

30) 『고려사』 권28, 충렬왕 4년(1278) 9월 辛卯. "今官軍不肯聽信, 伏望特降明文, 令本國官司, 與官軍一同推刷.". 그런데 이에 해당하는 『高麗史節要』의 기사에는 "今軍官不肯聽信, 伏望特降明斷, 令本國官司, 與官軍一同推刷."(『高麗史節要』 권20, 충렬왕 4년 9월)라고 하여, 『高麗史』에서 "明文"이라고 한 부분을 "明斷"이라고 표시하였다. 동일한 문서를 다르게 인용한 것이므로 어느 쪽이 정확한지 판단하기는 어렵다. 다만 국왕이 중서성에 직접 원정군에 지시를 내릴 것을 요청한 점은 양자가 일치한다.

31) 『고려사』 권29, 충렬왕 5년(1279) 5월 是月. 元中書省牒云, "據來文, '至元十二年, 使臣嶽都因·王外郎傳諭聖旨, 改革本國官名, 已與使臣嶽都因商量, 改革訖. 諸路官司往來文字, 指僉議府, 而本府緣無印信, 每及行移, 勢似難便. 伏希給降印信, 并行移諸路文字体例事.' 都省奏奉聖旨, '鑄與印信者.' 欽此. 送禮部, 依例鑄到高麗僉議府正四品銅印一顆, 付于差來官鄭貴·朱碩 等, 收受前去."

고려는 몽골 중서성에 문서를 보내어 첨의부의 印信과 국내 문서의 行移體例를 제정해 줄 것을 요구하였다. 이는 단순히 국내에서의 문서행위 문제만이 아니라, 고려와 몽골의 관계에서 주고받는 문서의 양식, 그리고 그 양식을 무엇으로 할지 정하는 데 기준이 될 고려 관부의 위상을 정립하고 확인해달라고 요구한 것이다. 몽골제국에서 이 무렵 새로 만든 蒙古字인 파스파문자를 천하에 반포하고,[32] 中書省·樞密院·御史臺 등의 중앙 정부기관의 문서 양식을 정형화하는 등[33] 문서제도를 정비해가고 있었음은 앞서 살펴본 바와 같다. 따라서 고려에서도 관직의 格이 결정됨과 아울러 몽골 관부들과 주고받을 문서의 양식도 정형화할 필요가 있었을 것이다. 더군다나 고려와 몽골 사이의 문서행이 창구가 일원화되지 않고, 다양하게 분산됨에 따라 생기는 격식의 혼란이나 행정처리 과정의 중첩 등은 반드시 해소되어야 할 문제였을 것이다. 이러한 상황에서 위와 같은 요구가 나온 것이다. 이에 충렬왕 5년(1279) 5월, 중서성에서는 몽골제국 국내에서 제정된 공문서의 행이 체식을 고려에 정식으로 통보하였다. 국왕 및 僉議府와 관련된 문서식뿐만 아니라 제국 내 관부 사이에서 주고받는 관문서식을 상하관계에 따라 상세히 설정한 내용 그대로 고려에 전달하였던 것이다.[34]

요컨대 양국이 화의를 맺은 이후, 원의 일본 정벌 계획이 진행되는 동안에는 고려에 주둔하고 있던 征東元帥府를 비롯한 많은 관부·관원들이 직접 문서 행위의 주체로서 本國과 고려 사이를 매개하고 있었다. 또한 몽골제국에서도 고려 내에 확고한 지배질서를 구축하지 못한 상황에서 반드시 고려국왕을 거치지 않고서도, 다양한 경로의 문서 행위를 통해 고려에 보다 직접적이고 적극적으로 개입하고자 했다. 고려에서는 일원화되지 않은 양국 사이의 문서 행이 양태가 초래하는 혼란을 정리할 필요를 절감하였고, 이에 따라 몽골 측에 고려 관부가 제국 전체 내에서 어떤 위상을 띠게 되는지, 그에

---

32) 『元史』 권6, 世祖, 至元 6년(1269) 정월 庚申.

33) 松川節, 「大元ウルス命令文の書式」, 『待兼山論叢』(史學篇) 29, 1995, 25~26쪽.

34) 『고려사』 권84, 刑法志 1, 公牒相通式, 外官. 忠烈王五年五月, 元中書省牒云, "據來文. 行移體例, 照得, 品同, 往復用平牒, 正從同. 三品於四品, 幷今故牒, 六品以下, 皆指揮. 四品於五品, 用平牒, 於六品七品, 今故牒, 八品以下, 皆指揮. 如回報, 四品於三品, 牒呈上, 六品以下, 幷申. 六品於四品, 牒呈上, 七品以下, 幷申. 凡干公事, 除相統屬, 幷須指揮外, 若非統屬, 照依前項體式行移."

따라 공문서는 어떤 형식을 취해야 할 것인지 정해달라고 요구했던 것이다.

이러한 상황은 충렬왕 4년(1278), 충렬왕의 親朝 외교가 큰 성과를 거둠에 따라 일거에 해결되었다.[35] 고려에 주둔하던 몽골군이 철수하고 설치되었던 몽골 측의 관부들도 대부분 철폐되며 일본 원정 계획도 사실상 중단됨에 따라 양국관계는 새로운 전기를 맞이하게 되었다. 그리고 곧이어 충렬왕의 지위도 '征東行中書省左丞相 駙馬 高麗國王'으로 확고히 정식화되면서[36] 양국 사이의 문서행이 양태도 이전과는 다른 양상을 보이게 된다. 우선 고려에 파견되어 있던 몽골 관부가 대부분 사라지면서, 이들과 본국, 고려 사이에 주고받은 문서도 더 이상 확인되지 않는다. 이에 따라 이 시기 고려와 몽골제국 사이에서 문서를 주고받는 경로는 양국 군주 사이의 詔와 表, 그리고 고려국왕과 몽골 중서성 사이의 실무문서로 정리되기에 이르렀다. 이는 결과적으로 고려에서 몽골 측과 문서를 주고받는 창구가 국왕으로 일원화되었음을 의미하는 것이다.

2. 征東行省의 설립과 관문서식 외교문서로의 변화

외교문서 牒의 활용

원종 10년(1269), 원종의 두 번째 친조를 계기로 고려국왕과 몽골제국 중서성 사이의 문서 교환이 활발해졌음은 앞 절에서 서술한 바와 같다. 그리고 이때 중서성에서 고려국왕에게 보낸 문서의 서식은 외국 군주에게 발송하는 牒이었다. 이러한 상황은 충렬왕 즉위 초반에도 이어졌다.

그런데 牒이란 동시에 중국 역대 왕조에서 사용된 공문서의 일종이기도 하다. 몽골제국에서도 상행문서인 牒上과 牒呈上, 평행문서인 平牒, 하행문서인 今故牒 등으로 세분화된 牒이라는 행정문서가 사용되고 있었다.[37] 실제로 고려에 보낸 중서성의 牒 가운데에도 실무 행정문서의 양식을 그대로 나타내

---

35) 충렬왕 4년 친조 외교의 과정 및 그 성과에 대해서는 정동훈, 앞의 논문, 2017a, 163~168쪽 참조.

36) 『고려사』 권29, 충렬왕 7년(1281) 3월 乙卯.

37) 『元典章』 권14, 吏部 8, 公規 2, 行移.

고 있는 사례도 보인다.

> 다) 中書省牒云, "(중략) 都省准此, 除前項戶計, 箚付開元等路宣慰使, 行下雙城,
> 照勘呈省外, 合行移牒, 請照驗, 即將德光等六戶分付施行."[38]

이는 충렬왕 6년(1280) 중서성에서 雙城 등의 유민을 추쇄할 것을 고려에
요구하면서 보낸 문서의 일부이다. 여기에 등장하는 "准此", "合行移牒", "請照
驗…施行" 등의 용어는 모두 행정문서에서 많이 쓰이는 용어들이다. 이 문서에
서 확인되는 행정 처리 절차를 그림으로 표현하면 〈그림 3-4-3〉과 같다.

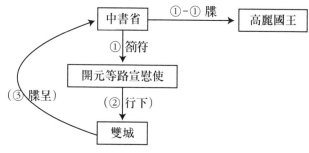

〈그림 3-4-3〉 충렬왕 6년 7월, 中書省 牒의 행이과정

외교문서 咨의 등장

1280년대 이후로는 원의 중서성에서 고려에 보내는 문서의 양식에 牒과
더불어 咨가 추가되었다. 咨는 明·淸 대에 2품 이상 동격의 고급 관부, 관인
간에 사용된 문서이다.[39] 원 대에도 특히 중앙의 中書省·樞密院·御史臺 등이
이와 동격의 지방파출기관인 行中書省·行樞密院·行御史臺 사이에 주고받는
문서양식으로 咨가 쓰였다.[40]

---

38) 『고려사』 권29, 충렬왕 6년(1280) 7월 丁卯.
39) 명초에 국내 문서의 행이체식을 정리해놓은 『洪武禮制』에 咨의 사용례가 상세하게
    나와 있다. 고려말 이래 對明 외교문서를 모아서 편찬한 『吏文』에 대한 崔世珍의
    해설서인 『吏文輯覽』에서도 咨에 대해서 "二品以上官, 行同棄衙門之文, 又上項各衙門,
    各與堂上官行."이라고 설명하였다.

중서성에서 咨를 보낸 경우에도 역시 그 수신처가 국왕이었음을 확인할 수 있는 사례는 드물다. 그러나 고려 측에서 중서성에 문서를 보낼 때에는, 대부분이 국왕 명의로 발송되었던 것을 보면, 중서성에서 보낸 咨 역시도 대부분 국왕을 수신처로 하고 있었을 것이다.

咨의 사용과 관련해서는 다음의 기사가 주목된다.

> 라) 요즘 行省의 문서[文字]에서는 "右咨高麗國王"이라고 하고, 봉투에는 "국왕에게 도착하면 열어볼 것[到國王坼]"이라고 합니다. (중략) 내가 생각하건대 行省은 국왕과의 사이에서 이미 疑懼하고 忌憚할 것이 없으니 咨·關·箚付 등을 써도 좋을 것입니다. 하지만, 만약 駙馬에게 부득이 문서를 보내야 할 경우에는 어떠한 문투와 격식을 써야 마땅할지 모르겠습니다. (중략) 바라건대 피차간에 왕래하는 문서의 격식을 결정해서 회보해주기 바랍니다.[41]

이 인용문은 충렬왕 6년(1280) 11월, 국왕이 중서성에 보낸 '書'의 일부이다. 여기서 충렬왕은 자신이 최근에 行省으로부터 문서를 받았는데, 거기에 咨라는 전례 없는 서식이 쓰인 점을 언급하며 이것이 무엇에 근거한 것인지를 묻고 있다. 이 征東行省은 그해 8월, 차간노르의 行宮에서 열린 御前會議에서 제2차 일본 원정을 결정하고, 회의에 참석했던 忻都·范文虎·洪茶丘 등 이 작전을 수행할 주요 장수들에게 행성의 관직을 수여함으로써 처음으로 설치된 征東行省을 가리킨다.[42] 문서의 내용 가운데 "行省은 국왕과의 사이에서 이미 疑懼하고 忌憚할 것이 없다"라고 한 것은 자신이 의사 결정에 참여하였고 또 거기에 적극 동참할 것을 결의한 일본 원정, 그리고 그를 위해 조직된 征東行省과의 사이에서 마찰이 있는 것은 아님을 미리 언급한 것이다. 그러면

---

40) 森平雅彦, 앞의 책, 240~245쪽에 원 대 관문서 咨의 용례와 그 내력에 대해서 자세하게 분석하였다.

41) 『고려사』 권29, 충렬왕 6년(1280) 11월 己酉. 今有行省文字云, "右咨高麗國王." 封云, "到國王坼" (중략) 予忖得, 行省於國王, 旣無疑忌, 雖咨·關·箚付可也. 若諸駙馬處, 有不得已行移文字, 當用如何体例. (중략) 伏望, 定奪彼此往還文字格式回示."

42) 『원사』 권11, 世祖, 至元 17년(1280) 8월 戊戌. 그 경위에 대해서는 池內宏, 앞의 책, 121~125쪽 및 高柄翊, 앞의 책, 190쪽 ; 張東翼, 앞의 책, 14~23쪽 참조.

서 그 서식이 2품 이상 고급 관부 사이의 평행문서인 咨이든, 3품 이하 관부 사이에서 쓰는 평행문서인 關이든, 혹은 하행문서인 箚付이든 상관없다고 한 것이다. 여기서 거론한 咨·關·箚付는 몽골제국 국내에서 사용된 관문서의 일종이라는 점이 공통된다. 즉 충렬왕은 몽골 조정에서 그때까지는 자신에게 외국의 군주라는 지위에 입각하여 牒을 보내왔는데, 갑작스럽게 그 문서식이 관문서식인 咨로 변경된 배경에 의문을 제기한 것이다.

충렬왕의 정동행성 승상 지위 획득과 咨의 활용

충렬왕의 의문은 그 자신이 정동행성의 승상으로 임명된 결정을 확인하지 못한 데서 비롯된 것으로 보인다. 처음으로 정동행성의 관직을 수여할 당시 충렬왕은 그 대상에 포함되지 못하였다. 그러다가 그해 10월, 몽골 조정에서는 충렬왕을 中書左丞相 行中書省事로 임명하였고,[43] 이 조치는 12월에 고려 조정에 전달되었다.[44] 즉 라)의 문서를 발송했던 11월 당시, 충렬왕은 자신이 征東行省의 장관직에 임명되었음을 아직 인지하지 못한 시점이었기 때문에 위와 같은 의문을 중서성에 피력했던 것으로 보인다.[45] 위 인용문과 같은 문서 안에서 충렬왕은 자신이 정동행성의 사무를 직접 관장하게 해줄 것을 건의하였다. 해당 부분은 다음과 같다.

> 마) 小國에서는 이미 병선 900척, 梢工과 水手 15,000명, 正軍 1만 명, 兵糧으로서 漢石으로 총 11만 석을 마련했으며 기타 물자도 셀 수 없을 만큼 갖추어 힘을 다해 聖德에 보답하려 합니다. 내가 과거 상국 조정에 있으면서 行省의 일을 주관하게 해달라고 황제께 아뢴 바 있으나 아직까지 명확한 지시를 받지 못하였습니다. 삼가 생각하건대 제후로서 조정에 들어가 재상이 되는 것은 예부터 있던 도리입니다. 遼와 金 두 나라도 우리 선조들을 책봉하여 開府儀同三司로 삼았고 나 또한 외람되게 황제의 은혜를 입어 일찍이 特進 上柱國에 제배된 바 있습니다. 이로써 헤아려보

---

43) 『원사』 권11, 世祖, 至元 17년(1280) 10월 癸酉.
44) 『고려사』 권29, 충렬왕 6년(1280) 12월 辛卯.
45) 森平雅彦, 앞의 책, 249~250쪽.

건대 제후로서 상국의 재상의 직책을 띠는 것은 고금에 전례가 있는 것입니다. 부디 바라건대 황제께 잘 아뢰어 주시어 행성의 모든 크고 작은 군무와 공사를 반드시 나와 함께 상의한 연후에 시행하도록 하게 해주시고, 사신을 파견하여 조정에 보내는 일도 또한 반드시 내가 보내는 사신과 함께 가도록 하게 해주십시오.[46]

즉 충렬왕은 일본 원정과 관련된 준비와 작전의 수행, 그리고 이를 둘러싼 몽골 조정과의 논의 과정에서 자신이 소외되는 사태를 우려하면서 자신을 정동행성 재상의 지위에 임명해줄 것을 간곡히 요청하였다. 앞서 살펴본 바와 같이 이미 10월에 몽골 조정에서 그 조치를 취했으나, 아직 그 소식을 전해 듣지 못했던 데서 연유된 청원이었던 것이다. 실제로 이 문서를 가지고 파견되었던 趙仁規와 印侯는 그로부터 42일 뒤에 충렬왕을 開府儀同三司 中書左丞相 行中書省事에 임명한다는 황제의 명령과 그에게 사여한 印信을 가지고 돌아왔다.[47] 開府儀同三司는 몽골제국에서 정1품의 최고위 문산계이고, 정동행중서성의 좌승상은 종1품의 관직이었다.[48] 충렬왕이 라)에서 제기한 문서 서식에 대한 의문에 중서성에서 어떠한 회신을 보냈는지는 기록이 남아있지 않지만, 충렬왕에게 제국 국내의 문산계와 관직을 부여함으로써 그의 위치를 명확하게 규정한 것으로 볼 수 있다. 따라서 이후 중서성에서 고려국왕에게 咨를 보낸 것은 그의 지위를 외국의 군주가 아니라 종1품의 정동행성 좌승상으로 인식한 결과일 것이다. 바꿔 말하면 적어도 문서행정의 측면에서는 고려를 '외국'이 아닌 원의 지방행정단위인 行省의 하나로 인정한 상태에서 관문서식을 활용한 문서행정이 이루어졌던 것이라고 할 수 있다.[49]

---

46) 『고려사』 권29, 충렬왕 6년(1280) 11월 己酉. 小國已備兵船九百艘, 梢工·水手一萬五千名, 正軍一萬名, 兵糧以漢石計者十一萬, 什物機械, 不可縷數, 庶幾盡力, 以報聖德. 予昔在朝廷, 嘗以勾富行省事, 聞于宸所, 未蒙明降. 竊念, 諸侯入相, 古之道也. 遼金兩國, 冊我祖先, 爲開府 儀同三司, 予亦猥家聖眷, 曾拜特進上柱國. 以此忖得, 諸侯而帶上國宰輔之職, 古今有例. 伏望 善奏, 敎行省凡大小軍情公事, 必與我商量, 然後施行, 差發使臣, 以赴朝廷, 亦必使與賤介同往.
47) 『고려사』 권29, 충렬왕 6년(1280) 12월 辛卯.
48) 『원사』 권91, 百官志 7, 文散階.
49) 鄭東勳, 앞의 논문, 2010, 169쪽.

牒과 咨의 병용

그러나 과연 고려국왕에 대한 원의 문서행정이 명확하게 규정된 법제에 따라 일괄적으로 咨로 변경되었는지는 의문이다. 위의 요구에 따라 충렬왕이 "開府儀同三司 中書左丞相 行中書省事"의 지위를 명확하게 부여받은 후에도, 중서성에서 고려국왕에게 보낸 문서로는 牒과 咨가 혼용되었던 것 같다. 다음의 표는 咨라는 서식이 추가된 충렬왕 6년(1280) 이후 몽골 중서성에서 발신한 문서의 서식을 정리한 것이다.

〈표 3-4-1〉 충렬왕 6년(1280) 이후 元 中書省에서 고려에 보낸 문서

연번	일시*	수신	서식	내용
1	충렬왕 6(1280).7.28.		牒	雙城 인민 추쇄
2	충렬왕 11(1285).12.30.		牒	군량 10만석 조달 요구
3	충렬왕 27(1301).4.20.	國王	咨	闊里吉思의 사목에 의거해 시정 요구
4	충렬왕 27(1301).5.12. 전		咨	耽羅軍民摠管府 설치 통보
5	충렬왕 27(1301).5.12. 후		咨	耽羅萬戶府 설치 허락
		征東行省	咨	金天錫 쇄환 요구
6	충숙왕 원(1314).윤3.30.		牒	科擧程式
7	충숙왕 12(1325).12.7.		牒	원에 공로를 세운 인물을 기록해 보낼 것 요구
8	충목왕 4(1348).2.28.		咨	忠惠王 대에 惡行을 저지른 관리명단을 奏하라는 聖旨 전달
9	공민왕 16(1367).5.30.		牒	倭賊에 대비할 것 요구

* 일시 :『고려사』세가에 기록된 수신일을 기준으로 하였음.

이 표를 통해 중서성에서 고려국왕에게 보낸 문서의 서식으로 충렬왕 6년(1280) 이후에는 기존에 사용되던 牒식 문서에 咨의 서식이 추가되었음을 볼 수 있다. 그렇다면 咨와 牒은 각각 어떠한 경우에 사용되었을까? 이는 정동행성의 치폐 및 그에 따른 고려국왕의 지위 변동과 관련지어 생각하면 해결된다.

앞서 살펴본 것처럼 征東行省은 충렬왕 6년(1280) 8월 처음 설립되었다. 따라서 1) 그해 7월에 고려에서 수신한 중서성의 牒은 정동행성 승상이 아닌 고려국왕, 즉 외국 군주를 수신자로 했던 것으로 볼 수 있다. 이후 정동행성은 두 차례의 치폐를 거친 후 충렬왕 11년(1285) 10월에 다시 설치되

었다. 2) 그해 12월에 도착한 중서성 牒은 제3차 정동행성이 설립된 이후인 11월에 발송한 것이다.[50] 그러나 이때의 정동행성은 중국 江南의 淮陽에 위치해 있었고, 그 구성에도 고려정부가 직접 관여하지 않아 충렬왕이 장관으로 임명되지 않았다.[51] 따라서 이때의 牒도 수신자를 정동행성 승상을 겸하지 않은 고려국왕으로 하고 있었던 것이다. 반면 충렬왕 13년(1287) 이후의 정동행성은 이전 시기 일본 원정을 위한 군정기구로서의 역할에서 원의 지방행정기구로 성격이 바뀌었다. 특히 충렬왕 25년(1299)부터 충선왕 4년 (1312)까지는 闊里吉思 등이 정동행성의 재상으로 파견되어 고려 내정에 깊이 관여했던 시기로 이해된다.[52] 이 기간에 해당하는 3) 충렬왕 27년(1301) 에는 중서성에서 고려에 보낸 문서가 咨였다. 특히 이해에는 중서성에서 행성에 咨를 보낸 것이 확인되기도 한다.[53] 그렇다면 당시의 咨는 정동행성 승상을 수신자 명의로 한 것으로 이해할 수 있다.

　문서의 내용 역시도 그 수신자의 지위 및 서식과 관련이 있다. 6), 7), 9)에서 科擧程式을 반포하거나 몽골에 귀부한 이래 고려에서 공로를 세운 자들의 명단을 보낼 것, 왜구의 침입에 대비할 것 등을 알린 사안은 대체로 '외국'으로서의 고려에 대한 통지의 성격이 강하다. 반면에 충혜왕 대에 악행을 저지른 관리의 명단을 보내라는 8)의 사항은 실제로 征東行省의 理問所가 그 실무를 담당해야 할 만한 사안이었으므로, 行省을 수신자로 하는 관문서식을 보낸 것이 아닌가 생각된다.

　이상의 내용을 종합하면 원의 중서성에서 고려국왕에게 보낸 문서로는 牒과 咨가 함께 쓰였다. 이 가운데 牒은 고려라는 외국의 군주인 高麗國王을, 咨는 지방행정기관인 정동행성 승상을 각각 수신자로 한 것이었다고 볼 수 있다.[54]

---

50) 『원사』 권13, 세조 至元 22년(1285) 11월 癸巳.
51) 池内宏, 앞의 책, 139~140쪽 ; 張東翼, 앞의 책, 27~32쪽.
52) 高柄翊, 앞의 책, 200~208쪽 ; 張東翼, 앞의 책, 42~52쪽 ; 李康漢, 「征東行省官 闊里吉思의 고려제도 개변 시도」, 『韓國史硏究』 139, 2007.
53) 『고려사』 권123, 嬖幸 1, 林貞杞 付 閔萱. 中書省移咨征東省 勒還東京天錫.
54) 이상은 鄭東勳, 「高麗-明 外交文書 書式과 왕래방식의 성립과 배경」, 서울대학교 석사학위논문, 2009, 17~19쪽 참조.

3. 국왕 책봉 문서 양식의 변화

고려-몽골 관계에서 책봉의 의미

앞서 1장과 2장에서는 오대와 송, 거란과 금으로부터 국왕이 받은 책봉 문서는 모두 冊이었으며, 이는 당시 중국의 皇室 구성원들에게 주어진 것과 같은 것으로 작제적 질서를 반영하는 것이었다는 점을 확인하였다. 고려-몽골 관계를 장기간에 걸친 한중관계의 한 국면으로 보아야 한다는 주장은 양국관계에서 책봉-조공관계의 요소가 많이 확인된다는 점을 그 강력한 근거로 들었다.[55] 특히 책봉은 책봉-조공관계를 구성하는 필수적인 요소인데, 고려와 몽골 사이에서 이뤄진 책봉은 고려가 건국 초부터 오대와 송, 거란과 금으로부터 책봉을 받았던 것과 다르지 않다고 파악한 바 있다.[56]

그러나 고려-몽골 관계에서의 책봉은 단순히 冊封號에 駙馬나 征東行省 丞相이 추가되었다는 점 외에도 근본적인 차이가 있었다. 기존의 책봉이 이미 왕위에 오른 현재의 국왕에 대한 사후 승인의 성격이 강했다면, 몽골제국 은 고려국왕에 대한 실질적인 임면권을 행사하여, 몽골 황제의 '임명'이 국왕 즉위의 전제조건이 되었다는 점에서 그러하다. 한문사료에서는 국왕에 대한 임명을 과거의 전통에 따라 '冊'이라는 동사를 통해 표현하였지만, 실제로는 '命'이라는 단어로 표현하는 것이 더 적절할 것이다. 게다가 국왕이 관문서의 수신과 발신 주체가 될 정도로 그에게 관료제적 성격의 위계가 부여되었던 것 역시 전대와는 다른 측면이었다. 그렇다면 고려-몽골 관계에 서 국왕의 책봉 문서로는 어떠한 서식이 쓰였을까. 원활한 논지 전개를 위해서 여기서는 충렬왕뿐만 아니라 그 이후, 공민왕과 우왕까지의 책봉 관련 문서들을 종합적으로 검토해보도록 하겠다.

---

55) 이익주, 앞의 논문, 2010, 176~184쪽 ; 이익주, 앞의 논문, 2011 참조.
56) 이익주, 앞의 논문, 2010, 176쪽.

몽골제국의 책봉 문서

우선 몽골제국의 책봉 문서의 종류에 대해서 먼저 간략하게 확인해보겠다. 몽골의 애초의 전통에는 칭기스칸의 일족이나 공신·귀족들에게 어떤 지위를 인정하는 儀物로서 印章을 사여하였다고 한다. 황족의 경우 대칸과의 혈연적 친소관계에 따라, 예컨대 웃치긴의 '皇太弟寶'나 알치다이의 '皇侄貴宗之寶'와 같이 구체적인 혈연관계를 印文으로 새긴 인장을 사여하였다. 그러다가 세조 中統 초년에 몽골의 제왕등급 관례와 송·거란·금의 王爵 및 인장 제도를 서로 결합하여 새로운 봉작제도를 마련하고, 제왕뿐만 아니라 관료들을 대상으로 수여할 인장에 관해서도 관작의 높낮이에 따라 인장의 재질, 크기, 금속의 사용중량, 손잡이[鈕]의 모양 등을 아주 상세하게 규정하였다.[57] 이러한 세부적인 규정은 金의 영향을 받은 것이지만 원 대에 들어서 그 차이가 훨씬 세밀해졌다고 한다.[58] 나아가 원 대 諸王들의 등급을 표시하는 데에도 印章이 가장 뚜렷한 의물로 기능하였다. 『元史』諸王表에는 金印獸鈕, 金印螭鈕 등 재질과 손잡이의 모양을 기준으로 제왕에게 수여하는 인장의 등급을 6가지로 나누고 있는데, 이는 곧 제왕의 등급과 직결되는 것이었다.[59]

그러나 늦어도 14세기 이후가 되면, 몽골 황실의 일원들에게 그 권위를 표하는 의물로서 冊이 수여된 사례들이 확인된다. 『全元文』이나 『國朝文類』 등에서도 이때 쓰인 冊文의 실례를 여러 건 확인할 수 있는데, 예컨대 武宗 때에 동생인 아유르바르와다를 황태자로 책봉할 때의 冊文,[60] 至大 2년(1309), 황제인 무종에게 존호를 올리는 玉冊文이나 이듬해 황태후인 다기 태후에게 존호를 올리는 玉冊文,[61] 明宗 때에 황후와 황태후를 책봉하면서 쓴 책문[62] 등이 그것이다.

원 대의 자료 가운데서 冊이 구체적으로 어떤 대상에게 수여되었는지를

---

57) 『元典章』 권29, 禮部 2, 禮制 2, 印章, 〈印章品級〉.
58) 片岡一忠, 『中國官印制度研究』, 東京 : 東方書店, 2008, 194쪽.
59) 『元史』 권108, 諸王表. 이에 대해서는 李治安, 『元代分封制度研究』, 天津 : 天津古籍出版社, 1989의 제7장 〈諸王封爵等級和王位繼承〉 참조.
60) 閻復, 〈皇太子冊文〉 『全元文』 권294.
61) 姚燧, 〈皇帝尊號玉冊文〉 ; 〈皇太后尊號玉冊文〉, 『全元文』 권300.
62) 虞集, 〈皇后冊寶文〉 ; 〈皇太后冊文〉, 『全元文』 권815.

명시적으로 보여주는 자료는 확인되지 않는다. 다만 『元史』 禮樂志에 皇后와 皇太子를 '冊立'하는 의례가 실려 있는 것을 보면, 이들의 임명문서로 冊이 사용되었음은 분명하다.[63] 그러나 그 밖의 大臣이나 功臣 등에게 사여된 冊文을 찾아보기 힘든 것을 보면, 원 대에도 역시 거란·금과 마찬가지로 冊의 수여 범위는 황후와 황태자 등 황실의 일원들에게만 한정되었던 것으로 보인다.

한편 唐·宋 제도에서 고위 관원을 임명할 때에 사용되었던 制書 역시 14세기 이후 몽골에서도 사용례가 확인된다. 예컨대 文宗 때의 권신이었던 엘테무르를 太平王에 봉했을 때에 그에게 하사한 문서로 制書가 쓰였으며,[64] 승상 바얀에게 시호를 내릴 때에도 制書를 썼다.[65] 한편 송 대에 制書보다 하위의 임명문서로 쓰였던 誥命은, 원 대에는 명칭이 바뀌면서 그 적용 범위가 크게 확대되었다. 원의 관리 임명방식에는 宣授와 勅授 두 가지가 있었는데, 1품에서 5품까지의 관리는 宣命을 통해 임명하는 宣授, 6품에서 9품의 관료는 勅命을 통해 임명하는 勅授의 방식이었다. 宣命과 勅命은 둘 다 황제의 명의로 발령되는 임명장인데, 선명은 황제가 직접 이를 하사하였기 때문에 '宣'이라고 불렸던 것이며, 칙명은 황제의 명을 받아 中書省에서 관리에게 제수하는 방식이었다고 한다.[66]

원종 책봉과 虎符·國王印

이어서 고려국왕의 책봉 때에 어떠한 문서, 혹은 그에 준하는 儀物이 전해졌는지를 확인해보겠다. 몽골 조정으로부터 최초로 책봉을 받은 것은 원종이었다. 구체적으로 국왕의 지위를 상징하는 儀物을 전달하는 의례를

---

63) 『원사』 권67, 禮樂志 1에 실린 儀註 가운데, 冊立皇后儀, 冊立皇太子儀, 太皇太后上尊號進冊寶儀, 皇太后上尊號進冊寶儀, 太皇太后加上尊號進冊寶儀 등에서 冊을 수여하는 의례가 있었음이 확인된다. 이들 의례의 핵심은 역시 冊을 宣讀하고 수여하는 행위이다.

64) 虞集, 〈封太平王制〉, 『全元文』 권814.

65) 閣復, 〈丞相伯顔贈諡制〉, 『全元文』 권294.

66) 邱樹森 主編, 『元史辭典』, 濟南 : 山東敎育出版社, 2002, 622쪽 ; 753쪽. 발급 절차 외에도 宣命과 勅命은 외형 면에서도 차이가 있었다고 한다. 『草木子』 권3上. 元之宣勅皆用紙. 一品至五品爲宣, 色以白. 六品至九品爲勅, 色以赤. 雖異乎古之誥勅用織綾, 亦甚簡古而費約, 可尙也.

행한 것을 책봉의 시점이라고 본다면, 고려-몽골 관계에서 그것은 원종 원년(1260) 8월에 해당한다. 당시 몽골 조정에서 파견한 사신은 세 통의 조서를 가지고 왔는데, 그 가운데 한 통에는 다음과 같이 쓰여 있었다. "이제 경에게 虎符와 國王之印을 하사한다."[67] 『高麗史節要』에도 당시에 사여된 물품으로 虎符와 國印, 綵緞과 弓劍 등을 열거하고 있다.[68] 그리고 이어서 9월에는 고려에서 몽골에 謝恩使를 파견하였는데, 이는 符印, 즉 虎符와 國王之印을 하사한 데 대한 것이었다.[69]

虎符란 원 대에 널리 사용되었던 牌符 가운데 하나인 虎頭金牌를 가리키는 것으로 보인다. 원 대의 牌符에는 각기 다른 기능을 하는 두 가지 종류가 있었는데, 하나는 萬戶 등의 軍官이 패용하여 그의 권위를 보여주는, 일종의 상징물로서의 기능을 하는 것이었고, 다른 하나는 몽골제국 전역에 걸쳐 설치된 驛站의 시설을 이용할 수 있는 권한을 부여하는, 일종의 給驛 증서와 같은 기능을 하는 것이었다.[70] 이 가운데 위에서 말한 虎符는 전자에 해당하는 것으로, 원종을 고려국왕으로 임명하면서 그의 권위를 상징하는 물건으로 부여된 것이다.

國王之印이란 당연히 국왕의 권위를 상징하는 印章을 가리킨다. 국왕에게 책봉과 함께 印章을 수여하는 일은 송·거란·금에서도 모두 있었다.[71] 그러나 앞서 언급했듯 몽골제국에서 인장이 가지는 상징적 의미는 훨씬 커졌다.

이와 같이 원종 책봉과 더불어 그에게 수여된 虎符와 國王之印은 몽골제국 내에서 어떤 인물의 권위를 상징하는 가장 중요한 의물 두 가지였다. 그러나 그 밖에 冊이나 誥命과 같은 책봉 문서가 주어진 흔적은 보이지 않는다. 책봉 문서가 보이지 않는 것은 이듬해 원종의 세자, 즉 훗날의 충렬왕이

---

67) 『고려사』 권25, 원종 원년(1260) 8월 壬子.

68) 『고려사절요』 권18, 원종 원년(1260) 8월.

69) 『고려사』 권25, 원종 원년(1260) 9월 己巳.

70) 箭內亙, 「元朝牌符考」, 『蒙古史研究』, 東京 : 刀江書院, 1930(原稿는 『滿鮮地理歷史研究報告』 9, 1922). 몽골제국의 給驛 증서에 관해서는 정동훈, 「고려 사신의 몽골 잠치(站赤) 이용」, 『사학연구』 134, 2019, 80~82쪽 참조.

71) 예컨대 송 대의 사례로는 『고려사』 권3, 성종 4년(985) 5월, 거란 대의 사례로는 『고려사』 권7, 문종 3년(1049) 정월 乙巳, 금 대에 대해서는 『고려사』 권17, 인종 20년(1142) 5월 庚午에 인장을 수여했다는 기록이 있다.

세자로 책봉을 받을 때에도 마찬가지이다. 이때 수봉자인 충렬왕에게 사여된 儀物은 玉帶 한 벌이 전부였다.[72]

충렬왕의 宣命과 征東行省 印章

원종에 이어서 즉위한 충렬왕 역시 첫 번째 책봉에서는 뚜렷하게 책봉 문서를 받은 기록이 없다. 이때의 기록으로는 원에서 보낸 詔書에서 "국왕(원종)이 살아있을 때에 누차 세자(충렬왕)에게 왕위를 계승시킬 만하다고 하였으니, 이제 세자에 명하여 국왕의 업무를 이어받게 한다."라는 구절이 있을 뿐이다.[73] 한편 충렬왕은 즉위 직전에 몽골에서 세조의 딸인 齊國大長公主와 혼인을 함으로써 세조의 駙馬로서의 지위를 획득하였다. 이에 충렬왕 4년(1278)에는 앞서 원종이 받은 國王之印과는 별개로 駙馬金印을 수여받았다.[74] 이로써 충렬왕은 일신에 외국 군주인 고려국왕이라는 지위와 몽골 황실의 일원인 부마라는 지위를 동시에 가지게 된 셈이다.

충렬왕의 지위에 변화가 생긴 것은 이로부터 2년 후인 충렬왕 6년(1280)의 일이다. 당시 몽골 조정에서는 제2차 일본 원정을 준비하면서, 전진기지인 고려에 이를 집행할 기구인 征東行省을 설치하려는 논의가 한창이었다. 충렬왕은 이에 中書省에 上書하여 자신에게 정동행성의 업무를 관장할 권한을 부여해줄 것을 요청하였다.[75] 이에 호응하여 황제가 충렬왕에게 '中書左丞相 行中書省事'라는 관직을 더해줌과 동시에 印信을 하사하였음은 앞서 살펴본 바와 같다. 이때의 인신은 中書左丞相 行中書省事의 官職印이었을 것이다. 이로써 충렬왕은 국왕, 부마와 함께 몽골제국 관료체계의 일원인 정동행성 승상의 지위까지 겸하게 되었던 것이다.

이러한 충렬왕의 지위 변화는 이듬해에 곧바로 그에 대한 책봉 문서의 변화로 이어지게 된다. 충렬왕 7년(1281) 3월의 기사를 구체적으로 살펴보겠다.

---

72) 『元高麗紀事』世祖 中統 2년(1261) 8월 3일.
73) 『고려사』권28, 충렬왕 즉위년(1274) 8월 己巳. "國王在日, 屢言世子可以承替, 今命世子, 承襲國王勾當."
74) 『고려사』권28, 충렬왕 4년(1278) 7월 壬寅.
75) 『고려사』권29, 충렬왕 6년(1280) 11월 己酉.

바) 將軍 盧英이 원에서 돌아왔는데, 황제가 駙馬國王의 宣命과 征東行中書省의 印을 하사하였다. 이에 앞서 왕이 상주하여 말하기를, "신이 이미 公主에게 장가들었으니 바라건대 宣命을 고쳐 駙馬 두 글자를 더해주시기 바랍니다."라고 하였는데 황제가 이를 허락한 것이다.[76]

이 기사는 앞서 충렬왕이 공주에게 장가를 들었으므로 宣命을 고쳐서 '駙馬' 두 글자를 더해줄 것을 요청한 데 대하여 황제가 '駙馬國王'의 宣命과 征東行中書省의 印章을 하사하였다는 것이다. 이 기사와 동일한 내용을 전하는 기록이 『元史』本紀에도 등장한다.[77] 여기서 주목할 것은 세조 쿠빌라이가 충렬왕에게 사여한 儀物 두 가지이다.

먼저 宣命이란 앞에서 확인했듯이 몽골제국에서 1~5품의 관리를 임명할 때에 내려준 사령장의 명칭이다. 충렬왕이 선명을 '고쳐서' 駙馬 두 글자를 더해달라고 주청한 결과 '駙馬國王'의 선명이 하사되었다는 점을 보면, 충렬왕은 즉위 무렵에 '국왕'의 선명을 받았음을 짐작할 수 있다. 즉 임명장 가운데에, 예컨대 "너 高麗國王世子 王賰을 高麗國王에 봉한다"라는 구절이 들어가 있는 선명이 주어졌으리라는 것이다. 그 시점은 아마도 몽골에서 사신을 파견하여 "冊爲王"했다는 충렬왕 즉위년(1274) 7월이나, 혹은 詔書를 받고 즉위의식을 거행하였다는 그해 8월이었을 것이다.[78] 그 후 부마라는 지위를 선명에 추가하여, 이때 내려진 선명에서는 "너 高麗國王 王賰을 駙馬高麗國王에 봉한다"라는 구절로 변화했을 것이다. 그리고 이 선명은 충렬왕의 몽골 제국 내에서의 지위를 상징하는 가장 대표적인 의물로서 기능했을 것이다.

다음은 '征東行中書省印'이다. 정동행성은 충렬왕 6년(1280)에 처음으로 설치되었고, 충렬왕은 그 승상직을 맡게 되었으며, 그에 따라서 中書左丞相 行中書省事의 官職印을 수여받았음은 앞서 언급한 바와 같다. 그런데 이때 다시 '征東行中書省印'이 수여된 것은 어찌된 것일까. 원 대의 관인은 官衙印과 官職印이 별도로 있었다.[79] 관아인은 해당 관아의 장관이 관리하지만, 만약

---

76) 『고려사』 권29, 충렬왕 7년(1281) 3월 乙卯. 將軍盧英還自元, 帝賜駙馬國王宣命·征東行中書省印. 先之, 王奏曰, "臣旣尙公主, 乞改宣命, 益駙馬二字." 帝許之.

77) 『원사』 권11, 世祖, 至元 18년 2월 辛未. "高麗王王賰以尙主, 乞改宣命益駙馬二字. 制曰可."

78) 『고려사』 권28, 충렬왕 즉위년(1274) 7월 ; 8월 己巳.

장관이 출장 중이거나 질병 등으로 자리를 비울 때에는 순차적으로 다음 순위의 관원이 이를 관리하도록 규정되어 있었다.[80] 그렇다면 충렬왕 6년(1280)에 받은 인장은 정동행성 승상에게 주어진 관직인이고, 이듬해에 받은 것은 정동행중서성의 관아인이었던 것이다. 충렬왕은 앞서 국왕인과 부마인, 그리고 정동행성 승상으로서의 관직인을 받은 데 이어, 정동행중서성의 관아인을 수여받음으로써, 정동행성 장관으로서의 지위를 명확히 인정받게 되었던 것이다.

이어서 충렬왕 8년(1282), 쿠빌라이는 충렬왕에게 駙馬國王金印을 새로 하사하였다.[81] 앞서 宣命에 駙馬國王을 명기했으므로, 그 후속 조치로서 국왕인과 부마인으로 분리되어 있던 인장을 駙馬國王印으로 합친 것이다.[82]

이후 정동행성이 치폐를 거치고, 그 명칭이 行中書省에서 行尙書省으로, 다시 행중서성으로 바뀌는 과정에서 충렬왕은 征東中書省 左丞相, 征東行尙書省 左丞相, 征東行中書省 右丞相으로 계속 고쳐 임명되는데,[83] 그때마다 아마도 새로운 관직명을 기재한 宣命이 새로 수여되었을 것이다. 이를 제외한다면, 충렬왕 8년에 駙馬國王印을 사여하는 조치를 마지막으로 고려국왕의 권위를 상징하는 儀物은 일단 온전한 세트를 갖춘 것으로 보인다. 그렇다면 이쯤에서 그 변화 과정을 간단히 정리해보겠다.

우선 원종 원년, 원종의 책봉과 동시에 高麗國王印과 虎符가 사여되었다. 그리고 충렬왕 즉위 무렵에 충렬왕을 국왕에 임명하는 宣命이 전해졌고, 충렬왕 4년(1278)에 새로 駙馬印이 내려졌으며, 2년 후에는 정동행중서성

---

79) 片岡一忠, 앞의 책, 194쪽.
80) 『元典章』권13, 吏部7, 掌印, 〈印信長官收掌〉 "一應京府州縣官員, 凡行文字, 與本處達魯花赤一同署押, 仍令管民長官掌判. 其行用印信, 達魯花赤封記, 長官收掌. 如遇長官公出·疾病·在假, 卽日牒印與以次正官承權. 不得委付私人之人."
81) 『고려사』권29, 충렬왕 8년(1282) 9월 甲子.
82) 『元史』권208, 外夷 1, 高麗, 至元 15년(1278) 7월 및 『元高麗紀事』至元 15년 7월 20일조에는 "改鑄駙馬國王印"이라고 하여 駙馬國王印이 충렬왕 4년에 사여된 것으로 기록하고 있다. 그러나 이는 駙馬印을 수여한 것을 잘못 기록한 것으로 보인다. 森平雅彦, 「駙馬高麗國王の誕生」, 앞의 책, 50~51쪽.
83) 『고려사』권29, 충렬왕 9년(1283) 6월 癸未 ; 권30, 충렬왕 14년(1288) 4월 乙卯 ; 17년(1291) 9월 己亥. 征東行省의 置廢 연혁에 대해서는 高柄翊, 앞의 책 및 張東翼, 앞의 책 참조.

승상의 官職印이 수여되었다. 그리고 이듬해인 충렬왕 7년(1281), 기존의
國王에 '駙馬' 두 글자를 더한 駙馬國王의 宣命과, 정동행중서성의 官銜印이
부여되었고, 8년(1282)에 기존의 두 인장을 합쳐서 駙馬國王金印이 새로 사여
되었다.84) 이로써 駙馬高麗國王의 권위를 상징하는 의물은 임명장인 宣命과
印章 두 가지가 주를 이루게 되었다.

몽골제국의 宣命과 印章

선명과 인장 두 가지가 관원의 권위를 대표하는 의물이었던 점은 몽골제국
의 일반적인 관원들과 다르지 않았다. 『元典章』의 다음의 규정을 보면 명확히
드러난다.

> 사) 금후로 대소의 관원들은 만약 파직되더라도 (이전에) 받았던 宣命과
> 付身은 거두어들이지 않는다.【만약 牌와 印이 있으면 다만 패와 인을
> 거두어들인다.】85)

이를 보면 어느 관원에게 그 직임을 인정하는 물품으로는 임명장인 선명과
그의 신분증인 付身, 그리고 그 직임을 행사할 때에 필요한 牌와 印이 있었음을
알 수 있다. 이 가운데 앞의 두 가지는 관원 개인에게 부여된 것이기 때문에
해직되어도 본인이 그대로 가지고 있을 수 있었던 반면, 뒤의 두 가지는
그 관직, 즉 자리에 부여된 것이기 때문에 거두어들였다가 후임 관원에게
넘겨주도록 규정하였다. 이를 보면 앞서 충렬왕이 받은 두 가지 의물도
마찬가지로, 宣命은 충렬왕 개인에게 주어진 것, 印章은 부마고려국왕이라는
지위에 부여된 것으로 분리되었을 것임을 알 수 있다. 이는 잠시 후에 다시
살펴보기로 한다.

---

84) 이 駙馬高麗國王 인장은 『元史』 권108, 諸王表에 따르면 金印獸紐, 즉 금 재질에 손잡이는
    짐승의 모양으로 주조한 것으로, 원 대의 諸王 인장 가운데서 가장 고위에 해당하는
    것이었다.

85) 『元典章』 권29, 禮制2, 誥命 〈官員付身不追〉 "今後大小官員, 如遇罷職, 其所受宣命·付身,
    不須追收.【有牌印者止納牌印】"(【 】 안은 세주)

충렬왕의 책봉 문서

충렬왕의 책봉 문서 가운데 원래의 내용을 가장 충실하게 반영하고 있는 것은 그에 대한 마지막 加冊이 이루어진 충렬왕 33년(1307)의 것이다. 이때의 문서는 그의 공신호에 "純誠守正" 네 글자를 더하고, 그의 관직을 정동행중서성 左丞相에서 右丞相으로 올려준다는 내용을 담고 있다.[86] 왼쪽보다 오른쪽을 높은 것으로 간주하는 몽골의 전통에서는 좌승상보다 우승상이 더 높은 자리였다. 따라서 漢字로 표현된 몽골 조정의 관직 가운데 가장 높은 지위는 中書右丞相이었다. 원래 원 대에 行中書省의 장관직은 승상을 두지 않고 정2품의 平章政事로 하는 것이 일반적이었는데,[87] 정동행성은 그 중요성이 인정되어 설치된 처음부터 그 장관직을 좌승상으로 하였다가, 이때에 이르러 드디어 최고위직인 우승상직에 충렬왕을 임명했던 것이다. 이때의 문서를 『고려사』에서는 "策命曰"이라고 한 뒤에 인용하고 있다. 원래 策은 冊과 같은 것으로, 漢代 이전까지는 策이, 그 이후로는 冊이라는 글자가 보편적으로 사용되었다고 한다.[88] 그러나 앞서 언급했듯이 "冊王", "冊曰"이라는 구절만으로 책봉 문서가 冊이었다고 판단할 수는 없다.

충선왕의 책봉 문서

다음으로 충선왕의 사례를 검토해보겠다. 충선왕의 그 지위를 몽골 조정으로부터 공인받은 것은 충렬왕 17년(1291)이 처음이었다. 이때 세조는 당시 세자였던 그에게 '特進 上柱國 高麗國王世子'라는 지위를 부여함과 동시에 金印을 하사하였는데, 이 金印이란 高麗國王世子의 지위를 반영하는 것이었을 것이다. 이어서 『고려사』에는 그 임명문서의 일부가 "制曰" 이후에 인용되어 있다.[89]

충렬왕 21년(1295)에는 황제가 충선왕에게 儀同三司 上柱國 高麗國王世子라

---

86) 『고려사』 권32, 충렬왕 33년(1307) 8월 辛亥.
87) 李治安, 『行省制度研究』, 天津 : 南開大學出版社, 2000.
88) 梁修敬·沈載權·陳龍, 「韓中古代冊文比較」, 『語文學刊』 2011年 第12期, 25쪽.
89) 『고려사』 권30, 충렬왕 17년(1291) 9월 是月.

는 지위에 더하여 領都僉議使司에 冊하였다고 하며, 兩臺銀印을 하사하였다고 한다. 이에 앞서 都僉議使司는 충렬왕 19년(1293) 원에서 공식적으로 종2품으로 그 官秩이 인정된 바 있으며, 그에 따라 官衙印도 사여되었을 것이다.[90] 그렇다면 충선왕에게 도첨의사사의 장관인 영도첨의사사를 제수하면서, 그에 해당하는 官職印인 銀印을 하사하였던 것이다. 이로써 충선왕은 고려국왕세자의 금인과 영도첨의사사의 은인 두 가지를 동시에 보유하게 되었다.

이어서 충렬왕 34년(1308) 5월, 충선왕은 몽골제국 武宗 옹립의 공로를 인정받아 瀋陽王에 봉해졌다. 『고려사』에는 이때 그에게 내려진 책봉 문서를 "制曰" 이하에 인용하고 있는데, 그 내용은 "정동행중서성 좌승상 부마 王璋을 瀋陽王으로 진봉한다."는 것이었다. 아울러 그에게는 심양왕의 권위를 상징하는 金虎符가 사여되었다.[91] 이어서 그해 10월, 충렬왕의 훙거에 따라 그는 고려국왕위를 계승하게 되었다. 이때의 문서는 "詔曰" 이하에 인용되었는데,[92] 이에 대해서는 뒤에서 다시 살펴보기로 한다.

충숙왕의 책봉 문서

충선왕은 재위 5년 만인 1313년 고려국왕위를 아들인 忠肅王에게 전해줄 것을 주청하였고, 원의 仁宗은 이를 수락하여 충숙왕을 고려국왕으로 임명하였다. 이때의 임명문서의 일부가 "策曰" 이하에 인용되어 있다.[93] 문서의 일부뿐이기는 하지만 그 형식은 충선왕이 심양왕에 책봉될 때의 "制曰" 이하의 문서, 그리고 고려국왕에 책봉될 때의 "詔曰" 이하의 문서와 거의 동일하다. 충숙왕은 즉위 후 下敎하여 자신의 즉위 경위를 다음과 같이 밝혔다.

아) 내가 황제의 큰 복에 기대고 父王의 지극한 은혜에 힘입어 이미 3월

---

90) 『고려사』 권76, 百官志 1, 門下府, 충렬왕 5년 ; 19년. 이에 대해서는 이정훈, 「원간섭기 첨의부의 위상과 역할」, 『역사와 현실』 88, 2013, 221~222쪽 참조.
91) 『고려사』 권33, 충렬왕 34년(1308) 5월 戊寅.
92) 『고려사』 권33, 충선왕 복위년(1308) 10월 辛亥.
93) 『고려사』 권34, 충선왕 5년(1313) 3월 甲寅.

24일에 傳國印을 받았고, 또 그달 28일에 宣命을 받았다.[94]

여기서 확인되는 것처럼 충숙왕은 먼저 傳國印, 즉 駙馬高麗國王의 印章을 받고, 이어서 宣命을 받음으로써 자신의 지위를 확인하는 의물을 모두 확보하게 되었다. 앞서 살펴본 대로 인장은 부마국왕이라는 자리에 부여된 것이었기 때문에 부왕인 충선왕으로부터 물려받았을 것이고, 선명은 그 본인에게 주어지는 것이므로 황제로부터 부여받았을 것이다. 충숙왕의 임명문서로 『고려사』에 "策曰" 이하에 인용된 문서가 바로 이 宣命이다.[95]

충혜왕~우왕의 책봉 문서

한 가지 해명해야 할 점은 14세기 이후 몽골 황제가 고려국왕에게 수여한 책봉 문서를 일컫는 말로 宣命 외에 다른 명칭이 보인다는 점이다. 예컨대 충렬왕 33년(1307) 그에 대한 마지막 加冊이 이루어졌을 때의 문서를 인용하면서 『고려사』에서는 "策命曰"이라고 하였다.[96] 그러나 원 말의 학자 蘇天爵은 당대의 시문집인 『國朝文類』를 편찬하면서 이 문서에 〈高麗國王昛加恩制〉라는 제목을 붙여, 다른 制書와 함께 편집하였다.[97]

이후 忠惠王의 첫 번째 즉위 때에는 "策王曰" 이하에,[98] 忠穆王의 즉위 때에는 "冊王曰" 이하에 책봉 문서의 내용을 인용하고 있는데,[99] 전달된 책봉 문서는 비교적 그 원형을 잘 담고 있는 것으로 보인다. 이 가운데 후자의 것을 인용해보면 다음과 같다.

자-A) 동방에 나라가 있은 지 수백 년이 되었고, 북쪽을 바라보며 우리나라에 귀의한 것도 이미 서너 세대가 되었다. 뜻밖에 人倫에 어긋난 일이 많았던 탓에 번거롭게도 천자의 견책을 여러 번 내리기에 이르렀다. 돌아보건대

---

94) 『고려사』 권34, 충숙왕 즉위년(1313) 5월 丙午.
95) 『고려사』 권34, 충선왕 5년(1313) 3월 甲寅.
96) 『고려사』 권32, 충렬왕 33년(1307) 8월 辛亥.
97) 『國朝文類』 권12, 〈高麗國王昛加恩制〉.
98) 『고려사』 권36, 충혜왕 총서. 충숙왕 17년(1330) 2월 壬午.
99) 『고려사』 권37, 충목왕 즉위년(1344) 5월 甲午.

사위와 장인의 친밀함에다가 군주와 신하의 의까지 더하였으니 그 어린
아들을 밝게 보살펴 그로 하여금 선왕의 지위를 계승할 수 있게 하고자
한다.

B) 아, 너 바스마도르지[八思麻朶兒只]는 어린 나이에도 영민한 그릇을 갖추
었으니 아버지나 스승의 가르침이 없음에도 농사의 고됨을 알고 있다.
(중략)

C) 아, 안팎이 두루 바르면 앞 사람의 허물을 덮을 수 있으며, 좌우가 모두
어질면 후대의 경사를 길이 크게 할 수 있을 것이다. 짐의 명을 잘
듣고 가벼이 여기지 말라.

D) 특별히 開府儀同三司 征東行中書省 左丞相 上柱國을 제수하며 고려국왕으
로 이어 책봉한다.[100]

이 문서는 내용상 크게 네 부분으로 나눌 수 있다. A)에서는 책봉의 배경으
로서 고려와 원의 유구한 관계에 대해서 언급하였다. B)는 "아, 너 바스마도르
지는"이라고 하여 수봉자를 호명한 뒤 그의 자질에 대한 칭찬의 말을 꺼내고,
뒤이어 국왕으로서의 직무를 잘 수행할 것을 당부하였다. C)는 감탄사로
시작하여 역시 국왕에 대한 訓諭의 말을 이어가고 있으며, 마지막으로 D)에서
는 구체적으로 그에게 내려지는 관작의 이름을 열거하고 있다. 이러한 구성은
이전 시기의 책봉 문서의 그것과 일치하며, 앞서 몇 차례 등장했던 충렬왕
33년의 加冊, 충선왕의 심양왕·고려국왕 책봉, 충숙왕과 충혜왕 첫 번째
즉위 때에 인용된 임명문서의 형식도 대략 이와 같다.

이후 忠定王이나 恭愍王의 즉위와 관련된 책봉 문서는 사료상에서 확인되지
않는다. 다만 공민왕 14년(1365), 당시 德興君 옹립 시도가 실패한 뒤 몽골
조정에서는 공민왕에게 太尉를 加冊하였는데, 이 일을『고려사』에서는 "冊王
爲太尉"라고 기록하였다.[101] 몽골 조정이 明에 밀려 漠北으로 옮긴 이후의

---

100)『고려사』권37, 충목왕 즉위년(1344) 5월 甲午. 東方有國, 盖數百年, 北面歸朝, 已三四世.
不謂人倫之多變, 致煩天討之屢加. 顧惟甥舅之親, 重以君臣之義, 用明保夫小子, 俾獲承于先
王. 咨, 爾八思麻朶兒只, 韶齔之年, 英敏之器, 非有父師之訓, 已知稼穡之難. (중략) 於戲,
內外交正, 尙盖前人之愆, 左右皆賢, 永篤後來之慶. 其聽朕命, 毋易攸言. 可特授開府儀同三司
征東行中書省左丞相上柱國, 嗣封高麗國王."

101)『고려사』권41, 공민왕 14년(1365) 3월 己巳.

일이지만, 우왕 3년(1377) 北元에서는 사신을 보내 우왕을 책봉하였는데, 이때 사신이 가지고 온 책봉 문서를 『고려사』에서는 策命이라고 명기하였다.[102] 또한 우왕 6년(1380)에 우왕을 太尉로 加冊한 사실도 "冊禑爲大尉"이라고 전하고 있다.[103]

책봉 문서 冊의 유무

앞서 『고려사』의 地文에 "冊王", 혹은 "冊曰"이라는 표현이 쓰였다고 해서 그 이하에 인용된 문서가 반드시 冊이었던 것은 아님은 반복해서 강조한 바 있다. 또한 충숙왕이 임명되었을 때 임명문서를 인용하면서 "策曰"이라고 하였으나, 이 문서를 '宣命'이라고 지칭하였음은 역시 언급한 바와 같다. 충숙왕의 宣命과 위에 인용한 충목왕의 책봉 문서는 형식이나 구성 면에서 차이가 없다. 그렇다면 『고려사』에서 冊命, 策命 등의 용어가 쓰였다고 해서 그 문서가 곧바로 冊이었다고 볼 수는 없다.

이는 국왕 사후에 그에게 諡號를 내릴 때에 쓰인 문서에서도 마찬가지이다. 충렬왕 사후 고려의 신료들은 고려 전기 이래의 관례에 따라 전왕에게 諡號를 올릴 것을 청하였다. 이에 충선왕은 上國이 있으니 竹冊·玉冊을 청해볼 것이라고 언명하였다.[104] 충선왕의 청에 응하여 武宗은 충렬왕뿐만 아니라 忠憲王(高宗), 忠敬王(元宗)까지 3대를 追封하였다. 이때에 시호를 하사하는 내용을 담은 문서를 『고려사』에서 "制曰" 이하에 인용하였고, 『國朝文類』에서도 역시 다른 국내의 고위 관료들에게 내린 制書와 함께 편집하였다.[105] 이후 충선왕과 충숙왕에게도 사후에 '諡冊'이 수여된 바 있으나,[106] 그것이 冊이라는 실물 형태로 하사되었다는 증거는 보이지 않는다. 그렇다면 몽골고려 관계에서 국왕에게 冊이 사여된 사례는 전혀 보이지 않는 것이다.[107]

---

102) 『고려사』권133, 우왕 3년(1377) 2월. "北元遣翰林承旨宇刺的, 齎冊命及御酒·海靑來."
103) 『고려사』권134, 우왕 6년(1380) 2월.
104) 『고려사』권33, 충선왕 복위년 10월 丙申. 이에 대해서는 안기혁, 「여말선초 대중국관계와 국왕시호 요청」, 『역사와 현실』 104, 2017 참조.
105) 『고려사』권33, 충선왕 2년(1310) 7월 乙未 ; 『國朝文類』권11, 〈高麗國王封曾祖父母父母制〉 ; 권12, 〈高麗國王封贈祖父母制〉.
106) 『고려사』권37, 충목왕 즉위년(1344) 12월 丁丑.

다만 기존의 관례에 따라 고려의 관료들은 국왕에게 관작이 부여된 행위를 "冊王"으로 기록하고, 그 문서를 인용하면서 "冊曰" 등으로 표시하였던 것일 뿐이다.

몽골제국의 고려국왕 책봉 문서

이상 다소 번잡하게 사례를 열거하였는데, 원 대에 고려국왕에게 수여한 책봉 문서를 정리하면 다음과 같다. 우선 국왕의 권위를 상징하는 儀物로서 虎符와 印章이 사여되었다. 그리고 원 대 고위 관료를 임명할 때와 마찬가지로 국왕 개개인에게는 宣命이라는 형식의 임명문서를 수여하였다. 원 대 고려국 왕의 책봉호에는 전대의 송·거란·금에서 받았던 것과 마찬가지로 문산계, 훈작, 공신호 등이 포함되어 있었지만, 특징적으로 駙馬라는 몽골 황실의 일원으로서의 지위와 정동행성의 승상이라는 실직의 이름이 포함되어 있었 다. 책봉호는 모두 합쳐져서 하나로 쓰였지만, 이 가운데 부마고려국왕은 원 대 諸王의 일원이라는 작제적 질서에 입각한 지위로서, 정동행성 승상이라 는 實職은 관료제적 지위로서 인정받았다.[108] 그러나 그 지위를 상징하는 책봉 문서로서는 宣命만이 수여되었다. 선명은 몽골제국 국내의 일반 관료들 과 마찬가지로 관료제적 지위를 표상하는 것이니, 이전 시기와는 전혀 다른 의미를 띠고 있다. 이는 국왕에게 정동행성 승상이라는 관료제적 지위가 부여된 데에 따른 것으로 볼 수 있다.

책봉과 관련된 포고문

한편 최근의 연구에 따르면 몽골제국에서는 고위 관원을 임명할 때에

---

107) 필자는 앞선 글에서 14세기 초, 충선왕 복위 이후 국왕의 책봉 문서로나 전왕의 시호를 하사하는 데에 冊이 쓰였을 것으로 추정한 바 있는데(Jung Donghun, "From a Lord to a Bureaucrat-The Change of Koryŏ King's Status in the Korea-China Relations," *The Review of Korean Studies* 19(2), 2016, pp.123~124), 여기서 바로잡는다.

108) 이러한 두 계열의 지위는 이후 명 대의 예제 질서에서 조선국왕의 위상을 결정하는 데에도 중요한 참고사항으로 반영되었다. 이에 대해서는 정동훈, 「명대의 예제질서에 서 조선국왕의 위상」, 『역사와 현실』 84, 2012 참조.

피임명자에게 수여하는 敍任狀과는 별개로 그 사실을 관계자들, 특히 피임명자의 관할에 놓이게 된 사람들에게 포고하는 성격의 명령문서를 동시에 발급하였다고 한다.[109] 그리고 그러한 명령문으로 확인이 가능한 사례들은 크게 세 가지 유형으로 분류할 수 있다고 한다. 언어를 기준으로는 (1) 몽문직역체의 백화풍 한문, (2) 文語 한문, (3) (1)과 (2)가 뒤섞인 형태, 그리고 문서의 내용 및 발령 절차를 기준으로는 (A) 대칸이 직접 피임명자 및 발령 대상자에 대해 명령을 내리는 형식, (B) 어사대의 상주를 대칸이 재가하는 형식, (C) 대칸의 임명만을 짧게 기록하는 형식 등이다.[110]

위 연구에서 말하는 명령문서의 예를 찾아보면 충렬왕 24년(1298) 충선왕의 첫 번째 즉위에 즈음하여 고려의 國人들을 대상으로 발령된 조서나[111] 복위 때에 내려진 조서가 그에 해당할 것이다. 이 가운데 후자를 인용해보면 다음과 같다.

> 차) 원에서 사신을 보내왔다. 조서에 이르기를, "너희 東藩은 대대로 신하의 직분을 지켜 왔으며 아들이 아버지의 작위를 계승하는 것은 전범과 제도에 늘 있었던 바이다. 근래에 高麗王 王昛가 유서를 올리면서 그 아들 王璋에게 왕위를 물려주게 해달라고 하였다. 짐이 생각하건대 王璋은 친하기로는 우리 聖祖의 외손이자 왕실에서는 종친의 사위로 그 훌륭한 계책과 큰 공적은 가히 칭송받을 만하다. 오랫동안 闕庭에서 侍衛하면서 충성과 노력을 다하였으니 특별히 征東行中書省 右丞相 高麗國王을 수여하며 전과 같이 開府儀同三司 太子太師 上柱國 駙馬都尉 瀋陽王으로 삼는다. 지금부터 이후로 더욱 하늘의 경계를 삼가고 두려워하며 상국을 섬기는 정성을 힘써 닦도록 하라. 모든 신료와 관원들은 각자 정해진 법도를 지킬 것이며 뭇 백성들과 승려나 도사 등은 각자의 생업을 잃지

---

109) 堤一昭, 「大元ウルス高官任命命令文研究序說」, 『大阪外國語大學論集』 29, 2003, 182쪽.
110) 堤一昭, 위의 논문, 179~180쪽.
111) 『고려사』 권31, 충렬왕 24년(1298) 정월 甲辰. 元遣咸寧侯王維, 詔諭國人曰, "邇者, 高麗國王王昛表陳, '春秋方耄, 憂恙交攻, 慮庶務之煩勞, 期息肩於重負, 乞令世子諶, 襲爵.' 朕以王嗣守東土, 垂三十年, 累效忠勤, 勳伐茂著. 矜其誠懇, 特賜兪允. 授世子開府儀同三司征東行中書省左丞相駙馬上柱國高麗國王, 加授王推忠宣力定遠保節功臣 開府儀同三司 大尉 駙馬 上柱國 逸壽王, 以示優崇之意. 國有重務, 尙湏訓勵, 聿底于成."

않도록 하라."112)

위 인용문은 충렬왕 사후 충선왕이 복위할 때에 武宗이 발령한 조서의
내용이다. 충선왕을 책봉하는 문서로서 그 본인을 수신자로 한 宣命이나
冊은 원문이 전하지 않지만, 그보다 몇 달 앞서 충선왕을 瀋陽王에 봉할
때에 그에게 수여된 制書는 『고려사』에 일부가 실려 있다. 해당 문서는
수신자를 '爾'라고 칭하여 이것이 충선왕 개인에게 주어진 것임을 알려준
다.113) 반면에 위의 인용문 마)에서는 수신자를 지칭하는 표현으로는 "너희
동번[爾 東藩]"이 있을 뿐이며, 명령의 대상자로서 모든 신료와 관원[群工庶職],
그리고 뭇 백성들과 승려나 도사[士庶緇黃]들을 언급하고 있다. 즉 위의
詔書는 충선왕을 고려국왕으로 책봉한다는 사실을 그의 통치를 받게 될
고려의 臣民 전체에게 알리는 내용의 명령문서라고 볼 수 있다. 앞서 제시한
명령문서의 유형을 염두에 두고 분석해보자면 이 문서는 (2) 문어체 한문으로
작성되었으며, (A) 대칸이 주어가 되어 피임명자인 고려국왕과 발령 대상자
인 고려의 신민 전체에 대해 명령을 내리는 형식이라는 점을 알 수 있다.

몽골 시대의 문서제도에 대한 연구에 따르면 몽골의 명령문서는 원래
몽골어로 내려진 명령을 그 대상자가 사용하는 언어나 문화 배경에 따라
각기 다른 언어로 번역, 문서화해서 발령했다고 한다.114) 고관 임명과 관련된
명령문서 역시 몽골어로 발령한 후, 피임명자가 漢人인지 여부에 따라 문어체
나 몽문직역체로 번역 문체를 달리했다고 한다.115) 그렇다면 고려국왕 책봉
에 수반하여 고려의 신민에게 내려진 명령문서가 전형적인 한문 문체로

---

112) 『고려사』 권33, 충선왕 복위년(1308) 10월 辛亥. 元遣使來. 詔曰, "緊爾東藩, 世守臣職,
  子承父爵, 典制具存. 近高麗王王琚遺奏, 以其子王璋襲爵. 朕惟王璋, 親惟聖祖之甥, 懿乃宗姬
  之壻, 嘉謀偉績, 俱有可稱. 久侍闕庭, 備殫忠力, 特授征東行中書省右丞相高麗國王, 依前開府
  儀同三司太子太師上柱國駙馬都尉瀋陽王. 自今以始, 益謹畏天之戒, 勉修事上之誠. 群工庶職,
  各守常規, 士庶緇黃, 無失其業."

113) 『고려사』 권33, 충렬왕 34년(1308) 5월 戊寅. 元以定策功, 封瀋陽王. 制曰, "咨, 爾推忠揆義
  協謀佐運功臣開府儀同三司征東行中書省左丞相駙馬王璋, 世祖外孫, 先朝貴壻, 方朕纘承之
  始, 寔參翊贊之功. 以賞善罰惡之至公, 保孝父忠君之大節, 可特授開府儀同三司太子太傅上柱
  國駙馬都尉, 進封瀋陽王."

114) 松川節, 「大元ウルス命令文の書式」, 『待兼山論叢』(史學篇) 29, 1995.

115) 堤一昭, 앞의 논문, 182~183쪽.

작성되었으며 그 서식 역시도 전통 중국왕조의 황제가 발령한 詔書 형식을 띠었다는 것은, 당시 몽골제국이 자신의 관습에 따른 명령 행위 역시 이른바 漢法 내지는 전통적인 한중관계에서 통용되었던 제도의 외피를 통해 표현한 것으로 볼 수 있다.

소결 : 고려국왕의 관료제적 지위와 관문서식의 사용

충렬왕은 세조 쿠빌라이의 부마가 됨과 거의 동시에 왕위에 올랐으며, 재위 6년(1280)에는 정동행성의 승상에 임명되면서 일신에 외국 군주로서의 국왕, 몽골제국 황실의 일원으로서의 부마, 그리고 관료체제의 일원으로서의 정동행성 승상이라는 세 가지 지위를 겸하게 되었다. 이를 염두에 두고 충렬왕 대 고려-몽골 사이의 문서교환에서 보이는 특징을 검토하며, 특히 문서식에 주목해보면 이전 시기와 전혀 다른 두 가지 점이 확인된다. 첫째는 고려국왕과 몽골제국 중서성 사이에서 관문서식인 咨文을 사용하기 시작하였다는 점, 둘째는 고려국왕 책봉 문서로 宣命이 쓰이기 시작하였다는 점이 그것이다.

咨文과 宣命이라는 두 가지 새로운 문서식의 공통점은 그것이 몽골제국 국내의 관료제 운용에서 사용되는 것이었다는 점이다. 즉 자문은 몽골 국내에서 2품 이상의 고위 관부 및 관원이 주체가 되는 관문서식이었으며, 宣命은 5품 이상의 고위 관료를 임명할 때에 발급하는 문서였다. 고려국왕이 이들 문서식의 주체가 되었다는 데에 주목하여 충렬왕 대 고려-몽골 외교관계의 제도적 측면을 종합해보면, 적어도 문서 제도 및 의사소통의 운영 면에서는 국왕이 띠고 있던 세 가지 지위 가운데 정동행성 승상으로서의 관료제적 지위가 우선적으로 고려되었다고 판단할 수 있다.

그러나 실제 외교관계의 제도 운용에서는 위의 세 가지 지위 가운데 어떤 상황에서 어느 측면을 부각해야 하는지가 아직 확정되지 않은 상황이었다. 이를 잘 보여주는 예로 황제의 조서를 가지고 온 원의 사신을 성 밖으로 나가 맞이할 것인가의 문제를 두고서 부마로서의 지위에 입각하여 出迎하지 않았던 충렬왕과 외국 군주로서의 지위에 입각하여 출영할 것을 요구한 몽골 사신 사이에서 의견 대립이 있었던 충렬왕 초의 상황을 들 수 있다.[116)]

또한 국왕과 몽골 중서성 사이에서 주고받는 문서식도 자문으로 획일화된 것이 아니라 여전히 일국의 군주 입장에서는 牒을 교환하였고, 뒤에서 자세히 살펴볼 것처럼 고려국왕은 여전히 서한식 문서를 통해 몽골제국의 유력자들과 소통하였다. 즉 고려-몽골 관계에서 고려국왕의 지위에는 관료제적 지위와 작제적 지위가 공존하였던 것으로 볼 수 있다.

동시에 한 가지 더 주목할 것은 이 시기 몽골 조정과의 의사소통 경로가 국왕으로 철저하게 일원화되어 있었다는 점이다. 충렬왕 4년(1278) 무렵을 기점으로 고려 국내에 주둔하고 있던 원의 군대와 다루가치 등이 모두 철수하면서 충렬왕은 몽골 측과 문서를 교환할 수 있는 유일한 창구가 되었다. 이후 몽골제국의 관부에서 고려의 관부에 직접 문서를 보내는 경우는 거의 보이지 않는다. 더불어 충렬왕은 11차례에 걸쳐 직접 몽골 조정을 방문하여 황제를 면대하는 기회를 가지고 이를 통해 양국 사이의 현안들을 일괄적으로 처리하는 외교력을 발휘하기도 하였다. 이상의 사실은 몽골제국이 고려를 통제하는 방식이 고려국왕을 통한 간접적인 것이었다는 기존의 이해를[117] 뒷받침하는 것이며, 또한 이 시기 고려 국내 정치에서도 국왕이 대몽골관계를 비롯해서 직접 국정을 주도하고 있었음을 잘 설명해주는 것이다.

---

116) 『고려사』 권65, 禮志 7, 賓禮, 충렬왕 원년(1275) 5월 및 12월. 이에 대해서는 정동훈, 「고려시대 사신 영접 의례의 변동과 국가 위상」, 『역사와 현실』 98, 2015, 123~124쪽 참조.

117) 李益柱, 「高麗·元關係의 構造에 대한 硏究 ─ 소위 '世祖舊制'의 분석을 중심으로」, 『韓國史論』 36, 1996.

5절 충선왕~충정왕 대 군주권의 약화와 서한식 문서 활용의 확대

충선왕~충정왕 대 고려-몽골 관계 연구사

앞서 忠烈王 대에는 국왕이 유일한 교섭 창구로서 몽골과의 관계를 주도하고 있었음을 문서 왕래 방식을 통해서 확인하였다. 그런데 忠宣王 대 이후가되면 왕위 계승에 대한 몽골제국의 개입이 훨씬 강력해지고, 이에 따라重祚 정국, 瀋王과의 갈등 등을 겪었으며, 그 과정에서 자연스럽게 국내정치에서 국왕권이 상대적으로 약했다는 점은 기존의 연구에서 공통적으로지적하고 있다. 그렇다면 이 시기의 고려-몽골 관계에서 외교문서 교환을비롯한 의사소통은 어떠한 절차와 경로를 통해서 이루어졌을까.

충선왕이 복위한 1308년부터 忠定王이 퇴위한 1351년에 이르기까지, 즉14세기 전반에는 고려와 몽골제국 양측 모두 국내 정치가 혼란스러웠던것으로 이해되고 있다. 충선왕은 개경보다는 大都에 머무는 시간이 훨씬길어, 몽골 조정에서도 적극적으로 정치 활동을 벌였다.[1] 그 뒤로는 忠肅王과忠惠王의 重祚가 이어졌고, 忠惠王·忠穆王·忠定王 모두 재위 기간이 길지 않았다.[2] 그 와중에 瀋王은 잠재적인 왕위 계승권자로서 꾸준히 고려왕위를

---

1) 高柄翊, 「고려 忠宣王의 元 武宗擁立」, 『歷史學報』 17, 1962 ; 김광철, 「14세기초 元의政局동향과 忠宣王의 吐蕃 유배」, 『한국중세사연구』 3, 1996 ; 張東翼, 「新資料를 통해본 忠宣王의 在元活動」, 『歷史敎育論集』 23·24, 1999.
2) 14세기 전반 고려의 정치 상황 전반 및 정치세력, 원과의 관계, 그리고 국왕위 계승문제에 대해서는 다음의 연구들을 참조할 수 있다. 충선왕 복위 연간에 대해서는 高柄翊,위의 논문, 1962 ; 李起男, 「忠宣王의 改革과 詞林院의 設置」, 『歷史學報』 52, 1971 ; 李昇漢,「고려 忠宣王의 瀋陽王 被封과 在元 政治活動」, 『全南史學』 2, 1988 ; 朴宰佑, 「高麗 忠宣王代

위협하고 있었고,3) 고려에 몽골제국 내지와 같은 行省을 설치할 것을 주장하
는 立省 논의도 반복해서 제기되었다. 4) 원에서도 世祖 쿠빌라이(재위

　　政治運營과 政治勢力 動向」,『韓國史論』29, 1993 ; 邊銀淑,「高麗 忠宣王代 政治改革과
　　政治勢力」,『明知史論』13, 2002 ; 李康漢,「고려 충선왕의 국정 및 '구제' 복원」,『震檀學報』
　　105, 2008 ; 이명미,「몽골 복속기 고려국왕 위상의 한 측면—忠烈~忠宣王代 重祚를
　　중심으로」,『東國史學』54, 2013 ; 최윤정,「14세기 초(1307~1323) 元 政局과 고려—1320
　　년 충선왕 토번유배 원인 재론」,『歷史學報』226, 2015. 충숙왕의 재위 기간에 대해서는
　　鄭希仙,「高麗 忠肅王代 政治勢力의 性格」,『史學研究』42, 1990 ; 金炯秀,「충숙왕 초기
　　通制派와 國俗派의 대립」,『慶尙史學』15·16, 2000 ; 이명미,「忠肅王代 國王位 관련
　　논의와 국왕 위상」,『한국중세사연구』36, 2013. 충혜왕 대에 대해서는 金塘澤,「高麗
　　忠惠王과 元의 갈등」,『歷史學報』142, 1994 ; 金光哲,「고려 충혜왕의 왕위계승」,『釜山史
　　學』28, 1995 ; 김광철,「고려 충혜왕 대 측근정치의 운영과 그 성격」,『國史館論叢』
　　71, 1996 ; 이정신,「고려 충혜왕의 행적과 정치적 입장」,『韓國人物史研究』13, 2010 ; 권
　　용철,「大元帝國 末期 政局과 고려 충혜왕의 즉위, 복위, 폐위」,『韓國史學報』56, 2014.
　　충목왕·충정왕 대에 대해서는 閔賢九,「整治都監의 設置經緯」,『論文集』11, 국민대학교,
　　1977 ; 閔賢九,「整治都監의 性格」,『東方學志』23·24, 1980 ; 閔賢九,「高麗 恭愍王의
　　卽位背景」, 韓㳂劤博士停年紀念史學論叢刊行委員會 編,『韓㳂劤博士停年紀念史學論叢』, 지
　　식산업사, 1981 ; 金塘澤,「元 干涉末의 反元的 분위기와 高麗 政治史의 전개」,『歷史學報』
　　145, 1995 ; 변은숙,「고려 충목왕 대 정치세력의 성격」,『中央史論』19, 2004 ; 이강한,
　　「정치도감(整治都監) 운영의 제양상에 대한 재검토」,『역사와 현실』67, 2008 등을
　　참조. 아울러 종합적으로는 李益柱,「高麗·元關係의 構造와 高麗後期 政治體制」, 서울대
　　학교 박사학위논문, 1996 ; 金塘澤,「元干涉下의 高麗政治史」, 一潮閣, 1998 ; 김형수,
　　『고려후기 정책과 정치』, 지성人, 2013 ; 이명미,『13~14세기 고려·몽골 관계 연구—정
　　동행성승상 부마 고려국왕, 그 복합적 위상에 대한 탐구』, 혜안, 2016 ; 김광철,『원간섭
　　기 고려의 측근정치와 개혁정치』, 景仁文化社, 2018 등을 참조.
3) 瀋王 문제에 대해서는　岡田英弘,「元の瀋王と遼陽行省」,『朝鮮學報』14, 1959 ; 北村秀人,
　　「高麗時代の瀋王についての一考察」,『人文研究』24-10, 大阪市立大學, 1972 ; 金庚來,「瀋陽
　　王에 對한 一考察」,『誠信史學』6, 1988 ; 金塘澤,「高麗 忠肅王代의 瀋王 옹립 운동」,
　　『歷史學研究』12, 1993 ; 金惠苑,「고려후기 瀋王 연구」, 이화여자대학교 박사학위논문,
　　1999 ; 李益柱,「14세기 전반 高麗·元關係와 政治勢力 동향—忠肅王代의 瀋王擁立運動을
　　중심으로」,『한국중세사연구』9, 2001 ; 이정신,「忠宣王의 요동회복 의지와 高麗王·瀋
　　王의 분리 임명」,『한국인물사연구』21, 2014 등을 참조.
4) 立省 문제에 대해서는 北村秀人,「高麗末における立省問題について」,『北海道大學文學部紀
　　要』14-1, 1966 ; 高柄翊,「麗代 征東行省의 研究」,『東亞交涉史의 研究』, 서울대학교출판
　　부, 1970 ; 김혜원,「원간섭기 입성론과 그 성격」, 14세기 고려사회 성격 연구반,
　　『14세기 고려의 정치와 사회』, 민음사, 1994 ; 이범직,「원 간섭기 立省論과 柳淸臣」,
　　『歷史敎育』81, 2002 ; 李貞信,「고려후기 對元관계—입성책동과 상인」,『만주연구』
　　3, 2005 ; 이명미,「忠肅王代 國王位 관련 논의와 국왕 위상」,『한국중세사연구』36,
　　2013 ; 이명미,「14세기 초 遼陽行省의 合省 건의와 고려-몽골 관계—고려국왕권 기반의

1260~1294)와 그를 이은 成宗 테무르(재위 1294~1307) 이후, 順帝 토곤 테무르가 즉위하는 1333년까지 20여 년 동안 8명의 황제가 9번에 걸쳐 재위하는 극심한 제위 계승 분쟁을 겪었다.[5] 또한 양국 관계가 반세기 이상 지속되면서 양국의 신료를 비롯한 유력자들 사이에도 교류가 활발해졌고,[6] 이들 스스로 상대국과의 개인적인 관계를 바탕으로 국내 정치와 외교관계에서도 본격적으로 영향력을 행사하였다.

문제의 소재 : 외교 주체의 증가와 의사소통 경로의 다각화

따라서 충렬왕 재위 기간 동안 고려국왕 대 몽골 황제, 고려국왕 대 몽골 중서성 사이의 일대일 교섭의 틀 안에서 안정적으로 운영되던 고려-몽골 외교관계 역시 14세기 이후로는 전혀 다른 면모를 보이게 되었다. 이는 몽골복속기 후기, 즉 14세기 전반 고려-몽골 외교관계의 가장 큰 특징으로 볼 수 있는데, 양국 모두에서 신료들을 비롯한 다양한 정치 주체들이 외교에 참여하게 되면서 양국의 의사소통이 훨씬 복잡하게 전개되었다는 것이다. 이는 양국 군주권이 약해진 점과 연동되어 과거 군주들이 '외교'를 독점하던 원칙, 혹은 관행이 준수되지 않는 결과로 이어지게 되었다. 그렇다면 이러한 상황에서 양국 사이의 의사소통에는 누가, 어떤 방식으로 개입하고 있었을까. 여기서는 주로 충숙왕 대 이후 고려-몽골 외교관계가 어떠한 배경 아래서 어떠한 주체에 의해, 그리고 어떠한 경로를 통해 이루어졌는지를 분석해보겠다.

변화와 정동행성 위상의 재정립」,『한국중세사연구』51, 2017 ; 이명미, 「몽골 복속기 立省論의 구성 과정과 맥락 : 초기의 立省 관련 논의를 중심으로」,『歷史學報』252, 2021 등을 참조.

5) 권용철,『원대 중후기 정치사 연구』, 온샘, 2019.

6) 鄭玉子,「麗末 朱子性理學의 導入에 대한 試考－李齊賢을 中心으로」,『震檀學報』51, 1981 ; 朴現圭,「李齊賢과 元 文士들과의 交遊考－『益齋亂藁』와 元代 文集을 위주로」,『嶠南漢文學』3, 1991 ; 張東翼,「麗·元 文人의 交遊－性理學 導入期 高麗文人의 學問的 基盤 檢討를 위해」,『國史館論叢』31, 1992.

1. 정기적 사신 파견과 의례적 문서 제출의 지속

충선왕-충정왕 대의 정기적 사신 파견

元宗 원년(1260), 고려와 몽골 사이에 화의가 성립된 이후, 원종 대부터 고려에서 몽골 조정에 의례적인 사안에 관한 사신을 정기적으로 파견했음은 앞서 3장 3절에서 살펴본 바와 같다. 그리고 이러한 현상은 충렬왕 대에도 그대로 이어졌다. 『고려사』 세가의 기록만을 확인해보아도, 충렬왕의 재위 34년(충선왕의 첫 재위 기간 포함) 동안 賀聖節使는 매년 빠짐없이 파견되었고, 賀正使는 충렬왕 16년(1290) 단 한 차례만 기록이 빠져있을 뿐이다. 정례적 사신 파견은 이후 恭愍王 대까지도 지속되었다. 충선왕 복위 연간부터 충정왕 대까지 賀正使와 賀聖節使의 파견 현황을 『고려사』 세가를 기준으로 정리해보면 다음의 표와 같다.

〈표 3-5-1〉 충선왕~충정왕 대 賀正使 파견 일시

몽골황제-고려국왕	일시	사신	비고
무종-충선왕	복위년(1308) 12.4.	評理 趙璉	국왕 在元
	원년(1309) 11.29.	評理 權溥	국왕 在元
인종-충선왕	3년(1311) 12.4.	贊成事 洪詵	국왕 在元
	4년(1312) 12.2.	知密直司事 朴侶	국왕 在元
인종-충숙왕	즉위년(1313) 12.1.		
	3년(1316) 11.27.	政丞 柳淸臣	
	4년(1317) 12.1.	吉昌君 權準	
	5년(1318) 12.3.	大司憲 閔頔	
영종-충숙왕	7년(1320) 11.8.	吉昌君 權準	
	8년(1321) 10.9.	李彦冲	국왕 在元
	9년(1322) 12.3.	上護軍 楊起, 三司副使 李謙	국왕 在元, 瀋王이 파견
태정제-충숙왕	11년(1324) 12.2.	政丞 崔有渰	국왕 在元
명종-충숙왕	15년(1328) 12.2.	海平府院君 尹碩	
문종-충혜왕	즉위년(1330) 12.9.	上護軍 朱柱	
	원년(1331) 11.30.	贊成事 元忠	
순제-충숙왕	후4년(1335) 12.30.	姜好禮, 鄭天佐	
	후6년(1337) 11.30.	開城尹 高允溫	국왕 在元
	후8년(1339) 12.6.	辛伯, 金逸逢	국왕 在元
순제-충목왕	즉위년(1344) 12.3.	德城府院君 奇轍	

	3년(1347) 12.9.	天水郡公 康伯, 贊成事 康允忠	
	4년(1348) 12.4.	僉議評理 孫洪亮, 密直副使 金仁浩	
순제－충정왕	2년(1350) 12.3.	贊成事 廉悌臣, 前 贊成事 尹莘係	

〈표 3-5-2〉 충선왕~충정왕 대 賀聖節使 파견 일시

재위황제 생년월일	일시	사신	비고
武宗 카이샨 至元 18(1281).7.19.	충선왕 원년(1309) 6.17.	僉議評理 趙璉	국왕 在元
	2년(1310) 6.18.	評理 致仕 曹元瑞	국왕 在元
仁宗 아유르바르와다 至元 21(1284).3.4.	4년(1312) 2.1.	三司使 蔡禑	국왕 在元
	4년(1313) 2.10.	密直副使 蔡洪哲	국왕 在元
	충숙왕 원년(1314) 2.1.	上護軍 姜邦彦	
	2년(1315) 2.4.	密直副使 趙雲卿	
	4년(1317) 2.7.	密直 洪瀹	
	5년(1318) 2.9.	泰安君 李公甫	
	6년(1319) 2.10.	贊成事 權漢功	
	7년(1320) 1.27.	吉昌君 權準	
英宗 시데발라 大德 7(1303).2.6.	8년(1321) 1.9.	永陽君 李瑚	
	9년(1322) 1.10.	密直使 任瑞, 大護軍 金資	국왕 在元
	10년(1323) 1.12.	贊成事 朴虛中	국왕 在元
泰定帝 에센테무르 至元 30(1293).10.29.	10년(1323) 10.12.	檢校評理 梁許	국왕 在元
	11년(1324) 10.7.	三司使 尹莘傑	국왕 在元
	12년(1325) 10.11.	摠部典書 李光時	
文宗 툭테무르 大德 8(1304).1.11.	15년(1328) 12.4.	密直使 金承用	
順帝 토곤테무르 延祐 7(1320).4.17.	충혜왕 후원년(1340) 3.25.	奇轍, 權適	국왕 空位
	후3년(1342) 3.20.	政丞 李凌幹	
	후4년(1343) 3.13.	益城君 洪鐸	
	후5년(1344) 3.13.	鷄林郡公 王煦, 前 典法判書 崔文度	국왕 空位
	충목왕 원년(1345) 3.13.	判三司事 權謙, 密直副使 柳濯	
	3년(1347) 3.13.	政丞 盧頙	
	4년(1348) 3.6.	寧川府院君 李凌幹	
	충정왕 원년(1349) 3.11.	政丞 王煦	
	2년(1350) 2.7.	權謙, 吳子淳	

　위의 표에서 확인되는 것처럼 충선왕 대 이후로도 1년에 두 차례의 정기적
사절, 즉 賀正使와 賀聖節使는 거의 매해 빠짐없이 파견되었다. 『고려사』
세가를 기준으로 작성한 위의 표에는 간혹 빠진 해도 있으나, 이는 단지
世家의 기록 누락으로 보는 편이 좋을 것이다. 실제로 충숙왕 후3년(1334)에는
世家에 한 해 동안 아무런 기록이 남아있지 않지만, 崔瀣가 書狀官으로 파견된

鄭誧에게 준 글, 〈送鄭仲孚書狀官序〉에 따르면 이해에는 密直司使 蔡河中을 正使로 하는 하성절사가 파견되었음이 확인된다.[7] 崔瀣는 이 글에서 매년 정기적으로 사신을 파견하는 正旦과 萬壽聖節을 年節이라고 하며, 빠뜨림 없이 사신을 보내 표문을 올려 進賀하고 공물을 바치고 있음을 언명하였다. 또한 최해는 고려가 몽골과 관계를 맺은 이래 "年節을 朝賀하는 것을 한 번도 빠뜨리지 않았음"을 事大의 지성을 표현하는 근거로 제시하기도 하였다.[8]

충렬왕~충선왕 대 국왕 부재시의 사절 파견

정기적이고 의례적인 사신 파견과 관련해서 주목되는 것은 두 가지이다. 첫째, 간혹 국왕 외에 行省, 즉 征東行省에서 사신을 파견한 사례가 보인다는 점이다. 둘째, 국왕이 親朝 등의 이유로 원에 머물러 있었을 때에도 정기적 사신 파견은 지속되었다는 점이다. 첫 번째 문제에 대해서는 이미 기존 연구에서 그 의미를 확인한 바 있으므로,[9] 두 번째 문제를 집중적으로 검토하겠다.

충렬왕은 재위 기간 중 11차례 몽골 조정에 친히 입조하였다. 그러나 충렬왕 19년(1293) 10월부터 이듬해 8월까지 10개월 동안 체류하였던 사례, 충렬왕 31년(1305) 11월부터 33년(1307) 5월까지 18개월 동안 체류하였던 사례를 제외하고는 대체로 개경을 떠나 있던 기간은 4~5개월 정도였으며, 짧게는 2개월 안팎에 불과할 때도 있었다.[10] 반면에 충선왕은 충렬왕 복위 연간(1298~1308) 대부분의 기간을 원에서 보내다가 왕위에 오른 후 잠시 귀국하였을 뿐,[11] 그 이후로는 내내 元都에 머물러 있었다. 또한 충숙왕은 세 차례 입조하였는데, 첫 번째 입조 때에 8개월(충숙왕 3년(1316) 2월 17일~10월 28일), 두 번째에 4년(충숙왕 8년(1321) 4월 24일~12년(1325) 5월 13일), 세 번째에 2년 9개월(충숙왕 17년(1330) 윤7월 5일~후2년(1333) 윤3월 4일)

---

7) 『拙稿千百』 권2, 〈送鄭仲孚書狀官序〉.

8) 『拙稿千百』 권1, 〈金文正公墓誌〉.

9) 이명미, 앞의 책, 2016, 128~132쪽.

10) 충렬왕 친조의 경과에 대해서는 정동훈, 「고려 元宗·忠烈王대의 親朝 외교」, 『韓國史研究』 177, 2017 참조.

11) 충선왕 복위년(1308) 8월 26일에 귀국하였다가 그해 11월 17일에 다시 元都로 떠났다.

등 모두 장기간 체류하였다.

이처럼 국왕이 조정을 떠나 있던 시점에서도 정기적, 의례적 사신의 왕래는 빠짐없이 계속되었다. 이 가운데 충렬왕 대나 충선왕 대의 경우 국왕이 국정의 주도권을 확실하게 장악하고 있었던 시기로 평가되며, 元都에 머물면서도 꾸준히 고려 조정에 명을 내리는, 이른바 傳旨 정치, 혹은 遙領 통치를 통해서 국정을 운영하고 있었던 것으로 평가된다.[12] 따라서 이때의 사신 파견 역시 국왕의 의중이 반영된 것이었다고 보아도 좋을 것이다.

충숙왕~충정왕 대 국왕 부재신의 사신 파견

충숙왕 대에는 상황이 달랐다. 충숙왕의 두 번째 입조는 일반적인 親朝와는 성격이 달랐다. 충숙왕 8년(1321) 정월에 그에 대한 소환 명령이 몽골제국 조정에서 내려졌고,[13] 그해 4월에 충숙왕이 大都로 출발하였다.[14] 그리고 그해 연말 무렵에는 몽골 조정에 國王印을 빼앗긴 채 억류되어 있었다.[15] 이는 몽골 조정 내부의 권력투쟁의 결과였으며,[16] 동시에 瀋王 王暠를 옹립하려는 움직임과도 관계가 있었다.[17] 말하자면 고려국왕위가 空位 상태에 놓이게 된 것이었다. 이러한 상황은 충숙왕이 國王印을 돌려받는 충숙왕 11년(1324) 정월 27일에야 마무리되었으니,[18] 적어도 2년 이상 지속되었다.[19] 충숙왕이 귀국한 것은 그로부터도 한참 뒤인 충숙왕 12년(1325) 5월

---

12) 閔賢九, 「元 干涉期 고려의 정치양태-국왕 부재중의 국정운영을 통해 본 왕조체제의 지속성」, 『高麗政治史論』, 고려대학교출판부, 2004.

13) 『元史』 권27, 英宗 至治 원년(1321) 정월 甲申.

14) 『고려사』 권35, 충숙왕 8년(1321) 4월 丁卯.

15) 충숙왕이 國王印을 빼앗긴 정확한 시점은 정확하지 않은데, 늦어도 충숙왕 9년(1322) 3월 이전의 일임은 확인된다(『고려사절요』 권40, 충숙왕 9년(1322) 3월). 한편 閔賢九는 충숙왕 8년(1321) 11월의 일로 추정하였다. 閔賢九, 앞의 책, 2004 참조.

16) 李益柱, 앞의 논문, 1996, 156~162쪽 ; 김광철, 「14세기초 元의 政局동향과 忠宣王의 吐蕃 유배」, 『한국중세사연구』 3, 1996 ; 최윤정, 「14세기 초(1307~1323) 元 政局과 고려-1320년 충선왕 토번유배 원인 재론」, 『歷史學報』 226, 2015.

17) 주 3) 참조.

18) 『고려사』 권35, 충숙왕 11년(1324) 정월 甲寅.

19) 이 무렵의 상황을 적어놓은 몽골 측의 어떤 자료를 바탕으로 쓰였을 것으로 보이는 『元史』 高麗傳은 "源(충선왕)은 (왕위를) 그의 아들 燾(충숙왕)에게 전했고, 도는 그의

13일의 일이었다.[20]

이 밖에도 충숙왕 대 이후로는 왕위 교체가 이루어지는 사이 상당한 기간 동안 공위 상태가 연출되기도 하였다. 충숙왕이 훙거한 충숙왕 후8년(1339) 3월 24일부터 충혜왕이 傳國印을 받는 11월 2일까지 7개월여 동안과 그 직후 충혜왕이 원에서 파견한 사신에게 체포되어 원에 송환되었다가 석방되어 돌아오는 충혜왕 복위년(1339) 11월 12일부터 충혜왕 후원년(1340) 4월 11일까지 5개월, 또한 충혜왕이 폐된 후4년(1343) 11월 22일부터 충목왕이 책봉을 받고 귀국하는 이듬해 충목왕 즉위년(1344) 4월 26일까지 5개월 남짓 동안이 그러했다. 그리고 충목왕이 훙거한 4년(1348) 12월 15일부터 忠定王에게 왕위 계승의 명이 내려진 5월 8일, 혹은 충정왕이 귀국하여 國印을 전해받는 7월 27일까지 5~7개월 동안 고려국왕위는 다시 비어있었다. 그러나 이 시기에도 賀聖節使와 賀正使의 파견은 지속되었다. 위의 표 가운데 국왕이 부재한 상황에서의 사신 파견 상황을 추출해보면 다음과 같다.

〈표 3-5-3〉 충숙왕~충정왕 대 국왕 空位期의 정기적 사신 목록

연번	일시	사신	사절명
1	충숙왕 9년(1322) 1.10.	密直使 任瑞, 大護軍 金資	賀聖節使
2	충숙왕 9년(1322) 12.3.	上護軍 楊起, 三司副使 李謙	賀正使
3	충숙왕 10년(1323) 1.12.	贊成事 朴虛中	賀聖節使
4	충숙왕 10년(1323) 10.12.	檢校評理 梁許	賀聖節使
5	충숙왕 11년(1324) 10.7.	三司使 尹莘傑	賀聖節使
6	충숙왕 11년(1324) 12.2.	政丞 崔有渰	賀正使
7	충숙왕 후8년(1339) 12.6.	辛伯, 金逸逢	賀正使
8	충혜왕 후원년(1340) 3.25.	奇轍, 權適	賀聖節使
9	충혜왕 후5년(1344) 3.13.	鷄林郡公 王煦, 前 典法判書 崔文度	賀聖節使

이 가운데 (2) 충숙왕 9년(1322) 賀正使의 파견은 瀋王의 鈞旨에 의한 것이라고 기록되어 있다.[21] 당시에 瀋王이 帝命을 칭하면서 고려 조정에 명을

동생 燾(심왕)에게 전했다.[諛傳其子燾, 燾傳其弟燾.]」라고 하여, 왕위가 심왕에게 넘어간 것으로 서술하였다. 이에 대해서는 정동훈, 「『元史』 高麗傳의 史源」, 『東方學志』 197, 2021, 83쪽 참조.

20) 『고려사』 권35, 충숙왕 12년(1325) 5월 辛酉.

21) 『고려사』 권35, 충숙왕 9년(1322) 12월 丙寅. 以瀋王鈞旨, 遣上護軍楊起·三司副使李謙如元, 賀正.

내려 창고를 봉하는 등의 조치를 취한 것[22]과 같이 고려의 사신 파견을 직접 지휘했던 것으로 볼 수 있다. 그렇다면 그 나머지 사례들에서는 누구의 명에 의해, 혹은 어떠한 결정 과정을 통해 사신 파견이 이루어졌을까. 또한 이들 사신은 어떠한 문서를 소지하고 있었을까.

먼저 (6)의 사례를 살펴보면, 『고려사』세가에서는 이때의 상황을, "政丞 崔有渰이 원에 가서 賀正하였다. 宰相들이 旻天寺에 모여 中書省에 上書하였다"라고 전한다.[23] 일반적으로 『고려사』세가에서 사신을 파견하는 행위를 서술할 때에 "어느 관직의 아무개를 원에 파견하여 賀正하였다[遣某官某如元, 賀正]" 등과 같이 '遣' 자를 사용한다. 그런데 이 사례에서는 '遣' 자 없이 곧바로 "최유엄이 원에 가다[崔有渰如元]"라고 표현한 데서 차이를 보인다. 이는 (3) "贊成朴虛中如元, 賀節日", (5) "三司使尹莘傑如元, 賀聖節", (9) "鷄林郡公 王煦·前典法判書崔文度如元, 賀聖節" 등도 마찬가지이다. 『고려사』세가의 서술 방식에서 주어가 생략된 경우 그것이 國王의 행위임을 뜻한다는 점을 인정한다면, 다른 사례들과 달리 위의 경우는 국왕의 명에 의해 이루어진 것이 아님을 표현한 것으로 볼 수 있을 것이다. 또한 (6)의 사례에서 최유엄의 사행에 宰相들이 中書省에 보내는 書를 그의 편에 부쳤다는 점이 주목된다. 고려 신료들의 외교문서 발송에 대해서는 뒤에서 검토하겠으나, 여기서는 그의 파견이 宰相의 뜻에 의해 이루어진 것이 아닐까 생각되는 점만을 짚어두겠다.

都僉議使司 명의의 표문 제출

왕위가 비어있을 경우, 위와 같은 정기적 사신이 지참하는 의례적 내용의 외교문서는 누구의 명의로 발송되었을까. 현전하는 사료에서는 이에 관련된 사료를 한 건 확인할 수 있다.

가) 4월 여름철에 마침내 誕降의 祥瑞를 여셨으니, 만국이 다 같이 봄을

---

22) 『고려사절요』 권24, 충숙왕 10년(1323) 3월.
23) 『고려사』 권35, 충숙왕 11년(1324) 12월 甲寅. 政丞崔有渰如元, 賀正. 宰相會旻天寺, 上書中書省.

맞아 생성의 化를 입었습니다. 주로는 聖人을 낳으시어 천년의 큰 運을 여시었고 곁으로 어진 은택을 베푸시어 만국의 환심을 얻으시니, 아름다운 기운이 천지간에 자욱하고 頌祝하는 소리가 朝野에 솟아오릅니다. 공손히 생각하건대, 운운. 사람을 앎이 곧 명철하시며 뭇사람을 관용으로 統御하시어, 明良庶事의 노래에 백성들이 모두 크게 변하고 壽富多男의 축원을 하늘이 또한 버리지 않으시니, 이제 社日의 좋은 날을 맞아 더욱 크나큰 복을 받으시게 되었습니다. 엎드려 생각하건대, 下國의 신하가 되어 陪臣의 자리에 있으니, 三月에 邅邅하여 멀리 箕封의 바닷가에 처해 있으나, 四門의 穆穆함에 舜殿의 드리운 옷을 상상하여 우러러 뵙습니다.[24]

『東文選』에 따르면 이 문서는 〈都僉議使司賀聖節起居表〉라는 제목으로 鄭誧가 지었다고 한다.[25] 문서의 발신자는 "下國의 신하로서 陪臣의 지위에 있는[爲臣下國, 備位陪寮]" 자로서, 즉 제목에서 말하는 都僉議使司가 될 것이다. 즉 이 문서는 都僉議使司 명의로 발송된 〈賀聖節起居表〉인 것이다. 都僉議使司는 고려 국내의 최고 관부이자, 몽골 조정에서 종2품의 관품을 인정받은 바 있는 공인된 관부였기에,[26] 고려국을 대표하여 문서의 발신자가 될 수 있었으리라 생각된다.

그렇다면 이 문서는 언제 작성되었을까. 鄭誧는 충숙왕 13년(1326)부터 충목왕 원년(1345) 사이에 관직 생활을 하였는데,[27] 이 기간 중에 재위한 원의 황제 가운데 생일이 4월인 것은 4월 17일생인 順帝 토곤테무르(재위 1333~1370)뿐이다. 또한 李穡이 지은 〈鄭氏家傳〉에 따르면, 그는 충숙왕

---

24) 『東文選』32-11. 〈都僉議使司賀聖節起居表〉四月維夏, 聿開震夙之祥, 萬物同春, 咸被生成之化. 篤生聖人, 啓千齡之景運, 旁施仁澤, 得萬國之懽心, 藹佳氣於乾坤, 騰頌聲於朝野. 恭惟云云. 知人則哲, 御衆以寬, 明良庶事之歌, 民用丕變, 壽富多男之祝, 天且弗遺, 茂對社鳴之辰, 益膺川至之福. 伏念爲臣下國, 備位陪寮, 三月邅邅, 邈處箕封之濱海, 四門穆穆, 想瞻舜殿之垂衣.

25) 이 문서는 鄭誧의 문집인 『雪谷先生文集』下에 〈都僉議使司賀聖節表〉로 실려 있으며, 내용에 차이는 없다.

26) 이에 대해서는 이정훈, 「원간섭기 첨의부의 위상과 역할」, 『역사와 현실』 88, 2013 참조.

27) 『고려사』 권106, 鄭珛 附 鄭誧.

후7년(1338)에 知製敎에 발탁되었다고 하며, 충혜왕 후원년(1340)까지 그 지위에 있다가, 곧 미움을 받아 유배를 가게 되었다고 한다.[28] 그렇다면 위 문서는 그 중간, 즉 1338년부터 1340년 사이에 작성되었을 것으로 추정할 수 있으며, 다시 그 가운데 국왕위가 비어있던 기간을 찾아보면 1340년 상반기로 좁혀진다. 『고려사』 세가에는 충혜왕 후원년(1340) 3월에 奇轍과 權適 등이 賀聖節使로 파견된 사실이 확인되니,[29] 바로 그때의 문서였을 것이다.

  그런데 이때에 사절의 일행으로 파견되었던 司僕寺丞 辛某에게 준 李穀의 글이 『稼亭集』에 실려 있고, 여기에는 당시의 사절 파견을 결정하게 된 과정을 엿볼 수 있는 내용이 담겨 있다. 해당 부분을 인용해보면 다음과 같다.

   나) 황제가 즉위한 지 8년 째 되는 해의 봄 2월에, 권력을 전횡한 승상을 축출하고 나서 천하에 널리 포고하고 政化를 更張하였다. 이에 조정이 청명해지고 기강이 엄숙해지자, 해와 달이 비치는 곳의 혈기를 지닌 자 가운데 舞蹈하면서 聖德을 노래하지 않는 자가 없었다. 그리하여 4월 17일을 기하여 京師에서 大會를 열어 天壽節을 축하하기로 하였다. 고려국의 신하들이 모두 말하기를, "천자는 仁聖하시고, 輔相은 忠良하다. 그리하여 현능한 인재를 진출시키고 간사한 소인을 제거하며, 이로운 일을 일으키고 해로운 일을 없애 하나의 사물도 제자리를 얻지 못하는 일이 없게 하였다. 우리나라는 비록 작지만 복종하며 섬긴 지 이미 오래되었고, 또 지금 황상으로부터 남다른 보살핌을 받고 있다. 장차 우리나라를 편안하게 하고 우리 백성을 안락하게 하며 君臣이 서로 경축하고 사직을 더욱 굳건하게 할 것을 기필할 수가 있다. 그리고 금년의 회동은 분명히 예전보다 성대할 것이니, 賢才로서 上國에 그 이름이 알려진 자가 아니면 천자의 뜰에 들여보내기 곤란하다."라고 하였다. 이에 典理判書 奇公을 그 正使로 삼고, 司僕寺丞 辛君을 參佐로

28) 『牧隱文藁』 권20, 〈鄭氏家傳〉; 『東文選』 권100, 〈鄭氏家傳〉.
29) 『고려사』 권36, 충혜왕 후원년(1340) 3월 戊寅.

삼아 길을 떠나게 하였다. (하략)30)

"황제가 즉위한 지 8년 째 되는 해"라는 구절에서 이 글의 배경이 順帝 後至元 6년(1340)의 일임을 알 수 있다. "권력을 전횡한 승상을 축출하고"라는 구절은 그해 2월에 몽골 조정에서 權臣 바얀을 축출한 사실을 가리킨다.31) 순제는 이를 계기로 정치의 전면에 적극 나서기 시작하면서 조정을 일신하려는 의지를 표명하였다.32) 이에 따라 그해 4월의 자신의 생일인 天壽節을 기하여 大會를 개최하기로 하였던 것이다. 그런데 공교롭게도 당시 고려 국왕위는 공위 상태였다. 충혜왕의 복위가 결정된 사실은 그해 3월 11일의 일이었으나,33) 당시에 충혜왕은 원에 있었으며 4월 11일에야 귀국하였다.34) 따라서 3월 13일에 출발한 賀聖節使 奇轍과 權適의 파견을 결정하는 데에 충혜왕의 의지는 작용할 수 없었다.

위의 인용문에서는 몽골에서 天壽節에 大會를 열기로 했다는 소식을 전해 듣고, 고려 조정에서 이에 대해 논의하는 장면이 묘사되어 있다. 즉 이 대회에 반드시 고려의 사신을 참석시켜야 한다고 의견이 모아졌다는 것인데, 그 논의의 주체는 "高麗國臣"으로 언급되어 있다. 즉 국왕이 부재한 상황에서 "고려국의 신료들"이 사신 파견을 결정했던 것이다. 그에 따라 파견된 사신은 앞서 가)에서 제시한 것과 같이 都僉議使司 명의의 표문을 가지고 갔던 것이다.

이상에서 확인한 바를 정리하면 다음과 같다. 충숙왕 대 이후로는 重祚와 빈번한 왕위 교체로 국왕위가 비게 되는 상황이 자주 연출되었다. 그러나 이 기간에도 賀正使나 賀聖節使와 같은 의례적이고 정기적인 사신은 빠짐없이

---

30) 『稼亭集』 권9, 〈送辛寺丞入朝序〉 皇帝卽位之八年春二月, 出丞相之顓權者, 大誥天下, 更張政化. 朝廷淸明, 紀綱振肅, 日月所照, 凡有血氣者, 莫不踏舞歌詠聖德. 將以四月十七日, 大會于京師, 賀天壽節. 高麗國臣咸謂, "天子仁聖, 輔相忠良. 進賢去邪, 興利除害, 使無一物不得其所. 而吾國雖小, 服勞旣久, 又蒙今上眷顧之殊. 將俾吾國安吾民樂, 君臣相慶, 社稷益固可必也. 是今年會同, 必盛於前日, 非賢而才上所知名者, 莫可以造庭." 迺以典理判書奇公爲其使, 司僕寺丞辛君參佐以行. (하략)

31) 『元史』 권40, 順帝 至元 6년(1340) 2월 己亥.

32) 당시 몽골 조정의 상황에 대해서는 權容徹, 「大元제국 말기 權臣 바얀의 정치적 行蹟」, 『東洋史學硏究』 120, 2012, 239~251쪽 참조.

33) 『고려사』 권36, 충혜왕 후원년(1340) 3월 甲子.

34) 『고려사』 권36, 충혜왕 후원년(1340) 4월 癸巳.

파견되었다. 고려 조정의 신료들이 그 파견을 결정하였고, 사신은 고려의 최고 관부이자 몽골에서 공인한 바 있는 都僉議使司 명의의 표문을 제출하였다. 국왕위가 비어 있어도 의례적 외교는 계속되었다는 점에서 충렬왕이나 충선왕 시기 국왕이 대몽골 외교를 독점하던 관행과는 다른 모습을 엿볼 수 있다. 그리고 이는 14세기 중반 국왕권이 약화되고, 개별적으로 몽골 조정과 관계를 맺으면서 그를 바탕으로 정치세력들이 국내 정치에서도 영향력을 키워가고 있던 점과도 관련이 있다. 충혜왕 후원년(1340)에 "上國에 그 이름이 알려진 자"라는 조건에 부합하는 賀聖節使의 正使로 奇皇后의 형제인 奇轍이 선택된 것도 이와 무관하지 않을 것이다.

2. 고려 신료들의 書翰 제출

충선왕 구명을 위한 신료들의 서한 제출

14세기 전반, 특히 몽골제국에서 英宗이 즉위하면서 충선왕이 吐蕃으로 유배되고, 충숙왕이 소환되어 國王印을 몰수당한 채 元都에 억류되며, 심왕 옹립운동과 입성 논의 등이 전개되는 1320년대 이후가 되면 고려의 국왕권은 점차 약화되는 경향을 보이게 되었음은 이 시기에 대한 기존의 연구에서 공통적으로 지적한 바이다. 그리고 이러한 현상은 충숙왕과 충혜왕의 重祚, 충혜왕의 실정, 나이 어린 충목왕과 충정왕의 연이은 즉위 등을 거치면서 가속화되었던 것으로 이해되고 있다. 국왕의 권한과 역할이 약화됨에 따라 자연스럽게 고려 조정의 신료들의 활동이 강화되었는데, 몽골과의 외교관계 에서도 마찬가지였다. 이 점은 고려 신료들이 자신들의 명의로 몽골 조정에 문서를 보내는 일이 이 시기의 기록에서 많이 확인되는 데서도 드러난다.

고려의 신료들이 몽골 조정에 문서를 보낸 첫 사례로 확인되는 것은 충선왕의 유배와 관련된 사안에서였다. 충선왕은 충숙왕 7년(1320) 10월, 원의 刑部에 하옥되었다가 그해 12월 토번으로 유배를 떠나게 되었다.[35]

---

35) 『고려사절요』 권24, 충숙왕 7년(1320) 10월 ; 『고려사』 권35, 충숙왕 7년(1320) 12월 戊申.

같은 시기, 고려의 百官은 곧바로 원의 중서성에 '上書'하여 上王의 원통함에 대해 호소하였다고 하는데,[36] 이것이 그 첫 사례이다.

그리고 이듬해인 충숙왕 8년(1321) 4월에는 충숙왕이 대도로 소환되었고, 입조 후 그해 연말 무렵에는 國王印을 압수당한 것으로 보인다. 이후 瀋王이 국내 문제에 개입을 강화하면서 충숙왕은 사실상 왕위를 상실한 상황에 놓이게 되었다. 그런 가운데 그해 7월, 上王은 유배를 가던 도중 西蕃 獨知里에 도착해서, 그리고 그해 11월에는 유배지인 吐蕃 撒思結에 도착해서 각각 고려의 崔有渰·權溥 등에게 서신을 보내 자신의 구명을 요청하였다.[37] 이 가운데 후자의 문서를 인용해보면 다음과 같다.

> 다) 上王이 崔有渰·權溥·裴挺·李瑱·許有全·金賆·趙簡 등에게 서한을 보내 이르기를, "나는 10월 6일에 吐蕃 撒思結에 도착하였다. 들건대 황제가 나에게 환국할 것을 허락한 듯하다. 그 말이 만약 사실이라면 공들은 걱정할 것이 없겠으나, 그렇지 않다면 柳淸臣·吳潛과 함께 상의하여, 高王이 聖武(황제)에게, 元王이 세조 황제에게 솔선귀부하고 보좌하여 공을 세운 일과, 先考 忠烈王이 공주와 혼인하고 내가 帝室에 또한 미력하나마 노력한 일이 있다는 뜻으로 황제께 표문을 올려 청하고 丞相에게 글을 적어 아뢰어 나로 하여금 이곳에 오래 머물지 않게 하라."라고 하였다.[38]

위 문서에서 충선왕은 고려의 신료들에게 역대 고려국왕들과 자신이 몽골 조정에 공을 세운 바 있음을 근거로 자신의 석방을 요청하는 탄원서를 제출할 것을 지시하고 있다. 수신자는 문서 가운데서는 "公等"이라고 지칭하였고, 지문에서는 崔有渰·權溥 등의 인명이 열거된 것으로 보아 고려 신료들, 특히 자신의 측근 신료들에게 보낸 것으로 보인다. 그리고 이들에게 구체적으로 "황제께 표문을 올려 청하고 丞相에게 글을 적어 아뢰어[表請于帝, 奏記丞相]"

---

36) 『고려사』 권35, 충숙왕 7년(1320) 12월 乙卯.
37) 『고려사』 권35, 충숙왕 8년(1321) 7월 ; 11월 壬午.
38) 『고려사』 권35, 충숙왕 8년(1321) 11월 壬午. 上王寄書崔有渰·權溥·裴挺·李瑱·許有全·金賆·趙簡等曰, "予以十月六日, 到吐蕃撒思結. 似聞, 帝許予還國. 其言若實, 公等無以爲念, 不然, 與柳淸臣·吳潛議, 以高王之於聖武, 元王之於世皇, 率先歸附, 佐運樹功, 先考忠烈王得尙公主, 予於帝室, 亦有微勞之意, 表請于帝, 奏記丞相, 俾予無久於此."

라고 행동 지침을 내리고 있다.

앞서 언급했듯이 국왕인 충숙왕이 元都에 억류된 채 왕위를 상실한 상황이었기 때문에, 충선왕은 자신의 구명 운동을 전개할 주체로서 고려 신료들을 직접 지목한 것으로도 볼 수 있다. 그러나 그밖에도 충선왕이 지목한 인물들이 과거 자신을 수행하여 大都에 머물면서 당시 몽골 조정에서 활약하던 문인 및 관료들과 친분을 쌓은 경험을 가진 자들이라는 점 역시 주목된다. 崔有渰은 충선왕의 측근으로 충선왕 재위 기간에 고려 조정에서 守僉議政丞으로 최고위직에까지 올랐던 사실도 중요하지만, 그에 앞서 몽골 조정에서 고려의 신료 가운데 재능있는 자를 부를 때에 거기에 소집되어 원에 가서 활약한 사실도 있었다.[39] 이들에게 함께 의논할 것을 명한 柳淸臣은 역관 출신으로서, 충렬왕 대부터 10여 차례 몽골에 사신으로 다녀오면서 몽골 조정의 고위 인사들과 밀접한 관계를 맺었던 것으로 알려진다.[40] 뒤에 살펴보겠으나 충선왕의 구명 운동에 크게 활약한 崔誠之와 李齊賢 역시 충선왕이 몽골에서 숙위하던 때부터 그를 보좌하면서 조정의 유력자들과 두터운 친분을 맺고 있었던 것으로 유명하다.[41] 즉 충선왕은 고려국왕 명의의 공식적인 외교 외에도 고려 신료들이 몽골 측의 유력자들과 맺고 있던 개인적 관계를 외교의 장에서 적극 활용하고자 하는 의도를 표명한 것이었다. 충선왕의 명을 받은 고려 조정에서는 곧바로 中書省에 '上書'하여 상왕을 유배에서 풀어줄 것과 국왕을 환국시켜줄 것을 요청하였다.[42]

반면에 이 무렵 고려에는 瀋王 王暠를 지지하는 세력들이 등장하였고,

39) 『고려사』 권110, 崔有渰.
40) 『고려사』 권125, 柳淸臣. 그의 활동에 대해서는 이범직, 「원 간섭기 立省論과 柳淸臣」, 『歷史敎育』 81, 2002 참조.
41) 『고려사』 권108, 崔誠之 ; 권110, 李齊賢. 두 인물의 원에서의 활동과 몽골 조정 인사들과의 교유에 대해서는 金庠基, 「李齊賢의 在元生涯에 對하여」, 『東方史論叢』, 서울대학교출판부, 1974 ; 鄭玉子, 「麗末 朱子性理學의 導入에 대한 試考－李齊賢을 중심으로」, 『震檀學報』 51, 1981 ; 朱瑞平, 「益齋 李齊賢의 中國에서의 行蹟과 元代 人士들과의 交遊에 대한 硏究」, 『南冥學硏究』 6, 1996 ; 고혜령, 「원 간섭기 성리학 수용의 일 단면－崔文度를 중심으로」, 『한국중세사연구』 18, 2005 ; 장동익, 「李齊賢, 權漢功 그리고 朱德潤－고려 후기 성리학 수용기의 인물에 대한 새로운 이해」, 『퇴계학과 유교문화』 49, 2011 등을 참조.
42) 『고려사』 권35, 충숙왕 8년(1321) 12월 丁未 ; 9년(1322) 정월.

이들 역시 몽골 조정에 '上書'하여 심왕을 새 왕으로 세워줄 것을 요청하였다. 이때의 장면을 살펴보면 權漢功 등이 慈雲寺에서 백관을 모아서 심왕을 세울 것을 의논하고는 중서성에 上書하기로 하였고, 3일 후에 백관들로부터 이 문서에 署名을 받았다고 한다.[43] 또한 충선왕이 애초에 공조할 것을 당부하였던 柳淸臣과 吳潛도 都省에 '上書'하여 고려에 省을 세워 몽골제국 내지와 같이 취급할 것을 제안하였다고 한다.[44]

이에 대해 閔漬·許有全 등은 직접 몽골에 가서 상왕을 소환해줄 것을 청하였으며, 崔誠之와 李齊賢은 몽골에 있으면서 郎中과 丞相 拜住에게 '獻書'하여 같은 요청을 하였다고 한다.[45] 결국 충숙왕 10년(1323) 12월, 충선왕은 宰樞들에게 '寄書'하여 자신이 유배에서 풀려나 大都에 도착하였음을 알려왔다.[46] 이듬해 정월 충숙왕도 國王印을 돌려받았으나 그의 귀국이 차일피일 미루어지는 상황에서, 최유엄을 비롯한 고려의 백관, 혹은 재상들은 중서성에 문서를 보내("附書呈中書省", "上書中書省") 충숙왕을 환국시켜줄 것을 요청하였다.[47]

서한 작성 및 제출 경위

이상 고려의 신료들이 몽골 중서성에 문서를 보낸 사례를 열거해보았다. 그렇다면 이 문서들의 서식은 어떠하였고, 구체적으로 누구의 명의로, 어떤 절차를 거쳐 작성, 전달되었는지를 확인해보도록 하겠다. 이에 관해서는 다음의 기사가 주목된다.

> 라) 政丞 崔有渷이 원에 가서 신년을 하례하였다. 재상들이 롯天寺에 모여 中書省에 상서하여 말하기를, "앞서 延祐 7년(충숙왕 7, 1320) 12월에 大尉王이 황제의 聖旨를 받들고 서쪽 지역으로 유배 갔으며, 그 후 至治

43) 『고려사』 권35, 충숙왕 9년(1322) 8월 丙戌. 前贊成事權漢功等欲請立瀋王暠, 會百官慈雲寺, 上書中書省.; 己丑. 漢功等復會慈雲寺, 署呈省書, 未半, 天忽大雨雹.
44) 『고려사』 권35, 충숙왕 10년(1323) 정월; 권125, 柳淸臣.
45) 『고려사』 권35, 충숙왕 10년(1323) 정월 壬子.
46) 『고려사』 권35, 충숙왕 10년(1323) 12월 乙酉.
47) 『고려사』 권35, 충숙왕 11년(1324) 5월 壬辰; 12월 甲寅.

원년(충숙왕 8, 1321) 4월에는 국왕이 闕庭에 입조하러 갔다가 일이 있어 환국하지 못하고 있습니다. 그 사이 여기에 있는 간신들은 여러 관원을 모아놓고 말하기를, '여러 사람들의 文狀을 마련하여 수도에 가서 대위왕(=충선왕)의 회환을 청하고자 하니, 그대들은 文狀에다가 각각 이름을 쓰고 서명을 하라.'라고 하였습니다. 그리고는 粘連한 여러 장의 백지에다가 여러 관원들로 하여금 억지로 서명하게 하였습니다. 이에 각 관원들은 이 말을 믿고 그들이 말한 대로 하여 이름을 쓰고 서명을 하였습니다. 그 후에 들어보니 위의 간신들은 음모를 꾸며 원래 내용을 없애고 국왕과 藩王 두 왕을 이간하는 어구를 써서 文狀을 만들고는 여러 사람이 서명한 백지를 粘連하여 수도에 있는 일당의 관원들에게 송부해서 그것을 가지고 都省과 問事官에게 가서 올리게 하였다고 합니다. 이 같은 소식을 듣고 이제 생각해보니, 위의 간신들이 음모를 꾸며 실정을 그대로 알리지 않고 대위왕의 회환을 요청하는 文狀이라고 사칭하고는 여러 사람들을 속이고 여러 장의 백지에 이름을 쓰고 서명하게 강요한 것이었으나, 여러 관원들은 실상 쓰인 것이 어떤 내용인지 알지 못했던 것입니다. 그런데도 간신들은 이전 文狀을 빙자하여 지금까지도 얼토당토않은 말을 그치지 않고 있습니다. 이에 이제 文狀을 갖추어 賀正官 崔 政丞에게 부쳐 접수해서 관장하며 가게 하여 중서성에 대신 고하게 하니, 엎드려 바라건대 문서를 잘 살펴보시고 시행하시기 바랍니다.[48]

이 문서에서 고려의 재상들은 국왕을 환국시켜 줄 것을 요청하면서, 앞서

---

48) 『고려사』 권35, 충숙왕 11(1324) 12월 甲寅. 政丞崔有渰如元, 賀正. 宰相會旻天寺, 上書中書省云, "前於延祐七年十二月間, 大尉王欽蒙皇帝聖旨, 流去西土住坐, 在後至治元年四月內, 國王赴闕朝見, 因事未還. 其間, 在此有奸臣等, 會聚衆官員省會, '要具衆人文狀, 赴都, 告乞大尉王回還, 恁等於文狀上, 各各書官名書字者.' 遂行粘連到數張白紙, 勒要衆官名字. 以此, 各員准信, 依從所說, 書名畫字了. 當在後聽知, 前項奸臣等謀構却落, 寫做干礙國王幷藩王兩王語句文狀, 將衆人書名白紙粘連, 送與訖在都同黨人員處, 賫赴都幷問事官處呈下. 聽得如此, 今來思忖得, 前項奸臣等用謀, 不行吐露實情, 虛稱告乞大尉王回還文狀, 誆瞞衆人, 於數張白紙, 勒要訖名字, 衆官委實, 不知書寫是何詞. 因却有奸臣等, 依憑前狀, 到今, 胡亂告說未絶. 爲此, 今具文狀, 付賀正官崔政丞, 收管前去, 代告中書省, 伏乞詳狀施行.

중서성에 제출한 문서[文狀]는 고려의 간신들이 내용을 속이고 백지에다가 백관의 서명을 받은 후에 문서 본문을 바꿔치기한 것이므로 실효성이 없다는 사실을 강력히 해명하고 있다. 여기서 말하는 '간신들'이란 전년 8월에 瀋王 옹립을 요청하는 문서에 백관의 서명을 받았다고 하는 전 찬성사 권한공 등을 가리키는 것으로 보인다.[49] 해당 문서의 본문은 바꿔치기한 것이라고 해도 문서의 작성과 제출 경위에 대해서는 확인할 수 있다. 즉 이 문서는 본문 뒤에 백관으로부터 이름을 쓰고[書名] 서명을 한[劃字] 형식으로 都省 및 問事官에 제출되었던 것이다. 물론 이름 앞에는 관원들의 현직을 기록했을 것이다. 이렇게 고려 관료들의 관직과 성명, 그리고 그 아래 서명을 갖추어 몽골 조정에 제출한 문서는 공식적인 효력을 갖는 문서였다고 볼 수 있을 것이다.

14세기 전반의 서한식 문서

이처럼 국왕이 부재한 상황, 國王印이 몽골 조정에 압수된 상황에서 고려의 관료들은 자신들의 관직과 이름을 열거하고 그 아래에 서명한 형태로 문서를 작성하여 몽골 중서성에 이를 제출하였다. 그리고 이 문서의 내용을 원문에 비교적 가깝게 전하고 있는 자료가『동문선』과 당시 문인들의 문집에 일부 전해진다. 그 가운데 문서의 발신자와 수신자를 명확히 알 수 있고, 起頭와 結辭가 잘 남아있는 사례를 인용해보면 다음과 같다.

> 마-1) 至治 3년(충숙왕 10, 1323) 정월 모일에 高麗國 都僉議使司 某 등 여러
> 관원은 삼가 목욕재계 百拜하고 中書 宰相 執事 閤下께 글을 올립니다.
> (중략) 엎드려 바라건대, 執事 閤下께서는 역대 조정의 공을 생각하는
> 뜻을 지니시고,『中庸』의 세상을 훈계한 말을 기억하십시오. (중략) 某
> 등은 百拜합니다.[50]

---

49)『고려사』권35, 충숙왕 9년(1322) 8월 丙戌 ; 己丑.
50)『동문선』62-13.〈在大都上中書都堂書〉. 至治三年正月日, 高麗國都僉議使司某等衆員, 謹齋
　　沐百拜, 獻書于中書宰相執事閤下. (중략) 伏望執事閤下, 體累朝念功之義, 記中庸訓世之言.
　　(중략) 某等百拜.

마-2) 崔某·李某는 再拜하고 郎中 元公 足下께 奉書합니다. (중략) 足下께서는
어찌하여 조용히 대승상께 말씀하시어 지난날에 다른 뜻이 없었고 오늘
날에 개과천선하고 있음을 밝히지 않으십니까. (중략) 황송하고 황송합
니다. 다 말씀드리지 못합니다. 모 등은 再拜하고 씁니다.[51]

마-1)과 마-2)는 모두 충숙왕 10년(1323) 정월에 몽골 조정에서 立省 논의가
일어났던 시기, 고려 조정에서 이에 대해 반대한다는 의견과 충선왕을 유배지
에서 소환해줄 것을 요청하는 내용으로 제출한 문서이다.[52] 우선 문체를
살펴보면 두 문서 모두 전형적인 문어체 한문이 쓰였다는 점에서 公文吏牘體
로 쓰인 관문서와는 전혀 다르다.

마-1)은 문서의 起頭에 "至治三年正月日, 高麗國都僉議使司某等衆員, 謹齋沐百
拜, 獻書于中書宰相執事閣下"라고 하여 발신자가 '高麗國 都僉議使司 某 등 여러
관원'이고 수신자가 '中書 宰相 執事'임을 알 수 있다. 문서를 보내는 행위는
'獻書'라고 표현하였다. 結辭는 완전히 남아 있지 않다. 한편 마-2)는 발신자가
"崔某·李某"로 표현되어 있는데 이는 崔誠之와 李齊賢을 말한다. 수신자는
'郎中 元公'으로 지칭되어 있는데, 기존 연구에 따르면 그는 고려인 출신으로
英宗 조정에서 禮官으로서 大丞相을 보좌하였던 元某인 것으로 추측된다고
한다.[53] 즉 이 문서는 최성지와 이제현이 개인 명의로서 원의 낭중 元某
개인에게 보낸 것이었다. 문서를 보내는 행위는 '奉書'라고 표현하였다. 結辭
에서 "不宣"이라는 표현이 쓰였는데, 이는 書翰의 맺는말로 쓰이는 전형적인
어구이다.[54]

즉 이들 문서는 모두 서한식 문서였다. 이 시기 都僉議使司는 高麗國을
대표하여 의례적 사안에 관련된 表를 보내기로 했고, 征東行省으로부터 명령
문서인 箚付를 받은 사례도 있었다.[55] 관부 자체가 공식적으로 관료제적

51) 『동문선』62-15. 〈同崔松坡贈元郎中書〉. 崔某·李某奉書再拜郎中元公足下. (중략) 足下何
    不從容爲大丞相言之, 明往日之無他, 今日之自艾. (중략) 惶悚惶悚. 不宣. 某等再拜記.
52) 이때의 상황에 대해서는 『고려사』 권35, 충숙왕 10년(1323) 정월 壬子 참조.
53) 張東翼, 『元代麗史資料集錄』, 서울대학교출판부, 1997, 278~279쪽 ; 張東翼, 『高麗時代
    對外關係史 綜合年表』, 동북아역사재단, 2009, 482쪽 참조.
54) 高橋公明, 「外交文書, 「書」·「咨」について」, 『年報中世史硏究』 7, 1982.
55) 『고려사』 권30, 충렬왕 19년(1293) 7월 甲戌. 이 문서에 대한 분석은 鄭東勳, 「高麗-命

지위를 인정받고 있었던 것이다. 그러나 이때에는 관문서식이 아닌 서한식 문서를 통하여 몽골 중서성에 의견을 개진하였다. 그렇다면『고려사』世家의 地文에 '上書', '獻書' 등으로 표현된 행위 역시 고려 측에서 서한식 문서를 보낸 것을 의미할 가능성이 매우 높다. 실제로『고려사』에 그 일부라도 인용된 이들 문서를 살펴보면 모두 전형적인 문어체 한문으로 쓰여 있다는 점에서 관문서식과는 구별된다.

이외에도 고려 조정 신료의 명의로 몽골 중서성이나 몽골 조정 내의 유력자들에게 보낸 서한의 내용은『동문선』에서 몇 건이 확인된다. 국왕 명의의 서한식 문서를 포함해서 그 사례를 열거해보면 다음과 같다.

〈표 3-5-4〉『東文選』소재 14세기 전반 외교 관련 서한

연번	문서제목	작자	시기	발신	수신
		문서 배경, 내용		다른 전거	
62-11	獻都堂書	閔漬	충숙왕 10(1323)	閔漬 등	都堂
		유배 중인 충선왕 소환 요청			
62-13	在大都上中書都堂書	李齊賢	충숙왕 10(1323)	高麗國 都僉議使司某 等 衆員	中書宰相執事
		立省 논의에 반대		『益齋亂藁』6-1	
62-14	上伯住丞相書	李齊賢	충숙왕 10(1323)		丞相執事(伯住)
		유배 중인 충선왕 소환 요청		『益齋亂藁』6-2	
62-15	同崔松坡贈元郎中書	李齊賢	충숙왕 10(1323)	崔誠之, 李齊賢	郎中 元某
		충선왕 소환에 힘써주길 당부		『益齋亂藁』6-3	
62-7	國王與中書省請刷流民書	崔瀣	충숙왕 12(1325) 경	국왕	중서성
		瀋陽·開元 일대 도망 고려인 송환 요청		『拙藁千百』2-11	
62-8	又謝不立行省書	崔瀣	충숙왕 12(1325)	국왕	중서성
		立省 논의를 중단에 사의		『拙藁千百』2-12	
62-9	又與翰林阮爲太尉王請謚書	崔瀣	충숙왕 13(1326)	국왕	중서성
		충선왕 시호 요청		『拙藁千百』2-13	
62-12	上征東省書	李齊賢	충혜왕 후4(1343)	高麗國 耆老衆官	征東省 諸相國
		충혜왕 사면 요청		『益齋亂稿拾遺』2	

위의 표 가운데『동문선』62-11, 62-13, 62-14, 62-15는 모두 앞서 살펴보았던 충숙왕 10년(1323), 즉 충선왕은 토번에 유배 중이고 충숙왕 역시 국왕인을

外交文書 書式의 성립과 배경」,『韓國史論』56, 2010, 166~168쪽 참조.

압수당한 채 억류 중이던 상황에서 발송한 문서이다. 모두 崔誠之와 李齊賢, 閔漬 등 개인 명의로 몽골 조정의 유력자들에게 보낸 것이거나, 혹은 '高麗國 都僉議使司某等衆員'의 명의로 중서성 재상들에게 보낸 것이었다. 반면에 충숙왕이 國王印을 돌려받고 개경으로 돌아온 충숙왕 12년(1325) 이후에 작성된『동문선』62-7, 62-8, 62-9는 모두 국왕 명의로 작성하여 중서성에 보낸 것이었다. 이들 문서는 모두 전형적인 한문체로 작성되었다는 점에서 관문서식인 咨와는 달랐으며, 내용 면에서도 행정 처리의 절차 등에 대한 언급이 없이, 충숙왕이 국가를 대표하는 입장에서 작성한 것으로 전형적인 서한식 외교문서의 형태이다.[56]

주목되는 것은 충숙왕이 환국하여 국왕으로서의 역할을 정상적으로 수행 하게 된 충숙왕 12년(1325) 5월 이후 한동안은 고려 신료들이 몽골 중서성이나 유력자들에게 書翰을 보낸 사례가 전혀 확인되지 않는다는 점이다. 물론 위의『동문선』62-15(인용문 마-2))와 같이 고려의 신료가 개인 명의로 몽골 조정의 신료들과 서신을 교환하는 일이야 얼마든지 있었을 것이지만,[57] 이는 개인적인 사정에 관한 어디까지나 사적인 서한이었을 뿐 고려 조정의 입장을 반영한 내용의 문서는 아니었다. 특히『동문선』62-13(인용문 마-1))과 같이 고려국 都僉議使司의 관원들이 단체로 고려 조정의 의견을 담은 문서를 발신하는 사례는 전혀 확인되지 않는다. 몽골 조정과의 교섭을 담당하는 대표자로서 국왕의 존재가 명확한 이상 신료들 명의의 외교를 행할 필요도, 그리고 그것이 정당화될 명분도 없었기 때문일 것이다. 즉 고려 신료들의 문서 발송 행위는 매우 특수한 상황에서 연출된 임시방편적인 조치였다고 볼 수 있다.

한편 고려 신료들이 발송한 문서의 수신자는 항상 몽골 중서성의 재상들, 혹은 조정 내의 유력자들이었을 뿐, 황제에게 올린 문서는 없었다는 점도 주목된다. 앞서 인용한 가)에서 충혜왕 후원년(1340) 4월, 국왕위가 비어있는

---

56) 이들 세 문서에 대한 분석은 정동훈, 앞의 논문, 2010, 181~183쪽 참조.

57) 예컨대『稼亭集』8-1, 〈與同年趙中書崔獻納書〉는 충숙왕 14년(1327) 李穀이 자신과 같은 해에 원의 鄕試에 합격하여 먼저 중앙의 요직에 오른 중서성의 趙某와 獻納 崔某에게 보낸 편지로, 자신의 관직 진출을 도와줄 것을 호소하는 내용을 담고 있다. 이 서한의 배경에 대해서는 韓永遇, 「稼亭 李穀의 生涯와 思想」,『韓國史論』40, 1998, 4~6쪽 참조.

상황에서 都僉議使司 명의로 賀聖節使를 파견하면서 황제에게 〈都僉議使司賀
聖節起居表〉라는 표문을 바친 일이 있음은 확인하였다. 그러나 이는 어디까지
나 의례적 사안에 대한 의례적 내용의 표문일 뿐이었다. 양국 관계의 실질적인
현안에 대해서 고려의 신료들이 황제에게 직접 문서를 올린 일은 전혀
없었다. 물론 황제에게 직접 문서를 보내는 행위 자체가 부담스러운 일이었을
수도 있겠으며 그러한 전례가 없었던 것이 일차적인 이유가 되었을 것이다.
그러나 전례가 없던 것으로 말하자면 중서성이나 그 재상들에게 문서를
보내는 일도 마찬가지였다. 그렇다면 당시 몽골 조정의 정책 결정과 집행에
중서성과 그를 장악한 權臣들의 권한이 강화되었던 점, 특히 順帝 즉위를
전후하여 왕위 계승 문제를 포함한 고려 관련 업무 전반에 이들의 영향력이
막강하게 작용하면서,58) 황제권이 약화되었던 것과도 무관하지 않을 것이
다.59)

　이상에서 충숙왕 대 이후 고려 신료들이 몽골 조정 및 유력 인사들을
상대로 書翰을 발송하여 의지를 피력한 사례들을 검토해보았다. 동아시아의
외교에서 전통적인 人臣無外交라는 원칙에 따르자면 남의 신하인 자로서
다른 국가의 군주 내지는 인물들과 개인적인 친분관계 이상으로 정치적
의견을 주고받는 행위는 모두 금기시되었다. 그러나 14세기 고려-몽골 관계
에서는 이것이 전혀 문제되지 않았다. 뿐만 아니라 양측의 인사 모두 이러한
접촉을 국내 정치에서의 자신의 영향력을 확대해나가는 기회로 삼기도
하였다. 이는 몽골 조정이 굳이 중국적 전통에 얽매여 개인들 간의 사적
접촉을 금지하지 않았기 때문에 가능한 일이기도 했다. 그러나 더 근본적으로
는 고려와 몽골제국이 반세기 이상 긴밀한 관계를 유지했던 결과 양측
조정 대 조정뿐만 아니라 개인들 사이에서도 긴밀한 유대관계가 형성되었던
배경에서 가능한 일이었다. 이러한 상황은 군주권이 미약해진 점과 더불어
외교에 대한 군주의 배타적 권한이라는 원칙이 무의미해지는 현상으로

---

58) 이 점에 대해서는 권용철, 「大元帝國 末期 政局과 고려 충혜왕의 즉위, 복위, 폐위」,
　　『韓國史學報』 56, 2014 참조.
59) 그와 관련하여 충숙왕이 왕위를 회복한 12년(1325) 10월에 내린 교서에서 자신과
　　충선왕이 어려운 상황에 처했을 때에 적극 도와준 원의 太師 右丞相 東平王 拜住의
　　자손에게 매년 공물을 바칠 때 따로 토물을 보내주도록 지시한 점도 주목된다. 『고려사』
　　권35, 충숙왕 12년(1325) 10월 乙未.

이어지게 되었고, 이것이 고려 국내에서는 다시 군주권 약화로 순환되는 결과를 낳게 되었던 것으로 평가할 수 있다.

3. 정동행성의 역할 강화

문서 왕래에 정동행성의 개입

신료들이 주체가 되어 문서를 보내는 사례가 다시 확인되는 것은 충숙왕 후8년(1339)의 일이다. 그해 3월 24일, 충숙왕이 훙거한 후 고려의 耆老 權溥 등은 충혜왕의 복위를 요청하는 문서를 작성하였는데, 이때에 그 수신자는 몽골제국 중앙 조정의 중서성이 아닌 征東行省이었다. 그 문서를 인용해보면 다음과 같다.

> 바) 耆老 權溥 등이 行省에 上書하여 말하기를, "(중략) 先王 燾(충숙왕)가
> 금년 3월에 불행히 별세하면서 유서에 이르기를 '마땅히 맏아들 전왕
> 禎에게 습위시키도록 (황제에게) 아뢰라.'라고 하였습니다. 이미 행성을
> 경유하여 귀국 조정에 보고하였고, 날짜와 路程을 헤아려 命이 내려오기
> 를 기다리고 있습니다. (중략)" 행성에서 이 글을 중서성에 전달하였다.[60]

이 기사를 검토해보면 고려 측에서 충혜왕의 왕위 계승을 요청한 문서의 흐름은 다음과 같이 정리될 수 있다. ① 충숙왕의 遺書 → 行省 → 中書省 (→ 황제 → 중서성 → 행성) → 고려, ② 耆老 權溥 등의 書 → 행성 → 중서성 (→ 황제 → 중서성 → 행성) → 고려. 국왕위의 承襲과 같은 중대한 현안에 대한 문서 처리 절차에서도 정동행성이 중요한 매개 역할을 담당하고 있음이 확인된다.

실제로 충혜왕의 첫 번째 즉위가 있었던 1330년대 이후로는 충숙왕과 충혜왕의 重祚가 이루어지면서 고려국왕의 위상이 크게 추락하였다. 동시에

---

60) 『고려사』 권36, 충혜왕 복위년 6월 壬辰. 耆老權溥等上書行省曰, "(중략) 先王燾, 於本年三
月不幸卽世, 遺書云, '宜以長子前王禎聞奏襲位.' 已蒙省府申告朝廷, 計日數程, 尙稽明降.
(중략)" 行省以其書, 轉達中書省.

정동행성의 정치적 비중이 커지면서, 몽골은 정동행성에 관료를 대거 파견하여 고려의 내정에 영향력을 강하게 행사했던 것으로 이해된다.[61] 그와 궤를 같이 하여, 위의 인용문에서와 같이 이 시기 고려와 몽골 사이에서 문서를 주고받을 때에도 정동행성을 거쳐 이루어지는 경우가 많았던 것으로 보인다.[62] 정동행성이 양국간의 문서행이를 매개하는 일은 이전 시기에는 거의 찾아볼 수 없었다.[63]

고려의 신료들이 정동행성을 통해 몽골 조정에 의사를 전달하고자 했던 문서의 실례로는 다음의 사례를 들 수 있다.

> 사) 고려국의 耆老와 衆官은 삼가 목욕재계하고 征東省의 여러 相國 執事께 上書합니다. 조정의 사신 朶赤 등이 郊天하고서 크게 사면한다는 德音을 받들고 왕경에 왔기에 우리 부다시리[寶塔實憐]왕이 신료들을 이끌고 儀仗을 갖추어 성 밖까지 나가서 맞이하고서 本省(征東行省)으로 들어와 詔旨를 들었는데, 사신들이 갑자기 왕을 붙잡아 말에 태워서 돌아갔습니다. 사태가 창졸간에 일어났기에 모든 陪臣들도 몸 둘 곳이 없었으니 무슨 말씀을 드릴 수 있었겠습니까. 그러나 생각하건대 왕이 연소하고 많은 일을 겪지 못해 생각하지 않고 곧바로 저질렀던 까닭에 이러한

61) 張東翼,「征東行省의 置廢와 그 運營實態」,『高麗後期外交史研究』, 一潮閣, 1994, 63~77쪽. 이러한 현상에 착안하여 張東翼은 1321년(충숙왕 8)부터 1356년(공민왕 5)까지의 시기를 '左右司體制期'라고 명명하였다.

62) 高柄翊도 정동행성이 고려와 원의 공적인 연락기관으로, 고려와 원중서성 사이의 직접 교섭도 있었지만 원칙상으로는 정동행성을 통하게 되어 있었던 것으로 보인다고 언급하였다(高柄翊, 앞의 책, 291~292쪽). 그러나 실제 사례나 시기별 양태에 대한 분석을 통해 얻어진 결론은 아니었다. 실제로 정동행성이 고려-몽골 사이의 문서행이에서 매개 역할을 담당했던 것은 일러도 충숙왕 복위연간 이후였던 것으로 보아야 할 것이다.

63) 森平雅彦은 충렬왕이 몽골 중서성에 국왕과 行省 사이의 공문서 서식을 결정해줄 것을 요구한『高麗史』권29, 충렬왕 6년(1280) 11월 己酉 條의 기사를 근거로 국왕과 행성 사이에 문서 교환이 있었을 것으로 추측하였다(森平雅彦, 앞의 책, 249~250쪽). 실제로 행성과 그 승상직을 겸하고 있었던 고려국왕 사이에 문서가 많이 왕복했을 것임은 쉽게 추측할 수 있다. 그러나 이는 어디까지나 행성과 국왕 사이의 단발적인 문서행이에 그치는 것으로, 정동행성이 고려 국내의 문제를 가지고 고려와 몽골 사이의 문서를 매개하는 양태와는 차이가 있다.

사태에 이르게 된 것이지, 원래 그 본 뜻에 어찌 다른 생각이 있었겠습니까. 하늘의 태양이 비추고 있는데 어찌 속일 수 있겠습니까. (중략) 엎드려 생각하건대 執事께서는 무식한 말을 굽어 살피시어 天聰께 잘 아뢰어주시기 바랍니다.[64]

이 문서는 충혜왕 후4년(1343) 11월에 충혜왕이 원의 사신 朶赤과 高龍普에게 체포되어 끌려간 이후 어느 시점에 왕의 죄를 용서해줄 것을 청하기 위해 제출한 글로 李齊賢이 지었다고 한다. 『고려사』 세가에 따르면 이때 고려의 재상과 國老들은 회의를 열고 중서성에 上書하기로 하였다고 한다.[65] 그리고 이듬해 정월에는 역시 재상과 百官, 國老들이 署名하여 "省에 문서를 올리기로[呈省書]" 하였으나 國老들이 많이 참석하지 않아 성사되지 않았다고 한다.[66] 『고려사』의 기록만 보면 이때의 '省'이 중서성을 가리키는 것인지 정동행성을 가리키는 것인지는 분명하지 않다.

그런데 위의 인용문 바)에서 起頭의 "高麗國耆老衆官謹齋沐上書于征東省諸相國執事."라는 구절을 보건대 이 문서는 발신자는 '高麗國 耆老衆官'으로 세가의 기록과 일치하지만 수신자는 중서성이 아닌 '征東省 諸相國執事'로 지목되어 있다. 그러면서 '天聰', 즉 황제에게 잘 아뢰어줄 것[達于天聰]을 청하는 말로 맺고 있다. 문체나 서술 방식 등을 보건대 전형적인 서한식 문서였다고 볼 수 있으며, 문서의 본문 뒤에 고려국 耆老와 衆官의 직함과 성명, 그리고 서명이 이어져있었을 것이다. 역시 몽골 중서성에 직접 문서를 보낸 것이 아니라 고려 조정의 뜻을 정동행성을 거쳐서 몽골 조정에 전달하려 했음을 확인할 수 있다.

---

64) 『동문선』 62-12. 〈上征東省書〉高麗國耆老衆官謹齋沐上書于征東省諸相國執事. 朝廷使臣 朶赤等, 欽奉郊天大赦德音前來王京, 我寶塔實憐王, 引僚吏備儀仗, 出迎城外, 入于本省, 聽詔 訖, 使臣等就執王上馬迴去. 事出倉卒, 凡在陪臣, 措躬無所, 尚復奚言. 然念, 王年少不更事, 直情徑行, 所以致此, 原其本意, 盖亦無他. 天日照臨, 胡可誣也. (중략) 伏惟執事, 俯察蒭言, 達于天聰.

65) 『고려사』 권36, 충혜왕 후4년(1343) 12월 丁未. 宰相及國老會議, 上書中書省請赦王罪.

66) 『고려사』 권36, 충혜왕 후5년(1344) 정월 戊辰. 宰相會百官及國老, 欲署名呈省書, 國老多不至, 事竟未就.

정동행성 명의의 표문 제출

14세기 중반에 이르면 정동행성은 그 자체의 명의로 의례적이고 정기적인 사안에 대해서 별도의 사신을 파견하면서 문서를 보내기도 했다. 앞서 충렬왕 대에도 이미 정동행성이 하정사나 하성절사를 고려 조정과 별개로 파견한 사례가 자주 확인된다는 점에 대해서는 언급한 적이 있다.[67] 한동안 중단되었던 것으로 보이는 行省 명의의 의례적 사신 파견은 『고려사』 세가에서는 확인되지 않는다. 그러나 『稼亭集』 권10에 실린 두 건의 문서, 10-7. 〈太后賀正表〉와 10-8. 〈賀正表〉를 검토해보면, 제목 아래에 전자는 "國行", 후자는 "權省行"이라고 기록되어 있다. 전자는 국왕의 명의로, 후자는 權行省事의 명의로 발신된 것임을 표시한 것이다. 『稼亭集』의 〈稼亭先生年譜〉나 전후 배경으로 살펴보건대 이들 문서는 李穀이 知製教의 관직을 역임했던 충숙왕 후6년(1337)부터 후8년(1339) 사이에 작성된 것으로 보인다.[68]

특히 "權省行"이라는 구절에 주목하여 후자의 작성 시점을 추측해보면, 문서의 내용에서 발신자는 "行省의 업무를 임시로 맡고 있는" 자임을 알 수 있다. 국왕이 정동행성 승상의 지위를 겸직하고 있는 상황에서 權省事는 국왕이 開京을 떠나 입조해있던 시기나 혹은 아예 왕위가 비어있을 때에 한정해서 임명되었다. 다시 이곡의 관력과 이 정황을 결합해보면, 이 문서는 충숙왕 후8년(1339) 연말에 작성된 것으로 좁힐 수 있다. 즉 그해 3월에 충숙왕이 훙거한 후 11월 2일에 충혜왕이 傳國印을 받았으나, 그는 불과 열흘만인 11월 12일에 원에서 파견한 中書省 斷事官 頭麟 등에 의해 원으로 압송되어 갔다. 그에 앞서 11월 9일에 頭麟은 황제의 명으로 金之謙과 金資에게 '國事'를 임시로 관장하도록 조치를 취하였고, 한 달 후인 12월 3일에는 慶華公主의 명으로 김지겸이 征東省의 업무를 서리하기로 하였다. 그리고

---

67) 이명미, 앞의 책, 2016, 128~132쪽.

68) 『稼亭集』 〈稼亭先生年譜〉에 따르면 李穀이 개경에 머물면서 본격적으로 고려 조정에서 관직 생활을 한 것은 충숙왕 후6년(1337) 여름부터 충혜왕 후2년(1341) 연말까지이다. 『稼亭集』 10-7. 〈太后賀正表〉의 수신자인 '太后'란 文宗 비 부다시리[不答失里]를 가리키는 것으로 보이는데, 그는 後至元 6년(1340) 6월에 폐위되었다(權容徹, 「大元제국 말기 權臣 바얀의 정치적 行蹟」, 『東洋史學研究』 120, 2012, 250쪽). '賀正表'라는 점을 고려하면 이 문서는 충숙왕 후6년(1337)부터 후8년(1339) 사이에 작성되었을 것으로 보인다.

3일 후인 12월 6일에 賀正使가 출발하였던 것이다.[69] 왕위가 공석인 상태에서 이들이 都僉議使司 명의의 表文을 지참하고 갔음은 인용문 가)와 관련해서 앞서 살펴본 바와 같다. 당시 사절단의 書記로서 함께 파견된 鄭致君에게 이곡이 써준 글에서 이곡은 "지금은 나라가 공허한 채로 왕위도 정해지지 않은[況今國空虛, 王位未定]" 상태라고 진술하였다.[70] 이 상황에서 賀正使는 도첨의사사의 표문과 함께 征東行省 명의의 표문을 지참하고 몽골 조정에 파견되었던 것이다. 국왕이 부재한 상황에서 정동행성이 의례적 사신 파견의 주체가 되었음 역시 당시 왕권과 반비례하여 행성의 권한이 강화되었음을 단적으로 보여주는 사례라고 할 수 있다.

뿐만 아니라 충혜왕이 엄연히 재위하고 있던 상황에서도 정동행성이 자체의 표문을 몽골 조정에 제출한 사례도 확인된다. 충혜왕 후2년(1341) 정월, 원에서 연호를 至正으로 변경하였고, 그와 관련된 조서가 다음 달에 고려에 전달되었다.[71] 이에 대해 고려 조정에서 어떻게 대응하였는지, 어떠한 사신을 파견하였는지는 현재로서는 확인되지 않는다. 그런데 『稼亭集』의 〈稼亭先生年譜〉에 따르면,[72] 李穀은 이해에 改元을 축하하는 征東省의 표문을 받들고 京師에 갔다고 한다. 당시 이곡은 정동행성의 직임을 띠고 있었는데, 마침 임기가 만료되어 燕京으로 돌아가는 상황이었다고 한다.[73] 그렇다면 정동행성에서 자체의 관원을 사신으로 삼아 파견하면서 자체의 표문을 전달하였던 셈이 된다. 이는 고려 조정과는 별도로 이루어진 정치 행위로 볼 수 있다.

정동행성의 의례 공간

정동행성이 고려 조정과 몽골 조정 사이의 매개 역할로 부각되고 있었음을 방증하는 다른 측면으로, 1330년대에 이르면 행성이 몽골 조정의 사신을

---

69) 이상은 『고려사』 권36, 충혜왕 복위년(1339) 11월 및 12월의 해당 일자 기사 참조.
70) 『稼亭集』 권9, 〈送鄭副令入朝序〉. (전략)
71) 『원사』 권40, 順帝 至正 원년(1341) 정월 己酉 ; 『고려사』 권36, 충혜왕 후2년(1341) 2월 庚寅.
72) 『稼亭集』 〈稼亭先生年譜〉. 至正元年辛巳. 齎征東省賀改元表赴京師.
73) 『稼亭集』 권3, 〈趙貞肅公祠堂記〉.

맞이하는 의례의 공간으로 자주 등장하고 있음도 주목된다. 사)에서도 묘사한 것처럼 충혜왕이 체포되는 사건도 정동행성에서 조서의 반포를 듣는 상황에서 발생하였다.74) 1330년대 이후로 시기를 넓혀보면, 사신을 맞이하는 장소는 교외였지만, 조서를 반포하는 의례는 궁성이 아닌 정동행성에서 이루어진 경우가 많았다.75)

사신을 영접하는 행위는 단순히 儀禮로서의 기능 외에도 문서를 수취하는 과정이기도 하다. 특히 원은 발급한 명령문서를 開讀, 즉 開封하고 宣讀하는 것이 문서행정의 운용에 중요한 단계로 규정하여 그를 둘러싼 다양한 禮制와 手順을 정해두었다.76) 고려 전기와는 달리 13세기 후반 이후 고려 조정에서 원의 사신을 맞이할 때에는 城, 즉 개경의 羅城 바깥으로 국왕이 나가서 맞이하는 出迎이 일반적으로 행해졌으며, 이는 몽골제국 內地의 지방행정단위인 路에서 행해야 할 것으로 규정된 의례와 일치하는 것이었다.77) 그리고 일반적으로 원 대 황제의 명령문서는 몽골 중서성의 실무 문서인 자문과 함께 전달되었으며, 그 수신자는 정동행성의 승상이었던 점을 고려한다면, 문서 접수 의례가 정동행성에서 행해졌던 것도 수긍이 간다. 그러나 사신을 맞이한 이후 구체적으로 황제의 문서를 정동행성에서 開讀하는 사례가 특히 1330년대 이후 본격적으로 확인된다는 점은 주목할 만하다.

국왕의 문서 행위 감소

아울러 주목되는 것은 충혜왕이 폐위된 이후로는 고려 측의 문서행위 주체로 국왕이 거의 등장하지 않는다는 것이다. 물론 충혜왕 폐위 이후, 충목왕 훙거 이후 잠시 동안은 고려국왕위가 空位 상태였기 때문에 앞서 충숙왕 8년(1321)에서 11년(1324)의 상황과 마찬가지로 불가피하였을 것으

---

74) 『고려사』 권36, 충혜왕 후4년(1343) 11월 甲申.
75) 『고려사』 권35, 충숙왕 후4년(1335) 10월 己巳 ; 권37, 충목왕 2년(1346) 윤10월 戊戌 ; 권38, 공민왕 원년(1352) 2월 戊戌 ; 권41, 공민왕 14년(1365) 3월 己巳 ; 17년(1368) 11월 丙辰 등.
76) 船田善之, 「元代の命令文書の開讀について」, 『東洋史研究』 63-4, 2005.
77) 이에 대해서는 정동훈, 「고려시대 사신 영접 의례의 변동과 국가 위상」, 『역사와 현실』 98, 2015, 119~123쪽 참조.

로 볼 수 있다. 예컨대 충목왕 4년(1348) 12월 15일에 충목왕이 훙거한 후, 王煦 등은 李齊賢을 파견하여 새로운 국왕을 책봉해줄 것을 요청하는 표문을 올렸다.[78] 이듬해에도 고려의 尹澤과 李承老가 중서성에 上書하여 공민왕을 세워줄 것을 요청하였다고 한다.[79] 공민왕도 즉위 직후 반포한 敎書에서 자신이 즉위할 수 있었던 배경에 고려의 '耆艾之臣'들이 황제에게 獻書하여 자신을 왕으로 책봉해줄 것을 청한 일이 있었음을 특별히 언급하기도 하였다.[80]

이처럼 충혜왕 대 이후로는 다른 시기에 비해 정동행성이 고려와 원의 외교관계에서 모종의 역할을 담당하였음이 여러 측면에서 확인된다. 이는 이 시기에 들어서 왕권과 반비례하여 정동행성의 권한이 강화되고 있었던 경향,[81] 구체적으로는 고려와 몽골 사이의 의사전달 경로에서 정동행성이 개입하는 비중이 늘어났던 추세를 반영하는 것으로 볼 수 있다.

소결 : 약화된 국왕권과 다양한 주체의 개입

이상에서 14세기 전반, 충선왕 대에서 충정왕 대에 이르는 사이에 고려와 몽골 조정 사이의 의사소통 방식과 문서 왕래 방식 등을 검토하였다. 해당 시기는 『고려사』 세가를 비롯한 관계 사료가 앞뒤 시기에 비해 턱없이 부족한 탓에 당시의 상황을 풍부하게 되살리기는 어려우나, 대체로 다음과 같은 사실은 특징적인 모습으로 인정된다.

첫째, 국왕이 몽골에 머물러 있거나 혹은 아예 왕위가 비어있는 상황에서도 정기적, 의례적 사신은 꾸준히 파견되었으며, 이들은 都僉議使司 명의의 표문을 지참하고 있었다.

둘째, 왕위가 비어있는 동안 고려의 신료들은 도첨의사사 등의 百官 공동의 명의나 혹은 개인 명의로 몽골 중서성이나 몽골 조정 내의 유력자들에게 서한식 문서를 발송하여 고려 측의 의사를 전달하였다.

---

78) 『고려사』 권37, 충정왕 세가, 충목왕 4년(1348) 12월 己卯.
79) 『고려사』 권38, 공민왕 세가, 충정왕 원년(1349).
80) 『고려사』 권38, 공민왕 원년(1352) 2월 丙子.
81) 張東翼, 앞의 책, 51쪽.

셋째, 특히 1330년대 이후부터는 정동행성이 양국 조정 사이의 문서 교환을 비롯한 의사소통에 적극 개입하였다.

　이상의 특징은 충숙왕 대 초기부터 충정왕 대에 이르기까지 단계적으로 하나씩 추가되었다. 우선 충숙왕이 부재한 상황, 국왕위가 비어있는 상황에서 고려를 대표한 都堂이 정기적인 사신을 파견함에 의례적인 表文의 주체로 등장하였다. 이는 피치 못할 조건 속에서 행해진 임시적인 조치였으리라 이해할 수 있다. 이어서 충숙왕 대 중반 이후가 되면 신료들이 도당 명의로 몽골 중서성 및 유력자들에게 문서를 보내어 국왕을 귀환시켜줄 것을 비롯하여 각종 민감한 사안에 대해 의사를 피력하였다. 이때부터는 고려의 신료들이 실제 현안에 대해 본격적으로 언급하기 시작한 것이다. 이어서 1320년대에 이르면 신료들이 개인 명의의 서한을 원의 유력자들에게 보내 자신의 의견을 적극 개진하게 되었다. 최종적으로 충혜왕 대 이후가 되면 고려 신료들이 문서를 보내는 대상이 몽골 중앙정부의 중서성이 아닌 정동행성으로 변하였다.

　이러한 단계적 변화를 종합해보면 양측 모두 외교의 전면에 나서는 주체는 점점 늘어나고, 그들이 다루는 외교 현안의 범위는 점점 넓어지며, 그와 함께 국왕을 비롯한 고려 전체의 위상은 점차 낮아지는 경향을 읽을 수 있다. 이러한 현상은 앞서 살펴보았던 원종 대나 충렬왕 대의 모습과는 판연히 다른 것이다. 즉 13세기 후반 국왕이 원과의 외교 교섭에서 유일한 창구가 되어 외교를 독점하고 있던 상황에서, 14세기 전반에는 고려의 신료들, 정동행성 등이 나서서 이를 대신하는 모습이 빈번히 연출되게 되었다는 점에서 그러하다. 이는 거듭된 重祚나 충숙왕·충혜왕의 잇따른 失政, 충목왕·충정왕 등 나이 어린 국왕들의 연이은 즉위 등을 거치면서 국왕권이 약화되고 국왕이 제 역할을 수행하지 못하는 상황에서 빚어진 것으로 이해할 수 있다. 나아가 그 배경에는 고려와 몽골제국의 관계가 반세기 이상 지속되면서 양국 사이의 인적 교류가 활발해지고 교섭의 창구가 다양해지면서 이와 같은 다각적인 교섭이 가능한 토양이 마련되어 있었던 점 역시 간과할 수 없다.

6절 공민왕 대 국제질서의 재편과 문서식의 계승·변용

공민왕 대 대중국관계 연구사

14세기의 후반의 시작과 함께 4반세기 동안 이어진 恭愍王의 재위 기간은 동아시아 역사 전체에 있어서 격변의 시기였다. 한 세기 반 동안 유라시아 전역을 호령했던 몽골제국이 무너졌다. 이 과정은 단기간 내에 이루어진 것이 아니었다. 몽골 정권은 1340년대 중반부터 서서히 붕괴되어가고 있었다. 20여 년에 걸친 반란과 진압, 반란군 사이의 경쟁 등을 거치면서 최종적으로 朱元璋 세력이 주도권을 장악하였다. 1368년에 大都에서 물러난 후에도 北元 정권은 물론 전국 각지에 남아있던 몽골의 잔여 세력이나 다른 반란 세력들도 한동안 힘을 유지하였다. 이 과정에서의 변화는 단순히 정권이 몽골족에서 한족으로 넘어간 것에만 그치지 않았다. 정치 이념에서 사회의 운영원리까지 국가와 사회의 전 영역에 걸친 중대한 변화가 이루어졌던 것으로 이해되고 있다.[1]

이에 따라 전례없이 강고하게 연결되었던 고려와 몽골제국의 관계도 재편을 맞이하게 됐다. 공민왕 대의 격동적인 정치사의 흐름은 각 국면마다 이러한 대륙의 정세변동과 강하게 연결되었다. 예컨대 공민왕 5년(1356)의

---

1) 14세기 중후반에 몽골 정권의 붕괴 과정에 대한 종합적인 연구로는 David M. Robinson, *Empire's Twilight*, Cambridge : Harvard University Press, 2009 참조. 아울러 원-명 교체의 의미에 대한 종합적인 평가는 檀上寬, 「初期明帝國體制論」, 『岩波講座世界歷史』 11, 東京 : 岩波書店, 1997(檀上寬, 『明代海禁=朝貢システムと華夷秩序』, 京都 : 京都大學出版會, 2013에 재수록) 참조.

대대적인 개혁운동은 고려에서 쇠퇴해가는 몽골의 실상을 파악한 후에 단행되었으며, 고려 내부에서 무장 세력이 대두하게 된 배경에는 紅巾賊과 德興君 세력의 연이은 침공에 대응하는 과정이 있었다. 辛旽의 집권기가 종언을 고하고 공민왕이 親政에 나서게 된 일은 몽골에서 명으로 중원의 주인이 바뀐 데에 기인한 바가 크다.

　공민왕 대의 상황은 당시 고려의 대중국관계를 빼놓고는 설명할 수 없는 까닭에 이에 대해서는 이미 수많은 연구가 이루어져 그 구체적인 면모가 상당 부분 밝혀졌다.[2] 다만 대부분의 연구는 특정 시기, 특수한 정치적 환경 속에서 양국관계가 어떻게 작동하고 있었는지에 대해 국왕을 비롯한 정치 세력의 동향, 정책적 지향 등에 주목하거나, 양국 관계에서 긴장을 초래한 사건이나 정세 등을 분석하는 데에 초점을 맞춘 경향이 있다.

문제의 소재 : 의사소통 경로 분석의 필요성

　그런데 이들 모든 외교관계가 결국은 사신 왕래 및 문서 교환을 통해 이루어졌음을 고려한다면, 이러한 정치적 상황들이 연출되기까지의 양국 사이의 의사소통 방식이 어떤 점에서 특징적이었는지에 대한 분석도 함께 이루어져야 할 것이다.

　예컨대 공민왕 5년(1356)의 개혁 정책의 성격을 둘러싼 여러 논의에서는 이 조치의 실질적인 전개 과정과 추진 목표, 그리고 그것을 둘러싼 국내 정치 세력의 갈등관계나 몽골 조정과의 관계 등을 다각적으로 분석하였고, 이후의 고려-몽골 관계를 이전 시기의 그것과 비교하여 검토하였다. 그런데

---

2) 대표적인 것만 꼽아보면, 池內宏, 『滿鮮史研究』 中世 第三冊, 東京 : 吉川弘文館, 1963 ; 末松保和, 「麗末鮮初における對明關係」, 『靑丘史草』 1, 東京 : 笠井出版印刷社, 1965 ; 閔賢九, 『高麗政治史論』, 고려대학교 출판부, 2004 ; 李益柱, 「高麗·元關係의 構造와 高麗後期 政治體制」, 서울대학교 박사학위논문, 1996 ; 김순자, 『韓國 中世 韓中關係史』, 혜안, 2007 ; 김경록, 「공민왕대 국제정세와 대외관계의 전개양상」, 『역사와 현실』 64, 2007 ; 崔鍾奭, 「1356(공민왕 5)~1369(공민왕 18) 고려-몽골(원) 관계의 성격」, 『歷史敎育』 116, 2010 ; 李益柱, 「14세기 후반 동아시아 국제질서의 변화와 고려-몽골·명-일본 관계」, 『震檀學報』 114, 2012 ; 정동훈, 「몽골제국의 붕괴와 고려-명의 유산 상속분쟁」, 『역사비평』 121, 2017 등.

기존의 연구에서는 연구 방법과 그 결과에 따라 크게 두 가지 서로 다른 경향을 엿볼 수 있다. 주로 정치사적인 접근을 통해 국내 정치나 양국관계의 세력 문제, 실질적인 역관계에 주목한 연구에서는 공민왕 5년을 전후로 한 변화에 강조점을 둔다.[3] 반면에 양국관계의 형식이나 제도에 집중한 연구에서는 연속성을 강조하는 경향이 있다.[4]

　두 가지 결론 모두 각각의 타당성을 지니고 있으나 어느 한 면만으로는 공민왕 5년 전후의 변동을 충분히 설명할 수 없다. 변화 내지 지속의 실제 모습을 복원하기 위해서는 의사소통 방식의 외형뿐만 아니라 실제 운용까지도 아울러 검토해야 할 것이다. 즉 공민왕 5년의 일련의 조치에 대해 분석할 때에도, 이 사실을 양국 조정이 서로 통보하고 그에 대한 이해관계를 조정하는 과정에서 어떠한 방식의 의사소통이 이루어졌는지, 구체적으로는 어떤 시점에 어떠한 사신이 파견되었으며, 그들이 지참한 문서는 누구 명의로 작성된 어떠한 서식이었는지, 그리고 그것이 기존에 구축된 교섭 채널을 어떻게 활용하고 있었으며 그러면서도 전후 시기의 의사소통 방식과는 어떤 점에서 차별성을 갖는지 등에 대해서도 더 구체적으로 검토해야 할 것이다.

　이에 이 절에서는 공민왕 대에 고려와 몽골 조정 사이에서의 의사소통 방식을 사신 왕래와 문서 교환이 어떻게 이루어지고 있었는지를 중심으로 검토하고자 한다. 이를 통해 그 경위와 절차가 이전 시기와 비교했을 때 어떤 점에서 유사한지, 혹은 특수한지, 어느 면에서 연속성이 보이고, 어떤 면에서 차별성을 나타내는지를 분석해볼 것이다.

　몽골 조정은 공민왕 17년(1368) 大都를 떠나 북쪽으로 옮겨 명맥을 이어갔는데, 그 이후의 상황에 대해서도 아울러 살펴볼 것이다. 다만 공민왕 17년

---

3)　池內宏, 「高麗恭愍王の元に對する反抗の運動」, 앞의 책, 1963 ; 閔賢九, 「高麗 恭愍王의 反元的 改革政治에 대한 一考察—背景과 發端」, 『震檀學報』 68, 1989 ; 閔賢九, 「高麗 恭愍王代 反元的 改革政治의 展開過程」, 擇窩許善道先生停年紀念韓國史學論叢刊行委員會 編, 『擇窩許善道先生停年紀念韓國史學論叢』, 一潮閣, 1992 ; 閔賢九, 「高麗 恭愍王代의 「誅奇轍功臣」에 대한 檢討—反元的 改革政治의 主導勢力」, 李基白先生古稀紀念韓國史學論叢 刊行委員會 編, 『李基白先生古稀紀念韓國史學論叢』 上, 1994 ; 이명미, 「공민왕 대 초반 군주권 재구축 시도와 奇氏一家」, 『한국문화』 53, 2011 ; 이익주, 「1356년 공민왕 反元政治 再論」, 『歷史學報』 225, 2015 등.

4)　이강한, 「공민왕 5년(1356) "반원개혁(反元改革)"의 재검토」, 『大東文化硏究』 56, 2009 ; 崔鍾奭, 앞의 논문, 2010.

(1368)에 건국하여 이듬해부터 고려와 본격적으로 외교 관계를 맺게 되는 명과의 의사소통 문제에 대해서는 다음 장에서 본격적으로 살펴보기로 한다.

1. 정기적 사신 파견의 유지

정기적·의례적 사신 파견 유지

공민왕 대를 통해 몽골 조정에 파견된 의례적, 정기적 사신의 목록을 정리해보면 다음과 같다. 여기서는 특히 이때 파견되었던 사신들로 어떤 인물들이 선발되었는지를 확인하기 위하여 이들이 공민왕 대에 여러 차례 있었던 공신 책봉 때에 얼마나 자주 그 명단에 이름을 올렸는지를 함께 파악해보도록 하겠다.

표를 통해 공민왕 대 내내 의례적 사안의 사신 파견은 1년에 세 차례씩 정기적으로 지속되었음을 확인할 수 있다. 물론 공민왕 8년(1359)~10년(1361), 12년(1363)~13년(1364) 등에는 중간에 빠진 경우도 있었는데, 전자는

〈표 3-6-1〉 공민왕 대의 對元 賀正使

일시*	소요일수	사신	관품	공신책봉경력**
원년(1352) 11.30.	31	都僉議司使 韓可貴	2a	1년
2년(1353) 11.29.	32	南陽君 洪彦博		8년, 12년d
3년(1354) 12.2.	29	贊成事 金普	2a	1년
		知密直司事 全普門	2b	1년
5년(1356) 12.2.	29	參知政事 李千善	2b	(사행 실패)
		吏部判書 李壽林	3a	(사행 실패)
7년(1358) 11.26.	34	定原伯 王鈞		
10년(1361) 10.21.	70	鶴城侯 王諝		(사행 실패)
11년(1362) 9.19.	101	僉議商議 姜之衍	2b	
13년(1364) 11.9.	52	密直副使 韓公義	2b	
17년(1368) 11.27.	32	贊成事 李成瑞	2a	12년a, 12년e, 12년g

* 일시 : 편의상 양력연도 + 음력월일로 표기하였다. 아래의 〈표〉에서도 모두 같다.
** 공신책봉경력 : 공민왕 대에는 총 8차례의 공신 책봉이 있었다. 각각 시대 순에 따라 코드를 부여하여 표시하였다. 아래의 〈표〉에서도 모두 같다.
　　1년 : 燕邸隨從功臣, 8년 : 誅奇轍功臣, 12년a : 興王討賊功臣, 12년b : 扶侍避難功臣, 12년c : 建議集兵定難功臣, 12년d : 辛丑扈從功臣, 12년e : 僉兵輔佐功臣, 12년f : 收復京城功臣.

일시	소요일수	사신	관품	공신책봉경력
원년(1352) 윤3.18.	30	三司右使 洪彦博	2b	8년, 12년d
		密直副使 李成瑞	2b	12년a, 12년e, 12년g
2년(1353) 3.17.	29	僉議贊成事 柳濯	2a	12년c, 12년e
		三司右使 崔天澤	2b	
3년(1354) 3.22.	25	僉議評理 金敬直	2b	
4년(1355) 3.18.	29	前 僉議 金信	2a	
		贊成事 朴壽年	2a	
5년(1356)		金龜年		
6년(1357)		韓公義		
7년(1358) 3.26.	21	前 僉議評理 姜之衍	2b	
		刑部尙書 崔㙔	3a	
11년(1362) 12.22.	143	贊成事 柳仁雨	2a	
14년(1365) 2.25.	51	黃原君 崔伯		
		左副代言 金精		
16년(1367) 3.4.	42	前 同知密直司事 王重貴	2b	
18년(1369) 3.20.	27	同知密直司事 王重貴	2b	(사행 실패)

* 당시 몽골제국 황제 순제 토곤테무르의 생년월일은 延祐 7년(1320) 4월 17일이다.

〈표 3-6-3〉 공민왕 대의 對元 賀千秋節使 *

일시	소요일수	사신	관품	공신책봉경력
원년(1352) 10.18.	65	上將軍 姜碩	3a	
2년(1353) 10.24.	59	蔡河中		
3년(1354) 11.4.	50	處仁君 李珍		
5년(1356) 10.30.	53	樞密院使 金希祖	2b	
6년(1357) 10.30.	53	刑部尙書 李嶠	3a	
7년(1358) 10.25.	58	兵部尙書 洪師範	3a	12년d
11년(1362) 9.19.	94	典理判書 李瑞龍	3a	
14년(1365) 윤10.9.	74	密直司商議 崔伯		
17년(1368) 10.6.	77	判宗簿寺事 文天式	3a	

* 당시 황태자 아유시리다라의 생년월일에 대해서는 『元史』 등 몽골 측 자료에 정확하게 기재되어
  있지 않고, 『庚申外史』 및 『蒙古源流』 등의 자료에도 생년에 대해 이견을 전하고 있다고
  한다. 그러나 『朴通事諺解』에 그의 생일이 後至元 5년(1339) 12월 24일이라고 명기되어
  있다고 한다. 喜蕾, 「北元昭宗愛猷識理達臘生年考辨」, 『內蒙古大學學報』 32-4, 2000 참조.

〈표 3-6-4〉 공민왕 대의 對元 賀皇后誕日使

일시	소요일수	사신	관품	공신책봉경력
3년(1354) 5.20.		密直使 李也先帖木兒	2b	1년
4년(1355) 5.18.		知申事 任君輔	3a	
6년(1357) 윤9.16.		判閣門事 楊伯顔	3a	
7년(1358) 5.24.		大將軍 趙天珪	3b	

홍건적의 침입 때문에, 후자는 德興君 세력의 침입 때문에 길이 막히는 사정에서 기인한 것으로 볼 수 있다. 또한『고려사』세가와『고려사절요』의 기록에 누락된 사절이 있을 가능성도 있다. 예컨대 공민왕 6년(1357)에 파견된 賀聖節使의 존재는 연대기 사료에는 등장하지 않지만, 韓公義의 묘지 명을 통해서 확인된다.[5] 또한 공민왕 5년(1356)에도 하성절사를 파견했다는 기록은 없으나, 몽골 측에서 그를 구류하였다는 기록이 있는 것을 보면,[6] 그해에도 빠뜨린 것은 아니었음을 알 수 있다. 이미 고려 전기부터 장기간 지속되어왔고, 원종 대 이후 고려-몽골 관계에서도 본격적으로 시행되었던 의례적 사안에 대한 정기적 사신 파견은 공민왕 대 전 시기를 통해서도 유지되었다.

황태자와 황후 탄일 축하 사절의 등장

주목할 것은 기존의 賀正使와 賀聖節使에 더해서 皇太子의 생일을 축하하기 위한 賀千秋節使와 황후의 탄일을 축하하는 사신 파견도 정기적으로 꾸준히 이어졌다는 점이다. 이전 시기에도 황태자의 천추절을 축하하는 사절이 파견된 적이 아예 없었던 것은 아니나,[7] 그것을 장기적, 고정적으로 파견하게 된 것은 매우 큰 변화이다. 황후의 탄일을 축하하는 사절은『고려사』에서도 이때가 처음이라고 명기한 바이다.[8] 공민왕 즉위 이전부터 몽골 조정 내부에

---

5) 『牧隱文藁』권16, 〈重大匡淸城君韓諡平簡公墓誌銘幷序〉. 金龍善 編, 『(改訂版)高麗墓誌銘 集成』, 翰林大學校 出版部, 1997, 568~570쪽.

6) 『고려사』권39, 공민왕 5년(1356) 6월 乙亥. 元囚本國節日使金龜年于遼陽省. 順帝의 節日이 4월 17일이고 따라서 하성절사가 보통 3월 20일을 전후해서 파견되었던 것을 보면, 6월 26일에 遼陽省에서 수감된 이때의 사신은 귀국길에 있었던 것으로 보인다.

7) 예컨대 武宗 카이샨 재위 기간 당시의 皇太弟로서 이후 仁宗으로 즉위하게 되는 아유르바 르와다의 생일을 축하하기 위한 사절을 충렬왕 34년(1308)부터 그의 즉위 직전인 충선왕 3년(1311)까지 4년간 연달아 파견한 사례가 있다(각각『고려사』세가의 충렬왕 34년(1308) 정월 丁亥, 충선왕 원년(1309) 정월 戊申, 2년(1310) 2월 辛亥, 3년(1311) 2월 丁未). 또한 仁宗 재위 기간에는 후에 英宗으로 즉위하는 시데발라의 생일 축하 사신을 두 차례 파견한 사실이 확인된다(충숙왕 5년(1318) 정월 己巳, 7년(1320) 정월 辛卯).

8) 『고려사』권38, 공민왕 2년(1353) 5월 乙酉. 遣密直使李也先帖木兒·鷹揚軍上護軍安祐如 元, 貢方物, 仍獻皇后誕日禮物. 皇后誕日之賀, 始此.

서 奇皇后의 세력이 갈수록 커져가고 있었고, 그 영향력이 고려의 정치를 좌우할 정도에 이르렀던 것과도 밀접하게 관련되어 있었을 것임이 분명하다.9)

기존과 같이 賀正使와 賀聖節使는 황제에게 올리는 表文을 지참하고 갔을 것이다.10) 반면에 새롭게 추가된 황태자와 황후의 생신 축하 사절은 어떠한 문서를 올렸을까. 천추절을 축하하는 내용의 문서로서 확인되는 사례는 현재로서는 없다. 다만 奇皇后 소생의 아유시리다라[愛猷識理達臘]가 황태자로 책봉되었을 때11) 이를 축하하기 위해 지은 문서가『益齋亂藁』에 실려 있다. 이때에는 황제에게 올리는 賀表와 함께 황태자를 수신자로 하는 賀牋이 전달되었다.12) 箋文(牋文)은 고사를 활용하며 수식이 많은 변려체의 문체로 작성되었다는 점에서 표문과 다르지 않다. 그 직후인 공민왕 3년(1353) 8월에는 대도에서 사신을 보내 와서 奇皇后의 모친인 榮安王大夫人에게 孛兒扎宴을 베풀어주자,13) 이에 대한 사은의 뜻을 담은 표문과 전문을 각각 황제와 황태자 앞으로 보내기도 하였다.14) 이처럼 이 시기에는 황태자를 수신 대상으로 하는 의례적 내용의 문서가 작성, 발신되었다는 점도 사신 파견과 함께 주목되는 사실이다.

공민왕의 외교 주도권 장악

의례적 사신의 파견이 지속되었던 것을 두고 공민왕 대, 특히 공민왕 5년(1356) 이후에도 이전 시기의 고려-몽골 관계의 형식이 그대로 유지되었다

---

9) 몽골 궁정에서 기황후의 활동에 대해서는 李龍範,「奇皇后의 冊立과 元代의 資政院」,『歷史學報』17·18, 1962 참조. 공민왕 즉위 전후 기황후 세력이 공민왕을 지원했던 정황에 대해서는 閔賢九,「高麗 恭愍王의 卽位背景」, 韓㳓劤博士停年記念史學論叢刊行委員會 編,『韓㳓劤博士停年記念史學論叢』, 지식산업사, 1981 참조.
10) 이 시기에 작성된 의례적 사안에 관련된 표문의 실례로는『牧隱文藁』권11,〈節日表〉를 들 수 있다.
11) 아유시리다라는 공민왕 2년(1353) 6월에 황태자로 책봉되었고(『元史』권43, 順帝 至正 13년(1353) 6월 丁酉), 이 사실을 담은 조서는 7월에 고려 조정에 전달되었다(『고려사』권38, 공민왕 2년(1353) 7월 乙亥).
12)『益齋亂藁』권8,〈皇太子封冊賀表〉;〈皇太子上同牋〉.
13)『고려사』권38, 공민왕 2년(1353) 8월 乙巳.
14)『益齋亂藁』권8,〈孛兀兒扎宴後謝表〉;〈孛兒扎宴後謝皇太子殿牋〉.

고 해석할 수도 있다.[15] 그러나 이러한 평가는 지나치게 평면적이라고 하지 않을 수 없다. 파견된 사신이 어떤 인물이었는지를 분석해보면 좀더 풍부한 해석이 가능하다.

사신은 원칙적으로 국왕 명의의 외교문서를 상대국에 전달하여 자국 전체를 대표하는 임무를 띠고 있었다. 그러나 공민왕 대 고려 국내에는 다양한 정치세력들이 난립한 상황에서 각각 독자적인 방식으로 몽골 측과 직접 관계를 맺은 채 그 지원을 얻어내고자 노력하고 있었다. 이러한 배경에서 사신이 외국에서 어떠한 활동을 벌이고, 또 어떠한 정보를 수집하여 오는지는 국내 정치세력의 동향과도 밀접한 관련을 가지고 있었다. 따라서 당시에 어떤 인물이 사신으로 파견되었는가 하는 문제는 해당 사신이 어떤 집단의 이해관계를 대변할 것인가 하는 문제, 즉 고려의 대외관계를 어느 정치세력이 주도할 것인가 하는 문제와 직결된다.

그런데 위의 표를 보면, 이 시기에 파견된 사신 가운데는 공민왕의 측근 세력으로 분류할 수 있는 인물들이 다수를 점하고 있었다. 공민왕은 忠定王 2년(1351) 10월, 몽골제국의 大都에 머물고 있을 때에 국왕에 임명되었고 그해 12월 25일에 개경으로 돌아왔다. 이해의 賀正使 파견에 대한 기록은 남아있지 않다. 공민왕이 귀국한 후 첫 번째로 몽골 조정에 파견한 사신은 이듬해 윤3월, 順帝 토곤테무르의 성절을 축하하기 위한 일행으로, 三司右使 洪彦博과 密直副使 李成瑞였다.[16] 홍언박은 공민왕의 외사촌으로 공민왕 5년에 기철 세력을 숙청하는 정변을 주도하여 誅奇轍功臣으로 책봉되었을 정도로,[17] 공민왕 재위 초반기 그의 가장 든든한 측근이자 후원자였다. 이성서 역시 공민왕 12년(1363)에 興王討賊功臣, 僉兵輔佐功臣, 收復京城功臣으로 연달아 책봉되었을 정도로 그의 집권 기간 내내 측근으로서 활동했던 인물이다. 공민왕이 즉위하자마자 파견한 첫 번째 사신에 그의 강력한 측근들을 임명했던 것이다. 이는 지난 20여 년 동안 고려-몽골 외교 관계에서 국왕의 역할이 축소 일로에 놓여 있었던 상황을 일신하여 그 자신이 주도권을 장악하겠다는

---

15) 공민왕 5년의 반원 개혁조치 이후로도 양국 관계에서의 제도적 측면은 유지되는 측면이 강했던 점에 대해서는 崔鍾奭, 앞의 논문, 2010 참조.
16) 『고려사』 권38, 공민왕 원년(1352) 윤3월 辛卯.
17) 『고려사』 권39, 공민왕 8년(1359) 6월 丁亥.

점을 분명히 한 조치였던 것으로 해석할 수 있다.

이외에도 공민왕 2년(1353) 하성절사로 파견되었던 柳濯은 공민왕 14년(1365) 都僉議侍中에 오를 정도로 공민왕 재위 기간 내내 최고위직을 두루 역임한 공민왕의 최측근 인사 가운데 한 명이었다.[18] 원년(1352)에 賀正使로 파견된 韓可貴는 공민왕의 燕邸隨從功臣의 하나로, 파견 당시에 都僉議司使의 직위에 있을 정도로 왕의 신임을 받던 인물이었으며, 공민왕 3년(1354)의 하정사 全普門 역시 수종공신의 한 명이었다. 金普는 이후 奇轍이 숙청될 때에 그의 일당이라는 이유로 유배당하기도 하였으나, 그 역시 사신으로 선발되었던 공민왕 3년 당시에는 수종공신의 한 명으로서 국왕의 측근으로 활동하고 있었던 것으로 보인다.[19] 그밖에도 기존의 연구를 종합해보건대 洪彦博의 아들 洪師範, 이제현의 손자 李壽林, 그리고 金敬直 등 역시 공민왕의 측근 세력으로 볼 수 있는 인물들이다.[20]

그렇다면 공민왕은 기존의 관행이었던 정기적, 의례적 사신 파견을 지속함으로써 표면적이나마 양국 관계의 안정을 도모함과 동시에, 나아가 이 기회를 이용하여 자신의 측근들을 적극 사신으로 파견함으로써 외교관계에 자신의 의지를 최대한 반영하고, 또 그 주도권을 잡고자 했던 것으로 평가할 수 있다. 즉 공민왕 대의 정기적 사신 파견은 이전 시기인 1330년대 이후 외교관계에서 국왕의 영향력이 점차 엷어져가고 있던 상황을 반전시키는 하나의 계기이자 기회가 되었던 것이다.

2. 征東行省의 역할 변화

공민왕 초기 정동행성의 기능

1330년대 이후 국왕권과 반비례해서 권한을 강화해가던 정동행성은 공민왕 대 초반에도 고려의 대몽골관계 창구로서 중요한 역할을 하였음이 단편적

---

18) 『고려사』 권111, 柳濯.
19) 『고려사』 권114, 金普.
20) 공민왕 대 몽골제국에 파견했던 사신들의 정치적 성향 및 공민왕과의 관계에 대해서는 鄭東勳, 「고려 공민왕대 대중국 사신 인선의 특징」, 『東國史學』 60, 2016 참조.

이나마 확인된다. 그 일면은 의례적인 면에서 엿볼 수 있다. 우선 공민왕은 즉위 직후인 원년(1352) 정월 초하루, 백관을 거느리고 정동행성에서 正朝 의례를 거행하였고,[21] 그해 4월에도 역시 行省에서 賀聖節 의례를 행하였 다.[22] 고려 전기에는 正朝와 冬至, 국왕 탄일 때에 연례적으로 朝賀儀禮를 행하면서 국왕이 백관의 朝賀를 받는 예식만을 행하였으나, 몽골 복속기에 이르러서는 '受朝賀' 의례에 더하여 국왕이 몽골 황제에 대해 遙賀 의례를 행하는 절차가 추가되었다고 한다.[23] 이 의례가 행해진 장소가 어디였는지 보여주는 사례는 많지 않은데, 忠穆王 대에는 行省에서 正朝 하례 의식이 행해졌음은 확인된다.[24] 마찬가지로 공민왕도 즉위 직후에 그 의례를 行省에 서 시행했던 것이다. 이외에도 공민왕 원년 9월 趙日新의 난이 일어나자 공민왕은 정동행성에 행차하여 그를 제거할 것을 모의하고 집행하였다.[25] 이를 수습하는 과정에서 고려의 백관들은 정동행성에 上書하여 조일신의 죄목을 열거하고는, "황제께 잘 아뢰어 정당하게 형벌을 집행하게" 해줄 것을 부탁하였다.[26] 이처럼 정동행성이 의례적인 면에서나 양국의 의사소통 과정에 개입하는 모습은 공민왕 즉위 이전의 시점과 크게 다르지 않은 것이었다.

정동행성의 역할이 크게 축소된 것은 역시 공민왕 5년(1356) 5월과 6월에 걸쳐 단행되었던 일련의 反元 조치 이후의 일이었다. 공민왕은 奇轍 등을 처단함과 동시에 같은 날 정동행성의 理問所를 혁파하였다.[27] 고려 측의 해명에 따르면 조정에 이미 監察司와 典法司가 있어 형벌과 송사를 맡아보고 있는데도 理問所가 刑政에 개입하고 있었기 때문에 그러한 조치를 취한 것이었다고 한다.[28] 당시 理問所는 자체의 刑獄을 갖추고서 고려의 반원

---

21) 『고려사』 권38, 공민왕 원년(1352) 정월 丙午.
22) 『고려사절요』 권26, 공민왕 원년(1352) 4월 ; 『고려사』 권131, 奇轍.
23) 최종석, 「고려시대 朝賀儀 의례 구조의 변동과 국가 위상」, 『한국문화』 51, 2010 참조.
24) 『고려사』 권37, 충목왕 원년(1345) 정월 丙戌.
25) 『고려사절요』 권26, 공민왕 원년(1352) 9월 ; 10월.
26) 『고려사절요』 권26, 공민왕 원년(1352) 11월 ; 『고려사』 권131, 趙日新. 百官上書征東省 曰, "(중략) 伏望, 聞于宸聽, 明正典刑, 以懲後來."
27) 『고려사』 권39, 공민왕 5년(1356) 5월 丁酉.
28) 『고려사』 권39, 공민왕 5년(1356) 10월 戊午.

조치에 대응하는 등 고려 국내에서 附元 세력의 거점 같은 모습을 보이고 있었다.[29] 따라서 반원 개혁의 첫 번째 타깃으로 정동행성 이문소가 지목되었던 것은 우연이 아니었다.

다만 이때의 조치를 통해 폐지된 것은 理問所였을 뿐, 정동행성 자체가 혁파된 것은 아니었다. 이후 고려에서 몽골 측에 보낸 국왕 명의의 서한에서는 이때에 이문소를 비롯한 다른 정동행성의 屬司는 모두 폐지하되 左右司는 존치하고 그 관원은 국왕이 직접 保擧하게 해줄 것을 요청하기도 하였다.[30] 이때 좌우사를 남긴 것은 정동행성의 행정적 기능, 주로 몽골 측과 연락하는 기능 때문이었을 것이다.[31]

정동행성의 고려 이해 대변

오히려 이후로도 한동안 정동행성은 이전과 같은 연락 기능을 발휘하고 있었던 것 같은데, 이에 대해서는 다음의 사료가 주목된다.

> 가) 都堂에서 行省에 문서를 올려[呈] 말하기를, "살피건대, 雙城과 三撒 등 지역은 원래 本國의 땅으로서 북쪽으로는 伊板嶺을 경계로 삼았습니다. 이전에 關防에 실패하게 되어 女眞人 무리들이 州縣의 관리를 모조리 살해하고 땅과 인민들을 차지한 후 제멋대로 採金戶計라고 자칭하고 있으며, 和州를 雙城이라고 이름을 고치고 摠管府와 千戶所를 설치하며 그 자손들이 다시 본국에서 역을 피해서 달아난 백성과 관리 및 관청과 개인 소유의 도망친 노비들을 꾀어들여 멋대로 점유하고 사사로이 부리면서 못하는 짓이 없습니다. (중략) 趙小生과 卓都卿이 금을 채굴하는 것을 구실삼아 거짓된 사실을 날조하여 遼陽行省에 무고한다면 이로 인해 소송이 제기되어 이해관계가 복잡해질까 우려스럽습니다. 마땅히 省府

29) 高柄翊, 「麗代 征東行省의 硏究」, 『東亞交涉史의 硏究』, 서울대학교출판부, 1970, 267~278 쪽 ; 閔賢九, 앞의 논문, 1992, 239쪽 ; 이강한, 「공민왕 5년(1356) "반원개혁(反元改革)" 의 재검토」, 『大東文化硏究』 56, 2009, 191쪽.
30) 『고려사』 권39, 공민왕 5년(1356) 10월 戊午.
31) 이익주, 앞의 논문, 2015, 72쪽. 정동행성 좌우사의 기능에 대해서는 高柄翊, 앞의 책, 251~253쪽 및 張東翼, 앞의 책, 38~42쪽 참조.

에서는 遼陽行省에 咨文을 전달하도록 잘 살펴 시행하시기 바랍니다."[32]

　이 문서는 전년에 고려에서 쌍성총관부를 수복한 일에 대한 사후처리의 일환으로, 그 당위성을 설명하면서 몽골 조정과의 중재를 맡아줄 것을 부탁하는 내용으로 고려의 都堂, 즉 都評議使司에서 征東行省에 제출한 문서이다. 『고려사』의 지문에 "都堂呈行省書"라고 하였는데, 이 구절에 대한 해석은 '呈' 자를 어떻게 볼 것이냐에 따라 둘로 나뉠 수 있다. 하나는 이를 단순히 '올리다'는 뜻의 동사로 보아 "도당에서 행성에 문서를 올리다"라고 하는 것이고, 다른 하나는 '呈'을 원 대 관문서 가운데 상행문서의 하나로 보아, "도당에서 행성에 呈을 보내다"라고 해석하는 것이다. 그런데 인용된 문서 가운데에 "照得"이라든지 "照詳施行"과 같이 관문서의 문체인 吏文에 많이 쓰이는 구절들이 등장하는 것으로 보면 후자일 가능성이 더 높아 보인다. 그렇다면 이때 都堂은 과거 행중서성으로부터 하행문서인 箚付를 받았던 때와[33] 마찬가지로 원의 관료체제의 일부로서 상급 기관인 행성에 상행문서인 呈을 올렸던 셈이 된다.

　즉 문서식과 그 행이과정만을 놓고 따지면 공민왕 5년의 반원 조치 이후로도 정동행성은 그 권위와 기능을 유지하고 있었던 셈이 된다. 그러나 정동행성이 맡아줄 것을 기대하는 역할은 이전 시기와는 전혀 다른 것이었다. 위의 문서에서 도당에서 행성에 최종적으로 요구한 것은 이와 같은 자신들의 의사를 요양행성에 자문으로 전달해달라는 것이었다. 이 부분을 원문에서는 "轉咨遼陽行省"이라고 기록하고 있다. 여기서 '轉' 자가 가지는 의미가 주목된다. 『元典章』을 비롯한 원 대의 문서를 통해 확인해보면 '轉'은 단순한 傳達 이상의 의미를 지닌다. 즉 '轉'은 통속관계, 혹은 명령계통이 다른 관부 사이에서 문서를 주고받을 필요가 있으나 직접적인 문서 행이가 불가능한 상황에서, 그 행이 절차의 중간에 개입하는 관부가 해당 문서를 전달하는

---

32) 『고려사』 권39, 공민왕 6년(1357) 8월 戊午. 都堂呈行省書曰, "照得, 雙城·三撒等處, 元是本國地面, 北至伊板爲界. 在先, 因失關防, 致被女眞人衆, 盡殺州縣官吏, 就得地土人民, 擅自稱爲採金戶計, 及將和州, 更名雙城, 設置摠管府千戶所, 其子孫又行召誘本國避役民吏, 幷官私逃驅, 影占私役, 無有紀極. (중략) 恐趙小生·卓新卿, 指以採金爲由, 妄捏虛事, 赴告遼陽行省, 玆起訟端, 深繫利害. 宜從省府, 轉咨遼陽行省, 照詳施行."
33) 『고려사』 권30, 충렬왕 19년(1293) 7월 甲戌.

행위를 가리킬 때에 사용된다. 예컨대 중앙 조정의 吏部에서 지방의 江西行省에 통지할 일이 있을 경우, 양자는 직접 통속관계에 있지 않으므로 이부가 직속 상급기관인 中書省에 물을 올리면 중서성에서 평행문서인 咨를 통해 강서행성에 그 사실을 알리는데, 이 행위를 '轉咨'라고 한다.[34] 그렇다면 도당에서 정동행성에 "轉咨遼陽行省"할 것을 요청한 것은, 그 스스로가 요양행성에 문서를 보낼 수 없는 상황에서 상급 기관인 정동행성을 거쳐 요양행성에 의사를 전달하는 절차를 취하고자 한 것이 된다.

위의 상황을 검토해보면 雙城摠管府의 관할권 문제를 둘러싸고 고려와 몽골 사이의 갈등이 예견되는 상황인데, 고려에서는 국왕이나 도당이 직접 중서성을 비롯한 몽골 조정에 문제를 제기하지 않고 정동행성을 통해 요양행성과 교섭해달라고 요청한 것이다. 즉 고려에서는 정동행성을 교섭 주체로 내세우면서, 몽골 측의 파트너를 중서성이 아니라 기존 雙城摠管府의 상위 기관인 遼陽行省으로 유도한 것이다. 이렇게 함으로써 雙城摠管府 문제를 국가 대 국가 사이의 영토 문제가 아니라 행성 대 행성 사이의 관할권 문제로 전환시켜버리는 효과를 기대한 것으로 볼 수 있다. 이 경우 정동행성은 이제 고려의 이해관계를 대변하는 역할을 수행하였다. 앞서 충목왕 대에는 정동행성이 나서서 整治都監의 활동을 좌절시킬 정도로 몽골 측의 의사를 집행하던 기능을 하던 데서 완전히 전환된 것이었다고 평가할 수 있다.

정동행성 명의로 일본에 보낸 문서

위의 논의가 있었던 공민왕 6년(1357) 이후 정동행성은 한동안 사료 상에 활동 흔적이 보이지 않다가 공민왕 10년에 "征東省官을 다시 두었다"는 기록이 등장한다.[35] 기존 연구에서는 이를 근거로 정동행성이 일시적으로 혁파되었다가 倭寇와 홍건적의 연이은 침입으로 몽골 측과 제휴하기 위해 이때에 이르러 다시 설치되었다고 이해하였다.[36] 혹은 공민왕 5년 이후로는 고려 정부의 주체적 영향 아래 左右司와 儒學提擧司 두 관부를 중심으로 對元·對日本

---

34) 『元典章』 吏部 2, 官制 2, 僚使, 皇慶元年正月.
35) 『고려사』 권39, 공민왕 10년(1361) 9월 癸酉. 復置征東省官.
36) 高柄翊, 앞의 책, 280쪽.

외교관계 사무를 주로 장악하는 정도의 기능을 수행한 것으로 이해되기도 한다.[37]

실제로 이후로는 정동행성의 활동과 관련된 기록이 거의 등장하지 않는다. 다만 주목되는 것은 공민왕 15년(1366) 8월, 정동행성이 일본에 사신을 파견하여 문서를 전달한 사실이다. 앞서 원종 재위 기간에 고려는 일본에 몇 차례 사신을 파견하여 몽골에 투항할 것을 권유한 일이 있었다.[38] 그러나 두 차례의 일본 정벌 이후로는 고려와 일본의 관계가 한동안 단절되었던 것으로 이해된다.[39] 고려와 일본의 문서행이가 재개되는 것은 倭寇의 활동이 다시 활발해지기 시작한 14세기 후반의 일이다. 충정왕 2년(1350)부터 이른바 '庚寅 이래의 倭寇'가 준동하기 시작한 이후 공민왕 15년(1366), 고려는 최초로 일본 조정에 왜구 금압을 요청하는 사신을 파견했는데, 8월에 파견한 金龍 일행이 그들이다.[40] 이를 종합적으로 이해하기 위해 당시의 외교문서를 면밀하게 분석해볼 필요가 있다.

>나) 皇帝의 聖旨. 征東行中書省(에서 자문을 보냅니다). 살피건대 일본과 本省
>이 관할하고 있는 고려의 地境은 수로가 서로 접하여 무릇 귀국의 표류민
>이 있으면 때때로 사리에 따라 호송해왔습니다. (중략) 萬戶 金凡貴,
>千戶 金龍 등을 차정하여 삼가 귀국 군주 앞으로 달려가서 啓稟하게

---

37) 張東翼, 『高麗後期外交史硏究』, 一潮閣, 1994, 48쪽.

38) 이 과정에서 전달된 외교문서에 관해서는 채상식, 「麗·蒙의 일본정벌과 관련된 외교문서의 추이」, 『韓國民族文化』 9, 1997 참조.

39) 13세기 후반부터 14세기 전반의 고려-일본 관계에 대해서는 中村榮孝, 「十三·十四世紀の東アジアと日本」, 『日鮮關係史の硏究』 上, 東京 : 吉川弘文館, 1966 ; 南基鶴, 「蒙古襲來以後の日本と東アジア」, 『蒙古襲來と鎌倉幕府』, 東京大學 博士學位論文, 1994 ; 사에키 코지, 「일본침공 이후의 麗日關係」, 『몽골의 고려·일본 침공과 한일관계』, 景仁文化社, 2009 등을 참조.

40) 이 시기 고려의 사절 파견에 대해서는 中村榮孝, 「『太平記』に見える高麗人の來朝 - 武家政權外交接收の發端」, 『日鮮關係史の硏究』 上, 東京 : 吉川弘文館, 1966 ; 이영, 「14세기의 동아시아 국제정세와 왜구-공민왕15년(1366)의 禁倭使節의 파견을 중심으로」, 『한일관계사연구』 26, 2007 ; 張東翼, 「一三六六年高麗國征東行中書省の咨文についての檢討」, 『アジア文化交流硏究』 2, 2007 ; 岡本眞, 「外交文書よりみた十四世紀後期高麗の對日本交渉」, 佐藤信·藤田覺 編, 『前近代の日本列島と朝鮮半島』, 東京 : 山川出版社, 2007 등의 논고가 참고된다.

하는 외에, 이를 위하여 본성에서는 문서를 보내니, 바라건대 잘 살피시어 번거롭겠지만 모든 관할하는 지방과 海島에 지시를 내리시어 엄히 금지해서 전과 같이 경계를 벗어나 난리를 피우는 일이 없도록 해주시고, 또한 公文으로 회답해주시기 바랍니다. 須至咨者. 이상과 같이 日本國에 자문을 보냅니다. 삼가 바라건대 잘 살피시기 바랍니다. 謹咨.[41]

이는 金龍이 가지고 간 외교문서로 현재 그 원본이 전해진다고 한다. 이 문서의 첫머리에 "皇帝■(聖)旨裏"는 원 대 문서의 冒頭定型句이다. 이어서 등장한 "征東行中書省"이 이 문서의 발신자이고, 수신자는 "日本國"이다. "須至咨者 右咨 日本國"[42]이라는 結辭로 보아 咨 형식이었음에 틀림없다. 문체 역시 "照得", "爲此", "合行移文 請照驗" 등 吏文의 어휘가 사용된 점에서 원 대의 관문서 서식을 그대로 따르고 있음을 알 수 있다.

고려-몽골 관계에서 기능과 위상이 크게 축소되었던 정동행성이 뒤늦게 대일본 외교에서 고려 측을 대표하는 주체로 등장하고 있음은 의외라고 하지 않을 수 없다. 특히 고려를 가리켜 "本省이 관할하고 있는 고려[本省所轄高麗]"라고 표현한 점이 더욱 주목된다. 그런 면에서 이 문서가 몽골 측의 의사를 반영하여 작성된 것인지,[43] 아니면 고려에서 자체적으로 작성하면서 몽골 황제의 뜻임을 차용한 것인지[44]는 쉽게 판단할 수 없다. 그런데 이때의

---

41) 皇帝■(聖)旨裏. 征東行中書省. 照得, 日本與本省所轄高麗地境, 水路相接, 凡遇貴國飄風人物, 往往依理護送. (중략) 除已差萬戶金凡貴·千戶金龍等, 馳驛恭詣國主前啓稟外, 爲此, 本省合行移文, 請照驗, 煩爲行下騶管地面海島, 嚴加禁治, 毋使似前出境作耗, 仍希公文日(回)示. 須至咨者. 右■日本國, 伏請照驗. 謹咨.
이 문서는 현재 日本 京都市의 醍醐寺에 보관되어 있다고 하며 다른 일련의 고문서와 함께 『報恩院文書』라고 불리고 있다고 한다. 공민왕 15년(1366)에 金龍 등이 소지하고 갔던 문서에 대해서는 張東翼, 위의 논문, 2007 참조. 다양한 史料集, 혹은 資料集마다 판독이 각각 다르고 이에 대해 언급한 많은 논문에서도 다르게 인용했으나 본문에서는 『大日本史料』 6-27 貞治 6년(1367) 6년 2월 是月條 820~821쪽의 텍스트를 토대로 인용하고, 이를 처음으로 조사하여 署押 부분을 原本과 가장 가깝게 필사했다고 하는 黑板勝美, 『徵古文書』 甲集, 1896, 10~13쪽을 참조하였다.
42) 위 자료를 처음 인용한 中村榮孝는 판독되지 않는 "右■" 부분을 '呈'으로 추측하였다. 그러나 당시 일반적으로 사용되던 공문서 및 외교문서 양식이나, 바로 윗 부분의 "須至咨者"라는 상용어구를 고려하면 ■ 부분은 '咨'로 읽어야 할 것임이 분명하다.
43) 中村榮孝, 앞의 논문, 210~212쪽 ; 岡本眞, 앞의 논문, 2007.

사신단의 명단[45)]을 보면, 萬戶 左右衛保勝中郞將 金龍 등 17명 모두 武官으로서, 정동행성 소속의 관원은 아니었다. 이것은 이 문서가 정동행중서성의 명의로 쓰였을 뿐이지, 사신단의 구성, 파견을 비롯한 실무는 고려 조정에서 실행했음을 의미한다.

그렇다면 문서의 발신주체로 기록된 것은 征東行中書省이고, 문서 안에서 고려를 관할하는 주체로 자임하고 있지만, 최종적으로 사신 파견을 기획하고 총괄한 것은 역시 그 장관인 공민왕과 그 휘하의 고려 조정이었음을 알 수 있다. 고려에서 일본에 사신을 파견하면서 굳이 정동행성의 명의를 활용한 이유는 추측하기 어렵지만,[46)] 적어도 정동행성이 이 시기에 이르면 대일본 외교를 담당하는 고려 측의 창구로서의 기능을 명목적으로나마 담당하고 있었음은 확인할 수 있다.

이상에서 살펴본 공민왕 대 정동행성의 활동에 대해 정리하면, 일단 공민왕 5년의 反元 조치에도 정동행성 자체는 존치되었다는 점에서 연속적인 측면을 발견할 수 있다. 다만 이전 시기 정동행성이 고려 국내에서 몽골 측의 이해관계를 대변하는 기구로서 활동한 측면이 강했다면, 공민왕 5년 이후 정동행성은 대외적으로 고려 측의 이해를 반영하는 외교 기구로서 전환되었다고 평가할 수 있다. 충목왕에서 충정왕 대에 걸쳐 대몽골 외교관계는 물론이거니와 국내 정치에서도 권위와 기능을 강화해가던 정동행성이, 공민왕 5년 이후에는 원래 설립 목표라고 평가되는 '연락기관'[47)]으로서의 성격이 가장 정확하게 발휘하게 된 것으로 볼 수 있을 것이다.

---

44) 이영, 앞의 논문, 126~129쪽 ; 張東翼, 위의 논문, 2007, 343~344쪽 ; 무라이 쇼스케 지음, 손승철·김강일 편역, 『동아시아 속의 중세 한국과 일본』, 景仁文化社, 2008, 120~122쪽 ; 李益柱, 「14세기 후반 동아시아 국제질서의 변화와 고려-몽골·명·일본 관계」, 『震檀學報』 114, 2012, 116쪽.

45) 「高麗國投拜使左」, 『大日本史料』 6-27, 貞治 6년(1367) 6년 2월 是月條, 822~823쪽. 이 자료는 나)에서 제시한 "征東行中書省 咨文"과 아울러 『報恩院文書』로 알려지고 있다. 그러나 張東翼에 따르면 현재의 소장처는 알 수 없다고 한다. 張東翼, 위의 논문, 2007, 340쪽.

46) 이익주는 당시 고려가 몽골 중심의 동아시아 국제질서 속에서 일본과 교섭을 모색하면서, 원이 일본과 공식적인 국교를 수립하지 않은 상태에서 독자적으로 일본과 교섭하기 어려웠을 것이므로 대외적으로 원의 의사를 대표한다고 할 수 있는 정동행성을 창구로 내세웠던 것으로 보았다. 李益柱, 앞의 논문, 2012, 115~116쪽.

47) 高柄翊, 앞의 책, 1970, 291~292쪽.

3. 群雄들과의 교류와 서한식 문서의 왕래

공민왕 대 중국 유력자들과의 왕래

1350년 무렵부터 몽골제국은 쇠퇴 일로를 걷게 되었다. 이 과정은 전국 각지에서 일어난 群雄들의 반란으로 시작되었다. 이들 반란 세력은 중국 江南을 중심으로 각각 한 지역을 차지하여 점차 지방 정권으로 발돋움하였다.[48] 대표적인 존재가 江蘇省 일대에 근거한 張士誠과 浙江省 일대의 方國珍이었다. 그리고 이들은 각각 고려에 빈번하게 사신을 파견하면서 경제적, 군사적으로 연합을 도모하였던 것으로 이해되고 있다.[49] 뿐만 아니라 몽골 조정 내의 극심한 갈등을 배경으로 성장한 擴廓帖木兒 등의 군벌들, 그리고 紅巾賊의 침입을 계기로 요동 일대에서 자체 세력을 구축하게 된 高家奴를 비롯한 군벌들 역시 고려 조정에 빈번하게 사신을 파견하면서 접근해오고 있었다.[50] 고려와 漢人 군웅 및 원의 유력자들과 사신을 주고받은 상황을 정리하면 다음의 표와 같다.

〈표 3-6-5〉 공민왕 대 중국 유력자들과의 왕래

일시	발신주체	수신주체	사신	내용
6.7.	張士誠	(고려)	理問 實剌不花	헌방물
7.5.3.	方國珍	(고려)		헌방물
7.7.8.	張士誠	국왕	理問 實剌不花	헌방물, 오에서 기병 알림
	丁文彬	국왕	(고려) 黃贊, 親郁, 文政	헌방물, 통호
7.7.8.	國王	張士誠		통호

---

48) 원말 지방 반란 세력의 등장과 그들의 쟁패과정에 대해서는 愛宕松男, 「朱吳國と張吳國—初期明王朝の性格に關する一考察」, 『愛宕松男東洋史學論集』 4, 東京：三一書房, 1988 및 오함 지음, 박원호 옮김, 『주원장전』, 지식산업사, 2003, 1-3장 참조.

49) 이 시기 고려와 漢族 군웅, 원의 잔여 軍閥들과의 교섭에 대해서는 金惠苑, 「高麗恭愍王代 對外政策과 漢人群雄」, 『白山學報』 51, 1998 및 David Robinson(水越知 譯), 「モンゴル帝國の崩壞と高麗恭愍王の外交政策」, 夫馬進 編, 『中國東アジア外交交流史の研究』, 京都：京都大學術出版會, 2007 ; 윤은숙, 「고려의 北元칭호 사용과 동아시아 인식—고려의 양면 외교를 중심으로」, 『中央아시아연구』 15, 2011 참조.

50) 원말의 요동 일대의 정세에 대해서는 和田淸, 「明初の滿洲經略(上)」, 『東亞史研究(滿洲篇)』, 東京：東洋文庫, 1955 및 尹銀淑, 「나가추의 활동과 14세기말 동아시아 政勢」, 『明淸史研究』 28, 2007 등을 참조.

	李穡	丁文彬	(정문빈) 親郁, 文政	통호
8.4.19.	張士誠	(고려)		헌방물
	丁文彬	(고려)		헌방물
8.7.23.	張士誠	(고려)	范漢傑, 路本	채단, 금띠, 선온 헌납
	丁文彬	국왕		통호
	李穡	정문빈		통호
8.8.8.	方國珍	(고려)		헌방물
9.3.29.	張士誠	(고려)		통호
9.4.16.	(고려)	張士誠	金伯環, 權仲和	답례
9.7.22.	江浙省 李右丞	(고려)	張國珍	침향 등 헌납
9.7.22.	(고려)	李右丞	少尹 金伯環	답례
10.3.6.	張士誠	(고려)		채단 등 헌납
	淮南省 右丞 王晟	(고려)		채백, 침향 헌납
10.4.1.	高家奴	(고려)		옥잔, 개 헌납
10.7.4.	張士誠	(고려)	千戶 傅德	내빙
10.7.10.	張士誠	(고려)	趙伯淵不花	내빙
11.4.1.	高家奴	(고려)		홍두적 패잔군 궤멸 보고
11.7.7.	張士誠	(고려)		침향불 등 헌납
11.8.22.	(고려)	遼陽省		홍적 정형 탐지
11.12.22.	高家奴	(고려)		양 헌납, 처녀 요구
12.4.13.	張士誠	(고려)		홍두적 평정 축하
13.4.11.	張士誠	(고려)	萬戶 袁世雄	내빙
13.4.21.	淮南 朱平章	(고려)	萬戶 許成	갑옷과 긴창 헌납
13.5.10.	(고려)	張士誠	大護軍 李成林, 典校副令 李靭	답례
13.6.23.	方國珍	(고려)	(고려) 田祿生, 照磨 湖若海	침향 등 헌납
13.7.26.	張士誠	(고려)	周仲瞻	옥영 등 헌납
14.2.28.	(고려)	遼陽省 黑驢	密直副使 李子松	은, 안장 선사
14.4.3.	張士誠	(고려)		헌방물
14.8.4.	方國珍	(고려)		내빙
14.10.9.	方國珍	(고려)		내빙
15.3.18.	(고려)	擴廓帖木兒	密直提學 田祿生	예방
15.5.4.	(고려)	擴廓帖木兒	鄭元庇	내빙
15.8.18.	瀋王	(고려)		사신 보내옴
15.8.30.	高家奴	(고려)		꿩 헌납
15.10.22.	淮王	(고려)		양 120두 헌납
15.11.23.	擴廓帖木兒	(고려)	(고려) 金齊顔, 中書檢校 郭永錫	답례
15.12.26.	高家奴	(고려)		사냥개 헌납
16.3.27.	遼陽 平章 洪寶寶, 知遼陽沿海樞密院事 於先帖木兒	(고려)		내빙

16.5.3.	(고려)	擴廓帖木兒	張子溫	답방
16.10.16.	納哈出	(고려)		말 헌납
17.1.17.	洪寶寶, 哈剌不花	(고려)	客省大使 卜顏帖木兒	명 병세 방비 권유
17.7.17.	於先帖木兒	(고려)		내빙
17.9.	洪寶寶	(고려)		내빙
17.11.10.	(고려)	吳王	禮儀判書 張子溫	내빙
18.1.6.	納哈出	(고려)		내빙
18.1.6.	洪寶寶	(고려)		내빙
18.11.27.	納哈出	(고려)		말 헌납
19.2.23.	納哈出	(고려)		헌방물, 벼슬을 구함
19.3.1.	達靼王 哈剌八禿	(고려)		내빙
19.3.5.	吳王	(고려)		헌방물
19.12.2.	都評議使司	東寧府		기새인첩목아 송환 요구
19.12.18.	納哈出	(고려)		내조
20.5.2.	劉益	(고려)		국왕 생일 축하
20.5.24.	吳王	(고려)		내빙
20.7.3.	高家奴	(고려)		내빙
21.4.7.	納哈出	(고려)		헌방물
22.2.27.	納哈出	(고려)	文哈剌不花	
23.11.8.	納哈出	(고려)	文哈剌不花	낙타, 말 헌납

서한식 외교문서 교환

고려와 이들 세력과의 사이에서는 서한식 외교문서를 사용하여 교섭하였다.[51] 그 관행을 가장 잘 보여주는 것은 공민왕 7년(1358) 張士誠과의 교섭 때의 모습이다. 이해 7월, 江浙行省丞相을 칭한 張士誠은 사신을 보내와서 고려에 통교할 것을 요청하였다. 이와 관련된 기록을 살펴보면 다음과 같다.

> 다-1) 江浙行省 丞相 張士誠이 理問 實剌不花를 보내 沈香山·水精山·畫木屛·玉帶·鐵杖·彩段을 바치고 書를 부쳐왔는데, 그 대략에 이르기를, "근래에 中夏에 여러 가지 일이 있어 生民이 도탄에 빠진 것을 차마 보지 못하겠기에 드디어 淮東에서 기의하여 다행히 吳 땅을 보전할 수 있게 되었습니다. 그러나 서쪽의 도적들이 마구 날뛰면서 백성들을 학살하고 있으니 비록 소탕해버리고자 뜻하고 있으나 어찌해야 할지 모르는 실정입니다. 삼가

---

51) 鄭東勳, 「高麗-明 外交文書 書式의 성립과 배경」, 『韓國史論』 56, 2010, 185~187쪽 참조.

듣건대 국왕께서는 道義가 있어 온 나라 안에 백성들이 그 생업을 즐거이 하고 있다고 하니 각별히 기쁩니다."라고 하였다. 당시 장사성은 杭州에 근거하여 太尉라고 칭하고 있었다.52)

다-2) 또 江浙海島防禦萬戶 丁文彬도 書를 보내와서 말하기를, "저는 먼 바닷가 고을에 살면서 大邦을 흠앙한 지 오래였으며 전하께 한 번 인사를 드리고 빛나는 모습을 뵙고자 하였습니다. (중략) 만약 상인이 왕래하면서 교역이 트이게 된다면 또한 백성들을 이롭게 하는 일이 될 것입니다. 黃贊이 돌아감에 親郁과 文政으로 하여금 나아가 인사드리게 하며 삼가 토산물을 바칩니다."라고 하였다.53)

라-1) 왕이 장사성에게 답하는 書에 이르기를, "삼가 생각하건대 太尉께서 淮左에서 英名을 떨칠 때에 이미 그 풍모를 흠모해왔는데 浙右로 옮기셨으니 그 명성을 더 가까이서 흠앙하게 되었습니다. 생각하건대 나는 덕이 부족하고 우매한 몸으로 다만 祖宗의 덕분으로 그 남겨주신 백성을 이어받아 근근이 세월을 보내고 있습니다. 늘 안부를 여쭙고자 하였으나 스스로 변변치 못하다 생각하고 (태위를) 모시는 사람들을 번거롭게 하면서 알리기에도 충분하지 못하다 생각해왔습니다. 그런데 이제 太尉께서 저희 小邦을 누추하다 하지 않으시고 또한 외람되게도 거듭 후의를 보내주시었으니 지극한 행복을 이길 수 없습니다. 이에 사신이 돌아가는 편에 삼가 변변치 못한 예물을 바치니 목록과 같습니다."라고 하였다.54)

---

52) 『고려사』 권39, 공민왕 7년(1358) 7월 甲辰. 江浙行省丞相張士誠, 遣理問實剌不花, 來獻沈香山·水精山·畫木屛·玉帶·鐵杖·彩段, 寄書略曰, "邇者中夏多事區區, 不忍生民塗炭, 遂用奮起淮東, 幸保全吳之地. 然西寇肆兇, 殘虐百姓, 雖志存掃蕩, 而未知攸濟耳. 稔聞國王有道, 提封之內, 民樂其生, 殊慰懷想." 時士誠據杭州, 稱太尉.

53) 『고려사』 권39, 공민왕 7년(1358) 7월 甲辰. 又江浙海島防禦萬戶丁文彬, 通書曰, "文彬, 眇處海邑, 欽仰大邦久, 欲一拜殿下, 以觀耿光. (중략) 儻商賈往來, 以通興販, 亦惠民之一事也. 黃贊廻, 令親郁·文政進拜, 聊獻土宜."

54) 『고려사』 권39, 공민왕 7년(1358) 7월 甲辰. 王答士誠書曰, "竊惟太尉, 馳英淮左, 固已佩服餘風, 曁移鎭浙右, 益欽令聞, 匪遠伊邇. 顧予寡昧, 徒以祖宗之故, 獲保遺黎, 苟安歲月. 雖常欲拜問起居, 自揣無狀, 不足煩侍御者之道達. 迺蒙太尉, 不鄙夷小邦, 且辱便蕃之惠, 不勝至幸. 玆因使回, 謹奉此所有薄禮, 具如內目."

라-2) 또한 右副承宣 翰林學士 李穡에게 명하여 丁文彬에게 答書하게 하였는데 이르기를, "지금 親郁과 文政이 가지고 온 書札을 兩府의 관원들과 함께 내전에 아뢰었더니, 왕께서 답하시기를, '내가 이미 萬戶의 후의를 받았으니 白苧布·黑麻布·虎皮·文豹皮 약간씩을 보내어 적으나마 그 성의에 답하도록 하라.'라고 하시었습니다. 또한 臣 李穡에게 명하시어 서한을 보내 사의를 표하게 하시었습니다. 신 이색은 翰林에 재직하고 있으니 글을 짓는 것이 원래 임무입니다. 또한 일찍이 萬戶公의 높은 절의를 흠앙한 지 오래였기에 (공의) 좌우에 이름을 알리고자 하였으나 아직 기회가 없었습니다. 이제 王命으로 下情을 전합니다."라고 하였다.[55]

이는 당시에 張士誠과 그 수하의 丁文彬, 그리고 공민왕과 이색이 서로 주고받은 문서의 내용이다. 다-1)은 장사성이 '국왕'을 수신자로 하여 보낸 문서이고, 이에 대한 답신인 라-1)에서는 '予'라는 1인칭을 쓴 공민왕이 '太尉'라고 지칭한 장사성을 수신자로 하였다. 한편 다-2)에서 정문빈은 역시 공민왕을 수신자로 문서를 보내며 그를 '殿下'라고 지칭하였다. 이에 대해 공민왕은 자신의 명의가 아닌 翰林學士 李穡의 명의로 답서를 보내도록 조치하였으니 그것이 라-2)이다. 이들 네 통의 문서는 모두 전형적인 한문체를 사용한 것으로 보아 『고려사』의 지문에서 "寄書", "通書", "答書" 등으로 표현한 이들 문서는 모두 서한식 문서였음을 알 수 있다.

주목되는 것은 당시 장사성이 江浙行省의 丞相과 太尉, 丁文彬이 江浙海島防禦萬戶라는, 모두 몽골 조정에서 수여한 관직을 띠고 있었다는 점이다. 당시 몽골 조정에서는 강남의 반란 세력들을 군사적으로 진압하고자 하면서 동시에 조정의 고위 관직, 특히 행성의 승상직 등을 수여하면서 이들을 회유하곤 하였다. 예컨대 공민왕 6년(1357)에는 張士誠이 투항하자 몽골 조정에는 그에게 太尉를 제수하였다.[56] 그는 공민왕 12년(1363) 吳王을 자칭

55) 『고려사』 권39, 공민왕 7년(1358) 7월 甲辰. 又命右副承宣翰林學士李穡, 答文彬書曰, "今親郁·文政, 齎來書札, 同兩府官, 入啓于內, 王答曰, '吾已領萬戶厚意矣, 其送以白苧布若干, 黑麻布若干·虎皮若干·文豹皮若干, 少答盛惠.' 且命臣穡, 爲書以謝之. 臣穡待罪翰林, 辭命固職司. 又嘗竊歆萬戶公高誼之日久矣, 雖欲通名於左右, 未有階也. 玆因王命, 幷達下情."

56) 『원사』 권45, 順帝 至正 17년(1357) 8월 是月.

하기 전까지는 꾸준히 몽골 조정에서 제수한 관직을 띠고 있었다.[57]

그런데 만약 그가 몽골 조정에서 받은 관직을 근거로 고려와 교섭에 나선 것이었다면 마땅히 강절행성 승상의 자격으로 정동행성 승상에게 관문서인 자문을 보냈어야 할 것이다. 그렇다면 수신자의 칭호 역시 '국왕'이 아니라 '승상'이었어야 할 것이다. 마찬가지로 萬戶라는 직위에 근거하였더라면 丁文彬은 통속 관계가 없었던 정동행성 승상에게 문서를 보낼 수 없었을 것이다. 그러나 이들은 스스로를 몽골 조정의 관료의 일원으로서가 아니라 그 통제를 받지 않는 독자적인 세력으로 자임하였기에, 그러한 지위에 입각하여 독립국가인 고려, 그 국왕인 공민왕에게 서한식 문서를 보내왔다. 그리고 고려도 이러한 접근 원칙에 동의하여 역시 서한식 문서를 통해 답신을 보냈던 것이다.

관문서였다면 발신자와 수신자 사이의 관품에 따라 呈·묘·箚付 등 서식을 달리하여 그 상하관계를 표시하면 되었을 것이다. 그러나 서한식 문서에서는 그 차이를 명확히 드러낼 수 없었으므로 아예 수신자와 발신자의 격을 맞추는 방식을 택할 수밖에 없었다.[58] 따라서 고려에서는 장사성과 정문빈의 서한에 대해 각각 국왕과 翰林學士 李穡 명의로 대응하는 방식을 취했던 것으로 볼 수 있다. 그리고 이는 이듬해의 교섭에서도 마찬가지였다.[59]

고려에서 몽골 조정 이외의 세력과 교섭할 때에 서한식 문서를 사용한 것은 강남 군웅들과의 사이에만 국한되지 않았다. 예컨대 약간 후대의 일로, 몽골 조정이 北走한 이후의 사례이기는 하지만 우왕 2년(1376) 10월에는 都總兵 河南王 中書右丞相 擴廓帖木兒가 禑王에게 보낸 문서 역시 서한식 문서였음이 확인된다.[60] 역시 명이 건국한 이후의 일이지만 과거 遼陽行省의 平章이었던 高家奴와도 서한식 문서를 주고받았다.[61]

---

57) 『明史』 권220, 張士誠.
58) 鄭東勳, 앞의 논문, 2010, 153~154쪽. 이러한 사례의 하나로 조선 초기 일본의 다양한 교섭 대상과 서한식 문서의 일종인 書契를 주고받을 때, 조선 禮曹에서 서로 다른 관품의 관원이 발신 주체가 됨으로써 상대의 격을 인정하는 방식을 택했던 것을 들 수 있다. 高橋公明, 「外交儀禮よりみた室町時代日韓關係」, 『史學雜誌』 91-8, 1982 참조.
59) 『고려사』 권39, 공민왕 8년(1359) 7월 甲寅.
60) 『고려사』 권133, 우왕 2년(1376) 10월.
61) 『고려사』 권133, 우왕 2년(1376) 6월. 이 문서에 대한 분석은 鄭東勳, 앞의 논문,

4. 北元 세력과의 외교문서 교환

공민왕 대 북원 조정과의 관계 지속과 단절

명 태조 朱元璋이 應天府, 즉 현재의 江蘇省 南京에서 제위에 즉위하여 국호를 明으로 선포한 것은 공민왕 17년(1368) 정월 4일의 일이었다.[62] 명 정권은 곧바로 '北伐'에 돌입하였고, 그해 윤7월 말에는 順帝를 필두로 한 몽골 조정이 上都로 몽진하였으며, 그로부터 4일 후인 8월 2일 明軍이 大都에 진입하였다.[63] 이후의 몽골 세력을 역사에서는 北元이라고 칭한다.[64]

이 소식은 그해 8월 말 경에 고려 조정에 전해진 것 같다.[65] 이에 고려는 곧바로 동북 변경의 방비를 강화하는 조치를 취하는 한편, 이 소식이 공식적으로 확인되자,[66] 명과의 통교 문제를 본격적으로 논의하기 시작하였다.[67] 그렇다고 해서 북원과의 관계를 곧바로 단절한 것은 아니었다. 고려와 북원의 관계는 이후로도 10년 가까이 지속되었음은 잘 알려진 사실이다.[68]

2010, 191~193쪽 참조.

[62] 『明太祖實錄』 권29, 洪武 원년(1368) 정월 乙亥.

[63] 『원사』 권47, 순제 至正 28년(1368) 윤7월 丙寅 ; 8월 庚午.

[64] 그러나 이 시점을 기준으로 몽골제국이 멸망한 것은 아니었다. 몽골 조정은 上都에서 이듬해 6월 應昌府로 옮기면서 정권을 유지하였다. 順帝는 이후로도 2년 가까이 더 재위하였으며, 그 뒤를 이어 황태자였던 아유시리다라가 즉위하여 우왕 4년(1378)까지 재위하였다. 몽골 세력이 정식으로 국호를 '몽골'로 개정한 것은 1380년대 말 이수데르 시기부터였다고 한다(윤은숙, 「北元과 明의 대립—遼東 문제를 중심으로」, 『東洋史學研究』 105, 2008, 85쪽). 大都를 장악한 이후 명 조정에서는 몽골의 잔여 세력을 '虜', 혹은 '達靼' 등으로 지칭하였을 뿐이었으며(Henry Serruys, *The Mongols in China During the Hungwu Period(1368-1398)*, Bruxelles : Institut Belge des Hautes Etudes Chinoises, 1959, pp.56~57), '北元'이라는 칭호는 사실상 공민왕 18년(1369) 8월에 고려에서 처음으로 사용한 것이었다고 한다. 特木勒, 「北元與高麗的外交 : 1368~1369」, 『中國邊疆史地研究』 36-2, 2000, 77쪽 ; 윤은숙, 「고려의 北元칭호 사용과 동아시아 인식—고려의 양면 외교를 중심으로」, 『中央아시아연구』 15, 2011, 200~202쪽 참조.

[65] 『고려사』 권41, 공민왕 17년(1368) 8월 乙未.

[66] 『고려사』 권41, 공민왕 17년(1368) 9월 乙卯.

[67] 『고려사』 권41, 공민왕 17년(1368) 9월 丁巳.

[68] 고려와 북원의 관계에 대해서는 다음의 논고를 참조. 池內宏, 「高麗末に於ける明及び北元との關係」, 『滿鮮史研究』 中世 第三冊, 東京 : 吉川弘文館, 1963 ; 李新峰, 「恭愍王後期明高麗關系與明蒙戰局」, 『韓國學論文集』 7, 北京 : 新華出版社, 1998 ; 特木勒, 앞의 논문, 2000 ;

이 시기 고려와 몽골 잔여 세력의 관계는 크게 두세 갈래로 나누어 살펴볼 수 있다. 하나는 順帝와 이후 昭宗 아유시리다라가 이끄는 북원 조정과의 관계, 하나는 擴廓帖木兒를 비롯한 중국 각지에 흩어져 있던 몽골 잔여 세력 그리고 納哈出을 비롯한 요동 일대의 잔여 세력과의 관계이다. 이는 이전 시기 고려-몽골 관계에서도 늘 있어왔던 교류 형태인데, 특히 요동의 세력들과의 관계는 홍건적이 요동을 거쳐 한반도 일대까지 휩쓸고 지나간 1350년대 말 이후부터 본격적으로 대두된 관계라고 할 수 있다. 물론 각각의 유형이 단독으로만 존재한 것은 아니었다. 예컨대 擴廓帖木兒는 북원 조정의 中書右丞相 명의로 사신을 파견해오기도 하였고,[69] 1370년대 중반 이후로는 나하추 등 요동 일대의 세력과 함께 고려에 접근해오기도 하였다.[70] 다만 검토의 편의를 위해 여기서는 고려와 북원의 교류 상황을 위와 같이 나누고, 각 세력과의 의사소통에 어떠한 방식이 적용되었고 어떠한 문서가 쓰였는지를 확인해보겠다.

먼저 고려 조정과 북원 조정 사이의 관계이다. 공민왕 대에도 몽골 조정에 정기적, 의례적 사신을 파견하는 관행이 계속되었음은 앞서 살펴본 바와 같다. 이는 몽골 조정이 북쪽으로 이동한 이후에도 계속되었다. 공민왕 17년(1368) 10월에는 우선 賀千秋節使를 파견하였고, 이어서 11월에는 賀正使를, 이듬해 3월에는 賀聖節使를 파견하였다.[71] 이때까지는 명에서 정식으로 사신을 파견하여 건국 사실을 알려오기 전이었다.[72] 공민왕 17년(1368) 11월에는 上都로 옮긴 이후 몽골 황제의 명의로 고려에 조서가 전달되어 실지 회복을 도모할 것을 당부한 일이 있었다.[73] 이에 공민왕 18년(1369)에 파견한 하성절사는 그에 응할 뜻이 있음을 알리는 표문을 지참하고 사행길을

김순자, 「明의 貢物 증액 요구와 영토 분쟁」, 『韓國 中世 韓中關係史』, 혜안, 2007 ; 趙現海, 「洪武初年明·北元·高麗的地緣政治格局」, 『古代文名』 4-1, 2010 ; 윤은숙, 앞의 논문, 2011 등.

69) 『고려사』 권133, 우왕 2년(1376) 10월. 그러나 당시 擴廓帖木兒는 사실 한 해 전인 우왕 원년(1375) 8월에 서북 몽골 일대에서 사망한 뒤였다. 『명사』 권2, 洪武 8년(1375) 8월 己酉 ; 권220, 擴廓帖木兒.

70) 尹銀淑, 「나가추의 활동과 14세기말 동아시아 政勢」, 『明淸史硏究』 28, 2007 참조.

71) 『고려사』 권41, 공민왕 17년(1368) 10월 癸酉 ; 11월 甲子 ; 18년(1369) 3월 甲寅.

72) 명의 첫 번째 사신이 고려를 방문한 것은 공민왕 18년(1369) 4월 28일의 일이었다.

73) 『고려사』 권41, 공민왕 17년(1368) 11월 丙辰.

나섰으나, 그는 길이 막혀 사행을 완수하지 못하였다.[74]

이 밖에도 上都에 자리하고 있던 북원 조정에서는 공민왕 18년(1369) 하반기와 이듬해 상반기에 걸쳐 황제를 비롯하여 중서성과 태위 승상 奇平章, 吳王·淮王·雙哈達王, 나하추, 達靼王 哈剌八禿과 也先不花 등의 명의로 각각 사신을 파견해왔는데,[75] 이들의 목적은 공히 고려와의 연합을 통해 자구책을 도모하거나, 나아가 명에 반격을 가하려는 데 있었던 것으로 보인다.

여기서 잠시 北走한 이후 몽골 황실의 고려에 대한 방침을 살펴보겠다. 『北巡私記』에 따르면 上都로 피신한 당시 몽골 조정 내에는 고려에 대해 두 갈래의 논의가 이루어지고 있었다. 하나는 고려에 군사적 원조를 요청하자는 것이었고,[76] 다른 하나는 고려로 진격해서 복수하고, 그 땅을 기반으로 세력을 정비하여 중원 회복을 노리자는 것이었다.[77] 특히 후자의 의견은 奇皇后를 중심으로 강력히 제기되어, 納哈出을 보내 고려에 問罪하자는 강경한 입장이었다. 이 가운데 최종적으로 결정된 방침은 고려에 원병을 구하는 것으로, 이는 실제로 고려에 전달되기도 하였다.[78]

고려에서 북원 조정의 강경한 움직임을 파악하고 있었는지는 알 수 없으나, 아직 명의 승리가 최종적으로 확정되지 않은 시점에서 고려는 북원의 이러한 요구에 적극 따를 수도, 철저히 거부할 수도 없는 매우 애매한 상황에 놓여있었다.[79] 따라서 당시 고려로서는 북원과의 관계를 유지한 채 그 동향을 파악하면서 대응해나갈 수밖에 없었다. 이에 과거와 같은 사신 파견을 지속하였으며, 북원에서 보내온 사절들 역시도 대체로 적극적으로 응대하였던

---

74) 『고려사』 권41, 공민왕 18년(1369) 3월 甲寅.
75) 『고려사』 권41, 공민왕 18년(1369) 8월 丙戌 ; 9월 己亥 ; 11월 戊午 ; 12월 辛未 ; 권42, 공민왕 19년(1370) 2월 壬午 ; 3월 庚寅 ; 3월 甲午 등.
76) 『北巡私記』 至正 28년(1368) 9월 19일. 詔高麗王, 發兵至上都, 聽候詔遣.
77) 『北巡私記』 至正 28년(1368) 8월 7일. 皇后欲尋仇于高麗, 語皇太子, 曷使納哈出, 問高麗之罪, 皇太子不可. ; 8월 9일. 以李仲時爲兵部尙書, 征兵于高麗. ; 12월 13일. 監察御使徐敬熙 條陳十事. (중략) 一, 征鉤于高麗.
78) 『고려사』 권44, 공민왕 22년(1373) 2월 乙亥.
79) 실제로 공민왕 말년까지 고려는 북원 조정에 대해 노골적으로 반감을 표하지는 못하였다. 원병 요청하러 온 북원의 사신을 공민왕이 明에서 알게 될 것을 우려하여 밤에 접견하였다는 사실이 이러한 상황을 잘 대변해준다. 『고려사』 권44, 공민왕 22년(1373) 2월 戊寅.

것으로 보인다. 그러다가 공민왕 18년(1369) 가을 무렵에 이르러서는 東寧府를 공격하면서 북원과의 관계를 단절하기에 이르렀다. 그해 11월에 황제의 詔書를 가지고 오던 북원의 사신을 길목에서 가로막고 살해한 사건은 이러한 조치를 단적으로 보여준다.[80]

우왕 대 북원과의 접촉과 단절

공민왕 대에는 비교적 단호하게 북원과의 관계를 단절하려는 조치를 취하였으나, 상황은 우왕 즉위 이후 반전되었다. 명 조정이 공민왕 시해 사건과 明使 살해 사건 등을 빌미로 우왕의 왕위 계승을 인정하지 않으면서, 貢物 문제 등을 제기하며 고려 조정을 강력히 압박하는 형국으로 흘러갔던 것이다.[81] 그런 와중에 고려 조정에서는 일시적이나마 북원과의 유대를 회복하려는 모습을 보였다.

북원에서 우왕 원년(1375) 5월 고려에 사신을 파견해오자 고려 측에서는 압록강 근처의 江界까지 나가 이를 맞이하였다고 한다.[82] 또한 명으로부터 책봉을 받지 못하는 등 대명관계가 긴장상태에 놓이게 된 우왕 2년(1376)에는 공민왕 18년(1369) 이후 7년 만에 처음으로 북원 조정에 사신을 파견하였다. 이때에는 고려의 百官이 中書省에 문서를 보내어 왕위 계승의 정당성을 강조하였는데, 이때의 문서는 서한식 문서였다.[83] 우왕이 아직 정식으로 북원의 책봉을 받지 못한 상황이었으므로 백관이 발신 주체가 되었던 것이며, 그 수신자가 中書省이었고 서식 또한 서한식이었다는 점에서 과거의 관행이 그대로 유지되었음을 알 수 있다. 이에 북원에서는 이듬해인 우왕 3년(1377) 2월 우왕을 征東省 左丞相 高麗國王으로 책봉하였다.[84] 이때의 문서를 살펴보면 "上天眷命 皇帝聖旨"라는 원 대 황제 명령문서의 전형적인 모두 정형구로 시작한 점이나, 내용의 구성이나 문체 등에서 과거 고려국왕을 책봉하던

---

80) 『고려사』 권41, 공민왕 18년(1369) 12월 辛未.
81) 이에 대해서는 다음 장에서 상술.
82) 『고려사』 권133, 우왕 원년(1375) 5월.
83) 『고려사』 권133, 우왕 2년(1376) 10월.
84) 『고려사』 권133, 우왕 3년(1377) 2월.

때에 쓰였던 문서와 거의 일치한다. 그리고 이때 북원의 사신이 파견되어 온 사실을 『고려사』에서는 "북원에서 翰林承旨 孛剌的을 파견하여 冊命과 御酒, 海靑을 가지고 왔다"라고 하였다. 그리고 이를 받은 고려에서는 곧바로 북원의 宣光 연호를 사용하기 시작하였다. 그리고 곧바로 3월에는 책봉에 대해 사례하는 표문을 보내기도 하였다.[85] 그러나 북원 세력이 명의 연이은 공격을 받아 점점 축소되었던 탓에 더 이상은 왕래가 지속되지 못하였다.[86]

요동 세력과의 왕래와 서한식 문서 교환

공민왕 18년(1369) 6월, 上都를 떠나 應昌으로 향할 무렵부터 몽골의 잔여 세력은 하나의 대오를 이루지 못하고 뿔뿔이 흩어져버린 것 같다.[87] 따라서 고려와 접촉을 꾀하였던 몽골의 세력들도 매우 다양하였다. 앞서도 몇 가지 사례를 들었는데, 그 외에도 요동을 할거하고 있던 세력들 역시 고려에 꾸준히 접촉해왔다.

요동, 즉 원의 遼陽行省 일대가 구심점을 잃고 혼란에 빠지게 된 것은 홍건적의 침입 때문이었다. 홍건적의 한 갈래인 關先生·沙劉二·破頭潘 등은 至正 18년(1358, 공민왕 7) 12월 上都를 함락시키고 遼陽으로 향하여 다음해 정월 遼陽行省을 함락시켰다.[88] 그러나 이들은 곧 원의 반격을 받아 격퇴되었다. 같은 해 7월 무칼리 왕가의 후손으로 대대로 요동 일대에 세력을 가지고 있던 國王 囊加歹, 中書平章政事 也先不花 등이 요양을 공격하여 이들을 물리쳤던 것이다.[89] 이후 關先生 등이 이끈 홍건적은 고려로 향하였다. 고려의 반격을 받아 요동으로 물러난 홍건적 잔당은 다시 高家奴 등이 이끈 원군에 의해 토벌되었다.[90]

---

85) 『고려사』 권133, 우왕 3년(1377) 3월. 翰林承旨孛剌的, 賫冊命及御酒·海靑來.
86) 명 건국 이후 북원세력의 동향에 대해서는 박원호, 「15세기 동아시아 정세」, 『한국사』 22, 국사편찬위원회, 1995. 참조.
87) 당시 몽골 세력의 동향 전반에 대해서는 和田淸, 「明初の蒙古經略」, 『東亞史硏究(蒙古篇)』, 東京 : 東洋文庫, 1959 참조.
88) 『원사』 권45, 順帝 至正 18년(1358) 12월 癸酉 ; 19년 정월 丙午 및 『庚申外史』 권下, 해당 일자 참조.
89) 『원사』 권45, 順帝 至正 19년(1359) 7월 戊申 ; 『元史』 권139, 乃蠻台.

일단 홍건적을 몰아내는 데에는 성공했지만 요양행성이 이전과 같은 통제력을 복구할 수 있었던 것은 아니었다. 홍건적 침입 이후로 요양행성 일대는 일원적인 지휘계통에 의해 통제되지 못하고 있었다. 이와 관련해서 주목되는 사실이 이 시기 요양 일대 軍閥들의 구성 상황이다. 『吏文』 2-4. 〈前原平章洪寶寶悖逆呈〉은 劉益이 명에 귀부한 이후 洪寶寶에게 살해당하자 그를 따르던 무리들이 분개해하는 장면이 묘사되어 있는데, 다음과 같다.[91]

마) 前 元 右丞 張良佐, (중략) 左丞 房暠, (중략) 樞密同知 信童, 參政 黃俊, (중략) 副樞 焦隅, (중략) 廉訪僉事 李戊, 僉院 劉陽, (중략) 都事 劉士傑 등 대소 將士들이 분을 내며 각자 말하였습니다. "우리 형제들이 平章을 따라 전쟁터를 다닌 지 십수 년에 만리를 다니고서 遼東에 이르렀다."[92]

劉益이 살해된 뒤 그 집단의 구성원 35명의 인명이 등장하는데, 이들은 하나같이 右丞·樞密同知·廉訪僉事 등과 같은 원의 관직을 띠고 있었다. 그러나 그들이 한 말에서 드러나듯, 이들은 정식 관직체계 속에서 결합된 집단이 아닌 '兄弟들'로 지칭되는 집단으로, 십수 년 동안이나 한 무리를 이루어 왔음을 알 수 있다. 즉 劉益을 비롯한 요동의 군벌들은 官軍으로서의 성격보다는 사적인 결합으로 이루어진 측면이 훨씬 더 강했던 것이다. 이 무렵 이후 고려와 누차 통교를 시도했던 요동 일대의 高家奴·也先不花·納哈出 등도 기본적으로는 이와 비슷한 성격을 가지고 있었을 것임은 쉽게 짐작할 수 있다.

『遼東志』 권8, 雜志에는 명이 大都를 함락시킨 공민왕 17년(1368) 연말 무렵, 즉 고려가 동녕부를 공격하기 직전, 요동 군벌들의 배치 상황을 전하고

---

90) 和田淸, 「明初の滿洲經略(上)」, 『東亞史硏究(滿洲篇)』, 東京 : 東洋文庫, 1955(원고는 『滿鮮 地理歷史硏究報告』 14, 1934), 265~267쪽.

91) 공민왕 20년(1371) 과거 원의 遼陽行省 平章이었던 劉益이 명에 귀부하면서 발생한 요동 일대의 정세 변동에 대해서는 윤은숙, 「元末明初 劉益의 明朝 투항과 高麗의 對明 使行의 성격」, 『歷史學報』 221, 2014 참조.

92) 『吏文』 2-4 〈前原平章洪寶寶悖逆呈〉 前元右丞張良佐, (중략) 左丞房暠, (중략) 樞密同知信 童, 參政黃俊, (중략) 副樞焦隅, (중략) 廉訪僉事李戊, 僉院劉陽, (중략) 都事劉士傑等, 大小將士, 發憤各說. "咱弟兄每, 根隨平章, 征戰十數餘年, 跋涉萬里, 至于遼東."

있다.93)

바) 元 丞相 也速은 남은 병사로 大寧에 달아나 주둔하였다. 遼陽行省丞相 也先不花는 開原에 주둔하였고 洪保保는 遼陽에 웅거하였으며, 王哈剌不花 는 復州에서 民兵을 모으고 있었다. 劉益 또한 得利嬴城에 주둔하였고, 高家奴는 平頂山에 머물렀다. 각각 무리를 이끌고 있어 많은 자는 1만여 人에 이르렀고, 적어도 수천을 내려가지 않았는데, 서로 호각을 이루고 있어 통속되는 바가 없었다.

이렇게 요동 각지에 일원적인 통제에서 벗어난 군웅들이 할거한 상황에서, 이들은 개별적으로 고려와 접촉하여 연합을 시도하였다. 『고려사』에서 공민 왕 말년까지 확인되는 사례만 살펴보아도 納哈出 7회, 高家奴 6회, 洪保保 4회, 於山帖木兒 2회, 哈羅不花 1회, 劉益 1회 등이었다. 이때에 고려 조정이 이들과 주고받은 문서의 실례는 확인되는 사례는 많지 않지만, 역시 서한식 문서가 사용되었음을 알 수 있다.94) 이들 가운데 상당수가 인용문 마)에 나타난 것처럼 과거 몽골 조정에서 받은 관직을 그대로 칭하고 있었음에도, 그에 기반하여 정동행성과 관문서식을 주고받은 흔적은 전혀 보이지 않는다. 즉 이미 요동과 한반도 일대에서 영향력을 상실해버린 북원 조정을 의식하지 않은 상태에서 이들은 각자 개별적인 명의로 고려 조정과 서한식 문서를 주고받았던 것이다. 이는 앞서 살펴본 원 말 이래의 한족 군웅들과의 교류에서 나타났던 현상과 동일하다.

소결 : 공민왕 대 국제 정세의 재편과 여러 갈래의 문서 교환

지금까지 공민왕 대에 몽골제국, 그리고 당시 대두하던 여러 세력과의 의사소통 방식과 외교문서에 대해 검토하였다. 이상의 검토 내용을 두 갈래로

---

93) 『遼東志』 권8, 雜志. 元丞相也速, 以餘兵遁棲大寧. 遼陽行省丞相也先不花, 駐兵開原, 洪保保 據遼陽, 王哈剌不花團結民兵於復州. 劉益亦以兵屯得利嬴城, 高家奴聚平頂山. 各置部衆, 多 至萬餘人, 少不下數千, 互相雄長, 無所統屬.
94) 『고려사』 권133, 우왕 2년(1376) 6월.

나누어, 첫째는 몽골 조정과의 관계에 대해, 둘째는 기타 세력과의 관계에 대해 정리해보면 다음과 같다.

몽골 조정이 北走하기 이전까지 고려와 몽골의 관계에서는 외형적으로는 기존의 제도와 관습이 준수되는 모습을 보였으나 그를 운영하는 내용 면에서는 큰 변화가 있었다. 공민왕은 이전 시기와 마찬가지로 사신을 파견하고 정동행성의 기능을 존치시켰다. 그러나 사신에 자신의 측근을 주로 선발함으로써 이 기회를 활용하여 몽골과의 외교관계를 장악하고자 하였다. 정동행성 역시 기존에는 몽골 측의 의사를 반영하던 기구였던 것을 고려 측의 의사를 대변하는 교섭 창구로 기능하도록 변모시켰다. 정동행성의 역할 변화는 특히 공민왕 5년의 일련의 反元 조치 이후 발생하였다. 기존의 제도와 관행을 일단 존치하되, 그 운영을 국왕이 장악하여 고려의 이해관계를 대표하고 관철시키는 방식으로 뒤바꾸었던 것이다.

한편 14세기 중반 이후 원 조정의 구심력이 약화되자 중국 각지에서는 군웅들이 등장하고, 또한 홍건적의 침입 이후 요동에는 군벌들이 난립하는 상황이 전개되었다. 고려는 이들과 매우 빈번하게 접촉하였는데, 이때에는 서한식 외교문서를 주고받았다. 만약 몽골제국 중앙정권의 권위를 인정한 채 교섭을 행하였다면 각자 몽골 조정으로부터 부여받은 관직에 입각하여 관문서식 문서를 교환했어야 할 것이다. 그러나 개인 사이에서 주고받는 서한식 문서가 통용되었다는 것은 이 접촉이 사적 성격을 띠고 있음을 전제로 한 것이었다. 즉 고려는 몽골제국의 질서가 미치는 영역 바깥에서의 외교를 독립된 국가의 입장에서 수행하였다. 몽골제국의 영향력이 약화되는 상황, 넓어진 외교의 공간에서 고려는 독자적인 외교 행위를 주도하고 있었던 것이다.

4장
고려-명 외교문서 :
관료제적 운영 원리의 확대 적용

1절 공민왕 대 명과의 관계 설정과 관문서식 문서의 확대

공민왕 대 고려-명 관계 연구사

동아시아 역사에서 1368년은 매우 의미 깊은 한 해이다. 이해 정월, 南京에서는 강남의 패권을 다투던 군웅들 사이에서 최종적으로 승리한 朱元璋이 帝位에 오르면서 明의 건국을 알렸다. 明軍은 곧바로 北伐을 시작하여 그해 가을에는 몽골제국 조정이 비우고 떠난 大都를 장악하였다. 이로써 한 세기 이상 이어진 고려-몽골 관계는 큰 분기점을 맞이하였다.

몽골제국으로부터 끊임없이 왕위를 위협받고 있었던 恭愍王은 재빠르게 명과 외교관계를 맺기로 하였다. 고려는 즉시 신흥 명 왕조를 몽골을 대신하여 天命을 받든 중원의 주인으로 인정하였고, 명에서도 공민왕을 책봉하면서 양국관계는 비교적 순탄하게 시작되는 것처럼 보였다. 그러나 北元 조정이 여전히 세력을 잃지 않고 있었고, 특히 고려와 명 사이의 요동의 향배가 결정되지 않은 상황에서 양국은 곧이어 갈등 상태에 놓이게 되었다. 더군다나 공민왕 말년부터 불거진 朝貢 문제를 비롯하여, 禑王 대에 이르러서는 새 왕의 인정 여부를 둘러싸고 치열한 공방을 벌이기도 하였다.

공민왕이 재위하면서 명과 공존했던 마지막 5~6년의 기간은 향후 고려-명 관계, 나아가 조선-명 관계에서 그대로 준용될 양국 사이의 제도적 요소들이 대거 확정된 시기이다. 이러한 중요성 때문에 공민왕 대의 고려-명 관계에 대해서는 그 기간이 짧았음에도 많은 연구가 집중되었다. 양국 관계의 대략적인 흐름에 대한 연구를 비롯하여,[1] 北元과의 삼각관계에 대한 연구,[2] 양국의 첫 접촉 시점,[3] 고려의 친명 정책의 배경[4] 등이 연구된 바 있으며, 李穡을 비롯하여 당시 고려-명 관계에서 활약한 인물에 초점을 맞추어 시대를 조망한 연구도 있었다.[5] 한편 필자는 고려-명 외교관계의 제도적 측면에 주목하여 외교문서의 서식이나 사신 인선의 기준, 국왕의 예제적 위상 등에 대해 고찰한 바 있으며,[6] 양국 관계 성립 과정을 추적하여 그것이 14세기 후반 동아시아 국제질서 재편에 미친 영향을 분석하기도 하였다.[7] 또한 최근에는 양국 관계 초기의 주요 사건, 쟁점 등을 하나하나 분석한 연구가 이어지고 있다.[8]

---

1) 末松保和, 「麗末鮮初における對明關係」, 『靑丘史草』 1, 東京 : 笠井出版印刷社, 1965 ; 刁書仁, 「論明初高麗王朝與明朝的關系」, 『北華大學學報』(社會科學版) 2000年 第3期 ; 이익주, 「14세기 후반 원·명 교체와 한반도」, 역사학회 편, 『전쟁과 동북아 국제질서』, 일조각, 2006 ; 김순자, 『韓國 中世 韓中關係史』, 혜안, 2007 ; 김경록, 「공민왕대 국제정세와 대외관계의 전개양상」, 『역사와 현실』 64, 2007 ; 薛戈, 「홍무 초기(1368~1374) 명·고려 외교 관계의 연구」, 서울대학교 동양사학과 박사학위논문, 2021.

2) 池內宏, 「高麗末に於ける明及び北元との關係」, 『滿鮮史硏究』 中世 第三冊, 東京 : 吉川弘文館, 1963 ; 李新峰, 「恭愍王後期明高麗關係與明蒙戰局」, 『韓國學論文集』 7, 北京 : 新華出版社, 1998 ; 特木勒, 「北元與高麗的外交 : 1368~1369」, 『中國邊疆史地硏究』 36-2, 2000 ; 趙現海, 「洪武初年明·北元·高麗的地緣政治格局」, 『古代文名』 4-1, 2010 ; 윤은숙, 「고려의 北元칭호 사용과 동아시아 인식-고려의 양면 외교를 중심으로」, 『中央아시아연구』 15, 2011.

3) 朴元熇, 「高麗와 朱元璋의 첫 交涉에 관한 小考」, 『북방사논총』 3, 2005.

4) 이명미, 「공민왕대 후반 親明 정책의 한 배경-몽골 복속기 권력구조에 대한 트라우마」, 『사학연구』 113, 2014.

5) 李泰鎭, 「14세기 동아시아 국제정세와 牧隱 李穡의 외교적 역할」, 牧隱硏究會 編, 『牧隱李穡의 生涯와 思想』, 一潮閣, 1996 ; 도현철, 「형세·문화적 화이관과 사대외교」, 『목은 이색의 정치사상 연구』, 혜안, 2011 ; 이익주, 「원-명 교체에 대한 생각」, 『이색의 삶과 생각』, 일조각, 2013.

6) 鄭東勳, 「高麗-明 外交文書 書式의 성립과 배경」, 『韓國史論』 56, 2010 ; 정동훈, 「명대의 예제질서에서 조선국왕의 위상」, 『역사와 현실』 84, 2012 ; 정동훈, 「명초 국제질서의 재편과 고려의 위상」, 『역사와 현실』 89, 2013 ; 정동훈, 「고려시대 사신 영접 의례의 변동과 국가 위상」, 『역사와 현실』 98, 2015.

7) 정동훈, 「明과 주변국의 外交關係 수립 절차의 재구성」, 『明淸史硏究』 51, 2019a ; 정동훈, 「명 초 외교제도의 성립과 그 기원-고려-몽골 관계의 유산과 그 전유(專有)」, 『역사와 현실』 113, 2019b.

8) 정동훈, 「초기 고려-명 관계에서 제주 문제」, 『한국중세사연구』 51, 2017a ; 丘凡眞·鄭東勳, 「홍무 5년(1372) 명 태조의 고려에 대한 의심과 '힐난 성지'」, 『明淸史硏究』 55, 2021a ; 구범진·정동훈, 「초기 고려-명 관계에서 사행로 문제-요동 사행로의 개통 과정」, 『한국문화』 96, 2021b ; 丘凡眞·鄭東勳, 「초기 고려-명 관계에서 사행 빈도 문제-'3년 1행'과 『명태조실록』의 기록 조작」, 『東洋史學硏究』 157, 2021c.

문제의 소재 : 고려-몽골 관계와 고려-명 관계의 연속과 단절

고려와 명의 관계는 세력관계 면에서는 고려-몽골 관계의 그것과 비교할 수 없는 것이었다. 전쟁과 그 결과로 이어진 복속으로 시작되어, 고려가 한 세기 동안 원의 강력한 압제 하에 놓여있었던 데 비해 명이 고려에 군사적으로나 정치적으로 끼칠 수 있는 영향력은 훨씬 작았다. 고려 역시 이러한 상황을 정확하게 인식하고 있었으므로 과거 몽골과의 관계에서 굳어졌던 외교 제도나 관행은 변경될 여지를 가지고 있었다.

그렇다면 실질적인 역관계의 변화에 따라서 의사소통 방식에도 변화가 이어졌을까. 아니면 과거의 관행이 유지, 계승되었을까. 만약에 두 방향이 모두 나타났다면 그 배경은 무엇이었을까.[9] 여기서는 고려-명 관계에서 외교문서를 비롯한 의사 전달이 어떠한 방식으로 이루어졌는지를 분석하면서, 특히 이 과정에서 고려-몽골 관계의 그것이 어떻게 계승되고 어떻게 변용되었는지 주목해보도록 하겠다.

1. 첫 번째 문서 교환과 표문-조서 왕래의 성립

명에서 고려에 보낸 서한식 문서

朱元璋 세력이 정식으로 明이라는 국호를 채택하고 주원장이 황제의 위에 오른 것은 홍무 원년(1368년) 정월 4일의 일이다.[10] 그리고 그해 9월, 원의 大都를 점령함으로써 북벌이 일단락되었다. 이로써 한숨을 돌린 명 조정은 본격적으로 주변국에 건국을 알리고 공식적인 외교관계를 맺고자 하였다.

고려와 명의 공식적인 문서 교환은 공민왕 18년(1369)에 시작되었다.[11]

---

9) 이러한 관점에 근거하여 초기 고려-명 관계를 분석한 연구로는 정동훈, 「몽골제국의 붕괴와 고려-명의 유산 상속분쟁」, 『역사비평』 121, 2017b 참조.

10) 『明太祖實錄』 권29, 홍무 원년(1368) 정월 乙亥.

11) 이에 앞서 공민왕 17년(1368) 11월에 고려 조정에서 張子溫을 파견하여 예방한 吳王이 명 조정이라는 주장이 제시된 바 있으나(朴元熇, 「高麗와 朱元璋의 첫 交涉에 관한 小考」, 『북방사논총』 3, 2005), 최근 연구에서 부정되었다. 薛戈, 앞의 논문, 2021, 24~30쪽 참조.

홍무 원년 12월에 명에서 최초로 파견한 符寶郞 偰斯는 이듬해 4월에 이르러 개경에 도착했다.[12) 이때 그가 고려에 파견되어온 상황에 대해서는 명과 고려 양국의 연대기에 다음과 같이 기록되어 있다.

가-1) 符寶郞 偰斯에게 璽書를 받들고 가게 하여 高麗國王 王顓에게 하사하였는데 거기에 이르기를, "宋이 통제를 잃으면서부터 하늘이 그 제사를 중단하게 하였습니다. 元은 본래 우리와 같은 부류가 아니었으나 중국에 들어와 주인 노릇을 한 것이 백여 년이 되었는데, 하늘이 그 昏淫한 것을 미워하여 또한 그 명맥을 끊어버렸기에, 中華와 夷狄이 난리 속에 지낸 것이 18년이나 되었습니다. (중략) 금년 정월에 臣民이 추대하여 皇帝位에 오르고 천하의 이름을 정하여 大明이라고 하였으며 建元하여 洪武라고 하였습니다. 생각하건대 四夷에 아직 알리지 않았기에 사신을 파견하여 왕에게 알립니다. 옛날에 우리 중국의 군주는 고려와 더불어 땅을 맞대고 있으면서, 그 왕이 혹은 신하라고 하고 혹은 손님[賓]이라고 하였으니 대개 중국의 풍모를 사모하여 생령을 편안히 하게 하기 위함이었을 뿐입니다. 짐은 비록 부덕하여 우리 중국의 옛 哲王에 미치지 못하여 四夷로 하여금 복속하게 하지는 못하지만, 그러나 천하에 두루 알리지 않을 수는 없습니다. 나머지 말은 다 하지 못합니다."라고 하였다.[13)

가-2) 大明皇帝가 符寶郞 偰斯를 파견하여 璽書와 紗羅·段匹 총 40필을 하사하였다. 왕이 백관을 이끌고 崇仁門 밖으로 나가 맞이하였다. 그 書에 이르기를, "大明皇帝가 高麗國王에게 書를 보냅니다. 宋이 통제를 잃으면서부터 하늘이 그 제사를 중단하게 하였습니다. (중략) 짐은 비록 덕이 우리 중국의 옛 哲王에 미치지 못하여 四夷로 하여금 복속하게 하지는 못하지만,

---

12) 『명태조실록』 권37, 홍무 원년(1368) 12월 壬辰 ; 『고려사』 권41, 공민왕 18년(1369) 4월 壬辰.

13) 『명태조실록』 권37, 홍무 원년(1368) 12월 壬辰. 遣符寶郞偰斯, 奉璽書, 賜高麗國王王顓曰, "自有宋失御, 天絶其祀. 元非我類, 入主中國, 百有餘年, 天厭其昏淫, 亦用殄絶其命, 華夷擾亂, 十有八年. (중략) 今年正月, 臣民推戴, 卽皇帝位, 定有天下之號曰大明, 建元洪武. 惟四夷未報, 故遣使報王知之. 昔我中國之君, 與高麗, 壤地相接, 其王或臣或賓, 蓋慕中國之風, 爲安生靈而已. 朕雖不德, 不及我中國古先哲王, 使四夷懷之, 然不可不使天下周知. 餘不多及."

그러나 천하에 두루 알리지 않을 수는 없습니다."라고 하였다.14)

　(중략) 부분에는 글자에 약간의 차이는 있으나 내용은 거의 동일하다. 다만 가-2)의 『고려사』에는 가-1)의 『明太祖實錄』에는 생략된 문서의 起頭 부분이 누락되지 않고 실려 있으며, 반대로 맺음말 부분은 생략되어 있다. 가-1)과 가-2) 모두 연대기 사료의 地文에서는 이 문서를 '璽書'라고 지칭하였다. 璽書라는 것은 '황제의 옥새를 찍은 문서'라는 뜻으로, 정식으로 정착된 문서의 형식은 아니지만 특히 명 건국 초기의 황제 문서 일반을 가리키는 명칭으로 보아야 할 것이다.15) 그런데 가-2)의 문서 첫머리를 보면 "大明皇帝致書高麗國王"이라고 하였는데 이는 "甲致書乙"의 정형을 가지는 서한식 외교문서의 그것과 일치한다. 가-1)에 남아있는 말미의 "나머지 말은 다 하지 못한다[餘不多及]"는 표현 역시 서한식 문서의 전형적인 맺음말 가운데 하나이다. 이를 통해 이 문서가 전형적인 서한식 문서임을 알 수 있다.16)

주원장 정권의 서한식 문서 사용

　사실 주원장 정권이 외부의 세력의 수장들과 서한식 문서를 주고받은 일은 이미 명 건국 이전부터, 그리고 이후로도 간혹 있었던 일이었다. 예컨대 주원장은 몽골의 察罕帖木兒나 擴廓帖木兒와 교류할 때에도 書翰을 주고받았고,17) 경쟁자였던 雲南의 明玉珍, 浙江의 方國珍 등에게도 역시 서한식 문서를 발송한 바 있다.18) 나아가 건국 직전에는 몽골 황제에게도 서한식 문서를

---

14) 『고려사』 권41, 공민왕 18년(1369) 4월 壬辰. 大明皇帝遣符寶郞偰斯, 賜璽書及紗羅·段匹摠四十匹. 王率百官, 出迎于崇仁門外. "大明皇帝致書高麗國王. 自有宋失馭, 天絶其祀. (중략) 朕雖德不及中國之先哲王, 使四夷懷之, 然不可不使天下周知."

15) 鄭東勳, 「高麗-明 外交文書 書式의 성립과 배경」, 『韓國史論』 56, 2010, 188쪽 및 萬明, 「明代詔令文書硏究－以洪武朝爲中心的初步考察」, 『明史硏究論叢』 8, 2010, 33쪽 참조.

16) 이상 명에서 고려에 보낸 첫 번째 문서의 전후에 관해서는 정동훈, 앞의 논문, 2019a, 28~30쪽 참조.

17) 『명태조실록』 권11, 壬寅(1362) 6월 戊寅 ; 12월 是月 ; 권12, 癸卯(1363) 정월 丙寅 ; 권15, 甲辰(1364) 12월 乙巳 ; 권17, 乙巳(1365) 7월 甲子 ; 권20, 丙午(1366) 7월 辛巳 ; 권22, 吳 원년(1367) 정월 甲辰 ; 권25, 吳 원년(1367) 9월 戊戌.

18) 『명태조실록』 권18, 乙巳(1365) 10월 乙酉 ; 권24, 오 원년(1367) 7월 庚寅.

보낸 바 있다.[19) 건국을 선언한 이후로도, 가-1)의 문서를 고려에 보내던 같은 날에는 명옥진의 뒤를 이어 大夏 정권을 유지하고 있던 明升에게 사신을 파견하여 귀부할 것을 종용하였는데, 이때의 사신이 전달한 것도 서한식 문서였다고 기록되어 있다.[20) 또한 요동 일대에 웅거하고 있던 納哈出에게 보낸 문서도 서한식 문서였다.[21) 이들 가운데 대표적으로 몽골 황제에게 보낸 문서를 인용해보면 다음과 같다.

> 나) 上이 사신을 보내 元 宗室의 神保大王 및 黑漢 등 9인을 元主에게 송환하며, 書에 이르기를, "이전에 하늘이 金과 宋을 버려 曆數가 殿下의 祖宗에 있었기에, 韃靼 부락으로서 사막에서 일어나 中國에 들어와 백성들의 주인이 되어 전해진 것이 백 년이 되었습니다. 殿下에게 이르러서는 海內에서 병란이 일어나고 호걸이 어지러이 일어나 중원을 요케 하니 邑里가 쓸쓸해지고 겨우 유민만이 남았습니다. (중략) 근래 반측한 張士誠을 진멸하였는데, 거기서 神保大王 및 黑漢 등 9인을 사로잡았습니다. 옛날 전하의 祖宗이 金, 宋을 멸하고 그 종실, 친왕, 부마를 소탕하여 모두 진멸하였으니 어찌 참을 수 있겠습니까? 그리고 말하기를, '천하의 왕이 되어 만세의 영원함을 얻었다. 時運은 하늘에 있는 것이지 어찌 사람으로부터 말미암겠는가.'라고 하였습니다. 지금 나는 그렇게 하지 않을 것이니 사로잡은 元氏 자손은 모두 풀어서 돌려보냅니다. 바라건대 전하는 祖宗의 전함을 생각하시어 잘 대우하십시오. 차마 다 말하지 못합니다."[22)

---

19) 『명태조실록』 권25, 오 원년(1367) 9월 戊戌.
20) 『명태조실록』 권37, 홍무 원년(1368) 12월 壬辰.
21) 『명태조실록』 권41, 홍무 2년(1369) 4월 乙亥 ; 권52, 홍무 3년(1370) 5월 丁巳 ; 권66, 홍무 4년(1371) 6월 是月.
22) 『명태조실록』 권25, 오 원년(1367) 9월 戊戌. 上遣使, 以書送元宗室神保大王及黑漢等九人 於元主曰, "曩者, 天棄金宋, 曆數在殿下祖宗, 故以韃靼部落, 起事沙漠入中國, 與民爲主, 傳及 百年. 至於殿下, 海內兵興, 豪傑紛起, 擾亂中原, 邑里蕭條, 縱有遺民. (중략) 近殄滅反側張士 誠, 於彼得神保天王及黑漢等九人. 昔殿下祖宗滅金宋, 蕩除其宗室·親王·駙馬, 盡行殄滅, 亦 何忍也. 將謂, '已王天下, 有萬世之永. 時運在天, 豈由人乎.' 今我則不然, 所獲元氏子孫, 悉皆放 歸. 望殿下, 思祖宗之傳, 以善待之. 不悉."

위 인용문은 『명태조실록』에서 확인되는, 명 정권 성립 이전에 몽골 황제에게 보낸 유일한 문서이다. 위 문서에서는 주원장이 자신의 직함을 무엇으로 칭했는지는 등장하지 않지만, 아마도 그해부터 사용하기 시작한 吳王이라는 칭호를 썼을 것이다. 문서에서 몽골 황제를 '陛下'가 아닌 '殿下'로 칭한 것은 이미 天命이 몽골 조정을 떠났다는 것을 전제로 더 이상 그를 중원의 황제, 유일한 天子로서 인정하지 않겠다는 의지를 표한 것으로 해석할 수 있다. 이러한 의식은 문서식에서 가장 잘 드러나는데, 문서 말미의 "不悉"이라는 말에서 이 문서가 서한식임을 명확하게 알 수 있다. 황제에게 올리는 表文이 아니라 서한식 문서를 사용한 것 자체가 '元主', 즉 몽골 조정의 황제를 자신과 대등한 지위로 인식했음을 말해준다.

이처럼 혼란한 국제 정세에서 명 정권은 1367년까지는 吳王, 1368년 이후로는 大明皇帝라는 군주 명의의 서한식 문서를 주변 세력의 수장과 주고받는 식으로 외교문서를 사용해왔음을 알 수 있다. 그 연장선상에서 고려에 처음 발송한 문서로 서한식 문서를 선택했던 것으로 볼 수 있다.

외국에 대한 詔書 발송

그러나 명이 모든 외부 세력에 대해 처음 발송한 문서로 서한식 문서를 택했던 것은 아니었다. 예컨대 고려에 첫 사신을 보내던 같은 날, 安南에 보낸 문서에는 詔書가 사용되었다.

> 다) 知府 易濟를 파견하여 安南에 詔書를 반포하게 하였다. 詔에 이르기를, "옛날 帝王이 천하를 다스렸을 때에는, 태양이나 달빛이 비추는 곳은 모두 멀고 가까운 거리에 관계없이 一視同仁하였다. 그 결과 中國이 안정되고, 四方은 얻는 바가 있었다. (중략) 이에 조서로써 보이니 마땅히 잘 알도록 하라."[23]

---

23) 『명태조실록』 권37, 홍무 원년(1368) 12월 壬辰. 遣知府易濟, 頒詔於安南. 詔曰, "昔帝王之治天下, 凡日月所照, 無有遠近, 一視同仁. 故中國尊安, 四方得所. (중략) 故玆詔示, 想宜知悉."

위 문서는 말미에 "故妓詔示, 想宜知悉."이라는 정형구가 쓰인 데서, 地文에서 밝힌 것처럼 조서였음이 확인된다. 같은 날, 같은 내용으로 외국에 보낸 문서 가운데 安南에는 군신관계를 전제로 한 조서를, 고려에는 서한식 문서를 발송했던 것이다. 다른 외국의 사례를 검토해보면, 고려에 첫 사신을 파견하고서 20여 일 후인 홍무 2년(1369) 정월에 日本·占城·爪哇·西洋諸國 등에 보낸 문서의 서식은 안남에서와 마찬가지로 詔書였다.[24]

그렇다면 명이 건국 초기에 외부 세력에 보낸 문서식에 대해서는 다음과 같이 정리할 수 있다. 安南·日本·占城과 같은 국가에는 처음부터 詔書를 보내어 스스로의 황제 지위를 선언하고 상대국과 상하관계에 있음을 명확히 드러내었다. 반면에 擴廓帖木兒나 納哈出 등의 원의 잔여세력, 明升 등 중국 내부의 경쟁 세력에게는 일단 서한식 문서를 발송하였다. 그리고 고려에게도 마찬가지로 서한식 문서를 사용하였다.

이러한 구분은 홍무 연간에 외부 세력에게 보내는 사신의 인선 기준과도 겹친다. 명은 과거 원의 영역에 속했거나 몽골 조정과 깊은 관련을 가졌던 지역, 주로 내륙 지역에는 현지 출신자를 사신으로 선발, 파견하였고, 반면에 14세기 이후 몽골 조정과의 관계가 단절되었던 해외의 지역들에는 환관을 주로 사신으로 파견하였다. 즉 지리적인 요건과 함께 해당 지역이 과거 몽골 조정과 얼마나 밀접한 관련을 맺고 있었는가에 따라 사신 인선의 기준이 달라졌던 것이다.[25] 이렇게 주변 세력을 둘로 나누는 경향은 건국 초기의 외교문서 서식에도 반영되어, 과거 몽골의 직접 영향권 안에 있던 세력들에게는 서한식 문서를, 반면에 새롭게 관계를 맺게 되는 외국에는 조서를 보냈던 것이 아닌가 생각된다. 그렇다면 고려에 서한식 문서를 보낸 것은 고려가 몽골 조정과 한 세기 이상 밀접한 관계를 지녀왔던 점에서 安南이나 日本과 같이 몽골제국과 관계가 단절되었던 외국과는 다르다는 판단 하에 내려진 조치가 아닐까 생각된다.

명에서 고려에 최초로 보낸 문서가 상하관계를 반영하지 않은 서한식 문서였다는 점이 의미하는 바는 작지 않다. 이는 명이 애초부터 고려에

---

24) 『명태조실록』 권38, 홍무 2년(1369) 정월 乙卯.

25) 정동훈, 앞의 논문, 2013.

군신관계를 강요할 의지를 강하게 표명한 것이 아니었음을 뜻한다. 성립 초기의 명 정권은 北元 조정은 물론이거니와 중원 곳곳에 산재해있는 몽골의 잔여 세력들, 그리고 원 말 이래로 경쟁해온 다른 소규모 집단들을 정리해야 하는 과제에 직면해 있었다. 특히 당시로서는 요동 일대의 향방이 전혀 정해지지 않은 상황이었으므로 고려와의 관계 역시 어떻게 전개될지 예측할 수 없었다. 문서의 내용에서는 자신이 天命을 받들어 몽골을 구축하고 중원의 주인이 되었음을 선언하였으나, 이러한 국제 정세 속에서 명이 무턱대고 과거 몽골제국과 고려의 관계에서와 같은 군신관계를 강요할 수는 없었을 것이다. 따라서 명은 敵國禮에 근거한 서한식 외교문서를 통해 고려와의 관계를 개시했던 것이다.[26]

고려국왕의 表文 제출

그런데 이를 접수한 고려에서는 곧바로 명에 表를 보내어 '臣'을 자칭하였다.[27] 즉 양국 사이의 관계가 君臣 관계로 설정된 것은 명의 요구가 우선한 것이 아니라 고려가 먼저 奉表稱臣함으로써 성립되었던 것이다.[28] 표문의 내용을 통해 고려가 당시의 국제정세와 명을 어떻게 인식하고 있었는지를 살펴보겠다.

> 라) 圖籙의 예언대로 공을 이루시어 중국 황제의 정통을 회복하였으며, 元氣를 몸받아 正道에 거하니 만방의 臣妾의 마음을 하나로 하셨습니다. 천명[景命]이 돌아가니 환호하는 소리가 두루 이릅니다. (중략) 옛것을 없애고 새것을 세우니 큰 칭호가 대대로 빛납니다. 典章과 文物이 粲然히 빛나니 華夏와 蠻貊이 서로 이끌고 奉仕합니다. 臣은 멀리 동쪽 모퉁이에 처하여 공손히 北辰을 바라볼 뿐, 비록 稱賀의 반열에는 참여하지 못하지만, 항상 蘄傾의 간절함을 바치고자 합니다.[29]

---

26) 鄭東勳, 앞의 논문, 2010, 187~188쪽 참조.
27) 『고려사』 권41, 공민왕 18년(1369) 5월 甲辰. 이 문서가 명에 전달된 것은 같은 해 8월의 일이다. 『명태조실록』 권44, 홍무 2년(1369) 8월 甲子.
28) 이 점에 대해서는 정동훈, 앞의 논문, 2019a, 34~41쪽을 참조.

위의 表文은 李穡이 작성했던 것으로 확인된다.[30] 李穡이 당시 사대부들 가운데 차지하고 있던 중심적인 위치를 고려해본다면 명에 奉表稱臣하기로 결정한 것은 고려 조정 내에서, 적어도 사대부들 사이에서는 대개 합의가 되었던 것 같다. 또한 문서의 내용에서 보이듯이 명이 天命을 받아 중국의 皇王의 정통을 회복하였다고 하여, 명이 몽골제국을 대신한 정통왕조, 천자국 임을 인정하였다.[31]

고려가 이렇듯 신흥 명을 새로운 중원의 주인으로 인정하고 군신관계를 맺기로 비교적 신속하게 결정한 이유에 대해서는 여러 각도에서 분석된 바 있다.[32] 여러 상황과 이유가 복합적으로 작용한 결과로, 결국 고려는 과거 송·거란·금 및 몽골과의 관계에서와 마찬가지로 명이 중화의 지위에 있음을, 그리고 명 황제와 자신이 군신관계에 있음을 인정하게 되었던 것이다.

고려의 '奉表稱臣'으로 고려가 적극적으로 외교관계를 맺을 뜻을 가지고 있음을 파악한 명은 의례적으로 큰 의미를 가지는 두 가지 행동을 취하였다. 하나는 공민왕을 고려국왕으로 책봉하는 것이고, 다른 하나는 고려의 산천에 직접 제사를 지내는 일이었다.[33] 고려국왕을 책봉한다는 것은 기존의 몽골제

---

29) 『고려사』 권41, 공민왕 18년(1369) 5월 甲辰. "秉籙膺圖, 復中國皇王之統, 體元居正, 同萬邦臣妾之心. 景命有歸, 懽聲旁達. (중략) 鼎新革古, 熙洪號以創垂. 典章文物之粲然, 華夏蠻貊之率俾. 臣邈處東表, 顒望北辰, 雖未忝稱賀之班, 願恒貢藎傾之懇."

30) 『牧隱文藁』 권11, 事大表箋, 〈賀登極表〉. 『고려사』에 인용된 문장과는 글자에 약간의 출입은 있지만, 내용은 거의 동일하다.

31) 도현철, 앞의 책, 2011 ; 이익주, 앞의 책, 2013 참조.

32) 김순자는 화이론의 관점에서 고려가 명을 華로 이해한 것은 漢族 왕조라는 종족적 요소 때문이 아니라 당시 명이 중국의 패권을 잡고 있던 정세를 반영하여 결정한 것이라고 보았다(김순자, 「元·明 교체와 羅末麗初의 華夷論」, 『한국중세사연구』 10, 2001(김순자, 『韓國 中世 韓中關係史』, 혜안, 2007에 재수록)). 필자는 요동이나 북원 등을 둘러싼 국제정세가 긴장된 상황에서 명과의 우호관계가 '保國之道'로 정당화되었던 점과, 아울러 원이 고려에 강력한 영향력을 발휘하던 데에 비해 명이 요구하는 예제적인 상하관계는 받아들이는 데에 그 기회비용이 크지 않았을 것이라고 파악하였다(鄭東勳, 앞의 논문, 2010, 195~196쪽). 한편 이명미는 공민왕이 德興君 옹립 사건 등과 같은 과거 몽골과의 관계 및 권력구조에 대한 기억에서 몽골과의 관계를 단절하고 명과 관계를 형성하는 데에 적극적으로 임했던 것으로 이해하였다(이명미, 「공민왕대 후반 親明 정책의 한 배경-몽골 복속기 권력구조에 대한 트라우마」, 『사학연구』 113, 2014).

33) 공민왕 책봉은 공민왕 19년(1370) 5월 甲寅에 도착한 尙寶司丞 偰斯에 의해, 고려

국을 대신해서 천명을 이어받은 군주로서 외국 군주의 정당성을 인정하는 권위를 가진다는 의미를 띠고 있었다. 나아가 고려의 산천에 황제가 직접 제사를 지낸 것은 귀부와 책봉이라는 정치적 행위를 통해 고려 땅 전체가 명의 판도에 포섭되었음을 선포한다는 의도를 담고 있었다.[34]

명 황제의 빈번한 조서 반포

이렇게 양국 관계가 비교적 순조롭게 형성되면서 문서행정을 통한 양국 사이의 의사소통 방식도 정착되었다. 공민왕이 건국을 축하하는 表文을 보내고 명에서 곧이어 그를 고려국왕으로 책봉한 이후, 홍무제는 자신의 명의로 작성된 문서를 직접 공민왕에게 보내면서 의사를 표현하였다. 책봉사 偰斯와 함께 귀국한 고려의 사신 成准得이 가지고 온 璽書가 그 대표적인 예이다.[35] 이후 명 황제는 고려국왕에게 보내는 문서로 항상 詔書를 사용하였다. 이로써 황제와 국왕 사이에 詔書와 表文을 교환하는 전형적인 문서행정의 루트가 확정되었던 것이다.

특기할 만한 점은 고려와 명의 밀월기간이라고 할 수 있는 공민왕 20년 (1371)까지 명에서는 자국에 중대한 사안이 발생해서 천하에 조서를 반포할 때마다 거의 빠뜨리지 않고 고려에도 사신을 파견하여 조서를 전달했다는 점이다. 공민왕 19년(1370) 6월에 전달된 諸王分封이나 科擧程式 반포에 대한 사안,[36] 다음 달의 嶽鎭海瀆에 대한 神號 부여 및 북원에 대한 승전 소식[37] 등이 그것이다. 실제로 이 무렵 명 국내에서 발생한 가장 중요 현안과 그에 대한 조서의 대부분이 고려에도 전달된 것이다. 즉 국왕 책봉과 산천에

산천에 대한 제사는 같은 해 4월 庚辰에 도착한 朝天宮 道士 徐師昊에 의해 이루어졌다. 그러나 이들이 명에서 출발한 시점은 전자가 홍무 2년(1369) 8월, 후자가 홍무 3년(1370) 정월의 일이었다. 『고려사』 및 『명태조실록』의 해당 일자 참조.

34) 홍무제가 고려의 산천에 제사를 지내면서 세운 비석에 새긴 紀文에서 그 뜻을 다음과 같이 명시하고 있다. "邇者, 高麗遣使奉表稱臣, 朕已封其王爲高麗國王, 則其國之境內山川, 旣歸職方." 『고려사』 권42, 공민왕 19년(1370) 4월 庚辰.
35) 『고려사』 권42, 공민왕 19년(1370) 5월 甲寅.
36) 『고려사』 권42, 공민왕 19년(1370) 6월 辛巳.
37) 『고려사』 권42, 공민왕 19년(1370) 7월 壬寅 ; 乙巳.

대한 제사를 통해 세속적, 종교적 양면에서 고려가 자신의 판도 안에 포섭된 것으로 인정한 명에서는 적극적인 자세로 고려를 대우했던 것이었다고 볼 수 있다.

고려의 의례적 사신 파견 개시

한편 고려 초기부터 지속되었던 의례적 사안에 관련된 정기적 사신 파견은 고려-명 관계에서도 그 시작과 동시에 이어졌다. 공민왕 18년(1369) 8월, 고려에서 파견한 두 번째 사절단은 그해 9월 18일의 洪武帝의 성절과 9월 5일의 황태자 천추절,[38] 그리고 이듬해의 正旦을 축하하는 임무를 각각 띠고 있었다.[39] 이후로도 공민왕 재위 기간에는 매년 빠짐없이 이들 사신을 파견했다. 이를 표로 정리하면 다음과 같다.

〈표 4-1-1〉 공민왕 대 大明 節日使 파견

일시	목적	사신	관품
18년(1369) 8.6.	하성절*	摠部尙書 成准得	3a
18년(1369) 8.6.	하천추절**	大將軍 金甲雨	3b
18년(1369) 8.6.	하정	工部尙書 張子溫	3a
19년(1370) 8.18.	하성절	判宗簿寺事 尹控	3a
19년(1370) 9.16.	하정	工部尙書 權鈞	3a
20년(1371) 7.25.	하성절	判開城府事 姜仲祥	2b
20년(1371) 7.25.	하정	知密直司事 鄭思道	2b
20년(1371) 7.25.	하천추절	摠部尙書 洪仲元	3a
21년(1372) 7.26.	하성절	同知密直司事 成元揆	2b
21년(1372) 7.26.	하천추절	版圖判書 林完	3a
(22년(1373) 6.21.)***	하성절	前鷄林尹 金庚	2b
(22년(1373) 6.21.)	하정	密直副使 鄭元庇	2b
(22년(1373) 7.5.)	하천추절	判繕工寺事 周英贊	3a
23년(1374) 2.28	하정	密直副使 鄭庇, 判事 禹仁烈	2b

* 하성절 : 洪武帝의 생일은 음력 9월 18일
** 하천추절 : 홍무제의 태자 朱標의 생일은 음력 9월 5일
***(22년(1373) 6.21.) : ( )은 사행 실패를 의미함.

---

38) 당시의 황태자는 洪武帝의 장자 朱標로, 그는 지정 15년(1355) 9월 5일에 출생하였고(『명태조실록』 권3, 乙未(1355) 9월 丁亥), 오 원년(1367)에 세자로 책봉되었으며, 홍무 원년 황태자로 책봉되었다. 『명사』 권115, 興宗孝康皇帝 참조.

39) 『고려사』 권41, 공민왕 18년(1369) 8월 戊辰.

위의 표를 보면 공민왕 18년부터 21년까지는 세 가지 사안 전부에 대해서, 사신을 파견하였음을 알 수 있다. 그러다가 공민왕 22년(1373) 7월, 앞으로는 3년에 한 번만 사신을 파견하라는 황제의 명령이 전달되면서 이미 차정해두었던 하성절사와 하천추절사의 파견은 취소하고 하정사만 보냈다.[40] 파견된 사신의 관품을 보면 대부분 종2품에서 정3품 사이에 집중되어 있는데, 이는 3장 6절에서 살펴본 공민왕 대 몽골에 파견한 의례적 사절단의 관품과 대략 일치하는 것이다.[41] 이들이 지참하였던 문서 역시 의례적 내용을 담은 표문이었음은 『고려사』의 해당 기사 및 『東文選』 등에서 확인된다.

특징적인 것은 서로 다른 목적을 띤 사절단들이 같은 시기에 모여서 파견되고 있다는 점인데, 이는 당시 명의 수도가 南京에 위치했기 때문에 몽골제국 때와는 달리 陸路를 거치지 않고 황해를 곧장 횡단하여 입조해야 했던 점과 무방하지 않을 것이다. 실제로 사절단의 조난 사고도 빈번히 발생하고 있었으며,[42] 이 때문에 명에서는 海路로 입경하는 것 자체를 금지하기도 하였다.[43] 또한 명 조정에서는 고려에서 빈번히 조공하러 오는 것에 대해 경제적, 군사적 부담을 느끼면서 조공로를 차단하고 입공 회수를 제한하는 조치를 여러 차례 취하기도 하였다.[44] 그럼에도 고려에서 끊임없이 사신을 파견하고자 했던 것은 역시 이 기회를 통해 중원의 정세를

---

40) 홍무제의 '3년 1행' 지시와 그를 둘러싼 사행 빈도 문제에 대해서는 丘凡眞·鄭東勳, 앞의 논문, 2021c 참조.

41) 鄭東勳, 「고려 공민왕대 대중국 사신 인선의 특징」, 『東國史學』 60, 2016, 155~156쪽.

42) 예컨대 공민왕 21년(1372) 3월에 파견되었던 知密直副使 洪師範과 鄭夢周 일행은 귀국 길에 풍랑을 만나 홍사범이 익사하였고(『고려사』 권44, 공민왕 22년(1373) 7월 壬子), 22년(1374)에 10월에 파견된 周英贊과 禹仁烈 일행 역시 해상에서 표류하여 正使 周英贊 등 30명이 사망하는 사건도 발생하였다(『고려사』 권44, 공민왕 22년(1373) 11월 壬寅).

43) 『이문』 2-10. 〈請通朝貢道路咨〉. 이 문제에 대해서는 구범진·정동훈, 앞의 논문, 2021b 참조.

44) 檀上寬, 「明初の海禁と朝貢－明朝專制支配の理解に寄せて」, 明淸時代史の基本問題編輯委員會 編, 『明淸時代史の基本問題』, 東京 : 汲古書院, 1997 ; 鄭東勳, 「明代 前期 外國 使節의 身分證明 方式과 國家間 體系」, 『明淸史硏究』 40, 2013, 4~5쪽. 공로 제한 조치를 둘러싼 고려-명 사이의 갈등에 대해서는 末松保和, 「麗末鮮初における對明關係」, 『靑丘史草』 1, 東京 : 笠井出版印刷社 중 제4장 〈責讓の宣諭と貢路·貢期〉 및 구범진·정동훈, 앞의 논문, 2021b 참조.

파악하고 신흥 명 조정의 분위기를 탐색하며, 이들과 우호적인 관계를 유지하고자 했던 공민왕 조정의 의지가 강하게 개입되어 있었던 것으로 해석할 수 있다.

2. 책봉 관계의 성립과 책봉 문서 誥命의 사용

명 대 외국 군주 책봉호의 특징

앞서 살펴본 것처럼 명에서 첫 번째 사신을 파견하여 璽書를 전달한 데 대한 답신으로 고려에서 稱臣하는 내용의 표문을 가지고 사신이 파견된 것은 공민왕 18년(1369) 5월의 일이었고, 그 사절단이 명 조정에 도착한 것은 그해 8월 2일의 일이었다.[45] 이에 명 조정에서는 12일 뒤인 8월 14일, 공민왕을 高麗國王에 책봉하는 의례를 행하기 위해, 첫 번째로 고려를 방문했던 偰斯를 다시 파견하였다.[46] 책봉사 일행은 무슨 이유에서인지는 알 수 없으나 이듬해 5월 26일에야 개경에 도착하였다.[47] 그리고 그날 곧바로 책봉 의례가 거행된 것으로 보인다.

그런데 이때의 책봉은 과거 송·거란·금이나 또는 몽골제국과의 관계에서 행해졌던 책봉과는 세 가지 면에서 큰 차이를 보인다. 하나는 책봉호와 관련된 것이고, 하나는 책봉의 횟수와 관계된 것이며, 다른 하나는 책봉 문서에 관련된 것이다.

먼저 책봉호를 보면, 이때 공민왕에게 내려진 책봉호는 '高麗國王'이었다. 전근대 한중관계에서 국왕에게 부여되었던 책봉호를 살펴보면, '國王'이라는 왕위 외에도 다양한 칭호가 부가되어 있었음을 알 수 있다. 예컨대 당은 貞觀 15년(641)에 백제의 義慈王을 '柱國 帶方郡王 百濟王'으로, 정관 17년(643)에는 고구려의 寶藏王을 '上柱國 遼東郡王 高麗王'으로 책봉했고,[48] 통일신라기

---

45) 『고려사』 권41, 공민왕 18년(1369) 5월 甲辰 ; 『명태조실록』 권44, 홍무 2년(1369) 8월 甲子.
46) 『명태조실록』 권44, 홍무 2년(1369) 8월 丙子.
47) 『고려사』 권42, 공민왕 19년(1370) 5월 甲寅.
48) 『冊府元龜』 권964.

에 들어서는 天寶 2년(743)에 景德王을 '開府儀同三司 使持節 大都督 鷄林州諸軍事 兼持節寧海軍使 新羅王'으로 책봉하였다.49) 또한 고려시대에도 예컨대 문종은 거란으로부터 '開府儀同三司 守太保 兼侍中 上柱國 高麗國王 食邑七千戶 食實封一千戶 兼匡時致理竭節功臣'이라는 책봉호를 부여받았다.50) 몽골 역시도 전대의 책봉 형식을 계승하여 예컨대 충렬왕을 '開府儀同三司 中書左丞相 行中書省事'로 책봉하였다.51) 이처럼 명 이전의 중원 왕조에서 한반도 왕조의 국왕들에게 내린 책봉호에는 '국왕'이라는 王號 외에도 문산계·무산계·검교직·훈직·공신호 등이 포함되어 있었다. 공통적으로 중국 내지에서 위계질서를 표현하는 방식을 그대로 적용하였던 것이다. 이러한 방식은 한반도 왕조들뿐만 아니라 일본·안남과 같은 한자문화권의 외국은 물론, 북방과 서북방의 유목민족 국가들에도 마찬가지로 적용되었다.52) 그리고 시기에 따라, 또 각 국가들과의 역관계에 따라 책봉호에 포함된 위계의 고하에는 큰 차이가 있었다. 예컨대 위에서 예로 들었듯이 640년대 초 백제왕은 柱國으로, 고려왕은 上柱國으로 勳等에 차이를 두었던 것이다.

　그러나 명 대에 이르러서는 조공국의 국왕에게 일괄적으로 '○○국왕'이라는 칭호를 부여하면서 나머지 요소들을 전혀 사용하지 않았다.53) 이는 황제를 정점으로 하는 일원적인 예제 질서를 창출하고, 그 속에서 번국의 지위를

---

49) 『三國史記』 권9, 신라본기, 景德王 2년(743) 3월. 삼국과 남북국 국왕의 책봉호에 대해서는 여호규, 「책봉호 수수(授受)를 통해 본 수당의 동방정책과 삼국의 대응」, 『역사와 현실』 61, 2006 및 김종복, 「남북국(南北國)의 책봉호(冊封號)에 대한 기초적 검토」, 『역사와 현실』 61, 2006 참조.
50) 『고려사』 권7, 文宗 원년(1047) 9월 壬午. 역대 고려국왕이 받은 책봉호에 대해서는 沈載錫, 『高麗國王 冊封 硏究』, 혜안, 2002 참조.
51) 『고려사』 권29, 忠烈王 6년(1280) 12월 辛卯.
52) 唐代 서북방 유목집단의 수장에게 사여된 王號에 대해서는 金子修一, 「唐代冊封制一斑-周辺民族における「王」號と「國王」號」, 『隋唐の國際秩序と東アジア』, 東京 : 名著出刊會, 2001 참조.
53) 예외적으로 永樂 연간에 몽골족 오이라트와 타타르의 군장들에게는 特進金紫光祿大夫라는 散官이 수여되었다고 한다. 檀上寬, 「明朝の對外政策と東アジアの國際秩序-朝貢体制の構造的理解に向けて」, 『史林』 92-4, 2009, 661~663쪽 참조. 아울러 책봉호의 등급은 그에 따른 교역상의 특권과 연동되어 명이 몽골족을 컨트롤하는 중요한 요소가 되었다고 한다. Henry Serruys, Sino-Mongol Relations During The Ming II-The Tribute System and Diplomatic Missions(1400-1600), Bruxelles : Institut Belge Des Hautes Etudes Chinoises, 1967, 94~112쪽 참조.

동일하게 규정하려는 의도가 강하게 반영되어 있었던 것으로 볼 수 있다.[54] 명 대 예제의 특징은 '무외의 일원성'이라고 요약할 수 있겠다.[55]

加冊 형식이 사라짐

두 번째 특징은 명 대에는 加冊이라는 형식이 사라졌다는 것이다. 앞서 살펴본 것처럼 송·거란·금은 물론 몽골제국에서도 모두 고려국왕에게 처음 冊封을 한 이후에 계속해서 加冊이라는 형태로 책봉호를 높여주는 조치를 취한 바 있다. 예컨대 황제가 존호를 높여 받았을 때와 같이 중국 국내에서 큰 경사가 있을 경우 외국 군주에게도 加冊을 행하는 일이 많았다. 따라서 文宗은 재위 37년 동안 거란으로부터 5차례 책봉을 받은 바 있으며, 충렬왕은 몽골제국에서 총 9차례에 걸쳐 책봉을 받았다. 반면에 고려-명 관계에서는 책봉호가 '高麗國王'으로 고정되었던 까닭에 加冊이 발생할 논리적 근거 자체가 사라지게 되었다. 또한 외국 군주 전체를 대상으로 일괄적으로 '○○국왕'이라는 책봉호를 부여했기 때문에, 책봉호에 포함된 문산계나 훈직 등을 통해 위계질서를 표현하는 방식 자체가 명에서는 통용되지 않았던 것이다. 이 역시 일원성을 강조하는 명 대 국제 의례의 특징을 반영한다.

명 대의 책봉 문서, 冊과 誥命

책봉과 관련된 마지막 특징은 명 대의 책봉 문서로 誥命이 쓰였다는 점이다. 여기서는 편의상 공민왕 대를 포함하여 우왕, 그리고 조선 초기의 태종 대까지의 사례를 함께 검토하여 그 서식이 어떤 것이었는지를 확인하고, 그 의미를 고찰해보겠다.

앞서 고려국왕이 송·거란·금으로부터 받은 책봉 문서로는 冊과 制書가 있었는데, 이 가운데 가장 중심이 되는 冊은 중국 국내의 황후나 황태자, 친왕 등과 같이 작제적 지위를 가지는 존재들을 대상으로 수여되는 것임을

---

54) 岩井茂樹, 「明代中國の禮制覇權主義と東アジア秩序」, 『東洋文化』 85, 2005.
55) 이상 명 대 책봉호의 특징에 대해서는 정동훈, 「명대의 예제질서에서 조선국왕의 위상」, 『역사와 현실』 84, 2012, 257~259쪽 참조.

확인한 바 있다. 한편 몽골제국에서는 관직 임명장이라고 할 수 있는 宣命이 쓰였음도 확인하였다. 그 관행이 유지되어 명 대에도 책봉 문서로 誥命이 쓰였다.

명 대에는 황제가 관원의 임명 및 그 先代와 妻室에 대한 封贈에 誥命이나 勅命을 주었다. 원 대와 마찬가지로 1~5품의 관원에게는 誥命을, 6품 이하의 관원에게는 勅命을 주었다. 誥命을 발급하는 행위는 발급 대상에 따라서 그 명칭이 달랐는데, 5품 이상의 관원 본인이 받는 것은 誥授, 증조부모·조부모·부모 및 처를 封贈할 때 살아있는 자는 誥封, 죽은 자는 誥贈이라고 하였다.[56]

반면에 명 대의 冊은 어디까지나 황후·황태자 등을 임명하는 데에만 사용되었다. 『文體明辯』에서 徐師曾은 명 대 당시의 冊의 용도를, "今制, 郊祀·立后·立儲·封王·封妃, 亦皆用冊"이라고 열거하였다. 이 가운데 郊祀를 제외하면, 나머지는 임명장의 기능을 하는 것으로, 그 대상은 황후, 황태자, 제왕, 왕비 등으로 한정된다.[57] 즉 당 대나 송 대의 규정에서 冊의 수여 대상에 포함되어 있었던 文武大臣은 그 대상에서 완전히 제외된 것이다. 또한 금 대까지 고려국왕 책봉 때에 많이 전달되었던 制書는 명 대에 이르면 더 이상 임명문서로 쓰이지 않게 되었던 것으로 보인다. 명 대의 관료 임명문서는 誥命과 勅命으로 통합되었던 것으로 이해되며, 반면에 制書는 그 사용의 범주가 확연하게 축소되어, 명 초의 시점에서는 문서식으로서의 의미를 거의 상실하게 되었다.[58]

이처럼 명 대의 책봉 문서는 크게 冊과 誥命(勅命 포함)으로 분류되었다. 이 가운데 전자는 황후·황태자·친왕 등 황실의 구성원들, 즉 작제적 위상을 지니는 대상에게만 수여될 정도로 그 사용 범주가 축소되었다. 반면에 후자는 軍功으로 작위를 얻은 인물을 포함하여 모든 관원을 포괄하는 임명문서로서, 관료제적 지위를 부여하는 문서로 정착되었다.[59]

---

56) 王金花, 「古代詔令文書"誥命(宣命)勅命(勅牒)"」, 『文物世界』 2013年 第3期, 27~28쪽.

57) 『文體明辯序說』 冊.

58) 萬明, 「明代外交詔令的分類考察」, 『華僑大學學報』(哲學社會科學版), 2009年 第2期, 40~41쪽 ; 萬明, 「明代詔令文書研究 - 以洪武朝爲中心的初步考察」, 『明史研究論叢』 8, 2010, 22~23쪽 참조.

59) 이상 명 대의 책봉 문서 고명의 기능에 대해서는 정동훈, 「冊과 誥命 - 고려시대 국왕

이 가운데 고려국왕의 책봉 문서로는 誥命이 사용되었다. 공민왕뿐만 아니라 이후에 새로운 왕조를 개창한 태조 李成桂도, 두 차례 형제의 난을 거치고 즉위한 태종 李芳遠도 모두 명 조정에 여러 차례 책봉을 요청하였는데, 이들 국왕이 명 조정으로부터 간절히 받고자 했던 것은 그들의 誥命과 印信이 었다.[60] 또한 최근 檀上寬의 연구를 통해서도 명 대의 외국군주 책봉이 誥命과 印章의 수여를 통해 이루어졌음이 다시 한 번 명확해진 바 있다.[61] 여기서는 『고려사』의 기록을 통해서 이를 확인해보겠다.

공민왕의 책봉 문서

명에서 최초로 책봉을 받은 恭愍王 19년(1370)의 기록을 『고려사』에서 인용해보면 다음과 같다.

> 마) 황제가 尚寶司丞 偰斯를 보내와서 王에게 命을 내렸다. 왕이 백관을 이끌고 郊에서 맞이하였다. 誥에 이르기를,
> "A) "아아, 그대 고려국왕 王顓은 대대로 조선을 지켜오면서 선왕의 왕업을 계승하고 중국을 정성껏 좇아 동쪽 땅의 이름난 藩國이 되었다. 사방이 이미 평정되기에 이르러 일찍이 사신을 보내 가서 알리게 하자 곧바로 표문과 공물을 보내 충성스러운 마음을 표현하였으니, 이는 진정 본디 文風을 익힌 데서 비롯하여 신하로서의 직임을 수행한 것이다. 마땅히 가상히 여기어 표창해야 하겠기에 이제 사신을 보내 인장을 가지고 가서 그대를 고려왕으로 봉한다. 모든 儀制와 복식은 本俗을 따를 것을 허락한다.
> B) 아아, 백성과 사직을 보전하여 대대로 봉작을 이어가도록 할 것이며,

책봉문서」, 『사학연구』 126, 2017c, 167~168쪽 참조.

60) 이에 대해서는 14세기 후반부터 15세기 초까지의 한중관계에 대한 末松保和의 장편의 논문(「麗末鮮初における對明關係」, 『靑丘史草』 1, 東京 : 笠井出版印刷社, 1965.(원고는 『史學論叢』 2, 1941))에서 한 개 章의 제목으로 〈誥命·印章の獲得〉이 쓰인 다음부터 연구자들 사이에 널리 알려지게 된 것으로 생각한다.

61) 檀上寬, 「明代朝貢体制下の冊封の意味―日本國王原道義と琉球國中山王察度の場合」, 『史窓』 68, 2011.

典禮를 준수하여 영원토록 자손에게 전하도록 하라. 변방을 잘 지키고 가르침에 복종하여 더욱 복록을 누리도록 하라. 이제 大統曆 1부와 비단을 수놓은 융단 10필을 하사하니 도착하거든 수령하라."[62]

『고려사』의 지문에서는 이를 誥라고 명시하고 있다. 인용된 문장을 보면 A)에서 "너 高麗國王 王顓"이라고 하여 受封者인 공민왕을 호명하고, 대대로 藩屏으로서의 직분을 닦아오면서 국왕의 직무를 잘 수행해왔음을 포장하며, 이어서 고려왕으로 책봉한다고 밝히고, B)에서는 왕위를 잘 지켜나갈 것을 당부하고 있다. 아마도 이 앞에는 고려와 중국 사이의 긴 역사적 관계와, 특히 명의 건국 이후 고려가 奉表稱臣해옴으로써 양국관계가 원활하게 개시될 수 있었다는, 책봉의 배경을 설명하는 구절이 있었을 것인데, 『고려사』에서는 생략된 것으로 보인다. 이러한 구조를 가진 책봉 문서는 앞서 검토해왔던 다른 시대의 책봉 문서의 전형적인 구성 및 형식과 일치한다. 그리고 그 문서의 서식은 『고려사』에서 명시한 바와 같이 誥, 즉 誥命이었다.

우왕의 책봉 문서

공민왕이 불의에 시해되고 나서 뒤이은 禑王이 명으로부터 책봉을 받는 데에는 무려 11년의 세월이 소요되었다. 이에 대해서는 다음 절에서 상세히 살펴보겠으나, 그 사이 우왕은 무려 10여 차례나 사신을 보내 우왕의 왕위 계승을 인정해줄 것을 요청하였다. 왕위 계승 인정이란 결국 誥命을 내려달라는 것이었다. 명의 무리한 貢物 요구를 모두 들어준 후인 우왕 11년(1385)에야 비로소 책봉을 위한 사절이 고려를 찾았다. 『고려사』에는 우왕을 책봉한다는 詔書와 함께, "制曰"로 시작하는 문서가 인용되어 있다.[63] 그런데 制書는 명 초의 문서 가운데 상용된 형식은 아니었다. 『明太祖御製文集』

---

62) 『고려사』 권42, 공민왕 19년(1370) 5월 甲寅. 帝遣尙寶司丞偰斯來, 錫王命. 王率百官郊迎. 誥曰, "咨, 爾高麗國王王顓, 世守朝鮮, 紹前王之令緖, 恪遵華夏, 爲東土之名藩. 當四方之旣平, 嘗專使而往報, 卽陳表貢, 備悉忠誠, 良由素習於文風, 斯克謹修於臣職. 允宜嘉尙, 是用褒崇, 今遣使齎印, 仍封爾爲高麗王. 凡儀制制用, 許從本俗. 於戲, 保民祉而襲封, 式遵典禮, 傳子孫於永世. 作鎭邊陲, 其服訓辭, 益綏福履. 今賜大統曆一本, 錦綉絨段十匹, 至可領也."

63) 『고려사』 권135, 우왕 11년(1385) 9월.

에도 制書는 단 두 통만이 실려 있다고 하는데, 이 역시 批答 형식의 문서이지, 책봉이나 임명과는 상관이 없다고 한다.[64] 萬明의 연구에 따르면 명 대의 외교문서 가운데 책봉 문서로서 制書가 쓰인 것은 『고려사』에 실린 이 기사가 유일하다고 한다. 따라서 만명은 이때 명 태조가 制書를 내려 우왕을 책봉한 것이 고려에 대한 우대의 뜻을 표명하기 위한 것이었다고 해석하였다.[65]

그러나 『고려사』의 지문에 "制曰"이라고 한 것을 그대로 따를 수는 없다. "制曰" 이후에 인용된 문서의 내용구성이 일반적인 책봉 문서의 그것과 완전히 동일한 점으로 미루어보아, 이 문장은 우왕에게 내려진 誥命의 내용이었다고 보는 것이 자연스럽다. 아마도 명 대의 誥命이 그 시작을 "奉天承運皇帝制曰"로 하고 있기 때문에,[66] 『고려사』의 찬자들이 "制曰" 이하를 인용하면서 생긴 오해가 아닐까 생각된다. 이 문서가 誥命이었음은 우왕이 이를 받은 후 공민왕릉인 玄陵을 찾아가 誥命을 宣讀하였다고 한 데서 명백해진다. 아울러 우왕은 태묘에서 焚黃을 하는 의례를 거행하였다고 한다. 焚黃이란 죽은 이에게 官爵이 추증되었을 때 황색 종이에 쓴 그 사령장의 부본을 태우는 의례이다. 이때 우왕이 태운 것은 공민왕에 대해서 명에서 시호를 내려준 문서의 부본이었을 것이다.

우왕에 이어서 즉위한 昌王과 恭讓王은 명의 책봉을 받지 못했다. 창왕은 재위기간 중에 명에 책봉을 요청하는 사절을 보내지도 못하였다. 공양왕의 경우 재위 마지막 해, 그러니까 조선이 개국하던 해인 공양왕 4년(1392) 사신을 파견하여 誥命을 요청하였다.[67] 이때가 6월 27일이었는데, 공양왕이 폐위되고 이성계가 왕위에 오른 것이 7월 17일이었다. 결국 사신이 명으로 향하던 도중에 왕조가 교체되었고, 더 이상 책봉을 요청할 필요가 사라진 사신단은 곧바로 개경으로 돌아왔다.

64) 萬明, 「明代詔令文書研究－以洪武朝爲中心的初步考察」, 『明史硏究論叢』 8, 2010, 22쪽.
65) 萬明, 「明代外交詔令的分類考察」, 『華僑大學學報』(哲學社會科學版), 2009年 第2期, 5~6쪽.
66) 何鈺, 「明洪武二十五年馬整浩封考略」, 『歷史檔案』 1995年 第4期 ; 杜承武, 「明洪武二十八年 "奉天浩命"和馬林夫婦雕像」, 『文博』 1998年 第5期 등에서 洪武 연간의 고명의 실물을 소개하고 있는데, 모두 "奉天承運皇帝制曰"이라고 시작하고 있다.
67) 『고려사』 권46, 공양왕 4년(1392) 6월 丁丑.

조선 太宗의 책봉 문서

왕위에 오른 太祖는 즉위 바로 다음날 왕조 교체라는 중대한 사실을 명에 알렸다. 이후 수차례에 걸쳐 국왕의 책봉을 요청했으나, 명은 끝내 태조를 국왕으로 책봉하지 않았다. 조선은 명 내부에서 황위를 둘러싼 내전, 즉 靖難의 變이 한창이던 상황에서 조선의 후원을 필요로 하던 太宗 대에 이르러서야 비로소 숙원이던 국왕 책봉을 받을 수 있었다.[68] 이때에 조선에 전달된 문서는 두 통이었다. 하나는 책봉의 경위에 대해 밝힌 禮部 명의의 咨文이었고, 다른 하나는 태종의 誥命이었다. 실록은 이때의 고명 원문을 거의 원형 그대로 싣고 있는데, 그 글은 "奉天承運皇帝誥曰"로 시작하여 "爾朝鮮權知國事李 諱"를 수신자로 지목한 형식이다. 이는 현전하는 誥命들을 통해서도 확인되는 명 대 고명의 기두 형식과 비슷하다. 그리고 이와 함께 전달된 예부의 咨文에는 다음과 같이 기록되어 있다.

> 바) (중략) 이에 正使로 通政寺丞 章謹, 文淵閣待詔 端木禮를 차정하여 節을 가지고서 誥命과 印章을 가지고 本國(조선)으로 가서 하사하게 하는 외에, 자문으로 회답하여 알려드리니 삼가 시행하시기 바랍니다. 誥命 1통, 朝鮮國王金印 1顆로 사각에 篆文, 그리고 金印池 1개, 자물쇠가 달린 상자.[69]

이 문서에서는 사신을 파견하여 고명을 전달한다는 경위를 설명하고, 뒤이어 함께 보내는 물품의 종류를 열거하고 있는데, 여기서 언급하고 있듯이 책봉 문서는 誥命이었다.

---

68) 『太宗實錄』 권1, 태종 원년(1401) 6월 己巳. 朴元熇, 「明 '靖難의 役' 時期의 朝鮮에 對한 政策」, 『明初朝鮮關係史研究』, 一潮閣, 2002 참조.
69) 『太宗實錄』 권1, 태종 원년(1401) 6월 己巳. (중략) 差正使通政寺丞章謹·文淵閣待詔端木禮, 持節齎捧誥命·印章, 前去本國給賜外, 擬合回咨知會, 欽遵施行. 誥命一道, 朝鮮國王金印一顆, 四角篆文, 并金印池一箇, 鎖匣全.

책봉 문서 고명의 사용과 관료제적 위상의 부여

이상의 검토를 통하여 명에서 고려국왕, 그리고 이후의 조선국왕을 책봉할 때에 내린 문서의 형식이 誥命이었음을 확인하였다. 고려국왕의 책봉 문서로 일반 관료의 임명 문서와 마찬가지인 誥命을 쓴 것은 국왕에 대한 문서 규정을 관료제적 원칙에 따랐기 때문이었다. 고려-명 외교문서로 관문서식 문서가 사용되었던 것과도 같은 이유였다. 그리고 이 역시 관문서식 문서가 쓰인 배경과 마찬가지로 고려-몽골 관계의 유제가 적용된 측면이 강하다. 앞서 원 대 고려국왕의 책봉 문서로 宣命이 쓰이게 되었음을 확인하였는데, 외국 군주의 책봉 문서로 국내의 관료 임명장과 같은 서식이 사용된 것은 이때가 처음이었다. 그 논리적 배경에는 당시에 국왕이 정동행성의 승상이라는 관료제적 지위를 가지고 있었던 것이 크게 작용하였다. 그런데 명 대에 이르러서는 국왕에게 정동행성 승상과 같은 실질적인 관직은 사라졌지만, 과거의 유제에 따라 그에게 관료제적 원칙에 따른 지위가 부여된 것이다. 이러한 현상은 나아가 명이 국초의 제도를 설정함에 천하의 모든 구성원을 일원적인 원칙 아래 편제하려 했던 것,[70] 그리고 그 원칙으로는 관료제적 질서가 선택되었던 것과도 무관하지 않을 것이다.[71] 즉 명은 국내의 구성원들은 물론이거니와 외국의 군주에게도 자국에서 설정한 일원적인 관료제적 지위를 부여함으로써 자신의 위계질서 체계 속에 그 일원으로 편제하려 했던 것이 아닐까 생각된다.[72]

---

70) Edward L. Farmer, "Social Order in Early Ming China : Some Norms Codified in the Hung-wu Period," Brian E. Mcknight ed., *Law and the State in Traditional East Asia*, Honolulu : University of Hawaii Press, 1983 ; Edward L. Farmer, *Zhu Yuanzhang and Early Ming Legislation — The Reordering of Chinese Society Following the Era of Mongol Rule*, Leiden : E.J.Brill, 1995.

71) 명 초의 정치·사회 질서 재편의 원칙과 그것을 국제질서에까지 확장, 적용시킨 점에 대해서는 檀上寬, 「明朝の對外政策と東アジアの國際秩序 － 朝貢体制の構造的理解に向けて」, 『史林』 92-4, 2009 ; 檀上寬, 『明代海禁=朝貢システムと華夷秩序』, 京都 : 京都大學出版會, 2013 참조.

72) 이상 고려-명 외교 관계의 관행에서 계승된 고려-몽골 관계의 영향과 그것이 명 대 국제관계 전반에 끼친 영향에 대한 더 자세한 논의는 Jung Donghun, "From a Lord to a Bureaucrat — The Change of Koryŏ King's Status in the Korea-China

3. 관문서식 외교문서 왕래 방식의 계승과 확장

명 초 관문서 제도의 정비

고려-명 관계에서도 과거 고려국왕과 몽골제국 중서성 사이에서 관문서식인 咨文을 주고받았던 것과 마찬가지로 명 국내의 관문서식을 준용한 외교문서를 주고받았다. 이에 대해서는 기존 연구에서 상세히 밝힌 바가 있으므로,[73] 여기서는 그 내용을 간략히 요약하고, 거기서 언급하지 않은 몇 가지 사항에 대해서만 추가로 확인해보겠다.

명은 건국 초기 각종 관제와 법제, 예제 등을 정비하면서 국내의 통치질서를 확립하고자 하였다.[74] 관료제도와 관련해서 문서제도도 그 일환으로 정비되었는데, 이 과정에서는 수신과 발신 관부 및 관인의 품급의 높고 낮음, 統屬 관계 등에 따라 매우 세밀하게 관문서의 서식을 결정하였다. 그 때문에 명 초의 문서제도는 대체로 원 대의 구제를 계승하면서도 상하관계에 따른 문서식의 규정이 더욱 엄격해졌다는 데에 큰 특징이 있었다.[75]

명에서 발신한 관문서식 외교문서

앞서 서술한 바와 같이 고려의 奉表稱臣을 확인한 명에서는 곧이어 공민왕을 책봉한다는 사절을 파견하고 뒤이어 고려의 산천에 제사를 지내기 위한

Relations−," *Review of Korean Studies* 19(2), 2016 및 정동훈, 앞의 논문, 2019b 참조.
73) 鄭東勳, 앞의 논문, 2010.
74) 관련된 연구는 매우 많으나 대표적인 것만 꼽아보면, 官制에 대해서는 山根幸夫, 「明太祖政權の確立期について−制度史的側面にみた」, 『史論』 13, 1965, 禮制에 대해서는 張光輝, 「明初禮制建設研究」, 河南大學 碩士學位論文, 2001, 법제에 대해서는 Edward L. Farmer, 앞의 논문, 1983 및 佐藤邦憲, 「明律·明令と大誥および問刑條例」, 滋賀秀三 編, 『中國法制史−基本資料の研究』, 東京 : 東京大學出版會, 1993, 일상생활에서의 규범에 대해서는 張佳, 「別華夷與正名分 : 明初の日常雜禮規範」, 『復旦學報』 2012年 第3期 등을 참조. 이 과정에 대한 전반적인 분석으로는 Edward L. Farmer, 앞의 책, 1995 및 檀上寬, 『明朝專制支配の史的構造』, 東京 : 汲古書院, 1995 참조.
75) 何朝暉, 「等級·制衡與變異 : 明代文移制度探論」, 吳艶紅 主編, 『明代制度研究』, 杭州 : 浙江大學出版社, 2014.

사절을 파견하였다.[76] 이때의 사절 朝天宮 道士 徐師昊는 명 中書省 명의의
咨文을 가지고 왔는데, 이것이 명에서 고려에 전달한 것 가운데 첫 번째로
확인되는 관문서식 외교문서이다. 이 문서는 고려 말부터 조선 초까지 고려·
조선과 명이 주고받은 외교문서를 모아놓은 『吏文』에 첫 번째 문서로 수록되
어 있다.[77] 이 문서는 中書省 명의로 高麗國王에게 발신된 咨文 형식이었다.[78]
이후 『吏文』에 수록된 고려와 명 사이의 문서들은 모두 위와 같은 관문서식을
그대로 준용한 것이었다. 문서의 起頭와 結辭, 문서가 작성되기까지의 행정처
리 과정을 소상히 밝히고 있는 점, 이문체의 특수한 용어나 문체가 사용된
점 등에서 모두 그러하다. 명에서 발신한 문서의 사례를 하나만 들어보면
다음과 같다.

> 1-1 定遼衛都指揮使司
>
> 1-2 據令史羅南山呈.
>
> > 2-1 洪武五年七月初五日, 抄蒙總兵官征虜副將軍榮祿大夫吳相府左相靖海侯案驗.
> >
> > > 3-1 該, 爲糧儲事.
> > >
> > > 3-2 着據金州戍禦官定遼衛都指揮僉事王才, 起取橫海衛千戶劉文, 百戶汪名
> > > 到官, 問責得各人狀供.
> > >
> > > > 4-1 乘駕順字四號海船, 裝載官糧一仟玖佰玖十碩, 根隨本衛指揮楊沂等,
> > > > 償運北平粮儲. 洪武五年四月初二日, 大倉開洋行使. 至當月二十日,
> > > > 失離船宗, 因值颶風. 有梢工林轉五等, 故將粮船使開, 飄至高麗王京
> > > > 地面, 山島灣泊. 當有梢工陳均祥·張順保, 軍人林得九·余成五·林進,
> > > > 登岸取討柴水在逃. 隨令百戶汪名, 將引小旗計成, 軍人陳寶七·金眞
> > > > 一根尋, 被本處馬軍三十餘騎, 帶四角笠子, 將計成等, 捉拿前去. 當有
> > > > 梢工林轉五, 將船開使, 至五月二十日, 到金州馬胸島, 於石礁上, 打碎
> > > > 船隻所, 裝官粮俱各飄流, 溺死軍人二名.

---

76) 『명태조실록』권48, 홍무 3년(1370) 정월 庚子 ; 『고려사』권42, 공민왕 19년(1370)
   4월 庚辰.

77) 『吏文』에 대한 소개는 鄭東勳, 앞의 논문, 2010, 142~146쪽 및 구범진 역주, 『이문
   역주』상, 세창출판사, 2012, ix~xvii쪽 참조.

78) 이 문서에 대한 해설은 鄭東勳, 앞의 논문, 2010, 159~162쪽 참조.

³⁻³ 得此, 除將梢工林轉五取問, 明正典刑, 外據逃梢工軍人陳均祥等五名, 被捉
旗軍計成等三名, 必合勾取. 爲此, 仰令定遼衛令史, 抄案呈衛, 行移高麗
國, 卽便根勾在逃梢工陳均祥等到官, 差人牢固管押, 并被捉旗軍計成等,
一同伴送赴定遼軍前, 聽調施行.

²⁻² 奉此, 呈乞施行.

¹⁻³ 得此, 今差奏差程忠前去, 合行咨呈, 伏請照驗, 煩爲根勾在逃軍梢陳均祥等到官,
差人牢固管押, 發來轉解施行. 須至咨呈者.

¹⁻⁴ 右咨呈

¹⁻⁵ 高麗國王

¹⁻⁶ 洪武五年七月初九日

¹⁻¹ 定遼衛都指揮使司

¹⁻² 令史 羅南山의 呈을 받았습니다.

²⁻¹ 洪武 5년(1372, 고려 공민왕 21) 7월 초5일에 總兵官 征虜副將軍 榮祿大夫
吳相府 左相 靖海侯의 案驗을 베낀 것을 받았는데, 그 내용은 다음과
같았습니다.

³⁻¹ 군량 저축하는 것에 대한 일.

³⁻² 金州戍禦官 定遼衛都指揮僉事 王才가 橫海衛 千戶 劉文와 百戶 汪名을
잡아와 관에 이르러 문책하여 각각의 공초장을 받아냈다.

⁴⁻¹ 順字 4호 海船을 타고 官粮 1,990석을 싣고 本衛 指揮 楊沂 등을
따라 北平의 저장용 양곡을 운반했습니다. 홍무 5년 4월 초2일
大倉에서 바다로 나와서 길을 나섰습니다. 그달 20일에 이르러
선단을 잃어버리고 떨어져나와 큰 바람을 만났습니다. 梢工
林轉五 등은 고의로 粮船을 몰고 나아가, 표류하여 高麗 王京
지역의 山島에 이르러 정박하였습니다. 그런데 梢工 陳均祥·張順
保, 軍人 林得九·余成五·林進이 해안에 올라 땔감과 물을 구하겠
다고 하고는 도망하였습니다. 곧 百戶 汪名을 시켜 小旗 計成과
軍人 陳寶七·金眞一을 이끌고 가서 찾게 하였는데, 四角笠子를
두른 본처의 馬軍 30여 기가 계성 등을 잡아 갔습니다. 梢工
林轉五가 배를 출발시켰는데, 5월 20일에 金州 馬胸島에 도착하

였으나, 암초에 걸려 선박이 파선되고 실려 있던 官糧은 모두 각각 떠내려갔으며, 빠져 죽은 군인이 2명입니다.

3-3 이를 받고, 梢工 林轉五를 잡아 심문하여 典刑을 밝고 바르게 하는 외에, 도망 중인 梢工 軍人 陳均祥 등 5명과 사로잡힌 旗軍 計成 등 3명을 반드시 모두 데려와 취조해야겠다. 이에 바라건대 定遼衛 令史로 하여금 案驗을 베껴 衛에 呈을 올리게 해서 高麗國에 행이하게 하여, 곧 도망중인 梢工 陳均祥 등을 찾아 관에 이르게 하고 사람을 차정하여 가두어 管押하며 아울러 사로잡힌 旗軍 計成 등과 함께 호송해서 定遼軍前으로 보내어 취조할 수 있도록 시행하라.

2-2 이를 받고, 呈을 올리니 바라건대 시행하십시오.

1-3 이를 받고, 지금 奏差 程忠을 차정하여 보내며, 마땅히 咨呈을 보내니, 엎드려 바라건대 잘 살피시어 번거로우시겠지만 도망 군인 陳均祥 등을 찾아서 잡아 관에 이르게 하여 사람을 차정하여 가두어 압송해와서 전해주도록 시행하여 주십시오. 須至咨呈者.

1-4 又咨呈

1-5 高麗國王

1-6 洪武 5년(1372, 고려 공민왕 21) 7월 초9일

이 문서는 홍무 5년(1372) 7월 9일, 定遼都衛指揮使司에서[79] 高麗國王에게 보낸 咨呈이다. 중심 내용은 南京에서 北平으로 운항 중이던 군량선이 고려 개경 인근의 해역에서 표류하여 상륙했다가 승선원들이 도망친 사건에 대해 고려 측에 이들을 붙잡아 송환해줄 것을 요청하는 내용이다. 문서의 각 부분을 살펴보면, 먼저 1-1의 "定遼衛都指揮使司"는 문서의 발신자를 표시한 부분이고, 1-5의 "高麗國王"이 수신자가 된다. 1-2, "據令史羅南山呈"은 정요도위지휘사사에서 令史 羅南山이라는 자의 呈을 받았다는 말이다. 呈은 상하관

---

79) 『吏文』에 기재된 定遼衛都指揮使司라는 명칭은 定遼都衛指揮使司의 오기인 것으로 보인다. 定遼都衛指揮使司는 이 문서가 발신되기 한 해 전인 홍무 4년(1371) 7월에 遼東 여러 衛의 군마를 통할하는 역할로서 설립되었다. 『명태조실록』 권67, 홍무 4년(1371) 7월 辛亥 참조. 명 초 요동 방면으로의 진출과 遼東都指揮使司의 설치 연혁에 대해서는 和田淸, 「明初의 滿洲經略」, 『東亞史硏究(滿洲篇)』, 東京 : 東洋文庫, 1955 및 南義鉉, 「遼東都司 設置와 방어체계 정비」, 『明代遼東支配政策硏究』, 강원대학교출판부, 2008 참조.

계의 유무와 상관없이 下司에서 上司에 올리는 상행문서의 일종이다. 據는 상행문서를 받았음을 의미하는 동사이다.

2-1은 영사 나남산이 總兵官 征虜副將軍 榮祿大夫 吳相府 左相 靖海侯, 즉 명 초에 요동 일대에서 활약했던 吳禎으로부터 명령문서를 받았음을 뜻하는 구절이다. 3-1, "該, 爲糧儲事"는 이 案驗의 제목에 해당하는 부분이다. "該"는 "節該"의 준말로, 앞서 받은 문서를 인용할 때에 그 전체를 인용하지 않고 앞 부분을 생략하였음을 뜻하는 말이다. "爲糧儲事"는 문서의 제목으로, 이 문서가 군량을 저장하는 일에 관한 것임을 뜻한다. 3-2는 총병관 오정이 휘하의 金州戍禦官 定遼衛都指揮僉事 王才로부터 보고를 받았음을 뜻하는 부분인데, 王才는 南京에서 출발하여 北平으로 향하던 중 표류하여 고려에 상륙했다가 요동으로 압송되어 돌아온 橫海衛 千戶 劉文와 百戶 汪名을 심문하여 작성한 공초장을 오정에게 보고하였다고 한다.

4-1은 위 군인들의 공초장의 내용이다. 이들은 홍무 5년(1372) 4월 2일에 항해를 시작하였다가 20일에 선단에서 떨어져 나와 표류하였고, 이후 고려의 王京 부근에 이르러 정박하였다. 군인 일부가 땔나무와 물을 구하겠다고 상륙했다가는 도망하였고, 이들을 추적하기 위해 뒤따라 상륙했던 군인들은 고려의 군사들에게 체포되어갔다. 결국 남은 인원들만 다시 항해에 나섰으나 결국 배는 파손되었고 군인 2명이 사망하였으며 배에 싣고 있던 군량은 모두 잃어버렸다고 한다. 3-3은 이 공초 사실에 근거하여 총병관 오정이 내린 조치를 서술한 부분이다. 고려에 체포되었거나 거기로 도망한 군인들을 체포해와야 하겠으니, 고려에 협조를 요청할 것을 정요위에 지시하였다는 내용이다. 다시 2-2는 영사 나남산이 총병관으로부터 위와 같은 지시를 받았음을 定遼都衛指揮使司에 알린 뭘 내용이다.

1-3은 최종적으로 정요도위지휘사사가 주어가 되어 고려국왕에게 전하는 핵심적인 내용이다. 위와 같은 경위로 고려에 도망 중인 군인 陳均祥 등을 체포해서 압송해줄 것을 요청하는 내용이다. 마지막의 "須至咨呈者"는 명 대 관문서의 結辭에 쓰이는 정형어구이다. 1-4의 "又咨呈"은 이 문서의 서식이 咨呈임을 알려준다. 1-5의 "高麗國王"은 수신자를 가리키며, 1-6의 "洪武五年七月初九日"은 문서의 발신 일시를 표시한 부분이다. 이 문서의 행이과정을 그림으로 표시하면 〈그림 4-1-1〉과 같다.

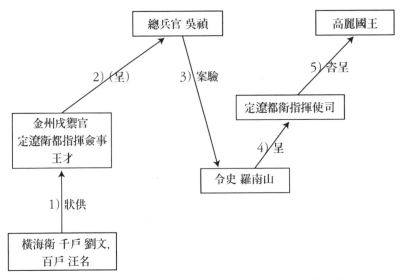

〈그림 4-1-1〉『吏文』2-6. 〈逃軍梢陳均祥等起取咨呈〉의 행이과정

이 그림에서 문서가 전달된 방향을 표시하는 화살표는 수신자와 발신자
사이의 상하관계를 반영하여 표시하였다. 즉 定遼衛都指揮使司에서 高麗國王
에게 보낸 咨呈이라는 문서는 상행문서였던 것이다. 원래 咨는 2품 이상의
관부 사이에서 주고받는 평행문서이지만, 2품 이상 관부들 사이에서도 약간
의 위계 차이가 존재했다. 명 초의 상황을 예로 들면, 군정기관인 大都督府나
홍무 13년(1380)의 관제 개정으로 그 후신이 된 五軍都督府는 정1품의 아문이
었고, 중서성이 폐지된 이후 민정의 최고 관부인 六部는 정2품 아문이었다.
따라서 6부에서 5군도독부에 문서를 보낼 때에는 같은 2품 이상의 아문이라
해도 咨呈을 사용하였다.[80] 定遼衛都指揮使司는 위 문서가 작성되었던 홍무
5년(1372) 단계에서는 정2품 아문이었던 것으로 보인다.[81] 그러나 당시에
고려국왕이 정1품 아문인 中書省과 평행문서인 咨를 주고받았던 점을 고려하

---

80) 『洪武禮制』 〈行移體式〉 참조.
81) 일반적으로 명 초에 衛指揮使司는 정3품 아문이었고 都指揮使司는 정2품의 아문이었다.
정요도위지휘사사가 설립되었을 당시에 그 책임자로 임명된 馬雲과 葉旺은 모두
정2품의 都指揮使에 임명되었다. 정요도위지휘사사는 이후 홍무 8년에 遼東都司로
확대, 재편되었다.

여 정2품의 都指揮使가 상행문서인 呈문을 보낸 것으로 이해할 수 있을 것이다.

고려-몽골 관계에서는 고려국왕이 관문서식의 문서를 주고받은 대상은 중앙 조정의 中書省이 거의 대부분이었다.[82] 반면에 명 대 이후로는 그 대상이 요동의 지방관으로까지 확대되었음을 위의 문서를 통해서 알 수 있다. 이에 따라 중서성과 주고받은 문서뿐만 아니라 요동 지방관과의 문서식도 확정될 필요가 있었다. 구체적인 대상 하나하나에 대한 규정이 만들어졌으리라 생각되지는 않지만, 현전하는 사료를 통해서 그때 사용된 문서식을 추적해볼 수 있다. 『이문』에 실린 문서 가운데 공민왕 대에 명에서 발신한 문서만을 추출해보면 다음과 같다.

〈표 4-1-2〉『이문』 소재 공민왕 대 명 발신의 외교문서

연번	일시	발신	수신	서식	문서 제목
이문 2-1	공민왕 19(1370).1.10.	중서성	고려국왕	咨	祭祀山川立碑中書省咨
이문 2-3	19(1370).10.9.	중서성	고려국왕	咨	蘭秀山叛賊干連人 高伯一發回咨
이문 2-2	20(1371).2.23.	중서성	고려국왕	咨	前原平章劉益投順 中書省咨
이문 2-4	20(1371).5.	요동위지휘사사	고려국왕	呈	前原平章洪寶寶悖逆呈
이문 2-5	20(1371).7.	요동위지휘사사	고려국왕	呈	洪寶寶軍馬聲息呈
이문 2-7	21(1372).4.	중서성	고려국왕	咨	賀平蜀兼請子弟入學咨
이문 2-6	21(1372).7.9.	정요도위 지휘사사	고려국왕	咨呈	逃軍梢陳均祥等起取 咨呈
이문 2-8	23(1374).5.8.	중서성	고려국왕	咨	朝廷禮物發回咨

위 표를 통해서 보면 명의 정1품 아문인 中書省은 고려국왕에게 咨를, 정3품 아문인 요동위지휘사사는 상행문서인 呈을, 정2품 아문인 정요도위지휘사사는 咨呈을 발신하였음을 알 수 있다. 이를 통해 고려국왕이 정1품에

---

82) 앞 장에서 살펴본 바와 같이 공민왕 6년(1356) 당시 고려의 都堂에서 征東行省에 呈書하여 遼陽行省에 '轉咨'해줄 것을 요청한 사례가 있는 것으로 보면, 정동행성과 요양행성 사이에서도 자문을 주고받았을 가능성은 상정할 수 있다. 그 가능성을 보여주는 또 다른 사례로는 『永樂大全』 권19423, 〈站赤〉 8의 至元 27년(1290) 11월 3일 遼陽行省의 咨를 참조. 요양행성에서 중서성에 보낸 자문에 대한 답신에서 중서성은 요양행성에 "즉시 征東行省에 문서를 보낼 것[就便行移征東行省]"을 요구하였다.

상당하는 지위로 인정되고 있었음을 알 수 있다.[83]

고려에서 발신한 관문서식 외교문서

고려에서 발신한 문서 역시 원 대와 마찬가지로 명 국내의 관문서식을
그대로 준용하였다. 고려국왕이 발신 주체가 된 문서로 다음의 사례를 들
수 있다.

¹⁻¹ 高麗國王

¹⁻² 據都評議使司申.

   ³⁻¹ 照得, (중략) 又准贊成事姜仁裕等關.

      ⁴⁻¹ 該, 洪武五年十二月, 欽奉宣諭聖旨.

         ⁵⁻¹ 節該, 恁每如今連三年, 依舊累來之後, 可三年一遭來進貢.

      ⁴⁻² 欽此. (중략)

¹⁻³ 據此, 除差同知密直司事鄭庇, 替代張子溫, 及差判繕工寺事禹仁烈等, 坐駕海船,
齎擎洪武七年正朝, 及乞貢方物表文二道·謝恩陳情表文三道前去外, 合行移咨, 伏
請照詳, 聞奏施行. 須至咨者.

¹⁻⁴ 右咨

¹⁻⁵ 中書省

¹⁻⁶ 洪武七年二月二十八日

¹⁻¹ 高麗國王

¹⁻² 都評議使司의 申을 받았습니다.

   ³⁻¹ 살피건대, (중략) 또 贊成事 姜仁裕 등의 關을 받았는데, 그 내용은
       다음과 같습니다.

---

83) 鄭東勳, 「高麗-明 外交文書 書式과 왕래방식의 성립과 배경」, 서울대학교 석사학위논문,
2009에서는 40~45쪽의 논증을 거쳐 고려국왕이 대략 1~2품 정도의 품계로 간주되었을
것으로 파악하였다. 그러나 이상의 검토를 통해 명에서 홍무 13년(1380)의 관제
개정으로 중서성이 폐지되기 이전까지는 고려국왕 역시 중서성과 동격의 정1품으로
인정되었음을 확인할 수 있다.

⁴⁻¹ 홍무 5년 12월에 삼가 宣諭聖旨를 받았는데, 그 내용은 다음과
같습니다.
⁵⁻¹ 너희는 지금과 같이 3년은 종전대로 여러 번씩 오고, 그
후에는 3년에 한 번 와서 조공을 바쳐도 좋다.
⁴⁻² 欽此. (중략)
¹⁻³ 이를 받고, 同知密直司事 鄭庇를 차정하여 張子溫을 대신하도록 하고, 또한
判繕工寺事 禹仁烈 등을 차정하여 배를 타고 홍무 7년 정조표문 및 조공을
요청하고 방물을 바치는 표문 두 통·사은진정표문 세 통을 가지고 가게
하는 외에, 마땅히 자문을 보내니, 엎드려 청하건대 상세히 살펴 (황제께)
아뢰시기를 바랍니다. 須至咨者.
¹⁻⁴ 右咨
¹⁻⁵ 中書省
¹⁻⁶ 홍무 7년(1374, 고려 공민왕 23) 2월 28일

이 문서는 홍무 7년(1374, 공민왕 23) 2월 28일자로 고려국왕이 명의
中書省에 발송한 咨이다.[84] 문서의 내용은 명에서 3년 1빙을 지시하고 遼東에
서 길목을 막은 데 대해 朝貢路로 定遼衛를 통과하는 길을 개통해줄 것을
요청하는 것이다.[85] 1-1의 "高麗國王"은 문서의 발신자를 표시하고 있다.
結辭에 해당하는 부분인 1-3의 마지막 부분, "合行移咨, 伏請照詳, 聞奏施行.
須至咨者." 역시 명의 관문서 양식을 그대로 따르고 있다. 1-5에서는 수신자로
"中書省"을 표시하고 있으며, 1-4 "右咨"에서 문서식이 咨임을 알 수 있다.
본문의 문체를 살펴보면, 1-2에서"據都評議使司申"이라고 하여 근거가 되는
문서를 표시하는 방법이나 "照得", "據此" 등의 단어, 그리고 洪武帝의 宣諭를
백화문체 그대로 옮기고 있는 방식 등 명의 관문서식과 완전히 일치하는

---

84) 이 문서를 발송한 사실은『고려사』권44, 공민왕 23년(1374) 2월 甲子, 수신한 사실은
『明太祖實錄』권89, 홍무 7년(1374) 5월 壬申에 기록되어 있다.
85) 당시의 貢期와 貢路 문제를 둘러싼 고려와 명의 갈등에 대해서는 末松保和, 앞의
논문, 東京 : 笠井出版印刷社, 1965, 332-345쪽 ; 김순자,「明의 貢物 증액 요구와 영토
분쟁」, 앞의 책, 2007, 71~77쪽 ; 윤은숙,「元末明初 劉益의 明朝 투항과 高麗의 對明
使行의 성격」,『歷史學報』221, 2014 ; 구범진·정동훈, 앞의 논문, 2021b 및 2021c
등을 참조.

모습을 확인할 수 있다.

다음 문서의 행이과정을 살펴보면 우선 홍무 6년 7월 13일 황제로부터 3년 1빙에 대한 聖旨를 받은 데에서 시작된다.(①) 이후 사절로 파견된 鄭庇, 周英贊, 姜仁裕, 禹仁烈, 張子溫 등이 요동에서 길이 막혀 돌아와서 關, 呈 등의 문서로 都評議使司에 보고하였고,(②~⑥) 이를 종합하여 도평의사사는 국왕에게 申으로 보고하였다.(⑦) 국왕은 이 보고를 접수하고 요동을 개통해 줄 것을 요청하는 表文을 황제에게 보냄(⑧)과 동시에 최종적으로는 중서성에도 咨文으로 이 사실을 전하고 있다.(⑧-①) 이 과정을 그림으로 나타내면 다음과 같다.

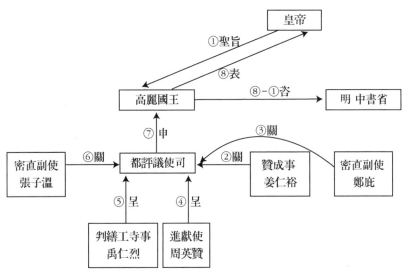

〈그림 4-1-2〉『吏文』2-10.〈請通朝貢道路咨〉의 문서 행이과정

특히 주목되는 것은 고려 국내에서 행이된 문서들을 인용하고 있는 방식이다. 고려말 국내 관문서로서 실물이 전하는 것이 많지 않기 때문에 그 양식을 온전히 복구하는 것은 불가능하다. 그러나 현전하는 자료에 근거한 연구에 의하면 고려 후기의 관문서는 고려전기와 큰 차이가 없이 상행문서로는 狀, 평행·하행문서로 貼을 사용하였고, 문체로는 "右官文乙 成給爲臥乎事叱段 [右官文을 成給하누온일딴]"과 같이 吏讀가 쓰였으며, 발급의 근거가 되는

문서를 제시할 때에는 "當司準"이라는 용어를 사용했다고 한다.[86] 그런데 위의 인용된 부분에서 확인되듯이 외교문서에서는 "據都評議使司申", "又准贊成事姜仁裕等關" 등의 표현을 사용하였다. 즉 국내문서식으로 申·關·呈 등이 쓰였던 것으로 서술한 것이다. 실제로 고려말에 이러한 문서식이 국내 관문서식으로 사용되었는지, 아니면 명의 문서식에 준하여 바꾸어 기록한 것인지는 쉽게 판단하기 어렵다. 다만 고려에서 발신하는 외교문서의 경우에도 별도의 국내 관문서식과는 전혀 달리 명의 관문서식을 그대로 준용하였음을 확인할 수 있다. 이러한 방식은 고려전기 宋에 보낸 외교문서와는 큰 차이를 보인다. 高宗 46년(1259) 고려에서 南宋의 慶元府에 보낸 문서에서는 고려 국내의 관문서에서와 마찬가지로 "當省準"이라는 용어를 사용하여 典據를 밝히는 방식을 고치지 않고 그대로 사용하였던 것이다.[87]

이를 통해서 고려에서 발신한 문서 역시 명의 관문서식을 그대로 준용하고 있음을 알 수 있다. 이는 과거 고려가 몽골제국 중서성과 관문서식인 자문을 주고받았던 전례를 그대로 따른 것이었으리라 생각된다.

'高麗國王之印' 인장의 사용

관문서식 외교문서를 주고받은 것과 관련해서 주목되는 것은 공민왕이 책봉과 동시에 명으로부터 '高麗國王之印'이라는 印章을 사여받았다는 사실이다.[88] 모든 관문서에는 문서의 말미에 官印을 날인하도록 규정되어 있었다. 고려국왕이 몽골제국 조정으로부터 駙馬高麗國王이라는 인장과는 별도로 征東行省의 官衙印과 행성 승상의 官職印을 동시에 수여받았음은 앞서 확인한 바와 같다. 그런데 명으로부터는 오직 '高麗國王之印'이라는 印文이 새겨진 인장 하나만을 수여받았다.[89] 그리고 구체적으로 이 인장은 금 재질[金印]에 거북이 모양의 손잡이[龜紐], 한 변의 길이가 3村인 정사각형 모양[方三寸]이었

---

86) 박재우, 「고려시대의 관문서와 전달체계」, 『古文書研究』 33, 2008, 12~14쪽.
87) 〈高麗禮賓省對南宋牒〉. 노명호 외, 『韓國古代中世古文書研究(上)』, 서울대학교출판부, 2000, 448~450쪽.
88) 『고려사』 권42, 공민왕 19년(1370) 5월 甲寅.
89) 『고려사』 권72, 輿服志 1, 印章.

다.[90] 이 인장은 명 국내의 관료들이 사용한 것과 동일하게 각종의 위계질서를 표현하는 요소들을 담고 있는데, 한 변의 길이가 3寸인 것은 명의 2품 아문과 거의 비슷한 수준이었다.[91] 고려국왕은 관문서에 날인하도록 되어 있는 인장을 사여받음으로써 명의 관료제 운영체계의 일원으로, 구체적으로는 1~2품의 위상을 가지고 참여하게 되었다. 이로써 명의 중앙 및 지방관부들과 관문서식 외교문서를 주고받는 데에 아무런 장애가 생기지 않게 되었던 것이다.

요컨대 공민왕 18년(1369) 처음으로 관계를 설정한 이후 고려와 명의 中書省, 그리고 요동의 지방관들 사이에서는 관문서식을 이용하여 의사를 주고받았다. 이는 과거 원 대의 전례를 계승한 것으로 볼 수 있으면서도, 그에 비해서 명 측의 대상자나 그에 따른 문서식의 종류 등은 오히려 확장된 것이었다. 고려국왕이 주체가 되는 문서 왕래 방식에서 고려와 명 사이에는 과거 고려-몽골 관계에 비해서도 그 관료제 운영 방식에 더 밀착되어 간 흔적이 보인다고 평가할 수 있을 것이다. 이는 관문서 체계가 가지는 의사소통의 명료함과 같은 실용적인 목적 외에도, 당시 명이 추구하고 있던 일원적인 질서 체계에 고려가 편입되어 가고 있었다는 큰 배경 하에서 이해할 수 있으리라 생각된다.

4. 宣諭聖旨의 활용

홍무제의 선유성지

고려에서 두 번째로 명에 파견되었던 사신 成准得은 예상치 못한 경험을 하게 되었다. 새로 천하의 주인이 된 洪武帝가 그를 불러다가 고려의 내정에 대해 매우 세세하게 묻고, 그에 대해 자신의 의견을 진술했던 것이다. 이 장면은 성준득이 돌아올 때에 함께 보내 온 璽書에 상세히 기록되어 있다.

사) 成准得이 京師에서 돌아왔다. 황제가 璽書를 하사하였는데 그 내용은

---

90) 『明史』 권68, 輿服志 4, 印信.
91) 印章에 표현된 고려국왕의 위상에 대해서는 정동훈, 「명대의 예제질서에서 조선국왕의 위상」, 『역사와 현실』 84, 2012, 268~274쪽 참조.

다음과 같았다. "근래에 사신이 돌아왔기에 국왕의 정치에 대해 물었다. 그가 말하기를, '왕은 오직 불교[釋氏]의 道에만 힘쓰고 있으며, 바닷가를 지나 바다로부터 50리, 혹은 30~40리를 떨어져서야 백성이 비로소 평안하게 살 수 있습니다.'라고 하였다. 짐이 그 까닭을 물었더니 말하기를, '倭奴가 소란을 피우기 때문입니다.'라고 하였다. 이에 성곽은 어떠하냐고 물었더니 말하기를, '백성은 있으나 성곽은 없습니다.'라고 하였다. 甲兵은 어떠하냐고 물었더니 말하기를, '그 엄숙함을 보지 못하였습니다.'라고 하였다. 왕의 거소는 어떠하냐고 물었더니 말하기를, '거소는 있으나 聽政하는 곳은 없습니다.'라고 하였다. 짐이 이에 생각해보니, 만약 과연 이와 같다면 왕을 위해 심히 우려된다. 짐은 비록 덕이 부족하지만 中國의 주인이 되었으며, 왕은 이미 신하를 칭하며 공물을 바쳤으니 이 일은 古禮에 부합된다. 무릇 제후의 나라에 형세가 장차 위험에 빠질 것 같다면 짐은 위기에서 버틸 수 있는 도리를 왕에게 깨우쳐 알려주지 않을 수 없다. (중략) 위의 몇 가지 일에 대해서 조잘조잘 이야기하였으나, 왕과 더불어 함께 근심한 것일 뿐이다. 왕은 그를 잘 살펴 도모하라.[92]

위의 인용문에 따르면 홍무제는 고려의 사신 성준득을 불러다가 대면하여 고려의 내정 상황에 대해 하나하나 세세하게 물었다고 하며, 그 답변을 근거로 자신의 의견을, 그 자신의 표현에 따르자면 '조잘조잘[喋喋]' 늘어놓았다.

이후에도 홍무제가 고려의 내정에 대해 폭넓게 자신의 의사를 직접 표현하는 일은 공민왕 대 내내 계속되었다. 예컨대 공민왕 21년 9월에 귀국 復命한 張子溫은 당시 양국 사이의 현안이었던 탐라의 몽골인 牧戶 처리 문제에 관한 홍무제의 의견을 고려에 전달하였다.[93] 황제의 뜻은 두 가지 경로를 통해서 표현, 전달되었다. 하나는 그가 직접 작성한 手詔를 통해 글로써

---

92) 『고려사』 권42, 공민왕 19년(1370) 5월 甲寅. 成准得還自京師. 帝賜璽書曰. "近者使歸, 問國王之政. 言, '王惟務釋氏之道, 經由海濱, 去海五十里, 或三四十里, 民方寧居者.' 朕詢其故, 言倭奴所擾. 因問城郭何如, 言有民無城. 問甲兵何如, 言未見其嚴肅. 問王居何如, 言有居而無聽政之所. 朕因思之, 若果如是, 深爲王慮也. 朕雖德薄, 爲中國主, 王已稱臣修貢, 事合古禮. 凡諸侯之國, 勢將近危, 朕所以持危之道, 不可不諭. (중략) 前之數事, 所言喋喋, 不過與王同憂耳. 王其審圖之. (하략).
93) 『고려사』 권43, 공민왕 21년(1372) 9월 壬戌.

국왕에게 직접 전달한 것이다. 다른 하나는 사신 張子溫과 대면하여 말로 전달하게 한 것이다. 홍무제는 장자온에게 이야기하기를, "나는 지금 국왕에게 편지를 보내는데, 너도 국왕에게 가서 자세히 말하라[我如今國王根底與將書去有 恁到那裏國王根底 備細說者]" 혹은 "내가 말한 이야기를 너는 국왕에게 가서 명백히 말하라[我這說的話 恁去國王根底 明白說到]"라고 하면서 자신의 뜻을 구술하였다. 이때의 대화 내용이 전통적인 한문과는 다른 白話文으로 문서화되어 고려에 전달되었다.

황제의 발언이 전달되는 경로

홍무제의 발언은 곧 문서화되어 고려에 전달되었는데, 이 과정에도 두 가지 경로가 취해졌다. 하나는 이른바 宣諭聖旨라는 형식이다. 예컨대 공민왕 22년(1373) 7월 壬子에 復命한 姜仁裕는 전년도 12월 20일과 그해 4월에 홍무제를 알현하여 들은 '宣諭'를 국왕에게 전하였다.[94] 무려 2,300여 자에 이르는 긴 내용으로, 그 안에는 고려의 사신 파견 문제, 탐라 토벌 문제, 요동 문제 등등이 아주 두서없이 서술되어 있다. 아마도 시간상으로도 수십 분 내지 한 시간 이상에 걸쳐 홍무제가 내뱉은 말을 옆에서 신하가 여과없이 모두 받아 적어, 이를 그대로 문서화해서 고려에 전달하는 방식이었을 것이다.[95] 그런 까닭에 정식의 한문으로 고쳐지지 않고 백화문체로 서술되어 있었던 것이다.[96] 조금 후대의 일이기는 하지만 다음의 사료가 홍무제의 발언 내용이 고려에 전달되는 방식을 잘 보여준다.

아) (황제가) 또 宣諭聖旨를 내려 말하기를, "내가 전날 너와 한 이야기를

---

94) 『고려사』 권44, 공민왕 22년(1373) 7월 壬子. 宣諭를 들었다는 내용을 『高麗史』에서는 다음과 같이 서술하였다. "(홍무 5년 12월)二十日早朝, 奉天門下, 面聽宣諭."

95) 홍무제의 발화가 宣諭라는 형식으로 문서화되는 경위에 대해서는 萬明, 「明代詔令文書硏究─以洪武朝爲中心的初步考察」, 『明史硏究論叢』 8, 2010, 7쪽 및 31~32쪽 및 鄭東勳, 「洪武帝의 명령이 고려에 전달되는 경로─聖旨의 문서화 과정을 중심으로」, 『東洋史學硏究』 139, 2017d 참조.

96) 이 장문의 宣諭에 대해서는 陳學霖, 「明太祖致高麗國王的白話聖旨」, 『明史硏究論叢』 8, 2010에서 자세한 해석이 시도되었다.

너는 기억하는가?"라고 하였다. 偰長壽가 아뢰기를, "대강의 聖旨의 뜻은 신이 감히 잊지 않았습니다. 다만 자세한 이야기는 다 기억하지 못할까 두렵습니다. 이는 모두 이야기하라고 하신 것이니, 그 성지를 신이 떠날 때에 성지를 기록한 것 한 통을 수령해서 가겠습니다."[97]

이 기사 바로 앞에는 홍무제가 고려의 사신 偰長壽와 대면하여 양국관계에 대한 자신의 뜻을 매우 자세하게 서술한 장문의 宣諭聖旨가 기록되어 있다. 위의 인용문에서와 마찬가지로 정식의 한문이 아닌 백화체의 문장으로 기술되어 있다. 『고려사』에 실려 있는 매우 장문의 이른바 '白話聖旨'는 대부분 이런 절차를 거쳐서 작성되었을 것이다.[98]

다른 하나는 홍무제의 발언을 기록한 것을 中書省에서 咨文을 통해 고려국 왕에게 전달하는 방식이다. 위에서 언급한 姜仁裕는 귀국과 함께 자신이 직접 들은 宣諭 외에도 중서성에서 국왕에게 보내는 자문 두 통을 함께 전달하였다. 그 자문은 대체로 다음과 같은 구조로 이루어져 있었다.

> 자) 中書省에서 咨文을 보내 말하기를, "(중략) 그달 23일 예부 관원이 (황제에게) 奏聞하고 (고려에서) 온 사신을 奉天殿으로 인도하였습니다. 인견이 끝나고 삼가 聖旨를 받들었습니다. '고려국왕이, 전에 사신들이 연달아서 갔기 때문에 국왕이 영접하느라 수고를 하여 벌써 더위를 먹었다. 이에 오랫동안 사람을 보내지 않았다. (하략)'"[99]

즉 황제가 고려에 대해서 언급한 일을 중서성에서 기록하여 그것을 그대로

---

97) 『고려사』 권136, 우왕 13년(1387) 5월. 又宣諭聖旨曰, "我前日, 和你說的話, 你記得麼?" 長壽奏, "大剛的聖意, 臣不敢忘了. 只怕仔細的話, 記不全. 這箇都是教道, 將去的聖旨, 臣一發 領一道録旨去."

98) 이에 대해서는 陳高華, 「說朱元璋的詔令」, 商鴻逵敎授逝世十周年紀念論文集編委會 編, 『商鴻逵敎授逝世十周年紀念論文集』, 北京 : 北京大學出版社, 1995 ; 張全眞, 「朝鮮文獻中明 初白話聖旨語言研究」, 『言語文化研究』 第26卷 第2號, 2006 ; 陳學霖, 위의 논문, 2010 등을 참조.

99) 『고려사』 권44, 공민왕 22년(1373) 7월 壬子. 中書省咨曰, "(중략) 當月二十三日, 禮部官奏 聞, 將引來使於奉天殿. 引見訖, 欽奉聖旨. '高麗國王那里, 已先爲使臣每去, 得重疊呵, 國王迎 接生受, 曾被暑熱來. 以此, 上多時不曾敎人去. (하략)"

자문 안에 담아서 고려에 전달한 것이다. 이처럼 홍무제는 때로는 詔書라는 문서를 통해, 혹은 사신과의 접견 자리에서의 직접 구술에 의해 고려의 내정이나 양국관계에 대한 자신의 의사를 표현하였다. 그리고 양자 모두 수신의 대상은 고려국왕이었다.

중국의 황제가 고려의 사신과 면대하여 그 국정에 대해 논하는 일은 거의 한 세기 전, 몽골제국 세조 쿠빌라이 시대에나 있었던 일이었다. 이후 몽골의 황제들은 국내적으로는 정국의 주도권을 잃어가면서 親政에 나서지 못하거나, 그렇다 하더라도 고려의 일에까지 직접 개입한 일이 없었다. 그러다가 새롭게 중국의 주인이 되어 萬機親覽의 자세로 정치에 임하던 홍무제의 시대에 와서 이러한 쿠빌라이 시대의 전례가 재현되기에 이른 것이다. 이를 통하여 고려는 명 조정, 더 정확히는 명 황제의 의사를 가감없이 그대로 파악할 수 있었고 이에 대응할 수 있었다. 이 방식은 쿠빌라이 시대에 충렬왕이 親朝해서 황제와 대면하던 방식을 제외하고는 가장 직접적이고 적극적인 의사소통의 수단이었다고 할 수 있다.

소결 : 고려-명 외교문서 교환 방식의 성립

이상에서 살펴본, 고려-명 관계가 처음 성립된 공민왕 18년(1369)~24년 (1374) 사이의 양국의 의사소통 방식을 정리해보면 다음과 같다.

첫째, 고려-명 외교관계에서도 이전과 마찬가지로 군주 사이의 외교문서는 황제의 조서와 국왕의 표문 형식으로 결정되었다. 이는 명에서 서한식 문서를 통해 건국을 알려온 데 대해 고려에서 먼저 奉表稱臣함으로서 성립된 것이었 다. 고려는 이후 의례적, 정기적 사신 파견을 지속하면서 표문을 올렸고, 명에서도 국내의 주요 사안이 발생할 때마다 조서를 반포해왔다.

둘째, 명에서 고려국왕을 책봉할 때에는 책봉호를 단지 '고려국왕'이라고만 하였고, 책봉 문서로는 誥命을 사용하였으며, 이는 다른 외국의 군주에 대해서 도 마찬가지였다. 명에서 '무외의 일원성'을 내세우면서 모든 외국에 대해 동일한 예제적 위상을 부여하려 했던 것과 관련이 있으며, 그 일원적 원칙으로 관료제의 운영 원리가 적용되었던 것이다.

셋째, 고려-명 관계에서도 기존의 고려-몽골 관계에서와 같이 관문서식 외교문서가 사용되었다. 고려국왕은 명의 최고위 관부인 중서성과 평행문서인 咨文을 주고받았고, 정3품 아문인 요동위지휘사사로부터는 상행문서인 呈을, 정2품의 정요도위지휘사사로부터는 咨文을 수신하였다. 고려-몽골 관계에서에 비해 고려국왕과 문서를 주고받는 대상이 확장되었으며, 이 과정에 역시 명 국내의 관료제 운영 원리가 더 강하게 적용되었다.

넷째, 기존과 달리 명 황제가 고려의 사신을 직접 인견하여 고려의 정치상황에 대해 묻고, 그에 대해 자신의 의견을 세세하게 진술하는 일이 자주 있었다. 황제의 말은 정식 한문으로 작성된 詔書나, 백화문체를 그대로 노출한 宣諭聖旨라는 형태로 문서화되기도 하고, 때로는 중서성의 咨文 속에 인용되는 형식을 통해서 고려에 전달되었다.

이상의 특징은 고려-몽골 관계의 계승과 단절이라는 측면에서 볼 때 크게 둘로 나눌 수 있다. 첫 번째부터 세 번째까지의 특징은 고려-몽골 관계에서의 전례가 그대로 적용된 것으로 볼 수 있다. 다만 그 운용 면에서 명 측의 관료제적 운영 원리가 더 강하게 작용하였다는 점에서 약간의 차별성을 갖는다고 볼 수 있다. 한편 네 번째 특징은 전례없던 일로, 명 초의 특수한 분위기 속에서 나타난 특징적인 현상이라고 볼 수 있다. 황제가 宣諭聖旨를 발령하는 행위는 홍무제 개인의 특성에서 비롯된 측면이 강하다고 할 수 있다.

황제와 국왕 사이의 조서와 표문 교환, 국왕과 명 관부 사이의 관문서식 외교문서 교환은 양국사이의 의사소통 수단으로 정착되어 조선-명 관계가 지속된 15세기에서 17세기 전반까지 대체로 지속되었다. 명의 황제가 조선의 사신을 인견하는 일이 거의 없어진 正統 연간(1435~1449) 이후로는 宣諭라는 형식으로 황제의 의지가 조선에 전달되는 일이 사라진 것이 유일한 변화라고 할 것이다.[100] 그러나 언뜻 전형적인 것으로 보이는 이러한 의사소통 방식이 항상 그렇게 유지되었던 것인지는 공민왕 대의 상황만으로는 아직 알 수 없다. 공민왕 대의 양국관계는 비교적 우호적인 분위기 속에서 성립되었는데, 공민왕 사후 정세가 급변하면서 책봉을 둘러싼 갈등이 지속된 우왕 대 이후로도 과연 그러했는지 확인해보아야 할 것이다.

---

100) 정동훈, 「正統帝의 등극과 조선-명 관계의 큰 변화-조선 세종대 양국 관계 안정화의 한 배경」, 『한국문화』 90, 2020.

2절 우왕 대 이후 갈등과 교섭 경로의 경색

우왕 대 고려-명 관계 연구사

비교적 순조롭게 시작되었던 고려-명 관계는 恭愍王 21년(1372)부터 삐걱대기 시작하더니, 공민왕 23년 9월과 11월, 공민왕 시해사건과 明使 피살사건이 연이어 터지면서 순식간에 긴장상태로 접어들었다. 더불어 국제정세 면에서도 北元과 명 사이의 대립이 종결되지 않은 상황이었고, 고려 국내의 정치 상황에서도 명과의 화친을 주장하는 목소리가 일순 가라앉고 李仁任을 중심으로 하는 세력이 禑王을 옹위하여 득세하고 있었다. 정통성 면에서 깔끔하지 못한 상태로 즉위한 우왕 정권은 국내외적으로 정권의 정당성을 인정받기 위한 목적에서 북원과 명 양자 사이에서 위태로운 줄타기를 시도하면서 양자 모두에게 책봉을 받고자 하였다. 그 결과 북원은 우왕이 즉위한 지 2년 반 정도 지난 후인 우왕 3년(1377) 2월 그를 征東省 左丞相 高麗國王으로 책봉하였다.[1] 반면에 명은 11년이 흐른 뒤인 우왕 11년(1385)에야 우왕의 왕위 계승을 인정하였다.[2] 우왕이 명에서 책봉을 받기까지 11년의 시간은 고려의 책봉 요청과 명의 공물 납부 요구 등이 대립하면서 양국관계가 첨예하게 대립하고 있던 시점이다. 또한 우왕이 책봉을 받고 나서도 곧이어 鐵嶺衛 문제가 터지면서 양국이 극한의 대립으로 치닫는 상황이 연출되었다. 그 과정에서 결국 위화도 회군이 단행되었고, 이는 왕조 교체로까지 이어지게

---

1) 『고려사』권133, 우왕 3년(1377) 2월.
2) 『고려사』권135, 우왕 11년(1385) 9월.

되었다.

이처럼 14세기 후반 고려말, 조선초의 역동적인 정치사의 전개는 대명관계와 매우 밀접한 관계 속에서 전개되었다. 따라서 이 시기에 대한 연구에서는 일찍부터 국내 정치의 변동과 대외관계를 아울러 고찰하는 것이 주된 방법으로 통용되었다.[3] 또한 당시의 동북아시아 국제질서 전반을 조망하는 가운데, 특히 요동 일대의 상황과 함께 고려-명 관계를 분석하는 연구들도 여럿 제시되었다.[4] 나아가 명 조정의 정세 변동과 관련하여 대고려·대조선 정책이 변화해간 측면을 분석한 연구도 있었다.[5] 다만 기존의 연구에서는 대체로 이 시기의 대명관계를 사건사 위주로 다루었던 까닭에 그것이 공민왕 대의 대명관계와 어떻게 달랐는지, 특히 제도적인 측면에서는 어떤 차이를 보였는지 등에 대해서는 밝혀지지 않은 부분이 적지 않다.

문제의 소재 : 고려-명 의사소통 방식의 격변

여기서는 우왕 대 이후 고려 말까지의 고려-명 관계를 의사소통 방식이라는 관심에서 분석할 것이다. 특히 우왕 대 이후 고려-명 관계에서는 국왕 책봉을 둘러싸고 복잡한 논의가 오고 갔는데, 국왕의 책봉 여부라는 변수를 중심에 두고 외교문서를 비롯한 의사소통 방식이 어떻게 달라졌는지를 분석해보도록 하겠다. 나아가 조선으로의 왕조 교체와 그 승인을 둘러싸고 벌어진 외교관계에 대해서도 검토해볼 것이다. 조선 太祖 역시 끝내 명의 책봉을

---

3) 李相佰, 「李朝建國의 硏究」 1·2·3, 『震檀學報』 4·5·7, 1936·1937 ; 末松保和, 「麗末鮮初にお
ける對明關係」, 『靑丘史草』 1, 東京 : 笠井出版印刷社, 1965 ; 申奭鎬, 「朝鮮 王朝 開國 當時의
對明 關係」, 『國史上의 諸問題』 1, 국사편찬위원회, 1959 ; 박원호, 「고려말 조선초
대명외교의 우여곡절」, 『한국사시민강좌』 36, 2005 ; 김순자, 『韓國 中世 韓中關係史』,
혜안, 2007 ; 이명미, 「고려 말 정치·권력구조의 한 측면─황제권의 작용 양상을 중심으
로」, 『東國史學』 58, 2015 등.
4) 和田淸, 「明初の滿洲經略(上)」, 『東亞史硏究(滿洲篇)』, 東京 : 東洋文庫, 1955 ; 池內宏, 「高
麗末に於ける明及び北元との關係」, 『滿鮮史硏究』 中世 第三冊, 東京 : 吉川弘文館, 1963 ; 朴
元熇, 「鐵嶺衛의 位置에 관한 再考」, 『東北亞歷史論叢』 13, 2006 ; 朴元熇, 「鐵嶺衛 설치에
대한 새로운 관점」, 『韓國史硏究』 136, 2006 ; 尹銀淑, 「나가추의 활동과 14세기말
동아시아 政勢」, 『明淸史硏究』 28, 2007 등.
5) 朴元熇, 『明初朝鮮關係史硏究』, 一潮閣, 2002.

받지 못하였는데, 그 당시의 조선-명 사이의 의사소통 방식이 고려말의 상황과 어떠한 점에서 특색을 보이는지를 함께 검토하도록 하겠다. 이를 통해 고려-명 관계를, 표면적으로 불거졌던 사건이나 갈등의 연속뿐만 아니라 그와 연동되었던 제도적 차원의 변화까지 아울러 살펴볼 것이다.

1. 우왕 책봉 이전, 황제가 주체가 된 의사소통 단절

洪武 연간 명의 사신 파견

우선 우왕 대, 우왕이 책봉을 받는 11년(1385) 이전까지의 상황에서 황제의 의사가 전달되는 방식부터 검토해보겠다. 공민왕 대와 비교했을 때 가장 큰 차이점은 황제의 의사가 글의 형태로든, 말의 형태로든 고려에 직접 전해진 일이 거의 없었다는 것이다.

우선 이 시기 명에서 고려에 파견한 사신의 사례를 살펴보겠다. 명 홍무 연간, 즉 고려 공민왕 17년(1368)부터 조선 태조 7년(1398)까지 30년 동안 명에서는 총 27차례의 사절을 고려에 파견하였다. 그 목록을 정리해보면 다음과 같다.

〈표 4-2-1〉 明 洪武 연간 고려·조선에 파견한 사신

회차	도착일자	사신 이름	관직	종족	사안
1	공민왕18.4.28.	偰斯	符寶郎	위구르	명 건국 통보
2	18.6.4.	金麗淵	(宦官)	고려	大都에 남아있던 고려인 송환
3	19.4.22.	徐師昊	朝天宮 道士		고려의 산천에 제사
4	19.5.26.	偰斯	尙寶司丞	위구르	공민왕 책봉
5	19.6.24.	栢禮	禮部主事		諸王分封 관련 조서반포
6	19.6.24.	卜謙	侍儀司人		科擧程式 관련 조서반포
7	19.6.24.	丁志	百戶		蘭秀山 반란군 陳君祥 관련 추궁
		孫昌甫	百戶		
8	19.7.16.	夏祥鳳	秘書監 直長		嶽鎭海瀆의 神號 통고
9	19.7.19.	孟原哲	中書省 宣使		北元 격파 통고
10	21.5.17.	延達麻失里	前元 院使	몽골	陳友諒·明貞 가족 유배
		孫 某	前元 院使	고려	
11	23.4.13.	林密	禮部主事		제주말 2천 필 공납요구
		蔡斌	孶牧所 大使		

12	우왕5.1.7.	任誠	鎭撫		포로·도망군인 송환요구
13	11.2.	程與	百戶		金得卿 사건 추궁
14	11.9.	張溥	國子監 學錄		우왕의 승습 인정
		段祐	行人		
15	11.9.	周倬	國子監 典簿		우왕 책봉, 공민왕 시호 사여
		雒英	行人		
16	12.12.	高家奴	指揮僉事	몽골	심양 군민호 4만여 추색
		徐質	指揮僉事		
17	14.03.	王得名	遼東 百戶		鐵嶺衛 설치 통고
18	창왕즉위.12.	喜山	前元 院使	고려	말·환자 요구,
		金麗普化	大卿	고려	몽골친왕 탐라에 유배
19	공양왕3.4.25.	韓龍	前元 中政院使	고려	말 공납 촉구하는 성지
		黃禿蠻	前元 中政院使	고려	
20	3.12.12.	康完者禿	前元 承徽院使	고려(?)	시정 탐문, 환자 공헌 중단 허락
21	태조2.5.23.	黃永奇	(欽差內使)	고려	염탐·인구 초유 등 문제제기
		崔淵	(欽差內使)	고려	
22	2.6.6.	高闊闊出	千戶	여진(?)	馬價 지불 관련
23	2.12.8.	金仁甫	(內使)	고려	
		張夫介외 2	(內使)	고려	
24	3.1.12.	盧他乃	(欽差內使)	고려	山東에서의 정탐, 무역행위 질책
		朴德龍	(欽差內使)	고려	
		鄭澄	(欽差內使)	고려	
25	3.4.4.	崔淵	(欽差內使)	고려	연해 지방 겁략인 체포 요구
		陳漢龍	(欽差內使)	고려	
		金希裕	(欽差內使)	고려	
		金禾	(欽差內使)	고려	
26	3.4.25.	黃永奇 등 3인	(欽差內使)	고려	연해 지방 겁략인 체포 요구
27	5.6.11.	牛牛	尙寶司丞		표문 작성자 鄭道傳 등 압송 요구
		王禮	(內使)		
		宋孝羅	(內使)		
		楊帖木兒	(內使)		

이상 명초 홍무 연간 명의 사신 파견 경향을 짧게 나누어서 보면 대체로 세 시기로 나누어 볼 수 있다. 첫 번째 시기는 명 건국 직후(1368년)부터 공민왕 말년(1374년)까지의 6년 동안이다. 이 기간 동안 11차례의 사절이 고려로 파견되었는데, 가장 빈번하게 파견된 시기라고 할 수 있다. 공민왕 19년에는 한 해 동안 무려 일곱 차례의 사절단이 고려를 방문했을 정도였다.

두 번째 시기는 공민왕이 시해되고부터 우왕이 책봉을 받는 우왕 11년 (1385) 이전까지의 10년 동안으로, 이 기간 동안에는 遼東都司에서 한 차례 사신이 파견되었을 뿐, 명 중앙조정에서는 어떠한 사절도 파견하지 않았다. 첫 번째 시기의 우호적인 사신 파견은 표면적으로는 공민왕 시해사건과 明使 살해 사건을 계기로 한동안 완전히 중단되게 되었다.

세 번째 시기는 우여곡절 끝에 우왕이 책봉을 받으며 양국관계가 정상화된 우왕 11년부터 홍무 말년(1398년, 조선 태조 7년)까지의 13년 동안으로, 이 기간에는 총 15차례의 사절이 파견되었다. 이 가운데는 우왕 책봉 사절을 제외하고는 의례적인 사안에 관련된 사절은 거의 없고, 말의 공납이나 무역을 요구하거나, 산동 지방에서의 분쟁 처리를 강구하는 등 대부분 실무적인 사안으로 사절이 파견되었다.[6]

여기서 확인되는 것처럼 우왕이 책봉을 받지 못하였던 10년 동안은 명 조정에서 사신을 파견하는 일이 전혀 없었다. 당시는 나하추를 비롯한 몽골의 잔여세력이 여전히 강성한 상황에서, 명이 이들과 고려가 결탁할 것을 우려하면서 고려에 금과 은, 말 등을 포함한 막대한 공물을 요구했던 시기이다.[7] 명에서 사신을 파견하지 않은 것은 이러한 국제정세 속에서 고려에 외교적 압박을 가하려는 의도도 있었을 것이나, 적어도 논리적으로는 국왕을 책봉하지 않은 상황에서 고려를 정식의 외교 상대로 인정하지 않겠다는 뜻을 표출한 것으로 해석할 수 있다.

우왕 대 초 명 황제 문서의 중단

사신의 파견이 중단된 것과 동시에 황제의 명의로 작성된 글, 즉 詔書 역시 거의 전해지지 않았다. 우왕 즉위부터 책봉 때까지 11년의 기간 동안 단 한 사례가 있었을 뿐이다. 그나마 그것 역시 고려 사신이 귀환하는 길에 전달되었다. 우왕 5년 3월의 일로, 전년도에 고려에서 賀正使로 파견된 沈德符에게 주어서 보낸 手詔가 그것이다.[8] 이 手詔에서 홍무제는 고려에서 사신을

---

6) 명 조정에서 고려에 파견한 사신의 목록과 그 경향에 대해서는 정동훈, 「명초 국제질서의 재편과 고려의 위상」, 『역사와 현실』 89, 2013, 116~124쪽 참조.

7) 우왕 대 초 고려-명 관계에서 歲貢 문제에 대해서는 정동훈, 「100필인가, 1,000필인가―고려-명 관계에서 歲貢 문제」, 『한국중세사연구』 68, 2022a ; 정동훈, 「3년 1공인가, 4년 1공인가―고려-명 관계에서 歲貢 문제와 『명태조실록』의 조작」, 『韓國史學報』 86, 2022b 참조.

살해한 일을 크게 질책하면서 집정대신의 입조와 공물 납부를 강한 어조로 요구하였다. 이는 향후 6년여에 걸쳐 양국 사이의 최대 현안이 되었던 歲貢 문제의 단초가 되는 일로, 이 발언을 "우왕조의 대명관계사에 한 획을 긋는 결과를 가져왔다"고 평가하기도 한다.[9] 이처럼 우왕이 책봉을 받기 이전 11년 동안은 양국관계에 큰 영향을 끼친 가장 중대한 한 건의 사안을 제외하고 는 황제 명의의 문서가 발송되지 않았던 것이다.[10]

황제의 고려 사신 접견 중단

다음으로 명 황제와 고려 사신의 대면 여부는 어떠했을까. 공민왕 대에 파견된 고려의 사절들을 황제가 직접 대면하여 자신의 의사를 가감없이 진술했던 것과 달리, 이 시기에 파견된 고려의 사절들은 황제의 얼굴을 보지 못하였다. 황제가 고려에 대해서 내린 언급은 中書省이나 禮部 등의 명의 관원들의 손을 한 번 거쳐서 고려에 전달되었다. 다음의 사료가 그것을 잘 보여준다.

> 가-1) 周誼·柳藩이 京師에서 돌아왔다. 禮部尚書 朱夢炎이 帝旨를 기록하여 우리나라 사람들에게 보여주었다. 이르기를, "짐은 한미한 신분에서 흥기하여 天命을 받들어 원을 대신해 천하를 다스리며 중국의 군주가 되었다. 즉위하던 초기에 옛날의 哲王의 도를 본받아 四夷의 추장들에게 신속히 통보하여 그들로 하여금 중국에 군주가 있음을 알렸다. 그 당시에 는 우호관계를 맺자는 데 지나지 않았는데, 뜻밖에 고려국왕 王顓이 즉각 신하를 칭하면서 조공을 바쳤으니, 이는 힘에 의한 것이 아니라 마음에서 우러나온 것이었다. 그 왕이 몇 년 동안 정성을 다해오다가 신하에 의해 시해 당한 지 또한 몇 년이 흘렀는데, 그들의 사신이 와서

---

8) 『고려사』 권134, 우왕 5년(1379) 3월.

9) 末松保和, 앞의 논문, 1965, 351쪽.

10) 이 외에 이듬해인 우왕 6년(1380) 홍무제는 고려에 사절을 파견하여 조공을 제대로 납부하지 않는 점을 질책한다는 내용의 勅書를 작성하였다. 이 문서는 『明太祖御製文集』 에 실려 있으나(권8, 〈問高麗貢不如約〉), 실제로는 사절을 파견하지 않음으로써 고려에 전달되지는 않았던 것으로 보인다.

王顓을 위한 시호를 요청하고 있다. 짐이 생각하건대 산으로 가로막히고 바다로 떨어져 있어 聲敎를 전하기 어려울 것 같아 멋대로 살 것을 허락하며 爵位에는 구애됨이 없게 하고자 하였다. 앞서는 그 군주를 시해하고 우리 사신을 꾀어서 살해해놓고는 이제 와서 어찌 법률을 준수하고 憲章을 충실히 지키겠다고 하는 것인가. 찾아온 자는 예를 갖추어 돌려보낼 뿐, 너희 대신들은 그 나라 일에 개입하지 말라. 勅과 같이 시행하라."11)

가-2) 짐은 한미한 신분에서 흥기하여 天命을 받들어 원을 대신해 천하를 다스리며 중국의 군주가 되었다. (중략) 찾아온 자는 예를 갖추어 돌려보낼 뿐, 너희 대신들은 그 나라 일에 개입하지 말라. 勅과 같이 시행하라.12)

가-1)은『고려사』에 전해지는 일부로, 고려의 사신 周誼 등에게 명의 禮部尙書 朱夢炎이 자신이 받든 홍무제의 성지[帝旨]를 기록하여 보여주었다고 되어 있다. 가-2)는『明太祖御製文集』에 〈命中書諭高麗〉라는 제목 하에 황제가 中書省에 내린 글로 실려 있다. 실제로 가-1)에 주몽염이 보여주었다고 한 '帝旨'의 내용은 가-2)의 그것과 字句에 차이도 없이 완전히 일치한다. 즉 홍무제는 中書省에 勅을 내려 고려와 통교를 중단하겠다는 의지를 구체적으로 진술하였고 이를 중서성의 예부상서가 기록하여 고려의 사신에게 전달하는 경로를 거쳤던 것이다.

이 밖에도 고려에서 누차 공민왕의 시호를 청하는 표문을 올린 데 대해서도 中書省에 칙을 내려 고려의 요청을 물리치라는 뜻을 전하기도 하였다.13)

---

11)『고려사』권133, 우왕 4년(1378) 8월. 周誼·柳藩, 還自京師. 禮部尙書朱夢炎錄帝旨, 以示我 國人. 曰, "朕起寒微, 實膺天命, 代元治世, 君主中國. 當卽位之初, 法古哲王之道, 飛報四夷酋 長, 使知中國之有君. 當是時, 不過通好而已, 不期高麗王王顓, 卽稱臣入貢, 斯非力也, 心悅也. 其王精誠數年, 乃爲臣所弒, 今又幾年矣, 彼中人來, 請爲王顓謚號. 朕思, 限山隔海, 似難聲敎, 當聽彼自然, 不干名爵. 前者弒其君, 而詭殺行人, 今豈遵法律, 篤守憲章者乎. 好禮來者歸爾, 大臣勿與彼中事. 如勅施行."
12)『明太祖御製文集』에 〈命中書諭高麗〉. 朕起寒微, 實膺天命, 代元治世, 君主中國. (중략) 好禮來者歸, 爾大臣, 勿與彼中事. 如勅施行.
13)『明太祖御製文集』권6, 〈諭中書却高麗請謚〉.

또한 공물 문제 등과 관련해서는 遼東都司가 황제의 뜻을 대리로 전달한 사례들이 여러 차례 확인된다.14) 이처럼 황제는 고려의 사신을 인견해서, 고려국왕에게 전하는 말을 직접 내렸던 공민왕 대와는 대조적으로 中書省이나 요동도사를 통해 자신의 의사를 간접적으로 전달하는 방식을 취하였던 것이다.

이 기간에 황제가 고려의 사신을 인견한 사례로 명확히 확인되는 것은 우왕 6년(1380) 7월, 周誼의 사례가 유일하다. 그는 그해 4월 사신의 입조를 중재해줄 것을 부탁하는 문서를 가지고 遼東으로 갔으나 거기서 체포되어 경사로 압송돼서 7월에 황제를 알현하고는 10월에 귀환하였다.15) 양국이 歲貢 문제로 갈등을 겪고 있는 상황에서 황제는 진노한 상태로, 御札을 보이면서 周誼를 심문하였다고 한다. 11년 동안 황제가 공식적으로 고려 사신을 만나본 것은 이렇게 정상적이라고 할 수 없는 상황에서 단 한 차례가 있었을 뿐이었다.16)

이처럼 우왕 즉위 이후 11년 동안 황제가 자신이 직접 문서의 주체가 되는 조서를 내린 사례도 단 한 차례밖에 없고, 고려의 사신을 인견하여 자신의 의지를 밝힌 사례도 비정상적인 상황에서 한 차례밖에 없었다. 이러한 황제의 태도는 고려국왕을 정식 외교의 상대로 인정하지 않겠다는 뜻을 표방한 것이었다. 이와는 대조적으로 고려에서는 嗣王, 즉 우왕의 명의로 공민왕의 시호를 요청하고, 우왕의 승습을 인정하며, 우왕에게 책봉을 내려줄 것을 요청하는 표문을 거의 매 해 반복해서 황제에게 올리고 있었다. 당시는 명과 北元의 대치가 이어지고, 이어서는 명이 요동으로 진출을 시도하면서 고려와의 사이에서도 군사적 긴장이 고조되고 있던 상황이었다. 따라서 고려의 입장에서는 국왕의 책봉을 통해 정권의 안정을 보장받는 것이 매우 중대한 사안이었다. 반면에 명의 홍무제는 공물 문제를 빌미로 고려를 꾸준히 압박하였다. 그와 동시에 우왕을 책봉하지 않음으로써 그를 정식의 외교

---

14) 『고려사』 권134, 우왕 6년(1380) 2월 ; 권135, 우왕 9년(1383) 정월 ; 10년(1384) 7월 등.

15) 『고려사』 권134, 우왕 6년(1380) 4월 ; 8월 ; 10월.

16) 이는 周誼가 홍무제의 舅人이 되었던 고려 출신 周妃의 오라비이며, 과거 홍무 5년(1372)부터 황제가 "周씨 소녀의 친족을 보내라"고 요구했던 것과 관련이 있을 것이다.

상대로 인정하지 않는 태도를 취하였다. 그러면서 명은 "고려는 산과 바다로 隔絶되어 있으니 명에서는 일체 개입하지 않고 다만 自爲聲敎할 것을 허락하겠다."고도 하였다.[17] 여기서 '自爲聲敎'라는 것은 다시 말하면 명을 중심으로 하는 국제질서에서 배제시키겠다는 것으로, 구체적으로는 우왕에게 冊封을 내려주지 않겠다는 의사를 표현한 것이었다.

2. 서한식 외교문서의 중지

요동 高家奴와의 서한 왕래

명 조정의 사신 파견 중지와 황제 명의의 문서 발신 중단 등으로 양국의 의사소통 경로 가운데 가장 상위의 채널이 막혀버린 상황에서 고려는 다른 경로를 찾지 않을 수 없었다. 특히 국경을 맞대고 있는 遼東 지역은 공민왕 22년(1373)에 처음으로 고려 사신의 入境을 가로막은 이후 계속해서 고려와 긴장 상태를 유지하고 있었다. 고려 조정은 끊임없이 사신을 파견하여 막힌 문을 두드림과 동시에 요동 일대의 유력자들과 개별적으로 접촉하여 우호관계를 맺고자 하였다. 그리고 이들과의 교섭에는 주로 서한식 문서를 사용하였다. 이는 앞서 공민왕 대 내내 원의 유력자들과 서한식 문서를 주고받으면서 소통했던 방식과 일치하는 것으로, 전혀 새로운 현상은 아니었다.

예컨대 고려는 당시 요양 일대에서 독자적인 세력을 유지하고 있었던 高家奴와 접촉을 시도하였다. 그는 元代에 遼陽行省의 平章으로 있으면서 공민왕 대부터 이미 고려와 교섭을 하고 있었다.[18] 그는 명이 건국하자 공민왕 21년(1372) 명에 귀부하여 관직을 수여받았다. 그러나 나하추가 평정되어 요동 일대가 명의 판도에 완전히 포섭되게 되는 우왕 13년(1387) 이전까지는 여전히 고려와 독자적으로 교섭하기도 하였다.[19] 사행로가 막히고 고려-명 관계가 경색 일로를 걷고 있던 우왕 2년(1376) 3월 고려 조정은

---

17) 『고려사』 권135, 우왕 9년(1383) 정월.
18) 『고려사』 권39, 공민왕 10년(1361) 4월 辛巳 ; 권40, 공민왕 11년(1362) 4월 丙子, 5월 乙丑 ; 권41, 공민왕 15년(1366) 12월 癸酉 등.
19) 尹銀淑, 「나가추의 활동과 14세기말 동아시아 政勢」, 『明淸史硏究』 28, 2007 참조.

요동의 정세를 탐문하기 위해 定遼衛의 高家奴에게 사신을 파견하였다.[20] 이때에 어떠한 문서가 쓰였는지에 대해서는 기록에 남아 있지 않다. 다만 이에 대한 高家奴의 答書는 다음과 같다.

> 나) 判事 金龍이 定遼衛에서 高家奴의 書를 가지고 귀환하였다. 그 書에 이르기를, "내가 홍무 5년(1372)에 조정에 귀부한 이래로 여러 해 동안 입은 두터운 은혜는 필설로는 한마디로 다 쓸 수 없습니다. 지금 本國에서는 普顏帖木兒王[공민왕]이 어떻게 죽었는지 알지 못하기 때문에 主人[황제]께서 의심하고 있습니다. 하물며 또한 파견했던 관원 蔡 大使 등도 죽었으니, 이에 王命이 통하지 않고 있습니다. (중략) 이번에 사신 金龍을 파견해서 오기는 잘 왔습니다. 그러나 南雄侯 大人이 京師로 돌아갔으니 또한 당신들이 마음으로 불안해할까 우려되어 내가 두 수비하는 관인과 상의하여 다시 그들을 돌려보냈습니다. (중략) 만약 원래의 사신 金龍이 도착하여 相國 여러분께 이 뜻을 전한다면 마땅히 四海와 八方에서 신하를 자칭하며 오지 않는 이가 없다는 마음을 뜻으로 품고 서둘러 나라를 다스리는 老臣을 파견하거나 혹은 바칠 말을 가지고 總兵官 靖海侯 등 大官人에게 와서 말씀을 하십시오. 이 기회를 잡아야지 때를 놓쳐서는 안 됩니다. (중략) 만약 이번에도 사람을 보내지 않는다면 나 역시도 거짓말을 한 것으로 알겠으니, 그대들이 다시 무슨 말을 할 수 있겠습니까. 조만간 대군이 나하추를 무찌른 후에 그대들이 수만 필의 말을 보내온들 무슨 소용이 있겠습니까."라고 하였다.[21]

문서의 문체를 살펴보면 怎生(왜, 무엇), 上頭(~ 때문에), 好生(매우), 恁那裏

---

20) 『고려사』 권133, 우왕 2년(1376) 3월.
21) 『고려사』 권133, 우왕 2년(1376) 6월. 判事金龍, 自定遼衛, 齎高家奴書還. 其書曰, "僕自洪武五年歸降朝廷, 數年之閒, 深蒙厚恩, 非筆舌一言能盡. 玆因本國不知怎生廢了普顏帖木兒王上頭, 主人疑惑. 況又將差去官蔡大使等亦廢了, 因此不通王命. (중략) 今次, 差使臣金龍, 來好生的好爭. 奈南雄侯大人回京, 又恐恁那裏心上不安, 俺這裏與兩箇守方面的官人商量了, 且交他每回去. (중략) 若原來使臣金龍至, 專望列位相國, 當以四海八方靡不來臣之心爲意, 作急差經濟老臣, 或奉上之馬, 幷總兵官靖海侯等大官人處來說話. 趂此之機, 不可失期. (중략) 若今次不來顯, 知我也說謊, 恁再如何說話. 克日大軍殄滅納哈出等後, 恁便將無萬的馬來何用."

(그대), 俺這裏(나) 등의 용어가 쓰인 데서 백화체임을 알 수 있다. 恭愍王을 "普顔帖木兒王"이라는 공민왕의 몽골식 이름을 가지고 지칭한 점에서도 "王顓"이라고 지칭한 다른 문서들과는 달리 口語 몽골어를 기초로 작성되었을 것임을 짐작할 수 있다. 즉 이는 과거 원 대에 많이 쓰이던 백화체로 작성된 서한식 문서임을 알 수 있다. 당시 高家奴는 명의 관직을 가지고 있으면서도 고려와 사사로이 통교하고 있었던 것이다.

그런데 문서의 내용을 보면 南雄侯, 즉 명의 장군 趙庸이 이 사실을 목격하고 京師로 돌아간 데에 대해 高家奴가 우려를 표하면서, 고려 측에서도 이를 불안하게 여길 것이라고 하고 있다. 즉 고려와 명 사이의 공식적인 관계가 아닌 私交 행위가 들통 날 것을 걱정했던 것이다.[22]

고려의 서한 발송과 명의 私交 금지

고려는 명 공적 관부와의 공식적인 외교 이외에 문무관료나 諸王 등과의 교섭에서 여전히 서한식 외교문서를 사용했다. 그러나 명에서는 이러한 행위를 私交라고 하여 철저히 금지했다. 우왕 10년(1384)에는 書狀官으로서 사행에 참여했던 鄭道傳이 당시 요동에 포진해있던 延安侯 唐勝宗, 靖寧侯 葉昇을 비롯한 명의 실력자들에게 書를 보내 친선을 도모하였는데 그 문체를 보면 전형적인 서한 형식이다.[23] 唐勝宗 등은 이 서한을 받은 사실을 비롯하여 고려 측의 접촉을 물리치고 이를 황제에게 보고하여 황제로부터 '名臣'이라고 포상을 받기도 했다.[24] 같은 해에 고려는 요동에서 나하추 정벌을 위한 군사활동을 벌이고 있던 總兵 藩敬과 葉旺에게도 行禮使를 파견하여 書信과 禮物을 전달했는데, 이들은 '人臣義無私交'라는 명분을 내세워 사절

---

22) 문서의 내용 속에도 당시 遼東의 정세가 明 쪽으로 기울고 있으니 總兵官 靖海侯 등에게 와서 성의를 표할 것을 권고하고 있는데, 이는 공식적인 요청이 아니라 비공식적 인 제안 내지는 충고로 이해할 수 있는 내용이다. 따라서 이 문서가 사적인 私交에 해당하는 것임이 더욱 분명히 드러난다.

23) 『三峰集』 권3, 〈上遼東諸位大人書〉. 鄭道傳은 이해에 評理 鄭夢周가 賀聖節使로 명에 갈 때에 서장관으로 참여하고 있었다. 鄭夢周 일행이 명에 사행한 것은 『고려사』 권117, 鄭夢周傳 및 『명태조실록』 권165, 홍무 17년 9월 갑인에서 확인된다.

24) 『명태조실록』 권163, 홍무 17년(1384) 7월 己未 ; 『명사』 권131, 唐勝宗 및 葉昇.

을 잡아 京師로 압송하기도 했다.25) 이 사례 또한 서한식 문서를 통한 외교가 사적인 접촉이라 하여 엄격히 금지되었음을 보여주는 것이라고 할 수 있다.

고려가 서한식 외교문서를 통해 사적으로 교섭하는 것이 금지되었던 명의 세력에는 諸王도 포함되었다.26) 고려는 공양왕 2년(1390) 당시 북경에 分封받았던 燕王, 즉 후의 永樂帝에게 사신을 파견하여 예방하였는데,27) 이들이 받아온 燕王의 답서는 다음과 같다.

> 다) 安叔老가 燕에서 돌아왔다. 燕王이 咨書하여 말하기를, "署高麗國事와 國人, 陪臣들께 안부를 전합니다. 근래에 예물을 가지고 왔으나 어찌 감히 쉽게 받을 수 있겠습니까. 옛 사람이 말하기를 신하된 자는 外交를 할 수 없다고 하였습니다. 그러나 이를 물리치면 보내온 사람의 뜻이 난처해질 것 같아 물품만 남겨두고 사신은 돌려보냅니다. 삼가 狀을 써서 父皇께 三韓과 통한 뜻을 아뢸 것입니다. 명이 내려지면 알려드리겠으니 國人과 陪臣들께서는 그리 아십시오.28)

고려가 燕王에게 보낸 문서가 어떤 서식이었는지 명시된 자료는 없지만, 연왕의 답장이 서한식이었음을 보면 고려 측에서 보낸 문서도 마찬가지였을 것으로 생각된다. 그런데 연왕은 명의 공적 관부를 거치지 않고 고려가 자신을 직접 예방한 것을 人臣無外交의 원칙에 위배된다고 하여 수용하기 곤란하다는 뜻을 내비치고 있다. 또한 父皇, 즉 중앙 조정의 洪武帝에게 고려가 通好하고자 한다는 뜻을 아뢰고서 그 명령을 받겠다고 하였다. 고려가 공적 관부 이외의 세력과 私交행위를 벌이는 것은 명의 입장에서는 대단히 꺼려지는 일이었기 때문이다. 명의 공식적인 행정관부와의 교섭에서 오직

---

25) 『고려사』권104, 金方慶 付 金九容 ;『明史』권134, 葉旺 및 馬雲.
26) 고려·조선과 명의 親王과의 교섭에 대해서는 朴元熇,「明 '靖難의 役' 時期의 朝鮮에 對한 政策」,『明初朝鮮關係史研究』, 一潮閣, 2002, 130~136쪽 참조.
27) 『고려사』권45, 恭讓王 2년(1390) 6월 庚辰.
28) 『고려사』권45, 恭讓王 2년(1390) 11월 丙午. 安叔老還自燕. 燕王咨書曰, "致意署高麗國事與國人陪臣等. 邇以禮物來, 安敢易納. 古人云, 臣子無外交之理. 卻之必艱人意, 故物留使還. 謹以狀, 聞于父皇, 以通三韓之意. 必命乃報, 國人陪臣等審焉."

관문서식만이 사용되었던 것과는 달리 서한식 외교문서의 사용은 이렇게 私交라고 이해되는 영역에만 국한되었다. 따라서 이후로는 명의 王府와의 교섭에서도 관문서식인 咨가 사용되었다.[29)]

이처럼 우왕 대 이후 고려는 조정 사이의 공식적인 접촉 경로 이외에도 요동과 북경 일대의 유력자들에게 서한을 보내면서 우호관계를 유지하고자 애를 썼던 것으로 보인다. 그러나 이러한 행위는 私交인 것으로, 人臣無外交의 원칙에 어긋나는 것으로 이해되었기 때문에 명측의 상대자는 가능한 한 이를 회피하고자 하였다. 이는 당시 洪武帝가 강력한 집권화정책을 펼치면서 국내정치뿐만 아니라 대외관계까지도 중앙에서 일일이 통제하려던 상황에서,[30)] 명이 고려와의 외교창구를 공적 관부로 통일하고자 했기 때문이다.[31)] 그리고 이러한 방침은 '人臣無外交'라는 명분에 의해 강조되었다.

요동 高家奴의 관문서식 문서 발송

따라서 명의 관원들은 고려에서 보낸 서한식 문서에 대한 咨書 형식을 제외하고는, 각자가 소속된 관부 및 개인이 받은 관직에 근거하여 관문서식 문서를 보내고자 하였다. 앞서 인용문 나)의 高家奴의 서한이 전달된 것이 우왕 2년(1376) 6월의 일이었는데, 그해 11월에 高家奴는 자신의 관직에 근거한 관문서식 외교문서를 고려 조정에 발신한 일이 있었다.

---

29) 『太祖實錄』 권3, 太祖 2년(1393) 4월 庚寅.

30) 명초의 專制皇權 성립에 대해서는 檀上寬, 「明王朝成立期の軌跡－洪武朝の疑獄事件と京師問題をめぐって」, 『明朝專制支配の史的構造』, 東京 : 汲古書院, 1995 참조.

31) 이는 명초에 강력하게 실시된 海禁, 陸禁 정책과도 관련지어 이해할 수 있다. 吳緝華, 「明代海禁與對外封鎖政策的連環性－海禁政策的成因新探」, 吳智和 主編, 『明史研究論叢』, 臺北 : 大立出版社, 1984 ; 佐久間重男, 「明初日中關係をめぐる二・三の問題－洪武帝の對外政策を中心として」, 『日明關係史の研究』, 東京 : 吉川弘文館, 1991 ; 檀上寬, 「明初の海禁と朝貢－明朝專制支配の理解に寄せて」, 明淸時代史の基本問題編輯委員會 編, 『明淸時代史の基本問題』, 東京 : 汲古書院, 1997 등 참조. 한편 이를 통해서 명은 책봉을 받은 군주가 통치하는 國만을 정식 외교 상대로 인정하여 여타의 세력들이 국제관계에 개입하는 것을 차단하고자 하였다. 이에 대해서는 鄭東勳, 「明代 前期 外國 使節의 身分證明 方式과 國家間 體系」, 『明淸史研究』 40, 2013 참조.

¹⁻¹ 留守衛親軍指揮使司指揮 高家奴
¹⁻² 洪武九年十一月初九日, 承奉大都督府箚付.
　　²⁻¹ 洪武九年閏九月二十三日, 本府官欽奉聖旨.
　　　　³⁻¹ 教高家奴, 做京城留守衛指揮, 於遼東到任, 招諭未附人民.
　　²⁻² 欽此.
　　²⁻³ 仰照驗欽依施行.
¹⁻³ 奉此, (중략) 爲此, 今開前去, 當職, 合行咨呈, 伏請照驗施行. 須至咨呈者.
¹⁻⁴ 右咨呈
¹⁻⁵ 高麗國
¹⁻⁶ 洪武九年十一月二十六日

¹⁻¹ 留守衛 親軍指揮使司指揮 高家奴
¹⁻² 홍무 9년(1374) 11월 9일, 大都督府의 箚付를 받았습니다.
　　²⁻¹ 홍무 9년 윤9월 23일, 대도독부는 삼가 聖旨를 받들었다.
　　　　³⁻¹ 高家奴를 京城留守衛 指揮로 삼아 요동에 부임하여 아직 귀부하지
　　　　　　않은 인민들을 초유하게 하라.
　　²⁻² 欽此.
　　²⁻³ 바라건대 잘 살펴 시행하라.
¹⁻³ 이를 받고, (중략) 이에 문서를 보냅니다. 當職은 咨呈을 보내니, 엎드려
　　바라건대 잘 살펴 시행하십시오. 須至咨呈者.
¹⁻⁴ 右咨呈
¹⁻⁵ 高麗國
¹⁻⁶ 洪武九年十一月二十六日[32]

　이 문서의 발신자는 문서 첫 줄의 "留守衛親軍指揮使司指揮 高家奴"이다.
또한 수신자는 문서 마지막의 "高麗國"이며, 그 서식은 상행문서인 咨呈이다.
여기서 高家奴는 명에서 받은 정식 관직 명의로서, "當職"을 자칭하며 高麗國에
관문서식의 일종인 咨呈을 보내고 있다. 이 문서의 요지는 고려에 유입된

---

32) 『이문』 2-13. 〈取發李綁帖里等人戶高家奴咨呈〉.

遼陽의 民戶들을 돌려보내라는 것인데, 이는 황제의 聖旨에 따라 大都督府에서 보낸 箚付의 내용에 의거한 것이다. 즉 高家奴가 명의 관원으로서의 입장에서 고려와 문서행위를 할 때에는 관문서식인 咨文을 사용했던 것이다.

관문서식 외교문서로의 획일화

이처럼 고려-명 관계에서는 과거 많이 쓰였던 서한식 외교문서의 사용이 중지되고 관문서식으로 획일화되었다.[33] 이는 앞서 확인한 바 공민왕 대 성립된 양국 외교 제도의 다양한 측면에서 명 국내의 관료제적 운영 원리가 강하게 투영되고 있었던 경향과도 관련이 된다. 관료제적 위계질서 및 그 운영원리의 바깥에 있다고 할 수 있는 서한식 외교문서 왕래를 금지함으로써, 모든 외교 관계를 명 조정과 고려 조정 사이의 일대 일 관계로 한정시켰던 것이다. 이를 통해 명은 실용적으로는 당시의 격변하는 국제정세 속에서 고려가 명 국내의 다른 세력들과 연합하는 것을 차단하는 효과를 기대하였을 것이다.[34] 나아가서는 외교의 영역에까지 자국의 관료제적 운영 원리를 적용시킴으로써 예제적인 측면에 상대국으로부터 자신의 확실한 우위를 인정받고자 했던 것으로 볼 수 있다.[35] 더 나아가 이념적으로는 황제 중심의 일원적인 예적 질서에 외국까지도 포괄시킴으로써 '四海一家'나 '一視同仁'이라는 관념의 실현을 추구했던 것이 아닐까 생각된다.[36]

3. 관문서식 문서의 주체 변동

도평의사사의 관문서식 외교문서 수발신

고려와 명의 관부 사이의 관문서식 외교문서 왕래 방식도 국왕의 책봉

---

33) 이 경향에 대해서는 鄭東勳, 「高麗-明 外交文書 書式의 성립과 배경」, 『韓國史論』56, 2010, 185~193쪽 참조.
34) 이 역시 海禁 정책 추진 배경과 일치한다. 檀上寬, 앞의 논문, 1997 참조.
35) 이에 대해서는 岩井茂樹, 「明代中國の禮制覇權主義と東アジア秩序」, 『東洋文化』85, 2005 참조.
36) 鄭東勳, 앞의 논문, 2010, 194쪽.

여부에 따라 큰 차이를 보였다. 앞서 책봉을 받았던 공민왕 대에는 고려에서 명의 관부, 구체적으로는 中書省이나 定遼衛에 보내는 모든 문서는 高麗國王이 발신의 주체가 되었다. 그러나 책봉을 받지 못한 시점에서 우왕은 '高麗國王'으로서 문서행위의 주체가 될 수 없었다. 대신에 고려에서 보내는 실무 외교문서는 모두 都評議使司의 명의로 발송되었다.

예컨대 공민왕이 시해된 직후인 공민왕 23년(1374) 12월, 명의 사신 蔡斌이 귀국길에 살해당한 사건의 진상을 알리는 고려 측의 문서는 '高麗國都評議使司'가 발신자로서 명의 中書省에 보낸 申文이었다. 문서에서는 국왕이 아닌 도평의사사가 문서의 주체가 된 이유에 대해서 王大妃의 말을 인용하여 "禑가 權署國事로서 감히 곧바로 咨文으로 알릴 수가 없으므로"라고 밝혔다.[37] 이는 단순히 우왕이 명으로부터 권위를 인정받지 못했기 때문이라는 일반적인 뜻 이상을 품고 있다. 우왕이 책봉을 받아 정식으로 '高麗國王'으로서 앞서 받은 印章을 날인할 권위를 부여받지 못한 상황이었으므로 당연히 그 인장을 찍은 문서를 쓸 수 없었던 상황을 반영하고 있는 것이다.

마찬가지로 명에서도 문서 수신자로 국왕이 아닌 都評議使司를 지목하고 있었다. 『吏文』 2-17은 우왕이 책봉되기 직전인 우왕 11년(1385) 정월에 北清州에서 발생한 명군과 고려군 사이의 충돌에 대해 명의 遼東都指揮使司에서 고려에 항의하면서 관계자를 압송할 것을 요구하는 내용을 담고 있다. 이때 고려 측의 문서 수신자는 都評議使司로 명기되어 있다.[38]

이 기간 동안 고려와 명 관부 사이의 관문서식 외교문서로서 『吏文』에 수록된 문서를 정리해보면 다음 표와 같다.

표에서 확인되듯이 고려의 都評議使司에서 명의 정1품 아문인 중서성, 정2품 아문인 遼東都指揮使司에 상행문서인 申이나 呈을 보냈다. 반면에 명의 아문들이 도평의사사에 보낸 문서식은 하행문서인 照會였다. 관료제적인 질서에서 고려의 아문들이 자국의 관품에 비해 두 등급씩 강등된 대우를

---

37) 『吏文』 2-9. 〈金義叛逆都評議使司申〉. 即目孫男王諱, 權署國事, 不敢逕直咨稟, 恁都評議使司差人申達朝廷. 인용문에서 '王諱'라고 한 것은 원본 문서에서는 '王禑'라고 되어있을 것이나 우왕 당시에 이 문서를 謄錄하는 과정에서 국왕의 이름을 피휘하여 쓴 것을 『吏文』을 편찬할 때에 그대로 인용한 것으로 보인다.

38) 『吏文』 2-17. 〈北清州萬戶金得卿生邊釁遼東照會〉. 이 사건의 더 자세한 전말에 대해서는 『고려사』 권126, 열전39, 林堅味 참조.

전거	일시	발신	수신	서식	문서 제목
이문 2-9	공민왕 23년 (1374) 12.25.	고려국 도평의사사	중서성	申	金義叛逆 都評議使司申
이문 2-12	우왕 원년 (1375) 11.9.	도평의사사	중서성	申	濟州行兵 都評議使司申
이문 2-14	4년(1378) 9.12.	요동도지휘사사	고려국 도평의사사	照會	軍人江才等告人命 遼東照會
이문 2-17	11년(1385) 1.15.	요동도지휘사사	고려국 도평의사사	照會	北淸州萬戶金得卿 生邊釁遼東照會
이문 2-18	11년(1385) 10. 이전	고려국 도평의사사	요동도사	呈	再催里不歹等人戶 遼東照會
이문 2-18	11년(1385) 10.19.	요동도지휘사사	고려국 도평의사사	照會	再催里不歹等人戶 遼東照會

받는다는 원칙 아래 고려의 1품 아문인 都評議使司가 명의 在外 3품 아문 격으로 인정되었기 때문이다.[39] 고려국왕이 문서의 주체가 되었다면 양자가 평행문서인 咨文을 주고받았을 것이나, 그렇지 못한 상황에서 고려의 아문들은 관문서의 왕래에서 명의 아문들에 비해 하위에 위치했던 것이다.[40]

의사소통 측면에서 본 책봉의 의미

이상에서 살펴본 것처럼 우왕 즉위부터 11년까지 국왕이 책봉을 받지 못한 상황에서 명은 우왕을 공식적인 의사소통의 상대로 인정하지 않았다. 황제는 고려에 사신을 파견하지도, 조서를 반포하지도 않았으며 고려국왕이

---

39) 都評議使司와 명 사이의 관문서식 외교문서 왕래 방식에 대해서는 鄭東勳, 앞의 논문, 2010, 170~171쪽 및 178~179쪽 참조.

40) 여기서 한 가지 해명해둘 것은 『고려사』에서는 이 시기 고려와 명 사이에서 문서를 주고받은 것을 모두 '移咨'했다고 기록하고 있다는 점이다. 예컨대 권134, 우왕 5년 (1379) 8월 조에서는 "遼東都司移咨都評議使司"라고 하였고, 권135, 우왕 10년(1384) 정월 조에서는 "都評議使司移咨遼東"이라고 한 것 등이다. 그러나 『고려사』에 인용된 부분에는 문서의 起頭나 結辭가 생략되어 정확한 문서의 서식이 무엇이었는지 확인할 수 없다. 따라서 문서의 전문이 실려 있는 『吏文』의 기록을 근거로 문서식을 파악하는 것이 더 정확하다. 그렇다면 『고려사』에서 '移咨'라고 한 것은 "咨文을 보냈다"는 뜻이 아니라, 『고려사』의 편찬자들이 구체적인 서식을 지목하지 않은 채 "문서를 보냈다"는 뜻의 일반적인 동사로 사용한 것으로 보아야 할 것이다.

파견한 사신도 인견하지 않았다. 관문서식 문서 왕래의 면에서도 고려국왕은 직접 문서행정의 주체가 되지 못했으며, 그를 대신해서 고려의 최고 아문인 都評議使司가 고려의 대표기구가 되었다. 이렇게 본다면 책봉이란 단순히 의례적인 차원의 문제를 떠나서 의사소통의 경로가 어떻게 설정될 것인가를 결정짓는 요소가 되었던 것임을 알 수 있다. 고려가 명의 무리한 貢物 요구를 감수하면서까지 우왕의 책봉에 외교적 노력을 기울였던 것은 안보를 둘러싼 형세적인 이유 외에도 이러한 이유가 있었을 것이다.

4. 우왕 책봉 이후 의사소통 방식의 복원

황제의 조서 재개

10여 년 동안의 갈등과 조정 끝에 고려에서 5년 동안의 세공을 한꺼번에 완납하면서 명은 홍무 18년(1385)에 드디어 우왕을 책봉했다. 홍무제는 國子監 學錄 張溥와 行人 段祐, 國子監 典簿 周倬과 行人 雒英 등을 고려에 파견하여 우왕의 왕위 계승을 인정하여 고려국왕으로 책봉하는 誥命을 전하고, 공민왕에게 諡號를 내렸다.[41] 이들이 공민왕 사후 첫 번째로 명 조정에서 고려에 파견한 사절이었다. 이로써 양국의 외교관계는 정상화되었다고 할 수 있다. 그렇다면 의사소통의 경로는 책봉 이전과 이후에 어떤 차이를 보였을까?

우선 황제의 의사가 고려에 전달된 경로를 확인해보겠다. 홍무제가 황제의 명의로 작성된 문서를 통해 자신의 의사를 밝히는 경로가 재개되었다. 책봉 당시에는 우왕의 승습을 인정하는 詔書와 우왕을 책봉하는 誥命,[42] 공민왕에게 시호를 내리는 誥命 등을 내렸다. 이들 문서를 받고 고려에서는 곧바로 책봉 및 시호 사여와 함께 詔書를 내려준 데에 대한 사은 표문을 발송하였다.[43]

---

41) 이들이 명에서 파견된 사실은 『명태조실록』 권174, 홍무 18년(1385) 7월 甲戌에서 확인된다. 이들이 고려에 도착한 것은 같은 해 9월의 일이다. 『고려사』 권135, 우왕 11년(1385) 9월 참조.

42) 『고려사』의 지문에는 해당 문서를 인용하면서 "制曰"이라고 하였는데, 이는 명 대의 고명이 "奉天承運皇帝制曰"이라고 시작한 데서 비롯된 것으로 보인다. 이에 대해서는 4장 1절, 2) 책봉 관계의 성립과 책봉문서 誥命의 사용 참조.

또한 문서 자체는 인용되어 있지 않지만, 홍무제는 고려의 사자를 접견한 자리에서, "이번에 그대들에게 반포하는 조서는 신하들에게 쓰게 한 것이 아니라 내가 직접 쓴 것이다"라고 하면서 手詔를 내린다는 사실을 특기하기도 하였다.[44]

책봉을 통해 양국관계가 외형상으로는 정상화되었다고 할지라도, 홍무 초년과 같이 명 국내의 주요 사안에 대해서 고려에 모두 조서를 반포하는 등 긴밀한 의사소통이 이루어진 것은 아니었다. 실제로 이 기간에 해당하는 홍무 20년(1387) 7월에는 명의 오랜 숙적이었던 遼東의 나하추의 항복을 받아내고, 이를 축하하며 논공행상과 대사면을 행한 일이 있었다.[45] 그러나 정작 이와 관련하여 첨예한 긴장관계에 있던 고려에는 그 사실을 직접 알리지 않았다. 고려에서 이를 축하하는 사절을 파견하여 표문을 올렸지만,[46] 이는 명에서의 공식적인 통보에 근거한 것은 아니었다.

또한 우왕 12년(1386) 3월에는 전년도에 謝恩使와 賀正使로 파견되었던 曹敏修와 沈德符 등이 명에서 하사한 曆書와 符驗 등을 가지고 귀국하였다.[47] 그러나 이에 대해서 고려에서 별도의 사은사를 파견했다는 기록이 없는 것으로 보면 이와 관련된 황제의 조서는 내려지지 않았던 것으로 보인다. 실제로 이후의 사례를 보아도 역서를 내려주거나 부험을 교환해주는 등의 사안에 대해서는 禮部의 咨文을 통해서 그 사실을 알렸을 뿐,[48] 이와 관련된 조서는 없었던 것으로 보인다.

황제의 고려 사신 접견과 선유성지

홍무제가 자신 명의의 문서를 내리는 일은 많지 않았지만, 그는 대신

---

43) 『고려사』 권135, 우왕 11년(1385) 10월.
44) 『고려사』 권135, 우왕 11년(1385) 12월. 今番開去的詔書呵, 不曾着秀才每做, 都我親自做來的.
45) 『명태조실록』 권183, 홍무 20년(1387) 7월 庚辰.
46) 『고려사』 권136, 우왕 13년(1387) 9월.
47) 『고려사』 권136, 우왕 12년(1386) 3월.
48) 符驗에 대해서는 『吏文』 2-20 〈倒換符驗禮部咨〉, 曆書에 대해서는 『吏文』 2-23 〈公用紙箚等三件禮部咨〉이 확인되는데, 모두 예부의 자문이다.

고려의 사절이 南京에 이르면 대부분 이들을 인견하여 자신의 의사를 적극적으로 풀어냈다. 우왕이 책봉을 받은 이후 퇴위하기까지 약 3년 동안 고려에서는『고려사』에서 확인되는 것만도 21차례나 사절을 파견했다. 이들 사절 가운데 상당수는 홍무제를 만나 그가 직설적인 어투로 양국관계를 논한 것을 들을 수 있었다. 홍무제는 사신들에게 자신의 이야기를 국왕에게 제대로 전할 것을 강력히 지시하였다. 安翊에게는 "너희 사신들은 내가 한 말을 거기(고려)에 돌아가서 하나하나 전하지 않으면 어찌 되겠는가."라고 하였고,[49] 鄭夢周에게는 "이 이야기를 너는 잘 기억하였다가 너희 국왕과 재상에게 가서 잘 알아듣게 얘기하라"라고 하였다.[50] 특히 홍무제는 偰長壽를 인견하였을 때, 그가 재상가의 자손이며 자신의 말을 잘 알아들을 것임을 여러 차례 강조하면서 자신의 의사를 고려의 국왕과 재상에게 잘 전달할 것을 거듭 당부하였다.[51]

황제 발언의 문서화 과정

이렇게 구술된 홍무제의 의사는 앞 절에서 살펴본 것과 같이 侍臣이 모두 받아 적어 宣諭라는 형식으로 문서화되어 고려에 전달되었다. 여기에는

---

49) 『고려사』 권135, 우왕 11년 12월. 恁這使臣每呵, 我這里說的言語, 到那里件件說不到乍麽算.

50) 『고려사』 권136, 우왕 12년 7월. 這話恁每, 記者, 到恁那國王衆宰相根前, 說知一.

51) 『고려사』 권136, 우왕 13년 5월. 你却是故家子孫, 不比別箇來的宰相每. 你的言語, 我知道, 我的言語, 你知道, 以此說與你, 你把我這意思對管事, 宰相每說大槩. ;你回去, 疊疊的說與他. 偰長壽의 선조는 위구르인으로, 원 대에 누대에 걸쳐 재상의 지위에 있다가, 홍건적의 난 때에 고려에 귀부하였다(『고려사』 권112, 偰遜 및 偰長壽). 명에서 고려에 최초로 파견한 사절 偰斯는 그의 숙부로, 원 말까지 江西行省 嘉定의 知州로서 張士誠의 휘하에 있다가 1366년에 주원장 세력에 귀부했다(『명태조실록』 권132, 홍무 13년 6월). 홍무제는 偰씨 가문의 내력 그들의 인적 네트워크를 잘 알고 있었으며, 이를 대고려 외교에 적극 활용한 것이었다. 백옥경, 「麗末 鮮初 偰長壽의 政治活動과 現實認識」, 『朝鮮時代史學報』 46, 2008 및 David M. Robinson, *Empire's Twilight*, Cambridge : Harvard University Press, 2009, pp.134~135. 설씨 가문의 외교 네트워크를 적극 활용한 것은 고려·조선 쪽에서도 마찬가지였다. 한 연구에 따르면 공민왕 22년(1373)에서 세종 16년(1434)까지 62년 동안 설씨 가문의 구성원, 즉 偰長壽와 偰眉壽 등이 명 조정에 파견된 것이 총 23회에 이른다고 한다. 鄭紅英, 「朝鮮初期與明朝的使臣往來問題探析」, 『延邊大學學報』 (社會科學版) 第45卷 第2期, 2012, 139쪽 참조.

일반적으로 구어체의 백화문이 쓰였다. 이와는 별도로 중서성 폐지 이후 對고려 외교업무를 담당한 예부에서도 황제의 聖旨를 기록, 자문으로 작성하여 고려에 전달했다.[52] 이때에는 황제의 말이 비교적 전형적인 한문으로 기록되었다. 황제의 명령이 백화문과 한문 두 가지로 기록된 차이점에 대해서 간략하게 살펴보겠다.

> 라-1) 禮部의 咨文에 이르기를, "삼가 聖旨를 받들었습니다. '(중략) 앞서 恭愍이 (왕위에) 있을 때, 조공을 바치러 사신이 왔기에 짐이 감탄하였다. 짐이 평민으로서 흥기하였을 때, 王顓은 三韓에서 왕 노릇을 하고 있었다.
> 禮部咨曰. "奉聖旨.'(중략) 前者, 恭愍在時, 入貢使至, 朕嘗歎之. 朕起草萊, 王顓之爲王於三韓.'"[53]

> 라-2) 偰長壽가 京師에서 돌아왔다. 삼가 宣諭聖旨를 받들었는데 거기에 이르기를, "(중략) 바얀테무르[伯顔帖木兒]왕이 있을 때에는 좋은 말을 보내왔고, 우리에게 준 말들도 꽤 쓸 만했다."
> 偰長壽還自京師. 欽奉宣諭聖旨曰, "(중략) 伯顔帖木兒王有時, 進了些好馬來, 與我那馬却是好."[54]

두 인용문은 모두 고려에 전달된 홍무제의 말이다. 한 눈에 느낄 수 있듯이 두 글은 문체에서 차이가 난다. 마-1)은 예부에서 기록한 황제의 말로, 일반적인 한문으로 기록되어 있다. 마-2)는 설장수가 전하는 황제의 말로, 매우 거친 백화문으로 작성되었다. 단어의 선택에도 차이가 있다. 마-1)에서는 고려의 국왕을 "恭愍"이라고 표시하고, 그의 이름은 "王顓"이라고 하였는데, 마-2)에서는 "伯顔帖木兒王"이라고 하였다. 앞서 高家奴가 보낸 서한에서 "普顔帖木兒王"이라고 했던 것과 마찬가지로 "伯顔帖木兒"는 공민왕의 몽골식 이름 바얀테무르를 한자 음차로 표기한 것이다.

---

52) 『고려사』 권136, 우왕 12년(1386) 7월 ; 13년(1387) 2월 ; 권137, 우왕 14년(1388) 6월 등.
53) 『고려사』 권136, 우왕 12년(1386) 7월.
54) 『고려사』 권136, 우왕 13년(1387) 5월.

마-2)의 宣諭는 빠르게 내뱉는 황제의 말을 곁에 있던 신하가 곧바로 받아 적으면서 손쉽게 백화체로 기록한 것이다. 따라서 황제의 말이 윤색 없이, 보다 생생하게 전달되었다. 이를 보면 홍무제는 공민왕을 가리킬 때에 伯顔帖木兒王이라고 했음을 알 수 있다. 반면에 마-1)에서 황제의 말이 정식 한문으로 기록된 것은 예부에서 자문을 작성할 때에 애초에는 백화문으로 기록되었을 황제의 말을 한문으로 재구성했기 때문이다. 그 와중에 원래는 伯顔帖木兒라고 불렀던 고려국왕의 이름을 王顓으로 고쳐 기록하기도 하였다. 따라서 예부의 자문을 통해 전해진 황제의 의사는 한 차례의 윤색을 거친, 비교적 외교적 언사가 많이 포함된 것이라고 할 수 있다. 황제의 의사가 보다 명백하게 드러나는 것은 당연히 선유성지이다. 고려국왕이 책봉을 받음으로써 정식의 외교 파트너로 인정돼 그가 파견한 사신이 황제를 알현할 기회를 갖게 됨으로써 황제의 의사를 좀 더 직접적이고 가감 없이 파악할 수 있게 되었던 것이다.

국왕 명의의 관문서식 외교문서 재개

다음으로 관문서식 외교문서의 왕래방식을 살펴보자. 우왕이 책봉을 받은 것은 공민왕 대에 이미 명에서 사여받은 高麗國王之印을 정식으로 날인할 수 있는 권위를 부여받은 것을 의미한다. 따라서 高麗國王이 관문서식 외교문서를 주고받는 고려 측의 주체로 다시 등장하였다. 『吏文』에 수록된 외교문서 가운데 이 시기의 것으로는 『吏文』2-15〈鐵嶺等處榜文張掛咨〉와 2-18〈再催里不歹等人戶遼東照會〉, 2-19〈運糧指揮馬扒破船遼東照會〉 등 세 건이 있다. 이 가운데 뒤의 두 건은 요동도지휘사사에서 高麗國都評議使司에게 보낸 照會이다. 이는 우왕이 책봉을 받기 이전과 마찬가지의 문서 전달 경로이다. 반면에 철령위 설치와 관련해서 중요한 내용을 담은 2-15는 遼東都司에서 수신자로 高麗國王을 명기하여 보낸 평행문서인 咨文이다. 이외에도 『고려사』에는 이 기간 동안 "移咨曰"이라고 하여 명 측의 문서가 전달된 것을 인용한 부분이 여럿 확인된다. 다만 '移咨'라는 말이 '문서를 보내다'는 뜻의 일반동사로 사용되었다고 한다면 이것이 곧바로 문서의 서식이 咨文이었음을 의미하는 것은 아니다. 그러나 홍무제가 직접 예부에 명령하여 고려국왕에게 자문을 보내라고 한 것을 보면,55) 책봉을 받은 이후 명의 중앙정부에서 관문서를 보낼 때에 고려국왕을 직접 수신자로 지정하는 것이 일반적이었음을 알 수 있다.

명이 책봉 이후 고려의 국왕을 정식 외교창구의 주체로 인정하였음은 명 측의 연대기 기사에서 우왕을 가리키는 말을 어떻게 표시했는지에서도 확인된다. 우왕을 책봉하기 이전에는 고려에서 표문을 올리거나 方物을 헌납한 주체를 가리켜 "高麗王王顓子禑"라든지,56) "高麗世子王禑",57) "高麗署國事王禑",58) "高麗權國事王禑"59) 등으로 표시하였다. 그러나 책봉을 내리는 그해 7월 이후로는 그 주체를 모두 '高麗國王'으로 표현하였다.

이상에서 확인한 것은 모두 우왕이 책봉을 받은 우왕 13년(1385) 9월을 전후해서 양국 사이의 의사소통 경로가 변화했음을 보여준다. 황제는 자신이 직접 작성한 문서를 보내거나 고려의 사신을 인견하여 의사를 표명하였고, 고려국왕도 관문서식 외교문서를 통해 명의 관부들과 직접 소통에 나섰다. 책봉을 통해 고려국왕이 외교상대로 인정되면서 양국의 소통 경로가 훨씬 다양화되고 직접적으로 소통할 면적이 넓어졌음을 의미하는 것이다.

5. 창왕, 공양왕 대의 의사소통 경색

황제 명의 문서의 중단

우왕 14년(1388) 7월 위화도 회군으로 우왕은 왕위에서 물러나고 창왕이 즉위하였다. 이로써 자연히 고려는 국왕이 책봉을 받지 못한 상황이 되었다. 위화도 회군 직후 고려 측에서는 崔瑩의 요동 공격 죄상을 보고하면서 왕위를 교체한다는 사실 자체는 물러나는 우왕 명의의 표문으로 명에 알렸다.60) 이 표문에서 왕위의 승습을 인정해줄 것을 요청했으나 명은 창왕을 책봉하지

---

55) 『고려사』 권135, 우왕 13년(1387) 2월. 爾禮部, 移咨高麗國王, 必如朕命, 無疵矣.
56) 『명태조실록』 권108, 홍무 9년(1376) 9월 丁卯.
57) 『명태조실록』 권112, 홍무 10년(1377) 5월 丙戌.
58) 『명태조실록』 권128, 홍무 12년(1379) 12월 是月.
59) 『명태조실록』 권165, 홍무 17년(1384) 9월 甲寅 ; 권174, 홍무 18년(1385) 7월 癸亥.
60) 『고려사』 권137, 우왕 14년(1388) 8월.

않았다. 그리고 이듬해 11월 공양왕이 즉위하면서는 定昌府院君 王瑤의 명의로 고려국왕위의 교체를 알렸다.[61]

이 기간 동안 황제 명의의 조서는 『고려사』에서 한 건 밖에 확인되지 않는다. 공양왕 3년(1391) 12월의 일이다. 이 조서에서 홍무제는 "왕씨의 후손이 이[三韓] 백성의 군주가 되었다고 하므로, 이제 특별히 사신을 보내 위로하고 署政 여하를 보게 한다."[62]라고 하여 고려의 내정 상황에 따라 책봉 여부를 결정할 것임을 밝혔다.

이 사례 이외에 황제의 의지는 모두 宣諭라는 형식으로, 즉 본인 명의의 문서가 아닌 다른 기관의 입을 빌어 간접적으로 전달되었다. 여기에는 다시 세 가지 경로가 있었는데, 첫째는 고려 사신을 접견하여 풀어낸 것, 둘째는 禮部 등 명의 아문을 통해 전달한 것, 셋째는 명 사신의 입을 통해 대신 전하게 한 것 등이 그것이다.

황제의 선유성지 발령

첫째와 둘째는 이전 시기에도 있었던 것으로, 새로운 방식은 아니다. 고려 사신으로 이 시기에 황제를 만난 인물로는 李穡이 있다. 흔히 온건파 사대부로 분류되어,[63] 고려왕조의 유지에 진력했던 이색은 우왕 폐위 이후 창왕 옹립을 강력하게 주장하기도 했다. 당시 고려에서 儒宗으로 칭송되며, 정치계의 중심인물로 활약했던 그는 직접 명에 사신으로 가서 監國을 파견해줄 것과 창왕의 入朝를 허락해줄 것을 요청하였다. 단순히 책봉 정도가 아니라 국왕의 입조를 실현하여 창왕의 입지를 명의 권위에 의해 보장받고자 하는 시도였다.[64] 홍무제는 평소부터 이색의 명성을 들어왔던 터라 그를 여러 차례 인견했다고 한다. 이 자리에서 황제가 이색의 漢語가 나하추와

61) 『고려사』 권45, 공양왕 원년(1389) 11월 庚寅. 遣順安君昉·同知密直司事趙胖如京師, 告卽位. 奏曰, "高麗國定昌府院君臣 王瑤謹奏. (하략)"
62) 『고려사』 권46, 공양왕 3년 12월 甲子. "乃王氏苗裔, 君主斯民, 今特遣使往勞, 以觀署政."
63) 李相佰, 앞의 논문, 1936·37을 비롯, 고려말의 정치사를 다룬 대부분의 논고가 이러한 분류를 따르고 있다.
64) 李泰鎭, 「14세기 동아시아 국제정세와 牧隱 李穡의 외교적 역할」, 牧隱研究會 編, 『牧隱 李穡의 生涯와 思想』, 一潮閣, 1996.

같다고 한 일화가 유명하다.[65] 그러나 이색의 의도는 실현되지 못했다. 황제는 창왕의 親朝를 청하는 이색의 말에 대해 즉답을 회피했다. 오히려 皇家의 일족을 고려 명가의 딸들과 혼인시키라는 宣諭를 내린 것이 고려에 전달되었을 뿐이다.[66] 이 밖에도 공양왕 3년에 鄭道傳이 尹彝·李初 사건에 대해 진상을 잘 파악하고 있다는 홍무제의 宣諭를 전달한 사례가 보인다.[67]

고려의 국왕을 책봉할 것인지, 고려 정권의 안정을 보장할 것인지, 아니면 새로운 정치세력의 등장을 방조할 것인지를 둘러싸고 양국 사이에 팽팽한 긴장이 감돌던 이 시기, 황제의 의중은 대부분 황제의 뜻을 받은 예부의 傳言으로 고려에 전달되었다. 이전 시기와 마찬가지로 황제의 聖旨를 받든 예부 명의의 외교문서를 통해 간접적으로 전달된 것이다. 예컨대 앞서 이색이 황제의 면전에서 요청한 창왕의 친조는 "童子는 내조할 필요 없다(童子不必來朝)"라는 황제의 성지를 받아 예부에서 문서화하여 고려의 사신이 돌아가는 편에 전하였다.[68] 공양왕 대에도 말 공납을 촉구하는 황제의 성지 역시 예부에서 문서화하여 전달하였다.[69] 이 문서에 황제는 국왕을 '權署國事 王瑤'라고 지칭하여, 정식으로 '국왕'이라는 지위를 인정하지 않는다는 뜻을 내비쳤다.

명 사신의 傳言

이 밖에 새롭게 등장한 방식이 고려에 파견된 사신의 입을 빌어 황제의 의사를 전달하는 것이다. 문서, 즉 조서와는 별도로 사신의 傳言에 의한 것이다. 이때 주목되는 것이 창왕과 공양왕 대에 파견된 세 차례의 사신이 모두 환관이며, 그들이 고려 출신이라는 점이다. 창왕 즉위년(1388) 12월에 파견된 前 元 院使 喜山과 大卿 金麗普化, 공양왕 3년(1391) 4월의 前 元 中政院使 韓龍과 黃禿蠻, 같은 해 12월의 前 元 徽政院使 康完者禿 등은 모두 원 궁정에서

---

65) 『고려사』 권115, 열전28, 李穡.
66) 『고려사』 권137, 창왕 원년(1389) 4월.
67) 『고려사』 권45, 공양왕 2년(1390) 11월 辛亥.
68) 『고려사』 권137, 창왕 원년(1389) 3월 丁亥.
69) 『고려사』 권46, 공양왕 3년(1391) 4월 壬午.

사환하던 고려 출신의 환관들이다. 이들은 환관이라는 점에서 황제를 측근에서 모시며 황제의 의사를 가장 지근거리에서 접할 수 있었다. 따라서 황제의 개인적인 요구, 즉 宦者의 공납을 요구하는 등과 같이[70] 조정을 통해 전달하기 곤란한 개인적인 요구들을 전달하기에 쉬웠다.[71] 또한 고려 출신이라는 점에서 황제의 구술에 의한 의사를 고려어로 정확하게 전달할 수 있었다. 홍무 연간에는 환관들의 정치개입에 매우 강력한 제제를 가했지만, 軍機 등 중요한 업무를 제외하고는 황제의 欽差로서 宣諭, 즉 황제의 구두 명령을 대신 전달할 수 있는 직권은 인정되었다.[72] 중국 내지로 파견되는 欽差 사절들은 당연히 중국어로 황제의 명령을 전할 수 있었지만, 고려에 파견되는 환관들은 사신이면서 동시에 통사의 역할까지도 겸했던 것이다.[73]

국왕 명의 관문서식 외교문서 왕래 중단

우왕 초기와 마찬가지로 책봉을 받지 못한 창왕과 공양왕은 명 관부와 주고받는 관문서식 외교문서의 주체가 되지 못했다. 이 기간 동안 명의 예부와 문서를 주고받은 고려 측의 파트너는 고려국왕이 아닌 도평의사사였다. 고려에서 명의 예부에 보내는 문서에서도 발신자는 도평의사사였고, 그 서식은 상행문서인 申文이었다.[74] 문서 가운데에서는 "敬奉權署國事言語"라고 하면서 공양왕의 말은 인용하면서도,[75] 공양왕이 직접 문서의 주체로 나서지는 않았다. 『吏文』에 수록된 문서 가운데 이 시기의 문서로는 2-20 〈倒煥符驗禮部咨〉가 유일한데, 이때 명의 예부에서 보낸 문서는 수신자를 '高麗國王'이 아닌 '高麗國'으로 명기하였다. 명은 자신이 인정한 高麗國王이 없는 상황에서 高麗國王이 아닌 '高麗國'으로 수신자를 지정하여 곤란한 상황

---

70) 『고려사』 권137, 창왕 즉위년(1388) 12월.

71) 孫衛國, 「論明初의宦官外交」, 『南開學報』 1994年 第2期 ; 全淳東, 「明初 宦官의 外交 活動 實態와 그 性格」, 『中國史硏究』 77, 2012.

72) 全淳東, 「明朝 前期 宦官 勢力의 推移와 機能」, 『中國史硏究』 61, 2009, 45~53쪽.

73) 홍무 연간에 고려에 파견된 고려인 출신 환관 사절들에 대해서는 정동훈, 「명초 국제질서의 재편과 고려의 위상」, 『역사와 현실』 89, 2013 참조.

74) 『고려사』 권45, 공양왕 원년(1389) 11월 庚寅.

75) 『고려사』 권46, 공양왕 3년(1391) 6월 己未.

을 회피했던 것이라고 할 수 있다.

우여곡절 끝에 책봉을 받은 우왕이 폐위되고 창왕과 공양왕이 연이어 즉위하자, 고려 왕조를 유지하려던 李穡을 비롯한 정치세력들은 새로운 국왕의 책봉을 받고 나아가 국왕의 친조를 실현함으로써 명의 권위를 등에 업고 왕조의 정통성을 세우고자 하였다. 그러나 명은 국왕을 책봉하지도, 국왕의 친조를 허락하지도 않았다. 고려의 왕위 계승을 굳이 부정하지는 않았지만, 적극적으로 인정하지도 않는 자세를 취하였던 것이다. 따라서 고려의 마지막 두 왕은 대명관계에서 '高麗國王'이라는 명의를 사용할 수 없었으며, 명도 국왕을 정식의 대화 창구로서 인정하지 않은 상황이 전개되었다. 고려-명 관계가 이러한 와중에 전격적으로 왕조가 교체되기에 이르렀다.

6. 조선 태조 대, 개국 승인을 둘러싼 의사소통

왕조 교체와 명의 반응

공양왕 4년(1392), 즉 태조 원년 7월, 왕대비의 敎書를 받는 형식을 취하여 공양왕이 물러나고, 문무백관과 閑良耆老들의 추대에 의해 李成桂가 새로운 국왕위에 올랐다.[76] 왕조가 교체된 것이다. 조정에서는 바로 다음날, 왕조 교체라는 중대한 사실을 명에 알렸다.[77] 이후 수차례에 걸쳐 국왕의 책봉을 요청했으나, 명은 끝내 태조를 국왕으로 책봉하지 않았다. 조선의 국왕은 명 내부에서 황위를 둘러싼 내전, 즉 靖難의 變이 한창이던 상황에서 조선의 후원을 필요로 하던 태종 대에 이르러서야 비로소 숙원이던 책봉을 받을 수 있었다.[78] 그렇다고 해서 명이 조선의 건국 자체를 부인했던 것은 아니다. 조선 태조의 책봉 문제와 건국 승인을 둘러싼 양국의 입장 차이에 대해서는 좀 더 자세한 추적이 필요한 문제이므로[79] 여기서는 책봉과 의사소통 방식

---

76) 『고려사』 권46, 공양왕 4년(1392) 7월 辛卯 ; 『태조실록』 권1, 원년(1392) 7월 丙申.
77) 『태조실록』 권1, 원년(1392) 7월 丁酉.
78) 『太宗實錄』 권1, 태종 원년(1392) 6월 己巳. 朴元熇, 「明 '靖難의 役' 時期의 朝鮮에 對한 政策」, 『明初朝鮮關係史硏究』, 一潮閣, 2002 참조.
79) 이 문제에 대해서는 최종석, 「태조대 대명 관계의 양상과 성격」, 동북아역사재단 한국외교사편찬위원회 편, 『한국의 대외관계와 외교사 조선 편』, 동북아역사재단,

문제에 집중해보기로 하겠다.

황제의 의사 전달 경로

조선 태조 대에 명 황제의 詔書가 전달된 것은 실록에서 확인되기로는 모두 두 차례가 있었다. 첫 번째는 태조 2년(1393) 5월의 일로, 欽差內使 黃永奇와 崔淵 등을 파견하여 전달한 手詔이다. 이 문서에서 홍무제는 1인칭을 朕이라고 표현하고, 2인칭으로 '爾'를 칭하였는데, 이로써 수신자로 朝鮮國이 아닌 李成桂 개인을 지목하고 있음을 알 수 있다.[80] 또한 문서 가운데 "國號를 고치는 일은 사람을 보내어 詔旨를 청하므로 그대의 마음대로 하도록 허용했는데, 朝鮮을 계승하여 그대가 후손이 되게 하였다"고 하면서 국호를 인정함으로써 왕조교체를 승인하는 듯한 언급을 하였다. 홍무제는 책봉을 내리지는 않았지만 이성계를 대상으로 詔書를 반포함으로써 그를 대화 상대로 인정하는 태도를 보였던 것이다. 두 번째 조서는 태조 6년(1397) 3월, 왕비 康氏의 죽음을 조문하는 내용의 勅慰詔書였다.[81] 이 문서는 조선의 사신 權近 등에게 주어져서 전달되었다.

황제 명의의 조서를 통해 의사를 전달하는 방식 외에, 조선의 사신을 인견하여 자신의 뜻을 밝히는 경로도 여전히 활용되었다. 즉위한 사실을 알리는 이성계 명의의 표문을 가지고 파견된 趙琳을 인견하여, 홍무제는 다음과 같이 말했다고 전한다.

> 마) 나는 지금 禮部로 하여금 문서를 주어 보내게 하니, 너는 돌아가서 자세히 갖추어 그에게 말하라. (중략)[82]

홍무제의 선유 가운데 '그[他]라고 지칭되고 있는 것은 물론 태조 이성계이

---

80) 『태조실록』 권3, 태조 2년(1393) 5월 丁卯.
81) 『태조실록』 권11, 태조 6년(1397) 3월 辛酉.
82) 『태조실록』 권1, 태조 원년(1392) 11월 甲辰. 我如今教禮部與文書去, 爾回備細與他說. (중략).

다. 책봉을 하지는 않았지만, 국왕을 교섭 상대로 인정하여 말을 전하라는 뜻을 밝히고 있는 것이다. 또한 홍무제는 태조 2년에는 조선의 사신 南在에게 "너는 돌아가서 그에게 말하여 3년에 한 번씩 조공하라고 하라"라는 宣諭를 전하였고,[83] 이듬해에는 靖安君 李芳遠, 즉 이후의 太宗을 인견하여 자신의 뜻을 구술하였다.[84] 이 밖에도 조선의 사신을 인견해서 황제가 宣諭를 내린 사실은 여러 차례 확인된다. 그 가운데 주목되는 것은 태조 6년, 조선의 사신 權近 등이 전한 宣諭聖旨이다. 여기서 홍무제는 이성계를 '朝鮮國王'이라고 직접 지칭하고 있다.[85] 즉 조선국왕으로 정식 책봉을 하여 誥命과 '朝鮮國王之印'을 하사하지는 않았지만, 이미 이성계를 국왕으로 지칭하며 그 지위를 인정하고, 그를 정식의 대화 상대로 인정했던 것이다.

조선 사신을 인견한 기회뿐만 아니라 홍무제는 스스로 사신을 파견하여 宣諭를 전달하는 방식도 계속 유지하였다. 이때에도 사신으로는 전대와 마찬가지로 고려 출신의 환관이 주로 선발되었다. 이 기회를 통해서 閹人을 요구하거나,[86] 양국 왕실 사이의 통혼을 논의하기도 하였다.[87] 애초에는 역대 중국의 사신이 한반도의 왕조들을 방문하여 여러 폐단을 낳았음을 지적하면서 명에서는 사신을 보내지 않겠다고 했던 자신의 발언을[88] 완전히 뒤집은 것이다.

權知國事 명의의 관문서식 외교문서

황제의 의사가 전달되는 방식에서, 명은 비록 이성계를 정식으로 책봉하지는 않았지만 朝鮮國王으로 지칭하면서 그를 정식의 교섭 상대로 인정하는 태도를 취하였다. 그렇다면 보다 관료제적으로 엄격한 규칙이 적용되었던 관문서식 외교문서의 왕래에서는 어땠을까.

왕조 교체의 통보는 高麗國 都評議使司에서 禮部에 보내는 상행문서인

---

83) 『태조실록』 권4, 태조 2년(1393) 9월 癸亥에 기록된 표문 가운데에 인용됨.
84) 『태조실록』 권8, 태조 4년(1395) 7월 己亥에 기록된 표문 가운데에 인용됨.
85) 『태조실록』 권11, 태조 6년(1397) 3월 辛酉. 朝鮮國王, 我上出氣力. ; 這話朝鮮國王說與他.
86) 『태조실록』 권5, 태조 3년(1394) 4월 癸酉.
87) 『태조실록』 권9, 태조 5년(1396) 6월 丁酉.
88) 『태조실록』 권1, 태조 원년(1392) 11월 甲辰.

申文을 보내는 형식으로 이루어졌다.[89] 역시 책봉을 받아 정식의 외교 주체로 인정된 국왕이 없는 상황에서, 국가의 가장 중대한 사안을 명에 알리는 데에 최고관부인 都評議使司의 명의를 이용한 것이다. 반면에 이성계는 왕위에 오른 지 40여 일이 지난 8월 말에야 비로소 자신 명의의 외교문서를 명에 발송했다. 여전히 '高麗國王'이라는 칭호는 사용하지 않고 대신에 '權知高麗國事'라는 명의로 表文을 발송했던 것이다.[90] 우왕이 책봉을 받기 이전이나 창왕, 공양왕 대에도 관문서식 외교문서가 아닌 表文에는 權署國事, 혹은 權知國事 등의 명의로 국왕이 발신 주체가 된 일이 있었으므로, 이는 새로운 일은 아니었다.

왕조 교체를 통보받은 명에서도 처음에는 문서행정의 대상으로 고려국 도평의사사를 지목하였다. 명에서 최초로 보낸 관문서식 외교문서는 도평의사사 명의의 申文을 가지고 간 趙胖이 돌아오는 길에 전달되었다. 이 문서도 역시 도평의사사를 대상으로 발송되었다.[91] 『태조실록』에서는 『고려사』에서 외교문서를 인용하는 방식과는 달리 문서의 起頭를 그대로 살려서 문서의 발신자와 수신자, 그리고 서식을 정확히 알 수 있게 하였다. 이 문서는 "禮部箚付高麗國都評議使司"로 시작하였다. 즉 발신자는 명의 예부, 수신자는 고려국 도평의사사이며, 서식은 箚付이다. 箚付는 상하관계가 명확한 두 관부 사이에서 상급 아문이 하급 아문에 보내는 하행문서이다.[92] 즉 명의 2품 아문인 예부는 고려의 1품 아문인 도평의사사에게 하행문서를 발송했던 것이다.

그러나 權知國事 이성계의 표문을 가지고 갔던 趙琳이 귀환할 때에 가지고 온 문서는 예부의 咨文이었다.[93] 이 문서는 起頭에서 "禮部咨高麗權知國事"라고 하여, 수신자를 高麗權知國事라고 정확히 지목하고 있다.[94] 여기서는 고려에 '聲敎自由'할 것을 허락한다는 황제의 聖旨를 전하고 있다. 우왕 전반이나 창왕, 공양왕 대에는 책봉을 받지 못한 국왕을 문서행정에서 배제시키고

---

89) 『태조실록』 권1, 태조 원년(1392) 7월 丁酉.
90) 『태조실록』 권1, 태조 원년(1392) 8월 戊寅.
91) 『태조실록』 권1, 태조 원년(1392) 10월 庚午.
92) 『洪武禮制』 〈行移體式〉 및 『吏文輯覽』의 해당 조항 참조.
93) 『태조실록』 권1, 태조 원년(1392) 11월 甲辰.
94) 『태조실록』 권1, 태조 원년(1392) 11월 甲辰.

있었던 데에 반해서 이성계를 곧바로 문서의 수신자로 지목한 것은 큰 차이점이다. 조선에서도 이 문서를 받고서 이성계에게 權知國事의 지위를 인정한 것이라고 판단하고, 곧바로 사은하는 표문을 발송하였다.[95)

이듬해 2월에 예부에서 발송한 문서가 『吏文』 2-22 〈給送馬價禮部咨〉이다. 이 문서도 예부의 자문으로, 수신자를 '權知國事 李'로 명기하고 있다.[96) 또한 左軍都督府에서도 자문을 보내 국왕을 직접 대화상대로 인정하였다.[97) 左軍都督府는 명의 정1품 아문이었으므로, 조선국왕과 주고받는 문서로 2품 이상 관부 사이의 평행문서인 咨文을 사용했던 것이다. 이를 보면 명에서 조선으로의 왕조 교체 직후부터 이미 이성계를 조선국의 수장으로, 정식의 외교상대로 인정하고 있었음을 알 수 있다.

조선 국호 개칭과 조선국왕 칭호 인정

이후로는 외교문서에서 이성계의 지위를 어떻게 표시할 것인지가 문제가 되었다. 다음의 문서에 그 내용이 자세히 전한다.

바) 朝廷의 사신 金仁甫·張夫介가 돌아갔다. 上께서 奏本 1통을 지어서 부쳐 올리고, 여러 신하들을 거느리고 宣義門에 이르러 전송하였다. 그 奏에 이르기를, "홍무 26년 12월 8일, 欽差內史 金仁甫 등이 이르러 左軍都督府의 咨를 받았습니다. '삼가 聖旨를 받들었습니다. (중략)'라고 하였습니다. 한 사안은 다음과 같았습니다. '國號를 고치는 일은 사람을 보내 詔旨를 청하므로 혹은 '朝鮮'을 계승하든지, 이미 알아서 할 것을 허락하고 즉시 이름을 바루도록 하였다. 지금 이미 국호를 조선으로 고치고서도 표문에 는 전과 같이 權知國事라고 칭하니 무슨 계획인지 자세히 알 수 없다.'라고 하셨습니다. (중략) 국호는 삼가 황제의 뜻에 따라 朝鮮으로 개칭하는

---

95) 『태조실록』 권2, 태조 원년(1392) 12월 癸亥. "陪臣趙琳回自京師, 伏蒙禮部咨. 欽奉聖旨, 訓戒深切, 仍許臣權知國事."

96) 『吏文』 2-22 〈給送馬價禮部咨〉. 해당 문서의 기두와 결사만을 인용해보면, "禮部爲馬價 事. (중략) 須至咨者. 右咨 權知國事李. 洪武二十六年二月二十八日."

97) 『태조실록』 권4, 태조 2년(1393) 12월 己卯.

외에, 신은 생각하건대 아직 國王의 名爵을 내려주심을 받지 못했으니 감히 멋대로 왕을 칭하지 못한 것입니다. (중략) 또 都督府의 자문 가운데 "右咨 朝鮮國王李"라고 하였습니다. 이를 받고 謝恩表箋을 수찬하는 외에 위의 명에 의거하여 삼가 시행하겠습니다."[98]

홍무제는 새 왕조의 국호로 朝鮮을 지정하여 이름을 바꾸게 하였는데도 외교문서에서 '朝鮮國王'을 칭하지 않고 '權知國事'라고 하고 있는 것을 지적하였다. 이에 대해 조선에서는 아직 국왕의 名爵을 받지 못했다, 즉 아직 책봉을 받지 못했다는 이유로 '朝鮮國王'이라는 칭호를 사용하지 못하였다고 해명한 것이다. 이전까지 책봉을 받지 못한 국왕이 외교의 주체로 인정받지 못했던 점을 상기하면 조선의 이와 같은 조심스러운 행보는 당연한 것이었다.

그렇다면 都督府의 자문에서도 "右咨 朝鮮國王"이라고 했다는 것은 무슨 이야기인가. 명 대의 관문서에서는 結辭, 즉 문서의 마지막 부분 양식으로 문서의 서식과 수신자를 밝힌다. 즉 자문이면 '右咨', 照會면 '右照會'라고 밝히고, 마지막으로 수신자를 기록하는 방식이다. 즉 "右咨 朝鮮國王"이라는 結辭는 좌군도독부에서 보내는 문서의 서식이 咨文이며, 수신자는 朝鮮國王임을 명기한 것이다. 여기서 말하는 左軍都督府의 자문은 태조 2년 12월에 조선에 전달된 것을 가리킨다.[99]

이를 보면 태조 원년 당시에는 명에서 발송하는 관문서식 외교문서에서 李成桂를 가리켜 '權知國事 李'라고 지칭하던 것이 국호를 조선으로 확정하면서부터는 '朝鮮國王'으로 바뀌었음을 알 수 있다. 즉 명에서는 국호를 조선으로 선정한 것을 그 개국을 인정한 것, 나아가 국왕위를 인정한 것으로 간주했음을 의미한다. 그러나 그렇다고 받아들일 만한 근거나 전례가 없었던 조선에서는 여전히 책봉을 받기 이전이라는 이유로 '權知國事'의 칭호를 계속 사용했던

---

98) 『태조실록』 권5, 태조 3년(1394) 2월 己丑. 朝廷使臣金仁甫·張夫介還, 上撰奏本一道, 就附以進, 率群臣送至宣義門. 其奏曰, "洪武二十六年十二月初八日, 欽差內史金仁甫等至, 承准左軍都督府咨. '欽奉聖旨.' (중략) 一款, 節該, '更國號一節, 遣人請旨, 或祖朝鮮, 已許自爲, 卽合正名. 今旣更號朝鮮, 表文仍稱權知國事, 未審何謀' (중략) 國號欽依改稱朝鮮外, 臣愚以爲未蒙頒降國王名爵, 未敢擅便稱王. (중략) 又準都督府來咨內, '右咨朝鮮國王李.' 准此, 除修撰謝恩表箋, 依上欽遵施行."
99) 『태조실록』 권4, 태조 2년(1394) 12월 己卯.

것이다.

이상에서 조선 건국 직후, 태조 대의 명과 조선 사이의 의사소통 방식을 확인하였다. 명은 태조의 책봉 요구를 계속 묵살했지만, 그와는 별개로 의사소통 경로에서는 그의 '朝鮮國王' 지위를 인정하는 태도를 취하였다. 홍무제는 조선의 사신을 만난 자리에서 이성계를 '朝鮮國王'이라고 지칭하였고, 명의 禮部나 左軍都督府 등의 아문에서 조선에 발송하는 관문서식 외교문서에서도 책봉을 받지는 못했지만 '朝鮮國王'을 수신자로 지목하고 있었던 것이다. 이는 고려 말 우왕, 창왕, 공양왕 대의 상황과는 매우 다른 점이었다.

소결 : 고려-명 관계의 우여곡절과 의사소통 경로의 열림, 닫힘

이상에서 우왕 대 이후 조선 건국 직후까지의 시점에서 고려와 명의 관계를 의사소통 방식을 중심으로 검토해보았다. 30년 남짓의 검토 시기 가운데 국왕이 책봉을 받아서 공식적인 외교관계가 유지된 기간은 3년에 지나지 않았으며, 나머지 기간 동안 고려와 명은 여러 현안을 두고 심각한 갈등을 빚었다. 명에서는 홍무 정권이 안정을 찾아가면서 朝貢 문제 등을 놓고 고려에 대한 압박의 수위를 높여가고 있었으며, 고려 역시 北元과의 외교를 재개하면서 홍무 연호 사용을 중지하는 등 대명 강경책을 취하기도 하였다.

명은 우왕의 왕위 계승을 10년 이상 승인하지 않으면서 외교적 압박을 가해왔다. 이 기간 동안에는 고려에 사신을 파견하지 않고, 황제가 고려의 사신을 인견하지도 않았으며, 황제 명의의 문서를 발령하지도 않고, 관문서식 외교문서 역시 고려국왕이 아닌 고려국 도평의사사를 대상으로 발신하는 등 우왕을 정식의 외교 상대로 인정하지 않는 조치를 취하였다. 우왕이 책봉을 받은 11년(1385) 이후 약 3년 동안은 과거의 의사소통 방식이 대체로 복원되었지만, 곧이어 벌어진 고려의 요동 정벌 시도와 위화도 회군으로 양국 관계는 다시 급격히 경색되었다. 연이어 즉위한 창왕과 공양왕은 명에 거듭 책봉을 요구했으나 명은 이를 승인하지 않았고, 따라서 우왕 대 전반과 마찬가지로 의사소통 경로도 지극히 좁아졌다.

한편 조선으로 왕조가 교체된 이후로도 의사소통의 방식은 큰 변화가 없었다. 조선은 여전히 의례적 사신을 정기적으로 파견하였고, 명의 사신 인선 기준이나 파견 경향은 기존과 마찬가지였으며, 양국은 관문서식 외교문서도 여전히 주고받았다. 다만 태조의 책봉을 둘러싸고, 그리고 조선의 건국 승인을 둘러싸고 혼선이 존재하였다. 조선 측에서는 태조가 책봉을 받지 못하였다는 이유로 관문서식 외교문서에서 꾸준히 '權知朝鮮國事' 등의 칭호를 사용했던 데 비해, 명에서는 朝鮮이라는 국호를 결정해준 시점을 기준으로 그의 국왕으로서의 지위를 인정하는 태도를 보였던 것이다. 이후로도 태조 연간 내내 양국관계는 여러 현안을 두고 꾸준히 긴장 상태를 유지하고 있었으나, 양국 사이의 사신 왕래와 문서 교환은 비교적 안정적으로 유지되었다고 볼 수 있다. 양국 모두 전환기를 맞이한 시점에서 긴밀한 의사소통의 경로를 확보하고자 했던 것으로 평가할 수 있다.

이처럼 고려-명 관계는 한때 군사적 충돌 직전까지 상황이 악화되기도 하였으나, 기본적으로 양국 사이의 갈등은 주로 의사소통 경로를 열고 닫기를 반복하는 식으로 전개되었다. 명 건국 직후, 공민왕 대 후반기에 성립된 소통의 방식, 즉 조정 대 조정 사이의 정례적 사신 왕래와 국왕이 주체가 된 관문서식의 교환이라는 활발한 소통 방식을 가장 안정적인 구도로 설정한 채, 그 일부를 중단 혹은 복원하는 공방이 오갔던 것이다. 양국 사이의 갈등은 실질적으로는 힘의 공백지대로 남은 요동의 향배를 둘러싼 긴장 상태에서 비롯된 것이다. 그러나 그러한 갈등 역시도 표면적으로는 정형화된 제도의 이행 여부를 두고 표출되었던 것이 이전 시기와는 뚜렷이 구별되는 고려-명 관계의 특징이라고 할 수 있으며, 이는 이어지는 조선-명 관계의 성격을 예고하는 것이기도 하였다.

결 론

이상 본론에서는 고려시대 중국 왕조와의 의사소통 문제를 사신 왕래와 외교문서 교환을 중심으로, 그 주체는 누구였는지, 양자의 의사소통 창구는 어떻게 열렸고, 어떠한 상황에서 닫혔는지 각 왕조별로 나누어 살펴보았다. 본론의 검토 결과를 요약하면 다음과 같다.

1장 고려-오대·북송·남송 외교문서 : 군주 중심의 문서 교환

1장에서는 10~13세기, 고려와 五代의 왕조들, 北宋, 그리고 南宋과의 관계에서의 의사소통 문제를 살펴보았다.

10세기 초부터 중반에 걸쳐 중원에서는 오대 왕조가 연이어 들어섰으며 그 주변에 十國이 난립해있던 상황이 전개되었다. 10세기 후반, 宋이 중원을 재통일하는 데에 성공하였으나 북쪽의 거란과 양립하는 상황이 다시 한 세기 이상 이어졌다. 고려는 이들과 다각적으로 외교관계를 맺었는데, 10세기 말까지는 송으로부터, 이후 한 세기 동안은 거란으로부터 책봉을 받는 형식을 취하였다. 그러나 고려와 송, 고려와 거란의 관계는 배타적인 것이 아니었다. 특히 11세기 후반, 문종 대 이후로 고려는 거란, 북송과 동시에 외교관계를 맺기도 하였다.

고려가 건국한 10세기 전반, 한반도와 중원은 모두 여러 정치체들이 분열된 상태에 놓여 있었다. 한반도에는 후삼국이, 중국에는 오대십국의 여러 왕조들이 병립해있었던 것이다. 이 상황에서 고려와 중국 왕조들은 외교문서 서식을 통해 각각 상대를 어떠한 국제적 지위로 인정할 것인지를 대외적으로 표명하였다. 고려는 태조 8년(925) 後唐에 사신을 파견하여 국왕 명의의 表文을 제출하였다. 後梁을 물리친 後唐이 당시 천하의 중심에 있음을 인정한 행위였다. 이에 후당에서는 당 대에 신라나 발해에 보낸 것과 같은 論事勅書 양식을 계승한 문서를 고려에 보내왔다. 이는 후당이 고려를 신라나 발해에 준하는 정식 외교상대로 인정하였음을 의미한다. 한편 태조 21년(938)에 고려는 십국 가운데 한 왕조인 南唐에 牋 양식의 문서를 보냈는데, 문서 내용에서 수신자를 '皇帝陛下'라고 하였으나, 스스로 稱臣하지는 않았다고 한다. 즉 고려는 중원 왕조로부터 책봉을 받아 그 군주만을 황제로 인정하였고, 십국 군주는 그보다 하위에 위치한 존재로 인정하였던 것이다.

고려는 광종 13년(962)부터 성종 13년(994)까지 30여 년 동안 송으로부터 책봉을 받는 공식 외교관계를 유지하였다. 그러나 이때의 양국 외교관계는 후대의 다른 왕조들과의 그것에 비해 그다지 활발한 것은 아니었으며, 고려와 오대 왕조 사이의 외교관계의 연장선상에 위치했다고 볼 수 있다. 고려에서는 총 18회의 사신을 파견했는데 대부분 물자를 진헌하기 위한 것이었을 뿐, 후대와 같이 정기적으로 사신을 파견한 일은 없었다. 송은 총 10회의 사신을 파견해왔는데, 한 차례를 제외하고는 모두 국왕 冊封을 위한 것이었다. 양국은 국경을 맞대고 있지 않았으므로 정식 왕래가 여의치 않았으며, 海商의 왕래는 활발했으나, 정부 사이의 정치·군사적 왕래는 빈번한 편은 아니었다. 고려와 송의 사신은 각각 양국 군주 명의의 외교문서를 지참하고 있었다. 이외에 양국 관부 사이에서 문서가 교환된 일은 없었다. 고려와 송의 외교관계는 조공이나 책봉으로 표현되는 의례적 사안을 중심으로 전개되고 있었으며, 군주 대 군주의 점대점 관계로 맺어졌음을 반영한 것이다.

11세기 이후 고려와 송은 책봉을 전제로 하지 않는 외교관계를 맺었으며, 이때 역시도 양국관계는 군주 대 군주 사이의 단선적인 외교가 주가 되었다. 고려와 송의 관계는 현종 21년(1030)부터 30여 년간 중단되었다가 문종 22년(1068)부터 국교 재개를 둘러싼 논의를 시작하였다. 통교 재개 의사는 양국 조정 사이의 공식 문서 교환이 아니라 송의 지방관부와 고려 禮賓省 사이에서 牒을 주고받는 방식으로 전달되었으며, 이후 군주 명의의 사신 파견과 문서 교환을 통해 확정되는 절차를 거쳤다. 국교 재개 이후 송에서 보낸 황제 명의의 문서는 자료에 따라 勅·詔·制 등 다양한 이름으로 지칭되고 있는데, 이들은 공통적으로 송 대 황제 문서 가운데 비교적 높은 격식의 詔書 양식이었다. 그러다가 12세기 초 예종 대에는 황제 문서 가운데 송 徽宗의 手詔가 전달되는 일이 많았다. 手詔는 북송 대 황제 명의의 조령문서 가운데 최고의 격식과 체제를 가진 것이었다. 당시 송은 거란·금과의 대결을 앞둔 상황에서 고려에 대한 의례 격식을 미묘하게 높이는 방식을 통해 우대하는 뜻을 표한 것으로 볼 수 있다. 국왕이 보내는 문서는 표문으로 고정되어 상하관계의 심도를 드러낼 수 있는 방법이 거의 없었던 데 비해, 송 황제의 문서에는 그러한 요소가 다양하게 분화되어 있었다. 이에 송은 현실적 외교 목표를 달성하는 수단으로 외교문서 양식을 비롯한 예제를 적극 활용하였던 것이다. 한편 국교 재개 후에는 송의 密州나 明州와 같은 지방 관부 명의로 고려 조정에 牒을 보내오는 일이 잦았다. 고려에서도 명주에 사신을 보내 간단한 사안을 알리는 식으로 대응하였다. 고려 조정과 송 지방관 사이의 낮은 차원의 교섭 창구가 개통된 것은 이 시기 양국 사이의 활발한 교류를 반영한 것이다.

금이 건국한 이후 송은 고려에 전례없이 빈번하게 사신을 파견하며 군사적 협조를 요청하였다. 이때 송 사신들은 국왕에게 書翰을 올리거나 語錄을 제출하여 긴급한 상황을 알리고 직접 의사를 전달하였는데, 이 역시 전례없는 일이었다. 군주 사이의 조서와 표문은 의례적 내용만을 담고 있었던 데 비해, 사신이 직접 문서행위의 주체가 되어 민감한 현안을 다루었던 것이다. 군주 명의의 교섭이 결렬될 경우 직면할 수 있는 정치적 부담을 덜고, 좀더 신속하고 상세하게 교섭을 행하고자 하였던 것으로 해석할 수 있다. 1127년 靖康의 변으로 북송이 멸망한 후, 1132년 무렵 양국 조정 사이의 사신 왕래는 중단되었다. 이후로는 고려 조정과 송 明州 사이에 간헐적으로 사신을 주고받거나, 宋商의 왕래를 통해서 기본적인 의사소통을 유지하는 정도에 그쳤다. 이때의 문서식은 牒이었다.

2장 고려-거란·금 외교문서 : 다층위의 소통 구조

2장에서는 10세기 후반부터 13세기 초까지, 고려와 거란, 그리고 고려와 금 관계에서의 외교문서 및 의사소통 구조에 대해서 살펴보았다.

고려는 916년에 건국한 거란과 태조 연간에 몇 차례 접촉한 일이 있었다. 그러나 태조 25년(942) 이른바 만부교 사건 이후로 40여 년간 고려와 거란은 고려의 북진정책, 북송과의 연합 등으로 긴장 상태에 놓여 있었다. 그러다가 성종 12년(993) 1차 전쟁으로 본격적인 교섭이 시작되었다. 東京留守 蕭遜寧과 徐熙 사이의 강화 교섭은 蕭遜寧의 書翰과 국왕 명의의 國書를 통해 시작되었으나, 강화의 최종 결정은 고려 조정에서 거란 조정에 사신을 파견하여 표문을 올림으로써 성립되었다. 거란에서도 역시 국왕에게 조서를 전달하였는데, "勅高麗國王王治"로 시작하는 이 문서는 송 대 조서의 양식과 일치하는 것이었다. 이와 같은 조서-표문 교환은 고려-송 관계의 그것과 같았다. 한편 현종 원년(1010)부터 10년(1019)까지 고려와 거란은 두 차례 더 전쟁을 치렀다. 전쟁이 마무리되던 시점에서는 양국 사이에 사신 왕래가 재개되었는데, 그에 앞서 거란 東京과 사절을 주고받으며 강화를 위한 사전 정지 작업이 이루어졌다. 고려와 거란의 강화협상에서는 기존에 고려-송 관계에서는 나타나지 않았던 교섭 방식이 등장하게 되었다. 즉 戰線에서의 협의와 거란 지방관부인 東京이 주체가 되는 방식이 그것이다. 이는 이후 한 세기에 걸친 고려-거란 관계의 전례가 되었다.

고려와 거란은 압록강 하류의 영토 문제 등을 둘러싸고 일시 긴장상태에 놓이기도 하였으나 이후 한 세기 동안 비교적 안정적인 관계를 유지하였다. 여기에는 양국 사이에 마련된 여러 층위의 의사소통 창구가 원활하게 운영된 것이 큰 역할을 하였다. 양국 조정은 매년 고려에서 세 차례, 거란에서 한 차례씩 의례적인 목적의 사절을 파견하였으며, 이때에는 국왕 명의의 표문과 황제 명의의 조서를 교환하였다. 정기적 사절 교환을 통해 양국은 우호적인 관계를 확인하고 이를 공고히 하는 계기를 마련하였다. 또한 거란이 五京 제도를 시행하면서 遼陽에 설치한 東京은 고려와의 외교관계를 담당하는 기능을 수행하였다. 고려 조정과 거란 東京은 持禮使와 回禮使라는 명칭의 사신을 매년 1회씩 정기적으로 주고받았다. 이들은 기본적으로 예물을 주고받는 등의 활동을 주된 목적으로 하였다. 그러나 영토분쟁 등과 관련하여 논의할 일이 있을 때, 굳이 양국 조정이 직접 사신을 파견하지 않고 이 루트를 통해 해결하는 일도 자주 있었다. 이러한 하위 레벨의 의사소통 창구를 개설해둠으로써 양국은 조정 사이의 사신 왕래에 소요되는 시간과 비용을 크게 절약할 수 있었고, 현장의 사정을 비교적 명확히 파악함으로써 정세에 따라 신속하고 정확하게 대응할 수 있었다. 또한 갈등을 일으킬 만한 사안에 대해 군주가 직접 나서지 않음으로써 관계가 경색될 수 있는 위험부담을 줄일 수도 있었다. 양자 사이에서는 주로 서한식 문서를 주고받았다. 또한 압록강 국경을 마주한 최전선의 행정구역인 고려의 寧德鎭과 거란의 來遠城 사이에서도 牒을 주고받았다. 양국 관계가 경색되었을 때, 가장 하위 레벨의 소통 창구에서부터 이를 풀어나가는 실용적인 모습을 보였던 것으로 평가할 수 있다.

고려는 예종 10년(1115) 건국한 금과 10여 년에 걸쳐 외교관계 설정을 둘러싼 공방을 지속하였다. 금은 건국 후 불과 10여 년 만에 거란과 北宋을 멸망시키며 동북아시아 정세를 급변시켰다. 그 과정에서 금은 예종 12년 (1117) "兄大女眞金國皇帝致書于弟高麗國王"으로 시작하는 서한식 문서를 보내면서 외교관계를 맺을 것을 제의하였다. 군주 사이의 형제관계에 입각한 敵國禮를 요구한 것이었다. 2년 후인 예종 14년(1119) 금은 다시 "詔諭高麗國王"으로 시작하는 문서를 보내오면서, 양국 관계를 군신관계로 변경할 것을 요구하였다. 고려에서는 처음에는 이를 거부하였다가, 인종 4년(1126)에 이르러 금에 대한 事大를 결정하고, 곧이어 奉表稱臣함으로써 금의 요구를 받아들였다. 그러나 금은 이듬해인 인종 5년(1127) 고려에 誓表를 제출할 것을 추가로 요구했다. 盟誓文書는 국가와 국가 사이에 중대한 문제를 처리할 때 쓰이는, 효과가 가장 강력한 문서였다. 고려에서는 전례가 없다는 이유로 誓表 제출을 거부하다가, 결국 인종 7년(1129) 금 사신이 정해준 문구대로 이를 작성하여 발송하였다. 이 과정에서 금은 양국관계 초기에 가장 쟁점이 되었던 압록강 하구 保州의 영유권을 고려에 양보하면서까지 자신이 중심이 된 국제질서를 인정받고자 하였다. 또한 誓表라는 절차를 추가함으로써 양국이 과거 고려-거란 관계에서보다 더 높은 수준의 상하관계에 놓여 있음을 표현하고자 하였다. 양국관계 설정을 둘러싼 논의는 인종 20년(1142) 인종이 책봉을 받음으로써 종결되었다. 서한식 문서에 의한 敵禮관계 → 조서와 표문으로 표현하는 군신관계 → 誓表 → 책봉으로 이어지는 외교관계 설정은 금 중심의 국제질서 재편 과정을 반영한다.

고려와 금의 외교관계가 안정적으로 유지된 약 80여 년 동안은 과거 고려-거란 관계와 거의 유사한 방식의 의사소통 경로가 운영되었다. 고려는 연 4회(賀正, 賀節日, 謝賀生辰, 進奉), 금은 연 1회(賀生辰)씩 정기적으로 상대국에 사신을 파견하였고, 여기에 3년에 1회씩 橫宣使와 謝橫宣使가 추가되었다. 이와 관련된 문서는 『東人之文四六』 권4에 다수 실려 있으며, 문서식은 고려의 표문과 금의 조서였다. 양국 조정 사이에서 비정기적 사신이 왕래한 일도 있었으나, 그 빈도는 매우 적었다. 고려 조정과 금 東京 사이에서는 1131~1149년 비정기적으로 持禮使와 回禮使를 교환한 적이 있었다. 1150년 이후 이러한 사신 왕래는 중단되었으나 일상적이고 실무적인 사안 처리를 위한 牒 교환은 계속되었다. 문서의 주체는 고려 측은 同文院, 혹은 北界兵馬使 등이었고, 금은 東京留守 등이었다. 고려 조정과 금 동경 사이의 의사소통은 양국이 불필요한 사신 왕래를 줄이면서도 긴밀하게 의사소통을 이룰 수 있었던 제도적 배경이 되었다. 한편 고려-거란 관계에서와 마찬가지로 국경을 마주하고 있던 고려 寧德城과 금 來遠城 사이에서도 문서를 교환하였다. 여기서는 국경을 넘은 도망자 송환 문제 등 비중이 작은 사안을 다루었다. 이처럼 사안의 중요도에 따라 다층적인 의사소통 루트가 개통되어 있었던 것이 고려-금 관계가 장기간 동안 평화적, 안정적으로 유지될 수 있었던 배경이 되었다.

3장 고려-몽골 외교문서 : 외교 주체의 확대와 다양한 서식 활용

3장에서는 13세기 초부터 14세기 후반까지 고려와 몽골 관계에서의 의사소통 구조에 대해 분석하였다.

13세기 벽두에 세계사에 등장한 몽골은 불과 30년 만에 금을 멸망시키면서 동아시아의 새로운 패자가 되었고, 순식간에 전무후무한 세계제국을 건설하였다. 고려와 몽골은 약 30년에 걸친 전쟁을 겪고 나서 원종 원년(1260)에 강화를 맺었다. 몽골은 이후 한 세기 이상에 걸쳐 고려에 전례없이 강력한 영향력을 행사하였다. 고려와 몽골제국 사이의 관계는 정치면에서뿐만 아니라 경제·사회적인 측면에서도 매우 밀접하였던 만큼 양국 사이의 의사소통 구조도 다각적이고 복잡하게 전개되었으며, 외교행위의 주체도 다양하게 등장하였다.

고려와 몽골의 초기 접촉은 여진족의 잔여세력인 東眞이라는 중재자를 통해 이루어졌다. 동진은 서로 다른 언어와 문화 배경을 가진 고려-몽골 사이에서 번역자로서의 역할을 수행하였다. 양측은 상대에 대한 정보가 부족한 상황에서 동진이라는 완충장치를 이용하여 충돌을 최소화하였던 것이다. 고려와 몽골은 고종 5년(1218)과 이듬해 이른바 江東城 전투를 계기로 처음 접촉하였으며 이때 고려와 몽골군은 講和를 맺었다. 이에 앞서 몽골에서는 칭기스칸의 '명령'(ǰarliɣ)을 위구르문자로 성문화한 문서를 고려에 보내왔는데, 이는 한문으로 번역되어 詔書 형식으로 전달되었다. 강화조약을 통해 고려에서 매년 일정한 물자를 몽골 측에 공급하고, 몽골 측에서 매년 한 차례씩 사신을 파견하여 수령하기로 약정하였다. 그러나 당시 몽골군은 일원적인 지휘계통을 따르는 단일 세력이 아니라 여러 세력의 연합체로 구성되어 있었으므로, 각 세력이 수시로 고려에 사신을 파견하여 물자를 요청하였다. 양자의 언어와 문화 차이에서 비롯된 상호 인식의 괴리는 동진을 매개로 희석되었다.

　고종 18년(1231)부터 46년(1259)까지 이어진 고려-몽골 전쟁 기간에는 고려 조정과 몽골 측의 다양한 구성 세력들이 여러 경로를 통해 교섭을 행하는 과정이 이어졌다. 東眞이라는 매개체가 사라진 상황에서 고종 18년 (1231)의 1차 침입 당시 몽골 측은 매우 공격적인 내용의 문서를 보내왔다. 양자가 서로 다른 관념과 언어에 입각하여, 전혀 다른 문법체계와 문체로 작성된 문서를 주고받은 데서 생긴 간극이 전례없는 일탈을 가능하게 하였던 것이다. 이후의 전쟁 과정에서 고려는 몽골의 황제에게 표문을 보낸 것은 물론, 몽골군 지휘관들에게 서한식 문서를 보내 강화를 요청하였고, 몽골 중앙의 유력자들과도 직접 교섭하였다. 당시 몽골군이 여러 세력의 연합체로 구성되어 있었으며, 몽골이 기존의 동아시아 외교 관습에 따르지 않았기 때문에 가능한 일이었다. 이때 외교문서로는 국왕 명의의 서한식 문서를 사용하였다. 몽골어로는 상하관계를 표현하는 방식이 구체적이지 않았으나, 한문으로 작성된 문서에서 고려국왕은 자신을 낮추고 상대를 높이는 표현을 주로 사용하였다.

　전쟁이 끝난 후 원종 대 고려-몽골 관계는 양국 관계의 기본적인 틀이 마련되는 시기로서 중요한 의미를 지녔다. 우선 외교문서 형태를 정리할 필요가 강하게 대두되었는데, 양국이 사용하는 언어와 문자가 서로 달랐던 점, 양국 사이의 현안이 많아지고 외교 담당자 층의 폭이 넓어진 점, 그리고 무엇보다 국왕의 위상이 변화하게 된 점 등에서 그러하였다. 원종 재위 초반에는 전쟁 중에 고려와 교섭했던 몽골 측의 다양한 세력을 정리할 필요가 발생하면서 고려-몽골 조정 사이의 교섭 창구 단일화가 시도되었다. 이를 통해 쿠빌라이는 고려에 대한 배타적 영향력을 확보할 수 있었고, 고려는 여타 세력의 물자 요구 등을 차단할 수 있었다. 고려는 과거 거란·금 관계에서와 같이 몽골에 의례적 사안에 대한 사신을 정기적으로 파견하기 시작하였다. 이들은 유려한 한문체로 작성된 표문을 제출하였는데, 거기서는 고려-몽골 관계를 과거 전통적인 한중관계의 그것과 다르지 않은 것처럼 묘사하였다. 즉 이 경로를 통한 양국 교섭은 고려 전기의 모습과 크게 다르지 않았던 것처럼 보인다. 한편 기존과는 달리 양국간에는 전후 처리 등 수많은 현안을 두고 빈번하게 실무적 사신을 주고받았다. 원종 10년(1269) 이전에는 군주 사이의 조서와 표문을 통해 구체적인 현안을 모두 다루었다. 그러다가 원종 10년을 기점으로 고려에 대한 몽골의 직접적인 영향력이 한층 강화되고, 또한 몽골 조정 내에서 중서성이 최고 관부로서 위상을 정립해가게 되면서 고려국왕과 中書省 사이의 교섭이 일상적인 업무 처리에 중요한 통로로 부각되게 되었다. 이때 중서성에서 고려국왕에게 보낸 문서 형식은 당시 외교문서에 널리 쓰이던 형식인 牒이었다. 고려국왕이 중국 중앙조정의 관부와 문서를 교환한 것 역시 전례없는 일이었다.

충렬왕 대에는 고려-몽골 관계에서 국왕의 위상 정립이 중요한 문제로 부각되면서 외교문서 서식을 비롯한 의사소통 방식에도 큰 변화가 나타났다. 충렬왕은 親朝外交를 통해 국내에 설치된 몽골의 군대와 관부를 철수시킴으로써 대몽골 외교를 독점하는 지위를 확보하였다. 고려에서 몽골 측과 교섭하는 창구가 국왕으로 일원화되었던 것이다. 이후 양국 사이에 교환하는 문서는 군주 사이의 조서-표문, 국왕과 중서성 사이의 실무 문서 등 두 가지로 정리되었다. 한편 충렬왕 6년(1280) 征東行省이 설치되고 국왕이 그 丞相 직위를 겸하게 되면서 몽골제국 중서성에서 국왕에게 보내는 문서에는 咨가 사용되기 시작하였다. 咨는 원 대의 관문서 가운데 2품 이상 아문 사이에서 주고받은 평행문서이다. 외교문서에 국내 관문서식을 사용한 것은 고려국왕의 지위를 몽골제국 국내에서 적용되는 관료제적 원칙에 따라 인정했기 때문이었다. 이는 고려국왕을 책봉하는 문서의 서식에서 가장 잘 드러난다. 몽골제국에서 충렬왕과 그 이후의 국왕을 책봉할 때 수여한 문서는 宣命이었다. 과거 오대의 왕조들과 송, 거란과 금에서 사용했던 冊이 국왕에게 작제적 지위를 부여하는 문서였다면 몽골제국 시대에 선명은 국내의 관료들에게 수여하는 임명 문서였다. 이는 고려국왕이 논리적으로는 정동행성의 승상이라는 관직을 띠었던 데에 따른 결과였다.

14세기 전반에는 양국 모두 군주권이 취약해지면서 외교에 개입하는 주체가 다양해지게 되었다. 고려에서는 특히 충숙왕 대 이후로 重祚 정국과 충혜왕의 실정, 나이 어린 왕의 연이은 즉위에다가 瀋王과의 왕위 경쟁, 立省 논의 등으로 국내 정치가 혼란해지고, 국왕권이 취약해지게 되었다. 몽골에서도 잦은 제위 교체와 권신들의 득세로 황제권이 흔들렸다. 나아가 양국 관계가 지속되면서 유력자들 사이의 교류가 활성화되었고, 이들이 외교관계에 직접, 그리고 적극적으로 개입하기 시작하면서 양국 사이의 교섭 창구도 다변화되기에 이르렀다. 고려 왕위가 空位 상태에 놓이게 될 때에는 고려의 최고관부인 都僉議使司가 사신 파견과 문서 제출의 주체가 되기도 하였다. 국왕이 대몽골 외교를 독점하던 관행에서 달라진 것이다. 한편 충선왕이 吐蕃에 유배되었을 때나 충숙왕이 몽골 조정에 유폐되었을 때, 왕위가 비었을 때 등의 상황에서 고려 신료들은 百官 명의의 書翰을 작성하여 몽골의 중서성에 제출하기도 하였다. 문서식은 모두 서한식으로, 백관이 자신의 관직과 이름을 열거하고 서명한 형태를 띠었다. 충숙왕 훙거 (1339) 이후로는 신료들이 서한을 제출하는 대상이 몽골 중서성이 아닌 정동행성이 되었다. 당시 왕권과 반비례하여 정동행성의 권위가 강화되고 있던 상황을 반영한 것으로, 고려와 몽골 사이의 의사전달 경로에서 정동행성 이 개입하는 비중이 늘어났음을 뜻한다.

공민왕 대에는 변화한 국내외 환경에 따라 의사소통 방식에도 연속과 변화가 동시에 일어났다. 공민왕 5년(1356)에 일련의 반원 조치를 시행한 후에도 고려-몽골 외교관계의 관행은 표면적으로는 큰 변화가 없었다. 정기적 사신 파견은 지속되었고, 정동행성도 그대로 존치되었다. 그러나 국왕이 사신 인선을 주도하면서 외교를 다시 독점하게 되었다. 정동행성도 과거

부원 세력의 거점이었던 데서 고려 측의 이해관계를 대변하는 대외교섭창구로 역할을 바꾸었다. 1350년 전후로 몽골 조정이 쇠퇴하자 중국 각지에서 漢人 群雄들과 몽골의 軍閥들이 난립하기에 이르렀다. 고려는 공민왕 6년(1357)을 시작으로 이들과 폭넓게 교류하였다. 이들 대부분은 몽골제국 정부로부터 관직을 수여받았으나, 고려 조정과의 교류에는 서한식 문서를 사용하였다. 만약 몽골에서 수여받은 관직을 근거로 했다면 관문서식을 사용했어야 할 것이나 사적 접촉에 쓰이는 서한식 문서를 사용한 것은 양측이 모두 몽골 조정의 권위를 인정하지 않았음을 의미한다. 한편 고려는 몽골 조정이 北走한 1368년 이후로도 한동안 북원 조정과 외교관계를 유지하였다. 북원 조정에는 지속적으로 의례적 사신을 파견하였으며, 황제 외에 제왕들, 유력 군벌들과도 개별적으로 교섭하였다. 그러나 공민왕 18년(1369) 가을 무렵 고려는 東寧府를 공격함으로써 북원과의 관계를 단절해버렸다. 이후 우왕 대에 들어서는 명과 갈등을 겪으면서 북원의 책봉을 받고 연호를 사용하는 등 관계가 일시 회복되기도 하였으나, 오래 지속되지는 못하였다. 요동에 뿔뿔이 흩어져있던 몽골 잔여 세력과의 접촉도 우왕 대 중반 이후 완전히 사라졌다. 이로써 고려-몽골 관계는 단절되었다.

4장 고려-명 외교문서 : 관료제적 운영 원리의 확대 적용

4장에서는 14세기 후반 고려와 명이 공존했던 짧은 시기의 양국 관계 설정과, 그것이 이후의 조명관계에 끼친 영향에 대해 검토하였다.

명은 1368년 건국 직후 파죽지세로 몽골을 몰아내며 새로운 중원의 주인으로 등장하였다. 공민왕 대에는 고려와 명이 비교적 우호적인 분위기 속에서 외교관계를 수립하였으나, 이어진 우왕 대에는 북원과의 공존, 요동의 유동적인 정세 속에서 10여 년에 걸쳐 갈등을 겪기도 하였다. 이후 고려-조선의 왕조 교체를 겪으면서 양국은 치열한 외교 공방을 전개하였다. 공민왕 대 처음 설정된 고려-명 관계는 과거 고려-몽골 관계의 遺制를 계승하면서도 명의 관료제적 운영 원리를 확대 적용하는 방식으로 성립되었다. 공민왕 17년(1368) 12월, 고려에 처음 파견된 명의 사신은 "大明皇帝致書高麗國王"으로 시작하여 "餘不多及"으로 맺는 서한식 문서를 가지고 왔다. 고려국왕에게 서한을 발송한 것은 요동 일대의 향방이 결정되지 않은 상황에서 고려에 무리하게 군신관계를 강요할 의지가 없음을 표명한 것이었다. 반면 고려 조정은 곧바로 奉表稱臣하여 명을 새로운 중원의 주인으로 인정하였으며, 이에 곧바로 명은 공민왕을 책봉하고, 고려국왕을 상대로 조서를 발신하는 태도를 취하였다. 공민왕 19년(1370) 명에서 발급한 공민왕 책봉 문서의 서식은 명 국내의 관료들을 임명할 때 쓰는 문서와 같은 誥命이었다. 책봉문서로 고명을 사용한 것은 국왕에 대한 문서 규정이 명 국내의 관료제적 운영 원칙을 따른 것임을 의미한다. 이는 과거 몽골제국에서 책봉문서로 宣命을 사용한 것을 계승한 것이었다. 고려국왕은 명의 정1품 아문 中書省과 咨文을 주고받았고, 정3품의 遼東衛로부터는 상행문서인 呈을, 정2품의 定遼都衛指揮使司로부터는 상행문서인 咨呈을 수신하였다. 이 역시 원 대부터의 관문서식 외교문서 왕래 방식이 계승된 것이나, 그 대상자가 확대되었고, 규정도 훨씬 세밀하게 적용되었다는 점에서 그 전례가 확장된 것으로 볼 수 있다. 국왕에게는 책봉과 동시에 金印 龜紐 方三寸의 '高麗國王之印'이 수여되었는데, 이는 명의 2품 아문에 상당하는 지위를 부여한 것이었다. 명 태조 洪武帝는 이 시기 고려 사신을 인견하여 자신의 의견을 여과없이 진술하는 일이 많았다. 이때 그의 발언은 宣諭聖旨라는 형식으로 백화문체 그대로 가감없이 문서화되어 고려에 전달되기도 하고, 중서성 명의의 자문을 통해 전달되기도 하였다. 宣諭聖旨는 황제의 의사를 가장 직접적이고 적극적으로 전달, 수용할 수 있는 유효한 의사소통 수단이었다.

우왕 대 이후 양국관계는 줄곧 긴장상태에 놓였는데, 이 기간 동안 명은 의사소통 경로를 열고 닫기를 반복하면서 이를 고려와의 외교 교섭 수단으로 활용하였다. 공민왕 23년(1374), 공민왕 시해 사건과 明使 살해 사건이 연이어 발생하면서 고려-명 관계는 긴장 국면을 맞이하게 되었다. 이후 우왕이 책봉을 받기까지는 10여 년의 시일이 소요되었다. 이 기간 동안 명에서는 사신 파견을 아예 중단하였으며, 황제 명의의 詔書 발령도 중단하였다. 황제가 고려 사신을 引見하는 일도 거의 없었다. 이는 고려국왕을 정식 외교의 상대로 인정하지 않겠다는 의지의 표명이었다. 명 조정과의 소통이 막힌 상황에서 고려는 요동 일대의 유력자들과 개별 접촉을 시도하였고, 이들과의 사이에서는 서한식 외교문서를 교환하였다. 그러나 서한식 문서를 통한 왕래는 '人臣無外交' 원칙에 위배된 것이라 하여 명 측 주체들이 이를 꺼렸고, 결국 중지되기에 이르렀다. 명에서 모든 외교관계를 명 조정과 고려 조정 사이의 일대일 관계로 한정시켜, 고려가 명 국내의 다른 세력들과 연합하는 것을 차단하는 효과를 기대한 것이었다. 외교 영역에서도 자국의 관료제적 운영 원리를 일원적으로 적용시키려는 이념이 투영된 것으로 볼 수 있다. 한편 우왕이 책봉을 받지 못하여 '高麗國王之印'을 날인할 권위를 부여받지 못한 상황에서 관문서식 외교문서의 고려 측 주체는 都評議使司가 되었다. 도평의사사는 명의 정1품 중서성과 정2품 遼東都司에 각각 申과 呈이라는 상행문서를 발신하였고, 그들로부터 하행문서인 照會를 수신하였다. 국왕이 책봉을 받지 못했을 때, 관문서 왕래에서 고려가 명의 아문들에 비해 하위에 위치하게 되는 상황이 연출된 것이었다. 이러한 상황은 우왕 10년(1385) 11월, 우왕이 책봉을 받은 이후, 공민왕 대와 같은 모습으로 복원되었다. 고려의 요동 정벌 추진과 위화도 회군으로 우왕이 폐위되고 창왕이 즉위한(1388) 이후, 공양왕 말년(1392)까지의 3년여 동안, 명은 고려의 책봉 요청에 응답하지 않았다. 이 사이 명은 다시 소통 경로를 닫아버리는 조치를 취하며 고려를 외교적으로 압박하였다. 이러한 상황이 지속되는 가운데 고려-조선의 왕조 교체가 단행되었다. 조선 태조의 즉위 이튿날, 고려는 문무백관 명의로 황제에게 표문을 올려 왕조 교체를 통보하였다. 명은 곧바로 태조를 책봉하지는 않았다. 그러나 태조 원년 연말 무렵부터는 '權知國事' 명의로 표문을 보낸 데 대해 명에서 공식으로 답신을 보내는 등 이성계의 국왕 지위를 인정하는 태도를 보였다. 조선에서는 국왕 책봉이 이루어지지 않았다는 점에서 '權知國事 李'를 명의로 하는 문서를 발송하였으나, 명에서는 朝鮮이라는 국호를 승인한 것을 왕조 교체를 인정한 것으로 인식하였던 것이다. 이로써 조선-명 외교관계가 정식으로 성립되었고, 그 관계의 형식은 공민왕 대에 설정되었던 그것을 대체로 준수하는 방식으로 설정되었다.

외교문서식마다의 활용 시기

이상의 검토 결과를 서론에서 제시했던 외교문서식 분류를 기준으로

〈표 1〉 고려시대 대중국 외교문서식의 변화

	고려-오대·북송	고려-거란·금	고려-몽골	고려-명
군주-군주 조서-표문	▆▆▆▆	▆▆▆▆	▆▆▆▆	▆▆▆▆
군주-관부 牒		▆▆▆▆	▆▆▆	
군주-관부 서한		▒▒▒	▆▆▆▆	
관부-관부 牒	▒	▆▆▆		
군주-관부 관문서			▆▆▆▆	▆▆▆▆
관부-관부 관문서			▆▆▆▆	▒▒

다시 정리해보면 〈표 1〉과 같다.

우선 군주와 군주 사이의 조서와 표문은 고려와 중국 왕조 사이의 외교관계 전 시기에 걸쳐 사용되었다. 고려와 북송의 외교관계가 중단되었던 약 40년 동안, 그리고 고려와 거란의 외교관계가 경색되었던 덕종 대, 고려와 명의 소통 창구가 닫혀 있었던 우왕 대 초년의 일시적인 기간을 제외하고는 군주 사이의 경로를 통한 최상위의 외교교섭은 꾸준히 이어지고 있었던 것이다. 이는 전근대 동아시아 국제관계에서 외교라는 것이 군주를 가장 중심 주체로 하여 이루어지는 행위였음을 단적으로 보여주는 지표라고 할 수 있다.

다음으로 고려국왕과 중국 관부, 혹은 관인 사이에서 주고받는 서한식 외교문서는 고려와 몽골 관계에서 가장 활발하게 사용되었다. 그 배경에는 물론 양국관계가 다른 시기와는 비교할 수 없이 긴밀했던 점이 있을 것이다. 그러나 그뿐 아니라 몽골 세력 안에서 고려와 직접 이해관계를 조정해야 하는 주체들이 다양하게 존재하였던 것도 중요한 원인이 되었다. 따라서 사적 교류의 성격이 강한 서한식 외교문서가 폭넓게 활용될 수 있었던 것이다. 서한식 외교문서는 그밖에도 고려와 거란·금 관계에서 고려국왕과 거란·금의 東京 지방 장관 사이에서 주고받은 사례가 드물게나마 확인된다. 그러나 고려-명 관계에서는 고려가 자국의 세력들과 독자적으로 교섭하는 것을 차단하고자 했던 명 조정의 의도에 따라, 그리고 '人臣無外交'라는 명분에 근거하여 서한식 외교문서는 사용이 금지되고 중단되었다.

고려와 중국 양 측의 관부 사이에서 牒을 주고받는 일은 고려와 거란·금 관계에서 주로 확인되었다. 압록강 하류의 국경을 맞대고 있는 지방관부 사이에서, 그리고 거란·금 東京과 고려의 北界 지방관 혹은 중앙 조정의 同文院 등의 담당 아문 사이에서 牒을 주고받으면서 활발하게 소통하였던 것이다. 아울러 고려 조정의 禮賓省과 송의 明州 등 지방관부 사이에서도 牒을 통해 표류민 송환 등 간헐적으로 발생하는 사안을 다루기도 하였다. 이러한 교섭 경로와 문서를 통해 양국은 긴장 국면으로 접어들 수 있는 잠재적 위협이나 현안을 매우 신속하고 효율적으로 처리할 수 있었다.

고려국왕과 중국 관부 사이에서 관문서식 외교문서를 주고받는 일은 고려-몽골 관계에서 시작되었고 고려-명 관계를 통해 확장되었다. 이때는 주로 2품 이상 관부 사이에서 주고받는 평행문서인 咨文이 사용되었다. 이는 논리적으로는 고려국왕이 征東行省의 승상이라는 몽골제국의 관료제적 위계를 부여받고 있기 때문에 가능하였다. 그러나 이 방면의 의사소통을 통해 양국은 실무적이고 민감한 현안들에 대해 긴밀하게 협의를 할 수 있는 효과를 누렸다.

외교문서식을 통해 본 시기별 외교관계의 성격

이를 다시 시기별로 주로 활용되었던 문서식과 외교의 주체, 그리고 그에 근거하여 외교관계의 성격을 구명하는 식으로 재구성해보면 다음과 같다.

〈표 2〉 외교문서식을 통해 본 시기별 외교관계의 성격

	외교 주체	외교문서식	외교관계의 성격
고려-오대·송	군주	조서-표문	의례적 관계 중심
고려-거란·금	군주, 조정, 지방	조서-표문 + 牒	상시 긴장관계와 조절을 위한 소통
고려-몽골	군주, 조정, 개인	조서-표문 + 관문서 + 서한	관계의 전면화 주체의 복수화
고려-명	군주, 조정	조서-표문 + 관문서	관료제 운영원리 준용

고려와 오대, 그리고 북송 초기에 송의 책봉을 받던 시기의 관계에서는 군주 사이의 조서와 표문만이 외교문서식으로 사용되었다. 이는 당시 공식적

인 외교의 주체는 양측의 군주뿐이었으며, 외교는 군주 사이의 점대점의 관계로 이루어졌음을 단적으로 보여준다. 국경을 맞대고 있지 않은 상황에서 고려와 오대·북송의 관계는 후대의 고려-거란·금 관계보다는 과거 신라-당 관계와 유사한 측면을 더 강하게 드러내었다. 양국 사이의 사신은 고려 측에서는 '朝貢'으로 표현된 경제적 증여, 중국 측에서는 국왕 冊封 등 가장 의례적인 사안에 국한해서만 파견될 뿐이었다.

고려와 거란·금 관계에서는 군주 사이의 문서 외에도 고려 군주와 거란·금 東京의 장관 사이에서 서한식 문서를, 그리고 양국 관부들 사이에서 牒式 문서를 비교적 활발히 주고받았다. 국경을 길게 맞대고 있으며 처리해야 할 현안이 자주 발생했던 양국 관계에서 의사소통을 원활하게 풀어가기 위해 여러 층위에서 소통 경로를 개설해두고 있었던 것이다. 특히 민감한 사안일수록 낮은 단계에서부터 활발하게 의사를 교환하면서 점차 상급의 소통 경로로 올라가는 방식을 택하였기 때문에, 양국 군주 사이에는 매우 의례적이고 우호적인 내용의 사신과 문서만을 교환할 수 있었다. 쉽게 긴장상 태에 놓일 수 있는 상황에서 여러 단계의 완충장치를 만들어두고 있었던 것, 그리고 그러한 경로에서 상하관계에 관계없이 유연하게 주고받을 수 있었던 牒이라는 문서가 고려-거란·금 관계를 가장 특징적으로 보여주는 문서식이라고 할 수 있다.

고려-몽골 관계에서는 군주 사이의 문서, 고려국왕과 몽골제국 관부·관인 사이의 첩식 문서 및 관문서식 문서, 그리고 양국의 다양한 주체 사이의 서한식 문서 등, 전근대 한중관계에서 사용된 대부분의 외교문서식이 두루 활용되었다. 양국 관계가 매우 긴밀하게 전개되었고, 따라서 그 과정에 참여하는 주체들의 폭이 훨씬 넓어진 것을 반영하는 모습이다. 특히 14세기 이후로는 고려-몽골 관계를 기존과는 달리 국왕이 독점하지 못하는 상황이 전개되면서 양측의 관부 및 유력자들이 직접 외교의 전면에 나서 개입하고 있었다. 몽골 제국의 정치 문화에서 이러한 개별적인 접촉을 허용하였던 것도 전면적인 접촉이 가능했던 한 요인이 된다. 양 측의 관부, 혹은 유력자들 사이에서 사적인 관계를 전제로 하여 주고받았던 서한식 문서가 폭넓게 사용되었던 것이 이 시기의 외교관계를 묘사하는 데에 가장 좋은 소재가 될 것이다.

고려-명 관계에서는 양국의 외교관계에 명이 설정한 관료제적 운영 원리가 강하게 적용되었던 점을 특징으로 들 수 있다. 군주 사이의 문서가 여전히 사용되었던 외에, 고려국왕은 명의 中書省·禮部·遼東都司 등과 관문서식 외교문서를 주고받았다. 반면에 상하관계 표현에 유연함을 보였던 첩식 문서는 사용이 중지되었고, 사적 관계를 전제로 한 서한식 문서는 '人臣無外交'라는 원칙 하에 철저히 금지되었다. 단순히 서식뿐만 아니라 사용하는 문체나 용어에 이르기까지 철저하게 명 국내의 양식을 따랐던 관문서식 외교문서야말로 고려-명 외교관계의 제도적 특징을 가장 잘 보여주는 서식이라고 할 수 있다.

동아시아 국제질서에서 고려국왕의 위상 변화

마지막으로 고려시대의 대중국 외교문서 서식을 분석하여 간취할 수 있는 큰 흐름에서의 변화를 한 가지 지적하고자 한다. 한마디로 요약하면 고려 전 기간을 거치며 고려와 중국의 관료제 차원의 일체화 내지는 통합이 진행되었다는 점이다.

고려 전기에 외교는 군주가 중심이 된 일대일 관계라고 요약할 수 있다. 고려는 어디까지나 중국과는 영역이 구별되는 '외국'으로서 존재하였다. 중국 왕조에서 고려국왕을 책봉할 때에 수여한 문서는 冊으로, 이는 작제적 지위를 부여하는 문서식이었다. 전근대 동아시아의 국제관계를 설명할 때에 흔히 언급되는 이른바 冊封體制論에 따르면, 중국 황제를 정점에 둔 동아시아의 국제 질서는 漢 代에 성립된 郡國制에 제도적으로 기원을 두고 있다고 한다. 군국제란 황제가 다스리는 지역에는 군현제를 실시하고, 異姓 혹은 同姓의 王이 다스리는 王國과 諸侯들이 다스리는 侯國에는 봉건제를 실시하는 체계였다. 이러한 군국제가 논리적 기반이 되어 그 적용 범위를 '외국' 지역에까지 확장함으로써 이른바 '책봉체제'가 형성되었다는 것이다. 그리고 이러한 군국제란 논리적으로는 관료제적 질서에 근거한 군현제와 작제적 질서에 근거한 봉건제의 결합으로 성립한 것이었다. 이에 따르자면 冊을 주어 책봉한 고려국왕이 통치하는 고려는 작제적 질서의 적용을 받는 '외국'이었다. 따라서 고려와 중국은 정치제도나 예제의 운영 면에서 별개의 영역으로 인식되었고, 양자의 상하관계는 군주 사이에서 조서와 표문을 교환하는 정도로만 인정되었을 뿐이었다. 고려 전기에 고려가 이른바 황제국의 제도를 운영할 수 있었던 것은, 물론 당시의 다원적 국제질서 속에서 고려가 자율성을 크게 확보하고 있었던 데서 근본적인 이유를 찾을 수 있겠으나, 논리적으로는 고려와 중국이 별개의 영역으로 인식, 인정되고 있었던 것 역시 중요한 배경이 된다.

고려의 국제적 위상은 고려-몽골 관계를 거치면서 크게 변화하였다. 그 변화는 근본적으로는 고려가 정치적으로 몽골 정권에 깊이 복속되어 있었던 데서 비롯된 것이지만, 제도적 혹은 형식적으로는 고려가 몽골제국의 지방행정기구의 하나인 征東行中書省이라는 영역과 중첩되면서, 그리고 고려국왕이 그 장관직을 겸하게 되면서 생겨났다. 고려국왕을 책봉할 때에는 관료제적 위계를 부여하는 宣命이 수여되었다. 이는 고려국왕이 띠고 있었던 정동행성의 승상이라는 관료제적 지위에 근거한 것이었다. 고려국왕은 독립된 국가의 군주라는 위상 외에 몽골 국내 관료 조직의 일원으로서의 지위를 띠게 되었고, 이에 따라 고려가 형식적으로나마 몽골제국의 지방행정 단위로서 인식될 수 있는 논리적 근거가 마련된 것이다. 고려국왕은 자신의 관료제적 지위에 근거하여 몽골제국 중앙조정의 관부와 관문서의 형식을 띤 문서를 주고받았다. 고려 전기의 황제국적인 정치제도나 의례 등이 몽골에 복속된 이후에 제후국의 그것으로 강등된 것은 주지의 사실인데, 그러한 조치의 배경에는 단순히 몽골 측의 압박이나 강요뿐만 아니라 위와 같은 논리적 근거가 자리하고 있었다.

고려-명 관계에서는 양국 사이의 관료제적 통합이 더욱 진전되었다. 고려국왕의 책봉 문서로는 명 국내의 관료 임명 문서와 동일한 誥命이 수여되었을 뿐, 고려 전기와 같은 冊은 더 이상 사용되지 않았다. 고려국왕이 주체가 된 서한식 외교문서의 사용은 금지, 중단되었고, 명의 관부와는 오직 관문서식 외교문서만을 교환하게 되었다. 이러한 흐름의 배경에는 '一視同仁'이라는 이념 하에 전체 사회를 하나의 위계질서로 조직하고자 했던 명 초 집권세력의 기도가 놓여 있었던 것으로 이해된다. 그리고 그 적용 범위에 중국 바깥의 외국까지 포괄하고자 했던 의도가, 적어도 문서 제도 면에서는 실현되었던 것으로 볼 수 있다. 명 측의 의도는 고려 말의 정치·사회적 혼란을 수습하고 일원적 질서를 회복하고자 하였던 조선 초 집권층의 사상 및 이해관계와 맞아떨어져 국내의 관료제도 및 의례 정비 차원에서도 실현되었다. 몽골제국 때와 같은 강압이 없는 상황에서도 조선은 더 이상 고려 전기의 황제국 제도를 채택하지 않았다. 오히려 명 중심의 일원적인 위계질서 속에서 자신의 위치를 명확히 인식하고 그에 맞는 제도를 구현하는 데에 정력을 기울였다.

이 책의 한계와 과제

이 책은 외교문서를 소재로 고려와 중국 왕조들 사이의 외교관계를 검토하는 것을 목적으로 했던 까닭에, 고려의 대외관계에서 발생했던 개개의 사건이나 그때그때의 국면을 직접 다루지는 못했다. 또한 고려를 중심으로 하여 주변의 女眞 집단들, 발해 유민 집단들, 서일본의 군소 세력들, 宋商 등을 구성원으로 하는 국제질서 내지 외교관계의 면모에 대해서도 구체적으로 검토하지 못하였다. 그리고 일본 조정과의 외교관계에 대해서도 거의 살피지 못하였다. 일본과는 문종 대의 의사파견 문제, 원종·충렬왕 대의 귀부 권유와 일본 출병 문제, 공민왕 대 이후로 왜구 금압 문제 등을 두고 외교문서를 주고받은 사례가 확인되는데, 이에 대한 구체적인 검토는 향후의 과제로 남겨두고자 한다.

아울러 이 책에서는 정부 대 정부 사이의 외교관계만을 다루었던 까닭에 국경을 넘나들던 개인들, 주로 상인이나 승려들의 왕래와 교섭에 대해서도 주목하지 못하였다. 특히 宋商은 고려와 북송 사이의 정치적 관계가 단절되었던 11세기 전반에도 매우 빈번하고 큰 규모로 양국 사이를 왕래하고 있었으며, 그 과정에서 양국을 매개하는 역할을 담당하고 있었던 것으로 알려진다. 승려들의 왕래도 마찬가지여서, 사적인 차원의 교류 외에도 정치외교적인 의사 전달의 비공식 사절 역할을 담당한 사례들도 확인된다. 나아가 승려들은 외교문서의 작성자로도 활약하였다. 이들의 활약을 포함하여 양국 관계를 좀더 풍성하게 복원하는 작업 역시 앞으로 검토해야 할 과제로 남겨두고자 한다.

1

『東人之文四六』및 『東文選』소재 고려시대 외교문서 목록

연번	사륙 번호	문서제목	작자	연대	수신	동문선 번호
1	2-1	本國入宋進奉起居表	周佇	1015	송	44-10
2	2-2	進奉表	周佇	1015	송	44-11
3	2-3	太皇太后起居表	李顗	1090	송	44-12
4	2-4	進奉表	李顗	1090	송	44-13
5	2-5	物狀	李顗	1090	송	44-14
6	2-6	謝神宗遺留物表	李顗	1090	송	34-10
7	2-7	告不時訃奏表	李顗	1108	송	39-11
8	2-8	謝賜新樂表	朴景綽	1115	송	34-23
9	2-9	謝賜禮祭服薦享曲譜禮器款識等表	金富佾	1115	송	34-28
10	2-10	遣進士乞入學表	金富佾	1115	송	41-7
11	2-11	謝親策權適等賜第還國表	睿王親製	1118	송	
12	2-12	謝遣醫官敎習表	金緣		송	34-24
13	2-13	謝書詔不名表	朴昇中	1115	송	34-25
14	2-14	謝遣使弔慰表	金富軾	1123	송	35-7
15	2-15	謝密進廻儀表	康滌	1096	송	35-19
16	2-16	回詔諭表	金富儀	1126	송	39-22
17	2-17	告賀登極使至明州回表	金富佾	1127	송	39-18
18	2-18	回津發使臣入金表	金富佾	1128	송	39-23
19	2-19	告不津發使臣入金表	金富佾	1128	송	
20	2-20	回詔諭表	金富佾	1130	송	39-21
21	2-21	聘問表	金富佾		송	39-17
22	2-22	入遼起居表	崔惟善	1056	거란	
23	2-23	乞還鴨綠江東岸爲界狀	崔惟善	1056	거란	47-34
24	2-24	謝毀罷鴨江前面亭子表	崔惟善	1057	거란	33-27
25	2-25	乞抽毀鴨綠江橋弓口狀	崔惟善	1059	거란	47-35
26	2-26	再乞表	吳學麟	1060	거란	48-1
27	3-1	入遼乞罷榷場狀	朴寅亮	1088	거란	48-2
34	3-2	賀登極表	尹瓘	1101	거란	31-22
35	3-3	賀受徽號表	鄭文	1102	거란	31-23
29	3-4	賀天安節表	魏繼廷	1093	거란	31-21
39	3-5	賀年表	李德羽	1109	거란	31-34
30	3-6	謝宣賜生日表	崔公詞	1093	거란	
37	3-7	謝橫宣表	朴景綽	1105	거란	34-22
41	3-8	謝宣諭封冊世子表	高令臣	1110	거란	34-11
32	3-9	世子謝表	朴景綽	1100	거란	34-21
33	3-10	謝冊世子表	朴景綽	1100	거란	34-20

42	3-11	訃奏國母喪表	朴景綽	1112	거란	
43	3-12	謝勅祭國母表	韓皦如	1113	거란	34-19
44	3-13	回起居表	朴昇中	1113	거란	
31	3-14	謝慰問表	失名	1094	거란	
38	3-15	告伐東女眞表	朴昇中	1108	거란	39-13
40	3-16	謝獎諭平定女眞築設城子表	朴昇中	1109	거란	34-26
101	3-17	回宣諭助伐女眞表	朴昇中	1114	거란	39-14
102	3-18	又	韓皦如	1115	거란	39-15
45	3-19	入金進奉起居表	金富軾	1126	금	44-18
46	3-20	進奉表	金富軾	1126	금	44-19
47	3-21	物狀	金富軾	1126	금	44-20
48	3-22	謝宣諭表	崔誠	1126	금	35-25
49	3-23	謝不收復保州表	金富儀	1126	금	35-10
50	3-24	回宣慶表	金富佾	1127	금	39-16
51	3-25	謝宣慶表	金富軾	1128	금	
52	3-26	謝報諭表	林存	1128	금	35-21
53	3-27	誓表	金富軾	1128	금	39-19
54	3-28	賀天淸節表	鄭克永		금	31-42
55	3-29	賀萬壽節起居表	崔惟淸	1140	금	31-12
56	3-30	賀表	崔惟淸	1140	금	31-13
57	3-31	物狀	崔惟淸	1140	금	31-14
58	3-32	賀年起居表	鄭沆	1127	금	31-35
59	3-33	賀表	鄭沆	1127	금	31-36
60	3-34	賀年起居表	崔惟淸		금	31-15
61	3-35	賀表	崔惟淸		금	31-16
62	3-36	物狀	崔惟淸		금	31-17
63	3-37	又起居表	崔惟淸	1139	금	31-18
64	3-38	賀表	崔惟淸	1139	금	31-19
65	3-39	物狀	崔惟淸	1139	금	31-20
66	3-40	又起居表	李元膺		금	31-43
67	3-41	賀表	李元膺		금	31-44
68	3-42	物狀	李元膺		금	31-45
69	4-1	入金回宣賜生日表	崔惟淸	1141	금	
70	4-2	謝物狀	崔惟淸	1141	금	
71	4-3	謝宣賜生日起居表	崔惟淸		금	
72	4-4	謝表	崔惟淸		금	
73	4-5	物狀	崔惟淸		금	
74	4-6	回橫宣表	任永齡	1204	금	39-26
75	4-7	謝物狀	任永齡	1204	금	39-27
76	4-8	告哀表	崔惟淸	1146	금	39-7
77	4-9	稱嗣表	崔惟淸	1146	금	39-8
78	4-10	回勅祭仁王表	崔惟淸	1146	금	33-28

79	4-11	謝物狀	崔惟清	1146	금	33-29
80	4-12	謝勅祭仁王表	崔惟清	1146	금	33-30
81	4-13	回慰問表	崔詵	1184	금	
82	4-14	謝落起復表	皇甫倬	1126	금	
83	4-15	回封冊表	崔惟清	1142	금	34-1
84	4-16	謝冊表	崔惟清	1142	금	34-2
85	4-17	又	崔惟清	1148	금	34-3
86	4-18	告奏表	崔惟清	1130	금	39-9
87	4-19	又	崔惟清		금	39-10
88	4-20	又	郭陽宣	1175	금	39-24
89	4-21	又	崔詵	1183	금	39-25
90	4-22	謝回付沒入人馬表	金富儀	1128	금	35-11
91	4-23	謝回付逃背人表	郭東珣	1140	금	36-10
92	4-24	回報哀表	郭東珣	1135	금	
93	4-25	又	李之氏	1136	금	
94	4-26	奉慰表	鄭沆	1136	금	
95	4-27	祭奠事由表	鄭沆	1136	금	
96	4-28	忠憲王謝聖朝遣帥臣討平遼賊表	李奎報	1218	몽골	37-14
97	4-29	謝宣諭表	李奎報	1221	몽골	37-15
98	4-30	忠敬王賀中統律元表	金坵	1260	몽골	
99	4-31	與南北朝臣交通狀附與宋太師蔡國公狀	金富軾		금	48-12
100	4-32	回宋使遠狀	金富軾		금	48-13
28	4-33	與東京留守大王交聘狀	崔洪嗣	1090	거란	48-5
36	4-34	又	吳延寵	1104	거란	48-6
103	4-35	與金東京交聘狀	崔惟清	1131	금	48-20
104	4-36	又	崔惟清		금	48-21
105	4-37	又	崔惟清		금	48-22
106	4-38	回金使遠狀	崔惟清		금	48-23
107	4-39	又	崔惟清		금	48-24
108	4-40	又	崔惟清		금	48-25
109	4-41	到館勞問狀	李奎報		몽골	
110	9-1	入宋謝差接伴表	金富軾	1116	송	34-31
111	9-2	謝郊迎表	金富軾	1116	송	34-32
112	9-3	謝天寧節垂拱殿赴御宴表	金富軾	1116	송	34-33
113	9-4	謝睿謨殿侍宴表	金富軾	1116	송	34-34
114	9-5	謝宣示御製詩仍令和進表	金富軾	1116	송	34-35
115	9-6	謝法服參從三大禮表	金富軾	1116	송	34-36
116	9-7	謝冬祀大禮別賜表	金富軾	1116	송	34-37
117	9-8	謝許謁大明殿御容表	金富軾	1116	송	34-38
118	9-9	乞辭表	金富軾	1116	송	42-1
119	9-10	謝御筆指揮朝辭日表	金富軾	1116	송	35-1
120	9-11	謝二學聽講兼觀大晟樂表	金富軾	1116	송	35-2

121	9-12	謝宣示太平睿覽圖表	金富軾	1116	송	35-3
122	9-13	謝赴集英殿春宴表	金富軾	1117	송	35-4
123	9-14	謝回儀表	金富軾	1117	송	35-5
124	9-15	謝獎諭表	金富軾	1117	송	35-6
125	9-16	謝使副及上節都轄已下十九員各賜單公服表	鄭知常	1117	송	34-30
126	9-17	謝釋奠陪位表	金端	1117	송	35-20
127	9-18	請衣對銀絹表	金端	1117	송	
128	9-19	謝許習大晟樂表	任存	1117	송	35-22
129	9-20	入金謝差接件表	金克己	1203	금	35-26
130	9-21	謝賜詔書兼藥物表	金克己	1203	금	35-27
131	9-22	謝朝衆次客省幕賜酒食衣對表	金克己	1203	금	35-28
132	9-23	謝館宴表	金克己	1203	금	35-29
133	9-24	謝差館伴表	金克己	1203	금	35-30
134	9-25	謝館大宴表	金克己	1203	금	35-31
135	9-26	謝花宴表	金克己	1203	금	35-32
136	9-27	謝正旦赴御宴表	金克己	1204	금	35-33
137	9-28	謝春幡勝表	金克己	1204	금	35-34
138	9-29	乞辭表	金克己	1204	금	42-12
139	9-30	謝朝辭日衣對鞍馬禮物表	金克己	1204	금	35-36
140	9-31	謝館餞宴表	金克己	1204	금	35-37
141	9-32	謝離館表	金克己	1204	금	36-1
142	9-33	謝差送伴表	金克己	1204	금	36-2
143	9-34	謝東京賜錢宴表	金克己	1204	금	36-3

* 사륙 번호 : 이 문서가『동인지문사륙』권 몇의 몇 번째 문서인지를 표시한 번호이다. 예컨대 2-11은 권2에 열한 번째로 실린 문서임을 뜻한다.

** 동문선 번호 :『동인지문사륙』의 해당 문서가『동문선』의 어디에 실려 있는지에 대한 표시이다. 문서의 일련번호를 붙인 방식은『동인지문사륙』과 같다.

2

『東文選』 소재 고려시대 외교문서 목록

연번	동문선 번호	문서제목	작자	연대	수신국	동일 문서 수록 문집명*	문집 번호**
1	31-12	賀萬壽節起居表	崔惟淸	1140	금	東人之文四六	3-29
2	31-13	賀表	崔惟淸	1140	금	東人之文四六	3-30
3	31-14	物狀	崔惟淸	1140	금	東人之文四六	3-31
4	31-15	賀年起居表	崔惟淸		금	東人之文四六	3-34
5	31-16	賀表	崔惟淸		금	東人之文四六	3-35
6	31-17	物狀	崔惟淸		금	東人之文四六	3-36
7	31-18	又起居表	崔惟淸	1139	금	東人之文四六	3-37
8	31-19	賀表	崔惟淸	1139	금	東人之文四六	3-38
9	31-20	物狀	崔惟淸	1139	금	東人之文四六	3-39
10	31-21	賀天安節表	魏繼廷	1093	거란	東人之文四六	3-04
11	31-22	賀登極表	尹瓘	1101	거란	東人之文四六	3-02
12	31-23	賀受徽號表	鄭文	1102	거란	東人之文四六	3-03
13	31-34	賀年表	李德羽	1109	거란	東人之文四六	3-05
14	31-35	賀年起居表	鄭沆	1127	금	東人之文四六	3-32
15	31-36	賀表	鄭沆	1127	금	東人之文四六	3-33
16	31-42	賀天淸節表	鄭克永		금	東人之文四六	3-28
17	31-43	同前起居表	李元膺		금	東人之文四六	3-40
18	31-44	賀表	李元膺		금	東人之文四六	3-41
19	31-45	物狀	李元膺		금	東人之文四六	3-42
20	31-55	新正賀正起居表	金坵	1263	몽골	止浦先生文集	2-27
21	31-56	賀表	金坵	1276	몽골	止浦先生文集	2-51
22	31-57	物狀	金坵	1276	몽골	止浦先生文集	2-52
23	31-58	賀聖節起居表	金坵	1276	몽골	止浦先生文集	2-53
24	31-59	賀表	金坵	1276	몽골	止浦先生文集	2-54
25	31-60	方物表	金坵	1276	몽골	止浦先生文集	2-55
26	31-61	賀聖節起居表	金坵	1276	몽골	止浦先生文集	2-56
27	31-62	賀表	金坵	1276	몽골	止浦先生文集	2-57
28	31-63	方物表	金坵	1276	몽골	止浦先生文集	2-58
29	32-1	賀立大元國號起居表	金坵	1271	몽골	止浦先生文集	2-44
30	32-2	賀表	金坵	1271	몽골	止浦先生文集	2-45
31	32-3	賀立元表	金坵	1260	몽골	止浦先生文集	2-10
32	32-4	物狀	金坵	1260	몽골	止浦先生文集	2-11
33	32-5	賀新登寶位起居表	金坵	1260	몽골	止浦先生文集	2-8
34	32-6	賀表	金坵	1260	몽골	止浦先生文集	2-9
35	32-7	皇太子冊封起居表	李齊賢		몽골	益齋亂藁	8-10-1
36	32-8	賀表	李齊賢		몽골	益齋亂藁	8-10-2

37	32-9	皇太子起居箋	李齊賢		몽골	益齋亂藁	8-11-1
38	32-10	賀箋	李齊賢		몽골	益齋亂藁	8-11-2
39	32-11	都僉議使司賀聖節起居表	鄭誧	1340	몽골	雪谷先生集	하-표-2
40	32-12	皇后賀牋	李穀		몽골	稼亭集	10-3
41	32-13	上冊後賀表	李穀		몽골	稼亭集	10-1
42	32-14	太后上同前表	李穀		몽골	稼亭集	10-2
43	32-15	賀正表	李穀		몽골	稼亭集	10-6
44	32-16	太后賀正起居表	李穀		몽골	稼亭集	10-5-1
45	32-17	賀表	李穀		몽골	稼亭集	10-5-2
46	32-18	賀新登寶位表	釋宓庵	1260	몽골	圓鑑國師集	표-4
47	32-20	賀節日起居表	李達衷		몽골	霽亭集	2-4
48	32-21	賀表	李達衷		몽골	霽亭集	2-7
49	32-22	方物狀	李達衷		몽골	霽亭集	2-9
50	32-23	賀節日表	李達衷		몽골	霽亭集	2-5
51	32-24	方物狀	李達衷		몽골	霽亭集	2-10
52	32-25	賀節日表	李達衷		몽골	霽亭集	2-6
53	32-26	方物狀	李達衷		몽골	霽亭集	2-11
54	32-27	賀皇太子封冊箋	李達衷		몽골	霽亭集	2-8
55	32-28	奇皇后受冊賀太子箋	鄭樞		몽골	圓齋集先生文藁	하-전-3
56	32-29	賀節日表	李穡		몽골	牧隱文藁	11-4
57	32-30	皇后封冊賀表	李穡		몽골	牧隱文藁	11-5
58	32-31	賀平蜀表	李穡	1372	명	牧隱文藁	11-20
59	32-32	賀皇太子千秋起居箋	李穡		몽골	牧隱文藁	11-6
60	32-33	賀表	李穡		몽골	牧隱文藁	11-6
61	32-34	方物狀	李穡		몽골	牧隱文藁	11-6
62	32-35	賀平定安南箋	李穡		명	유일	
63	32-36	皇太子凱還賀箋	李穡		몽골	牧隱文藁	11-11
64	32-37	賀朝廷平定雲南發遣梁王家屬安置濟州表	李崇仁		명	陶隱集	5-11
65	32-38	賀登極表	李崇仁		명	陶隱集	5-12
66	32-39	賀冊皇太后表	李崇仁		명	陶隱集	5-13
67	32-40	賀郊祀改元表	李崇仁		명	陶隱集	5-14
68	32-41	賀正表	李崇仁		명	陶隱集	5-15
69	32-42	賀正表	李崇仁		명	陶隱集	5-16
70	32-43	賀冬至表	李崇仁		명	陶隱集	5-17
71	32-45	賀節日表	李崇仁		명	陶隱集	5-19
72	32-46	賀正牋	李崇仁		명	陶隱集	5-27
73	32-47	賀冬至牋	李崇仁		명	陶隱集	5-29
74	32-48	賀親祀大廟牋	李崇仁		명	陶隱集	5-30
75	32-49	平北賀表	李詹		명	유일	
76	33-26	上大宋皇帝謝賜曆日表	郭元	1020	송	유일	
77	33-27	謝毁罷鴨江前面亭子表	崔惟清	1057	거란	東人之文四六	2-24

78	33-28	謝勅祭仁王表	崔惟淸	1146	금	東人之文四六	4-10
79	33-29	謝物狀	崔惟淸	1146	금	東人之文四六	4-11
80	33-30	謝勅祭仁王表	崔惟淸	1146	금	東人之文四六	4-12
81	34-1	回封冊表	崔惟淸	1142	금	東人之文四六	4-15
82	34-2	謝冊表	崔惟淸	1142	금	東人之文四六	4-16
83	34-3	又	崔惟淸	1148	금	東人之文四六	4-17
84	34-4	上大金皇帝謝恩起居表	崔惟淸	미상	금	유일	
85	34-5	謝表	崔惟淸	미상	금	유일	
86	34-6	謝別賜表	崔惟淸	미상	금	유일	
87	34-7	謝恩起居表	崔惟淸	미상	금	유일	
88	34-8	謝表	崔惟淸	미상	금	유일	
89	34-9	方物表	崔惟淸		금	유일	
90	34-10	謝神宗遺留物表	李顗	1090	송	東人之文四六	2-06
91	34-11	謝宣諭封冊世子表	高令臣	1110	거란	東人之文四六	3-08
92	34-19	謝勅祭國母表	韓皦如	1113	거란	東人之文四六	3-12
93	34-20	謝冊世子表	朴景綽	1100	거란	東人之文四六	3-10
94	34-21	世子謝表	朴景綽	1100	거란	東人之文四六	3-09
95	34-22	謝橫宣表	朴景綽	1105	거란	東人之文四六	3-07
96	34-23	謝賜新樂表	朴景綽	1115	송	東人之文四六	2-08
97	34-24	謝遣醫官敎習表	金緣		송	東人之文四六	2-12
98	34-25	謝書詔不名表	朴昇中	1115	송	東人之文四六	2-13
99	34-26	謝獎諭平定女眞築設城子表	朴昇中	1109	거란	東人之文四六	3-16
100	34-28	謝賜禮器祭服薦享曲譜禮器款識等表	金富佾	1115	송	東人之文四六	2-09
101	34-30	謝使副及上節都轄已下十九員各賜單公服表	鄭知常	1117	송	東人之文四六	9-16
102	34-31	入宋謝差接伴表	金富軾	1116	송	東人之文四六	9-01
103	34-32	謝郊迎表	金富軾	1116	송	東人之文四六	9-02
104	34-33	謝天寧節垂拱殿赴御宴表	金富軾	1116	송	東人之文四六	9-03
105	34-34	謝睿謨殿侍宴表	金富軾	1116	송	東人之文四六	9-04
106	34-35	謝宣示御製詩仍令和進表	金富軾	1116	송	東人之文四六	9-05
107	34-36	謝法服參從三大禮表	金富軾	1116	송	東人之文四六	9-06
108	34-37	謝冬祀大禮別賜表	金富軾	1116	송	東人之文四六	9-07
109	34-38	謝許謁大明殿御容表	金富軾	1116	송	東人之文四六	9-08
110	35-1	謝御筆指揮朝辭日表	金富軾	1116	송	東人之文四六	9-10
111	35-2	謝二學聽講兼觀大晟樂表	金富軾	1116	송	東人之文四六	9-11
112	35-3	謝宣示太平睿覽圖表	金富軾	1116	송	東人之文四六	9-12
113	35-4	謝赴集英殿春宴表	金富軾	1117	송	東人之文四六	9-13
114	35-5	謝回儀表	金富軾	1117	송	東人之文四六	9-14
115	35-6	謝獎諭表	金富軾	1117	송	東人之文四六	9-15
116	35-7	謝遣使吊慰表	金富軾	1123	송	東人之文四六	2-14
117	35-10	謝不收復保州表	金富儀	1126	금	東人之文四六	3-23

118	35-11	謝回付沒入人馬表	金富儀	1128	금	東人之文四六	4-22
119	35-14	謝宣賜生日起居表	金富儀		금	유일	
120	35-15	謝表	金富儀		금	유일	
121	35-16	物狀	金富儀		금	유일	
122	35-19	謝密進廻儀表	康澄	1096	송	東人之文四六	2-15
123	35-20	謝釋奠陪位表	金端	1117	송	東人之文四六	9-17
124	35-21	謝報諭表	林存	1128	금	東人之文四六	3-26
125	35-22	謝許習大晟樂表	林存	1117	송	東人之文四六	9-19
126	35-25	謝宣諭表	崔誠	1126	금	東人之文四六	3-22
127	35-26	入金謝差接伴表	金克己	1203	금	東人之文四六	9-20
128	35-27	謝賜詔書兼藥物表	金克己	1203	금	東人之文四六	9-21
129	35-28	謝朝衆次客省幕賜酒食衣對表	金克己	1203	금	東人之文四六	9-22
130	35-29	謝館宴表	金克己	1203	금	東人之文四六	9-23
131	35-30	謝差館伴表	金克己	1203	금	東人之文四六	9-24
132	35-31	謝館大宴表	金克己	1203	금	東人之文四六	9-25
133	35-32	謝花宴表	金克己	1203	금	東人之文四六	9-26
134	35-33	謝正旦赴御宴表	金克己	1204	금	東人之文四六	9-27
135	35-34	謝春幡勝表	金克己	1204	금	東人之文四六	9-28
136	35-36	謝朝辭日衣對鞍馬 禮物表	金克己	1204	금	東人之文四六	9-30
137	35-37	謝館餞宴表	金克己	1204	금	東人之文四六	9-31
138	36-1	謝離館表	金克己	1204	금	東人之文四六	9-32
139	36-2	謝差送伴表	金克己	1204	금	東人之文四六	9-33
140	36-3	謝東京賜錢宴表	金克己	1204	금	東人之文四六	9-34
141	36-10	謝回付逃背人表	郭東珣	1140	금	東人之文四六	4-23
142	36-13	謝遣兵滅丹賊兵起居表	李仁老	1219	몽골	유일	
143	36-14	謝表	李仁老	1219	몽골	유일	
144	36-15	物狀	李仁老	1219	몽골	유일	
145	37-14	忠憲王謝聖朝遣帥臣討平遼賊表	李奎報	1219	몽골	東人之文四六	4-28
146	37-15	謝宣諭表	李奎報	1221	몽골	東人之文四六	4-29
147	37-21	謝賜羊表	金坵	1263	몽골	止浦先生文集	2-24
148	37-22	謝恩起居表	金坵	1263	몽골	止浦先生文集	2-25
149	37-23	謝表	金坵	1261	몽골	止浦先生文集	2-15
150	37-24	謝恩起居表	金坵	1264	몽골	止浦先生文集	2-35
151	37-25	謝表	金坵	1264	몽골	止浦先生文集	2-34
152	37-26	謝釐降公主表	金坵	1274	몽골	止浦先生文集	2-46
153	37-27	同前謝酒表	金坵	1274	몽골	止浦先生文集	2-47
154	37-34	謝聖旨起居表	李齊賢	충목왕	몽골	益齋亂藁	8-1-1
155	37-35	謝表	李齊賢	충목왕	몽골	益齋亂藁	8-1-2
156	37-36	謝御衣酒起居表	李齊賢		몽골	益齋亂藁	8-2-1
157	37-37	謝表	李齊賢		몽골	益齋亂藁	8-2-2

158	37-38	謝功臣呼起居表	李齊賢		몽골	益齋亂藁	8-12-1
159	37-39	謝表	李齊賢		몽골	益齋亂藁	8-12-2
160	37-40	詔赦謝恩起居表	李齊賢		몽골	益齋亂藁	8-13-1
161	37-41	謝表	李齊賢		몽골	益齋亂藁	8-13-2
162	37-42	謝銀字圓牌起居表	李齊賢		몽골	益齋亂藁	8-6-1
163	37-43	謝表上	李齊賢		몽골	益齋亂藁	8-6-2
164	37-44	孛兀兒札宴後謝起居表	李齊賢		몽골	益齋亂藁	8-8-1
165	37-45	謝表	李齊賢		몽골	益齋亂藁	8-8-2
166	37-46	永陵復位謝起居表	鄭誧	1340	몽골	雪谷先生集	하-표-1
167	37-47	謝表	鄭誧	1340	몽골	雪谷先生集	하-표-1
168	37-48	謝復弓兵馬匹起居表	李穀		몽골	稼亭集	10-4-1
169	37-49	謝表	李穀		몽골	稼亭集	10-4-2
170	37-50	謝恩起居表	李穀		몽골	稼亭集	10-7-1
171	37-51	謝表	李穀		몽골	稼亭集	10-7-2
172	38-1	謝恩表	李穡		몽골	牧隱文藁	11-2
173	38-2	謝御酒御衣起居表	李穡		몽골	牧隱文藁	11-7-1
174	38-3	謝表	李穡		몽골	牧隱文藁	11-7-2
175	38-4	謝復位起居表	李穡		몽골	牧隱文藁	11-8-1
176	38-5	謝表	李穡	1364	몽골	牧隱文藁	11-8-2
177	38-6	太尉謝表	李穡	1362	몽골	牧隱文藁	11-17
178	38-7	謝恩表	李穡		몽골	牧隱文藁	11-19
179	38-8	謝賜紗羅表	李穡		명	牧隱文藁	11-22
180	39-6	上大遼皇帝告奏表	朴寅亮		거란	유일	
181	39-7	告哀表	崔惟淸	1146	금	東人之文四六	4-08
182	39-8	稱嗣表	崔惟淸	1146	금	東人之文四六	4-09
183	39-9	告奏表	崔惟淸	1130	금	東人之文四六	4-18
184	39-10	又	崔惟淸		금	東人之文四六	4-19
185	39-11	告不時訃奏表	李䫨	1108	송	東人之文四六	2-07
186	39-12	上大遼皇弟起居表	朴昇中		거란	유일	
187	39-13	告伐東女眞表	朴昇中	1108	거란	東人之文四六	3-15
188	39-14	回宣諭助伐女眞表	朴昇中	1114	거란	東人之文四六	3-17
189	39-15	又	한교여	1115	거란	東人之文四六	3-18
190	39-16	回宣慶表	金富佾	1127	금	東人之文四六	3-24
191	39-17	聘問表	金富佾		송	東人之文四六	2-21
192	39-18	告賀登極使至明州回表	金富佾	1127	송	東人之文四六	2-17
193	39-19	誓表	金富軾	1128	금	東人之文四六	3-27
194	39-20	入宋告奏表	金富儀		송	유일	
195	39-21	回詔諭表	金富儀	1130	송	東人之文四六	2-20
196	39-22	回詔諭表	金富儀	1126	송	東人之文四六	2-16
197	39-23	回津發史臣入金表	金富佾	1128	송	東人之文四六	2-18
198	39-24	告奏表	郭陽宣	1175	금	東人之文四六	4-20
199	39-25	又	崔詵	1183	금	東人之文四六	4-21

200	39-26	回橫宣表	任永齡	1204	금	東人之文四六	4-06
201	39-27	謝物狀	任永齡	1204	금	東人之文四六	4-07
202	39-28	蒙古國使回上皇帝表	李奎報	1219	몽골	東國李相國集	28-4
203	39-29	蒙古行李去上皇帝表	李奎報	1231	몽골	東國李相國集	28-5
204	39-30	蒙古皇帝上起居表	李奎報	1238	몽골	東國李相國集	28-29
205	39-31	陳情表	李奎報	1238	몽골	東國李相國集	28-30
206	39-32	物狀	李奎報	1238	몽골	東國李相國集	28-31
207	39-33	上大金皇帝起居表	李奎報	1233	금	東國李相國集	28-25
208	39-34	陳情表	李奎報	1233	금	東國李相國集	28-26
209	39-35	物狀	李奎報	1233	금	東國李相國集	28-27
210	39-36	上都皇帝起居表	李奎報	1232	몽골	東國李相國集	28-16
211	39-37	陳情表	李奎報	1232	몽골	東國李相國集	28-17
212	40-1	告哀表	崔洪胤		금	유일	
213	40-2	稱嗣表	崔洪胤		금	유일	
214	40-3	告奏起居表	金坵	1266	몽골	止浦先生文集	2-37
215	40-4	告奏表	金坵	1266	몽골	止浦先生文集	2-36
216	40-5	告奏表	金坵	1268	몽골	止浦先生文集	2-41
217	40-6	告奏表	金坵	1275	몽골	止浦先生文集	2-48
218	40-7	告奏表	金坵	1275	몽골	止浦先生文集	2-49
219	40-8	告奏起居表	金坵	1275	몽골	止浦先生文集	2-50
220	40-9	告奏表	金坵	1271	몽골	止浦先生文集	2-43
221	40-10	告奏表	金坵	1270	몽골	止浦先生文集	2-42
222	40-11	告奏表	金坵	1259	몽골	止浦先生文集	2-06
223	40-12	告奏起居表	金坵	1259	몽골	止浦先生文集	2-07
224	40-13	陳情表	金坵	1262	몽골	止浦先生文集	2-16
225	40-14	告奏起居表	金坵	1262	몽골	止浦先生文集	2-17
226	40-15	陳情表	金坵	1262	몽골	止浦先生文集	2-18
227	40-16	告奏起居表	金坵	1262	몽골	止浦先生文集	2-19
228	40-17	陳情表	金坵	1264	몽골	止浦先生文集	2-32
229	40-18	入朝告奏表	金坵	1264	몽골	止浦先生文集	2-33
230	40-19	陳情表	金坵	1260	몽골	止浦先生文集	2-12
231	40-20	物狀	金坵	1260	몽골	止浦先生文集	2-13
232	40-21	告奏起居表	金坵	1260	몽골	止浦先生文集	2-14
233	40-22	陳情表	金坵	1268	몽골	止浦先生文集	2-38
234	40-23	告奏起居表	金坵	1268	몽골	止浦先生文集	2-39
235	40-24	陳情表	金坵	1268	몽골	止浦先生文集	2-40
236	40-25	陳情起居表	李齊賢		몽골	益齋亂藁	8-4-1
237	40-26	陳情表陳情表	李齊賢		몽골	益齋亂藁	8-4-2
238	40-27	爲公主乞賜稱號陳情起居表	李齊賢		몽골	益齋亂藁	8-5-1
239	40-28	陳情表	李齊賢		몽골	益齋亂藁	8-5-2
240	40-29	陳情起居表	李齊賢		몽골	益齋亂藁	8-7-1
241	40-30	陳情表	李齊賢		몽골	益齋亂藁	8-7-2

242	40-32	平紅巾賊後陳情表	李穡		몽골	牧隱文藁	11-1
243	40-33	陳情表	李穡	1373	명	牧隱文藁	11-9
244	40-34	又	李穡	1373	명	牧隱文藁	11-10
245	40-35	又	李穡		명	牧隱文藁	11-13
246	40-36	王大妃陳情表	李穡		명	牧隱文藁	11-14
247	41-7	上大宋皇帝遣學生 請入國學表	金富佾	1115	송	東人之文四六	2-10
248	41-11	請比色目起居表	李齊賢		몽골	益齋亂藁	8-3-1
249	41-12	請表	李齊賢		몽골	益齋亂藁	8-3-2
250	41-13	請子弟入學表	李穡	1372	명	牧隱文藁	11-21
251	41-14	請承襲表	李穡		명	牧隱文藁	11-16
252	41-15	請改名表	李穡		명	牧隱文藁	11-3
253	41-16	請冠服表	李穡		명	牧隱文藁	11-12
254	41-17	請承襲表	李崇仁		명	陶隱集	5-23
255	42-1	乞辭表	金富軾	1116	송	東人之文四六	9-09
256	42-12	乞辭表	金克己	1204	금	東人之文四六	3-29
257	44-10	本國入宋進奉起居表	周佇	1015	송	東人之文四六	2-01
258	44-11	進奉表	周佇	1015	송	東人之文四六	2-02
259	44-12	太皇太后起居表	李顥	1090	송	東人之文四六	2-03
260	44-13	進奉表	李顥	1090	송	東人之文四六	2-04
261	44-14	物狀	李顥	1090	송	東人之文四六	2-05
262	44-18	入金進奉起居表	金富軾	1126	금	東人之文四六	3-19
263	44-19	進奉表	金富軾	1126	금	東人之文四六	3-20
264	44-20	物狀	金富軾	1126	금	東人之文四六	3-21
265	44-21	進奉鵶子起居表	金坵	1262	몽골	止浦先生文集	2-20
266	44-22	進奉表	金坵	1262	몽골	止浦先生文集	2-21
267	44-23	進奉表	金坵	1262	몽골	止浦先生文集	2-22
268	44-24	進奉起居表	金坵	1262	몽골	止浦先生文集	2-23
269	44-25	進奉表	金坵	1264	몽골	止浦先生文集	2-28
270	44-26	進奉起居表	金坵	1264	몽골	止浦先生文集	2-29
271	44-27	陳情表	金坵	1264	몽골	止浦先生文集	2-30
272	44-28	方物表	金坵	1264	몽골	止浦先生文集	2-31
273	44-29	別紙	金坵	1263	몽골	止浦先生文集	2-26

* 동일 문서 수록 문집명 : 해당 문서가 다른 문집에 실려 있을 경우 그 문집의 명칭을 기재한 것이다. 단 『東人之文四六』과 개인 문집에 중복으로 실린 경우 후자를 기재하였다.
** 문집 번호 : 해당 문서가 이 문집의 권 몇의 몇 번째 문서인지를 표시한 번호이다. 일련번호를 붙인 방식은 〈부록 1〉의 그것과 같다.

1. 사료

1) 사서

『三國史記』

『高麗史』

『高麗史節要』

『太祖實錄』

『定宗實錄』

『太宗實錄』

『舊五代史』(薛居正 等 撰, 『舊五代史』, 北京 : 中華書局, 1976)

『新五代史』(歐陽脩 撰, 『新五代史』, 北京 : 中華書局, 1987)

『宋史』(脫脫 等 撰, 『宋史』, 北京 : 中華書局, 1985)

『遼史』(脫脫 等 撰, 『遼史』, 北京 : 中華書局, 1989)

『金史』(脫脫 等 撰, 『金史』, 北京 : 中華書局, 1975)

『元史』(宋濂 等 撰, 『元史』, 北京 : 中華書局, 1976)

『新元史』(柯劭忞 撰, 『新元史』, 二十五史編刊館, 1956)

『明史』(張廷玉 等 撰, 『明史』, 北京 : 中華書局, 1987)

『南唐書』(陸游 撰, 李建國 交點, 『南唐書』, 杭州 : 杭州出版社, 2004)

『資治通鑑』(司馬光 編著, 1956 『資治通鑑』, 北京 : 中華書局)

『續資治通鑑長編』(李燾 著, 黃以周 等 輯補, 『續資治通鑑長編』, 上海 : 上海古籍出版社, 1986)

『建炎以來繫年要錄』(李心傳 撰, 王雲五 主編, 『建炎以來繫年要錄』, 上海 : 商務印書館, 1936)

『元高麗紀事』(여원관계사연구팀, 『(譯註) 元高麗紀事』, 선인, 2008)

『北巡私記』(劉佶 撰, 薄音湖·王雄 編, 『明代蒙古漢籍史料彙編』 1, 呼和浩特 : 內蒙古大學出版社, 2006)

『明太祖實錄』(『明實錄』, 臺北 : 中央硏究院 歷史言語硏究所, 1964)

2) 문집 및 문서집

『桂苑筆耕集』(崔致遠 지음, 이상현 옮김, 『桂苑筆耕集』1·2, 한국고전번역원, 2009·2010)

『東人之文四六』(崔瀣 編, 고려대학교 도서관 소장, 청구기호 만송 貴 364B1)

『東文選』(徐居正·梁誠之 撰集, 민족문화추진회 옮김, 『(국역)동문선』1~12, 1966-1968)

『東國李相國集』(李奎報 著, 민족문화추진회 옮김, 『(국역)동국이상국집』1~7, 1978~1981)

『止浦先生文集』(金坵 著, 『(國譯)止浦先生文集』, 成均館大學校, 1984)

『帝王韻紀』(李承休 著, 김경수 역주, 『帝王韻紀』, 亦樂, 1999)

『益齋亂藁』(李齊賢, 민족문화추진회 옮김, 『(국역)익재집』1·2, 1979·1980)

『拙稿千百』(崔瀣 지음, 최채기 옮김, 『(국역)졸고천백』, 민족문화추진회, 2006)

『稼亭集』(李穀 지음, 이상현 옮김, 『(국역)가정집』1·2, 민족문화추진회, 2006·2007)

『牧隱文藁』(李穡 지음, 임정기·이상현 옮김, 『(국역)목은집』1~12, 민족문화추진회,
　　　　2000~2005)

『雪谷先生集』(鄭誧 지음, 『韓國文集總刊』3, 민족문화추진회, 1992)

『圓齋先生文藁』(鄭樞 지음, 『韓國文集總刊』5, 민족문화추진회, 1994)

『霽亭集』(李達衷 지음, 안세현 외 옮김, 『(校勘標點)霽亭集』, 한국고전번역원, 2013)

『謹齋集』(安軸 지음, 서정화 외 옮김, 『(校勘標點)謹齋集』, 한국고전번역원, 2013)

『圓鑑國師集』(沖止 著, 奏星圭 譯, 『圓鑑國師集』, 亞細亞文化社, 1988)

『陶隱集』(李崇仁 지음, 이상현 옮김, 『도은집』, 민족문화추진회, 2008)

『吏文』(承文院 編, 규장각한국학연구원 소장, 청구기호 想白古 411.1 J773i ; 구범진 역주,
　　　　『이문 역주』상·중·하, 세창출판사, 2012)

『吏文輯覽』(崔世珍 撰, 규장각한국학연구원 소장, 청구기호 奎 1577 ; 구범진 역주, 『이문
　　　　역주』상·중·하, 세창출판사, 2012)

『海東繹史』(韓致奫 著, 정선용 역, 『(국역)海東繹史』1-9, 민족문화추진회, 1996-2004)

『全唐文』(董誥 等 奉敕編, 『全唐文』, 臺北 : 大通書局, 1979)

『文苑英華』(李昉 等 編, 『文苑英華』, 北京 : 中華書局, 1995)

『宋大詔令集』(楊家駱 編, 『宋大詔令集』, 臺北 : 鼎文書局, 1972)

『全遼文』(陳述 輯校, 『全遼文』, 北京 : 中華書局, 1981)

『遼會要』(陳述·朱子方 主編, 『遼會要』, 上海 : 上海古籍出版社, 2009)

『全遼金文』(閻鳳梧 主編, 『全遼金文』, 太原 : 山西古籍出版社, 2002)

『大金詔令釋注』(董克昌 主編, 『大金詔令釋注』, 哈爾濱 : 黑龍江人民出版社, 1993)

『大金弔伐錄』(金少英 校補, 『大金弔伐錄校補』, 北京 : 中華書局, 2001)

『全元文』(李修生 主編, 『全元文』, 南京 : 江蘇古籍出版社, 1999-2004)

『明太祖御製文集』(朱元璋 著, 吳相湘 主編, 『明太祖御製文集』, 臺北 : 臺灣學生書局, 1965)

『宋學士文集』(宋濂 著, 『宋學士文集』, 臺北 : 臺灣商務印書館, 1968)

3) 政書類 및 類書類

『大唐六典』(『大唐六典』, 常州 : 文海出版社, 1962 ; 김택민 주편, 『譯註 唐六典』上·中·下, 2003·
　　2005·2008, 신서원)

『大唐開元禮』(『大唐開元禮』, 北京 : 民族出版社, 2000)

『玉海』(王應麟 撰, 『(合璧本)玉海』, 香港 : 中文出版社, 1977)

『通典』(杜佑 撰, 『(交點本)通典』, 北京 : 中華書局, 1988)

『冊府元龜』(王欽若 外 編, 『冊府元龜』, 北京 : 中華書局, 1989)

『翰苑群書』(洪遵 編, 『翰苑群書』, 北京 : 中華書局, 1991)

『五代會要』(王溥 撰, 『五代會要』, 上海 : 上海古籍出版社, 1978)

『宋會要輯稿』(徐松 輯, 『宋會要輯稿』, 北京 : 中華書局, 1957)

『慶元條法事類』(楊一凡·田濤 主編, 戴建國 點校, 『中國珍稀法律典籍續編』1, 哈爾濱 : 黑龍江人
　　民出版社, 2002)

『大金集禮』(張瑋 等 撰, 『大金集禮』, 北京 : 中華書局, 1985)

『文獻通考』(馬端臨 撰, 『文獻通考』, 北京 : 中華書局, 1986)

『契丹國志』(葉隆禮 撰, 賈敬顔·林榮貴 點校, 『契丹國志』, 北京 : 中華書局, 2014)

『草木子』(葉子奇 撰, 『草木子』, 北京 : 中國書店, 2000)

『大元聖政國朝典章』(『大元聖政國朝典章』, 北京 : 中國廣播電視出版社, 1998 ; 陳高華 等 點校,
　　『元典章』, 北京 : 中華書局, 2011)

『大明集禮』(규장각한국학연구원 소장, 청구기호 古 1325 12)

『洪武禮制』(楊一凡·田濤 主編, 戴建國 點校, 『中國珍稀法律典籍續編』3, 哈爾濱 : 黑龍江人民出
　　版社, 2002)

『大明會典』(申時行 等 修, 『(萬曆朝重修本)明會典』, 北京 : 中華書局, 1989)

『文體明辯』(徐師曾 著, 羅根澤 校點, 『文體明辯序說』, 北京 : 人民文學出版社, 1998)

4) 지방지 및 기타

『遼東志』(高木亥三郎 飜刻, 『遼東志』, 1912)

『宣和奉使高麗圖經』(徐兢 著, 『宣和奉使高麗圖經』, 亞細亞文化社, 1972 ; 서긍 지음, 조동원
　　외 공역, 『고려도경』, 황소자리, 2005)

『十國春秋』(吳任臣 撰, 徐敏霞, 周瑩 點校, 『十國春秋』, 北京 : 中華書局, 1983)

『渤海國志長編』(金毓黻 撰, 王有立 主編, 『渤海國志長編』, 太學社, 1977)

5) 자료집류

김기섭 외, 『일본 고중세 문헌 속의 한일관계사료집성』, 혜안, 2005.

金龍善 編, 『(改訂版)高麗墓誌銘集成』, 翰林大學校 出版部, 1997.

노명호 외, 『韓國古代中世古文書硏究(上)』, 서울대학교출판부, 2000.

이근명 외 엮음, 『송원시대의 고려사 자료』 1·2, 신서원, 2010.

張東翼, 『元代麗史資料集錄』, 서울대학교출판부, 1997.

張東翼, 『宋代麗史資料集錄』, 서울대학교출판부, 2000.

張東翼,『日本古中世 高麗資料研究』, 서울대학교출판부, 2004.

2. 저서

1) 한국어

강은경,『고려시대 기록과 국가운영』, 혜안, 2007.

姜在光,『蒙古侵入에 대한 崔氏政權의 外交的 對應』, 景仁文化社, 2011.

고명수,『몽골-고려 관계 연구』, 혜안, 2019.

高柄翊,『東亞交涉史의 研究』, 서울大學校出版部, 1970.

구범진 역주,『이문 역주』상·중·하, 세창출판사, 2012.

구범진,『조선시대 외교문서-명·청과 주고받은 문서의 구조 분석』, 한국고전번역원, 2013.

권용철,『원대 중후기 정치사 연구』, 온샘, 2019.

김광철,『원간섭기 고려의 측근정치와 개혁정치』, 景仁文化社, 2018.

金塘澤,『元干涉下의 高麗政治史』, 一潮閣, 1998.

金庠基,『東方文化交流史論考』, 1948.

김성규,『송대 동아시아의 국제관계와 외교의례』, 신아사, 2020.

김순자,『韓國 中世 韓中關係史』, 혜안, 2007.

김영제,『고려상인과 동아시아 무역사』, 푸른역사, 2019.

金渭顯,『고려시대 대외관계사 연구』, 景仁文化社, 2004.

金在滿,『契丹·高麗關係史研究』, 國學資料院, 1999.

김종철,『동문선의 이해와 분석』, 청문각, 2006.

김한규,『天下國家-전통 시대 동아시아 세계 질서』, 소나무, 2005.

김한규,『한중관계사』Ⅰ·Ⅱ, 아르케, 1999.

김형수,『고려후기 정책과 정치』, 지성人, 2013.

김호동,『몽골제국과 고려』, 서울대학교출판부, 2007.

南義鉉,『明代遼東支配政策研究』, 강원대학교출판부, 2008.

盧啓鉉,『高麗領土史』, 甲寅出版社, 1993.

노명호,『고려국가와 집단의식-자위공동체, 삼국유민, 삼한일통, 해동천자의 천하』, 서울대학교출판문화원, 2009.

도현철,『목은 이색의 정치사상 연구』, 혜안, 2011.

동북아역사재단 편,『宋史 外國傳 譯註 1』, 동북아역사재단, 2011.

동북아역사재단 한국외교사편찬위원회 편,『한국의 대외관계와 외교사 고려편』, 동북아역사재단, 2018.

동북아역사재단, 경북대학교 한중교류연구원 편,『13~14세기 고려-몽골관계 탐구』, 동북아역사재단, 2011.

무라이 쇼스케 지음, 손승철·김강일 편역,『동아시아 속의 중세 한국과 일본』, 景仁文化社,

2008.

閔賢九, 『高麗政治史論』, 고려대학교 출판부, 2004.

朴元熇, 『明初朝鮮關係史研究』, 一潮閣, 2002.

배우성·구범진 공역, 『국역 『同文彙考』 疆界 史料』, 동북아역사재단, 2008.

배우성 등 공역, 『국역 『同文彙考』 勅諭·犯禁·刷還 史料』, 동북아역사재단, 2013.

서병국, 『거란제국사연구』, 한국학술정보, 2006.

宋基豪, 『渤海政治史研究』, 一潮閣, 1995.

신채식, 『宋代對外關係史研究』, 한국학술정보, 2008.

沈載錫, 『高麗國王 冊封 研究』, 혜안, 2002.

안주섭, 『고려 거란 전쟁』, 경인문화사, 2003.

오함 지음, 박원호 옮김, 『주원장전』, 지식산업사, 2003.

柳在城, 『對蒙抗爭史』, 國防部 戰史編纂委員會, 1988.

尹龍爀, 『高麗對蒙抗爭史研究』, 一志社, 1991.

윤은숙, 『몽골제국의 만주 지배사』, 소나무, 2010.

이강한, 『고려와 원제국의 교역의 역사』, 창비, 2013.

이개석, 『고려-대원 관계 연구』, 지식산업사, 2013.

이계지 지음, 나영남·조복현 옮김, 『정복왕조의 출현 : 요·금의 역사』, 신서원, 2014.

이명미, 『13~14세기 고려·몽골 관계 연구-정동행성승상 부마 고려국왕, 그 복합적 위상에 대한 탐구』, 혜안, 2016.

이미지, 『태평한 변방-고려의 對거란 외교와 그 소산』, 景仁文化社, 2018.

이익주, 『이색의 삶과 생각』, 일조각, 2013.

이익주 외 지음, 『동아시아 국제질서 속의 한중관계사』, 동북아역사재단, 2010.

이정신, 『高麗 武臣政權期 農民·賤民抗爭 研究』, 高麗大學校 民族文化研究所, 1991.

이정신, 『고려시대의 정치변동과 대외정책』, 景仁文化社, 2004.

李鎭漢, 『高麗時代 宋商往來 研究』, 景仁文化社, 2011.

이진한, 『고려시대 무역과 바다』, 경인문화사, 2014.

張東翼, 『高麗後期外交史研究』, 一潮閣, 1994.

張東翼, 『高麗時代 對外關係史 綜合年表』, 동북아역사재단, 2009.

주채혁, 『몽·려전쟁기의 살리타이와 홍복원』, 혜안, 2009.

한일문화교류기금·동북아역사재단 편, 『몽골의 고려·일본침공과 한일관계』, 景仁文化社, 2009.

2) 중국어

龔延明, 『宋代官制辭典』, 北京 : 中華書局, 1997.

邱樹森 主編, 『元史辭典』, 濟南 : 山東教育出版社, 2002.

陶晉生, 『宋遼關係史研究』, 臺北 : 聯經出版事業公司, 1984.

陶晉生, 『宋遼關係史研究』, 北京 : 中華書局, 2008.

萬明, 『明代中外關係史論考』, 北京 : 中國社會科學出版社, 2011.

萬明, 『中國融入世界的步履－明與淸前期海外政策比較硏究』, 北京：故宮出版社, 2014.

朴眞奭, 『東夏史硏究』, 延邊：延邊大學出版社, 1995.

楊芹, 『宋代制誥文書硏究』, 上海：上海古籍出版社, 2014.

楊渭生, 『宋麗關係史硏究』, 杭州：杭州大學出版社, 1997.

吳含, 『吳含文集』 第1卷 歷史, 北京：北京出版社, 1985.

吳曉萍, 『宋代外交制度硏究』, 合肥：安徽人民出版社, 2006.

王愼榮·趙鳴岐, 『東夏史』, 天津：天津古籍出版社, 1990.

劉浦江, 『遼金史論』, 瀋陽：遼寧大學出版社, 1999.

劉浦江, 『松漠之間－遼金契丹女眞史硏究』, 北京：中華書局, 2008.

李慶新, 『明代海外貿易制度』, 北京：社會科學文獻出版社, 2007.

李云泉, 『朝貢制度史論－中國古代對外關係體制硏究』, 北京：新華出版社, 2004.

李治安, 『元代分封制度硏究』, 天津：天津古籍出版社, 1989.

李治安, 『行省制度硏究』, 天津：南開大學出版社, 2000.

李華瑞, 『宋夏關係史』, 北京：中國人民大學出版社, 2010.

張帆, 『元代宰相制度硏究』, 北京：北京大學出版社, 1997.

蔣戎·蔣秀松, 『東夏史』, 北京：中國社會科學出版社, 2019.

鄭學檬, 『五代十國史硏究』, 上海：上海人民出版社, 1991.

丁曉昌, 『中國公文發展史』, 蘇州：蘇州大學出版社, 2004.

趙永春, 『金宋關係史硏究』, 長春：吉林教育出版社, 1999.

晁中辰, 『明代海禁與海外貿易』, 北京：人民出版社, 2005.

陳尙勝, 『中韓關係史論』, 濟南：齊魯書社, 1997.

陳尙勝, 『中韓交流三千年』, 北京：中華書局, 1997.

黃純艷, 『宋代朝貢體系硏究』, 上海：商務印書館, 2014.

黃枝連, 『天朝禮治體系硏究 上－中國與亞洲國家關系形態論：亞洲的華夏秩序』, 北京：中國人民
　　大學出版社, 1992.

黃枝連, 『天朝禮治體系硏究 中－東南亞的禮儀世界：中國封建王朝與朝鮮半島關系形態論』, 北
　　京：中國人民大學出版社, 1994.

黃枝連, 『天朝禮治體系硏究 下－朝鮮的儒化情境構造：朝鮮王朝與滿淸王朝的關系形態論』, 北
　　京：中國人民大學出版社, 1995.

3) 일본어

廣瀨憲雄, 『古代日本外交史－東部ユーラシアの視点から讀み直す』, 東京：講談社, 2014.

金子修一, 『隋唐の國際秩序と東アジア』, 東京：名著刊行會, 2001.

檀上寬, 『明代海禁＝朝貢システムと華夷秩序』, 京都：京都大學出版會, 2013.

檀上寬, 『明朝專制支配の史的構造』, 東京：汲古書院, 1995.

島田正郎, 『遼制之硏究』, 東京：汲古書院, 1954.

山崎覺士, 『中國五代國家論』, 京都：思文閣出版, 2010.

杉山正明, 『耶律楚材とその時代』, 東京：白帝社, 1996.

杉山正明, 『疾驅する草原の征服者』, 東京：講談社, 2005.

森平雅彦, 『モンゴル覇權下の高麗』, 名古屋：名古屋大學出版會, 2013.

西嶋定生, 『中國古代國家と東アジア世界』, 東京：東京大學出版會, 1983.

宋代史研究會 編, 『『宋代中國』の相對化』, 東京：汲古書院, 2009.

矢木毅, 『高麗官僚制度研究』, 京都：京都大學學術出版會, 2008.

外山軍治, 『金朝史研究』, 東京：同朋社, 1964.

赤木崇敏 外, 『元典章が語ること－元代法令集の諸相』, 大阪：大阪大學出版會, 2017.

箭內亘, 『蒙古史研究』, 東京：刀江書院, 1930.

中村裕一, 『唐代官文書研究』, 東京：中文出版社, 1991.

中村裕一, 『唐代制勅研究』, 東京：汲古書院, 1991.

池內宏, 『元寇の新研究』, 東京：東洋文庫, 1931.

池內宏, 『滿鮮史研究』 中世 第一冊, 東京：岡書院, 1933.

池內宏, 『滿鮮史研究』 中世 第三冊, 東京：吉川弘文館, 1963.

川西裕也, 『朝鮮中近世の公文書と國家－變革期の任命文書をめぐって』, 福岡：九州大學出版會, 2014.

片岡一忠, 『中國官印制度研究』, 東京：東方書店, 2008.

豊島悠果, 『高麗王朝の儀禮と中國』, 東京, 汲古書院, 2017.

4) 영어

T. Allsen, *Mongol Imperialism*, Berkely：University of California Press, 1987.

Edward L. Farmer, *Zhu Yuanzhang and Early Ming Legislation－The Reordering of Chinese Society Following the Era of Mongol Rule*, Leiden：E.J.Brill, 1995.

William E. Henthorn, *Korea, the Mongol Invasions*, Leiden：E.J.Brill, 1963.

Donald Ostrowski, *Muscovy and the Mongols－Cross-culture influences on the steppe frontier, 1304-1589*, Cambridge：Cambridge University Press, 1998.

David M. Robinson, *Empire's Twilight*, Cambridge：Harvard University Press, 2009.

Morris Rossabi ed., *China among Equals*, Berkeley：University of California Press, 1983.

Henry Serruys, *The Mongols in China During the Hungwu Period(1368-1398)*, Bruxelles：Institut Belge des Hautes Etudes Chinoises, 1959.

Henry Serruys, *Sino-Mongol Relations During The Ming Ⅱ－The Tribute System and Diplomatic Missions(1400-1600)*, Bruxelles：Institut Belge Des Hautes Etudes Chinoises, 1967.

3. 논문

1) 한국어

姜吉仲, 「南宋과 高麗의 政治外交와 貿易關係에 대한 考察」, 『慶熙史學』 16·17, 1991.

姜大良, 「高麗初期의 對契丹關係」, 『史海』 1, 1948.

姜性文, 「高麗初期의 北界開拓에 대한 研究」, 『白山學報』 27, 1983.

강재구, 「高麗 元宗代 麗·蒙關係와 東寧府 설치」, 가톨릭대학교 석사논문, 2015.

강재구, 「高麗 元宗代 麗·蒙關係의 추이와 東寧府의 설치 목적」, 『한국중세사연구』 47, 2016.

강재구, 「몽골의 高麗 北界 분리 시도와 東寧府의 편제」, 『지역과 역사』 39, 2016.

姜晉哲, 「蒙古의 侵入에 대한 鬪爭」, 『韓國史』 7, 國史編纂委員會, 1973.

고명수, 「몽골의 '복속' 인식과 蒙麗관계」, 『韓國史學報』 55, 2014.

고명수, 「몽골-고려 형제맹약 재검토」, 『歷史學報』 225, 2015.

고명수, 「征東行省의 置廢경위와 성격변화 再考」, 『한국중세사연구』 43, 2015.

고명수, 「충렬왕대 怯憐口(怯怜口) 출신 관원−몽골-고려 통혼관계의 한 단면」, 『사학연구』 118, 2015.

고명수, 「13세기 초 遼東의 정세변동과 高麗-東眞 관계」, 『한국중세사연구』 50, 2017.

고명수, 「征東行省 기능의 변천」, 『韓國史學報』 66, 2017.

고혜령, 「원 간섭기 성리학 수용의 일 단면−崔文度를 중심으로」, 『한국중세사연구』 18, 2005.

구범진, 「역법 문제와 한국사 서술−날짜 표기의 혼란과 오류」, 『歷史敎育』 54, 2005.

丘凡眞·鄭東勳, 「홍무 5년(1372) 명 태조의 고려에 대한 의심과 '힐난 성지'」, 『明淸史硏究』 55, 2021.

구범진·정동훈, 「초기 고려-명 관계에서 사행로 문제−요동 사행로의 개통 과정」, 『한국문화』 96, 2021.

丘凡眞·鄭東勳, 「초기 고려-명 관계에서 사행 빈도 문제−'3년 1행'과 『명태조실록』의 기록 조작」, 『東洋史學硏究』 157, 2021.

具山祐, 「高麗 成宗代 對外關係의 展開와 그 政治的 性格」, 『韓國史硏究』 78, 1992.

具山祐, 「고려 현종대의 대거란전쟁과 그 정치·외교적 성격」, 『역사와 경계』 74, 2010.

권영국, 「원 간섭기 고려 군제의 변화」, 14세기 고려사회 성격 연구반, 『14세기 고려의 정치와 사회』, 민음사, 1994.

權容徹, 「大元제국 말기 權臣 바얀의 정치적 行蹟」, 『東洋史學硏究』 120, 2012.

권용철, 「大元帝國 末期 政局과 고려 충혜왕의 즉위, 복위, 폐위」, 『韓國史學報』 56, 2014.

권용철, 「11세기 초 동북아시아 외교 지형의 변화와 고려-거란 관계」, 『한국중세사연구』 60, 2019.

金炯秀, 「충숙왕 초기 通制派와 國俗派의 대립」, 『慶尙史學』 15·16, 2000.

金惠苑, 「高麗 恭愍王代 對外政策과 漢人群雄」, 『白山學報』 51, 1998.

金庚來, 「藩陽王에 對한 一考察」, 『誠信史學』 6, 1988.

김경록, 「공민왕대 국제정세와 대외관계의 전개양상」, 『역사와 현실』 64, 2007.

金九鎭, 「麗·元의 領土紛爭과 그 歸屬問題−元代에 있어서 高麗本土와 東寧府·雙城摠管府·耽羅摠管부의 分離政策을 중심으로」, 『國史館論叢』 7, 1989.

金九鎭, 「尹瓘九城의 範圍와 朝鮮 六鎭開拓−女眞勢力 關係를 中心으로」, 『史叢』 21·22, 1997.

김도연, 「元간섭기 화폐유통과 寶鈔」, 『韓國史學報』 18, 2004.

김명진, 「고려 명종대 조위총의 난과 금의 대응」, 『동북아역사논총』 46, 2014.

김보광, 「고려 충렬왕의 케시크(怯薛, kesig)제 도입과 그 의도」, 『史學硏究』 107, 2012.
김보광, 「12세기 초 송의 책봉 제의와 고려의 대응」, 『동국사학』 60, 2016.
金庠基, 「麗·宋貿易小考」, 『震檀學報』 7, 1937.
김소영, 「고려 태조대의 대거란 정책의 전개와 그 성격」, 『白山學報』 58, 2000.
김순자, 「원 간섭기 민의 동향」, 『역사와 현실』 7, 1992.
김순자, 「10~11세기 高麗와 遼의 영토 정책-압록강선 확보 문제를 중심으로」, 『北方史論叢』 11, 2006.
김순자, 「고려·원(元)의 영토정책, 인구정책 연구」, 『역사와 현실』 60, 2006.
김순자, 「고려전기의 거란[遼], 여진[金]에 대한 인식」, 『한국중세사연구』 26, 2009.
김순자, 「12세기 고려와 여진·금(金)의 영토 분쟁과 대응」, 『역사와 현실』 83, 2012.
김순자, 「고려중기 국제질서의 변화와 고려-여진 전쟁」, 『한국중세사연구』 32, 2012.
김영미, 「11세기 후반~12세기 초 고려·요 외교관계와 불경 교류」, 『역사와 현실』 43, 2002.
김영제 「宋·高麗 交易과 宋商-宋商의 經營形態와 그들의 高麗居住空間을 中心으로」, 『사림』 32, 2009.
김영제, 「麗宋交易의 航路와 船舶」, 『歷史學報』 204, 2009.
김영제, 「宋·高麗 交易과 宋商-宋商의 經營形態와 그들의 高麗居住空間을 中心으로」, 『사림』 32, 2009.
金榮濟, 「北宋 神宗朝의 對外交易 政策과 高麗」, 『東洋史學硏究』 115, 2011.
김영제, 「『高麗史』에 나타나는 宋商과 宋都綱-特히 宋都綱의 性格 解明을 中心으로」, 『全北史學』 39, 2011.
김영제, 「교역에 대한 宋朝의 태도와 高麗海商의 활동-高麗 文宗의 對宋 入貢 배경과도 관련하여」, 『歷史學報』 213, 2012.
金佑澤, 「11세기 對契丹 영역 분쟁과 高麗의 대응책」, 『韓國史論』 55, 2009.
金渭顯, 「麗宋關係와 그 航路考」, 『관동대논문집』 6, 1978.
金渭顯, 「麗元間 人的交流考」, 『關東史學』 5·6, 1994.
金渭顯, 「契丹·高麗間의 女眞」, 『明知史論』 9, 1998.
김위현, 「麗·元 일본 원정군의 출정과 麗·元관계」, 안동김씨대종회, 『탄신 800주년 기념 충렬공 김방경 논문집』, 안동김씨대종회, 2012.
김인희, 「움직이는 국가, 거란」, 김인희 편, 『움직이는 국가, 거란-거란의 통치전략 연구』, 동북아역사재단, 2020.
김장구, 「대몽골국 초기(1206~1259) 카라코룸으로 간 고려사신들」, 『梨花史學硏究』 57, 2018.
金在滿, 「契丹絲考」, 『歷史敎育』 7·8, 1964.
金在滿, 「五代와 後三國·高麗初期의 關係史」, 『大東文化硏究』 17, 1983.
김종복, 「남북국(南北國)의 책봉호(冊封號)에 대한 기초적 검토」, 『역사와 현실』 61, 2006.
김종섭, 「五代의 高麗에 대한 인식」, 『梨花史學硏究』 33, 2006.
金宗燮, 「五代王朝의 對外關係」, 『中國古中世史硏究』 31, 2014.

金澈雄,「高麗와 宋의 海上交易路와 交易港」,『中國史硏究』28, 2004.

김현라,「고려 忠烈王代의 麗·元관계의 형성과 그 특징」,『지역과 역사』24, 2009.

金惠苑,「忠烈王 入元行績의 性格」, 邊太燮 編,『高麗史의 諸問題』, 三英社, 1986.

金惠苑,「麗元王室通婚의 成立과 特徵－元公主出身王妃의 家系를 중심으로」,『梨大史苑』24, 1990.

김혜원,「원간섭기 입성론과 그 성격」, 14세기 고려사회 성격 연구반,『14세기 고려의 정치와 사회』, 민음사, 1994.

金惠苑,「고려후기 瀋王 연구」, 이화여자대학교 박사학위논문, 1999.

金浩東,「內陸아시아 諸民族의 文字製作·使用과 그 歷史的 背景」, 口訣學會 編,『아시아 諸民族의 文字』, 太學社, 1997.

김호동,「구육(定宗)과 그의 시대」, 서울大學校 東洋史學硏究室 編,『近世 동아시아의 國家와 社會』, 지식산업사, 1998.

金浩東,「몽골제국과 '大元'」,『歷史學報』192, 2006.

김호동,「몽골帝國期 文化의 交流와 統合 : '命令文'의 特徵과 起源을 中心으로」,『文化 : 受容과 發展』(제9회 한일역사가회의 발표자료집), 2009.

羅鐘宇,「13世紀의 韓·日關係－蒙古의 日本 遠征을 中心으로」, 釋山韓鍾萬博士華甲紀念論文集 刊行委員會 編,『釋山韓鍾萬博士華甲紀念韓國思想史』, 圓光大學校出版局, 1991.

南東信,「羅末麗初 전환기의 지식인 崔致遠」, 한국고대사회연구소,『강좌한국고대사』8, 가락국사적개발연구원, 2002.

南東信,「『桂苑筆耕集』의 문화사적 이해」,『震檀學報』112, 2011.

남의현,「元末明初 朝鮮·明의 요동쟁탈전과 국경분쟁 고찰」,『한일관계사연구』42, 2012.

盧明鎬,「東明王篇과 李奎報의 多元的 天下觀」,『震檀學報』83, 1997.

盧明鎬,「高麗時代의 多元的 天下觀과 海東天子」,『韓國史硏究』105, 1999.

노명호,「고려시대 지역자위공동체」, 노명호 외,『韓國古代中世 地方制度의 諸問題』, 集文堂, 2004.

柳浚炯,「唐 玄宗～順宗시기 翰林學士의 활동과 변화」,『中國古中世史硏究』31, 2014.

柳洪烈,「高麗의 元에 對한 貢女」,『震檀學報』18, 1957.

閔賢九,「整治都監의 設置經緯」,『論文集』11, 국민대학교, 1977.

閔賢九,「整治都監의 性格」,『東方學志』23·24, 1980.

閔賢九,「高麗 恭愍王의 卽位背景」, 韓㳓劤博士停年記念史學論叢刊行委員會 編,『韓㳓劤博士停年記念史學論叢』, 지식산업사, 1981.

閔賢九,「高麗 恭愍王의 反元的 改革政治에 대한 一考察－背景과 發端」,『震檀學報』68, 1989.

閔賢九,「高麗 恭愍王代 反元的 改革政治의 展開過程」, 擇窩許善道先生停年紀念韓國史學論叢刊 行委員會 編,『擇窩許善道先生停年紀念韓國史學論叢』, 一潮閣, 1992.

閔賢九,「高麗 恭愍王代의 '誅奇轍功臣'에 대한 檢討－反元的 改革政治의 主導勢力」, 李基白先 生古稀紀念韓國史學論叢刊行委員會 編,『李基白先生古稀紀念韓國史學論叢』上, 1994.

閔賢九,「元 干涉期 고려의 정치양태－국왕 부재중의 국정운영을 통해 본 왕조체제의 지속성」,『高麗政治史論』, 고려대학교출판부, 2004.

朴焞, 「高麗末 東寧府征伐에 대하여」, 『中央史論』 4, 1985.

朴星來, 「高麗初의 曆과 年號」, 『韓國學報』 10, 1978.

박옥걸, 「高麗來航 宋商人과 麗·宋의 貿易政策」, 『大東文化研究』 32, 1997.

朴龍雲, 「高麗·宋 交聘의 목적과 使節에 대한 考察(上)·(下)」, 『韓國學報』 81·82, 1995·1996.

박용운, 「고려의 고구려계승에 대한 동북아 사람들의 이해」, 『고려의 고구려계승에 대한 종합적 검토』, 일지사, 2006.

박원호, 「고려말 조선초 대명외교의 우여곡절」, 『한국사시민강좌』 36, 2005.

朴元熇, 「高麗와 朱元璋의 첫 交涉에 관한 小考」, 『북방사논총』 3, 2005.

朴元熇, 「鐵嶺衛 설치에 대한 새로운 관점」, 『韓國史研究』 136, 2006.

朴元熇, 「鐵嶺衛의 位置에 관한 再考」, 『東北亞歷史論叢』 13, 2006.

박윤미, 「12세기 전반기의 국제정세와 고려-금 관계 정립」, 『사학연구』 104, 2011.

박윤미, 「金에 파견된 高麗使臣의 사행로와 사행여정」, 『한국중세사연구』 33, 2012.

박윤미, 「고려 전기 외교의례에서 국왕 '서면(西面)'의 의미」, 『역사와 현실』 98, 2015.

박윤미, 「高麗前期 外交儀禮 研究」, 숙명여자대학교 박사학위논문, 2017.

朴宰佑, 「高麗 忠宣王代 政治運營과 政治勢力 動向」, 『韓國史論』 29, 1993.

박재우, 「고려시대의 관문서와 전달체계」, 『古文書研究』 33, 2008.

朴宗基, 「高麗中期 對外政策의 變化에 대하여-宣宗代를 중심으로」, 『韓國學論叢』 16, 1994.

박종기, 「11세기 고려의 대외관계와 정국운영론의 추이」, 『역사와 현실』 30, 1998.

박종기, 「13세기 초 동북아 질서와 고려의 대외관계」, 한국중세사학회 편, 『13세기 고려와 김취려의 활약』, 혜안, 2011.

박지훈, 「宋代 士大夫의 高麗觀」, 『梨花史學研究』 30, 2003.

朴漢男, 「麗·宋 관계의 變遷과 그 背景」, 『강원대논문집』 10, 1976.

朴漢男, 「崔惟淸의 生涯와 詩文分析-《東人之文四六》 등에 수록된 詩文을 중심으로」, 『國史館論叢』 24, 1991.

朴漢男, 「高麗의 對金外交政策 研究」, 성균관대학교 박사학위논문, 1994.

朴漢男, 「高麗 前期 '橫宣使' 小考」, 阜村 申延澈教授 停年退任紀念 史學論叢 刊行委員會 編, 『阜村申延澈教授停年紀念史學論叢』, 일월서각, 1995.

朴漢男, 「14세기 崔瀣의 『東人之文四六』편찬과 그 의미」, 『大東文化研究』 32, 1997.

朴現圭, 「李齊賢과 元 文士들과의 交遊考-《益齋亂藁》와 元代 文集을 위주로」, 『嶠南漢文學』 3, 1991.

方東仁, 「高麗의 東北地方境域에 關한 研究-특히 尹瓘의 九城設置範圍를 중심으로」, 『嶺東文化』 1, 1980.

方東仁, 「雙城摠管府考(上)」, 『關東史學』 1, 1982.

方東仁, 「東寧府置廢小考」, 『關東史學』 2, 1984.

方東仁, 「高麗前期 北進政策의 推移」, 『領土問題研究』 2, 1985.

方東仁, 「麗·元 關係의 再檢討-雙城摠管府와 東寧府를 중심으로」, 『國史館論叢』 17, 1990.

백승호, 「고려와 송의 무역 연구」, 전남대학교 박사학위논문, 2006.

백옥경, 「麗末 鮮初 偰長壽의 政治活動과 現實認識」, 『朝鮮時代史學報』 46, 2008.

邊銀淑, 「高麗 忠烈王代 政治勢力의 형성배경」, 『明知史論』 11·12, 2000.

邊銀淑, 「高麗 忠宣王代 政治改革과 政治勢力」, 『明知史論』 13, 2002.

변은숙, 「고려 충목왕 대 정치세력의 성격」, 『中央史論』 19, 2004.

사에키 코지, 「일본침공 이후의 麗日關係」, 한일문화교류기금·동북아역사재단 편, 『몽골의 고려·일본 침공과 한일관계』, 景仁文化社, 2009.

서병국, 「耶律阿保機의 建國과 漢城遷徙」, 『거란제국사연구』, 한국학술정보, 2006.

서성호, 「고려 태조대 대(對)거란 정책의 추이와 성격」, 『역사와 현실』 34, 1999.

徐恩惠, 「麗蒙關係의 推移와 高麗의 曆法運用」, 『韓國史論』 63, 2017.

薛戈, 「홍무 초기(1368~1374) 명·고려 외교 관계의 연구」, 서울대학교 동양사학과 박사학위논문, 2021.

成鳳鉉, 「林衍政權에 관한 연구」, 『湖西史學』 16, 湖西史學會, 1988.

小宮秀陵, 「新羅·渤海의 對唐藩鎭交涉 硏究」, 서울대학교 박사학위논문, 2014.

宋基中, 「『高麗使』에 수록된 두 편의 蒙古軍 牒文」, 『震檀學報』 118, 2013.

송용덕, 「1107~1109년 고려의 葛懶甸 지역 축성과 '尹瓘 9城' 인식」, 『韓國史學報』 43, 2011.

申奭鎬, 「朝鮮 王朝 開國 當時의 對明 關係」, 『國史上의 諸問題』 1, 국사편찬위원회, 1959.

신소연, 「고려 元宗末·忠烈王初 元의 屯田置廢와 麗元關係」, 『歷史敎育』 115, 2010.

申安湜, 「고려 崔氏武人政權의 對蒙講和交涉에 대한 一考察」, 『國史館論叢』 45, 1993.

신안식, 「고려 고종초기 거란유종의 침입과 김취려의 활약」, 한국중세사학회 편, 『13세기 고려와 김취려의 활약』, 혜안, 2011.

신채식, 「高麗와 宋의 外交관계-朝貢과 冊封關係를 중심으로」, 방향숙 외 지음, 『한중외교관계와 조공책봉』, 고구려연구재단, 2005.

申泰光, 「北宋 變法期의 對高麗政策」, 『東國史學』 37, 2002.

심영환, 「高麗時代 獎諭敎書 樣式」, 『藏書閣』 18, 2007.

梁鎭誠, 「南朝時期 王言의 構造와 運營-詔書의 사례를 중심으로」, 『中國古中世史研究』 32, 2014.

여호규, 「책봉호 수수(授受)를 통해 본 수당의 동방정책과 삼국의 대응」, 『역사와 현실』 61, 2006.

오기승, 「恭愍王代 東寧府征伐의 性格」, 중앙대학교 석사학위논문, 2010.

오기승, 「高麗末 東寧府의 形態 變遷과 高麗 流移民」, 『역사민속학』 46, 2014.

위은숙, 「원간섭기 對元交易-『老乞大』를 중심으로」, 『지역과 역사』 4, 1997.

위은숙, 「원간섭기 寶鈔의 유통과 그 의미」, 韓國中世史學會 편, 『韓國中世社會의 諸問題-金潤坤敎授定年紀念論叢』, 2001.

위은숙, 「13·14세기 고려와 요동의 경제적 교류」, 『民族文化論叢』 34, 2006.

魏志江, 「東夏國과 高麗의 관계를 論함」, 『中韓人文科學研究會』 3, 1998.

유동화, 「고려 명종대 대금외교 전개와 국왕정치」, 건국대학교 석사학위논문, 2020.

유빛나, 「契丹과 高麗의 사절 왕래-東京使를 중심으로」, 『역사문화연구』 70, 2019.

육정임, 「고려·거란 '30년 전쟁'과 동아시아 국제질서」, 『동북아역사논총』 34, 2011.

尹京鎭, 「고려 예종대 동북 9성 환부의 경위와 배경」, 『震檀學報』 128, 2017.

윤경진, 「고려의 동북 9성 개척에 대한 몇 가지 고찰」, 『군사』 114, 2020.

윤승희, 「여말선초 對明 外交儀禮 연구」, 숙명여자대학교 박사학위논문, 2021.

윤영인, 「10~13세기 동북아시아 多元的 國際秩序에서의 冊封과 盟約」, 『東洋史學研究』 101, 2007.

윤용혁, 「止浦 金坵의 외교활동과 대몽 인식」, 『全北史學』 40, 2012.

尹銀淑, 「나가추의 활동과 14세기말 동아시아 政勢」, 『明淸史研究』 28, 2007.

윤은숙, 「北元과 明의 대립－遼東 문제를 중심으로」, 『東洋史學研究』 105, 2008.

윤은숙, 「고려의 北元칭호 사용과 동아시아 인식－고려의 양면 외교를 중심으로」, 『中央아시아연구』 15, 2011.

윤은숙, 「元末明初 劉益의 明朝 투항과 高麗의 對明 使行의 성격」, 『歷史學報』 221, 2014.

李康漢, 「고려후기 元寶鈔의 유입 및 유통실태」, 『韓國史論』 46, 2001.

李康漢, 「征東行省官 闊里吉思의 고려제도 개변 시도」, 『韓國史研究』 139, 2007.

이강한, 「고려 충선왕의 정치개혁과 元의 영향」, 『한국문화』, 2008.

李康漢, 「고려 충선왕의 국정 및 '구제' 복원」, 『震檀學報』 105, 2008.

이강한, 「고려 충선왕·원 무종의 재정운용 및 '정책공유'」, 『東方學志』 143, 2008.

이강한, 「정치도감(整治都監) 운영의 제양상에 대한 재검토」, 『역사와 현실』 67, 2008.

이강한, 「고려 충숙왕의 전민변정 및 상인등용」, 『역사와 현실』 74, 2009.

이강한, 「고려 충혜왕대 무역정책의 내용 및 의미」, 『한국중세사연구』 27, 2009.

이강한, 「공민왕 5년(1356) "반원개혁(反元改革)"의 재검토」, 『大東文化研究』 56, 2009.

이강한, 「공민왕대 재정운용 검토 및 충선왕대 정책지향과의 비교」, 『韓國史學報』 34, 2009.

李康漢, 「고려후기 '충렬왕대 文散階'의 구조와 운용－大夫階에 대한 검토를 중심으로」, 『震檀學報』 116, 2012.

이강한, 「13~14세기 고려관료의 원제국 문산계 수령－충렬공 金方慶을 포함한 여러 사례들에 대한 검토」, 『한국중세사연구』 37, 2013.

이근명, 「蘇軾 高麗 관련 논설의 譯註(1)」, 『中國史研究』 97, 2015.

이근명, 「蘇軾 高麗 관련 논설의 譯註(2)」, 『中國史研究』 98, 2015.

이근명, 「蘇軾 高麗 관련 논설의 譯註(3)」, 『中國史研究』 107, 2017.

李起男, 「忠宣王의 改革과 詞林院의 設置」, 『歷史學報』 52, 1971.

李基東, 「羅末麗初 近侍機構와 文翰機構의 擴張」, 『歷史學報』 77, 1978.

李基東, 「羅末麗初 南中國 여러 나라와의 交涉」, 『歷史學報』 155, 1997.

李基白, 「高麗初期에 있어서의 五代와의 關係」, 李基白 編, 『高麗光宗研究』, 一潮閣, 1981.

李命美, 「高麗·元 王室通婚의 政治的 의미」, 『韓國史論』 49, 2003.

이명미, 「공민왕 대 초반 군주권 재구축 시도와 奇氏一家」, 『한국문화』 53, 2011.

이명미, 「몽골복속기 권력구조의 성립－元宗代 고려-몽골 관계와 권력구조의 변화」, 『韓國史研究』 162, 2013.

이명미, 「몽골 복속기 고려국왕 위상의 한 측면－忠烈~忠宣王代 重祚를 중심으로」, 『東國史學』 54, 2013.

이명미, 「忠肅王代 國王位 관련 논의와 국왕 위상」, 『한국중세사연구』 36, 2013.

이명미, 「공민왕대 후반 親明 정책의 한 배경—몽골 복속기 권력구조에 대한 트라우마」, 『사학연구』 113, 2014.

이명미, 「고려 말 정치·권력구조의 한 측면—황제권의 작용 양상을 중심으로」, 『東國史學』 58, 2015.

이명미, 「14세기 초 遼陽行省의 合省 건의와 고려-몽골 관계—고려국왕권 기반의 변화와 정동행성 위상의 재정립」, 『한국중세사연구』 51, 2017.

이명미, 「몽골 복속기 立省論의 구성 과정과 맥락—초기의 立省 관련 논의를 중심으로」, 『歷史學報』 252, 2021.

李美智, 「고려 宣宗代 榷場 문제와 對遼 관계」, 『韓國史學報』 14, 2003.

이미지, 「1231·1232년 對蒙 表文을 통해 본 고려의 몽고에 대한 외교적 대응」, 『韓國史學報』 36, 2009.

이바른, 「거란의 '고려사신의례(高麗使臣儀禮)' 구성과 의미」, 『역사와 현실』 98, 2015.

이범직, 「원 간섭기 立省論과 柳淸臣」, 『歷史教育』 81, 2002.

李範鶴, 「王安石의 對外經略策과 新法」, 高柄翊先生回甲紀念史學論叢刊行委員會 編, 『歷史와 人間의 對應 : 韓國史篇』, 한울, 1984.

李範鶴, 「蘇軾의 高麗排斥論과 그 背景」, 『韓國學論叢』 15, 1993.

이병로, 「11세기 한일 양국의 대외교섭에 관한 일고찰」, 『大丘史學』 59, 2000.

李相佰, 「李朝建國의 研究」 1·2·3, 『震檀學報』 4·5·7, 1936·1937.

이석현, 「고려와 요금의 외교관계」, 『한중 외교관계와 조공책봉』, 고구려연구재단, 2005.

李錫炫, 「宋 高麗의 外交交涉과 認識, 對應—北宋末 南宋初를 중심으로」, 『中國史研究』 39, 2005.

李成珪, 「中華帝國의 팽창과 축소」, 『歷史學報』 186, 2005.

이승민, 「고려 전·중기 동북아시아 해역에서의 표류민 송환과 국제관계」, 가톨릭대학교 석사학위논문, 2007.

이승민, 「10~12세기 하생신사(賀生辰使) 파견과 고려-거란 관계」, 『역사와 현실』 89, 2013.

이승민, 「고려 國喪에 대한 거란·금·송의 弔問使行 양상과 다층적 국제관계」, 『한국중세사연구』 48, 2017.

이승민, 「고려시대 國喪 儀禮와 弔問 使行 연구」, 가톨릭대학교 박사학위논문, 2018.

李昇漢, 「고려 忠宣王의 瀋陽王 被封과 在元 政治活動」, 『全南史學』 2, 1988.

이영, 「14세기의 동아시아 국제정세와 왜구-공민왕15년(1366)의 禁倭使節의 파견을 중심으로」, 『한일관계사연구』 26, 2007.

李龍範, 「麗·丹貿易考」, 『東國史學』 3, 1955.

李龍範, 「奇皇后의 冊立과 元代의 資政院」, 『歷史學報』 17·18, 1962.

李龍範, 「胡僧 襪囉의 高麗往復」, 『歷史學報』 75·76, 1977.

李益柱, 「高麗 忠烈王代의 政治狀況과 政治勢力의 性格」, 『韓國史論』, 1988.

李益柱, 「高麗·元關係의 構造와 高麗後期 政治體制」, 서울대학교 박사학위논문, 1996.

李益柱, 「高麗·元關係의 構造에 대한 研究—소위 '世祖舊制'의 분석을 중심으로」, 『韓國史論』

36, 1996.

李益柱, 「14세기 전반 高麗·元關係와 政治勢力 동향─忠肅王代의 瀋王擁立運動을 중심으로」, 『한국중세사연구』 9, 2001.

이익주, 「14세기 후반 원·명 교체와 한반도」, 역사학회 편, 『전쟁과 동북아 국제질서』, 일조각, 2006.

이익주, 「고려-몽골 관계사 연구 시각의 검토─고려-몽골 관계사에 대한 공시적, 통시적 접근」, 『한국중세사연구』 27, 2009.

李益柱, 「14세기 후반 동아시아 국제질서의 변화와 고려-몽골·명-일본 관계」, 『震檀學報』 114, 2012.

이익주, 「1356년 공민왕 反元政治 再論」, 『歷史學報』 225, 2015.

이익주, 「1219년(高宗 6) 고려-몽골 '兄弟盟約' 再論」, 『東方學志』 175, 2016.

이익주, 「고려-몽골 전쟁 초기(1231~1232)의 강화 협상 연구」, 『韓國史硏究』 180, 2018.

이재선, 「高麗 高宗代 對東眞關係의 추이와 성격」, 고려대학교 석사학위논문, 2009.

이정란, 「여·몽전쟁기 변경민의 몽골 '체험'과 고려 조정의 대응」, 『한국사학보』 61, 2015.

이정신, 「고려와 북방민족 관계사 연구현황」, 윤영인 외 지음, 『10~18세기 북방민족과 정복왕조 연구』, 동북아역사재단, 2009.

이정신, 「공녀를 통해 본 고려와 원과의 관계」, 김준엽 선생 기념서 편찬위원회 편, 『동아시아 국제관계사』, 아연, 2010.

이정신, 「고려 충혜왕의 행적과 정치적 입장」, 『韓國人物史硏究』 13, 2010.

이정신, 「忠宣王의 요동회복 의지와 高麗王·瀋王의 분리 임명」, 『한국인물사연구』 21, 2014.

李貞信, 「고려후기 對元관계─입성책동과 상인」, 『만주연구』 3, 2005.

이정훈, 「원간섭기 첨의부의 위상과 역할─충렬왕과 충선왕대를 중심으로」, 『역사와 현실』 88, 2013.

이정훈, 「고려시대 금과의 대외관계와 同文院」, 『사학연구』 119, 2015.

이정희, 「고려전기 對遼貿易」, 『지역과 역사』 4, 1997.

李鎭漢, 「高麗末 對明 私貿易과 使行貿易」, 『韓國硏究センター年報』 9, 2009.

李泰鎭, 「14세기 동아시아 국제정세와 牧隱 李穡의 외교적 역할」, 牧隱硏究會 編, 『牧隱 李穡의 生涯와 思想』, 一潮閣, 1996.

이효형, 「興遼國의 성립과 對高麗 구원 요청」, 『역사와 세계』 22, 1998.

張東翼, 「前期征東行省의 置廢에 대한 檢討」, 『大丘史學』 32, 1987.

張東翼, 「麗·元 文人의 交遊─性理學 導入期 高麗文人의 學問的 基盤 檢討를 위해」, 『國史館論叢』 31, 1992.

張東翼, 「宋代의 明州 地方志에 수록된 高麗關係記事 硏究」, 『歷史敎育論集』 22, 1997.

張東翼, 「新資料를 통해 본 忠宣王의 在元活動」, 『歷史敎育論集』 23·24, 1999.

장동익, 「李齊賢, 權漢功 그리고 朱德潤─고려후기 성리학 수용기의 인물에 대한 새로운 이해」, 『퇴계학과 유교문화』 49, 2011.

장일규, 「해제─현전하는 우리나라 고대의 유일한 문집」, 이상현 옮김, 『계원필경집』

1, 한국고전번역원, 2009.

張炫慶, 「高麗前期 禮賓省 硏究」, 경희대학교 석사학위논문, 2014.

全淳東, 「明朝 前期 宦官 勢力의 推移와 機能」, 『中國史硏究』 61, 2009.

全淳東, 「明初 宦官의 外交 活動 實態와 그 性格」, 『中國史硏究』 77, 2012.

전영섭, 「10~13세기 漂流民 送還體制를 통해 본 동아시아 교통권의 구조와 특성」, 『石堂論叢』 50, 2011.

全海宗, 「高麗와 宋과의 關係」, 『東洋學』 7, 1977.

全海宗, 「麗·元 貿易의 성격」, 『東洋史學硏究』 12·13, 1978.

정광, 「吏文과 漢吏文」, 『구결연구』 16, 2006.

鄭東勳, 「高麗-明 外交文書 書式과 왕래방식의 성립과 배경」, 서울대학교 석사학위논문, 2009.

鄭東勳, 「高麗-明 外交文書 書式의 성립과 배경」, 『韓國史論』 56, 2010.

정동훈, 「명대의 예제질서에서 조선국왕의 위상」, 『역사와 현실』 84, 2012.

鄭東勳, 「明代 前期 外國 使節의 身分證明 方式과 國家間 體系」, 『明淸史硏究』 40, 2013.

정동훈, 「명초 국제질서의 재편과 고려의 위상」, 『역사와 현실』 89, 2013.

정동훈, 「고려시대 사신 영접 의례의 변동과 국가 위상」, 『역사와 현실』 98, 2015.

정동훈, 「고려-남송 외교 관계에서 商人의 역할」, 『동서인문학』 51, 2016.

鄭東勳, 「고려 공민왕대 대중국 사신 인선의 특징」, 『東國史學』 60, 2016.

정동훈, 「고려 元宗·忠烈王대의 親朝 외교」, 『韓國史硏究』 177, 2017.

정동훈, 「몽골제국의 붕괴와 고려-명의 유산 상속분쟁」, 『역사비평』 121, 2017.

정동훈, 「10세기 동아시아 국제질서와 외교문서의 서식-고려-거란 외교문서식의 비교사적 검토」, 『한국중세사연구』 49, 2017.

鄭東勳, 「洪武帝의 명령이 고려에 전달되는 경로-聖旨의 문서화 과정을 중심으로」, 『東洋史學硏究』 139, 2017.

정동훈, 「冊과 誥命-고려시대 국왕 책봉문서」, 『사학연구』 126, 2017.

정동훈, 「초기 고려-명 관계에서 제주 문제」, 『한국중세사연구』 51, 2017.

정동훈, 「한중관계에서의 요동(遼東)」, 『역사와 현실』 107, 2018.

鄭東勳, 「고려-거란·금 관계에서 '朝貢'의 의미」, 『震檀學報』 131, 2018.

정동훈, 「고려 사신의 몽골 잠치(站赤) 이용」, 『사학연구』 134, 2019.

정동훈, 「고려 원종 충렬왕대 대몽골 사신 인선의 특징」, 『한국중세사연구』 57, 2019.

정동훈, 「明과 주변국의 外交關係 수립 절차의 재구성」, 『明淸史硏究』 51, 2019.

정동훈, 「명초 외교제도의 성립과 그 기원-고려-몽골 관계의 유산과 그 전유(專有)」, 『역사와 현실』 113, 2019.

정동훈, 「正統帝의 등극과 조선-명 관계의 큰 변화-조선 세종대 양국 관계 안정화의 한 배경」, 『한국문화』 90, 2020.

정동훈, 「고종대 고려-몽골 관계에서 '조공'의 의미」, 『한국중세사연구』 61, 2020.

鄭東勳, 「1260-70년대 고려-몽골 관계에서 歲貢의 의미」, 『震檀學報』 134, 2020.

정동훈, 「동방왕가의 사업에서 쿠빌라이의 사업으로-쿠빌라이의 즉위와 고려-몽골 관계의 큰 전환」, 『韓國史研究』 191, 2020.

정동훈, 「고려는 어쩌다가 고구려를 계승한 나라로 인식됐을까」, 『역사와 현실』 121, 2021.

정동훈, 「『元史』 高麗傳의 史源」, 『東方學志』 197, 2021.

정동훈, 「3년 1공인가, 4년 1공인가－고려-명 관계에서 歲貢 문제와 『명태조실록』의 조작」, 『韓國史學報』 86, 2022.

정동훈, 「100필인가, 1,000필인가－고려-명 관계에서 歲貢 문제」, 『한국중세사연구』 68, 2022.

정수아, 「高麗中期 對宋外交의 展開와 그 意義－北宋 改革政策의 수용을 중심으로」, 『國史館論叢』 61, 1995.

鄭玉子, 「麗末 朱子性理學의 導入에 대한 試考－李齊賢을 중심으로」, 『震檀學報』 51, 1981.

鄭容淑, 「元 간섭기 高麗 政局分裂의 원인에 대한 일고찰－忠烈·忠宣王 父子의 갈등관계를 중심으로」, 西巖趙恒來敎授華甲紀念論叢刊行委員會 編, 『西巖趙恒來敎授華甲紀念 韓國史學論叢』, 亞細亞文化社, 1992.

鄭希仙, 「高麗 忠肅王代 政治勢力의 性格」, 『史學研究』 42, 1990.

조복현, 「12世紀 初期 高麗-金 關係의 전개와 상호 인식」, 『中國學報』 61, 2010.

조복현, 「12세기 초 국제 정세와 麗金 간의 전쟁과 외교」, 『동북아역사논총』 34, 2011.

주채혁, 「몽골-高麗史 연구의 재검토－몽골·고려 전쟁사 연구의 시각문제」, 『애산학보』 8, 1989.

주채혁, 「洪福源 一家와 몽골·고려관계」, 『몽·려전쟁기의 살리타이와 홍복원』, 혜안, 2009.

朱瑞平, 「益齋 李齊賢의 中國에서의 行蹟과 元代 人士들과의 交遊에 대한 研究」, 『南冥學研究』 6, 1996.

채상식, 「麗·蒙의 일본정벌과 관련된 외교문서의 추이」, 『韓國民族文化』 9, 1997.

채상식, 「『東人之文四六』의 자료가치－특히 金富軾 『文集』의 복원 시도」, 채상식 편, 『최해와 역주 『졸고천백』』, 혜안, 2007.

채웅석, 「원간섭기 성리학자들의 화이관과 국가관」, 『역사와 현실』 49, 2003.

채웅석, 「11세기 후반~12세기 전반 동북아시아 국제정세와 고려」, 역사학회 편, 『전쟁과 동북아의 국제질서』, 일조각, 2006.

채웅석, 「고려전기의 다원적 국제관계와 문화인식」, 『한국중세사연구』 50, 2017.

千惠鳳, 「麗刻本 東人之文四六에 대하여」, 『大東文化研究』 14, 1981.

최덕환, 「993년 고려-거란 간 갈등 및 여진 문제」, 『역사와 현실』 85, 2012.

최윤정, 「몽골의 요동·고려 경략 재검토(1211~1259)」, 『歷史學報』 209, 2011.

최윤정, 「駙馬國王과 國王丞相－13-14세기 麗元관계와 고려왕조 國體 보존 문제 이해를 위한 새로운 모색」, 『大邱史學』 111, 2013.

최윤정, 「14세기 초(1307~1323) 元 政局과 고려－1320년 충선왕 토번유배 원인 재론」, 『歷史學報』 226, 2015.

崔鍾奭, 「1356(공민왕 5)~1369(공민왕 18) 고려-몽골(원) 관계의 성격」, 『歷史敎育』 116, 2010.

최종석, 「고려시대 朝賀儀 의례 구조의 변동과 국가 위상」, 『한국문화』 51, 2010.

최종석, 「대몽전쟁·원간섭기 고려 치소성의 위상 저하」, 『한국 중세의 읍치와 성』, 신구문화사, 2014.

崔鍾奭, 「베트남 外王內帝 체제와의 비교를 통해 본 고려전기 이중 체제의 양상」, 『震檀學報』 125, 2015.

최종석, 「현종대 고려-거란 관계와 외교 의례」, 『東國史學』 60, 2016.

최종석, 「태조대 대명 관계의 양상과 성격」, 동북아역사재단 한국외교사편찬위원회 편, 『한국의 대외관계와 외교사 조선 편』, 동북아역사재단, 2018.

최종석, 「왜 고려전기의 國制는 황제국 체제로 보일까?」, 『歷史學報』 250, 2021.

秋明燁, 「11세기후반~12세기초 女眞征伐問題와 政局動向」, 『韓國史論』 45, 2001.

추명엽, 「고려전기 '蕃' 인식과 '동·서번'의 형성」, 『역사와 현실』 43, 2002.

秋明燁, 「高麗時期 海東 인식과 海東天下」, 『韓國史硏究』 129, 2005.

河朱炫, 「고려 문종대 對宋通交의 배경과 의미」, 한국학중앙연구원 석사학위논문, 2015.

韓圭哲, 「後三國時代 高麗와 契丹關係」, 『釜山史叢』 1, 1985.

韓永遇, 「稼亭 李穀의 生涯와 思想」, 『韓國史論』 40, 1998.

한정수, 「고려-금 간 사절 왕래에 나타난 주기성과 의미」, 『사학연구』 91, 2008.

한정수, 「고려 전기 '迎契丹使臣儀'의 내용과 의미」, 『사학연구』 118, 2015.

許仁旭, 「高麗·契丹의 압록강 지역 영토분쟁 연구」, 고려대학교 박사학위논문, 2012.

허인욱, 「13세기 초 몽골의 '位階' 지배 시도와 麗蒙 관계의 시작」, 『한국사학보』 61, 2015.

허인욱, 「高宗代 몽골의 親朝 요구와 고려의 대응」, 『全北史學』 56, 2019.

허인욱·김보광, 「『高麗史』世家 중 五代 관계 기사 역주」, 『한국중세사연구』 19, 2005.

許興植, 「東文選의 編纂動機와 史料價値」, 『震檀學報』 56, 1983.

홍선이, 「歲幣·方物을 통해 본 朝淸관계의 특징－인조대 歲幣·方物의 구성과 재정 부담을 중심으로」, 『韓國史學報』 55, 2014.

黃寬重, 「高麗與金·宋的關係」, 『아시아문화』 1, 1986.

黃純艶, 「南宋과 金의 朝貢體系 속의 高麗」, 『震檀學報』 114, 2012.

黃時鑒, 「宋-高麗-蒙古關係史에 관한 일고찰－「收刺麗國送還人」에 대하여」, 『東方學志』 95, 1997.

2) 중국어

屈文軍, 「論元代中書省的本質」, 『西北民族硏究』 2003年 第3期.

權赫秀, 「中國古代朝貢關係硏究評述」, 『中國邊疆史地硏究』 2005年 第3期.

祈慶富, 「宋代奉使高麗考」, 『中國史硏究』 1995年 第2期.

陶晉生, 「宋遼間的平等外交關係: 澶淵盟約的締結及其影響」, 『宋遼關係史硏究』, 北京: 中華書局, 2008.

杜鵑, 「遼朝邊防硏究」, 遼寧大學 碩士學位論文, 2014.

杜承武, 「明洪武二十八年"奉天浩命"和馬林夫婦雕像」, 『文博』 1998年 第5期.

梁修敬·沈載權·陳龍, 「韓中古代冊文比較」, 『語文學刊』 2011年 第12期.

萬明,「明代外交詔令的分類考察」,『華僑大學學報』(哲學社會科學版), 2009年 第2期.

萬明,「明代詔令文書研究－以洪武朝爲中心的初步考察」,『明史研究論叢』8, 2010.

冒志祥,「論宋朝外交文書」, 南京師範大學 博士學位論文, 2007.

苗冬,「元代使臣研究」, 南開大學 博士學位論文, 2010.

武玉環·陳德洋,「澶淵之盟與遼宋關係」, 張希清 等 主編,『澶淵之盟新論』, 上海:上海人民出版社, 2007.

范家全·吳曉萍,「兩宋與遼金外交之比較－以盟約和國書爲中心」,『安徽師範大學學報』(人文社會科學版) 第36卷 第3期, 2008.

石艷軍,「遼道宗朝遼與高麗使者往來的初步研究」, 大連大學 碩士學位論文, 2006.

聶崇岐,「宋遼交聘考」,『宋史叢考』上, 北京:中華書局, 1980.

孫瑋,「遼朝東京海事問題研究」, 遼寧師範大學 碩士學位論文, 2011.

孫衛國,「論明初的宦官外交」,『南開學報』1994年 第2期.

楊果,「唐宋時期詔令文書的主要類型」,『文史雜志』2000年 第2期.

楊果,「宋代詔令文書的主要制度」,『檔案管理』1999年 第3期.

亦鄰眞,「元代硬譯公牘文體」,『元史論叢』1, 1982.

吳緝華,「明代海禁與對外封鎖政策的連環性－海禁政策的成因新探」, 吳智和 主編,『明史研究論叢』, 臺北:大立出版社, 1984.

王金花,「古代詔令文書"誥命(宣命)勅命(勅牒)"」,『文物世界』2013年 第3期.

袁剛,「唐代的翰林學士」,『文史哲』1985年 6月.

劉肅勇,「遼金時期遼陽渤海人政治活動軌跡考」,『東北史地』2014年 第5期.

劉亞君,「北宋手詔研究」, 遼寧大學 碩士學位論文, 2013.

劉一,「遼麗封貢制度研究」,『滿族研究』2012年 第2期.

劉浦江,「宋代使臣語錄考」, 張希清 等 主編,『10-13世紀中國文化的擴撞與融合』, 上海:上海人民出版社, 2006.

劉浦江,「遼朝國號考釋」,『歷史研究』2001年 第6期.

李善洪,「〈高麗國對南宋牒〉研究」,『北華大學學報』(社會科學版) 7-5, 2006.

李秀蓮,「楊模勸阿骨打稱帝及其歷史意義」,『滿族研究』2010年 第4期.

李新峰,「恭愍王後期明高麗關系與明蒙戰局」,『韓國學論文集』7, 北京:新華出版社, 1998.

李輝,「宋金交聘制度研究」, 復旦大學 博士學位論文, 2005.

張佳,「別華夷與正名分:明初的日常雜禮規範」,『復旦學報』2012年 第3期.

張光輝,「明初禮制建設研究」, 河南大學 碩士學位論文, 2001.

張帆,「元朝詔勅制度研究」,『國學研究』10, 2002.

張申,「金朝外交禮儀制度研究」, 安徽師範大學 碩士學位論文, 2013.

張榮波,「五代十國政權交際述論」, 山東大學校 博士學位論文, 2014.

張偉,「略論明州在宋麗官方貿易中的地位」,『寧波大學學報』(人文科學版) 13-4, 2000.

張全眞,「朝鮮文獻中明初白話聖旨語言研究」,『言語文化研究』第26卷 第2號, 2006.

鄭紅英,「朝鮮初期與明朝的使臣往來問題探析」『延邊大學學報』(社會科學版) 第45卷 第2期, 2012.

刁書仁,「論明初高麗王朝與明朝的關系」,『北華大學學報』(社會科學版) 2000年 第3期.

趙永春,「關于宋金交聘"國書"的鬪爭」,『北方文物』30, 1992.

趙現海,「洪武初年明·北元·高麗的地緣政治格局」,『古代文名』4-1, 2010.

周立志,「宋朝外交運作研究」, 河北大學 博士學位論文, 2013.

朱筱新,「冊封與封冊」,『百科知識』2008年 8月.

陳高華,「說朱元璋的詔令」, 商鴻逵敎授逝世十周年紀念論文集編委會 編,『商鴻逵敎授逝世十周年 紀念論文集』, 北京:北京大學出版社, 1995.

陳學霖,「明太祖致高麗國王的白話聖旨」,『明史研究論叢』8, 2010.

特木勒,「北元與高麗的外交:1368-1369」,『中國邊疆史地研究』36-2, 2000.

何鈺,「明洪武二十五年馬整浩封考略」,『歷史檔案』1995年 第4期.

何朝暉,「等級·制衡與變異:明代文移制度探論」, 吳艷紅 主編,『明代制度研究』, 杭州:浙江大學 出版社, 2014.

韓利琴,「宋高宗時期赴金使節的變化」,『綿陽師範學院學報』31-3, 2012.

玄花,「金麗外交制度初探」, 吉林大學 碩士學位論文, 2006.

3) 일본어

榎本涉,「明州市舶司と東シナ海海域」,『東アジア海域と日中交流』, 東京:吉川弘文館, 2007.

岡本眞,「外交文書よりみた十四世紀後期高麗の對日本交涉」, 佐藤信·藤田覺 編,『前近代の日本列 島と朝鮮半島』, 東京:山川出版社, 2007.

岡田英弘,「元の藩王と遼陽行省」,『朝鮮學報』14, 1959.

高橋公明,「外交文書,「書」·「咨」について」,『年報中世史研究』7, 1982.

高橋公明,「外交文書を異國牒狀と呼ぶこと」,『文學』6-6, 岩波書店, 2005.

高橋公明,「外交儀禮よりみた室町時代日韓關係」,『史學雜誌』91-8, 1982.

古松崇志,「契丹·宋間における外交文書としての牒」,『東方學報』85, 2010.

古松崇志,「契丹·宋間の澶淵體制における國境」,『史林』90-1, 2007.

古松崇志,「十~十二世紀における契丹の興亡とユーラシア東方の國際情勢」, 荒川愼太郎 等 編,『契丹 [遼]と10~12世紀の東部ユーラシア』, 東京:勉誠出版, 2013.

廣瀬憲雄,「古代東アジア地域の外交秩序と書狀-非君臣關係の外交文書について」,『歷史評論』 686, 2007.

宮紀子,「モンゴルが遺した「飜譯」言語」,『モンゴル時代の出版文化』, 名古屋:名古屋大學出版會, 2006.

近藤剛,「『平戶記』所載「泰和六年二月付高麗國金州防禦使牒狀」について」,『古文書研究』 70, 2010.

近藤一成,「宋代神宗朝の高麗認識と小中華-曾鞏をめぐって」,『全北史學』38, 2011.

金成奎,「宋朝から觀た高麗·西夏·ベトナムの國際地位に關する一面-'進奉使見辭儀'の比較を通じ て」,『國際中國學研究』11, 2008.

南基鶴,「蒙古襲來以後の日本と東アジア」,『蒙古襲來と鎌倉幕府』, 東京大學 博士學位論文, 1994.

檀上寛,「明代朝貢体制下の冊封の意味-日本國王源道義と琉球國中山王察度の場合」,『史窓』68, 2011.

檀上寬, 「明王朝成立期の軌跡－洪武朝の疑獄事件と京師問題をめぐって」, 『明朝專制支配の史的構造』, 東京：汲古書院, 1995.

檀上寬, 「明朝の對外政策と東アジアの國際秩序－朝貢体制の構造的理解に向けて」, 『史林』 92-4, 2009.

檀上寬, 「明初の海禁と朝貢－明朝專制支配の理解に寄せて」, 明淸時代史の基本問題編輯委員會 編, 『明淸時代史の基本問題』, 東京：汲古書院, 1997.

檀上寬, 「初期明帝國體制論」, 『岩波講座世界歷史』 11, 東京：岩波書店, 1997.

David Robinson(水越知 譯), 「モンゴル帝國の崩壞と高麗恭愍王の外交政策」, 夫馬進 編, 『中國東アジア外交交流史の研究』, 京都：京都大學學術出版會, 2007.

藤野月子, 「五代十國北宋における和蕃公主の降嫁について」, 『東洋史論集』 38, 九州大學文學部東洋史研究會, 2010.

末松保和, 「麗末鮮初における對明關係」, 『靑丘史草』 1, 東京：笠井出版印刷社, 1965.

毛利英介, 「十一世紀後半における北宋の國際的地位について－宋麗通交再開と契丹の存在を手がかりに」, 宋代史研究會 編, 『『宋代中國』の相對化』, 東京：汲古書院, 2009.

毛利英介, 「遼宋間における「白箚子」の使用について－遼宋間外交交渉の實態解明の手がかりとして」, 平田戊樹·遠藤隆俊 編, 『外交史料から十一～十四世紀を探る』, 東京：汲古書院, 2013.

北村秀人, 「高麗に於ける征東行省について」, 『朝鮮學報』 32, 1964.

北村秀人, 「高麗末における立省問題について」, 『北海道大學文學部紀要』 14-1, 1966.

北村秀人, 「高麗時代の藩王についての一考察」, 『人文研究』 24-10, 大阪市立大學, 1972.

山根行夫, 「明太祖政權の確立期について－制度史的側面にみた」, 『史論』 13, 1965.

山崎覺士, 「書簡から見た宋代明州對日外交」, 『專修大學東アジア世界史研究センター年譜』 3, 2009.

山崎覺士, 「五代十國史と契丹」, 荒川愼太郎 等 編, 『契丹[遼]と10～12世紀の東部ユーラシア』, 東京：勉誠出版, 2013.

三上次男, 「高麗仁宗朝における高麗と宋との關係」, 『金史研究 三』, 東京：中央公論美術出版, 1973.

西島定生, 「遣唐使と國書」, 『東アジア世界と冊封體制』, 東京：岩波書店, 2002.

船田善之, 「蒙文直譯體の成立をめぐって－モンゴル政權における公文書翻譯システムの端緖」, 『語學教育フォーラム』 13, 大東文化大學語學研究所, 2007.

船田善之, 「元代の命令文書の開讀について」, 『東洋史研究』 63-4, 2005.

船田善之, 「日本宛外交文書からみた大モンゴル國の文書形式の展開」, 『史淵』 146, 2009.

小野浩, 「とこしえなる天の力のもとに」, 『岩波講座世界歷史』 11, 東京：岩波書店, 2003.

松川節, 「大元ウルス命令文の書式」, 『待兼山論叢』(史學篇) 29, 1995.

岩井茂樹, 「明代中國の禮制覇權主義と東アジア秩序」, 『東洋文化』 85, 2005.

愛宕松男, 「朱吳國と張吳國－初期明王朝の性格に關する一考察」, 『愛宕松男東洋史學論集』 4, 東京：三一書房, 1988.

奧村周司, 「高麗における八關會的秩序と國際環境」, 『朝鮮史研究會論文集』 16, 1979.

奧村周司, 「使臣迎接儀禮より見た高麗の外交姿勢－十一, 二世紀における對中關係の一面」, 『史觀』

110, 1984.

奥村周司, 「醫師要請事件に見る高麗文宗朝の對日姿勢」, 『朝鮮學報』 117, 1985.

日野開三郎, 「五代列國の興亡」, 『日野開三郎東洋史學論集 2－五代史の基調』, 東京：三一書店, 1980.

張東翼, 「一三六六年高麗國征東行中書省の咨文についての檢討」, 『アジア文化交流研究』 2, 2007.

前田直典, 「元朝行省成立過程」, 『史學雜誌』 56-6, 1945.

田中謙二, 「元典章における蒙文直譯体の文章」, 『東方學報』 32, 1962.

田中謙二, 「元典章文書の構成」, 『東洋史研究』 23-4, 1969.

井黑忍, 「金初の外交史料に見るユーラシア東方の國際關係－『大金弔伐錄』の檢討を中心に」, 荒川愼太郎・高井康典行・渡辺健哉 編, 『遼金西夏史研究の現在』 3, 東京：東京外國語大學アジア・アフリカ言語文化研究所, 2010.

井黑忍, 「受書禮に見る十二～十三世紀ユーラシア東方の國際秩序」, 平田戊樹・遠藤隆俊 編, 『外交史料から十～十四世紀を探る』, 東京：汲古書院, 2013.

堤一昭, 「大元ウルス高官任命命令文研究序說」, 『大阪外國語大學論集』 29, 2003.

佐久間重男, 「明初日中關係をめぐる二・三の問題－洪武帝の對外政策を中心として」, 『日明關係史の研究』, 東京：吉川弘文館, 1991.

佐藤邦憲, 「明律・明令と大誥および問刑條例」, 滋賀秀三 編, 『中國法制史－基本資料の研究』, 東京：東京大學出版會, 1993.

中島樂章, 「元代の文書行政におけるパスパ字使用規定について」, 『東方學報』 84, 2009.

中西朝美, 「五代北宋における國書の形式について－「致書」文書の使用狀況を中心に」, 『九州大學東洋史論集』 33, 2005.

中村榮孝, 「十三・十四世紀の東アジアと日本」, 『日鮮關係史の研究』 上, 東京：吉川弘文館, 1966.

中村榮孝, 「『太平記』に見える高麗人の來朝－武家政權外交接收の發端」, 『日鮮關係史の研究』 上, 東京：吉川弘文館, 1966.

津田左右吉, 「尹瓘征略地域考」, 『朝鮮歷史地理』 2, 東京：南滿洲鐵道株式會社, 1913.

村上正二, 「蒙古來牒の飜譯」, 『朝鮮學報』 17, 1960.

片山共夫, 「元朝怯薛の職掌について(その一)」, 日野開三郎博士頌壽記念論集刊行會 編, 『日野開三郎博士頌壽記念論集 中國社會・制度・文化史の諸問題』, 福岡：中國書店, 1987.

豊島悠果, 「宋外交における高麗の位置付け－國書上の禮遇の檢討と相對化」, 平田戊樹・遠藤隆俊 編, 『外交史料から十～十四世紀を探る』, 東京：汲古書院, 2013.

河上洋, 「遼五京の外交的機能」, 『東洋史研究』 52-2, 1993.

和田淸, 「明初の滿洲經略(上)」, 『東亞史研究(滿洲篇)』, 東京：東洋文庫, 1955.

和田淸, 「明初の蒙古經略」, 『東亞史研究(蒙古篇)』, 東京：東洋文庫, 1959.

丸龜金作, 「高麗と宋との通交問題(一)・(二)」, 『朝鮮學報』 17・18, 1960・1961.

4) 영어

Thomas T. Allsen, "Guard and Government in the Reign of The Grand Qan Mongke, 1251~59," *Harvard Journal of Asiatic Studies* 46-2, 1986.

Michael C. Brose, "Uyghur Technologists of Writing and Literacy in Mongol China," *Toung Pao* 91-4, 2005.

Hok-Lam Chan, "Liu Ping-chung 劉秉忠 (1216-74) : A Buddhist-Taoist Statesman at the Court of Khubilai Khan," *Toung Pao* 53-1, 1967.

Edward L. Farmer, "Social Order in Early Ming China : Some Norms Codified in the Hung-wu Period," Brian EMcknight ed., *Law and the State in Traditional East Asia*, Honolulu : University of Hawaii Press, 1983.

Herbert Franke, "From Tribal Chieftain to Universal Emperor and God : The Legitimation of the Yuan Dynasty," *China under Mongol Rule*, Hampshire : Variorum, 1994.

Jung Donghun, "From a Lord to a Bureaucrat-The Change of Koryŏ King's Status in the Korea-China Relations," *The Review of Korean Studies* 19(2), 2016.

Jung Donghun, "Chinese Academic Research on the History of Sino-Korean Relations : The Work of Chen Shangsheng," *Review of Korean Studies* 24(1), 2021.

Gari Ledyard, "Two Mongol Documents from thd Koryŏsa," *Journal of American Oriental Society* 83, 1963.

Igor de Rachewiltz, "Yeh-Lu Ch'u-ts'ai(1189~1243) : Buddihist idealist and Confucian statesman," Arthur F. Wright etc. ed., *Confucian Personalities*, Stanford : Stanford University Press, 1962.

찾아보기

664